中关村年鉴

YEARBOOK OF ZHONGGUANCUN

—2016—

中关村科技园区管理委员会　编

中关村
Z-Park
ZHONGGUANCUN SCIENCE PARK

北京出版集团公司
北　京　出　版　社

图书在版编目（CIP）数据

中关村年鉴. 2016 / 中关村科技园区管理委员会编. —
北京 ：北京出版社，2016.11
ISBN 978-7-200-12519-1

Ⅰ. ①中… Ⅱ. ①中… Ⅲ. ①高技术开发区—北京—
2016—年鉴 Ⅳ. ①F127.1-54

中国版本图书馆CIP数据核字(2016)第244309号

策　　划　于　虹
责任编辑　白　珍　曲　丹
封面设计　盛天果
装帧设计　云伊若水
责任印制　宋　超

中关村年鉴 2016
ZHONGGUANCUN NIANJIAN 2016
中关村科技园区管理委员会　编
*
北京出版集团公司
北　京　出　版　社　出版

（北京北三环中路6号）
邮政编码：100120

网　址：www.bph.com.cn
北京出版集团公司总发行
新　华　书　店　经　销
北京华联印刷有限公司印刷
*
889毫米×1194毫米　16开本　37.5印张　1240千字
2016年11月第1版　2016年11月第1次印刷

ISBN 978-7-200-12519-1
定价：420.00元

质量监督电话：010-58572393

《中关村国家自主创新示范区年鉴》

获中国地方志指导小组全国地方志

优秀成果（年鉴类）

特等奖

中国地方志指导小组文件

中指组字〔2016〕6号

关于对全国地方志优秀成果（年鉴类）的通报表扬

各省、自治区、直辖市地方志编委会（办公室），新疆生产建设兵团志办公室，全军军事志指导小组办公室，武警部队政治部编研部，国务院有关部委局、中央直属企事业单位史志机构：

为深入贯彻落实国务院《地方志工作条例》和《全国地方志事业发展规划纲要（2015—2020年）》（国办发〔2015〕64号），推动年鉴事业科学发展，充分发挥年鉴在我国经济社会发展和社会主义文化强国建设中的重要作用，中国地方志指导小组组织开展了全国地方志优秀成果（年鉴类）评审工作。经各地各部门推荐、专家小组审读、全国地方志优秀成果（年鉴类）终审委员会及其办公室审核，在省级综合年鉴、地市级综合年鉴、县区级综合年鉴、专业年鉴、军事年鉴、武警年鉴6个系列中确定特等年鉴35部，一等93部，二等125部，三等153部。经研究，对以上406部年鉴通报表扬。

希望获得表扬的年鉴编纂单位再接再厉，开拓创新，编纂出更高质量的精品佳作，为实现年鉴事业发展新跨越作出新的更大贡献。

附件：全国地方志优秀成果（年鉴类）通报表扬名单

中国地方志指导小组

2016年7月11日

附件：

全国地方志优秀成果（年鉴类）通报表扬名单

特　等(共35部)

·省级综合年鉴（共3部）

江苏年鉴（2014）　山东年鉴（2014）

广西年鉴（2014）

·地市级（含副省级城市）综合年鉴（共8部）

南通年鉴（2014）　泉州年鉴（2014）

温州年鉴（2014）　扬州年鉴（2014）

深圳年鉴（2014）　成都年鉴（2014）

镇江年鉴（2014）　杭州年鉴（2014）

·县区级综合年鉴（共14部）

张家港年鉴（2014）　南海年鉴（2014）

南山年鉴（2014）　越秀年鉴（2014）

浦东年鉴（2014）　江阴年鉴（2014）

北京海淀年鉴（2014）　奉贤年鉴（2014）

义乌年鉴（2013）　晋江年鉴（2013）

萧山年鉴（2014）　东营区年鉴（2014）

金州年鉴（2014）　余杭年鉴（2014）

·专业年鉴（共5部）

北京统计年鉴（2014）　中国交通年鉴（2014）

云南小康年鉴（2014）　广东建设年鉴（2014）

中关村国家自主创新示范区年鉴（2014）

·军事年鉴（共3部）

山西省军事年鉴（2014）　新疆军事年鉴（2014）

中国军事测绘导航年鉴（2013）

《中关村国家自主创新示范区年鉴》

获北京市首届年鉴综合质量评比

特等奖

荣誉证书

《中关村国家自主创新示范区年鉴2013》在北京市首届年鉴综合质量评比中，荣获特等奖。

特发此证，以资鼓励。

北京市地方志编纂委员会办公室
北京地方志学会年鉴工作委员会
二〇一四年九月

《中关村国家自主创新示范区年鉴》

获中国出版协会第五届年鉴编纂出版质量评比综合

一等奖

获奖证书

《中关村国家自主创新示范区年鉴》（2013年卷）荣获第五届年鉴编纂出版质量评比综合一等奖。

特发此证

中国出版协会
二〇一五年四月

《中关村年鉴》编纂委员会

《中关村年鉴》编辑部

（按姓氏笔画排序）

5月14日，市委书记郭金龙（左1）参观第十八届中国北京科技产业博览会中关村示范区展区

1月16日，科技部部长万钢（左1）到中关村创业大街调研

11月9日，市长王安顺（左3）到中芯北方集成电路制造（北京）有限公司调研

6月19日，市政协主席吉林（前排右2）率80余位市政协常委到中关村示范区调研

10 月 9 日，常务副市长李士祥（前排右 2）到中关村发展集团股份有限公司调研

7 月 23 日，市委常委姜志刚（右 2）到中关村创业大街调研

10月11日，市委常委苟仲文（右2）参观北京硬蛋空间

3月2日，副市长张工（前排左2）出席中关村科技金融街开街仪式

8月27日，副市长隋振江（左1）为北京大数据研究院揭牌

1月9日，北京股权交易中心首批企业集体挂牌仪式举行

2月4日，"创业中国中关村引领工程"和"国家高新区互联网跨界融合创新中关村示范工程"发布暨启动仪式举行

3月19日，中关村国家自主创新示范区2015年园区工作会议召开

3月24日，拉美议会议长埃利亚斯·卡斯蒂略·冈萨雷斯率代表团访问中关村示范区

3月27日，中关村智能硬件产业政策发布会暨创新项目路演活动举办

4月28日，保定·中关村创新中心揭牌

5月13—17日，中关村示范区企业参展第十八届中国北京科技产业博览会

6月23日，践行社会主义核心价值观中关村企业家支持志愿服务工作座谈会召开

7月9日，中关村股权众筹联盟成立

7月9—12日，2015中关村华侨华人创业大会举行

8月6日，京津冀科学技术协会科技成果转化平台项目发布和推介会举行

8月17日，承德·中关村大数据产业合作暨项目签约仪式举行

8 月 19 日，渣打银行北京分行与中关村管委会签署战略合作协议

9 月 18 日，中关村门头沟科技园产业规划与政策发布暨共建协议签约仪式举行

9 月 22—25 日，第 32 届国际科技园区协会世界大会举行

9月29日，中关村集成电路设计园开工暨企业入园签约仪式举行

10月11日，中关村创新创业季(2015)系列活动开幕

10月13日，中芬创新基金签约仪式举行

10月15日，共建中关村软件园大学生创业园签约仪式举行

10月21日，合作建设中关村医学工程转化中心签约揭牌仪式举行

10月19—23日，2015年全国大众创业万众创新活动周举办

11月8日，全国首家“双创社区”——回龙观创新创业社区启幕

11月16日，2015（首届）信用中关村高峰论坛暨首届京津冀社会信用体系合作共建研讨会举办

11月17日，中关村发展集团股份有限公司与加拿大渥太华投资署签署合作协议

11月23日，国家开发银行北京分行、中关村管委会、中关村发展集团股份有限公司合作协议签约仪式举行

11月27日，波黑部长会议主席兹维兹迪奇率代表团访问中关村多媒体创意产业园

12月11日，中关村核心区硅谷创新驿站落户中关村硅谷创新中心

12月12—13日，2015中关村大数据日活动举办

12月17日，南宁市政府与中关村管委会、中关村发展集团股份有限公司签署战略合作框架协议

12月21日，中关村军民融合产业园启动仪式举行

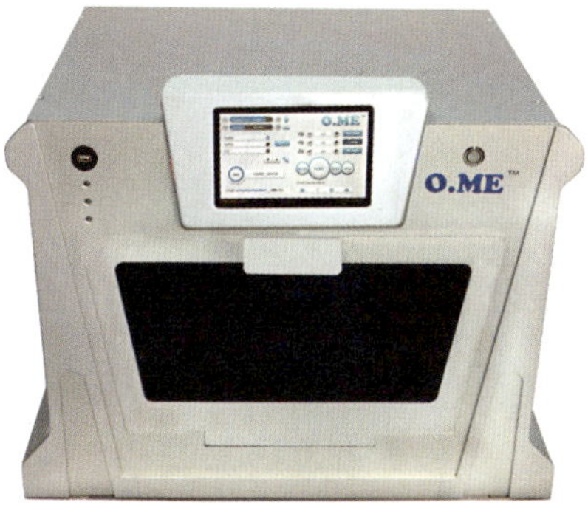

北京清大致汇科技有限公司发布安卓系统3D打印机

北京康力优蓝机器人科技有限公司发布类人型智能商业服务机器人优友U05

国家科学技术进步奖

证　书

为表彰国家科学技术进步奖获得者，特颁发此证书。

项目名称：京沪高速铁路工程

奖励等级：特等

获 奖 者：中国铁路通信信号股份有限公司

2015年12月16日

证书号：2015-J-223-0-01-D07

国家科学技术进步奖

证　书

为表彰国家科学技术进步奖获得者，特颁发此证书。

项目名称：京沪高速铁路工程

奖励等级：特等

获 奖 者：中铁电气化局集团有限公司

2015年12月16日

证书号：2015-J-223-0-01-D18

中国铁路通信信号股份有限公司、中铁电气化局集团有限公司参与完成的“京沪高速铁路工程”项目获2015年度国家科学技术进步奖特等奖

北京碳世纪科技有限公司研发的石墨烯节能改进剂——碳威问世

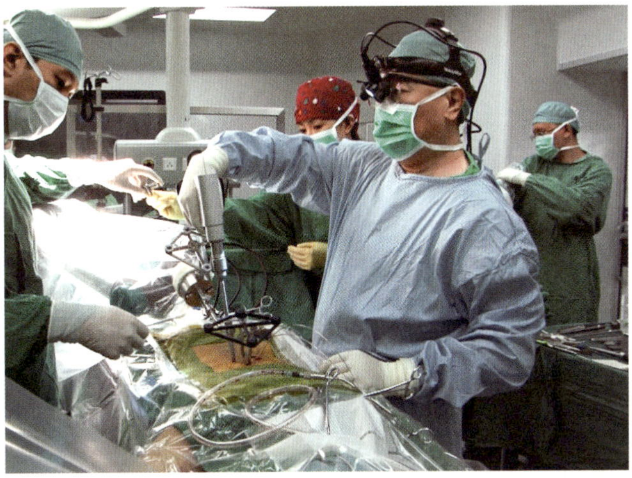

北京积水潭医院应用北京天智航医疗科技股份有限公司等单位研发的脊柱外科手术机器人完成基于术中实时三维影像的机器人辅助脊柱胸腰段骨折微创内固定手术

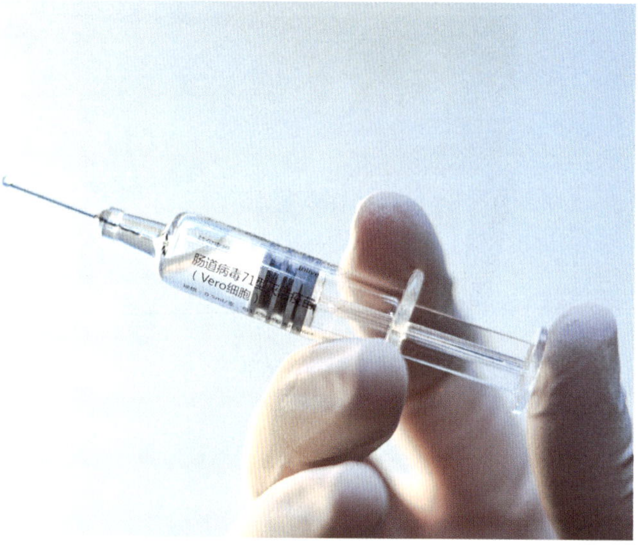

北京科兴生物制品有限公司研发的预防用生物制品1类新药——肠道病毒71型灭活疫苗取得食品药品监管总局颁发的新药证书和药品注册批件

北京百度网讯科技有限公司研发的百度无人驾驶汽车首次实现城市、环路及高速道路混合路况下的全自动驾驶

京微雅格（北京）科技有限公司承担的“高端FPGA芯片研发及产业化应用”课题的首颗芯片CME-C1（祥云）流片成功

北京格灵深瞳信息技术有限公司研发出基于三维视觉感知和深度学习技术的智能行为分析系统

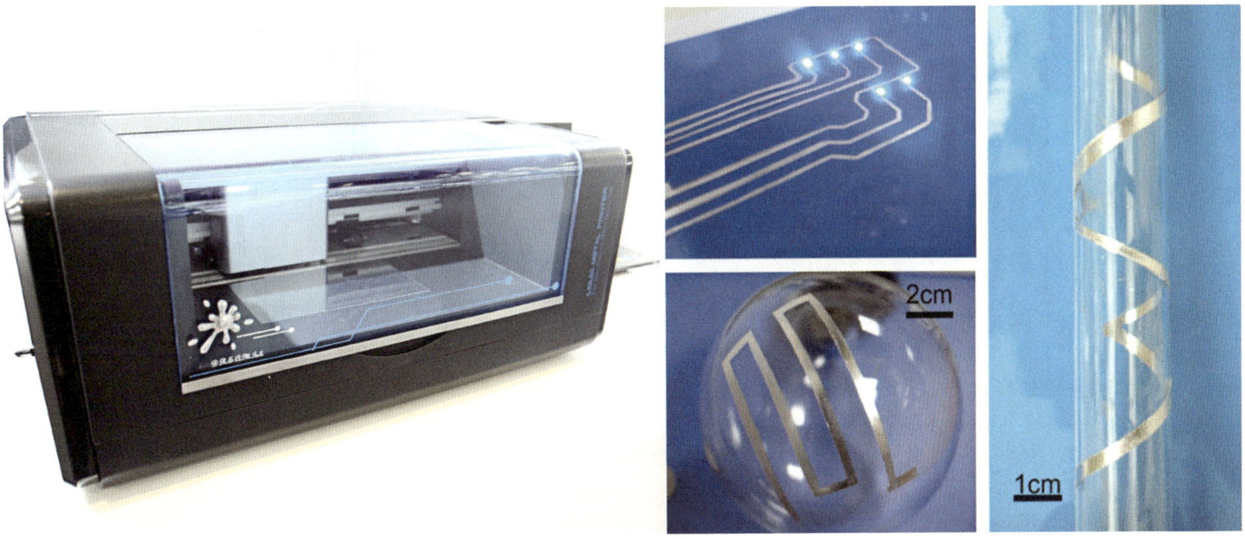

中国科学院理化技术研究所和北京梦之墨科技有限公司推出液态金属电子电路打印机

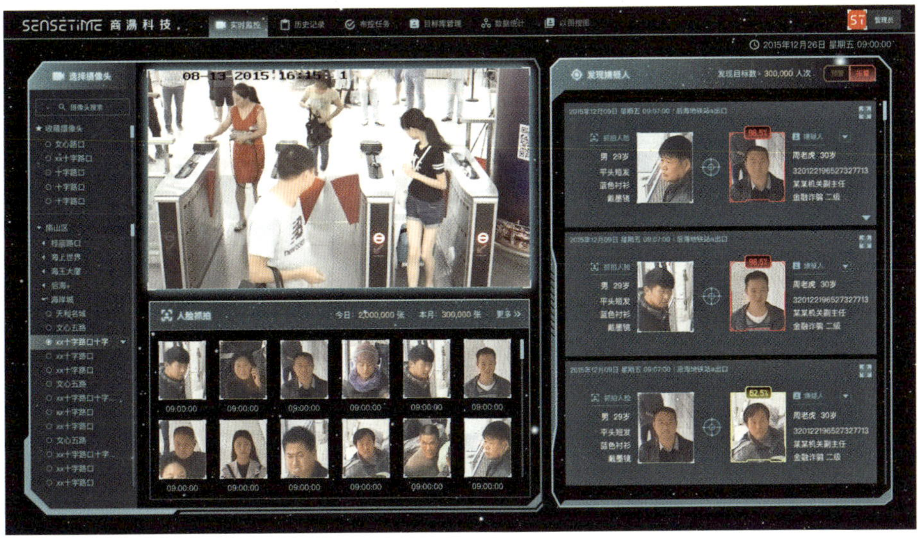

北京市商汤科技开发有限公司研发出基于深度学习的人工智能视觉引擎及应用系统

北京东方嘉禾文化发展股份有限公司研发的中文视频全球传播平台被收录到新闻出版广电总局《中国广播电影电视发展报告(2015)》的创新案例中

零度智控（北京）智能科技有限公司推出植保无人机守护者－Z10

北京国承万通信息科技有限公司发布虚拟现实娱乐设备StepVR

乐视网信息技术（北京）股份有限公司发布智能化城市自行车斯塔利

2015年中关村示范区高新技术企业统计图（按园区分组）

单位：家

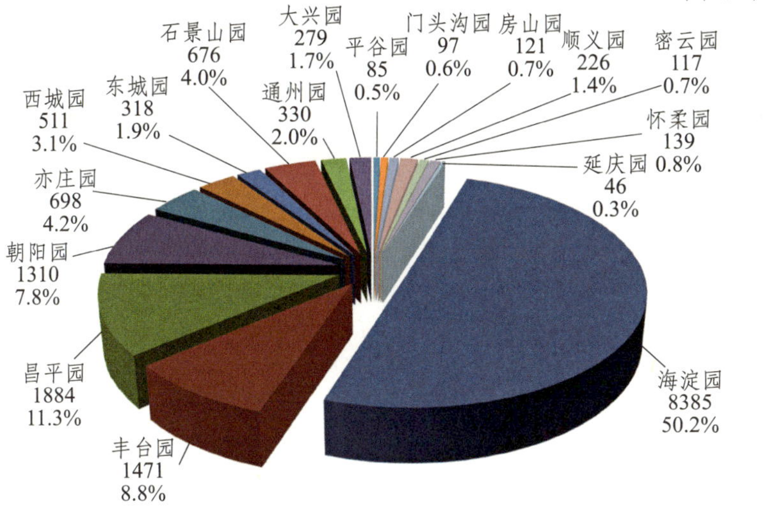

2015年中关村示范区高新技术企业统计图（按技术领域分组）

单位：家

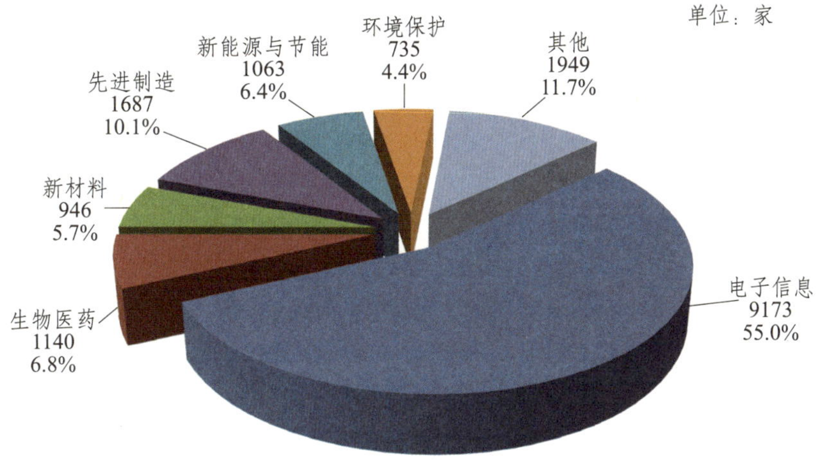

2015年中关村示范区高新技术企业统计图（按注册类型分组）

单位：家

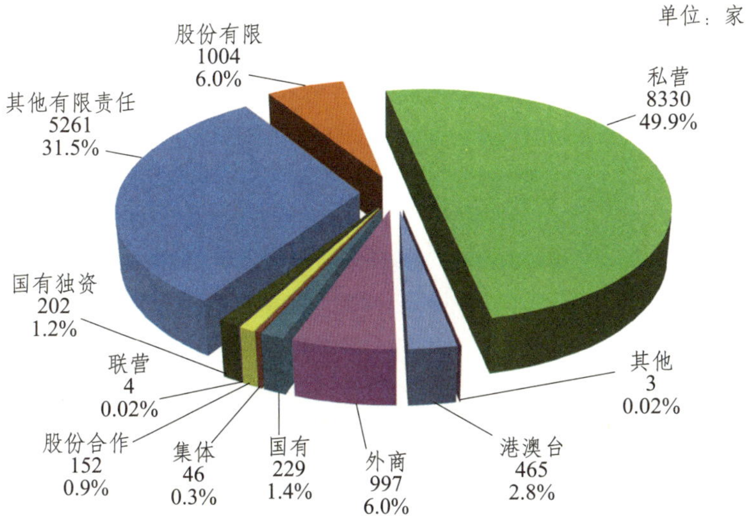

2006—2015 年中关村示范区年收入规模亿元以上高新技术企业统计图

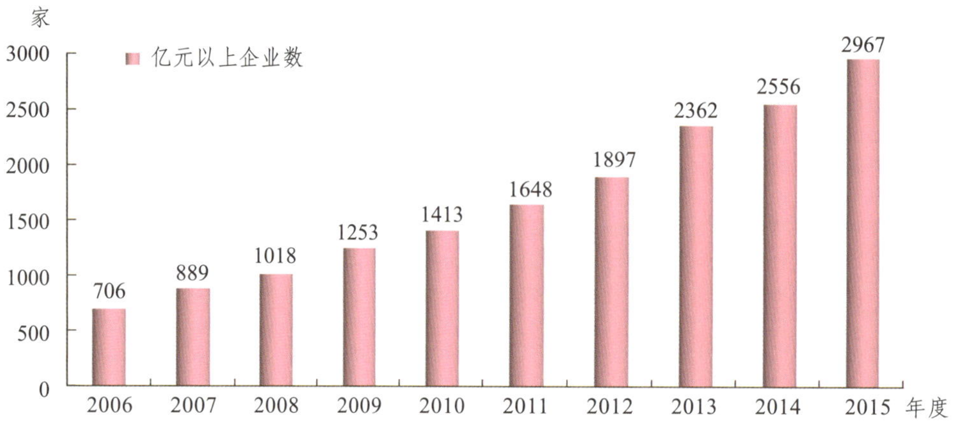

2006—2015 年中关村示范区累计上市企业统计图

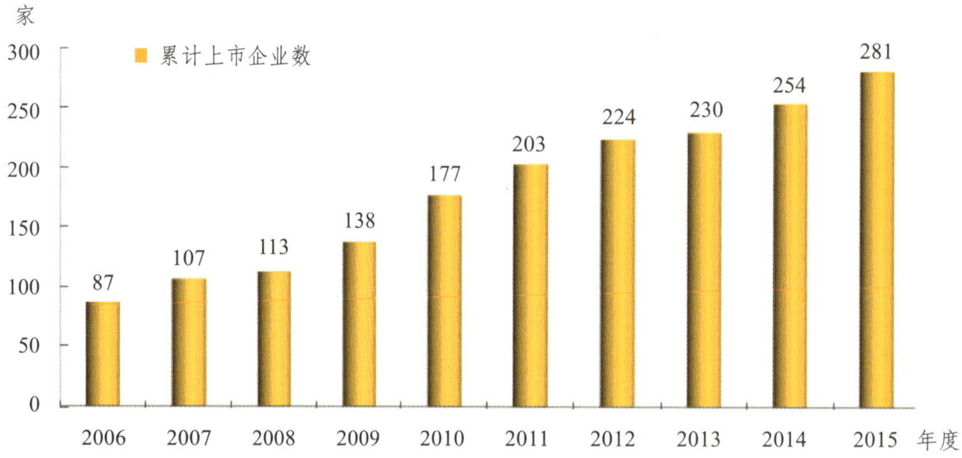

注：按照企业通过证监会发审委审核时间统计的累计数

2015 年中关村示范区创业投资占全国比重统计图

创业投资案例占全国比重

单位：起

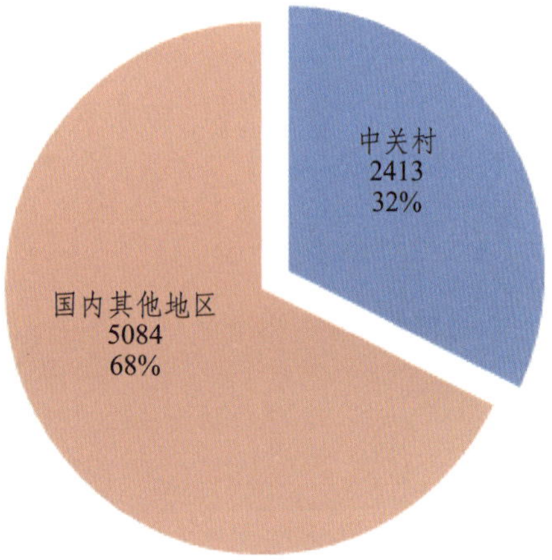

创业投资金额占全国比重

单位：亿元

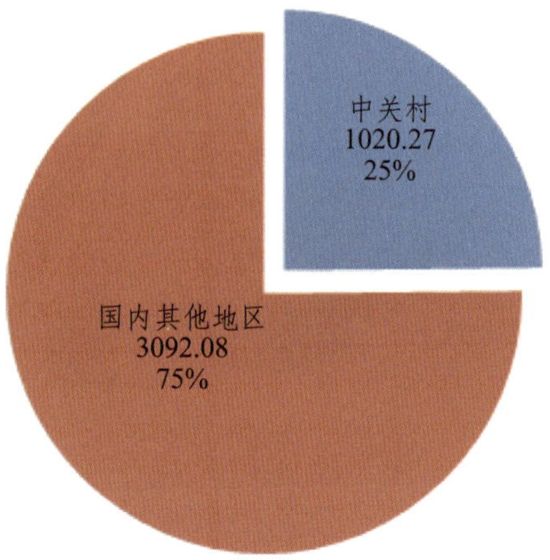

2006—2015年中关村示范区总收入及增长率统计图

2015年中关村示范区总收入统计图（按园区分组）

单位：亿元

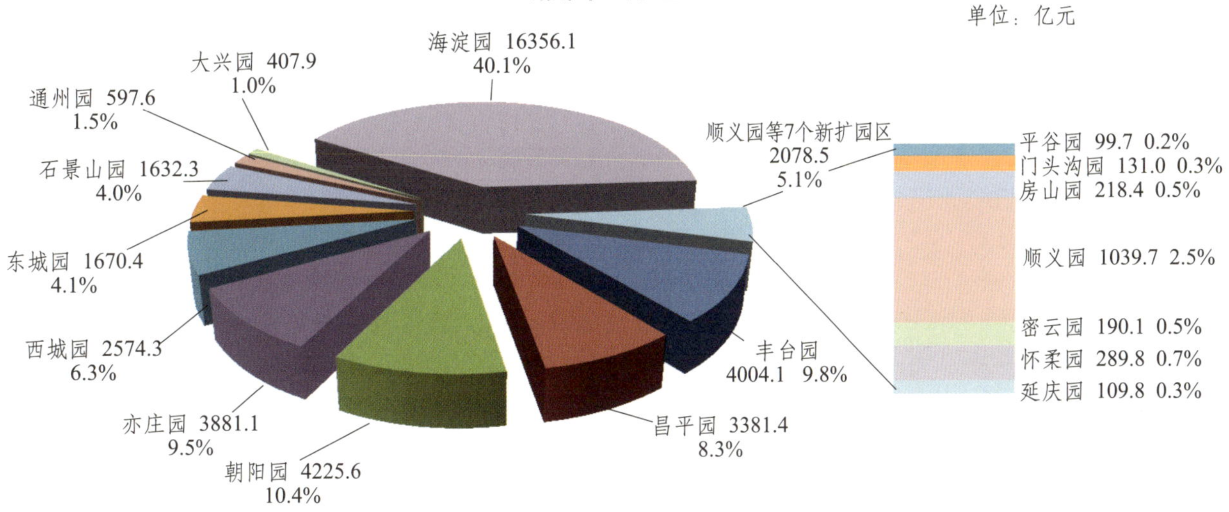

2015年中关村示范区总收入统计图（按技术领域分组）

单位：亿元

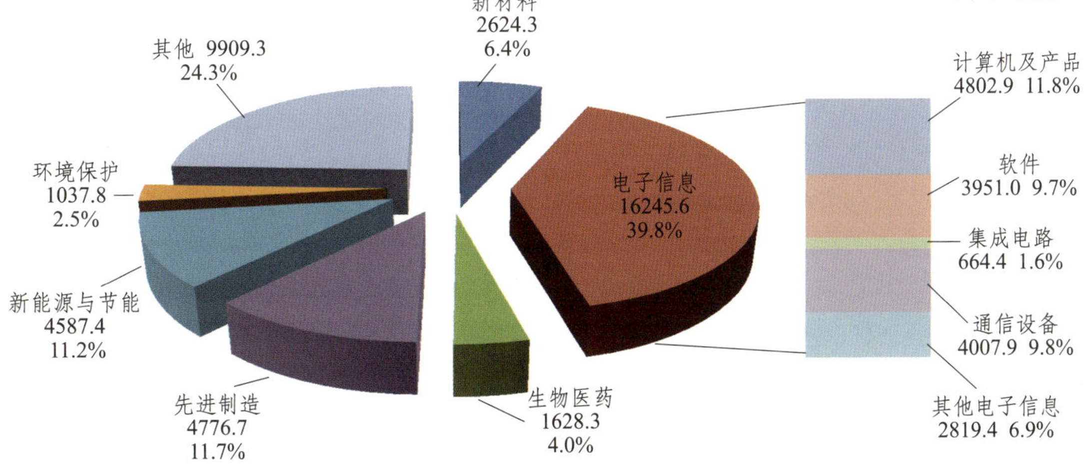

2006—2015 年中关村示范区总收入占全国高新区比重统计图

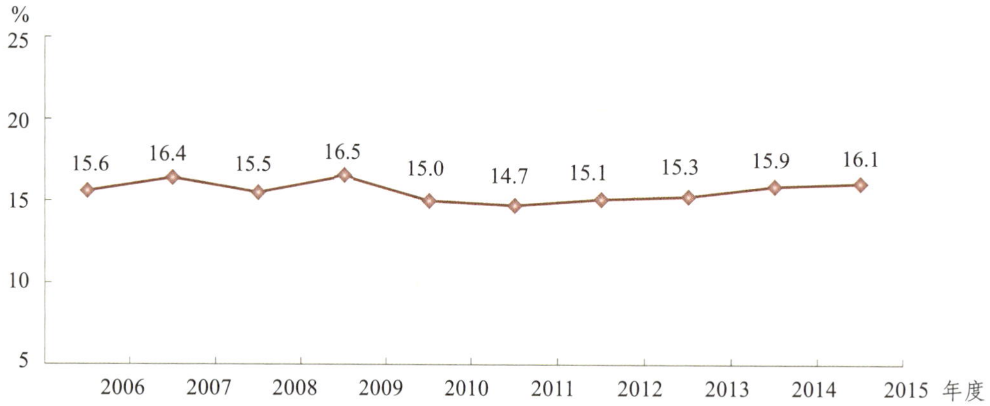

2006—2015 年中关村示范区实缴税费及增长率统计图

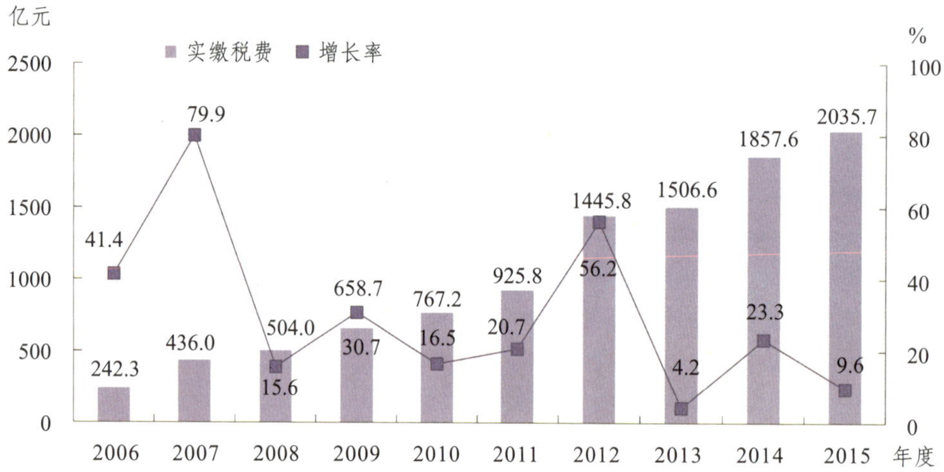

2006—2015 年中关村示范区实缴税费占全国高新区比重统计图

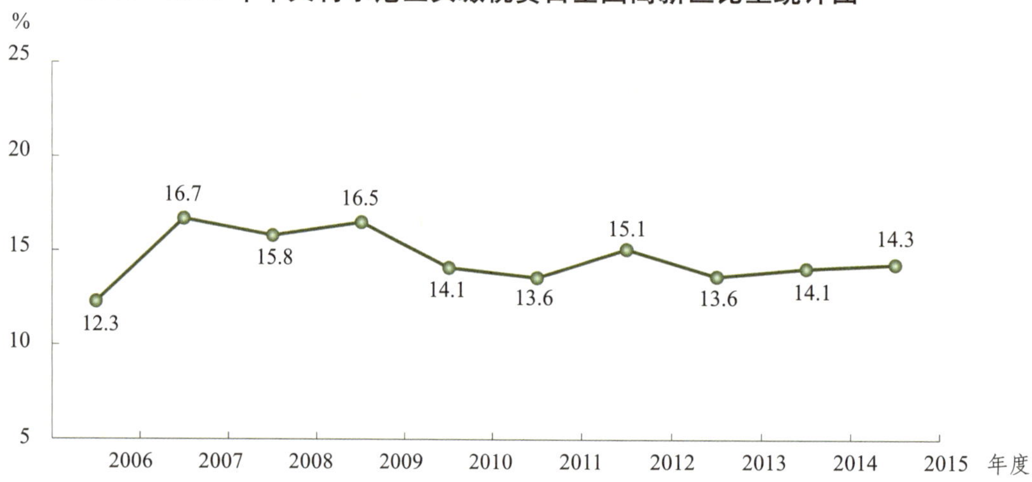

2006—2015 年中关村示范区增加值及占北京市比重统计图

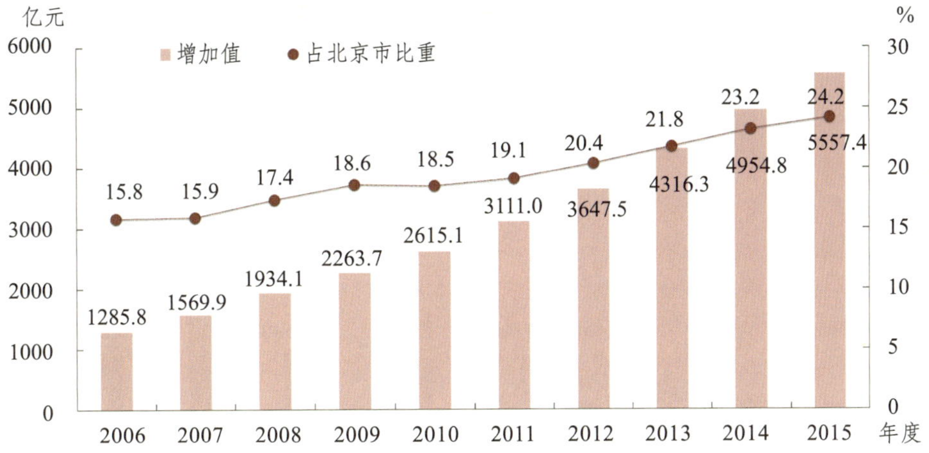

2009—2015 年中关村示范区企业科技活动经费支出总额及占总收入比重统计图

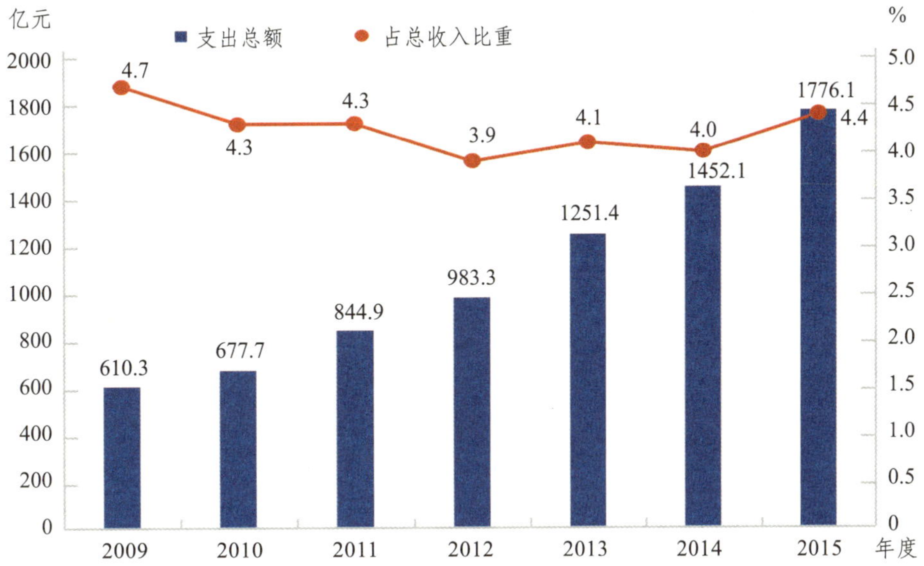

2015 年中关村示范区技术交易流向分布统计图

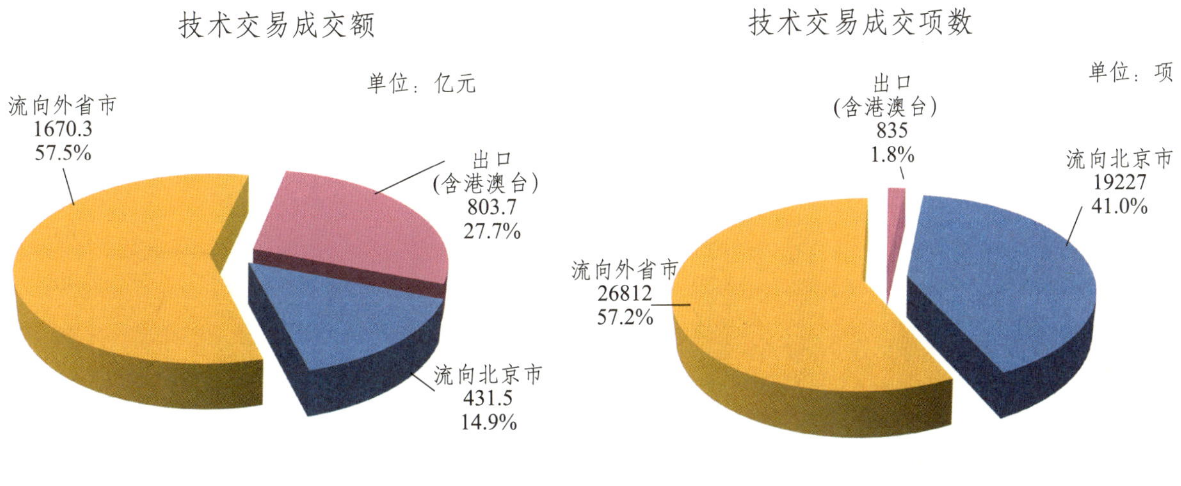

2006—2015 年中关村示范区企业专利申请量与授权量统计图

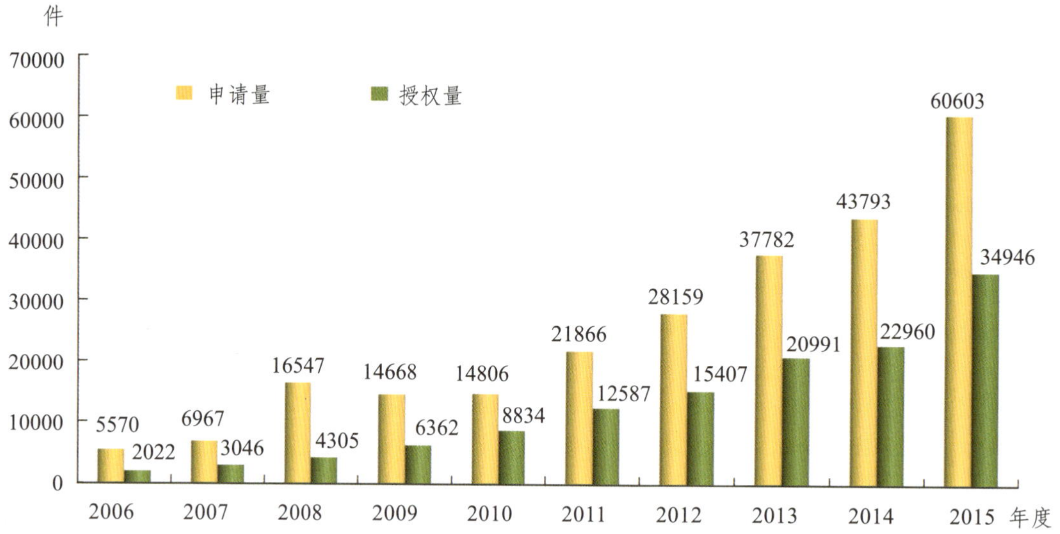

2006—2015 年中关村示范区企业万人拥有发明专利申请量与授权量统计图

2006—2015 年中关村示范区出口总额及增长率统计图

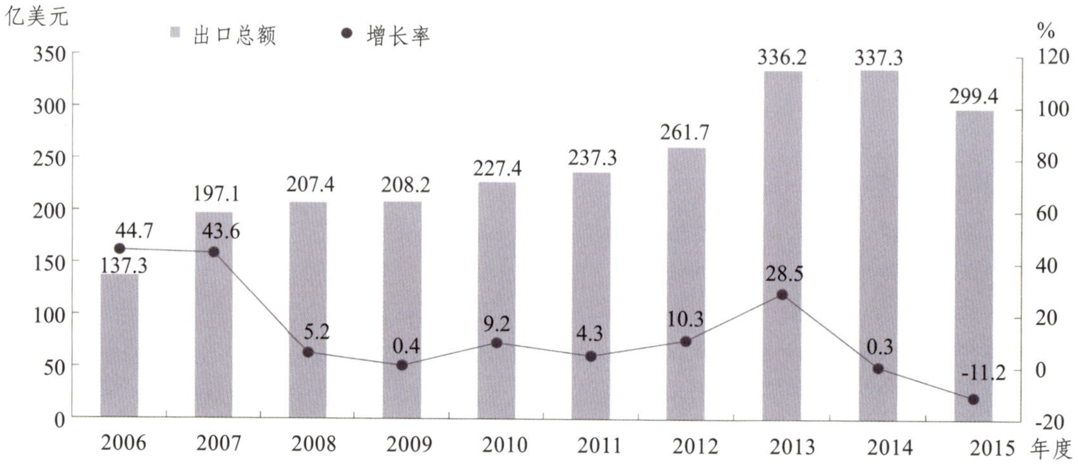

中关村
Z-Park
ZHONGGUANCUN SCIENCE PARK

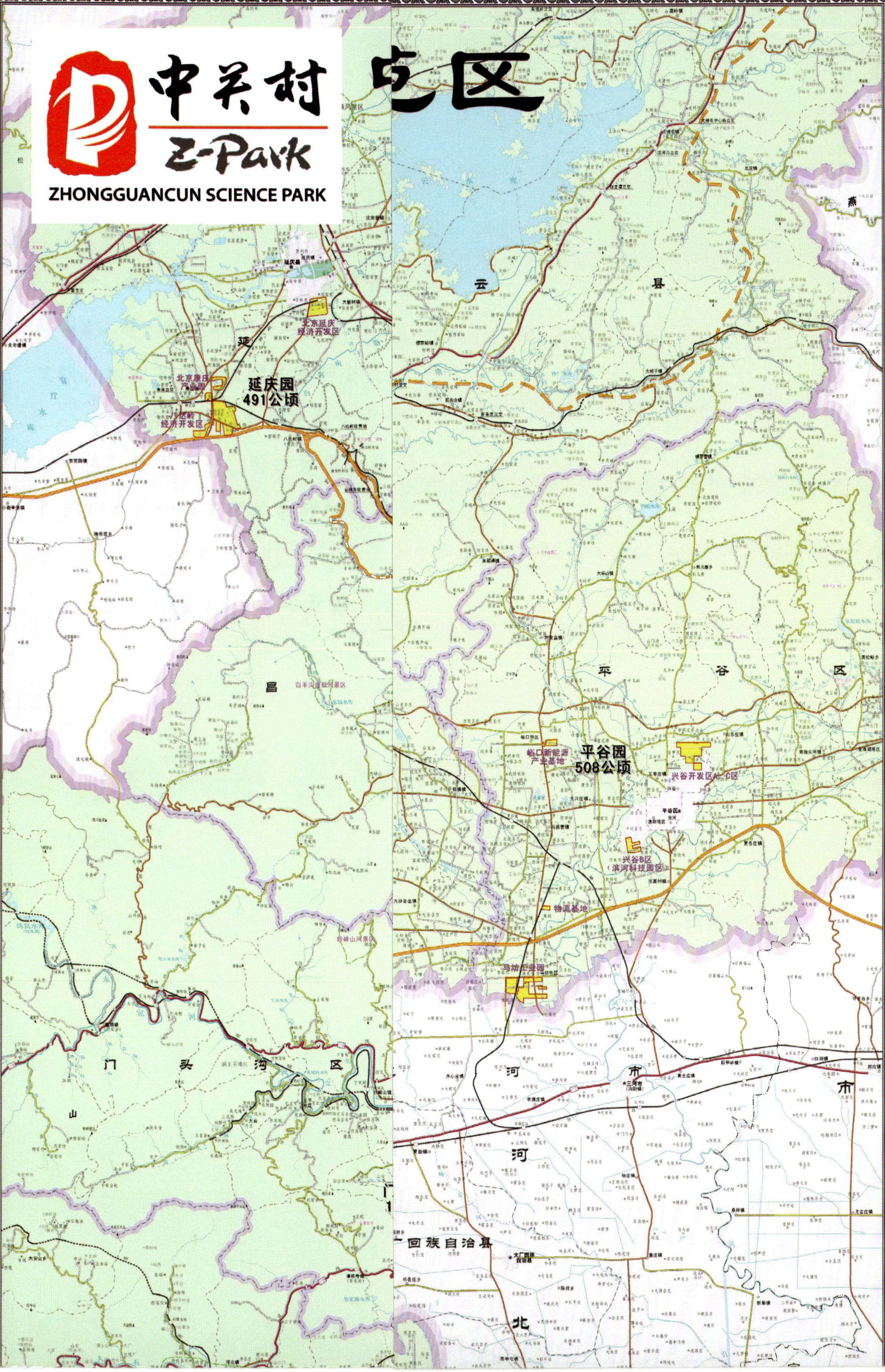

八、选入本年鉴的文章和条目，均由《中关村年鉴》参编单位确定的专人负责撰写或提供，稿件均经所在单位主管负责人审核。

九、统计资料由北京市统计部门、中关村科技园区管理委员会和各园区管理委员会的统计部门提供。书中部分数据合计数或相对数由于计量单位取舍不同，分项之和未必等于总计，分项占比合计未必等于100%。

十、为便于读者查阅，本年鉴卷首设有“目录”，卷末设有“索引”。“索引”分为主题词、机构名称和条目标题3类。

十一、本年鉴设有国家部分机构、北京市部分机构全称简称对照表，所有简称均按有关部门规定，规范使用。中关村国家自主创新示范区、中关村科技园区管理委员会在文内均简称为“中关村示范区”“中关村管委会”。

十二、本年鉴记述2015年1月1日至12月31日期间情况，凡2015年的内容，均直书月、日，不再写年份。文内“年内”一律指2015年，涉及其他年份的时间均标明年份。

十三、本年鉴除印刷出版纸质文本外，还出有电子版本。电子版刊载在中关村示范区官网的“中关村志鉴”平台（yqz.zgc.gov.cn）上。

目录 Contents

特载·专文

大事记

概　况

综合管理

多园格局

产业发展

重大创新成果

基地建设

科技金融

人才特区

创业服务

知识产权与标准化

合作与交流

社会组织

统计资料

附　录

索 引

目 录 Contents

Special Issues and Special Articles

Chronicle

Overview

General Management

Sub-Parks

Industry Development

Major Innovative Achievements

Base Construction

Sci-tech Financing

Special Talent Zone

Entrepreneurial Service

Intellectual Property and Standardization

Cooperation and Exchange

Social Organizations

Statistics Data

Appendix

Index

特载·专文

Special Issues and Special Articles

本栏目主要刊载国务院以及国务院所属相关部委，中共北京市委、北京市政府印发的指导中关村国家自主创新示范区发展的文件；中央和北京市领导以及中关村管委会主要领导的讲话和文章；反映中关村示范区上一年度发展变化的“中关村指数”等专文。

国务院总理李克强给清华大学创客的信

清华大学的学生创客们：

五四青年节前，收到你们的来信，被你们的活力所感染，更为你们的创新精神所打动。创客将奇思妙想转化为现实产品，这与刻在你们校园日晷上“行胜于言”的校风相得益彰。毫无疑问，学习是学生第一位的任务。我希望当代大学生要有钻研学问的精进态度，学好基础知识，提高基础本领，筑实基础研究，在学习中不仅要向书本学习，也要向实践学习。与此同时，也应鼓励勇于打破常规创新创业的开拓精神。

“大众创业、万众创新”，核心在于激发人的创造力，尤其在于激发青年的创造力。青年愿创业，社会才生机盎然；青年争创新，国家就朝气蓬勃。

我很欣赏你们信中所说的，在创客的时代，创造不再是少数人的专业，而是多数人的机会。政府将会出台更多的积极政策，为“众创空间”清障搭台，为创客们施展才华、实现人生价值提供更加广阔的舞台。

希望你们不断丰富创客文化，把创客种子在更大范围播撒开来。有机会我会去清华大学看望你们的创客团队。向老师和同学们问好！

李克强

2015 年 5 月 4 日

在中关村国家自主创新示范区 2016 年园区工作会暨双创经验交流会上的讲话

北京市副市长　隋振江

（2016 年 2 月 26 日）

2015 年，创新发展的新成就标志着示范区“十二五”时期各项任务圆满收官。在过去 5 年里，中关村率先建设国家自主创新示范区，初步建成具有全球影响力的科技创新中心，在近 30 年的发展历程中具有非常重要的意义。习近平总书记“9·30”讲话明确指出，“中关村已经成为我国创新发展的一面旗帜”。这些成绩的取得得益于党中央、国务院的亲切关怀，中央和国家相关部委的支持帮助；得益于市委、市政府的坚强领导，全市各部门、区县和各分园的共同努力；得益于示范区企业、高校院所、服务机构、社会组织等各方面创业创新主体的奋力拼搏。这些成绩来之不易，要倍加珍惜。

中关村的工作在国家战略和首都发展全局中占有重要位置。

2013 年政治局集体学习时，就是在这个会议室，总书记明确要求：“面向未来，中关村要加大实施创新驱动发展战略，加快向具有全球影响力的科技创新中心进军，为全国实施创新驱动发展战略发挥更好的示范引领作用。”两年前的今天，习近平总书记视察北京工作时，进一步明确了北京全国科技创新中心的战略定位，为示范区发展指明了方向。李克强总理去年先后两次到中关村，特别是在“双创周”期间亲自出席活动，并在开幕式上做重要讲话，为中关村和全国创新创业提出了新的希望和要求。

前天，郭金龙书记、王安顺市长用一整天时间在海淀区调研。郭书记强调，抓好总书记“2·26”讲话精神和京津冀协调发展纲要的深入学习贯彻，始终是全市工作的主线。要持续把学习贯彻总书记北京重要讲话精神引向深入，要通过全面深化改革，有效推动工作，坚持问题导向，不断深化重要领域和关键环节改革，加快构建有利于科学发展的新体制、新机制，要通过改革激发红利，依靠改革疏解功能，依靠改革破解难题，要着力在融合协同上下功夫、做文章，要整合资源，主动对接，拓宽视野，开放合作，搭建平台，优化服务，构建区域融合发展的新格局。王安顺市长强调，推动科技创新要继续建设好中关村核心区，加快构建“高精尖”经济结构，做好创新创业服务，要有序疏解非首都功能，要通过疏功能减人口，坚定不移地把不符合首都城市功能定位的产业有序疏解出去，要注意工作方式方法，处理好人口调控与人才引进的关系。

市委十一届九次全会在部署今年重点任务时要求，要坚持创新驱动，增强发展新功能，加快疏功能、转方式、治环境、补短板、促协同，要着力从供需两侧推动结构性改革，加快构建“高精尖”经济结构。在刚刚闭幕的北京市“两会”上，王安顺市长做政府工作报告时也指出，要发挥创新激励经济增长的“乘数效应”，率先形成以创新为引领和支撑的经济体系和发展模式。要推进新出台一批支持中关村全面创新改革的试点政策，推动中关村科学城、未来科技城、怀柔科学城建设，高水平建设中关村大街。

这些重要讲话精神、重大部署、重要指示，我们要逐条细化分解，不折不扣地贯彻。为了落实好这些部署和要求，我再强调几点。

一、中关村今年主要工作还是要抓改革

一是要切实落实好已有的改革举措。今年是我们各项改革措施抓落实的一年。习近平总书记就落实改革提出了非常明确的要求，要一竿子插到底。

二是按照国家科技体制改革的顶层设计，按照全面创新改革试验的顶层设计，这些政策还要继续深化，推动新的先行先试，形成体制机制性的系统创新政策体系。中关村作为先行先试区，今年大量改革落地，中关村管委会、各分园、各相关企业协会要共同打造中关村改革设计板块，使我们的先发优势、创新优势不但要保持住，而且还要形成新模式。当然，我们不是形成政策洼地，而是要形成改革创新的高地。

三是我们的商事制度改革要尽快落地。国家给了改革政策，要落实好，而不受制于某一个领导、某一个办事员认识的局限，一个窗口的局限，主要在落实。确实别小看，几证合一，就是要真正合起来，去年已经取得了很大的进展。

四是医药制度改革。医药是我们的一个大风口，要支持有条件的园区特别是高新技术园区积极承接新药改革试点。当然也需要市局积极落实，国家局进一步给予指导。

总之，深化全面创新改革既是我们的责任，也是我们的机遇。今年，打造中关村制度创新升级版是我们落实科技体制改革的一个重要平台，也是重要窗口。

二、要重点抓好平台建设，不断地提升园区的创新能力

一是要抓高点又要抓多点平衡，加强园区协同发展的态势。各分园要自己先协同起来，进一步带动好京津冀的协同。

二是要抓创新服务，做到从0到1，从1到10。现在创新产业、“高精尖”产业集群在形成，可以直接通过创新平台引领这些创新要素形成化学反应。

三是要进一步往高走，形成辐射引领。分园要形成各自特色。在人员规模、资源规模扩大的情况下，产业能力要进一步增强，郊区各园，特别是拓展新区、涵养区，这些园要各具特色，积极对接全市科技创新资源。分析本区特色，弄清楚，把它发挥好。要招智、招才，以聚要素、搭平台、聚人才的思路来谋划。该对接的对接，该承接的承接，该联动的联动，区域和区域之间联动，园区和园区联动，和企业联动，和平台联动。

四是郊区分园要主动承接中心区众多孵化平台的产业转移，要主动对接上。干部要过来，要了解这些信息，主动顶上去，盯上去，然后引走落地。不能光招不养，各区也要培育，外面承接的同时也要培育，因为整个成果转化过程是很长的，投入的资金已经远超实验室，真正能孵出成品级的孵化量还是不高的。所以，大家要共同来合作推动，把服务平台搭好，创新平台搭好，我们每个园区就是一个区域的创新平台，可以由若干的特色创新平台、特色企业来支撑，大家进一步做好布局。

三、抓好协同

一是央地协同。北京的资源主要是中央的创新资源，包括大学、科学院、央企，这三块资源是国家的，也是北京市的。由于国家战略引领，多年国家投入积累，形成了相当一批成果，这些成果急需要新的平台、机制承接和转移、转化。给他们搭平台，来促协同，形成“1+1大于2”，甚至“大于3”的效益。这是国家大力提倡的。

二是军地协同。北京国防工业有独特优势，这不是北京市的企业，主要是国家布局，也是这些科研单位或央企。按照新一轮的军地改革，军地协同是融合改革，是国家战略，也是我们的机遇。

三是国际协同。以企业为主体的政产学研用的核心是跨界，特别是国际协同创新。现在我们在走向国际，在走向国际中我们一定要不断总结，既要看到机遇，也要把握风险，一定要做好风险管控，文化融合，特别是与外国团队的融合，能够真正把成果拿到手，机制拿到手，能够在国外国内进行承接转化，这是最终目标。各个园区在专项政策上可以有的放矢地支持一些骨干企业和平台开展国际合作、国际并购，这要看清楚，方向要明确。协同是我们的大风口。

四、抓好主体，服务好主体

这个创新主体是谁？在这里特别强调我们的主体是企业，今天各个协会和企业代表来，特别是中关村民营企业，这是非常宝贵的力量，是我们 30 年改革积累的力量。我们具有世界影响力的企业还是凤毛麟角，中小微企业是大多数，怎么样逐渐形成我们具有世界影响力的产业集群，由大企业协同一批配套的中小企业，各有分工，尤其是大企业的引领作用。成长型企业带动作用要发挥，要成为园区工作的重点，要盯住，你的服务要有方向，做好整体服务，打造像空气和水一样公平的环境。成长过程中，我们要随时识别团队中的黑马、快马、壮马，加以重点再跟进服务，形成引领性的集群优势。要围绕主导产业、主要企业、主要平台重点配置要素，形成由小到大的趋势。当然，主要要靠市场手段，用市场手段，通过股权投入，财政给予一定的支持来实现，通过一定的政策服务来实现。抓好创新主体是中关村非常重要的工作。

创新驱动已成为首都经济稳增长、调结构的一个重要动力。今天的会议也是动员落实的会议，把今年的工作做好非常关键。接下来是要抓好会议精神落实，时不我待。

关于中关村示范区 2015 年及“十二五”时期创新发展情况和下一步工作安排的报告

——在中关村国家自主创新示范区 2016 年园区工作会暨双创经验交流会上的讲话

中关村管委会主任　郭　洪

（2016 年 2 月 26 日）

本次会议的主要任务是，全面贯彻习近平总书记系列重要讲话精神，深入落实党的十八大和十八届三中、四中、五中全会，中央经济工作会议，中央城市工作会议精神，落实北京市委十一届八次、九次全会和北京市“两会”精神，总结中关村示范区 2015 年各项工作及“十二五”时期创新发展情况，研究“十三五”时期示范区发展思路，部署 2016 年重点工作。

一、2015 年中关村示范区创新发展情况

2015 年，在部际协调小组支持指导下和市委、市政府坚强领导下，中关村示范区按照“三严三实”的标准和要求，全面贯彻习近平总书记系列重要讲话精神，深入落实党中央、国务院和市委、市政府关于实施创新驱动发展战略、构建京津冀协同创新共同体、建设全国科技创新中心等重大决策部署，主动适应引领经济发展新常态，坚持制度创新与科技创新“双轮驱动”，进一步释放创新创业活力，加快转型升级和动力转换，圆满完成了全年各项工作任务，形成“园园打造‘高精尖’”新局面。李克强总理一年内先后两次到中关村视察，充分肯定中关村创新创业取得的

成绩，4次对中关村报送的信息做出重要批示，首届“全国大众创业万众创新活动周”主会场活动和第32届国际科技园区协会（IASP）世界大会在中关村成功举办。

（一）创新发展取得新成效

一是战略支撑能力进一步提升。初步核算，2015年示范区高新技术企业实现总收入4.07万亿元，同比增长12.8%，利润总额和实缴税费分别增长14.7%和10.7%。高新技术企业实现增加值5557.4亿元，同比增长12.2%，对全市经济增长的贡献率达36.8%。战略性新兴产业集群收入占示范区总收入的比重达到71.6%，“高精尖”经济结构加快形成。

二是创新引领能力进一步提升。政策创新持续引领全国，70余项改革试点稳步推进。企业专利申请量突破6万件，万元增加值能耗约为全市的1/5。创业活动呈现创业社区兴起、天使投资+合伙人制+股权众筹、大企业内部创业等六大新趋势，全年新创办科技型企业2.4万家，中关村创业大街日均孵化企业4.9家，成为引领中国科技创业的新地标。成功承办首届“全国大众创业万众创新活动周”主会场活动，发布600余个创新平台和项目，参与人数超过10万人，推出的“网上会客厅”，将中关村创业服务辐射到全国。

三是辐射带动能力进一步提升。中关村核心区创新策源地功能强化，中心城区分园加快转型升级，企业总收入占示范区的比重超过70%，郊区十园着力提升创新资源承接能力，经济增速是示范区整体的2倍。跨京津冀的科技创新园区链初步形成。

四是国际影响力进一步提升。企业“走出去”进程不断加快，领军企业加速海外布局，带动更多中关村企业在海外设立研发中心、孵化器、投资基金，开展海外并购。示范区企业累计在海外设立分支机构571家，全年以中关村企业为主发起海外并购36起，同比增加15起，并购金额525.5亿元。

（二）采取的重点工作举措

一是打破体制机制束缚，释放创新创业活力。坚持全面创新改革，积极参与并承接全面创新改革顶层设计，会同市发展改革委等部门成功争创京津冀全面创新改革试验区，开展大众创业万众创新综合改革试点获得发展改革委批复。原有先行先试政策深化落实，尤其是实施科技成果使用、处置、收益权改革，为国家修订《促进科技成果转化法》提供了决策支撑。一系列政策创新取得新突破，在市领导和人才工作领导小组亲自推动下，会同市公安局等部门，争取公安部推出了开通申请永久居留“直通车”、设立审批服务窗口等20项外籍人才出入境管理政策，为全国外籍人才管理力度最大的制度创新；会同市食品药品监管局等部门，争取食品药品监管总局批复上市许可持有人制度等12条政策；会同市工商局争取工商总局支持，出台全流程网上登记办理等19条政策；会同北京国检局、北京海关，争取质检总局支持设立了特殊物品及生物材料进出口“一站式”服务平台。

二是把握未来创新趋势，加快布局前沿技术领域。坚持创新引领战略，前瞻布局人工智能与大数据、下一代网络、集成电路设计制造与高端计算、智能机器人与工业控制、免疫靶向与基因治疗等十大前沿技术领域。发掘支持百度无人驾驶汽车、商汤计算机视觉、中航石墨烯、科兴手足口疫苗等重大创新成果。截至2015年底，企业累计创制国际标准184项，在人工智能、移动互联网、高端显示等领域逐步掌握话语权。

三是精准制定新兴产业政策，构建“高精尖”经济结构。出台大数据、智能硬件、集成电路设计、生物医药、医疗器械等产业政策，率先在全国实施十大“互联网+”创新工程，引领高端产业呈现新特征：一是互联网和大数据促进各行业转型升级，用友、金山、广联达等传统软件企业以“互联网+”、大数据为突破口拓展新领域、开展新业务，成功实现转型升级；二是前沿技术研发、商业模式创新、科技金融创新相结合，催生以共享经济为代表的新经济、新业态，创造了新需求、新就业和新价值，滴滴出行、58同城、美团等企业成为中国共享经济的代表；三是制造业服务化趋势凸显，利亚德、中国普天、北斗星通等一批制造企业转型成为“综合服务提供商”。

四是统筹提升园区创新功能，引领构建京津冀协同创新共同体。推动有序疏解非首都功能，各分园疏解项目207个，疏解人员2.3万人，盘活存量土地294公顷。优化提升首都创新功能，支持核心区改造中关村大街，带动城六区分园开展“双创”，会同市科委、市经济信息化委等部门协调高端项目在郊区十园落地，形成“园园打造‘高精尖’”态势。组织领军企业和联盟，对接世园会科技需求和市行政副中心规划建设。探索形成政府引导型、企业主导型、高校院所成果转移型、多主体协同型等合作模式。推动打造跨京津冀的园区链，聚焦“4+N”，制定天津滨海—中关村科技园共建方案，与石家庄、保定、唐山等市围绕集成电路、循环经济开展产业对接和项目合作。支持中发展集团设立中关村协同发展投资有限公司和中关村协同创新投资基金，支持中国技术交易所建设京津冀技术交易平台。企业累计在津冀设立分公司逾2000家。

五是构建“联合治理”格局，优化创新创业生态系统。加强政府引导作用，在科技部火炬中心支持下，实施“创业中国”中关村引领工程，创业服务机构在16个分园实现全覆盖。加快中关村人才管理改革试验区和国家科技金融创新中心建设，已聚集“千人计划”人才1091人，占全国21%；发挥市场主导作用，天使投资和创业投资案例分别占全国42.7%和32.2%，均居全国第一，众创、众包、众扶、众筹服务平台纷纷涌现。重视社会各方参与，听取采纳人大代表、政协委员、企业家顾委会委员意见，支持建设北京大数据研究院等协同创新平台、中关村股权众筹联盟等创新型组织，产业联盟、行业协会等社会组织超过200家。

六是打造链接全球创新网络的关键枢纽，提高全球创新资源配置能力。在全球坐标系中找准定位，搭建国际合作平台，高水平承办第32届国际科技园区协会（IASP）世界大会，48个国家的近700名代表参会，32个国际合作项目签约，是IASP有史以来规模最大的一次年会。搭建国际孵化和资本运营平台，成立中关村硅谷创新中心，已有6个项目入孵及8个项目入驻；设立斯坦福中关村国际技术转移基金，已累计投资项目24个，投资金额超过3000万美元。

二、“十二五”时期中关村示范区创新发展的成效

“十二五”时期是中关村发展历程中不平凡的5年，是中关村率先建设国家自主创新示范区、推进体制机制改革和政策先行先试、推动创新发展格局发生重大变化的5年。特别是在中关村发展的关键历史时期，2013年9月30日，中央政治局在中关村举办第九次集体学习活动，习近平总书记发表重要讲话，指出中关村已经成为我国创新发展的一面旗帜，面向未来，要加大实施创新驱动发展战略力度，加快向具有全球影响力的科技创新中心进军，为全国实施创新驱动发展战略发挥更好的示范引领作用。

习近平总书记的重要讲话，为中关村创新发展指明了方向。5年来，中关村示范区深入贯彻落实党中央、国务院和市委、市政府一系列重大决策部署，坚持发挥市场在资源配置中的决定性作用和更好发挥政府作用，瞄准到2020年“率先建成具有全球影响力的科技创新中心”的战略目标，当好主战场、排头兵和先遣队，积极探索中国特色自主创新道路，创新发展迈上了新台阶，初步建成了具有全球影响力的科技创新中心。

（一）在工作举措上，着力推动了“十件大事”

一是推动中关村示范区条例立法，发布实施《中关村国家自主创新示范区条例》。贯彻落实国务院批复的《中关村国家自主创新示范区发展规划纲要（2011—2020年）》，并争取将中关村的建设写入了国家“十二五”规划纲要和京津冀协同发展规划纲要，为示范区发展建设提供了法治保障和规划指导。

二是成立了由中央19个部门和北京市30余个委办局共同组建的中关村创新平台，形成了跨层级、跨部门的协同创新组织模式。落实国务院“1+6”“新四条”“新新四条”系列先行先试政策，其中，科研项目经费管理改革、研发费用加计扣除、中小企业股份转让系统等10余项试点政策在全国推广。出台实施“京校十条”“京科九条”等市级创新政策，发布系列实施细则，逐步形成促进科技创新及产业化的政策框架体系，探索形成了一批可复制、可推广的经验。

三是争取国务院批复同意中关村空间规模和布局调整，空间规模由232.52平方公里调整为488平方公里，形成一区多园、各具特色、重点建设“两城两带”的发展格局。

四是建立部市会商工作机制，与科技部、财政部等国家部委探索建立了支持战略性新兴产业重大项目“直通车”绿色通道，开展中关村现代服务业试点。与中科院建立院市合作机制，形成了重大项目支持合力。

五是在中组部、发展改革委等15个部委支持下加快建设中关村人才特区，实施13项特殊政策，开展高端人才发展机制创新。在“一行三会”等9部委支持下建设国家科技金融创新中心，设立中国人民银行中关村支行，建立天使投资、创业投资、境内外上市等10条投融资渠道，开展境外并购外汇管理、互联网金融、股权众筹、融资租赁等创新试点。

六是建立军地会商机制。与5家军事大单位签署战略合作协议，中关村军民融合科技创新示范基地建设写入了国务院和中央军委印发的《统筹经济建设和国防建设“十二五”规划》，加强了军地协同创新。

七是完善央地协同创新机制。与中科院、北大、清华等50余家高校、院所共建中关村科学城，与神华集团等24家中央企业共建未来科技城，支持48个新型产业技术研究院和特色产业创新园项目建设，打造具有国际影响力的大型企业集团技术创新和成果转化基地。

八是建立全市重大科技成果产业化的资金统筹机

制，市财政每年安排100亿元统筹资金，聚焦支持国家科技重大专项、重大科技基础设施和重大科技成果产业化项目，探索推进股权投资与股权激励、项目经费管理改革试点政策的结合，加强战略性新兴产业集群“创新引领”。

九是发布实施中关村战略性新兴产业集群创新引领工程（2013—2015年），提出了培育“641”战略性新兴产业发展格局。联合科技部火炬中心发布实施《国家高新区互联网跨界融合创新中关村示范工程（2015—2020年）》《“创业中国”中关村引领工程（2015—2020年）》，率先在全国实施十大“互联网+”产业创新工程和七大创业工程，加强对全国产业转型升级和创新创业的示范引领。

十是推动重组设立中关村发展集团，运用市场手段加大市级层面创新资源统筹力度；建成中关村国家自主创新示范区展示中心，搭建创新成就展示窗口和平台。

（二）在发展成效上，实现了“四个新突破”

一是引领首都创新驱动发展实现新突破。高新技术企业总收入比2010年翻一番，年均复合增长率超20%，实现增加值占全市GDP比重提高6个百分点，对全市经济增长的贡献率提高19个百分点；企业专利申请量较2010年翻两番，创制标准增长26%；战略性新兴产业占比保持在65%以上，“高精尖”经济结构加快形成。在首都创新发展战略中的作用逐步实现由“示范引领”向“引领支撑”的转换。

二是体制机制改革和政策创新实现新突破。实施了以“1+6”“新四条”为代表的一系列改革试点，围绕科技成果转化、人才管理服务、科技金融创新、工商登记注册制度、出入境检验检疫等重点领域开展政策先行先试，不断加强创新改革的顶层设计，全国创新改革“试验田”和“排头兵”作用更加突出。建立了部市会商、院市合作、军地融合创新等工作机制，改革的系统性、全面性和部门联动性更加突出，逐步实现由单一领域、碎片化改革向系统性全面创新改革的转变。

三是构建创新创业生态系统实现新突破。探索形成了由六大要素、三大环境构成，以要素聚合、主体协同、文化融合、内外运行有序为特征的创新创业生态系统。全国80%的天使投资人活跃在中关村，披露的创业投资案例和金额占全国40%以上，“90后”创业者、领军企业骨干创业者、连续创业者组成了新的创业大军，创新工场、车库咖啡、36氪、微软加速器、“YOU+”青年创业社区等创新型孵化器纷纷涌现，引领全国科技创新创业进入新时代。

四是在提升对外辐射和全球影响力方面实现新突破。每年80%的技术合同成交额辐射到京外乃至海外，上市公司营业收入3/4来自京外地区，半数左右由中关村企业发起或主导的产业联盟吸纳了京外地区成员。小米、滴滴、58同城等企业在中关村诞生并迅速成长，成为移动互联网和分享经济时代的领跑者。百度、京东入围全球互联网公司十强，联想、中芯国际、紫光、京东方等企业跻身所在领域世界前列。

（三）在发展方式上，形成了“六大转变”

一是在发展态势上，从科技创新和新兴产业发展“跟跑者”转变为不同领域“跟跑者”“并跑者”，甚至局部领域“领跑者”并存。二是在功能要求上，从建设科技体制改革试验田、高新技术产业基地、初步建成具有全球影响力的科技创新中心，转变为推进全面创新改革试验、打造国家创新平台和新经济的强大引擎、率先建成具有全球影响力的科技创新中心。三是在目标体系上，从注重产业规模壮大、产业结构调整，转变为更加注重创新对供给侧结构改革的支撑作用。四是在路径选择上，从科技创新主要依靠释放体制活力、培育市场动力，转变到更加依靠需求拉动、创业带动、资本驱动和服务促进。五是在环境营造上，从着力构建区域性创新创业生态系统，转变为着力推动构建跨区域创新创业生态系统、主动融入全球创新网络并成为关键枢纽。六是在创新治理体系上，从政府规划为主，转变为政府引导、市场主导、社会参与的联合治理格局。

中关村示范区2015年工作成效来之不易、“十二五”时期取得的巨大成就来之不易，是部际协调小组各成员单位大力支持的结果，是市委、市政府坚强领导的结果，是各相关委办局、各区及分园、中关村发展集团通力合作的结果，更是各创新创业主体奋力拼搏和艰辛付出的结果。值得一提的是，在不久前全市市级行政机关和区政府绩效考评会议上，许多市政府部门和区政府在述职报告中特别提到了中关村示范区相关工作，社会各界、新闻媒体始终对中关村创新发展给予极大的热情和关注。在此，我代表中关村管委会向大家表示衷心感谢！

在取得成绩的同时，我们清醒地认识到中关村创新发展还面临着一些问题和挑战：一是制约创新创业的体制机制障碍还不少，国际一流的创新创业友好环境尚未完全形成；二是具有全球影响力的重大创新成果、创新型企业、领军人才还偏少，整合利用全球高端创新资源的能力不强，支持企业国际化发展的有效途径不多；三是统筹协调发展机制还不完善，一区多园和京津冀功能互动、梯次布局的科技园区链尚未完全形成。如何解决这些问题，正是我们下一步工作的主攻方向。

三、“十三五”时期中关村示范区创新发展的总体思路

“十三五”时期，是中关村率先建成具有全球影响力的科技创新中心的决胜时期。面对新一轮科技革命和产业变革潮流，世界各国科技创新和产业创新竞争更趋激烈，国家推进“四个全面”战略布局和实施创新驱动发展战略、京津冀协同发展战略，北京建设国际一流和谐宜居之都，都把科技创新摆到了发展全局的核心位置，这对中关村来说，既提出了更高要求，更是难得的重大历史机遇。

根据市委、市政府要求，我们于2014年10月底启动了示范区“十三五”时期发展规划的研究、编制工作。目前，整体工作扎实有序推进，已经形成规划文本（第四稿），还在反复征求各方面意见建议、不断修改完善之中。对于未来5年示范区创新发展的总体思路，我们的初步思考和考虑如下：

（一）在战略定位和发展目标上，强化“六大功能”、紧盯“一个中心”

“六大功能”是指，进一步强化中关村全球高端创新资源配置中心、原始创新重要源头和自主创新主要策源地、科技创业首选地、新经济引领地、制度创新示范地、创新思想文化发源地的功能。

“一个中心”，即紧紧盯住率先建成具有全球影响力的科技创新中心的总目标，创新能力显著增强，创新质量明显提高，创新环境更加优化，科技创业高度活跃，重点区域协同创新格局形成，对全国特别是京津冀创新共同体的创新引领能力进一步提升，全球创新影响力进一步显现。到2020年，实现中关村高新技术企业总收入规模达到10万亿元，形成2～3个拥有技术主导权的产业集群，培育出一批国际知名品牌和具有较强国际竞争力的跨国企业，形成若干世界一流大学和科研机构，培养和聚集一批优秀创新人才特别是产业领军人才，为北京建设全国科技创新中心和建设创新型国家提供强力支撑，为全国实施创新驱动发展战略发挥更好的示范引领作用。

考虑数据的可获得性、可靠性等因素，初步考虑构建了由创新能力、创新质量、创新环境、科技创业、协同发展、全球竞争力等6个方面的发展规划目标体系，实现与北京建设全国科技创新中心发展目标的有效衔接。

（二）在发展路径上，坚持“六大原则”

一是全球视野。坚持对标全球创新坐标系和立足国家创新战略需求相统一，着力增强全球高端创新资源配置能力，提升在全球创新网络中的影响力和话语权，高起点、高标准谋划和推动中关村创新发展。

二是创新引领。坚持前沿、高端标准定位，准确把握全球创新未来趋势和国家重大战略需求，着力增强创新驱动发展能力，当好新经济的发动机，引领首都、京津冀乃至全国经济社会转型升级发展方向。

三是智慧生态。坚持高端化、集聚化、融合化、低碳化的智慧生态建设原则，支持建立更高的智慧生态园区建设标准，加强信息基础设施建设和生态环境保护，努力构建“环境友好、和谐宜居”的国际一流智慧生态园区。

四是市场主导。坚持发挥市场在资源配置中的决定性作用和更好发挥政府作用，不断健全促进科技创新和新兴产业发展的市场化机制，强化企业的创新主体地位和主导作用，进一步释放高校、院所创新活力，着力营造创新创业良好环境。

五是开放融合。围绕科技创新、成果转化和产业化，大力发展多层次、多模式、市场化的融合创新平台，打造利益共同体、命运共同体、责任共同体，加强区域融合创新，推动形成“大循环”融合创新发展格局。

六是改革保障。坚持科技创新与制度创新“双轮”驱动，用制度创新释放科技创新活力，持续发挥中关村科技创新改革试验田功能，坚持问题导向和需求导向，积极探索创新驱动发展新机制。

（三）在重点任务上，聚焦“三个着力”

一是着力深化全面创新改革，打造国际一流的创新创业生态系统。深化全面创新改革试验，不断完善“自下而上提出改革需求、自上而下部署改革任务、上下左右协同推进落实”的全面创新改革工作机制。加快建设中关村人才管理改革试验区，逐步形成具有国际竞争力的人才制度优势，深化中关村国家科技金融创新中心建设，构建多元化融资渠道，建立多层次资本市场支持创新机制。不断优化创新创业服务体系，营造创新创业文化氛围，加快建立以市场需求为导向的创新创业生态环境，持续引领“大众创业、万众创新”的新潮流。

二是着力提升创新驱动发展能力，打造自主创新重要源头和原始创新主要策源地。实施知识产权和标准战略，进一步提高知识产权创造、运用、保护、管理和服务的综合能力。加强以融合创新为核心的创

新能力建设，与企业、高校、院所、央源、军源等创新源头形成更加深度的合作机制，构建并完善融合创新体系。加快培育前沿信息、智能制造和新材料、生物健康、生态环境、现代交通、新兴服务业六大“高精尖”产业，强化创新集群空间布局。统筹“一区多园”协同创新功能，实现每个园区都有“高精尖”的产业目标。

三是着力深化开放合作创新，打造链接全球创新网络的关键枢纽。引领区域协同创新，促进创新要素开放共享，推动京津冀协同创新共同体建设，共同打造协同创新网络节点，不断优化拓展产业链、园区链、创新链。加快聚集人才、技术、资本等国际化高端资源，积极瞄准、研究把握全球科技创新趋势和前沿技术开发方向，推动产生前沿性国际化创新成果，不断提升企业国际化创新能力，支持企业拓展国际市场，搭建平台实现国际化布局。

四、2016年重点工作安排

2016年是“十三五”规划开局之年，是中关村率先建成具有全球影响力的科技创新中心的关键一年。示范区将认真贯彻党的十八大，十八届三中、四中、五中全会精神和习近平总书记系列重要讲话精神，深入落实市委十一届八次、九次全会和市“两会”精神，牢固树立创新、协调、绿色、开放、共享的发展理念，聚焦改革、统筹、服务，深入落实创新驱动发展战略、京津冀协同发展战略、建设全国科技创新中心等重大部署，解放思想，敢于担当，真抓实干，扎实推进供给侧结构性改革、全面创新改革和扩大对外开放，优化创新创业生态系统，打造国家自主创新重要源头和原始创新主要策源地，抢占全球科技创新竞争制高点，为北京建设全国科技创新中心、构建京津冀协同创新共同体发挥引领支撑和辐射带动作用，实现“十三五”良好开局。

（一）深化全面创新改革

推进《京津冀区域全面创新改革试验方案》全面实施，承接国家《深化科技体制改革实施方案》和《北京市全面创新改革试验方案》的相关改革任务，积极开展中关村大众创业万众创新综合改革试点工作。会同市商务委、市工商局、市食品药品监管局、市编办、市财政局等部门，围绕开放式创新、融合创新、监管和审批制度创新等方面，深入开展北京服务业扩大开放综合试点、工商行政管理改革试点、生物医药医疗器械审评审批改革试点、“大众创业、万众创新”行政审批管理改革试点、中关村现代服务业试点等工作。

（二）深入推进中关村人才管理改革试验区建设

深化外籍人才出入境管理改革，落实人才管理改革8条措施，吸引更多外籍创新创业人才，打造具有国际竞争力的人才制度优势。依托北京生命科学研究所、北京纳米能源与系统研究所、北京大数据研究院等新型科研机构，聚集“千人计划”等国际顶尖人才（团队），鼓励各分园实施人才专项计划。在市人才工作领导小组的指导下，会同市委组织部、市人力社保局等部门，制订中关村“国际人才港”建设方案，对国际顶尖人才（团队），按照“一人一办”方式落实配套政策措施。推动各分园继续建设人才公租房，支持有条件的分园建设配套齐全的人才公寓。

（三）加快建设中关村国家科技金融创新中心

争取国务院批复互联网金融综合改革试点总体方案，支持中关村企业获得股权众筹、第三方支付、个人征信、互联网保险等试点资格或金融业务牌照。会同市金融局等部门建设完善中关村示范区互联网金融信用信息平台，开展区块链技术等金融前沿科技的应用研究。会同人民银行营管部，争取人民银行、外汇管理局支持，推动扩大中关村外债宏观审慎管理试点和境外并购外汇管理试点范围。会同北京银监局，争取银监会同意在中关村率先开展银行投贷联动试点，加快设立中关村银行。会同北京证监局，争取证监会同意中关村科技证券公司纳入首批科技证券机构试点范围，加快推动北京区域股权交易市场科技创新板和深交所中关村上市培育基地建设。会同北京保监局，争取保监会支持探索建立科技保险创新示范区，拓展保险服务科技创新的新方式、新领域。在市政府投资引导基金统筹安排下，推动设立天使投资、创业投资、海外投资等中关村投资引导基金。

（四）大力推进军民融合科技创新

与发展改革委等部委沟通对接，争创建设中关村国家军民融合创新示范区。探索开展军地共同承担武器装备科研生产重点任务试点。搭建中关村军民融合科技成果转化等服务平台，推进蓝鲸军民融合创新园、四季青军民融合产业园等特色园建设，探索建设军民融合先进项目研究机构。着力支持网信、特种机器人等军民两用科技成果产业化。

（五）提升自主创新和原始创新能力

对接中科院“率先行动”计划，促进前沿技术成果在中关村转化。加强与清华、北大、北航等央属高校对接合作，紧盯“北京高校‘高精尖’创新中心建设计划”进展，支持清华大学未来芯片技术等首批13

家“高精尖”创新中心的关键核心技术落地转化。加强与中航工业、中国船舶、中国中车等央企合作，建立中关村企业与央企合作机制。组建中关村京企云梯创新联盟，完善与市属国企创新资源对接机制。布局支持格灵深瞳和百度无人驾驶汽车、QDChip量子点芯片、旷视科技人脸识别、国承万通StepVR虚拟现实设备、麓柏科技软件定义存储、梦之墨液态金属、中科院量子通信、清华BTK激酶抑制剂类药物等一批前沿项目，打造多个具有全球影响力的技术领域。会同市知识产权局等部门建设中关村知识产权服务业集聚发展示范区，加强中关村知识产权金融创新工作。会同市质监局等部门成立中关村标准化协会，发布一批基于关键核心技术的“中关村标准”。

（六）加快构建“高精尖”经济结构

落实国家“互联网+”战略和北京实施意见，深入实施国家高新区互联网跨界融合创新中关村示范工程。落实“中国制造2025”战略和北京行动纲领，加快构建以企业为主体的产业创新体系。落实国家大数据战略，扎实推进京津冀大数据综合试验区建设。积极支持北京协同创新研究院、北京大数据研究院、天合科技成果转化促进中心等创新平台发展。在无线通信与光通信、3D打印和微纳制造、脑科学、储能等十大前沿技术领域加快布局，与海淀、丰台、亦庄、延庆等区共同研究，推进石墨烯、智能硬件、轨道交通、智能机器人、新能源等高端产业项目建设，支持产业化创新。支持大企业利用“互联网+”、大数据和前沿技术转型升级，提升大企业及其品牌的全球影响力。服务“大城市病”治理，在大气污染防治、智慧交通、垃圾污水处理等领域，支持实施一批新技术、新产品示范应用。会同市统计局开展“三新”“双创”统计监测工作，强化预测预警分析。

（七）持续优化创新创业生态系统

推进“一城三街”建设，建设新中关村大街，打造辐射带动全国众创空间的新地标。支持大企业和产业联盟建设“双创”平台，构建开放共享、协同创新、融合发展的创业生态圈。支持郊区分园建设创新型孵化器和“双创”社区，为郊区发展“高精尖”产业提供支撑。支持在海外设立跨境创业服务机构，加强与美国、英国、德国、以色列、芬兰以及东南亚等国家和地区的创新主体合作，支持国际知名孵化机构在中关村设立分支机构，实现全球平行、同步孵化。承接落实好全国“双创周”活动，支持举办国际性创业创新大赛，继续开展中关村大数据日、中关村品牌推介系列活动。会同市民政局等部门建立示范区社会组织诚信体系，支持各类社会组织在产业促进、行业政策研究、科技成果转化等方面发挥作用。

（八）推动“一区多园”统筹协调发展

围绕分园定位和特色产业发展方向，对接相关创新资源和重大项目。会同市发展改革委、市规划委、市建委等部门，加强对分园规划建设总体引导，布局建设一批协同创新中心、科技新城、特色园区和创新创业社区，提升基础设施和公共服务能力。支持东城园打造版权交易产业链；支持西城园推进北京“设计之都”核心区建设；支持朝阳园推进大望京科技商务创新区建设；支持海淀园推进中关村科学城建设；支持丰台园建设中国铁路通信信号产业园和国家应急产业示范基地，探索建立石墨烯产业创新中心、组建中关村石墨烯产业联盟；支持石景山园建设北京保险产业园；支持门头沟园承接3D打印、智能机器人项目；支持房山园承接智能电动车、工业互联网和智能制造项目；支持通州园建设国家现代农业科技城种业交易中心项目；支持顺义园建设国家第三代半导体联合创新基地；支持大兴园建设中关村医学工程转化中心英才产业园；支持亦庄园推进中芯国际三期、奔驰发动机二期、新能源汽车产业园等项目；支持昌平园建设国家蛋白质科学基础设施北京基地（凤凰工程）；支持平谷园推进北京通用航空科技创新园建设；支持怀柔园推进纳米科技产业园建设；支持密云园推进北京智能装备协同创新中心、北京未来网络科技高精尖创新中心建设；支持延庆园承接能源互联网、生态农业项目；支持符合条件的分园开展国家新型工业化产业示范基地创建工作。会同市国土局，争取国土资源部等部委支持中关村开展促进大众创业万众创新用地试点，通过转让、合作开发、委托开发等方式，提高腾退空间盘活利用效率。推动建立一区多园统筹协同发展利益协调等机制，提高产业承接能力和优质资源吸引能力。深化企业融合服务平台等项目的推广应用，推动中关村服务总线系统集成等新建项目实施，持续推进“智慧中关村”示范试点项目。

（九）构建京津冀协同创新共同体

发布实施《中关村京津冀协同创新共同体建设行动计划》，聚焦三轴和“4+N”重点区域，深化园区合作，实施政策先行先试、创新社区共建、新兴产业协同培育、“互联网+”和新技术新产品示范应用、京津冀人才圈建设、金融服务一体化六大工程。推动打造以“中关村数据研发运营服务—承德、张家口数据存储—天津数据装备制造”为主线的京津冀大数据走廊。全面启动天津滨海中关村科技园建设，与石家庄正定共同推进集成电路、智能制造产业对接协作，与保定、宝坻共同推动创新创业资源的优化配置，与曹妃甸开展绿色生态循环技术示范推广合作。

（十）打造链接全球创新网络的关键枢纽

吸引跨国公司自建或共建研发机构，参与产业技术研发平台建设，鼓励其设立研发总部。推动微软、英特尔、甲骨文、IBM 等跨国公司研发机构与示范区企业开展研发合作。支持中关村企业发起设立海外并购基金，在境外设立分支机构、研发中心和孵化器，将海外分支机构打造成为企业"走出去"的桥头堡。推动中关村企业成立"一带一路产业发展促进会"，支持企业在俄罗斯、土耳其、伊朗、乌克兰、泰国等国发展，构建"一带一路"协同创新共同体。

（十一）加强示范区党的建设和管委会自身建设

积极发挥中关村示范区党建联席会议作用，支持各分园基层党建创新。深化"三严三实"专题教育成果，精心组织"两学一做"学习教育，切实增强政治意识、大局意识、核心意识、看齐意识、机遇意识和开局意识。加强机关队伍建设，履行好党风廉政建设主体责任和监督责任。加快转变政府职能，进一步完善和强化政府引导、市场主导、社会参与的"创新联合治理"体系。

"创业中国"中关村引领工程

（2015—2020 年）

为贯彻党中央、国务院关于进一步激励大众创业、万众创新，打造中国经济发展新的"发动机"的指示精神，落实科技部"创业中国行动"，发挥中关村对全国创新发展的示范带动作用，构建面向人人的"众创空间"，引领中国创业进入新时代，特制定本实施方案。

一、总体要求

（一）指导思想

以实施创新驱动发展战略为统领，以建成具有全球影响力的科技创新中心为目标，按照立足高端、顶层设计、放眼全球、引领未来的原则，主动适应我国经济发展新常态，进一步转变政府职能，用政府权力的"减法"换取创新创业热情的"乘法"，持续优化有利于创新创业的生态系统，让创新创业的血液在全社会自由涌动，依靠市场机制和产业化创新，培育新技术、新产品、新服务、新业态和新商业模式，形成新的经济增长点，构建"高精尖"经济结构，为首都乃至全国形成创新驱动发展新格局做出新贡献。

（二）发展目标

到 2020 年，中关村形成创业要素集聚化、孵化主体多元化、创业服务专业化、创业活动持续化、运营模式市场化、创业资源开放化的发展格局，持续产生具有"改变世界"梦想的创业者和拥有"颠覆性"技术创新、商业模式创新的企业，成为全球原创思想的发源地和高科技创业者实现梦想的首选地。

1. 国内外高端创业人才高度聚集。形成以"创业系"、连续创业者、"90 后"创业者、海外创业者为代表的创业"新四军"，中关村科技创业者超过 20 万人。

2. 各类创业群体高度活跃。领军企业、高校院所成为孵化创业者的摇篮，大企业创业人才溢出效应凸显，"创业系"超过 50 个，新兴产业领域高质量创业企业超过 10 万家。

3. 创业金融服务资源更加丰富。中关村天使投资案例及投资金额占全国一半以上，天使投资人超过 3000 名。新设立天使投资和创业投资基金超过 100 支，投资金额超过 1000 亿元。通过银行、创投、担保、保险、融资租赁、小额贷款等金融服务机构，为 5000 家以上优质创业企业提供金融服务。

4. 创业服务体系更加完善。中关村创业服务机构超过 500 家，创新型孵化器超过 80 家，在海外设立的创业服务机构超过 50 家，培育 1 至 2 家创业服务机构上市。直接服务创业者的创业导师超过 1000 人，创业咨询专业机构超过 100 家，创业咨询师超过 1000 人，青年创业公寓超过 20 家，创业社区超过 10 个。

5. 以创业为荣的理念深入人心。高校院所、投资机构、新型孵化器等主体举办的国际性、全国性创业大赛、创业沙龙、创业培训等创业活动超过2万场。鼓励创新、宽容失败的创业文化蔚然成风，大公司骨干投身创业成为一种潮流，连续创业成为一种工作方式，形成“不以成败论英雄”的创业观。

二、实施七大工程

（一）高校院所“育苗”工程

推动高校院所成为培育青年创业者的大本营。

1. 主要任务

充分释放高校院所创新创业潜力，支持清华、北大、中科院等高校院所为青年创业者搭建展示才华、实现梦想的舞台，鼓励科技人员和大学生投身创业者的行列，成就一批充满激情、怀揣梦想的“90后”创业精英，引领科技创业新潮流。

2. 实施路径

大力开展创业教育和创业孵化。支持高校院所开设创业课程，传播创业理念，营造青年科技人员和大学生敢于创业、乐于创业的氛围。充分发挥大学科技园、大学生创业园、科技企业孵化器的作用，为大学生创业者提供创业培训等服务。

打造高校科技成果转化和技术转移新平台。支持高校不断创新产业技术研究院的运营机制和管理模式，为高校科技人员和大学生创业者提供中试开发、技术转移、成果孵化等服务。

建设一批大学生创业示范基地。支持大学生创业园联盟与产业基地、企业合作，组织中关村企业家、天使投资人等走进校园，为大学生提供导师扶持、天使投资等综合创业服务。

建设北京高校大学生创业服务中心，为大学生创业者提供政策咨询、工商注册、信息对接、产品展示等一站式服务。

（二）领军企业摇篮工程

支持领军企业成为孵化创业企业的“超级航母”。

1. 主要任务

推广百度、联想、华为、腾讯等领军企业的经验，面向企业内部员工和外部创业者提供资金、技术和平台，形成开放的产业生态圈，培育和孵化具有前沿技术和全新商业模式的创业企业，产生多个从领军企业走出来的创业系。

2. 实施路径

构建创业孵化平台。支持领军企业凭借技术优势和产业整合能力，面向世界科技前沿技术，开展新一代移动通信、大数据、云计算、节能环保、生物医药等新兴技术领域的产业孵化。

带领创业企业“走出去”。支持领军企业加强与全球知名高校、企业、科研机构合作，建立海外孵化基地，建立信息和市场资源共享渠道，帮助创业企业开拓国际市场。

（三）创客组织筑梦工程

为创客组织营造蓬勃发展的环境。

1. 主要任务

充分发挥中关村在智能硬件领域的产业优势，支持中关村创客组织与领军企业、高校院所等科技创新资源对接，通过北京创客空间、清华创客社团等各类创客组织，为智能硬件产业发展提供专业人才和创业项目。

2. 实施路径

为创客活动聚集提供项目孵化空间。在中关村西区、学院路、上地、四季青等区域，继续支持发展一批创客空间模式的智能硬件孵化器和加速器，进一步扩大智能硬件孵化空间。

营造创客发展生态环境。整合中关村开放实验室资源，大力建设公共技术与推广服务平台。支持企业开放设备和研发工具，为创客群体提供工业设计、3D打印、检测仪器等电子和数字加工设备。

支持硬件创新服务业。推动建设集成电路与电子元器件交易服务平台，建设产品发布和众筹平台，支持为创客群体提供技术研发、咨询、技术转让等技术服务，探索形成协同创新合作机制。

培育创客文化。支持清华创客、人大附中等智能硬件创新实践和科普教育基地开展创新教育活动，支持创客空间等机构组织创客大赛，在创业大街等建设实体展示体验中心，集中展示中关村创客智能硬件产品，提升公众对创客产品的体验。

（四）创业人才集聚工程

建立聚集全球高端创业人才的生态圈。

1. 主要任务

积极在全球范围内吸引和延揽优秀人才到中关村创新创业，构建由跨境人才联络、跨境合作创业等平台组成的创业人才生态圈，形成具有国际竞争力的创业人才发展生态环境，持续开发世界一流的高端创业人才及团队。

2. 实施路径

拓宽吸引高端创业人才的渠道。发挥中关村在硅谷、多伦多、伦敦、法兰克福等地设立的海外联络机构的作用，立足产业定位开发海外人才，加大集聚外籍创业人才的力度。充分发挥中关村科学城、未来科技城发展优势，大力集聚以外籍高端人才为代表的创新创业人才资源。支持跨国企业地区总部、研发中心、分支机构、结算中心入驻中关村，营造有利于海外人才干事创业的环境。

打造海外人才创业平台。通过中关村海外人才创业服务机构，贯通国际创新要素的流动渠道，优先支持海外创业人才入驻，重点支持一批具有国际视野、持有核心技术的创业团队。

打造人力资源服务产业链。培育一批为新兴产业领域创业企业提供人力资源服务的新型“猎头”公司，吸引一批国际知名人才中介机构入驻，推动人才培训、测评、招聘、人事代理等专业服务机构的快速发展。

（五）创业金融升级工程

推动中关村天使投资发展，完善创业金融服务体系。

1. 主要任务

大力支持以IDG、红杉、晨兴、洪泰为代表的各类创业投资机构设立天使投资基金，引导社会资本投向新兴产业领域的创业企业。不断聚集金融服务资源，完善技术和资本高效对接的机制。构建包括科技信贷、天使投资、创业投资、科技保险、融资租赁、多层次资本市场在内的创业金融服务体系。

2. 实施路径

设立三支特色天使投资基金。发挥中关村天使投资和创业投资引导资金的作用，实施风险补贴支持政策，引导投资机构对中关村创业企业进行投资。一是设立创业系投资基金；二是设立连续创业者投资基金；三是设立“90后”创业者投资基金。

建设投资人与项目信息对接平台。支持天使投资联盟等平台性社会组织建立天使投资人备案制度和天使投资项目库，开展天使投资人培训、交流对接、案例研究等天使投资公共服务活动。

引导银行、担保等机构加强对创业企业的信贷支持。发挥中关村小微企业信贷风险补偿资金和债务性融资风险补贴支持资金的引导作用，建立正向激励和风险分担相结合的债务性融资风险补偿机制。发挥多层次资本市场的枢纽作用，引导和鼓励创业企业在股权众筹平台、区域股权交易市场进行展示挂牌和融资。

（六）创业服务提升工程

推动中关村创业服务业快速发展。

1. 主要任务

持续构建市场主导、政府支持的创业服务体系，大力发展市场化、专业化、集成化、网络化的“众创空间”，推动中关村创业服务新业态快速发展。支持各类创业服务平台之间的合作联动与资源开放共享，聚集创意、人才、资金、产品、技术等创业要素和行业资源，为创业企业提供从创业项目到产业化的全过程服务。

2. 实施路径

催生一批多元化的新型创业服务机构。以创新工场、车库咖啡、36氪、微软加速器、亚杰商会等创新型孵化器为示范，鼓励各类创新主体根据创业者的需求，采用快捷高效的资源获取方式，有效组织人才、技术、资本、市场等各种要素，兴办具有“新服务、新生态、新潮流、新概念、新模式、新文化”等六新特征的新型孵化机构。

提升一批科技企业孵化器的服务能力。以清华科技园、北大科技园、中关村软件园孵化器、中关村生命园孵化器等为示范，建立健全孵化服务团队的激励机制和入驻企业流动机制，加快社会资本和创业孵化的深度融合，形成涵盖项目发现、团队构建、投资对接、商业加速、后续支撑的全过程孵化链条。

培育一支高端化的创业导师队伍。支持中关村金种子工程、清华经管创业者加速器、北大创业训练营等各类创业服务平台聘请企业家、天使投资人、专家学者担任创业导师，为创业企业提供有针对性的创业辅导。鼓励成功的创业者、企业家辅导投资新的创业者，形成创业者—企业家—天使投资人—创业导师的互助机制。

整合一批专业化的咨询服务机构。支持咨询公司、投资机构、会计师事务所、律师事务所、知识产权机构、技术交易所等机构为创业企业提供专业服务，与新型创业服务机构共同构建标准化、网络化、低成本的创业公共服务平台。

建设一批市场化的新型创业公寓。支持建设以“YOU+”为代表的创业公寓，为创业者提供集公共办公区、会议室、活动区和住宿区为一体的价廉宜居的创业空间，打造中国青年创业者的新型社交网络。

建设一批生态化的创业示范社区。盘活办公楼宇和厂房，聚集相关产业联盟、创业服务机构，营造交流、沟通、碰撞、开放、共享的创业氛围，重点打造以中关村创业大街、知春路为代表的10个国内外知名的创业示范社区。

建设一批国际化的跨境创业平台和孵化载体。进一步支持创业服务机构在海外自建、收购、合作设立跨国海外创业孵化平台，支持国际知名孵化机构与中关村创业服务机构合作设立分支机构或共建孵化平台。鼓励中关村创业服务机构加入国际孵化组织，推动中关村创业孵化机构国际化发展，逐步建成中关村全球孵化网络体系。

（七）创业文化示范工程

大力弘扬中关村创新创业文化。

1. 主要任务

打造一批创业活动品牌，营造“鼓励创新、宽容失败”的文化氛围，培育中关村创业家精神，鼓励创客文化、极客精神，加大对创新创业文化的宣传力度，形成更加有利于“大众创业、万众创新”的舆论导向。

2. 实施路径

塑造中关村引领创业的品牌形象。加大对成功创业者、青年创业者、天使投资人、创业导师、创业服务机构的宣传力度，推出一批中关村创业形象大使，传播中关村创业精神，树立一批新时代创业者的偶像。

开展系列全球性大型创业活动。支持各类创业服务机构开发利用全球创业资源，举办 WISE 互联网创业者大会等跨地区跨领域的全国性、国际性的创业活动。积极探索全球孵化创业项目的有效措施，营造“创业无时差、创新零距离”的创业环境。

打造世界顶级的中关村创业盛会。举办中关村创业节，邀请全球顶级的企业家、天使投资人、创业者汇聚中关村，组织具有全球影响力的创业大赛、技术论坛、产品展示等活动，聚集世界知名创业导师与创业者互动交流。

三、保障措施

（一）支持各类人才创业的措施

1. 支持海外高端人才到中关村创业。面向中关村企业外籍法人代表、外籍高级经营管理人才和掌握核心技术、关键技术的专业技术人才提供申请“外国专家证”的便利。

2. 支持海外人才、30 岁以下“雏鹰人才”到中关村创办企业，给予一次性创业启动资金。

3. 支持高等学校科技人员和高等学校学生（含在校学生和毕业两年之内的毕业生）创业。对高校科技人员创办的科技企业，按照不超过科技人员出资额度的 20% 给予资金支持；对高等学校教师作为天使投资人投资的学生科技创业企业，按照不超过教师出资额度的 50% 给予专项资金支持。

4. 积极探索有利于创新创业的人才激励机制，落实并不断创新股权激励、股权奖励等试点政策，形成以劳动、资本、技术、管理等要素按贡献参与分配的机制。

（二）支持创业企业创新发展的措施

1. 支持创业企业研发生产新技术新产品（服务），经认定后可享受政府采购和推广应用等相关政策支持。

2. 支持创业企业购买信用中介服务、认证中介服务、知识产权中介服务、评估服务、技术转移服务、法律服务等高端科技中介服务，根据实际发生的费用，给予一定比例的资金支持。

3. 支持创业企业积极申请国际和国内商标、发明专利，参与国际和国内行业标准的创制，根据商标注册、专利授权及标准创制情况，给予一定比例的资金支持。

4. 支持创业企业技术转移转化。技术所有权转让或 5 年以上非独占许可使用权转让，在一个纳税年度内转让所得不超过 500 万元的部分免征企业所得税，超过 500 万元的部分减半征收企业所得税。

5. 为创业企业工商注册提供便利。设立示范区企业注册登记一站式窗口，采取网上申报、多证联办等措施，简化注册流程，缩短受理时间，降低创业成本。

6. 支持行业领军企业、创业投资机构、社会组织等社会力量建立创业孵化集聚区，为创业企业提供集中创业咨询、投融资等增值服务。

（三）支持创业金融发展的措施

1. 对创业投资机构、高校院所、领军企业及科技企业孵化器等机构在中关村示范区设立的天使投资和创业投资基金，中关村管委会最高可按 30% 的比例参股，并按一定比例给予补贴。

2. 对中关村有限合伙制创业投资企业采取股权投资方式，投资于未上市的中小高新技术企业 2 年以上的，该有限合伙制创业投资企业的法人合伙人，可按其投资额的 70%，在股权持有满 2 年的当年，抵扣该法人合伙人从该有限合伙创业投资企业分得的应纳税所得额。

3. 积极开展担保融资、信用贷款、知识产权质押贷款、股权质押贷款、信用保险和贸易融资、并购贷款、产业链融资等信贷创新试点，对符合条件的企业按照其信用星级给予 20% ～ 45% 的贷款贴息支持。

4. 对银行、担保等信贷机构为符合条件的创业企业提供融资而发生的不良贷款给予 30% ～ 50% 的补偿和分担。对银行、担保机构为符合条件的创业企业开展的信贷创新产品业务，按照每年新增业务规模的 1% 给予风险补贴支持。

（四）支持创业服务机构发展的措施

1. 支持高校院所、行业领军企业及其他各类创新主体建设孵化器、公共技术服务平台、公共信息服务平台、公共培训服务等创业服务平台，对所需运营、设备配置及维护等费用给予一定比例的资金支持。

2. 支持知识产权服务机构、开放实验室等专业服务机构为创业企业提供专利代理、商标注册、新产品检测开发等服务，根据服务创业企业的数量和质量给予一定比例的资金支持。

（五）支持弘扬创业文化的措施

1. 支持条件成熟的高校院所和企业创办“创业学院”，支持高校院所开设系统化、专业化的创业教育课程和创业培训，对于收效显著、影响力大的项目授予“中关村梦想课堂”和“中关村梦想实验室”的称号。

2. 鼓励企业家、天使投资人和专家学者担任创业导师，为创业企业提供有针对性的辅导。对号召力强、成效显著的导师，授予“中关村优秀创业导师”荣誉称号。

3. 支持各类创业服务机构承办跨地区跨领域的全国性、国际性的创业大赛、全球路演等活动，根据活动的影响力、成效及实际支出等情况，给予一定比例的资金支持。

四、推进机制

（一）加大区域创新合作力度

积极引导首都创新资源向周边地区辐射，推动构建京津冀协同创新共同体；加强与上海张江、天津滨海、武汉东湖、深圳等国家自主创新示范区的协同创新，推动创新要素资源集聚与共享，在国家实施“一带一路”战略中有所作为；扎实推进先行先试政策落实，扩大政策覆盖面和受益面，带动全国各高新区的整体发展，在国家创新创业生态系统建设中发挥示范引领作用。

（二）强化跨部门联动合作机制

发挥中关村创新平台的优势和作用，完善与科技部、教育部、工信部、国家工商总局、国家税务总局等部委的部市会商工作机制，研究制定促进科技创业的改革试点政策。加强与市教委、市科委、市人力社保局、市地税局、市工商局、市知识产权局等管理部门在落实工商注册、税收政策、人才流动和专利成果保护等方面的合作，进行先行先试，持续突破阻碍科技创新创业的体制机制。

（三）面向全球开放创新发展

进一步优化市场环境、法治环境和政策环境，加强中关村与硅谷等国际创新中心的合作，拓宽创业者的国际视野，促进创业企业和创业服务机构与全球创新创业资源链接，带动人才、技术、资本各类要素的双向流动，促进创新要素国际化循环与全球化配置，加快构建跨境创新创业生态系统，为建设具有全球影响力的科技创新中心奠定基础。

2015年2月2日

国家高新区互联网跨界融合创新中关村示范工程

（2015—2020年）

为紧抓全球范围内互联网经济跨界融合发展的重大机遇，发挥中关村国家自主创新示范区（以下简称“中关村”）对全国实施创新驱动发展战略的示范引领作用，促进互联网信息技术企业与各行业跨界合作和产业化创新，不断培育和形成新的经济增长点，特实施本示范工程。

一、中关村开展互联网跨界融合创新的重大机遇

当前，全球正在兴起新科技革命和产业变革，以互联网、物联网、宽带移动通信、云计算、大数据为代表的新一代信息技术，正快速向装备制造、建筑家居、交通物流、商业金融、生物健康、节能环保、食品农业、消费电子、文化教育、生活服务等领域广泛渗透，互联网思维正在改变各行各业生产组织方式、要素配置方式、产品形态和商业服务模式，加速促进各行业信息网络化、数据智能化、平台生态化发展。发达经济体已经爆发互联网跨界融合的热潮，互联网及信息技术企业、其他行业企业围绕跨界融合的新需求争夺产业创新的前沿，催生大量新技术、新业态和

互联网经济新增长点，正在改变全产业发展形态和全球竞争格局。

我国经济发展进入新常态，经济发展方式转向质量效率型集约增长，经济结构转向调整存量、做优增量并存，经济发展动力转向新的增长点，更加注重科技进步和全面创新。国家自主创新示范区、国家高新技术产业开发区是我国转方式、调结构和引领经济发展新常态的主战场，要深刻认识互联网对提升生产力水平和要素规模比较优势的重要战略意义，紧抓我国互联网经济蓬勃发展的关键机遇，不断依靠市场机制和产业化创新来培育形成新的增长点，营造更宽松的政策环境和制度环境，促进互联网跨界融合创新，着力推动农业、制造业和服务业向高端转型升级。

中关村作为我国战略性新兴产业的策源地，互联网、大数据企业率先服务和改变传统行业，技术创新与商业模式创新紧密结合，高端制造业与服务业融合发展，不断创造新需求、新就业和新价值，催生新模式、新产业和新增长点，已成为全国产业转型升级的引擎。中关村作为我国体制机制改革的试验田，在全国范围内先行先试和推广了一系列促进大众创业、万众创新的政策措施，在政策创新上发挥了对全国自主创新示范区、高新区的示范作用。中关村在国家高新区中率先开展互联网跨界融合的产业创新示范，将为全国高新区新一轮发展起到显著带动作用，为全国实施创新驱动发展战略提供样板和新的动力。

二、总体思路、基本原则和发展目标

（一）总体思路

为贯彻落实中央关于全面深化改革、实施创新驱动发展战略决策部署和中央领导系列重要讲话精神，充分发挥中关村新一代信息技术与互联网服务的先发优势和创新引擎作用，以实施十大“互联网 +”产业创新工程为重点，以开展六大跨行业跨区域创新行动为抓手，围绕信息技术与各领域融合推动产业创新，积极培育新技术、新产品、新业态和新商业模式，构建跨界创新服务体系，做强互联网跨界经济，带动全国高新区产业转型升级，促进跨行业、跨区域协同发展，对实施“一带一路”、京津冀协同发展、长江经济带重大战略发挥创新支撑作用。

（二）基本原则

——创新驱动，高端发展。以前沿技术和新兴产业发展为牵引，充分发挥互联网、大数据等信息技术对提升全要素生产力、促进产业转型升级的突出作用，开展技术创新、产品创新、组织创新、商业模式创新和市场创新，推动制造业服务化、高端化和服务业集群化、生态化发展，促进信息化与新型工业化、城镇化、农业现代化深度融合。

——需求牵引，互利共赢。坚持市场需求拉动和企业创新主体地位，紧紧围绕国家高新区产业转型升级迫切需求，开展行业互联网融合关键技术产业化创新，搭建跨行业跨区域创新平台和服务体系，促进信息技术和各产业、线上和线下、民营和国有企业对接合作，探索跨区域、优势互补的互联网经济模式。

——改革突破，资源整合。坚持以改革创新释放发展红利和内需潜力，努力打破行业壁垒、地区封锁和利益藩篱，推动人才、技术、资本、信息等创新要素无障碍流动，扩大不同领域、不同区域间企业交流合作，主动引领经济发展新常态，加快构建产业重组和资源配置新格局。

——先行先试，示范引领。以在更大范围推广中关村先行先试政策为契机，支持中关村持续开展有利于互联网跨界融合的政策创新和先行先试，不断加大对新兴产业的政策支持力度，为进一步完善企业创新环境，激励大众创业、万众创新，发挥好中关村的示范引领作用。

（三）发展目标

到 2020 年，中关村成为全球互联网经济前沿技术、解决方案、新兴“高精尖”产业的发源地和离岸高端互联网服务的输出地。中关村企业在智能制造、互联网金融、电子商务、智慧建设、智慧交通、智慧能源环保、智慧医疗健康、智慧农业、智慧生活、互联网文化教育等新兴产业领域与全球同步，引领全国发展。探索形成可复制、可推广的模式和经验，带动其他高新区产业整体向高端化、服务化、集聚化、融合化、低碳化发展。经济发展方式完成向质量效率型集约增长转变，不断发现和培育一批新的经济增长点，创造大量高质量就业岗位。

三、实施十大中关村“互联网 +”产业创新工程

支持中关村企业围绕各行业产品、生产线、供应链及商业模式等环节，开展跨界融合创新，加快互联网与农业、制造业、金融业、建筑业、零售业、交通运输业、能源环保业、医疗健康业、教育文化业、生活服务业等重点产业融合发展。

（一）智能制造创新工程

深化云计算、物联网、大数据技术在工业生产中的应用，在研发设计、生产制造、供应协作、营销服

务等制造业全产业链、全价值链实现信息交互和集成协作。创新要素配置、生产制造和产业组织模式，推动制造服务业发展，促进制造资源共享、效益提升、安全生产和节能减排。推动传统工业基础设施向工业互联网基础设施演进升级，促进制造业向网络化、智能化、服务化转变。

（二）互联网金融创新工程

大力推动互联网金融发展，支持中关村建设中国互联网金融创新中心。推动金融机构和企业利用移动互联网、云计算、大数据技术，开展互联网与金融融合创新，加速资金融通、在线支付和信息中介等金融业务发展，促进金融资本进入新兴产业领域。

（三）电子商务与智慧物流创新工程

大力支持传统产业电商化发展，利用互联网高效组合信息、数据和商业关系，打通用户全生命周期的全服务渠道。推动商务电子化和运营数据化，支持企业更好利用数据驱动线下商业线上化，打破信息不对称瓶颈。大力推动科技服务业电子商务化发展。

（四）智慧建设与智能建筑创新工程

推动云计算、物联网、大数据技术在建造领域的创新应用，促进建筑和建造过程的信息化、智能化、低碳化发展。支持在园区建设、楼宇管理、社区服务、电子政务等领域应用互联网解决方案，加速智慧城市建设。

（五）智慧交通创新工程

推动北斗导航卫星应用、物联网等技术在汽车电子、车联网、船联网、轨道交通等领域广泛应用，促进公路、水运、城市交通、交通安全等方面智能化发展，加快交通大数据和智慧出行服务创新。提升京津冀区域智慧交通发展水平。

（六）智慧能源环保创新工程

推动信息技术和互联网在能源供给、传输、存储、消费和工业节能、环境保护等方面应用，推动以京津冀区域为核心的能源、资源、环保领域智能信息网络建设和大数据应用，促进钢铁、电力、建材、机械、石化等行业利用信息技术提升工业节能、减排和生产优化控制水平，提高能源资源利用效率。

（七）智慧医疗健康服务创新工程

支持移动互联网、大数据等信息技术与生物技术、健康服务融合发展，推动企业与医疗机构创新合作，加快移动医疗、远程医疗、健康云、生物研发外包、基因诊疗等新兴业态发展，推进健康服务信息化和智能化。

（八）智慧农业创新工程

在农业资源利用、农业生产精细化管理、种养殖和生产环境监控、农业设施集成、分子育种、农机设备、经营管理信息化、农产品质量安全与产品溯源等方面实施一批智慧农业解决方案，提升农林牧渔业信息化和大数据应用水平，大幅提高农业生产效率。

（九）智能硬件与智慧生活创新工程

推动智能硬件、智能家居产品和互联网服务创新，促进智能控制、模式识别、家庭网络、传感网络等技术在个人和家居生活广泛应用，促进可穿戴设备、家居环境、家电物品的智能化、网络化发展，打造产业链上下游融合的智慧生活服务生态圈。

（十）互联网教育与文化传播创新工程

推动互联网与文化、教育、传媒业深度融合，加速构建文化教育和内容产业云计算、大数据平台，拓展内容创新应用，促进文化信息消费，推动文化教育产业大发展大繁荣。

四、开展六大创新主体跨行业跨区域创新行动

拓展信息技术和互联网服务跨界应用，促进企业与各类创新主体开展跨行业跨区域的网络互联互通、产业协同创新、创业与金融服务、军民融合等创新活动，带动各行业企业向智能生产和智慧服务转型升级。

（一）企业技术创新突破行动

支持企业、高校院所围绕低功耗芯片、微型传感器、智能操作系统、实时分布式大数据服务、虚拟现实和人机交互、仿真计算、人工智能、无人系统、信息材料、数字工厂等核心技术开展研发、技术转移和成果孵化。大力提升企业在产业互联网应用解决方案方面的研发创新能力，开展跨界融合新技术、新材料、新工艺、新产品的研发和集成应用。鼓励企业围绕跨界需求开展互联网、大数据与工业网络、行业网络融合技术与应用的研发和标准化，大力支持创制国际标准和国家标准。支持企业、产业技术联盟构建专利池，建设基于互联网的研究开发、技术转移、检测认证、知识产权与标准、科技咨询等服务平台。

（二）行业智能装备推广行动

以高铁、电力、能源、航空航天、汽车等领域重大智能制造和智能装备应用推广为契机，推进智能数控成套设备和系统、高档数控机床、智能测控装置、工业智能机器人、增材制造装备等自主研发、推广应用和升级换代，大力支持服务业自动化装备推广应用。支持企业开展核心电子元器件、工业应用软件与控制系统的研发，突破装备智能化瓶颈，大力发展信息物理系统。发挥国防科技和军工企业在信息化、智

能化和系统装备领域的优势技术，推动军民两用技术转化和孵化。

（三）网络互联互通与信息安全支撑行动

加快下一代互联网、新一代移动通信网络、无线局域网与工业网络部署和集成融合发展，加速网络互联互通，提升网络部署、应用和服务支撑能力。大力支持软件定义网络等下一代智能网络发展，推动互联网跨界融合相关数据信息和网络标准体系建设，促进标准规范和开放应用。支持各类网络信息安全技术和产品的研发，促进全产业互联网安全机制建设，提高融合环境下的网络安全保障能力。探索建立以京津冀为重点区域的宽带网络、数据中心等信息基础设施共建和大数据资源共享的体制机制，推动建设面向全球的技术研发、生产性服务、应用服务、供应链及电子商务的云计算和大数据平台，支持企业打通供应端到需求端的数据通道。

（四）产业链协同创新合作行动

以中关村互联网领军企业和各地高新区行业龙头企业为核心，组建中国互联网跨界融合创新产业联盟，搭建全国范围信息技术企业、高校院所与各行业企业合作渠道，促进产学研用和产业链上下游协同创新。推动企业与中关村开放实验室、首都科技条件平台等科技资源，以及投资、金融、孵化、科技服务等专业机构合作，围绕跨界融合需求与开展产学研金用协同创新，促进技术转移和跨界创新成果转化。支持相关联盟、协会等社会组织主办和参与国内外互联网跨界融合相关的论坛、展会等各类创新活动。

（五）新模式新业态培育行动

深化互联网经济影响力，支持企业探索基于互联网的新型产业组织模式和商务服务模式，发展流量经济、粉丝经济、注意力经济、消费分享等互联网经济新形态。支持企业利用互联网开展面向全球的技术资源合作、在线科技服务、创新众筹等活动，促进智能设计、众创研发、协同制造、资金众筹、网络化实时服务等产业组织模式创新。推动生产装备联网和智能管控，促进人机智能交互、柔性敏捷生产、网络分布制造等生产模式创新，实现生产型制造向智慧服务型制造转变。创新制造业和服务业商务模式，支持轻资产行业互联网经营管理创新，推动标准化、个性化产品和服务电子商务发展，大力培育线上到线下等新业态，支持产业平台化发展和小微化迭代创新。

（六）跨界人才培养与创业促进行动

推动中关村企业、高校院所及各类投资、孵化、咨询机构围绕十大“互联网+”产业培育互联网跨界人才。支持大企业建设开放式跨界创新创业生态圈，整合互联网资源和行业资源，以产权和资本为纽带聚合跨界创业团队。积极发展围绕“互联网+”产业的天使投资、创业投资、创新型信贷金融服务、创新型孵化服务和创新创业文化，支持举办具有全球影响的各类创业大赛。大力发展“众创空间”，促进创新与创业、线上与线下、孵化与投资相结合，为小微创新企业成长和个人创业提供低成本、便利化、全要素的开放式综合服务平台。大力支持大企业离职人才、连续创业者、“90后”人才、创客、极客等群体围绕互联网跨界需求投身大众创业，营造低成本、无障碍的互联网跨界创新创业环境。

五、推进机制和保障措施

充分发挥市场配置资源的决定性作用，推进互联网跨界融合，促进科技和经济、产业和市场紧密结合。更好发挥政府作用，完善国家高新区产业创新支持政策，营造更宽松的政策环境和制度环境。

（一）完善协调发展和推进机制

成立由科技部火炬中心、中关村、其他高新区以及互联网跨界企业、产业联盟组成的互联网跨界融合创新工程联席会和专项办公室，统筹服务各高新区产业跨界融合创新需求，促进各地高新区“互联网+”产业集群发展。支持中关村企业与“一带一路”、京津冀、长江经济带等区域企业形成跨界融合创新合作伙伴，共建跨界融合研发基地和产业基地。支持产业联盟整合服务资源，跨行业、跨地区发展成员和建立协作机制，共同实施联合研发、技术转移、供应链整合、产业协作、投资并购、园区建设、政策试点等合作。

（二）加大改革试点力度

依托中关村部际协调小组工作机制，协调国家发展改革委、教育部、工业和信息化部、环境保护部、住房城乡建设部、交通运输部、农业部、商务部、文化部、卫生计生委、中国人民银行、新闻出版广电总局、食品药品监管总局、银监会、证监会、保监会等主管部门，加快产业创新政策的研究制定，支持中关村探索和发展互联网跨界新技术、新产品、新模式和新业态。鼓励在公共产品与服务领域、重资产行业开展政企合作、公私合营、混合所有制等多种形式的互联网跨界创新合作。支持中关村开展跨界融合领域监管体制机制创新和政策先行先试，推动政府数据和公共资源开放，努力破除新兴产业行业准入、要素引进、市场监管、区域壁垒等政策障碍，取得成效后向全国推广。

（三）集聚全球顶尖跨界创新资源

大力集聚互联网跨界顶尖人才，支持中关村企业和高校院所吸引国内外掌握信息基础技术、跨界融合技术和实践经验的领军科学家、领军企业家、优秀留学生等到中关村发展。鼓励高校建立交叉学科与应用技术研究机构和实验室，吸引海外高层次研究人员开展学术和产业研究合作。着力引进海内外互联网跨界融合创新型企业和技术项目入驻中关村。推动企业开展融合技术的并购、引进和合作，通过消化吸收再创新和技术整合提升产业竞争力。

（四）组建互联网跨界融合创新基金

科技部火炬中心、中关村和相关高新区整合社会资本共同组建互联网跨界产业母基金，对跨界重大合作项目、融合创新孵化平台、跨区域跨国投资并购、融合业态专利池等进行投资，发挥产业基金在加速产业融合、促进协同创新、带动经济增量方面的驱动作用。各地高新区根据自身需求，组建互联网跨界融合创新相关股权、债权、并购、融资租赁等子基金，投资重大跨界融合创新项目，支持企业转型升级和中小科技企业发展，催生和促进各具特色的互联网经济新业态。

（五）开展跨界创新重大应用示范

设立互联网跨界融合创新专项，围绕融合技术、跨界应用和各产业转型升级需求，支持中关村企业与各地高新区优势产业龙头企业、产业联盟共建跨界融合创新平台。加大各行业对跨界融合创新的研发投入，开展十大“互联网+”产业创新工程的重大示范应用，推动关键技术突破和创新成果产业化。以跨界融合创新平台为载体实施企业伙伴合作计划，促进各行业龙头企业和中关村互联网领军企业开展合作，共建育种养殖、工业设计、智慧工厂、互联网汽车、基因测序、分子影像、节能减排监测、人机交互、数据仿真等领域新技术服务平台，以及人才、技术、资本、孵化的创业平台，提升中关村服务国家发展的创新驱动支撑能力。

（六）加大跨界创新宣传力度

深入研究互联网跨界融合产业发展趋势，不断总结典型案例，加大对跨界新技术、新产品、新模式、创新企业、重大合作项目、代表人物的宣传力度，在中关村展示中心和各国家高新区展示中心开展互联网跨界融合创新的宣传展示，营造全社会鼓励跨界融合创新的良好舆论氛围。组织中关村互联网跨界融合创新论坛、中关村大数据日、中关村智能硬件创新创业大赛等活动，推动企业之间围绕跨界创新开展广泛交流，努力形成支持跨界融合创新的业界共识。

2015年2月2日

引领新常态率先建成
具有全球影响力的科技创新中心

——在科技界学习十八届五中全会座谈会上的发言

中关村管委会主任 郭 洪

（2015年11月3日）

十八届五中全会是全面建成小康社会进入决胜阶段召开的一次十分重要的会议。全会描绘了“十三五”规划蓝图，深刻阐述创新、协调、绿色、开放、共享的科学发展新内涵，体现了以习近平同志为总书记的党中央治国理政的新理念、新思想、新战略，令人耳目一新，催人奋进。特别是规划建议将创新作为五大发展理念之首和发展基点，突出了创新在发展全局中的核心地位，要求实现更多依靠创新驱动、更多发挥先发优势的引领型发展，从培育发展新动力、拓展发展新空间、构建发展新体制等方面对创新发展的战略路径做了具体的描述，思想性、指导性很强。作为在科技园区一线工作的同志，深感责任重大，使命光荣。

中关村作为我国第一个国家自主创新示范区，是最具活力的创新创业中心和重要的战略性新兴产业策源地，已成为我国创新发展的一面旗帜。按照国家创新驱动“三步走”发展战略，到2020年，我国要迈入创新型国家行列；到2030年，要跻身创新型国家前列；到2050年，要建成科技强国。创新型国家和科技强国需要有具有全球影响力的科技创新中心。按照国务院批复的中关村示范区十年发展规划，2020年中关村要率先建成具有全球影响力的科技创新中心，充分体现了中关村在国家创新战略中被赋予示范引领的历史重任。“十三五”期间，中关村责无旁贷要继续高举创新旗帜，以引领式创新、开放协同创新、发展共享经济践行创新、协调、绿色、开放、共享的发展理念，率先在科技创新、制度创新等各方面创新中取得突破，成为国家创新平台，引领带动全国创新发展，为全面建成小康社会和创新型国家做更大贡献。围绕这一目标，要着力做好三方面工作：

一、要把握新机遇

当前，全球新一轮科技革命和产业变革孕育兴起，全球竞争优势和利益分配格局面临重塑的可能，为我国在某些领域实现从跟随赶超向创新引领的跨越打开了难得的“机遇窗口”，同时，一带一路、京津冀协同发展、长江经济带等重大国家战略的实施，也是中关村在全球范围整合利用高端创新资源，服务、辐射全国的重要历史机遇。目前中关村已与全国60多个地区建立了战略合作关系，中关村领军企业在海外设立研发和分支机构560余家，每年技术合同成交额80%辐射到全国。“十三五”期间，中关村要进一步提高对国家创新战略的服务支撑能力，积极承接国家重大科学计划和科学工程。通过共建园区、共享创新资源、联合技术攻关、技术转移转化等形式，打造一批协同创新平台，形成跨区域的产业链、创新链和园区链，在建设京津冀协同创新共同体和创新型国家中发挥更好的示范引领和辐射带动作用。通过投资并购、技术交易等方式参与国际科技经济竞争，加快跻身全球创新网络，成为链接全球创新网络的关键枢纽和重要节点。

二、要培育新动力

创新发展的目的是要引领新常态，为实现第一个百年奋斗目标提供物质基础和动力支持。习近平总书记在2014年国际工程科技大会上指出，当前世界正在进入以信息技术为主导的新经济发展时期。要加快形成以创新为主要引领和支撑的新经济体系，把创新落实到创造新的增长点上。近年来，中关村在新常态下继续保持了速度高、结构优、效益好的良好发展势头。一方面，用友、大北农、亚信、广联达、金山等大企业纷纷依托大数据互联网实现转型升级，同时带动全国的行业转型升级；另一方面，新经济蓬勃发展，前三季度规模以上高新技术企业实现总收入2.5万亿元，同比增长12.5%，其中战略性新兴产业占比超7成，对北京市经济增长贡献率达40%，涌现出人工智能、计算机视觉、靶向型小分子药物、摩擦电纳米发电机等一批全球领先的产业化创新成果，新经济引领新常态的特征凸显。“十三五”期间，中关村要把握“前沿技术创新＋商业模式创新＋金融创新”的产业变革新趋势，深入挖掘智能识别、纳米级芯片、基因工程、石墨烯等前沿高端技术领域创新成果，扩大移动互联网和大数据、智能硬件、智能机器人、高端智能装备、生物医药、互联网金融等新产业发展优势，培育众创、众包、众扶、众筹等分享经济新模式，在落实网络强国战略、大数据战略、“互联网＋”行动计划、《中国制造2025》中勇挑重担，积极推进“大众创业、万众创新”，当好新经济的发动机。

三、要构建新机制

创新需要破除体制机制障碍和思想藩篱，形成有利于创新发展的市场环境、产权制度、投融资体制、分配制度，从根本上释放人的活力。近30年来，中关村涌现了几代具有鲜明时代特征的创新创业人才，如PC时代的陈春先、柳传志、王选、王小兰；互联网时代的杨元庆、王志东、王文京、张朝阳、李彦宏；移动互联网时代的雷军、贾跃亭、孙陶然、庄辰超（去哪儿）、龚宇（爱奇艺）等。如今，在分享经济时代，涌现了滴滴打车的程维、柳青，美团网的王兴，58同城的姚劲波，今日头条的张一鸣，36氪的刘成城等领军人才。为什么众多分享经济的标志性人物同时出现在中关村？为什么在中关村创新创业“代有人才出”？现象不是偶然的，背后原因就在于中关村通过多年不断的深化改革，构建了有利于创新创业的体制机制和生态系统。

“十二五”期间，中关村在科技部等国家部委支持下，开展了“1+6”等先行先试突破性政策探索，取得积极成效，为全国探索了可复制、可推广的经验；“十三五”期间，中关村要着眼于释放创新创业活力，落实好深化科技体制改革实施方案和全面创新改革试验总体部署。重点在三方面构建新体制：一是推进开放式创新，以促进人才、技术、资本等创新要素跨境流动为目标，制定符合创新创业需求的外籍高层次创新人才“绿卡”政策，开展取消外商投资人才中介服务机构的外资持股比例等试点。二是创新与新技术、新模式、新业态相适应的政府服务理念和方式，开展互联网金融、股权众筹、在线教育、智慧交通、智慧医疗等新业态、新模式监管试点，将前置审批为主转变为依法加强事中、事后监管为主，开展药品、医疗器械等创新产品审评审批制度改革试点，优化审批流程，缩短审批周期。三是建立市场化的协同创新机制，支持在京高校院所、领军企业、投资机构建设一批“四众”服务、科技成果转化、大数据服务交易等协同创新平台。

中关村创新创业的六大趋势

《光明日报》调研组

北京中关村是我国第一个国家自主创新示范区。作为高新技术创业的热土和引领创业潮流的风向标，长期以来，在寸土寸金的北京，中关村坚持以创新精神培育创新土壤，凭借独特的创业氛围与高超的运作手法努力“弹钢琴”，大力营造支撑创业创新持续发展的新型生态系统，为推动“大众创业、万众创新”发挥了重要作用。

在推动创新创业的实践中，中关村是显微镜，在此可以深度窥察服务型政府、创客与有关各方互动的每一个细节；同时，中关村又是望远镜，在这里，可以洞悉创新创业的新趋势、新动向。调研组对中关村推动“大众创业、万众创新”的实践进行了深入调研，在调研的基础上，对中关村创新创业的趋势进行了分析。

一、创业社区蓬勃兴起

2009 年 3 月，国务院批复建设中关村国家自主创新示范区，同年 9 月，首家创新型孵化器创新工场即在中关村成立。2011 年 4 月，车库咖啡入驻海淀图书城，拉开了新一轮创新创业大潮的序幕，中关村创业大街迅速吸引了一批创新创业者，获得了众多创投机构的关注。随着 3W 咖啡、36 氪、天使汇、联想之星等创新型孵化器纷纷聚集，目前中关村创业大街已聚集 26 家各具特色、不同模式的创业服务机构，吸引了全球的目光。

创新的中国要在全球比高低，离不开世界人才的聚合。现在，来自世界各地怀揣梦想的人才，纷纷来到中关村交流、碰撞思想火花，展示创新的技术、产品，路演创业项目，寻找合伙人，寻找有智慧的钱，寻找有经验有资源的天使投资人，中关村创业大街日益成为创业者的“精神家园”。

着眼创业人群多元化需求，中关村推动创新创业的一系列政策和举措也非常接地气。2015 年 4 月，随着全球首家国际青年创业社区——“YOU+”应运而生，创业社区也正式成为一种新的孵化模式亮相。创业社区为青年创业者提供了办公、居住、学习、交流、娱乐等全方位服务，极大提高了创业效率，降低了创业门槛。创业社区通过市场化机制、专业化服务和资本化途径，构建起了低成本、便利化、全要素、开放式的新型创业服务模式。在创业社区里，创业者不仅思想碰撞及合作交流更加便利，同时可以迅速找到人才、技术、资本、信息和专业服务，提高了创业成功率，形成了创业生态圈。

调研组发现，大多数创业者都认为氛围和文化是最影响创新的因素之一。创业社区使创业者，特别是有创业梦想的人们不再孤独、不再漂泊。创业社区不仅是创业者的“精神家园”，也成了实实在在的创业者之家。目前，除“YOU+”外，中关村还开辟了华清嘉园、长远天地、锦秋国际等创业社区。此外，昌平回龙观、天通苑的创新社群、优客工场等也成为存量物业与创业社区相结合的代表。创业社区的形成，为新一代创业者“360° +24 小时”的全天候创业提供了切实保障，也为创新社会管理提供了全新的思路。

二、主流创业模式走向成熟

调研组发现，中关村已形成了市场化、集成化、网络化的新型创业孵化模式，中关村的 30 多家创新型孵化器的创业服务模式虽然各具特色，但主流创业模式已经十分清晰并日渐完善，即“天使投资 + 合伙人制 + 股权众筹”。中关村活跃着一万多名天使投资人，区域内277家上市公司中的高管或中层骨干，已成为天使投资人的主要群体。一个新的趋势是，越来越多的高校老师开始成为学生创业的天使投资人。天使投资已成为中关村创业生态系统中的“腐殖层”，为创业提供了广阔而肥沃的土壤。

合伙人制是现代科技创业公司治理模式的重大创新，它第一次在制度层面表明，“人”是最重要的因素，智慧以及创造力比资本或其他任何资源都更加重要。这种制度的诞生深刻表明，人不再是资本的奴隶，资本必须为人所用才能发挥出其最大价值。能否找到优秀的合伙人成为创业成功的关键所在。天使投资以此作为项目评估的核心，其重要性超越了商业模式和技术因素。合伙人制的出现也淡化了企业领袖的个人英雄主义色彩，每个合伙人都是企业迈向成功的不可或缺的管理要素，同时也使得公司的治理模式发生了革命性的变化，资本已无法单方面决定公司的战略、决策和管理。影片《中国合伙人》以新东方的发展历程为蓝本，讲述的其实是新东方、小米科技等一大批中关村企业以合伙人模式，书写产业革命新篇章的故事。

股权众筹的发展则表明，创业团队需要的不只是单纯资本，以及资本背后少数投资人这种表象的支持，其需要的更是迈向成功所需的经验和资源，即带有智慧和战略眼光的资本。互联网和大数据时代，股权众筹的兴起使短板理论受到挑战。融资的主体开始由少数人变为面向多数人，其对象也由单纯拥有信息、拥有资本的人向有经验、有资源，同时有一定经济实力的人转变。新的创业体现了长板理论，企业发展的上限不再是所谓的能力短板，而是取决于能否将优势最大化。随着众筹模式的成熟和创业服务业的飞速发展，今后的创业者只要有创业的梦想，能够洞见未来，哪怕只具备某一方面的能力，都能通过众筹去找到优势互补的团队和所需要的资源，找到志同道合的、其他方面有优势的人，来共同完成创业。

如京东商城启动金融众筹创业孵化平台，吸引大量创业企业入驻，为创业企业提供资金、制造、营销、法律、审计等全方位支持，短短半年就成为国内第一大权益类众筹平台。天使汇、3W咖啡、36氪等为创业企业提供股权众筹服务，越来越多的创业者也开始采用这种模式创办企业。

三、内部创业成为大企业发展必由之路

众多中关村企业的管理者在接受调研组访谈时均表示，中央提出的“大众创业、万众创新”意义深远，其中“众”很有讲究。创新创业不只是年轻人的事，同样是诸多中关村的成功大企业未来发展“躲不开、绕不过”的必然选择。对于大企业而言，以自身资金和技术等优势推动内部创业成为必由之路。

为应对激烈的市场竞争，特别是未来不确定性的挑战，推动企业战略转型，寻求新增长点，一批富有远见的大企业日益倾向于鼓励内部员工创业，以此作为保持创新活力以及留住人才的关键。这些企业的管理层认为小规模的创业团队能够有效降低企业内部沟通成本，推动内生性质的变革，形成“鲶鱼效应”，为企业的发展积累战略资源，同时成为留住优秀人才的重要手段。

调研组发现，为了应对快速变化的市场环境，中关村不少大企业内部组织结构正发生着历史性转变，母公司、总公司与子公司、分公司以及事业部之类的层级体制逐渐发生变化，被由多个具有极强创新能力、松散的小型组织所组成网状结构所替代，组织结构向网络化和扁平化形态演进。这种自发的变革和调整使得公司的适应能力变得更强、反应变得更快，其形成的若干个微生态和创业圈极大推动着企业母体的发展。

内部创业和公司架构演变的趋势在中关村的企业中显现无遗。比如，过去中关村的IT外包企业以企业规模作为行业发展的标杆，现在不再追求动辄上万的员工数量，业内人士更关注的是企业人均收入以及对人才的影响力和吸附力。软通动力与中关村发展集团共建领创空间，拿出资金鼓励员工回乡、回家开展内部创业，用市场、技术、资金吸附人才，保持创新活力，不再受地域牵绊和制约，大幅度改善了公司组织方式。又如，微软2012年7月在中关村设立孵化平台微软创投加速器，30个月加速100家初创公司，目前总估值已超过百亿元人民币。中关村诸多行业龙头企业包括联想、百度、京东、亚信，也纷纷建立内部创业孵化机制，建立创业孵化基地，鼓励员工内部创业，培育新业务，避免人才流失。

从这种实践发端，中关村作为众筹、众包、分包中心，正通过支持创业成功带动全国其他地区的就业，让市场、技术和资本突破地理位置的限制，使创业不再局限于“北上广深”等发达地区，也不再是少数人的专利。

四、股权奖励成为吸引人才的绝招

调研组发现，越来越多的投资人、创业者认识到，创业企业面临着极高的风险，团队水平直接关系到企业的生死存亡，因此必须给予核心员工现实的、直接的利益，否则很难在创业大潮中延揽到企业发展

所需的关键人才，特别是比创业者自身更优秀的人才。

在允许员工持股为激励手段的实践中，传统做法对于人才的激励以期权为主，承诺给予员工未来按约定价格买入股票的权利。这种做法的弊端在于，只有当到期行权时，股票的市场价格高于行权价格，期权激励才能兑现收益。而股权奖励是无偿给予被奖励人的股权。股票期权、限制性股票、股票增值权、业绩股票激励、虚拟股票等传统的激励模式，对核心人才的吸引力正明显降低，并逐渐让位于股权奖励模式。目前，越来越多的企业通过预留股份吸引比自己更优秀的人才加盟。如InnoTREE股权众筹平台的几位创始合伙人在公司成立之初，就预留了30%的股权奖励池，用以吸引在互联网技术、金融专业等各领域的优秀人才，打破传统期权激励的单一性与滞后性，以直接股权奖励方式，吸引比创始人团队更加优秀的人才。又如，数据堂在创业过程中，以股权奖励方式招揽急需的高级人才，使核心管理团队以稳健、有序的步伐扩展和提升，确保了企业在快速演进的大数据产业中，始终能够站稳脚跟并实现高速发展，目前成功挂牌新三板。在股权奖励大行其道的同时，一批像“七八点”这样专注于帮助初创企业合伙人设计股权架构的专业性服务机构，也雨后春笋般应运而生，甚至诞生了股权架构师这一全新职业，这也再次印证了股权奖励的强大力量。

五、产业链让位于创业生态圈

过去，人们习惯于强调打造产业链，十分重视构建垂直封闭的产业链形态，将产业竞争力定位在审视产业链是否完备配套。今天，跨界的融合创新已经初步打造出开放式的创新创业生态圈。很多知名创新型企业，都涉足了一系列看似毫无关联的领域，以核心业务为牵引构建互为支撑、具有高度弹性的企业生态系统。比如，乐视公司业务遍及影视、电视、手机、汽车等多个行业，完全颠覆了传统产业链的观点；小米公司以智能手机、电视、路由器、机顶盒和可穿戴设备这五个产品线为核心，通过对外投资的方式实现业务外延的扩展，建立以大数据挖掘、分析、应用为核心的智能硬件生态圈；3W咖啡围绕创业者的核心需求，通过成立一系列独立子公司，为创业者提供办公场地、市场品牌、人才、资金等多种服务，搭建创业投资交流平台，协助优质创业项目与资本对接，帮助互联网行业创业者成长，建立了自成体系的创业服务生态圈。如今，“产品型公司值十亿美金，平台型公司值百亿美金，生态型公司值千亿美金”的认知已成为业界共识。在这一核心理念的驱动下，百度、阿里、腾讯等互联网巨头纷纷进军金融、传媒、教育、旅游、影视、文化、医疗健康、物联网、交通和汽车行业，构建开放式的创新创业生态圈。

六、尖端技术创业不断涌现

过去，所谓创新主要指Copy to China，体现在商业模式的创新上，主要路径是“国外设计+中国制造”，从国内市场逐渐扩张至国外市场。现在，越来越多的创新已呈现To China Copy，其背景是，大量尖端技术创业的不断涌现，很多产品开始由中国设计发端进而扩展到全球市场。这一重大变化的背后有着一系列深层次原因，中国年轻一代创业者正面临重大历史性机遇：信息技术、生命科学、新能源、新材料及交叉融合领域技术革命和产业变革历史性交汇，大数据、云计算、移动互联网、物联网等技术和应用快速更新，加上中国国内庞大的消费能力、市场需求以及各领域改革的不断深化，使我们有机会引领全球技术和新兴产业的发展方向。同样不可小觑的是，中国年轻一代创业者发挥主观能动性的巨大推动作用，他们不断找准“痛点”，不断推出“爆品级”产品和应用，不断令用户从满意到惊异。

旷视科技（Face++）3名创始人均为“85后”，团队的15个成员中有6人获得过国际信息学奥林匹克竞赛金牌，1人获得过国际物理奥林匹克竞赛金牌，团队共获得22块中国信息学奥林匹克国内算法竞赛金牌。极高技术含量的团队加上切中市场巨大需求的产品和服务，在没有形成商业模式的情况下即获得了投资方的高度认同，一举斩获B轮融资2200万美元。其为阿里巴巴提供的金融级精确人脸识别技术在汉诺威国际电子展上引起轰动。在智能制造领域，中航激光在全球首家运用3D打印技术制造大型钛合金结构件，优纳科技在工业智能机器视觉检测系统领域与富士康开展全球战略合作，跨入工业4.0时代；在生物医药领域，博奥生物、贝瑞和康、泛生子围绕恶性肿瘤及出生缺陷，开展基因检测和个性化诊疗技术研究，百济神州、普罗吉、神州细胞开展重大疾病靶向和免疫治疗药物研究，诺斯兰德、沙东生物围绕糖尿病、肿瘤等重大疾病开展基因治疗药物研究；在新材料和能源技术领域，集盛兴泰的超级电容、国承万通的白光通信、王中林团队的纳米压力发电机等前沿技术成果，纷纷通过创业在中关村转化落地。

（此文刊载在2015年7月31日《光明日报》）

中关村指数 2016

2015 年，中关村综合指数增至 375.9，比 2014 年上涨 90.1。2015 年是“十二五”收官之年，中关村示范区加快向具有全球影响力的科技创新中心迈进，整体呈现深化改革、引领双创、结构优化、协同发展、辐射全国、链接全球的新特点和新趋势，创新创业活力充分释放，经济发展内生动力显著增强，保持了速度稳、结构优、效益好的良好发展势头，在国内实施创新驱动发展战略、北京落实首都城市战略定位中发挥着重要的引领支撑和辐射带动作用。“十二五”期间，中关村指数稳步增长，年均增长 20.8%，6 个分项指数均呈现上升态势。

中关村综合指数

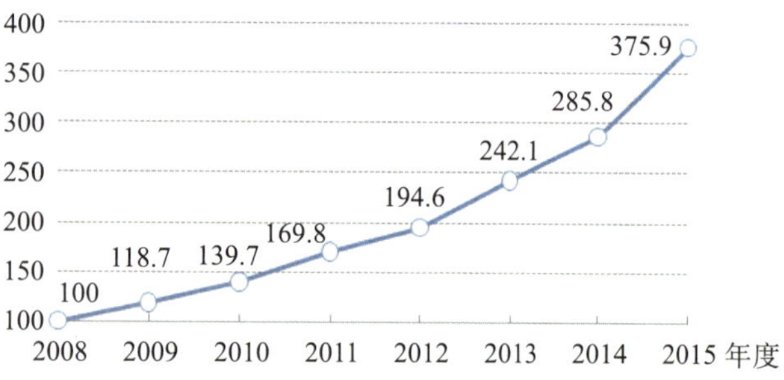

中关村指数一级分项指数

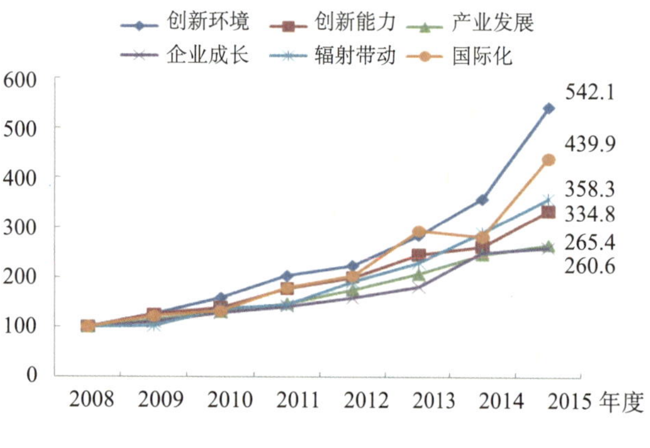

一、高端创新要素供给不断增强，创新创业生态系统持续优化

2015 年，中关村示范区创新创业环境指数达 542.1，比 2014 年提高 184.4，“十二五”期间年均增长 27.3%，是增长最快的分项指数。其中，科技金融指数达 936.6，较 2014 年提高 395.9，主要原因是 2015 年中关村风险投资异常活跃，风险投资额约是 2014 年的 3 倍；创新服务指数达 279.6，人才资源指数达 278.9，分别较 2014 年提高 46.5 和 41.8。2015 年，中关村示范区启动“创业中国”中关村引领工程，不断探索创新创业新模式；创新创业生态系统持续优化，呈现出高端人才加速集聚、科技金融服务体系不断完善、创新创业服务全面升级的新特征。

中关村创新环境指数

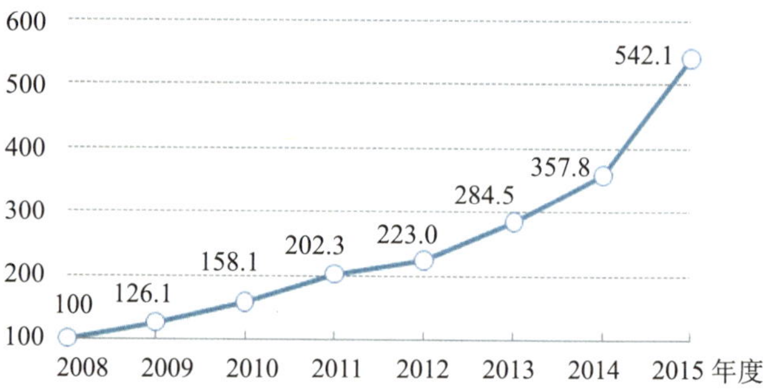

*高层次人才和青年人才加速集聚，人才聚合力不断提升。*高层次人才持续增加。2015 年，中关村示范区企业拥有本科及以上学历从业人员 120.2 万人，占从业人员总数的 52.1%，较 2010 年提高 2.1 个百分点；硕士和博士学历的从业人员达 23.8 万人和 2.3 万人，分别占从业人员总数的 10.3% 和 1%；科技活动人员总数 60.5 万人，同比增长 13.7%，占从业人员总数的 26.2%。同时，入选全球性人物榜单的中关村领军企业家、顶尖科学家越来越多，包括百度在线网络技术（北京）有限公司董事长李彦宏入选福布斯“2015 全球权势人物榜”等。青年创新创业才俊脱颖而出。2015 年中关村创业者平均年龄 38.1 岁，较 2010 年减少 2.4 岁；30 岁及以下创业者占创业者总数的 24.7%，其中“90 后”占 7%。

*多层次资本市场建设加快推进，科技金融创新体系不断完善。*新金融高度活跃，中关村股权投资数量及规模大幅提升。2015 年，中关村示范区内进行股权投资的机构达 672 家，占同期全国股权投资机构的 41%；发生股权投资案例 2413 起，是 2014 年的 2.6 倍；已披露股权投资金额 1020.3 亿元，是 2014 年的

3.1倍。中关村示范区汇集了众筹平台、P2P、互联网支付、大数据金融等近1000家各具特色的互联网金融机构。其中，在征信领域，40家企业获人民银行全国企业征信机构备案，占全国的29.6%。多层次资本市场持续拓宽融资渠道。2015年，中关村示范区新增上市企业27家，总数281家，累计首发融资2590.3亿元；新三板挂牌企业总数783家（不含转板及摘牌企业），同比增长92.3%。

创新创业服务全面升级，开启“创服3.0时代”。创新型孵化器不断涌现。截至年底，中关村示范区拥有创业服务机构800余家。其中，国家级科技企业孵化器42家，国家级大学科技园15家，通过科技部备案的众创空间125家。创业服务模式加速创新。出现以天使汇众筹、京东众包、科技寺众创、百度开放云众扶为代表的“四众”新模式，以中关村创业大街为代表的创业聚集街区和以回龙观“双创社区”为代表的创业社区持续完善中关村创新创业生态圈。中关村创业大街全年引进20家创业服务机构，累计引进40家国际、国内创业服务机构。全国首个“双创社区”——回龙观创新创业社区成立，实现创业与生活相融合，开启园区发展新时代。

二、原始创新能力持续提升，引领新技术发展潮流

2015年，中关村示范区创新能力指数334.8，较2014年提高73.1，“十二五”期间年均增长18.8%。其中，创新产出指数368.1，比2014年上涨110.5；创新投入指数253.4，创新协作指数333.9，两者增幅均超过20。原始创新不断强化，企业创新投入持续加大，创新产出成果快速涌现，尤其在前沿技术领域实现突破性进展，部分成果已接近或达到世界先进水平。

中关村创新能力指数

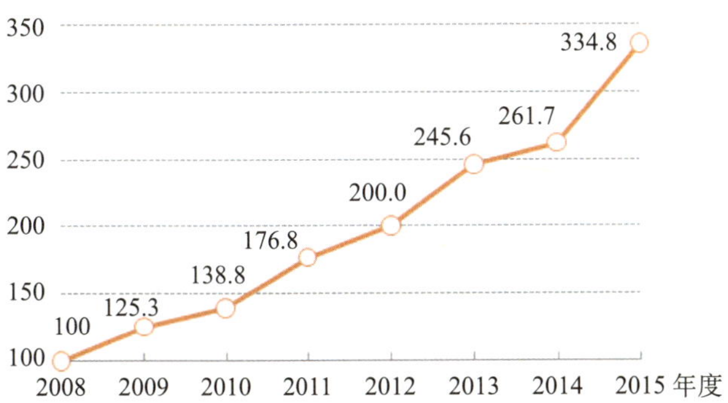

企业创新活力持续不减，创新投入力度不断加大。2015年，中关村示范区科技活动投入保持较快增长。企业科技活动经费支出1776.1亿元，同比增长22.3%；R&D研发费用支出595.6亿元，同比增长19.8%，占增加值的10.7%。中关村示范区企业积极创办技术中心、研究院所、开发中心、中试车间等科技机构，截至年底，企业创办科技机构2345家，较2014年增加104家。

企业创新主体地位愈加显著，创新效率稳步提升。2015年，中关村企业专利申请6.06万件，专利授权3.5件，分别占北京市的42.6%和37.2%。其中，发明专利申请3.78万件，同比增长43.3%；发明专利授权1.28万件，同比增长66.1%。创新效率稳步提升。2015年，中关村示范区企业万人发明专利申请数164件，实现连续5年攀升，是2010年的2.1倍；万人发明专利授权数55.5件，较2014年增加17.1件，是2010年的2.2倍；企业每百亿增加值拥有发明专利申请、授权和有效发明专利量分别为680.9件、230.6件和870.8件，均高于全国和北京市水平，其中每百亿增加值有效发明专利量为全国平均水平的6.4倍。

催生一批前沿性国际化成果，引领新技术发展潮流。在中关村示范区不断增长的创新成果中，人工智能、集成电路、生物医药等影响产业未来发展的颠覆性技术逐渐脱颖而出，相关领域技术水平与发达国家的差距正在迅速缩小，百度语音识别系统、梦之墨液态金属、诺亦腾动作捕捉技术、商汤科技人脸识别技术等成果成为全球的“领跑者”。此外，一些重科技、黑科技企业在成立之初就瞄准全球前沿。中关村示范区企业在全球科技竞争中逐步由过去的“跟跑者”转变为现在的“并跑者”，其中在部分领域已经成为“领跑者”。

三、“高精尖”经济结构加快构建，汇聚转型升级新动能

2015年，中关村示范区产业发展指数达265.4，较2014年提高19.5，“十二五”期间年均增长15%。其中，产业规模指数为408.6，产业效益指数为122.1，继续保持平稳增长态势。中关村示范区加快构建“高精尖”经济结构，现代服务业、高技术服务业领跑增长，“互联网+”、分享经济等新业态、新模式不断涌现，成为经济发展的新动能。

经济实力稳步提升，超额完成“十二五”规划目标。2015年，中关村示范区实现总收入4.08万亿元，同比增长13.2%，“十二五”期间年均增长20.7%，超额完成“十二五”规划目标。中关村示范区全年实现增加值5557.4亿元，同比增长12.2%，

中关村产业发展指数

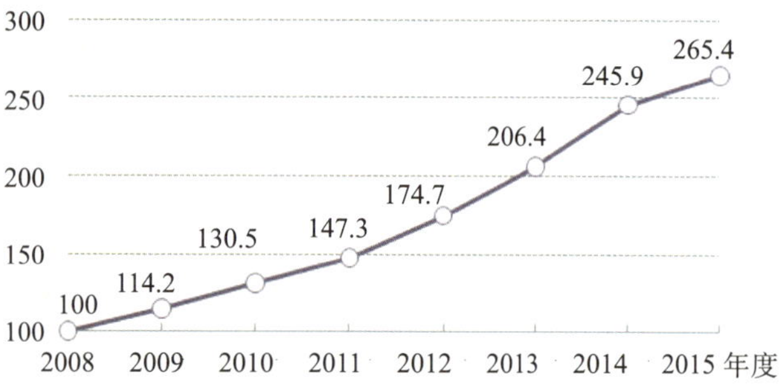

占北京市地区生产总值的比重达 24.2%，占比较 2010 年提高 5.7 个百分点，支撑首都经济持续发展的引擎地位不断巩固。2015 年中关村示范区的总收入、净利润、税费等经济总量指标领先其他国家级高新区，连续多年稳居国家级高新区榜首；总收入占全国国家级高新区总收入的 16.1%，规模超过位列第二位至第五位的高新区收入之和。

*利税平稳增长，质量效益波动中前行。*2015 年，中关村示范区实现利润总额 3404.9 亿元，同比增长 12.3%；实缴税费 2035.7 亿元，同比增长 9.6%；“十二五”期间利润和实缴税费的年均增长率均超 20%。人均产出增长有所放缓，但仍高于全国国家级高新区整体水平。2015 年，中关村示范区从业人员人均实现总收入 176.8 万元，高出全国国家级高新区平均水平 29.2 万元；人均净利润、人均税费分别为 12.6 万元、8.8 万元，分别高出全国国家级高新区平均水平 3.2 万元和 0.5 万元。

*产业发展不断向纵深迈进，高端化特征明显。*2015 年，中关村示范区六大重点技术领域实现总收入 3.09 万亿元，同比增长 11.1%；现代服务业实现总收入 2.68 万亿元，占中关村示范区总收入的 65.7%，同比增长 17.2%。其中，信息服务业、科技服务业呈现高速增长态势，分别同比增长 21.3% 和 39%，二者共占现代服务业总收入的 60.3%，反映出以科技服务为特色的现代服务业体系日趋完善。2015 年，中关村高技术产业实现收入 1.51 万亿元，同比增长 19.9%；其中，高技术服务业同比增长 29.2%，高端化特征明显。

*“互联网 +”推动融合创新，成为结构优化升级的新引擎。*在全球新一轮科技革命和产业变革中，互联网与各领域的融合发展成为新常态下引领经济转型升级的新方向、新动力。加快转型升级，形成新竞争优势。广联达软件股份有限公司立足传统建设工程，向产业大数据、产业征信、产业金融等平台服务商转型；李宁体育用品有限公司主动探索大数据健康领域，与小米科技有限责任公司共同研发新一代智能跑鞋。前沿技术创新、商业模式创新、科技金融创新有机融合不断催生新业态、新模式。中关村示范区在国内率先出现了以数据堂（北京）科技股份有限公司、软通动力信息技术（集团）有限公司、北京京东世纪贸易有限公司等企业为代表的众包服务平台；以北京小桔科技有限公司（滴滴出行）、北京字节跳动科技有限公司（今日头条）、北京春雨天下软件有限公司（春雨医生）等企业为代表的分享经济平台。

四、企业内生发展动力强劲，全球影响力进一步提升

2015 年，中关村示范区企业成长指数达 260.6，较 2014 年提高 9.9，“十二五”期间年均增长 14.7%。其中，活力型企业指数 251.1；领军型企业指数 270.1，较 2014 年增长 32.2。中关村示范区企业积极适应和引领经济发展新常态，创新主体地位不断强化，国际影响力逐步提升。领军企业群体日益壮大，厚植发展优势，加速布局产业生态圈；高成长高估值企业持续涌现，独角兽企业数量不断增加，一批科技新锐企业跻身全球前列。

中关村企业成长指数

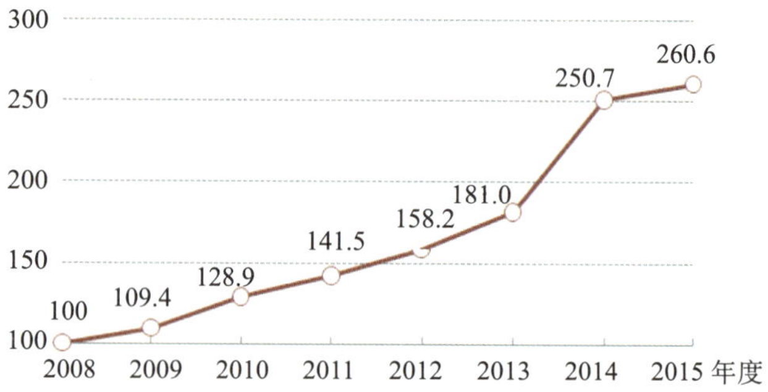

*初创企业获得资本青睐度高，高成长高估值企业不断涌现。*2015 年，中关村示范区新创办科技型企业 2.4 万家，相对于 2010 年增长 1 倍多，日均新创办科技型企业 66 家。373 家当年新创办企业获融资，约占中关村示范区获融资企业总数的 1/4，包括智能机器人企业纳恩博（北京）科技有限公司获 5.2 亿元的 A 轮融资等。中关村示范区初创企业在全球知名榜单中频频出现。滴滴出行等 20 家企业入选“2015 福布斯中国成长最快科技公司”榜单；北京我最在行信息技术有限公司（在行）等 16 家企业入选《快公司》杂志“2015 中国最佳创新公司 50 强”。

*规模企业实力不断增强，企业竞争力快速提升。*2015 年，中关村示范区收入亿元以上企业 2967 家，

比2014年增加411家，其中收入超百亿元企业68家、超千亿元企业4家。上市企业发展势头强劲，新三板挂牌企业迅猛增长。截至年底，中关村示范区累计上市企业总数281家，上市企业总市值4.89万亿元，连续3年市值增长超过50%，上市企业合并报表营收2.3万亿元；新三板挂牌企业总数783家，总市值3780.4亿元。

企业纷纷布局产业生态圈，加速产业重组。中关村示范区一批优势企业通过资本运作来构建产业生态圈、打造平台型企业。其中，乐视控股（北京）有限公司形成手机、电视、体育、云等垂直整合的生态系统；小米公司以智能手机、电视、路由器、机顶盒和可穿戴设备5个产品线为核心，建立以大数据挖掘、分析、应用为核心的智能硬件生态圈；百度公司等企业进军金融、医疗健康、物联网、智能硬件等多个行业。

五、辐射带动能力稳步提升，助力打造区域协同创新共同体

2015年，中关村示范区企业对外辐射能力稳步提升，辐射带动指数达358.3，较2014年提高68.2，“十二五”期间年均增长20%。其中，技术辐射指数增至408.6，比2014年提高80.3；产业辐射指数达307.9，比2014年提高56.0。中关村示范区加强整合优质资源，在助力打造京津冀协同创新共同体的同时，引领带动全国创新发展，对外辐射活动呈现出“总量提升、技术引领、资本驱动”三大特征。

中关村辐射带动指数

对外技术辐射能力持续增强，输出到津冀的技术合同成交额快速增长。2015年，中关村示范区输出技术合同4.69万项，成交额2905.5亿元，同比增长28.6%，占北京市技术合同成交总额的84.2%。中关村示范区技术合同成交额近八成辐射到京外地区，初步形成“自主创新在中关村开花，产业升级在全国结果”的良好局面。2015年，中关村示范区流向津冀的技术合同2565项，较2014年增加65项；成交额89.4亿元，同比增长60.5%。中关村示范区企业发挥在大数据、云计算等技术领域的先发优势，加强与津冀地区的创新合作。其中，神州数码（中国）有限公司与承德等地签署了智慧城市战略合作协议，开展公共信息服务平台的建设。

企业京外布局稳步推进，引领全国创新发展。2015年，中关村示范区企业在京外设立分支机构1.13万家，较2014年增加1639家，是2010年京外分支机构数的2倍。随着企业在京外的加速布局，企业对外辐射收入实现快速增长。中关村示范区上市企业2015年实现合并报表营收2.3万亿元，其中，对外辐射收入1.7万亿元，约是2010年的2.6倍，占上市公司合并报表总收入的72.4%。同时，跨区域并购取得新突破。2015年，中关村示范区企业发起的境内京外并购案例252起，是2014年并购案例数量的2.4倍；并购外埠企业的地区由2014年的22个省拓展到24个省。

积极打造产业链、创新链、园区链，引领构建京津冀协同创新共同体。2015年，中关村示范区坚持以协同创新为引领，推动创新资源开放共享，着力推动形成京津冀协同创新共同体。主要包括：优化产业链布局，谋划打造以“中关村数据研发服务—张家口、承德数据存储—天津数据装备制造”为主线的“京津冀大数据走廊”；部署创新链，主动实现创新资源开放共享，整合首都科技条件平台、中关村开放实验室等科技创新资源，支持三地企业、高校院所资源开放；打造跨京津冀的科技创新园区链，推进天津滨海—中关村科技园、石家庄（正定）中关村集成电路产业基地、保定·中关村创新中心项目的建设，鼓励中关村示范区各分园与津冀两地开展协同创新和园区共建。

六、国际资源配置能力增强，全球创新网络关键枢纽作用日益凸显

2015年，中关村示范区国际化指数强劲上升，达439.9，较2014年提高158.3，“十二五”期间年均增长23.6%。其中，国际拓展指数703.6，较2014年提高268.7；资源引入指数176.1，较2014年提高47.9。中关村示范区企业国际化步伐明显加快，更加积极主动地配置国际资源，参与国际竞争，瞄准国际前沿谋划布局。中关村示范区与全球的创新链接、资本链接、产业链接日益加深，在全球创新网络中的关键枢

组作用日益凸显。

中关村国际化指数

高端要素加速聚集，国际创新资源吸附力逐步增强。截至年底，中关村示范区入选“千人计划”海外高层次人才 1091 人，占北京市的 82%，占全国的 21%；入选北京市“海聚工程”512 人，占北京市的 68%；入选中关村“高聚工程”239 名（含团队）。2015 年，中关村示范区聚集留学归国人才总数 2.7 万人，同比增长 26.2%；外籍人才 8533 人，较 2014 年增加 779 人。中关村示范区已成为全球风险投资热点区域之一，在 2015 年“安永全球风险投资集聚地排名”中位居第二，仅次于美国加利福尼亚州湾区。英国 ARM、美国硅谷 Plug&play、以色列 Trend lines 等企业和国际顶尖孵化器相继在中关村示范区设立孵化机构，与中关村示范区开展合作。知名跨国公司和科技巨头纷纷在中关村示范区设立分支机构，截至年底，财富世界 500 强企业中有 120 家在中关村示范区设立了子公司或研发机构。

企业加快海外布局，在更大范围内整合创新资源。中关村示范区企业瞄准国际创新前沿，通过在海外设立研发中心、与境外科研机构开展研发合作、投资孵化境外创新项目等方式在全球范围配置高端创新资源。越来越多的中关村示范区企业在境外设立研发中心、分支机构。百度硅谷研究院、北汽新能源硅谷研究院、畅捷通硅谷研发中心等一批研发机构相继在美国硅谷成立；精准医疗企业北京泛生子基因科技有限公司成立不到两年，分别在中国北京和美国北卡罗来纳州成立研发中心。越来越多的中关村企业与世界 500 强企业以及全球著名高校、科研院所开展研发合作。卡尤迪生物科技（北京）有限公司与哈佛大学合作进行的新一代数字 PCR 仪的研发，已实现微流控芯片的开发以及一步法实际耗材的构建；北京奇虎科技有限公司等一批领军企业和新锐企业瞄准以色列、美国等创新活跃国家，直接投资孵化境外科技初创企业，或注资科技投资基金，实现全球新技术的平行孵化；中关村发展集团股份有限公司与美国 C.M.Capital 投资公司共同设立中关村硅谷创新中心，运用“基金 + 孵化器”模式，在全球范围挖掘引进具有前瞻性、颠覆性的前沿技术和高端项目。

积极构建全球创新网络，进一步提升园区品牌影响力。中关村示范区加快建设具有全球影响力的科技创新中心，加强科技创新国际交流与合作，与法国索菲亚科技园区、加拿大渥太华创新中心等近 20 个国际科技创新区域或机构建立长期合作关系，推动中关村示范区企业以多种形式与芬兰、美国、德国、以色列等国家的企业、科技机构开展对接合作。9 月，第 32 届国际科技园区协会世界大会在中关村举办，吸引 48 个国家的近 700 名代表参会。

大事记

Chronicle

本栏目采用以月为序的形式记载中关村国家自主创新示范区上一年度中发生的大事、要事。

2015 年中关村大事记

1 月

2 日 中国航天科技集团公司五院研制成功中国首个卫星用 200 毫米离子电推进系统（LIPS-200）。

6 日 厄瓜多尔总统拉斐尔·科雷亚·德尔加多一行到中关村示范区参观访问。

7 日 全国政协副主席陈晓光一行到中关村示范区调研科技成果转化工作。副市长张工陪同，中关村管委会主任郭洪等参加。

9 日 首批 10 家中小微企业在北京股权交易中心（北京四板市场）挂牌。

12 日 北京北林先进生态环保技术研究院有限公司、北京软件和信息服务交易所有限公司等 6 家单位被科技部确定为国家技术转移示范机构。

13 日 市财政局印发《中关村国家自主创新示范区新技术新产品政府首购和订购实施细则》。

16 日 科技部部长万钢一行到中关村创业大街调研北京市创新创业服务体系建设情况。副市长张工陪同，中关村管委会主任郭洪参加。

21 日 清华科技园企业北京清大致汇科技有限公司研制出国内首款安卓系统 3D 打印机。

28 日 国内首个专门为天使投资人提供一条龙服务的综合平台——天使茶馆在中关村梦想实验室启用。

29 日 市委组织部、市财政局、市公安局、市人力社保局、中关村管委会印发《中关村高端领军人才聚集工程实施细则》。

30 日 中关村集成电路设计产业园（一期）在北航科技园挂牌。

2 月

2 日 科技部火炬中心、中关村管委会联合印发《“创业中国”中关村引领工程（2015—2020 年）》《国家高新区互联网跨界融合创新中关村示范工程（2015—2020 年）》。

4 日 由科技部火炬中心、中关村管委会主办的“创业中国中关村引领工程”和“国家高新区互联网跨界融合创新中关村示范工程”发布暨启动仪式举行。科技部副部长曹建林出席并致辞，中关村管委会主任郭洪参加。

5 日 国内第一个以科技园区上市公司为样本编制的股票指数系列——中关村 A 股综合指数和中关村 50 指数在京发布，中关村创新创业企业上市培育基地同日揭牌。

9 日 乌兰察布中关村科技产业园挂牌仪式在察哈尔经济技术开发区举行。

10 日 全国智慧能源公共服务云平台在亦庄园启动。

16 日 市政府办公厅印发《关于加快推进中关村生物医药医疗器械及相关产业发展的若干意见》。

26 日 中关村管委会印发《关于支持中关村示范区中小微企业利用中关村股权交易服务集团创新发展的意见》。

同日 中关村管委会、海淀区政府联合印发《关于促进中关村国家自主创新示范区集成电路设计产业发展的若干措施》。

27 日 中关村管委会、人民银行营业管理部、市经济信息化委联合印发《关于进一步加强中关村国家自主创新示范区信用体系建设的意见》。

3 月

2 日 中国人民银行中关村国家自主创新示范区中心支行（国家外汇管理局中关村国家自主创新示范区中心支局）履职并开展工作。

同日 科技部组织召开发展众创空间推进大众创新创业电视电话会议，中关村管委会主任郭洪参会并介绍中关村示范区推进大众创新创业的情况。

同日 湖北省政协主席杨松一行到中关村示范区调研。北京市政协主席吉林等陪同，中关村管委会主任郭洪等参加。

同日 中关村科技金融街在中关村西区开街，副市长张工出席开街仪式。

同日 由北京天地互连信息技术有限公司主导的IEEE1888标准通过ISO/IEC最后一轮投票，成为全球能源互联网产业首个ISO/IEC国际标准。

3日 中科院理化技术研究所和清华大学医学院联合研发出世界首个自主运动的可变形液态金属机器。“首个自驱动可变形液态金属机器问世”被评为2015年中国十大科技进展新闻。

9日 中关村管委会、海淀区政府联合印发《关于促进中关村智能硬件产业创新发展的若干支持措施》。

10日 国家外汇管理局北京外汇管理部印发《中关村国家自主创新示范区核心区外债宏观审慎管理外汇改革试点实施细则》。

同日 北京麓柏科技有限公司发布首个全闪存软件定义存储系统——S5存储系统。

15日 市财政局、市地税局、市科委、中关村管委会联合印发《中关村国家自主创新示范区有关股权奖励个人所得税试点工作管理办法》。

16日 由中科院高能物理研究所研制的“嫦娥三号粒子激发X射线谱仪”在京通过验收。

19日 中关村国家自主创新示范区2015年园区工作会议在中关村示范区展示中心召开。副市长张工出席并讲话，中关村管委会主任郭洪做工作报告。

同日 中关村管委会印发《关于支持中关村国家自主创新示范区集成电路产业发展的若干金融措施》。

23日 市科委授予11家企业为北京市首批众创空间，中关村创业大街被授予北京市众创空间集聚区称号。

24日 拉美议会议长埃利亚斯·卡斯蒂略·冈萨雷斯率代表团访问中关村示范区。

27日 中关村智能硬件产业政策发布会暨创新项目路演活动举办。中关村管委会和海淀区政府联合发布《关于促进中关村智能硬件产业创新发展的若干支持措施》。

30日 由中国运载火箭技术研究院研制的中国首个太空摆渡车——“远征一号”上面级搭载新一代北斗导航卫星在西昌卫星发射中心升空。

4月

9日 由京微雅格（北京）科技有限公司承担的“十二五”国家科技重大专项01专项“高端FPGA芯片研发及产业化应用”课题的首颗芯片CME-C1（祥云）流片成功。

14日 中关村发展集团支持科技创新创业暨领创金融系列产品发布会在中关村示范区展示中心举行。副市长张工出席。

15日 国务院副总理刘延东一行到中关村创业大街调研，科技部部长万钢等陪同。中关村管委会主任郭洪参加。

19日 百度在线网络技术（北京）有限公司推出多语种翻译机器人——小度。

20日 中关村管委会印发《中关村国家自主创新示范区国际化发展专项资金管理办法》。

21日 全国首家互联网金融行业服务平台——中关村互联网金融服务中心成立。

23日 中关村示范区企业家顾问委员会2015年第一次全体会召开。

26日 集创业、工作、生活为一体的首家青年创业社区——“YOU+”国际青年创业社区在海淀园启动。

27日 北京东方灵盾科技有限公司与马来西亚知识产权局签署其研发的《世界传统药物专利数据库》出售协议，中关村示范区专利数据库首次走出国门。

28日 保定·中关村创新中心在保定市揭牌。

29日 由中科院理化技术研究所承担的首台万瓦级大型液氢温区低温制冷装置在该所廊坊基地通过财政部组织的项目验收。

5月

4日 国务院总理李克强写信给清华学生创客空间协会，勉励学生创客。

6日 由公安部第一研究所研制的首款电子机读旅行证件专用芯片通过工业和信息化部、公安部联合组织的技术鉴定。

7日 国务院总理李克强视察中关村创业大街，并与创业者们座谈交流。国务院副总理刘延东、北京市委书记郭金龙、科技部部长万钢等领导陪同，中关村管委会主任郭洪参加。

同日 北京众创空间联盟在京成立。

8日 北京股权交易中心更名为中关村股权交易服务集团有限公司。

11日 海峡两岸关系协会会长陈德铭一行到中关村示范区调研。中关村管委会主任郭洪陪同。

12日 全国政协副主席马培华一行到中关村示范

区调研并座谈。北京市副市长戴均良陪同，中关村管委会主任郭洪参加。

13 日 和芯星通科技（北京）有限公司发布新一代高精度多模多频卫星导航定位 SoC 芯片——Nebulas Ⅱ（UC4C0）。

13—17 日 第十八届中国北京国际科技产业博览会在京举行。中关村示范区以“引领高精尖 科技创未来”为主题，举办中关村科技创新成果展。

15 日 北京高校大学生创业园（良乡园）在房山园成立。

18 日 中关村管委会与京泰实业（集团）有限公司在香港签署战略合作框架协议。

19 日 中关村管委会组织召开中关村企业家座谈会，学习贯彻国务院领导重要指示精神，为中关村示范区发展建言献策。

20 日 中关村管委会印发《中关村国家自主创新示范区一区多园协同发展支持资金管理办法》。

21 日 食品药品监管总局局长毕井泉一行参观中关村示范区展示中心并举行座谈会。中关村管委会主任郭洪等陪同。

25 日 全国政协副主席齐续春一行到中关村示范区调研。北京市委常委戴均良陪同，中关村管委会主任郭洪参加。

26 日 中关村示范区与石家庄市协同创新区域合作工作组第一次会议在京召开。市委常委苟仲文等出席。

28 日 中央党校省部级干部经济体制改革培训班在中关村示范区举办。

6 月

3 日 质检总局印发《关于深化京津冀地区进境动植物源性生物材料检验检疫监管改革的通知》。

同日 京东方科技集团股份有限公司发布全球首款 82 英寸 10K 超高清显示屏。

4 日 中科院院长白春礼一行参观中关村示范区展示中心，并与企业代表座谈。北京市委常委苟仲文、副市长隋振江陪同。

5 日 经国家标准委批准，中关村示范区内国家半导体照明工程研发及产业联盟、TD 产业联盟等 7 家入选首批团体标准试点单位。

9 日 财政部、税务总局印发《关于推广中关村国家自主创新示范区税收试点政策有关问题的通知》《关于高新技术企业职工教育经费税前扣除政策的通知》。

18 日 天津市人大常委会主任肖怀远一行到中关村示范区调研。北京市人大常委会主任杜德印等陪同。

19 日 市政协主席吉林率领 80 余位市政协常委以“全国科技创新中心建设”为主题到中关村示范区调研。副市长隋振江一同调研。

23 日 中关村管委会、中关村示范区企业家顾问委员会等单位组织召开践行社会主义核心价值观、中关村企业家支持志愿服务工作座谈会。中国志愿服务联合会会长刘淇、北京市市长王安顺出席。

同日 北京市首家重装孵化器——中关村智能硬件梦工场在中关村示范区展示中心启动。

24 日 认监会批复同意中关村国家自主创新示范区创建“国家公共检验检测服务平台示范区”。

26 日 中关村管委会与工商银行北京分行签署战略合作协议，工商银行北京分行将为中关村示范区提供不少于 1000 亿元的意向性综合授信额度支持。

同日 由中国航天科技集团公司五院研制的“高分八号”卫星在太原卫星发射中心成功升空。

同日 丰台园企业北京碳世纪科技有限公司研发生产的石墨烯节能改进剂——碳威问世。

6 月 中国航天科技集团公司五院研制成功首台第三代交会对接光学成像敏感器。

7 月

6—7 日 江苏省省长李学勇一行到中关村示范区调研。北京市副市长隋振江陪同，中关村管委会主任郭洪参加。

7 日 中关村示范区企业家顾问委员会 2015 年第二次全体会在国家会议中心召开。副市长隋振江出席并讲话，中关村管委会主任郭洪参加。

8 日 中央统战部部长孙春兰一行到中关村创业大街调研。北京市委常委戴均良陪同，中关村管委会主任郭洪参加。

同日 中关村管委会印发《关于支持高等学校科技人员和学生科技创业专项资金管理办法（试行）》。

同日 国际电信联盟宣布，清华大学数字电视技术研究团队和北京数字电视国家工程实验室联合研发的 DTMB-A 标准，被列入国际电联 ITU-RBT.1306 建议书“数字地面电视广播的纠错、数据成帧、调制和发射方法”中的系统 E，成为数字电视国际标准。

9 日 中国第一家股权众筹行业组织——中关村

股权众筹联盟（筹）发起成立大会在京召开。中关村管委会主任郭洪出席并讲话。

9—12 日 2015 中关村华侨华人创业大会在京召开。海淀留创园等 8 家园区获首批中关村侨创园授牌。

13 日 中航北京航空制造工程研究所利用自主研发的电子束焊接技术成功焊接了 4500 米载人深潜器的球壳。

14 日 中关村管委会印发《中关村国家自主创新示范区社会组织发展支持资金管理办法》。

20 日 中科院物理所方忠研究员带领的团队在实验中首次发现具有“手性”的电子态——Weyl 费米子。“发现外尔（Weyl）费米子”入选 2015 年中国十大科技进展新闻。

21 日 开展数据资产登记确权赋值的服务机构——中关村数海数据资产评估中心在京成立。

同日 中关村管委会入选工业和信息化部评定的产业集群区域品牌建设试点单位。

22 日 由北京大学第三医院和北京爱康宜诚医疗器材股份有限公司合作研制的人工髋关节产品获食品药品监管总局注册批准。

23 日 市委常委姜志刚到中关村创业大街调研。中关村管委会主任郭洪等陪同。

同日 小米移动互联网科技园启动仪式举行。中关村管委会主任郭洪出席。

同日 北京台湾青年创业基地授牌仪式在京举行。

25 日 由中国空间技术研究院研制的两颗新一代北斗导航卫星在西昌卫星发射中心用“长征三号乙 / 远征一号”运载火箭发射升空。

8 月

5 日 中关村国家自主创新示范区金融业务服务工作委员会成立。

6 日 京津冀科学技术协会科技成果转化平台项目发布和推介会举行，30 项“高精尖”项目集中向京津冀区域推介。

同日 北京天智航医疗科技股份有限公司等单位研发的脊柱外科手术机器人系统在北京积水潭医院被应用，完成了世界首例基于术中实时三维影像的机器人辅助脊柱胸腰段骨折微创内固定手术。

7 日 副市长隋振江到中关村发展集团股份有限公司调研。中关村管委会主任郭洪等陪同。

12 日 北京银行互联网金融中心支行在中关村互联网金融中心大厦开业。

13 日 市委书记郭金龙、市长王安顺到中关村示范区调研。市委常委苟仲文、副市长隋振江陪同，中关村管委会主任郭洪参加。

同日 中关村管委会与天津市科委、天津市国资委签署战略合作框架协议。

17 日 承德 · 中关村大数据产业合作暨项目签约仪式在京举行，中关村管委会与承德市政府签署战略合作协议。中关村管委会主任郭洪等出席。

同日 百济神州（北京）生物科技有限公司自主研发的 1 类新药——靶向抗肿瘤药 BGB-283 获食品药品监管总局颁发的药物临床试验批件。

18 日 中科院高能物理所研制的首台乳腺诊断正电子发射断层成像系统获准进入市场销售及临床应用。

19 日 渣打银行北京分行与中关村管委会在京签署战略合作协议。

同日 智慧中关村地理信息服务平台上线。

21 日 清华大学生命科学学院施一公研究组首次捕获到真核细胞剪接体复合物的高分辨率空间三维结构，并阐述相关工作机理。“剪接体高分辨率三维结构获解析”入选 2015 年中国十大科技进展新闻。

同日 北京星网锐捷网络技术有限公司推出“零背板”数据中心交换机 RG-N18018-X。

25—26 日 中关村国际创业节暨盛景全球创新大奖总决赛在清华大学举办。市委副秘书长郭广生、中关村管委会主任郭洪出席。

27 日 北京大数据研究院揭牌仪式在北京大学举行，副市长隋振江等为大数据研究院揭牌。中关村管委会主任郭洪出席。

30 日 由中国航天空气动力技术研究院研制的大型察打一体无人机“彩虹五号”在甘肃省实现首飞。

9 月

1 日 北京市属国企高管和中关村领军企业家培训班在市委党校举办开班仪式。副市长隋振江出席，中关村管委会主任郭洪等参加。培训班至 30 日结束。

8 日 2015 年百度世界大会在京举行。中关村管委会主任郭洪出席。

10 日 中央编办主任张纪南一行到中关村示范区调研并与企业家座谈。北京市副市长隋振江陪同，中关村管委会主任郭洪等参加。

12 日 由中国空间技术研究院研制的通信技术试

验卫星一号在西昌卫星发射中心发射升空。

13日 商务部、北京市政府联合印发《北京市服务业扩大开放综合试点实施方案》。

14日 由中国空间技术研究院研制的“高分九号”卫星在酒泉卫星发射中心发射升空。

15日 中关村管委会印发《中关村国家自主创新示范区技术创新能力建设专项资金管理办法》《中关村国家自主创新示范区股权激励代持股专项资金管理办法（试行）》。

15—16日 中关村创业大街智能硬件节在京举行。

18日 中关村门头沟科技园产业规划与政策发布暨共建协议签约仪式举行。门头沟区政府发布《创新创业门头沟行动计划》《中关村门头沟科技园促进创新创业和产业发展专项资金管理暂行办法》《中关村门头沟科技园产业发展规划》等政策文件。

22—25日 第32届国际科技园区协会世界大会（IASP2015年大会）举办。科技部副秘书长徐建培、北京市副市长隋振江出席大会开幕式并致辞。

23日 中科院大气物理所联合曙光信息产业（北京）有限公司等单位在京发布中国首个“地球系统数值模拟装置”原型系统。

25日 中关村协同创新投资基金在京设立，基金总规模为100亿元。

同日 由中国运载火箭技术研究院研制的中国新型运载火箭——“长征十一号”固体运载火箭在酒泉卫星发射中心点火发射，成功将4颗微小卫星送入太空。

28日 中关村管委会、海淀区政府联合印发《中关村国家自主创新示范区集成电路设计产业发展资金管理办法》。

29日 工商总局印发《关于促进中关村国家自主创新示范区创新发展的若干意见》。

同日 中关村集成电路设计产业园（二期）在永丰产业基地开工。

30日 由中国空间技术研究院研制的中国第四颗新一代北斗导航卫星在西昌卫星发射中心发射升空。

同日 科技部印发《关于批准建设第三批企业国家重点实验室的通知》，中关村示范区北京东方雨虹防水技术股份有限公司的特种功能防水材料国家重点实验室等8家企业实验室获批。

10月

9日 银监会主席尚福林一行到中关村示范区调研，并与科技型企业代表座谈。北京市常务副市长李士祥陪同，中关村管委会主任郭洪参加。

11日 市委常委苟仲文、副市长隋振江等到中关村大街调研。

同日 海淀区政府发布《中关村大街发展规划》。

同日 中关村知识产权和标准化一条街在海淀区揭牌。

11—28日 以“创见未来”为主题的中关村创新创业季（2015）系列活动在京举办。

13日 中关村管委会、海淀区政府与芬兰贸易协会签署《中芬创新基金谅解备忘录》。

同日 由北京南江空天科技股份有限公司等单位研制的中国首个军民通用临近空间平台“圆梦号”在内蒙古自治区锡林浩特市完成升空着陆试验。

14日 国家蛋白质科学中心北京基地在中关村生命科学园正式启用。

15日 市教委与中关村软件园签署共建中关村软件园大学生创业园协议。

17日 由中国空间技术研究院等单位研制的“亚太九号”商业通信卫星在西昌卫星发射中心用“长征三号乙”运载火箭发射升空。

19日 市政府印发《关于大力推进大众创业万众创新的实施意见》。

同日 中关村创新创业服务平台“网上会客厅”（www.wezgc.com）上线。

19—23日 2015年全国大众创业万众创新活动周举办。国务院总理李克强、北京市委书记郭金龙、国务委员杨晶、科技部部长万钢、北京市市长王安顺出席启动仪式；国务院副总理张高丽、刘延东、马凯以及国家副主席李源潮先后参观活动周主展区，参加高峰论坛等活动。中关村管委会主任郭洪参加。

21日 中组部、发展改革委等10个国家部委联合北京市委、市政府印发《关于深化中关村人才管理改革的若干措施》。

同日 中关村天使母基金在京成立，总规模10亿元。

同日 由中关村管委会、市食品药品监管局和海淀区政府合作组建的中关村医学工程转化中心揭牌。

同日 市教委与中关村领创金融公司联手推出支持高校学生创新创业的成长之路扶持计划。

同日 “中关村指数2015”发布。

23日 财政部、税务总局联合印发《关于将国家自主创新示范区有关税收试点政策推广到全国范围实施的通知》。

同日 中关村国家知识产权服务业集聚发展试验区通过知识产权局验收。

同日 清华大学未来芯片技术高精尖创新中心等13家单位被市教委认定为北京市首批高等学校高精尖创新中心，其中中关村示范区10家。

26日 由航天东方红卫星有限公司研制的“天绘一号03星”在酒泉卫星发射中心用“长征二号丁”运载火箭发射升空。

29日 中关村管委会与中国联通北京市分公司签署战略合作协议。

30日 全国政协副主席陈晓光到中关村示范区调研。北京市委常委戴均良陪同。

31日 丰台园被工业和信息化部、发展改革委、科技部认定为首批国家应急产业示范基地。

11月

4日 中关村管委会与韩国首尔市政府经济振兴本部签署合作备忘录。

同日 中国空间技术研究院研制的“中星2C”卫星在西昌卫星发射中心发射升空。

8日 由中国空间技术研究院研制的“遥感二十八号”卫星在太原卫星发射中心发射升空。

同日 中关村国际创客中心启动暨签约仪式在海淀园举行。

同日 由中关村管委会和昌平区政府联手打造的全国首家“双创社区”——回龙观创新创业社区在回龙观创客广场启幕。

9日 市长王安顺到北京经济技术开发区调研制造业转型升级情况，查看了中芯国际集成电路二期生产线等。副市长隋振江、市政府秘书长李伟陪同。

10日 市委书记郭金龙就如何将中关村工作与首都全国科技创新中心建设有机融合问题到海淀区调研。市委常委苟仲文、张工，副市长隋振江陪同。

11日—12月11日 中关村管委会举办众筹新思想，谋划中关村新蓝图，为中关村“十三五”规划建言献策主题活动。

16日 2015（首届）信用中关村高峰论坛暨首届京津冀社会信用体系合作共建研讨会在中关村示范区展示中心召开。发展改革委副主任连维良、北京市副市长隋振江出席。

17日 82名中关村创新创业领军人才入选2015年“中关村高端领军人才聚集工程”。

同日 中关村发展集团股份有限公司与加拿大渥太华投资署签署协议。市长王安顺参加签约仪式。

18日 国家外汇管理局北京外汇管理部印发《关于修订和印发〈中关村国家自主创新示范区核心区外债宏观审慎管理外汇改革试点实施细则〉的通知》，并授权中关村中心支局具体实施。

19—20日 由海淀园管委会、北京北大科技园建设开发有限公司主办的“创启未来”2015国际青年科技创业大赛全球总决赛在北大科技园举办。

21日 由中国空间技术研究院研制的“老挝一号”通信卫星在西昌卫星发射中心发射升空。中国国家主席习近平、老挝国家主席朱马利互致贺电。

23日 国家开发银行行长郑之杰一行到中关村示范区调研。北京市常务副市长李士祥陪同，中关村管委会主任郭洪参加。国家开发银行北京分行分别与中关村管委会、中关村发展集团股份有限公司签署合作协议。

27日 知识产权局印发《关于第十七届中国专利奖授奖的决定》。中关村示范区共82项成果入选，其中3项成果获中国专利金奖。

同日 全国政协副主席王钦敏率全国政协经济委员会专题调研组到中关村示范区调研品牌建设工作。

同日 波黑部长会议主席（总理）兹维兹迪奇一行到中关村示范区参观访问。

30日 百度在线网络技术（北京）有限公司、北京同仁堂（集团）有限责任公司等3家企业获第二届中国商标金奖。

同日 食品药品监管总局印发《关于支持中关村食品药品监管及产业发展若干政策事项的批复》，发布了支持中关村创新药审评审批、支持北京市开展药品上市许可持有人制度试点等12条政策。

12月

2日 中关村示范区的创新工场、车库咖啡等27家众创空间被科技部认定为首批众创空间，纳入国家级科技企业孵化器管理服务体系。

同日 由京东方科技集团股份有限公司投资建设的全球首条第10.5代薄膜晶体管液晶显示器（TFT-LCD）生产线在安徽省合肥市动工。

3日 中关村管委会与南京市政府签署战略合作协议。北京市委常委苟仲文、江苏省委常委黄莉新出席。

5日 市政府印发《〈中国制造2025〉北京行动纲

要》。

7日 中科院公布了增选的61名中科院院士名单，北京地区30人当选。

同日 中国工程院公布了增选的70名中国工程院院士名单，北京地区29人当选。

8日 发展改革委批复中关村示范区开展大众创业万众创新综合改革试点。

10日 由中国空间技术研究院研制的“中星1C”卫星在西昌卫星发射中心发射升空。

同日 北京百度网讯科技有限公司无人驾驶汽车首次实现城市、环路及高速道路混合路况下的全自动驾驶。

11日 中关村核心区硅谷创新驿站落户中关村硅谷创新中心。

12—13日 以“共享共融　数创未来”为主题的2015中关村大数据日活动在京举办。中关村管委会发布大数据产业发展路线图和企业分布图。副市长隋振江出席，市委副秘书长郭广生、中关村管委会主任郭洪参加。

15日 中关村示范区企业家顾问委员会2015年第三次全体会召开。中关村管委会主任郭洪出席并讲话。

同日 2015中关村品牌推介系列活动启动。

15—18日 首届中国中关村机器人科技运动会在北京科技大学举行。

17日 中关村管委会、中关村发展集团股份有限公司与南宁市政府在京签署战略合作协议。

同日 中关村管委会印发《中关村国家自主创新示范区创业服务平台支持资金管理办法》。

同日 由中科院国家空间科学中心研制的中国首颗暗物质粒子探测卫星“悟空”在酒泉卫星发射中心发射升空。

18日 国内首家“一站式”特殊物品及生物材料进出口公共服务平台——中关村生命科学联合创新服务中心在昌平园投入运行。

同日 中关村管委会印发《中关村国家自主创新示范区企业改制上市和并购支持资金管理办法》。

同日 神州数码（中国）有限公司承担的首都城市综合信息服务平台——“新北京网”首发上线。

20日 京津冀石墨烯产业发展联盟在京成立。

同日 副市长隋振江与中关村示范区企业家顾问委员会委员在清华科技园座谈。

21日 中关村军民融合协同创新论坛暨中关村军民融合产业园启动仪式在海淀区举行，会上发布《中关村军民融合创新示范区规划方案》。副市长隋振江出席并致辞。中关村管委会主任郭洪参加。

同日 由国家电投中央研究院核电软件技术中心牵头完成的中国首套完全自主知识产权的核电厂核设计与安全分析一体化软件包——COSINE公开测试版在京发布。

22日 北京四板市场启动科技创新板。

23日 国内银行业首家创客中心——中关村小巨人创客中心在海淀园开业。

25日 北京广利核系统工程有限公司承担的“自主知识产权的核电站数字化仪控系统平台”通过国家能源局组织的验收。

28日 中关村并购资本中心揭牌暨金融支持项目展示会在中关村示范区展示中心举办。副市长隋振江、市政府副秘书长朱炎出席，中关村管委会主任郭洪参加。

29日 中关村管委会、市质监局联合印发《中关村国家自主创新示范区标准化试点示范单位培育工作方案》。

同日 由中国空间技术研究院研制的首颗地球同步轨道高分辨率遥感卫星——“高分四号”卫星在西昌卫星发射中心发射升空。

30日 中关村管委会与中国人寿北京市分公司签署关于创新政保合作模式，推动科技金融创新的战略合作协议。

同日 中关村知识产权领军企业培育和优秀服务机构表彰大会召开，发布中关村第二批知识产权领军企业培育名单。

同日 北京科兴生物制品有限公司研发的预防用生物制品1类新药——肠道病毒71型灭活疫苗取得食品药品监管总局颁发的新药证书和药品注册批件。

概　况

Overview

本栏目简要记述了中关村国家自主创新示范区的起源及其沿革，重点记述上一年度中关村示范区的创新发展情况和特点等。

2015年中关村概况

中关村国家自主创新示范区源于20世纪80年代初期的中关村电子一条街，是中国改革开放的产物。

1978年3月，中共中央在京召开全国科学大会。时任中共中央副主席邓小平在会上发表重要讲话，明确指出，科学技术是生产力，知识分子是工人阶级的一部分。这使得中关村地区广大科技人员感受到“春天”的来临，重新燃起科技报国的激情。从那时起，以中国科学院物理研究所的陈春先为代表的一大批科技人员走出科研院所和高等院校，创办民营高科技企业（通称“下海”），形成中关村电子一条街。

中关村地区不断涌现的民营高科技企业得到党中央和北京市委的大力支持。1988年5月，经国务院批准，市政府印发了《北京市新技术产业开发试验区暂行条例》。《暂行条例》规定：“以中关村地区为中心，在北京市海淀区划出100平方公里左右的区域，建立外向型、开放型的新技术产业开发试验区”，在北京市新技术产业开发试验区内注册的高新技术企业可以享受《暂行条例》所规定的国家各项优惠政策。由此，中国第一个国家级高新技术产业开发区正式成立。1999年6月，国务院对科技部、北京市政府报送的《关于实施科教兴国战略加快建设中关村科技园的请示》做出《关于建设中关村科技园区有关问题的批复》，原则同意关于加快建设中关村科技园区的意见和关于中关村科技园区的发展规划。同年8月，北京市新技术产业开发试验区更名为中关村科技园区。2009年3月，国务院印发《关于同意支持中关村科技园区建设国家自主创新示范区的批复》，明确中关村科技园区的新定位是国家自主创新示范区，目标是成为具有全球影响力的科技创新中心，并同意在中关村示范区实施股权激励、科技金融改革创新等试点工作。中关村成为中国首个国家级自主创新示范区。30余年来，中关村示范区的建设和发展得到党中央、国务院高度重视，先后8次做出重大决策部署。2013年9月30日，中共中央政治局在中关村举办第九次集体学习活动，中共中央总书记习近平发表重要讲话。习近平在讲话中指出，中关村已经成为中国创新发展的一面旗帜，面向未来，要加快向具有全球影响力的科技创新中心进军。

从1994年4月起，经原国家科委（后更名为科技部）批准，北京市新技术产业开发试验区和中关村科技园区先后3次调整范围，经历了“一区三园”“一区五园”“一区七园”的发展格局，但政策区域范围始终保持100平方千米不变。2006年1月，经国务院批准，发展改革委发布《公告》，审核确定中关村科技园区规划用地总面积为232.52平方千米。随后，国土资源部公布了中关村科技园区的海淀园、丰台园、昌平园、电子城、亦庄园、德胜园、石景山园、雍和园、通州园、大兴生物医药产业基地等10园规划用地的四至范围。2012年10月，国务院印发《关于同意调整中关村国家自主创新示范区空间规模和布局的批复》，原则同意对中关村国家自主创新示范区空间规模和布局进行调整。调整后，中关村示范区空间规模扩展为488平方千米，形成了包括海淀园、昌平园、顺义园、大兴—亦庄园、房山园、通州园、东城园、西城园、朝阳园、丰台园、石景山园、门头沟园、平谷园、怀柔园、密云园、延庆园16个园区的“一区多园”发展格局。

2015年，中关村示范区全面贯彻习近平总书记关于北京及中关村发展的系列重要讲话精神，深入落实创新驱动发展战略、构建京津冀协同创新共同体、建设全国科技创新中心等重大决策部署，完成全年各项工作任务，实现“十二五”圆满收官。

战略支撑能力进一步提升。2015年，中关村示范区高新技术企业实现总收入为4.08万亿元，比2014年增长13.2%；实缴税费2035.7亿元，比2014年增长9.6%；利润总额3404.9亿元，比2014年增长12.3%。高新技术企业实现增加值5557.4亿元，同比增长12.2%，占北京市GDP的比重为24.2%，对北京市经济增长的贡献率达36.8%。2015年，中关村示范区六大重点技术领域实现总收入3.09万亿元，占示范区总收入的75.7%，同比增长11.1%。其中，电子信息领域作为重点支撑，始终保持快速发展，同比增长20.3%，“高精尖”经济结构加快形成。

创新引领能力进一步提升。政策创新持续引领全国，70余项改革试点稳步推进。2015年，中关村示范区新创办科技型企业2.4万家，入统企业科技活动人员60.5万人，占全部从业人员的比重为26.2%。创新创业呈现六大新趋势：创业社区兴起；天使投资+合伙人制+股权众筹成为主流创业模式；大企业内部创业成为必然选择；股权奖励成为吸引优秀人才的主要手段；企业产业链逐步让位于创业生态圈；尖端技术创业不断涌现。年内，中关村示范区61项成果获国家科学技术奖，占北京地区获奖总数的86%；149项成果获北京市科学技术奖，占北京地区获奖总数的79%；企业申请专利6.06万件，其中发明专利3.78万件，授权专利3.5万件；中关村示范区主导创制标准522项。

*辐射带动能力进一步提升。*各分园快速发展，中关村核心区创新策源地功能强化。2015年，海淀园总收入1.64万亿元，占示范区总收入的比重达到40.1%。中心城区六园加快转型升级，企业总收入占中关村示范区的比重超过70%，郊区十园着力提升创新资源承接能力，经济增速是中关村示范区整体的2倍。朝阳园、丰台园等9个分园收入超1000亿元。聚焦“4+N”，与石家庄、保定、唐山等市围绕集成电路、循环经济开展产业对接和项目合作，企业累计在津冀设立分公司逾2000家。年内，中关村示范区企业技术交易成交4.69万项，成交额2905.5亿元，比2014年增长28.6%，占北京市技术交易成交总额的84.2%。

*国际影响力进一步提升。*企业“走出去”进程不断加快，更多企业在海外设立研发中心、孵化器、投资基金，开展海外并购。百度在线网络技术（北京）有限公司、北京京东世纪信息技术有限公司跻身全球互联网公司10强，联想集团有限公司、小米科技有限责任公司等企业加速海外布局，利亚德光电股份有限公司、江河创建集团股份有限公司等发起实施海外并购，国际影响力和控制力显著增强；以中关村示范区企业为主发起海外并购37起，同比增加16起，并购金额561.5亿元。至年底，企业累计在海外设立分支机构571家。

2015年，中关村示范区创新发展的主要经验和做法有：

*着力深化全面创新改革。*争创全面创新改革试验区，京津冀作为唯一跨省行政区被纳入系统推进全面创新改革试验。中关村示范区开展大众创业万众创新综合改革试点获批复。推动出台一批重大改革举措。放宽人才中介机构外资出资比例限制试点和外籍高端人才永久居留资格程序便利化试点政策，31名中关村外籍高层次人才及其外籍配偶子女获永久居留资格。公安部推出20项出入境管理新政，在中关村示范区设立外籍人才出入境办事机构，试点移民入籍、华裔卡等制度。工商总局批复同意支持中关村示范区创新发展的19条意见，开展工商登记全流程网上办理、简化审批流程和登记手续等改革试点。食品药品监管总局实施支持中关村示范区食品药品监管及产业发展的12条政策，设立中关村审评分中心绿色通道，开展国际临床多中心评价互认等。深化新技术新产品推广应用政策创新。市财政局会同中关村管委会印发实施《中关村国家自主创新示范区新技术新产品政府首购和订购实施细则》。年内，9840个项目采购新技术新产品，合同金额267.3亿元。

*加快构建“高精尖”经济结构。*联合科技部火炬中心印发实施《国家高新区互联网跨界融合创新中关村示范工程（2015—2020年）》，在“互联网+”行动计划、大数据战略、《中国制造2025》中发挥示范引领作用。制定促进集成电路、智能硬件、智能机器人、生物医药等产业发展政策措施。支持海淀园建设智能硬件聚集区，推动硬蛋、智能硬件梦工场等30余家硬件类孵化平台在中关村示范区落地。中关村集成电路设计产业园挂牌，二期项目建设启动。用友网络科技股份有限公司等传统软件企业以“互联网+”、大数据为突破口拓展新领域、开展新业务，实现转型升级；前沿技术研发、商业模式创新、金融创新深度融合，催生互联网金融、互联网教育、智能家居、智慧环境、智慧医疗等新业态，北京小桔科技有限公司（滴滴出行）、北京五八到家信息技术有限公司（58同城）等企业成为中国共享经济的代表；高端制造业与服务业融合创新，中国普天信息产业股份有限公司、北斗星通导航技术股份有限公司等一批制造企业转型为“综合服务提供商”。

*深入推进中关村人才管理改革试验区建设。*深入实施“千人计划”“海聚工程”“高聚工程”，发布《中关村国际人才创新创业生态系统建设工程》，加快聚集高端领军人才和海外留学归国人才。至年底，中关村示范区拥有“千人计划”人才1091人，占北京市的82%，占全国的21%；“海聚工程”512人，占北京地区的68%。积极推进房山园中关村高端人才创业基地和石景山园中关村雏鹰人才创业基地建设，雏鹰人才基地运行1年，聚集150余家雏鹰人才企业和近1000名高端创业人才，拥有发明专利近400件。

*加快推进全国科技金融创新中心建设。*天使投资和创业投资蓬勃发展，政府资金引导出资与专业投资机构合作设立16支天使投资基金和52支创业投资基

金，基金总规模超330亿元。2015年，中关村示范区发生创业投资案例2413起，约占全国股权投资案例总数的32%；创业投资金额1020.27亿元，占全国创业投资金额的25%。资本市场服务创新功能日益突出，出台支持中关村示范区企业利用中关村股权交易服务集团的政策，发布全球首个科技园区股票指数——中关村A股综合指数和中关村50指数；上市公司总数达到281家，总市值4.89万亿元，其中境外上市企业超百家；涌现出小米公司等40家估值超过10亿美元的“独角兽”企业。互联网金融健康发展，打造中关村互联网金融信用信息平台建设，探索基于大数据的信用评价和风险管理机制，融360、天使汇等成为互联网金融领域创新代表。

*推动形成“大众创业、万众创新”生动局面。*联合科技部火炬中心实施《“创业中国”中关村引领工程（2015—2020年）》，60余家创新型孵化器纳入中关村创业服务支持体系和国家级科技企业孵化器管理服务体系，实现中关村创业服务机构在16个分园全覆盖。加快推进“一城三街”建设，中关村创业大街累计引进创业服务机构40家，孵化创业项目700个，375个创业项目获得融资18.75亿元，每家平均融资500万元，成为引领全国科技创业的新地标。举办首届“全国大众创业万众创新活动周”主会场活动，发布600余个创新平台和项目，参与人数超过10万人，发布专门服务于创新创业的开放共享众服平台“网上会客厅”，将中关村创业服务辐射到全国。

*营造良好的创新创业公共服务环境。*搭建政府引导、多方参与的协同创新公共服务平台。支持北京航空航天大学、北京邮电大学等17家产业技术研究院（特色产业园）建设，开展技术研发、中试熟化、技术转移和成果孵化等服务；清华大学未来芯片技术高精尖创新中心等10家创新中心入选北京高校高精尖创新中心；支持建设北京协同创新研究院、北京大数据研究院等协同创新平台，促进资源开放共享和产学研协同创新。推进中关村知识产权服务平台、中关村标准中心、中关村商标服务中心等公共服务平台建设，聚焦重点和小微企业需求，通过知识产权领军企业、商标战略等示范项目，带动园区企业知识产权工作。发挥“枢纽型”社会组织的作用，确定首批12家中关村示范型社会组织，促进社会组织协同创新发展。

*推动一区多园与京津冀协同发展。*加快疏解非首都功能，加强存量空间盘活利用。2015年，各分园疏解项目207个，疏解人员2.3万人，盘活存量土地294公顷。研究制定一区多园统筹协同发展指导意见，谋划京津冀协同发展下各园区功能定位，提出建立产业对接服务、重大项目综合评价和统筹落地等7项工作机制。立足中心区分园—郊区分园—京津冀各自资源禀赋，打造产学研结合的跨区域科技创新园区链。沿轴向布局京津冀大数据走廊，包括京保石集成电路、智能硬件和高端制造产业带，京唐秦节能环保、生物医药和新材料产业带。推进天津滨海—中关村科技园建设，与石家庄市共同推进集成电路、智能制造产业对接协作，与保定市共同推动创新创业资源优化配置，与曹妃甸区共同实施绿色节能循环技术示范工程。支持建设“京津冀协同发展科技成果转化促进平台”“京津冀技术交易平台”，推动9家大学科技园、10余家创业孵化机构在河北省建设技术研发与创业服务平台。

*加快跻身全球创新网络。*举办国际科技园区协会（IASP）2015年世界大会，吸引48个国家的近700名代表参会，是IASP有史以来规模最大的一次年会。全球顶尖创新创业品牌活动——芬兰Slush创新创业大会落户中关村示范区，在中关村软件园举办Slush China活动，促进中关村地区链接以北欧为代表的全球高端创新资源。中关村硅谷创新中心运营，并有6个项目入孵及8个项目入驻。设立斯坦福中关村国际技术转移基金，累计投资项目24个，投资金额超3000万美元。北京神州泰岳软件股份有限公司、亚信集团股份有限公司等分别在印度布局通信业务；亿赞普（北京）科技有限公司在“一带一路”沿线国家布局“丝路驿站”，部署基于大数据的跨境支付和跨境物流平台。

（王　宇）

综合管理

General Management

本栏目设有调研与决策、重大事件、政策法规、管理机构4个分栏目，以条目体和记述体两种形式，系统介绍国家、北京市、中关村管委会发布的有关促进中关村国家自主创新示范区发展的主要政策、法规和采取的举措，以及各级领导对园区发展的关注和各种类型的重大活动，还包括对中关村示范区管理机构的介绍。

综　述

2015 年，中关村示范区全面贯彻中共中央总书记习近平系列重要讲话精神，深入落实党中央、国务院和北京市委、市政府一系列重大决策部署，坚持制度创新与科技创新“双轮驱动”，进一步释放创新创业活力，加快转型升级和动力转换，实现“十二五”圆满收官。年内，国务院总理李克强到中关村创业大街调研并出席全国大众创业万众创新活动周启动仪式，充分肯定中关村示范区创新创业取得的成绩，4 次对中关村示范区报送的信息做出重要批示。

*打破体制机制束缚，释放创新创业活力。*积极参与并承接全面创新改革顶层设计，成功争创京津冀全面创新改革试验区，开展大众创业万众创新综合改革试点获发展改革委批复。国务院同意开展的 4 条新试点政策全面落实，一系列重点领域改革试点取得新突破。公安部出台支持北京及中关村出入境管理改革的 20 条政策，成为全国外籍人才管理力度最大的制度创新；工商总局批复同意支持中关村创新发展的 19 条意见；食品药品监管总局实施支持中关村食品药品监管及产业发展的 12 条政策；质检总局支持设立特殊物品及生物材料进出口“一站式”服务平台。

*把握未来创新趋势，加快布局前沿技术领域。*坚持创新引领战略，前瞻布局人工智能与大数据、下一代网络、集成电路设计制造与高端计算、智能机器人与工业控制、免疫靶向与基因治疗等十大前沿技术领域。支持企业研制百度无人驾驶汽车、商汤计算机视觉、科兴手足口疫苗等重大创新成果。截至年底，企业累计创制国际标准 202 项，在人工智能、移动互联网、高端显示等领域逐步掌握话语权。

*精准制定新兴产业政策，构建“高精尖”经济结构。*2015 年，中关村示范区战略性新兴产业集群收入占比 71.6%，“高精尖”经济结构加快形成。出台大数据、智能硬件、集成电路设计、生物医药医疗器械等产业政策，率先在全国实施十大“互联网 +”创新工程，引领高端产业呈现新特征：互联网和大数据促进各行业转型升级，用友网络科技股份有限公司等传统软件企业以“互联网 +”、大数据为突破口拓展新领域，实现转型升级；前沿技术研发、商业模式创新、科技金融创新相结合，催生以共享经济为代表的新经济、新业态，创造了新需求、新就业和新价值，北京五八到家信息技术有限公司等企业成为中国共享经济的代表。

*统筹提升园区创新功能，构建京津冀协同创新共同体。*推动有序疏解非首都功能，各分园疏解项目 207 个，疏解人员 2.3 万人，盘活存量土地 294 公顷。优化提升首都创新功能，支持核心区改造中关村大街，带动城六区分园开展“双创”，会同市科委等部门协调高端项目在郊区十园落地，形成“园园打造‘高精尖’”态势。探索形成政府引导型、企业主导型、高校院所成果转移型、多主体协同型等合作模式。推动打造跨京津冀的园区链，制定了天津滨海—中关村科技园共建方案，与石家庄、保定等地围绕集成电路、循环经济开展产业对接和项目合作，支持中关村发展集团股份有限公司设立中关村协同发展投资有限公司和中关村协同创新投资基金，支持中国技术交易所建设京津冀技术交易平台。至年底，企业已累计在津冀设立分公司 2000 余家。

*构建“联合治理”格局，优化创新创业生态系统。*加强政府引导作用，实施“创业中国”中关村引领工程，创业服务机构在 16 个分园实现全覆盖。加快中关村人才管理改革试验区和国家科技金融创新中心建设，聚集“千人计划”人才 1091 人，占全国的 21%；发挥市场主导作用，天使投资和创业投资案例分别占全国的 42.7% 和 32.2%，均居全国第一，众创、众包、众扶、众筹服务平台纷纷涌现。重视社会各方参与，听取采纳人大代表、政协委员、企业家顾委会意见，支持建设北京大数据研究院等协同创新平台、中关村股权众筹联盟等创新型组织，产业联盟、行业协会等社会组织超过 200 家。

*打造链接全球创新网络的关键枢纽，提高全球创新资源配置能力。*承办第 32 届国际科技园区协会世界大会（IASP2015 年大会），48 个国家的近 700 名代表参会，32 个国际合作项目签约，是 IASP 有史以来规模最大的一次年会。搭建国际孵化和资本运营平台，成立中关村硅谷创新中心，完成 6 个项目入孵及 8个项目入驻。

（王　宇）

调研与决策

【陈晓光到中关村示范区调研】1月7日，全国政协副主席陈晓光率全国政协调研组就科技成果转化工作到中关村示范区进行专题调研。全国政协常委孟学农、全国政协社会和法制委员会驻会副主任顾伯平、北京市副市长张工等一同调研。部分全国政协常委、委员，全国政协机关、科技部、北京市政府等部门相关领导40余人参加调研。陈晓光一行参观了北京航空航天大学、中国科学院微电子研究所、中关村示范区展示中心和中国技术交易所，了解科技自主创新、知识产权产出、科技成果转移转化等方面的情况。中关村管委会主任郭洪陪同调研。

（钮　键　秦　琳）

【万钢一行到中关村创业大街调研】1月16日，科技部部长万钢一行到中关村创业大街就推进北京市创新创业服务体系建设情况进行调研。北京市副市长张工陪同。万钢走访了创客空间、天使汇、36氪、车库咖啡、北京大学创业训练营等创业服务机构，听取相关负责人关于创新创业服务体系建设情况的介绍，并与企业家进行座谈。万钢表示，创新创业没有失败，创业是人生经历，是一种精神，也是造梦旅程。未来，要推动一批适合于众人创新创业的空间——“众创空间”的发展，充分发挥市场力量，鼓励和引导市场资金走向前端，支持早期创业。政府要转变职能，更多着眼于创造环境，降低创业门槛，让创业者更容易创业，共同营造“大众创业、万众创新”的氛围和环境。中关村管委会主任郭洪参加。

（陈宝德　王　翔）

【李士祥一行考察密云县村级污水站】2月2日，常务副市长李士祥、副市长林克庆一行考察由北京碧水源科技股份有限公司负责运营的密云县穆家峪镇庄头峪村村级污水站。李士祥一行了解到碧水源公司拥有自主知识产权的膜技术，以及膜元件的技术参数和污水站的运行成本、再生水水质。李士祥指出，如此微小的孔径能过滤出这么干净的清水，体现出了环保高科技企业的技术实力。碧水源公司每天要处理密云县村镇级污水1万余吨，为10余万人提供污水处理环境服务，为保障密云水库承担南水北调蓄水、调水任务做贡献。

（梁　爽）

【刘延东一行到中关村创业大街调研】4月15日，国务院副总理刘延东一行到中关村创业大街调研。科技部部长万钢等领导陪同调研。刘延东听取了海淀区政府关于中关村创业大街整体建设运营情况及为扶持“大众创业、万众创新”开展的工作汇报，参观了3W咖啡、36氪等创新型孵化器，了解各个机构的运营模式和发展情况，并与创业者进行交流。在座谈会上，刘延东表示，推进“大众创业、万众创新”是党中央、国务院在经济新常态下做出的重要战略，是中国迈向全面建设小康社会的必经阶段，也是中国经济实现中高速发展和迈向中高端水平的重要动力。同时，科技、技术革命的进步为创新创业创造了良好的环境，让创新创业更加便利。在这样的大环境下，政府要把推进大众创新创业作为落实创新驱动战略的重要抓手，要松绑加力，简政放权，简化审批，并加大对创业企业的政策支持，营造更好的创新创业生态环境；同时，创业企业要勇于创新、力争上游，科技型中小企业要有“顶天立地、铺天盖地”的精神，把企业做优做强，走“专、精、特、新”的发展道路，实现“人无我有、人有我优、人有我特”，提升自身的核心竞争力；再者，全社会要营造良好的环境，形成多层次金融服务，尤其是加大对初创期企业的金融服务，并引导孵化器、科技园提高服务能力，更好地服务于创新创业。中关村管委会主任郭洪参加。

（刘伟杰　陈宝德）

【屠光绍、李士祥一行调研中关村科技金融】4月23日，上海市委常委屠光绍、北京市常务副市长李士祥一行到北京中关村科技融资担保有限公司调研中关村科技金融情况。中关村管委会主任郭洪介绍了中关村示范区在企业创业方面的新特点、产业形态演进中的新变化，并重点就“一个基础、六项机制、十条渠道”的中关村科技金融一条龙服务体系进行介绍。李士祥指出，中关村科技担保的成功实践为科技金融建设提供了有益的经验：一是供需要协同，中关村科技担保公司专注于为中关村示范区企业服务、为科技企业服务，产品和模式“量体裁衣”，所以有效地满足了企业的需求；二是财政要支持好，对政策性担保机构等平台既要有支持的力度，也要遵循公司治理要求，通过股东会履行出资人权利，不过多干预日常经营；三是团队和机制要好，这是基础，中关村科技担保公司也是在发展过程中针对存在的问题和不足逐步探索形成的；四是财政资金使用机制要进一步优化，要从支持具体项目向支持服务平台转化，加强现代服务业等专项资金与中关村科技担保这类政策性平台的对接，更好地发挥引导和杠杆作用。屠光绍肯定了中关村科技金融发展所取得的成绩，指出中关村科技担保公司等机构在扶持中小微企业方面效果显著，充分发挥了财政资金的杠杆放大作用；作为政策性担保机构，中关村科技担保公司在把握市场化运作和政策性职能间的平衡、建立有效的管理和激励约束机制方面做出了有益的探索，积累了很好的经验。

（赵正国　王　翔）

【李克强到中关村创业大街调研】 5月7日，国务院总理李克强到中关村创业大街调研。国务院副总理刘延东、北京市委书记郭金龙、科技部部长万钢等领导陪同调研。李克强在3W咖啡屋与创客交流，询问创业经历和创新想法；在联想之星，考察为科技人员创业创新服务的情况，并与来自全国各地参加培训的创业者进行交流；在中关村创业大街创业会客厅，了解了为小微企业和创业者提供法律、金融、人力资源、知识产权保护、创业场所等便捷、优惠服务的情况。李克强指出，当前中国经济发展正处于新旧动力转换的关键时期，要保持经济运行在合理区间，使新的增长点破茧而出，简政放权，放管结合，强化服务改革必须跑出加速度，持续为“大众创业、万众创新”清障搭台，释放中国经济的无限活力。中关村管委会主任郭洪参加。

（陈宝德　王　翔）

【陈德铭到中关村示范区调研】 5月11日，海峡两岸关系协会会长陈德铭一行10人到中关村示范区调研，中关村管委会主任郭洪以及商务部、国台办、北京市台办等单位相关负责人陪同。陈德铭一行参观了中关村示范区展示中心、中关村创业大街，并与京台创业者、投资人、企业家座谈。陈德铭肯定了中关村探索创新驱动发展，以及在引领“大众创业、万众创新”，通过创业推动科技成果转化，持续构建中关村创新创业生态系统过程中所取得的成绩；并希望加强两岸创新创业的合作交流，增强两岸青年的创业互动。

（殷　茵　王　翔）

【马培华到中关村示范区调研】 5月12日，全国政协副主席马培华一行就“加快科技成果转化、促进创新驱动战略实施”主题率民建中央调研组到中关村示范区调研。北京市委常委戴均良陪同。马培华一行与中关村管委会负责人以及高等院校、科研院所、高科技企业、科技成果转化机构和研究部门的负责人进行交流座谈，听取对科技创新政策法规保障、科技成果处置和收益管理改革、完善科技成果转化法律制度等方面的意见建议。马培华就深化创新体制机制改革、加快创新驱动战略实施提出3点意见：一是要以改革创新精神推进科技成果转化和技术转移。中国国情决定了科技成果转化和技术转移是实施创新驱动战略的核心，要以创新思维去思考和解决制约创新驱动发展要求的因素，推动科研院所的成果转化为生产力；二是要营造有利于创新创业的生态环境，进一步提升高校和科研院所对社会的责任感，鼓励其打通科技成果产业化的瓶颈，培养具有创新创业精神的人才，并为推动技术转化为生产力创造良好的政策环境；三是要支持创新型企业家发展，完善以企业为主体的技术创新机制，不断提高企业的技术核心竞争力。中关村管委会主任郭洪参加。

（王　翔）

【毕井泉到中关村示范区调研】 5月21日，食品药品监管总局局长毕井泉一行参观中关村示范区展示中心，并与中关村管委会和部分药品生产研发企业有关负责人座谈，研究药品审评审批制度改革、生物医药产业发展以及京津冀协同合作等有关问题。会上，中关村管委会主任郭洪介绍了中关村推动生物医药、医疗器械及健康产业高端创新发展情况。

（王　翔）

【齐续春到中关村示范区调研】 5月25日，全国政协副主席齐续春一行13人到中关村示范区调研军民融合创新发展相关情况。北京市委常委戴均良陪同。齐续春一行先后调研了中关村示范区展示中心和北京信威集团股份有限公司，了解高科技企业在军民融合方面的发展方式、运营模式和创新成果，并鼓励企业积累新的经验，充分发挥示范带动作用。调研组还与北京华力创通科技股份有限公司、北京海兰信数据科技股份有限公司、北京中航智科技有限公司等企业的代表进行座谈交流，听取企业对推动军民融合发展的意见建议。齐续春对北京市促进军民融合发展工作的经验和成绩给予肯定，表示将通过此次调研，为实施军民融合国家发展战略建言。市政协副主席傅惠民、中关村管委会主任郭洪参加。

（赵蔚彬　王　翔）

【李士祥一行到启迪之星调研】 6月2日，北京市常务副市长李士祥、税务总局副局长丘小雄一行就高科技小微企业发展情况到启迪之星众创空间进行调研。北京启迪创业孵化器有限公司相关负责人陪同调研。李士祥、丘小雄与易创互联网科技有限公司、家财网两个创业团队的代表进行交流；在启迪之星路演大厅，观摩体验了北京紫晶立方科技有限公司的3D打印技术、北京轻客智能科技有限责任公司的智慧电单车、北京八度阳光科技有限公司的太阳能电池板以及北京匙悟科技有限公司的智能助眠灯等科技产品，了解成果的研发成本、市场现状、未来规划等。

（康秋红）

【中科院党组到中关村示范区集体学习】 6月4日，中科院院长白春礼率党组中心组及相关单位代表一行40余人到中关村示范区进行集体学习。在中关村示范区展示中心，听取了园区创新发展情况及试点政策推进落实情况的介绍，并与区内相关企业的负责人交流研讨。白春礼肯定了中关村示范区取得的自主创新成果，并要求：中科院党组中心组要贯彻习近平总书记对中科院提出的“三个面向”“四个率先”批示精神，认清全社会的创新创业大势，增强改革创新发展的责任感与紧迫感；要落实新时期的办院方针以及创新驱动发展战略；要深化体制机制改革，加强开放合作和体制创新。北京市委常委苟仲文、副市长隋振江陪同。

（王　翔）

【吉林一行调研全国科技创新中心建设及进展情况】 6月19日，市政协主席吉林率80余位市政协常委到清华科技园和中关村创业大街就全国科技创新中心建设及进展情况进行调研。副市长隋振江参加。市政协常委一行在清华科技园听取了关于全国科技创新中心建设情况的汇报，实地考察了北京海兰信数据科技股份有限公司、北京清华阳光能源开发有限责任公司等企业。在中关村创业大街，调研了创业会客厅、3W咖啡、天使汇等创业公共服务平台和孵化器，并与相关负责人、创业者和创业服务机构创始人代表座谈。

（陈宝德　王　翔）

【孙春兰到中关村创业大街调研】 7月8日，中央统战部部长孙春兰到中关村创业大街调研。北京市委常委戴均良陪同调研，中关村管委会主任郭洪参加。孙春兰一行先后到Binggo咖啡、车库咖啡和创业会客厅，与创业服务机构、创业者进行交流，并听取关于中关村创业大街发展情况及功能定位的汇报和清控科创控股股份有限公司提供创业孵化服务的情况，以及关于“园区＋街区＋社区”三区联动、“产业＋创业＋商业＋物业”四业混合、“创业＋工作＋学习＋居住＋社交＋消费”六维并举，打造多形态创业孵化空间的理念的介绍。孙春兰表示，中关村创业大街是一个非常好的尝试，在这里可以感受到浓厚的创业氛围，非常有活力；政府部门的服务理念也比较超前，起到了引导作用，也很好地发挥了市场的决定性作用。这种氛围和理念，是中关村比较独特的，希望中关村创业大街再接再厉，更好地服务“大众创业、万众创新”。

（陈宝德　王　翔）

【姜志刚到中关村示范区调研】 7月23日，市委常委姜志刚到中关村示范区调研中关村人才、非公党建工作情况。姜志刚先后到小米科技有限责任公司、中国科学院北京纳米能源与系统研究所、创新工场、北京大北农科技集团股份有限公司和中关村创业大街参观调研，了解企业发展情况和街区的发展历程，并在中关村发展集团股份有限公司召开中关村人才及非公党建工作座谈会，中关村管委会主任郭洪汇报了中关村示范区发展和人才、非公党建工作情况。姜志刚强调，在人才工作方面一定要增强责任感、紧迫感和危机感。

（王　征　王　翔）

【隋振江到中关村发展集团调研】 8月7日，副市长隋振江到中关村发展集团股份有限公司调研，听取集团工作汇报。隋振江指出，中关村发展集团已经成长为科技服务业的龙头企业，在服务中关村科技成果转化和产业化、服务示范区园区建设和发展、服务中关村示范引领作用方面成绩突出，以科技服务为抓手，推动科技创新已经成为集团核心竞争力。中关村管委会主任郭洪陪同调研。

（王　翔）

【郭金龙到中关村示范区调研】8月13日，市委书记郭金龙到中关村示范区调研。市长王安顺、市委常委苟仲文、副市长隋振江一同调研。郭金龙一行在小米科技有限责任公司察看了利用“互联网+”模式推出的插线板、空气净化器、净水器等产品及电商研发平台；在鼎好大厦调研了中关村核心区在推动疏解非首都功能，落实调结构、转方式等工作的情况，以及中国国际技术转移中心的运转状况；在北京千方科技股份有限公司了解了车联网技术应用及研发、交通指挥决策系统等情况，就北京智慧城市建设、京津冀交通一体化等工作，听取了企业负责人的汇报。郭金龙强调，创新驱动发展是有序疏解非首都功能、推动京津冀协同发展的根本动力。中关村要充分发挥国家自主创新示范区的引领示范作用，深入实施创新驱动发展战略，聚集更多国内外高端创新要素，为提升城市创新能力和辐射力、推动经济社会发展汇聚新动能。中关村管委会主任郭洪参加。

（杜　菲　刘伟杰）

【郭广生到中关村发展集团调研】8月20日，市委副秘书长郭广生到中关村发展集团股份有限公司调研，

集团领导班子全体人员参加。在座谈会上，郭广生听取了集团发展情况介绍，以及工作中的思考与体会，指出，5年来，集团在服务示范区建设和发展中发挥了不可替代的作用，要结合形势不断调整完善目标定位，认真规划发展路径，继续丰富深化“三个标准”体系，要努力培育与科技创新相契合的、有集团特色的企业文化。市委办公厅相关人员陪同调研。

（李贺英）

【张纪南到中关村创业大街调研】9月10日，中央编办主任张纪南一行到中关村创业大街，就“简政放权深化行政审批制度改革，促进‘大众创业、万众创新’”进行调研。张纪南走访了3W咖啡、创业会客厅、联想之星等孵化平台，并与北京市政府有关领导和市编办、中关村管委会、海淀区政府相关负责人，以及部分企业家、创业者代表进行座谈。中关村管委会主任郭洪围绕中关村示范区推进“大众创业、万众创新”有关情况进行汇报。北京市副市长隋振江陪同。

（孙　芸　王　翔）

【中关村创新平台第十一次主任办公会召开】9月13日，中关村创新平台召开第十一次主任办公会，专题研究落实《深化科技体制改革实施方案》的有关事宜。会议围绕建议在中关村示范区率先开展的28项改革试点、希望参与承担的19项创新性改革事项以及在《实施方案》以外希望国家部委支持先行先试的其他18项改革事项等有关工作进行专题研究。会议由北京市委副秘书长郭广生主持。北京市副市长隋振江，财政部、科技部、人力资源和社会保障部、人民银行、税务总局等单位相关领导，以及北京市有关部门负责人参加。隋振江提出进一步聚焦改革工作重点、加强与国家部委深度对接、制订具体落实方案、争取有关政策在中关村示范区先行先试等有关工作要求。

（孙　芸）

【李士祥到中关村发展集团调研】10月9日，常务副市长李士祥一行到中关村发展集团股份有限公司调研。中关村管委会主任郭洪陪同。李士祥听取了集团负责人有关基本情况及各项业务最新进展的介绍，对集团在服务首都经济社会发展方面所做的工作表示肯定，并指出，打造“高精尖”经济结构要注重抓好两个方面：一是“龙头”，要重点抓住几个“龙头”产业；二是“链条”，要围绕“龙头”产业打造产业链，形成有利于产业发展的生态。

（李贺英）

【尚福林调研中关村科技金融创新工作】10月9日，银监会主席尚福林一行到中关村示范区调研科技金融创新工作，考察海淀区创新型科技企业，了解金融支持科技发展的情况，并与企业开展座谈交流。北京市常务副市长李士祥、中关村管委会主任郭洪等陪同调研。尚福林一行先后参观了小米之家、大北农集团、微软孵化器等创新型企业，了解企业经营情况和运作模式，分别听取了各自在互联网生态链、农业科技与农业互联网金融、在孵企业发展等方面的介绍。李士祥指出，当前北京围绕首都功能定位，疏解非首都功能，优化提升首都核心功能，构建“高精尖”经济结

构，大力推动科技创新，引导金融支持科技创新与实体经济发展，也希望国家科技金融创新政策在北京先行先试。尚福林强调，中关村作为全国科技创新中心，高新技术企业聚集、创业投资活跃，具备开展科技金融政策先行先试的良好条件。下一步，银监会将积极研究在中关村开展投贷联动等金融创新试点，推动中关村建设具有全球影响力的科技创新中心。

（刘 研 王 翔）

【苟仲文到中关村创业大街调研】10月11日，北京市委常委苟仲文、副市长隋振江，科技部火炬中心主任张志宏到中关村创业大街调研。苟仲文一行先后到中关村智能智造创新中心、中关村互联网教育创新中心以及中关村智能硬件创新中心，了解了企业转型升级、加强创新发展的情况。在调研中，市领导充分肯定了海淀区政府所做的工作，并要求要进一步推动中关村创业大街调整升级，加快集聚创业要素，整合汇聚全球优质创新创业资源，吸引高端创新创业人才，营造创新创业生态圈，推动创新创业的新发展。

（徐 建）

【陈晓光到中关村示范区调研】10月30日，全国政协副主席陈晓光率民盟中央调研组到中关村示范区调研“大众创业、万众创新”国家科技创新中心建设情况。调研组一行到Binggo咖啡、阳光100·优客工场参观，听取了运营企业清控科创控股股份有限公司和优客工场（北京）创业投资有限公司的情况介绍。陈晓光对北京如何更好地发挥在“大众创业、万众创新”中的作用提出两点建议：作为国家政治中心、文化中心、国际交往中心和科技创新中心，北京应进一步发挥人才聚集的优势，发扬创新创业的精神，在“大众创业、万众创新”方面起到全国引领作用；在整合政府、市场的力量进一步营造有利于“大众创业、万众创新”的环境氛围的同时，要注意对创业，特别是年轻人创业的理性引导、科学规划和科学服务。北京市委常委戴均良、市政协副主席葛剑平及相关专家、学者陪同调研。

（徐 建）

【王安顺到北京经济技术开发区调研】11月9日，市长王安顺到北京经济技术开发区调研制造业转型升级情况，副市长隋振江、市政府秘书长李伟陪同。王安顺察看了新投用的中芯国际集成电路二期生产线、以金融大数据服务为主要业务的中金数据系统公司和北京奔驰发动机工厂，并主持召开座谈会，听取大兴区政府和开发区管委会的工作汇报，询问驻区企业代表和市有关部门的意见与建议。王安顺强调，要抓住国家重大产业项目、首都城市发展重大需求和制约产业发展的关键技术开展创新，努力成为首都经济全面提升创新驱动发展能力的重要支撑；要创新模式，突破土地、人口等发展要素的局限，优化产业链布局，不断提高政府部门服务保障水平，打造产学研结合、区域协同发展的典范；要以《中国制造2025》发布实施为契机，瞄准产业高端，聚焦优势领域重点突破，不断推动北京制造业向“高精尖”转型，尽早实现“在北京制造”向“由北京创造”的转变。

（李贺英 崔春雷）

【郭金龙到海淀区调研】11月10日，市委书记郭金龙就“如何将中关村示范区工作与首都全国科技创新中心建设有机融合”主题到海淀区调研。郭金龙一行先后到中关村软件园、广联达软件股份有限公司、紫光集团有限公司和中关村梦想实验室了解创新发展情况。郭金龙强调，要学习贯彻《京津冀协同发展规划纲要》，从“四个中心”建设来谋划北京市各项工作，要围绕优化提升首都核心功能，深入研究、准确把握中关村示范区各项工作与首都全国科技创新中心建设的关系，推动两者有机融合发展。市委常委苟仲文、张工，副市长隋振江一同调研。

（李贺英 张 蕾）

【戴均良到中关村创业大街调研】11月13日，市委常委戴均良到中关村创业大街就统战工作进行调研。戴均良先后察看了3W咖啡、飞马旅等创新型孵化器，听取了创业大街总体情况及统战工作汇报，并与创新创业人士及新的社会阶层人士座谈。戴均良要求，要通过做好统战工作，调动一切积极因素，汇聚正能量，为中关村创新创业营造良好环境和氛围；提高中关村创业大街统战组织化程度，完善体制机制，搭建统战工作载体；积极开展对创新创业人才的引导服务工作，为促进创新发展和维护社会和谐做出贡献；努力把中关村创业大街打造成北京联系港澳台地区和海外创新创业者的交流基地，吸引更多的海外人才归国创业，为全国科技创新中心建设贡献力量。市政协副主席马大龙一同调研。

（王 翔）

【全国政协经济委调研品牌建设】11月27日，由全国政协副主席王钦敏带队的全国政协经济委专题调研组就加快推进品牌建设到中关村管委会调研座谈。调研组听取中关村管委会关于推进品牌建设的工作汇报，了解小米科技有限责任公司、大唐电信科技股份有限公司、用友网络科技股份有限公司等企业的品牌建设情况及遇到的问题。委员们就营造良好的品牌发展环境、建立中国特色品牌价值评价发布机制等发表意见建议。王钦敏指出，中关村是具有全球影响力的科技创新中心，是科技创新的放大器，应在建立公平的市场环境、维护企业合法权益等方面有所作为，充分发挥好政府及行业组织在维护市场公平中的作用。希望各高科技企业在创新中运用好国际国内两个市场，积极投入"一带一路"国家战略；并从行业角度，就知识产权保护、行业标准制定、政府购买服务等问题提出专业化的意见建议，不断增强科技创新综合服务能力。全国政协经济委副主任石军、项宗西，全国政协港澳台侨委副主任刘凡，北京市政协副主席闫仲秋一同调研。

（田　峥　王　翔）

【程红到北京市药品检验所调研】 12月15日，副市长程红到北京市药品检验所新址调研，市食品药品监管局、中关村管委会、海淀区政府等相关单位领导一同调研。程红一行听取了检验所发展历史、工作职能、检验检测、科研创新和文化建设等情况的汇报，以及在质量检测、风险评估、人才培养和科学普及等方面取得的成绩，参观了新址业务受理大厅、各专业实验室和科普展馆。程红指出，要努力协同北部产业带相关单位开展药品、保健食品等检验工作，要为北京市诸多医药从业单位的研发生产提供指导和支持，充分发挥首都核心功能的创新能力，切实有效地为行业发展做出应有贡献。（市药品检验所成立于2012年10月，位于中关村生命科学园内，负责药品、保健食品、化妆品的鉴定检验，进口通关检验等工作，并担负相关检验检测研究、培训、技术指导和服务等职能。）

（梁　爽）

【隋振江与顾问委员会委员座谈】 12月20日，副市长隋振江与中关村示范区企业家顾问委员会委员在清华科技园座谈，联想控股集团公司董事长柳传志、时代集团总裁王小兰等顾委会委员参加。隋振江传达了第二届"世界互联网大会——乌镇峰会"会议精神，并就中关村示范区在创新创业中的服务机制等问题与企业家进行交流。隋振江指出，要研究北京科技创新中心定位的落地，在工业互联网、产业转型平台等方面加大推动力度。

（陈宝德）

重大事件

【蓝鲸军民融合创新园高新技术成果展举办】 1月4日，由蓝鲸军民融合创新园管委会和中关村管委会主办的海军与北京市蓝鲸军民融合创新园高新技术成果展在蓝鲸军民融合园举办。海军司令员吴胜利、北京市副市长张延昆等领导以及相关单位的代表100余人参加。展览旨在进一步推广“民参军”高新技术项目，高新技术企业、海军院校、科研单位的80余项技术成果参

展，内容涵盖新装备、新能源、新材料、生物医药和信息技术等领域。其中，中关村示范区内26家企业展示了涉及作战指挥、后勤和装备保障等领域的50余个高新技术项目。

（赵蔚彬）

【4家企业成为首批开展个人征信业务准备工作机构】 1月5日，人民银行印发《关于做好个人征信业务准备工作的通知》，8家企业入选全国首批开展个人征信业务准备工作机构名单。其中，中关村示范区内的拉卡拉信用管理有限公司、中诚信征信有限公司、中智诚征信有限公司、北京华道征信有限公司4家企业入选。

（刘　研）

【厄瓜多尔总统来访中关村示范区】 1月6日，厄瓜多尔总统拉斐尔·科雷亚·德尔加多率代表团一行30余人来访中关村示范区。代表团一行参观了中关村示范区展示中心。中关村管委会相关负责人介绍了中关村示范区的整体发展情况，科雷亚高度评价了中关村示范区的创新能力及发展成就。代表团重点参观了3D打印、信息通信、生物医药和新能源展区，并了解了汉能控股集团有限公司等企业与厄瓜多尔的合作情况。活动很好地展示了中关村示范区和企业的品牌形象，使厄瓜多尔政府对中关村示范区有了全面深刻的认识。有利于中厄两国在科技创新领域能够开展更多的交流，特别是加强雅才知识城（Yachay）与中关村示范区的合作。

（殷　茵　刘伟杰）

【中关村示范区企业参展CES】 1月6—9日，在2015年美国国际消费电子展览会（CES 2015）上，中关村管委会组织航天信息股份有限公司、利亚德光电股份有限公司、中科创达软件股份有限公司等19家企业参展，主要展示了中科创达公司的Camera整体解决方案，北京天宇朗通通信设备股份有限公司的智能手机，利亚德公司的LED显示屏，闪联产业技术创新战略联盟的微插座M5、智能音响、触控一体机B6、天取E31（智能家居环境中心），航天信息公司的自助通关解决方案、EID解决方案、智能仓储监管解决方案、智能车辆监管解决方案等产品和服务。展台现场接待500余家客户，达成意向订单金额约1亿元。联想集团有限公司和由闪联产业联盟组织的北京联盛德微电子有限责任公司等企业同时参展。联想集团展示了智能眼镜、智能手环、自拍闪环等智能设备，并首次推出带有“X1”标识的家族系列产品——Think X1 Family。闪联产业联盟企业展示的产品涉及智能家居、智能照明、智能音频、智能终端等领域，联盛德微公司还首次公布其CoC（Cloud on Chip）快速开发原形系统。

（杜　菲　韩洋洋）

【2015年中关村标准化推动会召开】 1月8日，由中关村管委会和市质监局主办的2015年中关村标准化推动会在京召开。工业和信息化部、国家标准委等单位相

关负责人以及中关村标准创新试点企业和联盟、中关村各分园区、各区县质监局的代表近300人参加。中关村管委会总结了2014年中关村标准化工作，部署了2015年的工作，并就国家技术标准体系建设思路、制造业变革与制造强国建设、标准与知识产权协同创新发展等问题进行阐述。

（钟锌章）

【中关村示范区志鉴工作会召开】 1月8日，中关村管委会召开2015年中关村国家自主创新示范区志鉴工作会。市地方志办等单位的相关负责人、年鉴编委会部分成员以及参编单位的负责人、通讯员等100余人参加。会议总结了2014年中关村示范区志鉴编纂情况，

部署了2015年年鉴的编纂工作，并对优秀通讯员进行表彰。年鉴2014年卷最终成书128万字，包括特载8篇、大事记238条、各栏目条目2046条、彩色插图461张、示范区及各园区区域图17张、各类附表39个。

（武　悦）

【首批10家企业四板市场挂牌】 1月9日，北京股权交易中心（北京四板市场）首批企业集体挂牌仪式在中关村示范区展示中心举行。市金融局、市国资委、市工商局、中关村管委会等相关单位负责人以及北京市16个区县金融办、深圳证券交易所等单位的代表500余人参加。北京童忆生物科技有限公司、北京赛欧兰阻燃纤维有限公司、中元伟业（北京）能源科技有限公司、北京桃源西谷信息技术有限公司、北京魂世界信息技术有限公司、北京盛世全景科技有限公司、北京润丰园林绿化工程有限公司、北京中斯水灵水处理技术有限公司、信息港（北京）科技有限公司、北京天普世纪科技股份有限公司10家中小微企业在北京四板市场挂牌，其中科技创新类7家、文化创意类2家、环境保护类1家。北京四板市场挂牌是北京股权交易中心推出的区域性挂牌，挂牌企业可以享受股权托管、展示、融资、发行债券等各种政策。企业在四板市场对股权进行挂牌交易，没有财务指标的要求，也没有手续费，同时北京股权交易中心可以帮助企业进行包括股权质押、私募股权、私募债权等在内的多种方式的融资。

（赵俊劼）

【41家企业入围中国非上市潜力企业100强】 1月12日，《福布斯》杂志中文版发布2015福布斯中国最具潜力中小企业榜单。北京地区47家企业入围2015福布斯中国非上市潜力企业100强，其中中关村示范区内北京万普世纪科技有限公司、北京爱美客生物科技有限公司、北京高和华泰节能环保科技有限公司等41家企业上榜。

（江茂华　武　悦）

【6家企业获批国家技术转移示范机构】 1月12日，科技部印发《关于确定清华大学深圳研究生院技术转移办公室等84家机构为第六批国家技术转移示范机构的通知》（国科发火〔2015〕5号），公布第六批国家技术转移示范机构名单。其中，中关村示范区内北京北林先进生态环保技术研究院有限公司、北京软件和信息服务交易所有限公司、北京赛德兴创科技有限公司（北大技转中心）、北京华国昆仑科技有限公司、超越科创投资（北京）有限公司、中国技术供需在线平台6家企业和机构入选。

（刘伟杰）

【新技术新产品政府采购和推广应用工作方案出台】 1月20日，中关村科技创新和产业化促进中心印发《关于落实〈在中关村国家自主创新示范区深入开展新技术新产品政府采购和推广应用工作的意见〉的工作方案》（创新平台发〔2015〕1号）。《方案》明确由市发展改革委、市财政局牵头，市教委、市科委、市经济信息化委等部门参与，组建中关村创新平台新技术新产品政府采购和推广应用联合工作组。结合各成员单位所履行的政府职能，将联合工作组25家成员单位分为政策监管组、政府采购和推广应用组、标准创制组、统计组4个专项工作组，其重点工作分别为：研究提出符合中关村示范区科技型企业需求的支持政策，引导和推动中关村新技术新产品的政府采购和推广应用；搭建供需服务平台，建立重点领域政府采购和推广应用新技术新产品工作机制，强化重点领域新技术新产品政府采购和推广应用；支持企业将自有技术制定成技术标准，提升企业在参与新技术新产品政府采购和推广应用工作中的核心竞争力，支持企业主导或参与国家标准、行业标准和地方标准的制定；建立新技术新产品统计工作机制和新技术新产品政府采购和推广应用统计体系，以《新技术新产品目录》为基础，建立全口径统计制度和报送体系。

（任志明）

【科技金融创新发展工作会召开】1月21日，市委常委苟仲文主持召开科技金融创新发展工作会，研究借鉴硅谷银行金融集团业务模式促进中关村科技金融创新发展的有关工作。中关村管委会主任郭洪以及银监会、北京科技协作中心、中关村发展集团股份有限公司的相关负责人分别汇报工作进展情况。

（王　翔）

【智慧中关村项目建设与信息化运维管理办法出台】1月，由中关村管委会制定的《智慧中关村项目建设与信息化运维管理办法》及《智慧中关村建设项目管理实施细则》出台。《办法》规范梳理智慧中关村项目管理流程，对在建项目实行质量、进度管理，严控项目风险，形成质量管理、项目管理、数据标准等规范性文件。同时，完善了信息化建设及运维管理体系，加强信息化建设项目全过程管理，促进智慧中关村建设项目管理的科学化、制度化与规范化。11月，结合智慧中关村一期项目实施情况，对《办法》进行修订，共计13项条款内容，强化了智慧中关村顶层设计对信息化项目的指导作用，明确了项目各相关方的具体工作职责，并增加部分项目管理工作内容。

（邓立众）

【构建“一带一路”中关村协同创新共同体座谈会召开】2月2日，由中关村管委会主办的落实“一带一路”国家战略和构建“一带一路”中关村协同创新共同体座谈会在京召开。中关村管委会主任郭洪主持会议。商务部国际贸易经济合作研究院、中关村创新发展研究院等研究机构相关专家，以及中国交通建设股份有限公司、中国外运股份有限公司等中央企业相关负责人和中关村示范区的企业家代表等20余人参加。会议介绍了“一带一路”战略提出的背景和实施进展情况；中央企业的代表和中关村示范区的企业家分别介绍企业在“一带一路”沿线国家和国内地区的布局发展情况，并对中关村示范区参与“一带一路”国家战略提出建议。

（朱　凯）

【两项中关村引领示范工程启动】2月4日，由科技部火炬中心、中关村管委会主办的“创业中国中关村引领工程”和“国家高新区互联网跨界融合创新中关村示范工程”发布暨启动仪式在中关村示范区展示中心举办。科技部副部长曹健林、中关村管委会主任郭洪等领导以及北京市相关委办局、20余家全国高新区和企业的代表等300余人参加。创业中国中关村引领工程包括7个方面：高校院所“育苗”工程，推动高校院所成为培育青年创业者的大本营，充分释放高校创新创业潜力；领军企业摇篮工程，支持领军企业成为孵化创业企业的“超级航母”，打造一批新兴产业孵化平台；创客筑梦工程，为创客组织营造蓬勃发展的环境，培育创客文化；创业人才集聚工程，在全球范围内吸引优秀人才，建立聚集高端创业人才的生态圈；创业金融升级工程，推动中关村天使投资发展，不断完善创业金融服务体系；创业服务提升工程，大力发展市场化、专业化、集成化、网络化的众创空间，推动中关村创业服务业快速发展；创业文化示范工程，营造“鼓励创新、宽容失败”的创业氛围，大力弘扬中关村创新创业文化。国家高新区互联网跨界融合创新中关村示范工程主要从几个方面支持跨界创新：实施包括智能制造、互联网金融、电子商务与智慧物流、智慧建设与智能建筑、智慧交通、智慧能源环保等在内的十大中关村“互联网+”产业创新工程，加快互联网、物联传感网、云计算、大数据、人工智能等信息技术与各行业的融合发展；开展企业技术创新突破、行业智能装备推广、网络互联互通与信息安全支撑、产业链协同创新合作等六大创新主体跨行业跨区域创新行动；陆续出台一批促进跨界融合创新的支持措施。组建由科技部火炬中心、中关村示范区、国家高新区以及部分跨界融合企业、产业联盟组成的互联网跨界融合创新工程联席会，组织中关村示范区与其他高新区开展对接合作。通过实施两大工程，到2020年，中关村示范区将形成创业要素集聚化、孵化主体多元化、创业服务专业化、创业活动持续化、运营模式市场化、创业资源开放化的发展格局。同时，中关村示范区将成为全球互联网经济前沿技术、解决方案、新兴“高精尖”产业的发源地和离岸高端互联网服务的输出地，互联网跨界融合新兴产业与全球同步发展。

（陈宝德　刘伟杰）

【中关村股票指数发布】2月5日，中关村股票指数发布暨中关村创新创业企业上市培育基地揭牌仪式在中关村示范区展示中心举行。副市长张工等领导以及来自中关村管委会、海淀区政府等单位的有关负责人和相关企事业单位的代表等300余人参加。中关村管委会主任郭洪主持仪式。仪式上，全国第一个以科技园区上市公司为样本编制的股票指数系列——中关村A股综合指数和中关村50指数发布，中关村创新创业企业上市培育基地同时揭牌运营。指数由深圳证券交易所编制并发布，定位于代表中国科技创新水平的标杆指数，将采取逐步开发的方式，先布局A股上市公司，再布局境外上市公司，并进一步开发中关村主题指数及挂牌企业相关指数。其中，中关村A股综合指数以中关村示范区所有A股上市公司为样本股，是反映中关村示范区整体发展水平的综合指数；中关村 A 股 50 指数定位于表征中关村示范区可投资市值规模大、股票流动性好的上市企业的市场表现，突出指数的可投资功能，通过计算总市值、自由流通市值和成交金额占市场比重，再将上述指标按 1:1:1 的权重加权平均，计算结果从高到低排序，选取排名前 50 只代表中关村产业特色的股票作为指数样本股，并每年实施两次样本股定期调整。两支指数均以 2008 年 12 月 31 日为基日，基点 1000 点，按照样本股自由流通市值进行加权计算。

（赵俊劼　陈宝德）

【2015 年度党风廉政建设工作会议召开】 2 月 6 日，中关村管委会 2015 年度党风廉政建设工作会议在京召开。中关村管委会全体党员干部参加。会议传达了中央纪委十八届五次全会和市纪委十一届四次全会精神，总结了中关村管委会 2014 年党风廉政建设工作，部署了 2015 年党风廉政建设工作。会议强调，要认真学习贯彻习近平总书记重要讲话精神，要坚持不懈推进党风廉政建设和反腐败工作，要严明党的政治纪律和政治规矩，要扎实推进制度建设。会上发放了《中关村管委会 2015 年党风廉政建设工作要点》，中关村管委会各部门负责人分别签订了《党风廉政建设责任书》。

（王茂安　王　翔）

【乌兰察布中关村科技产业园挂牌】 2 月 9 日，乌兰察布中关村科技产业园挂牌仪式在察哈尔经济技术开发区举行。中关村管委会、中关村发展集团股份有限公司及乌兰察布市政府等单位相关负责人参加。产业园由中关村管委会与乌兰察布市政府合作共建，规划面积 500 公顷，将重点围绕能源科技、节能环保、生物农业、大数据中心 4 个领域，有计划地推进双方产业对接，加强培育、发展战略性新兴产业项目合作，推动传统产业转型升级。

（朱　凯　王　翔）

【发展众创空间推进大众创新创业会议召开】 3 月 2 日，科技部在京举行发展众创空间推进大众创新创业电视电话会议，科技部部长万钢出席并讲话。中关村管委会主任郭洪介绍了中关村示范区推进大众创新创业的情况。万钢指出，大众创新创业是稳增长的新动力，是调结构的新途径，是创新产业组织的新方式，是创新驱动的新活力。万钢强调，推进大众创新创业是新时期科技工作的重要任务，要按照党中央、国务院决策部署，努力营造良好的创新创业生态环境，帮助大众创新创业者应用新技术、开发新产品、创造新需求、培育新市场、打造新经济。要提高思想认识，形成发展共识与合力；集聚整合创新创业政策，大力发展众创空间等新型创业服务机构；完善体制机制，提升创新创业服务水平；加快转变政府职能，强化市场配置资源的决定性作用。

（陈宝德　王　翔）

【人民银行中关村中心支行履职】 3 月 2 日，人民银行中关村中心支行、外汇局中关村中心支局履职暨金融创新发展调研座谈会在中关村金融大厦举行。人民银行副行长范一飞、副市长张工等领导以及市金融局、中关村管委会、海淀区政府等单位相关负责人参加。中国人民银行中关村国家自主创新示范区中心支行(国家外汇管理局中关村国家自主创新示范区中心支局）履职并开展工作。人民银行中关村中心支行（外汇局中心支局）是人民银行在全国高新区范围内设立的首家中心支行，位于中关村金融大厦，其主要职能：负责货币信贷政策在示范区的贯彻执行，维护辖区金融稳定；承担辖区统计研究、支付结算管理、征信管理、外汇管理等职责，以及营业管理部授权的其他业务。

（王　琳）

【中关村科技金融街开街】 3 月 2 日，中关村科技金融街开街。科技金融街位于中关村西区，以海淀中街为纵轴线，丹棱街为横轴线，北起北四环，南到海淀南路，东至中关村大街，西邻苏州街，是国家科技金融功能区建设的重要载体，将通过聚集科技金融服务资源、深化科技金融创新试点、构建技术和资本高效对接机制，打造成为全国创新资本聚集中心、要素市场中心、互联网金融创新中心，进一步强化金融对建设具有全球影响力的科技创新中心的支撑作用，促进科技创新和金融创新的紧密结合。科技金融街以中关村金融大厦、中关村互联网金融中心大厦、PE 大厦为主要载体，已汇聚人民银行中关村中心支行、深交所中关村上市基地、蚂蚁云金融等各类科技金融机构近 400 家。

（高　婧　王　翔）

【13 位创业者登上福布斯榜单】 3 月 6 日，《福布斯》

杂志中文版发布 2015 年度“中国 30 位 30 岁以下创业者”榜单。其中，中关村示范区北京亿航创世科技有限公司联合创始人熊逸放、北京微格互动科技有限公司 CEO 郝亚伟、北京网利科技有限公司创始人赵润龙、北京蚁视科技有限公司创始人覃政等 13 位创业者入选，分别来自智能制造、智能硬件开发、互联网金融、可穿戴式设备、物联网等创业热门领域。创业者所领导的公司在技术领先、产品研发、商业模式和资本运作等方面表现出突出的创新能力，具备很强的创业能力和发展潜力。

（陈宝德　王　征）

【10 家创新型孵化器纳入国家科技企业孵化器管理体系】 3 月 9 日，科技部火炬中心印发《关于支持互联网金融实验室等 10 家中关村示范区创新型孵化器发展的复函》（国科火函〔2015〕11 号），同意将互联网金融实验室等 10 家中关村示范区创新型孵化器纳入国家科技企业孵化器的管理服务体系。创新型孵化器作为众创空间，将通过市场化机制、专业化服务、网络化手段和资本化途径，成为适应大众创新创业需求和特点，低成本、便利化、全要素、开放式的创业服务平台，实现创新与创业相结合、线上与线下相结合、孵化与投资相结合等形态多样的孵化机制和模式，提升孵化器增值服务能力。至年底，中关村示范区共有 27 家创新型孵化器被纳入国家科技企业孵化器管理体系。

（陈宝德）

【2015 年园区工作会议召开】 3 月 19 日，由中关村管委会主办的中关村示范区 2015 年园区工作会议在中关村示范区展示中心召开。副市长张工、市委副秘书长郭广生、市政府副秘书长朱炎等领导以及中关村各分园管委会和企业、社会组织的代表 200 余人参加。中关村管委会主任郭洪从引领全国创新改革，创新创业生态系统进一步完善；经济平稳较快增长，质量效益显著提升；产业结构不断优化，引领高端产业发展呈现新特征；创新成果丰硕，创新效率进一步提高；创业空前活跃，引领中国创业进入新时代，企业“走出去”迈出新步伐，整合利用全球创新资源能力不断提升；加强沟通对接，构建京津冀协同创新共同体有了新探索 6 个方面总结了中关村示范区 2014 年创新发展情况。同时部署了 2015 年重点工作：坚持以全球视野、高标准谋划中关村示范区“十三五”发展；敢为天下先，当好“试验田”，率先建设国家创新平台；把握时代特征，抢占科技创新制高点，引领高端产业发展方向；持续优化创新创业生态系统，率先形成“大众创业、万众创新”新局面；适应引领新常态，在首都转方式调结构中发挥创新驱动作用；推动构建协同创新共同体，引领京津冀协同发展。张工在讲话中指出，中关村示范区在 2015 年乃至未来几年要继续抓住深化改革开放这个环节不放松，推动中关村自主创新再上新台阶，并对 2015 年中关村示范区工作提出 4 点希望：总结中关村发展历程，谋划好“十三五”规划；高度重视科技服务业的发展；分门别类突出重点地研究好、推动好“互联网 +”和跨界工程；在京津冀协同发展大区域上做深入思考。

（王　翔）

【中关村硅谷创新中心信息发布会召开】 3 月 20 日，由中关村管委会、中关村发展集团股份有限公司主办的中关村硅谷创新中心信息发布会在中关村软件园召开。50 余家企业的代表参加。会议介绍了中关村硅谷创新中心的规划筹备情况。中心隶属中关村发展集团，位于美国硅谷核心地区，紧邻中关村硅谷联络处，办公面积约 7000 平方米，总投资额 2400 万美元，设有办公区域、展示中心、孵化器、加速器等功能区块，采取灵活的租用方式，提供全方位的增值服务。投入使用后，中心既能吸引硅谷前沿技术和团队入驻孵化，又可作为中关村示范区对外展示的窗口，同时为中关村示范区企业走向硅谷、布局海外、参与全球科技创新提供支撑。

（李贺英　张　蕾）

【65 家机构获北京市众创空间授牌】 3 月 23 日，在北京市促进众创空间建设推进会上，市科委向北大创业孵化营、DRC 创億梦工厂、创客总部、京西创业公社、极地国际创新中心等 11 家首批北京市众创空间授牌，同时授予中关村创业大街北京市众创空间集聚区称号。5 月 4 日，市科委授予北京市众创空间集聚区内的车库咖啡、Binggo 咖啡、36 氪、3W 咖啡、亚杰汇、北京大学创业训练营、IC 咖啡、创业家、天使汇、飞马旅、联想之星、硬创邦、虫洞之家、因果树 14 家入驻机构北京市众创空间称号。9 月 22 日，市科委公布了第二批北京市众创空间名单，包括瀚海 PlugandPlay、C 客空间和北京北航科技园有限公司夸克空间等 40 家单位。众创空间承载能力强、资源聚集度高、服务模式新，形成了创业投资、硬件平台、教育培训、投融资对接等一批特色鲜明的服务模式，涉及移动互联网、创意设计、智能硬件等领域。至年底，北京市众创空间共 65 家，全部在中关村示范区内。

（钮　键　石会昌）

【拉美议会议长参访中关村示范区】 3 月 24 日，拉美议会议长埃利亚斯・卡斯蒂略・冈萨雷斯率代表团来访中关村示范区，参观了中关村示范区展示中心。在生物医药展区，北京科兴生物制品有限公司有关负责人向卡斯蒂略议长介绍了企业在拉美市场的发展情况。卡斯蒂略对科兴公司全球业务发展的良好态势、领先的疫苗技术十分赞许，并表示愿意为科兴公司在拉美地区的发展提供协助。卡斯蒂略还高度评价了中关村示范区的创新能力及发展成就，希望中关村示范区与拉美地区的企业在科技创新领域能够开展更多的交流与合作。

（殷　茵）

【中关村智能硬件产业政策发布】 3月27日，由中关村管委会、海淀区政府主办的中关村智能硬件产业政策发布会暨创新项目路演活动在中关村示范区展示中心举行。中关村管委会和海淀区政府联合发布《关于促进中关村智能硬件产业创新发展的若干支持措施》。会上，海龙大厦获中关村智能硬件创新中心授牌，硬派空间等8家机构获授牌成为首批中关村智能硬件孵化器，智造工坊等8家机构获授牌成为首批中关村智能硬件公共服务平台。智能硬件孵化器将围绕可穿戴设备、智能家居、车载智能设备、智能无人系统、智能传感物联、智能应用等相关领域，培育创新创业集聚区，构建物联、传感、无人系统等智能设备以及大数据、互联网智能服务快速孵化和转化的智能硬件产业生态环境，在智能制造、电子商务、文化创意、医疗健康、城市服务、个人生活等领域催生一批新技术和新的商业模式。海龙大厦将由传统的电子产品经营客户服务向智能硬件创新企业服务升级转型，同时引入专业服务机构运营。

（刘伟杰　丁　旭）

【中关村手机报停刊】 3月28日，中关村手机报停刊。该报创刊，是在网站信息发布的基础上，通过手机彩信推送，定期整理制作并进行定向发布，使用户能及时了解中关村示范区的最新资讯和相关政策，为中关村示范区相关单位、企业、协会、联盟以及各类中介机构的工作人员提供服务。由于微信、微博等新媒体的广泛应用，该报决定停刊。

（王　翔）

【中国高新科技企业投融资巡回路演·中关村站活动举办】 4月9日，由科技部火炬中心、中关村管委会、深圳证券交易所等单位主办的中国高新科技企业投融资巡回路演·中关村站活动在中关村示范区展示中心举办。活动以“创新、融合、发展”为主题。来自创业风险投资机构、创业企业的代表等400余人参加。中联空间科技有限公司的超级天眼卫星等中关村示范区12家企业的12个项目通过“现场路演＋网上直播”的方式，与现场100余家投资机构的代表和网上来自全国各地的投资机构代表就企业投资价值、融资信息等进行交流。路演企业来自车联网、物联网、互联网金融等互联网应用行业，携带数据银行、云计算、数据交易等大数据项目，涉及3D打印、卫星研制、智能硬件以及嵌入式等相关软硬件行业。路演项目涉及指纹、人脸识别、后台、数据库、终端开发、高端装备制造、卫星研发等领域。

（赵俊勐　刘伟杰）

【支持科技创新创业暨领创金融系列产品发布会召开】 4月14日，由中关村管委会、中关村发展集团股份有限公司主办的中关村发展集团支持科技创新创业暨领创金融系列产品发布会在中关村示范区展示中心召开。副市长张工、市委副秘书长郭广生、市政府副秘书长朱炎等领导以及来自各相关政府部门、金融机构、科技企业和社会组织的代表500余人参加。发布会以“引领创新服务创业”为主题。会议发布了“领创金融·创业新时贷”产品方案及“创融e家”共建方案，并与北京银行、中关村创业投资和股权投资基金协会、同创伟业集团等20家单位签署战略合作协议。会上，回顾了5年来中关村发展集团推进科技创新创业的9件大事及未来总体设想，即初步探索国有资本特别是财政资金对科技创新的市场化支持路径；依托大项目、大运作带动一批大产业组织布局；实施“百千万”科技金融服务平台建设；大幅提升科技担保和小额贷款服务能力；成功进行融资租赁、知识产权商用化等科技金融业务创新；以理念和模式为引导，整体提升园区规划建设水平；启动和推进一批特色产业园建设；做好顶层设计，深度融入示范区新扩区发展和跨区域合作；初步探索海外业务发展新模式。未来，中关村发展集团将面向科技创新中心建设，集中布局高端产业新蓝图；面向服务“大众创业、万众创新”，构建投

融资一体化的科技金融服务新体系；面向构建“高精尖”产业结构，打造高端产业集聚新载体；面向推动京津冀协同发展，打造区域协同创新共同体；面向“一带一路”和中关村国际化，探索吸引融合海外科技资源新战略。会议还举办了中关村发展集团成立5周年成果展。

（李贺英　韩洋洋）

【中关村管委会与厦门市政府开展战略合作】 4月16日，中关村管委会与厦门市政府座谈暨签约仪式在厦门市举行，中关村管委会、厦门市政府等单位相关负责人以及中关村示范区企业、高校的代表参加。根据协议，双方将在体制机制创新、产业拓展、科技创新、人才交流等方面开展合作。厦门市政府相关部门及单位分别与北京集慧智佳知识产权管理咨询有限公司、中关村创新发展研究院、中国国际技术转移中心、神州数码信息服务股份有限公司等单位签署合作协议。

（朱　凯）

【“民参军”政策辅导培训会举办】 4月17日，由中关村管委会主办的首期“民参军”政策辅导培训会在中关村示范区展示中心举行。相关企业、产业技术联盟等400余家单位的代表参加。会议邀请全军装备采购

管理专家咨询组有关专家就“民参军”的形势与政策、军工四证办理流程和需要关注的问题、“全军武器装备采购信息网”的宣传辅导等内容进行授课，还就企业“民参军”关注的典型问题进行现场答疑及交流互动。培训会旨在针对“民参军”相关的装备采购、市场准入、风险控制、企业监管、财政税收等，开展权威、实效的政策辅导培训工作，引导中关村示范区企业更大范围参与全军武器装备建设。

（赵蔚彬）

【中关村年鉴获全国年鉴编纂出版质量评比一等奖】 4月21—23日，在第十六次全国地州区县年鉴研讨会暨第五届年鉴编纂出版质量评比颁奖大会上，中国版协年鉴工作委员会对获奖单位予以表彰。由中关村管委会编纂的《中关村国家自主创新示范区年鉴》（2013年卷）凭借中关村示范区特色突出、条目编写年度性强、装帧设计美观大方、编校差错率小于万分之一等优势获第五届年鉴编纂出版质量评比综合一等奖。

（武　悦）

【商事制度改革专题研讨班开展现场教学】 4月22日，国家行政学院省部级和地市级干部商事制度改革专题研讨班的80余名学员在中关村示范区开展现场教学。研讨班学员首先赴中关村创业大街Binggo咖啡、3W咖啡进行实地考察，听取创业者介绍创业历程，随后参观了中关村示范区展示中心，了解中关村示范区创新发展情况，并围绕北京市商事制度改革情况进行座谈交流。中关村管委会主任郭洪陪同调研。

（付　饶　秦　琳）

【“4·26世界知识产权日”系列宣传活动举办】 4月22—26日，中关村管委会和国家知识产权局保护协调司联合组织了“4·26世界知识产权日”系列宣传报道活动。活动期间，由人民日报社、北京人民广播电台、千龙网等16家中央级和市级媒体的记者组成的代表团，走进北京奇虎科技有限公司、北汽福田汽车股份有限公司、百度在线网络技术（北京）有限公司3家中关村知识产权领军企业和优秀知识产权服务机构北京集慧智佳知识产权管理咨询有限公司进行实地调研；组织联想集团有限公司、小米科技有限责任公司和飞天诚信科技股份有限公司3家中关村知识产权重点企业参加人民网现场访谈。通过实地调研与面对面交流，增进了媒体和公众对中关村示范区企业知识产权情况的了解，宣传了中关村示范区企业在知识产权方面的经验和工作成果。

（孙婷婷）

【中关村示范区企业家顾问委员会第一次全体会召开】 4月23日，中关村示范区企业家顾问委员会2015年第一次全体会在赛伯乐投资集团有限公司召开。会议对顾委会2014年工作进行了总结汇报，讨论部署2015年工作内容，针对建立面向国计民生的B2B早期前沿项目及企业投资基金、参与“互联网+”产业融合创新行动、“一带一路”建设等重点工作进行了讨论，并进行意向征询。中关村管委会相关负责人参加。

（高晓莉）

【中关村知识产权工作推动会举行】 4月23日，由市知识产权局和中关村管委会主办的2015年中关村知识产权工作推动暨高端培训会在京举行。知识产权局等单位相关负责人，以及来自中关村示范区各分园管委会、企业、服务机构的代表100余人参加。会议发布

《2015年中关村知识产权工作要点》，介绍了知识产权局海外知识产权信息公共服务平台——“智南针网”的功能和特点，并对2014年度中关村知识产权领军企业培育及中关村知识产权服务机构绩效考核政策进行解读。相关专家还围绕“标准中的知识产权问题”和“企业知识产权战略和体系构建”两个主题对参会代表进行培训。

（潘　丹　孙婷婷）

【中关村管委会入选国家产业集群区域品牌建设试点】 4月27日，工业和信息化部印发《关于同意中关村科技园区管理委员会等15家单位开展产业集群区域品牌建设试点工作的通知》（工信部科函〔2015〕198号），批准中关村管委会等15家单位为产业集群区域品牌建设试点工作组织实施单位。中关村管委会将建立工作体系，形成中关村“软件产业集群区域品牌试点”的政策保障机制、工作推进机制和公共服务机制。同时构建并不断优化中关村软件产业品牌体系，将品牌建设和软件与信息产业发展紧密结合，形成包括中关村品牌、产业联盟品牌、特色园区品牌、企业品牌和产品品牌等多层次、立体化、良性互动的品牌体系，提高示范区软件产业品牌自主化、高端化、集聚化、国际化程度。

（田　峥）

【保定·中关村创新中心揭牌】 4月28日，由中关村管委会和保定市政府主办的保定·中关村创新中心揭牌仪式暨京冀创新合作推介会在保定市举行。北京市委副秘书长郭广生等领导和科技部火炬中心、中关村管委会、河北省科技厅等单位相关负责人以及来自高校院所、企业、科技服务机构的代表等近300人参加。中心是中关村示范区在京外设立的首家创新机构，位于保定市电谷国际商务中心，占地面积3公顷，建筑面积6.2万平方米，分为产业服务区、企业服务区和公共配套区，由中关村信息谷资产管理有限责任公司运营，主要为新一代信息技术、智能电网、智慧能源、高端装备研发四大产业和创新企业提供总部办公、研发中心、创新服务、商务配套等服务，将成为中关村示范区“飞地经济”示范园和引领保定战略新兴产业聚集区。会上，华北电力大学、中关村天合科技成果转化促进中心、中科院华南计算技术研究所等14家单位签署《创新合作宣言》，成为保定·中关村创新中心首批合作伙伴。

（李贺英　张　蕾）

【李克强回信清华学生创客】 5月4日，清华学生创客空间协会收到国务院总理李克强的回信。在信中，李克强勉励学生创客，希望不断丰富创客文化，把创客种子在更大范围播撒开来，同时政府也将会出台更多积极政策，为“众创空间”清障搭台。（3月初，清华学生创客空间协会的毕滢、李寅等7位学生代表联名给李克强写信，介绍了清华学生创客空间协会在学校的指导和支持下，围绕创意、创新、创业开展的工作，表达了大学生创客们在“大众创业、万众创新”的浪潮中要勇于担当，发挥引领示范作用的决心和愿望。）

（陈宝德）

【12家企业入选2015福布斯全球企业2000强】 5月8日，《福布斯》杂志中文版发布2015福布斯全球企业2000强榜单，以营业收入、利润、资产和市值四大指标评出全球规模最大、最有实力的上市公司。其中，中关村示范区百度股份有限公司、京东方科技集团股份有限公司、京东商城电子商务有限公司、北京信威通信科技集团股份有限公司等12家企业上榜，占北京地区上榜科技型企业的80%。

（陈宝德）

【中关村股权交易服务集团揭牌】 5月8日，由中关村管委会、市国资委、市金融局联合主办的中关村股权交易服务集团揭牌暨支持政策发布会在中关村示范区展示中心举行。中关村管委会主任郭洪等领导，市相关委办局、中关村各园区服务企业的有关负责人，四板业务合作方、集团股东单位的代表等近400人参加。原北京股权交易中心（北京四板市场）更名为中关村股权交易服务集团有限公司，将打造交易中心、登记中心和投资中心三大平台，服务于首都双轮驱动战略和中关村科技型中小微企业。中关村股权交易服务集团是为北京市企业特别是中小微企业提供融资服务的私募市场，是多层次资本市场的重要组成部分。其主要职能是：为北京市非上市企业股权、债权和其他权益类产品的登记、托管、结算等提供场所、设施等服务，组织和监督交易活动，管理和发布市场交易信息，监

督管理挂牌企业和会员中介机构，做好投资者适当性管理，为企业进场挂牌提供咨询；从事金融产品和服务创新，拓展业务范围。中关村管委会相关负责人对《关于支持中关村示范区中小微企业利用中关村股权交易服务集团创新发展的意见》进行了解读。中关村股权交易服务集团还与中国邮政储蓄银行、北京银行、中央电视台证券资讯频道以及天使汇等10家中关村创新型孵化器进行战略合作协议签约。活动还举行了挂牌板企业和展示板企业集中授牌仪式。

（赵俊劼　刘伟杰）

【中关村示范区获邮储银行200亿元授信支持】5月8日，中国邮政储蓄银行与中关村管委会全面战略合作协议签约仪式在京举行。中关村管委会主任郭洪等领导以及市国资委等单位相关负责人参加。根据协议，邮储银行授予中关村示范区及园区科技企业200亿元授信额度，双方将在园区建设、中小企业信息管理系统建设、科技金融创新、小微企业一体化金融服务等方面开展合作。邮储银行将针对中关村高科技企业授信、结算、资产管理等多元化金融需求，研发定制专属化产品或产品组合；针对中关村高科技企业“轻资产”的特点，推广信用、应收账款质押、保理、股权质押、政策性担保机构担保等融资方式，解决高科技企业融资难的问题；依托“创富大赛”品牌活动搭建的全新中小企业服务平台——创富联盟，在金融产品创新、财务、税收、法律服务等方面为高科技小微企业提供支持。邮储银行还将在海淀园建设3家科技特色支行，为园区企业提供专属金融服务；重点对瞪羚企业、新三板上市（拟上市）企业等推出中小企业私募债、集合票据、集合信托等创新产品，推广知识产权质押、股权质押贷款业务，以满足不同发展阶段企业的融资需求；加强对“中关村零信贷客户”的服务，在企业贷款卡办理、账户开立等方面开辟绿色通道。同日，邮储银行北京分行与中关村股权交易服务集团签订战略合作协议，双方将在融资产品创新、中小微企业孵化、投资者开发等方面加强合作，共同推动区域性股权市场发展。

（刘　研）

【140余家企业参展科博会】5月13—17日，在第十八届中国北京国际科技产业博览会上，中关村管委会以“引领高精尖，科技创未来”为主题，组织140余家中关村示范区企业、6家产业联盟及创新型孵化机构举办中关村科技创新成果展，搭建智能硬件、智能制造、智能互联、智慧环境、智慧医疗、智慧农业、智慧生活以及众创空间8个展区，采用图片、数据、多媒体等方式，集中展示500余项新技术、新产品和新服务。北京中航智科技有限公司的TD220无人机、北京七鑫易维信息技术有限公司的“全能眼”沟通辅具、北京华卫迪特健康科技有限公司的医家通App及其智能健康设备、北京米赫医疗器械有限责任公司的永久性人工角膜、北京小鱼儿科技有限公司的家庭智能机器人等以智能、健康、环保为主导的创新技术、创新产品及整体解决方案，通过故事演绎、场景模拟、沉浸体验等方式，展示中关村示范区在人才、技术、资本、市场、空间布局、政策创新、品牌和环境等方面的独特优势。

（朱　凯　韩洋洋）

【首届“中关村创客汇”举办】5月15—17日，由中关村管委会和市科委主办的首届“中关村创客汇”在第十八届中国北京国际科技产业博览会上举办，是集创客教育、项目路演和投资交流为一体的科普性公益活动。首届创客汇由硬创邦、硬蛋网、天使成长营、科技生活以及机器视觉五大专场组成，产品涉及3D打印、无人机、智能机器人、智能控制、可穿戴设备等领域，北京七鑫易维信息技术有限公司的眼控技术、北京蚁视科技有限公司的蚁视头盔等15个项目现场路演。

（朱　凯）

【中关村管委会与京泰集团签署协议】5月18日，中关村科技园区管理委员会、京泰实业（集团）有限公司战略合作框架协议签约仪式在京泰集团香港总部举行。双方相关负责人参加。根据协议，双方将在促进产业发展、创业孵化、科技金融、人才培养4个方面开展合作；共同支持中关村示范区企业到香港投资创业，开展境外并购和上市融资，进一步参与和融入全球科技与经济竞争；共同支持香港企业到中关村示范区投资兴业；共同开展两地的交流合作活动。

（王　征　王　翔）

【中关村示范区建言献策座谈会召开】5月19日，中关村管委会召开中关村企业家学习贯彻国务院领导重要指示精神，为示范区发展建言献策座谈会。会上学习了国务院总理李克强视察中关村示范区时的重要指示精神。市委副秘书长郭广生、中关村管委会主任郭洪与徐井宏、李波、苏菂等21位企业家就推进“大众创业、万众创新”，建设具有全球影响力的科技创新中心交流座谈。

（王　翔）

【共建中关村集成电路设计园】5月21日，由中关村发展集团股份有限公司、北京首都创业集团有限公司主办的中关村发展集团与首创集团合作共建中关村集成电路设计园签约仪式在中关村软件广场举行，主题为“构建高精尖经济结构　推动集成电路产业发展”。市政府副秘书长朱炎以及市经济信息化委、市国资委、中关村管委会、海淀区政府等单位相关负责人，以及来自集成电路企业、研究单位、投资机构的代表60余人参加。设计园（二期）位于永丰产业基地核心区中关村壹号南部区域Ⅳ-4地块，用地面积6公顷，总建筑规模21万平方米，建筑高度60米，总投资额40亿元，2018年建成使用。园区在产业定位上将形成以芯片设计、基础软件、物联网、云计算、智能硬件为主体的泛集成电路设计园，与北京经济技术开发区的制造基地、河北石家庄封装测试产业基地三地协同发展。园区将打造产业生态圈、企业生态圈、资源生态圈、智慧生态圈四大生态系统，面向全球IC设计企业提供全生命周期成长空间，助力企业从孵化器、创业型企业、高成长企业、大中型企业向国际化企业高速迈进。9月29日，中关村发展集团与首创集团举办中关村集成电路设计园开工暨企业入园签约仪式，锐迪科微电子有限公司等10家集成电路设计企业、投资机构、平台服务商签约入驻，形成了产业、基金、孵化器、服务平台的全生态产业链条。（中关村集成电路设计产业园分为两期，一期设在北京航空航天大学致真大厦，建筑面积近10万平方米。）

（李贺英　范丁波）

【新增4家中关村天使投资伙伴】5月21日，中关村管委会发布《2015年中关村天使投资引导资金合作机构评审结果公示》。经中关村管委会2015年第十一次主任专题会审议通过，确定洪泰同创投资管理有限公司、北京科创文华投资管理有限公司、水清木华金种子（北京）科技孵化器有限公司、北京北林生态发展投资管理有限公司4家投资机构作为中关村天使投资引导资金2015年度参股的合作机构。

（陈宝德）

【中关村与石家庄市协同创新区域合作工作会召开】5月26日，中关村与石家庄市协同创新区域合作工作组第一次会议在中关村示范区展示中心召开。中关村管委会、市经济信息化委、北京经济技术开发区管委会、中关村发展集团股份有限公司介绍了与石家庄市合作相关进展情况和下一步工作安排。市委常委苟仲文等领导出席。

（王　翔）

【十堰中关村科技成果产业化基地揭牌】5月27日，十堰中关村科技成果产业化基地揭牌暨项目签约仪式在湖北省十堰市举行。中关村管委会主任郭洪等领导以及十堰市政府等单位相关负责人和北京绿创环保集团有限公司、北京嘉博文生物科技有限公司等14家中关村示范区企业的代表80余人参加。基地位于十堰市经济开发区内，规划面积1.2万公顷，核心区1651公顷，辐射区1.04公顷，定位于发展汽车、生物医药、农产品深加工、节能环保、新能源等产业。仪式上，北京普析通用仪器有限公司、北京世纪博康医药科技有限公司、北京中关村国际环保产业促进中心有限公司、北京碧水源科技股份有限公司、依科瑞德（北京）能源科技有限公司分别与十堰市张湾区政府、茅箭区政府、房县政府签订项目合作协议，涉及医疗、环保、农产品加工等相关产业，总投资额8亿元。

（朱　凯）

【八大国家高新区达成“武汉共识”】6月13日，在武汉光谷召开的建设世界一流高科技园区工作座谈会上，中关村示范区、武汉东湖示范区、上海张江示范区、深圳示范区、成都示范区、西安高新区、杭州高新区、苏州工业园区八大国家高新区管委会的代表就加快创新驱动、建设世界一流高科技园区达成“武汉共识”。“共识”内容为：冲刺世界一流高科技园区，体制机制改革是关键，驱动力则靠技术、管理、组织和商业模式上持续不断的创新；作为抓手，大力发展众创空间、激励大众创新创业，将为高新区注入全新的经济生态和活力；高新区历来是新产业、新业态的发源地，要加快互联网与实体经济的跨界融合，大力发展科技服务业，积极参与全球科技合作与竞争；国家级高新区的一系列改革创新与先行先试举措，将最终辐射带动全国。

（孙　芸　王　翔）

【中关村领创空间发布】6月16日，由中关村管委会、中关村发展集团股份有限公司、软通动力信息技术（集团）有限公司主办的中关村领创空间发布会在中关村软件园召开。科技部火炬中心、北京市委、海淀区政府等单位相关负责人，以及来自高校、科研机构、金融机构、企业和社会组织的代表等300余人参加。发布会以“引领创新服务创业”为主题，现场发布中关村领创空间服务产品。天津、沈阳、石家庄等省市以及中关村示范区内的软件园、延庆园、门头沟园、中关村硅谷创新中心等专业园区及机构与领创空间服务公司签约，成为中关村领创空间合作城市与园区；北京小青瓜网络科技有限公司、青岛我来网络信息技术有限公司等企业签署入驻协议。中关村领创空间由中关村发展集团、软通动力集团出资组建，注册资本1

亿元，运营机构为北京中关村领创空间科技服务有限责任公司，总部位于中关村软件园，将通过资源整合、模式创新、服务主导和龙头带动，将众创空间与孵化服务深度结合，以互联网、云服务、社交工具为技术支撑，着力从服务平台、运营机制、孵化基金、载体空间、创新学院、文化氛围等方面加速孵化创新产业，以“1个虚拟众创空间+N个物理众创空间”O2O运营模式，形成“线上乐业、线下安居”、万众参与、创业辅导、金融支持的开放式创新创业生态圈。领创空间主要提供创业、信息、业务、人才、政务5个方面的线上服务，以及交流展示区、创意办公区及创意生活区3个方面的线下创新创业物理空间。

（李贺英　张　蕾）

【中关村小巨人创客中心启动】6月18日，由人民银行营管部、中关村管委会、海淀区政府、北京银行主办的信贷创新中关村系列活动之“大众创业、万众创新”——北京银行支持中关村科技创新创业发展暨中关村小巨人创客中心启动仪式在中关村示范区展示中心举行。市委常委苟仲文、中关村管委会主任郭洪等领导以及市相关委办局负责人和相关机构、企业的代表等400余人参加。中关村小巨人创客中心是由北京银行股份有限公司建立的中国银行业首家创客中心，是一个股权投资和债权融资联动的平台，实行“创业孵化+股权投资+债权融资”的三位一体科技创业孵化模式，通过打造线下投贷孵联动、线上合作互动的社区，将创业孵化培训、专业投资机构与银行的债权融资等金融服务产品结合，解决科技企业创业、成长过程中的人才、资金、资源等问题，并通过开展“育英计划”，选拔、发现并培育潜力企业。创客中心实行会员制管理，会员结构包括创业会员、成长会员、机构会员、创客导师4类，其服务对象设定为科技、文化、绿色领域的创客，以投贷联动创新为主线，通过联动企业、机构、银行、政府等多方资源，围绕股权投资、债券融资、创业孵化开展工作。12月23日，中关村小巨人创客中心开业，同时被中关村管委会、海淀园管委会授予“中关村国家自主创新示范区创新型孵化器”“中关村核心区新兴产业孵化器”称号。

（刘　研　韩洋洋）

【中关村企业家支持志愿服务工作座谈会召开】6月23日，中国志愿服务联合会、中国志愿服务基金会、中关村管委会、中关村示范区企业家顾委会在京召开践行社会主义核心价值观、中关村企业家支持志愿服务工作座谈会。中国志愿服务联合会会长刘淇、北京市市长王安顺等领导以及企业家代表等100余人参加。北京市委常委苟仲文主持会议。会议举行了中关村企业家向中国志愿服务基金会捐赠仪式。联想集团有限公司、北京碧水源科技股份有限公司等23家中关村示范区企业为中国志愿服务基金会捐赠现金和物资共计3570万元，其中联想集团1000万元，碧水源公司500万元。王安顺指出，在当代社会，企业家创造物质财富和精神财富，是推动社会进步的重要力量。企业家的社会责任首先是带领企业盈利，为国家贡献税收，促进社会就业，改变人们的生活；其次是通过各种方式回馈社会，包括天使投资、创业辅导、志愿服务、捐资助学、支持各类公益事业等。中关村知名企业和企业家，向中国志愿服务基金会捐赠，是中关村对中国志愿服务事业关心和支持的实际行动，是对社会主义核心价值观的具体践行和弘扬。

（陈宝德　刘伟杰）

【中关村智能硬件梦工场启动】6月23日，由北京智造工坊科技有限公司主办的中关村智能硬件梦工场启动仪式在中关村示范区展示中心举行。中关村管委会主任郭洪等领导以及海淀区政府等单位相关负责人和企业的代表等参加。梦工场是北京市首家重装孵化器，也是全国第一家具备智能硬件工业制造全产业链的协同服务平台，设有智能硬件敏捷制造协同平台、智能硬件协同服务平台和自媒体平台，作为综合性开放化的智能硬件服务公共平台，通过聚集全国优秀的上下游生产要素，为智能硬件创业者和企业提供快速打样、协同服务等全产业链服务。其中，智能硬件敏捷制造协同平台为智能硬件相关企业提供PCB（2～24层，主流4层以内）、焊接（常用元器件平台提供）、程序写入等快速打样全程服务，同时集合专业测试平台，为产品提供CE/FCC/ROHS/入网证等认证服务，可使智能硬件的打样时间缩短至3天以内；智能硬件协同服务平台聚集检测机构、产业联盟、基金及投资公司等创新链资源，向智能硬件创业者（学生、初创、成

熟企业等）提供专利咨询与申请（专利检索）、专利投诉、检验检测等服务；自媒体平台以互联网视频为载体，为智创企业和创业者提供媒体快速传播服务。

（刘伟杰　陈宝德）

【中关村示范区获批“国家公共检验检测服务平台示范区”】 6月24日，国家认监委印发《关于同意中关村国家自主创新示范区创建“国家公共检验检测服务平台示范区”的批复》（国认实〔2015〕43号），同意中关村示范区创建“国家公共检验检测服务平台示范区”。国家认监委要求中关村管委会要做好创建示范区的方案和工作计划，积极创新工作体制机制，开展示范区创建工作，及时总结和提炼创建经验，以形成示范带头作用。

（田　峥）

【中关村示范区获工商银行1000亿元授信支持】 6月26日，由工商银行北京市分行主办的科技金融主题签约仪式暨工银启明星品牌发布会在中关村示范区展示中心举行。活动以“∞⁺”为主题。中关村管委会主任郭洪以及市科委、市金融局等单位有关负责人，相关机构和企业的代表300余人参加。工商银行北京市分行与中关村管委会签订战略合作协议。根据协议，在未来3年内，工商银行北京市分行将为中关村示范区企业发展、园区建设等方面提供不少于1000亿元的意向性综合授信额度支持，并在升级特色专营机构、打

造多元服务渠道、推进园区信用体系建设、完善交流机制等方面与中关村管委会开展合作，包括深化“信贷工厂”模式的中小微金融业务中心，建立覆盖“一区十六园”的专营机构及特色支行；加快建设智能银行，采取线上和线下相融合、物理网点与电子化渠道相结合的模式，为中关村示范区企业提供高效综合金融服务等。工商银行北京市分行推出“工银启明星”科技金融服务品牌。首批包括信贷、投行、结算、国际业务、电子银行、养老金等七大类27个综合金融产品，为企业提供一站式金融服务，并在综合金融服务方面，提供结算与现金管理、国际业务、电子银行等服务，满足不同阶段企业差异化融资需求。工商银行北京市分行还与中关村科技租赁有限公司签订“融租通”业务模式合作协议，搭建银租合作平台，共同为企业提供多元金融服务解决方案；与启迪控股股份有限公司、北京亦庄国际投资发展有限公司签订合作协议，共同促进中关村示范区及区内企业的创新发展。“融租通”包括两个方面：中关村租赁公司与工商银行协同营销、互通渠道，共享资源平台，共同为客户提供增值服务；工商银行对中关村租赁公司推荐的客户提供主动的纯信用授信，中关村租赁公司将为工商银行推荐的客户开启绿色通道，为客户提供高效、便捷的融资租赁服务。

（李贺英　刘伟杰）

【3963家企业入选2015年“瞪羚计划”】 7月1日，中关村管委会公布2015年入选“瞪羚计划”的企业名单。北京北斗星通导航技术股份有限公司、北京高阳捷迅信息技术有限公司、北京林氏精化新材料有限公司等3963家高成长性企业入选，涵盖通信、电子、化工等领域。入选企业凭借“瞪羚计划”品牌优势可获得银行、担保等机构优先认可，提高融资可获得性，降低融资成本。

（刘　研）

【两家单位入选智能制造试点示范项目】 7月2日，工业和信息化部发布《关于公布2015年智能制造试点示范项目名单的通告》（工信部装函〔2015〕333号），确定46个试点示范项目，涉及流程制造、离散制造、智能装备和产品等6个类别。其中，中关村示范区内北京矿冶研究总院的“矿冶工业智能服务云平台试点示范”和北京和利时系统工程有限公司的“智能控制系统试点示范”项目入围。

（杜　玲）

【3家园区入选第二批国家电商示范基地】 7月6日，《商务部关于确认第二批国家电子商务示范基地的通

知》（商电函〔2015〕340号）印发，66家基地入选。其中，北京地区3家，均在中关村示范区，即中关村软件园、丰台园和石景山园。至此，北京地区有国家电商示范基地5家，均在中关村示范区。入选园区将发挥电子商务在优化资源配置、提升产业结构和带动就业等方面的作用，在所辖区域内开展电子商务相关法规、政策的研究制定和试点工作，探索建立适应电子商务特点的新机制、监管电子商务行为的新模式、保障电子商务健康发展的新规制；各地商务主管部门要根据当地实际情况和条件对示范基地给予支持，要鼓励和组织本行政区域示范基地利用各种社会资源，与企业、高校和科研机构等联合建立产学研用的合作机制，依托专家协助研究解决创建工作中的问题，提供咨询指导。

（张　蕾　刘伟杰）

【中关村示范区企业家顾委会第二次全体会召开】7月7日，中关村示范区企业家顾问委员会2015年第二次全体会在京召开。副市长隋振江、市政府副秘书长朱炎、中关村管委会主任郭洪等领导及顾委会委员王小兰、王文京、徐井宏、熊晓鸽等24人参会。隋振江就首都科技创新中心建设及传统产业转型升级等问题与各位委员进行座谈交流，听取委员们在互联网金融、产业发展、创业服务、《中国制造2025》、建设创新中心、区域合作及趋势判断等方面的汇报和建议。隋振江强调，北京的定位是全国科技创新中心，要有更新的认识，将现有要素进一步放大和辐射，引领、带动京津冀区域成为协同创新的高地。

（高晓莉　陈宝德）

【中关村股权众筹联盟（筹）成立】7月9日，中关村股权众筹联盟（筹）发起成立大会在中关村示范区展示中心举办。中关村管委会主任郭洪以及相关机构的代表参加。联盟由天使汇、京东众筹、牛投众筹、金融客咖啡、一八九八咖啡馆、蝌蚪众筹、众筹网等80家股权众筹及相关机构共同倡议并发起，将致力于搭建股权众筹行业健康成长的政策供给通道，加强与证监会等部门的沟通，建立行业自律的技术标准，推动合格投资人、项目备案与登记确权、信息公开、操作流程、标准法律文件等制度和规范的建立，规范化发展股权众筹，并开展股权众筹基础理论研究，构建技术支持平台体系，提升联盟成员社会知名度和美誉度，孵化培育一批优秀的创新创业企业。

（刘伟杰）

【2015中关村华侨华人创业大会召开】7月9—12日，由市政府侨办、中关村管委会、市经济信息化委、海淀区政府主办的2015中关村华侨华人创业大会在京举行。大会主题为“侨智汇北京，创新赢未来”。大会期间，市政府侨办分别与中关村管委会、海淀区政府签订战略合作协议；海淀留创园、中关村软件园、中关村生命科学园等8个园区获首批中关村侨创园授牌。会议还举办了华侨华人创业论坛，介绍了中关村示范区支持政策、北京市海外人才鼓励支持政策；举办了电子信息与“互联网+”产业、生物医药与节能环保产业、现代服务业与文化创意产业等分论坛；现场考察中关村示范区展示中心、中关村创业大街和中关村侨创园；开展海外项目、人才与中关村侨创园对接等活动。来自30个国家和地区的海内外华侨华人科技英才400余人参会，携带先进技术和高端项目120余项，涉及电子信息与“互联网+”、生物医药、新材料、新能源与节能环保、现代服务业、文化创意产业等领域。

（张　蕾　王　征）

【中关村数海数据资产评估中心成立】7月12日，中关村数海数据资产评估中心成立仪式在京举行。国家统计局、中关村管委会等单位有关负责人以及相关企业的代表等近100人参加。评估中心位于丰台区科兴路，由北京数海科技有限公司联合北京广智通资产评估有限公司等单位发起成立，是国内首家开展数据资产登记确权赋值的服务机构，将以数据资产登记确权、数据资产盘点、数据资产整合、数据资产评估等为主要业务，并为企业提供数据资产抵押贷款、数据资产证券化等服务，以解决数据资产确权与估值问题。评估中心将建立数据资产产权制度、数据资产赋值体系和数据资产定价中心，明确信息产权赋值的参照基础，开展新型数据资产保险、数据资产贷款、数据资产证券、数据资产信托等新型互联网金融业务。企业可以通过评估中心服务体系探索发行基于自身增值数据的有价证券，从而成为引导数据流动并据以进行数据交换的数据货币，进行等价支付、有序流动，带动整个数据商业价值链的规模化发展。评估中心分别与贵阳市政府、淮南市政府、重庆渝北区政府、盐城市城南科教城管委会签订战略合作协议，将建设贵阳、淮南、重庆、盐城4个分中心，开展政府数据资源梳理、数据资产目录编制和登记工作；与中关村股权交易服务集团签订合作协议，将共同打造北京四板互联网优选板块；还将与华夏银行、贵阳银行、中融汇金融资租赁有限公司、北京市集佳律师事务所展开合作，开展基于数据资产抵押贷款、数据资产证券化等融资服务，并取得贵阳银行10亿元的授信。

（江　欣）

【17 家企业入选商务部电子商务示范企业】7 月 20 日，商务部发布 2015 年第 26 号公告，公布商务部 2015—2016 年度电子商务示范企业名单，共 155 家。其中中关村示范区内 17 家企业入选。

序号	企业名称	网站名称及网址	类型
1	小米科技有限责任公司	小米网 www.mi.com	网络零售
2	北京国美在线电子商务有限公司	国美在线 www.gome.com.cn	网络零售
3	北京创锐文化传媒有限公司	聚美优品 www.jumei.com	网络零售
4	北京探路者户外用品股份有限公司	探路者 www.toread.com.cn	网络零售
5	北京优购文化发展有限公司	优购时尚商城 www.yougou.com	网络零售
6	北京百花蜂业科技发展股份公司	百花蜂业 www.baihua1919.com	网络零售
7	乐视网信息技术（北京）股份有限公司	乐视网 www.letv.com	网络零售
8	北京三快科技有限公司	美团网 www.meituan.com	电商服务
9	北京天尧信息技术有限公司	天尧信息 www.tyiti.com	电商服务
10	国富商通信息技术发展股份有限公司	中国诚商网 www.trade2cn.com	电商服务
11	北京时尚人家网络科技有限公司	到家美食会 www.daojia.com.cn	生活服务
12	北京敦煌禾光信息技术有限公司	敦煌网 www.dhgate.com	跨境电商
13	中建材国际贸易有限公司	易单网 www.okorder.com	跨境电商
14	北京京东世纪贸易有限公司	京东商城 www.jd.com	综合
15	北京当当网信息技术有限公司	当当网 www.dangdang.com	综合
16	北京慧聪互联信息技术有限公司	慧聪网 www.hc360.com	综合
17	北京汇商融通信息技术有限公司	小笨鸟 www.xbniao.com	创新

（刘伟杰）

【1489 家企业入选 2015 年“展翼计划”】7 月 21 日，中关村管委会公布 2015 年入选“展翼计划”的企业名单。北京天耀宏图科技有限公司、北京万协通信息技术有限公司、北京微瑞思创信息科技有限公司等 1489 家高成长性企业入选，涵盖通信、电子、化工等领域。入选企业凭借“展翼计划”品牌优势可获得银行、担保等机构优先认可，提高融资可获得性，降低融资成本。

（刘　研）

【5 家企业入选财富世界 500 强】7 月 22 日，美国《财富》杂志发布 2015 年财富世界 500 强企业排行榜，106 家中国企业入选。其中，中关村示范区的中国铁路工程总公司、联想集团有限公司、中国机电工业集团、中国电子信息产业集团、中国通用技术控股有限公司等 5 家企业入选。

（杜　玲）

【基因测序与肿瘤精准医学专题研讨会举办】7 月 22 日，由市卫生计生委和中关村管委会主办的中关村生物健康高端产业发展系列研讨会——基因测序与肿瘤精准医学专题在中关村示范区展示中心举办。中关村管委会主任郭洪等领导以及北京协和医院等首都医疗卫生机构和中关村示范区相关企业、产业联盟的代表等 200 余人参加。相关专家做了“胰腺癌个体化医疗研究进展”“打造肿瘤精准医疗产业平台”“高通量全景癌症检测及 ctDNA 无创动态监测”等主题报告，并围绕肿瘤基因检测、靶向药物用药指导、易感基因筛

查等话题展开交流，还就“基因大健康产业的痛点”“基因测序技术在产前筛查与诊断领域应用的准入”“中关村未来在精准医疗行业的布局和计划”等问题进行讨论。

（万　玮　王　翔）

【北京台湾青年创业基地授牌】7 月 23 日，由市台办、中关村管委会共同主办的北京台湾青年创业基地授牌仪式在中关村创业大街举行。中关村创业大街、清华科技园、北京创业公社投资发展有限公司、北京远见育成科技孵化器有限公司 4 家机构被市台办、中关村管委会授予北京台湾青年创业基地。基地旨在利用各机构创业孵化的优势，整合资源，为台湾青年在北京创业提供更多辅导和支持，为京台两地青年创业合作提供更加便利的服务，协助台湾青年实现创业梦想。

（殷　茵　王　翔）

【15 家企业入选福布斯亚洲中小上市企业 200 强】7 月 28 日，福布斯中文网发布“2015 亚洲中小上市企业 200 强”，中国有 84 家企业上榜。其中，中关村示范区的北京利德曼生化股份有限公司、北京中长石基信

息技术股份有限公司、北京双鹭药业股份有限公司等15家企业入选。亚洲中小上市企业榜重点针对年营收介于500万美元至10亿美元之间、净利润为正值、上市至少1年以上的企业，主要考察企业在过去1年或过去3年的销售增长、利润增长和资本回报率等，上榜企业的销售额、每股盈利增幅、平均股本回报率均相对比较高。

（杜　玲）

【2015中关村国际化大讲堂举办】7月29日，由中关村管委会、天津市科委、河北省科技厅联合主办，中关村创新研修学院承办的2015中关村国际化大讲堂实训班第一期开班。来自中关村示范区的协会、联盟、企业和天津市企业的相关负责人等50余名学员参加。大讲堂以“协同、创新、共享、融合”为主题，探索创新京津冀合作新模式，采用专家授课、学员论坛、交流互访和案例分享会等多种教学形式，围绕“海外并购”“国际知识产权”主题，讲授相关专业知识，分享国际前沿信息，并组织部分京津冀学员赴德国考察工业4.0情况，对接国外高端科技资源。年内，大讲堂系列活动共举办两期实训班、7期专题讲座，累计400余人次参加。

（殷　茵）

【北京城市规划学会中关村示范区分会成立】7月29日，北京城市规划学会中关村国家自主创新示范区分会第一次会员大会在中关村举行。雁栖开发区管委会、华通设计顾问工程有限公司等会员单位的代表参加。中关村分会致力于为北京城市规划学会与中关村示范区搭建一个探讨行业趋势、关注行业热点、各方深度交流、分享发展经验的学术平台，在中关村示范区落实城市规划、促进区域合作、助力园区发展等方面发挥作用，为中关村规划建设和发展服务。中关村示范区分会首届理事长为李翔。11月3日，北京城市规划学会中关村国家自主创新示范区分会揭牌仪式举行。

（范丁波）

【中关村示范区金融业务服务工委会成立】8月5日，中关村国家自主创新示范区金融业务服务工作委员会成立大会在中关村软件园举行。市金融局、市银监局、中关村管委会等单位有关领导以及中外资银行机构的代表参加。工委会由北京市银行业协会发起、中国工商银行股份有限公司、北京银行股份有限公司等北京地区31家银行机构组成，将本着积极、务实的态度开展科技金融工作，不断提升中关村示范区金融综合服务水平，同时加强区域内金融机构之间的交流、合作与自律，督促各成员单位进一步加大对中关村示范区的资源投入力度，不断开展产品创新、提升服务质量，将中关村示范区金融服务打造成北京市乃至全国科技金融服务的标杆。会上，工商银行、中国银行、交通银行等银行机构与北京中关村高新技术企业协会、北京中关村科技融资担保有限公司、中关村智慧环境产业联盟等平台机构以及部分科技企业签约，工委会成员银行将进一步深化与科技企业合作的广度与深度，丰富客户金融服务内涵，共同促进中关村示范区及区内企业的创新发展。

（赵俊劼）

【京津冀科协科技成果转化项目发布和推介会举行】8月6日，由北京市科协、天津市科协、河北省科协和中关村管委会主办的京津冀科学技术协会科技成果转化平台项目发布和推介会在中关村示范区展示中心举行。来自北京、天津、河北三地的有关政府部门、企事业单位、投资机构、科技类社会团体、个人创业者等400余人参加。会议推介的30个科技项目是从中关村天合科技成果转化促进中心项目库的1000余个项目中，通过科技成果市场转化成熟度评价模型对科技成果转化促进提供产品、技术、市场等多维度的评价后筛选出来的，分为重大项目、促进项目和对接项目三大类，涉及新能源、物联网、新材料、云服务、生物医药、智能交通、电子信息等领域。中关村科技成果转化促进中心与天津市宁河县科委、天津市科技工作者创新创业服务中心、河北省南河县政府、北京农学院开放实验室等单位签署“智慧化物流仓储及配送成套解决方案项目”等5个科技成果转化合作协议，75家企业与中国科学院、中国医学科学院、清华大学等科研院所、高等院校和高新技术企业，在新能源、物联网、新材料、云服务、生物医药、智能交通、电子信息等领域，达成142项科技成果转化合作意向。

（刘伟杰　王　翔）

【17家企业入选全国互联网与工业融合创新试点】8月7日，工业和信息化部印发《关于印发2015年互联网与工业融合创新试点企业名单的通知》。北京地区20家企业入选，其中中关村示范区的北京福田康明斯发动机有限公司、北京华智弘润环保科技有限公司、北京兰格电子商务有限公司、北京京仪绿能电力系统工程有限公司等17家企业入选。

（江　欣）

【中关村管委会与天津市相关部门合作】8月13日，中关村管委会与天津市国资委、天津市科委三方战略合作框架协议签署仪式在天津市举行。三方单位相关负责人以及中关村示范区、天津市相关企业的代表等参加。根据协议，三方将成立战略合作协调领导小组，探索北京市新技术新产品（服务）和天津市重点新产品的互信互认；推动纳入两地政府采购和市属国有企业集中采购；推动一批新技术、新产品、新服务在两地示范应用；推动两地企业在联合研发、项目合作、重组整合、资产并购、孵化培育、新技术新产品推广应用等方面建立常态化的合作机制；推动两地在“互联网 +”、智能硬件、大数据、云计算等信息产业领域开展深入的产业对接；共同支持两地企业开展跨区域科技创新合作与创新创业人才培养。

（任志明　王　翔）

【中关村管委会与承德市政府开展战略合作】8 月 17 日，由中关村管委会、中国信息协会大数据分会、河北省工业和信息化厅等单位联合主办的承德·中关村大数据产业合作暨项目签约仪式在京举行。中关村管委会主任郭洪等领导以及工业和信息化部、市经济信息化委等相关单位负责人和部分社会团体、企业的代表等 200 余人参加。会上，中关村管委会与承德市政府签署战略合作协议。根据协议，双方将构建“领创空间 + 协同创新共同体基金”的市场化运营服务平台，促进大数据、节能环保、大健康三大重点合作领域产业融合的“2+3”合作体系，将中关村示范区先行先试政策推广到承德市，共同制定实施有利于协同创新的政策措施，在土地使用、人才引进、基础设施建设、科技成果转化和产业化、市场开放等方面给予支持。承德市政府将建设“承德中关村领创空间”，搭建线上虚拟服务平台和线下实体服务空间；中关村协同创新共同体发展基金将在承德市设立子基金，为承德市科技创新、高新技术企业及重大项目提供融资支持。仪式上，承德市政府与中关村大数据产业联盟、神州数码控股有限公司、曙光云计算有限公司等签署大数据产业项目合作协议。

（朱　凯　刘伟杰）

【智慧中关村地理信息服务平台上线】8 月 19 日，智慧中关村地理信息服务平台建成并上线运行。中关村管委会于 2013 年启动平台建设工作，由北京市测绘设计研究院和北京超图软件股份有限公司承担开发建设，旨在通过地理信息与相关业务信息的有机结合，建设覆盖中关村示范区的数据资源体系，最终形成“一张图”的信息资源整合和共享模式。平台汇集了企业、楼宇、园区、规划、土地交易、孵化器、实验室、金融服务机构等 30 余类创新创业资源和服务信息，利用“互联网 +”思维和大数据、商业智能、虚拟现实等先进技术，完成 90 平方千米的三维精细模型建设工作。项目设有 8 个示范应用系统，通过企业统计地理信息系统、规划和土地利用监测系统、产业空间分析系统、创新资源分析系统、创新机构查询分析系统、科技金融资源查询分析系统 6 个应用系统实现对企业发展和土地资源规划利用情况的动态监测、新兴产业布局的智能分析和创新能力的综合评价。另外两个面向企业提供服务的系统——中关村创业地图和中关村虚拟展示中心通过中关村示范区门户网站（www.zgc.gov.cn）为企业和公众提供服务。

（邓立众）

【5 家企业入围中国民营企业 500 强】8 月 25 日，在 2015 中国民营企业 500 强新闻发布会上，中华全国工商业联合会发布 2015 中国民营企业 500 强榜单。中关村示范区的联想控股股份有限公司、北京京东世纪贸易有限公司、百度在线网络技术（北京）有限公司等 5 家企业入围。其中，联想控股公司以 2894.76 亿元的营业收入位居榜首。

（刘伟杰）

【中关村军民融合示范基地建设通过评估】8 月 25—26 日，由军事科学院牵头，国防大学、中国兵工学会、解放军后勤指挥学院等单位专家组成的第三方专家评估组一行赴中关村管委会，针对国务院、中央军委颁布的《统筹经济建设和国防建设“十二五”规划》中“中关村军民融合科技创新示范基地”建设情况进行评估。专家组参观了中关村示范区展示中心，实地调研了北京海兰信数据科技股份有限公司等军民融合典型企业，听取了中关村管委会《“十二五”期间中关村军民融合科技创新示范基地建设情况》汇报并进行座谈交流。专家组认为，“十二五”期间，中关村管委会在落实推进中关村军民融合科技创新示范基地建设上效果良好，基础工作扎实，融合思路清晰，在体制机制创新的探索工作中发挥了作用，并同意通过评估。

（赵蔚彬）

【北京大数据研究院成立】8 月 27 日，由中关村管委会、海淀区政府、北京大学和北京工业大学共同主办的北京大数据研究院揭牌仪式在北京大学举行。副市长隋振江、市委副秘书长郭广生、中关村管委会主任郭洪等领导以及工业和信息化部、北京市各委办局等相关单位负责人和有关企业的代表等 100 余人参加。研究院由北京大学教授鄂维南牵头，中关村管委会、海淀区政府、北京大学、北京工业大学共同筹建，将在交通大数据、金融大数据、医疗大数据等方面进行学术研究、技术创新、人才培养和成果产业化。研究院拟设置理事会，建有实验室等，包括150余个岗位；将启动大数据“高精尖”创新中心，推动人才培养与科学研究；成立股份制的技术成果转化中心，推动大数据共性关键技术研发、行业大数据分析、成果转化；建立纯市场化的大数据创业企业孵化机制和载体，与大数据领军企业、知名创业投资机构合作，支持研究院的应用技术研发人员带着研发成果在中关村示范区创业。

（刘伟杰）

【两家独角兽企业估值超100亿美元】9月1日，艾瑞咨询集团发布“TOP200中国独角兽企业估值榜”。榜单统计范围为2012年7月至2015年7月3年间获得投资、主营业务在国内的初创企业。中关村示范区估值达100亿元以上的企业有两家，分别为估值450亿美元的小米科技有限责任公司和估值150亿美元的北京小桔科技有限公司。

（陈宝德）

【市属国企高管和中关村领军企业家培训班举办】9月1—30日，由市国资委、中关村管委会主办的北京市属国企高管和中关村领军企业家培训班在京举办。副市长隋振江出席开班仪式，中关村管委会主任郭洪等参加。培训活动以“创新驱动发展，促进京津冀协同发展”为主题。来自互联网、生物医药、节能环保、金融投资等领域的市属国有企业和中关村示范区领军企业的40余位企业家参加培训。培训内容包括党的基本理论、创新驱动发展、京津冀协同发展、异地实践教学、企业案例教学五大专题板块。

（王　征　王　翔）

【4家中关村示范区企业入选全球成长型公司】9月10日，在世界经济论坛第九届新领军者年会（夏季达沃斯论坛）上，132家高速增长企业被授予“全球成长型公司”称号，其中中国企业10家，4家为中关村示范区企业，分别是北京爱奇艺科技有限公司、北京小桔科技有限公司、东方风行传媒（北京）文化有限公司和乐视网信息技术（北京）股份有限公司。全球成长型公司被视为市场的开拓者、创新者与塑造者，有机会全面参与世界经济论坛的各项会议、倡议与研究项目。

（杜　玲）

【2015年中关村上市公司竞争力报告发布】9月15日，由中关村上市公司协会主办的2015年中关村上市公司竞争力报告新闻发布会在中关村示范区展示中心举办。中关村管委会等单位相关负责人及协会会员单位的代表等100余人参加。《报告》显示，中关村示范区上市公司2014年底总市值3.14万亿元，同比增长52%，连续两年实现50%以上增长，达到2012年底总市值的2.3倍。在中关村示范区上市公司中，千亿元以上市值公司由仅有百度在线网络技术（北京）有限公司1家增至百度公司、北京京东世纪信息技术有限公司、北京信威通信技术股份有限公司、中国中铁股份有限公司、京东方科技集团股份有限公司5家。在盈利能力上，2014年中关村示范区上市公司总营业收入1.82万亿元，同比增长28%；毛利润总额3523亿元，同比增长38%；盈利企业实现净利润总额907亿元，同比增长25%；全部上市公司净利润总额766亿元，同比增长24%。2014年中关村示范区上市公司实现净融资额1484亿元，同比增长94%；实现净投资额2161亿元，同比增长81%；持有现金及现金等价物总额3843亿元，同比增长18%。

（赵俊劼　冯秋帆）

【促进三板和四板建设合作机制备忘录签约】9月17日，由市金融局、市国资委、中关村管委会、北京证监局、全国股份转让系统公司、中关村股权交易服务集团主办的促进三板和四板建设合作机制备忘录签约仪式暨三板和四板业务知识培训会在京举行。来自各区县国资委、金融办、各分园管委会的相关负责人以及部分企业的代表500余人参加。市金融局、市国资委、中关村管委会、北京证监局、全国股份转让系统公司、中关村股权交易服务集团签署了《促进全国中小企业股份转让系统、北京市区域性股权市场建设六方合作机制备忘录》。相关专家就企业挂牌新三板战略、步骤及具体实施流程，企业挂牌后如何借助市场平台实现快速发展，北京四板的基本情况、产品服务、挂牌展示相关条件等进行了讲解。

（王　翔）

【西宁中关村科技成果产业化基地揭牌】9月22日，西宁中关村科技成果产业化基地揭牌仪式在西宁市大通县北川工业园区举行。中关村管委会、西宁市政府等单位相关负责人以及中关村示范区部分企业的负责

人参加。基地由中关村管委会与西宁市政府共建，位于大通县北川工业园，一期规划占地面积60公顷，其中，中小企业创业园已建成，占地面积17公顷。基地将在生态环境建设、生物医药、现代农业、新能源开发利用等方面加强合作；加强两地政策沟通与服务，营造良好区域环境；推动双方多元化合作，探索区域创新合作新模式。

（朱　凯）

【第32届国际科技园区协会世界大会举办】9月22—25日，由科技部火炬中心主办、中关村管委会承办的第32届国际科技园区协会世界大会（IASP 2015年大会）在北京国家会议中心举办。科技部副秘书长徐建培、北京市副市长隋振江等领导以及来自全球48个国家和地区的代表近700人参加。大会以“国际科技园区与创新区域:新技术、新产业、新社区”为主题，从技术、产业和社区3个元素参与协同创新的角度，分析科技园区和创新区域在全球深度变革时代的作用和价值，分享创新产业生态系统建设的体会，绘制未来发展的路线图。大会设置5场全体会议，分别围绕“科技的影响”“科技园和新产业:经营模式与企业家形象”“新社区与社会创新：生活与工作环境”“科技园与创新区域的国际化”“科技园与创新区域的全球维度”主题开展研讨。此外，还设置了7场平行论坛，就“鼓励创新”“孵化与成长”“创新型企业精神”等主题交流讨论。大会组织60余名国际科技园区代表赴天津市，与天津国家自主创新示范区对接，宣传推介并推动天津“一区二十一园”与国外科技园区和创新机构开展合作；举办了有近500家中外企业参加的技术交流对接会，200余个海外技术合作项目面向国内企业寻求技术转移、研发合作。在对接会现场，瑞士中心总部办公室、瑞典Movemum孵化器北京办事处签约落户中关村示范区；英国牛津大学国际技术转移中心与北京天坛生物、中国国际经济技术控股集团公司的新一代治疗脑动脉瘤支架技术等26个国际合作项目签署合作协议。大会还在主会场外设置展览区，唐山高新区等21个科技园区及其科技企业参加展示。

（殷　茵　刘伟杰）

【27家企业获“十百千工程”“做强做大”支持资金】9月24日，中关村管委会发布《2015年度中关村“十百千工程”培育企业“做强做大”资金支持单情况公示》。北京易华录信息技术股份有限公司、东明兴业科技股份有限公司等27家企业获资金支持。其中，海淀园13家，朝阳园、亦庄园各3家，丰台园、石景山园各2家，昌平园、门头沟园、怀柔园和延庆园各1家。

序号	企业名称	所属园区
1	小米通讯技术有限公司	海淀园
2	紫光股份有限公司	海淀园
3	国电联合动力技术有限公司	海淀园
4	乐视网信息技术（北京）股份有限公司	海淀园
5	北京金山软件有限公司	海淀园
6	合一信息技术（北京）有限公司	海淀园
7	北京三聚环保新材料股份有限公司	海淀园
8	亿赞普（北京）科技有限公司	海淀园
9	博天环境集团股份有限公司	海淀园
10	利亚德光电股份有限公司	海淀园
11	北京智讯天成技术有限公司	海淀园
12	北京佳讯飞鸿电气股份有限公司	海淀园
13	北京天融信网络安全技术有限公司	海淀园
14	通号通信信息集团有限公司	丰台园
15	北京鼎汉技术股份有限公司	丰台园
16	新时代健康产业（集团）有限公司	昌平园
17	鼎桥通信技术有限公司	朝阳园
18	北京蓝色光标品牌管理顾问股份有限公司	朝阳园
19	艺龙网信息技术（北京）有限公司	朝阳园
20	北京京东世纪贸易有限公司	亦庄园
21	冠捷显示科技（中国）有限公司	亦庄园
22	北京利德曼生化股份有限公司	亦庄园
23	北京易华录信息技术股份有限公司	石景山园
24	北京华录百纳影视股份有限公司	石景山园
25	北京精雕科技集团有限公司	门头沟园
26	东明兴业科技股份有限公司	怀柔园
27	中材科技风电叶片股份有限公司	延庆园

（黄雅卿）

【中关村协同发展投资有限公司揭牌】9月25日，由中关村管委会、中关村发展集团股份有限公司主办的中关村协同发展投资有限公司揭牌暨中关村协同创新投资基金签约仪式在中关村示范区展示中心举行。会议以“协同创新　共赢发展”为主题。市发展改革委、市经济信息化委、市科委、海淀区政府等单位相关负责人以及合作城市、合作机构和中关村示范区企业、行业协会的代表等100余人参加。中关村协同发展投资有限公司由中关村发展集团、招商局地产控股股份有限公司、中国交通建设集团有限公司共同组建，注册资金5亿元，按4∶3∶3比例出资。公司主要任务是整合中关村产业资源，推广中关村的品牌、文化和标准体系，统筹中关村和外埠区域合作，构建以中关村为主体的协同发展创新体系，开展以京津冀为重点的中关村跨区域合作，推动合作区域产业生态体系建设和产业升级。其主要业务是为合作地区产业发展和园区建设提供产业、空间、低碳绿色、投入产出和开发模式在内的“五位一体”规划咨询；在合适地区投资设立子公司，开展园区开发和运营服务；在产业组织和产业对接方面开展跨区域合作统筹服务，并指导中

关村协同创新基金开展区域投资。会议还举行了中关村协同创新投资基金签约仪式。

（李贺英　刘伟杰）

【8 家企业获批建设企业国家重点实验室】 9 月 30 日，科技部印发《关于批准建设第三批企业国家重点实验室的通知》（国科发基〔2015〕329 号），共有 75 家实验室获批，其中北京地区 9 家。中关村示范区内依托中冶建筑研究总院有限公司的“钢铁工业环境保护国家重点实验室”、依托北京矿冶研究总院的“矿冶过程自动控制技术国家重点实验室”等 8 家入选，占北京地区入选总数的 88.9%。截至年底，中关村示范区内共有国家重点实验室 118 家，其中共有 27 家企业国家重点实验室。

（徐　建）

【中关村创业青年主题宣传教育活动举办】 9—12 月，中关村团工委、中关村青年联合会分别以“挥洒青春、创赢未来”“双创齐飞——文化与科技融合”“‘互联网 +’大潮下青年创业机遇”为主题，在北京理工大学等高校开展 3 场中关村创业青年主题宣传教育活动，共有高校师生 500 余人参加。相关专家分别以“点燃创业激情”“从遥不可及到触手可及”“传统文化的传承与创新”等为主题进行演讲，向广大师生介绍中关村的创业文化和创业事迹，并与中关村各类青年人才交流。

（王　征　王　翔）

【雏鹰计划专项扶持资金支持企业名单发布】 10 月 9 日，中关村管委会发布《2015 年度雏鹰计划专项扶持资金支持企业名单情况公示》。58 家企业共获创业启动资金 1600 万元，包括北京酷动网络科技有限公司等 35 家海淀园企业、予墨信息技术（北京）有限公司等 21 家石景山园企业、校联购（北京）网络技术有限公司 1 家昌平园企业和爱嘉游（北京）科技有限公司 1 家东城园企业。其中，天峋创新（北京）科技有限公司等 7 家企业属创业大赛类，北京爱智尚科技有限公司等 51 家企业属创投投资类。

（王　征）

【首批 12 家示范型社会组织获认定】 10 月 9 日，中关村管委会印发《关于公示中关村首批示范型社会组织名单的通知》，12 家社会组织获认定。其中，协会、民办非企业单位 6 家，包括中关村民营科技企业家协会、北京市闪联信息产业协会、北京中关村高新技术企业协会、北京数字内容产业协会、中关村企业信用促进会和中关村现代医药生产力促进中心；产业联盟 6 家，包括北京长风信息技术产业联盟、中关村医疗器械产业技术创新联盟、中关村半导体照明工程研发及产业联盟、农业装备产业技术创新战略联盟、中关村数字电视产业联盟、中关村储能产业联盟。示范型社会组织是指根据民政部门年检和评级、自身建设、工作绩效、社会评价、行业影响力以及对中关村示范区发展所做贡献等情况量化综合评价较高的社会组织。

（马媛月）

【中关村知识产权和标准化一条街揭牌】 10 月 11 日，在中关村创新创业季（2015）开幕式上，中关村知识产权和标准化一条街揭牌。知识产权一条街位于中关村大街街区范围内，由一纵一横两条轴线的沿线区域构成，纵轴为西土城到学院路一线，长 2.5 千米，横轴为知春路到海淀南路一线，长 4 千米，将聚集知识产权代理机构、资产评估、专利咨询机构、知识产权商用化机构等知识产权服务机构，建设标准检测认证、国际技术转移功能区，促进各类资源在知识产权服务链条上流通并形成“聚变效应”。

（潘　丹）

【中关村创新创业季（2015）举办】 10 月 11—28 日，由海淀区政府、市科委、中关村管委会主办的中关村创新创业季（2015）在京举办。活动以“创见未来”为主题。市委常委苟仲文、副市长隋振江等市有关部门领导出席开幕式。来自中国、澳大利亚、美国等 30 余个国家和地区的 400 余家机构、企业等的代表 4 万余人次参加。创业季设有全球创业大会、创业马拉松、环球顶级赛事、创客嘉年华、全球风险投资峰会五大板块，创新集市、极客挑战赛、智能硬件节、新品生

活方式创客聚、“互联网＋教育上市公司”主题论坛、全球路演等30余场活动，集中展示国内外创新创业领域的10余个方面的700余项成果。活动期间，发布《中关村大街发展规划》、“寻找30岁以下改变世界的青年创业力量”榜单；举行知识产权和标准化一条街、CAMP中加联合创业营揭牌仪式；成立中芬创新基金、中关村天使母基金；发布2015中国最佳创业城市榜单、中国互联网创新创业指数以及InnoTREE偶＋产品、海归创业学院“五星创业计划”“毕马威创业学院”项目、英特尔在线图形化编程工具SmartNode 4个市场化服务平台；颁布超级极客奖、超级创客奖、少年创客奖、最佳团队奖、最受媒体关注奖五大奖项；对中关村军民融合产业园、中关村互联网教育中心、中关村国际创客中心、中关村科技金融创新中心、中关村智能智造创新中心、硬蛋“双创梦工厂”6家单位进行授牌；从全球5000余个项目中筛选出150余个优秀项目参与路演，投资人提出进一步沟通需求的项目90余个；签订入驻、战略合作、共同孵化合作协议18份；创新集市与智能硬件节活动3万余人参与，其中有合作意向的项目600余个。

（陈宝德　刘伟杰）

【2015年全国大众创业万众创新活动周举办】10月19日，2015年全国大众创业万众创新活动周在中关村示范区展示中心启动。国务院总理李克强出席并考察主题展区，北京市委书记郭金龙、国务委员杨晶、科技部部长万钢、北京市市长王安顺等参加。首届“双创周”由发展改革委、科技部、人力资源和社会保障部等单位主办，主题为“创业创新·汇聚发展新动能”。“双创周”活动地点采用“1+N”的方式，“1”为主会场，设在中关村展示中心，“N”指在北京地区和全国其他城市分别设立分会场。在中关村展示中心，举办了启动仪式、主题展、高层论坛等重大活动，展示项目共100余个，其中北京地区有50余个项目参展，占项目总数近5成。活动期间，中关村创业大街亦庄园、东城园、西城园、朝阳园等10余个分会场举办了“中关村创新创业季”“iCAN大赛”等活动300余场。启动仪式上，李克强按下按钮，全国首个专门服务于创新创业的网络众扶平台——中关村创新创业服务平台“网上会客厅”启动上线。李克强指出，中国发展进入新常态，正处在发展方式和新旧动能转换的关键期，要以“大众创业、万众创新”这一结构性改革激发全社会创造力，打造发展新引擎。中关村管委会主任郭洪以及企业、投资机构等代表300余人参会。活动至23日结束，沈阳、上海、合肥等城市同步开展形式多样的系列活动。

（陈宝德　刘伟杰）

【2015年大众创业万众创新高峰论坛举办】10月19日，由发展改革委、中国科协承办的2015年大众创业万众创新高峰论坛在中关村示范区展示中心举办。论坛主题是“实施创新驱动发展战略　推动大众创业万众创新”。国务院副总理张高丽、科技部部长万钢出席。教育部、科技部等国家部委的相关负责人出席，专家学者、企业家、高校学生的代表等400余人参加。张高丽在讲话中强调，中国经济发展进入新常态，必须加快实施创新驱动发展战略，在更大范围、更高层次、更深程度上推进“大众创业、万众创新”，促进经济持续健康发展，要以“大众创业、万众创新”激发新活力、新动力，使各种要素更加公平、自由、快捷地有效配置，促进经济保持中高速增长；要以“大众创业、万众创新”培育新产业、新业态，结合实施“互联网＋”行动计划和“中国制造2025”，着力把一批新兴产业培育成主导产业，促进移动互联网、云计算、大数据、物联网等与现代制造业融合，推动经济迈向中高端水平。万钢表示，科技部将从加强科技服务体系、加速科技成果转化、强化创业投资引导、丰富创新创业的活动载体、加强分类指导5个方面进一步大力发展众创空间，营造良好的创新创业环境。财政部部长楼继伟、工业和信息化部副部长怀进鹏分别做了“积极发挥财政职能，大力推动创业创新”“打造创业创新新引擎，形成经济发展新动能”的演讲。

（陈宝德　王　翔）

【46家企业参加全国“双创周”主题展】10月19—23日，全国大众创业万众创新活动周主题展在中关村示范区展示中心举办。国务院副总理马凯、刘延东，国家副主席李源潮等领导先后参观了主题展示。展览采取图文、多媒体、实物、模型相结合的方式，通过参展人员和观众的互动增加展示效果。展区1.1万余平方米，包括双创新时代、双创新风采、双创新生态、双创梦工厂、双创之星5个部分，展示项目100余个。中关村示范区有46家企业和单位项目参展，占全部参展项目的41.4%。包括北京佳讯飞鸿电气股份有限公司的“突发事件应急处置系统”、北京国承万通信息科技有限公司的“可穿戴电子设备”、京微雅格（北京）科技有限公司的“可编程系统芯片”、百度在线网络技术（北京）有限公司的“百度开发者创业平台”、北京康力优蓝机器人科技有限公司的“家庭服务机器人”、燃石（北京）生物科技有限公司的“肿瘤治疗基因组大数据应用项目”、爱博诺德（北京）医疗科技有限公司的“软

式白内障治疗人工晶体”、纳什空间的“小微企业创业服务空间”、清华大学的“清华创意创新创业平台”等。

（杜　玲）

【21家企业获“十百千工程”“加大研发投入”资金支持】 10月20日，中关村管委会发布《2015年度中关村“十百千工程”培育企业“加大研发投入”资金支持名单情况公示》。百度在线网络技术（北京）有限公司、同方威视技术股份有限公司、北京四方继保自动化股份有限公司等21家企业获资金支持，其中海淀园10家，昌平园、朝阳园各3家，丰台园、顺义园各2家，西城园1家。

序号	企业名称	所属园区
1	百度在线网络技术（北京）有限公司	海淀园
2	同方威视技术股份有限公司	海淀园
3	北京四方继保自动化股份有限公司	海淀园
4	瑞斯康达科技发展股份有限公司	海淀园
5	中国恩菲工程技术有限公司	海淀园
6	北京大北农科技集团股份有限公司	海淀园
7	北京航天石化技术装备工程公司	海淀园
8	北京新媒传信科技有限公司	海淀园
9	北京科兴生物制品有限公司	海淀园
10	机械科学研究总院	海淀园
11	北京全路通信信号研究设计院	丰台园
12	依文服饰股份有限公司	丰台园
13	北汽福田汽车股份有限公司	昌平园
14	北京华福工程有限公司	昌平园
15	北京万泰生物药业股份有限公司	昌平园
16	北京中电华大电子设计有限责任公司	朝阳园
17	北京经纬恒润科技有限公司	朝阳园
18	北京七星华创电子股份有限公司	朝阳园
19	北京有色金属研究总院	西城园
20	北京韩美药品有限公司	顺义园
21	北京北广科技股份有限公司	顺义园

（黄雅卿）

【“中关村指数2015”发布】 10月21日，在全国大众创业万众创新活动周——中关村专场活动上，北京市社会科学院、中关村创新发展研究院、北京方迪经济发展研究院3家智库机构联合发布“中关村指数2015”。指数从创新环境、创新能力、产业发展、企业成长、辐射带动、国际化6个维度构成指标体系，并以2008年为基期，测算合成综合指数，从多个方面刻画中关村创新发展的新特点、新趋势。指数显示，以2008年基期为100，2014年中关村综合指数达到285.8，比2013年提高43.7，2008—2014年中关村综合指数年均增长幅度超过19%。

（徐　建）

【32个“双创”服务平台发布】 10月21日，在全国大众创业万众创新活动周——中关村专场活动上，中关村管委会发布32个“双创”服务平台。平台分为四大类：以众创空间为代表的创业服务平台，包括国内第一家集办公、住宿、交流、投资和孵化为一体的青年创业社区——“YOU+”国际青年创业社区等15家；以众包服务为特色的产业创新平台，包括由北京科天科技有限公司（易科学）主办的中关村科学实验互联网平台等10家；以市场对接为重点的新型成果转化平台，包括由中关村天合科技成果转化促进中心承担的中关村天合科技成果转化平台等2家；以行业大数据分析为依托的创新服务平台，包括由龙信数据（北京）有限公司主办的中关村企业大数据分析服务平台等5家。平台的特点是聚合了大量科技设施、人才技术、数据信息、金融资本、市场资源和公共服务；通过大数据分析，实现了海量服务资源与企业需求的精准对接；立足企业在创新创业不同阶段的需求，向各类创新主体提供专业化的线上和线下服务；运用“互联网+”思维，创新科技服务模式，通过市场化的运行机制，为创新主体提供优质、高效服务。

（陈宝德）

【中关村·领创金融扶持初创企业】 10月21日，由中关村管委会、市教委、食品药品监管总局、海淀区政府、中关村发展集团股份有限公司等单位主办的中关村·领创金融首批签约企业授牌暨成长之路扶持计划启动仪式在中关村示范区展示中心举行。科技部火炬中心主任张志宏、市委副秘书长郭广生等领导以及来自企业、高校、科研机构等的代表100余人参加。金吾九如（北京）网络科技公司等15家首批领创金融

服务签约企业获授牌。中关村领创金融公司将为这 15 家 2014—2015 年间新成立的初创企业中的海外人才开发的创新项目和高校学生自主创业项目提供不高于 50 万元、便捷且无实物担保的“创业新时贷”微贷系列产品。成长之路扶持计划由中关村领创金融公司、市教委联手推出，包括：与高校共同举办扶持学生创业项目的评选活动；筛选“高校就业创业经费”支持的学生创业项目，由领创金融公司利用自有资金为其提供 1 年以内、最高额度为 30 万元的免担保信用贷款，以及优秀项目园区落地等支持；运用中关村互联网金融平台，建立学生创业企业的经营数据，为学生创业企业提供增值服务。

（李贺英　刘伟杰）

【中关村天使母基金成立】 10 月 21 日，由中关村发展集团股份有限公司、盛景嘉成母基金、清青创科技服务股份有限公司主办的中关村天使母基金新闻发布会在中关村创业大街举行。中关村管委会主任郭洪等领导以及海淀区政府等单位有关负责人和相关机构的代

表等近 60 人参加。中关村清青创盛景母基金由中关村发展集团、盛景嘉成母基金、清青创公司共同管理，中关村发展集团作为主要出资人，清华控股有限公司作为重要出资人，三方共同发起设立，总规模 10 亿元。首期规模 3 亿元，由一般合伙人（GP）出资 1.1 亿元，中关村发展集团出资 1 亿元，将投资 10 ～ 15 支中国最顶尖的天使基金，拟形成 20 亿元～ 30 亿元规模，实现国有资本出资母基金的“两级放大”功能，以“互联网 +”为核心，投资于包括医疗健康、文化创意、服务等领域的上千家优质创新企业。

（高　婧　李贺英）

【中关村医学工程转化中心成立】 10 月 21 日，由中关村管委会、市食品药品监管局和海淀区政府主办的中关村医学工程转化中心和医药创客平台说明交流会在中关村示范区展示中心举行。来自高校，检验、医疗机构的部分代表参加。中心位于中关村英才创业园，由中关村管委会、市食品药品监管局和海淀区政府共同合作，依托中国食品药品企业质量安全促进会和北京市食品药品安全企业联盟成立，将致力于打造服务中关村医药、医疗器械、保健食品和化妆品企业的专业化产业服务平台，为不同发展阶段的食品药品企业提供“苗圃—孵化器—加速器”式的一体化科技创业孵化链条服务，初步构建集技术、人才、产业、资本为一体的微型科技创新创业生态系统，包括医学工程转化服务平台、国际检验检测认证服务平台、医药创客平台，同时还建立食品药品电商及跨境电商、互联网健康服务、医学转化投资基金等服务机构和组织，以提升中关村示范区食品药品产业的科技创新水平，推动药品医疗器械审评审批制度改革，开展政策先行先试，促进生物医药、医疗器械及相关产业向高端化健康快速发展。医药医疗器械创客平台主要面对有创业意向的科研人员、大学生、留学归国人员以及未设立企业的创业团队，在全社会范围内征集生物医学工程领域的创新科技成果，提供科技成果转化服务，并为创业者提供项目落地、商务支撑、政策导入、市场推广、融资指导等服务。

（刘伟杰）

【领创空间三地互联运营启动】 10 月 23 日，由中关村管委会、中关村发展集团股份有限公司、软通动力信息技术（集团）有限公司主办的中关村领创空间三地开业仪式在领创空间北京总部、河北省保定市和美国硅谷三地同时举行。海淀区政府等单位相关负责人以及相关机构的代表 300 余人参加。活动举行了中关村领创空间线上平台发布（涵盖众创、众包、众筹、众扶）和入驻项目、战略合作伙伴签约仪式，MHS、北京众筹芯互联网科技有限公司等能够提供创业服务的机构或企业与领创空间签约。北京总部举办了 MHS—INNOZ 中国创新创业秀的项目评审，来自海德资本等

投资机构的投资人对美科科技（北京）有限公司、红线（北京）科技有限公司等企业的积木式智能硬件、红线等13个创业项目进行评审；保定分会场开展了大学生创新创业培训，相关专家做了“创新方法和创新教育的理论介绍及案例分析”的讲座；在硅谷分会场，斯坦福大学、CM资本有关人员就如何构建引领创新空间进行对话。

（李贺英　张　蕾）

【中关村国家知识产权服务业集聚发展试验区通过验收】 10月23日，在首批国家知识产权服务业集聚发展试验区验收评审会上，中关村国家知识产权服务业集聚发展试验区通过国家知识产权局的验收。中关村集聚区建设从支持政策、工作思路、工作机制、工作举措等方面进行探索和实践，形成独具特色的中关村模式，在全国范围内充分发挥了示范引领作用，开创了知识产权服务业态的物理聚集和功能聚集“二维一体”的集聚区建设模式；创立了集聚区建设多个全国第一，包括成立全国首个知识产权服务业联盟、全国首个知识产权运营基金——睿创专利运营基金、建成了全国首个知识产权和标准化一条街等；服务机构集聚优势进一步增强；品牌服务机构竞相涌现；服务新业态日渐兴起，率先掀起全国“互联网＋知识产权”的发展浪潮。集聚区将依托中关村知识产权一条街和中关村知识产权服务业联盟建设，培育知识产权服务业新兴业态，通过“走出去”和“请进来”的方式，加快中关村知识产权服务业国际化进程，完善确权、保护、商用化、信息等专业化知识产权服务体系，发挥知识产权服务业在转变经济增长方式和产业结构升级中的重要支撑作用。

（潘　丹　孙婷婷）

【“双创周”中关村主场合作项目额超20亿元】 10月25日，2015年全国大众创业万众创新活动周媒体通气会举行。在活动周期间，“双创周”主会场共举办48场专题活动，投资对接28场，签署合作协议38个，2.1万余人次参观了主题展示。中关村示范区创新创业主体举办各类活动300余场，参与人数超过10万人次，发布各类平台和项目686个，达成合作意向项目108项，签订合作协议117项，涉及投资金额超过20亿元。

（杜　菲）

【国家技术标准创新基地（中关村）通过验收】 10月27日，由国家标准委主办的国家技术标准创新基地（中关村）筹建工作验收会在京举行。市质监局、中关村管委会、中关村标准创新服务中心等单位的相关负责人参加。基地在筹建期内，形成了75项具有自主技术的团体标准；创新了标准化协同推进机制，包括标准检测认证一体化服务、技术标准与金融机构合作协同、标准化工作绩效评价等；显著提升基地在国际标准化领域的影响力，研制60项国际标准和国外标准、承担两个国际标准化技术委员秘书处、2人担任技术委员会主席和工作组召集人；建成中关村标准创新公共服务平台，组建1100余人的标准化专家库，培训2200余人次。专家组一致认为，基地筹建过程中，坚持以“创新引领、市场驱动、资源优化、国际融合”为导向，致力于中关村的标准化与科技创新和产业发展协调融合，打造世界先进标准创制的引领辐射区，取得的新经验、新成效，具有示范推广价值，同意通过验收，成为中国首家国家技术标准创新基地。

（田　川　钟锌章）

【中关村管委会与韩国首尔市政府签署合作备忘录】 11月4日，在北京首尔混委会第二次全体会议上，首尔市政府举办“首尔市招商引资说明会”，中关村管委会与首尔市政府经济振兴本部签署《北京市中关村科技园区管理委员会与首尔市政府经济振兴本部合作备忘录》。根据备忘录，双方将在科技园区建设、企业互访、技术交流、项目对接和科技产品推广等方面开展交流合作，促进北京和首尔两市科技创新创业和科技投融资的发展，提升两市全球影响力。

（殷　茵　王　翔）

【664个项目获国际化发展专项资金支持】 11月10日，中关村管委会发布《2015年中关村国际化发展专项资金支持名单公示》。小米通讯技术有限公司等274家单位的664个项目获国际化发展专项资金支持，其中境外展会项目584个，境外设立分支机构项目20个，国际研发合作项目29个，国际技术转移项目3个，集聚国际商务、投资与科技服务机构项目7个，举办国际会议项目21个。在国际研发合作项目中，重点开展的是中国航空工业集团公司北京航空材料研究院与曼彻斯特大学在航空领域高端材料的研发、北京阅联信息技术有限公司与惠普公司基于OpenStack技术的社区云合作项目，以及中科创达软件股份有限公司与英特尔公司联合建设的IHV联合测试认证实验室项目等。

（殷　茵）

【中关村“十三五”建言活动举办】 11月11日，中关村管委会在京召开学习十八届五中全会、谋划中关村“十三五”新蓝图座谈会暨“十三五”建言活动启动会。中关村管委会主任郭洪等领导以及来自高校、科研院所、社会组织、创新型孵化器、企业等的代表参加。与会代表围绕结合落实十八届五中全会精神，谋划中关村下一步创新发展，以及进一步推动改革创新和政策突破、优化创新创业生态系统、提升中关村原始创新和技术创新能力、促进开放创新合作、完善协同创新体系等方面展开讨论，并提出意见建议。会议启动了中关村“十三五”建言活动，活动主题是“众筹新思想，谋划中关村新蓝图，为中关村‘十三五’规划建言献策”。活动至12月11日结束，主要围绕“十二五”时期中关村创新发展新变化、“十三五”时期主要目标、技术与产业选择方向、发展空间布局、创新创业环境、政府工作的着力方向六大方面，设计了中关村发展的显著成效或变化、面临的主要问题与挑战、战略目标和功能定位、重点支持发展的产业方向、企业最需要获得的政策支持等18个问题，分为多项选择题和开放式问题两大类，通过问卷调查，广泛征求社会公众意见和建议，并拟将有关建议吸收写入中关村示范区“十三五”规划。

（王　翔）

【13家机构入选中关村特色产业孵化平台】 11月16日，中关村管委会发布《关于公布中关村特色产业孵化平台名单的公告》，同意将亦庄园安快创业谷等9个园区的13家创业服务机构纳入中关村示范区创业服务支持体系，授予“中关村国家自主创新示范区特色产业孵化平台”称号，并颁发牌匾。特色产业孵化平台的设立，旨在进一步优化创新创业发展新布局，形成区域协同创新共同体，在郊区建设一批技术支撑和创业投资能力强、专业服务水平高、领域特色鲜明的产业孵化平台，推动中心城区的高端研发成果在郊区率先应用。

序号	平台名称	运营企业	所属园区
1	5U创投孵化平台	北京中科电商谷信息技术有限公司	大兴区
2	纳米科技孵化基地	雁栖创业园纳米科技孵化基地	怀柔区
3	马坊工业园区孵化基地	北京龙腾投资开发有限责任公司	平谷园
4	第三代半导体联合创新创业孵化中心	北京国联万众半导体科技有限公司	顺义园
5	房山智汇城孵化器	北京市房山区良乡高教园区综合管理中心	房山园
6	创新谷	北京创新谷科技孵化器有限公司	房山园
7	北京青年创业园房山园	北京良乡城市创业发展有限公司	房山园
8	通州国际种业科技园孵化平台	北京通州国际种业科技有限公司	通州园
9	八达岭工发新能源科技企业孵化器	北京八达岭工发新能源科技企业孵化器有限公司	延庆园
10	安快创业谷	安快创业有限公司	亦庄园
11	亦庄移动硅谷	北京亦庄移动硅谷有限公司	亦庄园
12	京西创客工场	北京石龙经济开发区投资开发有限公司	门头沟园
13	密云经济开发区孵化平台	北京密云经济开发区总公司	密云园

（续表）

（陈宝德）

【首届信用中关村高峰论坛举办】 11月16日，由中关村企业信用促进会和北京市中小企业公共服务平台主办的2015（首届）信用中关村高峰论坛暨首届京津冀信用体系合作共建研讨会在中关村示范区展示中心举办。论坛以“创业信用　创业金融”为主题。发展改革委副主任连维良、北京市副市长隋振江、中关村管委会主任郭洪等领导，以及来自银行、征信机构、投资公司等相关行业的代表500余人参加。与会代表讨论了在“互联网+”和大数据时代，创业企业、创客空间、天使投资、VC、担保、银行等机构建立在信用基础上的创新与管理，并探讨了科技园区信用环境与创业环境建设等的问题。会议启动“信用北京周”并发布中关村信用培育“双百”企业名单。北京市经济信息化委、天津市发展改革委、河北省发展改革委共同签署《京津冀社会信用体系合作共建框架协议》，并发表《京津冀社会信用体系合作共建宣言》。中关村企业信用促进会发布《中关村国家自主创新示范区企业信用发展报告（2015）》。会议还举办“信用与创业融资”“京津冀信用、创业环境的优化与互通”两场分论坛，就推进区域信用一体化建设、优化区域信用环境、加强京津冀社会信用体系的共建合作等话题进行探讨。

（于梦晨　赵正国）

【4家基地通过国家小型微型企业创业创新示范基地审核】 11月17日，工业和信息化部发布《关于首批国家小型微型企业创业创新示范基地名单的公示》。中关村示范区内的汇龙森小微企业创业基地、嘉捷小型微型企业创业示范基地、启迪之星孵化器、中关村软件园小型微型企业创业基地通过审核。示范基地主要为入驻小微企业提供生产经营场地、创业辅导、信息咨询、政务代理、投融资服务、人员培训等基本服务。

（毕欣超）

【首届中关村企业家四川广安邓小平城乡发展学院培训

班举办】11 月 22—26 日，由中关村管委会、四川省广安市政府主办的首届中关村企业家四川广安邓小平城乡发展学院培训班在广安市举办。来自拉卡拉支付有限公司、北京赛林泰医药技术有限公司等 24 家中关村示范区企业的主要负责人参加。培训包括“在小平故里接受邓小平理论及邓小平精神品格教育”等政治学习课程和与当地园区企业的交流活动。

（王　征）

【中关村管委会与国开行签订战略合作协议】11 月 23 日，国家开发银行行长郑之杰就开发性金融支持中关村示范区科技金融创新工作进行调研，实地考察创业会客厅、36 氪和 3W 咖啡等孵化机构，与不同行业的科技型企业进行座谈交流。常务副市长李士祥陪同调研，中关村管委会主任郭洪参加。国家开发银行北京分行分别与中关村管委会、中关村发展集团股份有限公司签署合作协议。国家开发银行与中关村管委会将加强银政、银企合作，促进京津冀地区经济社会健康平稳协同发展，并在园区建设、国际业务和领创金融等方面开展深度合作。开发银行通过规划先行，提供贷款、投资、债券、租赁、证券相结合的综合金融服务，并联合其他金融机构以组建银团等方式组织和引领社会资金，推动中关村示范区与天津市滨海开发区、宝坻区及河北省石家庄市、保定市等区域开展合作共建；发挥开发银行投贷债租证综合金融服务优势，为中关村“十百千”企业、高新技术企业和新三板企业提供全面的金融服务，支持京津冀大数据走廊、张北云计算中心等项目建设，推动示范区科技企业跨区发展；为京津冀基础设施建设、产业升级和战略性新兴产业培育、主体功能区建设、国际合作和企业“走出去”、保障性住房等民生工程、中小企业发展、应对自然灾害和重大疫情等突发事件提供融资、融智支持。国家开发银行与中关村发展集团将分别发挥融资和科技产业发展优势，在园区建设、投贷债租证综合金融、京津冀区域共建、国际业务和领创金融等方面开展深度合作，建立金融集团和产业集团全方位深度合作的新型战略合作伙伴关系。

（刘　研　李贺英）

【82 项成果获中国专利奖】11 月 27 日，国家知识产权局印发《关于第十七届中国专利奖授奖的决定》（国知发管字〔2015〕67 号），公布第十七届中国专利奖获奖名单。其中，中关村示范区内 3 家单位的成果获中国专利金奖，分别为清华大学刘雷波等完成的“一种动态可重构阵列处理器的构令流工作方法”（ZL201110226931.X）、中国电力科学研究院高阳等完成的“一种模块化多电平换流器阀保护方法”（ZL201110063130.6）、中国神华能源股份有限公司顾大钊等完成的“一种矿井地下水的分布式利用方法”（ZL201210134162.5）；有研稀土新材料股份有限公司龙志奇等完成的“一种电解还原制备二价铕的工艺”（ZL02117300.1）等 78 项成果获中国专利优秀奖；北京联飞翔科技股份有限公司张林设计的“滤清器”（ZL200730108190.X）获中国外观设计优秀奖。

（潘　丹）

【波黑部长会议主席访问中关村示范区】11 月 27 日，波黑部长会议主席兹维兹迪奇（Denis Zvizdic）率代表团 20 人到中关村示范区访问，参观中关村多媒体创意软件园并交流座谈。兹维兹迪奇表示，中关村示范区作为全球重要的科技创新中心之一，取得的科技成果显著，希望积极推动波黑和中关村示范区在创新领域的合作与交流。座谈会后，代表团参观了北京北科光大信息技术股份有限公司和北京华夏视科图像技术有限公司，并听取企业关于新技术新产品和相关创新成果的介绍。

（殷　茵　王　翔）

【27 家首批众创空间通过科技部备案】12 月 2 日，科技部印发《科技部关于公布首批众创空间的通知》（国科发火〔2015〕412 号），创新工场、车库咖啡等 27 家众创空间首批通过科技部备案，被纳入国家级科技企业孵化器的管理服务体系。

序号	众创空间名称	运营主体
1	创新工场	北京创新方舟科技有限公司
2	车库咖啡	北京创业之路咖啡有限公司
3	常青藤创业园	北京市石景山区常青藤创业研究中心
4	AAMA	亚杰商会北京亚杰商汇咨询有限公司
5	3W 孵化器	北京 3W 孵化器管理有限公司
6	创业黑马众创空间	北京创业未来传媒技术有限公司
7	创业邦	爱奇清科（北京）信息科技有限公司
8	联想之星	北京联想之星创业投资有限公司
9	云计算产业孵化器	北京云基地云计算科技发展有限公司
10	诺基亚体验中心	诺基亚（中国）投资有限公司
11	36 氪	北京协力筑成传媒科技有限公司
12	微软云加速器	微软（中国）有限公司
13	石谷轻文化产业孵育基地	趣游科技集团有限公司

（续表）

序号	众创空间名称	运营主体
14	中关村数字设计中心	北京中关村国际数字设计中心
15	厚德创新谷	北京厚德科创科技孵化器有限公司
16	创客空间	北京创客空间科技有限公司
17	天使汇	北京益新速创科技发展有限公司
18	互联网金融实验室	清控三联创业投资（北京）有限公司
19	师林孵化器	北大医疗产业园科技有限公司
20	IC 咖啡	北京爱思创芯汇咨询有限公司
21	北京大学创业训练营	北京大学校友会
22	启迪之星孵化器	北京启迪创业孵化器有限公司
23	清华 x-lab	清华大学经济管理学院
24	北京百度开发者创业中心	北京百度网讯科技有限公司
25	创客总部	北京创客帮科技孵化器有限公司
26	一八九八咖啡馆	一八九八文化传媒（北京）有限公司
27	中美企业创新中心	北京瀚海华美国际咨询有限公司

（陈宝德）

【45 家企业成为知识产权示范企业或优势企业】 12 月 4 日，国家知识产权局印发《关于确定 2015 年度国家知识产权示范企业和优势企业的通知》（国知发管函字〔2015〕212 号），北京市 5 家企业成为 2015 年度国家知识产权示范企业，其中中关村示范区内中国神华能源股份有限公司（东城园）、京东方科技集团股份有限公司（朝阳园）、博奥生物集团有限公司（昌平园）、飞天诚信科技股份有限公司（海淀园）4 家企业入选；百度在线网络技术（北京）有限公司、乐普（北京）医疗器械股份有限公司等 41 家企业成为 2015 年度国家知识产权优势企业，全部为中关村示范区企业，其中海淀园 21 家，石景山园 4 家，昌平园、大兴—亦庄园、朝阳园各 3 家，西城园 2 家，顺义园、房山园、通州园、东城园、丰台园各 1 家。

（潘　丹）

【获批开展大众创业万众创新综合改革试点】 12 月 8 日，《国家发展改革委关于同意中关村南通市台州市新乡市佛山市列为我委综合改革试点的复函》（发改经体〔2015〕第 2899 号）下发，批复中关村示范区开展大众创业万众创新综合改革试点。中关村示范区将聚焦建设具有全球影响力的科技创新中心，在建设中关村国际人才港、中关村国家科技金融创新中心、促进产业集群创新发展、构建中关村全方位开放新格局、建立高效的科技成果转化支撑体系、探索京津冀协同创新模式等方面创新举措，进一步激发创新创业新动力，发挥改革试点的示范带动作用。

（孙　芸　王　翔）

【南京中关村高端人才创新创业基地揭牌】 12 月 10 日，在 2015 紫金（江宁）“大众创业、万众创新”周活动中，中关村高端人才创新创业基地揭牌。基地由中关村管委会与南京市江宁区政府共建，利用紫金（江宁）科技创业特别社区办公场地 10 万平方米作为创业创新园启动区，并拟成立一支 10 亿元规模的创业基金，推动高端人才创新创业发展，实现两地良性互动。活动期间，中关村管委会与南京市江宁区政府签署战略合作协议。根据协议，双方将加强人才交流合作，信息交流互通，扩大创新创业成果，推动双方新技术、新产品的产业化应用。协议自正式签署之日起生效，有效期 5 年。中关村管委会、南京市江宁区政府等单位的相关负责人参加。

（朱　凯）

【中关村优秀科技企业常态化路演举行】 12 月 10 日，由深圳证券交易所、中关村管委会主办的首期中关村国家自主创新示范区企业投融资常态化路演在京举行。压电陶瓷智能硬件产业化、新型再生医学材料、处方药电商平台、汽修部落 4 个项目通过“现场路演 + 网上直播”的方式进行了推介。30 余位投资人参加现场活动。同时，企业的路演过程实时在线直播，与全国 3200 余家投资机构及上市公司实现了无缝对接。活动旨在引领经济发展新常态，适应网络时代“大众创业、万众创新”新趋势，通过常态化、公益化的路演实现网上对接，为更多科技型中小企业提供高效率、低成本的服务。

（冯秋帆）

【中关村大数据日活动举办】 12 月 12—13 日，由中关村大数据产业联盟主办的 2015 中关村大数据日活动在中关村示范区展示中心举办。副市长隋振江、中关村管委会主任郭洪等领导以及来自国内外大数据领域的院士、专家和企业家等近 1000 人次参加。活动以“共享共融　数创未来”为主题。中关村大数据展集中展示了中关村大数据产业链上下游 200 余家企业的新技术、新产品和应用服务解决方案。中关村管委会首次发布 3 张大数据图谱，其中，中关村大数据企业分布图收录了百度在线网络技术（北京）有限公司等中关村大数据重点企业 157 家，梳理了大数据在农业、工业、商业、金融、健康、环保等领域具有成熟解决方案的企业；京津冀大数据产业布局图提出“十三五”期间要重点建设“以北京中关村数据研发服务—天津数据装备制造—张家口、承德数据存储”为主线的“京津冀大数据走廊”；中关村大数据产业发展促进路线图提出到2020年，将中关村示范区建成全球大数据创新中心，形成全球大数据创业和人才、技术、资本、数据资源等创新要素的汇集地，面向全球的大数据技术研发、数据应用、数据交易中心，并从提升创新能力、聚集创新资源、搭建创新平台、优化空间布局、完善公共服务、创新政策体系6个方面设置具体路径。活动还举办了13项平行论坛，与会专家就大数据＋金融、大数据＋农业、大数据交易等13个方面，分析大数据行业应用，研讨新技术，分享新成果。

（石会昌　杜　菲）

【2015中关村品牌推介系列活动启动】12月15日，由中关村社会组织联合会主办，北京中关村高新技术企业协会、中国技术交易所、启迪控股股份有限公司等16家社会组织、专业机构及企业共同承办的2015中关村品牌推介系列活动启动仪式在北京科技大学举行。中关村管委会等单位有关负责人以及榜单承办单位的代表等100余人参加。在原中关村十大系列推介活动的基础上新增年轻人创新创业、潜在大公司挖掘、天使投资等方面的榜单，包含中关村年度人物、中关村十大海归新星、中关村十大创新成果等14个榜单的推介与发布，分为品牌挖掘活动、榜单发布和主题活动、宣传推介活动三大板块。品牌挖掘活动主要通过举办新闻发布会暨启动仪式等形式，宣传吸引企业积极参与，挖掘2015年度中关村涌现出的优秀企业家、品牌企业和创新成果；榜单发布和主题活动主要是综合运用大数据分析、专家评议等方式产生各榜单，分期举办榜单揭晓发布会暨品牌研讨会，向社会发布榜单结果；宣传推介活动主要是在活动过程中，对2015年度中关村示范区涌现的优秀企业家、品牌企业和创新成果进行广泛的宣传和推介，进一步提升中关村品牌的影响力。

（刘伟杰）

【中关村示范区企业家顾委会第三次全体会召开】12月15日，中关村示范区企业家顾问委员会2015年第三次全体会在神州高铁技术股份有限公司召开。顾委会常务副主任委员王小兰主持会议。王文京、徐井宏、才让等26位企业家参会，中关村管委会主任郭洪应邀出席。会上，企业家们围绕“2015年心得分享以及对2016年的研判”展开讨论，认为：企业应加强与国外企业的合作；针对不同人才制定差异化企业用人策略；创新迭代、竞合发展、产融互动、聚合孵化等模式是未来产业创新和发展的主要路径；建议成立中关村商学院，提升企业家综合能力。会议通报了顾委会2015年工作情况，并就2016年工作计划进行讨论。顾委会将持续举办“企业做强做大闭门研讨会”，加强企业家互动沟通；完善前沿技术项目、优秀创业企业和团队的筛选与支持政策；参与科技金融体制机制改革政策研究；促进中关村各分园创新要素整合；持续发挥顾委会在创业服务、人才引进方面的推动作用等。

（高晓莉　陈宝德）

【两家单位获批国家低碳工业园区试点】12月16日，工业和信息化部、发展改革委印发《关于同意国家低碳工业园区试点（第二批）实施方案的批复》（工信部联节函〔2015〕603号），共12个工业园入选，其中北京地区2家，即永丰高新技术产业基地、北京采育经济开发区，均在中关村示范区内，试点期为3年。试点园区要把低碳建设的理念、思路、目标以及相关重大任务措施等纳入当地相关发展战略及规划；抓好方案组织实施，突出低碳发展主线，实施低碳化结构调整和技术改造，提高绿色低碳能源使用比率，削减园区石化能源消费量；建立园区低碳发展自评估机制，建立反映园区特色的低碳评价指标体系；推进园区产业低碳化、企业低碳化、产品低碳化、基础设施及服务低碳化，确保试点工作取得实效。

（李　闯）

【中关村管委会与南宁市政府开展战略合作】12月17日，中关村管委会、中关村发展集团股份有限公司与南宁市政府战略合作框架协议签署仪式在京举行。北京市副市长隋振江、中关村管委会主任郭洪等领导以及广西壮族自治区政府、南宁市政府等部门相关负责人参加。根据协议，三方拟建立联席会议机制，合作事项主要有5个方面，包括共同探索完善政策体系、支持产业拓展对接和项目合作、共建创新平台、推进中国—东盟信息港建设、促进生态节能环保和生物健康产业的发展。协议自签署之日起生效，有效期2年。

（朱　凯　李贺英）

【中关村管委会入选“2015中国创新榜样”】12月18日，在第十五届中国经济论坛上，发布“2015中国创新榜样”名单。中关村管委会以“以前，她是中国高科技园区的示范者；现在，她正努力成为全国科创中心的引领者”入选。中关村示范区内北京嘉洁能科技有限公司“以互联网和智能化技术为主导，在水务、供热、燃气等公用领域，成为领先的智能化、信息化服务提供商”、北京时代凌宇科技股份有限公司董事长黄孝斌以“凭借‘无线传感器网络’‘物联网开放平台’核心技术，他为物联网产业推开了一扇窗”入选。

（张冬梅　韩洋洋）

【中关村生命科学联合创新服务中心启动】12 月 18 日，由中关村管委会、北京海关、北京出入境检验检疫局主办的中关村生物医药进出口公共服务平台调研活动

在中关村生命科学园举办。市委常委苟仲文、市委副秘书长郭广生、中关村管委会主任郭洪等领导以及海关总署、质检总局、昌平园管委会等单位的有关负责人参加。活动期间，举办了中关村生命科学联合创新服务中心揭牌仪式。生命科学联合创新服务中心位于中关村生命科学园，是全国首家“一站式”特殊物品及生物材料进出口公共服务平台，由北京昌平科技园发展有限公司、北京中关村生命科学园发展有限责任公司、泉心泉意（上海）生命科技有限公司共同投资建设，包括检验检疫中关村集中监管中心、中关村生命科学联合创新（北京）生物科技有限公司公用型保税仓库和联合办事大厅 3 个部分，是兼具保税物流和检疫集中查验功能的公共服务平台，可提供进口研发用生物试剂的免税申报、进口报关、检验检疫报检等“一站式”服务，实现生物试剂耗材制品的“快报快检快放”。

（万　玮　李贺英）

【第九批中关村开放实验室挂牌】12 月 21 日，中关村管委会发布《关于公布第九批中关村开放实验室挂牌名单的公告》，同意将高动态导航技术北京市重点实验室、方正国际公共信息服务平台智慧城市开放实验室、智能终端操作系统研发实验室等 40 家实验室挂牌为第九批中关村开放实验室。截至年底，中关村示范区向企业开放共享的挂牌实验室达 195 家，其中，软件互联网通信类 37 家，电子信息类 28 家，现代农业与生物医药类 47 家，新材料类 26 家，节能环保类 34 家，集成电路与先进制造类 23 家。实验室共享检测和研发设备近 9.2 万台（套），总价值近 109 亿元；累计获各类资质 1847 项；申请专利 18161 件、授权专利 12121 件；参与创制标准 4167 项；获科技奖励 4568 项。

（韩洋洋）

【159 家企业入选第五批中关村金种子企业】12 月 21 日，中关村管委会公布第五批中关村金种子企业名单。初志远航（北京）科技有限公司等 159 家企业入选，其中 127 家企业直接入选（按照金种子工程的相关要求，获融资 100 万元以上的企业可直接入选）。127 家中，融资 1000 万元以上的企业 43 家，占比 34%；融资 100 万～499 万元的企业 59 家，占比 46%；融资 500 万～999 万元的企业 25 家，占比 20%。

（陈宝德）

【中关村军民融合产业园启动】12 月 21 日，由海淀区政府、市经济信息化委、中关村管委会主办的中关村军民融合协同创新论坛暨军民融合产业园启动仪式在海淀区举行。副市长隋振江、中关村管委会主任郭洪等领导以及相关驻京军事单位和企业的代表等 80 余人参加。产业园位于原西郊汽配城，占地面积 11 公顷，主要用于军民融合重大项目落地、展示对接，搭建中小微军民融合企业创新创业平台、军民技术双向转化平台、军民科技创新战略协作平台、军民融合展示交流平台、军民融合综合服务保障平台。仪式上，北京信威通信技术股份有限公司、北京海兰信数据科技股份有限公司等 10 余家首批意向入驻企业与产业园签署协议，60 余家企业开展军地项目对接。会上，海淀区政府发布《中关村军民融合创新示范区规划方案》。《方案》拟布局以北理工军民融合创新园、中关村军民融合产业园、玉泉慧谷信息安全产业园“一体三园”为核心的融合产业空间，吸引高端科技企业聚集。其中，北理工军民融合创新园占地面积 2.65 公顷，主要作为军民融合创新成果转化孵化基地；玉泉慧谷信息安全产业园占地面积 1.9 公顷，主要作为网络和信息安全领域军民融合项目转化孵化基地。

（赵蔚彬　刘伟杰）

【北京四板科技创新板启动】12 月 22 日，由中关村股权交易服务集团有限公司主办的北京四板市场科技创新板企业座谈会暨《创客时代》新书研讨会在京举行。中关村管委会主任郭洪等领导以及市金融局、市科委、海淀区政府等单位有关负责人和相关证券机构、企业的代表参加。会上，北京四板科技创新板启动，将在企业遴选标准、信息披露标准、产品服务体系等方面进行创新，有针对性地促进科技企业规范治理，支持科技企业多元融资，有效帮助北京市科技创新型企业获得多层次资本市场服务。会议还发布由北京出版集

团北京出版社出版、中关村股权交易服务集团组织编写的《创客时代——亲历者讲创业》。该书由柳传志、郭洪、方风雷、熊晓鸽、俞敏洪、盛希泰6位创业导师点评，以“调研立书”，发放5000份创业问卷并进行专业分析，同时走访了50家创业企业，包括10家创业板上市公司、10家新三板挂牌企业、30家四板挂牌和展示企业以及部分初创企业，通过与其创始人的深度访谈，就创业过程中创业者关心的一系列问题，由亲历者进行解惑和指导，力图揭示创业潮中的商业逻辑和价值观，归纳“双创”浪潮中的创业新态势，对创新创业大潮给予一定的启示和指引。

（徐　建）

【《资料长编》专家评审会召开】 12月30日，中关村管委会在京召开《中关村国家自主创新示范区志资料长编（2014年）》专家评审会。市地方志办、市科委、北京科学学研究中心、中关村示范区企业家顾问委员会等单位的相关专家参加。会议介绍了《资料长编》编写情况及进度。《资料长编》采用大事记、志（包括示范区格局、企业与产业、示范区环境、示范区资源、示范区管理5篇）、图（插图）、表（统计表格）、录（附录）5种体裁，以及篇、章、节、目的结构，共39万字。与会专家提出了修改意见和建议，并一致同意《资料长编》通过评审。

（武　悦）

【第二批知识产权领军企业培育名单发布】 12月30日，由市知识产权局与中关村管委会主办的中关村知识产权领军企业培育与优秀知识产权服务机构表彰大会在

京举行。中关村示范区各分园区相关负责人以及领军企业和知识产权服务机构的代表近100人参加。会议发布中关村第二批知识产权领军企业培育名单，对百度在线网络技术（北京）有限公司、北京奇虎科技有限公司、小米科技有限责任公司、北汽福田汽车股份有限公司、京东方科技集团股份有限公司、联想（北京）有限公司6家“中关村知识产权领军企业”和北大方正集团有限公司、北京北方微电子基地设备工艺研究中心有限责任公司、北京国双科技有限公司等42家“中关村知识产权重点示范企业”，以及北京三友知识产权代理有限公司、北京集慧智佳知识产权管理咨询有限公司、北京智谷睿拓技术服务有限公司等20家“2014年度中关村优秀知识产权服务机构”进行表彰和颁牌。会议还举办了企业知识产权管理经验和运营策略培训。

（潘　丹　孙婷婷）

【中关村管委会与中国人寿北京市分公司签署协议】 12月30日，中关村管委会与中国人寿保险股份有限公司北京市分公司签署关于创新政保合作模式，推动科技金融创新的战略合作协议。根据协议，未来3年，双方将在加强重点领域和行业的金融支持，促进科技型企业、小微企业及战略性新兴产业发展等方面加深业务合作；不断发挥保险服务业在完善中关村科技金融体系、拓宽企业融资渠道、防范经营风险等方面的重要作用；优化科技保险服务体系，综合运用大数据等现代技术，深入探索保险资金参与中关村战略性新兴产业培育、支持科技型企业成长、参与重大科技项目及园区重点基础设施建设等方面的新模式。

（刘　研　王　翔）

【19家企业获知识产权领军企业培育专项经费支持】 年内，联想（北京）有限公司、京东方科技集团股份有限公司、北汽福田汽车股份有限公司等19家首批中关村知识产权领军企业和重点示范企业获中关村知识产权领军企业培育专项经费支持，共776.8万元。专项经费重点用于企业开展知识产权战略制定、数据挖掘、信息检索分析、专利预警及知识产权运营等工作。

（孙婷婷）

【接待外事来访团组106个】 年内，中关村管委会接待国外及港澳台地区来访团组106个、1768人次。其中，按级别分类，国家团组6个，部级团组6个，常规团组98个；按团组性质分类，政府机构72个，学术团体8个，商业团组8个，社会团组22个。来访国家和地区主要有加拿大、美国、法国、英国及港澳台等。

（殷　茵）

【中关村管委会党风廉政建设责任制检查考核办法出台】 年内，由驻中关村管委会纪检组监察处印发《中关村管委会党风廉政建设责任制检查考核办法》。《办法》分为总则、检查考核的内容、检查考核的方式方法、责任追究、检查考核的结果运用、附则6个部分。《办法》明确了检查考核各处室（支部）主体责任的10项内容、纪检组监察处7项监督责任的落实情况和上一年度问题整改情况、关于党风廉政建设和反腐败工作部署的

落实情况；规定了责任制检查考核工作每年至少进行1次，采取自查自评、日常检查、专项检查、民主评议、社会评价、现场检查、巡视检查等方式；列明须责任追究的6种情形和具体程序、方式；解释了检查考核的7种结果运用。

（李　莎）

【中关村管委会开展国际实习生项目】 年内，中关村管委会与美国斯坦福大学、哥伦比亚大学、弗吉尼亚大学等5所大学开展2015国际实习生项目。活动旨在协助中关村示范区企业与国际知名大学建立合作关系，营造企业国际化工作环境，搭建国外知名大学优秀人才的实习招聘渠道。至年底，为北京京东世纪贸易有限公司、北京谊安医疗系统股份有限公司、北京兴华谷科技发展有限公司等13家中关村示范区企业提供了实习岗位，共录用17名国际实习生，并有部分学生在境外进行远程实习。

（殷　茵）

【中关村军民融合高端人才培训班举办】 年内，由中关村管委会和海淀园管委会在中国人民解放军国防大学举办两期中关村核心区军民融合高端人才培训班。培训班实行军事化管理，目的在于贯彻落实国家军民融合发展战略，探索军民融合人才培养新模式。培训班围绕国家责任与历史教训、世界军事变革趋势、军民深度融合的发展等内容进行授课，观看教学影片、座谈交流，旨在提升企业家对国防建设的认识，求解企业成长与国防建设融合发展之路。培训班每期7天，来自中关村示范区的企业家累计100余人参加。

（赵蔚彬　赵凌云）

【举办两期走进参编单位活动】 年内，中关村管委会史志办公室举办两期走进《中关村年鉴》参编单位系列活动，通讯员200余人次参加。活动分别在北京市方志馆、丰台园管委会进行。市方志馆相关负责人介绍了方志馆的基本情况和北京自然环境、城市变迁、建制沿革、人口、经济发展、文化建设、方志编修等内容。在丰台园，通讯员参观了北京交控科技有限公司、丰台城市规划展览馆、丰台园科技创业服务中心，了解中关村企业自主核心技术CBTC信号系统、轨旁设备、车站设备、控制中心设备、仿真测试环境、车载设备等技术成果，以及北京IBI孵化器整体发展情况。

（武　悦）

【中关村青联行活动举办】 年内，由中关村青年联合会主办了两期中关村青联行活动，分别走进房山园和北京京东世纪信息技术有限公司，到中国北京农业生态谷、北京高端制造业基地和中关村新兴产业前沿技

术研究院进行实地考察，参观了京东公司总部具有“互联网+”特色的办公空间设计，并就“互联网+零售”、智能物流体系、国际化发展等问题展开讨论。中关村青联以及“千人计划”“海聚工程”“高聚工程”人才代表等100余人次参加。

（王　征）

【中关村示范区“十三五”规划编制工作启动】 年内，中关村管委会启动中关村国家自主创新示范区发展建设规划（2016—2020年）编制工作，围绕“十三五”时期示范区发展重大问题，开展了“2+12”共14项课题研究工作，包括示范区“十三五”规划总体框架、全球坐标和国家战略视角下的中关村未来发展战略、战略目标评价体系、全面创新改革顶层设计、协同创新体系、产业集群创新、现代服务业、优化产业布局、国家科技金融创新中心建设、人才特区建设、创业生态系统、军民融合科技创新示范基地建设、区域创新合作、国际化发展。围绕规划研究编制的依据和目的、“十二五”时期的阶段性特征、“十三五”时期面临的新形势新要求以及“十三五”时期的战略定位、指导思想、发展目标、推进原则、重点任务、保障措施等内容，先后赴各分园及上海市、深圳市等地进行调研，召开数十次专家咨询会议，广泛征求示范区部际协调小组成员单位相关司局、示范区建设领导小组成员单位、企业家顾委会、协会联席会和联盟联席会意见建议，专题听取市人大代表、市政协委员意见，最终形成《中关村国家自主创新示范区建设和发展“十三五”规划研究报告》及《中关村国家自主创新示范区发展建设规划（2016—2020年）》。

（武　巍）

【中关村示范区企业专利申请量首次突破6万件】 年内，中关村示范区企业年度专利申请量首次突破6万件，达60603件，同比增长38.4%，占北京地区的42.6%。其中，发明专利申请量37843件，同比增长43.3%，占示范区企业专利申请量的62.4%。示范区企业年度专利授权量首次突破3万件，达34946件，同

比增长52.2%，占北京地区的37.2%。其中，发明专利授权量12818件，同比增长66.1%，占示范区企业专利授权量的36.7%。至年底，中关村示范区企业拥有有效发明专利48396件，占北京地区的64.9%。中关村示范区企业全年共申请PCT专利3357件，同比增长40.2%，占北京地区的74.7%，占北京地区比例首次突破七成（2014年中关村示范区企业PCT申请量占北京地区的66.4%）。其中，京东方科技集团股份有限公司、小米科技有限责任公司、北京奇虎科技有限公司、百度在线网络技术（北京）有限公司、工业和信息化部电信研究院和北京智谷睿拓技术服务有限公司的PCT专利申请量分别超过100件，申请量总计为2642件，占示范区企业PCT专利申请总量的78.7%。京东方科技集团的PCT专利申请量超1000件，达1414件。

（孙婷婷）

【中关村示范区企业总量372202家】 年内，中关村示范区企业总量372202家，注册资本总额73729.9亿元，占北京地区企业总量的31.1%，同比增长16.6%。其中，内资企业362420家，同比增长17.4%，占北京地区内资企业总量的31.1%；外资企业9782家，同比减少6.4%，占北京地区外资企业总量的33.3%。中关村示范区企业主要集中在技术服务业、批发和零售业、租赁和商务服务业、文化体育和娱乐业4个行业，分别占比38.7%、19.5%、18.9%、8.1%。其中，科技型企业161830家，同比增长17.4%，占北京地区科技型企业总量的44.6%；文化及相关产业企业56357家，同比增长13.2%，占北京地区文化及相关产业企业总量的28.3%。

（付　饶）

【组织企业参加7个国际展会】 年内，中关村管委会组织中关村示范区企业参加2015年国际消费类电子产品展览会（CES）、2015年西班牙巴塞罗那世界移动通信大会、2015德国慕尼黑国际太阳能技术博览会等7个国际知名展会，并参加“北京之夜”“中美企业对接会”等系列对接活动。全年共107家企业参展，涉及消费电子、移动通信、信息安全、新能源、广播通信以及生物技术等行业，签订成交合同金额近2亿元，意向合同金额近3亿元。

（殷　茵）

【中关村上市公司总市值超4.8万亿元】 年内，中关村上市公司总市值超4.8万亿元，同比增幅54%。其中，境内上市公司市值3.3万亿元，占总市值的68%，同比增长80%；境外上市公司市值1.5万亿元，占总市值的32%，同比增长17%。2015年，中关村上市公司总营业收入2.3万亿元，同比增长28%；毛利润总额4694亿元，同比增幅33%；净利润总额902亿元，同比增长18%。2015年中关村上市公司研发费用合计821亿元，平均研发强度为3.5%，高于2015年中国A股的平均研发强度。中关村上市公司中有35家为互联网公司（占比15%），总市值1.4万亿元（占比30%），千亿市值的5家上市公司中有3家为互联网公司，形成具有中关村特色的“互联网+”生态。（2016年8月3日，中关村上市公司协会发布《2016年中关村上市公司竞争力报告》。）

（张　毅）

政策法规

【市属高等学校科技成果使用、处置和收入管理暂行办法】1月13日，市财政局、市教委、中关村管委会等单位印发《北京市属高等学校科技成果使用、处置和收入管理暂行办法》（京财教育〔2015〕48号）。《办法》设有总则、科技成果使用处置管理、科技成果转化收入管理、法律责任、附则5章18条。《办法》提出高等学校可以采用实施许可、转让、与他人合作实施、以科技成果作价投资等方式进行科技成果转化，科技成果转化所获收入，全部留归学校，由高等学校统一管理，处置收入不上缴国库，由高等学校统筹使用；明确高等学校应当从其科技成果转化所获收入按不少于70%比例，用于对科技成果完成人和为科技成果转化做出重要贡献的人员进行奖励。《办法》自发布之日起30日后施行，试行期为3年。

（王　宇　孙　芸）

【新技术新产品政府首购和订购实施细则】1月13日，市财政局印发《中关村国家自主创新示范区新技术新产品政府首购和订购实施细则》（京财采购〔2015〕43号）。《细则》设有总则、首购管理、订购管理、监督检查、附则5章26条。《细则》明确适用对象为使用财政性资金开展首购、订购活动的北京市各级国家机关、事业单位和团体组织。首购是指符合国民经济发展要求、代表先进技术发展方向、首次投向市场、暂不具备市场竞争力，但具有较大的市场潜力，需要重点扶持的产品，通过政府采购方式由采购人或政府首先购买的行为。订购是指对于国家和北京市需要研究开发的重大创新产品、技术、软科学研究课题等，通过政府采购方式面向全社会确定研究开发和生产机构的行为。首购产品公布前的政府采购合同继续执行；首购产品公布后的政府采购活动，应按政府首购政策执行。《细则》自发布之日起30日后实施。

（王　宇）

【中关村高端领军人才聚集工程实施细则】1月29日，市委组织部、市公安局、市财政局、市人力社保局、中关村管委会印发《中关村高端领军人才聚集工程实施细则》（中科园发〔2015〕3号）。《细则》包括总则、创新领军人才的评价标准与支持政策、创业领军人才的评价标准与支持政策、领军企业家的评价标准与支持政策、投资家的评价标准与支持政策、创新创业服务领军人才的评价标准与支持政策、遴选办法与监督管理、附则8章44条。《细则》主要对原《中关村高端领军人才聚集工程实施细则》（中科园发〔2010〕7号）进行了3个方面修改：组建人才评价与遴选委员会，并在评审环节设置、材料合规性审查、初评指标量化等方面进行完善，形成具体评审流程和评价体系；扩充原有人才遴选范围，进行创新领军人才、创业领军人才、领军企业家、投资家、创新创业服务领军人才5类人才的评选活动；对入选专家的相关政策进行完善，在职称评审直通车、绿卡、落户、医疗、融资服务、新技术产品推广、参政议政等方面给予支持。《细则》自发布之日起30日后施行，原《细则》同时废止。

（王　征　杜雨欣）

【国家高新区互联网跨界融合创新中关村示范工程】2月2日，科技部火炬中心、中关村管委会联合印发《国家高新区互联网跨界融合创新中关村示范工程（2015—2020年）》（国科火字〔2015〕50号）。详见特载。

（王　宇）

【“创业中国”中关村引领工程】2月2日，科技部火炬中心、中关村管委会联合印发《“创业中国”中关村引领工程（2015—2020年）》（国科火字〔2015〕51号）。详见特载。

（王　宇）

【加快推进中关村生物医药医疗器械及相关产业发展的若干意见】2月16日，市政府办公厅印发《关于加快推进中关村生物医药医疗器械及相关产业发展的若干意见》（京政办发〔2015〕9号）。《意见》包括总体发展思路、重点发展方向、创新措施、保障机制4部分内容。《意见》明确了生物制药、新型药物制剂、中医药现代化、高端医疗器械、新型临床诊断、检验检测技术及精密仪器、高端保健食品及化妆品、互联网医疗服务等8个领域的发展方向；提出到2020年，中关村示范区的生物医药、医疗器械及相关产业体系功能完备、结构合理，产业总收入拟突破1万亿元；探索形成一批可复制、可推广的产业政策和经验成果，突破一批前沿关键技术，掌握一批核心技术，面向全球吸引一批高端人才和高层次团队，集聚一批具有国际影响力的研发中心和总部基地，培育一批行业领军企业和知名品牌，形成全国领先的生物医药、医疗器械及相关产业集群的发展目标。《意见》还提出要实施科技成果收益分配管理改革试点；鼓励高等学校、科研机构以及检验检测、医疗卫生机构向中关村示范区企业许可或转让科技成果，所获收入可按不少于70%的比例用于奖励科技成果完成人和为科技成果转化做出重要贡献的人员；对取得重大突破性成果的人员允许破格推荐申报高一级职称；支持企业开展融资、并购、改制上市，争取监管部门试点放宽生物医药、医疗器械及相关产业领域的企业在创业板上市的标准。

（王　宇）

【支持中小微企业利用中关村股权交易服务集团创新发展的意见】2月26日，中关村管委会印发《关于支持中关村示范区中小微企业利用中关村股权交易服务集团创新发展的意见》（中科园发〔2015〕11号）。《意见》从统一思想、明确认识；引导创新要素聚集，形成资源聚集效应；实施对展示挂牌企业的综合支持政策，提升企业综合融资能力；深化体制机制创新，提升服务能力；加强组织推动，形成政策合力5个方面制定了相关措施。《意见》自发布之日起30日后实施。

（杜雨欣）

【促进集成电路设计产业发展的若干措施】2月26日，中关村管委会、海淀区政府联合印发《关于促进中关村国家自主创新示范区集成电路设计产业发展的若干措施》（中科园发〔2015〕12号）。《措施》明确从支持集成电路设计企业加大新产品研发力度、支持集成电路设计企业不断提升创新能力、支持集成电路设计领域创业孵化、支持集成电路设计产业共性技术平台和产业促进服务平台建设、支持集成电路设计企业与整机企业联动发展、支持集成电路设计企业参与军工合作、支持企业吸引和培育全球集成电路设计领军人才、加大对集成电路设计产业的金融支持力度、推动集成电路设计企业形成产业集聚、推动在集成电路企业开展进出口通关政策试点10个方面给予相应的资金支持。《措施》自发布之日起30日后施行。

（杜雨欣）

【关于加强中关村示范区信用体系建设的意见】2月27日，中关村管委会、人民银行营管部、市经济信息化委印发《关于进一步加强中关村国家自主创新示范区信用体系建设的意见》(中科园发〔2015〕13号)。《意见》包括加强中关村信用体系建设的指导思想、原则与目标；加大政策引导力度，优化中关村示范区信用环境；完善信用归集共享机制，推动信用基础设施建设；强化信用激励和约束机制，推动信用自律规范发展；加强信用市场培育发展，推动使用信用产品；创新信用建设模式，推进信用建设对外合作交流；完善保障措施，稳步推进中关村信用体系建设7个部分共19条。《意见》提出，到2020年，中关村示范区将推动建成统一、完善、全覆盖和一体化的信用信息平台；培育充满活力的信用服务市场；建立科学有效的信用监管模式；形成一批具有影响力的信用服务品牌；构建较为完善的中关村信用体系；全面提升中关村示范区小微企业信用体系试验区建设水平；不断发挥中关村示范区作为信用首善之区在全国的辐射带动和示范引领作用。

（杜雨欣）

【促进中关村智能硬件产业创新发展的若干支持措施】3月9日，中关村管委会、海淀区政府联合印发《关于促进中关村智能硬件产业创新发展的若干支持措施》（中科园发〔2015〕15号）。《措施》包括大力发展智能硬件产业、打造智能硬件产业集聚区、搭建智能硬件公共技术和产业服务平台、支持智能硬件中小微企业创业和融资、支持智能硬件领军企业做强做大、支持智能硬件企业提升创新能力、支持智能硬件领域交流合作7个部分29条。《措施》明确提出，要支持中关村西区打造智能硬件产业集聚区，支持智能硬件孵化器、加速器、展示中心等服务载体和公共服务平台建设，并对为智能硬件小微企业提供贷款贴息、低成本办公空间、展示空间和公共服务平台的创新创业服务载体给予房租补贴，为重大智能硬件项目提供最高5000万元的政府股权投资等。《措施》有效期为2015年1月1日至2017年12月31日。

（杜雨欣　王学军）

【核心区外债宏观审慎管理外汇改革试点实施细则】3月10日，国家外汇管理局北京外汇管理部印发《中关村国家自主创新示范区核心区外债宏观审慎管理外汇改革试点实施细则》（京汇〔2015〕43号），并于同日开始实施。《细则》包括总则、试点资格及登记管理、业务办理、监督管理、附则5章42条，规定试点企业资格管理、外债签约登记、提款、结汇、还本付息和注销登记等全流程操作，并制定了相应的风险防范措施。《细则》规定，在中关村示范区核心区内注册，拥有中关村高新技术证书的公司法人或者经中关村管委会认定确有借用外债需求，并为科技企业服务的非金融企业，可在不超过上年末经审计的净资产的2倍的额度内借用外债，且借用的外币外债资金可以按规定结汇使用或者对外支付。11月18日，国家外汇管理局北京外汇管理部印发《关于修订和印发〈中关村国家自主创新示范区核心区外债宏观审慎管理外汇改革试点实施细则〉的通知》（京汇〔2015〕318号），进一步为企业融资和资金使用提供便利，包括允许试点企业外币、外债资金结汇后用于偿还已使用完毕的人民币贷款，允许非投资性公司借用外债资金用于股权投资，并授权国家外汇管理局中关村中心支局负责具体实施和日常监测。

（王　宇　王　琳）

【北京高等学校“高精尖”创新中心建设计划】3月13日，市教委印发《北京高等学校高精尖创新中心建设计划》（京教研〔2015〕1号）。《计划》确立了北京高等学校高精尖创新中心建设的指导思想，明确了坚持统筹规划、需求导向、政策引领和激活创新要素的基本原则，决定实施北京高等学校高精尖创新中心建设计划，整合中央在京高校、市属高校和国际创新资源三方力量，整合国内各类创新要素，吸纳国际优质创新力量和资源，广聚国际领军创新人才，深入推进协同创新和开放创新，集中力量建设20个左右的高精尖中心，成立北京高等学校高精尖创新中心建设计划领导小组，宏观指导高精尖中心建设与运行；成立北京高等学校高精尖创新中心建设计划专家咨询委员会，加强对高精尖中心实施方案的把关、考核与评估工作。市财政持续稳定地对高精尖中心进行滚动支持，5年为一周期，每年每个中心给予5000万元～1亿元的经费投入，其中原则上不低于70%的经费用于人员经费（50%用于国外人才引进、20%用于京外人才引进），主要包括国际顶尖创新人才的聘用及国内人才及创新资源的整合。

（王　宇　陈宝德）

【股权奖励个人所得税试点办法】3月15日，市财政局、市地税局、市科委、中关村管委会联合印发《转发财政部、国家税务总局、科技部〈关于中关村国家自主创新示范区有关股权奖励个人所得税试点政策〉的通知》（京财税〔2015〕189号），同时联合印发《中关村国家自主创新示范区有关股权奖励个人所得税试点工作管理办法》。《办法》共7条，明确中关村示范区内高新技术企业和科技型中小企业在转化科技成果、以股份或出资比例等股权形式给予企业相关人员奖励时，应按照“工资薪金所得”确定应纳税额，并对应纳税额的具体算法、税款缴纳等事项做了说明。

（王　宇　孙　芸）

【中关村国际人才创新创业生态系统建设工程】3月17日，市人才工作领导小组印发《中关村国际人才创新创业生态系统建设工程》（京人才发〔2015〕3号）。《建设工程》明确中关村示范区加快打造国际人才创新创业生态系统的总体要求和具体目标，包括确定实施重大人才工程、拓宽国际人才创新平台、打造国际人才创业平台、支持企业开发国际人才、打造跨境协同创新平台、建设跨境合作创业平台、完善跨境科技金融服务、建设国际人才市场体系、抢占知识产权与技术标准制高点、营造国际人才发展“软环境”等10项主要任务，提出用3～5年时间，逐步建成国际人才创新创业生态系统，将中关村示范区打造成为人才国际化发展的“软口岸”和全球最具吸引力的创新创业中心之一。

（王　宇　王　征）

【关于支持集成电路产业发展的若干金融措施】3月19日，中关村管委会印发《关于支持中关村国家自主创新示范区集成电路产业发展的若干金融措施》（中科园发〔2015〕17号）。《措施》鼓励创业投资机构、担保机构、银行、小额贷款机构支持中关村示范区集成电路企业；支持银行与保险机构合作；鼓励集成电路企业投标承接重大建设工程；鼓励集成电路企业通过直接融资方式创新发展；鼓励集成电路企业通过境内外并购实现跨越式发展；鼓励企业通过改制上市、融资租赁方式取得为科技研发和创新创业服务的设备、器材；鼓励建立市场化风险分担机制、设立小微企业信贷风险补偿资金、建立市场化风险补贴机制等。《措施》自发布之日起30日后实施。

（杜雨欣）

【国际化发展专项资金管理办法】4月20日，中关村管委会印发《中关村国家自主创新示范区国际化发展专项资金管理办法》（中科园发〔2015〕20号）。《办法》设有总则，支持对象及条件，支持方向、标准及内容，申请程序，受托机构，监督管理，附则7章21条。《办法》明确国际化资金的支持对象包括单位项目和集体项目，支持方向包括国际市场拓展、国际研发合作和国际化环境建设3个方面。《办法》自发布之日起30日后施行。原《中关村国家自主创新示范区国际化发展专项资金管理办法》（中科园发〔2014〕1号）同时废止。

（杜雨欣　殷　茵）

【一区多园协同发展支持资金管理办法】5月20日，中关村管委会印发《中关村国家自主创新示范区一区多园协同发展支持资金管理办法》（中科园发〔2015〕27号）。《办法》设有总则、支持对象和方向、支持方式和额度、受理和审核程序、监督管理、附则6章20条。《办法》明确一区多园协同发展支持资金从中关村示范区专项资金中列支，并按照年度预算进行安排；资金的管理和使用遵循“公开公正、聚焦重点、择优支持、科学管理”的原则。《办法》自发布之日起30日后施行，原《中关村国家自主创新示范区一区多园工作体系建设支持资金管理办法》（中科园发〔2012〕64号）、《中关村国家自主创新示范区生态型园区建设支持资金管理办法》（中科园发〔2012〕46号）、《中关村国家自主创新示范区人才公共租赁住房专项资金管理办法》（中科园发〔2011〕25号）、《中关村国家自主创新示范区基础设施建设项目贷款贴息资金管理办法》（中科园发〔2013〕1号）、《中关村国家自主创新示范区一区多园协同发展支持资金管理办法》（中科园发〔2013〕46号）同时废止。

（杜雨欣）

【深化京津冀地区进境动植物源性生物材料检验检疫监管改革】6月3日，质检总局印发《关于深化京津冀地区进境动植物源性生物材料检验检疫监管改革的通知》（国质检动〔2015〕247号）。《通知》明确在分级授权审批、缩短审批时间、分批核销许可证、调整相关动物细胞系风险级别、调整SPF鼠境内隔离检疫措施5个方面推广复制中关村示范区改革试点经验；新增对进境动物诊断试剂实施分级分类管理、规范实验鼠及其遗传物质检疫要求两项措施；实施监管统一、结果互认、进口直通3项京津冀一体化举措。

（王　宇）

【北京市推动科技金融创新支持科研机构科技成果转化和产业化的实施办法】6月4日，市金融局、市科委、市财政局、中关村管委会等单位联合印发《北京市推动科技金融创新支持科研机构科技成果转化和产业化的实施办法》（京金融〔2015〕80号）。《办法》设有总则、发展天使投资和创业投资、完善科技贷款和融资担保服务、加强科技融资租赁服务、加大科技保险力度、发展多层次资本市场、加强科技金融中介服务、加强组织保障、附则9章20条。《办法》鼓励金融机构、投资机构、专业性及综合性科技金融服务机构，在天使投资和创业投资、科技贷款、融资担保、融资租赁、科技保险、多层次资本市场和中介服务等方面开展创新，为科研机构科技成果转化和产业化提供服务和支持。《办法》自发布之日起30日后施行。

（杜雨欣）

【关于推广中关村示范区税收试点政策有关问题的通知】6月9日，财政部、税务总局联合印发《关于推广中关村国家自主创新示范区税收试点政策有关问题的通知》（财税〔2015〕62号）。《通知》明确将中关村示范区股权奖励个人所得税政策、有限合伙制创业投资企业法人合伙人企业所得税政策、技术转让所得企业所得税政策以及企业转增股本个人所得税政策4项税收试点政策推广至国家自主创新示范区、合芜蚌自主创新综合试验区和绵阳科技城。《通知》自2015年1月1日起执行。

（杜雨欣）

【高新技术企业职工教育经费税前扣除政策】6月9日，财政部、税务总局联合印发《关于高新技术企业职工教育经费税前扣除政策的通知》（财税〔2015〕63号）。《通知》明确注册在中国境内、实行查账征收、经认定的高新技术企业发生的职工教育经费支出，不超过工资薪金总额8%的部分，准予在计算企业所得税应纳税所得额时扣除；超过部分，准予在以后纳税年度结转扣除。《通知》自2015年1月1日起执行。

（王　宇）

【关于开展北京市属高等学校大型仪器设备租赁费、使用费出资入股试点工作的通知】7月6日，市教委、市财政局、市科委和中关村管委会联合印发《关于开展北京市属高等学校大型仪器设备租赁费、使用费出资入股试点工作的通知》（京教财〔2015〕23号），共6部分内容。《通知》允许高校在向企业提供大型仪器设备的租赁、使用服务时，可将企业应支付的租赁费、使用费折算成股权作为高校对企业的投资，并明确试点工作的范围、内容、组织机构、工作流程等具体要求。试点时间为《通知》发布之日起至2017年12月31日。

（孙　芸　王　宇）

【支持高等学校科技人员和学生科技创业专项资金管理办法（试行）】7月8日，中关村管委会印发《关于支持高等学校科技人员和学生科技创业专项资金管理办法（试行）》（中科园发〔2015〕36号）。《办法》设有总则，支持方式、范围与支持条件，资金申请与受理，监督管理，附则5章15条。《办法》明确高等学校拥有科技成果的科技人员，以现金方式出资并持有企业股权，在中关村示范区创办的科技型企业，可按照不超过科技人员现金出资额度的20%申请专项资金支持；由高等学校教师作为天使投资人投资的学生（含在校学生和毕业两年之内的毕业生）科技创业企业，可按照不超过教师现金出资额度的50%申请专项资金支持。《办法》自发布之日起30日后施行。

（杜雨欣）

【中关村示范区社会组织发展支持资金管理办法】7月14日，中关村管委会印发《中关村国家自主创新示范区社会组织发展支持资金管理办法》（中科园发〔2015〕38号），对原《中关村国家自主创新示范区社会组织发展支持资金管理办法》(中科园发〔2013〕44号)进行修订。《办法》设有总则、支持条件和内容、受理和评价、监督管理、附则5章14条。《办法》将产业技术联盟纳入支持对象,明确枢纽型和示范型社会组织定义,细化了社会组织建设支持经费量化综合评价内容,并对社会组织给予分类重点优先支持,包括设立中关村示范区社会组织发展资金,支持以中关村示范区高新技术企业为主要会员或者以高新技术产业发展相关领域为主要业务方向的社会组织,开展对实现中关村示范区战略目标、中心工作有重大影响和促进作用的工作以及围绕中关村战略性新兴产业集群创新引领工程"641"产业集群开展的重要促进工作等。《办法》自发布之日起30日后施行,原《办法》同时废止。

(马媛月　杜雨欣)

【北京市服务业扩大开放综合试点实施方案】 9月13日,商务部、市政府联合印发《北京市服务业扩大开放综合试点实施方案》(京政发〔2015〕48号)。《方案》明确北京市开展服务业扩大开放综合试点的总体思路、试点原则、主要目标及步骤等,聚焦七大重点领域,构建服务业扩大开放新格局。其中,在科学技术服务领域部分,《方案》指出要围绕全国科技创新中心的首都城市战略定位,聚焦中关村示范区建设具有全球影响力的科技创新中心,打造全国科技创新高地。《方案》还提出从优化社会信用环境、完善市场监管和公共服务模式、创新高端人才聚集机制、加大金融保障力度、提高通关便利化水平5个方面创新体制机制,建设科学透明的服务业促进体系。

(王　宇)

【技术创新能力建设专项资金管理办法】 9月15日,中关村管委会印发《中关村国家自主创新示范区技术创新能力建设专项资金管理办法》(中科园发〔2015〕52号)。《办法》包括总则、支持内容及标准、申请程序、监督管理、附则5章32条。《办法》明确根据中关村示范区重点领域未来几年的战略定位,进一步优化资金支持方向,聚焦支持对象,调整支持额度,鼓励标准化示范企业和产业联盟围绕中关村战略性新兴产业重点领域开展标准超前布局和创制团体标准等标准高端推进工作,扩大国际商标支持范围,推动企业开展国际商标战略布局;创新专项资金主要支持企业和产业联盟围绕专利、技术标准、商标和购买科技中介服务开展的创新活动,并优先支持属于中关村战略性新兴产业集群创新引领工程"641"产业集群确定的重点产业领域;支持入选中关村示范区"十百千工程""瞪羚计划""金种子工程"重点培育企业,以及入选中央"千人计划"、北京市"海聚工程"和中关村示范区"高聚工程""雏鹰人才""U30人才"等领军人才创办企业开展的项目。《办法》自发布之日起30日后施行,原《中关村国家自主创新示范区技术创新能力建设专项资金管理办法》(中科园发〔2013〕43号)同时废止。

(田　峥　杜雨欣)

【股权激励代持股专项资金管理办法】 9月15日,中关村管委会印发《中关村国家自主创新示范区股权激励代持股专项资金管理办法(试行)》(中科园发〔2015〕54号)。《办法》设有总则、专项资金的管理、专项资金的申请和审核决策、专项资金的偿还和风险控制、附则5章23条。《办法》明确中关村示范区获得批复的国有及国有控股股权激励试点企业,中关村示范区内高等学校和科研机构以科技成果作价入股的企业,北京市重大科技成果转化和产业项目统筹资金以股权投资方式投资的企业,其激励对象在购买企业股权时资金不足的,可向专项资金申请借款,并规定同一企业资金申请总额最高500万元,单个申请人最高申请限额50万元,资金使用年限以5年为期限。《办法》自发布之日起30日后施行。

(孙　芸　杜雨欣)

【科技型中小企业资格确认管理办法(试行)】 9月25日,市财政局、市国税局、市地税局、市科委、中关村管委会联合印发《中关村国家自主创新示范区科技型中小企业资格确认管理办法(试行)》(京财税〔2015〕1935号)。《办法》共10条,明确科技型中小企业资格的确认方式、确认条件、确认程序等内容,规定科技型中小企业资格确认采取基本准入指标判定结合科技指标评分的方式,中关村示范区企业如符合全部基本准入指标条件,且科技指标综合评分在60分(含)以上的,可确认具有科技型中小企业资格。科技型中小企业资格的有效期原则上为企业提交《中关村示范区科技型中小企业资格自评表》所在年度起两个自然年度内。《办法》自发布之日起30日后施行。

(王　宇　孙　芸)

【集成电路设计产业发展资金管理办法】 9月28日,中关村管委会与海淀区政府联合印发《中关村国家自主创新示范区集成电路设计产业发展资金管理办法》(中科园发〔2015〕55号)。《办法》设有总则、支持对象、支持内容、资金来源、资金申请程序、监督管理、附则7章24条。《办法》明确所支持的集成电路设计企业的条件以及不同支持内容的支持资金。《办法》自发布之日起30日后施行。

(杜雨欣)

【关于促进中关村示范区创新发展的若干意见】9月29日，工商总局印发《关于促进中关村国家自主创新示范区创新发展的若干意见》(工商办字〔2015〕161号)，在支持中关村示范区改革名称登记制度、简化审批流程和登记手续、下放外资企业登记权限、创新工商服务方式、推动商标战略发展、探索信用监管新模式6个方面提出19条支持政策。自2016年起，工商部门将在中关村示范区企业中探索工商登记全流程网上办理、开放企业名称数据库、企业名称中使用阿拉伯数字等多项措施，简化工商注册流程、激发企业创新活力。

(付　饶　王　宇)

【关于大力推进大众创业万众创新的实施意见】10月19日，市政府印发《关于大力推进大众创业万众创新的实施意见》(京政发〔2015〕49号)。《实施意见》包括总体要求、主要任务、组织保障三大部分内容，提出到2017年北京要成为全国高端创新创业的核心区和发源地，到2020年成为具有全球影响力的创新创业地区。《实施意见》还提出推动大众创业万众创新四大重点任务：在积极构建创新创业服务体系方面，强化人才服务、金融服务、公共平台服务以及知识产权服务，形成多元化、多层次、多渠道的创新创业服务新体系；在培育创新创业发展形态方面，从推进众创空间集约发展、"高精尖"领域创新创业、科技文化融合创新、提升国际化发展水平入手，推动创新创业模式升级；在优化创新创业空间布局方面，通过打造高端创新创业核心区、南北创新创业发展带、郊区县特色创新创业特色园区、京津冀协同创新创业体系，推进中关村示范区"一区十六园"统筹发展与京津冀协同发展；在完善创新创业保障机制方面，通过公平竞争市场机制、政府创新服务机制、科技成果转化机制、财税政策扶持机制，为各类创业创新活动提供支持。

(王　宇　陈宝德)

【深化中关村人才管理改革的若干措施】10月21日，中组部、发展改革委等10个国家部委联合北京市委、市政府印发实施《关于深化中关村人才管理改革的若干措施》(京发〔2015〕15号)。《措施》提出简化外籍高层次人才永久居留证办理程序、简化外籍高层次人才签证及居留办理程序、为外籍人才创业就业提供便利、扩大人力资源服务业对外开放、完善人才评价机制、开发国外高端智力要素、完善新型科研机制、强化人才培养和使用衔接8项措施，拟打造具有国际竞争力的人才发展体制机制，更好地服务国家战略。

(王　宇　王　征)

【在全国推广国家自主创新示范区有关税收试点政策】10月23日，财政部、税务总局联合印发《关于将国家自主创新示范区有关税收试点政策推广到全国范围实施的通知》(财税〔2015〕116号)。《通知》决定将有限合伙制创业投资企业法人合伙人企业所得税政策、技术转让所得企业所得税政策、企业转增股本个人所得税政策、股权奖励个人所得税政策4项所得税政策推广至全国范围实施，并就政策的相关问题进行明确，标志着中关村"1+6""新四条"系列先行先试政策基本全面推向全国。

(王　宇　孙　芸)

【完善研究开发费用税前加计扣除政策】11月2日，财政部、税务总局、科技部联合印发《关于完善研究开发费用税前加计扣除政策的通知》(财税〔2015〕119号)。《通知》重新对研发费用加计扣除的相关问题做出明确规定，从放宽享受税收优惠政策的研发活动范围、扩大享受加计扣除税收优惠政策的费用范围、简化对研发费用的归集和核算管理、明确企业符合条件的研发费用可以在追溯享受政策、减少审核程序5个方面进行调整。《通知》自2016年1月1日起执行，原税务总局印发的《企业研究开发费用税前扣除管理办法(试行)》(国税发〔2008〕116号)和财政部、税务总局《关于研究开发费用税前加计扣除有关政策问题的通知》(财税〔2013〕70号)同时废止。

(王　宇)

【支持中关村食品药品监管及产业发展若干政策】11月30日，食品药品监管总局印发《关于支持中关村食品药品监管及产业发展若干政策事项的批复》(食药监综函〔2015〕313号)，发布了支持中关村示范区食品药品监管及产业发展的12条政策，包括支持中关村示范区创新药审评审批、支持中关村示范区药品注册申请人开展国际多中心临床试验、支持北京市开展药品上市许可持有人制度试点、支持中关村示范区建设促进生物医药发展的专业服务平台、同意研究论证设立中关村技术预审中心等。

(孙　芸　王　宇)

【市属科研机构科技成果使用、处置和收益管理暂行办法】12月2日，市财政局、市科委、市人力社保局、中关村管委会联合印发《市属科研机构科技成果使用、处置和收益管理暂行办法》(京财科文〔2015〕2456号)。《办法》设有总则，科技成果使用、处置管理，科技成果转化收益管理，监督管理，附则5章19条。《办法》提出在市属科研机构开展科技成果使用、处置和收益管理改革，科研机构对科技成果的转移转化实行自主审批，主管部门、财政部门不再审批或备案；科技成果转化后，科研机构对科技成果转化收入分配比例事先有规定或约定的，应当按照规定或约定进行，没有约定和规定的，可将科技成果转移转化所获现金收入或科技成果转化形成的股权按 70% 及以上的比例，划归科技成果完成人以及对科技成果转化做出重要贡献的人员所有。《办法》自发布之日起 30 日后施行，试行期为 3 年。

（杜雨欣　孙　芸）

【《中国制造 2025》北京行动纲要】 12 月 5 日，市政府印发《〈中国制造 2025〉北京行动纲要》（京政发〔2015〕60 号）。《纲要》包括 6 个方面 7 个专栏，明确北京实施《中国制造 2025》战略的总体要求，提出把北京打造成为京津冀协同发展的增长引擎、引领中国制造由大变强的先行区域和制造业创新发展的战略高地的目标，确定实施“三四五八”行动计划，即推动转领域、转空间、转动力的“三转”调整，强化以新技术、新工艺、新模式、新业态为主要内容的“四维”创新，聚焦发展创新前沿、关键核心、集成服务、设计创意和名优民生 5 类“高精尖”产品，组织实施新能源智能汽车、集成电路、智能制造系统和服务、云计算与大数据等 8 个新产业生态建设专项。

（王　宇）

【创业服务平台支持资金管理办法】 12 月 17 日，中关村管委会印发《中关村国家自主创新示范区创业服务平台支持资金管理办法》（中科园发〔2015〕61 号）。《办法》设有总则、支持对象、支持措施、申请程序、监督管理、附则 6 章 25 条，明确支持对象包括中关村示范区的创新型孵化器（含中关村创业加速器）、特色产业孵化平台、海归人才创业服务机构，以及市级以上大学科技园等创业服务机构。《办法》自发布之日起 30 日后施行，原《中关村国家自主创新示范区创业服务体系发展支持资金管理办法》（中科园发〔2013〕41 号）同时废止。

（杜雨欣）

【企业改制上市和并购支持资金管理办法】 12 月 18 日，中关村管委会印发《中关村国家自主创新示范区企业改制上市和并购支持资金管理办法》（中科园发〔2015〕62 号）。《办法》设有总则、支持对象和标准、受理和审核程序、监督管理、附则 5 章 22 条。《办法》明确申请改制上市和并购支持资金的企业应符合的条件，以及申请并购资助资金的企业应符合的条件，并确立了改制、挂牌、境内上市、境外上市等不同类型的支持额度。《办法》自发布之日起 30 日后实施，原《中关村国家自主创新示范区企业改制上市和并购支持资金管理办法》（中科园发〔2014〕27 号）同时废止。

（杜雨欣）

【标准化试点示范单位培育工作方案（2015 年—2017 年）】 12 月 29 日，中关村管委会、市质监局联合印发《标准化试点示范单位培育工作方案（2015 年—2017 年）》（中科园发〔2015〕64 号）。《方案》包括工作目标、选择范围及条件、试点示范工作内容、支持措施、组织实施 5 个方面的内容，明确在中关村示范区战略性新兴产业领域，分类开展标准化试点示范工作，推广中关村示范区标准创新试点和国家技术标准创新基地建设成果，培育和形成一批“掌握国际标准话语权、占据产业技术主导权”的标准化试点、示范单位。

（杜雨欣　田　峥）

【北京银行业加强科技金融创新的意见】 12 月 31 日，北京银监局印发《关于北京银行业加强科技金融创新的意见》（京银监发〔2015〕245 号）。《意见》明确推进北京银行业实施组织体系创新、产品创新、管理创新、服务方式创新、考核机制创新、监管创新的“六项创新”工作，鼓励北京银行业利用中关村示范区先行先试政策，通过机制创新，加大科技金融服务支持力度，激发科技金融服务的市场活力和内生动力。

（杜雨欣）

管理机构

中关村科技园区建设国家自主创新示范区部际协调小组

中关村科技园区建设国家自主创新示范区部际协调小组负责协调各部门在职责范围内支持中关村科技园区建设国家自主创新示范区，落实相关政策措施，研究解决发展中的重大问题。

中关村国家自主创新示范区领导小组

中关村国家自主创新示范区领导小组为市政府议事协调机构。其主要职责是：贯彻落实党中央、国务院的有关指示，研究和决定建设中关村国家自主创新示范区的重大事项；提出需要中关村科技园区建设国家自主创新示范区部际协调小组研究解决的重大问题，组织、协调推进示范区有关发展战略、政策法规、体制创新、空间和产业规划、重大项目等的实施工作。

中关村国家自主创新示范区领导小组办公室设在中关村科技园区管理委员会，具体承担领导小组的日常工作。

中关村科技园区管理委员会

中关村科技园区管理委员会（简称中关村管委会）是负责对中关村科技园区（包括海淀园、昌平园、顺义园、大兴—亦庄园、房山园、通州园、东城园、西城园、朝阳园、丰台园、石景山园、门头沟园、平谷园、怀柔园、密云园、延庆园，以下简称园区）发展建设进行综合指导的市政府派出机构。其主要职责是：

（一）贯彻落实国家有关法律法规和政策，研究拟订园区的发展战略和规划，参与组织编制园区有关空间规划，组织研究园区相关改革方案，促进可持续发展。

（二）研究制定园区发展和管理的相关政策，起草相关地方性法规草案、政府规章草案。

（三）协调整合各类创新资源，开展园区创新创业、高新技术研发及其成果产业化、科技金融、人才资源、中介组织、知识产权保护等方面的促进和服务工作。

（四）负责管理市财政拨付的园区发展专项资金，并协助有关部门监督专项资金的使用。

（五）根据市政府授权，对中关村发展集团股份有限公司市级财政投入资金履行出资职责，依法对其国有资产进行监督管理，并加强业务指导。

（六）统筹产业空间布局，对各分园整体发展规划、空间规划、产业布局、项目准入标准等重要业务实行统一领导。

（七）承担示范区领导小组的具体工作，负责园区内各类协会组织的联系工作。

（八）开展园区国际交流与合作，提升园区国际化发展水平。

（九）承担园区外事、宣传、联络等工作。

（十）承办市政府交办的其他事项。

主　　任：郭　洪
副 主 任：马胜杰（正局级，2 月 26 日免）
杨建华（保留正局级）
宣　鸿
廖国华
王汝芳
白智勇（挂职，11 月 10 日免）
周国林（挂职）
贾　堤（挂职，10 月 12 日免）
张　涛（挂职，7 月 20 日任）
委　　员：李　翔（副局级，10 月 30 日免）
刘　航（副局级）
陈文奇（副局级，5 月 19 日任）
纪检组长：侯　云
党组书记：苟仲文
党组副书记：郭　洪
党组成员：马胜杰（1 月 27 日免）
杨建华
宣　鸿
廖国华
侯　云

周国林
张　涛（7月15日任）

地址：北京市海淀区阜成路73号
邮编：100142
电话：88828800
传真：88828882
网址：www.zgc.gov.cn

机构设置

办公室

负责本机关的政务工作；负责公文处理、信息、议案、建议、提案和信访、档案、保密工作，以及重要会议、活动的组织工作；负责重要文件和会议决定事项的督察工作；负责机关联络接待、服务保障、安全保卫等工作；负责机关信息化建设工作。

产业发展促进处

研究和拟订园区产业规划和政策并组织实施；督促落实发展园区高新技术企业的各项政策；促进重大科技成果产业化；扶持高新技术企业做强做大。

自主创新能力建设处

研究和拟订园区自主创新能力建设及战略性新兴产业培育的规划、政策并组织实施；推动园区产业技术联盟的组建和发展；推动关键技术的示范应用；建设园区技术创新服务体系；促进园区科技基础设施建设；协调园区知识产权保护和促进工作，推动园区技术标准创新工作。

规划建设协调处

研究制订园区发展规划并协调组织实施；参与组织编制园区的空间规划、土地利用规划和生态规划等工作；负责园区重大建设项目信息的收集和分析。

科技金融处

负责研究提出园区投融资体系建设方案；研究分析园区投融资发展状况，并提出政策建议，搭建园区投融资政策平台；推动园区企业的股权交易和上市融资工作；组织协调投融资机构为园区产业发展提供支持，发展适合园区企业的多种融资方式，促进科技与金融的结合；促进园区信用体系建设工作。

人才资源处

研究拟订园区人才资源发展战略规划；研究拟订园区培养、吸引、使用人才等方面的有关政策，并协调组织实施；建立健全人才资源的服务体系，优化园区人才发展环境。

创业服务处

研究拟订园区创业服务体系的发展规划，提出创业服务政策措施并组织实施；促进大学科技园、孵化器、行业协会和社会中介组织建设，搭建创业服务平台；整合园区创业服务资源，完善园区创业服务体系和环境。

军民融合创新工作处

落实军地战略合作框架协议中关于中关村国家自主创新示范区的任务；研究拟订中关村军民融合科技创新相关政策、规划并组织实施；组织开展军地会商、供需对接、项目联合攻关等工作；促进军民融合科技创新成果的转化和产业化；推进中关村军民融合科技创新示范基地建设。

经济分析处

协助统计主管部门开展园区统计调查工作；配合统计主管部门建立健全园区经济运行、重点产业评测及预测预警系统；跟踪分析国内外相关地区和相关产业发展情况；利用统计资料开展统计分析工作，为园区发展提供服务。

国际交流合作处

负责园区的国际交流与合作工作；负责园区派遣人员因公临时出国（境）和邀请外国经贸科技人员来华事项的审批工作；负责园区驻海外联络处的建设、联络和管理工作。

研究室（法制处）

研究拟订园区发展规划；承担园区体制和机制创新及其配套改革措施的研究工作；组织研究园区发展建设中的重大问题，并提出相关对策、建议；起草有关地方性法规草案、政府规章草案及配套文件；组织有关地方志、年鉴的编纂工作。

宣传处

负责园区宣传工作，制订园区宣传方案并组织实施；组织园区新闻发布会；组织园区重要活动、重要工作的新闻报道工作。

资产监管和审计处

承担中关村发展集团股份有限公司国有资产监督管理工作；负责机关及所属单位的国有资产管理工作；负责机关和所属事业单位的内部审计以及园区发展专项资金内部审计工作；协助有关部门监督专项资金的管理使用。

财务处

负责机关及其所属单位的财务管理工作；负责园区发展专项资金预算编制和管理工作；配合财税部门开展园区财政税收政策的研究和落实工作。

人事处

负责机关及所属单位的干部人事、机构编制、教育培训及退休人员的管理服务工作。

机关党委

负责本机关及所属事业单位的党群工作。

监察处

履行派驻纪检监察机构职责。

中关村科技创新和产业化促进中心（首都创新资源平台）

北京市政府会同中关村国家自主创新示范区部际协调小组相关部门，共同组建中关村科技创新和产业化促进中心（简称首都创新资源平台或中关村创新平台）。首都创新资源平台在市政府和中央相关部门共同领导下，负责落实示范区建设的各项重大决策，整合资源，提高效率，对跨层级审批和跨部门审批加强协调和督办，促进重大科技成果产业化，构建有利于政策先行先试的工作机制，形成高效运转、充满活力的科技创新和产业化服务体系。中关村管委会加挂中关村科技创新和产业化促进中心综合办公室牌子。中关村管委会作为市政府的派出机构，同时又是中关村科技创新和产业化促进中心的办事机构。综合办公室主任由中关村管委会主任兼任。综合办公室负责保障首都创新资源平台正常运行，统一开展审批受理、内部协调和对外联络服务等工作。

工作机构

重大科技成果产业化项目审批联席会议办公室

具体研究审定项目的确定、资金支持、选址和产业布局等重大问题，主要支持国家科技重大专项、科技基础设施和重大科技成果产业化项目。

科技金融工作组

负责协调金融机构开展符合科技企业特点的制度创新、产品创新、服务创新，吸引聚集金融服务资源，推动全国场外交易市场的管理机构落户中关村国家自主创新示范区，推动开展知识产权质押、信用贷款等科技金融创新业务，推动股权投资聚集和发展，支持企业在境内外资本市场上市和利用资本市场开展兼并重组，及时提出需要由首都创新资源平台解决的重大事项。

人才工作组

负责搭建吸引和聚集高端领军人才创新创业的服务平台，吸引国际一流人才团队和科研机构，推动建立有利于创新工作的学术环境和与国际接轨的创新创业服务体系。

新技术新产品政府采购和应用推广工作组

负责推动实施新技术、新产品政府采购和重大应用示范工程，促进新技术、新产品的应用和推广。

政策先行先试工作组

负责研究制订中关村国家自主创新示范区内有关单位股权激励试点方案审批实施细则，加快推进股权激励试点工作；联合审定示范区内有关单位申报的股权激励试点方案，推动落实间接经费列支、高新技术企业认定、品牌和标准建设等先行先试政策，及时提出需要由首都创新资源平台协调解决的重大事项。

规划建设工作组

按照土地集约利用原则，负责推进实施中关村国家自主创新示范区空间布局规划，协调推进重大科技成果产业化项目的选址、规划建设等方面的审批工作，促进重大项目落地实施。

中关村科学城工作组

协调推进中关村科学城建设的相关工作；负责按照产业发展规划，组织提出特色产业园的建设方案；统一受理中关村科学城区域内的特色产业园项目、重大科技成果产业化项目、产业技术研究院项目的申报，并汇总整理和组织筛选；会同其他职能部门开展项目落地服务工作。

现代服务业工作组

组织拟订中关村现代服务业总体发展规划及分领域规划、总体实施方案及分领域方案；组织研究财税、金融、土地等创新政策，组织建立评价体系和统计体系，制定试点专项资金管理办法；承担中关村现代服务业综合试点工作领导小组的日常工作。

军民融合创新工作组

负责推动落实中关村军民融合科技创新任务，统筹研究中关村军民融合科技创新政策，组织制订并实施中关村军民融合科技创新规划，建立健全军地和部市会商工作机制，协调解决工作中遇到的重大问题。

中关村科技园区管理委员会直属事业单位

中关村高科技产业促进中心

具体承担中关村国家自主创新示范区高科技产业促进政策的宣传和落实工作；承担高科技产业促进信息的收集、整理与分析，为中关村示范区内的企业提供政策咨询等服务；组织开展产学研用创新协作和交流交往活动。

中关村政府采购促进中心

承担搭建中关村自主创新产品政府采购综合服务平台工作，承担信息收集、项目推介和对接、项目跟踪服务等工作。

中关村人才特区建设促进中心（北京海外学人中心中关村分中心）

具体承担中央和市委、市政府关于中关村国家自主创新示范区建设人才特区政策的宣传和落实工作，联系和吸引海内外高层次人才到中关村示范区创新创业，为中关村示范区内的人才事业发展提供服务保障。

多园格局

Sub-Parks

本栏目设有海淀园、昌平园、顺义园、大兴—亦庄园、房山园、通州园、东城园、西城园、朝阳园、丰台园、石景山园、门头沟园、平谷园、怀柔园、密云园、延庆园16个分栏目，以条目体形式记述“十六园”在创新创业中采取的主要举措、开展的重要活动和取得的主要成绩等。

综　述

2015 年，中关村示范区“十六园”深入落实党中央、国务院和北京市委、市政府关于实施创新驱动发展战略、构建京津冀协同创新共同体、建设全国科技创新中心等重大决策部署，坚持制度创新与科技创新“双轮驱动”，进一步释放创新创业活力，形成“园园打造‘高精尖’”新局面。年内，中关村示范区企业总数 1. 7 万家；从业人员 230.8 万人；工业总产值 9561.7 亿元；总收入 4.1 万亿元；进出口总额 879 亿美元；实缴税费总额 2035.7 亿元；利润总额 3404.9 亿元；资产总计 7.6 万亿元；科技活动经费支出总额 1776.1 亿元；专利申请 6.1 万件，专利授权 3.5 万件。

*完善机构建设，提供政策支持。*大兴—亦庄园管理委员会成立，由经济技术开发区科技局和大兴区科委、镇级政府以及相关基地等抽调人员组成，明确职责分工，理顺管理机制。门头沟区政府将原石龙经济开发区管委会与区投资促进局职能合署统筹管理，且确定了石龙管委会所应担负的职责和任务以及预期目标。房山园出台《共建中关村南部（房山）科技创新城行动计划》以及有关创业投资引导基金、支持众创空间发展等一系列配套政策，设计园区发展新思路、新任务。海淀区政府发布《中关村大街发展规划》，全面提升地区的综合创新生态环境。

*企业牵头、参与完成国家及市级重大项目，研制创新产品，强度和水平进一步提升。*朝阳园国机集团北京飞机强度研究所有限公司牵头完成的“二十二种型号飞机载荷谱关键技术及应用”、西城园中国交通建设股份有限公司牵头完成的“耙吸挖泥船动力定位与动态跟踪系统”获国家技术发明奖二等奖；海淀园内的石油化工科学研究院、中国铁路总公司、解放军总医院第一附属医院作为第一完成单位的成果分别获两项国家科学技术进步奖特等奖、1 项科学技术进步奖一等奖。门头沟园遨博（北京）智能科技有限公司 i5 新型人机协作机器人全球首发，轻型、安全、智能及价优的产品获行业关注。平谷园 4 架意大利泰克南 P2002–JF 型飞机和首架北汽集团 P750 飞机试飞行成功，标志通用航空产业基础性工作已完成。丰台园推进“国际石墨烯产业联合创新中心”建设，涌现出可制备石墨烯导电墨水等创新应用成果。

*持续稳定实施人才建设计划，支撑园区创新发展。*西城园共有“千人计划”“海聚工程”“高聚工程”等优秀人才 39 名，创新创业人才高端化特征突出。顺义园实施国家和市级高层次人才引进计划，吸引海内外优秀人才，园区共有“千人计划”人才 5 人，院士 1 人，博士后工作站 10 个，北京青年英才创新实践基地 10 个。昌平园 4 家企业获博士后科研工作站授牌，4 家企业获批建设博士后科研工作站分站。

*投资融资，基地建设规模不断增大。*北京亦庄国际投资发展有限公司母基金发起设立产业基金 40 余支，总规模超过 2400 亿元，为新区重大产业化项目提供低成本融资 100 余亿元。丰台园组建基石基金 I 期、北京市重点产业知识产权运营基金等 8 支基金，总体规模近 23 亿元。密云园盛隆电气（北京）有限公司智能配电及能源互联网等 6 个实体项目入园，协议投资额 18.86 亿元。通州园北京乔治费歇尔管路系统有限公司等 42 个项目分别开工、复工、竣工。海淀园北理工中关村国防科技园等 21 个项目落成，释放产业空间 125.5 万平方米，引进高新技术企业近 1000 家，地区总产值超过 3000 亿元。延庆园组建土地开发建设和招商引资专项小组，推动园区规划编制、招商推介等工作，研究起草《加快中关村延庆园建设行动方案》。

*京津冀协同创新，发展迅速。*东城园北京东方嘉诚文化产业发展有限公司利用原天津仪表厂厂房投资改建 C92 文化创意产业园项目，将“胡同创意工厂模式”输出至天津市。朝阳园与邢台、承德等地对接，支持北京电子城投资开发股份有限公司建立“电子城·天津西青科技产业园”。

*孵化创业，促企业成长。*大兴园引导传统行业转型升级，将北京首兴永安供热有限公司等制造业退出后的厂房、办公用房转型为创业空间，为企业和研发机构提供发展空间及相应的公共技术支撑服务。西城园 DRC 创億梦工厂获中关村现代服务业 2015 年创业孵化试点支持，且入选北京市首批众创空间。海淀园推进非首都功能疏解，完成 9 家工业企业（或工艺）退出任务，腾退空间 8.5 万余平方米。昌平园回龙观创业大街开街，启动回龙观“双创社区”。

（章　健）

海淀园

海淀园起源于1980年中国第一家民营科技机构的成立，起步于“中关村电子一条街”。1988年，经国务院批准，北京市新技术产业开发试验区成立，成为中国第一个国家级高新技术产业开发区，规划占地面积1.33万公顷。1999年，国务院再次批复建设中关村科技园区，同年8月，北京市新技术产业开发试验区更名为中关村科技园区海淀园。2004年4月，中关村科技园区海淀园管理委员会挂牌成立，标志着海淀园先进生产力的发展进入新的生产关系平台。2009年4月，市政府批复同意在海淀园建设中关村国家自主创新示范区核心区，总目标是“建设成为具有全球影响力的科技创新中心”。自此，海淀园进入全新的跨越式发展阶段。园区拥有丰富的科技资源，包括北京大学、清华大学等著名学府及中国科学院等研究机构，为园区前沿的基础科学以及应用科学研究奠定了坚实的基础，先后获得多个国家级、市级乃至世界级的科学技术奖。企业的科技实力强盛，北京中星微电子有限公司的“星光数字多媒体芯片”等多项企业成果获得国家科技进步奖，联想集团有限公司等多家企业成为奥运赞助商，北京奥瑞金种业股份有限公司等企业在美国、中国香港等地上市。一批高新技术企业群体不断发展壮大，开始在国际市场中占有一席之地。部分世界500强企业在园区设立分支机构和研发中心，使园区初步形成以IT产业为主导的高新技术产业企业总部和企业研发总部聚集区。2012年10月，国务院调整中关村示范区空间布局，园区规划占地面积增至17432.24公顷，设有上庄科技产业基地等10个区域，拥有大学科技园20个。2012年，海淀园管委会与海淀区科委合署办公，为海淀区政府统一领导协调海淀园建设管理工作和区科技工作提供支撑。园区将重点发展软件、集成电路、新材料、生物医药、光机电一体化等产业，继续巩固和保持电子信息产业的主导地位，培育潜在的具有自主知识产权的明星企业，发挥产业基地和专业园区在产业聚集中的作用，建设产业的核心竞争力，把发展大学科技园和留学生创业园作为培育新兴产业的重要平台。2014年3月，海淀园管委会获批加挂中关村国家自主创新示范区核心区管理委员会的牌子。园区企业可享受国家、北京市、中关村示范区的各类优惠政策。

海淀园管理委员会领导成员

主　　任　孟景伟（兼）
常务副主任　李长萍（女）
副 主 任　唐　颖（女）　胡　岩　孟　涵
　　　　　阎秀敏（女）　黄　英（女）
工委书记　刘永水
工委副书记　龚茂淑（女）
纪工委书记　刘向鑫（女）

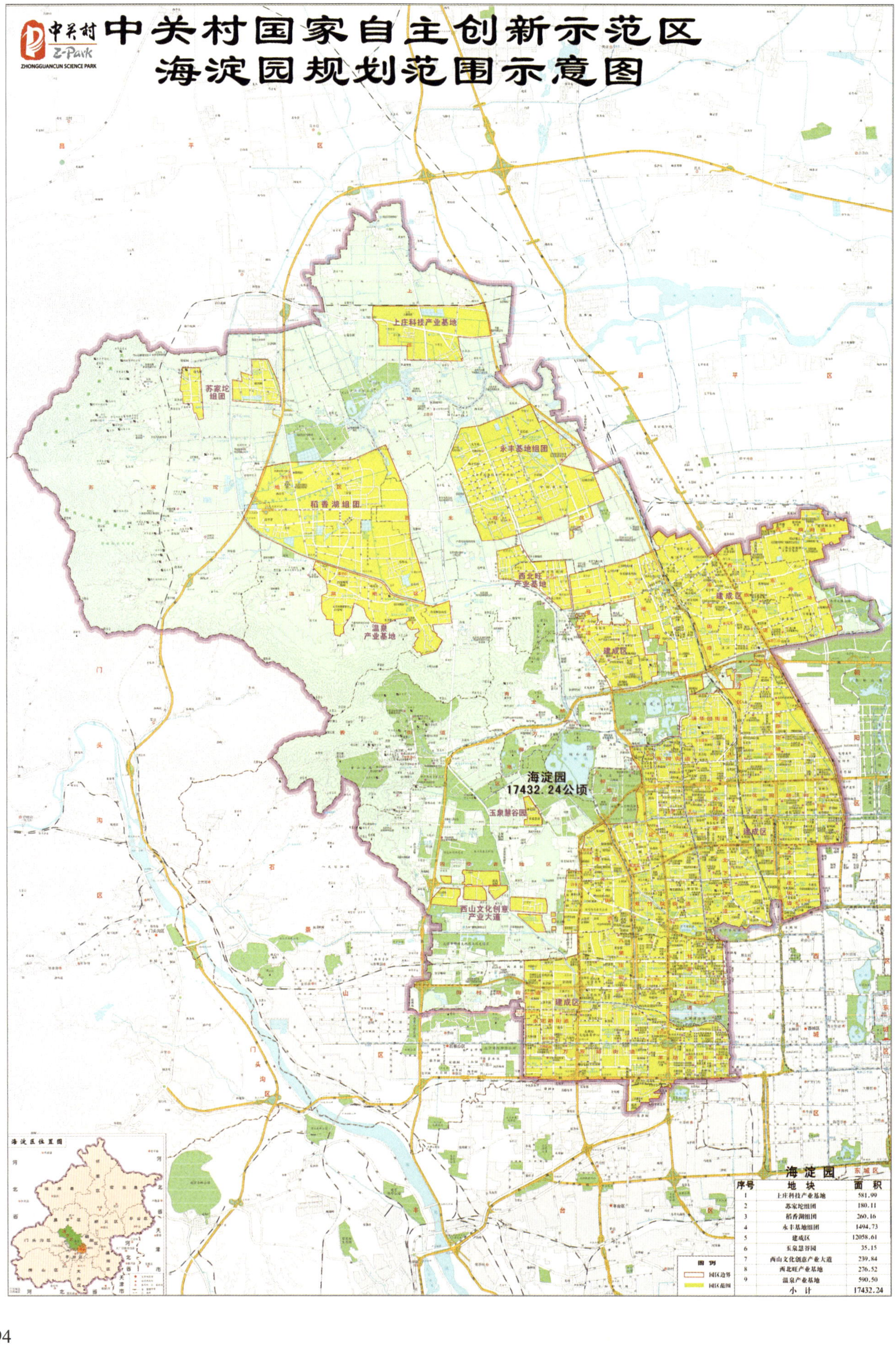

海淀园

序号	地块	面积
1	上庄科技产业基地	581.99
2	苏家坨组团	180.11
3	稻香湖组团	260.16
4	永丰基地组团	1494.73
5	建成区	12058.61
6	玉泉慧谷园	35.15
7	西山文化创意产业大道	239.84
8	西北旺产业基地	276.52
9	温泉产业基地	590.50
	小计	17432.24

【概况】2015年，海淀园根据首都建设“四个中心”功能定位，主动适应引领经济发展新常态，立足国家京津冀协同发展战略，推进非首都功能疏解，营造“大众创业、万众创新”生态体系，全面建设全国科技创新中心核心区。年内，园区入统高新技术企业总数8385家；从业人员101万人；工业总产值2270.7亿元；总收入1.64万亿元；进出口总额358.1亿美元；实缴税费总额644.8亿元；利润总额1184亿元；资产总计2.89万亿元；科技活动经费支出总额931.8亿元；专利申请3.09万件，专利授权1.57万件。

*推进构建“高精尖”产业结构。*中关村集成电路设计产业园成立，发布《中关村国家自主创新示范区集成电路设计产业发展资金管理办法》，鼓励具有自主创新能力的集成电路设计产业整合升级；推进非首都功能疏解，完成9家工业企业（或工艺）退出任务，腾退空间8.5万余平方米。出台《关于促进中关村智能硬件产业创新发展的若干支持措施》，推动海龙大厦等电子市场业态调整，腾退空间1万余平方米，相继挂牌中关村智能硬件创新中心、中关村智能制造创新中心以及中关村智造大街，为智能硬件企业加速发展提供资本、政策和空间等全方位支持。

*推进重点功能区建设。*推进中关村科学城建设，北理工中关村国防科技园等21个项目落成，释放产业空间125.5万平方米，引进高新技术企业近1000家，中关村科学城地区总产值超过3000亿元；发布《中关村大街发展规划》，加速形成创业要素集聚化、孵化主体多元化、创业服务专业化、创业活动持续化、运营模式市场化、创业资源开放化的发展格局，全面提升地区的综合创新生态环境。开展中关村创业大街南扩增容工作，11号楼启动，建筑面积9000余平方米，截至年底，大街累计腾退房屋面积约3万平方米，使用面积2.2万平方米，超过街区总体可控制面积的71%；大街孵化创业企业超过600家，其中获融资的企业超过350家，平均每家企业融资500万元；以中关村创业大街为依托，组织包括创业项目路演、创业沙龙、产品发布、创业交流、创业培训等在内的各类创业活动700余场。

*加快创新创业服务载体建设。*推进全链条、无缝隙的创新创业服务体系建设，集“创意创想—种子期—初创期—成长期—产业化”等企业发展各个阶段，覆盖“集中办公区—孵化器—加速器—产业园”等各类创业服务机构。截至年底，园区拥有各类服务机构100余家，包括创客总部等市级众创空间43家，3W咖啡等集中办公区111家，车库咖啡等新兴产业孵化器14家，36氪等中关村创新型孵化器23家，启迪孵化器等国家级孵化器16家，北航科技园等国家级大学科技园12家，漫游世纪等小企业创业基地18家，海淀园创业服务中心等留学人员创业园21家，清控科创等科技企业加速器6家，孵化总面积240万平方米，累计孵化企业1万余家，累计毕业企业近5000家。

*推进知识产权保护运营。*推动中关村技术转移与知识产权服务平台建设，平台项目挂牌发布量2500余项，成交额4000余万元；推动中关村知识产权一条街开街，13家知识产权服务机构签约进驻致真大厦。形成中关村知识产权大厦、国际技术转移中心、致真大厦三大集聚点，带动700余家各类知识产权服务机构发展；加快技术转移机构聚集，国际技术转移中心聚集，各类技术转移机构120余家；开展知识产权服务品牌机构培育单位申报工作，23家机构入选北京市知识产权服务品牌机构培育单位，31人入选全国专利信息领军人才和师资人才；推动知识产权专利试点工作，累计51家企业成为北京市专利试点单位。

*推进科技金融发展。*启动全国并购资本中心建设，发布相关实施意见及产业并购引导基金管理细则，初步明确并购资本中心的空间载体、政策体系、服务平台等；实现中关村互联网金融服务中心落地，互联网金融服务平台不断丰富；在全国率先开展“税银通”试点，探索信用融资新模式；中小微企业集合授信试点深入推进，外债宏观审慎管理试点成效初显；互联网小贷公司达3家，接入人民银行征信系统的公司达4家。

*推进中关村人才特区建设。*截至年底，园区“三站”建站总数92家，其中院士专家工作站26家，博士后工作站58家，博士后（青年英才）创新实践基地工作站8家；累计为企业引进院士58人次，引进博士后（青年英才）290人，其中171人出站。年内，园区“千人计划”“海聚工程”“高聚工程”入选者分别新增183人、31人和58人，累计入选人数分别为927人、267人和184人，分别占全市入选总数的70%、36%和68%。累计518人入选“海英人才”（其中创业领军人才185人、创新领军人才252人、青年英才81人）。

（刘伟杰）

【天使汇大屏幕点亮】1月5日，天使汇户外大屏幕点亮仪式在中关村创业大街举办。科技部火炬中心、北京市金融局、中关村管委会等单位有关负责人以及相关机构的代表参加。大屏幕由天使汇和深圳证券交易

所共同竖立，位于中关村创业大街入口前广场，是一块长16米、宽7米的竖式户外LED电子显示屏，是为创业者设置的举行敲钟挂牌仪式、新品发布、应用试玩等活动的大屏幕，也是创业者与投资人互动的平台，将实时展示创新创业企业和互联网企业的动态资讯，以天使汇创业指数为主要形式，展现中关村示范区以及全国互联网创新产业的全景式面貌，直播TMT领域的重大事件和重要新品全球首发的现场实况，播报政府有关部门对于互联网、创业、金融等领域的最新政策，是中关村创业大街展现中国高科技产业发展和互联网领域创新创业浪潮的窗口。

（刘伟杰　陈宝德）

【ALPHAWOLF中关村智能硬件企业加速器成立】 1月8日，ALPHAWOLF中关村智能硬件企业加速器揭牌仪式在鼎好大厦举行。国家知识产权局、北京市政府办公室、中关村管委会等单位相关负责人以及投资机构的代表参加。加速器位于鼎好大厦B座10层，首期面积2100平方米，其国内总部设在中关村，国际总部设在美国芝加哥市。其中，中关村基地作为管理总部，定位为研发中心、创新中心、品牌中心、科技成果转化及产业化中心；深圳基地作为运营总部，定位为协同研发中心、采购链中心、生产链中心；芝加哥基地作为美国运营总部，定位为创新中心、科技成果引进中心、国际开拓中心。加速器推出创新型“12345加速服务体系”，即“一个集群、两个板块、三个保障、四大平台、五类服务”，并提出“全产业链加速孵化”和“全企业生命周期加速孵化”等理念，开启加速器专业孵化4.0时代。其核心产业公共服务平台可以为项目团队提供完整的智能硬件开发制造测试认证的产业链综合服务平台，实现在北京和深圳基地的实时连线解决硬件团队实际的产业链环节中的主要问题，可提供工业设计（ID设计）、结构设计（MD设计）、手板制作及云服务开发、硬件产品标准化生产等环节的一站式服务。

（刘伟杰）

【海淀区农业科技示范园授牌】 1月9日，由海淀园管委会主办的海淀区农业科技示范园授牌会在京举行。海淀区农委、区园林局等单位相关负责人以及各乡镇政府和企业的代表参加。海淀园管委会宣布首批海淀区农业科技示范园名单并颁发铜牌，海淀区生态循环农业科技示范园、海淀区智慧农业创新科技示范园等15个园区入选。示范园旨在推进海淀城乡一体化建设，强化科技对海淀区农业的支撑作用，通过成果展示—成果转化—生产示范的有机结合，示范展示适宜海淀农业发展的新品种、新技术、新成果，形成先进适用的现代农业技术生产模式与管理模式。2月4日，第二批农业科技示范园名单发布，共3家。

（刘伟杰）

【启迪科技服务集团成立】 1月12日，启迪科技服务集团成立仪式在清华科技园举行。清华控股有限公司、启迪控股股份有限公司、紫光集团有限公司等单位有关负责人以及相关企业的代表参加。启迪科技服务集团由启迪控股公司联合清华控股公司、紫光集团共同发起成立，将通过整合清华产业系统的优质资源，围绕“服务创新创业主体、转化科技创新成果、培养创新创业人才”三大方面，以“孵化服务、创业投资、并购重组”为核心手段，建立中国创新创业4.0时代的“孵化＋金融＋云服务”的新型科技创新创业服务生态系统。集团首期募集资金100亿元，其中，启迪控股公司出资不低于50亿元，清华控股公司、紫光集团各出资10亿元，其他近30亿元将洽商社会有志从事科技服务业的机构和个人参与投资合作。

（刘伟杰）

【3D科技创新产业联盟成立】 1月15日，3D科技创新产业联盟成立会暨3D科技产业发展基金成立发布会在京举行。科技部、中关村管委会等单位有关负责人以及相关科研机构、高等院校和企业的代表等100余人参加。联盟由中国科学院自动化研究所、赛伯乐投资集团牵头联合相关政府部门、行业企业、科研机构、高等院校共70家单位发起成立，将围绕国家3D产业的发展规划和重大需求，通过技术路径、商业模式、服务标准的创新，提升中国在3D智能、3D数字化、3D打印、3D识别、3D音视频、3D建筑等领域的应用品质，促进3D科技产业的健康、良性发展，打造3D科技领域政、产、学、研、用、资多赢的品牌产业平台。中科院自动化研究所研究员王飞跃当选联盟理事长。3D科技产业发展基金也宣布成立。基金将为联

盟内企业提供贷款担保、融资服务、包装上市服务等金融服务。

（刘伟杰）

【海淀区政府与丹江口市政府签订两项合作协议】 1月19日，海淀区政府与湖北省丹江口市政府合作协议签约仪式在京举行。双方相关负责人参加。双方签订《中关村海淀园丹江口分园协作共建协议》和《中关村海淀园丹江口科技人才协作框架协议》，进一步在园区发展、教育、商业、宣传等方面进行对口协作，在更广阔领域实现对接合作。根据协议，双方将共建海淀园丹江口分园，开展科技合作。海淀园管委会组织园区高科技企业与丹江口市进行交流合作，将适合丹江口市的科技项目落户丹江口市，以促进双方的经济社会发展。此外，双方还将在园区人才引进、教育、商业、宣传等方面开展协作。

（刘伟杰）

【3家企业院士专家工作站获授牌】 1月20日，由市科协、海淀园管委会、海淀区科协主办的2015年海淀园企业院士专家工作站授牌仪式暨“打造科技开放合作平台，实施创新驱动发展”座谈会在京举行。园区建站企业的代表等参加。会议为中盾控股集团有限公司、北京北农大动物科技有限责任公司、卡尤迪生物科技（北京）有限公司3家2015年园区新设站企业授牌。中盾控股集团进站院士为中国工程院院士徐滨士，北农大动物科技公司进站院士为中国科学院院士吴常信，卡尤迪公司进站院士为北京大学物理学院副教授罗春雄。与会代表还就如何进一步搭建“政产学研用”的科技创新平台，促进科技创新与经济发展深度融合，实现高端智力资源与企业自主创新有效对接，提升核心区企业科技创新能力等问题进行研讨和交流。

（刘伟杰　彭　晨）

【北京IC咖啡揭幕】 1月25日，北京IC咖啡揭幕仪式在中关村创业大街举行。市政府、中关村管委会、海淀园管委会等单位相关负责人参加。北京IC咖啡揭幕，同时宣布旗下创新型孵化器启动运营。IC咖啡是专注于集成电路和智能硬件的产业链创新创业服务平台，由集成电路领域的资深专业人士300余人发起成立，北京站位于中关村创业大街昊海楼，立足集成电路产业，汇聚产业链上下游资源，打造行业交流合作与创新创业平台，可提供包括科学技术交流与媒体推广、硬件供应链、创投基金与孵化在内的特色创新创业服务。北京IC咖啡创业孵化器将为创新创业者提供技术交流、培训服务、媒体宣传策划、投融资、供应链、财务顾问等服务。

（刘伟杰）

【天使茶馆开业】 1月28日，天使茶馆开业典礼在京举行。中关村管委会等单位有关负责人以及投融资机构的代表等100余人参加。天使茶馆是天使投资人综合服务平台，由天使聚场（北京）科技有限公司发起成立，位于中关村梦想实验室，将聚拢中国青年天使会等协会和天使投资机构资源，专注服务于创业投资领域的天使投资人和有意参与天使投资的高净值人群，将以会员制模式进行运营和管理，为会员提供投资合作、项目众筹、创业孵化、资源整合等服务。天使茶馆除为天使投资人会员提供1000余平方米的活动场所外，还联合中关村梦想实验室为创业公司提供2000平方米的孵化基地和配套孵化服务，优先服务会员所投资的创业公司。

（刘伟杰）

【中关村集成电路设计产业园挂牌】 1月30日，中关村集成电路设计产业园挂牌仪式在北航科技园举行。市委副秘书长郭广生、中关村管委会主任郭洪等领导以及海淀区政府等单位相关负责人和入驻企业的代表等参加。紫光集团有限公司、北京集创北方科技有限公司、北京华胜天成科技股份有限公司、北京清芯华

创投资管理有限公司4家集成电路设计及相关企业和金融机构签约入驻。产业园由中关村管委会和海淀区政府联合设立，致力于构建首都“高精尖”经济结构，促进中关村集成电路设计产业跨越式发展，将围绕国际一流的集成电路设计产业园区的建设目标，集聚全球顶级的集成电路设计人才、团队和企业，成为中关村集成电路产业发展的重要平台和载体。

（刘伟杰　钮　键）

【清华经管创业者加速器启动】 1月31日，清华经管创业者加速器（Tsinghua SEM X−elerator）启动仪式在中关村创业大街举行。中关村管委会主任郭洪等领

导以及市科委、海淀区政府等单位有关负责人和相关投融资机构、企业的代表等参加。加速器由清华大学经济管理学院成立，位于中关村创业大街昊海楼，将以塑造具有全球视野和竞争力的青年企业领袖为目标，依托其人才资源、教育资源、金融资源、网络资源和创新资源，融合行动学习、协同培养等教育理念，以提升创业者思维和能力为核心，提供创业群英会、接力计划、协同创业空间、伯乐俱乐部四大核心产品，旨在为全国乃至全球有潜力的创新项目提供创业研发与设计、资源配置、团队能力开发和商业模式创新的深度整合服务。其中，创业群英会是一个如何让创业者通过新思想实验室成为优秀的组织领导者的系列课程和培训以及深度优化行动，并配套了一个系列定向专属投资基金——清创加速成长1号基金，首期规模5000万元，只要通过清华经管创业者加速器选拔进入创业群英会的创业者，都会给予投资；接力计划是构建科技创造者、企业家和投资人之间的产学研社区，将面向大学教师和科技人员，推动科技转换；协同创业空间是创业者的新一代智慧工作空间；伯乐俱乐部是优秀创业者的成长伙伴，首期伯乐包括华山资本总经理陈大同等8人。

（刘伟杰　王　翔）

【MOOC创业港启动】2月4日，由北京海淀置业集团有限公司、中关村互联网教育创新中心主办的MOOC创业港启动发布会在京举行。北大校友创业联合会等单位有关负责人参加。MOOC创业港是互联网教育专业孵化器，位于中关村互联网教育创新中心，是中关村互联网教育创新中心专业服务体系中创新创业平台的核心内容，将为初创企业提供创业辅导、投融资对接、基金扶持、资源推荐、人才引进、财税法律咨询、多证联办等服务。

（刘伟杰）

【信威集团重大项目落户海淀园】2月5日，海淀区政府与信威集团及关联企业签约仪式在京举行。双方相关负责人参加。海淀区政府与北京信威通信科技集团股份有限公司及其关联企业签署《海淀区人民政府支持信威集团及其关联企业重大项目落户海淀合作备忘录》。根据《合作备忘录》，海淀区政府将与信威集团合作，从培育战略性新兴产业、鼓励产业做大做强等方面支持信威集团及关联企业在通信产业和其他产业领域持续创新、快速发展。信威集团根据业务发展的需要，加快在海淀区已有核心业务的发展，并将在通信产业、卫星产业新设立若干独立核算的公司，建设国家级通信产业基地和国家级卫星产业基地。新设公司的工商注册地与税务登记地均在海淀区。海淀区政府将为信威集团提供空间资源支持、产业政策支持、重点企业服务等政策支持，主要包括协助其通过明确产业定位、合理自持比例等方式，按照国家及北京市有关政策规定，根据项目建设需要分期在公开市场摘取永丰产业基地多功能用地，建设先进制造业和现代服务业综合产业基地；支持享受市、区两级有关总部落户、科技研发等方面的扶持优惠政策；支持各产业产品优先在海淀区适用，建设示范项目；以购买服务方式，支持其在海淀区建设无线政务专网，并在全国率先开始示范应用等。

（刘伟杰　张　蕾）

【海淀区综合政务服务园区站授牌】2月10日，由北京市海淀区综合行政服务中心主办的海淀区综合政务服务园区站授牌仪式在清华科技园举行。海淀园管委会等单位相关负责人及科技园区和孵化器代表等参加。海淀区综合政务中心向清华科技园、北大科技园等25家科技园区、企业孵化器、集中办公区授牌，同时对站点人员进行培训。北京市海淀区综合行政服务中心政务服务站为企业设立“多证联办”的服务，申请人在服务站可一次性提交包括工商、国地税、质检、公安、统计等部门的15项材料，材料上交后相关部门可做到协调同步办理审批工作。在承诺的时限内（一般为4个工作日），申请人在服务站可一次性领取“四证一书”（营业执照、组织机构代码证、税务登记证、统计登记证和刻章通知书）。服务站的成立，简化了企业办理注册登记的手续，从以往多部门往返6～7次改变为1个窗口上门2次，申请材料由原来的31项简化为15项，同时审批时限也由2～3周缩短至4个工作日。

（王学军　李　莹）

【百度医改信息宣传平台启动】2月11日，由国家卫生计生委宣传司与百度在线网络技术（北京）有限公司主办的“走进新医改　见证新未来”百度医改信息宣传平台启动会在京举行。国家卫生计生委相关司局、直属联系单位以及医疗机构的代表等参加。平台主要通过百度健康、百度百科和百度知道三大产品传递医改最新信息、解读医改政策，让老百姓了解新医改内容。在百度健康首页可看到新医改政策平台入口，点击进入平台主页便可获取新医改政策发布与解读、相关专家的解答和相关热门关键词的解析。平台还上线针对新医改政策的视频讲解，以及网友互动问答专区，通过平台用户可获得关于新医改政策的一站式服务。

（刘伟杰）

【基于压电光子学效应的手写电子签名系统问世】2月

25 日，德国《先进材料》（*Advanced Materials*）杂志在线发表由中国科学院北京纳米能源与系统研究所王贤迪等研究人员的科研成果——利用压电光子学效应实现动态应力成像高分辨率、响应快的功能器件。成果基于 ZnS：Mn 的压电光子学效应，将应力信息转换为可实现同步采集的光信号，提高了应力成像的响应时间和传输时间。器件尺寸大、分辨率高、稳定性强，达到 100 微米级别的空间分辨率，响应时间在 10 微秒以下的量级，可以记录动态压力、书写速度，具备身份识别特征，以提高手写签名的安全性，可应用于手写数字签名的信息安全领域。

（王　征）

【联想控股公司投资云农场】 3 月 19 日，联想控股股份有限公司战略投资云农场签约仪式在山东省济宁市嘉祥县举行。双方相关负责人参加。根据协议，联想集团将为云农场在品牌、战略、文化、理念以及资本与资源等方面提供助力，推进云农场在互联网新农业战略布局的全方位展开，使云农场成为中国互联网新农业的第一平台。（云农场由山东天辰云农场有限公司创建，是全国第一家网上农资垂直交易平台，旨在为农民提供质优价廉的农资产品和技术指导、低息贷款等增值服务。）

（刘伟杰）

【北京农信小额贷款有限公司成立】 3 月 23 日，北京农信小额贷款有限公司在市工商局海淀分局注册成立。公司由北京大北农科技集团股份有限公司根据市金融局《关于筹建北京农信小额贷款有限公司的批复》（京金融〔2014〕179 号）全资投资设立，注册资本 2 亿元，是北京市首批获准成立的互联网小贷公司之一。公司致力于服务“三农”，实施“三农”品牌战略，优先开发“三农”客户资源，将针对中国农村地区金融服务供给不充分，农民、农户、个体经营者的信用数据不完善等问题，依托大北农集团在农牧业的丰富资源和经验，以及下游种、养殖户积累的信贷数据，搭建“农信金融”平台，为广大农村地区提供“互联网 + 金融”的解决方案。

（刘伟杰）

【首届创业庙会举办】 3 月 30 日—4 月 1 日，由北京市中小企业公共服务平台主办的首届创业庙会在中关村示范区展示中心举办。近 300 家中小企业参加。创业庙会是针对中小微企业的共性需求推出的大型公益活动，参加企业和机构均不收取摊位费。活动每天至少有 15 家合作机构携优惠产品“摆摊”，推出大数据服务、创业贷、征信评级服务等 10 余款优惠服务和产品限时“促销”，为中小微企业提供投融资、技术创新、创业辅导、市场开拓、信息咨询、管理咨询、招聘培训、法律维权、电子商务和信息化等生产经营过程中所需的服务。庙会还举行 6 场主题活动，近 20 家合作机构进行不同主题的宣讲，涉及融资新品发布、中小微企业税收筹划及报税政策实操培训、创业大集、成功创业者经验分享会、中小微企业专项管理咨询活动、政策培训等服务板块。

（刘伟杰）

【“低频细胞循环分选系统”项目获回国创业资金支持】 4 月 8 日，市人力社保局印发《关于 2015 年北京留学人员回国创业启动支持计划项目评选结果的通知》，其中艾锐尔（北京）生物科技有限公司的“低频细胞循环分选系统”项目获创业支持资金 15 万元。项目的核心技术是流动性磁性细胞分离技术，采用微流和磁场强度微控技术优化分选条件。技术设计了微控磁场反相控制，可进行多次低频细胞分选，同时应用流体控制技术，将单通路分选增加为双通路分选，提高分选的通量和分选灵活性。项目综合国内外技术，制备了高特异性小分子单克隆抗体，并将抗体制备成性能良好的免疫磁珠，达到国外品牌免疫磁珠的使用性能。

（徐　洋）

【北京协同创新园揭牌】 4 月 23 日，由北京协同创新研究院和海淀区苏家坨镇政府主办的北京协同创新园建设启动及入驻企业签约仪式在苏家坨镇举行。市科委、海淀区政府等单位相关负责人以及 10 余所共建高校和 30 余家企业的代表参加。北京协同创新研究院与苏家坨镇政府签署合作框架协议，共建北京协同创新园。30 余家拟入驻企业进行集体签约。创新园位于苏家坨镇，占地面积 40 公顷，总建筑面积约 60 万平方米，将建成集研发、孵化、投资、总部和配套等功能区于一体的创新型科技园，并以北京协同创新研究院的创新优势为支撑，通过就地转化研究院自主研发成果等方式发展“高精尖”产业。根据规划，创新园建成后将聚集各类高端科研、教育及产业机构 200 家左右，各类高层次人才 5000 人左右，每年新增创新创业企业 10 家以上，支撑 100 家以上企业的技术创新。

（刘伟杰）

【JD+ 智能奶茶馆开业】 5 月 8 日，JD+ 智能奶茶馆开业仪式在中关村创业大街举行。中关村管委会主任郭洪等领导以及市科委、海淀区政府等单位有关负责人和相关企业的代表等参加。JD+ 智能奶茶馆位于中关村创业大街，是京东 JD+ 孵化器的落地空间之一，将承载智能新品首发、路演、体验，创业者交流、融资洽谈，行业权威信息发布等活动，构建面向创业者的全生态服务平台。

（刘伟杰　王　翔）

【2015 中关村创新创业论坛举办】 5 月 14 日，由中国科技体制改革研究会、中国贸促会北京分会和中关村杂志社主办的 2015 中关村创新创业论坛在中关村核心区举办。论坛以“创新驱动——创业新常态从这里起航”为主题。来自政府部门、全国高新区以及国内外企业、创业团队的代表等参加。与会代表就创新创业生态系统、创新能力提升、科技与文化协同发展等问题进行研讨。

（刘伟杰）

【互联网金融博物馆开馆】 5 月 14 日，由中国金融博物馆集团、海淀区政府主办的互联网金融博物馆开馆仪式在中关村互联网金融产业园举行。中央统战部、保监会、中国金融博物馆书院学术委员会等单位相关负责人参加。博物馆由中国金融博物馆理事长王巍创立，位于中关村互联网金融产业园，展示面积约 2000 平方米，划分为展览区、演讲厅和休息区 3 个区域，通过“产业地图”“来龙去脉”“英雄榜与里程碑”“前沿体验”“北京与海淀的互联网金融”等展厅再现互联网技术革命与金融创新情况。博物馆还将建立互联网金融天使投资基金、互联网金融创业营和培训中心，定期举办“跨界对话”“颠覆与进化”等论坛，邀请业界专家在博物馆中与创业者汇聚交流，致力于打造成金融创新、互联网科技、文化传媒三位一体的新型文化传播与交流平台。

（刘伟杰）

【联想智能电视互联网品牌 17TV 发布】 5 月 20 日，由联想集团有限公司主办的 17TV 品牌及新品发布会在京举行。媒体记者等参加。联想集团推出全新智能电视互联网品牌 17TV，以及首款产品 55i。17TV 采用 55 英寸 4K 屏幕、阿里 YunOS 操作系统，并沿用联想乐商店中所有针对 TV 优化过的内容资源，包括体感游戏、大型 3D 游戏、生活工具、娱乐应用等 App。

（刘伟杰）

【6 家知识产权运营机构获股权投资支持】 5 月 21 日，国家知识产权局发布《关于采取股权投资方式支持知识产权运营机构名单公示》，全国 20 家知识产权运营机构获财政部股权投资支持。其中，海淀园智谷睿拓技术服务有限公司、中国专利技术开发公司、国之专利预警咨询中心、北京科慧远咨询有限公司、北京荷塘投资管理有限公司、北大赛德兴创科技有限公司 6 家单位入选，每家单位最高可获 1000 万元的股权投资。

（刘伟杰）

【共建“互联网 +”区域战略合作创新示范区】 5 月 21 日，对接京津冀中关村海淀园 · 齐河县“互联网 +”区域战略合作创新示范区签约仪式在山东省德州市齐河县举行。海淀区政府、德州市政府、齐河县政府等单位相关负责人以及企业代表等 30 余人参加。海淀园管委会与齐河县政府签署对接京津冀中关村海淀园 · 齐河县“互联网 +”区域战略合作创新示范区协议。根据协议，双方将主动把握“互联网 +”时代发展战略机遇，立足海淀科技产业优势和齐河农业、物流等资源优势，以中关村海淀园齐河分园为平台，在农业电商、智慧乡镇、智慧环保等方面开展深度合作，共同打造“互联网 +”的新模式；同时，加强区域间高效合作，促进区域间产业有序转移，推动齐河产业结构升级及经济发展，探索构建绿色经济新生态，共同建设县域经济跨越式发展创新示范区。漫游世纪（北京）科技孵化器有限公司、易村通达（北京）网络科技有限公司、浦华环保有限公司、北京竹溪园农业科技公司、北京崇峰触控科技有限公司 5 家企业的漫游世纪（齐河）e 谷孵化器、农产品电子商务等 5 个项目分别签约入驻中关村海淀园齐河科技城，涉及互联网、现代农业、智慧环保、社区服务等领域。

（刘伟杰）

【海淀区政务办公云平台发布】 5 月 28 日，海淀区政府发布由中关村软件和信息服务产业创新联盟和北京有生博大软件技术有限公司主导的“智慧海淀——政务办公云平台”，首批 19 个委办局实现在统一的政务办公云平台上办公。办公云平台可提供 97 种政务云服务，包含文件收发、信息发布、电子文件管理、行政管理、内部沟通、辅助办公、登录认证、移动办公、接口服务等，主要有四大特点：大幅度减少了开发成本，可以将原来各个委办局 40 万元～ 50 万元的开发费用全部省去，可根据服务应用的质和量来付费，初期每个委办局每年的服务费用不超过 4 万元，而且没有超过原来每年的系统运行维护费用；平台都是基于模块化开发，可以方便快速地为各个委办局和街镇搭建和开通办公系统；平台是开放式的，相关开发公司都可以将自己的优势应用模块放到平台上，通过引入竞争机制提高办公应用软件的质量，有效规避传统方式开发应用系统可能导致的开发风险；按照中共中央办公厅电子文件的相关规范实现电子文件的按权限访问和全文搜索，提高了电子文件的管理能力。

（徐　建）

【中文智能语音交互手表 Ticwatch 发布】6月3日，由北京羽扇智信息科技有限公司主办的 Ticwatch 发布会在京举行。相关企业代表及媒体记者等参加。羽扇智公司发布中文智能语音交互手表 Ticwatch。手表搭载中文智能手表操作系统 Ticwear，采用全金属外壳，1.5 英寸康宁大猩猩防划显示屏，半透半反屏幕，内置麦克风、扬声器、动态心率传感器等，同时适配 Android 和 iOS 设备，拥有智能语音交互、触控交互、全新交互——Tickle·挠挠、创新交互——摇摇手势 4 种交互方式。

（刘伟杰）

【首个国产定位增强系统“中国精度”发布】6月15日，由北京合众思壮科技股份有限公司建设的全球星基高精度增强服务系统“中国精度”开始提供服务，并向全球同步发布。“中国精度”是中国首家覆盖全球运营的星基增强服务系统，提供亚米级、分米级和厘米级 3 种不同精度层级的增强服务，可应用于精细农业、灾害监测、智能电网、金融医疗、移动通信等领域。“中国精度”广域星基增强系统通过 L 波段地球同步轨道通信卫星向全球播发差分数据，使更多地基增强网信号无法覆盖的区域也能实现高精度定位服务；在城市环境下，车辆定位精度可提高到能在地图上完全显示监控车辆的实际行走路线，实现车道级的定位监控应用。

（刘伟杰）

【共同建设 e 谷（天津）创想世界孵化器】6月18日，南开区京津冀协同创新项目——e 谷（天津）创想世界项目签约仪式在天津市举行。天津市南开区政府、北京市海淀园管委会等单位相关负责人等参加。漫游世纪（北京）科技孵化器有限公司与天津东方集团有限公司、南开区招商合作办签署合作协议，共同建设 e 谷（天津）创想世界孵化器项目。项目位于南开区东方商业大厦，面积 2 万余平方米，集产品展示体验中心、产业联盟交流中心、行业资源协作中心，以及新品研发基地、人才培养基地等功能于一体，将以智能制造、移动互联网、电子商务和文化创意产业为主要发展方向。

（刘伟杰）

【创业星·穿越计划启动】6月25日，由清控科创控股股份有限公司和清华控股有限公司、完美时空（北京）网络技术有限公司等 8 家企业主办的清青创—创业星·穿越计划启动暨发布仪式在清华大学举行。科技部火炬中心、北京市科委、中关村管委会等单位有关负责人以及创业导师和创业者等参加。活动举办了清青创科技服务股份有限公司揭牌仪式并发布清青创—创业星·穿越计划。清青创公司是清控科创公司旗下“创投＋孵化”的专业平台，由清控科创公司通过资产重组，与清华控股公司、北极光创投等 8 家企业共同成立，旨在集聚创业全要素，搭建线上线下“空间、人才、资本、导师、商业”等创业资源一体化平台，帮助创业者完成“从 0 到 1”的起步、“从 1 到 100”的发展。清青创公司将围绕空间、人才、资本打造一系列全新的服务和产品：以优客工场（联合共享办公空间）、中关村创业大街（创业服务集聚区）、小样社区（创业社区）、科创慧谷（科技园区）、Binggo 咖啡（创新型孵化器）为核心的五大空间品牌；以创业管家和创业陪练为核心特色的创业学院——星系方舟；解决初创企业人才招聘难题的内聘网；总规模 20 亿元的科创资本——崂山新兴产业基金和 TMT-PIPE 基金；“互联网＋”的股权众筹平台——零壹众筹；以及清青创公司在 2015 年重点打造的两大创业赛事——中国创新创业大赛（北京赛区）和全球移动应用大赛（中国赛区）。清青创公司还与天津、成都、青岛三地政府签约，将在 3 个城市启动创业大街的建设。

（刘伟杰）

【i 青春智能空调发布】6月30日，美的 & 小米媒体沟通会在京举行。美的集团股份有限公司和小米科技有限责任公司共同发布双方首款合作产品——i 青春智能空调。i 青春空调支持蓝牙、WiFi 连接，能够跟小米手环、智能家庭套装实时联动，达到智能控温的目的，还具有无阻碍风道、超静音等功能。

（刘伟杰）

【中关村海兴战略性新兴产业促进会成立】6月30日，中关村海兴战略性新兴产业促进会筹备成立大会在中关村示范区展示中心举行。市社团办、中关村管委会、海淀园管委会等单位相关负责人及各界成员代表 50 余人参加。海兴促进会是中关村示范区首个集行业协会、高校院所、投资机构、高新园区、龙头企业等多方产业要素的法人实体组织，由中国科学院企业创研中心、中国科学院北京国家技术转移中心、海淀区战略性新兴产业促进联席会牵头，联合多家海淀重点产业联盟及企业共 60 余家单位创建成立，旨在在全球产业跨界跨区域融合的大背景下，响应国家“一带一路”、京津冀协同发展、“互联网＋”战略，落实中关村示范区“国家高新区互联网跨界融合创新中关村示范工程”“创业中国引领工程”；以“产业融通、区域融通、资源融通”为宗旨，致力于建立企业、人才、技术、资本、市场等新兴产业要素的高效流通管道，协助将中关村示范区打造成为全国乃至全球产业资源互联中心。

（刘伟杰）

【汉天下4G射频前端套片研发成功】6月，北京中科汉天下电子有限公司的三模八频和五模十三频4G射频前端PA套片研发成功，并交付代工厂生产。汉天下4G PA将传统的3颗～4颗晶元的方案，减少成仅有两颗晶元，将射频功率放大器与控制器由普通CMOS工艺实现，减少了生产成本，简化了整体设计方案和外部连线，进一步提高了芯片性能和稳定性。

（刘伟杰）

【自主可控大型信息系统投入试运行】7月1日，由中国航天科工集团公司研发的中国第一个涉及上万台计算机的自主可控安全网络和信息系统投入试运行，实现了集团自主可控信息系统与18个办公应用平台的无缝融合，有近1000名集团内部用户通过自主可控信息系统进入办公平台开展日常工作，是中国自主可控信息技术成果首次在大型军工企业成功运行。系统以信息系统迁移技术作为自主可控计算机系统应用领域的切入点，在CPU芯片、操作系统、应用软件、配套设备等方面均采用国产技术和产品，并在系统集成、关键产品研发和生产、特定领域软件研制等方面形成完整的国产化产业链，消除了计算机信息领域依赖进口给国家信息安全带来的隐患和制约。

（刘伟杰）

【智慧北京促进联盟成立】7月8日，智慧北京促进联盟成立大会在京举行。市经济信息化委、中关村管委会等单位有关负责人以及会员单位的代表参加。联盟由太极计算机股份有限公司、神州数码（中国）有限公司、北京软交所等12家致力于智慧城市建设与发展的企业联合发起成立，旨在共同打造智慧城市建设与服务支撑体系，将以打造智慧城市开放平台为核心，贯彻落实《智慧北京行动纲要》文件要求，推动创新创业、开放合作和产业资源共享，推动智慧资源跨产业融合，促进智慧北京建设与发展。联盟将从4个方面推动智慧北京建设与发展：成立CIO专委会，从城市管理者角度了解城市智慧发展需求，并为智慧城市发展出谋划策；成立技术专委会、投资基金、标准工作组等，建立智慧城市优质资源库；设立智慧园区、智慧社区、智慧交通、智慧医疗等专业领域解决方案工作组，承接智慧城市工程项目，支撑智慧城市建设；建立智慧城市开放平台，携手其他联盟、协会等社会组织，共同促进智慧北京发展。联盟首批会员单位30余家，会员单位业务范围涵盖系统集成、电信运营、产业园区、地理信息、云计算与大数据、互联网与移动互联网、IT咨询、标准化、金融和地产等多个与智慧城市建设相关的产业领域和细分专业领域。大会选举太极公司总裁刘淮松为首届理事长。

（刘伟杰）

【共建医指通—百度智慧医疗运营平台】7月9日，百度与医指通战略合作签约仪式暨互联网智慧医疗项目启动新闻发布会在京举行。天津市卫计委、天津滨海新区投资促进局等单位有关负责人以及医院、金融机构的代表等参加。百度在线网络技术（北京）有限公司与时代华纳科技集团（医指通）签约，双方将在医疗信息服务平台、医疗服务支付、医疗大数据、个人医疗消费信贷等领域建立战略合作伙伴关系，共建医指通—百度智慧医疗运营平台。双方的合作方式包括资源互换、会员共享、数据共享等，在医指通主导的业务模式和业务流程中，百度公司将提供入口流量、智能分诊、移动支付，以及大数据分析等支持。平台将覆盖双方在全国的所有合作医疗机构，为患者提供预约挂号、检查报告查询、费用支付等一站式全流程服务。双方将合作完成平台搭建，包括PC端和移动端入口。同时，医指通负责协调各合作医院开放院内挂号的HIS双向接口，将医院医疗服务信息实时上传至平台，并建立移动医疗服务、个性化医疗服务、信息服务、位置服务等相关场景模块建设，优化医院运营效率，提升医疗服务水平，改善就医体验。

（刘伟杰）

【海淀园25人晋升为教授级高级工程师】7月10日，北京市高级专业技术资格评审委员会发布《2015年北京市高级专业技术资格评审结果公示》，公布2015年中关村国家自主创新示范区高端领军人才工程技术系列高级工程师（教授级）专业技术资格评审结果，共77人通过评审。其中，海淀园方正国际软件（北京）有限公司副总裁周大良等25人入选，占总数的32.5%。至此，海淀园共140人通过高级工程师（教授级）评审，占北京市的42.0%；其中，48人为“海英人才”，占园区入选人数的34.3%。此次通过评审的25人平均年龄42岁，22人拥有硕士或以上学历，占比88%，体现出园区科技人才年轻化、高学历的特点。

（刘伟杰）

【首次发现外尔费米子】7月20日，中科院物理研究所宣布，由物理所方忠研究员带领的团队在拓扑半金属TaAs晶体里首次发现具有“手性”的电子态——外尔（Weyl）费米子。具有“手性”外尔（Weyl）费米子的半金属能实现低能耗的电子传输，有望解决电子器件小型化和多功能化所面临的能耗问题，同时外尔（Weyl）费米子也受到对称性的保护，可以实现高容错的拓扑量子计算。“发现外尔费米子”入选《科技日报》2015 年国内十大科技新闻。

（徐　建）

【海淀区知识产权保护服务工作站成立】7 月 21 日，由北京市保护知识产权举报投诉服务中心（北京 12330）和海淀区知识产权局主办的海淀区知识产权保护服务工作站成立仪式在中关村互联网教育创新中心举行。市知识产权局、中关村管委会、海淀区政府等单位有关负责人参加。北京 12330、海淀区知识产权局分别与北京海置科创科技服务有限公司、北京中关村互联网教育科技服务有限公司、北京硬创梦工场科技有限公司签署《知识产权保护服务工作站共建协议》。中关村创业大街、中关村互联网教育创新中心、中关村智能硬件梦工场 3 家知识产权保护服务工作站

获授牌。工作站将通过知识产权维权援助、纠纷调解、咨询解答、公益培训、热点问题研讨、案件庭审旁听、工作经验交流等方式，向创业者提供法律咨询、专利投诉、检验检测、投资认证、知识产权、多证联办、产业链促进、投融资等服务，以提升创业者知识产权保护意识和能力。

（潘　丹　刘伟杰）

【31 人被评为全国专利信息领军人才和师资人才】7 月 22 日，国家知识产权局印发《关于公布 2015 年全国专利信息领军人才和师资人才名单的通知》（国知办函办字〔2015〕419 号），确定 32 人为第四批全国专利信息领军人才，入选全国专利信息专家库；81 人为第四批全国专利信息师资人才，入选全国专利信息师资库。海淀园内共有 31 人入选。其中，北京中关村海外科技园有限责任公司李立维等 8 人入选全国专利信息领军人才，优酷土豆股份有限公司王冀等 23 人入选全国专利信息师资人才。

（刘伟杰）

【小米移动互联网科技园开工建设】7 月 22 日，小米移动互联网科技园启动仪式在京举行。中关村管委会主任郭洪等领导以及相关企业的代表等参加。园区由海淀区政府与小米科技有限责任公司合作建设，旨在形成移动互联网企业协作配套的创新链条，提升整体运转效率，促进移动互联网产业及周边相关产业迅速发展。园区位于海淀区上地地区，占地面积 22 公顷，将建 8 栋大楼，楼内设有体育馆、健身房、室内花园等设施，计划 3 年后建成，小米公司总部、北京金山软件有限公司总部以及小米系孵化创新企业将入驻。

（范丁波）

【共建北京金种子创业谷石家庄众创空间】7 月 31 日，中关村科技园区海淀园创业服务中心、石家庄市新华区人民政府友好合作签约暨北京金种子创业谷石家庄众创空间启动仪式在石家庄市举行。河北省商务厅、石家庄市发展改革委等单位有关负责人参加。北京金种子创业谷科技孵化中心、石家庄市新华区鑫圆城市投资有限公司、河北杰明投资有限公司、北京同创鼎尖投资管理有限公司签署战略合作协议，共建北京金种子创业谷石家庄众创空间。金种子石家庄众创空间位于新华区雍和慢城“河北互联网＋大厦”，将发挥北京金种子创业谷“零成本零门槛创业＋全链条全过程孵化”与“聚集服务资源＋完善生态系统”的优势，为中小企业以及创业者搭建创业辅导培训、项目孵化及投资、创业导师与投融资对接、市场推广与产业链对接等全方位的创业服务平台，并利用合作四方的资源优势，引进多家全国性投资机构入驻，设立孵化基金，用于创业者科技成果转化落地的后续资本。

（刘伟杰）

【e 袋洗完成 1 亿美元 B 轮融资】8 月 5 日，荣昌耀华网络技术（北京）有限公司（e 袋洗）宣布完成百度在线网络技术（北京）有限公司领投的 B 轮 1 亿美元融资。资金将用于补贴用户、从国内外引进各行业人才，同时壮大“小 e 管家”队伍，为其创建邻里服务生态圈打造基础。e 袋洗还将通过投资和创建事业部的方式来完善整个服务生态圈的建设。

（刘伟杰）

【优酷土豆集团更名为合一集团】8 月 6 日，优酷土豆集团在京召开主题为“合乐而不为”的首届开放生态大会。来自合作伙伴、客户的代表以及自频道主等近 2000 人参加。大会由战略峰会、营销论坛、自频道论坛组成，在优酷土豆平台上的数十家自频道在现场进行了展示。优酷土豆集团宣布，未来 3 年，优酷土豆集团将投入 100 亿元现金和资源支持网生内容，打造文化娱乐产业的最佳创业平台。为此，优酷土豆集团正式更名为合一集团。合一集团将打造三大计划，即

"新人计划"——产生10万个拥有千人粉丝团的自频道;"万万计划"——产生1万个月收入过万的自频道;"飓风计划"——产生100个估值过亿的自频道,共谋万亿市场。

(刘伟杰)

【中关村东升科技园三期建设启动】8月7日,中关村东升科技园三期(京昌路楔形绿地棚户区改造)项目宅基地腾退工作启动。项目四至范围为:东至京藏高速,南至健翔桥以北,西至小月河,北至竹溪园小区南侧规划路,另外还包括小关西后街相关院落,是北京市规划的7条楔形绿地之一,总用地面积约177公顷。(2月4日,中关村国家自主创新示范区领导小组批复同意将小月河高新科技园区纳入中关村东升科技园,建成后的科技园区将吸引科研院所、外资企业等具有竞争力、形成规模的企业进驻。)

(刘伟杰)

【海淀园秦皇岛分园e谷创想空间启动】8月10日,中关村海淀园秦皇岛分园e谷创想空间启动暨项目签约仪式在秦皇岛市举行。秦皇岛市政府、海淀园管委会等单位有关负责人以及e谷合作伙伴、入孵企业的代表等100余人参加。e谷创想空间是由漫游世纪(北京)科技孵化器有限公司创办的新型创新创业平台,位于海淀园秦皇岛分园,孵化面积3万平方米,将围绕新兴信息服务、文化创意、信息网络、高端软件、先进环保、高效节能、核心电子等产业,引进中关村"人才+资本+服务"模式,为早期项目和初创企业提供开放办公、早期投资、产业链孵化等服务。漫游世纪公司发布e谷创业服务体系2.0版本,并与北京铭软科技有限公司、秦皇岛快点儿网络科技有限公司等7家入孵企业签署入驻合作协议,聘请了4位企业家作为创业导师。

(刘伟杰)

【NOVA创新产品扶持联盟成立】8月11日,NOVA创新产品扶持联盟、未来产品体验师俱乐部成立仪式在京举行。洛可可创新设计集团等企业的代表参加。联盟由百度未来商店与创业家杂志社发起,理事单位覆盖智能硬件产业供应、渠道招商、企业投资、工业设计及传播推广等服务领域,将专注扶持智能硬件初创企业,向智能硬件团队提供从投资、设计到产品包装、推广和销售的全方位支持。汉能投资集团董事长陈宏担任联盟理事长。

(刘伟杰)

【中关村知识产权诉前调解中心成立】8月13日,中关村知识产权诉前调解中心(中山博爱知识产权志愿者调解中心)揭牌仪式在北京知识产权法院举行。北京知识产权法院、市知识产权局、海淀区政府等单位有关负责人以及律师事务所、企业的代表参加。中心位于中关村知识产权大厦,由北京赵天庆律师事务所作为牵头单位,组织以民主党派成员为主的专业社会机构共同成立,将以知识产权纠纷调解为核心职能,为企业无偿提供规范的知识产权纠纷诉前调解服务,形成覆盖知识产权"创造、运用、保护、环境建设"4个维度的服务体系,在开展纠纷调解的同时,还为企业提供知识产权纠纷与风险防范服务,组织教育培训、专家座谈、专业咨询,以满足中关村示范区企业在政策、法律咨询等方面的需求。中心的调解队伍由具备丰富调解经验的资深律师、专业学者、知识产权专家构成,经培训、考核合格持证上岗。中心还加挂"中山博爱知识产权志愿者调解中心"的牌子,以加强中心的公益性宣传,凝聚更多公益性资源,更好地服务中关村示范区企业。

(刘伟杰)

【龙芯第二代处理器系列产品发布】8月18日,由龙芯中科技术有限公司主办的龙芯2015新品发布暨合作伙伴大会在京举行。中国工程院院士陈左宁、倪光南、李国杰等专家,以及工业和信息化部等单位有关负责人和龙芯公司合作伙伴的代表等近1000人参加。龙芯公司发布龙芯第二代处理器架构产品,包括龙芯自主指令系统"LoongISA"、龙芯新一代高性能处理器微结构"GS464E"、新一代处理器"龙芯3A2000""龙芯3B2000"以及龙芯基础软硬件标准和社区版操作系统"LOONGNIX"。"LoongISA"在MIPS64架构500余条指令的基础上,在基础指令、虚拟机指令、面向x86和ARM的二进制翻译指令、向量指令4个方面增加了近1400条新指令。"GS464E"综合技术水平达到与美国英特尔公司的IvyBridgy及美国AMD公司的Steamroller相当的水平。龙芯3A2000/3B2000多核CPU芯片,实现了LoongISA指令系统,片内集成了4个GS464E处理器核。"LOONGNIX"社区版操作系统,通过充分的软硬件适配优化提升了整机的性能及稳定性,可以有效支撑自主操作系统及整机企业基于龙芯CPU研制自主软硬件产品。

(刘伟杰)

【第一届韩国创业路演日举办】8月19日,由北京海置科创科技服务有限公司、韩国未来创造部全球创业支持中心主办的第一届韩国创业路演日在中关村创业大街虫洞创业之家举办。海淀园管委会、共青团北京市委等单位有关负责人以及中关村创业大街入驻机构的代表等100余人参加。路演团队分别涉及大数据餐饮O2O平台（REDTABLE）、物联网平台（Toy' sMyth）、3D领域技术（Ezbelle）、文化创意产业（JD Sound、RippleBuds）、教育（IAMCOMPANY）等领域。路演企业代表从项目的技术创新、市场营销、发展前景、融资需求等方面进行介绍，并与现场评委进行了交流。

（刘伟杰）

【沈北新区智慧产业招商推介会举办】 8月21日，由沈阳市沈北新区政府、海淀园管委会主办的沈阳市沈北新区智慧产业招商推介会在中关村示范区展示中心举办。软通动力信息技术（集团）有限公司等近100家企业的代表参加。会上，海淀园管委会与沈北新区政府签署战略合作协议。根据协议，海淀园管委会将推荐海淀园内适合在沈北新区发展的科技成果转化项目、具有跨区域发展需求的企业、需要迁出企业或项目等转移或落户沈北新区。同时，沈北新区将发挥承接功能，协调相关资源，支持配套设施建设，为承接企业或项目提供良好的发展环境，并优先支持海淀园新技术、新产品在沈北新区乃至沈阳市经济社会发展中的推广应用，在智慧城市、两化融合、军民融合等领域为海淀园的科技成果创造良好的市场环境。双方将建立落实合作协议的日常协调机制，做好合作事项的跟踪、协调、推进和服务工作。沈北新区政府还与软通动力集团签订合作协议，双方将围绕城市大数据产业发展、推进"大众创业、万众创新"、智慧城市建设与运营、科技创新资源引入等方面开展合作。

（刘伟杰）

【共建杨凌农业云】 8月31日，陕西咸阳杨凌农业高新技术产业示范区管委会与神州数码控股有限公司战略合作签约仪式在杨凌示范区举行。西北农林科技大学等单位有关负责人参加。根据协议，双方将打造以中国杨凌农业大数据中心、农业示范推广平台、农业电商服务平台、农产品安全认证溯源平台、农村土地确权平台"一中心四平台"为核心的杨凌农业云，并在杨凌农业云开发建设基础上，成立全国首家农民互联网银行——新农银行，服务于农民和合作社发展种养殖等产业，推动杨凌现代农业服务业、农业金融服务业的深度融合和发展。

（刘伟杰）

【国内首台12英寸化学机械抛光机交付使用】 8月，由清华大学科技成果成功转化的国内首台12英寸化学机械抛光机交付使用。化学机械抛光是通过使用化学腐蚀和机械作用对加工过程中的晶圆进行平坦化处理，以便获得纳米级别的平整表面，是集成电路制造工艺中的五大关键技术之一。在国家科技重大专项"极大规模集成电路平坦化工艺与材料"的支持下，清华大学研制出国内首台12英寸"干进干出"铜制程抛光机，主要技术指标达到或超过国外最先进产品的水平。

（刘伟杰）

【"IP Hunter"模式发布】 9月8日，由七星天（北京）咨询有限责任公司主办的"专利收购：海外专利布局蹊径"主题沙龙暨七星天"IP Hunter"模式发布会在北京大学举行。市知识产权局、市科委等单位有关负责人以及相关企业的代表参加。沙龙以企业海外专利布局策略为线索，探讨专利申请与收购在突破海外专利壁垒中的不同作用，并对企业在海外专利布局中的疑问进行现场解答。同时，七星天公司宣布收购日本精工集团218件专利，并推出"IP Hunter"（专利猎手）模式布局海外专利运营。专利涉及8个国家和地区，主要集中在LCD、LED和OLED等技术领域。"IP Hunter"模式以"海外专利获取—国内运营"为核心，旨在帮助国内企业猎取物美价廉的海外专利，提高国内企业获取海外专利的效率和质量。

（刘伟杰）

【共建"V交通"平台】 9月8日，北京微梦创科网络技术有限公司（新浪微博）与北京高德软件有限公司宣布，合作推出"V交通"公共服务平台，并邀请北京、武汉等地的数十家交通机构入驻。平台通过与专业交通数据提供方合作，发挥在公众交通服务上的影响力，助力智慧城市建设。同时，新浪微博与高德公司还联合发布"V交通"公共服务平台的首个产品——城市交通指数榜。指数榜由高德公司提供的"高德城市车速榜"和新浪微博提供的"微博城市交通榜"两个榜单综合组成，覆盖范围包括北京、上海、广州、杭州等45个主要城市，每日榜单结果在新浪微博上发布。

（刘伟杰）

【全国首批中小微企业外债集合授信签约】 9月9日，由海淀区政府主办的海淀区2015年企业集合外债授信签约仪式暨科技型中小企业投融资推介会在京举行。人民银行营业管理部等单位相关负责人及企业代表等参加。北京中关村海淀科技金融创新商会、中关村海新联新兴产业促进会分别与中国银行、交通银行、光大银行签署战略合作框架协议，达成总额约5亿～10亿欧元、综合成本最低为每年2.43%（按签约日利率计算）、担保方式基本为全信用方式的外债集合授信协议，近100家中小微企业将获贷款，在全国开创中小微企业抱团向银行申请外债贷款授信的先例。

（高　婧　刘伟杰）

【共建智慧城市（香港）研究院】9月10日，神州数码控股有限公司与香港科技大学合作框架协议签署仪式在香港科技大学举行。双方相关负责人参加。双方将共同成立智慧城市（香港）研究院，在智慧城市领域开展合作。根据协议，双方将在智慧城市发展规划、市民服务、政府决策建议、大数据处理等领域开展合作。双方将加大投入研究人员（教授和研究生）、配套资金、设备、实验环境等资源，推动在智慧城市标准、专利、产品技术等方面取得创新性的成果，并成立联合管理委员会、技术委员会、项目联络办公室等机构，保障合作的顺利推进。

（刘伟杰）

【桑德环卫云平台发布】9月11日，由北京桑德新环卫投资有限公司主办的桑德环卫云平台新闻发布会在中关村软件园举行。桑德环卫云平台包括物流、回收、广告、交易、运营五大业务板块，利用物联网、移动互联网、云计算等相关技术，可连接环卫工作所涉及的各类环卫设备、环卫作业人员、数字城管系统等，实现对环卫设备、环卫管理人员全过程的实时监管以及数据共享，形成一个信息互联互通的物联网络。桑德环卫云是一个开放的生态系统，可为第三方公司及大众用户提供相应服务。用户可通过手机App及微信完成上门回收和快递预约，还可通过微信对周边发生的环卫事件进行上报和为第三方公司提供广告及物流等服务。

（刘伟杰）

【小米之家当代商城店开业】9月12日，小米之家当代商城店开业仪式在京举行。副市长隋振江等领导以及海淀区政府等单位有关负责人和用户代表参加。全国首个小米之家商场店入驻中关村大街当代商城第6层。店铺面积近380平方米，将提供面对面专属服务、全系产品现场购以及新品线下同步首发等特有服务。

（刘伟杰）

【飞思卡尔大学计划——联合创客空间揭牌】9月16日，在中关村创业大街智能硬件节闭幕仪式上，“飞思卡尔大学计划——联合创客空间”揭牌仪式举行。飞思卡尔大学携手中国矿业大学等5所大学合作成立创客空间实验室，将着眼于大学创新型实践教学、新技术和新产品的成果转化、工程实践以及技术开发。同时，将作为一个开放性实验室，为优秀本科生、研究生和教师提供科研环境，进行应用研究和毕业设计等。

（刘伟杰）

【48项成果获中华农业科技奖】9月16日，中华农业科技奖奖励委员会办公室发布《关于2014—2015年度中华农业科技奖获奖成果的公告》，海淀园内由中国农业科学院、中国农业大学等单位牵头完成的48项成果获奖。其中，由中国农业科学院蔬菜花卉研究所金黎平等完成的“抗病耐冻早熟马铃薯育种技术的建立及新品种选育”、中国农业大学等单位计成等完成的“霉菌毒素生物降解机理及饲料污染控制技术”等17项成果获一等奖；由中国农业科学院作物科学研究所等单位张卫建等完成的“水稻高产与稻田减排的耕层调控关键技术及应用”等11项成果获二等奖；由中国农业科学院作物科学研究所赵广才等完成的“中国小麦种植生态区划研究与应用”等8项成果获三等奖；由中国农业大学李胜利带领的奶牛营养与饲料科学创新团队等10个团队获创新团队成果奖；由中国农业大学高万林等完成的“现代农业科普系列视频”等2项成果获科普成果奖。

（刘伟杰）

【海淀园新增24家众创空间】9月22日，在北京市新技术新产品（服务）首发平台发布暨众创空间工作推进会上，市科委公布第二批北京市众创空间40家挂牌名单。其中，海淀园启迪之星、北航夸克空间、硬创梦工场、创业邦等24家机构入选，占北京市的60%。入选单位呈现技术创新服务功能日益凸显、品牌与服务输出成效显著等特征。

（刘伟杰）

【海淀留创园翠湖云中心分园揭牌】9月25日，由北京福泉投资有限公司、中关村科技园区海淀园创业服务中心主办的“聚焦CID　打造创新创业新高地”中国北京（海淀）留学人员创业园翠湖云中心分园揭牌活动在京举办。中关村管委会、海淀区政府等单位相关负责人以及企业代表等参加。翠湖云中心分园位于CID核心区，总建筑面积6000平方米，其中集中办公区拥有1000余个工位。云中心将借助海淀留创园成熟的管理经验、服务理念及运营模式，通过投融资、管理咨询、企业培训、项目推介、技术支持等方面的运作，从技术、资金、政策、成果转化等方面为企业提供服务。入园企业可共享海淀留创园的创业创新优惠政策，还可兼享翠湖云中心园区“产业服务生态圈”五大服务平台。

（刘伟杰）

【“税银互动”试点工作启动】9月30日，由市地税局、海淀区政府主办的“税银互动”试点工作启动仪式在中关村示范区展示中心举行。会上，海淀区地税局、海淀区金融办、北京海淀科技金融资本控股集团股份有限公司共同签署“税银互动”试点工作三方协议。试点工作由海淀区地税局负责提供企业纳税信用评价结果和信贷融资所需涉税信息，海淀区金融办负责协调，银行和担保公司合作推出信贷产品，助力解决企业“融资难、融资贵”的问题。会上，首批参与试点的金融机构推出“税银通”产品，并与首批20家企业签署“税银通”产品授信协议，授信总额近4000万元。“税银通”为纯信用贷款，以企业的纳税信用和缴税信息为主要放贷依据，不需申请企业提供抵押或质押，信贷额度以企业的纳税额为主要计算依据，大致为企业纳税额的1～5倍，最高信贷额度不超过300万元。纳税信用为A级的年纳税额在5万～200万元的海淀区高新科技企业，可以向试点金融机构提出贷款申请。

（韩洋洋　刘伟杰）

【出门问问为谷歌 Android Wear 提供语音搜索服务】 9月，北京羽扇智信息科技有限公司（出门问问）与美国谷歌公司达成语音搜索战略合作，谷歌 Android Wear 系统中的语音搜索引擎将由出门问问代替 Google Now。出门问问是一款基于语音识别、语义理解技术，面向移动搜索领域的智能手机应用，囊括了餐馆、酒店、旅游景点、周边信息、交通、优惠券、快递查询等生活信息，并会按照用户的需求时常增加新功能，可完全接受语音输入，通过语音识别将用户声音转化为文字，再运用自然语意分析理解用户行为，给用户以精准的搜索结果，其核心技术在于用自然语义分析来理解人们像日常说话一样的提问，用户只需通过语音用口语化的提问方式就可以搜索出有关于吃穿住行的服务。

（刘伟杰）

【中关村大街发展规划发布】 10月11日，在中关村创新创业季（2015）系列活动开幕式上，海淀区政府发布《中关村大街发展规划》。根据《规划》，中关村大街北起清华大学西门，途经北京大学、中国人民大学、中关村电子卖场区域、国家图书馆、中国科学院，南至白石新桥，街道长7.2千米，分为五大功能区段：

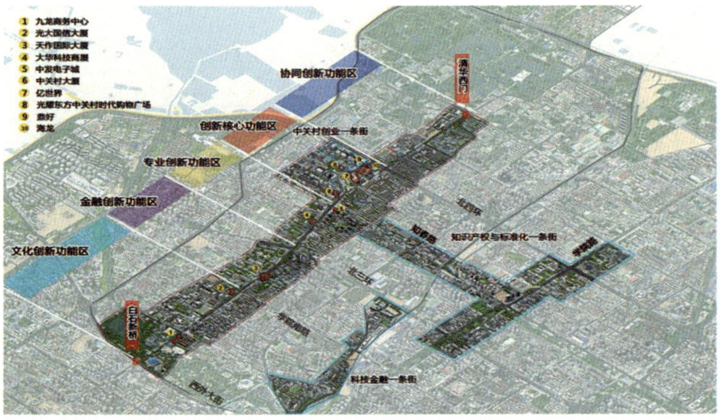

从清华大学西门至中关村1号桥，将依托北大、清华大学、中科院等高校和科研院所智力资本优势和创新资源，形成以知识创新为主导的“协同创新功能区”；中关村1号桥至知春路为“创新核心功能区”，将借助科技企业总部、科技金融总部、创业服务、综合商业商务服务密集的优势，担当中关村的创新核心；知春路至四通桥，将依托智能硬件的集群基础和部分商务环境条件，主导职能为以智能硬件、创业培训等领域为主的“专业创新服务功能区”；四通桥至魏公村，结合中坤大厦、天作国际、中央财经大学金融产业园等项目的建设，主要职能为以科技金融、科技服务、商务商业、休闲文化为主的“综合创新功能区”；魏公村至白石新桥，结合艺术院校、紫竹院公园、长河、国家图书馆和首都体育馆等综合资源，主要职能为以科技服务、小微创新和创意文化为主的“特色创新功能区”。根据规划阶段目标，至2017年底，将形成一批创新创业、科技金融、文化创意等新型业态集聚区；对部分大院、低效用地等存量空间进行改造。至2020年底，中关村大街及周边地区综合创新生态环境将得到全面提升，持续产生具有中关村原始创新、技术服务能力及商业模式创新优势的创客群体和企业集群。中关村大街建设将突出“策源地”的特征，加速形成创业要素集聚化、孵化主体多元化、创业服务专业化、创业活动持续化、运营模式市场化、创业资源开放化的发展格局。启迪控股股份有限公司、中关村发展集团股份有限公司、北京海淀置业集团有限公司共同出资注册成立北京中关村大街资产运营管理公司，作为中关村大街改造项目的实施主体。

（刘伟杰　康秋红）

【主题楼宇授牌仪式举行】 10月11日，在中关村创新创业季（2015）系列活动开幕式上，举行了主题楼宇授牌及合作项目签约仪式。海淀区政府分别授予北京理工大学科技园E座大厦“中关村军民融合产业园”的称号、授予中关村数字物流港“中关村互联网教育创新中心”的称号、授予光耀东方地下广场“中关村国际创客中心”的称号、授予e世界写字楼“中关村科技金融创新中心”称号、授予中发电子城“中关村智能智造创新中心”的称号。

（刘伟杰）

【“五星创业计划”发布】 10月16日，欧美同学会·中国留学人员联谊会海归创业学院“五星创业计划”发布会在中关村创业大街举行。中关村管委会、天津空港经济区创新创业中心等单位有关负责人等参加。“五星创业计划”是在海归创业学院的引领下，由“地方学院”“海归创投联盟”“创业大讲堂”“海创驿站”“丝路留学青年创业节”5 个项目构成的留学人员创业计划，旨在扩大欧美同学会的社会影响力，搭建留学人员交流合作平台，更好地为广大留学人员创新创业服务。海归创业学院将在全国众创空间和留创园内建设 100 个以上的“海创驿站”，用以提供优惠服务以及创业支持；将在“一带一路”沿线国家范围内，建设由青年创业俱乐部组成的丝路青年创业商会，商会将与海创驿站以及其他模块共同举办丝路青年创业节。“创业大讲堂”是专为海归提供培训、咨询及指导的讲堂，同时也是一个留学人员相互学习和交流的平台。“海归创投联盟”旨在发挥非政府组织的作用，构架各投资机构与留学人员创业企业之间的桥梁，搭建投融资平台，为促进留学人员快速创业发挥作用。

（刘伟杰）

【中加联合创业营启动】10 月 19 日，在全国大众创业万众创新活动周中关村创业大街分会场启动仪式上，中加联合创业营宣布启动。中加联合创业营是由海淀园管委会、加拿大安大略省卓越中心和中加天使联盟联合主办，大河创投承办的虚拟孵化器机构，将帮助选定的加拿大安大略省的创业公司寻找合适的潜在中国合作伙伴和中方导师，并为企业提供培训，塑造适合中国市场的商业模式，帮助其进入中国市场。

（刘伟杰）

【中关村创业大街创新集市活动举办】10 月 19—20 日，中关村创业大街创新集市活动举办。活动汇聚清华经管加速器、优客工场、拉勾网、美国 Plug&Play、韩国 D.CAMP 等国内外 50 余家创业服务机构，在中关村创业大街街道、创业集装箱和南广场，分设创业政策、创业孵化、创业投资、创业媒体、创业培训和创业综合服务 6 个专项集中展示区，为创业者和创业服务机构搭建交流互动的平台。

（刘伟杰）

【慢性呼吸疾病综合干预项目推出】10 月 22 日，北京聚陆医疗管理有限公司在京召开慢性呼吸疾病综合干预项目媒体体验会。聚陆医疗公司推出整合互联网、硬件及实地照护资源的慢性呼吸病综合干预项目，即提供“App+ 硬件 + 服务”三位一体的组合解决方案，通过费医生 App、智能硬件和线下照护中心等资源，实现“线上 + 线下”联动，为慢性呼吸病患者提供从疾病预防、监测、治疗到康复的全程干预和专业帮助。费医生 App 包括医生端和患者端，具有数据监测、患者教育、社区功能、医患管理等功能。智能硬件主要包括智能峰流速仪、智能用药监测仪和微型智能肺功能仪 3 款硬件。

（刘伟杰）

【海淀园校企人才对接会举办】10 月 23 日，中关村科技园区海淀园管理委员会校企人才对接会在北京航空航天大学举办。由北京长风信息技术产业联盟等单位组织北京天融信科技股份有限公司等 87 家企业与来自北京大学、清华大学、北京航空航天大学等 10 家高校

的近 400 名学生进行现场对接。企业提供了计算机科学与技术、软件工程、数学与应用数学、信息与计算科学、信息安全等多个专业，实习周期在 1 个月以上的近 200 个岗位。现场共收集学生简历近 700 份，累计达成意向 300 余人次。

（刘伟杰　李云芝）

【中关村 CID 创新型产业集群发展高端论坛举办】10 月 28 日，由海淀园管委会和实创公司主办的“未来智造：中关村 CID 创新型产业集群主题论坛”在永丰产业基地举办。中国产学研合作促进会、科技部火炬中心、中关村管委会等单位有关负责人以及来自科研机构、企业的代表等参加。与会代表就创新集群建设、创新投资机会等主题进行探讨。活动还举办中关村一二三工厂孵化器、中国虚拟现实与可视化产业技术创新战略联盟揭牌仪式。同时，中关村虚拟现实空间（StrongVR）教育部虚拟现实应用工程研究中心联合实验室、北京师范大学经济与工商管理学院实习基地等机构获授牌。中关村一二三工厂孵化器位于永丰产业基地，由北京中关村永丰产业基地有限公司负责管理运营，重点为智能硬件和可穿戴设备核心技术领域的创业者提供空间、后勤、技术、金融和创业指导等服务，建设空间共享、无限互联的服务平台，将通过对一二三工厂厂房的改造，打造一个集办公、会议、展示、休闲和交流于一体的孵化空间，计划年入孵 30 个团队。

（刘伟杰　陈宝德）

【2015中国高校国际技术转移高峰论坛举办】10月29日，由中国国际技术转移中心主办的2015中国高校国际技术转移高峰论坛在京举办。科技部、教育部、北京市科委等单位有关负责人以及来自国内外高校、技术转移机构、知识产权服务机构、投资机构和企业的代表等参加。论坛主题为“制度创新推动科技转化，科技转化助力经济转型”。与会代表通过总结国内外高校在国际技术转移领域取得的成功经验及模式，共同探讨中国高校国际技术转移的发展新路径、新模式，并围绕“大学如何成功地运作自身科技成果的转移转化”“《促进科技成果转化法》《深化科技体制改革实施方案》对中国高校技术转移的影响”“大学生创业与大学国际技术转移”3个主题进行交流。

（刘伟杰）

【2015中国互联网教育产业峰会举行】10月30日，由中关村移动互联网教育产业联盟和中国远程教育杂志社主办的2015中国互联网教育产业峰会（第一届）在中关村示范区展示中心举行。论坛以“互联网＋助力教育创新创业”为主题。海淀园管委会等单位有关负责人以及来自清华大学等高校的专家学者等参加。与会代表就“移动互联网变革下的互联网教育创新”“互联网时代创业‘团队为王’”等主题，探讨了互联网教育创新创业模式。峰会还举行了“创新创业教育——百校行工程”的启动和签约仪式、以“唤醒创新意识，培养创新思维”为主旨的全国中小学“创客”大赛北京站启动仪式。由中关村互联网教育联盟和中国远程教育杂志社共同推出的百校行工程将对接全国100所高校，通过论坛、沙龙、圆桌论坛等形式将互联网教育的前沿思想、最新动态带到校园，并为在校学生提供“互联网教育技术百千万人才培养工程”等一系列深入了解行业、一线对接企业和关注创新创业的项目，还将通过互联网评比、互联网公开课培训、校内路演比拼、大佬门徒互动终选的流程，使参与创新创业的大学生获得有效的能力提升，获胜者还将获得创业资金、知名投资机构推荐、名企实习内推机会等奖励。

（刘伟杰）

【中关村量子生物农业产业技术创新战略联盟成立】11月12日，中关村量子生物农业产业技术创新战略联盟筹备成立大会暨第一届理事会在京举行。市科委、市民政局、中关村管委会等单位有关负责人及联盟会员单位的代表60余人参加。联盟是由“北京中关村农业生物技术产业联盟”规范注册而来，由北京大北农科技集团股份有限公司、北京奥瑞金种业股份有限公司、中国种子集团有限公司等6家单位联合发起成立，将以研究开发、技术转移、知识产权、科学技术普及等专业、综合科技服务作为重点发展方向，推进建设“中关村农业科技创新园”和“中关村农业科技创新基金”，为农业企业提供全方位服务，以提升科技服务业对现代农业产业发展的支撑能力。大北农集团总裁邵根伙当选联盟第一届理事长。

（刘伟杰）

【人大人咖啡暨清创孵化器启动】11月15日，人大人咖啡暨清创孵化器开业典礼在京举行。人大人咖啡股东、投资机构、企业的代表以及创业者等200余人参加。人大人咖啡位于华杰大厦，面积3600平方米，由清创孵化器、啡库咖啡和人大人空间分别以场地、团队和投资为投入共同运营。清创孵化器为咖啡厅提供咖啡餐饮会谈场所，还配套有大型多功能会议场地、视频会议室、开放式办公区和独立办公间等，打造“众筹＋空间＋生态＋系统＋基金＋后台＋培训”七位一体的孵化新模式，同时还设立了直投基金，创业团队入孵即可获得不超过50万元作为创业种子资金，并帮助创业团队对接国内外知名创投资本，为创业者解决从种子轮开始到并购或者上市全成长周期融资难题。

（刘伟杰）

【全球首台液态金属电子电路打印机推出】11月16—21日，在第十七届中国国际高新技术成果交易会上，中国科学院理化技术研究所与北京梦之墨科技有限公司推出全球首台液态金属电子电路打印机。打印机采用一种全新原理的室温液态金属打印方法，集合了上下敲击式进墨、旋转及平动输运等流体输运方式，解决了金属墨水表面张力高难以平稳驱动的难题，其打印精度和质量可满足大多数印刷电路板的要求。

（张　毅）

【中关村西三旗（金隅）科技园开工】11月18日，由海淀区政府主办的海淀区中关村西三旗（金隅）科技园开工启动仪式在京举行。海淀区政府等单位有关负责人以及相关企业的代表等参加。该科技园是中关村科学城第五批建设项目之一，位于海淀区西三旗街道辖区建材城环岛周边地区，占地面积约40公顷，总规模约66万平方米，计划2020年基本建成。根据规划，科技园将重点打造“一基地三平台”，即IT信息服务产业基地，以智能家居、公共出行综合信息服务、两化融合和信息安全三大重点行业信息服务运营平台为核心的新型平台型产业链，构建“城业一体”的总部办公与研发基地，对中关村科学城、中关村软件园形成辐射支撑。园区近1/3的面积将用于人才公寓、学院、医院、邮局等配套设施建设，在服务入驻企业的同时服务地区百姓。

（刘伟杰）

【“‘创启未来’2015国际青年科技创业大赛”决赛举办】 11月20日，由海淀园管委会、北京北大科技园建设开发有限公司主办的“‘创启未来’2015国际青年科技创业大赛”全球总决赛在北大科技园创新中心举办。大赛是以“创新驱动”国家战略为方向，以全球化视野为指引，着眼世界前沿科技，凝聚高端创业人才、提升自主创新能力的国际型创业大赛，举办北京主赛场，深圳分赛场，美国硅谷、波士顿海外赛场及多个

城市专题赛场，在全球范围内挖掘优秀人才和项目。全球八大赛区40组入围选手在京参加定制版的“创启未来”大赛训练营，最终，北大（金华）信息科技园选送的“脑卒中眼底图自动监测云服务”获团队组一等奖，北京合思信息技术有限公司、北京阿迈特医疗器械有限公司获企业组二等奖，深圳晶泰科技有限公司获最具投资价值奖、最具市场潜力奖、最佳技术创新奖3项专项奖。（4月24日，“‘创启未来’2015国际青年科技创业大赛”启动仪式在京举行。）

（王学军　刘伟杰）

【第九届大北农科技奖颁奖大会举行】 11月24日，由北京大北农科技集团股份有限公司主办的第九届大北农科技奖颁奖大会暨中关村全球农业生物技术创新论坛在京举行。中国科协、中国作物学会、中国农业大学等单位有关负责人以及国内外农业领域的专家、学者、企业家的代表等600余人参加。会议公布第九届大北农科技奖获奖名单，中国水稻研究所胡培松等完成的“超级专用早稻中嘉早17的选育与应用”等11项成果获成果奖一等奖，中国兽医药品监察所赵启祖等完成的“猪口蹄疫O型灭活疫苗研制与应用”等11项成果获创新奖一等奖。与会代表还围绕“发展农业生物技术、确保国家食品安全”“我国‘十三五’农业科技创新方向与重点”“植物基因表达和食品质量”“大北农技术创新战略”等主题进行了交流。

（刘伟杰　王　翔）

【海淀园内两家单位的成果获中国专利金奖】 11月27日，国家知识产权局印发《关于第十七届中国专利奖授奖的决定》（国知发管字〔2015〕67号），公布第十七届中国专利奖获奖名单，海淀园内两家单位的成果获中国专利金奖。其中，由清华大学刘雷波等完成的“一种动态可重构阵列处理器的构令流工作方法”（ZL201110226931.X），可重构处理器单元通过配置流控制数据流的传输、计算和存储，配置流和数据流具有并发性；将数据流分为可重构处理器单元级别、可重构单元阵列级别和可重构核心级别三级；将可重构处理器单元中的配置信息分为配置信息第零层、第一层和第二层共3层，提升了可重构计算芯片的硬件利用率，实现动态重构，突破了制约能量效率提升的技术瓶颈。由中国电力科学研究院高阳等完成的“一种模块化多电平换流器阀保护方法”（ZL201110063130.6），首次完整提出柔性直流换流器阀的保护方法，在保护系统架构、算法执行周期、故障响应速度等方面具有显著优势，有效解决了换流阀保护在数据处理、故障定位分析方面的难题，可降低故障对换流阀的危害，提升了柔性直流换流阀运行的可靠性。

（刘伟杰）

【中关村核心区香港国际创新驿站揭牌】 11月27日，第十九届京港会海淀专场暨中关村核心区香港国际创新驿站揭牌仪式在香港举行。来自京港两地相关政府部门的负责人及企业家代表100余人参加。海淀区政府与启迪控股股份有限公司签约，联合设立中关村核心区香港创新驿站。根据协议，香港创新驿站将由启迪控股公司下属国际平台TGN启创环球公司投资5.8亿元，作为海淀区科技龙头企业国际化聚集地和服务

基地，协助科技企业进行国际化发展。创新驿站将接纳国际创新项目进行前期孵化，为京港两地企业提供创新孵化、创业投资、政策咨询、国际人才等方面的服务，实施互联网金融、机器人、智能设备、创新服务等孵化计划，与中关村核心区创新集群进行互动发展。创新驿站位于香港启迪科技园。

（康秋红　刘伟杰）

【中国航天科技军民融合促进中心成立】11月27日，中国航天科技集团公司军民融合促进中心挂牌仪式在中国航天科技集团公司总部举行。工业和信息化部、国防科工局、中关村管委会等单位有关负责人50余人参加。中心设在中国航天系统科学与工程研究院，是航天科技集团军民融合发展工作的专业咨询服务支撑机构、航天军民技术双向转移应用交流对接及孵化平台、航天科技集团军民融合发展成就宣传推广中心。中心将重点开展4项工作：开展航天科技集团及国防军民融合创新发展战略、政策等相关问题的咨询和研究；搭建航天技术转移服务和信息交流的线上线下交流服务平台；组织开展技术转移应用孵化和对接活动，为航天科技集团各有关单位军民融合产业发展提供支撑；开展航天科技集团军民融合发展成就、典型案例的推广宣传。

（刘伟杰）

【共建金融科技协同创新中心】11月28日，在第十九届北京·香港经济合作研讨洽谈会"京港合作加速北京全国科技创新中心建设"研讨会上，北京协同创新研究院与香港应用科技研究院、香港科技园公司分别签署合作协议。根据协议，北京协同创新研究院将与香港应科院共建金融科技协同创新中心。中心将聚焦信息安全技术、金融大数据技术、移动应用程序及移动支付平台等领域，推动金融科技创新发展与技术成果转化，促进京港两地在共同研发、科技资源开放共享和人才交流与培训等方面的合作。同时，北京协同创新研究院将与香港科技园公司围绕创新创业开展系列合作，包括建立协同院香港分院、推动相关基金落户科技园、合作成立机器人中心、开展"香港青年创新创业计划"、实施"香港科技企业提升计划"等。

（刘伟杰）

【科技促进经济发展·2015峰会举行】11月30日，由中关村兰德科教评价研究院和中国科学院北京国家技术转移中心主办的科技促进经济发展·2015峰会在中国科技会堂举行。会议主题为"第三方科技评价驱动创新创业"。清华大学等高校和军工科研院所的专家学者以及来自企业、金融机构的代表等200余人参加。会议围绕科教公共政策与体制机制创新，第三方科技评价理论与实践，科技进步与经济发展，科技资源共享与知识产权保护，军民技术融合促进产业发展，创新链、产业链和资金链有机结合6个议题进行探讨。会上，中关村兰德科教评价研究院军民技术转移研究所、中国科学院北京国家技术转移中心和国防科技生产力促进中心联合发布了尾革机动车尾气治理技术、垃圾湿焚热电技术等120项军民融合技术成果。

（刘伟杰）

【建设中关村并购资本中心的实施意见印发】11月30日，海淀区政府印发《关于建设中关村并购资本中心的实施意见》（海行规发〔2015〕7号）。《实施意见》共5个部分21条，包括充分认识建设中关村并购资本中心的重要意义；指导思想、工作原则和建设目标；拓展空间载体，挂牌中关村并购资本中心；加大政策支持力度，吸引境内外知名并购基金聚集；整合多方资源，打造中关村并购资本中心综合服务平台；加强保障措施，推动中关村并购资本中心建设。《实施意见》提出，计划在3年左右的时间内，按照"一二三"运作模式，即打造"一个中心"（全国并购资本中心）、开拓"二块市场"（境外、国内）、提供"三种服务"（项目、政策、人才），建造核心区"三个千"并购资本体系工程（通过政府搭台引导，吸引千亿元社会资本聚集海淀区，并购境内外千个优质项目，激发数千亿规模的产出效能）。为此，拟采取挂牌中关村并购资本中心、完善并购资本服务体系、推动外汇政策先行先试、加强财政资金引导、支持各类主体开展海外并购、鼓励上市挂牌企业进行并购重组、支持发放并购贷款、整合银投企资源、建立高效信息服务和对外合作机制、加大宣传推介力度等举措。《实施意见》自发布之日起30日后实施，试行3年。

（刘伟杰）

【"光合计划"推出】12月3日，由百度在线网络技术（北京）有限公司主办的百度教育事业部成立暨百度传课战略发布会在京举行。百度公司宣布在百度新兴业务事业群组体系内成立百度教育事业部。事业部以百度传课为核心业务，面向18～30岁的学习人群，提供优质教育服务和内容。百度传课战略的三大核心是：为教育机构提供教育服务解决方案；建立核心用户培养体系；建立核心用户推广体系。百度传课推出面向合作机构的"光合计划"，内容包括为合作机构免费提供12项基础服务、组建百度传课Geek Club、帮助机构获取更多推广资源，以及提供含学业、就业、留学、创业的个性化发展解决方案等。

（刘伟杰）

【共同打造“互联网 + 纳税服务”品牌】12 月 4 日，北京市国家税务局与百度在线网络技术（北京）有限公司打造“互联网 + 纳税服务”新品牌战略合作框架协议签约仪式在京举行。双方相关负责人参加。根据协议，双方将建立全面合作机制和信息共享机制，立足纳税服务，在网络搜索、数据服务、人机交互、图像识别等各层面上开展合作。市国税局将发挥税务职能作用，提供税收业务知识、政府信息公开等信息数据；百度公司将发挥在互联网搜索、互联网服务、智能识别、开发者平台等领域的专业优势，双方共同打造可推广、可移植、可复制的全国领先的“互联网 + 纳税服务”品牌，为纳税人提供权威、及时、准确、全面的税收政策和纳税资讯。

（刘伟杰）

【“无创癌症基因诊断”项目获中国药谷创新创业大赛奖】12 月 6 日，在首届中国留学人员创业园 · 海创大赛暨中国（济南）药谷创新创业大赛决赛上，北京易活生物科技有限公司的“无创癌症基因诊断”项目获中国药谷创新创业大赛第二名及海创大赛三等奖。该产品可不经过 DNA 样品的提取和扩增，能快速、准确、精准检测出血液或者唾液中游离的极微量的癌症突变基因，准确率与传统活检结果相当。

（彭　晨）

【海淀园管委会与 3 家知识产权机构签约】12 月 7 日，最高人民法院知识产权案例指导研究（北京）基地、北京知识产权法研究会、北京知识产权法院、海淀园管委会合作备忘录签约仪式在京举行。海淀区政府等单位有关负责人参加。根据合作备忘录，各方将通过建立协调会商机制、搭建信息共享平台，实现互通有无、资源共享，并在共建知识产权教育培训基地、知识产权保护指导服务、热点难点问题专题调研、典型案例分析等方面进行合作，以提升核心区企业知识产权保护的意识、能力和水平，进一步优化核心区创新驱动发展的知识产权服务环境。

（刘伟杰）

【第六届中关村质量奖颁奖】12 月 11 日，在第六届中关村质量奖颁奖仪式上，普天国际贸易有限公司、北京兴科迪科技有限公司等 4 家单位，因企业发展方向明确、自主创新能力强、质量管理卓越、经济和社会效益显著获第六届中关村质量奖，并分别获海淀区政府 30 万元奖励。

（钮　键）

【首届中国智能硬件 36 小时开发大赛举办】12 月 12—13 日，由中发智造和机智云主办的首届中国智能硬件 36 小时开发大赛在中关村智能制造创新中心举办。活动采用比赛智能硬件研发和限时元器件采购相结合的比赛方式，经过 36 小时的比赛，入围决赛的 7 支团队完成了项目开发、编写制作产品 PPT、项目调试、项目演示等任务。最终，星火燎原团队的家庭盆栽与水族箱看护系统项目获一等奖，豆荚团队的基于微信的远程老人监护系统项目获二等奖，InterCop 团队的蔬菜大棚控制系统项目获得三等奖。

（刘伟杰）

【首届中国中关村机器人科技运动会举行】12 月 15—18 日，由教育部体育卫生与艺术教育司、国家体育总局青少年体育司、中国科学院北京分院等单位主办的“神州通信杯”第一届中国中关村机器人科技运动会在北京科技大学举行。运动会以“运动炫科技，智慧赢未来”为主题。来自北京、河北、山东等地的 74 支代表队 500 余人参加比赛。运动会竞赛项目包括机器人马球赛、机器人舞蹈赛、机器人障碍赛、无人机任务赛 4 类比赛。最终产生 5 支冠军队伍，即正定县北早现联校障碍队获机器人障碍赛少年组冠军、正定县解放街小学舞蹈队获机器人舞蹈赛少年组冠军、淄博天韵舞蹈艺术学校舞蹈一队获机器人舞蹈赛青年组冠军、中国人民解放军装甲兵工程学院无人机任务赛一队获无人机任务赛成年组冠军、赵县李春学校马球队获机器人马球赛青年组冠军。

（刘伟杰）

【“东升杯”国际创业大赛举办】12 月 18 日，由北京市毕业生就业服务中心、海淀区人力社保局、中关村东升科技园管委会主办的“东升杯”国际创业大赛暨大学生创新创业促进行动总决赛在东升科技园举办。大赛 8 月 5 日启动，在国内设立了北京、华北、西北、西南、华中、华东、华南 7 个分赛区，并在美国、韩国、吉尔吉斯斯坦设立了分赛区，吸引了国内外 1000 余个优秀创新创业项目参赛，经过初赛、复赛和半决赛，8 个项目进入总决赛。最终，由中盎炬华（北京）科技发展有限公司开发的华人出境旅行搜索引擎“四万公里”获特等奖。

（刘伟杰）

【共建北京大数据交易中心】12 月 18 日，在京津冀 · 西南地区大数据新能源示范工作会暨北京供销大数据集团品牌发布会上，海淀区政府与北京软件和信息服务交易所有限公司、世欣蓝汛科技股份有限公司签署《海淀项目战略合作框架协议》，共建北京大数据交易中心。中心位于海龙大厦，致力于打造国内具有影响力的大数据交易平台，实现大数据交易的集约化和便捷化。

（王　翔）

【第一届下一代互联网技术创新大赛举办】12 月 20 日，由赛尔网络有限公司主办的第一届下一代互联网技术创新大赛决赛在清华大学举办。大赛于 9 月启动，来自全国各地的 200 余个团队报名参加，共产生获奖作品 99 个，其中 42 个参赛作品入围全国决赛。其中，创意组入围项目涉及网络技术、智慧城市、农业、远程监护、安全、医疗、交通以及物联网等领域，实践组入围项目涉及能源、移动网络、智能识别、认证计费、智能家居、教育和网络分析等领域。北京大学的“志愿树”、清华大学的“智联——移动校园上网神器”、大连理工大学的“基于 IPv6 的腕带式手势识别系统”3 个项目获一等奖。

（刘伟杰）

【合作开展食管癌研究】12 月 22 日，百度—协和医学院食管癌研究项目签约仪式在北京协和医学院举行。百度在线网络技术（北京）有限公司、北京协和医学院相关负责人等参加。双方将合作开展食管癌研究。根据协议，双方将充分发挥北京协和医学院的医学研究优势和百度大数据与人工智能等技术优势，发现与中国人密切相关的食管癌早期诊断的标志物，为食管癌的早期筛查和诊断提供科学依据，并为食管癌药物的研发提供靶标。根据项目计划，北京协和医学院的科研团队将负责食管癌患者标本的采集以及基因测序等工作。其中，开展食管癌的医学研究需要进行的全基因组测序和比对过程中会产生大量数据，数据的存储、生物学分析、临床相关性分析都需要巨大的数据存储与运算能力。百度公司将为大规模生物信息的存储提供大数据与人工智能等技术，能够加速生物信息的相关计算，更精准有效地对食管癌基因变异进行对比。

（刘伟杰）

【海淀区大健康产业联合会成立】12 月 26 日，北京市海淀区大健康产业联合会第一次会员大会暨成立大会在北京太和妇产医院举行。海淀区政府、海淀园管委会等单位有关负责人以及发起单位的代表等参加。联合会由大健康产业链生产、医疗、保健养生、科研、流通、服务等环节的 39 家单位发起成立，是经海淀区民政局核准登记的非营利性社会团体法人。其宗旨是在京津冀协同发展的政策背景下，通过网络联合、资本联动、项目对接等形式，协助区大健康企业完成产业转型、升级、向外辐射，推动海淀区“人口疏解”和京津冀大健康产业全方位联动，实现会员企业与社会各方多赢发展。北京太和妇产医院董事长韩笑冰当选为联合会第一届会长。

（刘伟杰）

【后 E 世创空间启动】12 月 28 日，后 E 世创空间启动仪式暨 Founders Space 战略合作发布会在海龙大厦举行。中关村管委会、北大后 E 促进会等单位有关负责人以及学员代表等参加。后 E 世创空间位于海龙大厦，由北大后工商管理促进会建立，将连接美国硅谷、以色列、德国等国家和地区，建立全球创新资源整合平台和通道，形成良好的创新生态系统和创新生态价值链，打造有全球影响力的高价值国际创新平台，促进后 E 学员成熟企业的转型升级和二次创业，支持新生代企业家、留学回国人员的创新创业，孵化一批具有国际化视野、创新精神和社会责任感的新商业领袖。其主要功能包括：与麻省理工学院等国外一流大学和科研机构合作建立联合实验室和研发中心；与全球领先的孵化器联合建立国际孵化器、加速器；后 E 学员企业的研发总部、创新基地，助力成熟企业家的二次创业和转型升级；通过人才 IPO、引入孵化器等方式，吸引和支持海外学者、留学生的高科技创新团队回国在中关村示范区创业；支持“大众创业、万众创新”以及后 E 学员子女创业而开设的创新课程和创业辅导；支持后 E 世创空间运转所需的国际化运营和服务团队。后 E 世创空间在中关村示范区引进美国 Founders Space 孵化器，为入孵团队定制系统解决方案，提供课程辅导、全球资源和资本对接。

（刘伟杰）

【“中关村并购资本中心”成立】12 月 28 日，由海淀区政府主办的海淀建设并购资本中心政策发布会“中关村并购资本中心”揭牌暨金融支持项目展示会在中关村示范区展示中心举行。副市长隋振江、市政府副秘书长朱炎、中关村管委会主任郭洪等领导和人民银行营业管理部、市银监局、市经济信息化委等单位相关负责人以及金融机构、科技企业、协会组织的代表等 300 余人参加。会上，海淀区政府发布全国首个地方政府并购政策《关于建设中关村并购资本中心的实施意见》，全国首个并购空间载体“中关村并购资本中心”揭牌成立。会议还举行海淀区“双创”投贷联动合作协议及首批“双创”投贷联动企业贷款合同签署仪式和金融支持项目展示。建立并购资本中心后，海淀区政府将设立并购引导基金，以“上市公司 +PE”模式整合国际国内创新资源，加大并购资本力度，支持领军企业通过并购重组做大做强。

（韩洋洋　刘伟杰）

【中关村核心区科技服务业发展促进会成立】 12月30日，中关村核心区科技服务业发展促进会在清华科技园成立，第一届会员大会暨科技服务业发展论坛同期举行。海淀区政府及清华科技园发展中心、中关村科技园区海淀园创业服务中心等单位的相关负责人30余人参加。促进会由从事科技服务的52个会员企业及相关科研机构联合成立，其中单位会员31家，个人会员21位，范围涵盖研究开发服务、技术转移服务、检验检测认证服务、创业孵化服务、知识产权服务、科技咨询服务、科技金融服务、科学技术普及服务等领域。清华科技园发展中心主任梅萌当选首届理事长。促进会的职能定位是枢纽型协会组织，聚集各方资源，形成合力，搭建平台，成为企业和机构之间的桥梁和纽带，同时在政府的指导下，创新业务模式，加强各服务机构之间的业务协同。

（康秋红　刘伟杰）

【“环球商机”系列活动举办】 年内，由海淀园管委会主办的“环球商机”系列活动共举办11场，包括泰国、比利时、卢森堡等国家的商机投资研讨会，邀请各国政府机构官员及专业服务机构向企业介绍本国商业机会和营商环境，帮助企业拓展海外市场。来自园区企业的代表等近700人次参加。

（刘伟杰）

【海淀园企业国际化人才实训班举办】 年内，海淀园管委会举办两期海淀园企业国际化人才实训班。培训班的教学安排突出“国际融资和跨国并购”主题，重点关注国际融资策略、跨国并购的法律问题、知识产权问题、人才问题等，邀请中外政府机关人员以及国际顶尖中介机构的专家、学者等授课，旨在有效帮助企业对接国际化资源，提升企业管理者的国际化思维和国际化能力。来自海淀园国际化企业、专业园、孵化器和产业联盟的80余名学员参加。

（刘伟杰）

【企业对外合作中知识产权风险及应对培训举办】 年内，由海淀园管委会主办的企业对外合作中知识产权风险及应对系列培训共举办两期，共有企业代表100余人次参加。培训分别以“技术引进”“技术输出中的知识产权风险及应对”等为主题，就优化知识产权环境的政策、促进企业开展国际化专利布局技术出口中的知识产权预警的重要性和有效性等方面进行了讲解。

（刘伟杰）

【格灵深瞳公司智能行为分析系统入选中关村十大创新成果】 年内，由北京格灵深瞳信息技术有限公司研发的基于三维视觉感知和深度学习技术的智能行为分析系统入选中关村十大创新成果。系统通过三维视觉感知技术可以实现对人物的精确检测、跟踪，通过对动作姿态、运动轨迹的检测和分析。在自动场景和人物检测的基础上，自动给安保人员提供预警信号，主动提醒、报告异常，并根据人物的特征，从非时间的维度进行监测、跟踪、搜索。

（张　毅）

【海淀园重点技术领域总收入16356.1亿元】 年内，海淀园重点技术领域总收入16356.1亿元，“高精尖”产业结构初具规模。其中，电子信息领域收入11067.6亿元，占总收入的67.7%；新能源与节能领域收入952.2亿元，占总收入的5.8%；新材料领域收入874.5亿元，占总收入的5.3%；先进制造领域收入514.3亿元，占总收入的3.1%；环境保护领域收入433.8亿元，占总收入的2.7%；生物医药领域收入216.6亿元，占总收入的1.3%；其他领域收入2297.1亿元，占总收入的14%。

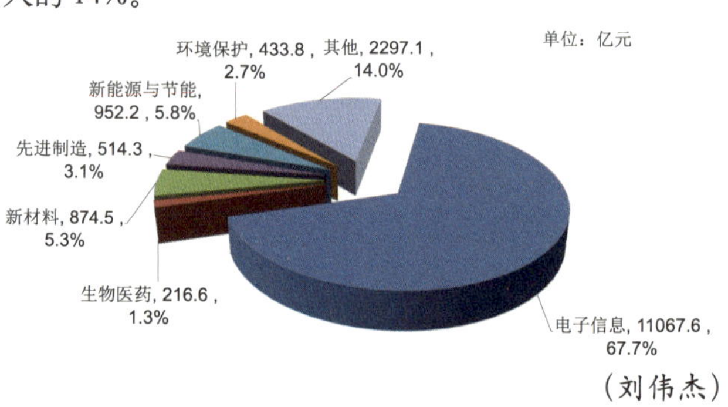

（刘伟杰）

昌平园

1991年11月，北京市新技术产业开发试验区昌平园区成立；1999年6月纳入中关村科技园区，更名为中关村科技园区昌平园；2002年，昌平园进行范围调整，政策区域面积仍为500公顷，划分为高新技术产业发展中心区、高新技术产业发展区和高新技术产业辐射区三大区域；2005年，昌平园规划范围重新认定，规划总面积1148公顷；2009年3月，经国务院批复，成为中关村国家自主创新示范区昌平园；2012年10月，根据国务院批复，昌平园政策区范围调整为5140.71公顷，包括29个地块，分布在昌平区13个镇（街道），由中心区、未来科技城、中关村生命科学园、国家工程技术创新基地、三一产业园等重点功能区及部分镇级开发区等组成，形成了能源科技、生物医药、新一代信息技术、高端现代制造四大支柱产业。昌平区南部地区整体纳入中关村核心区和北部产业带范围，肩负建设“一城一带”重大任务，在中关村示范区“两城两带、六高四新”的产业发展格局中，昌平占据了“一城”——未来科技城、“一带”——北部研发服务和高新技术产业带、“一高”——中关村核心区以及一个市级重点功能区——北京科技商务区（TBD）。经过20余年的发展积累，昌平园入园企业数量由建园初期的90家发展到3250家，其中国家级高新技术企业近660家，北京瑞士诺华制药有限公司、诺和诺德（中国）制药有限公司等世界500强企业入驻昌平园，涵盖了新能源、节能环保、新医药、电动汽车、新材料、信息产业等战略性新兴产业领域；拥有上市企业19家、新三板企业42家、“十百千工程”企业35家。园区新创业成果不断涌现，北汽福田汽车股份有限公司等企业专利申请数和授权数逐年增长。创新创业活力不断提升，汇聚了中国石油大学、中国政法大学、华北电力大学等14所重点高校及其新校区、分校区，18个国家级科研机构，11家博士后科研工作站，11家博士后科研工作分站，7家创新实践基地工作站，4家院士专家工作站。共有大学科技园、科技企业孵化器、留创园等各类孵化机构近40家，国家级科技企业孵化器4家，孵化总面积近140万平方米。园区企业可以享受国家、北京市、中关村示范区的各类优惠政策。

昌平园管理委员会领导成员

主　　任	苏贵光
工委书记 常务副主任	张劲柏
工委副书记	高　芬（女）
纪工委书记	朱文宏
副 主 任	颜　梅（女）　康巍巍（女） 姚春增　　　王晨光
武装部部长	马新海
工会主席	钮亚敏（女）

中关村国家自主创新示范区昌平园规划范围示意图

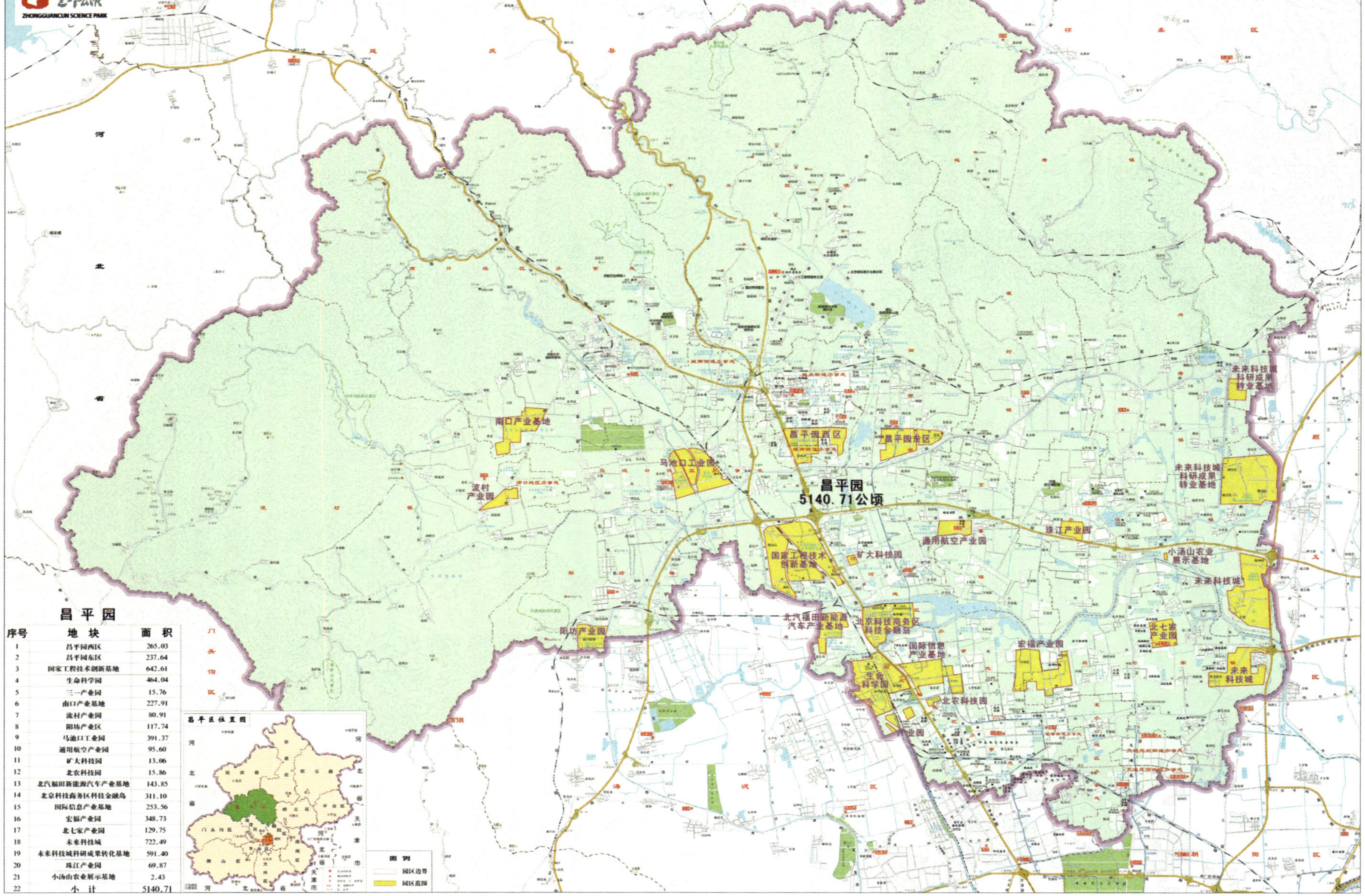

昌平园

序号	地块	面积
1	昌平园西区	265.03
2	昌平园东区	237.64
3	国家工程技术创新基地	642.61
4	生命科学园	464.04
5	三一产业园	15.76
6	南口产业基地	227.91
7	流村产业园	80.91
8	阳坊产业区	117.74
9	马池口工业园	391.37
10	通用航空产业园	95.60
11	矿大科技园	13.06
12	北农科技园	15.86
13	北汽福田新能源汽车产业基地	143.85
14	北京科技商务区科技金融岛	311.10
15	国际信息产业基地	253.56
16	宏福产业园	348.73
17	北七家产业园	129.75
18	未来科技城	722.49
19	未来科技城科研成果转化基地	591.40
20	珠江产业园	69.87
21	小汤山农业展示基地	2.43
22	小计	5140.71

【概况】2015年，昌平园经济继续保持稳定发展态势。年内，园区入统高新技术企业总数1884家；从业人员15万人；工业总产值1072.6亿元；总收入3381.4亿元；进出口总额29.9亿美元；实缴税费总额144.8亿元；利润总额267.7亿元；资产总计5424.4亿元；科技活动经费支出总额110.3亿元；专利申请数4986件，专利授权数3472件。

项目落地。加大重点结算型项目和创新型项目的引进，推动国网信息通信产业集团等企业落地昌平园；推动臻迪科技无人机项目落户中科创新园，北京康远制药有限公司选址流村工业园，泰宁—海绵城市产业基地落地昌平园东区；国内首家GMP级口腔干细胞库落户生命园。

工程建设。全年完成投资18.3亿元，超额完成年投资计划（计划投资15.35亿元）。知蜂堂生产基地等4个项目开工实施，北大国际医院、中科创新园等项目超额完成投资；北京迈瑞医疗科技园、康比特乐华仕健康产业园、中船重工船舶科技产业园主体项目完成封顶；昌平园怀来分园一期94.4公顷区域范围确定，3个项目列入首批开工建设名单。

创业服务。回龙观创业大街开街，启动回龙观“双创社区”暨腾讯众创空间（北京）；“双创周”期间，昌平园管委会设立分会场，举办投资对接活动6场；与IT时代周刊杂志社、创客100创业孵化平台共同设立创客100基金；推进科技企业孵化器工作，启动禾芫孵化器等企业孵化器。

企业助力。园区开展各种形式的培训活动，帮助企业转型升级。开展“走进科技孵化器”活动，为华北电力大学科技园等孵化器企业进行上门培训；邀请证券机构，针对有意向在新三板挂牌上市的企业进行业务培训和政策讲解。

平台打造。北京市药品检验所投入使用，为企业提供便利快捷的权威检验检测服务；中关村生命科学联合创新服务中心挂牌，提高企业生物材料试剂的进出口效率并有效降低采购成本；国家蛋白质科学中心（北京基地）试运行，主要开展蛋白质组学、代谢组学、蛋白质功能等的创新研究；中关村昌平园科技条件平台，已整合1万余项测试服务资源，为园区各类科技企业提供一个科研创新和成果转化及产业化的公共技术平台。

科技成果。乐普（北京）医疗器械股份有限公司和北京思达医用装置有限公司通过英国标准协会的微生物审核；中国华能集团清洁能源技术研究院有限公司研发的中国首个700摄氏度关键部件验证试验平台在华能南京电厂投运；中海阳能源集团股份有限公司推出RCPV油气开采与集输热电联供应用系统；博奥生物集团有限公司研发的恒温扩增微流控芯片核酸分析仪获国家Ⅲ类医疗器械产品注册证；北京贝瑞和康生物技术有限公司推出科孕安胚胎植入前遗传学筛查（PGS）项目及产品化整体解决方案；北京东华原医疗设备有限责任公司制定的《中药煎药机》国际标准（ISO18665：2015）出版发行。

人才队伍。北京诺诗康瀛医学科技有限公司等4家企业获博士后科研工作站授牌；北京万全德众医药生物技术有限公司等4家企业获批建设博士后科研工作站分站。截至年底，昌平园共有博士后科研工作站11家，博士后科研工作分站11家，创新实践基地工作站7家，在站博士后29人，全年新进站博士后7人，出站博士后6人；入园留创企业15家，留学人员52名；7人通过中关村高端领军人才高级工程师（教授级）职称评价；中关村高端领军人才80人，其中28人入选“千人计划”、42人入选“海聚工程”、10人入选“高聚工程”。

大健康产业。昌平园管委会与韩国江原道科学研究院和江原道政府签署战略合作协议，设立中韩合作投资技术服务公司，将借助韩国江原道在生物医药方面的领先优势，推动昌平区生物医药医疗器械产业的发展；成立中关村慧康运动健康产业联盟，为大健康产业运动健康领域的发展搭建交流平台。

（万　玮）

【乐普公司通过BSI审核】1月4—5日，乐普（北京）医疗器械股份有限公司及其子公司北京思达医用装置有限公司通过英国标准协会（BSI）的微生物审核。审核涉及的产品为电生理导管连接电缆、无菌电生理诊断导管、电生理消融导管、环形肺静脉标测导管、含药洗脱冠脉支架系统、冠状动脉扩张导管、超滑造影导丝、指导导管、血栓抽吸导管、瓣膜球囊导管和机械心脏瓣膜附件等。

（万　玮）

【共建中关村昌平园怀来分园】1月7日，《昌平区与怀来县战略合作框架协议》和《中关村昌平园怀来分园共建战略合作协议》签订仪式在昌平区举行。北京市昌平区政府、河北省怀来县政府等单位相关负责人以及双方有关部门的代表等参加。昌平区政府与怀来县政府签订协议，双方将共建中关村昌平园怀来分园。园区位于河北省怀来新兴产业示范区，占地面积200公顷。根据协议，昌平园管委会负责怀来分园的招商引资和项目引进工作，昌平园内的高新技术企业将被推荐到园区新建研发生产基地。怀来县政府将设立怀来分园发展基金，对入园企业进行培育和扶持，并为入驻怀来分园企业的项目争取河北省对京津冀协同发展各种产业政策的支持。怀来县政府职能部门还将为入园项目立项、用地、规划、环评等方面的审批提供绿色通道。双方还将成立“中关村昌平园怀来分园开发建设领导小组”，并派工作人员设立怀来分园执行管理机构，负责综合协调、项目建设、规划编制、产业确定、政策支持及企业管理服务等工作。

（万　玮）

【高新技术企业认定培训会举办】4月2日，由昌平园管委会主办的2015年度高新技术企业认定工作培训会在京举办。来自园区80余家企业的代表100余人参加。市科委相关工作人员对《高新技术企业认定管理办法》进行解读，并解答了企业提出的问题。

（万　玮）

【中海阳能源集团获行业贡献奖】4月15日，在第九届中国新能源国际高峰论坛上，中海阳能源集团股份有限公司因其在太阳能光伏发电成功经验的基础上，结合聚光光伏和聚光光热的特点，推出反射式聚光光伏，提升了太阳能电站的发电效能和电站的整体收益，获中华新能源行业贡献奖。

（万　玮）

【新三板挂牌政策培训会举办】4月23日，由昌平园管委会主办的新三板挂牌和政策培训会在京举办。园区40余家企业的代表参加。相关专家进行业务培训和政策讲解，内容包括企业挂牌新三板的条件、操作实务、费用、扶持政策、新三板市场的法律法规以及常见问题。

（万　玮）

【勤邦饲料检测整体解决方案推出】4月24—25日，在2015中国饲料工业展览会暨畜牧业科技成果推介会上，北京勤邦生物技术有限公司推出真菌毒素、抗生素及非法添加物快速检测解决方案。方案适用于对食品生产中的各个环节进行真菌毒素、抗生素及非法添加物污染的监控，可用于粮油、饲料等产品的检测，满足食品企业产品快速检测流通、质检机构实时监控食品质量、公共卫生事件应急处理的需要。

（万　玮）

【碘帕醇注射液获药品批准文号】5月26日，由北陆药业股份有限公司研发的对比剂药品碘帕醇注射液获食品药品监管总局签发的《药品注册批件》（批准文号：国药准字H20153103）。碘帕醇注射液是第二代非离子型单体X射线对比剂，适用于神经放射学、血管造影术、泌尿系统造影术、关节造影术、瘘道造影术、数字减影血管造影术以及CT检查中增强扫描。

（万　玮）

【编制昌平园“十三五”规划】5月，昌平园管委会成立“十三五”规划编制小组，启动《“十三五”时期中关村昌平园创新发展规划》编制工作，并组织相关专家先后对北京科技商务区（TBD）、国家工程技术创新基地、未来科技城等重点园区及双创社区进行调研。10月，形成园区规划初稿。

（万　玮）

【昌平区促进生物医药产业发展相关政策出台】6月3日，昌平区政府印发《关于印发〈昌平区促进生物医药医疗器械大健康产业加快发展实施办法〉的通知》（昌政办发〔2015〕13号）。《办法》包括总则、支持政策、资金安排及拨付、附则4章11条，对发展方向为生物医药医疗器械大健康产业的中关村高新技术企业、研发机构、服务机构、产业园区建设经营公司、专业孵化器和产业联盟等相关机构，在企业发展、专业园区建设、创新创业空间构建、高端人才引进等方面予以支持。《办法》自发布之日起实施。

（万　玮）

【东华原生物信息科技孵化器启动】6月11日，东华原生物信息科技孵化器启动仪式在昌平园举行。国家民族事务委员会、市食品药品监管局、昌平区政府等单位相关负责人等参加。孵化器由北京东华原医疗设备有限责任公司建设，位于公司总部基地，将围绕现

代化煎药中心、健康小屋两大模式，进行上下游全产业链的垂直与横向的延伸及纵深运营，推动移动与智能医疗快速发展；提供科技企业孵化、技术服务、项目投资、信息咨询及实体设施等业务，突出服务化、商品化和产业化三大特点。

（万　玮）

【“走进科技孵化器”活动举办】6月16日，昌平园管委会举办“走进科技孵化器”活动，为华北电力大学

科技园、北京乐邦乐成科技孵化器有限公司等孵化机构所属的近100家企业提供上门培训，并进行座谈。活动通过发放政策材料、政策宣讲等形式，宣传国家高新企业认定及中关村高新企业认定的相关政策。

（万　玮）

【中国国际光热电站大会举行】6月25—26日，由中海阳能源集团股份有限公司与光热发电网（CSPPLAZA）主办的中国国际光热电站大会暨CSPPLAZA年会2015（CPC2015）在京举行。国家能源局新能源与可再生能源司、国家发展和改革委员会能源研究所、水利水电规划设计总院等单位相关负责人和专家，以及来自国内外光热企业的代表300余人参加。会议主题是“光热电站开发之道”，设置“光热发电产业环境”“光热电站开发之道 & 案例分析”“从设备产品角度助力中国光热电站开发”3个环节，就如何构建中国光热发电项目开发的最优环境、推进商业化电站开发和运营，以及从项目开发前期的资源评估到后期电站运维等整个电站产业链各环节面临的关键问题等进行了探讨，并分享了知名光热电站项目的开发经验。

（万　玮）

【合作开展无创肿瘤DNA检测项目】6月，北京贝瑞和康生物技术有限公司与北京医院就“非小细胞肺癌相关驱动基因突变无创检测研究”的临床研究达成合作。北京医院将以非小细胞肺癌患者血浆为样本，对贝瑞和康公司提供的无创肿瘤DNA检测技术进行临床评估。临床研究检测的基因将覆盖美国国立综合癌症网（The National Comprehensive Cancer Network，NCCN）非小细胞肺癌指南所列的与靶向用药相关的突变基因和融合基因。贝瑞和康公司的无创肿瘤DNA检测方法采用其研发的cSMART技术，通过对患者外周血中的循环肿瘤DNA（ctDNA）进行检测获取全面的肿瘤驱动基因突变信息。cSMART技术在减轻患者痛苦的前提下，可满足无法进行活检的肿瘤患者需求，又能做到实时取样以检测肿瘤治疗效果，同时还能克服组织样本肿瘤异质性难题。

（万　玮）

【4家企业被认定为北京市技术先进型服务企业】7月1日，市科委、市商务委、市财政局等单位印发《关于公布通过认定2015年度技术先进型服务企业名单的通知》（京科发〔2015〕321号），76家企业通过认定。其中，昌平园保诺科技（北京）有限公司、北京诺和诺德医药科技有限公司、中美冠科生物技术（北京）有限公司、康龙化成（北京）新药技术有限公司4家企业入选。入选企业可以享受15%的企业所得税优惠税率，离岸技术外包收入免征营业税，职工教育经费按不超过企业工资总额8%的比例据实在企业所得税税前扣除、超过部分准予在以后纳税年度结转扣除等优惠政策。

（万　玮）

【15家企业的项目入选北京市新技术新产品名单】7月3日，市科委、市发展改革委、中关村管委会等单位发布《关于公示2015年第一批北京市新技术新产品（服务）的通知》（京科发〔2015〕335号），昌平园爱博诺德（北京）医疗科技有限公司的高次非球面可折叠一片式人工晶状体（普诺明A1–UV），天翼电子商务有限公司的交费易、添益宝、翼支付手机客户端3个项目等15家企业的新技术新产品（服务）入选，涉及生物医药、新一代信息技术等领域。

（万　玮）

【三一重工公司入选财富中国500强】7月8日，《财富》杂志（中文版）发布2015年中国500强排行榜，三一重工股份有限公司以营业收入303.65亿元、利润7.09亿元位居榜单第一百七十七名，是工程机械行业上榜名单中排名第一的企业。

（万　玮）

【18个项目获科技型中小企业促进专项立项支持】7月9日，市科委发布《2015年度北京市科技型中小企业促进专项立项公告》，对563项创新资金项目进行立项支持。其中，昌平园北京德融恒通环境科技有限公司的“旋转盘式声波除灰器的研发”项目、北京芯盈速腾电子科技有限责任公司的“大容量闪存NFC–SIM智能卡芯片”项目、北京合力电气传动控制技术有限责任公司的“XE–2000风力发电机组2MW/690V全功率永磁同步水冷变流器”项目、北京大成国测科技有限公司的“DCM结构沉降自动监测系统”4个项目获2015年度北京市科技型中小企业促进专项（创新类）立项支持；北京中勤世帝生物技术有限公司的“智能高速凝血因子分析仪”项目、北京中电龙源环保科技有限公司的“一种热力设备运行清洗剂及其清洗工艺”等14个项目获2015年度北京市科技型中小企业促进专项（创业类）立项支持。

（万　玮）

【福田汽车公司与张家口市政府签署协议】7月24日，张家口市人民政府、宣化区人民政府、福田汽车公司产业转型升级战略合作签约仪式在京举行。三方相关负责人参加。双方签署《关于福田汽车集团北京厂区工业制造业务迁入宣化区战略合作协议书》，将就北汽福田汽车股份有限公司北京厂区泵送机、起重机、环卫车、消防车、渣土车、动力和储能电池产业转移及后续发展事宜开展战略合作。根据协议，福田汽车公司将借助其在宣化福田雷萨泵送机械厂产业资源，逐步将其北京厂区产业制造业务转移至张家口市宣化区。

（万　玮）

【隋振江调研昌平区产业发展和科技创新情况】 7 月 28 日，副市长隋振江专题调研昌平区产业发展和科技创新情况，市政府副秘书长朱炎及市科委、市知识产权局、中关村管委会等单位相关负责人陪同调研。隋振江一行到北京科技商务区（TBD）了解其功能区建设情况，并考察了中国石油集团长城钻探工程有限公司测井技

术研究院在中国石油科技园建立的实验室、乐普（北京）医疗器械股份有限公司的科技创新状况及昌平新城东区的建设情况。隋振江指出，昌平区作为全市科技创新的重要区域，要加强未来科技城入驻央企资源与社会资源的整合，加快协同创新平台建设，充分发挥央企的创新引领示范作用，推动协同创新体制机制建设。

（万　玮）

【3 个项目获“蓝天行动”后补助资金】 7 月 30 日，北京华采招标代理有限公司发布《北京市科学技术委员会“2015 年度首都蓝天行动科技示范工程”后补助政府采购项目中标公告》，昌平园北京华业阳光新能源有限公司的“华业阳光公司综合楼太阳能与多能源复合供热制冷系统科技示范工程”和“密云县华润希望小镇一期示范村太阳能采暖工程”、中国华能集团清洁能源技术研究院有限公司的“秦皇岛秦热发电有限公司 2×300MW 机组脱硝改造工程” 3 个示范工程项目获“蓝天行动”资金支持，各获补助金额 100 万元。

（万　玮）

【爱博诺德公司成为军地共建北京创新医疗产品应用基地】 7 月 31 日，在医学科技创新战略合作阶段工作总结暨“军地共建北京创新医疗产品临床评价应用基地”授牌仪式上，爱博诺德（北京）医疗科技有限公司成为首批军地共建北京创新医疗产品临床评价应用基地。爱博诺德公司与中国人民解放军总医院眼科和中国人民解放军总医院第 309 医院眼科共同开展国产眼科医疗设备与耗材临床应用与推广项目的研究。基地将针对爱博诺德公司的普诺明高次非球面人工晶体，启动上市后 4 期临床研究及产品应用追踪，研究内容包括长期术后视觉效果及 PCO 发生率等；联合参与开发白内障激光治疗设备的设计和开发；共同申报北京市和国家的科研课题。

（万　玮）

【国电研究院项目获 APEC 项目基金资助】 7 月，亚太经济合作组织（APEC）授权国电新能源技术研究院开展的“通过提升燃料电池技术带动可再生能源发展”项目获 2015 年 APEC 能源工作组项目基金资助。项目主要包括两个方面的内容：通过召开燃料电池国际论坛向与会者介绍国际最先进的燃料电池先进技术，进而促进燃料电池领域的技术提升，并向 11 个 APEC 发展中经济体（包括越南、印度尼西亚、泰国等国家）介绍燃料电池新技术，推进其燃料电池工业的发展；通过资助相关课题攻关以及召开主题研讨会推进国电研究院与美国佐治亚理工学院联合研发的“新型绿色高效生物质燃料电池研究”课题进一步发展。

（万　玮）

【生命园公司取得 CP00–1803–0013 地块使用权】 8 月 12 日，北京中关村生命科学园发展有限公司与市国土局签订生命园二期 CP00–1803–0013 地块协议出让合同，取得地块的土地使用权，合同价 5.27 亿元。项目计划投资约 15 亿元，拟建成医药科技企业孵化器，以医药科技项目的研发、实验和中试为主，依托北京大学国际医院优质资源，聚集中小医药科技企业入驻，打造一个中小医药科技企业发展中心。地块总用地面积约 7.75 公顷，建设用地面积约 5.67 公顷，容积率≤ 2.2，建筑控制高度≤ 48 米，总建筑面积 19.98 万平方米，规划用途为 B23 科研设计用地。

（万　玮）

【中关村慧康运动健康产业联盟成立】 8 月 12 日，中关村慧康运动健康产业联盟筹备成立大会暨第一次会员大会在京举行。市民政局、中关村管委会等单位相关负责人以及联盟会员单位代表参加。该联盟由北京康比特体育科技股份有限公司、北京市健美协会、首都体育学院等运动健康产业的相关机构发起成立，是一个集联盟性、专业性和行业性于一体的非政府公益性组织，将以“推动国家政策对产业的支持，推广技术的应用，加强专业人员培养，提升行业服务水平，

促进行业进步，实现行业成员共赢”为宗旨，以“和政府协商、沟通，诉求问题和反馈要求；制定行业长远战略、协调产业发展；传播行业品牌，启发和引导消费市场；整合产业价值链，畅通人才流、物流、信息流、资金流、商流等”为目的开展各项工作。

（万　玮）

【9 家企业获科技服务业促进专项支持】 8 月 14 日，市科委发布《关于公示 2015 年“北京市科技服务业促进专项”拟支持名单的通知》，昌平园 9 家企业获支持。其中，北京利尔高温材料股份有限公司的钢铁冶金耐火材料合同耗材管理工程服务、北京海林节能设备股份有限公司的基于物联网的城市集中供热智能管理综合服务、北京金隅红树林环保技术有限责任公司的水泥窑协同处置危险废物工程技术服务项目 3 个项目入选工程技术服务（第一类），北京康比特体育科技股份有限公司的基于大数据的居民运动健康智能专家、北京兆信信息技术股份有限公司的基于加密算法的产品数字身份管理系统、北京东华原医疗设备有限责任公司的基于互联网及物联网的现代化智能煎药服务 3 个项目入选新型服务业态（第二类），北京蛋白质组研究中心入选技术转移服务（第三类）。

（万　玮）

【打造中国人群基因组数据云】 8 月 14 日，北京贝瑞和康生物技术有限公司与阿里云计算有限公司共同宣布双方达成合作，将基于阿里云公司批量计算服务能力及贝瑞和康公司构建的包含超过 40 万份基因组数据的中国人群基因组大数据库，打造以海量的中国人群基因组数据为核心的数据云，实现对个人基因组数据的精准解读。双方共同合作的“神州基因组数据云项目”将首先聚焦于基因组大数据在云平台上的批量计算、分析、存储，进而在基因大数据领域共同进行前沿探索。

（万　玮　梁　爽）

【碳捕集系统和方法获发明专利授权】 8 月 19 日，由国电新能源技术研究院能源创新技术研究中心徐冬等发明的“一种捕集烟道气中二氧化碳系统和方法”获国家知识产权局发明专利授权（ZL201210572964.4）。发明设计了一种新型多层真空变压吸附技术，并提出了该技术应用于气体吸附和解析过程的方法，仅用一套吸附装置可同时分离烟道气中的水蒸气和二氧化碳，实现高湿二氧化碳的高浓度捕集，降低了变压吸附捕获二氧化碳的成本。

（万　玮）

【3 家机构获创新创业服务机构建设促进专项支持】 8 月 25 日，市科委发布《关于公示 2015 年创新创业服务机构建设促进专项拟支持名单的通知》（京科发〔2015〕408 号），昌平园北京宏福博奥科技孵化器有限公司等 3 家新型创业服务机构获支持。

（万　玮）

【昌平园管委会与韩国江原道政府签订协议】 9 月 1 日，昌平园管委会与韩国江原道政府战略合作协议签约仪式在京举行。昌平区政府等单位相关负责人以及韩国江原道科学研究院等机构的代表参加。根据协议，昌平园管委会将通过国际交流，借助韩国江原道在生物医药方面的优势，推动昌平区生物医药医疗器械产业的发展。

（万　玮）

【科孕安 PGS 整体解决方案上市】 9 月 12 日，在北京 2015 胚胎组学国际研讨会暨全军第五次生殖医学研讨会上，北京贝瑞和康生物技术有限公司推出科孕安胚胎植入前遗传学筛查（PGS）项目及产品化整体解决方案。方案包含 NextSeq CN500 高通量基因测序仪、科孕安植入前胚胎染色体拷贝数异常检测试剂盒、高通量测序文库构建 DNA 纯化试剂盒、测序反应通用试剂盒以及科孕安数据分析系统，能够让临床实验人员自主实现从取样到结果分析的一站式无缝操作，可快速、简便、准确、经济地完成胚胎植入前遗传学检测。采用 SUGA 快速单细胞建库技术的科孕安植入前胚胎染色体拷贝数异常检测试剂盒，能够对单细胞或少量细胞的痕量样本进行高质量、均一化的文库构建，免去全基因组扩增（WGA）操作，简化临床实验室工作，还可确保稳定可靠的测序结果。科孕安一体化数据分析系统基于 RUPA 极速信息分析法，实验人员只需要录入样本、芯片等基本信息，2 小时即可完成 96 个样本的全部数据分析并出具最终报告。

（万　玮　江茂华）

【国家电投中央研究院成立】 9 月 15 日，由国家电力投资集团公司主办的国家电投中央研究院成立大会在未来科技城国家核电科研创新基地举行。昌平区政府、未来科技城管委会等单位有关负责人以及中央研究院全体员工等400余人参加。中央研究院以国核科学技术研究院、中电投科学技术研究院、中电投核电技术中心为主体整合组建成立，由10个科研机构组成，定位为国家电力投资集团公司重要的科技创新平台、战略支持机构和高层次人才的聚集基地，目标是要发展成为国际能源领域的知名科研机构、先进能源技术的引领者、集团决策的高级智库和新兴产业孵化器，将开展先进能源科技、战略与政策、技术与经济研究，为建设创新性、国际化能源企业集团提供科研支撑。

（张　毅）

【互补式能源系统获发明专利授权】9月30日，由国电新能源技术研究院能源创新技术研究中心郭桦等发明的“一种互补式绿色能源供给系统”获知识产权局发明专利授权（ZL201210573067.5）。发明提出一种综合利用气体燃料、风能、太阳能、水能等多种能源和蓄能装置的能量供给系统，通过多种能源的有效混合配置，克服了可再生能源供电的不稳定性，实现各类能源的优势互补与效率提升，同时降低氮氧化物、硫化物及粉尘等污染物的生成，减少二氧化碳排放。

（万　玮）

【明照资本成立】10月13日，明照资本战略发布会在北京798尤伦斯当代艺术中心举行。由三一重工股份有限公司和相关创业投资机构发起的明照资本宣布成立。基金专注于工业4.0和物联网领域的创新投资，计划3年内投资50个项目。明照资本设有北京、上海、深圳3个办公室，投资于工业4.0或物联网领域的创业团队及中小企业的A轮或天使阶段，单笔投资规模集中于500万元到1000万元，关注敏感材料与传感、智能物流、动力与传动系统、运动控制、工业通信与图像、企业信息化及工业电商、工业用集成电路等方向的创新，致力于协助创业者构建有长期市场存在价值的企业。

（万　玮）

【中韩合作投资设立技术服务公司】10月15日，中韩合作投资设立技术服务公司签约仪式在中关村生命科学园举行。昌平园管委会、韩国江原道科学研究院等相关机构的负责人参加。北京昌平科技园发展有限公司与北京辅仁慷医疗技术有限公司、高丽大学技术持株公司、汉阳大学技术持株公司、全北地区大学联合技术持株公司、江源地区大学联合技术持株公司共同签署设立技术服务公司的合作协议。根据协议，各方将通过平台公司，助推中韩地区政府、企业在技术研发、

生产销售、管理服务等方面进一步加强合作，同时借助韩国IT和生物医药产业的优势，做大做强昌平区相关产业。

（万　玮）

【6人入选科技新星计划】10月16日，市科委发布《关于北京市科技新星计划2016年度拟入选人员名单公示》，昌平园爱博诺德（北京）医疗科技有限公司王曌、北京百奥赛图基因生物技术有限公司郭雅南、北京华福工程有限公司张安强、北京诺禾致源生物信息科技有限公司蒋智、博奥生物集团有限公司盖伟、北京蛋白质组研究中心谢萍6人入选。

（万　玮）

【2人入选科技北京百万领军人才培养工程】10月16日，市科委发布《关于科技北京百名领军人才培养工程2016年度拟入选人员名单公示》，30人入选。其中，昌平园内北京科诺科技股份有限公司董事长许洪华、北京蛋白质组研究中心翻译后修饰研究课题组组长徐平入选。

（万　玮）

【“普诺明”参展“双创周”】10月19—23日，在全国大众创业万众创新活动周主会场主题展区，爱博诺德（北京）医疗科技有限公司的软式白内障治疗人工晶体项目作为“国际英才大展身手”的典型代表参展，展示了其研发的国内第一款非球面人工晶体——“普诺明”高次非球面人工晶体。产品采用疏水性丙烯酸酯材质，具有良好的生物相容性和生物黏性，可与晶状体囊袋更紧密结合，减少囊膜上皮细胞（LEC）增生，降低前囊膜混浊（ACO）、后囊膜混浊（PCO）发生率和YAG激光后囊切开率。其具备的优势包括：光学面形设计中采用高次方的非球面系数，利用方程高次项来补偿IOL在偏心和移位条件下产生的高阶像差，从而确保IOL

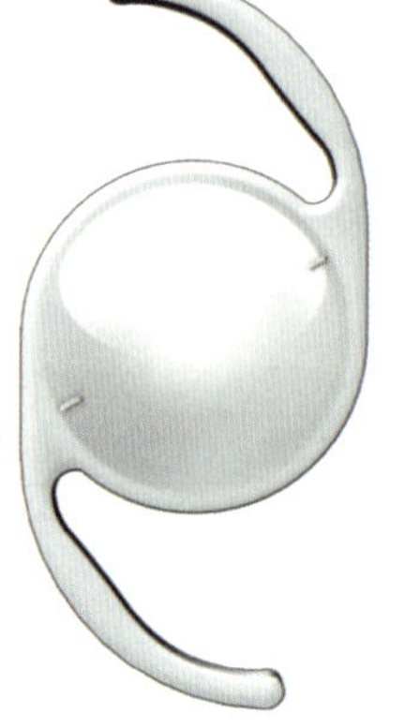

植入后在各种条件下依然能够为患者提供良好的视觉质量；采用双凸、后凸更明显的设计，在设计上更接近人眼的自然晶状体形状；后部支撑由1.5度襻夹角和专利的后凸设计组成，以确保IOL在植入囊袋后与后囊更紧密贴附，减少PCO。

（万　玮）

【2015年未来科技城科技创新论坛举办】10月20日，由未来科技城管委会主办的2015年未来科技城科技创新论坛在国电新能源技术研究院举办。论坛以“企业国际技术交流合作与分享”为主题。来自工业和信息化部、国家知识产权局及美国麻省理工学院工业联盟、国网智能电网研究院等机构的相关专家参加。相关专家分别就“德国工业4.0相关技术在研发展及趋势”“新能源汽车技术全球专利分布现状”“MIT在研最新技术情况”等专题进行演讲，通过对国内外科技创新及科技研发趋势与动态的推介与交流，分享国际科技合作成果，帮助企业了解国外先进科学技术的现状及发展趋势。

（万　玮）

【首届全国“大众创业、万众创新”昌平园分场活动举办】10月21日，首届全国“大众创业、万众创新”昌平园分场活动在创客100孵化器举办。活动由北京宏福博奥科技孵化器有限公司牵头，乐邦乐成、创客100等孵化机构参与。活动现场，多位创投业代表分别以“初创企业容易出现的问题”“在创业路上翻滚的互联网老兵”“创业，你真的准备好了吗”为主题进行经验分享、交流和互动问答。

（万　玮）

【未来科技城人才交流活动举办】10月22日，由未来科技城管委会主办的第四届人才交流活动在中国电信北京研究院举办。来自长安汽车研究院、华能清洁能源技术研究院、中粮营养健康研究院等央企研发机构的代表70余人参加。相关专家分别就“5G愿景和潜在技术”“大数据概论及电网大数据应用实践”两个主题进行专题讲座。年内，活动共举办3期，邀请相关专家就清洁能源技术、虚拟现实技术及其应用、新型涂层热成形钢及热成形工艺的开发等方面做主题讲座。共有12家央企研发机构的代表200余人次参加。

（万　玮）

【科诺伟业公司获博士后科研工作站授牌】10月28日，在北京市2015年新设博士后科研工作站授牌仪式上，北京科诺伟业科技有限公司获博士后科研工作站授牌。工作站将从事新能源领域的风电、光伏、多能互补混合发电产业的整体技术装备研究，组建风电机组电气控制研发实验室，主要研究方向包括多能互补微网技术、光伏发电核心技术、风力发电电气控制方向等。

（万　玮）

【禾芫孵化器成立】11月1日，北京禾芫科技孵化器有限公司开业仪式在禾芫孵化广场举行。市科委、中关村管委会、昌平区政府等单位有关负责人以及企业代表等100余人参加。禾芫孵化器位于昌平园超前路，建筑面积1.1万平方米，是一家创新型的生物医药专业孵化器，将秉承“微创业—微孵化”的创业孵化理念，重点建设众创空间及微实验室孵化平台、禾芫天使投资平台、行业资源共享及社交信息平台、生物医药微技术中心、医疗器械及诊断试剂中试注册平台5个专业服务平台。由禾芫孵化器公司联合相关技术专家、企业家及天使投资人共同成立的禾芫基金同时揭牌。基金首期募集资金2000万元，主要投向天使期的生物医药创业项目。

（万　玮）

【奥凯立公司院士专家科技服务站成立】11月6日，北京奥凯立科技发展股份有限公司院士专家科技服务站授牌仪式在京举行。发展改革委、科技部等单位有关负责人以及相关院校的专家学者等参加。院士专家科技服务站由全国工商联人才交流服务中心在部分有代表性的企业设立，是根据企业自主创新的需要搭建的科技服务开放式平台，主要致力于攻克某项技术难题或提供科技咨询指导服务，以提升企业的综合管理水平和科研能力等。人才中心根据企业需求，协调相关领域的院士或专家为企业提供科技辅导或研发咨询服务，并协助企业开展专利申请、项目申报、科技成果评价、投融资合作等业务工作。

（万　玮）

【全国首家“双创社区”启动】11月8日，由中关村管委会、市科委、昌平区政府主办的回龙观创新创业社区揭幕暨腾讯众创空间（北京）启动仪式在回龙观创客广场举行。社区的首发项目腾讯众创空间的开启仪式也同期举行。副市长隋振江、中关村管委会主任郭洪等领导以及科技部、中国科协等单位相关负责人和企业代表等300余人参加。回龙观创新创业社区是全国首家获中关村管委会授牌的“双创社区”，由中关村管委会与昌平区政府共同打造，是昌平区政府为推动国家创新发展战略实施，推动区域“大众创业、万众创新”事业发展而规划打造的创新创业聚集区，将依托回龙观社区高密度、多元化创新人群聚集的优势，充分激活区域内的创新潜能，打造一个集“资本、人才、技术、信息、文化、空间”六位一体的创新创业生态圈。社区分内外两环，内环为核心区，建筑面积约 16 万平方米；外环为扩展区，建筑面积约 29 万平方米。内环核心区主要产业定位为："互联网 +"、泛文化创业、现代服务业和智能硬件等，外环扩展区主要定位为新一代信息技术、大数据、云计算、大健康、新能源、智能制造等。内外环都将以孵化器、众创空间和服务平台等形式服务创业创新。腾讯众创空间（北京）是回龙观创新创业社区的首发项目，建筑面积 5 万平方米，能够容纳约 500 个创业团队，将为互联网、机器人、智能设备等领域的高科技和国际化企业提供场地设施、团队建设、融资等创业支持，提供线上线下全要素、立体式的创业扶持与服务，整合金融机构、产业孵化加速器、高校等联盟伙伴资源共同打造创业新生态。

（万　玮　石会昌）

【博奥颐和公司项目入选北京市新技术新产品名单】11 月 19 日，市科委、市发展改革委、中关村管委会等单位发布《关于公示 2015 年第二批北京市新技术新产品（服务）的通知》，博奥颐和健康科学技术（北京）有限公司申报的"人疾病易感基因检测服务"项目入选。项目属生物、医药与医疗器械领域，通过对人体疾病易感基因进行检测和分析，预测肿瘤、心脑血管疾病等慢性复杂性疾病的患病风险，并依此制定个性化健康管理指导方案，包括生活方式调整、生活环境改善、体检项目与频次选择、安全用药指导等，从而帮助受检者提前规避疾病发生的危险因素，有效预防疾病的发生。

（万　玮）

【创客 100 基金成立】11 月 24 日，创客 100 基金成立仪式在京举行。昌平区政府等单位有关负责人以及相关企业的代表 100 余人参加。基金由 IT 时代周刊杂志社、创客 100 和昌平园管委会共同发起成立，首期募资 6000 万元，将专注于互联网领域的创新创业，包括网络安全、O2O、即时通信等各类应用项目，旨在为投资人、创业者和创业项目搭建一个便捷高效的平台。

（万　玮）

【备选路径规划方法及导航终端获中国专利优秀奖】11 月 27 日，国家知识产权局印发《关于第十七届中国专利奖授奖的决定》（国知发管字〔2015〕67 号），由高德软件有限公司胡润波等发明的"备选路径规划方法及导航终端"（ZL200910212391.2）获第十七届中国专利优秀奖。发明提供的方法包括：获取构成已规划路径的一个已选拓扑对象；用已选拓扑对象阻尼系数乘以已选拓扑对象的初始权值，得到其动态权值；获取与已选拓扑对象连通且到已选拓扑对象的距离在阈值内的备选拓扑对象，并且每获取一个备选拓扑对象，则用备选拓扑对象阻尼系数乘以备选拓扑对象的初始权值，得到其动态权值；根据备选拓扑对象和构成已规划路径的已选拓扑对象的动态权值，以及道路交通网中其他拓扑对象的权值，采用最短路径算法计算一条备选路径。发明还提供一种导航终端。采用发明提供的技术方案保证备选路径是由绝大多数和已选拓扑对象不重合的拓扑对象构成，备选路径的规划更合理。

（万　玮）

【美亚生物集团项目落户生命园】11 月 27 日，在第十九届北京・香港经济合作研讨洽谈会——2015 北京昌平投资环境香港推介会上，美亚生物科技集团有限公司与昌平区政府签署"干细胞总部基地及研发中心项目"合作协议，签约金额 1 亿美元。根据协议，美亚生物集团将在位于中关村生命科学园内的北大医疗产业园建设面积 2500 平方米的干细胞总部基地及研发中心。中心内容包括自体干细胞保健项目，自体干细胞、免疫细胞储存项目和癌症免疫细胞治疗项目 3 个部分。

（万　玮）

【光耀环境公司项目入选中关村首台（套）重大技术装备试验项目】12 月 18 日，由北京光耀环境工程有限公司申报的"电除尘器综合提效技术解决方案"入选 2015 年度中关村国家自主创新示范区首台（套）重大技术装备试验示范项目名单。项目提出了高频软稳电源技术 + 振打优化技术 + 阳极集尘虑板技术 + 声波吹灰辅助技术 + 烟尘排放颗粒物浓度在线监测技术融合的新方法，除尘效果高于国家排放标准，达到超低排放控制效果。高频电源是将三相交流电经整流和滤波后得到约 560 伏左右的直流电压，由 IGBT 全桥逆变，经谐振电容震荡产生最高 20 千赫兹交变电流，再经高频变压器升压整流后形成高频高压脉动直流送入电除尘器。电源器替代了工频电源，减少了电能消耗，提高了集尘、清灰效果；振打优化及除尘在线监测技术是结合高频电源控制系统对振打装置实现多种除尘优化控制，包括针对电除尘器中不同电场的振打装置、振打方式的协调，普通振打方式与断电振打、间歇性断电振打的有效结合等，根据不同的电除尘器定制针对性的振打优化解决方案。

（万　玮）

【晓清环保公司获中小城镇垃圾收运年度标杆称号】12 月 18 日，在 2015 第九届固废战略论坛上，北京晓清环保工程有限公司因在固废领域建立了"金乡模式"，实现城乡垃圾村收集、镇转运、县处理的"一条龙"服务，研发了垃圾资源化技术，做到垃圾资源化、减量化、无害化处理，将水、固废、新能源三者有机结合，实现行业跨越和生态化转型，获“2015 年度中小城镇垃圾收运年度标杆”称号。

（万　玮）

【COSINE 核电软件包发布】 12 月 21 日，由国家电力投资集团公司主办的国家大型先进压水堆核电站科技重大专项核电关键设计软件包 COSINE 公开测试版发布暨用户组成立大会在国家电投中央研究院举行。科技部、工业和信息化部、环保部等单位有关负责人以及来自高校、科研机构的相关专家等 100 余人参加。COSINE 是中国首套完全自主知识产权的核电厂核设计与安全分析一体化软件包，由国家电投中央研究院核电软件技术中心牵头，依托国家大型先进压水堆核电站科技重大专项“核电关键设计软件自主化技术研究”课题，联合国内核电行业 10 余家科研单位共同开发，包含热工水力设计与安全分析、堆芯物理设计、燃料设计、屏蔽设计与源项分析、严重事故分析、概率安全分析、堆用蒙特卡罗、群常数研制八大类 15 个软件，覆盖 80 余个传统核电软件功能，具备核电厂核工程设计与安全分析的所有核心功能。COSINE 用户组（COSINE User Group），是以共同打造让用户满意的软件产品为目的建立的连接软件开发者与用户的平台，将为用户提供软件试用、技术支持、资源共享、用户中心、线上线下活动等服务。

（万　玮）

【中国商飞北研中心首届科技周活动举办】 12 月 21—25 日，由中国商用飞机有限责任公司主办的中国商飞北研中心首届科技周活动在北京民用飞机技术研究中心举办。活动以“展示预研成果，探索民机未来”为主题，组织国务院大飞机专家委员会、国务院发展研究中心、中国航空研究院等单位的相关负责人和专家 80 余人，参观北研中心科研成果展示，了解科研能力建设情况，并参加技术交流，共同探讨中国未来民机技术发展方向。活动还围绕“复材技术与健康监测”“多电系统的发展趋势”“新构型及超声速民机的发展”等主题，举办了 6 场专题技术交流活动。

（万　玮）

【京郊首例山区地源热泵供暖系统运行】 12 月 22 日，由依科瑞德（北京）能源科技有限公司主办的京郊首例山区地源热泵供暖系统正式运行仪式在延庆区大庄科乡铁炉村举行。中华全国工商联合会、中国建筑科学研究院、中国建筑节能协会等单位有关负责人和专家以及企业代表等参加。项目是京郊首例山区新农村利用地源热泵供暖的典型工程，是延庆区新农村安居工程的供暖配套项目，由依科瑞德公司设计、施工，在该地区市政集中供暖无法到达的情况下，利用当地浅层地热能的资源优势，解决了铁炉村 100 余户村民冬季采暖问题，并彻底淘汰燃煤供热方式，预计可替代标准煤 442 吨，减少碳排放 1005 吨，减少二氧化硫排放 9 吨。（地源热泵系统是利用浅层地热能实现高效节能环保的中央空调系统，经过少部分电力驱动，利用地下相对稳定的温度来为居住和商用建筑一体化提供空调、供暖、热水。）

（万　玮）

【中国首个 700 摄氏度关键部件验证试验平台投运】 12 月 30 日，由中国华能集团清洁能源技术研究院有限公司负责研发的中国首个 700 摄氏度关键部件验证试验平台在华能南京电厂投运并实现 700 摄氏度稳定运行。成果来源于国家能源局 2011 年设立的国家能源应用技术研究及工程示范项目“700 摄氏度超超临界燃煤发电关键设备研发及应用示范”的子课题“关键部件验证试验平台建立及运行”。试验平台分为炉内和炉外两个部分，可对国内外近 10 种不同牌号的高温合金材料及关键部件进行实炉验证试验。其中，炉内部分主要由水冷试件和过热试件组成，通过两级加热，将宿主机组 484 摄氏度的蒸汽加热到 725 摄氏度。炉外部分主要包括大管道试件、阀门试件、连接管、吊架及管件试件等，可通过喷水减温，将蒸汽温度从 725 摄氏度降至 550 摄氏度以下送回宿主机组。平台的建立及运行，表明中国初步掌握 700 摄氏度先进超超临界发电技术所涉及的高温材料冶炼、部件制造加工和现场焊接等关键技术，可以对 700 摄氏度高温合金材料性能及其制造工艺可靠性进行现场验证和试验研究，获得相关材料和部件在实际服役环境下的重要运行数据，积累设计、制造、安装和运行经验，降低 700 摄氏度超超临界燃煤发电机组的工程示范应用风险。（700 摄氏度超超临界燃煤发电技术，是在 600 摄氏度等级超超临界燃煤发电技术基础上，发展的新一代先进发电技术，是国内外发电行业技术发展的主导方向之一，其供电效率将由约 44% 提高至 48%～50%，煤耗可降低 40 克～50 克／千瓦时，相应减少粉尘、氮氧化物、二氧化硫等污染物以及二氧化碳温室气体的排放量约 14%，对于实现中国火电结构优化和技术升级、保证能源工业可持续发展具有重要意义。）

（万　玮）

【昌平园上市企业总数 19 家】 年内，昌平园北京诚益通控制工程科技股份有限公司在深圳交易所创业板上市，上市企业总数达 19 家，其中主板上市企业 3 家、创业板上市企业5家、中小板上市企业4家、境外上市企业7家；新增新三板挂牌企业21家，新三板挂牌企业总数42家。截至年底，园区上市企业总市值2173.5亿元。

（万　玮）

【拥有中关村高端领军人才80人】年内，百济神州（北京）生物科技有限公司高级副总裁杨建新、中玉金标记（北京）生物技术股份有限公司总经理卢洪2人入选“千人计划”；北京生命科学研究所研究员李文辉、董梦秋、何新建、陈涉、饶枫5人入选2015年“海聚工程”；北京科信美德生物医药科技有限公司总裁严海、北京中石大格林催化科技有限公司技术总监鲍晓军2人入选“高聚工程”。新进站博士后7人，出站博士后6人；7人通过中关村高端领军人才高级工程师（教授级）职称评审；北京科诺伟业科技有限公司获批成为博士后科研工作站，爱博诺德（北京）医疗科技有限公司等4家企业获批博士后科研工作站分站。截至年底，昌平园拥有中关村高端领军人才80人，其中28人入选“千人计划”、42人入选“海聚工程”、10人入选“高聚工程”，博士后科研工作站11家，博士后科研工作分站11家，创新实践基地工作站7家，在站博士后29名。

（万　玮）

【重点项目进展顺利】年内，园区多家企业项目主体工程完成封顶。北京迈瑞医疗科技园建设项目主体工程封顶，项目为国内医疗器械科研产业基地，主要针对高端医疗器械产品进行研发和中试，占地总面积约5.24公顷，总建筑面积9.1万平方米，总投资约3.94亿元；康比特乐华仕健康产业园项目主体工程完成封顶，项目占地面积1.96公顷，总建筑面积4.35万平方米，总投资约1.54亿元；中船重工船舶科技产业园一期主体工程完工，一期占地面积2.36公顷，总建筑面积4.9万平方米，总投资2.66亿元，建设内容包括研发楼、综合办公楼和后勤服务楼等。北京新雷能科技股份有限公司在昌平园东区举行了“新基地”奠基仪式。北京市药品检验所新所迁址到中关村生命科学园并启用，新所占地面积3.4公顷，总建筑面积3.33万平方米，总投资约3亿元，是全国最大的省级药品检验机构，年检验能力从2万余件提高到5万~8万件。

（万　玮）

【昌平园重点技术领域总收入3381.4亿元】年内，昌平园重点技术领域总收入3381.4亿元，形成了电子信息、新能源、先进制造、新材料和生物医药为主的五大支柱产业。其中，电子信息领域收入1151.3亿元，占总收入的34%；新能源与节能领域收入834.1亿元，占总收入的24.7%；先进制造领域收入482.1亿元，占总收入的14.3%；新材料领域收入217.8亿元，占总收入的6.4%；生物医药领域收入209.5亿元，占总收入的6.2%；环境保护领域收入194.5亿元，占总收入的5.8%；其他领域收入292亿元，占总收入的8.6%。

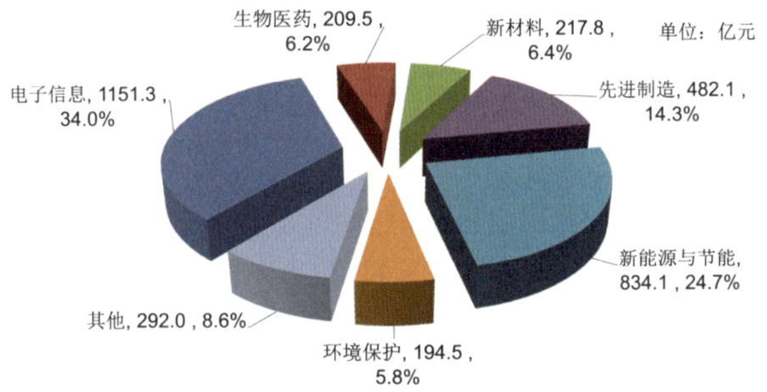

（万　玮）

顺义园

2012年10月，经国务院批复，顺义区航空北区、航空南区、临空地块、空港西区、空港东区、实创高新北区、实创高新南区、北方新辉地块、非晶地块9个区域组成中关村示范区顺义园，总规划占地面积1207.7公顷，包括6个基地，集中形成下一代互联网、移动互联网和新一代移动通信、卫星应用、生物和健康、节能环保、轨道交通六大新优势产业集群以及集成电路、新材料、新能源汽车、高端装备与通用航空四大潜力产业集群，重点发展航空航天、高端装备制造、研发服务、信息服务等高端产业，加快推进高新技术成果孵化转化，建设“生态良好、产业集聚、用地集约、设施配套、城乡一体”的研发服务和高技术产业集聚区。2013年2月，园区获授牌。中航工业北京航空产业园占地面积518.41公顷，包括北区和南区。北区位于汽车生产基地，占地面积204.78公顷，市政基础设施实现“八通一平”，为航空总部、研发和制造业基地，中航发动机控股有限公司等企业入驻；南区位于国门商务区，占地面积313.63公顷，基础设施建设将达到“九通一平”，主要发展地理信息、航空服务等现代服务业产业，国家地理信息科技产业园等入驻。临空国际高新技术产业基地占地面积157.02公顷，主要发展电子信息、通信设备产业，有北京数码视讯软件技术发展有限公司等企业入驻。空港创意产业园占地面积197.07公顷，包括西区、东区。西区占地面积66.78公顷，主要发展总部企业、文化创意产业等，有尚峰国际等企业入驻；东区占地面积130.29公顷，发展以汽车研发生产为主导的现代制造业、文化创意产业等四大主导产业，北汽自主品牌汽车生产基地等入驻。实创高新技术产业基地位于北石槽镇，占地面积94.79公顷，包括南区、北区。南区占地面积49.04公顷，以医药产业为主，北京世桥生物制药有限公司等企业入驻；北区占地面积45.75公顷，规划用地性质为工业用地，以医药及软件开发为主导产业，重点企业为梦天门科技有限公司等。北方新辉新兴产业基地占地面积81.47公顷，着力引进新兴节能环保、现代制造等产业，主要企业包括北京北汽大世汽车系统有限公司等。非晶产业基地占地面积158.94公顷，以高新技术产业、非晶产业为主，引进中兆培基（北京）电气有限公司等企业。顺义园作为中关村示范区的重要组成部分，是顺义区科技创新的战略高地，也是培育“高精尖”产业的核心载体，同时还是顺义区实现创新驱动的先行区域。2014年8月，顺义园管理委员会成立。园区内企业可享受国家、北京市、中关村示范区的各类优惠政策。

顺义园管理委员会领导成员

副书记　张友生　苏瑞峰

副主任　张友生　王　辉　王玉明

中关村国家自主创新示范区顺义园规划范围示意图

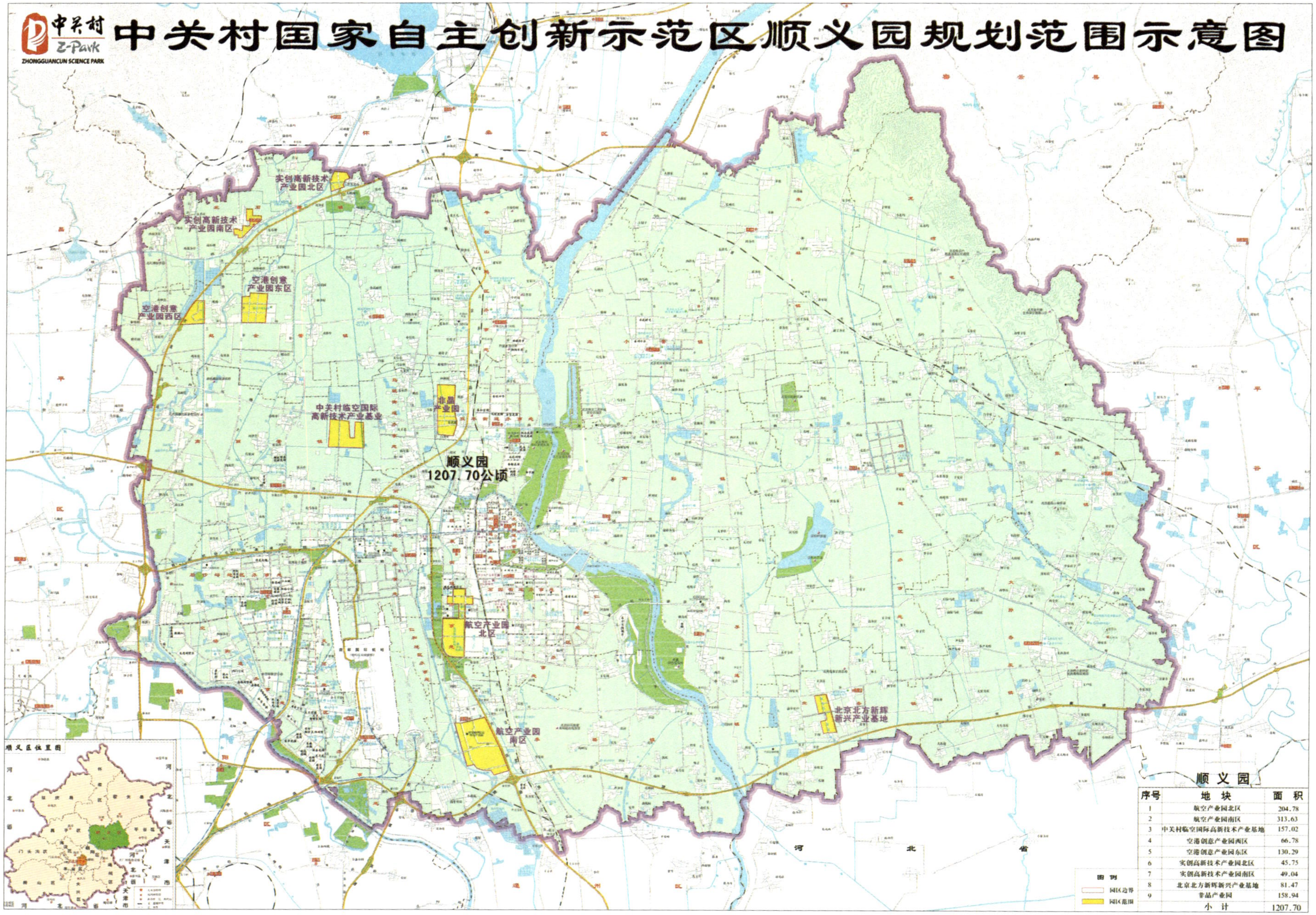

顺义园

序号	地块	面积
1	航空产业园北区	204.78
2	航空产业园南区	313.63
3	中关村临空国际高新技术产业基地	157.02
4	空港创意产业园西区	66.78
5	空港创意产业园东区	130.29
6	实创高新技术产业园北区	45.75
7	实创高新技术产业园南区	49.04
8	北京北方新辉新兴产业基地	81.47
9	非晶产业园	158.94
	小计	1207.70

【概况】2015年，顺义园在中关村示范区政策、资金、项目等方面的支持下，产业发展进一步加快，带动顺义区经济社会发展。年内，园区入统高新技术企业总数226家；从业人员9.7万人；工业总产值692.1亿元；总收入1039.7亿元；进出口总额17.2亿美元；实缴税费总额48.5亿元；利润总额86.8亿元；资产总计1942.5亿元；科技活动经费支出总额79.8亿元；专利申请1929件，专利授权1273件。

加快推进建设步伐。年内，赵全营镇等3个镇和北京临空国际高新技术产业基地等5个园区纳入镇域和园区的控制性规划中；确定园区范围内可开发用地、产业用地、配套设施用地规模、供应和配比，利用“能耗、环保、容积率、绿化率、投入产出率”等要素约束出让条件；对园区规划和土地统筹管理，强化土地集约节约利用。

不断增强创新活力。顺义区政府出台创业摇篮计划并组织实施，每年设立专项扶持资金1亿元，支持入区发展创业人才、创业基地、创业服务机构和创业环境建设。围绕政策措施，开展走进创新型企业、小微企业、高校等专场推介；利用功能区创新环境、空间、服务等创新资源，按照全孵化链理念，打造“创客空间+孵化器+加速器”孵化平台，营造“大众创业、万众创新”服务环境；以政企合作模式，带动企业转型发展。与全富木制品有限公司合作创建全富创客中心，计划2016年底投入使用；与北京城市学院合作共建，打造“创客中心孵化基地”；整合创投资本，创建第一家先导创投科技孵化器公司，为中小微企业创业群体提供发展平台；根据功能区与乡镇合作共建战略要求，两个经济功能区与顺义区20个镇对接，形成“一园多镇”合作发展模式。

加快集聚科技人才。实施国家和市级高层次人才引进计划，吸引海内外优秀人才、科学家，园区共有中央“千人计划”人才5人，院士1人，博士后工作站10个，北京青年英才创新实践基地10个；与多家院所共同培育专业人才，和荷兰代尔夫特理工大学共同组建TUDelft中国研究院研发团队，在智能可穿戴设备、半导体照明、第三代半导体器件及模组等方面展开实质性研发，建设第三代半导体照明联合创新国家重点实验室和TUD中国研究院、半导体光电子平台等，培养研究生、博士生，推进产学研合作。

协同发展初显成果。与河北省怀来县开展产业对接合作，共建中关村顺义园怀来分园，建设高技术产业生态园区；在威县省级经济开发区内建设威县·顺义产业园；北京现代汽车有限公司第四家整车生产基地在河北沧州举行新工厂奠基仪式。

项目建设进展顺利。年内，市科委、区政府以及国家半导体照明工程研发及产业联盟共同签署了建设第三代半导体材料及应用联合创新基地建设战略合作等多项协议，推进第三代半导体材料及应用联合创新基地项目建设，完成产业定位、环保安全、科技创新等8个方面全要素评价；园区5宗地块挂牌成交，分别被北京轩宇信息技术有限公司、北京聚利科技股份有限公司等高新技术企业以总金额11.1亿元竞得；荣宝斋文化创意产业园、“K20”科净源总部基地等项目举行奠基仪式，总投资超过22亿元，建筑面积超过55万平方米；国家特种设备检测研究院投资建设的科研实验楼、北京慧远通广科技发展有限公司投资建设的厂房、北京市全富木制品有限公司投资建设的全富产业园等6个项目开工建设，总投资26.99亿元；聚源工业区文体馆改造工程、北京雅昌文化发展有限公司文化印刷基地两个项目竣工，总投资2.1亿元；北京恒盛中和医疗器械有限公司投资建设的高技术医用材料厂房、北京安期生技术有限公司投资建设的矿山机械、北京东泽房地产投资有限公司投资建设的林河开发区两限房等8个续建工程进展顺利，总投资约45.23亿元。

（袁永章）

【江河创建集团中标“中国尊”】1月8日，江河创建集团股份有限公司中标北京市朝阳区CBD核心区Z15地块项目幕墙工程。项目又称“中国尊”，建筑高度528米，建成后将成为北京最高地标建筑。江河创建集团将采用内排水单元式幕墙、拉索幕墙、玻璃肋幕墙等多个系统，其中内排水式幕墙是对单元幕墙系统的改良设计，满足各项物理性能及视觉效果要求。

（袁永章）

【Ameco获ECU修理和V2500–A5发动机翻修许可】1月19日，北京飞机维修工程有限公司（Ameco）完成首台波音737NG发动机控制组件（ECU）维修。2014年12月22日，Ameco通过原始设备制造商Fadec的系统审核与验证，获发动机电子控制组件ECU维修许可证书，维修能力覆盖CFM56系列和CF6–80系列发动机ECU以及V2500发动机EEC，机型涉及A320系列及波音737NG等。6月30日，Ameco北京基地的V2500–A5型发动机大修服务获中国民用航空局（CAAC）、美国联邦航空局（FAA）和欧洲航空安全局（EASA）批准，将为V2500–A5型发动机提供翻修和改装服务。

（袁永章）

【院企共建临床评价中心】1月19日，北京康仁堂药业有限公司与中国中医科学院临床药理所共建“中药临床评价研究中心”战略合作签约仪式在中国中医科学院西苑医院举行。国家中医药管理局、中国中医科学院、北京市中医管理局等单位有关负责人以及西苑医院相关科室的代表和专家等参加。根据协议，双方将在学术推广与交流、药物临床研究项目技术咨询与指导、人才培养等方面开展全面合作。中心将不断拓展院企合作与协同创新，成为推动发展新平台，实现双方共赢。

（袁永章　申晓杰）

【首批航发叶片加工领域五轴联动加工装备研制成功】1月27日，由北京机电院机床有限公司牵头承担的“高档数控机床与基础制造装备”科技重大专项课题“高温合金航发叶片五轴联动加工中心研制与应用”在沈阳黎明航空发动机（集团）有限责任公司通过“高档数控机床与基础制造装备”科技重大专项实施管理办公室、工业和信息化部组织的专家验收。课题针对高温合金航发叶片加工的高档数控五轴联动加工中心机床研制，进行了高温合金航发叶片五轴联动加工装备关键技术研究、叶片数控机床性能分析，构建了五轴联动加工装备数字化样机，完成五轴联动机床的精度标定研究。课题研制的五轴联动叶片加工中心机床是国内首批进入航发叶片加工领域的五轴联动加工装备，在多家军工单位实际应用，满足用户使用要求，叶身型面加工精度达到0.05～0.25毫米。

（袁永章　申晓杰）

【“用于无粉PVC手套的WPU涂料及其制备方法”获专利授权】2月18日，由北京优美特纳米材料科技有限公司张建森等发明的“用于无粉PVC手套的WPU涂料及其制备方法”获知识产权局发明专利授权(ZL2011101447517)。专利提供一种用于无粉PVC手套的WPU涂料，按重量百分比计，其由以下组分制成：水性聚氨酯乳液15%～30%，消光粉2%～5%，基材润湿剂5%～10%，增稠剂5%～10%，增滑剂2%～3%，去离子水50%～70%，且以上各组分的重量百分数之和为100%。发明还提供了制备用于无粉PVC手套的WPU涂料的方法。

（袁永章　申晓杰）

【嘉寓股份公司太阳能光热窗获星品奖】3月18—20日，在第二十一届全国铝门窗幕墙行业年会暨铝门窗幕墙新产品博览会上，由北京嘉寓门窗幕墙股份有限公司研发的太阳能光热窗获2015中国门窗幕墙星品奖。产品由铝合金节能窗体和太阳能热水系统组成，通过太阳能集热器吸收热能，热水管道产生生活用热水，主要应用于民用住宅，安装于建筑结构的大落地窗位置，使落地窗的下半部分具有采集太阳热能的作用，上半部分仍然保留节能窗的一般特性。太阳能热水系统由与窗体结合的平板式集热器、管路、阀门和控制系统组成，光热效果采用加大平板式太阳能集热器的面积来提高吸收的热量，能效等级为一级。

（袁永章）

【星丽4英寸反渗透膜推出】3月24—26日，在2015广州国际水处理展上，蓝星东丽膜科技（北京）有限公司推出星丽4英寸TB-HF-4040反渗透膜及家用膜。4英寸反渗透膜采用超低压膜技术生产，具有高产水量、高脱盐率、低能耗、耐污染、易清洗等特点，主要应用于小型纯水设备。家用反渗透膜主要应用于各类饮水机。

（袁永章　申晓杰）

【3家企业获市创新融资贴息项目补贴资金】3月，市经济信息化委、市财政局发布《2015年第一批中小企业创新融资支持项目公示》，顺义园北京国润水清环境工程有限公司、北京丰荣航空科技有限公司、北京艾莱发喜食品有限公司3家企业通过发行集合信托和私募债等方式获北京市创新融资1.32亿元，获补贴资金251万元。北京市中小企业创新融资贴息项目主要用于扶持通过集合信托获债权资金的中小企业，所融资金用于企业正常生产经营。

（袁永章　申晓杰）

【互联网金融青年会三方研讨会召开】4月8日，由中国互联网金融青年会主办、北京数码视讯支付技术有限公司（丰付支付）承办的互联网金融青年会三方研讨会暨互联网金融商学院众筹发布会在京召开。来自互联网金融企业、金融机构的代表等80余人参加。会议就互联网金融企业的市场营销、品牌推广、渠道合作、人才招聘、人员培训、技术发展、投融资服务等方面进行交流。互联网金融商学院是以互联网金融行业发展、企业家成长打造管理智库、搭建人脉平台为己任的学院，汇聚了包括政府、高校、企业相关领域的专家顾问团队。

（袁永章　申晓杰）

【北京飞机维修公司获国际飞机维修技能大赛第三名】4月14—16日，在美国迈阿密市举行的国际飞机维修技能大赛上，北京飞机维修工程有限公司代表中国航空集团公司参加，总成绩排名第三，并获两个团体奖和4个单项比赛第一名。团体奖包括商业航空公司组第二名和非美国国际商用航空公司组第一名，单项奖第一名包括复合材料技能项目、FAA8130-3适航批准文件项目、驾驶舱和机翼封严项目以及接地测量电子线路项目。

（袁永章　申晓杰）

【“车联网概念系统”发布】 4月20日，在2015上海国际汽车展览会上，北京汽车集团有限公司发布其与乐视控股（北京）有限公司合作的首款产品“车联网概念系统”。系统整合了GPS、RFID、传感器、摄像头图像处理等系统装置资源，通过互联网和计算机技术，实现信息交互和同步，并定制设计了ACC定距巡航自动跟车，智能终端钥匙进行远程启动、温度设定，智能外后视镜减少盲区和天气影响，智能自动限速、正面行人与车辆距离提醒保障安全驾驶，全自动泊车等功能。同时还集成了智能移动终端无线充电、全新UI显示界面、SNS组队和便车搭乘等社交网络功能。

（袁永章　申晓杰）

【推进科技创新建设工作会召开】 4月22日，北京市科委与顺义区政府共同推进全国科技创新中心建设工作会在市科委召开。科技部等单位有关负责人以及高新技术企业的代表等100余人参会。市科委与顺义区政府签署《北京国际科技贸易基地建设合作框架协议》，共建北京国际科技贸易基地。基地位于临空经济开发区，将打造研发、口岸、贸易三大板块。研发板块以现代信息技术、生物医药、航空等领域为重点，发展高端技术研发、设计与高端新技术产品检测维修服务。口岸板块以生物医药为重点，打造承接服务外包口岸；以海外收购技术、实验室为方向，打造国际技术进口口岸；以高铁、核电为突破点，打造中国高新技术及装备出口口岸；以现代信息、航空为着力点，打造高新技术综合进出口口岸。贸易板块以技术转移和技术交易为核心，集聚全球跨境电商主体，面向国际国内市场，为新技术新产品提供国际化贸易服务。市科委、顺义区政府、国家半导体照明工程研发及产业联盟三方签署《北京第三代半导体材料及应用联合创新基地建设战略合作框架协议》。联合创新基地是北京承接国家第三代半导体重大专项的主要载体，将汇聚全球创新创业人才，整合政府、行业、社会资本等多方资源要素，以专业化、市场化、国际化的运营方式打造第三代半导体的开放式创新创业生态系统，逐步把北京打造成全球第三代半导体领域的原始创新策源地、优秀人才聚集地以及高端产业示范区。联合创新基地还与天津半导体光源系统产业技术创新战略联盟、中国电谷（河北）第三代半导体产业技术创新战略联盟签署了《北京第三代半导体材料及应用联合创新基地“京津冀”共建战略合作框架协议》。

（袁永章）

【共建中关村顺义园怀来分园】 5月15日，在北京市顺义区政府与河北省怀来县政府对接座谈会上，顺义科技创新产业功能区管委会与怀来县政府签订《中关村科技园区顺义园·怀来高技术产业园战略合作协议》。根据协议，双方共建中关村顺义园怀来高技术产业园，推进园区环境保护合作，建设生态园区；顺义科技创新产业功能区管委会负责产业园规划、产业布局、项目推荐等工作；怀来县政府负责制定高技术产业园企业入园标准，做好入园企业服务保障等工作。园区位于怀来县东花园镇，占地面积200公顷，将以航空航天、高端制造、电子信息、节能环保等高新技术产业为主，重点发展新材料、新型装备制造及通信、电子信息及新一代光源产业。

（袁永章）

【雅士润滑油入选中国润滑油十大品牌】 5月19日，品牌排行网网站公布2015年度中国润滑油十大品牌评选榜单，北京雅士科莱恩石油化工有限公司的品牌“雅士”入选，位列第七名。雅士公司专注于摩擦改进剂及抗磨剂、铜腐蚀抑制剂和黏度指数改进剂的研发生产，其中黏度指数改进剂年生产量3000吨，为北京市火炬计划立项项目；摩擦改进剂及抗磨剂以硼、钼、钨系新型添加剂为主，所有添加剂均为自有知识产权。润滑油及润滑脂为含硼、钼、钨系节能型润滑油脂，年加工能力5万吨；调合工艺为半连续生产工艺，生产工艺独特，是自有知识产权技术，国内首创；可为客户提供各种高档润滑油、润滑脂和汽车护理用品添加剂。

（袁永章　申晓杰）

【共建第三代半导体创新基地】 5月26日，由市科委、顺义区政府、国家半导体照明工程研发及产业联盟主办的北京第三代半导体材料及应用联合创新基地共建

工作会暨荷兰代尔夫特理工大学与北京市顺义区政府战略合作签约仪式、第三代半导体联合创新创业孵化中心揭牌仪式在北京城市学院举行。科技部、北京市科委、顺义区政府等单位有关负责人以及相关专家和企业的代表等100余人参加。根据协议，荷兰代尔夫特理工大学与顺义区政府筹建北京第三代半导体及应用联合创新基地，建设国际化公共研发平台、创业加速孵化科技服务平台以及一个投资基金。第三代半导体创新基地由首都科技集团、北京顺义科创集团、金沙江创业投资管理有限公司、北京半导体照明科技促进中心等单位以PPP模式出资共建，是北京承接国家第三代半导体重大专项的主要载体。荷兰代尔夫特理工大学将组建TUDelft中国研究院研发团队，就智能可穿戴设备、半导体照明、第三代半导体器件及模组等方面展开实质性研发，顺义区政府则为第三代半导体产业研发提供硬件和软件保障。协议明确在顺义园临空国际产业基地建设第三代半导体照明联合创新国家重点实验室和TUD中国研究院、半导体光电子平台等项目。项目一期用地3.13公顷，规划建筑面积5.5万平方米，投资7亿元；二期占地面积8公顷，投资10.2亿元。

（袁永章）

【燕京啤酒公司获高新技术成果转化示范企业称号】5月29日，在2015年度北京市高新技术成果转化工作会上，北京燕京啤酒股份有限公司被市科委、市财政局、中关村管委会等单位联合授牌为“北京市高新技术成果转化示范企业”。燕京啤酒公司申报的“优质低耗鲜啤生产关键控制技术体系开发与应用转化项目”被认定为2015年高新技术成果转化项目，并获补助性支持资金100万元。课题针对优质鲜啤生产中存在的关键技术和基础性科学问题进行系统研究，提炼出一套关于原料控制、菌种选育、纯净化酿造等关键技术，包括低LOX酶大麦品种选育技术、低蛋白酶A酵母、啤酒酿造有害菌的高效鉴定和溯源技术等。

（袁永章　申晓杰）

【健康大数据联合研究中心成立】6月10日，“清华—倍肯智慧健康大数据联合研究中心”成立仪式在京举行。中心由北京倍肯恒业科技发展有限责任公司与清华大学信息技术研究院联合建立，将面向智慧健康领域的国家重大需求和合作企业提出的技术难题，以产学研相结合方式开展前瞻性和基础性的理论和方法研究，研发大数据的存储、管理、分析和服务技术在智慧健康领域中的实际应用，形成具有自主知识产权的共性技术和核心系统。双方单位相关负责人参加。

（袁永章）

【实景世界系列产品发布】6月11日，由九成空间科技有限公司主办的实景世界（GRWorld）产品系列发布会WGDC2015专场在京举行。中国工程院等单位有关专家以及相关企业的代表参加。实景世界系列产品由九成空间公司及其合作单位共同开发，是包含软、硬件以及标准工艺的覆盖实景三维数据获取、处理及发布全流程的产品，融合了倾斜摄影、车载全景扫描、BIM/CAD、移动物联等领域的技术创新，在空间信息一体化获取与服务、智慧城市建设领域拥有多项核心技术和整体解决方案，可服务于智慧城市的构建与建设。

（袁永章　申晓杰）

【临空经济核心区援建皮墨北京工业园区】6月25日，北京临空经济核心区援建皮墨北京工业园区签约仪式在京举行。北京市支援合作办公室、顺义区政府等单位相关负责人参加。北京临空经济核心区管委会与新疆生产建设兵团第十四师皮墨北京工业园区管委会签订《对口援建战略合作框架协议》。根据协议，双方将建立“1+X”援建模式，在新疆生产建设兵团第十四师农副产品深加工、“和田玉枣”销售渠道、维吾尔医药、纺织服装产业等方面开展对口援建，进一步发挥北京市在人才、技术、信息、产业等方面的优势，推动新疆生产建设兵团第十四师的经济结构调整和产业转型升级。

（袁永章）

【嘉孚科技公司国际科技合作项目奠基】7月7日，由北京嘉孚科技有限公司主办的国际科技合作专项项目“高效智能菌种作用下废弃生物质资源化应用”工程奠基典礼在嘉孚科技园举行。中国工程院院士陈勇及生物质能领域相关专家参加。项目是科技部国际合作项目，由嘉孚科技公司与兰州理工大学合作，聘请美国加德绿色能源有限公司（Cascade Clean Energy，Inc.）的专家合作研发，总投资1156万元，其中科技部财政拨款356万元，实施期2年，将引进美国计算机辅助菌种选择技术，筛选最优智能微生物菌种，应用于国内农牧业废弃生物质厌氧发酵工程，以提高沼气产量和运行稳定性。

（袁永章　申晓杰）

【两名专业技术人才获高级工程师资格】7月10日，北京市高级专业技术资格评审委员会发布《2015年北京市高级专业技术资格评审结果公示》，公布2015年中关村国家自主创新示范区高端领军人才工程技术系列高级工程师（教授级）专业技术资格评审结果，共77人通过评审。其中，顺义园鼎沸视点科技有限公司总经理汝继刚、北京东方雨虹防水技术股份有限公司执行主任段文锋 2 人获高级工程师（教授级）专业技术资格。

（袁永章）

【完成航摄窗口改装】7 月 17 日，民航局华北地区管理局依据相关程序向北京安达维尔通用航空工程技术有限公司颁发改装项目重要改装设计批准书（MDA）。公司成立由技术、适航专家和工程技术人员组成的项目执行团队，对新疆通航 Kodiak100 型 B−0503 架机完成航摄窗口改装试飞工作，在机调、设计、施工和取证等方面制订计划，按适航要求调整、修订文件资料和控制程序，完成项目改装。

（袁永章　申晓杰）

【转基因植物蛋白分子特征检测关键技术通过验收】7 月 23 日，由北京市自然科学基金委员会办公室主办的“转基因植物蛋白分子特征检测关键技术研究（项目编号：5121001）”验收会在京举行。项目由北京华大蛋白质研发中心有限公司完成，通过对转基因重要的靶标蛋白的筛选标记，表达和纯化了 15 种优选的重组蛋白作为免疫用抗原和检测标准品。对获得的单克隆抗体进行筛选后，可对 16 种重要转基因特征蛋白进行免疫印迹检测，建立 Cry1Ab/1Ac、CP4EPSPS、PMI 等 9 种靶标的 ELISA 检测方法。项目建立了可同时检测多种转基因靶蛋白的抗体芯片，解决了关键蛋白表达和纯化的技术问题，并以转基因筛选标记为重点，建立了包括 PMI、GUS、NPTII 等多种筛选标记的检测方法。其建立的转基因抗体芯片为高通量抗体技术在该领域的应用进行有益尝试，解决了芯片制备和检测方法的多个技术关键。专家组认为项目的研究成果为转基因食品安全监管和育种研究提供了新的研究工具和检测方法，一致同意通过验收。

（袁永章）

【创业摇篮计划实施方案印发】7 月 24 日，顺义区政府印发《关于印发顺义区创业摇篮计划实施方案的通知》（顺政发〔2015〕26 号）。《方案》包括指导思想、工作目标、重点任务、保障措施 4 个部分，提出“聚集创业人才、聚焦创业领域、培育创业载体、落实创业政策、完善创业金融体系、优化创业环境”六大重点任务。方案设计覆盖创业的全过程，从选苗育种期、孵化培养期到成果转化、产业化期，均给予阶段性支持，并在创业环境方面开辟“交通、社保、子女入学、医疗、人才公租房”等方面的绿色通道，为创业者提供“便利、高效、完整、舒适”的创业条件。顺义区政府还将每年设立专项创业扶持资金，符合条件的创业人才、创业基地和创业服务机构将获资金支持。《方案》提出工作目标：到“十三五”末，形成一批有效满足大众创新创业需求、具有较强专业化服务能力的新型创业服务平台；孵化培育一批创新型小微企业，并从中成长出能够引领未来经济发展的骨干企业，形成新的产业业态和经济增长点；创业群体高度活跃，以创业促进就业，提供更多高质量就业岗位；创业政策体系更加健全，服务体系更加完善，全社会创业文化氛围更加浓厚。

（袁永章）

【丰荣航空公司取得 EASA 维修许可证】7 月 27 日，北京丰荣航空科技股份有限公司取得欧洲航空安全局（EASA）颁发的 PART145 维修许可证，可参与国际航空维修市场竞争。公司将积极拓展维修业务，为客户提供专业、高质量的飞机维修服务。

（袁永章　申晓杰）

【百迈客公司与珀金埃尔默联合实验室揭牌】8 月 14 日，北京百迈客生物科技有限公司、珀金埃尔默企业管理（上海）有限公司联合实验室揭牌仪式在百迈客

公司举行。北京医院等单位相关专家参加。双方将联合开发适用于高通量测序自动化文库构建系统，以提升测序前样品处理自动化水平。

（袁永章　申晓杰）

【创业摇篮计划推介会举行】8 月 18 日，由顺义区政府主办的《顺义区创业摇篮计划实施方案》《顺义区创业摇篮计划支持政策实施细则》推介会在中关村示范区展示中心召开。顺义区政府及相关委办局的有关负责人以及优客工场（北京）创业投资有限公司、大唐创新港投资（北京）有限公司等 30 余家相关机构、企业的代表等 100 余人参会。推介会分为政策体系介绍、创业环境推介和互动交流 3 个部分。有关人员解读《方案》《实施细则》，推介顺义区金融环境；顺义园管委会、临空经济核心区管委会分别介绍园区创新环境。顺义园将依托土地空间资源，利用国家第三代半导体、北

京航空高技术创业孵化基地等创新资源，大力推行“人才＋专利、资金＋市场、政府＋企业”中小企业成长模式，按照全孵化链理念，从空间、平台、资源等方面构建起完备的创新创业体系，打造全新的“创客空间＋孵化器＋加速器”孵化平台，营造“大众创业、万众创新”的服务环境。

（袁永章　苑丁波）

【完成 KYN28A 双手车 PT 样柜试制】8 月 20 日，中煤电气有限公司完成其研发的 KYN28A 双手车 PT 样柜的试制。产品采用吸收外部技术融入到自身工艺结构模式，突破以往避雷器与 PT 手车分离，实行“一柜双车”功能，为客户检修带来方便。（PT 柜是高压开关柜中的电压互感器柜，用于检测母线电压和实现保护功能，内部主要安装电压互感器 PT、隔离刀、熔断器和避雷器等。传统柜型中避雷器和 PT 安装在同一个手车内，检修十分不便。双手车 PT 样柜成功将避雷器和 PT 分离安装在两个手车中，成功解决上述问题。）

（袁永章）

【银行—丰付资金存管方案发布】8 月 26 日，由北京数码视讯支付技术有限公司（丰付支付）主办的银行—丰付资金存管新产品发布会在京举行。来自银行、互联网金融等领域的代表参加。丰付支付公布银行—丰付资金存管方案。方案以银行为存管主体，丰付支付作为技术及服务提供商；丰付支付通过与各大银行合作，在银行账户层面设立平台用户资金专户，以区别于传统的第三方支付公司备付金账户，同时为满足有关政策的要求，相关账户还接受独立的清算与披露；银行作为资金存管主体，提供分离账户，丰付支付提供技术服务与资金通道，对接分离账户与平台业务间的数据通信，可满足银行业作为存管机构的监管要求和平台实际业务需要。

（袁永章　申晓杰）

【顺义园首家创客中心授牌】9 月 16 日，中关村科技园区顺义园全富创客中心授牌仪式在京举行。顺义区科委等单位相关负责人参加。全富创客中心是顺义园管委会与北京市全富木制品有限公司战略合作项目，也是顺义园首家创客中心，位于顺义区仁和镇全富木制品公司内，一期建筑面积 16 万平方米，投资额 7.8 亿元，计划 2016 年底投入使用。顺义园管委会将负责指导和协调项目开发建设、招商服务、运营管理等工作，全富木业公司负责为入驻企业提供物业及综合保障服务。

（袁永章　申晓杰）

【K20 生态环保产业园区项目奠基】9 月 20 日，由北京科净源科技股份有限公司主办的 K20 北京科净源总部基地奠基仪式在顺义园举行。仪式的主题为“绿色　节能　智慧　环保　生态”。中关村管委会主任郭洪等领导以及市水务局、顺义区政府等单位相关负责人和企业代表等参加。基地位于赵全营镇兆丰产业基地，总投资近 5 亿元，占地面积 2.68 公顷，总建筑面积 7.2 万平方米，建筑包括科研楼、科研生产楼、生产装配楼、生活配套楼等 13 栋楼宇，将建设成为集“水资源综合利用、建筑节能、绿色、智慧、生态、环保”为一体的系统服务性高科技环保节能园区，通过聚集环保行业 20 余家上下游企业，实现伙伴经济、生态共聚、绿色智慧三位一体；产业、金融、园区三位一体；整体解决方案搭建创新、建设模式创新、运营模式创新三位一体，共同搭建产业链功能化生态聚合产业园。基地预计两年内完成全部建设并投产。

（袁永章）

【显示类产品“XY-TB-ITD1001A”研发成功】9 月，北京轩宇空间科技有限公司研发成功面向铁路行业应用显控类产品“XY-TB-ITD1001A”，并投入使用。产品是应用于司机驾驶室中的显控产品，采用高可靠超低功耗处理器作为产品运行处理核心，配备多种车载标准总线接口和可连接标准输入 / 输出外围设备接口，满足各种车载信息通信，让列车操作人员随时了解列车运行状态，并可在高频震动铁路环境中稳定运行，主要应用于国内各系列及型号高速动车组列车、客货运机车和铁路维护车辆。

（袁永章　申晓杰）

【百迈客生物云平台上线】10 月 1 日，由北京百迈客生物科技有限公司研发的百迈客生物云平台（www.biocloud.cn）商用版正式上线。百迈客生物云平台是集生物信息分析软件与数据库为一体的生物大数据信息分析平台，涵盖一键式标准分析、多样性和个性化分析，能够协助用户全方位解读生物大数据。平台具有高速、高效、安全、稳定等特点，使用简单，界面友好，让不具备信息分析专业知识的用户也能完成整套生物信息分析。

（袁永章　申晓杰）

【5个功能区股权划转到科技创新集团】10月8日，顺义区国资委印发《关于北京顺义科技创新有限公司股权划转及出资人变更等有关公司改革事宜的批复》（顺国资复〔2015〕34号），同意原北京林河经济开发区、北京汽车生产基地、北京临空国际高新技术产业基地等5个功能区所属一级公司股权划转到顺义科技创新集团有限公司。（2014年11月，园区完成中关村科技园区顺义园管理委员会及北京顺义科技创新产业功能区管理委员会机构设置。按照“政企分开、优化管理”原则，北京顺义科技创新集团有限公司同时成立。2015年，北京顺义科技创新产业功能区依托顺义园，整合原林河开发区、汽车基地等5个功能区，为此将股权进行了划转。）

（袁永章）

【两大功能区与镇级基地合作共建】10月14日，由顺义区政府主办的北京临空经济核心区、北京科技创新产业功能区与顺义区各镇合作共建签约仪式在顺义区举行。顺义区政府、北京天竺综合保税区管委会等单位相关负责人参加。临空经济核心区管委会和科技创新产业功能区管委会分别与天竺镇政府、马坡镇政府签约。两大功能区还将陆续与各镇签订合作事宜。其中，北京临空经济核心区管委会将与顺义区内14个镇开展合作共建，充分发挥核心区的区位优势、品牌优势和资源优势，做好“一助一”合作共建。北京科技创新产业功能区将与6个镇进行深度合作，推进共建、共赢、共享的合作机制，高效统筹区域资源，搭建科技创新平台。

（袁永章）

【莱姆电子公司参加上海EP展】10月14—16日，在第十届上海国际电力设备及技术展览会（EP Shanghai 2015）上，莱姆电子（中国）有限公司展示了智能电网领域RT500/2000电力监控领域柔性交流测量解决方案和TOP90-S电力监控领域开口交流测量解决方案。RT500/2000采用罗氏线圈测量，具有开口型设计、体积小、安装简便等优点和高度抗干扰能力。TOP90-S采用开口型设计，安装简便，精度优良，全量程1%，相角位移1.5度～2.5度，电路连接达－1度～1度，还可与功率、能量计量仪表配套使用。两个解决方案均可应用于智能电网电力监控，柔性测量电能、电力参数等方面；智能电网终端用户中，可应用于智能监控分析。

（袁永章　申晓杰）

【北京顺义丰收未来产业基金成立】10月16日，深圳市康达尔（集团）股份有限公司发布《关于深圳市康达尔前海投资有限公司与北京顺义科技创新有限公司签订合作框架协议的公告》，宣布双方于10月13日签订《北京顺义丰收未来产业基金合作框架协议》。根据协议，康达尔集团及相关公司、顺义科技创新公司等机构共同出资组建北京丰收壹号投资管理公司，成立北京顺义丰收未来产业基金。基金规模为5.1亿元（拟定），基金期限为5+2年（拟定）。出资人比例：康达尔集团及相关公司出资2亿元，顺义科技创新公司出资1亿元，丰收壹号投资管理公司出资1000万元（拟定）并负责募集社会资金2亿元。基金面向以大农业为背景的科技创新型企业，包括现代农业、生物医药、新材料、新能源、移动互联网等产业，可为被投企业提供专业化的资本运作增值与产业运营增值服务。

（袁永章）

【顺义新三板产业加速器授牌】10月16日，由顺义区政府主办，顺义园管委会等单位承办的北京顺义新三板产业加速器新闻发布会暨授牌仪式在清华科技园举行。大会主题为“新三板　新机遇　新挑战　新政策”。中小企业股份转让系统有限责任公司等单位有关负责人，以及投融资机构、准新三板企业的代表等300余人参加。加速器是一个集研发、办公、商务、生活为一体的多功能智慧型园区，由北京顺义兆丰工业开发中心与先导创投（北京）科技孵化器有限公司共同投资，位于顺义园空港C区，建筑面积6.5万平方米，其中研发办公面积3万平方米、独栋办公楼面积3万平方米，致力于“金融资本＋政策扶持＋科技成果转化”，通过政府扶持孵化平台、创新培训平台、学术活动交流平台等9个平台，清华紫荆校招三板创新学院、政策研究院、产业技术研究中心等12个重大工程与科技金融方案，促进企业向“新三板—创业板—主板”发展。加速器主要专注于TMT、移动互联、互联网金融、智能智造、生命科技、新能源新材料、航空科技、汽车智造产业等领域，服务于准新三板与新三板、未来转板创业板及主板企业，通过政府政策引导基金投入、社会资本孵化和科技金融工具支持的模式，对于符合条件的准新三板企业将给予租金减免、上板补贴等相关支持优惠政策。项目于12月竣工。

（袁永章）

【两家企业获培育企业资金支持】10月20日，中关村管委会发布《2015年度中关村“十百千工程”培育企业“加大研发投入”资金支持名单情况公示》，21家企业获资金支持。其中，顺义园企业北京韩美药业有限公司、北京北广科技股份有限公司分别获20万元和10万元资金支持。

（袁永章）

【莱伯泰科公司并购CDS Analytical公司】10月22日，由北京莱伯泰科仪器股份有限公司主办的莱伯泰科2015新产品暨重大新闻发布会在北京空港工业区举行。清华大学、中国农业大学等单位相关专家及企业的代表等参加。莱伯泰科公司宣布其在美国的子公司LabTech,Inc于10月1日并购美国CDS Analytical公司。CDS公司位于美国宾夕法尼亚州牛津镇，是一家集研发、生产和销售为一体的实验室样品前处理产品企业，其主要产品包括无机分析和有机分析常规样品前处理设备。莱伯泰科公司还发布4款新产品：Astation全自动多功能样品制备进样平台、QHS-66多样品均质提取系统、DHS-220机械/超声双模式均质系统以及手持式食品质量分析仪。

（袁永章　申晓杰）

【莱伯泰科公司发布3款前处理系统】10月22日，在北京空港工业区公司总部举行的莱伯泰科2015新产品暨重大新闻发布会上，北京莱伯泰科仪器股份有限公司发布3款前处理系统，包括Astation全自动多功能样品制备进样平台、全自动多功能均质提取系统及手持式高精度近红外食品质量分析仪。全自动多功能样品制备进样平台用于制药、食品安全、生命科学等行业，可对样品进行预处理、稀释、衍生等，具有多功能采样器；全自动多功能均质提取系统为全自动化运行前处理系统，可将机械和超声波均质两种模式结合处理20个样品；手持式高精度近红外食品质量分析仪，可快速分析谷物/肉类中蛋白质、水分和脂肪含量，为现场质检、商检、市场快检等提供技术支持。

（袁永章　申晓杰）

【江河创建公司获鲁班奖】11月11日，住房城乡建设部印发《关于2014—2015年度中国建设工程鲁班奖（国家优质工程）获奖单位的通报》（建质〔2015〕180号）。其中，江河创建集团股份有限公司参建的北京汽车产业研发基地、北京日出东方酒店、北京林业大学学研中心、浪潮科技园S01科研楼、重庆国际博览中心、珠海十字门会展商务组团一期国际展览中心工程、南京金陵饭店扩建工程、第三使馆区外交公寓等10项工程获评2014—2015年度鲁班奖。

（袁永章）

【荣宝斋创意园奠基】11月22日，中国出版集团公司荣宝斋文化创意产业园奠基仪式在顺义园举行。财政部、新闻出版广电总局、中国美术家协会等单位有关负责人以及艺术家代表、荣宝斋干部职工等500余人参加。创意园位于临空国际产业基地内，总投资4.5亿元，占地面积9.73公顷，建筑面积12.83万平方米（其中地上建筑面积9.63万平方米，地下3.2万平方米），将建设“一院一地五中心”，即荣宝斋艺术学院，国家级非物质文化遗产生产性保护示范基地，艺术家创作中心、新产品研发中心、数字出版中心、图书制作中心、物流中心。荣宝斋创意园致力于繁荣文化事业、壮大文化产业、携手创新发展。项目计划2018年底完工。

（袁永章）

【天鼎丰公司成果获奖】11月24日，在纺织之光——2015年度中国纺织工业联合会科技教育奖励大会上，由天鼎丰非织造布有限公司等单位聂松林等完成的“高效节能聚酯纺粘针刺胎基布一步法生产技术与成套装置研发”项目获2015年中国纺织工业联合会科学技术进步奖二等奖。项目结合国内外聚酯纺粘针刺胎基布生产的关键技术，研发了高效节能聚酯纺粘针刺胎基布一步法生产技术及装备。其技术创新点包括：聚酯纺粘针刺防水卷材用胎基布连续一步法生产线技术；大丝束冷却形成技术；节能型大丝束管式牵伸器，单管气压可调、在线静压检测技术；铺丝宽度和位置运行中可调式斜板折射型摆丝机；纵横向可调吸风量斜网帘成网机；连续一步法生产线柔性化技术，可生产防水卷材用胎基布、土工布、滤布、薄型包装材料、装饰材料等；数字化计算机程序控制技术。

（袁永章　申晓杰）

【井盖非法开启监测设备获中国专利优秀奖】11月27日，国家知识产权局印发《关于第十七届中国专利奖授奖的决定》（国知发管字〔2015〕67号），公布第十七届中国专利奖获奖名单。由正元地理信息有限责任公司杨玉坤等发明的“井盖非法开启监测设备”（ZL201320514639.2）获中国专利优秀奖。专利涉及一种利用倾角传感和无线传输技术实现的井盖非法开启监测设备。设备包括一个集控器和至少一台智能触发器，智能触发器安装在井盖背面，集控器安装在井盖外，智能触发器包括倾角传感模块、无线收发模块、单片机及单片机启动电路，倾角传感模块和无线收发模块与单片机连接，单片机启动电路包括与井盖开启相关联的开关及光耦器件，集控器与智能触发器采用433兆赫无线通信连接，并与GPRS模式结合进行无线传输，可适应复杂现场环境，有效检测井盖状态。

（袁永章）

【东方雨虹公司获建筑防水行业技术进步奖】12月14日，在2015年全国建筑防水产品质量提升大会上，中国建筑防水协会公布2015年建筑防水行业技术进步奖16个获奖项目的名单。其中，由北京东方雨虹防水技术股份有限公司研发的“热塑性聚烯烃（TPO）防水卷材开发及应用”获2015年建筑防水行业技术进步奖一等奖，“喷涂速凝橡胶沥青防水涂料”获二等奖。热塑性聚烯烃防水卷材，兼具乙丙橡胶优异耐候性和耐久性与聚丙烯可焊接性，保持高柔韧性和长久防水功能，健康环保。喷涂速凝橡胶沥青防水涂料，具有固含量高，耐化学腐蚀、耐热、耐老化等性能，抗拉强度1兆帕以上、延伸率1000%以上、黏接强度0.6兆帕以上、低温柔性到－30摄氏度；耐穿刺性，对沙子、钉子等硬物破坏能自我修复，保障防水层防水功能；无污染，保护施工环境；满足GB5750—2006《生活饮用水检测方法》和《生活饮用水输配水设备及防护材料卫生安全评价规范》的要求。

（袁永章）

【6家企业落户地理信息产业园】年内，北京财瑞祥投资管理有限公司、中科智城大数据投资运营有限责任公司、云径科技（北京）有限责任公司、北京中色地科测绘有限公司、北京佳诚共创科技有限公司、北京中飞航空服务俱乐部有限公司6家企业落户国家地理信息科技产业园，注册资本总额1.2亿元，涉及投资管理、支撑软件和信息系统研究与开发等行业。截至年底，园区注册企业共33家，注册资本共计18.17亿元。

（袁永章）

【科技创新产业功能区加大招商引资力度】年内，科技创新产业功能区签约项目20家，其中中盛益世总部基地项目做入市前期工作，北京聚利科技总部基地、502所卫星应用智能装备产业基地等9个项目摘牌，2016年10个项目将建成运营。全年新增实体企业4家，包括北京聚利科技股份有限公司、北京轩宇信息技术有限公司等；新增楼宇租赁类企业19家，包括光和表观医疗科技（北京）有限公司、北京北汽德奔汽车技术中心有限公司等；新增注册类企业146家，包括渤海水业股份有限公司、中科柏诚科技（北京）有限公司等，累计注册资本28.8亿元，其中：科技类企业包括北京艺高世纪科技股份有限公司、中科柏诚软件（北京）有限公司、渤海水业股份有限公司等55家，注册资金4.8亿元；投资类企业包括北京奕鼎国际投资管理有限公司、信银振汇（北京）股权投资基金管理有限公司等32家，注册资金18.8亿元；工程类企业13家，注册资金1亿元；销售类企业13家，注册资金1.1亿元；文化类企业包括北京桂湘文化艺术发展有限公司、北京欢圣海林文化传媒有限公司等16家，注册资金6200万元。截至年底，累计入区企业1733家，注册资金500亿元。其中实体企业103家，楼宇租赁类企业315家，注册类企业1315家。

（袁永章）

【加强科技创新功能区工程建设】年内，位于顺义园板桥创意天承产业基地内二期F地块市政道路完成天然气、给水、雨水等管线施工及道路底油铺设。道路总长1379米，总投资5000万元，完成投资3500万元，占总投资额的70%。工程将为赵全营镇板桥村回迁房区域提供服务。2015年，全富产业园项目一期等6项工程开工建设，总建筑面积约49.63万平方米，总投资约26.99亿元；北京恒盛中和医疗器械有限公司的高技术医用材料厂房及配套设施建设项目等8项工程续建，总建筑面积约55.33万平方米，总投资约45.23亿元。

（袁永章）

【临空经济核心区新增两名高层次人才】年内，北京临空经济核心区新增中国工程院院士、北京四维远见信息技术有限公司董事长刘先林和国家第五批“千人计划”入选者、北京天下图数据技术有限公司董事长关鸿亮两名高层次人才。截至年底，临空经济核心区培养和引进两院院士、“千人计划”入选者、“海聚工程”入选者、享受国务院政府特殊津贴专家、“新世纪百千万人才工程”入选者等各类高层次人才21名。

（袁永章）

【顺义园3个项目奠基】年内，顺义园3个项目奠基。其中，北京嘉寓集团公司的威县·顺义产业园——嘉寓节能产业园项目，总投资额12.1亿元，用地面积约35公顷，建筑面积35.4万平方米，将年产节能门窗、玻璃幕墙50万平方米和50兆瓦光伏分布式屋顶电站；由华冠园林工程有限公司北京分公司承建的顺义园非晶产业园景观提升工程，建设绿化面积3.8万平方米，总投资859万元；北京腾飞高科医学技术有限公司的腾飞高科医学科技园项目，位于顺义园空港C区，占地面积2.4公顷，投资3842万元，包括生产基地及全球行政中心。

（袁永章）

【顺义园新增6家上市企业】年内，顺义园新增6家上市企业，其中主板上市企业新增渤海水业股份有限公司1家，新三板上市企业包括北京国顺投资股份有限公司、北京丰荣航空科技股份有限公司、北京仟亿达科技股份有限公司等5家。截至年底，顺义园上市企业共 12 家，其中主板上市企业 3 家、中小板上市企业 1 家、创业板上市企业 1 家、海外上市企业 1 家、新三板上市企业 6 家。

（袁永章）

【5 宗地块挂牌成交】年内，顺义园 5 宗地块挂牌成交，建设用地面积共 17 公顷，总成交金额 11.1 亿元。

序号	地块编号	交易企业名称	用地性质	建设用地面积（公顷）	摘牌时间	摘牌价格（亿元）
1	板桥村 F2-01	北京郎园置业有限公司	多功能用地	1.73	1 月 29 日	2.2
2	仁和镇 4-073	北京瑞达鑫远科技有限公司、北京永同昌房地产开发有限公司和北京旭辉兴胜置业有限公司联合体	多功能用地	4.07	2 月 10 日	7.5
3	临空国际 5-3-3	北京轩宇空间科技有限公司	一类工业用地	4.19	3 月 11 日	0.53
4	临空国际 3-2-4(南区)	北京聚利科技股份有限公司	一类工业用地	1.33	4 月 8 日	0.16
5	临空国际 5-3-2	北京轩宇信息技术有限公司	一类工业用地	5.68	4 月 8 日	0.71

（袁永章）

【顺义园科技人才聚集加速】年内，顺义园 2 人获工程领域教授级高级工程师职称，包括鼎点视讯科技有限公司总经理汝继刚、北京东方雨虹防水技术股份有限公司执行主任段文锋；北京百迈客生物科技有限公司 CEO 郑洪坤入选“高聚工程”；北京科华微电子材料有限公司 Mark Neissor 入选“海聚工程”。截至年底，园区共有中国工程院院士 1 人，中央“千人计划”5 人，“海聚工程”7 人，“高聚工程”1 人，“百千万人才工程”4 人，享受政府特贴 10 人，突出贡献高技能人才 1 人。2015 年，顺义园管委会、北京国华科技集团有限公司、北京数码视讯支付技术有限公司等 5 家单位获批博士后科研工作站，园区共有博士后工作站 10 个，青年英才创新实践基地工作站 10 个。

（袁永章）

【文化印刷基地等两项工程竣工】年内，位于顺义区高丽营镇的北京雅昌文化发展有限公司文化印刷基地竣工。项目建筑面积 6.05 万平方米，包括生产车间、设计中心、办公楼等，其中 8000 平方米艺术加工坊，用于国内外艺术大师进行创作。基地从事油画、国画等奢侈艺术品印刷和高仿艺术品加工制作等，总投资 2.01 亿元。由北京安泰佳信建设工程有限责任公司承建，位于顺义园非晶产业园聚源工业区内的文体馆改造工程竣工。工程 6 月 15 日开工建设，总投资约 890 万元，改造面积 2600 平方米，其中新建配套用房 360 平方米。改造包括健身房、网球馆、羽毛球馆等工程。文体馆为职工健身、休闲提供条件。

（袁永章）

【顺义园重点技术领域总收入 1039.7 亿元】年内，顺义园重点技术领域总收入 1039.7 亿元。其中，新能源与节能领域收入 293.4 亿元，占总收入的 28.2%；电子信息领域收入 168.3 亿元，占总收入的 16.2%；新材料领域收入 160.2 亿元，占总收入的 15.4%；先进制造领域收入 153.3 亿元，占总收入的 14.7%；生物医药领域收入 89.1 亿元，占总收入的 8.6%；环境保护领域收入 10 亿元，占总收入的 1%；其他领域收入 165.4 亿元，占总收入的 15.9%。

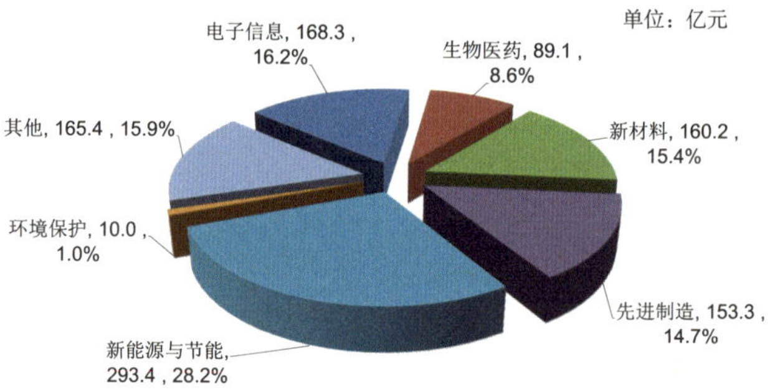

（袁永章）

大兴—亦庄园

2012 年 10 月，《国务院关于同意调整中关村国家自主创新示范区空间规模和布局的批复》发布，中关村大兴—亦庄园成立，园区总面积 9827 公顷，包括大兴经济开发区北区、大兴生物医药基地等 14 个地块。大兴—亦庄园以先进制造、生物医药、移动通信、新一代显示技术及装备、影视制作、新能源汽车等为主导产业。2015 年 12 月，中关村大兴—亦庄园管委会成立。大兴园拥有四大基地。大兴生物医药产业基地 2002 年成立，2006 年纳入中关村科技园区，面积 1124 公顷，以生物医药为主导产业，重点构建“1+4+2”的特色产业格局，即医药研发及检验机构形成的核心板块，生物制药、现代中药、创新化药、医疗器械四大主体板块，“大健康”、动物疫苗及动物用药两大拓展板块。国家新媒体产业基地 2005 年成立，2012 年纳入中关村示范区，是市文资办规划建设的 20 个市级文化创意产业功能区之一，面积 819 公顷，分为两区四园，即基地北区和南区，星光影视园、多维创新园、北京时尚体育公园、北普陀影视园，主要发展新媒体、数字出版印刷、现代服务业等产业。新能源汽车产业基地 2008 年成立，面积 355 公顷，2012 年纳入中关村示范区，是北京市新型工业化示范基地，主要以汽车零部件与新能源汽车为支柱产业。军民结合产业基地 2011 年成立，面积 170 公顷，被认定为“国家新型工业化产业示范基地（军民结合）”，是北京市唯一的国家级以军民结合为主导产业的示范基地，重点发展总部经济、高端研发。北京经济技术开发区 1992 年建立，是北京地区唯一的国家级经济技术开发区。1999 年，市政府决定将北京经济技术开发区 700 公顷面积划为中关村科技园区“亦庄科技园”，同时享有国家级经济技术开发区和国家高新技术产业园区双重政策优惠。2000 年，市编办决定经济技术开发区管委会与亦庄园管委会合署办公。亦庄园位于京津塘高速公路和城市五环路与六环路之间，拥有“八横八纵”的路网格局，交通便利。道路总里程超过 3000 千米；基础设施完备、配套服务设施齐全。亦庄园已形成包括电子信息、生物医药、汽车制造、装备制造四大主导产业，新能源新材料、军民结合、文化创意三大新兴产业，生产性服务业、科技创新服务业、都市产业三大支撑产业在内的十大高端、高效、高辐射产业集群。拥有北京奔驰汽车有限公司、中芯国际集成电路制造（北京）有限公司等各领域的知名企业，在大尺寸集成电路生产、移动通信产品研发与制造等方面领先国内同行业水平。园区企业可享受国家、北京市、中关村示范区的各项优惠政策。

大兴—亦庄园管理委员会领导成员

主　任　梁　胜

副主任　绳立成　谢冠超

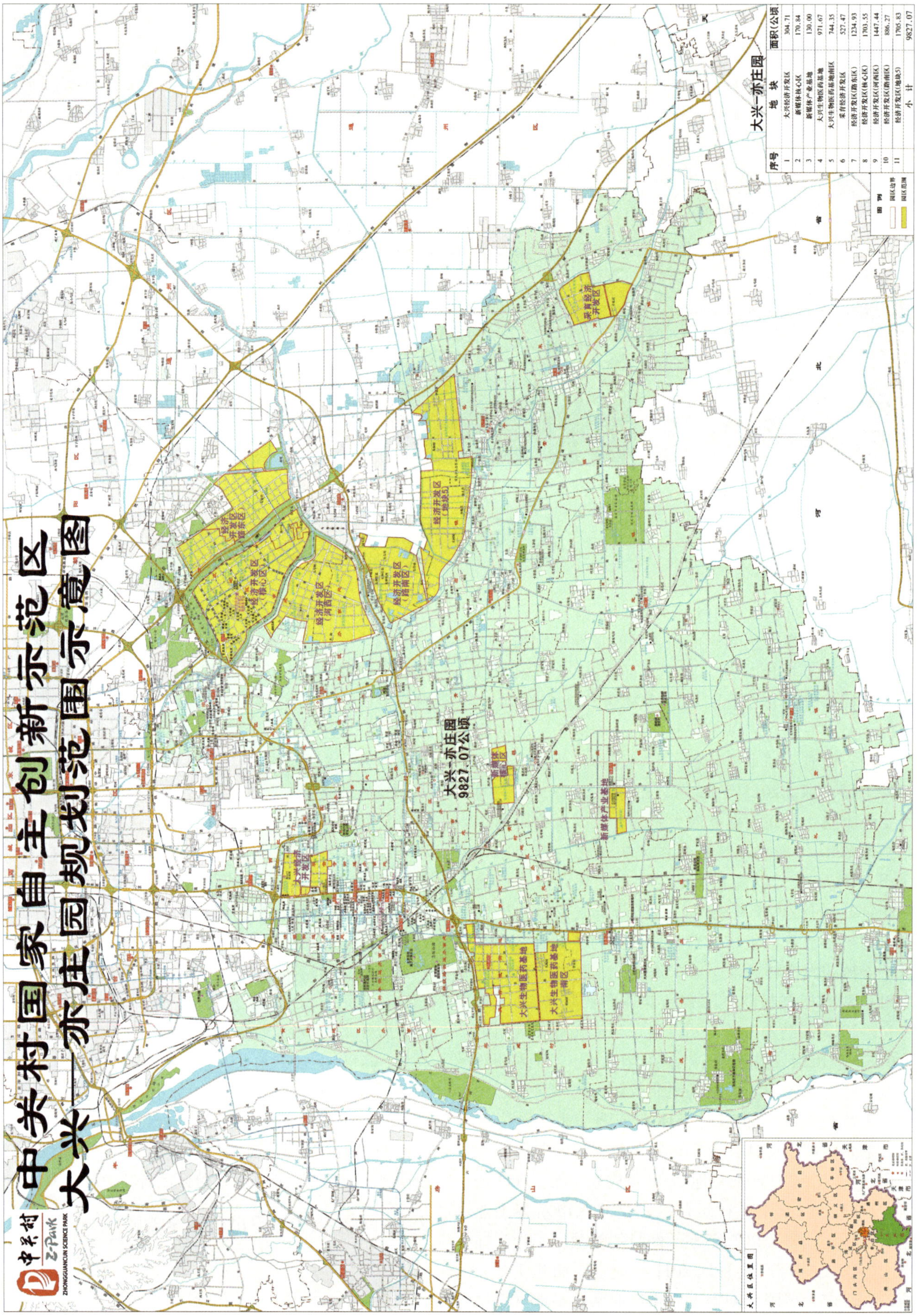
中关村国家自主创新示范区
大兴—亦庄园规划范围示意图
中关村 Z-Park ZHONGGUANCUN SCIENCE PARK
大兴—亦庄园
序号 | 地块 | 面积(公顷)
1 | 大兴经济开发区 | 304.71
2 | 新媒体核心区 | 170.84
3 | 新媒体产业基地 | 130.00
4 | 大兴生物医药基地 | 971.67
5 | 大兴生物医药基地南区 | 744.35
6 | 采育经济开发区 | 527.47
7 | 经济开发区(路东区) | 1234.93
8 | 经济开发区(核心区) | 1703.55
9 | 经济开发区(河西区) | 1447.44
10 | 经济开发区(路南区) | 886.27
11 | 经济开发区(地块5) | 1705.83
小计 | 9827.07
图例
园区边界
园区范围
大兴—亦庄园
9827.07公顷
大兴区位置图

【概况】2015年，大兴园总体发展态势良好，主动调控产业结构，提升经济运行质量，确保经济稳步发展。年内，园区入统高新技术企业总数279家；从业人员近4万人；工业总产值292.8亿元；总收入407.9亿元；进出口总额2.3亿美元；实缴税费21.8亿元；利润总额28.4亿元；资产总计687.6亿元；科技活动经费支出总额17亿元；专利申请1122件，专利授权712件。

*加大园区管理力度。*大兴—亦庄园管委会成立，下设办公室，抽调开发区科技局、区科委等政府机构以及大兴生物医药产业基地管委会、西红门镇政府等单位相关人员，明确职责分工，理顺管理机制，强化大兴—亦庄园的管理工作。国家新媒体产业基地智慧园区（一期）启动，确定“智慧新媒体、服务新产业”的建设目标。

*推进基础设施建设。*加快基础设施建设，完善功能配套。年内，组织进行道路、供电、供热等基础设施建设；生物医药基地开发的企业创新孵化中心一期工程竣工；收购东旭项目，拟再建10万平方米创新孵化中心；购买鑫苑·鑫都汇小区200套公租房，用于服务创业人才。

*强化园区建设标准。*按照国家新型工业化、低碳化、生态化标准推进园区建设。大兴生物医药产业基地获批为国家新型工业化产业示范基地，将对园区加快转变经济发展方式起到积极作用；北京采育经济开发区成为国家低碳工业园区试点园区，将把低碳建设的理念、思路、目标以及相关重大任务、措施等纳入当地相关发展战略及规划；生物医药基地、采育开发区、大兴经济开发区获批“北京市生态工业园区”。

*推进企业科技创新。*推进园区企业科技创新，提升企业核心竞争力。园区内专利申请、专利授权量同比增长均超过15%，北京赛而生物药业有限公司的“一种异丙肌苷口服制剂及其制备方法”等项目获发明专利授权；北京翠祥电器元件有限公司的PCT国际专利申请，取得新加坡、澳大利亚等5个国家阶段授权；北京天罡助剂有限公司等5家公司制定了8个国家或行业标准；北京新能源汽车股份有限公司等单位研发的“C30平台纯电动乘用车关键技术集成开发与应用”获2015年中国汽车工业科学技术奖一等奖；北京以岭药业有限公司总经理吴相君被认定为2015年中关村“高聚工程”创新领军人才；北京采育新能源汽车产业园、汇龙森科技园入选市战略性新兴产业科技成果转化基地，将在市专项资金的支持下，开展产业共性关键技术研发、技术标准制定等方面的工作。

*支持“双创”空间建设。*强化北京奥宇科技企业孵化器有限责任公司等创业空间的服务工作，为创新创业者提供良好服务；引导传统行业转型升级，将北京首兴永安供热有限公司等制造业退出后的厂房、办公用房转型为创业空间，为企业和研发机构提供发展空间及相应的公共技术支撑服务，加速企业研发孵化和产业化；对华商置业有限公司等10家企业给予中关村现代服务业中小企业创业孵化试点项目支持，为企业提供创业辅导、科技咨询、技术交流等有关服务；北京青年创业园大兴园—新媒体分园、北京文化创新工场新媒体基地园等园区获授牌，将为青年创业者提供优质服务。

*发展现代服务产业。*中关村管委会、大兴区政府签署合作备忘录，共建中关村·大兴现代服务业产业园，依托西红门镇和旧宫镇建设，重点发展电子商务、金融服务、文化创意等五大产业板块；起草《现代服务业产业园三年行动计划（2016—2018）》，明确了园区的战略定位、发展目标、产业布局及各阶段的重点任务；组织编制“十三五”时期现代服务业产业发展规划，出台一批推动现代服务业高端发展的鼓励政策，持续完善区域创新创业生态系统。

*加快重点项目建设。*支持“高精尖”产业发展，跟踪重点项目建设情况，及时组织相关部门协调解决建设中遇到的问题。年内实现北京同仁堂健康药业股份有限公司、北京惠方清松生物科技有限公司等10个重点项目开工建设，总投资额36.8亿元，占地面积35.4公顷；北京斯利安药业有限公司、北京双鹭药业股份有限公司等10个重点项目竣工，总投资额19.9亿元，占地面积37.6公顷。

2015年，亦庄园牢牢把握首都功能定位，深化改革、创新驱动，积极构建“高精尖”经济结构，转型发展取得显著成效。年内，园区入统高新技术企业总数698家；从业人员2.1人；工业总产值2333.2亿元；总收入3881.1亿元；进出口总额173.3亿美元；实缴税费279.7亿元；利润总额317.7亿元；资产总计4937.5亿元；科技活动经费支出总额120.6亿元；专利申请2574件，专利授权2184件。

*转型升级效果显著。*低效产能加快退出。北人集团公司等企业发展智能机器人研发、试制、验证、展示、交易等高端业态，全面启动世界机器人大会永久会址建设；诺基亚（中国）投资有限公司、三洋能源（北京）有限公司等制造业企业实现产能转移、土地回收，腾退土地28公顷，解除劳动合同1.5万余份；18个项目实现开工建设，盘活闲置低效土地100公顷。高端产业加快集聚。中芯国际集成电路制造（北

京）有限公司三期、北京同仁堂健康药业股份有限公司等19个项目开工建设，投资总额360亿元；扩展产业合作渠道，第十六届北京微电子国际研讨会、首届信息菌素药物国际论坛等13项国际专业性学术会议在区内成功召开，签约落地“高精尖”项目34个、跟踪储备500余个；国研文化传媒股份有限公司、百老汇中国代表处、艺术大师工坊等重点项目签约入区，规模以上文化创意产业收入同比增长10%。基金投资和国际并购加速展开。北京亦庄国际投资发展有限公司母基金发起设立产业基金40余支，总规模超过2400亿元，实际认缴额280亿元，为新区重大产业化项目提供低成本融资100余亿元；实施国际并购重组，投入并购资金24亿元，撬动社会资金540亿元，在存储器、图像传感器芯片、半导体装备等关键领域，填补产业和技术空白；以融资担保、基金投资等方式，支持北京四达时代软件技术股份有限公司10亿元，用于拓展欧洲和非洲市场业务。

*创新能力不断增强。*建设创新服务体系。新认定创新联盟、技术研究院等各类创新服务机构41家，总数达314家；新认定特色产业园、科技孵化器等各类创新服务载体23家，总数达60家；新设立科技、人才专项基金2支，总规模12亿元；设立京津冀全球路演中心，举办项目路演活动50余场。提升企业自主创新能力。新增国家高新技术企业、市级“小巨人”企业、市专利试点企业共97家；获国家科学技术进步二等奖1项、北京市科学技术奖6项。优化“双创”服务环境。认定众创空间12家，举办iCAN国际大学生创新创业大赛、生物医药发展高端创新论坛等“双创周”主题活动；完善人才服务政策，制定出台《新区推进高端产业领军人才发展示范区实施办法》，举办首届新区高端产业领军人才国情研修班；新增中央“千人计划”入选者8人，累计58人；新增北京市“海聚工程”入选者15人，累计105人；认定新区高端领军人才120人，累计367人。

*协同发展更趋深入。*创新合作机制，加快推进跨区域全产业链布局。京津冀国家级开发区产业协同发展联盟成立，区内设立常驻办事机构，推进三地园区产业发展；建设京津冀科技创新公共服务平台，打造实体服务窗口，引入金融、文化等合作机构20余家；整合线上资源打造网络服务窗口，京津冀三地300余家服务机构入驻网络平台；与廊坊市制订完成园区管理机构方案，“亦庄·永清”园区获批挂牌，首批7个签约项目完成开工准备，其中惠买在线等两个项目开工，新签约项目15个，总投资额200亿元。

*城市环境更加和谐。*建设生态园区。联合市发展改革委、市财政局研究制订开发区绿色低碳循环发展3年行动计划方案，初步确定五大类20项指标、114个项目以及47亿元的投资任务；建设智能电网示范园区，供电网络实现环网供电，年节电1000万度；投入资金3500万元，支持34个项目实现节能减排；开通电动微公交接驳线路9条，建成公共充电桩243个，投放分时租赁新能源车1800辆，实现园区范围内车辆通存通取。加强城市治理。围绕交通治“堵”，优化交通路网，打通科创街、凉水河一街等局部断头路；完善路南区、路东区污水处理厂、污水管网设施，实施4G信号全覆盖工程，新建、改建通信基站190处。

（下文所述经济技术开发区即亦庄园）

（苏全城　崔春雷）

【郭金龙到鸿坤·金融谷调研】1月9日，市委书记郭金龙及市领导李士祥、陈刚、洪峰一同调研鸿坤·金融谷，视察西红门地区低端产业腾退及环境改造提升工作。郭金龙一行来到金融谷示范区屋顶花园，了解西红门镇区域发展以及北京鸿坤伟业房地产开发有限公司的开发现状。鸿坤·金融谷为镇级统筹下集体土地利用新模式的成功试点项目，是对集体土地试点成果的认可，也是对鸿坤集团建设水平的高度肯定。郭金龙指出，要进一步深化西红门集体建设用地改革试点以及与经济开发区融合发展的体制机制创新，在推动京津冀协同发展中实现自身发展。鸿坤·金融谷是

北京市首个城乡结合部改造试点项目，位于南四环、南五环中心节点位置，建筑规模为68万平方米，是鸿坤集团斥资30亿元打造的首个产业地产项目。

（杜　鹃）

【开发区首批职工创新工作室获授牌】1月23日，2014年度开发区职工创新工作室授牌仪式在北京泰德制药股份有限公司举行，相关企业的代表50余人参加。工作室由开发区总工会、科技局共同认定，北京金风

科创风电设备有限公司、欧必翼门控科技（北京）有限公司等10家企业入选。工作室主要围绕降低成本、节能减排、技术改造、技术革新、安全生产等相关技术难题，组织员工开展技术攻关、管理创新、科学研究等活动，推广普及创新理念、技术和方法，解决本地区、本行业、本单位的技术发展瓶颈；发挥工作室负责人的自身优势，将理论研究和工作实践相结合，加强团队成员间的技术交流与协作；通过师带徒、培训交流等方式，最大限度地提升职工技术、技能水平。

（崔春雷）

【伏格列波糖片两规格药品获准上市】1月，北京协和制药厂0.3毫克、0.1毫克的伏格列波糖片获食品药品监管总局批准上市，批准文号分别为“国药准字H20143366”和“国药准字H20143367”，注册标准“YBH04122014”。伏格列波糖为α－葡萄糖苷酶抑制剂，通过抑制碳水化合物在小肠上部的吸收而降低餐后血糖，适用于以碳水化合物为主要食物成分和餐后血糖升高的糖尿病患者，并可与双胍类、磺脲类、噻唑烷二酮类或胰岛素合用。

（李积伟）

【组织召开技术创新中心规划座谈会】1月，经济技术开发区科技局组织召开5场专题座谈会，市科委有关负责人以及相关产业专家、企业家200余人参加。会上，主办单位分别就集成电路、新型显示、生物医药、产业互联网和智能制造五大技术创新中心规划草稿征求与会者的意见和建议。

（崔春雷）

【开发区科协第二次代表大会召开】2月9日，由经济技术开发区科学技术协会主办的开发区科学技术协会第二次代表大会在党群活动服务中心召开。市科协、大兴区科协、经济技术开发区管委会等单位相关负责人以及有关代表300余人参加。会议审议通过题为“团结带领开发区广大科技工作者，为建设科技创新中心主阵地，推进一体化、高端化、国际化发展而努力奋斗”的大会工作报告以及《北京经济技术开发区科学技术协会管理办法（草案）》；选举中国工程院院士程京为第二届委员会主席，产生6名副主席、15名常委、45名委员。

（崔春雷）

【陈竺到开发区调研】2月10日，全国人大常委会副委员长陈竺到大兴新区调研生物医药产业发展，农工党中央专职副主席何维、北京市委常委牛有成等领导参加。陈竺一行先后走访北京义翘神州生物技术有限公司、北京旷博生物技术有限公司、百泰生物药业有限公司等企业，了解自主创新、技术升级、人才引进等情况，并与企业家座谈。陈竺强调，要强化创新驱动，培育产业发展市场环境，最大限度发挥现有生物医药产业的带动示范效应；要降低准入门槛，增加医保目录，全力推进深化医改工作；要加强顶层设计，坚持试点先行；要加快区域联动，促进京津冀协同创新，提升企业开放创新能力和国际化水平。

（崔春雷）

【异丙肌苷口服制剂获发明专利授权】2月11日，由北京赛而生物有限公司马骉等研发的“一种异丙肌苷口服制剂及其制备方法”获国家发明专利授权（ZL2012104994267）。发明所用原料包括异丙肌苷、助崩剂、崩解剂、黏合剂，其中异丙肌苷、助崩剂和崩解剂的重量比依次为1∶0.1～0.2∶0.08～0.2，崩解剂溶出更快、稳定性更高。产品为抗病毒药，具有增强机体免疫功能的作用，主要是增强细胞免疫功能，又可作为新的免疫调节剂，对人体疱疹、流感及鼻病毒感染均有疗效，尤其适用于单纯疱疹病毒感染的患者。产品的研制成功，使异丙肌苷制剂临床应用不再完全依赖进口药品，同时降低了市场价格。

（周思远）

【医药基地入选国家新型工业化产业示范基地】2月26日，《工业和信息化部关于公布第六批“国家新型工业化产业示范基地”名单的通知》（工信部规〔2015〕62号）印发，大兴生物医药产业基地入选，为北京市唯一推荐园区。示范基地将在产业方向、入驻企业和项目等方面科学选择、从严把关；将支持企业节能降耗、减排治污技术改造，推行节约生产、清洁生产，推广节能减排共性技术，探索集中治污方式，降低企业治理成本；将合理规划和使用交通、电力、给排水、污染治理等基础设施，推进土地资源整合，盘活土地存量，规划好土地使用方向。

（李积伟）

【中船投资发展有限公司入驻医药基地】2月，中船投资发展有限公司在大兴区工商分局注册成立，注册资本57亿元。中船投资公司系独资企业，2001年6月成立，为中国船舶工业集团公司旗下的全资子公司，以“招拍挂”方式入驻大兴生物医药产业基地。其经营范围是对高新技术行业、实业投资，投资管理，资产管理（非金融业务），国内贸易（专项审批除外），以及以上相关业务的咨询服务。

（李积伟）

【春风行动专场招聘会举办】3月3日，由经济技术开发区人事劳动和社会保障局主办的2015年首场招聘会暨春风行动专场招聘会在开发区人才职介中心举办。北京中科彩技术有限公司、北京大基康明医疗设备有限公司等 30 余家企业提供 1700 余个岗位，现场求职者 1100 余人，有 500 余人与需求企业达成就业意向，涉及电子信息、生物医药等领域。

（崔春雷）

【冻干人用皮卡狂犬病疫苗临床研究专家论证会召开】 3 月 8 日，冻干人用皮卡狂犬病疫苗临床研究专家论证会在京召开。中国工程院院士侯云德、俞永新以及病毒学、免疫学等领域的近 30 余名专家学者参加。课题 2010 年启动，由依生生物制药有限公司等单位承担，资金投入 3 亿余元，2013 年被科技部列为国家重大新药创制项目，2014 年 11 月，新加坡新保集团医学研究单位获批进行 I 期临床试验。皮卡佐剂疫苗用于狂

犬病病毒暴露后（动物咬伤后）的免疫治疗，采用全新的能够激活免疫细胞 Toll 样受体 3（TLR-3）的皮卡佐剂技术，激活树突细胞、巨噬细胞和 NK 细胞等，能产生强烈的特异性 T 细胞免疫应答，具有独立知识产权，是一种新型、稳定、安全、高效的疫苗，可达到 80% 的攻毒保护率，投入临床使用后，狂犬病的致死人数将减少 50% 以上，免疫疗程从 28 天缩短至一周，注射次数由 5 针减少到 3 针。与会专家高度评价疫苗的治疗效果，并对其临床试验方案提出建设性意见。（2016 年 1 月 13 日，人用皮卡佐剂狂犬病疫苗一期临床结果新闻发布会举行，临床一期研究结果良好。）

（尚亚库）

【“干扰素 α 与硫酸庆大霉素的雾化吸入剂”获发明专利授权】 3 月 18 日，由北京三元基因药业股份有限公司周敏毅等研发的“干扰素 α 与硫酸庆大霉素的雾化吸入剂”获知识产权局发明专利授权（ZL2014100078063）。发明属于抗病毒药物的组合物领域，其雾化吸入剂含有治疗有效量的干扰素 α、硫酸庆大霉素，以及适宜量的可药用辅料；优选单次给药剂量中含有 1 微克～ 30 微克的干扰素 α，0.5 毫克～ 15 毫克的硫酸庆大霉素，以及适宜量的可药用辅料；更优选单次给药剂量中含有 2.5 微克～ 10 微克的干扰素 α，2 毫克～ 10 毫克的硫酸庆大霉素，以及适宜量的可药用辅料。该雾化吸入剂结合化学药物和生物技术药物治疗病毒性肺炎，与单独使用干扰素 α 或硫酸庆大霉素治疗相比可明显提高疗效。

（周思远）

【“拱架管棚钻机”获发明专利授权】 3 月 18 日，由中铁第五勘察设计院集团有限公司、北京铁五院工程机械有限公司严振林等研发的“拱架管棚钻机”获知识产权局发明专利授权（ZL2013100654237）。产品包括钻进工作机构，拱架的上部为半圆形结构，底部两侧设有液压支腿和钻机行走机构，上部设有举升臂移动平台，钻进工作机构通过前举升臂和后举升臂支撑于举升臂移动平台上；前举升臂和后举升臂固定于移动平台主梁的上部，主梁的下部设有主行走轮系，前举升臂和后举升臂的侧面分别设有侧支撑轮系，主行走轮和侧支撑轮行走于 H 型钢上。专利是用于隧道及地下工程施工的拱架式、可纵横向移动的新型管棚钻机，设计合理、安全可靠、施工环境适应性强、加工制造方便，能有效提高施工效率、降低成本。

（周思远）

【郭金龙到大兴—亦庄园调研】 3 月 26 日，市委书记郭金龙到大兴—亦庄园调研，听取了大兴区和园区加快产业转型、推动融合发展等方面的工作汇报。郭金龙强调，要深刻理解“新常态”“高精尖”“京津冀”3 个关键词，明确区域功能定位，坚持深化改革，确立发展优势。常务副市长李士祥、副市长张工一同调研。

（崔春雷）

【肾性贫血专题科技研讨会召开】 3 月 26 日，由经济技术开发区科技局主办、珐博进（中国）医药技术开发有限公司承办的“引领科技创新　关注病患需求”肾性贫血专题科技研讨会在亦庄生物医药园举办。经济技术开发区管委会、北京生物技术和新医药产业促进中心等单位相关负责人以及 100 余位行业人士参加。相关专家分别就慢性肾脏病贫血治疗与策略、慢性肾脏病贫血现状与病人需求做主题演讲，分析中国肾性贫血治疗现状，认为应高度重视贫血治疗，降低终末期肾病患者的心血管病变风险和死亡率。

（崔春雷）

【“干扰素 α 突变体及其聚乙二醇衍生物”获发明专利授权】 4 月 1 日，由北京三元基因药业股份有限公司周敏毅等研发的“干扰素 α 突变体及其聚乙二醇衍生物”获知识产权局发明专利授权（ZL2013104682024）。专利提供的复合干扰素（属于干扰素 α 的一种）半胱氨酸突变体，是将复合干扰素氨基酸序列中从 N 端计

的第81位的氨基酸突变为半胱氨酸；复合干扰素半胱氨酸突变体的聚乙二醇衍生物，是由该复合干扰素半胱氨酸突变体与聚乙二醇修饰剂连接得到，聚乙二醇修饰剂的分子量在5千道尔顿～40千道尔顿。产品生物学活性高，药理作用与稳定性好，安全可靠。

（周思远）

【生物医药创新发展论坛举办】4月20日，由北京亦庄国际生物医药投资管理有限公司主办的2015年北京亦庄生物医药园产业创新与发展论坛第一期暨第三届国际创新型高端药物制剂论坛在亦庄生物医药园举办。经济技术开发区科技局等单位相关负责人以及北京斯利安药业有限公司、北京化工大学等30余家企业及院校的代表100余人参加。相关专家分别就“制剂及工艺开发中遇到的瓶颈及解决方案——仿制药和创新制剂产品”“鼻黏膜递送给药系统的构建与研究”“新型缓控释制剂的进展”等主题，分析了质量源于设计的理论如何在制剂研发中应用，国内新药制剂与国际的差别、产业化的不足以及制剂创新的潜在问题等。会上，推出开发区科技局微信订阅号“科技etown”，通过移动互联的方式发布新区的科技政策和信息。年内，论坛共举办10期，累计参会人员2000余人。

（崔春雷）

【智慧园区建设启动】4月23日，大兴区国家新媒体产业基地智慧园区（一期）建设项目启动会在新媒体基地举办。中关村管委会、大兴区经济信息化委等单位相关负责人参加。智慧园区（一期）为新媒体基地重点项目之一，以“智慧新媒体、服务新产业”为建设目标，以产业集聚体系、智慧管理体系、产业孵化体系、金融服务体系、科技创新体系为支撑。一期投资1900万元，拟建设“一个基础数据库”，即国家新媒体产业基地服务管理资源库；“一个展示应用平台”，即GIS产业要素地图展示应用系统；“三个典型的业务应用”，包括建设国家新媒体产业基地智慧云门户、智慧园区综合管理平台、产业综合服务平台，实现政府服务、企业协作、社会管理的智能化应用。

（周思远）

【艾滋病检测产品科技成果汇报会举办】5月5日，由开发区先进医疗器械联盟、中国农工民主党生物技术与药学委员会主办的国家科技重大专项——艾滋病检测产品科技成果汇报会在亦庄生物医药园举办。全国政协常委何维、中国工程院副院长侯云德以及科技部重大专项办公室、国家卫计委科教司、中国疾病预防控制中心等单位相关负责人以及有关企业代表100余人参会。汇报会就“艾滋病等重大传染病防治”进行研讨，并展示了北京旷博生物技术有限公司等企业研发的有关艾滋病初步筛查、新发感染检测确认、病毒载量、淋巴细胞检测、耐药检测、核酸检测等各个环节的检测试剂26件，检测仪器13件。

（崔春雷）

【共建中关村·大兴现代服务业产业园】5月7日，中关村管委会、大兴区政府共建中关村·大兴现代服务业产业园工作会议在鸿坤·金融谷举办。中关村管委会主任郭洪等领导以及西红门镇政府等单位有关负责人等参加。双方签署《共建中关村·大兴现代服务业产业园合作备忘录》。根据备忘录，双方将通过共同研究编制规划，推动中关村创新优惠政策延伸，出台一批产业园现代服务业高端发展的鼓励政策；积极探索“土地入股、组团开发、代建代购、合作开发、生态宜居”等新兴开发建设模式。双方还将在搭建创新创业人才、科技服务中介等资源对接平台等方面开展合作，共同构建新型技术转移和科技成果转化服务体系，持续完善区域创新创业生态系统。产业园位于西红门镇和旧宫镇，将重点发展电子商务、金融服务、文化创意、

科技服务和健康服务五大产业板块，还将建设金融服务平台，开设实体金融服务超市，推出线上金融服务超市、公众微信服务平台等服务设施。

（苏金城　苑丁波）

【首都知识产权国际交流合作基地日本工作站获授牌】5月7日，由经济技术开发区知识产权局主办的开发区海外知识产权工作站日本站挂牌暨开发区海外知识产权工作推进会在京举行。首都知识产权国际交流合作基地日本工作站是由经济技术开发区知识产权局与北京银龙知识产权代理有限公司合作建设，将为企业提供涉外知识产权维权援助服务、海外专利分析、法律研究、侵权预警、信息情报等服务。

（崔春雷）

【吉林一行到鸿坤·金融谷调研】5月9日，市政协主

席吉林一行到鸿坤·金融谷进行农村集体经营性建设用地流转试点工作专题调研，大兴区政府、西红门镇政府等单位有关负责人陪同。在鸿坤·金融谷项目现场，结合沙盘和LED屏幕，通过拆除腾退前后对比图，调研组了解了西红门镇城乡结合部升级改造建设进展、项目规划建设等情况，以及大兴区通过综合整治，腾

退低端产业、优化环境、疏解非首都核心功能、推动产业升级、打造金融产业综合服务园区等状况。

（杜　鹃）

【经济开发区知识产权促进中心成立】 5月12日，北京知识产权服务中心经济技术开发区分中心揭牌仪式在京举行。市委常委戴均良等领导以及市知识产权局、经济技术开发区管委会等单位相关负责人参加。市知识产权局与经济技术开发区管委会签署《共建北京经济技术开发区知识产权促进中心合作协议》。中心旨在提升开发区知识产权综合实力，促进开发区知识产权产出、孵化与运营，培育不同层级的知识产权优势企业，加快开发区实施创新驱动发展战略，将重点在构建知识产权创新链条、推动专利密集型产业发展、推动知识产权国际交流合作等方面开展工作：打造“产业创新联盟 + 研究院 + 专利池 + 技术交易平台 + 基金 + 特色产业园”六位一体的知识产权创新链条；推进“三个三”工程，即打造“三个一批”（一批千亿元企业、一批百亿元企业、一批十亿元企业）、“三个技术”（一批核心技术、一批关键技术、一批共性技术）、“三个中心”（专利展示交易中心、知识产权金融创新中心、专利孵化中心）；活跃开发区国际知识产权交流合作氛围，创建知识产权国际交流合作引领区；加强知识产权保护，将开发区打造成为知识产权保护环境示范区；搭建知识产权管理服务平台，提升企业知识产权服务水平。

（潘　丹　崔春雷）

【五大重点项目落户亦庄】 5月14日，在第十八届科博会科技合作项目签约仪式上，经济技术开发区管委会与5家企业签约，包括贝达药业股份有限公司的“贝达新药研发中心”等5个项目，总金额30.7亿元，项目涉及电子信息、生物医药等领域。其中，北京元心科技有限公司的“元心移动互联网产业中心项目”，签约额20亿元，将创立自主商标和知识产权的移动操作系统，打造云计算、物联网、大数据总部基地；北京佳讯飞鸿电气股份有限公司的“物联网及无人系统产业园”，总投资6亿元，总建筑面积约5万平方米，将实现“互联网 +”产业集聚发展；北京加科思新药研发有限公司的“捆绑式创新工场”，总投资约1.7亿元，将研发小分子化学创新药，获得的技术成果转让给第三方进行生产；畿科联生物技术研究（北京）有限责任公司的“一类新兽药（信息菌素）开发及新药快速设计平台”，将建设信息菌素研究院、专利池，并完成学科建立、专项基金组建业务，进行信息菌素药物的研发与生产。

（崔春雷）

【京东移动电源产品安全标准发布】 5月14日，由北京京东世纪信息技术有限公司主办的2015京东移动电源标准制定暨品质联盟启动仪式在京东公司总部举行。深圳市倍斯特电源有限公司等相关企业的代表参加。京东公司发布由平台渠道商推出的首个移动电源产品的安全标准——《京东便携式移动电源企业标准》。《标准》从高低温差使用、旅途出行防抖、乘机便利性、防火安全等角度，在电芯的选材、瓦时（Wh）标识标注、外壳耐受力、线缆阻燃性、充放电保护、高空跌落、静电放电、高低温下的功耗能效、接口插拔次数、稳定电压输出等方面进行规范。京东公司宣布与北京爱国者信息技术有限公司等10余家移动电源厂商成立京东移动电源品质联盟。联盟将推动移动电源行业的不断规范，更好地保障消费者的消费安全和购物品质。

（钟铧章）

【全国能源互联网云平台上线】 5月19日，全国智慧能源公共服务云平台（www.ioe1888.com）在亦庄园上线。平台是一个为智慧能源产业服务的第三方公共服务云平台，由中国智慧能源产业技术创新战略联盟于2月10日发起并启动建设。其基于ISO/IEC/IEEE 18880标准打造的智能化能源管理平台和数据中心，以实现整合全国能源数据，组织公共资源，提供数据存储、实时监控、可视化管理、数据分析、风险控制、能效分析等功能。对于能源行业，云平台的最大作用是将原本分散的能源数据统筹分配、合理协调，通过对来自于各能源企业的数据进行统一分析比较，为行业发展方向提供数据支持，并达到节能减排的目的；对于节能行业公司，充分使用大数据及互联网技术，

能加大节能力度，凸显透明度，对于融资、运营都有帮助；对于政府单位，可以为能源监管提供便利，提高效率，为政府的能源决策提供依据；对于能源单位，可将企业纳入整个行业当中，并从数据中得出清晰明确的分析报告。

（徐　建）

【中科院公众科学日走进开发区】5月21日，由经济技术开发区科技局主办的中国科学院公众科学日走进开发区专场交流会在京召开。中科院、经济技术开发区管委会等单位有关负责人以及企业的代表50余人参加。中科院微生物研究所、国家纳米科学中心、中科院遥感与数字地球所的相关人士为园区内企业介绍所在院所的科技条件平台、开放实验室等科技服务资源以及生物医药、纳米技术等最新科技研发项目，并与到会者共同探讨合作新模式。

（崔春雷）

【高新技术企业服务平台运营】5月，由经济技术开发区科技局组建的高新技术企业服务平台正式运营。平台开通“科技 etown”微信订阅号，搭建经济技术开发区科技局服务企业的移动端平台，实现科技政策、培训讲座、产品发布、服务信息等第一时间直接推送，为企业提供方便、快捷的服务；在开发区行政服务中心开设专门服务窗口，为企业解答国家、北京市、中关村示范区有关高新技术企业的相关政策，接受企业咨询，并受理企业报送的国家、中关村高新技术企业申报材料。

（崔春雷）

【首届全国组织修复与再生医学大会召开】6月17—19日，由国家干细胞工程技术研究中心、解放军总医院、经济技术开发区管委会、北京汉氏联合干细胞研究院等单位联合承办的首届全国组织修复与再生医学大会在京召开。会议主题为“组织修复和再生医学与战略性新兴产业发展”。来自干细胞、组织工程、再生医学等领域的相关人士近500人参加。首都医科大学、军事医学科学院、中国医学科学院等单位的院士、专家就“血管内皮的再生是血管修复的关键”“干细胞治疗进展与管理规划”“间充质干细胞在组织修复与再生中的作用”等主题做了专题报告，近30名国内外组织修复与再生领域的专家、学者围绕干细胞与组织修复和再生、组织工程与组织修复和再生、创烧伤后的组织修复与再生、疾病损伤后的组织修复与再生、组织修复与再生医学临床与产业转化等议题进行学术交流。

（崔春雷）

【首届亦庄创新创业大赛举办】6月18日，由经济技术开发区科技局、区团工委、区宣传部、北京亦庄国际投资发展有限公司联合主办的北京亦庄第一届创新创业大赛启动新闻发布会在亦庄金融汇举办，主题是“来亦庄，我们一起创业吧！”汇龙森国际企业孵化（北京）有限公司等企业的代表200余人参会。参赛项目分为企业组和团队组，通过网站报名，采用书面评审加面试形式进行初赛，以项目路演的方式现场评审决赛结果。大赛有501个项目报名，中云智慧公司的“互联网＋公共安全云平台”等36个企业项目进入决赛，56位专家和投资人对参赛项目进行评审和点评，近300名投资人观摩比赛。10月20日，创业大赛决赛颁奖仪式举办，最终评出一、二、三等奖12项，其中华油阳光（北京）科技股份有限公司的“水平井实时地质导向技术”等两家企业的项目获一等奖，北京金景科技有限公司的“超便携式移动平台激光雷达——ScanLook”等4家企业的项目和团队获二等奖，北京赛欧兰阻燃纤维有限公司的“全新一代环保型硅—氮系阻燃粘胶纤维”等6家企业的项目和团队获三等奖。获奖企业和团队将赢得免租金入驻、大赛奖金、银行贷款以及创业投资等奖励及资助。

（崔春雷）

【“百进千”专场对接会举行】6月30日，由首都科技条件平台开发区工作站主办的百家重点实验室进千家企业专场对接会在京举行。北京中科金马科技股份有限公司、安快创业谷、中国电力科学研究院等13家有专项科技需求的单位参加。会上，北京师范大学研发实验服务基地、北方工业大学研发实验服务基地、首都科技条件平台科技金融领域中心的相关人员向参会者介绍各自的科技服务资源，分享最新的科技研发项目，探讨合作新模式。会议还介绍了首都科技创新券的申请条件和流程。

（崔春雷）

【北京大学医学部校友创新创业基地成立】6月30日，由北医校友会、经济技术开发区管委会主办的大健康产业国际商务合作发展论坛暨北京大学医学部校友创新创业基地成立大会在京举办。市发展改革委、市经济信息化委、北京大学等单位相关负责人以及北医校友会、部分企业的代表80人参加。与会代表就如何通过天然营养品和绿色环保产品来创造更健康的生活、人保在搭建大健康产业平台的一些设想和行动、大健康视野下如何提升用药安全等议题进行交流。北医校友会经济开发区分会同日揭牌。创业基地是北医校友会在国内建立的唯一一个创业基地，位于亦庄园国盛科技园，将以北京华兴长泰物联网技术研究院有限责任公司、神州细胞工程有限公司、北京罗诺强施医药技术研发中心有限公司等北医校友会企业为主要成员，与国盛科技园合作，开辟独立空间，打造生物医药大健康创新创业服务平台。经济开发区分会会长为北京华兴长泰物联网技术研究院有限责任公司董事长王旻。

（崔春雷）

【开发区知识产权美国工作站获授牌】6月30日，经济技术开发区知识产权局、美国昭衍创新园区战略合作协议签约仪式在美国旧金山举行，市知识产权局、中国驻旧金山总领事馆等单位相关负责人参加。仪式上，北京亦庄国家生物医药国际创新园——旧金山创新园（美国工作站）获授牌；经济技术开发区科技局与北京银龙知识产权代理有限公司签署《北京经济技术开发区知识产权美国工作站合作协议书》。根据协议，美国工作站将为开发区企业在美国开展创新提供知识产权保护、海外布局等一系列服务。

（崔春雷）

【隋振江到开发区调研】7月2日，副市长隋振江到经济技术开发区调研，市政府副秘书长朱炎陪同。座谈会上，隋振江听取了园区稳增长、促发展，打造“中国制造2025”示范区、国家文化中心示范区，服务京津冀协同发展等方面的汇报。隋振江指出，开发区在与大兴园行政资源整合后，活力、潜力、合力不断释放，带动了城南地区产业发展和结构提升，希望开发区引领新常态、打造“高精尖”、服务京津冀，加快推进产业结构调整，实现转型升级提质增效，辐射带动城南区域加快发展。

（崔春雷）

【首批工商登记注册指导站揭牌】7月14日，北京经济技术开发区首批工商登记注册指导站揭牌仪式在汇龙森科技园举行。亦庄园管委会、大兴区工商局等单位的相关负责人及园区企业代表100余人参加。首批3个指导站分别设在汇龙森科技园、经开产业园、嘉捷科技园园区内。指导站配有专职的“工商小秘书”，可免费为企业提供设立、变更、备案、注销等专业的工商代理业务服务。

（李美惠）

【京津冀开发区创新发展联盟成立】7月16日，由中国开发区协会主办的京津冀开发区创新发展联盟成立大会在经济技术开发区召开。发展改革委、商务部、天津市商务委、河北省商务厅等单位相关负责人以及各界代表300余人参加。联盟由中国开发区协会牵头，京津冀三省市12家国家级经济技术开发区、天津自由贸易试验区（天津港保税区、东疆保税港区）、中国开发区协会及京津冀三省市开发区协会等18家单位发起成立。会上，发起单位共同签署《京津冀开发区创新发展联盟框架协议》。根据协议，联盟会员单位将通过“线上+线下”、互联网+企业服务的新模式，搭建信息交流、项目对接和投融资等服务平台，构建全方位、可持续、一体化的产业发展、企业服务、创新创业体系，推进京津冀三地产业对接合作。联盟位于亦城国际中心京津冀开发区创新服务大厦，理事会主席采取轮值制，每年由联盟大会自国家级开发区中推举产生，第一任主席由大兴经济开发区管委会主任梁胜担任。联盟下设办公室、研究咨询中心、产业促进中心、科技创新中心、金融服务中心、企业服务中心、信息中心等专业部门，采取委托服务或市场购买服务的形式，选择具有专业服务能力的机构推进相关工作。

（崔春雷）

【开发区特色产业园发展联盟成立】7月16日，由经济技术开发区管委会主办的北京亦庄开发区特色产业园发展联盟成立大会暨首批特色产业园授牌仪式在亦庄园举行。经济技术开发区管委会、大兴区政府等单位有关负责人以及部分企业的代表100余人参加。联盟由开发区管委会发起，首批成员有汇龙森医疗器械创新园、经开电子商务创新园、亦创智能机器人创新园等15个特色产业园，将围绕医疗器械、电子商务、总部经济等近10个领域开展工作，发挥园区在产业联盟、研究院、专利池、技术交易平台、基金“六位一体”创新体系中的基础作用，协调调动各成员单位的优势资源，加速招商引资，提升开发区楼宇、产业园的服务力和水平，形成政—金—楼—企一体化协调发展的创新格局。会上，15个产业园获开发区管委会和特色产业园发展联盟授牌。汇龙森国际企业孵化（北京）有限公司董事长刘泳担任首届理事长。

（崔春雷　李美惠）

【隋振江到开发区调研】8月5日，副市长隋振江到经济技术开发区就“高精尖”产业发展情况进行专题调研，市政府副秘书长朱炎以及市发展改革委、市经济信息化委、市财政局、开发区管委会等单位相关负责人陪同。在北京京东方显示技术有限公司8.5代线，隋振江观看企业核心技术和产品展示，参观液晶面板工艺流程、自动化信息化展室及生产线，并指出，京东方公司的发展完全符合北京市构建“高精尖”经济结构的要求。在中芯国际集成电路制造（北京）有限公司，隋振江参观企业产品展示厅和12英寸生产线，了解公司的总体规模、发展现状及集成电路制造的主要工艺和生产流程，并就推进中芯国际二期建设召开现场座谈会，指出市委、市政府高度重视开发区重点高端项目的建设与发展，对于企业前瞻性的布局与规划，各部门要给予支持，同步启动相关决策手续，执行好政策、打通好渠道，激活项目，支持企业加速创新。

（崔春雷）

【陶行知安快创业谷大学生创业孵化基地落户亦庄】8月12日，由安快创业有限公司主办的“安快创业谷陶行知教育基金会中国大学生创业孵化器基地”启动仪式暨项目路演会在安快创业谷举办。陶行知教育基金会、经济技术开发区科技局等单位相关负责人以及创业导师、投资人、企业家、创业者代表100余人参加。活动中，北京华财会计股份有限公司董事长王久立等29人受聘为安快创业谷的创业导师；拟落户孵化基地的8个创业项目进行了路演；安快创业公司推出“一对一导师创业辅导”，将采取“选、试、绑”的独特方式，让创业者和导师之间相互选择，相互磨合，为创业者找到最适合自己团队的创业导师。（由陶行知教育基金会发起、实施的“全国大学生创新创业及就业工程”拟创建100个“全国大学生创新创业示范基地”，安快创业谷为其中之一。）

（崔春雷）

【北京·亦庄全球路演会启动】8月28日，由经济技术开发区科技局主办的北京·亦庄全球路演会在京津冀（亦庄）全球路演中心启动。市科委成果转化中心、经济技术开发区管委会等单位有关负责人以及投资机构、企业的代表等100余人参加。全球路演会将按主分会场形式定期举办创新创业项目、企业展示，产品推介等活动，向所有创新创业团队提供免费场地、免费配套会务、免费品牌推广、免费对接投资机构、免费对接新四板市场等服务，助推创新创业项目以最快的速度走向市场，着力促进京津冀产业创新发展。会上，发布总额10亿元的开发区科技创新投资引导基金；进行了北京亦庄第一届创新创业大赛决赛。截至年底，全球路演会共举办万众创业·众筹未来暨北京亦庄全球路演会MINMAX专场等50余场，累计4000余人次参加。

（崔春雷）

【“中国智造”机器人创投大赛举办】8月29日，由大兴区政府、经济技术开发区管委会、北京光华设计发展基金会主办的2015“中国智造”机器人创投大赛启动仪式在京举办，主题是“创意　创新　创业”。行业专家、参赛选手等500余人参加。仪式上，华兴泰达（北京）投资基金管理有限公司发起成立2025智能制造产业联盟，将以亦庄为核心，打造京津冀一体化“中国智造”机器人产业高地；华兴泰达公司等单位联合建立2025智能制造产业基金，已筹集资金3000万元，将为智造2025产业服务；北京航空航天大学智慧制造研究院、浙江大学等单位的相关专家分别就“中国智造”机器人产业、“能态思特践行智造2015”做演讲；漫步者（天津）康复设备有限公司等企业展示康复机器人、跳舞机器人等研发成果。新华社、《人民日报》、北京电视台等媒体进行了报道。11月19日，大赛颁奖盛典举行。北京小亦科技有限公司的无人机飞控系统应用获机器人大赛二等奖，北京众星智联科技有限责任公司的机器人视频与控制系统应用获三等奖，北京城市学院伍盛雪获创意设计金奖。

（崔春雷）

【2025智能制造产业联盟成立】8月29日，在2015“中国智造”机器人创投大赛启动仪式上，2025智能制造产业联盟成立。联盟由华兴泰达（北京）投资基金管理有限公司发起成立，首批会员有北京能态卓科流体技术有限公司等单位。联盟将奉行“创意、创新、创业，践行《中国制造2025》规划纲要”宗旨，整合“政、产、学、研、用”各方资源和各界精英代表，实施五大计划，即基金计划（设立专项基金，智造2025产业基金）、大赛计划（发起中国智造机器人创投大赛，每年1届）、创新中心计划（建立信息技术和制造技术相结合的产学研联合创新中心）、人才培养计划（组织智能制造行业专业人才培训以及国内、国际高端学术访问、考察）、研究计划（开展行业研究，编纂《中国智能制造年鉴》）等。

（崔春雷）

【北京文创基金产业园建成】8月，北京文创基金产业园（包括地下商业及车库等5项工程）获北京市优质工程评审委员会颁发的北京市结构长城杯工程金质奖证书。产业园项目是落实2013年市政府下达100亿元文化创意产业基金的重点折子工程，由市文资办与大兴区政府合作，北京市文化置业公司承建。项目位于大兴区新城北区0302−040地块大兴新媒体基地，占地面积约3.65公顷，总建筑面积13.75万平方米。12月，园区建成，各个基金及其管理公司集中在一个区域办公，形成文创投资机构的集聚区，区内人员均可享受良好的全方位配套服务。

（周思远）

【郭金龙到开发区调研】9月7日，市委书记郭金龙到大兴区调研，参观中芯国际集成电路制造（北京）有限公司生产车间，了解到公司已可生产28纳米芯片，水平国内领先，离子注入机等设备也已达到国际水平。

郭金龙主持召开座谈会，听取经济技术开发区管委会等机构的工作汇报，并指出，要落实《京津冀协同发展规划纲要》要求；要顺应新常态，重塑新动力；要在京津冀协同发展中，在调结构、转方式中，保持更好的经济增长性和可持续性。市领导张工、隋振江、洪峰一同调研。

（崔春雷）

【生物医药基地获博士后科研工作站称号】9月14日，人力资源社会保障部、全国博士后管委会印发《关于批准合肥国轩高科动力能源股份公司等628个单位设立博士后科研工作站的通知》(人社部发〔2015〕86号)，其中大兴生物医药产业基地管委会获批设立博士后科研工作站。工作站将吸引和培养年轻优秀人才，促进人才合理流动；加强产学研结合，提高企业科研能力，研发高水平科技成果。截至年底，园区内有院士工作站两家，院士专家服务中心1家，博士后科研工作站3家，成为园区实现“高端、引领、创新、跨越”发展的重要支撑。

（徐国良）

【中国食品药品检定研究院新址启用】9月26日，中国食品药品检定研究院新址启用仪式在大兴生物医药基地举行。食品药品监管总局、中国药品监督管理研究会、大兴区政府等单位相关负责人以及医药企业的代表500余人参加。中检所2010年9月奠基，项目建设用地13.4公顷，建筑规模10万余平方米，总投资10亿余元，主要建筑内容为药品检验楼、生物制品检验楼、医疗器械检验楼以及公寓楼、动力中心、报告厅等。中检所始建于1950年，是国家药品检验的法定机构和最高技术仲裁机构，设有药品、食品化妆品、中药民族药等11个业务体系，同时还承担着国家细菌耐药性监测中心、国家病毒性肝炎研究中心等一批国家级中心及实验室的工作。

（赵剑雄）

【13宗工业用地摘牌】9月，北京百奥赛图基因生物技术有限公司、中国船舶工业集团公司、悦康药业集团有限公司等企业意向选址的13宗工业用地在市国土资源局大兴分局摘牌，总占地面积50余公顷，建筑规模79.3万平方米，总投资近95亿元，涉及中药、化学药品、疫苗以及生物医药平台建设等。13宗经营性地块包括大兴瀛海镇剩余地块土地一级开发项目、大兴新城北区19号地块剩余地块、生物医药基地综合配套一级开发项目、生物医药基地东配套区A地块一级开发项目、生物医药基地东配套区B地块一级开发项目等。

（李海涛）

【北京青年创业园大兴园—新媒体分园获授牌】10月15日，由新媒体基地团委主办的北京青年创业园大兴园—新媒体分园授牌仪式在华商创意中心举行。团市委、青年创业就业办公室、区镇政府等单位相关负责人以及创业导师、青年代表等100余人参加。国家新媒体产业基地下属二级园区——华商创意中心被团市委授予新媒体分园称号，成为大兴新区首家青年创业园区。新媒体分园占地面积3.34公顷，总建筑面积3.8万平方米，是集办公、商务、娱乐、生活为一体的高档综合服务园区，致力于打造以新媒体产业为主的专业集聚区，建设集文化创意产业、电子商务、现代服务业等业态为主的新型园区，并通过“创e咖啡”的建设有效地推动“大众创业、万众创新”的落地，为青年创业者提供优质的软件、硬件服务。仪式上，北京启辰纪元科技有限公司、北京新创嘉文化传媒有限公司等6家企业与新媒体分园签订入驻协议；中文金汇（北京）经济咨询中心有限公司与新媒体分园签订成立金融服务平台战略合作协议。

（周思远）

【“双创周”亦庄分会场活动举办】10月19日，由经济技术开发区管委会主办的2015全国大众创业万众创新活动周·北京亦庄分会场启动仪式在北人集团公司亦创智能机器人创新园举办，主题为“‘智’汇亦庄‘创’造未来”。市科委、市经济信息化委、中关村管委会等单位相关负责人以及来自园区各有关部门、企业、投资机构的代表和大赛参赛选手1800余人参加。活动至23日结束，设置有展览展示、创业大赛、主题论坛、路演投资等板块，举办各类活动10余项，包括：发布京津冀科技创新公共服务平台，亦创智能机器人产业研究院揭牌；2015国际大学生iCAN创新创业大赛中国总决赛开赛；举办“北京亦庄第一届创新创业大赛决赛颁奖仪式暨获奖企业和项目与投资机构签约仪式”；亦庄创投会企业入驻签约；举办机器人产品展览展示。活动参与人员4000余人，路演项目49个，吸引国内外投资机构200余家，达成投资意向项目14个、金额约7亿元。

（崔春雷）

【百赛诺获俄罗斯联邦进口注册证书】10月19日，由北京协和药厂生产的百赛诺双环醇“一带一路”系列产品获俄罗斯联邦卫生部颁发的药品注册证书，有效期5年。产品由中国医学科学院药物研究所刘耕陶院士领衔创制，2001年上市，是具有自主知识产权的1.1类化学药物，享有12年新药保护期，适用于伴有氨基转移酶异常的慢性病毒性肝炎和非病毒性肝病治疗，安全性高。

（尚亚库）

【京津冀科技创新公共服务平台成立】10月19日，在“双创周”北京亦庄分会场上，京津冀科技创新公共服务平台揭牌成立。平台由经济技术开发区管委会与神州数码集团股份有限公司共同打造，是京津冀开发区创新发展联盟“互联网+”服务的线上载体，京津冀三省市的企业均可在平台享受全方位、一站式、专业化的科技、金融、人才、法律、财务等服务。在线下，符合条件的企业入驻后可享受减免租金的优惠。平台着重建设“1488”，即1个综合服务平台，4个服务频道（创业服务、企业服务、政策服务、三地生活），8类创业服务主题（找空间、开公司、组团队、做产品、找天使、做推广、找融资和询政策），8类企业服务（我的政策、金融服务、融资服务、科技创新、技术平台、人才服务、经营管理、园区服务）。至年底，平台对接四大类200余项服务资源，多项企业服务、创业服务均可做到全流程一站式办理。

（崔春雷）

【亦创智能机器人产业研究院成立】10月19日，在“双创周”北京亦庄分会场启动仪式上，亦创智能机器人产业研究院揭牌成立。研究院为北人集团公司亦创智能机器人创新园的重要组成部分，将以国内外机器人领域专家资源和产业基金为依托，为亦创园区的创业者提供一站式、全过程、全方位的综合创新服务。研究院实行院长负责制，清华大学教授贾培发担任首届院长。研究院将发布机器人产业内的相关研究报告，

举办行业论坛，在建立运营模式和盈利模式方面进行深度探索；与政府及亦庄园沟通，主动承接科研课题和政府项目；加强与国内外知名企业的联系、沟通与合作；把握高起点规划、高标准建设、高效益产出的原则，参与亦创园区规划与入园企业遴选工作。

（崔春雷）

【“创业亦庄”主题日活动举办】10月20日，由经济技术开发区管委会主办的“创业亦庄”主题日活动在京津冀（亦庄）全球路演中心举办。市侨办、市科委、中关村管委会等单位有关负责人以及投资机构、企业、媒体的代表等100余人参加。活动现场举行“2015德勤—亦庄高科技高成长20强发布会”，20家高科技高成长企业和10家“明日之星”企业入选；举办“北京亦庄第一届创新创业大赛决赛颁奖仪式暨获奖企业和项目与投资机构签约仪式”，西部优势资本投资有限公司、安芙兰（北京）投资管理有限公司等投资机构现场与获奖项目代表签署投资意向协议；安博教育集团与经济技术开发区管委会签署共建开发区归国华侨创业园战略合作协议；安快创业有限公司的安快创业谷等首批12家众创空间获授牌，其中开发区8家、大兴区4家；举办创新创业主题论坛，围绕产业、技术创新、开发区创新发展等议题进行探讨。

（崔春雷）

【德勤—亦庄高科技高成长20强揭晓】10月20日，在“创业亦庄”2015主题活动会上，由德勤中国、经济开发区管委会共同主办的“2015德勤—亦庄高科技高成长20强”评选结果揭晓。冠捷显示科技（中国）有限公司、北京合创三众能源科技股份有限公司等20家企业以及安诺优达基因科技（北京）有限公司、北京诺康生物药业有限公司等10家“明日之星”企业入选。评选为无收入企业制定了“德勤全国明日之星评选”体系；为首年收入200万元～2000万元企业设立了参选“德勤全国50强评选”的渠道；继续为首年收入2000万元以上企业提供“德勤—亦庄20强（2015）”及“德勤全国50强”双评机会；为获评20强的企业提供浦发银行500万～2000万元的信用贷款服务；为全部参评企业提供免费培训、科技政策咨询、市场信息咨询等服务。11月，北京中交兴路信息科技有限公司、北京分豆教育科技股份有限公司、北京冠捷显示科技（中国）有限公司、北京华兴长泰物联网技术研究院有限责任公司、北京国信恒润能源环境工程技术有限公司5家企业入选“德勤中国50强”。

（崔春雷）

【共建北京侨创空间】10月20日，在“创业亦庄”2015主题活动上，安博教育集团与经济技术开发区管委会联合举办开发区归国华侨创业园签约仪式，共建北京侨创空间。北京侨创空间位于亦庄东尚E园，由安博教育集团与经济开发区管委会等政府机构、海外专业机构共同设立，是以帮助海内外高端华侨华人归国创业发展为主要目的，以云智能平台、网格化地面协同

体系和公共服务体系建设为基础的新型创新创业孵化器。北京侨创空间将从“天、地、人”3个维度打造成全球三维网格化众创空间的中心节点，通过云端链接全球，构造网格化的地面协同体系，建立公共服务平台和运营体系。建成后将集创投基金、互联网人才培养、创业教育、公共服务为一体，依托云平台，融合全球资本、科技、人才等创新要素资源，为全球范围内的华人华侨科技创新与创业发展提供服务。根据协议，开发区管委会将通过产业、人才以及创新创业等方面的多项政策为北京侨创空间的发展提供扶持，对其经营场所给予必要支持；安博教育集团作为北京侨创空间的建设和运营主体，负责建设开放性、共享性、国际化、移动化、智能化的办公场所，对接项目和企业家、投资人，建立人才培养基地以及公共服务平台。

（崔春雷）

【iCan大赛中国总决赛落幕】10月20日，2015国际大学生iCan创新创业大赛中国总决赛在北人集团公司亦创智能机器人创新园举办。共有500支大学生创新创业团队入围。北京航空航天大学和北京大学联合团队的“Wipace智能鞋”等5家院校作品凭借出色的创意理念、扎实的技术实力获特等奖；北京科技大学的“智能防丢寻踪器”等32个作品获一等奖；电动助老购物车、车流量调研与智能交通灯两个作品获青少年组特等奖，智能语音导盲杖、智能茶叶盒灯等6个作品获一等奖。特等奖团队将于2016年7月赴法国巴黎市参与iCan国际总决赛的角逐。（赛事由教育部计算机教育指导委员会等单位主办，是教育部质量工程支持项目之一，是国际大学生物联网创新创业大赛的中国选拔赛。大赛始于2007年，面向国内高等院校及科研院所的所有专科、本科、硕士及博士研究生，均需以2～4人团队形式参赛，均为学生原创作品，且为可以演示和操作的创新应用系统。）

（崔春雷）

【北京亦庄创投联盟成立】10月23日，由北京亦庄创投汇承办的北京亦庄创投联盟成立仪式暨亦庄创投汇企业入驻签约仪式在京举行，主题为“产业生态亦庄创造”。经济技术开发区管委会、北京亦庄国际投资发展有限公司等单位相关负责人以及投资机构、企业的代表200余人参加。仪式上，IC咖啡、快创学院、洪泰创新空间等8家孵化投资机构与亦庄创投汇签署入驻协议。联盟由亦庄国投公司牵头，中金甲子（北京）投资基金管理有限公司、锋创科技园等入驻企业、私募股权基金投资者、孵化器共30余家各方机构联合构建，将开展资源共享，利用行业领军人物经验分享、产业政策解读等多种形式，加强创业投资资本和政府创新资源互动，打造服务开发区、北京市、京津冀科技创新的交流与合作平台，构建产业新生态。信中利国际控股有限公司董事长汪潮涌任联盟首届理事长。

（崔春雷）

【生物医药基地收购东旭宏达公司地块】10月27日，大兴生物医药产业基地管委会将北京东旭宏达科技有限公司9月18日在北京市土地交易市场大兴分市场以5951万元竞摘的DX00－0501－6001（京土整储挂〔兴〕工业〔2015〕009号）地块收购，建设“科技创新中心”项目。中心将以生物医药全产业服务链为主线，构建科技创新平台、投融资平台、公共服务平台、专业服务平台四大平台，吸引更多“高精尖”项目进驻。地块面积约5公顷，规划建筑面积7.5万平方米，代征面积7.8万平方米，容积率≤1.5，属于工业厂房用地，以“五通一平”形式供地。

（孙　超）

【组织文博会六大分会场展览展示】10月29日—11月1日，在第十届中国北京国际文化创意产业博览会上，国家新媒体产业基地管委会承办了大兴区在博览会六大分会场的展览展示。国家新媒体产业基地展览展示中心分会场：向参与者展示园区纪事——“虚拟翻书”、基地印象——照片墙、入驻园区企业典范、沙盘弧幕投影等；玫瑰之约汽车电影院分会场：参与者可体验在清新、自由的星空下观看电影的乐趣；义利DIY分会场：参与者可体验面包、巧克力、饼干、蛋糕的DIY及制作过程；纳波湾月季文化产业园分会场：参与者在观赏的同时，学习月季栽培、礼品花DIY相关知识；北京时尚体育公园分会场：现场设置室内外极限运动设施供观众体验；中国影视大乐园分会场：为观众提供电影原声配音体验、4D电影等体验项目。展览共接待参与者2500余人次。

（周思远）

【央企进亦庄座谈会举办】10月30日，由北京亦庄国际投资发展有限公司承办的央地携手、赢在亦庄——央企进亦庄座谈会在经济技术开发区举办。市国资委、市投促局、市政府对外联络服务办公室等单位相关负责人以及中国铁建股份有限公司等20余家央企的代表80余人参加。与会者围绕开发区新的发展机遇、投资环境、为央企提供优质服务等方面开展交流，在基金、投资、金融服务、园区运营等领域探讨合作。会上，经济技术开发区管委会与京东商城总部二期、智能佳机器人研发基地等13个涉及生物医药、智能制造、汽车制造等领域的项目承建单位进行签约。

（崔春雷）

【金融投资商会会员大会召开】 11月5日，2015年大兴新区金融投资商会会员大会暨第一次常务理事大会在京召开。大兴区政府、市金融局、鸿坤集团等单位相关负责人以及商会企业会员代表近200人参加。商会上市企业董事长分会成立。分会将依托商会平台，通过加强沟通、资源互补、强强联手，携手商会会员共同发展。会上，中关村股权交易服务集团与大兴区政府签订战略合作协议；中关村股权交易服务集团与鸿坤集团举办北京股权交易中心入驻中关村大兴现代服务产业园鸿坤·金融谷签约仪式，北京四板市场第一个区级企业孵化培育基地成立；大兴新区金融投资商会授牌鸿坤·金融谷为大兴区金融服务超市。（2014年11月，商会成立，首批会员单位49家，涵盖银行、保险、证券、投资、担保等金融机构，执行会长为农业银行大兴支行行长钱宝莲。）

（杜　鹃）

【大兴区企业孵化基地成立】 11月5日，在2015年大兴新区金融投资商会会员大会暨第一次常务理事大会上，中关村股权交易服务集团与鸿坤集团举办了北京股权交易中心入驻中关村大兴现代服务产业园鸿坤·金融谷签约仪式，授权鸿坤·金融谷为北京四板市场大兴区企业孵化培育基地。基地旨在聚集区内优质中小微企业资源，借助市区政府支持及政策优惠，充分发挥区域性股权市场的优势，打造集融资、股权整理、孵化、宣传、创新和交易六大功能为一体的创新型金融平台。基地中的中小微企业将可获规范培训、“科技四板”路演、新三板转板绿色通道、“中关村创新100上市培育工程”“走进深交所”等各类服务，并帮助企

业培养融资能力，提高融资成功率，加速优质企业进入更高层次的资本市场。

（杜　鹃）

【北京文化创新工场新媒体基地园揭牌】 11月5日，由新媒体产业基地管委会主办的北京文化创新工场新媒体基地园揭牌仪式在首兴永安供热厂举办。市文投集团、大兴区政府等单位相关负责人参加。基地园是由首兴永安供热厂老旧厂房升级改造而成的文化创意项目孵化平台，定位为媒体孵化器，国家新媒体产业基地与市文投集团合作，北京市文化创新工场投资管理有限公司负责运营管理，将从金融资本对接、政策法务咨询、办公综合配套、企业管理全要素、互联网技术支持等方面为入驻的小微企业成长提供专业化、一体化的“管家式”服务，推动文创企业快速发展。园区占地面积1.4公顷，建筑面积约1万平方米，建有办公区、艺术品展示区、书媒廊、美食广场、咖啡吧、会议室、空中录影棚、条形观景带、中央互动观景区等，楼体空间各异，已有文化创新工场公司等新媒体、传媒影视、互联网科技、传统文化及体验式教育等领域的企业入驻。

（周思远）

【小笨鸟成功布局俄罗斯跨境B2B平台】 11月5日，由北京汇商融通信息技术有限公司主办的小笨鸟跨境电子商务平台与俄罗斯B2B CENTER战略合作协议签约仪式在华商创意中心举行。根据协议，双方将联手打造跨境B2B平台。中国企业可通过平台所显示的采购招标信息，向俄罗斯买家提供商品和服务，包括分析、CRM、电子签名、物流服务以及移动应用等，拉动国内产品的出口；俄罗斯企业也可通过平台，在中国寻找采购机会及销售合作伙伴。B2B CENTER是俄罗斯最大的电子采购平台之一，拥有来自100余个国家的20余万个公司客户；小笨鸟平台由汇商融通公司建设，其特色是整合全球知名的B2B和B2C平台，实现资源合理有效配置，商家通过小笨鸟平台，可以实现商品一键发布多平台，全球多个国家同步销售。

（周思远）

【程红调研小笨鸟跨境电商平台】 11月10日，副市长程红一行到北京汇商融通信息技术有限公司调研小笨鸟跨境电子商务平台，参观产品展示厅，并召开座谈会。会上，公司相关负责人介绍了小笨鸟平台运作模式、俄罗斯B2B政府采购中心和平台业务发展等情况。程红指出，公司理念新、起步高、基础好，定位准确，着眼于全球贸易格局，整合B2C、B2B、O2O资源，搭建出口企业走向国际市场的桥梁，打造新一代出口服务商和出口导向型外贸服务商。程红要求，小笨鸟要发挥集成优势，打造外贸综合服务企业，理顺关系，出口数据要合理纳入海关统计；要始终保持创新优势，

跟随全球最新模式；要统筹优化服务和强化管理，着力打造品牌，做领军出口企业，注重保护知识产权和消费者权益。市商务委、北京海关、北京国检局、大兴区政府等单位有关领导参加调研。（2014 年 9 月，小笨鸟跨境电商平台上线。）

（周思远）

【新增 3 家企业院士专家工作站】 11 月 12 日，由市科协、经济技术开发区管委会主办的 2015 年北京经济技术开发区企业院士专家工作站授牌活动在京举办。进站院士、企业代表等 50 余人参加。此次由经济技术开发区科协认定的企业院士专家工作站为北京天广实生物技术股份有限公司、北京航天易联科技发展有限公司、北京华德液压工业集团有限责任公司，进站院士分别为中国工程院院士沈倍奋、杨华勇，中国科学院院士姚建铨。12 月 15 日，经济技术开发区科协评选出的 2015 年度区优秀企业院士专家工作站共两家，即中冶京诚工程技术有限公司、北京天广实生物技术股份有限公司。截至年底，开发区共有 14 家企业建立了院士专家工作站。

（崔春雷）

【鸿坤·金融谷创业分享会举办】 11 月 17 日，鸿坤·金融谷、搜狐焦点产业新区、搜狐科技在鸿坤·金融谷举办 2015 思想风暴创客与天使投资鸿坤·金融谷创业分享会。近 100 家创业企业的代表参加。中科云创科技有限公司、豪斯 VR 虚拟现实家装、北京美型家信息技术有限公司等 9 家企业的代表就项目商业计划进行路演。中科云创公司的云中控工业互联网项目旨在打造工业设备远程监控、故障预警、运维管理物联网云平台，以及工业品电商和融资租赁撮合平台，为中小制造企业提供智能云中控、智能仓库管理、智能资产管理等服务；豪斯 VR 虚拟家装一键式转换三维模型的虚拟现实软件 House VR，可使室内设计师一键上传 3DS MAX 模型，生成虚拟现实观看链接，用户即时可看到房间装好后的空间布局和各种家具的搭配，减少设计方案修改的次数、样板成本；美型家公司推出的觅美项目是专为女性用户打造的综合美业平台，针对 B 端线下门店用户切入、免费加入。

（杜　鹃）

【4 个项目获第十七届中国专利奖优秀奖】 11 月 27 日，国家知识产权局印发《关于第十七届中国专利奖授奖的决定》，经济技术开发区 3 家企业的 4 个项目获第十七届中国专利奖优秀奖，即由北京京东方光电科技有限公司完成的“移位寄存器单元、移位寄存器电路、阵列基板及显示器件”、参与完成的“TFT-LCD 阵列基板、多层图形尺寸检测方法和设备”，北京华德液压工业集团有限责任公司完成的“一种先导式电液比例阀”，博奥生物集团有限公司等完成的“一种检测遗传性耳聋的试剂盒”。

（崔春雷）

【新媒体分园获批“全国青年创业示范园区”】 11 月 30 日，共青团中央印发《关于命名第二批“全国青年创业示范园区”的决定》，37 家单位入选，北京地区仅 1 家入选，即北京青年创业园大兴园——新媒体分园。分园将利用自身优势，整合资源，帮助青年增强创业意识、投身创业实践、实现成功创业，为有梦想的创业青年提供更多的辅导、支持，并不断完善园区各项扶持政策，提供更加便利的服务。

（周思远）

【中关村大兴—亦庄园管委会成立】 12 月 3 日，大兴区政府办公室印发《北京市大兴区人民政府办公室北京经济技术开发区管委会办公室关于成立中关村大兴—亦庄园管理委员会的通知》，中关村大兴—亦庄园管委会成立，办公室设在大兴区经济信息化委，成员由经济技术开发区科技局、大兴区科委等政府机构以及相关产业基地、镇政府等单位抽调人员组成，岗位拟定 12 个。管委会负责宣传并贯彻执行国家、北京市、中关村示范区关于发展高新技术产业的方针政策和相关规定；编制园区产业和空间计划、发展规划；支持引导企业争取中关村示范区政策扶持资金；负责园区高新技术企业认定和复审工作；负责园区经济运行监测及综合数据报送发布等。

（苏金城）

【全国产业互联网与金融创新基地揭牌】 12 月 9 日，由经济技术开发区管委会、中国投资协会主办的全国产业互联网与金融创新基地挂牌仪式暨 e 咖众创空间启动仪式在亦庄 OBE 互联网创新园举行，主题是“融合创新创造未来”。近 100 名各界人士参加。相关专家针对宏观经济形势及产业政策、如何看待当前的创业与投资形势，传统企业如何转型、产业互联网如何与金融创新融合，如何更好地指导创新创业企业实现成功融资等主题与到会者进行分享。会上，全国产业互联网与金融创新基地挂牌仪式、e 咖众创空间启动仪式举行，OBE 互联网创新园与中国投资协会产融平台进行战略合作签约，“时尚梦工厂”“宠物 E 族”“NextDate”“太极疗”“华人处境自由行”等项目进行路演。

（崔春雷）

【3 家园区入选首批市生态工业园区】 12 月 10 日，市

经济信息化委、市环保局发布《关于公示2015年北京市生态工业园区名单的通知》，10家申报园区通过审核。其中，大兴园3家，即大兴采育经济开发区、大兴生物工程与医药产业基地、北京大兴经济开发区。3家入选园区基础设施完备，土地集约利用率和绿化率高，固废、污水、生活垃圾百分之百处理，且企业使用清洁能源，进行煤改气及拆除燃煤锅炉工作，实现无煤化生产经营，2014年北京采育经济开发区入围国家低碳工业试点。入选园区将通过生态工业建设，引导、辐射、改造传统产业，利用生态工业园自身的示范作用，在区域、行业范围内促进资源综合利用、高效利用，建设科技含量高、经济效益好、资源消耗低、环境污染少、人力资源得到充分发挥的新型工业化企业。园区还将建设太阳能光伏电站，开展分布式光伏发电示范工程；实施绿色照明升级改造工程，推广普及LED光源替代，进行高压钠路灯节能改造，推动太阳能、风能路灯的照明使用；规划利用地热进行供暖，深度开发地热资源阶梯利用。

（李　闯）

【亦庄国际金融创新峰会举办】12月18日，由经济技术开发区管委会、中国股权投资基金协会主办的2015北京·亦庄国际金融创新峰会在京举办。500余位国内外优秀投资机构及金融机构的代表参会。峰会从宏观经济、金融格局、投资环境、产业金融等角度，分析当前环境下的挑战与机遇，并通过子论坛、交流会等形式结合亦庄当地优势产业，对金融创新如何支持实体产业转型升级发展进行讨论。会上还举行“中国股权投资基金协会金融创新研究院揭牌仪式”“北京亦庄创投联盟成立仪式”。

（崔春雷）

【连花清瘟胶囊获准在美国进行二期临床研究】12月25日，由北京以岭药业有限公司生产的连花清瘟胶囊获美国食品药品管理局（FDA）批复，同意在美国进行二期临床研究，成为中国最先进入美国FDA临床研究的治疗流行性感冒的中药。连花清瘟胶囊是以岭药业公司用于治疗普通感冒和病毒性流感的专利新药，其在中医络病理论指导下，汲取3个朝代治疗感冒、流感等外感热病的用药精华，结合现代抗病毒、抑菌、提高免疫等研究成果创制而成。作为治疗感冒、流感的代表性中成药，连花清瘟胶囊被列入国家基本药物目录、国家医保品种、国家级重点新产品，上市10余年，远销匈牙利、加拿大、印度尼西亚等国外市场。

（赵剑雄）

【世界机器人大会配套建设项目奠基】12月25日，由亦创智能机器人创新园主办的世界机器人大会永久会址奠基仪式在亦创园举办。市经济信息化委、经济技术开发区管委会等单位有关负责人以及相关企业的代表近300人参加。2016世界机器人大会由市经济信息化委牵头、经济技术开发区管委会承办，北京京城控股有限责任公司和北人集团公司提供配套场馆及相关服务。大会配套建设项目位于亦创园，将建成拥有3万余平方米的展馆和可容纳3000人的多功能会议中心以及涵盖配套功能的会展综合体，围绕世界机器人研究和应用重点领域，开展高水平学术交流和最新成果展示，成为全球机器人科技展示交流交易的窗口和平台，力争成为世界机器人大会的永久会址。亦创园区将打造成集“技术创新研发、产业联盟、专利池、要素平台、基金、基地”六位一体创新链的智能机器人创新基地和产业创新平台，按照“围绕一个主题、实现两个目标、搭建九大平台”的总体思路，致力于成为全球机器人研发设计和集成创新中心、全球机器人展示交流和技术交易中心、全国机器人系统集成总部和工程示范应用中心。

（崔春雷）

【高性能计算及网络安全实验室成立】12月31日，由经济技术开发区管委会主办的高性能异构计算及网络安全研讨会在京召开。国家信息化专家咨询委员会、中国工程院、工业和信息化部等单位相关负责人以及来自国内产学研用机构的专家、学者、企业家等50余人参加。与会代表就全球进入异构计算时代后如何抢抓机遇，发展新一代高性能异构计算芯片，保障网络安全等问题进行探讨与交流。会上，开发区高性能计算及网络安全实验室成立。实验室依托华夏芯通用处理器技术有限公司建设运营，将致力于打造开放式创新平台，吸引国内外创新资源，开展与产学研用相关单位的合作，推动自主可控的系列高性能处理器产业化发展和生态建设。

（崔春雷）

【两个园区通过国家级服务业标准化试点验收】12月，由市质监局、区质监局、市标准化研究院等5家单位相关专家组成的考核评估组对由大兴生物医药产业基地管委会承担的“北京大兴生物医药产业基地综合服务标准化试点”、由北京博大经开置业有限公司承担的“北京亦庄生物医药园工业物业服务标准化试点”进行验收。两个试点项目均是2013年12月经国家标准委批准实施的。医药基地构建了大兴生物医药产业基地综合服务标准体系，包括159项标准，覆盖基地服务全过程；建立新型园区管理模式，整合社会资源和企业资源，提供“一站式”“保姆式”的标准化服务，包括项目招商、规划建设、物业服务等多项业务，为入区企业提供标准化的办事平台。亦庄生物医药园按照物业管理服务一级资质及质量、环境、职业健康三标管理体系要求开展工作，构建服务标准体系、服务保障体系和服务通用基础标准体系，编制各岗位工作规范以及图文并茂、指导性强的标准化岗位操作口袋书，完善标识标牌8500余个，实现了管理与服务的无缝衔接，标准覆盖率达到95%以上；园区工业物业服务标准体系共103项标准，涵盖了管理与服务的各项要求，依据业主委托，就区内公共区域建筑构造、机电设备、环境卫生、绿化养护等进行专业的管理与服务。[2016年3月，国家标准委印发《关于北京市海淀区北下关街道居家养老服务业标准化试点等31个国家级服务业标准化试点考核评估合格的通知》（国标委服务函〔2016〕8号），两个园区考核合格。]

（白玉梅）

【大兴园重点技术领域总收入407.9亿元】年内，大兴园重点技术领域总收入407.9亿元。其中，先进制造领域86.2亿元，占总收入的21.1%；新能源与节能领域82.5亿元，占总收入的20.2%；电子信息领域58.5亿元，占总收入的14.3%；生物医药领域44.7亿元，占总收入的10.9%；环境保护领域34.3亿元，占总收入的8.4%；新材料领域33.1亿元，占总收入的8.1%；其他领域68.7亿元，占总收入的16.8%。

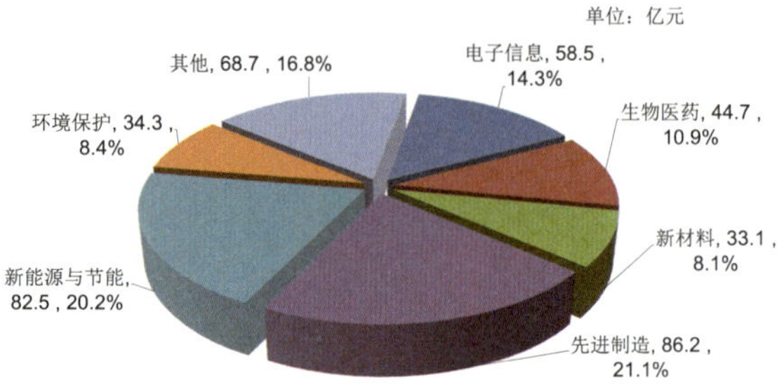

（苏金城）

【亦庄园重点技术领域总收入3881.1亿元】年内，亦庄园重点技术领域总收入3881.1亿元。其中，先进制造领域1353.8亿元，占总收入的34.9%；电子信息领域1220.6亿元，占总收入的31.4%；新能源与节能领域225亿元，占总收入的5.8%；生物医药领域431.2亿元，占总收入的11.1%；新材料领域100亿元，占总收入的2.6%；环境保护领域84.7亿元，占总收入的2.2%；其他领域465.9亿元，占总收入的12%。

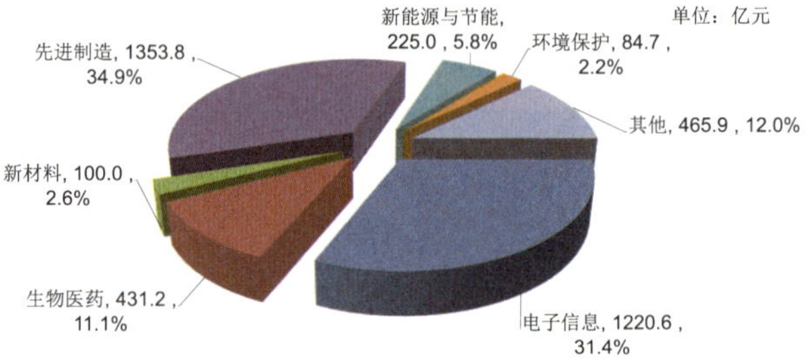

（崔春雷）

房山园

2012年10月，经国务院批复，中关村示范区扩展为“一区十六园”。房山区石化新材料（1、2、3）、高端制造业（1、2）、良乡东区（1～5）、良乡西区（1～9）、海聚工程（1、2）共21个地块5个重点功能区域组成中关村房山园，规划占地面积1572.97公顷。2013年12月，房山园获授牌。北京石化新材料科技产业基地是国内首批62家新型工业化产业示范基地之一，位于房山区“三大城市组团”的燕房组团，分为东区和西区，纳入中关村示范区范围的面积736.77公顷，重点发展石化新材料产业，北京环宇京辉京城气体科技有限公司等企业入驻。北京高端制造业基地位于房山区“三大城市组团”的窦店组团，纳入中关村示范区范围的面积355.28公顷，重点打造汽车整车制造、高端汽车零部件配套产业，并培育新能源汽车、城市轨道交通设备制造等新兴产业集群，长安汽车北京公司等企业投产，中关村新兴产业技术研究院等项目正在建设。北京良乡高新技术产业区东区位于房山区“三大城市组团”的长阳良乡组团东部，包括中核北京科技园和良乡高教园，纳入中关村示范区范围的面积139.8公顷。中核北京科技园特色发展高端制造业，已有航天科工集团等央企入驻。良乡高教园主导建设了四大孵化基地（北京高校大学生创业园、优客工场良乡园、中国移动互联网产业孵化园、高校科技成果转化暨国际技术转移转化中心）和四大“高精尖”产业园区（中关村知识产权科技园、智汇城科技创业园、健康管理产业园、东旭光电科技园），搭建了科技条件平台、校企合作平台等十大创新创业高端服务平台，在孵企业158家，逐步升级成为高校、新城和“高精尖”产业互容共荣的教育、科技、产业深度融合型城市形态。北京良乡高新技术产业区西区位于房山区“三大城市组团”的长阳良乡组团西部，包括良乡经济技术开发区和知识经济示范区，纳入中关村示范区范围的面积253.32公顷。良乡经济技术开发区成立于1992年，2000年12月市政府批准列为市级开发区，占地面积109.5公顷，特色发展生物医药、高端装备制造和都市产业，北京华素制药股份有限公司等企业入驻。知识经济示范区特色发展软件和信息技术服务、专业技术服务等现代服务业。北京海聚工程高科技产业园规划面积87.8公顷，围绕新材料、电子信息领域发展，北京飞航吉达航空科技有限公司等高新企业入驻，道路、供电、给水管网等基础设施建设陆续竣工。园区内企业可享受国家、北京市、中关村示范区的各类优惠政策。

房山园管理委员会领导成员

主　　任（暂缺）
常务副主任（暂缺）
副　主　任（暂缺）

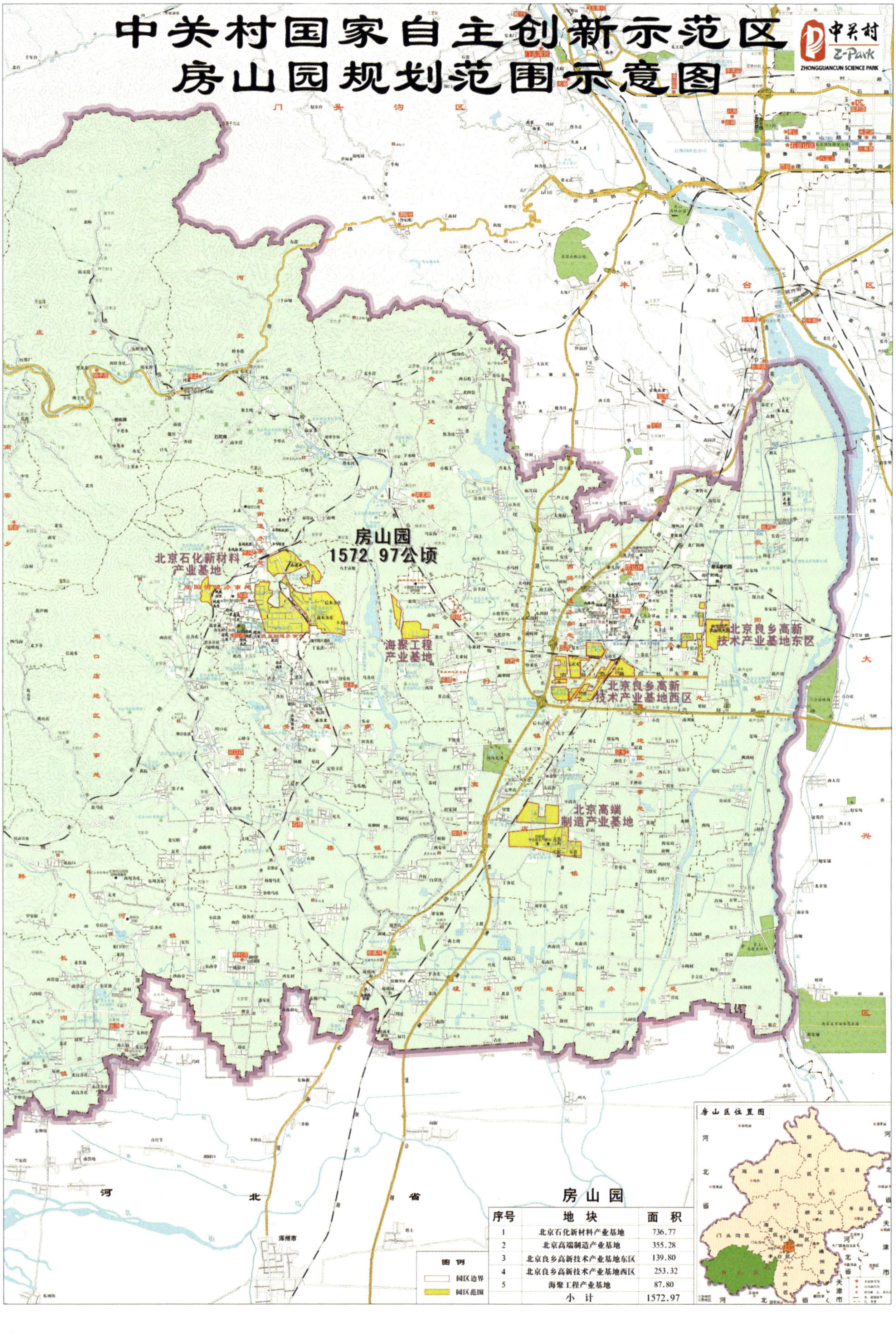

房山园

序号	地块	面积
1	北京石化新材料产业基地	736.77
2	北京高端制造产业基地	355.28
3	北京良乡高新技术产业基地东区	139.80
4	北京良乡高新技术产业基地西区	253.32
5	海聚工程产业基地	87.80
	小计	1572.97

【概况】2015年，房山园重点打造中关村南部创新城，建设载体、搭建平台、制定政策，引进前景好、潜力大的创新创业项目和高端领军人才，园区发展迅速，运行良好。年内，园区入统高新技术企业总数121家；从业人员近2.5万人；工业总产值152.1亿元；总收入218.4亿元；进出口总额2.9亿美元；实缴税费10.4亿元；利润总额11.9亿元；资产总计332.2亿元；科技活动经费支出总额8.4亿元；专利申请436件，专利授权332件。

抓产业定位。致力于引进“高精尖”行业内的龙头企业、领军人物和研发机构，带动产业链延伸和产业集群发展，逐步形成高端引领、创新驱动、绿色低碳的产业发展模式。重点发展健康诊疗、新材料、新能源汽车、电子信息等产业，在承接高端上实现新突破，为首都科技创新中心建设提供重要技术支撑。抓顶层设计，与中关村管委会和规划编制部门合作，编制《共建中关村南部（房山）科技创新城行动计划》以及一系列配套政策，研讨“中关村南部创新城”建设中的方向思路、原则任务、空间布局、措施保障等，联手相关部门力争使房山新定位上升到市级层面，纳入了北京市“十三五”规划范畴。

抓项目对接。与房山园重点功能区、企业以及中关村智能硬件产业联盟、中关村工业互联网产业联盟、中关村未来制造业联盟等对接，持续跟进“高精尖”项目，强化引入和承接工作。全力抓好《房山区支持众创空间发展的实施意见》的落实工作，加快推进天洋超级蜂巢、北京智汇时代广场、北大应用科学实验室等众创空间建设进度。房山区政府、北京新发展集团有限公司签署合作框架协议，共建“创新谷”孵化基地；光合优创孵化器揭牌，旨在打造孵化器2.0模式，建立一个由创意中心、光合网等5个部分组成的完整的文创生态系统。

抓信息管理。根据统计结果逐一整理建档，设立相应的管理台账和信息数据库，同时加强动态跟踪，及时更新相关数据情况，准确、全面反映存量空间的真实情况，为招商推介、引进高端夯实基础数据。实施“创客汇·聚房山”工程，汇聚专家库、资金池等资源，搭建一个市场化、专业化的创新创业服务平台，为产业发展提供智力支撑和创新服务。

抓资产投资。积极协调市、区两级相关部门，帮助园区和企业加快手续办理，督促已拿地的单位抓紧开工；积极配合基地组成专人逐一对项目建设存在问题进行梳理，做到发现问题，及时协调解决。绿地启航国际三期、中关村新兴产业前沿技术研究院等项目即将交付使用。绿地“京津企业服务平台”将设立招商、政策、资金、物业四大服务窗口，让入驻企业享受到全方位的优质服务；北大、清华等高校的研发机构，应用科学实验室等项目将从根本上为基地从“高端制造”向“科技智造”升级打开智慧的窗口。

抓重点项目。一批科技研发项目和高端人才加速向房山园聚集。北京光环新网科技股份有限公司与高端制造业基地签约共建光环新网房山绿色云计算基地；北京互联网金融安全示范产业园揭牌成立，计划实施“1+2+7”工程；房山区政府、中关村天使汇基金实施战略合作，拟引入3D打印技术、智能机器人等多个尖端技术；北京高校大学生创业园（良乡园）成立，将为参与FunHill智汇城高新技术研发的企业提供更好的利益和更为广阔的发展空间。

（刘晓会）

【中关村发展集团与北京高端制造业基地管委会签约】2月15日，由房山区政府、中关村发展集团股份有限公司主办的北京高端制造业基地与中关村发展集团合

作意向签约仪式在房山区举行。中关村管委会主任郭洪等领导以及签约单位有关负责人参加。北京高端制造业基地管委会、北京高端制造业基地投资开发有限公司、中关村发展集团、北京中关村生命科学园发展有限责任公司四方签署《合作意向协议书》，合作项目包括3个地块、26万平方米科研创新空间，用于入驻科研机构、企业开展技术创新。基地管委会将在标准厂房的所有权证办理、市政基础设施、社会服务体系和周边生态环境建设等方面开展工作。

（李贺英）

【房山区政府与优客工场签约】4月1日，房山区政府、优客工场（北京）创业投资有限公司共建优客工场战略合作框架协议签约仪式在房山CSD商务广场举行。签约双方相关负责人参加。根据协议，双方将共同管理、培育符合房山产业定位的创新创业项目，促进区

域经济转型发展。房山区政府为该公司免费提供良乡高教园区内的创业场地 8000 平方米，以及人才、智力、科技优势和良好的人文环境；优客工场负责遴选项目、提供孵化服务、输出管理模式和搭建投融资平台，促进大学生创业和中小微科技企业发展。入驻优客工场的创业者，可享受良乡高教园区、房山园的一系列对创新创业者的扶持政策；公司租赁的物业由良乡高教园区管委会投资建设。

（刘晓会）

【北京 12330 房山区智汇城科技创业园工作站成立】4 月 17 日，北京 12330 房山区智汇城科技创业园知识产权保护服务工作站成立仪式在房山区燕山办事处举行。市知识产权局、房山区政府、北京市保护知识产权举报投诉服务中心（北京 12330）等单位有关负责人等参加。北京 12330、房山区知识产权局与房山区良乡高教园区管委会共同签署《北京市房山区智汇城科技创业园知识产权保护服务工作站共建协议》。工作站将以企业需求和产业发展特点为导向，推进区域知识产权保护服务工作。相关专家还以新材料领域专利挖掘与布局为题开展培训。

（李　重）

【共建创新谷孵化基地】4 月 21 日，房山区政府、北京新发展集团有限公司共建创新谷战略合作框架协议签约仪式在房山 CSD 商务广场举行。双方相关负责人参加。创新谷孵化基地位于良乡经济开发区内，分为核心区、拓展区和辐射区。共建双方将依托房山区区位、政策优势和良好的人文环境，重点引进金融、保险、大数据、P2P、“互联网 +”、云计算等高科技项目进驻孵化，引导、培育其形成健康、良性、快速发展的商业模式并迅速发展，打造为中小企业提供各种外包服务的综合服务平台。创新谷将成立创投基金，由创新谷投资管理公司运营管理。基金规模分为 3 期，共 9 亿元，主要用于投资符合创新谷评定标准的创新型企业，作为其引导孵化资金。

（刘晓会）

【圣谷智汇公司院士专家工作站获授牌】4 月 27 日，北京圣谷智汇科技发展有限公司院士专家工作站授牌仪式暨精准医学与健康产业 2015 发展论坛在良乡高教园区教育实习基地举行。市科协、房山区政府、医学科学院肿瘤医院、中国协和医科大学等单位相关负责人、专家以及企业代表等参加。工作站由良乡高教园区管委会与圣谷智汇公司联合共建，将与进站的中国工程院院士詹启敏、郭应禄和多位国内外医学专家、学者组成院士专家团队和企业内部技术创新团队，共同开展基因测序和信息处理等课题研究和技术攻关，提升企业技术创新能力和核心竞争力，为企业和房山区相关领域战略发展问题提供决策参考和技术咨询，对相关技术创新中的关键问题提出解决方案。仪式上，中国人民解放军总医院与圣谷智汇公司签署共建博士后工作站合作协议；北京圣谷智汇医学检验所、吴阶平医学基金会病理及分子病理专家会诊中心，以及卫生部泌尿男生殖系肿瘤医疗中心同时揭牌，落户房山园。

（李　重）

【长安汽车与现代管理大学签订协议】4 月 28 日，长安汽车—现代管理大学战略合作协议签字仪式在学校本部举行。根据协议，入驻北京高端制造业基地的长安汽车北京公司将与现代管理大学共同探索职业教育与汽车行业协同发展的新型合作模式，充分发挥学校与企业的自身优势，实现高等教育为企业订单式培养人才，促进企业与学校深层次合作，培养企业需要的技术技能人才。在机电一体化专业将开展学生“2+1”定向培养，设立“长安班”，为优秀毕业生提供实践、就业空间。（“2+1”即两年在学校学习培养方案设定的课程，一年安排到企业进行岗位实习、实训，毕业后安排在企业就业。培养过程中，企业将安排有经验的技术人员担任部分专业课、操作课教学，为“长安班”学生提供生活费，为优秀的学生发放奖学金。）

（刘晓会）

【光环新网绿色云计算基地项目签约】6 月 3 日，由高端制造业基地管委会主办的光环新网房山绿色云计算基地项目签约仪式在房山 CSD 商务广场举行。房山区政府、区经济信息化委等单位相关负责人参加。北京光环新网科技股份有限公司与高端制造业基地管委会就光环新网房山绿色云计算基地签署《项目落地协议》，并就项目应享受的相应扶持政策等相关事宜进行约定。项目拟由光环新网公司子公司——北京德信致远科技有限公司投资建设，位于基地 03 街区，规划用地面积 7 公顷，主体规划建设 8 栋云计算中心。每栋云计算中心规划建设为 4 层建筑，内部划分 6 个模块，提供

1500个5千伏安标准的中密机柜服务。云计算中心内还建设有多种类型云计算平台，提供满足客户多样化需求的云计算服务。根据协议，双方将有效促进以云计算、物联网、大数据为代表的新一代信息技术与现代制造业、生产性服务业等的融合创新，发展壮大新兴业态，为产业智能化支撑，增强新的经济发展动力，促进产业发展提质增效升级，打造中国最先进、最专业的云计算运营平台。10月26日，绿色云计算基地项目奠基。

（刘晓会）

【高校高质量就业创业计划启动】6月15日，由市教委、房山区政府主办的“北京高校高质量就业创业计划”启动会暨北京高校大学生创业园（良乡园）启动仪式在良乡高教园区举行。市委常委苟仲文等领导以及北京高校毕业生就业指导中心、北京良乡高教园区管委会等单位相关负责人等参加。会议介绍了《高质量就业创业计划》，并举办了北京高校大学生创业园（良乡园）启动仪式。3月4日，《北京市教育委员会关于印发北京高校高质量就业创业计划的通知》（京教学〔2015〕1号）印发。计划明确提出要构建“一街三园”的北京高校大学生创业园孵化体系；搭建一个高效的在线指导咨询服务平台，以切实提高大学生就业创业指导水平；协调高校毕业生就业和重点产业人才供需关系，构建高校与政府部门、行业协会的协同育人机制；为大学生创业提供更完善的配套服务和指导，实现以创新引领创业、以创业带动就业，建设中关村南部科技创新城，构建房山区“大创业、大就业”格局。（“一街三园”中，“一街”指“中关村大学生创业一条街”，“三园”指中关村、良乡和沙河高教园区3个市级大学生创业园，为大学生创业免费提供场地支持和创业咨询、辅导、培训、融资等全方位服务。）

（刘晓会）

【北京高校大学生创业园（良乡园）成立】6月15日，在“北京高校高质量就业创业计划”启动会暨北京高校大学生创业园（良乡园）启动仪式上，北京高校大学生创业园（良乡园）成立。良乡园是北京高校大学生创业园孵化体系“一街三园”的一部分，位于北京良乡高教园教育实习基地，创业空间1万平方米，其中用于高校大学生创业团队用房5000平方米，配套服务平台用房5000平方米，可容纳120个团队入驻，主要面向北京地区普通高等教育全日制在校生、应届毕业生和毕业两年内的毕业生创办的初创企业，两年内为创业学生提供免费的创业场地和全方位创业配套服务。良乡园组建了大学生创业园管理办公室，负责创业团队的日常管理、与政府部门的对接等工作。

（刘晓会）

【北京互联网金融安全示范产业园揭牌】6月18日，由房山区政府主办的北京互联网金融安全示范产业园揭牌暨签约仪式在阎村举行。市金融局、房山区政府等单位相关负责人及企业代表参加。产业园位于阎村工业开发区内的海聚·博源创新产业园，规模面积20余万平方米，一期计划引入相关企业100家。项目将通过打造全产业链服务体系，解决金融安全问题，建立包括互联网金融安全认证、数据安全、交易安全、网站安全、安全制度建设、安全应急服务等全产业链体系，引入大型互联网金融安全产业相关上市公司、互联网金融安全创新创业企业、教育培训机构、中介服务机构等，打造互联网金融安全产业的研发中心、企业孵化中心、教育培训中心。房山区政府与北京易华录信息技术股份有限公司签署了战略合作框架协议，双方将在建设“1+2+7”工程（即一个互联网金融安全产业园；两个中心，智慧城市运营管理中心和光存储容灾备份数据中心；七大工程，智慧公安、智能交通、智慧养老、智慧云亭、智慧旅游、智慧教育、智慧社区）等智慧城市相关领域展开合作。

（刘晓会）

【支持众创空间发展的实施意见印发】7月22日，房山区政府印发《房山区支持众创空间发展的实施意见》（房政发〔2015〕27号）。意见设总则、认定标准、支持措施、众创空间管理制度、资金申报和审核程序、附则共6章15条，自发布之日起施行。意见明确成立房山区众创空间工作组，负责向中关村管委会、区委区政府汇报众创空间建设及创新创业型企业发展情况等；对商务楼宇、科技型企业创业孵化集聚区、创新工场等确认了认定标准；对房山区各类创新主体搭建的众创空间，经工作组办公室认定的，可享受房租补贴、公共服务平台补贴、网络运营补贴、特色产业聚集奖励、争创名优奖励和存量空间资源改造奖励；建立房山区众创空间绩效评估制度，对众创空间绩效情况进行考核，取消绩效评估不合格的众创空间资格。

（刘晓会）

【隋振江一行到北京高端制造业基地调研】7月23日，副市长隋振江、市政府副秘书长朱炎一行到北京高端制造业基地就产业发展情况进行调研。隋振江一行在长安汽车北京公司，参观了公司展厅及总装车间，听取长安汽车发展及生产运营的情况汇报；在中关村新兴产业前沿技术研究院，听取房山园管委会关于研究院建设进展情况的汇报及对北京高端制造业基地基本情况的介绍。市发展改革委、市科委、区政府等市、区相关部门领导一同调研。

（刘晓会）

【金朋达航空公司二期工程开工】9月8日，北京金朋达航空科技有限公司二期工程开工建设。公司是集无人驾驶飞机、航空发动机和仿真系统研制、生产、销售、服务为一体的高新技术企业，2012年7月落户北京高端制造业基地。一期工程已投入生产，主要产品是靶机和无人驾驶飞机。二期工程项目占地面积1.34公顷，投资1亿元，总建筑面积1万平方米，拟建设3条小型航空涡喷发动机生产线。

（刘晓会）

【区政府与中关村天使汇基金签署合作协议】9月18日，房山区政府、中关村天使汇基金战略合作协议签约仪式在京举行。中关村管委会等单位相关负责人参加。双方签署《房山区人民政府与中关村天使汇基金战略合作协议书》。根据协议，双方将通过创业融资市场、一网通、创业引导基金及高科技技术产业引进等方面的合作，共同完善企业创业孵化服务，引导和鼓励各类创业项目与天使投资、创业投资相结合，引入适合房山发展的高新技术企业，营造良好的创新创业生态环境。天使汇在德国的3D打印技术、智能机器人、芯片及工业4.0等技术，将落户房山，房山区政府将提供场所、资金、人才等支持；房山区工商和税

务等部门将与一网通服务平台深入对接，提供相关行政系统接口，满足房山区创新创业项目能够“足不出户”开公司、管公司的目标；房山区政府在中关村创业大街设立房山服务窗口，扩大区内各项优惠政策及招商引资服务宣传力度。

（刘晓会）

【郭金龙到中关村新兴产业前沿技术研究院调研】9月26日，市委书记郭金龙一行到房山区调研，重点考察中关村新兴产业前沿技术研究院。市领导李士祥、张工、隋振江等陪同。研究院位于北京高端制造业基地，规划占地面积10余公顷，由12个单体组成，建筑面积16.8万平方米，总投资约12.5亿元，对标硅谷和中关村核心区，形成有多个独立分院，打造大型研发群体，可容纳2000余名科研人员创业和生活，已对接项目30余个，完成落地6个，总投资4.3亿元。中关村发展集团股份有限公司通过购买资产形式，全面接管研究院运行工作。郭金龙指出，要自觉把发展摆到京津冀协同发展的大尺度中统筹考虑，提高配套服务水平，注重人口结构调控，实现承接产业集聚与创造宜居环境相同步。

（李贺英）

【“双创周”房山园分会场活动举办】10月19日，由房山园管委会主办的“全国大众创业万众创新活动周”

房山园分会场启动暨中关村高端人才创业基地授牌、留学生报国基地揭牌仪式在创新谷孵化器举办，主题为“山水房山　创业摇篮”。市委组织部、中关村管委会、房山区政府等单位相关负责人以及区直属各部门、有关乡镇和各功能区、众创空间、创新企业的代表约100人参加。活动为中关村（房山）高端人才创业基地、欧美同学会·中国留学生联谊会留学报国基地揭牌。活动期间，举办创新创业风采展示、政策宣讲、知识产权讲座、产业对接会等一系列活动，中细软移动互联科技有限公司等20余家企业的代表近1000人参与。

（刘晓会）

【中关村（房山）高端人才创业基地获授牌】10月19日，在“全国大众创业万众创新活动周”房山园分会场启动暨中关村高端人才创业基地授牌、留学生报国基地揭牌仪式上，中关村（房山）高端人才创业基地获授牌。基地由中关村管委会、房山区政府合作共建，旨在吸引和扶持一批符合首都功能定位和区域战略发展的国内外智能化、专业化领军型人才及团队到房山区创新创业。共建双方将为入驻企业提供一系列优惠

的扶持政策和资金支持，已有北京中科纳泰生物科技有限公司等4家企业入驻，其中院士领衔的企业两家，中科院“百人计划”人才领衔的企业1家，涉及纳米、医学等领域。

（王 征）

【“工业互联、智慧房山”产业对接活动启动】 10月29日，由中关村管委会、房山区政府主办的“工业互联、智慧房山”产业对接活动启动会在房山CSD商务广场举行。副市长隋振江等领导以及相关企业的代表等100余人参加。启动会是房山园“双创周”系列活动的重要环节，同时是中关村一区多园“高精尖”产业对接工程的首场活动，旨在与中关村管委会联手打造新城，为房山的创新创业企业和人才搭建科技、人才、众创空间等支撑平台，为创业者提供一处创业场所、一套公租住宅、一个牌照指标、一笔创投资金、一张优先服务卡的“五个一”保姆式服务。会上，中关村上市公司协会、中关村工业互联网产业联盟、中关村智能硬件梦工场、中关村粉末冶金产业技术创新战略联盟分别同房山区重点功能区、众创空间开展专题对接，涉及智能硬件、“互联网＋智能制造”等领域；首次公开发布《共建中关村（房山）科技创新城行动计划》配套政策，包括《房山区创业投资引导基金管理实施细则》、《房山区支持众创空间发展的实施意见》（房政发〔2015〕27号）、《房山区引进高层次人才、创新创业人才（团队）支持办法》（京房办发〔2015〕29号）、《关于加快科技创新的支持办法》（房政发〔2015〕35号）。房山区政府将设立支持众创空间发展的专项资金，用于房山区众创空间的房租、公共服务平台、网络运营的补贴以及特色产业聚集、争创名优、存量空间资源改造的奖励等，并还将尽力解决创业者户口落地、子女上学等问题。

（刘晓会 李贺英）

【房山区创业投资引导基金管理实施细则发布】 10月29日，在“工业互联、智慧房山”产业对接活动启动会上，房山区政府发布《房山区创业投资引导基金管理实施细则》，旨在促进中关村南部（房山）科技创新城和区域战略性新兴产业的发展。《细则》设引导基金管理、投资领域和方向、参股基金的申报与管理等8章，共39条，自发布之日起施行。引导基金由房山区政府发起，总规模为10亿元，重点支持符合房山区产业发展定位的新一代信息技术、生物医药及高性能医疗器械等领域创新创业企业；引导基金以参股基金方式对外合作投资，按照专业化、市场化方式独立运作管理，设有由投资决策委员会、引导基金受托管理机构、基金评审委员会、托管银行等组成的组织管理架构；引导基金主要有公开征集、申报、评审、公示、决策、实施等运作程序，建立专家评审制度，采取专家集中评审的方式；引导基金投资形成的股权到期时可采取上市、股权协议转让、企业回购及破产清算等方式从创业企业中实现退出，退出价格按照公共财产原则和引导基金运作的有关要求确定。

（刘晓会）

【3家单位获特色产业孵化平台称号】 11月16日，中关村管委会公布中关村国家自主创新示范区特色产业孵化平台名单，13家创业服务机构纳入中关村示范区创业服务支持体系。房山园3家单位获特色产业孵化平台称号，即房山智汇城孵化器、创新谷、北京青年创业园房山园，运营企业分别是北京市房山区良乡高教园区综合管理中心、北京创新谷科技孵化器有限公司、北京良乡城市创业发展有限公司。

（章 健）

【中国房山军民融合体制与创新研讨会举办】 12月2日，由欧美同学会·中国留学人员联谊会、房山区政府、中关村发展集团股份有限公司主办的中国房山军民融合体制与创新研讨会在中关村新兴产业前沿技术研究院举行。发展改革委、科技部、解放军总装备部等单位有关负责人和29名“千人计划”专家等参加。与会专家与政府、央企、投资公司以及北京高端制造业基地管委会、中关村前沿技术产业发展公司等单位的代表共同探讨军民融合体制与创新。中关村新兴产业前沿技术研究院、绿地创业基地分别与黄晓庆、方磊、冯翔等“千人计划”专家进行项目签约，涉及机器人、通用航空、互联网医疗、大数据平台、节能环保等领域；深圳前海达闼科技有限公司、先进航空动力有限公司等企业就20公斤级涡轮喷气发动机等签约项目进行演示。

（刘晓会）

【北京中关村前沿技术产业发展有限公司成立】 12月10日，北京中关村前沿技术产业发展有限公司创立大会暨首次股东会以及第一届董事会第一次会议、第一届监事会第一次会议在中关村发展集团召开。股东方中关村发展集团股份有限公司、北京中关村生命科学园发展有限责任公司、北京中关村软件园发展有限责任公司、房山国有资产经营有限公司等单位有关负责人参加。公司是关于中关村新兴产业前沿技术研究院的投资管理与运营企业，将以工业4.0与互联网跨界融合为方向，聚焦前沿性新材料技术、先进制造技术、先进能源技术，以高性能纤维复合材料、工业物联网、

智能机器人、先进轨道交通装备、新能源汽车电机及控制系统等为突破口，着力将新兴产业研究院打造成为前沿科技成果转化和产业化服务创新平台，有效疏解、引导核心区企业到京郊新环境创新创业，推动房山园转变区域经济发展方式、产业转型升级，全面建设高端产业聚集区，优化北京“高精尖”产业布局，为京津冀协同创新和可持续发展提供重要支撑。

（李贺英）

【光合优创孵化器揭牌】 12 月 18 日，由房山区政府主办的 2015 光合 · 房山创峰汇暨光合优创空间揭牌仪式在房山 CSD 商务广场举办。房山区宣传部等单位相关负责人以及光合（北京）文化创意股份有限公司、光合优创（北京）科技企业孵化器有限公司等机构、企业的代表 500 余人参加。光合优创孵化器——光合一号合电站在绿地智汇产业城落户。孵化器由光合文创公司与房山区政府共建，旨在整合光合的核心优势以及房山的区域优势，联手打造孵化器 2.0 模式，建立一个由创意中心、光合网、孵化器、产业园、资本基金 5 个部分组成的完整的文创生态系统，为当地筛选、引进优质企业，同时让优质企业对接更高级的顶层设计和更优质的社会资本，实现企业与区域经济的双赢发展。仪式上，光合文创公司发布 3 款产品，即光合作用、光合网、光合品牌孵化器，介绍了相关文创及品牌经营动作，全面阐述光合格局发展；举行了光合优创空间揭幕仪式、企业路演和签约，为中国实战电商协会、北京鼎玺盈动科技有限公司等 10 家企业颁发战略合作证书，北京一起一起投信息技术有限公司、山东龙图艺术品投资有限公司等企业与光合优创空间签约；举办经济专家针对“品牌、创新、资本”的发展论坛。

（刘晓会）

【房山园重点技术领域总收入 218.4 亿元】 年内，房山园重点技术领域总收入 218.4 亿元。其中，新材料领域 76.7 亿元，占总收入的 35.1%；先进制造领域 52.4 亿元，占总收入的 24%；新能源与节能领域 15.9 亿元，占总收入的 7.3%；环境保护领域 14.4 亿元，占总收入的 6.6%；电子信息领域 13.5 亿元，占总收入的 6.2%；生物医药领域 11.7 亿元，占总收入的 5.4%；其他领域 33.8 亿元，占总收入的 15.5%。

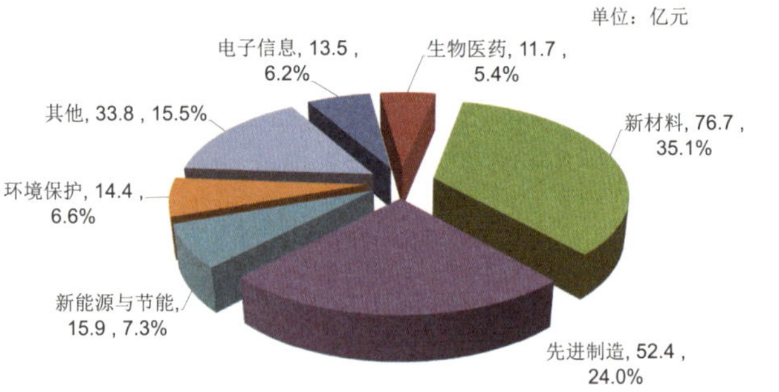

（刘晓会）

通州园

2006年1月，发展改革委第三号公告批准通州光机电基地、环保园区纳入中关村科技园区政策区范围。同年5月，经中关村管委会同意、通州区编办批准，成立中关村科技园区通州园管理委员会，标志通州园光机电一体化产业基地、金桥科技产业基地纳入中关村科技园区政策区范围，规划占地面积1450公顷。2012年10月，经国务院批复，调整中关村示范区空间规模和布局，通州园在光机电、金桥两个基地的基础上，将通州经济开发区东区、西区、南区，永乐经济开发区，运河核心区，环渤海总部基地，国际种业园，国际医疗服务区8个分园纳入中关村示范区政策区范围，规划占地面积3434.46公顷。光机电基地纳入面积596公顷，重点打造总部经济、中小企业创新集群与现代制造业产业集群。金桥基地纳入面积1020公顷，重点打造以集成电路为主导，以能源环保、生物医药为支撑的现代产业体系。开发区西区纳入面积443公顷，重点发展电子信息和以航空零部件为特色的装备制造，培育发展以商务服务和科技服务为核心的生产性服务业。开发区东区纳入面积278公顷，着重打造以汽车零部件为主导，以智能电网装备、生物医药为支撑的产业体系。开发区南区纳入面积171公顷，重点发展新材料特色产业，培育发展生物医药、专用装备制造产业。永乐开发区纳入面积231公顷，重点打造北京市生物医药产业基地和通州区高端装备制造业基地。国际种业科技园纳入面积13公顷，重点发展种业研发交易和种业总部经济，打造研、育、繁、推、展、销一体化产业链协同创新示范区和农业种业政策创新试点区。国际医疗服务区纳入面积26公顷，是补充基本医疗、提供高端医疗健康服务、健全医疗产业发展体系的医疗产业聚集区。环渤海高端总部基地纳入面积290公顷，以高端企业总部聚集为目标，重点发展战略性新兴产业和以文化创意产业为代表的现代服务业，形成城业共兴的创新创业新城。运河核心区纳入面积393公顷，重点发展商务服务，配套发展金融服务，打造与北京建设世界城市相匹配的城市副中心核心区。园区建立起信息服务平台、就业服务平台、人才培训基地和融资绿色通道，实现企业网上申报、政府网上办公、政企时时互动的服务模式，以降低企业商务成本，减轻企业负担。园区内企业可享受国家、北京市、中关村示范区的各类优惠政策。

通州园管理委员会领导成员

主　　任	于士疆（区委常委、副区长）
党组书记 常务副主任	聂玉泉
党组副书记 副 主 任	姚华松
副 主 任	赵正胜　杨建路

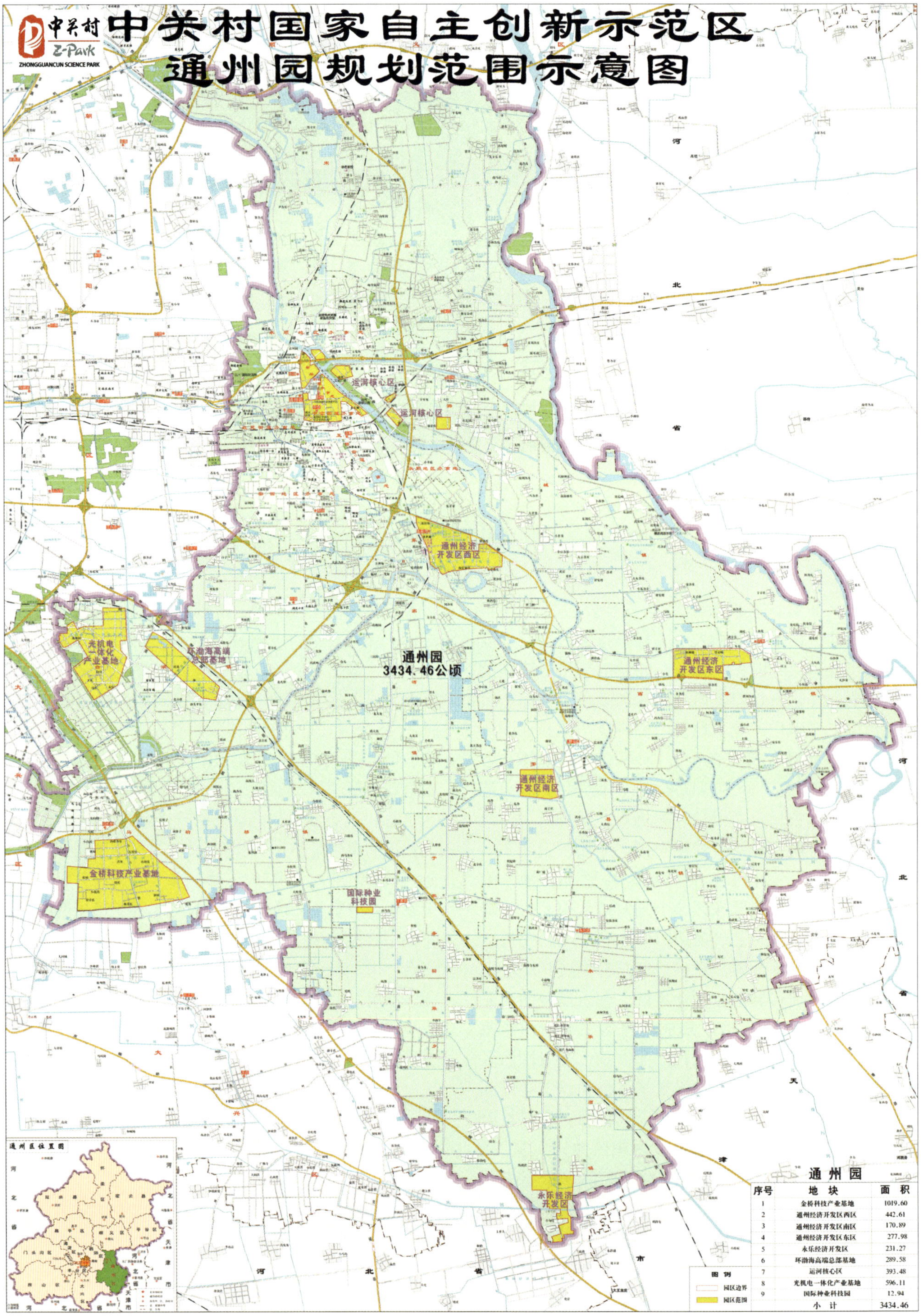

通州园

序号	地块	面积
1	金桥科技产业基地	1019.60
2	通州经济开发区西区	442.61
3	通州经济开发区南区	170.89
4	通州经济开发区东区	277.98
5	永乐经济开发区	231.27
6	环渤海高端总部基地	289.58
7	运河核心区	393.48
8	光机电一体化产业基地	596.11
9	国际种业科技园	12.94
	小计	3434.46

【概况】2015年，通州园贯彻落实京津冀协同发展战略部署要求，全面深化园区工作改革创新。年内，园区入统高新技术企业总数330家；从业人员4.9万余人；工业总产值292.7亿元；总收入597.6亿元；进出口总额8.2亿美元；实缴税费26.5亿元；利润总额45亿元；资产总计854.8亿元；科技活动经费支出总额26.1亿元；专利申请1184件，专利授权857件。

项目建设。年内，园区引进项目190个，协议投资总额129.07亿元，投资超亿元项目14个。园区项目建设全面展开，北京乔治费歇尔管路系统有限公司二期工业厂房项目等12个项目开工建设；甘李药业股份有限公司胰岛素产业化项目等24个项目复工建设；北京三进精工汽车部件有限公司汽车螺母生产厂房项目等6个项目竣工。园区共建设道路、变电站等基础设施项目11个，总投资额8.96亿元，其中北京通州经济开发区西区的绿化项目等4个项目竣工。完成土地上市交易2宗，总面积28.14公顷。中关村通州园光机电一体化产业基地入选第一批“北京市生态工业园区”名单。

创新驱动。年内，园区企业专利申请量比2014年同期增长118%。北京中科信电子装备有限公司等64家企业的162件发明专利获授权；中际联合（北京）科技股份有限公司等4家企业的项目入选北京市2015年度高新技术成果转化项目名单；北京陆合飞虹激光科技有限公司等两家企业入选中关村示范区2015年“展翼计划”；通州国际种业科技园孵化平台入选中关村示范区特色产业孵化平台；北京韬盛科技发展有限公司等7家企业入选“2015中关村信用双百企业”；北京恒聚化工集团有限责任公司等62家企业入选2015年“瞪羚企业”；北京宝克测试系统有限公司等14家企业入选2015年瞪羚重点培育企业；北京汽车动力总成有限公司等12家企业的17个项目获通州区科学技术奖。

企业服务。年内，园区中新认定的中关村高新技术企业50家，累计中关村高新技术企业243家。协助北京莱比德模具科技股份有限公司、北京医模科技股份有限公司等8家企业在新三板挂牌，北京市春立正达医疗器械股份有限公司在香港联合交易所有限公司（联交所）主板上市。通过集中培训和送政策到园区等方式，对中关村高新技术企业认定、人才引进、中关村高端领军人才资格评价等政策进行培训，为企业申报各级有关政策资金提供帮助。园区及企业共获国家级、市级扶持资金1.86亿元。

人才引进。年内，中关村科技园区通州园管理委员会博士后科研工作站（国家级）获批，北京通美晶体技术有限公司等4家企业分别建立工作站分站。新引入2人进入通州园博士后（青年英才）创新实践基地工作站，6名进站博士获通州区研发经费和生活补贴17.2万元。北京通美晶体技术有限公司、甘李药业股份有限公司获2015年北京市博士后（青年英才）科研经费支持资金8.6万元。向市人力社保局推荐申报8名专业技术人才，其中1人获北京市高级工程师（教授级）专业技术资格。1人入选2015年北京市“百千万人才工程”，纳入“北京市高层次创新创业人才支持计划”。

（郭庆云）

【王安顺到北京国际医疗服务区调研】1月30日，市长王安顺到北京国际医疗服务区调研，听取园区工作

汇报，并参观北京信诺佰世医学检验所有限公司。王安顺对园区的各项工作进展予以肯定，并提出，园区的发展必须深入贯彻市“两会”精神，牢牢把握新常态、新定位、新目标，增强建设北京国际医疗服务区的责任感和使命感；要积极融入首都发展大局，在落实首都城市战略定位上担起承接与疏解的双重责任，担当起“医、教、研、养、康”全产业链发展和城市发展的双重责任；要坚持高站位高起点，统筹做好配套设施、交通建设、产业发展和人口规模控制等工作，努力把北京国际医疗服务区打造成为世界一流的医疗健康产业园区。常务副市长李士祥、副市长陈刚陪同调研。

（郭庆云）

【“拼接彩釉玻璃的丝网印刷制备方法”获发明专利授权】2月18日，由北京北玻安全玻璃有限公司高琦等发明的“拼接彩釉玻璃的丝网印刷制备方法”获国家发明专利授权（ZL2012101501516）。发明的特征在于制作整版的彩釉图案网板，将若干拼接玻璃阵列码放在印刷台上，拼接玻璃之间留有胶缝大小的间隙，用固体

物填充间隙，所述拼接玻璃的印刷面位于同一平面上。多片玻璃同时一次印刷彩釉，避免了拼接时颜色的差异，保证拼接后颜色和图案的完整性，而且发明只需制作一个网板，省却了多个网板的制作，一次印刷，既省时又省略了多次印刷时的工序调整。

（郭庆云）

【4家企业获市高新技术成果专项奖励资金】 3月12日，市科委、市发展改革委、市财政局、市经济信息化委、中关村管委会印发《关于公示北京市2015年度高新技术成果转化项目名单的通知》。通州园4家企业的项目入选，包括中际联合（北京）科技股份有限公司的“高空作业专用智能安全升降及防护设备产业化项目”、北京嘉洁能科技有限公司的“供热计量与测控技术成果转化项目”、东研高科（北京）环保技术有限公司的“新型节能净水机成果转化项目”、北京四环生物制药有限公司的“一种高稳定的新型重组人白介素-2注射液产业化项目”，涉及高端装备制造、节能环保、生物医药等领域。

（郭庆云）

【北贵所入驻国际矿业城】 3月19日，在国际矿业要素市场建设规划研讨会上，北京光谷创新置业有限公司光谷公司与北京贵金属交易所举行签约入驻仪式。北贵所是集贵金属产业链中的“地探采选冶、加工和投资”等环节的“技术、交易、金融”为一体的综合性服务机构。矿业城服务平台将助力北贵所完善贵金属产业链，打造权威、知名的贵金属交易平台。

（郭庆云）

【2015联东U谷园区招聘会举办】 3月25日，由北京优谷企业发展商会主办的北京市社会建设资金2015联东U谷第一届园区招聘会在联东U谷·北京金桥产业园区举办，130余家企业携1500余个岗位参加。招聘岗位涵盖生物医药、电子信息、精密仪器、机械制造等行业，提供行政、财会、医药研发、机械工程师、机电维修师、普工、技工等工种。年内，联东U谷产业园区共举办两届招聘会，参加企业累计200余家，应聘者累计5000余人，累计达成意向1000余个。

（郭庆云）

【通州园两个科研项目获资助】 5月4日，市人力社保局网站公示《2015年北京市博士后科研活动经费资助评审结果》，甘李药业股份有限公司进站博士董长青参与的“德谷胰岛素的产业化”科研项目和北京通美晶体技术有限公司进站博士张舒惠参与的“化合物半导体晶片加工技术及性能研究”科研项目分别获2015年北京市博士后（青年英才）科研活动经费资助4.6万元和4万元。

（郭庆云）

【诗祺康公司参展北京科博会】 5月13日，在第十八届中国北京国际科技产业博览会上，北京诗祺康环保科技有限公司展示其自主研发的高能离子食品净化机。净化机使用高能离子净化技术，通过换能器持续给离子反应器提供电子束，轰击水分子，使其迅速分裂，产生能高效夺取电子的羟基自由基（-OH），能轻易破坏细菌、病毒外壁，使其失去原有活性，高效夺取农药、激素等有机化合物分子链的共价键电子，转化成二氧化碳、水和无机盐等，从而还原食物原本的味道。经国家食品质量安全监督检验中心和谱尼测试科技股份有限公司检测，净化机能有效去除食材中的激素、瘦肉精及农药残留、细菌、病毒等有害物质，杀菌率达99%，去除农药残留率97%，激素、抗生素降解率95%。诗祺康公司开发出家用型、商用型、工业型3种高能离子净化机机型。

（郭庆云）

【志峰公司获市工程实验室项目补助资金】 5月23日，市发展改革委印发《关于北京志峰环保设备有限公司分散式生活污水高效处理与利用技术北京市工程实验室创新能力建设项目补助资金的批复》（京发改〔2015〕1032号），同意给予实验室创新能力建设项目资金补助1106万元。项目资金主要用途为：购置相关软硬件设备，改善实验测试相关基础设施环境，建立分散式生活污水高效处理与利用技术研究的工程实验室；搭建短流程提升滗水间歇火星污泥法实验平台、厌氧好氧反复耦合污水污泥同步处理技术实验平台、装配式人工湿地技术实验平台、村镇及小区景观水系再生水补给与水质保障技术实验平台；为实现分散式生活污水治理理论技术、控制机理和无害化技术、资源化方法研究技术等关键技术的创新与突破。

（郭庆云）

【中关村产业和人才政策培训会举办】 5月26日，由通州园管委会主办的中关村产业和人才政策培训会在通州区举办。通州园管委会相关人员分别就中关村高新技术企业认定、“十百千工程”“瞪羚计划”、人才引进、通州区人才公寓配租、中关村高端领军人才资格评价等方面的相关政策及申报条件、申报流程、所需材料进行讲解，并解答园区和企业代表现场提出的问题。通州园管委会以及下属15个园区的相关工作人员和80余家重点企业的代表等100余人参加。

（郭庆云）

【农科城成果发布系列活动举办】 5月31日，由中国农村技术开发中心、市科委、市农委和通州区政府等单位联合主办的北京国家现代农业科技城成果发布系列活动在通州区国际种业科技园区举行。北京市副市

长林克庆、市政府副秘书长赵根武等领导以及科技部、农业部等单位相关负责人和农业龙头企业的代表、科研院校专家等300余人参加。会上发布北京农科城创新成果和北京种业五星级信用企业名单；通州区国际种业科技园区管委会、北京市农林科学院蔬菜中心等单位与企业签署4项农业科技协同创新战略合作协议；组织召开首届京津冀沪渝种业发展交流会和第四届北京市通州区国际种业科技园区春季农作物新品种观摩周活动。在智能农业机械装备及农作物品种展上，园区共展示智能农业机械装备200余台套、农作物新品种3000余种。

（郭庆云）

【中国农科院通州创新中心建设启动】 6月18日，中国农业科学院与北京市通州区国际种业科技园区共建创新中心签约仪式在种业科技园举行。通州区政府、通州园管委会等单位相关负责人参加。双方签署《中国农业科学院与北京市通州区国际种业科技园区共建创新中心合作协议》，将依托种业园区的各项成果及建设规划共同建设创新中心，并引入国家农业气象灾害模拟舱、建设国家耕地质量与土壤研究中心、建设国家农作物表型鉴定设施群、建设国家作物种质资源库、建设园艺与都市农业研究中心5个重点项目。

（郭庆云）

【两家企业参展职业教育现代技术装备及教材展】 7月2—4日，在第十三届全国职业教育现代技术装备及教材展览会上，通州园北京络捷斯特科技发展有限公司和北京医模科技股份有限公司参展。络捷斯特公司展出“互联网＋物流教育助力长风现代学徒制”一体化解决方案，其整合实训室建设、教学服务、就业服务、认证服务等业务板块，形成重构教学环境、教学资源、教学平台、教学组织的“互联网＋物流教育”一体化解决方案。医模公司集中展示了综合穿刺模拟人、乳腺癌视诊与触诊操作模型、智能网络版分娩及急救模拟人、儿童骨穿及股静脉穿刺操作模型、智能数字网络版交互急救模拟人、成人男性护理模拟人（带电子监测）等内、外、妇、儿、急救、护理各专业的产品。

（郭庆云）

【李宁智能跑鞋发布】 7月15日，李宁智能跑鞋发布会在京召开。李宁体育用品有限公司与小米科技有限责任公司生态链子公司安徽华米信息科技有限公司联合发布“烈骏”和“赤兔”两款智能跑鞋。两款鞋在鞋底足弓处均植入华米智芯，可即时采集跑者数据，将距离、配速、路线、卡路里消耗以及前后掌落地状态分析和精准步频监测等运动报告通过小米运动App反馈给消费者，实现从前端跑者互动与数据传输分析到客户端呈现报告再到一键社交分享等智能跑步体验。

（郭庆云）

【首届北京农园节开幕】 7月18日，由北京观光休闲农业行业协会、北京市农民专业合作社联合会主办的第一届北京农园节开幕式在通州国际种业科技园区举行。副市长林克庆和市农委、市农经办等单位相关负责人以及来自京津冀的市民代表等1000余人参加。农园节以“寻梦秀丽乡村，共享醉美田园”为主题，借助微站、微信等移动互联网平台实现各园区、主题即时互动。农园节包括开幕式，亲子、秋收、敬老、农产品大集4个主题活动月以及一场休闲农业发展论坛等。农园节至10月底结束，京津冀90余家休闲农业园区参与。

（郭庆云）

【通州区现代农业园区试点项目获资金扶持】 7月22日，通州区财政局印发《关于2015年北京市通州区现代农业园区试点项目投资任务计划的批复》（通财农文〔2015〕317号），批复于家务乡2015年农业综合开发现代农业园试点项目中央扶持资金1000万元，市农发扶持资金2000万元，自筹资金2249.2万元。项目建设期为3年，主要进行高标准农田改造、农业生态环境保护及专业合作社和龙头企业等新兴农业经营体系建设，分别由种业科技园区管委会、北京东升方圆农业种植开发有限公司和北京奥苑益民种植专业合作社具体实施。

（郭庆云）

【中矿开源矿业产业并购基金启动】 7月22日，由北京光谷创新置业有限公司主办的中矿开源矿业产业并

购基金设立启动仪式在光机电基地举行。中国矿业联合会、通州区政府等单位以及有关矿业企业的相关负责人等参加。基金总规模 50 亿元，首期募集 5 亿～10 亿元，由中矿资源勘探股份有限公司、西藏闵实商贸有限公司、阳光福润资产管理有限公司、内蒙古敕

勒川基金管理有限公司 4 家矿业企业联合发起设立。基金设立基金管理公司，注册资本 5000 万元，中矿资源公司以自有资金出资 1750 万元，持股比例 35%；基金管理公司认缴首期出资的 1%。基金将围绕优质矿产资源项目开展并购、投资等相关业务；整合优秀矿业项目资源，为国内优秀矿业企业解决融资难题，为矿业企业转型升级提供直接推动力，为优秀矿业企业搭建对接资本市场的平台。

（郭庆云）

【农科城种业科技成果产权交易项目启动】8 月 4 日，由通州区国际种业科技园区管委会主办的“农科城种业科技成果产权交易及转化支撑体系建设与示范”项目启动仪式在种业科技园区举行。市科委等单位相关负责人及中国农业科学院、市农林科学院、农鑫高科（北京）科技开发有限公司等项目承担单位的负责人参加。会上明确项目承担单位的任务分工及项目实施计划，并确立项目实施监督机制。项目为市科委 2015 年重大项目，2016 年底前完成，总经费 1850 万元。项目分为农科城种业科技成果托管及产权价值评估体系建设、国家现代农科城种业交易中心建设、种业科技成果交易促进与科技示范 3 个研究课题，旨在通过规范种业交易流程，加强种业监管力度，统一种业交易服务标准，打造具有社会公信力的种业科技成果产权交易平台，促进种业研发与市场对接，发挥国家农科城先行先试引领示范作用，推进种业产业的优化升级和持续创新。

（郭庆云）

【花仙子万花园入选科普教育基地】9 月 6 日，市科委发布《关于公示 2015 年度北京市科普基地命名名单的通知》，北京花儿朵朵花仙子农业有限公司的花仙子万花园被命名为科普教育基地。基地建于 2011 年，位于通州国际科技种业园区内，占地面积 40 公顷，以家庭园艺花卉种子产品生产为基础，以品种展示为重点，以家庭园艺教学为特色，以休闲拍摄为延伸项目。家庭园艺教室是其特色教学项目，由专业讲师进行授课，讲授如何选择种子，选择器皿，如何浇水施肥等园艺知识，并配合园艺爱好者的不同水平进行个性化交流。

（郭庆云）

【通州园获批设立博士后科研工作站】9 月 14 日，人力资源社会保障部、全国博士后管委会印发《关于批准合肥国轩高科动力能源股份公司等 628 个单位设立博士后科研工作站的通知》（人社部发〔2015〕86 号）。其中，通州园管委会入选，成为通州区首个获批设立博士后科研工作站的单位。

（郭庆云）

【国际种业科技园参展全国种子“双交会”】9 月 17—19 日，在第八届中国国际种业博览会暨第十三届全国种子信息交流与产品交易会上，通州区国际种业科技园区作为展会的作物新品种种植展示区，搭建“看禾品种、看种品系、看系品方向”的展示平台，200 余家企业提供了 200 余个玉米品种和 1600 余个蔬菜品种进行展示，并特聘栽培管理技术强、有品种试验管理经验的人员成立专家组，在园区内负责技术指导，做好作物生育期的记录和影像资料收集，发布田间种植展示技术报告。

（郭庆云）

【现代农作物高通量育种技术服务平台项目通过验收】9 月 21 日，由市科委组织的“通州种业园现代农作物高通量育种技术服务平台建设”项目验收会在通州种业园区举行。项目由通州区国际种业科技园区管委会和北京市农林科学院玉米研究中心承担，2013 年 6 月启动，课题总经费 2996.7 万元。项目建立了基于 SNP 芯片鉴定的高通量农作物育种研发服务平台；建立了高通量自动化的样品 DNA 提取系统及相关质量验证体系各 1 套，建成高通量 DNA 检测数据分析与管理系统 1 套；建成作物新品种展示基地 26.7 公顷、高效节能日光温室 6000 平方米、作物品种展示厅 300 平方米；研究制定作物新品种价值评估技术体系 1 套，建成 165 个品种信息库，实现价值评估成果 20 个，形成 3 种作物的品种价值评估标准；为园区企业及科研单位等提供育种技术服务，累计检测 5000 余份样品，推动园区种业企业及科研机构培育出 7 个优良的玉米新

品种、22个优良的蔬菜新品种，申请国家专利2件，其中1件获授权。验收组专家一致同意项目通过验收。

（郭庆云）

【种业科技园区与云农场签约】 9月21日，通州区国际种业科技园区管委会与北京天辰云农场有限公司签约仪式在种业科技园区举行，双方相关负责人参加。根据协议，双方将在种业科技园区共建北京研发与示范农场项目，打造“互联网+农业”总部。农场旨在将线上产品、服务、技术等线下可视化，为广大农场主提供综合解决方案。研发农场总占地面积为11.7公顷，规划为日光温室区、连栋温室区、拱棚区和露地种植区4个分区以及相应的配套设施。通过打造云农场产品与技术由线上走入线下的样板间，成为线上新品种、设备、种植模式的应用与展示平台。

（郭庆云）

【共推商用车UBI车险】 9月24日，北京中交兴路车联网科技有限公司与天安财产保险股份有限公司车辆UBI战略合作签约仪式在京举行，双方相关负责人参加。UBI（Usage Based Insurance）车险是基于驾驶人驾驶行为的车险产品，根据驾驶人的实际驾驶时间、

地点、里程、具体驾驶行为，来确定该缴多少车险。根据协议，双方将在产品提供、数据建模等方面展开合作，打造基于商用车车联网的UBI保险产品，开展相关车辆的风险管理与服务。

（郭庆云）

【通瀞产业园·胰岛素产业化项目落成】 9月28日，由甘李药业股份有限公司主办的“通瀞产业园·胰岛素产业化项目”落成典礼在甘李药业新厂区举行，通州区政府、石景山区政府等单位的相关负责人参加。项目以生产胰岛素类、口服降糖药类、糖尿病相关医疗器械等产品为主，将建成集研发、生产和销售于一体的糖尿病药物产业中心。项目总占地面积19.78公顷，总建筑面积26万平方米，投资总额15亿元。其中，

一期项目总建筑面积4万平方米，投资10亿余元。

（郭庆云）

【光机电基地开发建设B-07居住用地】 10月10日，光机电基地折子工程重点项目B-07地块挂牌上市。地块位于基地规划范围内北侧，东至嘉创一路（光机电四号路），南至兴光二街，西至支路二（光机电三号路），北至兴光一街。建设用地面积4.2公顷，建筑面积11.78万平方米，容积率为2.8，用地性质为R2二类居住用地。地块将配建建筑面积3.5万平方米的限价商品住房及4.1万平方米的自住型商品住房。11月13日，地块由北京泓博泰成房地产开发有限公司以18.73亿元竞得。12月12日，地块保障房项目开工。

（郭庆云　李贺英）

【中交兴路车联网获2015中物联科技进步奖】 10月22—23日，在第八届现代物流科技创新大会暨2015年度中国物流与采购联合会科学技术奖颁奖大会上，由北京中交兴路车联网科技有限公司研发的“基于大数据和云计算的道路货运行业在途车联网服务平台”获2015年度中物联科技进步奖二等奖。平台依托大数据、云计算等技术优势，通过“互联网+”融合货运行业市场资源，为用户打造优质便捷的车联网服务。（中国物流与采购联合会科学技术奖是科技部批准设立的行业科技进步奖，旨在奖励在全国物流与采购以及生产资料流通领域中的技术发明与科学技术进步成果，通过对企业项目的创新科学技术水平、经济社会效益、现实及未来价值等一系列综合评估来最终选定。）

（郭庆云）

【17项成果获通州区科学技术奖】 10月26日，通州区政府发布《关于2014年度通州区科学技术奖励的决定》（通政发〔2015〕34号）。其中，通州园甘李药业股份有限公司的“胰岛素的纯化方法及其产业化应用”、北京汽车动力总成有限公司的“A151/A131发动机开发”等5项成果获一等奖；北京韬盛科技发展有限公司的

"集成式升降操作平台研制"、北京潞电电气设备有限公司的"模块组合式箱变的研究与应用"等4项成果获二等奖；中际联合（北京）科技股份有限公司的"高空作业专用智能安全升降机的研发"、北京志峰华源环境工程有限公司的"分散式'海岛—陆地'太阳能毛细管蒸发海水淡化器的研发"等8项成果获三等奖。

（郭庆云）

【国际种业科技园区管委会与农业部规划设计院签约】 11月2日，通州区国际种业科技园区管委会与农业部规划设计研究院合作签约仪式在种业科技园区举行。双方相关负责人参加。根据协议，双方将在种业科技园区共建农业部规划设计研究院通州创新示范基地，并根据种业科技园区的发展目标，发挥农业部规划设计研究院在农业工程科研和农业规划设计方面的优势，将基地建设成为集"政府服务、科技创新、工程集成"为一体的农业工程科学研究、成果转化、示范与推广服务的公共平台。

（郭庆云）

【6家企业获国际化发展专项资金支持】 11月10日，中关村管委会发布《2015年中关村国际化发展专项资金支持名单公示》。其中，通州园中际联合（北京）科技股份有限公司的德国汉堡国际风能展项目、北京首量科技有限公司的2014美国西部光电展项目、北京冠舟科技有限公司的2014年第十二届美国佛罗里达国际医疗展览会项目等6家企业的12个项目获专项资金支持。

（郭庆云）

【台湖镇创新创业资源推介会举办】 11月10日，由台湖镇政府、通州区投资促进局主办的台湖镇创新创业资源推介会在北京国际矿业城举办。中关村管委会，通州区科委、经济信息化委等单位相关负责人参加。推介会搭建"创新创业资源展示厅"和"闲置资源厅"，来自台湖镇各园区的10余家创新创业空间资源项目参加自我推介。北京天使街网络科技有限公司和北京领筹矿业投资服务有限公司签约入驻北京国际矿业城。光机电基地管委会与北京城市规划学会中关村示范区分会签署框架协议。根据协议，由城市规划学会中关村分会协助光机电基地运营存量空间资源，双方将围绕"闲置资源盘活"以及"园中园资源利用"，发挥光机电基地内区位交通、政策集成、产业集群、空间资源、运营成本等优势，推动产业园区转型升级。

（郭庆云）

【7家企业入选2015中关村信用"双百"企业】 11月16日，在2015（首届）信用中关村高峰论坛暨首届京津冀信用体系合作共建研讨会上，中关村企业信用促进会发布2015中关村信用"双百"企业名单。通州园的北京韬盛科技发展有限公司、婷美保健科技股份公司、中际联合（北京）科技股份有限公司3家企业入选最具影响力信用企业；北京医模科技股份有限公司、北京世纪联保消防新技术有限公司、北京融安特智能科技股份有限公司、北京中捷四方生物科技股份有限公司4家企业入选最具发展潜力信用企业。

（郭庆云）

【国际种业科技园入选中关村特色产业孵化平台】 11月16日，中关村管委会发布《关于公布中关村特色产业孵化平台名单的公告》，13家创业服务机构被授予"中关村国家自主创新示范区特色产业孵化平台"称号，其中通州园的"通州国际种业科技园孵化平台"入选。平台由北京通州国际种业科技有限公司运营，聘用专业的管理人才和种业专家组建服务团队，为入驻企业提供市政配套、物业、科技、金融、政策等专业服务，拥有北京天辰云农场有限公司、北京神州绿鹏农业科技有限公司等35家在孵企业。入选后，平台将获最高不超过100万元的一次性资金支持。

（郭庆云）

【通州园管委会与曲阳县政府开展战略合作】 11月17日，通州园管委会与保定市曲阳县政府签约仪式在通州会议中心举行。双方签署《关于合作共建协同发展的框架协议》，将以非首都功能疏解落地和产业转移承接为重点，打造加快区域经济发展新平台，创建协同发展先行先试示范区。根据协议，双方将围绕装备制造、食品加工、精细化工、文化旅游、新能源和新材料等领域开展对接合作，通过优化发展资源配置组合，加快生产要素互联互通，打造以通州园高端研发为引领、曲阳县聚合制造为保障的产业发展新形态；结合两地建设发展实际，引入大型战略投资合作者，推动引导通州园及北京市有关产业项目向曲阳县有序转移；

以曲阳经济开发区、循环经济产业园区为平台，联建产业园区，开展招商和合作融资；挖掘通州环球影视、宋庄文化产业和曲阳县雕刻、定瓷、古北岳等文化产业优势，推进双方文化旅游资源的开发利用；建立干部交流机制，定期互派干部进行挂职交流；通过要素投入比例分成、股权分成、土地使用权奖励等形式，建立动态协商的利益共享机制。

（郭庆云）

【19家企业获技术创新能力建设专项资金】 11月17日，中关村管委会发布《关于公布2015年度中关村技术创新能力建设专项资金（专利部分）支持单位名单的通知》，其中通州园的北京中纺锐力机电有限公司、北京北玻安全玻璃有限公司、北京市春立正达医疗器械股份有限公司等19家企业入选，共获31.7万元专项资金支持。

（郭庆云）

【柳纪纲到种业科技园区调研】 11月18日，由市人大常委会副主任柳纪纲等人大代表组成的调研组到种业科技园区调研城乡一体化建设情况。柳纪纲一行听取种业科技园区的规划情况介绍，了解园区建设进展情况和种业科技创新工作的重要成果，又到园区高通量分子育种实验室、航天育种组培车间及种苗繁育温室、园区农业物联网技术中控中心进行实地参观和座谈。市委农工委、市农委和通州区政府等单位相关负责人陪同调研。

（郭庆云）

【市农林科学院入驻国际种业园区】 11月30日，由北京市农林科学院与北京通州国际种业科技有限公司主办的入驻签约仪式在通州区国际种业科技园区举行。国际种业园区管委会相关负责人及双方相关代表参加。根据协议，双方将在种业科技园区共建北京市农林科学院科技创新与示范基地，以科学试验区、种质资源保存区、中试基地和创新中心区为发展体系，打造集种业服务展示和研发于一体的综合服务平台，为建设种业科技园和全市都市型现代农业可持续发展提供科技、人才和智力支撑。

（郭庆云）

【光机电基地入选第一批北京市生态工业园区】 12月10日，市经济信息化委、市环保局发布《关于公示2015年北京市生态工业园区名单的通知》，10家申报园区通过审核。其中，通州园光机电一体化产业基地入选第一批“北京市生态工业园区”名单。入选后，光机电基地将优化产业空间布局，加强园中园项目管理，重点打造“高精尖”产业研究，落实生态基地、智慧基地建设，推动科技孵化平台建设工作；对基地企业能耗进行统计监测，实施重点监测制度，并及时提出整改要求；鼓励企业推进清洁示范和审计工作，在企业间开展资源循环和能源梯级利用，完善基地循环经济产业链；提升基地形象品质，建立完备的基地生态化建设管理组织体系；加大生态化建设宣传和推广强度，增加公众参与及监督力度，形成循环化改造的长效机制。

（郭庆云）

【4个项目获通州区人才工作创新项目支持经费】 12月17日，通州区人才工作领导小组办公室印发《关于为“通州高科技人才精细化服务项目”等9个人才工作创新项目发放支持经费的通知》（通人才办〔2015〕23号）。其中通州园管委会的“通州区博士后（青年英才）创新实践基地科研成果转化率提升项目”、国际种业科技园区的“国际种业科技园区人才集聚环境优化工程”、国际医疗服务区的“海内外高端医疗人才交流培训基地建设项目”、台湖高端总部基地的“台湖高端总部基地企业孵化器建设项目”4个项目获第四届“通州区人才工作创新项目奖”，分别获1万元经费支持。

（郭庆云）

【2015农科城种业技术经纪培训班开班】 12月29日，由中国农业科学院技术转移中心与通州区国际种业科技园区管委会共同主办的2015国际现代农业科技城种业技术经纪培训班在国际种业园区开班。培训班邀请农业部、国家知识产权局、中国农科院等单位的专家解读《中华人民共和国促进科技成果转化法》及新《种

子法》，剖析国内外种业技术转移的发展动向、政策环境、发展模式、成功经验、种业金融产品，并就种业价值评估方法等内容进行研讨。各省市农科院、农业科技合作创新联盟、种业科技成果产权中介机构等单位的相关负责人及有关企业的代表等100余人参加。

（郭庆云）

【162 件发明专利获授权】 年内，通州园中冶焊接科技有限公司的“一种含钛或铌奥氏体不锈钢焊接用药芯焊丝”、北京中丽制机工程技术有限公司的“将每根丝束分解开的分丝部件和上油装置”、北京中科信电子装备有限公司的“一种离子均匀注入的宽带束扫描方法”等 64 家企业的 162 件发明专利获授权。

（郭庆云）

【30 余个园区建设项目实施】 年内，通州园实施 30 余个建设项目。其中竣工项目 6 个，包括北京三进精工汽车部件有限公司汽车螺母生产厂房项目、鲜美乐国际食品（北京）有限公司车间 −A1 等，总投资额 7.54 亿元，总建筑面积 15.75 万平方米；复工建设项目 24 个，包括甘李药业股份有限公司胰岛素产业化项目、北京市中安欧尚投资股份有限公司北京博士后科研创新孵化基地项目等，总投资额 168.92 亿元，总建筑面积 288.49 万平方米；开工建设项目 12 个，包括北京乔治费歇尔管路系统有限公司二期工业厂房项目、东明伟业（北京）文化发展有限公司厂房及附属设施项目等，总投资额 218.58 亿元，总建筑面积 220.55 万平方米。

（郭庆云）

【4 个基础设施项目竣工】 年内，通州园内的杜望路、兴光一街（嘉创路—支路二）、西集镇郎府工业区煤改气工程等 11 个基础设施项目开工建设，总投资额 8.96 亿元。其中，北京通州经济开发区西区的绿化项目、北京通州经济开发区东区望君疃变电站、金桥科技产业基地的环科中路和景盛北小街 4 个项目竣工。

（郭庆云）

【78 家企业获中关村管委会政策扶持】 年内，通州园北京恒聚化工集团有限责任公司、北京北内发动机零部件有限公司、北京万生药业有限责任公司等 62 家企业入选 2015 年瞪羚企业名单；北京宝克测试系统有限公司、北京航天金羊电梯有限公司、北京鸿仪四方辐射技术股份有限公司等 14 家企业入选 2015 年瞪羚重点培育企业名单；京陆合飞虹激光科技有限公司和北京瑞派泰马激光科技有限公司两家企业入选 2015 年“展翼计划”企业名单。

（郭庆云）

【9 家企业上市】 年内，通州园有 9 家企业上市。其中，北京莱比德模具科技股份有限公司、世纪九如（北京）环境科技股份有限公司、北京医模科技股份有限公司等 8 家企业在新三板挂牌；北京市春立正达医疗器械股份有限公司在香港联合交易所有限公司（联交所）主板上市。

（郭庆云）

【新引进企业 190 家】 年内，通州园引进企业 190 家，协议投资总额 129.07 亿元，投资亿元以上的企业 14 家。其中，实体占地企业 3 家，协议投资总额 54.5 亿元，占地面积 168.94 公顷；购买标准厂房企业 134 家，协议投资总额 69.95 亿元；租赁标准厂房企业 53 家，协议投资总额 4.62 亿元，建筑面积 4.85 万平方米。

（郭庆云）

【新增 50 家高新技术企业】 年内，通州园北京新晨办公设备有限公司、中交路桥建设有限公司、北京澳佳生态农业股份有限公司等 50 家企业被认定为中关村高新技术企业。至年底，通州园累计认定中关村高新技术企业 243 家，其中国家级高新技术企业 179 家。

（郭庆云）

【通州园重点技术领域总收入 597.6 亿元】 年内，通州园重点技术领域总收入 597.6 亿元。其中，先进制造领域在产业发展中领先，收入 175.5 亿元，占总收入的 29.4%；新材料领域收入 110.3 亿元，占总收入的 18.4%；电子信息领域收入 46.7 亿元，占总收入的 7.8%；生物医药领域收入 35.3 亿元，占总收入的 5.9%；新能源与节能领域收入 16.9 亿元，占总收入的 2.8%；环境保护领域收入 12.8 亿元，占总收入的 2.1%；其他领域收入 200.1 亿元，占总收入的 33.5%。

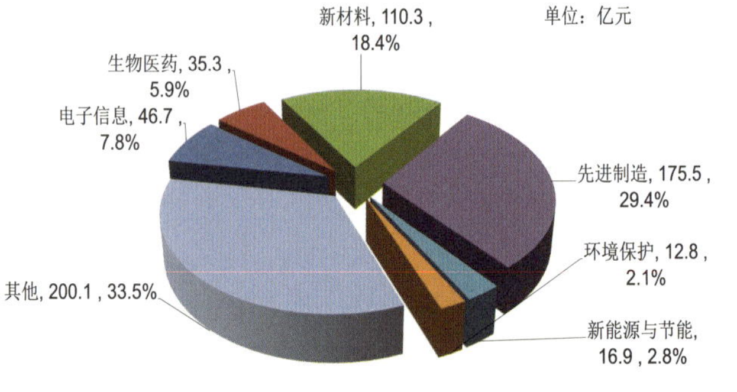

（郭庆云）

东城园

2012年10月，经国务院批复，东城园在原雍和园的基础上调整建立，增加龙潭湖地块，总规划占地面积为603.33公顷。2014年3月，东城园管委会成立，由原雍和园管理委员会、龙潭湖体育产业园建设发展办公室、东二环交通商务区建设管理办公室3个机构整合而成。2006年1月，雍和园被列入中关村科技园区，面积290.3公顷，位于东城区东二环路和北二环路的交会处，是科技部、中宣部、文化部、新闻出版广电总局认定的国家级文化和科技融合示范基地，国家版权局认定的“国家版权贸易基地”，北京市首批认定的文化创意产业集聚区，也是“国家网络游戏动漫产业（北京）发展基地”。园区具有深厚的文化底蕴和鲜明的古都风貌，拥有国家级文物5处（钟楼鼓楼、柏林寺、国子监、孔庙及雍和宫），市级文物7处，保护院落4处，歌华大厦、雍和大厦等大型现代化楼宇设施85座，建筑面积约570万平方米，以及嘉诚印象藏经馆17号、人民美术文化园等分布在胡同的胡同工厂17处，建筑面积约20万平方米。园区形成以中国出版集团公司等企业为代表的东二环总部经济产业带；以神华集团有限责任公司为代表的和平里现代服务业新区；以北京歌华文化发展集团为代表的北二环文化和科技融合发展的数字内容产业带；以体育总局及其下属企业为核心的龙潭湖体育产业专业园区；以创新创意企业集聚为特色的胡同里的创意工厂，发展文化创意产业、优化胡同创意生态、促进城市有机更新的胡同创意文化。东城园拥有良好的商务氛围和便捷的交通等服务环境，可享受中关村示范区系列优惠政策、国家网络游戏动漫产业（北京）发展基地优惠政策等各类优惠政策。园区将以文化为内涵、科技为手段，成为国内文化和科技融合发展的典范；应用下一代互联网、大数据等新兴信息技术，发展移动娱乐、移动办公、移动电子商务等移动互联网产业和内容服务业，拓展数字文化、数字版权、数字生活等新兴服务业，成为中关村现代服务业创新发展区；围绕文化创意产业、体育产业和绿色低碳环保产业的创新发展需求，推动文化金融服务、体育金融服务和绿色金融服务等领域的金融服务机构聚集，打造成集新兴产业投融资服务、版权交易、体育产权交易及碳交易于一体的具有全国影响力的新兴产业金融服务中心，成为新兴产业金融服务功能区。

东城园管理委员会领导成员

主　　任	许　汇
工委书记 常务副主任	李照宏
副 主 任	任继明　李　强　蔡　勇　韩树凡
副 书 记	苏广交
纪工委书记	李　婧（女）

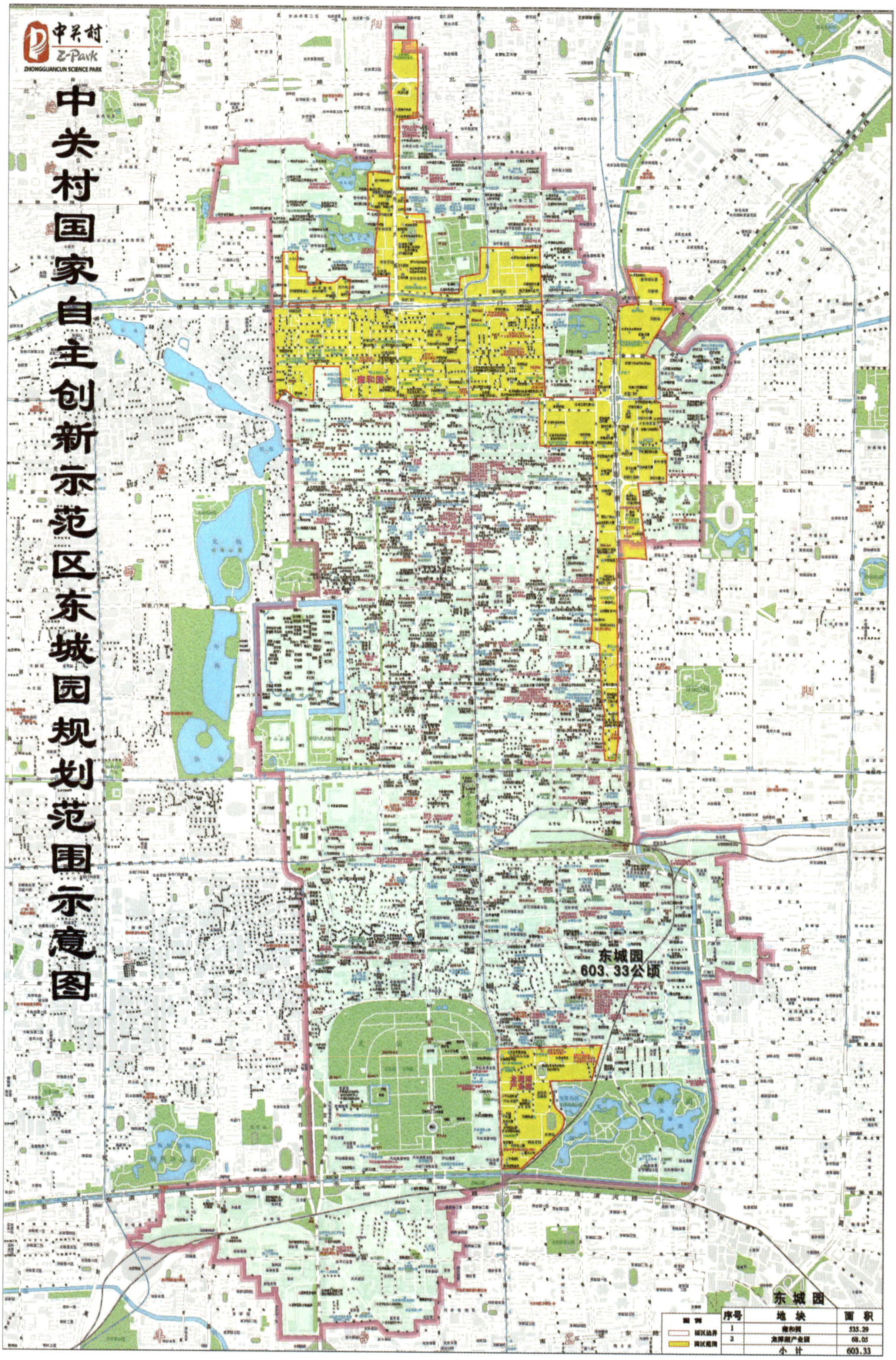
中关村 Z-Park ZHONGGUANCUN SCIENCE PARK
中关村国家自主创新示范区东城园规划范围示意图
东城园
603.33公顷
东城园
图例
园区边界
园区范围
序号 地块 面积
1 雍和园 535.29
2 龙潭湖产业园 68.05
小计 603.33

【概况】2015年，东城园依托中关村先行先试政策推动重点项目建设，推进文化和科技融合发展。年内，园区入统高新技术企业总数318家；从业人员7.9万人；工业总产值21.6亿元；实现总收入1670.4亿元；进出口总额8.3亿美元；上缴税费87.4亿元，利润总额183.2亿元；资产总计3991.2亿元；科技活动经费支出总额56.2亿元；专利申请1084件，专利授权392件。

*明确园区发展定位，做好园区总体规划。*编制园区控制性规划、土地利用规划、产业发展规划“三位一体”的东城园“十三五”规划。提出“以文化为核心，科技为手段，金融为支撑，以文化科技融合发展、文化金融创新发展为抓手，重点发展文化创意、金融服务、科技和信息服务、商务服务等产业，继续打造国家级文化和科技融合发展示范基地、国家级体育产业示范基地、国家版权贸易基地、北京市文化创意产业集聚区、北京市新兴产业金融功能区、中关村现代服务业创新发展区”的园区发展定位。研究制定东城园土地资源准入标准，探索形成以区域资源整合利用为研究对象、以产业发展为规划导向、以终端用户为应用主体、分地块细分规划条件、联动推进土地利用的东城园用地模式。编制完成东城园鼓励聚集类和限制疏解类引导目录。东城文化人才（国际）创业园开园，并发布《东城文化人才评价标准》。

*以“双创”为驱动，推进孵化产业发展。*制定、实施《东城园创新孵化生态体系建设方案》，搭建覆盖全区，涵盖基础服务、增值服务和购买服务的“1+N”东城区创新孵化生态体系。明确创新孵化生态体系的主要内容、各方职责、服务类别和支持措施；服务于投资促进型、培训辅导型、媒体延伸型、专业服务型和创客孵化型孵化器，重点孵化从事“文化＋科技＋金融”产业的企业，打造园区“高精尖”产业链，培育新的经济增长点。年内，园区发展孵化运营机构13家，比2014年增加6家；在孵企业2650家，毕业企业314家，其中13家上市；帮助8家孵化运营机构申报并获创新孵化体系建设资金补助2775万元。

*做好品牌宣传工作，创新园区品牌活动。*利用各类联盟、企业家联谊会、俱乐部等组织形式，依托官方网站、官方微博、公众微信、移动客户端以及刊物等平台，做好品牌宣传工作。年内，《东城·创意家》首发暨东城园品牌策略发布会召开，并举办5期“东城创意家俱乐部”主题沙龙活动；举办主题为“创意点亮北京东城创意胡同”的第六届“创意点亮北京”文化艺术节，展示青龙胡同“文化创新一条街”的建设成果；举办未来领袖文化创意大赛、全国大众创业万众创新活动周东城园分会场等系列活动。

*突出产业特色，文化创意产业快速发展。*推动文化要素市场发展与升级，协助北京市文化科技融资担保有限公司加入中关村示范区融资担保体系。园区企业北京东方雍和国际版权交易中心有限公司推出面向互联网版权快速授权的“版权印”，全年交易额突破50亿元。北京国际设计周为全球设计师在京建立的公共会客厅——歌华创意设计服务中心（DSC）开业；“全国作者之家”在东城园揭牌。北京东方嘉禾文化发展有限公司打造的中文视频海外传播平台入选广电蓝皮书创新案例。

*完成工业疏解和清洁空气行动计划，投身京津冀协同发展。*年内，东城园中国中医科学院实验药厂等5家企业外迁任务全部完成。北京东方嘉诚文化产业发展有限公司利用天津南开区原天津仪表厂厂房投资改建C92文化创意产业园项目，将东城园“胡同创意工厂模式”输出至天津市。北京联飞翔科技股份有限公司在河北省廊坊市固安县投资锂电池等工业项目。北京航星机器制造公司将生产基地迁往河北省廊坊市、保定市。

（刘志宏）

【创新型孵化器服务模式构建研讨会召开】1月29日，由东城园管委会主办的创新型孵化器服务模式构建研讨会在东城园召开，园区6家孵化器的代表以及相关专家等参加。会上，北京大学文化产业研究院研究组对东城园孵化器服务模式调研情况进行介绍，解读东城园孵化器发展概况、发展中存在的问题等，并就东城园孵化器的创新发展提出建议。与会专家与孵化器代表以“创新型孵化器服务模式构建”为主题展开讨论，就孵化器新的发展方向、人才引进、服务效果等内容进行探讨。

（刘志宏）

【歌华有线公司签署京津冀战略合作协议】3月9日，北京歌华有线电视网络股份有限公司发布《关于签署京津冀战略合作协议的公告》，宣布与天津广播电视网络有限公司、河北广电信息网络集团股份有限公司签署战略合作协议。根据协议，三方将在资本、内容、网络互联互通及技术等领域展开合作，实现京津冀网络互联互通、技术相互对接、内容资源共享、市场相互开放、增值业务拓展以及资本层面合作，共同推动京津冀一体化协同发展。

（杜　玲）

【《东城·创意家》首发】3月25日，由东城园管委会主办的《东城·创意家》首发暨东城园品牌策略发布会在东城区亮点55号创意产业园举行。东城区政府、中关村管委会、东城园管委会等单位相关负责人以及文创企业的代表等50余人参加。会上介绍《东城·创意家》刊物的平台化运作思路、2015年东城园品牌推广策略,并为特约发行员颁发聘书。《东城·创意家》2008年8月创办,原名《雍和园创意家读本》,2015年改版后更名为《东城·创意家》。其在传播方面采取新媒体碎片化传播与传统发行方式结合,实现内容、

资源、核心作者、目标受众全面整合的生产方式,尽可能由用户生成内容,实现内容"全原创",并将基于杂志平台定期举办主题沙龙活动,凝聚东城园企业家与创意家,促进企业间的交流。东城园还将通过提升品牌文化活动影响力,打造"胡同里的创意工厂"品牌,形成杂志、官网、移动客户端、微博、微信等多位一体的东城园信息共享机制进行品牌推广。

(刘志宏)

【中关村示范区所得税政策宣讲会举行】 3月27日,由东城园管委会主办的中关村示范区所得税政策宣讲会在雍和大厦举行,80余家园区企业的代表参加。会议是东城园成立以来的首次税收政策培训会,首先介绍了园区概况、市区相关政策扶持情况以及园区重点产业发展方向等内容,并向企业讲解2014年度企业所得税汇算清缴政策(国、地税)以及个人所得税政策,最后就企业关心的重点问题进行现场解答。

(刘志宏)

【未来领袖文化创意大赛颁奖典礼举行】 4月3日,由东城区委组织部与北京大学文化产业研究院主办、东城园管委会与北京大学艺术学院承办的未来领袖文化创意大赛颁奖典礼暨东城创业投资沙龙在东城区77文化创意产业园举行。东城区政府相关部门负责人以及孵化器平台、文创企业、投资机构等单位的代表60余人参加。17个大赛优秀项目分别进行路演,与会专家对项目进行点评并给出改进优化建议,投资机构代表就项目具体内容进行提问交流,并与部分项目达成初步合作意向。大会颁发包括团体奖、单项奖及特等奖在内的29个奖项。其中,北京视联动力国际信息技术有限公司的视联网项目获特等奖。大赛(CCFL)依托北京大学的文化教育研究资源以及东城区的产业资源优势,旨在打造一个集政府、企业、投融资机构为一体,聚集各类人才的创新创业平台,并在平台上完成文化人才和创新项目的培育及产业化对接。大赛历时8个月累计征集来自社会和高校的近2000个项目。

(刘志宏)

【歌华有线公司与奇虎公司和金砖丝路公司开展合作】 4月27日,北京歌华有线电视网络股份有限公司发布《与奇虎科技及金砖丝路签订战略合作协议的公告》,宣布与北京奇虎科技有限公司、金砖丝路资本控股(深圳)有限公司签约,三方将利用各自在视频内容、技术、渠道、用户终端、市场化运营、广告业务、网络院线上的优势,在技术、视频、电信增值、互联网等相关领域进行合作,包括结合奇虎公司享有的独家视频内容,为用户提供互联网电视、手机电视和高清交互平台等多渠道多终端多内容观影服务模式,并在智能家居研究开发、设计、生产和推广等领域进行合作。通过合作,有利于歌华有线公司加快全媒体产业布局,以及在新媒体业务、云游戏、大数据、智能家居、智慧城市、安防产业等创新业务领域的布局。

(杜 玲)

【"全国作者之家"揭牌】 4月28日,由北京汤圆和它的小伙伴们网络科技有限公司主办的"全国作者之家"揭牌仪式在东城园举行,东城区委宣传部相关负责人以及文创行业的代表参加。作者之家入驻东城园"文化创新一条街",位于青龙胡同16号,由汤圆公司发起成立,旨在将文学爱好者聚集在线上平台,全面打破地域限制;通过更充分的沟通交流,使作者之间互助互帮,让更多的内容创作者和需求内容的影视、出版从业者建立联系。作者之家将为作者提供线下交流空间,定期举办文学主题沙龙、文学创作培训等活动,从线下渠道辅助汤圆公司的线上社区,形成一个闭环的文学O2O生态圈。

(刘志宏)

【东城园参展科博会】 5月13—17日,在第十八届中国北京国际科技产业博览会上,东城园管委会组织20余家科技文化融合型企业参展,主要展出北京自在科技有限责任公司的Nut智能寻物防丢贴片、北京东方嘉禾文化发展股份有限公司的多语言国际视频平台、

北京柯瑞生物科技有限公司的生物医学保健品、北京德上科技有限公司的集成式智能运动控制器等项目。北京七煌文化有限公司现场进行游戏表演，涵盖英雄联盟（LOL）、魔兽世界等竞技网络游戏；北京金刚游戏科技股份有限公司展出综合性网络游戏产业公共服务平台，并展出《剑踪》等线下游戏。

（刘志宏）

【歌华电视4K融合一体机发布】5月26日，由北京歌华有线电视网络股份有限公司主办的“智汇歌华融合电视”歌华电视发布会在京举行。北京中视广信科技有限公司等相关企业的代表等参加。歌华有线公司发布歌华电视4K融合一体机。一体机是由歌华有线公司与百视通网络电视技术发展有限责任公司、创维集团有限公司等企业共同研发，采用海思Hi351ARBCV801电视芯片（4核CPU+8核GPU+2核VPU，支持H.265），基于“歌华云平台”，将高清交互数字电视、互联网视频内容和高清电视机终端结合在一起，即将数字电视直播、回看等功能及互联网电视集成播控平台视频内容与4K电视智能终端产品进行三合一的结合，集成了175套高标清频道、108套回看频道、5套高清NVOD专业频道，同时还拥有超过50万小时的节目储备和近100部4K影片等。

（徐　建）

【文化科技担保公司加入中关村融资担保体系】5月，北京市文化科技融资担保有限公司加入中关村示范区融资担保体系，成为东城园首家通过中关村示范区认证的文化科技金融企业。文化科技担保公司成立于2013年11月，是北京市政府为扶持文化产业、科技产业、文化与科技相融合产业发展而专门成立的专业性文化科技担保机构，同年落户东城园。加入担保体系后，文化科技担保公司将依托中关村示范区金融政策支持，为东城区文化科技企业提供更为完善的金融服务。

（刘志宏）

【中国电视院线运营公司组建】6月15日，北京歌华有线电视网络股份有限公司发布《关于拟与关联方及第三方共同发起设立中国电视院线运营公司的公告》，宣布与中国电影股份有限公司、中国广播电视网络有限公司、杭州阿里创业投资有限公司、金砖丝路投资（深圳）合伙企业、北京北广传媒集团有限公司6家公司共同发起组建中国电视院线运营公司，负责“中国电视院线”在全国签约省市的运营和推广，以互动方式在有线电视传输网络、网站中传播广播、影视节目及相应市场运营业务。公司注册资本5亿元，歌华有线公司持股60%。

（杜　玲）

【东方嘉禾公司入选广电蓝皮书创新案例】7月8日，在2015年广电改革发展高层论坛上，举行2015年广电蓝皮书和2015视听新媒体蓝皮书发布仪式。北京东方嘉禾文化发展有限公司打造的中文视频海外传播平台（www.gochinatv.com），作为中国影视内容“走出去”创新实践的案例被收录在广电蓝皮书个案分析报告章节，并有近7页的篇幅报道。平台可使视频内容快速进入到海外各大互联网智能电视终端并进行推广，技术覆盖海外传输、网路分发、内容翻译、版权保护、终端落地和大数据等内容，产品覆盖200余个国家60%以上的新媒体终端，每月影响超1.2亿海外主流社会用户，用户数以每月超过25%的速度增长，并帮助国内近200家内容商走向海外。

（曾　佳）

【2015年北京（中关村）审查员实践活动举办】7月9日，由市知识产权局和东城区政府主办的2015年北京（中关村）审查员实践基地启动会在京举办。来自国家知识产权局、东城区知识产权局、东城园管委会等单位的相关负责人和企业代表100余人参加。会议介绍了北京（中关村）审查员实践基地2014年工作情况和2015年工作计划，并举办北京（中关村）国家知识产权局专利局审查员实践基地东城审查员实践园区揭牌仪式、发明和实用新型专利保护范围解析及知识产权投融资服务专题培训。东城实践分园区作为北京市文化和科技融合发展示范基地，园区内东二环总部经济产业带、和平里现代服务业新区、北二环文化和科技融合发展数字内容产业带能够为审查员提供优质的企业群体和丰富的实践领域，将在创新型企业与专利审查员间搭建起交流沟通、相互促进的平台。2015年北京（中关村）审查员实践活动的主题为“助力创新，服务创业”，国家知识产权局专利局电学部、机械部、化学部等部门的86名审查员进驻小米科技有限责任公司、乐视网信息技术（北京）股份有限公司、天脉聚源（北京）科技有限公司等30家企业开展实践活动。

（潘　丹　刘志宏）

【中文在线公司非公开发行股票募集资金】8月10日，北京中文在线数字出版股份有限公司发布《非公开发行股票论证分析报告》，宣布拟非公开发行股票，募集资金总额不超过20亿元。其中，9.7亿元用于基于IP的泛娱乐数字内容生态系统建设项目，扩建数字版权平台，投资于文学网站平台升级、数字版权购买、衍生权加工和市场推广等；9.7亿元用于在线教育平台及资源建设项目，主要建设面向教育领域的、基于数字化教材教辅的学习支持及数字阅读平台；6000 万元用于补充流动资金。

（杜　玲）

【“青龙有约”签约活动举办】 9 月 23 日，由东城园管委会主办的北京国际设计周“创意点亮北京”活动启动仪式暨“青龙有约”文化创意合作项目签约仪式在北京东方雍和国际版权交易中心举办。东城区政府等单位相关负责人以及文化创意企业和集聚区的代表等 50 余人参加。会上签订《长江传媒与建银文化产业股权投资基金项目合作协议》《航星园与祖龙娱乐科技有限公司项目合作协议》《中文在线与清华大学‘积极心理学教育培训’合作协议》；同时，国际版权交易中心艺术家公盘、收藏品事业部、消费券事业部与 10 家机构分别签订合作协议，合同金额约 3.5 亿元。与会代表还围绕“青龙胡同创意产业的未来发展”主题，就青龙胡同文化经济生态、文化金融合作等内容进行交流。

（刘志宏）

【“创意点亮北京”活动举办】 9 月 23—30 日，由东城园管委会主办的 2015 年“创意点亮北京东城创意胡同”活动举办。活动是 2015 北京国际设计周“设计之旅”板块的核心区，活动场地在“青龙胡同文化创新一条街”

和东城区近 20 条胡同。活动期间，青龙胡同内的“和咖啡”“汤圆创作”等 10 个创新空间向公众开放，并发布“青龙胡同文化创新一条街”的标识和“文汇天下、悦动青龙”口号；在“什么是好设计——苹果设计之弧”展览上，展出 100 余件苹果公司产品；“艺窝疯——青龙胡同市集”将创意带进胡同，每天变换不同的市集内容，既有创意生活产品、智能科技产品等私制品和手工玩物，也有跨界创变的线下体验等。活动旨在通过展示青龙胡同“文化创新一条街”的建设，激发创新活动，集聚创意资源，带动文化创意和设计服务与相关产业融合发展，引导文化与科技金融及其他产业联动发展。累计 3 万人次参加活动。

（刘志宏）

【歌华创意设计服务中心开业】 9 月 24 日，由北京歌华文化发展集团主办的创新设计服务大会暨歌华创意设计服务中心（DSC）开业活动在歌华大厦举行。服务大会以创新设计服务内容演示、项目推介、服务内容互动体验、业界交流等形式，为创意设计产业提供版权、金融以及品牌等服务内容。DSC 是东城园管委会基于设计共性关键技术平台建成，旨在促进设计产业与各行业之间的融合发展，为国内外设计师、设计机构提供原创研发、成果展示、合作交流、设计创投加速器等服务，是北京国际设计周为全球设计师在京建立的公共会客厅，已完成整体服务内容制定，形成涵盖“创意办公”“专业服务”“交流分享”三大线下服务板块，以及“活动”“项目”“社群”“信息墙”“空间”五大线上服务板块，为设计师和设计机构提供互联互通的创意平台。

（曾　佳）

【“双创周”东城园分会场系列活动举办】 10 月 19—23 日，在全国大众创业万众创新活动周期间，东城园管委会开展系列活动，包括“激发创业创新活力，营造创业创新氛围”座谈交流会、青龙创业孵化集聚区展示交流活动、航星创业者沙龙活动、嘉润创业创新政策培训、科技寺“互联网 +”创新创意沙龙等。10 月 19 日，在“激发创业创新活力，营造创业创新氛围”座谈交流会上，参加全国主会场展示活动的北京东方嘉禾文化发展有限公司以及北京视联动力国际信息技术有限公司、北京中文在线数字出版股份有限公司等企业的负责人介绍各自的创业历程、演示成果、分享成功经验，并针对创业过程中遇到的问题共同探讨解决方案。中关村管委会、东城区政府等单位相关负责人及园区部分企业的代表等 30 余人参加。

（刘志宏）

【东城文化人才创业园开园】 10 月 26 日，东城文化人才（国际）创业园开园，并举办东城文化人才评价标准发布暨 2015“文化 +”创业大赛投资签约活动。市委组织部、市委宣传部、市人力社保局等单位的相关负责人参加。创业园位于东城区青龙胡同 2 号，是东

城区建设市级文化人才管理改革试验区的重要支撑项目，将搭建文化人才高端服务、文化人才交流、文化人才创业孵化以及文化与资本对接 4 个平台，并针对基础人才、创业人才和高端人才 3 个层次，提供各具特色的服务。会上，《东城文化人才评价标准》发布，并向获 2015“文化+”创业大赛的选手颁奖。《标准》由东城区政府与北京大学文化产业研究院合作制定，将成为东城区引进、培养、激励文化人才的重要参考。其依据文化人才在产业链和价值链上分工不同，将文化人才划分为文化创意、专业技术和经营管理 3 种类型，并纵向分为 4 个等级。通过研究 3 种类型文化人才的潜质特性与共性，《标准》设计出一套服务于 3 类人才的评估体系，包括人才指标和指标赋权系数设计两部分。

（刘志宏）

【“版权印”推出】10 月 29 日—11 月 1 日，在第十届中国北京国际文化创意产业博览会上，北京东方雍和国际版权交易中心推出面向互联网版权快速授权的解决方案——“版权印”。其所提供的快速授权机制，通过在原创者和使用者之间建立版权“绿色通道”，使版权交易双方能实现快速授权，有效解决网络转载中出现的版权问题，开创了“用互联网方法解决互联网版权问题”的新思路和新方法，将促进原创版权内容在互联网环境下的价值转化效率，发挥正版作品“良币驱逐劣币”的作用，提升互联网的“正版力”。

（曾　佳）

【联飞翔公司战略发布会举行】11 月 4 日，北京联飞翔科技股份有限公司环保创新成果暨战略发布会在京举行，科技部火炬中心、北京市工商联、东城区政府等单位相关负责人以及各地合作方代表等 500 余人参加。会议主题为“联手创、同飞翔”，联飞翔公司发布未来整体战略规划，将利用 O2O 模式进入汽车后市场，并将通过汽车节能环保产品向汽车后市场服务领域延伸。由联飞翔公司投资打造的爱车易行线上平台（www.easytoease.com）正式启动，并对首批连锁加盟商及优秀合作伙伴进行授牌。平台能为私家车主提供违章查询、在线体检、养护预约、上门提车、维修保养等一站式汽车保养服务。会上还发布公司的新型减排环保滤清器系列产品等，新产品累计申请专利 20 余件。

（刘志宏）

【东城园首个产业园联合党委成立】11 月 10 日，中关村雍和燕都信息服务产业园联合党委成立大会在雍和燕都产业园召开。中关村管委会、和平里街道工委、东城区工商联等单位相关负责人及园区有关企业的代表等参加。产业园联合党委成员由北京东方燕都经贸有限公司、北京精财汇智会计有限公司等园区企业以及和平里街道工委、东城园工委和社区党组织的 11 名成员组成，在和平里街道社工委、东城园工委党群处的指导下开展工作。产业园联合党委将和平里街道辖

区内的环球贸易中心、和平新城和蓝宝商务大厦 3 座楼宇党建工作站所覆盖的 10 座楼宇划归其中，依托党员志愿者联盟，把党组织优势转化为促进楼宇企业健康发展的服务优势，让街道党建工作和园区企业发展共同促进。

（刘志宏）

【科技文化金融促进暨企业项目对接活动举办】11 月 13 日，由东城园管委会主办的 2015 年科技文化金融促进暨企业项目对接活动在东城区举办。中关村管委会、东城区产业和投资促进局等单位的相关负责人及驻区金融机构、企业等单位的代表 100 余人参加。北京文化科技融资担保公司等 7 家金融机构代表与北京自在科技有限责任公司、北京壹仟零壹夜演出经纪有限公司等 8 家文化科技类企业现场进行金融产品推介与项目路演。会上，东城园管委会还将征集的近 40 个融资项目编辑成册发放，推动投融资机构与文化科技类企业间的沟通。

（刘志宏）

【神华能源公司成果获中国专利金奖】11 月 27 日，国

家知识产权局印发《关于第十七届中国专利奖授奖的决定》(国知发管字〔2015〕67号),公布第十七届中国专利奖获奖名单。其中,中国神华能源股份有限公司顾大钊等发明的“一种矿井地下水的分布式利用方法”(ZL201210134162.5)获专利金奖。专利突破了传统矿井水外排处置方式,利用采空区岩体空隙作为储水空间,攻克了水源预测、水库选址、库容计算、坝体构筑、安全运行和水质控制等难题,并在中国西部地区利用该专利建成首座煤矿地下水库,年供水超6000万立方米,年直接效益超过8亿元,保护利用矿井水资源,为矿区生态文明建设提供了重要支撑。

(曾　佳)

【雍和园商会更名为东城园商会】12月3日,东城园

商会第一届理事会在科林大厦举办。会议对商会进行更名、授牌和换届。因中关村雍和园管委会更名为中关村东城园管委会,经请示区工商联同意,将雍和园商会更名为东城园商会。北京金刚游戏科技股份有限公司董事长李柳军当选为会长。东城园商会将继续致力于以文化科技创意类企业为特色,通过搭建商会服务平台,增进企业的沟通交流,为企业投融资等提供智力支持和政策服务。

(刘志宏)

【东城园“十三五”规划编制工作启动】年内,东城园管委会启动“十三五”时期东城园建设发展规划编制工作,成立编制组,在前期完成《金融街经验对东城园发展的借鉴研究》基础上,形成《东城区“十三五”时期中关村东城园建设发展规划》初稿,包括“十二五”时期东城园经济发展回顾、“十三五”时期东城园面临的机遇和挑战、东城园2016—2020年发展规划、保障措施四大部分,并多次征求相关部门和园区智库、企业的意见。

(刘志宏)

【“创意家俱乐部”主题沙龙举办】年内,东城园管委会举办5期“东城创意家俱乐部”主题沙龙活动。活动分别围绕“互联网思维与颠覆式创新”“文化+”等主题进行交流,累计300余人次参加。

(刘志宏)

【东城园重点技术领域总收入1670.4亿元】年内,东城园重点技术领域总收入1670.4亿元。其中,电子信息领域在产业发展中领先,收入578.6亿元,占总收入的34.6%;生物医药领域收入161.5亿元,占总收入的9.7%;先进制造领域收入15.8亿元,占总收入的0.9%;新材料领域收入7.4亿元,占总收入的0.4%;新能源与节能领域收入7亿元,占总收入的0.4%;环境保护领域收入1.1亿元,占总收入的0.1%;其他领域收入898.9亿元,占总收入的53.8%。

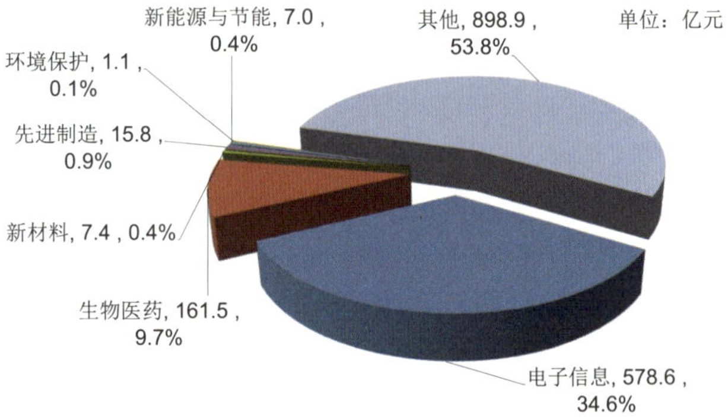

(刘志宏)

西城园

2001年6月，经科技部批准，德胜园成立，2002年5月开园，占地面积290公顷，位于西城区北部。2006年1月，经发展改革委审核、国务院批准，德胜园面积增至564公顷，分为德胜门外地区与西直门外地区两部分。西城区首都功能核心区的定位，以及其深厚的文化底蕴和强大的金融、信息、科技、教育等资源优势，为园区产业发展奠定了良好基础。先后改造西外大街、德外大街等近20条市政道路，建成德胜国际、西环广场等一批标志性的高端商务楼宇，新增建筑面积150万平方米；充分利用国有企业老旧厂房等资源，集中建设科技企业孵化器，孵化面积11万平方米；在园区及周边建成一批大型高端商务酒店、商务公寓和综合服务设施，改造人定湖、双秀和玫瑰等公园的环境，使教育、医疗、文化等公共服务设施得到较大改善和提升。园区拥有电子与信息技术、生物医药、新材料、先进制造、文化创意等领域重点企业，包括联动优势科技有限公司、北京矿冶研究总院等。通过巩固优势资源、完善基础设施建设、引进重点项目、培育特色产业，园区自主创新能力不断增强，文化创意产业实力雄厚，科技与金融不断融合，高端交易市场前景广阔，科技孵化基地成果显著，逐步发展成为一个设施完备、服务优良的综合性产业功能区，先后被认定为北京市首批文化创意产业集聚区、首都四大金融后台服务区之一、全国唯一的国家级出版创意产业园区、北京设计之都核心区、第一批国家级科技与文化融合示范基地。2012年10月，经国务院批准，西城园在德胜园的基础上重组，规划占地面积扩大至999.63公顷，包括北区（德胜街区）、西区（北展街区）和南区（广安街区）3个区域，涉及11个街道办事处。作为典型的都市型科技园，西城园的基本功能是服务和支撑西城区的城市核心功能，根本依托是首都核心功能所带来的科技、文化、金融和人才等高端要素资源，主要手段是整合资源、搭建平台，重要途径是腾笼换鸟、点状突破，基本布局是以央企、市企、大型科研院所等产权单位腾退转型的老旧厂院和部分科技创新企业聚集的特色楼宇所形成的点状格局，产业总部化、服务化、高端化、融合化特色鲜明。为优化企业发展环境，西城园初步形成“1+X”政策体系，支持包括出版创意、科技孵化、设计服务专项等政策。政府每年投入不少于1亿元产业发展资金，为园区发展提供保障。

西城园管理委员会领导成员

主　　任　陈　宁（女）
常务副主任　缪剑虹
副 主 任　台　峰　吴江明
党组书记　陈　宁（女）
党组副书记　缪剑虹　台　峰

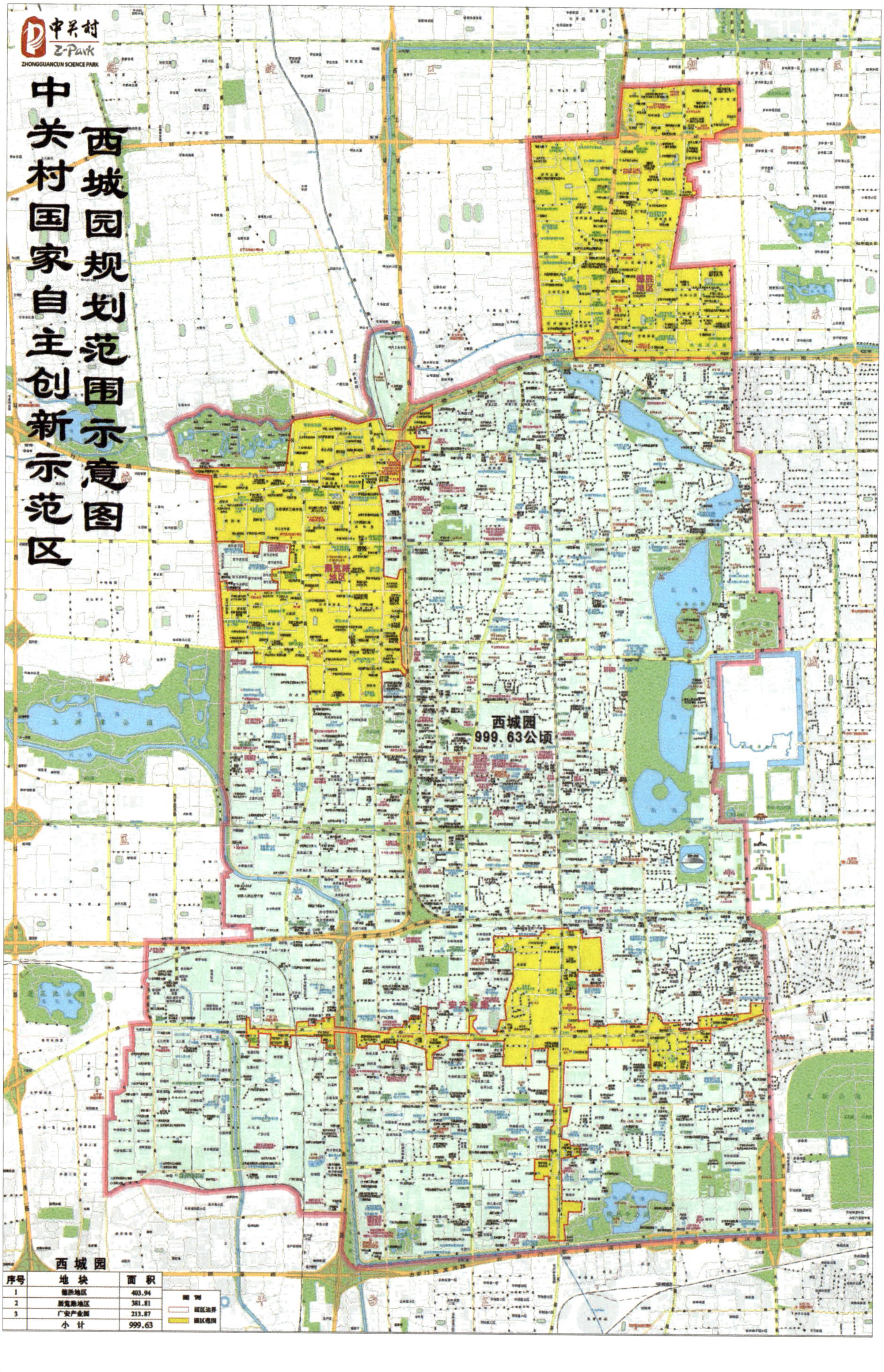
中关村国家自主创新示范区
西城园规划范围示意图
西城园
999.63公顷
西城园
序号 | 地块 | 面积
1 | 德胜地区 | 403.94
2 | 展览路地区 | 381.81
3 | 广安产业园 | 213.87
小计 | 999.63
图例
园区边界
园区范围

【概况】2015年，西城园围绕建设中关村国家自主创新示范区要求，贯彻落实西城区委、区政府决策部署，经济持续保持稳步发展。年内，园区入统高新技术企业总数511家；从业人员9.6万人；工业总产值1028.4亿元；总收入2574.3亿元；进出口总额26亿美元；实缴税费96.7亿元；利润总额245.3亿元；资产总计5802.9亿元；科技活动经费支出总额54.9亿元；专利申请4156件，专利授权1404件。

*业态转型升级初见成效。*2015年，园区设计服务业总资产430.3亿元，设计企业总收入157.5亿元，利润总额24.5亿元，同比增长33.2%；出版创意产业总资产327亿元，出版企业总收入67.1亿元，实现利润3.1亿元，同比增长82.4%；中国北京出版创意产业园入驻企业47家，并获北京市首批市级文化创意产业示范园区荣誉称号；出版创意产业园区联合出版平台（北京联合出版有限责任公司）入选全国版权示范单位；国家外汇管理局批复同意联动优势电子商务有限公司开展跨境外汇支付业务；91金融超市获“CITE2015创新产品与应用奖”。以北京动物园批发市场为代表的服装批发业态转型升级步伐加快，天皓成服装批发市场转型为宝蓝金融创新中心。

*自主创新能力进一步增强。*2015年，西城园技术合同成交额累计772.5亿元，同比增长15.4%。北京奇虎科技有限公司、北京有色金属研究总院等4家企业的6件专利获第十七届中国专利奖优秀奖。新型稀土改性涂层材料及产业化、选冶检测与优化控制技术、低品位菱镁矿提质降杂关键技术研究等项目通过验收。北京矿冶研究总院“矿冶过程自动控制技术国家重点实验室”、北京有色金属研究总院“智能传感功能材料国家重点实验室”获批国家重点实验室。截至年底，园区有6个国家重点实验室，17个国家工程技术研究中心，57个北京市重点实验室，20个北京市工程技术研究中心，6个中关村开放实验室，企业自主创新能力稳步提升。园区入选中央“千人计划”、北京市“海聚工程”、中关村“高聚工程”等人才工程的高层次人才39名，创新创业人才高端化特征突出。

*园区企业服务成果显著。*年内，普天德胜C客空间、DRC创億梦工厂获中关村现代服务业2015年创业孵化试点支持，DRC创億梦工厂还入选北京市首批众创空间。西城园管委会承办第十三届北京国际图书节西城分会场“书香西城”，举办全国大众创业万众创新活动周中关村·西城园分会场，与中关村知识产权促进局联合举办第二期中关村知识产权大讲堂等活动。北京市西城区金丰和孵化器12330工作站获授牌，成为西城园第三家知识产权保护服务工作站。

*推动京津冀协同发展。*年内，西城园管委会与唐山市路北区政府签署战略合作框架协议，组团参加路北区招商会等活动，北京恒华伟业科技股份有限公司大数据中心、北京DRC工业设计创意产业基地、91金融、乐投天下、普天德胜孵化器等项目分别与路北区政府签约。西城园管委会与涞水县政府签署工作备忘录。北京精冶源新材料股份有限公司在唐山市曹妃甸区投资建设生产基地，北京市中山新技术设备研究所在固安县投资建成生产基地，北京梅泰诺通信技术股份有限公司项目在唐山市丰润区建成投入使用。截至年底，西城园有8个项目落户河北省。

（许海龙）

【新型稀土改性涂层材料及产业化项目通过验收】3月5日，由中国有色金属工业协会组织的“新型稀土改性涂层材料及技术产业化研究”项目验收会在京举行。来自北京有色金属研究总院、中航空天发动机研究院有限公司等单位的专家以及课题承担单位的相关人员参加。项目是由北京矿冶研究总院承担的国家科技支撑计划课题，突破了多元稀土掺杂制备、高纯稀土氧化物涂层材料制备、无铬高耐蚀涂层稀土改性锌铝片状合金粉制备等关键技术，研制了无相变的新型低热导率热障涂层材料、高纯度高熔点稀土氧化物涂层材料和可满足无铬涂层耐盐雾性能的稀土掺杂片状合金粉材料，并建立起相应的材料生产示范线，实现了新型稀土改性涂层材料的批量化市场供应。项目的实施提高了涂层材料与技术的成熟度和配套性，以及重大装备部件的表面防护率和使用寿命，减少了一次能源消耗和环境污染，提升了大型先进航空发动机等高性能装备材料的研制生产与应用水平，推动了大飞机制造业、汽车修复再造业和表面技术服务业等新兴产业的发展与传统工业升级。专家组一致同意课题通过验收。

（许海龙）

【DRC创億梦工厂获首批北京市众创空间授牌】3月23日，在北京市促进众创空间建设推进会上，DRC创億梦工厂凭借“帮设计师创业、为创业者设计”的特色定位和“基金+媒体+孵化器”的独特模式，成为西城区唯一一家获首批北京市众创空间授牌的机构。梦工厂是集设计、研发、融资、孵化、运营、推广为一体的全产业链平台，主要为入驻创客及团队提供创億社、億空间、億集市、億拍卖等办公、交流和展示服务，以及3D打印、快速印刷、高清影视制作、宣传视频拍摄推广等科技服务。梦工厂还同中创红星设计与创新产业股权投资基金、瞪羚基金、中科招商投资管理集团有限公司等金融机构合作，为创业者提供融资服务；与美国阿森特艺术中心设计学院、意大利米兰理工大学设计学院等院校合作，为创业者提供设计培训服务；整合以设计邦（Designboom）为核心的媒体资源，为创业者传播报道、接洽资本。

（赵　浩）

【91 金融超市获“创新产品与应用奖”】 4 月 9 日，在第三届中国电子信息博览会“CITE 创新之夜”活动上，CITE 创新产品与应用奖评选委员会发布“CITE2015 创新产品与应用奖”获奖名单，九一金融信息服务（北京）有限公司旗下的 91 金融超市凭借整合式的信息撮合和服务交易平台等优势获“创新产品与应用奖”。91 金融超市为互联网金融产品销售与导购平台，产品涵盖理财、贷款、保险等领域，提供 91 钱包 App 等私人定制式专属服务；通过数据挖掘技术对用户信息进行细分，再进行整合式的信息撮合，提供有针对性金融产品和服务的交叉销售，提高了金融服务和需求匹配对接的精准度。

（许海龙）

【金丰和孵化器 12330 工作站成立】 4 月 21 日，在北京市保护知识产权举报投诉服务中心（北京 12330）举办的 2015 年工作站授牌仪式暨创新创业组织知识产权联络员业务培训班上，北京 12330 与北京金丰和科技企业孵化器有限公司签署 12330 工作站的共建协议，北京市西城区金丰和孵化器 12330 工作站获授牌，成为西城园的第三个知识产权保护服务工作站。

（刘　昆）

【“如意宝”发布】 4 月 22 日，由北京花果信息技术有限公司（花果金融）与好贷天下信息技术（北京）有限公司共同主办的“如意宝”新品发布会暨花果金融 / 好贷云风控平台签约仪式在京举行。来自用户、行业专家、相关企业的代表等 200 余人参加。由花果金融推出的“如意宝”是一款互联网活期理财产品，专为中小投资者设计，由小额贷款机构提供 100% 本息担保，具有年化收益率高、随存随取、10 元即可投资等特点。产品在项目担保、风控技术及资产安全方面采用创新机制，将用户投资风险降至最低。

（许海龙）

【选冶检测与优化控制技术项目通过验收】 6 月 24 日，由国家“863”计划资源环境技术领域办公室组织的“选冶检测与优化控制技术”主题项目（2011AA060200）验收会在京召开。项目是国家“863”计划资源环境技术领域项目，由北京矿冶研究总院矿山技术研究院院

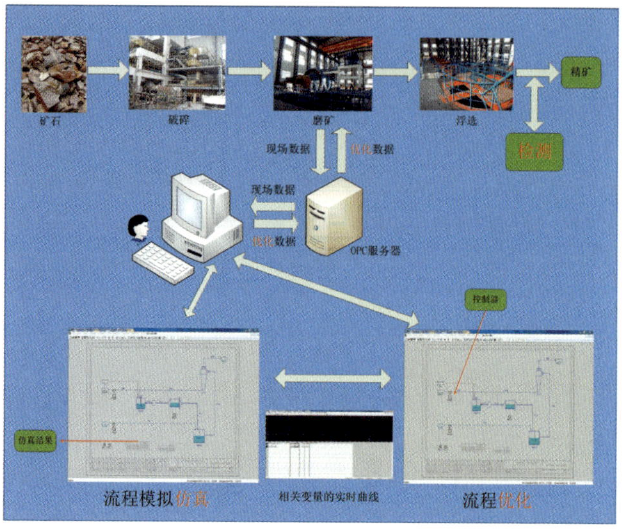

长周俊武等完成，实现了载流 X 荧光品位分析仪等多种分析仪器的产品化，开发了氰根离子浓度在线分析仪，研发了选冶过程优化控制系统。项目提升了中国选冶生产的自动化、智能化和生产管理信息化水平，推动了选冶联合流程工艺技术的产业化、工程化进程。验收专家组一致同意项目通过技术验收。

（许海龙）

【西城园管委会与唐山市路北区政府开展战略合作】 6 月 26 日，由唐山市路北区委、区政府主办的路北区与中关村西城园签约、唐山金融中心集中签约暨唐山金融服务中心启动仪式在唐山市举行。西城园管委会等单位相关负责人参加。路北区政府分别与西城园管委会、北京恒华伟业科技股份有限公司（云计算项目）签订合作协议。根据协议，恒华科技唐山云计算数据中心落地唐山市金融中心，建筑面积 1700 平方米，采用虚拟化、模块化、智能化的理念进行设计，将为恒华云服务提供网络资源、计算资源、安全资源等云计算基础资源，作为恒华公司进行分布式计算、大数据分析、面向电网业务的 PaaS 平台等核心技术架构部署及应用配套软硬件环境。唐山金融中心管委会与北京 DRC 工业设计创意产业基地签约。双方将围绕电子信息、新材料、生物健康、设计创意等重点领域深化合作，并在共建中关村西城园分园等方面进行探索。

（于金东　苑丁波）

【低品位菱镁矿提质降杂关键技术研究项目通过验收】 7 月 10 日，由科技部组织的“低品位菱镁矿提质降杂关键技术研究”项目验收会在辽宁省营口市举行，课题参与单位的相关人员参加。项目是“十二五”“863”计划优先启动项目“低品位菱镁矿高效制备电熔镁砂的节能减排技术”的子课题之一，北京矿冶研究总院作为主要参与单位承担了课题关键技术研发。课题组

经过4年的技术攻关，研发了低品位菱镁矿反浮选脱硅、正浮选闭路脱钙药剂与工艺，依托营口东吉科技（科技）有限公司建立了10万吨/年菱镁矿选矿示范工程，工业试验获得精矿氧化镁47.14%，回收率为76.02%，突破了低品位菱镁矿提质降杂等技术难题，开发的相关工艺、技术及选矿药剂在示范工程得到试验应用，为提高中国低品位菱镁矿资源的高效开发利用水平提供了技术支撑。专家组一致同意该项目通过验收。

（许海龙）

【广阅通平台发布】7月28日，由北京维旺明科技有限公司（VIVA）主办的广阅通平台（www.contx.cn）发布会在京举行。平台是由北京出版创意产业园区新媒体企业VIVA与亚信科技（中国）有限公司、中国宽带产业基金合作打造的移动互联网智能推荐内容生态系统和App内容解决方案平台。平台以大数据为核心、以海量内容及基因库为纽带，实现“内容、流量、广告”融会贯通、流转输送，实现服务提供商（CP）内容方、客户端软件（App）流量方、公共关系（PR）投放方、广告主投放方的互联、互动、互通、共赢；版权方可获得更广泛的内容传播和收益变现；App方可以获取优质内容提升用户体验，获取广告变现；广告主和企业公关部门可获得与高品质内容融为一体的原生化推广资源以及高效的推广成果；开创了以原创内容为交易核心的新媒体出版产业创新商业模式。

（许海龙）

【第二期中关村知识产权大讲堂举办】8月26日，由西城园管委会和中关村知识产权促进局联合主办的第二期中关村知识产权大讲堂在十月大厦举办，市知识产权局、西城园管委会等单位的相关负责人以及相关企业的代表150余人参加。大讲堂以“企业并购中的知识产权策略与实务”为主题，旨在提高中关村示范区企业在并购过程中的抗风险能力，提高企业知识产权价值。来自北京京东方光电科技有限公司和美国奥斯顿律师事务所的两位专家就“企业并购中的专利评估”“企业并购中的知识产权法律问题”以及相关谈判技巧等内容进行授课，并同与会代表进行互动交流。

（刘　昆）

【第十三届北京国际图书节西城分会场举办】8月26—30日，由市新闻出版广电局和西城区政府共同主办，西城园管委会等单位承办的第十三届北京国际图书节西城分会场“书香西城”在北京市第35中学举办。主办单位的相关负责人以及来自西城社区、机关、学校的代表等400余人参加。图书节邀请文化学者、著名作家和有关专家围绕“纪念反法西斯战争暨抗日战争胜利70周年”“绿色北京人文冬奥”“让阅读潜入我们的生活”“中国电影”等主题进行讲座。北京联合出版有限责任公司代表北京出版创意产业园区向与会代表赠送精品图书。

（许海龙）

【共建中关村西城园涞水分园】9月22日，河北省保定市政府代表团到西城区调研座谈。调研期间，西城园管委会与保定市涞水县政府签署《关于共建中关村西城园涞水分园的工作备忘录》。双方商定，将结合“十三五”规划编制工作，加强沟通对接，并将共建中关村西城园涞水分园的空间范围、功能布局和方向定位纳入双方的“十三五”规划纲要。

（曾　佳）

【两个创业孵化试点项目通过评审】9月25日，市财政局发布《关于中关村现代服务业2015年创业孵化试点资金公示的公告》，西城园管委会申报的两个试点项目“普天德胜C客空间”和“DRC创億梦工厂”获立项批准，获2900余万元资金支持。项目执行期为3年。

（许海龙）

【两家国家重点实验室获批建设】9月30日，科技部发布《关于批准建设第三批企业国家重点实验室的通知》（国科发基〔2015〕329号），批准建设75家国家重点实验室。中关村示范区8家机构获批，其中包括西城园的北京矿冶研究总院“矿冶过程自动控制技术国家重点实验室”、北京有色金属研究总院“智能传感功能材料国家重点实验室”。矿冶过程自动控制技术国家重点实验室致力于矿冶在线检测分析、矿冶过程控制与优化、矿冶信息化等科学技术的基础研究、应用基础研究和工程转化工作，研发出多种选冶在线分析技术与仪器装备，并推广应用到国内外多家矿山企业，形成了“基础理论研究—应用技术研究—科技成果转化”创新体系，还将针对矿冶自动化、信息化、智能化等共性技术难题开展研究工作。智能传感功能材料国家重点实验室围绕中国智能传感领域中关键材料及其应用技术的发展和需求，着眼国际智能传感领域的新材料、前瞻性研究及关键技术，将新材料设计、制备与微纳加工、制造、集成等先进技术相结合，开展基础及应用研究。

（许海龙）

【“双创周”西城园分会场活动启动】10月19日，全国大众创业万众创新活动周中关村·西城园分会场——“圆梦青春”西城青年创新创业论坛暨“普天德胜创业·社区青年汇”揭牌仪式在普天德胜科技园举行，中关村管委会、团市委、西城区政府、西城园管委会等单位相关负责人参加。在论坛上，先智创科（北京）科技有限公司、北京柠檬微趣科技有限公司、51社保网的负责人分别就“互联网金融”“团队建设与项目选择”“企业级服务创业三件事”主题进行演讲，并就何种特质的人更适合创新创业、对创业的理解、创业的具体方法、创新能力评价等问题和与会代表进行交流。“普天德胜创业·社区青年汇”在西城园普天德胜C客空间成立，旨在让创业青年能与企业精英、创业导师们零距离探讨创新、创业问题，为其提供更多的专业服务和更好的创业信息。

（许海龙）

【西城园首家跨境外汇支付业务试点企业获批】 11月11日，国家外汇管理局批复同意联动优势电子商务有限公司开展跨境外汇支付业务，成为西城园首家取得试点资格的企业。联动优势公司获准开展的试点业务范围包括货物贸易、旅游服务、酒店住宿、航空机票、留学教育、国际展览、通信服务、国际运输及软件服务九大类；其跨境外汇支付业务的银行合作伙伴为中信银行股份有限公司，支持向200余个国家和地区的商户进行结算，支持日元、英镑、欧元等14种外汇主流货币结算。

（许海龙）

【宝蓝金融创新中心成立】 11月19日，西城园管委会与宝蓝物业服务股份有限公司签约仪式在京举行。西城区政府相关负责人参加。双方签署业态调整政策扶持协议书，宝蓝金融创新中心同时揭牌。根据协议，宝蓝公司入驻北京动物园批发市场首个完成整体疏解的天皓成服装批发市场，并获经营权；西城园管委会将在宝蓝公司完成协议规定的业态调整后，给予相应资金与政策支持。宝蓝金融创新中心将结合宝蓝公司的资源优势和园区运营的经验，引进以互联网金融为代表的新兴金融服务企业、以研发设计为代表的高端科技服务企业，构建具有首都特色的都市型科技园区。

（许海龙）

【6件发明专利获中国专利优秀奖】 11月27日，国家知识产权局印发《关于第十七届中国专利奖授奖的决定》（国知发管字〔2015〕67号），公布第十七届中国专利奖获奖名单。西城园北京奇虎科技有限公司、北京有色金属研究总院、北京矿冶研究总院、有研稀土新材料股份有限公司4家企业的“一种依据白名单进行恶意程序检测的方法”“基于机器学习的程序识别方法及装置”“高硫/铜比次生硫化铜矿选择性生物浸出工艺”“浮选机叶轮”“三维激光扫描测量方法和装置”“一种电解还原制备二价铕的工艺”6项发明专利获中国专利优秀奖。

（许海龙）

【西城园两家企业上市】 年内，西城园两家企业上市。其中，北京耐威科技股份有限公司在深圳证券交易所创业板上市，北京三夫户外用品股份有限公司在深交所上市。截至年底，园区累计上市企业12家，新三板挂牌企业35家，其中新三板挂牌企业占西城区挂牌企业总数的92%。

（许海龙）

【园区经济结构趋于合理】 年内，西城园科学研究和技术服务业、金融业两个行业收入合计的占比分别比2010年提高14.4和8.2个百分点；批发和零售业、租赁和商务服务业呈现明显下滑趋势，分别下降17.5和11.9个百分点。科学研究和技术服务业首次成为园区第一大行业。

（许海龙）

【西城园重点技术领域总收入2574.3亿元】 年内，西城园重点技术领域总收入2574.3亿元。其中，新能源与节能领域在产业发展中领先，收入1005亿元，占总收入的39%；电子信息领域收入123.9亿元，占总收入的4.8%；先进制造领域收入65.1亿元，占总收入的2.5%；环境保护领域收入37.8亿元，占总收入的1.5%；新材料领域收入29.9亿元，占总收入的1.2%；生物医药领域收入6.9亿元，占总收入的0.3%；其他领域收入1305.7亿元，占总收入的50.7%。

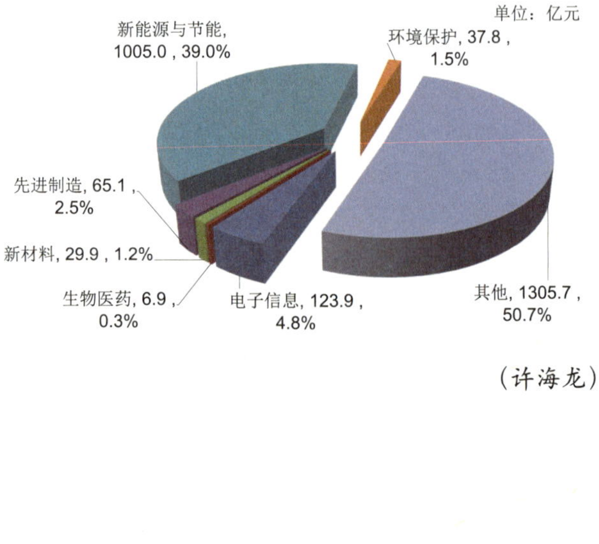

（许海龙）

朝阳园

1999年1月，经科技部批准，酒仙桥电子城1050公顷的区域范围被纳入北京市新技术产业开发试验区，成为中关村科技园区“一区五园”之一。2001年6月，科技部同意将望京新兴产业区约300公顷调入政策区。2006年，根据国土资源部《第十五批落实四至范围的开发区公告》，重新核定电子城四至范围，政策区域面积增至1680公顷。2007年6月，电子城管委会划归朝阳区管理，电子城工委与电子城管委会合署办公，东区、西区、北区、健翔园一并纳入电子城管委会管理范畴。东区地处酒仙桥地区，规划占地面积690公顷，是市政府批复的老工业基地改造试验区，高新技术产业和生产性服务业融合发展的新型产业区，吸引和培育了一批像京东方科技集团股份有限公司、ABB集团等国际知名的电子信息领军企业，北京798艺术区、北京时尚设计广场两大文化创意产业园也坐落其中。西区位于望京地区，规划占地面积310公顷，是国际电子通信总部及研发中心的聚集地，安捷伦科技有限公司等世界500强企业聚集此地。北区规划占地面积276公顷，重点打造中国“移动谷”，为高新技术产业集群提供新的承载空间，是电子城的“未来之星”。健翔园规划占地面积404公顷，辖区内分布着中国科学院等12个科研院所和10个国家级、市级重点实验室，为国际科技活动和产业发展提供重要的服务平台。2012年10月，经国务院批复，朝阳园在原电子城科技园的基础上重组，总规划占地面积扩大至2610.18公顷，包括电子城东区、西区、北区，健翔园，望京地区，垡头中心区，重点发展电子信息、生物医药、高技术服务三大产业。调整规划后，电子城东区规划面积630公顷，西区规划面积202公顷，北区规划面积338公顷；健翔园规划面积388公顷；望京地区规划面积252公顷，其核心区大望京科技商务创新区规划面积97公顷，定位为具有国际影响力的科技商务中心，与北区一并列入朝阳区十大发展基地，成为电子城“三新”产业高地的延伸和支撑；垡头中心区规划面积801公顷，所建垡头环渤海总部商务基地重点发展“总部办公、科技研发、商务服务、文化休闲”四大功能性产业。2014年3月，朝阳园管委会成立。2015年8月，朝阳区垡头科技商务区管委会及其下设的管委会办公室撤销，其主要职能和行政编制划入朝阳园管委会。园区企业可以享受国家、北京市、中关村示范区的各类优惠政策。

电子城管理委员会领导成员

工委书记	王文军	苏向东（4月任）
工委副书记	张凌云	
常务副主任	王文军	苏向东（4月任）
副主任	刘克文	栾玲（女，满族）
纪工委书记	张志明	

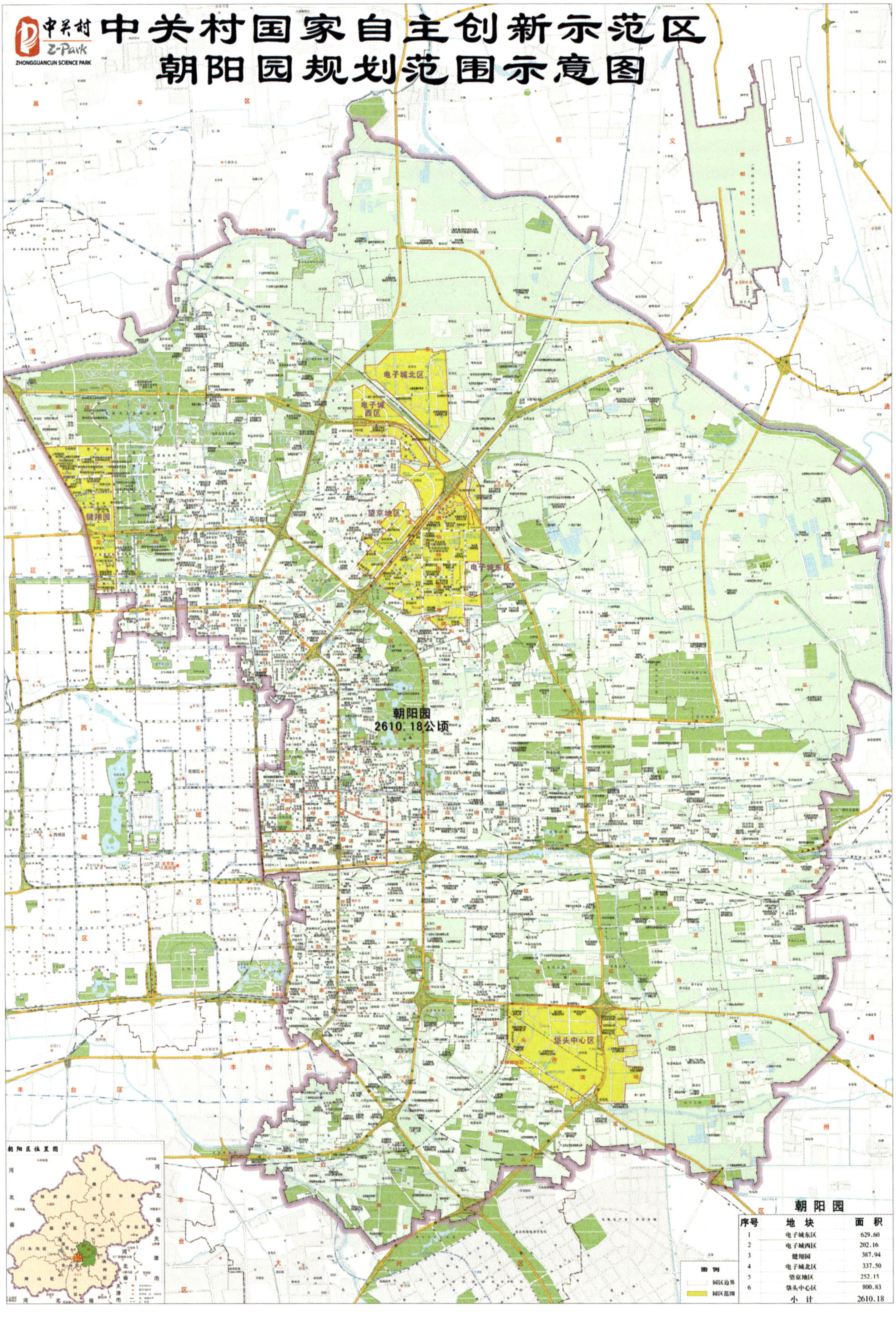
中关村 Z-Park ZHONGGUANCUN SCIENCE PARK
中关村国家自主创新示范区
朝阳园规划范围示意图
电子城北区
电子城西区
健翔园
望京地区
电子城东区
朝阳园
2610.18公顷
垡头中心区
朝阳区位置图
图例
园区边界
园区范围
朝阳园
序号 地块 面积
1 电子城东区 629.60
2 电子城西区 202.16
3 健翔园 387.94
4 电子城北区 337.50
5 望京地区 252.15
6 垡头中心区 800.83
小计 2610.18

【概况】2015年，朝阳园以稳增长、促开发、构建产业“高精尖”为主线，加快拓展产业发展空间，提升产业发展质量，发挥高新技术产业的引领、支撑作用。年内，园区入统高新技术企业总数1310家；从业人员22.4万人；工业总产值581.7亿元；总收入4225.6亿元；进出口总额160.9亿美元；实缴税费总额428.5亿元；利润总额446.3亿元；资产总计7404.9亿元；科技活动经费支出总额186.5亿元；专利申请6612件，专利授权4230件。

*加强招商引资，多方联动助力企业落地。*通过集中办公、全程代办等招商服务为企业提供便利，利用展会、交流、推介会等活动全面推介园区投资环境，与投行、行业协会、中介组织等机构加强合作，拓展招商方式，与相关部门加强沟通，完善绿色通道。为60余家企业提供寻址服务，为114家企业开具住所证明，开具入园证明232家次，300余家重点企业及其项目落地。

*结合京津冀协同发展，做好非首都功能疏解工作。*开展京津冀区域合作交流，与邢台、承德、唐山等地对接，支持北京电子城投资开发股份有限公司建立“电子城·天津西青科技产业园”；紧跟京津冀协同发展、非首都功能疏解政策措施，同步更新园区产业准入和限制目录、机制、措施，为功能疏解做好准备。

*园区建设进展显著，两大基地建设大力推进。*年内，园区项目建设实现开竣工面积50万平方米。E8-2项目、爱立信二期、默沙东、时代凌宇项目交付使用，国际电子总部4号地等重点项目开工建设。大山子路口改造列入市级疏堵工程，驼房营路、万红路交通设施工程实施。大望京科技商务创新区按结构施工面积完成157万平方米，完成总建筑面积的83%；固定资产投资完成11亿元，提前、超额完成75%、10亿元的目标任务。绿地中心、浦项中心、保利国际广场68万平方米建筑全部竣工，昆泰嘉瑞中心、金辉大厦、美瑞泰富中心3栋超高层建筑48万平方米结构封顶。电子城北区5、6号地取得征地结案；规划5、6、12路开展道路设计招标工作，来广营东路等3条次干路建设取得规划意见书、环评报告。

*解决企业实际需求，为企业发展排忧解难。*修订《朝阳区高新产业发展资金管理办法》，完成2014年高新产业专项资金拨付，启动2015年度高新产业专项资金工作，征集、汇总高新项目100余个。全年185家企业申请国家高新企业，首次申请中关村高新企业130家、复审发证企业300家。组织和引导园区企业开展质量标准奖励、中小企业孵化平台等征集工作，帮助企业申报中关村技术创新能力建设专项等资金支持。提出18项交通改善工程计划，以缓解园区出入口拥堵现象。编印《综合服务指南8》，为园区企业提供便利。组织各类培训会议20余次，为1000余家高新企业3000余人次进行各类政策业务培训；构建院企交流平台，对接中科院生物物理研究所等科研机构，帮助10家企业获得国家科技资源服务。做好集中办公区入驻企业管理，办公区共有企业206家，年内新入驻企业25家，实现产值约3亿元，上缴税金约1700万元。

*产业结构不断优化，“高精尖”集聚态势明显。*电子信息、新能源、先进制造业三大支柱产业平稳发展，“641”战略性新兴产业集群的创新发展实力进一步增强。同时大力发展新一代移动通信、互联网金融、新能源汽车等战略性新兴产业和科技服务业。截至年底，园区共有亿元高新企业236家，“瞪羚计划”重点培育企业83家。年内，园区新落户注册资金过亿元企业50余家，其中70%为科技型企业，涵盖文化传媒、科技服务、互联网等产业领域。

*多渠道发挥人才服务优势，支持企业育才聚才。*举办2015年高新科技类特色招聘会及才子朝阳校企对接招聘会，同中华英才网合作，为50家企业发布网络招聘信息，主动应聘投递简历数7000余份；通过“两网一报三微”信息化平台，落实中关村、朝阳区人才政策，组织企业申报2015年中关村高端领军人才、“凤凰计划”、国际高端商务人才等10余个人才项目。年内，园区8人获中关村高端领军人才教授级职称，15人获朝阳区国际高端商务人才称号。

（许天赐）

【“十三五”规划编制工作全面启动】1月6日，朝阳园管委会召开专题会，启动《朝阳区“十三五”时期高技术产业发展规划》和《中关村朝阳园“十三五”时期发展规划》两个前期研究课题和两个规划的撰写与编制工作。朝阳区发展改革委、区科委、区商务委等单位相关负责人参加。会议强调，两个规划是朝阳区“十三五”专项规划的重要组成部分。研究编制中，要重点突出问题和市场“两个导向”，把握好“五个关系”，即“舍”与“得”的关系、政府与市场的关系、发展与“治病”的关系、服从发展与调控发展的关系、城市自身发展与区域协同发展的关系。“十三五”时期，朝阳园将突出高端化、服务化、集聚化、融合化、低碳化，形成高端引领、创新驱动、绿色低碳的产业发展模式，重点推进“三高”（电子信息、高端制造、新能源)、“三融”(互联网金融、文化创意、绿色生态)、“一服务”(科技服务)产业发展，并初步提出创新驱动、提升环境、高端集聚、产业融合、区域协同五大思路。按照朝阳区政府的统一安排，3月前完成前期课题研究，6月前完成规划编制，9—11月组织专家进行论证、征求意见，12月提交区委、区政府和区人大审议，2016年上半年发布。

(苏　姗)

【“刷刷手环”发布】1月27日，凤凰云科技(北京)有限公司产品发布会在京举办。凤凰云科技公司推出可支付智能穿戴产品“刷刷手环”。手环由凤凰云科技公司与北京市政交通一卡通有限公司合作开发，将健康运动监测功能与日常支付功能结合，既可充当一卡通乘坐公共交通，还能在商铺消费，可应用于公交、地铁、市郊铁路、公共自行车、P+R停车场、超市、快餐店、蛋糕房、市政缴费、福利彩票、自动售货机、饮料瓶回收机等10余个行业。手环还设置7种健康监测功能，包括静坐、散步、走路、快走、跑步、睡眠、卡路里消耗等自动检测，通过与客户端的连接，将数据导入手机或电脑，方便用户观察自己的生活习惯和运动计划。在分析数据之后，手环还能为用户提供运动建议。

(杜　玲)

【东芝医疗公司参展国际医疗仪器设备展】3月26—28日，在第二十七届国际医疗仪器设备展览会上，东芝医疗系统(中国)有限公司展示了CT、磁共振、超声等系列产品。其中，CT产品Aquilion™ONE实现仅用一次曝光就可以得到整个脏器的各向同性容积图像；磁共振产品Vantage Elan™1.5T集3T技术、3D制造技术、超级人工智能、ECO超级环保节能技术于一体，具有宽体孔径、超短磁体、一体化线圈、全数字化成像等特点。

(张　晔)

【1800余名青年走进朝阳园】3月28日，朝阳园管委会、朝阳团区委举办新青年城市体验营走进中关村科技园区朝阳园活动，组织朝阳区90家社区青年汇1800余名青年参观朝阳园IT产业园、恒通创新园和798文化创意产业园。电子城股份有限公司等相关企业，对朝阳园的基本情况、IT产业园的发展历程以及倾斜摄影三维技术突破、智慧城市时空信息云服务平台等高新技术进行了介绍。

(苏　姗)

【国家高新技术企业认定培训举办】4月1日，电子城管委会在望京科技园召开朝阳园2015年国家高新技术企业认定、复审培训会，70余家企业的代表近100人参加。会议介绍了国家高新技术企业认定相关政策、申报方式及流程，并就企业提出的认定时间、认定资料等问题进行解答。年内，朝阳园共有185家企业提交国家高新技术企业申报材料，全部通过认定。

(朱卫东)

【展示鼎桥Witen宽带集群轨道方案】4月8—10日，在2015中国国际轨道交通展览会上，鼎桥通信技术有限公司展示了鼎桥Witen宽带集群轨道方案。方案是基于TD-LTE的端到端多媒体集群调度解决方案，可提供安全、高效列控信息，实时视频播放、清晰实时车辆监控，车辆故障远程视频诊断，沿线视频死角补充等业务。用户可通过一张TD-LTE网络实现多业务承载，包括集群调度、PIS、CBTC等，提高了轨道交通运营效率，降低建设维护成本。方案应用于郑州地铁1号线，实现Witen一网承载PIS与CCTV多项业务；同时，还通过了由北京市地铁运营有限公司组织的室内及实验线测试。

(张　晔)

【东芝Aplio超声铂金系列产品发布】4月18日，在2015中国超声医师学术大会暨第九届中国医师协会超声医师分会年会上，东芝医疗系统(中国)有限公司发布Aplio超声铂金系列产品。产品搭载东芝公司的“魔镜”SMI技术，可将低速血流的多普勒信号同组织运动产生的多普勒信号区别开来，清晰显示低速血流图像，使超声对微循环的清晰显示成为可能。同时SWE剪切波成像技术还将剪切波速度信息、杨氏模量信息整合到一个高级应用中，提高剪切波取样可信度，减少取样次数，得到更准确的结果。

(黄雅卿)

【万邦达公司中标乌兰察布市PPP项目】4月20日，北京万邦达环保技术股份有限公司发布《关于与乌兰察布市人民政府签署PPP项目合作框架协议的公告》，宣布董事会审议通过《关于与乌兰察布市人民政府签署的议案》，双方将就乌兰察布市城市环保基础设施项目，采用 PPP 模式进行合作，项目总投资约 56 亿元。合作建设项目包含城市供水工程、兴和煤炭物流园、城市生态综合治理项目、城市供热工程、城市排水管网工程等。

（杜　玲）

【ABB 公司获中国自动化产业年会大奖】 4 月 22 日，在 2015 中国自动化产业年会上，中国自动化产业年会公布年度评奖结果。其中，ABB（中国）有限公司入选“2014 年十大年度企业”，北京 ABB 电气传动系统有限公司的南水北调中线工程惠南庄泵站传动系统项目入选“2014 年十大最具影响力工程项目”，ABB 低压 OEM 团队入选“2014 年中国自动化领域年度团队”。惠南庄泵站是南水北调工程中线干线京石段应急供水工程北京段加压输水的重要部分，是南水北调工程中线干线一期工程的关键，采用了 ABB 公司 8 套传动系统，包括 ACS6000 变频器、ABB 变压器、ABB 电动机和辅助设备。

（黄雅卿）

【握奇 Sharkey 可支付智能手表发布】 4 月 22 日，乐享支付新玩法——握奇 Sharkey 可支付智能手表发布会在京举行。深圳通有限公司、北京市政交通一卡通有限公司等相关企业的代表参加。Sharkey 是北京握奇数据系统有限公司推出的首款可支付智能手表，可通过蓝牙与 Android、iOS 移动终端连接并配合使用，支持公交、地铁刷卡和在一卡通的合作商户消费；可在手表端查询余额，并在手机端查询消费记录，方便用户随时随地了解自己的交通消费状态。当余额不足时，Sharkey 支持手机 App 端在线充值，可缓解充值网点的排队压力。Sharkey 还具备来电、短信、重要事件提醒等信息推送实用功能。

（张　晔）

【朝阳园人才政策培训会举办】 4 月 29 日，由朝阳园管委会主办的朝阳园人才政策培训会在望京科技园举办。园区 60 余家企业的人力资源负责人参加。相关专家就高层次人才引进、居住证办理、人才两地分居办理、大学生进京指标、人才存档等相关政策进行解读，并与参会企业进行互动。会上还开通了“中关村朝阳园企业人力资源服务”微信群。

（苏　姗）

【沙特阿美石油公司北京研发中心落成】 4 月 29 日，沙特阿美石油公司北京研发中心落成仪式在望京恒电大厦举行。沙特阿拉伯石油与矿产资源部等机构的相关负责人以及朝阳园管委会、北京大学等单位的代表参加。中心主要在地球物理、地质、油藏工程等领域开展研究，并与相关机构、服务商和大学建立合作，支持阿美石油公司在全球的上游和下游研究项目。

（张　晔）

【精益研发 2.0 推出】 4 月，安世亚太科技股份有限公司推出精益研发 2.0。精益研发是基于系统工程理论，针对复杂系统设计企业的需求而提出的一套复杂系统设计业务管理体系。精益研发 2.0 通过基于模型的系统工程理论，建立了基于正向设计的产品设计理论和方法，实现“从跟踪研仿向自主创新的转变”，为研发企业走向正向设计提供理论支撑；通过产品研发流程定义，为产品设计提供规范化设计流程，使产品正向设计有法可依；在产品研发过程中，将产品设计工具和方法进行统一管理和集成，将知识支持和质量管控伴随其中，提高企业整体的产品设计能力和创新能力。

（黄雅卿）

【高新产业发展专项资金拨付使用工作会召开】 5 月 25 日，电子城管委会在京召开 2014 年高新产业发展专项资金拨付使用工作会，宣布北京望京新兴产业区综合开发有限公司、北京电子城有限责任公司等 9 个“商务楼宇、孵化器等第三方产业服务平台项目”，默沙东研发（中国）有限公司、北京石油化工工程有限公司、新华都特种电气股份有限公司等 25 个“企业创新类项目”，爱土工程环境科技有限公司、北京百川飞虹生物科技有限公司、北京国信同科信息技术有限公司等 22 家“通过高新技术企业认定的企业”，北京平安力合科技发展股份有限公司和爱科凯能科技（北京）股份有限公司两家“新三板挂牌企业”获 2014 年朝阳区高新技术产业发展专项资金的奖励和补贴，共获资金 2930 万元。相关企业的代表等参加。

（黄雅卿）

【《综合服务指南 8》印制】 5 月，电子城管委会《综合服务指南 8》印制。《指南》包括政府服务篇、创新发展篇、创业指引篇、政策服务篇等 4 个方面，结合中关村示范区和电子城管委会创新创业工作主线，通过对政府服务、政策支持、创新发展和创业指引等方面的宣传，为科技企业健康成长营造优质软环境。

（司　维）

【多源视频图像整合技术入选北京市重大科技专项】 5 月，北京致生联发信息技术股份有限公司的多源视频图像资源整合系统研究与示范应用课题入选 2015 年北京市重大科技专项。项目采用致生联发公司研发的多源视频图像整合技术，利用其超高压缩比流媒体通信、跨平台图像分发管理和 TD-LTE 图像传输等技术，将公安部门及宾馆、饭店、住宅小区、商场、工矿企业等场所已有图像资源进行整合，利用公共通信网络进行通信，盘活存量监控资源，实现全地区图像信息资源的联网共享、存储查询以及交通管理、网上督察、智能识别、轨迹分析等功能。

（张冬梅）

【联合开发健康管理平台】6月29日，京东方科技集团股份有限公司发布《关于与IBM签署软件许可和联合开发协议的公告》，宣布与商业机器（中国）投资有限公司（IBM）签署协议，双方将建立联合团队，开发健康管理和成果导向分析系统，建立基于认知计算的健康管理大数据平台。根据协议，联合开发期限为5年，第一年，双方将主要开发基于认知计算的健康管理平台、基于心脑血管健康领域的专家知识库系统、基于心脑血管健康领域的移动健康管理系统。后4年的联合开发将根据双方需求协商而定。

（张　晔）

【致生联发公司两项产品入选新技术新产品（服务）】7月3日，市科委、市发展改革委、中关村管委会等单位发布《关于公示2015年第一批北京市新技术新产品（服务）的通知》（京科发〔2015〕335号），北京致生联发信息技术股份有限公司的两个项目入选。其中，智能视频监控信息采集平台是以物联网技术、智能图像识别分析技术、GIS技术以及分布式数据库等技术为基础的一体化监测系统，可随时得到即时数据报告，实现远端无人值守。基于手机平台视频采集处理系统采用其研发的“玉枢”视频编码系统为核心，可将手机摄像头捕捉到的视频图像和音频回传至服务器，经解码后进行大屏显示。系统在公安系统进行试用，可将警务通系统直接升级成具有视频实时采集、通话、身份验证和各类资料查找的综合手持系统。系统还可以支撑直播类App软件，可在会议、婚礼、产品推介会、体育比赛等场合进行音视频直播。

（张冬梅）

【“WatchKey ProX密码模块”通过高安全等级认证】7月6日，由北京握奇数据系统有限公司开发的“WatchKey ProX密码模块”通过FIPS140–2密码模块认证体系Level3的高安全等级认证（证书号：#2397），包含美国国家标准与技术委员会（NIST）认可的算法和证书编号：SHS（Cert.#2647），Triple–DES（Cert.#1822），AES（Cert.#3196），RSA（Cert.#1630），DRBG（Cert.#673），ECDSA（Cert.#585）。模块实现了RSA和基于椭圆曲线技术的ECDSA两种非对称密码算法，为各种信息安全应用系统中RSA算法向ECC算法的迁移提供了基础保证。（FIPS140–2认证是由NIST和加拿大通信安全局所维护的密码模块认证体系。）

（赵　培　朱文利）

【参与“拉萨市气象预报监测服务平台”建设】7月，北京国遥新天地信息技术有限公司参与“拉萨市气象预报监测服务平台”建设，为西藏自治区成立50周年庆典气象保障工作提供技术支持。国遥新天地公司完成了气象平台的开发、安装、调试、运行，建设成集气象条件分析、灾害分析、气象预报、灾害预警多重功能于一体的三维渲染可视化平台。平台可将收集的各类气象观测数据以及相关的气象预报、气象灾害、人影作业点等数据纳入综合气象数据库中进行管理。

（张冬梅）

【“一种实现远程信贷的方法及系统”获发明专利授权】8月5日，由北京握奇数据系统有限公司段晓华完成的“一种实现远程信贷的方法及系统”获知识产权局发明专利授权（ZL201110376573）。成果可在移动终端上实现远程信贷，提高信贷业务的处理效率和灵活性。实现远程信贷的系统，包括移动终端向移动信贷服务器发送携带有许可申请密码ARQC密文、信贷业务信息、个人识别密码PIN密文和数字签名的远程信贷业务请求，移动信贷服务器对远程信贷业务请求中的数字签名信息进行验证，在验证通过后向信贷业务处理服务器发送携带ARQC密文、PIN密文和信贷业务信息的信贷请求；信贷业务处理服务器在接收到信贷请求时，对贷款请求中的ARQC密文和PIN密文进行合法性验证，在验证通过时，根据信贷业务信息对信贷智能卡对应的银行主账号进行相应的信贷业务处理。

（朱文利）

【垡头科技商务区管委会并入朝阳园管委会】8月20日，朝阳区机构编制委员会印发《关于调整中关村科技园区朝阳园管理机构设置的通知》（京朝编〔2015〕60号），撤销北京市朝阳区垡头科技商务区管理委员会及其下设的北京市朝阳区垡头科技商务区管理委员会办公室，其主要职能和行政编制划入朝阳园管委会。

（苏　姗）

【握奇手环发布】8月31日，由北京握奇智能科技有限公司和广州羊城通有限公司主办的一个手环的婚礼——2015握奇手环广州新品发布会在广州市举行。有关媒体记者等参加。双方共同推出基于有源射频技术的交通支付手环——握奇手环。握奇手环具备来电提醒、智能闹钟、跑步计数、睡眠监测等基本功能，还将支持手机端在线充值。同时还具备羊城通功能，可在支持羊城通的场合刷卡消费，包括公交地铁、出租车、便利店、超市等，还支持广东省各地市的公交乘车，实现刷卡支付。

（赵　培）

【直井大排量可控分层压裂施工成功】 8月，由众通（北京）能源技术有限公司承建的西部某油田直井大排量可控分层压裂施工一次成功。众通能源公司的直井大排量可控分层压裂工艺技术优化了管柱结构，增大了排砂量，且遇管柱内有其他杂质还可进行井道反洗，可提高产油量，避免卡井事故。工程应用该技术对物性较好的860.6米～1111.4米井段进行分段体积压裂，实现3段压裂一次成功，累计入井液量4545.8立方米，其中活性水460立方米，入井砂量335.5立方米。

（张冬梅）

【“送法律、送服务”政企对接会举行】 9月8日，由电子城管委会、朝阳区工商局、朝阳区国税局等单位主办的“送法律、送服务”政企对接会在望京SOHO举行。望京SOHO楼宇内近40家注册资金过千万元、尚未在朝阳区工商注册及纳税的企业参加。各相关部门就企业登记注册流程、服务企业措施、支持企业的优惠政策等内容进行介绍，并强调企业要按政策在经营地工商注册和纳税，引导企业规范经营。同时，就企业提出的办理注册登记的便捷措施等相关问题给予解答。

（朱卫东）

【北京可视化公司获评2015年中国建材服务业百强企业】 9月17日，在中国建筑材料企业管理协会召开的2015中国建材企业发展论坛暨2015中国建材企业500强、建材服务业100强、民营建材企业100强、最具成长性建材企业100强发布会上，北京可视化节能科技股份有限公司凭借在精细化能效管理、可再生能源利用、节能整体解决方案、区域能源管控平台等方面的显著成效获评中国建材服务业百强企业。公司的核心技术4W能效分析系统是一种精准定位能耗浪费点的技术，在完成对能源实时监控管理的同时，可分析能源利用效率，并通过设备运行管理及操作行为的标准化，实现可持续能源管理，解决建材企业高能耗、资源优化配置、节能减排等问题。

（朱文利）

【共建可管控安全云平台】 9月23日，在美国召开的第八届中美互联网论坛上，北京世纪互联宽带数据中心有限公司、紫光股份有限公司、美国微软公司共同宣布签署战略合作协议，加强在云计算领域的合作，倾力打造技术领先、自主可控、可按照客户需求量身定制的混合云解决方案及相关服务。根据协议，三方合作内容主要包括：紫光股份公司、世纪互联公司合资设立新公司，致力于由世纪互联公司运营的Windows Azure和Office 365云服务在中国的进一步推广和销售；三方将共同促使合资公司成为相关云服务解决方案的研发和销售平台，并力求使其成为符合国家信息安全要求、确保国家信息安全核心利益的第三方平台；合资公司将针对特定类型客户开展推广，作为合作伙伴向客户销售由世纪互联公司运营的Windows Azure和Office 365云服务，并致力于提高和保证云服务的使用率；微软公司将向合资公司提供相关技术和销售支持，包括提供有关Windows Azure和Office 365的技术培训，指派专家提供售前、售后技术支持和销售指导等。

（张冬梅）

【DH-NET智能工厂网络管理系统发布】 9月23—26日，在2015中国国际缝制设备展览会上，北京大豪科技股份有限公司展示刺绣机电控、特种缝纫机电控、横织机电控三大系列产品，包括528电控威力加强版——528A型电控、M98型集成一体式刺绣机电控、M55帽绣机专用电控、285L家用单头刺绣机电控、6千瓦大功率伺服主轴驱动器、夹线座带按键快捷控制技术、超小型步进闭环驱动器技术、第六代横织机集成一体化电控系统等，并发布DH-NET智能工厂网络管理系统。系统通过构建缝制设备应用云服务平台，实现人、设备与产品之间的有效交互与智能控制；实现订单生产物料的管理、生产成本的精确计算，并可以与企业ERP系统进行数据对接；实现企业的人、财、物、供、产、销全面结合、全面受控、实时反馈、动态协调，展现了在工业4.0时代缝制加工企业如何实现生产数据实时采集、订单进度跟踪、联网实时监控、联网控制绣花机功能和生产管理自动化解决方案。

（张冬梅）

【“壁虎”系统获卫星导航定位科技奖】 9月，中国卫星导航定位协会印发《关于2015年卫星导航定位科学技术奖奖励决定》（中位协〔2015〕39号）。由北京合众思壮科技股份有限公司陈云等完成的壁虎eDriveX北斗精准农业导航自动驾驶系统、刘洪智等完成的集思宝MG858S北斗高精度移动GIS平台分别获2015卫星导航定位优秀工程、产品一等奖和二等奖。“壁虎”系统是基于北斗兼容型高精度测量终端技术，以北斗GNSS卫星高精度定位技术与车辆自动驾驶技术相结合，通过精确测量车辆的位置、航向和姿态，自动控制车辆转向角度，引导车辆根据事先设定的路线，严格地沿直线、圆周，或者任意设定的路线行驶；在耕地、播种、喷灌和收割等农机作业应用上，利用高精准自动导航和驾驶功能，实现农机车辆精密循迹和自动规划，保证农田可重复性作业，将自动驾驶功能应用到起垄、播种、灌溉、化肥、收割等所有农业作业环节中。产品在黑龙江农垦、新疆生产建设兵团，以及内蒙古、宁夏、甘肃等地的多个大型农场安装使用。

（赵　培）

【朝阳园“双创周”分会场活动举办】10 月 15 日，由 SOHO3Q、光合派创业加速顾问、向日葵传媒等创业服务机构主办的朝阳园“双创周”分会场活动——N+X 超级路演会在望京 SOHO 举行。投资机构的代表、创业者等 200 余人参加。实现裸眼 3D 效果的三维数据可视化系统、“妈妈再也不用担心我睡不着”的 12sleep、反欺诈数据服务平台“金火眼”等 16 个创业项目参加路演。N+X 超级路演系列活动旨在帮助创业者快速找到适合的投资人、整合更多优质资源，为创业者和投资人搭建投融资平台。向日葵传媒通过路演活动，将选送优秀的创业项目登上其推出的大型投创类电视节目《一块投吧》。

（赵　剑）

【共建遥感大数据联合实验室】10 月 23 日，在清华大学数据科学研究院·遥感大数据研究中心成立仪式上，中心与北京致生联发信息技术股份有限公司等 5 家合作企业签约，旨在进一步加强大数据业内联盟之间的合作力度。根据协议，中心与致生联发公司将共同成立遥感大数据联合实验室，开展遥感大数据相关技术的研发，实现将遥感大数据研究中心成果向应用端投放，形成产业化发展。

（张冬梅）

【中科宇图公司获博士后科研工作站授牌】10 月 28 日，在北京市 2015 年新设博士后科研工作站授牌仪式上，中科宇图天下科技有限公司获博士后科研工作站授牌。工作站在环境模拟方向，主要聚焦于大气、水环境的纳污能力，通过提升系统集成能力和运维能力，为各级环保部门开展环境承载力评估、预警工作提供服务与保障；在环境遥感方向，以定量遥感技术为基础，基于 MODIS、GF−1 等遥感数据与地面监测数据，构建遥感监测系统，实现 AOD、PM2.5、PM10 等颗粒物的遥感监测，同时利用 WRF 模式输出结果通过拉格朗日混合单粒子轨迹（HYSPLIT）模式，实现重污染来源及去向追踪轨迹分析，并以遥感监测及后向轨迹分析不同来源区域对研究区域空气质量指标浓度的影响，得到颗粒物遥感监测反演产品，精度达 70%。

（张　晔）

【华润医药公司入围中国医药行业企业集团 10 强】11 月 9 日，在中国化学制药行业年度峰会上，公布了 2015 中国化学制药行业优秀企业和优秀产品品牌榜。其中，华润医药控股有限公司入围 2015 中国医药行业企业集团 10 强，位列第二。同时，华润双鹤药业股份有限公司、华润紫竹药业有限公司、华润赛科药业有限责任公司 3 家企业入选 2015 年中国化学制药行业工业企业综合实力百强；华润双鹤公司旗下品牌产品“0 号”“盈源”“糖适平”“珂立苏”“华润输液”，华润赛科公司旗下品牌产品“压氏达”“穗悦”，华润紫竹公司旗下品牌产品“毓婷”“金毓婷”，华润三九公司旗下品牌产品“皮炎平”“小儿氨酚黄那敏颗粒”等，分别在各细分领域获 2015 中国化学制药优秀产品品牌称号。

（黄雅卿　张　晔）

【超图公司 17 个项目获地理信息产业优秀工程奖】11 月 10 日，在 2015 中国地理信息产业大会上，中国地理信息产业协会公布 2015 中国地理信息产业优秀工程奖获奖名单。其中，北京超图软件股份有限公司承建的怀柔区网格化社会服务管理信息系统、邵阳房产 GIS 系统项目、咸宁市二三维一体化地理信息公共服务平台、基于云端一体化应用的数字唐山地理空间框架建设项目、赣州市国土资源“一张图”数据管理系统开发项目 5 个项目获金奖，中海油原油终端三维应急信息系统等 11 个项目获银奖，安康市园林绿化动态信息监测系统获铜奖。17 个获奖项目涉及国土资源、数字城市、教育、应急救灾、地下管线、房地产等领域。

（张　晔）

【北京浦项中心竣工】11 月 11 日，由北京东方锦鸿置业有限公司主办的北京浦项中心竣工仪式在大望京科技商务创新区举行。北京奥运城市发展促进会、市投资促进局、朝阳区政府等单位相关负责人以及企业的代表等参加。项目位于大望京 3 号地 1008−629 号地块，占地面积 2 公顷，总建筑面积 16.3 万平方米，其中地上 10 万平方米，地下 6.3 万平方米，由 A 塔、B 塔组成，建筑功能为 5A 级写字楼、会议、商业等。

（王仁清）

【34 家企业获专利专项资金支持】11 月 17 日，中关村管委会发布《2015 年度中关村技术创新能力建设专项资金（专利部分）支持名单情况公示》。其中，朝阳园京东方科技集团股份有限公司、奇智软件（北京）有限公司、北京握奇数据系统有限公司等 34 家企业获

640余万元资金支持，涉及国内专利672件、国际专利203件，与2014年相比资金支持增长32.81%，国内专利数量增长51.64%、国际专利数量增长38.42%。

（朱卫东）

【朝阳区科技企业孵化器联盟成立】 12月4日，朝阳区科技企业孵化器联盟成立大会暨第一届理事会在融创动力园召开。市科委、北京创业孵育协会、北京市生产力促进中心等单位相关负责人以及联盟成员单位的代表等参加。联盟由融创动力（北京）科技孵化器有限公司、洪泰创新空间（北京）创业投资有限公司、汉唐信通（北京）咨询股份有限公司等来自科技企业孵化器、创新型孵化器、众创空间、产业园区、大学科技园、留学人员创业园的73家单位组成，将通过整合分散在各个企业的优质资源，并配置到科技型中小企业和创业者身上，使信息、技术、资本、人才等创新创业要素资源高效率、无障碍地流通，从而降低创新创业成本。北京中关村电子城建设有限公司董事长张维担任首届联盟理事长。

（吴思思）

【与承德高新区管委会签订协议】 12月11日，北京中关村朝阳园·承德国家高新技术产业开发区战略合作框架协议签约仪式在京举行。河北省承德市政府、朝阳区政府等单位的相关负责人参加。电子城管委会与承德高新区管委会签订协议。根据协议，双方将在产业合作、政策延伸、平台搭建等方面进行合作，主要包括：进一步明确承德科技园的功能定位，聚焦大数据、科技研发、电子商务等新兴产业研究，以大数据存储中心、呼叫中心、科技研发中心拓展的制造业及电子商务物流基地为试点方向开展工作；共同推动和争取将国家赋予朝阳园的优惠政策延伸至承德科技园，同时双方共同出台一批推动园区高端发展的鼓励政策，促进全面对接合作、协同发展，实现政策覆盖叠加、优势升级、利益共享；推进要素资源充分对接，共同搭建科技企业项目、科技服务中介、技术创新成果等资源对接平台，实现资源成果共享，培育企业做大做强。

（苏　航）

【6人获中关村高端领军人才教授级职称】 年内，朝阳园北京沃尔德金刚石工具股份有限公司董事长陈继锋、中科宇图天下科技有限公司总裁姚新、北京七星华电科技集团有限责任公司副总裁王彦伶等6人获中关村高端领军人才教授级职称，大公国际资信评估有限公司董事长关建中、北京掌上飞讯科技有限公司CEO武春雷、中节能唯绿（北京）建筑节能科技有限公司总经理薛志峰等15人获朝阳区国际高端商务人才称号。

（张　晔）

【帮助163家企业取得政府支持资金】 年内，中关村企业信用促进会电子城平台帮助163家企业取得中介服务支持资金补贴、贷款贴息、上市资助等政府支持资金的资格，其中28家企业、59项业务获48.95万元资金补贴，21家获信用星级评定的企业获得了更高的国家贷款贴息比例。

（于梦晨　张冬梅）

【朝阳高企协政策宣讲培训会举办】 年内，朝阳区高新技术企业协会举办8场政策宣讲及法律法规系列培训会。培训围绕企业信用政策、税务政策、劳动用工、法律合同等方面，就中关村信用及金融政策法规、朝

阳园企业股权转让税收政策、企业在所得税汇算清缴中遇到的疑难问题等内容进行讲解。园区1000余家次企业2000余人次参加。

（张冬梅　冯秋帆）

【电子城科技园政策培训会举办】 年内，北京市朝阳区电子城科技园服务中心共组织9场电子城科技园政策培训会。培训围绕汇算清缴、社保、新三板等方面，就社保相关业务政策及办理流程、新三板业务的相关政策及流程要求、个人所得税纳税操作实务与风险控制等内容进行讲解。园区1000余家次企业2000余人

次参加。

（司　维）

【电子城科技园专场招聘会举办】年内，朝阳区电子城科技园服务中心举办了朝阳区2015年高新科技类——特色招聘会及才子朝阳——校企对接招聘会，提供岗位超过500个，并采用“互联网+人才服务”的模式，在中华英才网首页设立“中关村朝阳园”企业招聘专区，组织ABB（中国）有限公司等50家园区企业参加，发布的职位超过1000个，在线招聘企业两周的招聘浏览数18万余人次，主动应聘数7000余人次。招聘会是电子城服务中心搭建人才服务平台的重要组成部分，是园区企业储备人才的有效途径。10—12月，还举办了校园巡回招聘活动，组织园区170余家次高新企业走进北京航空航天大学等12家重点高校招揽人才，提供软件工程师、销售经理等工作岗位1000余个，共有近1万名学生参加招聘。

（司　维）

【认定登记技术合同750份】年内，朝阳园认定登记技术合同750份；合同登记总金额54.2亿元；实现合同1278份，实现合同总金额25.8亿元；在认定登记的合同中，技术开发合同601份，占登记合同总数的80%；技术开发合同登记金额为50.27亿元，占登记合同总金额的93%；在技术领域的划分中，电子信息类的合同为533份，占登记合同总数的74%。电子信息类合同登记金额为49.2亿元，占登记合同总金额的91%。

（司　维）

【新落户千万元企业572家】年内，朝阳园新落户注册资金过千万元企业572家。其中，注册资金过亿元企业72家，涵盖科技服务、互联网、文化传媒等产业领域。截至年底，园区共有高新技术企业1447家，收入亿元以上企业247家（其中百亿元高新企业10家，十亿元高新企业47家），其中资产、收入“双过亿”的总部型企业169家；共有“瞪羚计划”重点培育企业82家；上市公司22家。

（段　梅　赵　剑）

【朝阳园重点技术领域总收入4225.6亿元】年内，朝阳园重点技术领域总收入4225.6亿元。其中，先进制造领域收入1434.6亿元，占总收入的34%；新能源与节能领域收入909.3亿元，占总收入的21.5%；电子信息领域收入871.2亿元，占总收入的20.6%；环境保护领域收入102.9亿元，占总收入的2.4%；生物医药领域收入96.9亿元，占总收入的2.3%；新材料领域收入81.7亿元，占总收入的1.9%；其他领域收入729.1亿元，占总收入的17.3%。

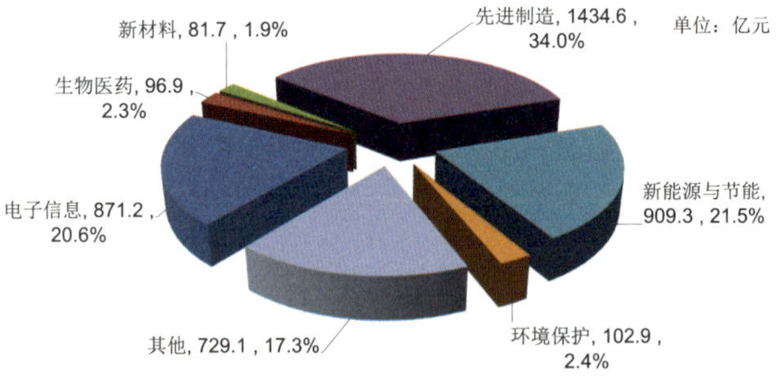

（苏　姗）

丰台园

丰台园建于1991年11月，位于北京西南四环，交通四通八达、环境清新优美，投资环境优越。2006年1月，国务院批准园区总规划面积为818公顷，由东区、西区和科技一条街构成“两区一街”空间格局。东区面积401公顷，是发展总部经济核心区域。其中东区一期规划建设面积176万平方米，主要入驻了北京动力源科技股份有限公司等一批以管理、研发、生产为主体的重点企业，成为集企业研发、总部管理、中试制造为一体的产业化基地；东区二期规划建筑面积235万平方米，采用组团式大项目建设，形成了总部基地、汉威科技园、总部国际等重点项目，吸引了中国建龙钢铁控股有限公司等一批重点总部型企业入驻，成为园区发展总部经济最重要的空间载体，其中总部基地是丰台园“东扩西进”开发战略重要的组成部分；东区三期总面积181公顷，是北京西南地区面积最大的一片待开发高新技术产业用地，整体定位为高技术服务总部区。西区面积417公顷，已部分建成“军民融合创新园”，主要定位于制造业创新中心。科技一条街主要是对原有楼宇的整合拓展，以北京国际企业孵化中心（IBI）为品牌，构成14个孵化器分中心、18幢孵化大楼、22万平方米的孵化器网络，是中小企业的重要空间载体，汇聚了以软件、生物医药、光机电为主体，涵盖新材料、新能源、高效节能与环保等高科技在内的高新技术企业，形成高科技产业带。2012年10月，国务院批复调整中关村示范区空间规模和布局，丰台园规划面积1763.09公顷，增幅115%，新增新兴际华集团、北车集团、南车集团、首钢总公司和丽泽5个主体，应急救援科技创新园、二七机车厂、二七车辆厂、首钢动漫城、永定河文化创意产业聚集区（包括北区和南区）、丽泽金融商务区7个区域，共11个区块组成。园区已成为创新活跃、要素集中、经济发达、区域和谐的总部经济区，北京市重要的高新技术产业基地和丰台区核心的城市经济功能区。丰台园已实现政府加市场的管理与运行体系；园区管委会为丰台区政府派出机构，区相关委办局在园区设有派驻机构，包括财政所、国税所等，形成相对独立的经济、社会管理模式。园区企业可享受国家、北京市、中关村示范区的各类优惠政策。

丰台园管理委员会领导成员

主　　任	张　婕（女）
工委书记	霍连明（11月20日免）
副 主 任	段海波　孙永文　史建民
	熊　飞（3月4日任）
工委副书记	段海波　管洪波
纪工委书记	贾　敏（女，回族）
系统工会主席	石　岩（女）

中关村国家自主创新示范区丰台园规划范围示意图

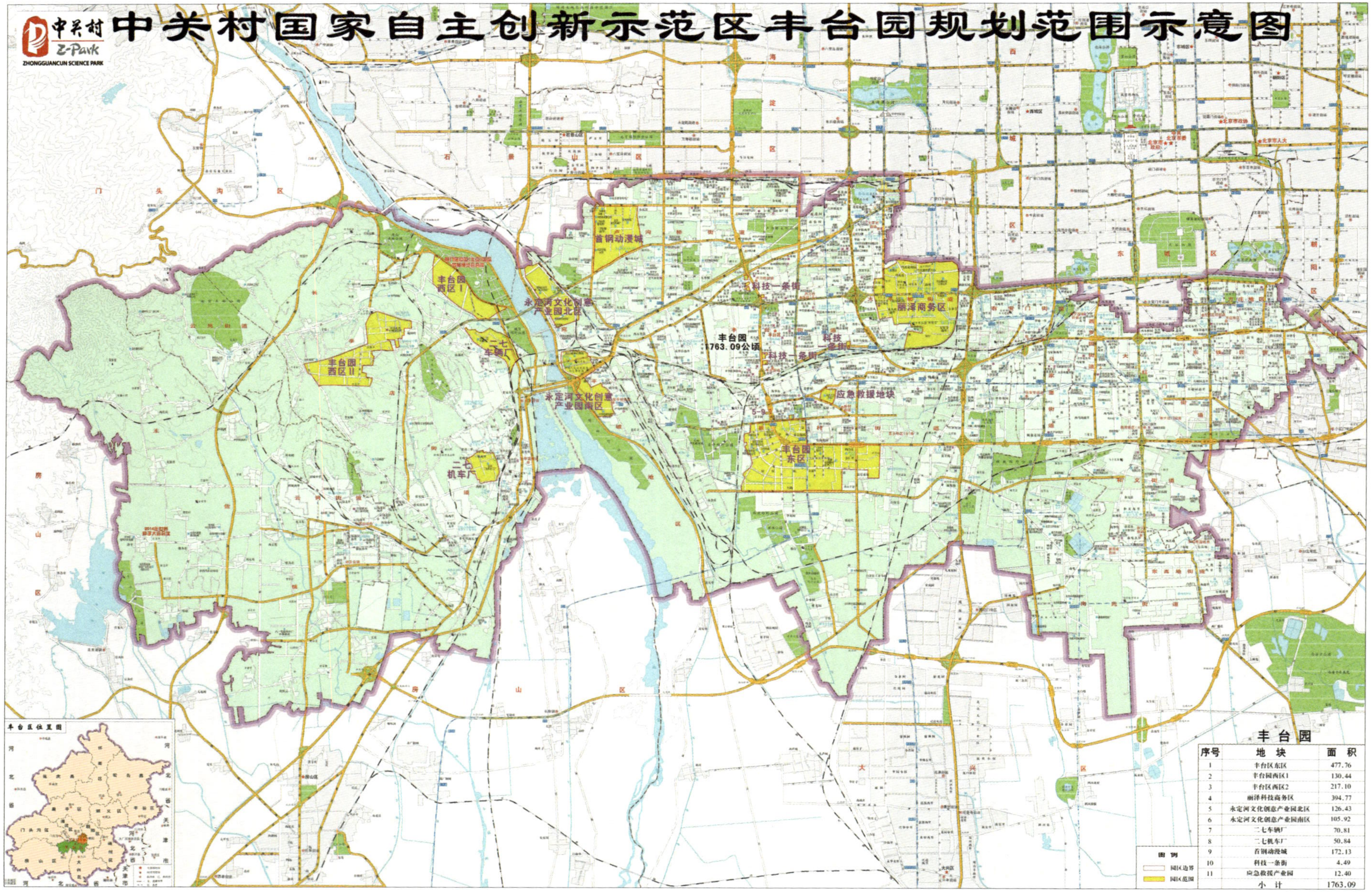

丰台园

序号	地块	面积
1	丰台区东区	477.76
2	丰台园西区1	130.44
3	丰台区西区2	217.10
4	丽泽科技商务区	394.77
5	永定河文化创意产业园北区	126.43
6	永定河文化创意产业园南区	105.92
7	二七车辆厂	70.81
8	二七机车厂	50.84
9	首钢动漫城	172.13
10	科技一条街	4.49
11	应急救援产业园	12.40
	小计	1763.09

【概况】2015年，丰台园围绕“创新、转型、示范”，深化产业结构调整，有序推进项目建设，加快集聚创新资源，全面优化发展环境。年内，园区入统高新技术企业总数1471家；从业人员16.9万人；工业总产值285.5亿元；总收入4004.1亿元；进出口总额78.9亿美元；实缴税费128.2亿元；利润总额295.9亿元；资产总计9994.2亿元；科技活动经费支出总额94.9亿元；专利申请3332件，专利授权2223件。

科技创新成效明显。园区新增上市企业13家，其中新三板10家，中小板3家；新增国家高新技术企业73家；新增中关村高新技术企业600余家；实现技术合同认定登记总金额475亿元，同比增长11.6%；270余家企业获国家、北京市、中关村及区级项目资金支持，其中7家创新型孵化器获中央财政专项2128万元支持。北京时代华语图书股份有限公司等5家企业获2015年度国家文化产业发展专项资金支持，北京世纪东方国铁科技股份有限公司等7家企业的项目获2015年度国家火炬计划立项。

招商引资成果显著。引进通号（北京）轨道工业集团有限公司、中电科（北京）网络信息安全有限公司、航天科工智能机器人有限公司、中建科技有限公司等亿元企业70家，轨道交通、军民融合、应急救援、节能环保等特色产业集群进一步发展壮大。

转型升级提前布局。加快推进“国际石墨烯产业联合创新中心”建设，举办石墨烯推进大会、中英石墨烯高端论坛等活动，集聚了英国布鲁内尔大学、中国标准化研究院等一批国内外石墨烯产学研用资源和10余家石墨烯代表企业，涌现出可制备石墨烯导电墨水等石墨烯创新应用成果。探索“军转民”“民参军”双向转化新模式，推动海丰通航科技有限公司等企业发起成立中关村联众无人机产业创新战略联盟；获批成为首批中国应急救援装备创新转化基地。

创新创业更加活跃。建立创新创业平台，加强众创空间建设，重点打造IBI咖啡、依文全球创客空间、贝壳菁荟、蒙面师事务所等品牌；搭建“智慧星期五”“模拟创业课堂”等中小企业服务平台，为企业提供创新创业服务。建立金融服务体系，组建基石基金Ⅰ期、北京市重点产业知识产权运营基金等8支基金，总体规模近23亿元。

产业空间不断拓展。全年实现固定资产投资83亿元，实现开复工203万平方米。东区三期樊羊路以西的经营和研发用地总面积68.17公顷，总建筑规模约230万平方米，全部完成出让，其中2015年完成土地出让26.13公顷，建筑规模82万平方米，吸引中铁置业集团有限公司等企业的重点项目落地。西区Ⅰ长辛店生态城继续推进，编写完成长辛店生态城整体建设运营管理方案，同时对空间结构等13项生态指标进行修订，编制完成控规调整方案。

协同发展取得进展。加强扩区主体统筹工作。二七机车厂控规获市规划委批复，路网方案也编制完成。加快满城分园合作共建。成立丰台科技园保定满城分园，以功能的差异化定位为基础，通过统一规划，加强产业链上的分工合作；通过领导干部互派，加强学习和交流；通过基金平台，加强项目运作能力。园区重点围绕新能源、新材料、生物制药、高端装备制造、轨道交通等领域开展合作。

人才建设全面推进。年内，园区新增院士专家工作站两家，新增院士两名；推进博士后（青年英才）工作分站建设工作，新增博士后科研工作站分站两家，引进联合培养博士后（青年英才）4名；组织完成“千人计划”“海聚工程”“高聚工程”等11项人才申报工作，5人获评高级教授级工程师。

信息建设不断加强。园区政务服务完成绿通项目施工，建设一套综合的办公管理平台；启动网格化经济监测综合服务系统建设，实现园区网格化管理、综合分析决策支持、经济监测一张图、微信公众服务平台等多样化应用，为园区、派驻机构、企业和投资者提供信息查询、管理、分析、共享的平台。

（魏立亮）

【国内首个畜禽纳米营养剂获发明专利授权】2月4日，由北京福乐维生物科技股份有限公司李卫东等发明的“一种种禽促繁殖及抗应激用纳米营养补充剂及其制备方法”获知识产权局发明专利授权（ZL2013105253416），成为国内首个关于畜禽营养补充的纳米技术专利。发明提出一种新型的纳米营养补充剂的制备方法，采用特殊工艺，使得脂溶性营养物质和水溶性营养物质形成稳定、透明的纳米体系。专利转化的成品为易溶的液态，不仅提高了畜禽对营养物质的吸收利用率，增强了畜禽的繁殖性能和抗应激能力，同时还降低了养殖作业劳动强度和自动饮水系统的维护成本。

（宁曙光）

【新兴际华集团成功研制应急救援重大装备】2月7日，由新兴际华集团有限公司主办的应急产业发展战略合作签约暨北京重大科技成果轻型高机动救援装备捐赠仪式在京举行。国务院国有资产监督管理委员会等单位的相关负责人及相关企业的代表等参加。新兴际华集团与市地震局、丰台区地震局签署战略合作协议，将其研发生产的19台（套）智能化轻型高机动应急救援系统装备交付市地震局使用，作为丰台区应急救援志愿者队伍的主战装备。系统装备是国务院办公厅"加快应急产业发展"重大国家战略实施以来首批交付使用的应急救援关键装备，也是北京市科委科技支撑产业发展的重要成果，由新兴际华集团下属新兴重工集团有限公司基于高性能越野车底盘和上装进行研发。整车产品将底盘与上装连接在一起，上装部分根据工作需要和底盘车参数为基准设计，上装与底盘车通过机械和液压的方式为上装工作部件提供动力，为主装备提供应急装备搭载平台；装备组合、匹配具有"阻隔突破能力、抢险救援能力、人机协同能力、自我保障能力"，为不同灾情、不同规模灾害救助提供组合化、自我保障式的救援装备；其快速、灵活、标准化及轻量化设计，具有鲜明的高机动性，完全适用未来应急救援装备的发展趋势。东风汽车公司与新兴际华集团就合作推进智能化轻型高机动应急救援系统装备研发签署战略协议。新兴际华集团还推出应急产业"安全谷"项目。项目致力于培养应急领域领军人才，提供符合国情的应急救援系统解决方案，搭建国际国内应急文化与应急产品交流平台，创新驱动应急产业发展，示范引领应急服务，支撑中国应急能力全面提升。

（宁曙光）

【丰台园管委会与英国国家物理实验室签约】3月2日，丰台园管委会与英国国家物理实验室签约仪式在丰台园举行。北京丰泰新材料检测院等单位相关负责人参加。丰台园管委会与英国国家物理实验室、北京丰泰新材料检测院三方签订谅解备忘录和保密协议，将全面启动石墨烯标准与检测体系建设的合作，在石墨烯和二维材料特性标准检测与计量方面展开合作。

（宁曙光）

【北京市首家电商消费教育基地成立】3月11日，丰台区电商消费教育基地揭牌仪式在丰台园举行。市工商局12315中心、北京市消法学会、北京市电子商务协会等单位相关负责人及绿色通道成员单位的代表参加。市工商局丰台分局联手丰台区消费者协会、丰台区电子商务绿色通道企业联盟，在北京地大物博电子商务有限公司面向公众开放了北京市第一家电子商务消费教育基地。教育基地将立足电子商务消费维权难点，通过开展网络购物流程指导、真假货品辨别展示、开设"消费常识课堂"、发布消费警示信息等途径，帮助消费者明辨网络购物陷阱、掌握网络维权渠道、告知消费者个人信息保护方法，提升消费者网络购物维权能力。

（山显彬）

【打造中国应急救援装备创新转化基地】3月11日，丰台园"加快打造中国应急救援装备创新转化基地"项目推进会在中安财富（北京）国际科技有限公司举行。丰台区科委、经济信息化委和丰台园管委会等单位有关负责人参加。项目是2015年丰台区政府折子工程之一，着力于建立一整套应急救援技术装备创新转化机制；推出一批"高精尖"应急救援装备产品名录；开发一条以新产品为依托的完整产业链；针对高危灾害隐患和灾害事故，推进一批国际先进水平新产品的应用示范；通过基地建设形成高科技应急救援装备的企业集群；围绕京津冀协同发展，推进产学研用创新一体化。

（宁曙光）

【凯普林光电公司产品获2015荣格技术创新奖】3月18日，在2015荣格技术创新奖颁奖典礼上，北京凯普林光电科技有限公司研发的"915nm/150W/105μm高亮度光纤耦合半导体激光器"获2015荣格技术创新奖。激光器采用18支单管，通过偏振合束和高功率光纤结构使输出光更加集中，在数值孔径0.22的光纤中0.15N.A.以内的光功率占比达到95%以上，提高了泵浦源与后端合束器熔接后的泵浦光使用效率，减小了因光纤发热导致的器件损伤。（荣格技术创新奖由荣格工业传媒有限公司主办，旨在表彰在业界具有突出贡献的创新产品和技术。创新奖2005年在中国大陆地区首次推出，经过在塑料、金属加工、包装以及食品饮料加工等领域的推广和发展，其影响力不断扩大，成为中国最具国际性和专业性的工业行业技术创新奖。）

（宁曙光）

【中关村智慧城市信息化产业联盟成立】3月18日，中关村智慧城市信息化产业联盟成立大会在北京IBI举行。丰台区政府及相关部门的负责人、联盟企业的代表等60余人参加。联盟由中国电子科技集团公司第

五十四研究所、北京理工大学、北京东方通科技股份有限公司等30余家智慧城市业内单位发起成立，旨在推动中关村示范区乃至整个中国城市信息化产业的发展，加速扩大产业集聚的规模，在中关村示范区形成全国范围最重要的智慧城市信息化产业基地。清华大学电子工程系责任教授丁晓青当选首届理事长。

（魏立亮）

【北斗航天卫星应用科技集团挂牌】 3月20日，北斗航天卫星应用科技集团有限公司揭牌仪式在丰台园举行。中国科学院院士孙家栋、姚建铨等专家学者以及有关部门负责人和企业代表等参加。北斗航天卫星应用科技集团前身是“北斗航天（北京）卫星传输技术服务有限公司”，位于丰台园，是一家基于北斗和遥感卫星应用的国家高新技术企业，以曾在军内长期从事信息和通信领域研究的资深科学家为核心，以两院院士为主导建立的院士专家工作站为技术支撑，与中国航天科技集团第九研究院772所、中国科学院以及相关院校等合作，共同致力于北斗卫星导航民用系统的应用研发及产业化推广。公司自成立以来从研发北斗芯片、北斗模块、北斗终端产品到北斗综合信息管理平台的搭建以及各行业的应用管理系统开发，实现了基于中国自主知识产权北斗卫星导航系统的一体化发展。

（宁曙光）

【3家企业获北京市设计创新中心认定】 5月8日，市科委发布《关于公示2015年度北京市设计创新中心拟认定单位名单的通知》，52家单位入选。其中，丰台园中国华电工程（集团）有限公司、中铁工程设计咨询集团有限公司、北京航天斯达科技有限公司3家企业获认定。

（李　刚）

【华电工程集团总承包项目获中国电力优质工程奖】 6月16日，中国电力建设企业协会印发《关于公布2015年度中国电力优质工程奖评审结果的通知》（中电建协〔2015〕25号），由中国华电工程（集团）有限公司总承包建设的“江苏华电吴江2×180MW燃气—蒸汽联合循环热电联产工程”获2015年度中国电力优质工程奖。工程2011年2月28日开工，分别于2013年3月7日、3月20日完成#1、#2联合循环机组72+24小时满负荷试运移交生产。工程建设过程质量控制优良，取得锅炉水压试验、汽轮机扣盖、厂用电受电、锅炉点火冲管、汽机冲转定速、机组并网、机组96小时满负荷试运行一次成功，建筑、安装单位工程一次验收合格率100%，保护、自动投入率100%。

（李　刚）

【新四板直通车驶入丰台活动举办】 6月16日，由丰台园管委会和丰台区投资促进局联合主办的“新四板直通车驶入丰台”活动在丰台区规划馆举办。丰台园30余家科技创新企业和10余家金融机构的代表80余人参加。会议介绍了丰台区和丰台园的发展现状、企业情况、空间资源和针对创新型企业的扶持政策，以及北京四板市场背景情况。北京大白科技有限公司等3家企业还进行了路演。

（魏立亮）

【中国首款石墨烯节能改进剂发布】 6月30日，由北京碳世纪科技有限公司主办的“碳未来　创世纪”碳世纪产业化应用产品碳威发布会在丰台园举行。丰台区政府等单位的相关负责人及企业代表、媒体记者等参加。碳世纪公司推出中国首款石墨烯节能改进剂——碳威。产品属石墨烯发动机油节能改进剂，实测中所有车辆动力性能均有提升，汽车节油量达10%，可以应用到汽车、轮船、工程以及各类机械设备中。其节油原理在于石墨烯具有超强的抗磨损性，能在汽车发动机摩擦副表面形成一层碳原子层保护膜，并且会产生很多碳纳米球，可降低摩擦系数。

（魏立亮）

【丰台园保定满城分园成立】 7月18日，北京市丰台区与河北省保定市产业园区合作共建签约仪式在保定市举行。中关村管委会、丰台园管委会等单位有关负责人及签约机构、意向企业和相关研究院所、规划设计、开发建设、投资机构、金融机构等支撑单位的代表200余人参加。丰台区政府与保定市政府签订《产业园区合作共建协议》，并举行中关村科技园区丰台园保定满城分园挂牌仪式。根据协议，满城经济开发区作为丰台园保定分园建设的起步区；双方将在京冀协同发展大背景下，开展京冀园区共建的探索与实践，包括：双方合资成立园区运营管理公司，负责园区的开发建设、运营管理、招商引资、制度创新、企业服务、综合协调、环境提升等工作；两地政府共同出资建立“丰台园保定分园共建发展母基金”，以及基础设施、特色产业、科技成果转化、运营服务等方面子基金，运用市场化手段支持园区发展；借力“保定中关村创新中心”，整合两地创新资源，为培育创新创业主体，打造创新创业生态，搭建创业孵化、科技金融服务、成果转移转化和人才培训的服务平台，借力“中关村区域合作母基金”，充分发挥社会资本作用，促进园区开发、技术研发、产业升级和布局调整。丰台园

满城分园总规划面积2437公顷，以新材料、新能源、高碳纸制品、生物制药及研发设计等高新技术产业和现代服务业为重点，着力打造“一轴三区一城”（生态休闲发展轴，战略性新兴产业储备发展区、高端纸制品产业发展区、战略性新兴产业集中发展区，科技服务新城）五大板块。保定满城分园还与拟入园企业及运营合作企业、机构签署合作协议。

（魏立亮　范丁波）

【中国通用集团入围财富世界500强】 7月22日，美国《财富》杂志发布2015年度财富世界500强排行榜，中国上榜企业106家。其中，中国通用技术（集团）控股有限责任公司以276.7亿美元营业收入再次入围世界500强，排名第426位，比2014年上升43位。

（李　刚）

【7家企业获北京市科技服务业促进专项支持】 8月14日，市科委发布《关于公示2015年“北京市科技服务业促进专项”拟支持名单的通知》。丰台园7家企业获专项支持，分别是：工程技术服务类中的北京动力源科技股份有限公司、北矿磁材科技股份有限公司、北京博奇电力科技有限公司，新型服务业态类中的北京真视通科技股份有限公司、北京美智医疗科技有限公司、北京六合伟业科技股份有限公司、鼎兴联通（北京）网络科技有限公司。

（李　刚）

【中国中铁公司位列2015全球最大承包商首位】 8月24日，美国《工程新闻记录》（ENR）杂志发布2014年度“250家国际承包商”和“250家全球承包商”排名。中国中铁股份有限公司列2015全球最大承包商首位。同时，在2015最大国际承包商中，中国中铁排名第二十三位，名次较2013年度上升5位，在入选的中国建筑企业中排名第四位。

（李　刚）

【华电重工公司获批设立博士后科研工作站】 9月14日，人力资源社会保障部和全国博士后管委会印发《关于批准合肥国轩高科动力能源股份有限公司等628个单位设立博士后科研工作站的通知》（人社部发〔2015〕86号），其中丰台园企业华电重工股份有限公司获批设立博士后科研工作站，开展博士后工作。这是华电重工公司高层次人才培养工作所取得的一项新的重大突破。博士后科研工作站的获批，是对华电重工公司技术创新能力和人才培养能力的高度肯定，也是华电重工公司一直以来坚持创新驱动发展，持续不断地提高科研开发和创新能力的结果，将有利于公司高层次人才的引进，并进一步增强自主创新能力，推动可持续发展。

（李　刚）

【哈大高铁项目获菲迪克工程项目优秀奖】 9月14—15日，在国际咨询工程师联合会（FIDIC，菲迪克）年会上，菲迪克2015年度工程项目评奖获奖名单公布，中国获5个杰出项目奖中的2个、14个优秀奖中的5个。其中，由中国中铁电气化局集团有限公司参建的哈尔滨至大连高速铁路获菲迪克2015年度工程项目优秀奖。哈尔滨至大连铁路客运专线2012年12月1日开通运营，纵贯东北三省，按时速350千米建设，运营里程921千米，是中国在高纬度严寒地区设计的标准最高的一条高速铁路，也是世界上第一条在高寒地区建成运营的高速铁路。在施工中，中国中铁集团施工企业与设计单位开展技术创新活动，突破了防冻胀路基、接触网融冰、道岔融雪等国际公认的三大技术难题。（菲迪克是国际知名的咨询工程师组织，由欧洲3个国家的咨询工程师协会于1913年成立，其出版的《菲迪克条款》在国际工程项目建设中被广泛采用。由于菲迪克在全球工程咨询行业的权威性地位，其所颁奖项也被誉为行业的“诺贝尔奖”。）

（李　刚）

【“IBI咖啡”获北京市众创空间授牌】 9月22日，在北京市新技术新产品（服务）首家平台发布暨众创空

间工作推进会上，由丰台园科技创业服务中心打造的“IBI 咖啡”获北京市第二批众创空间授牌，成为丰台区首家众创空间。“IBI 咖啡”开展的创新创业服务包括创业培训、早期孵化、专业技术服务和投融资对接等，为小微创新企业和创业者提供了低成本、便利化、全要素、开放式的综合服务平台。（“IBI 咖啡”于 2015 年 2 月 12 日开业，以天使 VC 与创业者见面会、智汇星期五培训、大学生创业课堂等形式开展活动，有效促成了软银中国、基石基金等投资机构与企业项目的对接。）

（柳　杨）

【中英石墨烯高端研讨会举办】 10 月 24 日，由丰台园管委会主办的中英石墨烯高端研讨会在丰台园举办。市质监局、市科委、中关村管委会等单位的有关负责人以及英国国家物理实验室（NPL）、北京丰泰新材料检测院等来自中英两国的石墨烯研发机构和企业的代表 80 余人参加。研讨会交流了 NPL 及石墨烯研发进展、石墨烯国际标准制定情况、石墨烯 NPL 检测丰台共建情况、NPL 石墨烯国际标准与配套检测方法介绍（非接触检测方法）等。由丰台园管委会、丰泰检测院和 NPL 合作建设的石墨烯非接触式和接触式检测室启动。检测室位于丰台园国际石墨烯中心内。中心将通过国际合作项目，在石墨烯制备技术、高端应用、检测体系建设等方面开展工作，建立相关的大数据库，建设石墨烯国际标准检测和公共服务平台，成为国内外研发机构和企业合作的桥梁。中国产学研合作促进会与丰台园管委会、丰泰检测院签约，将共同推进中国石墨烯新材料政产学研用结合。

（魏立亮）

【东方通公司入围“国防军工板块上市公司名单”】 10 月 27 日，中国上市公司协会军工行业委员会发布“三季度国防军工板块上市公司名单”，“国防军工相关板块”名单新增 5 家企业。其中，北京东方通科技股份有限公司（股票代码：300379）被新增纳入“国防军工相关板块”，其业务进入国防军工领域。东方通公司全资子公司北京东方通宇技术有限公司于 8 月获国防武器装备科研生产单位保密资格审查认证委员会颁发的《二级保密资格单位证书》，可以承担武器装备科研生产任务。同时，资质的获得也推动东方通公司自主可控产品及方案在更大范围的推广应用，更好地服务于国家网络与信息安全保障体系建设。

（李　刚）

【丰台区众创诚信联盟成立】 10 月 30 日，丰台区众创诚信联盟成立仪式在北京 IBI 举行。市工商局、市科委、丰台区政府等单位的相关负责人及企业代表 20 余人参加。联盟是由丰台园科技创业服务中心牵头，丰台区内商务楼宇管理机构自发成立的社会组织，以“宣传诚信理念，树立诚信意识，共建诚信丰台”为宗旨，设立了企业入驻清退机制、档案数据共享机制、企业诚信教育机制，旨在促进创新、创业、诚信经营，净化市场经营环境，树立企业的良好信誉。6 家联盟成员单位的代表签订了《丰台区众创诚信联盟公约》，以《公约》为全体成员的行为准则，推动市场主体信用体系的建设，规范市场主体经营行为。

（柳　杨）

【丰台园入围首批国家应急产业示范基地名单】 10 月 31 日，工业和信息化部办公厅、发展改革委办公厅和科技部办公厅印发《关于公布首批国家应急产业示范基地名单的通知》，确定丰台园等 7 个产业基地为首批国家应急产业示范基地。《通知》指出，首批国家应急产业示范基地要围绕落实《中国制造 2025》和保障国家公共安全，在 3 年培育期内，不断增强自主创新能力，提高产业规模水平，努力培育成为国家应急技术装备研发、应急产品生产和应急服务发展的示范平台。

（魏立亮）

【航天斯达公司获 4 项国际大奖】 11 月 1 日，在德国纽伦堡第六十七届国际发明展上，北京航天斯达科技有限公司的两个参展发明专利项目获 4 项大奖。其中，“液体自校准型直线容积式灌装机”获“德国纽伦堡第六十七届国际发明展银奖”和韩国发明促进会颁发的“创意设计奖”，“证券纸币裁切包装设备”获“德国纽伦堡第六十七届国际发明展银奖”及波兰发明协会颁发的“创意产品奖”。

（宁曙光）

【北斗航天集团获中国创新设计工程金奖】 11 月 5 日，在中国工程院等单位召开的国际工程科技发展战略高端论坛——创新设计论坛暨 2015 中国创新设计大会上，举行首届“中国好设计”发布仪式，30 个项目获奖。其中，北斗航天卫星应用科技集团有限公司的“北斗—遥感卫星综合管理平台”作为“中国好设计”入选项目获 2015 年度中国创新设计工程类金奖。平台由北斗航天集团、中国航天科技集团第九研究院 772 所和国家遥感应用工程技术研究中心三方共同联合打造，是中国第一个从芯片、模块、终端设备研发到运营管理平台搭建，完全基于北斗和遥感卫星应用的综合管理平台，通过了国家通信导航与北斗卫星应用产品质量监督检验中心的检测。平台利用北斗卫星导航定位、授时、短报文技术以及高分遥感、地理信息技术，采用面向互联网开放的系统架构搭建的综合信息管理平台，可面向车辆管理、应急指挥、森林防火、海洋环境监测等应用领域，实现科学化、规范化、可视化和透明化管理。

（李　刚）

【中国中铁公司获 16 项鲁班奖】 11 月 9 日，中国建筑业协会印发《关于颁发 2014—2015 年度中国建设工程鲁班奖（国家优质工程）的决定》（建协〔2015〕45 号），公布了 2014—2015 年度中国建设工程鲁班奖（国家优质工程）评选结果，200 项工程获奖。其中，中国中铁股份有限公司及中铁一局等 17 家下属二级企业承建或参建的沈阳四环快速路新建工程、深圳市滨海医院等 16 项工程获奖。中国中铁公司累计 137 项工程获中国建设工程鲁班奖。

（李　刚）

【东方通公司获领军软件基础设施提供商称号】 11 月 17 日，在 2015 亚太智慧城市颁奖典礼上，国际数据集团（IDG）发布 2015 年度"中国领军智慧城市""领军智慧城市解决方案提供商"等奖项的获奖名单。其中，北京东方通科技股份有限公司凭借数据交换和数据融合等方面的强大能力和众多实施服务经验获"智慧城市领军软件基础设施提供商"称号。东方通公司在云计算、移动互联、物联网等领域，为政府部门和企业提供了可靠的解决方案，帮助用户构建以管理对象为标识的数据融合模型，利用元数据管理、任务驱动、目录服务和大数据计算等技术，建立数据融合平台，满足智慧城市数据中心对海量数据资源的多维度查询抽取需求，有效推进智慧城市的大数据融合基础设施建设。

（李　刚）

【泛华集团获 5 项优秀规划设计奖】 11 月 27 日，北京城市规划学会印发《关于 2015 年度北京市优秀城乡规划设计奖获奖通知》，105 个项目获奖。其中，泛华建设集团有限公司的 5 个项目获奖，分别是：罗云兵等完成的铜川市药王山大景区规划设计获优秀城乡规划设计二等奖，刘云南等完成的常德市城市排水（雨水）防涝专项规划、张亚东等完成的江宁区上坊组团交通市政专项规划、罗云兵等完成的武汉经济技术开发区产城一体化规划和句容市城市发展系统规划 4 个项目获优秀城乡规划设计三等奖。

（李　刚）

【谊安医疗公司获国家知识产权优势企业称号】 12 月 4 日，国家知识产权局印发《关于确定 2015 年度国家知识产权示范企业和优势企业的通知》（国知发管函字〔2015〕212 号），公布 2015 年度国家级知识产权示范企业和优势企业名单。北京地区优势企业 41 家，其中丰台园北京谊安医疗系统股份有限公司 1 家企业入选。谊安医疗公司拥有 600 余件发明专利，并把优势专利运用至呼吸机、麻醉机等龙头产品中，提高了国产呼吸机和麻醉机的性能与质量，产品在国内各级医院、国家军队医疗船、航母及国外各级医疗机构得到广泛应用。

（李　刚）

【获石墨烯国际标准产业发展联盟和国际合作产学研创新示范基地的授牌】 12 月 12 日，在第九届中国产学研合作创新大会上，丰台园管委会获"中国石墨烯国际标准产业发展联盟"和"中国石墨烯国际合作产学研创新示范基地"的授牌。联盟定位为国际石墨烯行业服务平台，将推动石墨烯资源合理利用，推进石墨烯产业技术发展和进步，推行石墨烯产研结合、产融结合以及行业标准化制定和信用评估。基地是丰台园

管委会与中国产学研合作促进会、北京丰泰新材料检测院有限公司的签约共建项目，项目位于丰台园国际石墨烯中心，基地将进一步整合创新资源，拓展服务功能，更好地发挥石墨烯产业的桥梁、纽带作用，推进中国石墨烯新材料政产学研用结合。

（魏立亮）

【中铁电气化局集团获中国自主创新品牌第一名】 12 月 12 日，在 2015 年中国品牌价值评价信息发布会上，中国中铁电气化局集团有限公司获中国自主创新企业排行榜第一名，品牌强度 896，品牌价值 244.5 亿元。

（李　刚）

【两家企业入选中关村金种子企业】 12 月 21 日，中关村管委会公布第五批金种子企业名单。其中，丰台园三斧科技（北京）有限公司、北京威尔帝科技有限公司两家企业入选。三斧科技公司利用互联网专注于服务电动汽车用户，依托"互联网 +"，提升电动汽车流通效率、降低流通成本、提升客户体验，探索适合电

动汽车产品的新型分销和服务模式，推出三斧电动汽车（电动汽车定制品牌）及My电车（电动汽车销售服务平台）两大服务品牌；威尔帝公司是一家集影视器材研发、生产、销售，影视文化传播以及影视创作和影视技术培训为一体的综合性影视公司，自主研发上市的产品达30余种，主要包括稳定器系列、轨道系列、摇臂系列、电控设备、视听系列、灯光系列等。

（柳　杨）

【两家博士后企业分站成立】 12月23日，全国博士后管委会办公室印发《关于批准在北京经济技术开发区博士后科研工作站等增设分站的通知》（博管办〔2015〕73号）。其中，丰台园北京旭阳化工技术研究院有限公司、北京国能中电节能环保技术有限责任公司2家企业被批准成立博士后企业分站，涉及新材料、石油化工、煤化工、生物与精细化工和工业节能、燃煤烟气污染物“超低排放”治理、环保装置运营服务等领域。截至年底，丰台园博士后科研工作站企业分站13家、博士后（青年英才）创新实践基地工作站8家，进站博士后26人，在站14人。

（柳　杨）

【泛华集团获全国优秀市政工程设计企业称号】 12月27日，在2015全国工程建设行业年会上，由泛华建设集团有限公司承接的“贵州省贵安新区黔中大道城市主干道设计工程”在全国优秀市政工程设计企业综合业绩评选中获评委会的全票通过，泛华集团获“2015全国优秀市政工程设计企业”荣誉称号。黔中大道全长42.5千米，宽60米，为连接贵安新区与安顺市的城市主干道。

（李　刚）

【6家企业参与项目获国家科学技术奖】 年内，丰台园6家企业参与完成的项目获2015年度国家科学技术奖。其中，中国铁路通信信号股份有限公司、中铁电气化局集团有限公司参与的“京沪高速铁路工程”项目获2015年度国家科技进步奖特等奖，为丰台园企业首次获国家科技奖特等奖；北京中路安交通科技有限公司参与的“山区高速公路运营保障关键技术及装备”项目、北京天和众邦勘探技术股份有限公司参与的“2000米以内全液压地质岩心钻探装备及关键器具”项目、北京市政路桥建材集团有限公司参与的“废轮胎修筑高性能沥青路面关键技术及工程应用”项目获2015年度国家科技进步奖二等奖；北京热景生物技术有限公司参与的“基于稀土纳米上转发光技术的即时检测系统创建及多领域应用”项目获2015年度国家技术发明奖二等奖。

（魏立亮）

【丰台园东区三期地块出让】 年内，大连万达公司以25.5亿元竞得丰台园东区三期1516–21地块，拟建设“互联网+”时代的“O2O”商业综合体。金丰融晟公司以17.6亿元竞得东区三期1516–12A地块，定位为开放、共享、和谐的科技产业生态圈。中铁置业公司和中铁投资公司联合体以11亿元竞得东区三期1516–12B地块，定位为公司总部。宁波方兴公司和碧桂园公司联合体以34.2亿元竞得东区三期1516–28A地块，以17.6亿元竞得东区三期1516–28B地块。

项目名称	竞得方	占地面积（公顷）	规划建筑规模（万平方米）	成交日期	成交价格（亿元）
1516–21	大连万达商业地产股份有限公司	6.5	14.17	2月9日	25.5
1516–12A 商办项目	北京金丰融晟投资管理有限公司	4.13	11	7月15日	17.6
1516–12B 商办项目	中铁置业集团有限公司和中铁投资集团有限公司联合体	2.3	6.04	10月20日	11
1516–28A	宁波方兴投资咨询有限公司和碧桂园（北京）投资有限公司联合体	4	11.8	10月21日	34.2
1516–28B		2.11	5.92		17.6

（山显彬　魏立亮）

【丰台园国际石墨烯中心建成】 年内，丰台园国际石墨烯中心建成。石墨烯中心内设石墨烯专家库工作站、石墨烯公共服务平台、石墨烯产业展示中心、石墨烯国际标准检测、石墨烯服务支撑后台、石墨烯众创空间等平台，将以政产学研用为指导，以国际协同创新为切入点，以平台搭建和高端应用为抓手，整合国际国内两种创新资源，聚集国内外优秀的石墨烯创新创业团队和优质项目，重点布局标准检测计量、知识产权服务与运营、国际交流合作等科技服务平台。中心被评为“中国石墨烯国际合作产学研创新示范基地”，是“中国石墨烯国际标准产业发展联盟”成员单位，是中国产学研合作促进会合作项目、NPL等国际产学研团队合作项目、中国标准化研究院联合重点研究室、市质监局与北京市计量检测科学研究院支持项目、北京市政府和丰台区科委重点支持项目。

（魏立亮）

【丰台园人才建设全面推进】 年内，丰台园北京交控科技有限公司等5家企业的5名人才通过2015年中关村示范区高端领军人才专业技术资格评审，北京世纪东方国铁科技股份有限公司等两家企业的两名人才获“北京市有突出贡献的科学、技术、管理人才”评选表彰，北京凯普林光电科技有限公司技术副总裁徐磊入选“千人计划”。

（魏立亮）

【丰台园重点项目进展顺利】年内，丰台园东区三期开发建设稳步加快，其中五圈路、四合庄西路等9条道路基本完工，具备通车条件；共有在施项目10个，开复工面积203万平方米，竣工面积45万平方米。其中三洲隆徽、国知中心、时代财富二期和华夏幸福（1516–25地块）项目基本完工；托普科技园（东区二期36和37地块）完成结构封顶；中国铁路通信信号产业园（北区）完成地下结构施工；万达广场、华夏幸福（1516–27地块）和诺德中心三期项目进行地上2～3层主体结构施工；海格通信产业园项目进行地下二层结构施工；东旭光电项目完成土方和基坑支护等工作。

（山显彬）

【新增上市公司13家】年内，丰台园新增上市公司13家，即：两家中小板上市企业——北京东方新星石化工程股份有限公司、北京真视通科技股份有限公司；11家新三板挂牌企业——北京瑞特爱能源科技股份有限公司、北京万泰中联科技股份有限公司、北京汉能华科技股份有限公司、北京海泰斯工程设备股份有限公司、北京众智同辉科技股份有限公司、北京众力德邦科技股份有限公司、北京志能祥赢节能环保科技股份有限公司、北京博远欣绿科技股份有限公司、北京中景橙石生态艺术地面科技股份有限公司、北京美康基因科学股份有限公司、北京英诺威尔科技股份有限公司。

（李　琳）

【制备出石墨烯导电墨水】年内，北京鑫碳科技有限责任公司制备出石墨烯导电墨水。其制备的理想结构石墨烯可以稳定地分散于水中，而且可以控制薄层石墨烯尺寸在500纳米，由此制备的导电墨水，可以直接通过传统喷墨打印和丝网印刷的方式在纸、塑料、玻璃等各种载体上直接制作无线射频识别（RFID）等各种微型电路。由于石墨烯具有高散热的特性，可以省去传统集成电路的散热部件以更加节省成本和能耗。

（李　琳）

【丰台园重点技术领域总收入4004.1亿元】年内，丰台园重点技术领域总收入4004.1亿元。其中，新材料领域791.3亿元，占总收入的19.8%；电子信息领域461.2亿元，占总收入的11.5%；生物医药领域280.8亿元，占总收入的7%；先进制造领域202.7亿元，占总收入的5.1%；新能源与节能领域85.6亿元，占总收入的2.1%；环境保护领域61.3亿元，占总收入的1.5%；其他领域2121.2亿元，占总收入的53%。

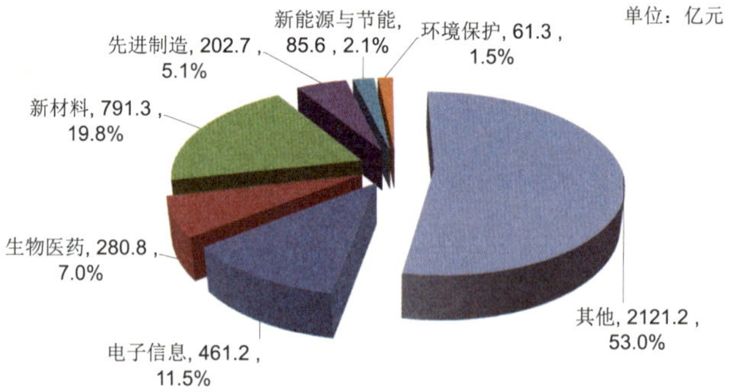

（魏立亮）

石景山园

2006 年 1 月 17 日，经发展改革委批准，石景山园加入中关村科技园区，规划面积 345 公顷，分为北Ⅰ、北Ⅱ和南区 3 个区域。2012 年，经国务院批复，石景山园规划面积增至 1334.39 公顷，增加西部拓展区、首钢改造区、银河商务区、永定河绿色发展带商务区、五里坨西部发展预留用地等 17 个区域。2007 年 3 月，区委、区政府确立区科委、园区管委会、区知识产权局三位一体的管理模式，建立园区建设领导小组工作协调机制。2014 年 9 月，石景山园管理体制调整，组建由常务副区长和主管副区长牵头，科委园区、区金融办、区经济信息化委、区投促局等部门组成的石景山园管委会，推动园区建设。按照石景山区建设国家级绿色转型发展示范区的目标要求，园区重点发展现代金融、高新技术、文化创意及科技服务等新兴高端产业，努力建设成为区域经济新的增长极。以科技和文化融合发展的数字娱乐产业为特色，为园区树立品牌，增强核心竞争力。园区形成以网络游戏、影视动漫、数字媒体和设计产业互为支撑的发展格局，“中国数字娱乐第一区”品牌初步形成；先后获“国家网络游戏动漫产业基地”“国家动画产业基地”等一批特色基地认定；被中宣部等单位认定为“国家级文化和科技融合示范基地”；以趣游科技集团有限公司为代表的娱乐互动门户企业，以华录文化产业有限公司为代表的影视文化企业先后参与国家重大科技工程建设；北京保险产业园、中关村互联网金融产业基地等一批重大项目建设有序推进，引导支撑高端绿色产业快速发展。园区大力发展互联网金融，91 金融（北京）信息服务有限公司等企业通过云计算、大数据等技术与金融业务的融合，开创了“信息科技＋金融创新”模式。园区努力打造“石景山服务”品牌，建立健全“特色产业＋知识产权＋人才发展＋创新激励”四位一体的园区发展政策体系，将品牌、政策和服务优势辐射至全区。针对企业不同发展阶段，实施“金种子计划”“明星计划”“小巨人计划”等扶持项目，在全区形成从创新研发、创业发展到产业集聚的良好功能布局。园区内企业可享受国家、北京市、中关村示范区的各类优惠政策。

石景山园管理委员会领导成员

工委书记	文　献
副书记	杨京春（女）　张晋福　房之炜　周西松
纪工委书记	王　朴（女）
管委会主任	司马红（女）
副主任	杨京春（女）　张晋福　李元涛　徐　涛　房之炜　周西松　毛慧敏（女）　翟继松　邓清平　李　晨（女）　于海春

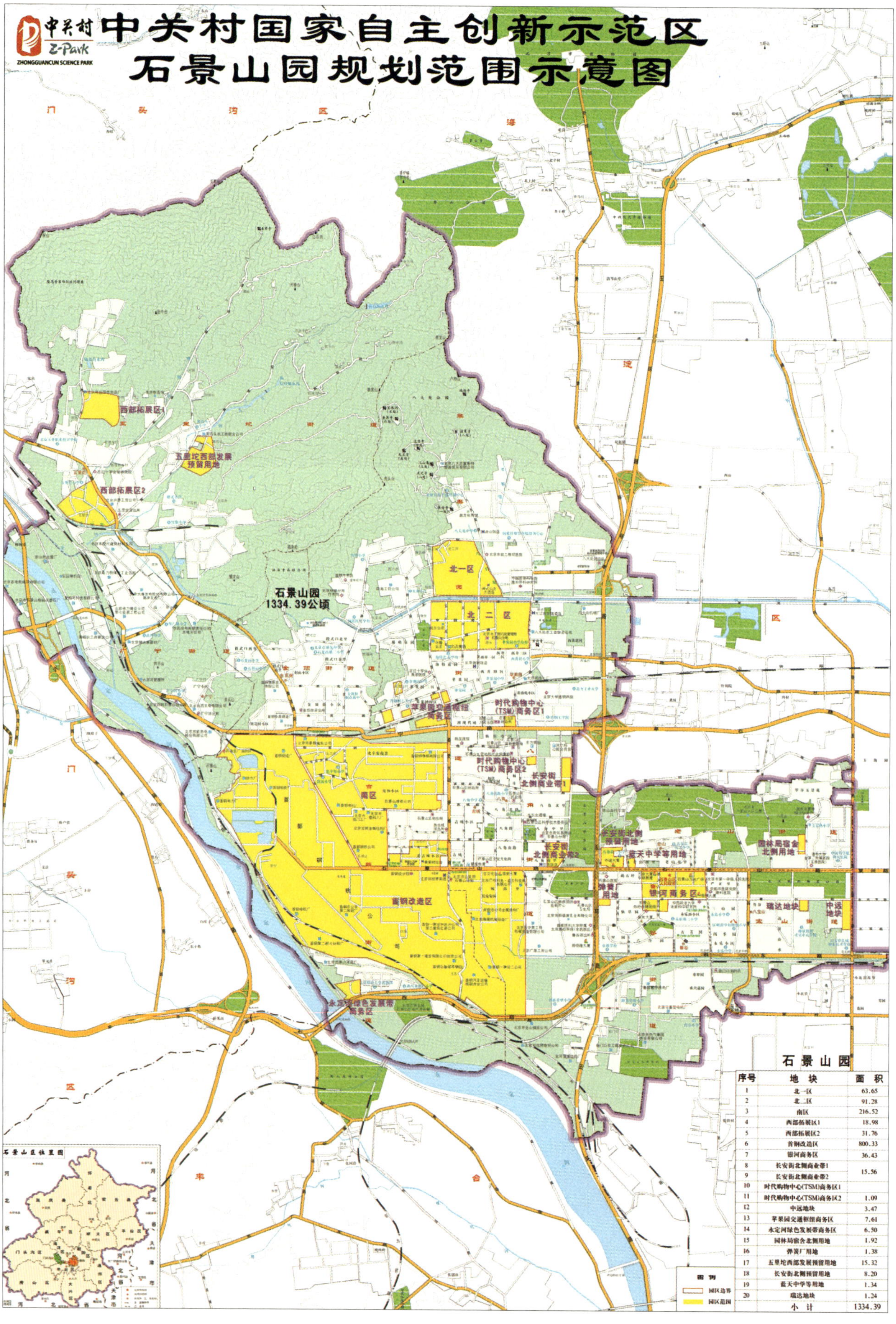

石景山园

序号	地块	面积
1	北一区	63.65
2	北二区	91.28
3	南区	216.52
4	西部拓展区1	18.98
5	西部拓展区2	31.76
6	首钢改造区	800.33
7	银河商务区	36.43
8	长安街北侧商业带1	15.56
9	长安街北侧商业带2	
10	时代购物中心(TSM)商务区1	
11	时代购物中心(TSM)商务区2	1.09
12	中远地块	3.47
13	苹果园交通枢纽商务区	7.61
14	永定河绿色发展带商务区	6.50
15	园林局宿舍北侧用地	1.92
16	弹簧厂用地	1.38
17	五里坨西部发展预留用地	15.32
18	长安街北侧预留用地	8.20
19	蓝天中学等用地	1.34
20	瑞达地块	1.24
	小计	1334.39

【概况】 2015 年，石景山园积极推进高端的科技创新驱动体系建设，加快构建“高精尖”产业体系，推动“创新创业石景山”启航工程，优化产业发展环境。年内，园区入统高新技术企业总数 676 家；从业人员 7.5 万人；工业总产值 77.2 亿元；总收入 1632.3 亿元；进出口总额 3.2 亿美元；实缴税费总额 68.8 亿元；利润总额 236.8 亿元；资产总计 4462.6 亿元；科技活动经费支出总额 56.4 亿元；专利申请数 1168 件，专利授权数 1171 件。

“高精尖”产业发展促经济。园区国家高新技术企业总数 345 家，2015 年申报国高新企业 177 家；园区上市企业总数 15 家，新三板挂牌企业总数 23 家。落实中关村互联网跨界融合创新示范工程，培育一批拥有新业态、新技术、新商业模式的“互联网 +”企业。国内第一家互联网家政“管家帮”、顺为资本投资的“爱空间”家装、“e 代驾”等企业实现“互联网 +”。文化创意产业快速增长，手机游戏产业竞争力不断提升，蓝港在线（北京）科技有限公司等 18 家企业利润率在 30% 以上。科技金融产业发展活跃，（北京）信息服务有限公司等企业布局互联网金融业务。互联网金融产业基地聚集了互联网保险产业集群、大数据、第三方支付、征信等互联网金融创新机构近 50 家。

重点项目建设稳步推进。北京保险产业园 1605-648 地块挂牌上市，被北京保险产业园投资控股有限责任公司竞得；点石商务中心项目封顶；世纪盛达园科技综合楼项目和普利门科技研发楼项目竣工；首特绿能港科技中心 15、16 号地项目和古城创业大厦项目启动，并完成控规调整；北辛安棚户区改造项目完成控规调整，筹划启动征地拆迁工作。

创新创业服务能力快速提升。创业公社、创业魔法学院两家单位被认定为北京市众创空间，拥有市级以上众创空间等创业服务载体 6 家、创业社区 1 家。累计举办 224 期“园区讲堂”，服务企业 1.27 万家次；设立“企业服务工作站”，企业服务触角遍布全区 20 余家孵化器；开展“科技金融服务日”活动 12 次。

非公企业党组织建设加强。开展“传承红色基因，点燃创业激情，建设精神家园，促进企业发展”系列活动 10 余次，创立互联网党建“红色星期六”活动品牌，设立园区传承红色基因工程宣传展；建立入园企业党建信息基础台账。新建非公企业党支部 18 家。

（岳继华　张玉霞）

【石景山区国家级服务业标准化试点通过验收】 1 月 6 日，由石景山园管委会承担的石景山区国家级文化创意产业服务业标准化试点通过国家标准委组织的验收。试点建设着眼文化创意产业的发展，围绕影视动漫、网络游戏、数字媒体等文化创意产业业态，以“政府 + 中介 + 孵化器”创新服务模式实现为重点，建立并运行石景山文化创意产业服务标准体系，其中包含通用基础、服务保障、服务提供 3 个标准体系，技术创新、孵化服务、中介服务、金融服务等 34 个子系统，共计 184 项服务标准，形成“企业提需求、政府搭平台、市场来解决”的服务标准制定模式。

（崔海霞）

【2015 年科技金融工作座谈会召开】 2 月 9 日，石景山园管委会在京召开 2015 年科技金融工作座谈会。中关村管委会、石景山区政府等单位相关负责人以及 40 余家金融机构和重点企业的代表参会。会议听取石景山园科技金融服务联盟年度工作汇报。杭州银行股份有限公司、北京市文化科技融资租赁股份有限公司等单位分别与石景山园管委会签署战略合作协议。根据协议，各方将共同搭建“一个平台、四条路径”的投融资服务体系，即园区与银行、投资公司、证券公司等中介服务机构共同搭建园区金融服务平台和债权融资（包括银行贷款、融资租赁、债券发售）、股权融资（包括新三板、创业板和国内外主板上市）、社会资本（私募股权：包括天使投资、风险投资、并购参股、PE、VC）、无偿资助（政府专项资金、创新奖励、贴息、返税）4 条路径。

（罗耀玲）

【京西创业公社获首批北京市众创空间称号】 3 月 23 日，在北京市促进众创空间建设推进会上，石景山新型创业服务机构——京西创业公社获首批北京市众创空间称号。创业公社 2013 年成立，以“基地 + 基金”“政策 + 市场”“股权 + 债权”“孵化 + 投行”特色运营理念，为创业家和企业提供“孵化基地、政策申请、组合金融、产业资源导入”等一站式全产业链服务，形成产业与金融相结合的创新创业服务模式，运营着中关村雏鹰人才基地（石景山）、腾讯创业基地（北京）等公共服务平台。

（李　成）

【共建互联网游戏创业平台】 3 月 25 日，北京市石景山区人民政府、微软（中国）有限公司战略合作协议签约仪式在京举行。市经济信息化委、市科委、中关村管委会等单位的相关负责人参加。双方签署战略合作备忘录，宣布由双方共建的“微软技术实践中心”和“石景山互联网游戏创业平台”落户石景山园并投入运营。根据备忘录，石景山区政府将为互联网游

戏领域的小微企业提供创业空间、政策支持、行业指导，并为小微企业提供金融服务、相关创业培训、品牌宣传推广等创业孵化服务；微软中国公司将通过微软新创企业扶持计划（BizSpark）、微软线上虚拟学院、MSDN 等平台，为区域内的游戏开发商提供知识分享、技能培训、免费工具、专家指导等服务，并将引入微软云 Azure，以提升中小型游戏开发商的生产力。

（付　琦）

【国家高新技术企业认定及政策培训会举办】 3 月 25 日，由石景山园管委会主办的国家高新技术企业认定及政策培训会在石景山区创新平台举办。园区 100 余家新入园企业及重点企业的代表参加。会议解读了国家高新技术企业认定办法，介绍了人才引进、国家科技成果评价、残疾人就业保障金政策和安置残疾人就业等相关政策。

（耿　璐）

【4 项成果获“中国好技术”称号】 3 月 31 日，中国生产力促进中心协会发布《关于对 2014 年度获得“中国好技术”称号的单位、企业进行公示的通知》（中生协字〔2015〕18 号），154 项成果获“中国好技术”称号。其中，石景山园 COMLAB（北京）通信系统设备有限公司的“GSM-S 光纤直放站”、北京源信天地光电科技有限公司（子公司）的“高清全景摄像机”、北京迪生动画科技有限公司的“迪生 MOCO 定格动画运动轨道拍摄系统”、北京畅游时代数码技术有限公司的“CYCLONEII3D 游戏引擎软件”4 项成果入选。“高清全景摄像机”仅需一个镜头就能对周围 180 度或 360 度的广大范围进行高清成像，为用户直观呈现连续、整体的现场图像，能大幅提高监控效率；“迪生 MOCO 定格动画运动轨道拍摄系统”将三维动画的动作捕捉技术、特技摄影中的运动拍摄控制，以及定格动画拍摄技术有机结合在一起，可以在定格动画、偶动画、影视剧和视频广告上进行广泛应用；“CYCLONEII3D 游戏引擎软件”向用户提供了清晰明确的接口，用户可轻松实现各项功能，并根据需要创造更多游戏模块及系统。

（齐雪丹）

【2015 年首批国家高新技术企业通过初审】 3—5 月，石景山园管委会通过园区讲堂宣讲、重点企业跟踪培训、重点产业单独辅导等方式，帮助企业申报 2015 年国家高新技术企业认定。第一批 25 家企业通过初审，包括华清科盛（北京）信息技术有限公司等电子信息类企业 15 家，北京合康亿盛变频科技股份有限公司等高新技术改造传统产业企业 3 家，北京完美时空数字娱乐技术有限公司等高技术服务业企业 3 家，九州方圆实业控股（集团）有限公司等新能源类企业 2 家，北京明诚环保科技有限公司等其他类企业 2 家。年内，共认定高新技术企业 176 家。

（张　旭）

【新首钢高端产业综合服务区成为智慧城市试点】 4 月 7 日，住房城乡建设部、科技部印发《关于公布国家智慧城市 2014 年度试点名单的通知》（建办科〔2015〕15 号），将新首钢高端产业综合服务区纳入国家智慧城市 2014 年度新增试点范围。首钢园区以顶层设计为指导方针，开展数据中心、通信基础设施、城市规划建设平台、BIM 绿色建筑群管控平台、城市网格化管理平台等多项智慧城市项目的前期建设。首钢新园区智慧城市体系架构主要内容包括：一个理念，即智慧生命体系理念，强调开放、融合、创新、延续；两套体系，即智慧应用体系、智慧运营体系；三个平台，即城市规划建设运营平台、城市公共服务平台、智慧决策管控平台；四项服务，即提升公众幸福指数、产业经济持续发展、提升园区运营效率、提升与政府协同能力；五大提升，即智慧基础设施服务能力、规划建设运营能力、产业公众服务能力、社区生活服务能力、智慧决策与应急能力。

（张玉霞）

【两家北京 12330 工作站获授牌】 4 月 21 日，在 2015 年北京 12330 工作站授牌仪式暨创新创业组织知识产权联络员业务培训班上，石景山园内石景山区古城中小科技企业基地、华海基业科技孵化器获北京市保护知识产权举报投诉服务中心（北京 12330）工作站授牌，园区北京 12330 工作站增至 4 家。

（陈　京）

【车载燃油智能净化器项目通过科技成果评价】 7 月 2 日，由中科合创（北京）科技推广中心主办的车载燃油智能净化器节能减排项目科技成果评价会在中国科技会堂举行。来自清华大学、北京航空航天大学、国家环境污染控制中心等单位的专家学者等参加。评价意见表明，由北京怦动泰科环保科技有限公司研发的车载燃油智能净化器，符合国家节能减排和汽车产业政策的发展方向，实现了车辆尾气排放技术上的新突破。项目的主要创新点为：综合应用了高能紫外光分解技术、矿化理论、磁驱动技术、光催化氧化、全数字化控制模块等技术，提高了燃油活性、工作效率及可靠性；紫外光源的结构设计新颖，并对材料进行了优选及工作参数优化；开发了一种多组分光触媒技术；采用金属体亲和吸附技术与磁悬浮技术，避免了紫外光源工作过程中螯合物的沉积。

（齐雪丹）

【石景山启航工程及配套政策发布】7月8日，由石景山区政府主办的“创新创业石景山”启航工程和配套政策发布会暨“石景山区众创空间”授牌仪式在石景山创新平台举行。市科委、中关村管委会、石景山园管委会等单位有关负责人以及相关企业的代表等参加。石景山区政府发布《“创新创业石景山”启航工程》和《石景山区关于支持大众创新创业的暂行办法》（“石创20条”），并向华海基业孵化器、创业公社、蒲公英创业驿站、趣行天下4家石景山区首批众创空间授牌。《“创新创业石景山”启航工程计划》明确提出重点支持海

外创业者、大学生（青年）创业者、大企业创业人才、高校院所科技创业者4类人才创业，实施创业人才集聚工程、创业载体拓展工程、创业金融升级工程等七大工程，围绕创业核心要素资源，打通人才、载体、金融、服务、政策、文化等各环节，力争到2020年，在石景山区形成创业主体大众化、建设运营市场化、创业服务专业化、创业资源国际化、创业模式多样化的创新创业蓬勃发展局面，构建“多点支撑、特色鲜明”的“众创空间”发展格局。“石创20条”配套政策主要从“为创业企业提供创新型创业服务”“鼓励创业企业多渠道融资”“鼓励创业人才创业、完善相关配套服务”“营造创新创业氛围”4个方面给予支持，将大众创新创业与“全面深度转型、高端绿色发展”战略部署紧密结合，加快建设低成本便利化的“众创空间”，整合创新创业核心要素，推广升级创业服务，打造石景山创业要素集聚、创业活力迸发、创业环境包容的创新创业生态系统。

（李　成）

【3人获教授级高级工程师职称】7月10日，北京市高级专业技术资格评审委员会发布《2015年北京市高级专业技术资格评审结果公示》，77人通过2015年中关村示范区高端领军人才工程技术系列高级工程师（教授级）专业技术资格评审。其中，石景山园3人通过评审，分别是北京中科博联环境工程有限公司陈俊、阿尔西制冷工程技术（北京）有限公司贾润宇及北京乐游联动科技有限公司刘万千。截至年底，园区共有10人获教授级高级工程师职称资格。

（张玉霞）

【易华录e+创客孵化中心成立】7月30日，由北京易华录信息技术股份有限公司主办的易华录e+创客孵化中心启动仪式在京举行。基地特约导师、投资人代表等参加。易华录e+创客孵化中心位于中国华录大厦，由易华录公司建设运营，总面积约700平方米，包括会议室、培训室等公共服务设施以及创业团队办公空间。中心重点关注自主可控的关键技术及产品的研发、生产和制造，以产业技术创新为核心，利用易华录公司在智慧城市、智能交通领域的经验与资源，整合中国互联网发展基金会与中国人民大学创业学院等多方力量，建设“互联网+”创客基地，搭建思维众筹平台，面向“互联网+”智慧城市、“互联网+”智能交通、“互联网+”公共安全等领域，举办“互联网+”创新创业大赛，为符合条件的创业团队提供产业技术指导、投融资服务、创业培训辅导、财务专项咨询、政策咨询、知识产权服务、人才招聘等服务，并设立创客基金，以推动互联网公共服务领域的技术创新。

（李　成）

【企业经营与知识产权沙龙举办】8月28日，由石景山区生产力促进中心、工业和信息化部电子知识产权中心、北京创业公社投资发展有限公司主办的第一期企业经营与知识产权沙龙在石景山创新平台举办。北京迪生动画科技有限公司等20余家企业的代表参加。相关专家围绕企业经营中的知识产权风险管控、企业发展如何借力知识产权、文化创意企业的知识产权等主题，就企业知识产权服务需求与困难等问题进行讲解，并介绍了石景山区和中关村示范区的相关优惠政

策。企业经营与知识产权沙龙系列活动，旨在引入优质知识产权服务资源，对接石景山园企业的知识产权服务需求，持续提升园区企业以知识产权求发展的能力。年内，活动共举办5期，分别就知识产权风险管控、知识产权保护等方面进行了交流，累计300余人次参加。

（齐雪丹）

【两家企业获“十百千工程”资金支持】9月24日，中关村管委会发布《2015年度中关村“十百千工程”培育企业“做强做大”资金支持名单情况公示》，27家“十百千工程”培育企业获资金支持。其中，石景山园北京易华录信息技术股份有限公司和北京华录百纳影视股份有限公司两家企业获“十百千工程”支持资金30万元。

（李　成　崔海霞）

【市医疗卫生领域科技政策宣讲会举行】9月28日，由石景山园管委会主办的北京市医疗卫生领域科技政策宣讲会在京举行。来自石景山区各医疗卫生机构、医疗科技企业的代表近100人参加。会上，相关专家从生命科学领域前沿技术培育、首都临床特色应用研究、十大疾病科技攻关与管理工作、首都十大疾病科技成果推广、临床CRO平台5个方面介绍了北京市在医疗卫生领域支持的科技项目，对2016年“首都临床特色应用研究”项目支持方向、项目申报流程、申报注意事项等内容进行了解读。

（石桂莲）

【国际时钟同步技术研讨会举行】10月11—16日，由美国电子和电气工程师协会（IEEE）主办、北京东土科技股份有限公司承办的2015IEEE 1588精密时钟同步测量、控制和沟通国际研讨会（ISPCS2015）在京举行。来自世界知名时钟同步设备制造企业的代表及相关领域的专家学者等100余人参加。会议包含互插拔（兼容性）测试、技术交流日和学术研讨会3个部分。在互插拔测试环节，参与者与世界各国涉及IEEE 1588时钟同步技术厂商的设备或组件进行互插拔测试，测试项目覆盖电力、通信等领域的应用模式和标准，采用由IEEE标准委员会及行业专家共同设定的测试用例，验证产品在精确时钟同步技术协议一致性、行业标准符合度、与主流厂商设备兼容性等方面的性能，并与国内外时钟同步技术专家及各厂商的同行进行技术沟通，分享技术方向、细节及产品研发经验。

（马海涛）

【“双创周”石景山园分会场活动举办】10月19—23日，首届全国大众创业万众创新活动周举办。“双创周”期间，石景山园管委会在园区设立分会场，举办了“石景山互联网游戏创业平台”创业技能培训、移动互联网创新思维培训、石景山园创新创业展示交流等活动，展示了石景山园创业企业在智能硬件、文化创意等领域的创新创业成果，促进各类创新创业要素聚集交流对接。石景山园重点创新创业企业北京图宝科技有限公司、北京华清信安科技有限公司还获选在“双创周”主会场展示，分别展示了Kisslink吻路由、新一代智能安全网等创新产品。

（李　成）

【石景山区首个光伏超级充电站开工】10月20日，石景山区首个光伏超级充电站开工仪式在石景山区举行。市发展改革委、市科委、市经济信息化委等单位有关负责人以及相关企业的代表等参加。项目由北京首钢自动化信息技术有限公司和北京富电科技有限公司合作，采用PPP模式（Public-Private-Partnership，即公私合作模式）建设运营，总投资1500万元，占地面积约0.05公顷，采用立体停车设计，将建成50根充电桩。充电站整个建筑的能源提供全部由太阳能完成，应用了智能微电网、超级无线网络技术、低碳技术等21项“互联网+”技术，建成后日光伏发电量近1000千瓦时，具备每天为80辆电动车充电的能力，实现了绿色能源的全生命周期利用。

（何　源）

【两家企业入选德勤—中关村高科技高成长20强】10月30日，在2015德勤—中关村高科技高成长20强暨“明日之星”颁奖典礼上，中关村产业技术联盟促进会和德勤中国发布了2015德勤—中关村高科技高成长20强评选榜单，石景山园两家企业入选。其中，北京亿心宜行汽车技术开发服务有限公司（e-代驾）以3年收入平均增长率4332%位列第一，北京易华录信息技术股份有限公司以3年收入平均增长率185%列居第十一位。

（王　震　罗耀玲）

【石景山区科技服务业产业联盟成立】11月20日，石景山区科技服务业产业联盟成立大会暨第一次会员代表大会在京举行，会员代表及相关人员等30余人参加。联盟由泽羚投资咨询（北京）有限公司、北京知融科技服务有限公司等来自科技咨询、金融服务、法律咨询、审计咨询、技术服务、投资管理、知识产权服务、代办服务、人才服务、科技培训等领域的30余家专业科技机构和科技型企业共同发起成立，将以贴近企业需求的服务内容为基础，以建立互动协作的服务体系为支撑，以促进中型企业做大做强和帮助中小企业健康发展为重点，通过联合区内外、国内外科技服务资源，围绕人才、投融资、行政审批等7类服务，采取要素集聚、政策对接、资源共享、服务并联的运行模式，建立以“技术转移、知识转移、信息转移、资本对接”为核心的创新服务体系。常青藤创业园总经理刘刚为联盟首届理事长。

（耿　璐）

【项俊波一行到北京保险产业园调研】 11月20日，保监会主席项俊波一行到北京保险产业园就保险产业园建设推进情况进行调研。市长王安顺、常务副市长李士祥一同调研。市政府及区相关部门负责人陪同调研并参加座谈。座谈会上，王安顺表示，保险业已成为首都经济社会发展的重要支撑，在经济增长、科技创新、城市治理等方面发挥了有力的推动作用；北京保险产业园是保监会和北京市战略合作的标志性项目，北京市将高标准做好开发建设工作，同时，积极为保监会履行好监督管理职责创造良好的环境。项俊波表示，建设好北京保险产业园是服务京津冀一体化的重要切入点，保监会将加快出台《关于加快推动北京保险产业园创新发展的实施办法》，推进具有重大示范效应的保险创新项目在北京保险产业园先行先试，统筹研究保险业重大基础平台落户北京保险产业园。

（张玉霞）

【两家机构获首批国家级众创空间认定】 12月2日，科技部印发《科技部关于公布首批众创空间的通知》（国科火字〔2015〕412号）。石景山园由北京市石景山区常青藤创业研究中心运营的常青藤创业园和由趣游科技集团有限公司运营的石谷轻文化产业孵育基地两家中关村创新型孵化器入选首批众创空间，被纳入国家级科技企业孵化器的管理服务体系。截至年底，石景山园拥有国家级众创空间和孵化器3家、市级众创空间和孵化器3家、区级众创空间和孵化器4家，各类创新创业服务机构总数20余家。

（李　成　徐利田）

【“园区讲堂”获评“十大惠民法治品牌”】 12月3日，在石景山区法制宣传教育和依法治区领导小组举办的“十大惠民法制品牌”颁奖仪式上，“园区讲堂”被评为全区首届“十大惠民法制品牌”。“园区讲堂”以公益性系列讲座方式为企业提供项目申报、科技资质认证、科技金融服务及培训等服务，同时积极开展法治宣传教育工作，普及与企业发展相关的知识产权保护、劳动法、合同法、税法等法律法规知识，在园区范围内形成了加强法治教育、传播法治精神的良好氛围，受到企业的一致认可和广泛好评。“园区讲堂”自2008年开办，共举办各类培训224期，覆盖园区各类型各成长阶段企业。

（耿　璐）

【3家实验室被认定为中关村开放实验室】 12月21日，中关村管委会发布《关于公布第九批中关村开放实验室挂牌名单的公告》，40家实验室被认定为中关村开放实验室。其中，石景山园国家无线电监测中心检测中心、北京首钢自动化信息技术有限公司的首钢总公司校准实验室、首钢环境产业有限公司的固体废弃物综合利用实验室3家实验室获认定。截至年底，园区共有中关村开放实验室7家。

（石桂莲）

【15家企业上市】 年内，石景山园新增新三板挂牌企业和主板上市企业15家，包括北京飞扬天下网络科技股份有限公司、北京触动时代国际文化传播股份有限公司、北京奋斗致远文化传媒股份有限公司、北京金信瑞通科技股份有限公司等14家新三板挂牌企业及北京暴风科技股份有限公司1家深圳交易所创业板上市企业。

（罗耀玲）

【促进“互联网+”新兴产业发展】 年内，石景山园管委会推动移动互联网、物联网与现代金融等主导产业高端融合，采取打造科技金融生态圈、创新传统商业模式、培育高端融合的“高精尖”产业等方式，培育“互联网+”新兴产业发展，主要包括：以长安金轴、互联网金融产业基地、北京保险产业园和新首钢高端产业综合服务区的总部经济区为依托打造科技金融创新中心；加速传统服务业向现代服务业转型升级，推动互联网与传统行业高端融合创新模式快速兴起；以国家级文化与科技融合示范基地、科技金融创新示范基地、战略性新兴产业成果转化基地为依托，鼓励“互联网+”新产品、新技术在石景山区示范、应用和推广，培育科技、金融和文化高端融合新业态，构建“高精尖”产业结构。（长安金轴：以银河商务区为起点，以长安街沿线现代金融产业基地、新首钢高端产业综合服务区等项目为依托，引进新型金融机构，围绕长安街西延长线交通优势主轴，打造一条首都长安金轴。）

（王鹤乾　赵楚然）

【编制园区“十三五”规划】 年内，石景山园管委会成立“十三五”规划编制领导小组，下设《石景山区“十三五”时期高端的科技创新驱动体系建设规划》等7个专项规划研究编制工作小组，并制订了“十三五”规划编制工作方案。各课题组对驻区企业和机构进行走访调研，系统分析、科学判断各规划领域中的发展基础、问题和机遇挑战，对“十二五”时期石景山园发展规划、科技石景山发展建设规划，以及《“十二五”规划纲要》中涉及的主要指标、重要任务、重大工程进行科学评估，研判最新发展特点，参考对比国际形势及区域案例，初步形成相关研究领域的整体思路。

（马海涛）

【科技金融对接会促进园区企业发展】 年内，石景山园管委会共举办 8 场科技金融对接会，内容涉及海外上市、国内主板及三板、四板挂牌咨询，以及并购、重组咨询和创新项目申报辅导、VC 项目、国内外融资对接等。近 100 家企业的代表参加。北京首融汇科技发展有限公司等 30 余家企业实现与广发银行、杭州银行等金融机构对接。北京铁通康达铁路通信信号设备有限公司、北京启能万维科技有限公司等企业先后获银行债权融资，累计突破 5000 万元。截至年底，园区上市和挂牌企业分别达到 15 家和 23 家。

（崔海霞）

【新增企业 1405 家】 年内，石景山园新增北京新云东方工业技术有限公司等 1405 家企业，注册资本合计 206 亿元。其中，北京华录蓝火体育产业发展有限公司等注册资本过亿元企业 51 家、注册资本过千万元企业 471 家。

（张玉霞）

【“园区讲堂”举办】 年内，石景山园管委会共举办“园区讲堂”36 期，培训内容包括政策宣传、科技资质认定、项目申报、科技金融服务、知识产权保护等。共有园区企业 1000 家次 2000 余人次参加。

（耿　璐）

【园区重点项目建设】 年内，石景山园北 I 区北京保险产业园 1605−648 地块挂牌上市，北京保险产业园投资控股有限责任公司以 6.5 亿元竞得地块 B23 研发设计用地地块国有建设用地使用权，占地面积约 2.7 公顷，建筑面积约 6.3 万平方米。地块为北京保险产业园首个开发地块，将为保险产业园提供配套设施服务。点石商务中心项目封顶，预计 2016 年上半年竣工。世纪盛达园科技综合楼项目和普利门科技研发楼项目均已竣工。南区首特绿能港科技中心 15 号地项目开工。项目位于原首钢特钢公司厂区内，规划占地面积 2.8 公顷，总建筑规模 14 万平方米，将建设用于高新技术企业研发设计中心研发办公、科研设计用房。北辛安棚户区改造项目完成控规调整，征地拆迁工作即将启动。刘娘府 110 千伏变电站用地控规获市政府批复，变电站位于北京保险产业园内，西至实兴北街，南至疗养院南侧路，东至规划八引渠防护绿地，总用地面积约 0.6 公顷，为全户内智能变电站，是北京保险产业园的市政配套工程。永引渠南路道路工程获批复。工程起点金顶北路，终点西五环路，总长约 4 千米，投资约 5.9 亿元。

（李贺英　张玉霞）

【石景山园重点技术领域总收入 1632.3 亿元】 年内，石景山园重点技术领域总收入 1632.3 亿元。其中，电子信息领域 379.5 亿元，占总收入的 23.2%；新能源与节能领域 61.6 亿元，占总收入的 3.8%；先进制造领域 31.1 亿元，占总收入的 1.9%；新材料领域 16.2 亿元，占总收入的 1.0%；环境保护领域 2.4 亿元，占总收入的 0.1%；生物医药领域 1.7 亿元，占总收入的 0.1%；其他领域 1139.9 亿元，占总收入的 69.8%。

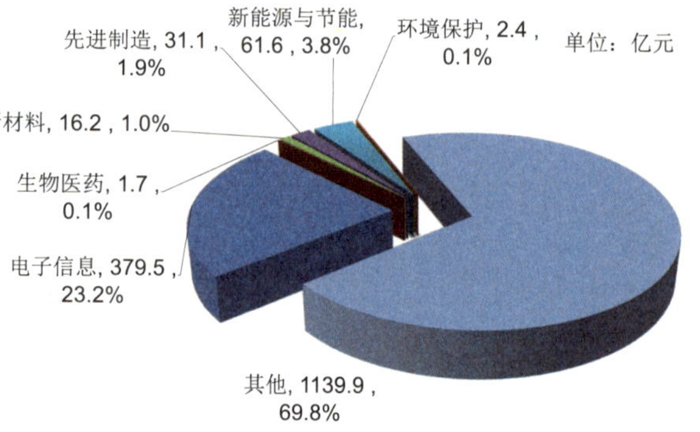

（张玉霞）

门头沟园

2012年10月，经国务院批复，北京石龙经济开发区划入中关村示范区，定名为中关村门头沟科技园，由石龙开发区管委会负责管理。园区占地面积188.96公顷，东至华园路、规划S1线、西苑路，南至京原路、小圆安置房用地北边界，西至三石路，北至石龙东路、北京锅炉厂南路西延线。2013年5月13日，门头沟园获授牌。园区始建于1992年1月，位于门头沟区新城南部，2000年经市政府批准为市级开发区。20余年来，已完成120公顷土地的建设，拥有土地产权企业60家，房屋产权企业88家，登记注册、异地企业6800余家，国家级高新技术企业61家，中关村高新技术企业86家。已形成以数控装备、生物医药、仪器仪表、机械等行业为主体的产业集群。以北京凝华科技有限公司等为代表的数控装备制造企业主导开发区的产业形态，且有上千家涵盖房地产、商业物流、信息技术等行业的注册挂靠企业，有北京立思辰科技股份有限公司、北京光环新网科技股份有限公司等上市企业。园区为入区企业提供完备的“九通一平”基础设施和税务、邮政、电信、银行等系列配套设施，为企业和职工提供良好的生产环境。拥有110万伏变电站一座，装有3150千伏安变压器2台，供电容量能满足产出规模基本运营需要；建成了金源热力有限公司，安装有3台80吨燃煤热水锅炉，热力供应有足够保障；自来水管网供水充足，接用方便；再生水厂日处理污水4万吨，区内的生产与生活废水均可得到集中处理，达到再生水标准；8条主要道路及市政基础设施的升级改造和绿化、美化工程，涉及绿化、街牌、道路牌等18个要素。石龙产业孵化中心引进了一批有房屋产权的企业入驻，已有12家企业在原有土地上开始了企业总部基地建设。北京城西总部新基地将发展高端制造业、网络金融业、现代服务业三大产业，精心打造企业研发中心、结算中心、行政中心、销售中心“四位一体”的总部集群。“十二五”期间，园区培育了一批科技含量高、纳税能力强的重点企业，其中纳税前50强企业上缴税费形成的区财政留成占石龙开发区全部财政贡献的55%以上，以北京精雕科技有限公司为代表的智能装备制造产业组团、北京万辉双鹤药业有限责任公司为代表的医药健康产业组团、北京利德衡环保工程有限公司为代表的节能环保产业组团，成为区财政收入的重要组成部分。

门头沟园管理委员会领导成员

工委书记 管委会主任	张兴胜		
工委副书记	张丰收		
管委会常务副主任	杨璞		
工委委员	杨璞	张文军	王元真
	李颖	苗爱军	

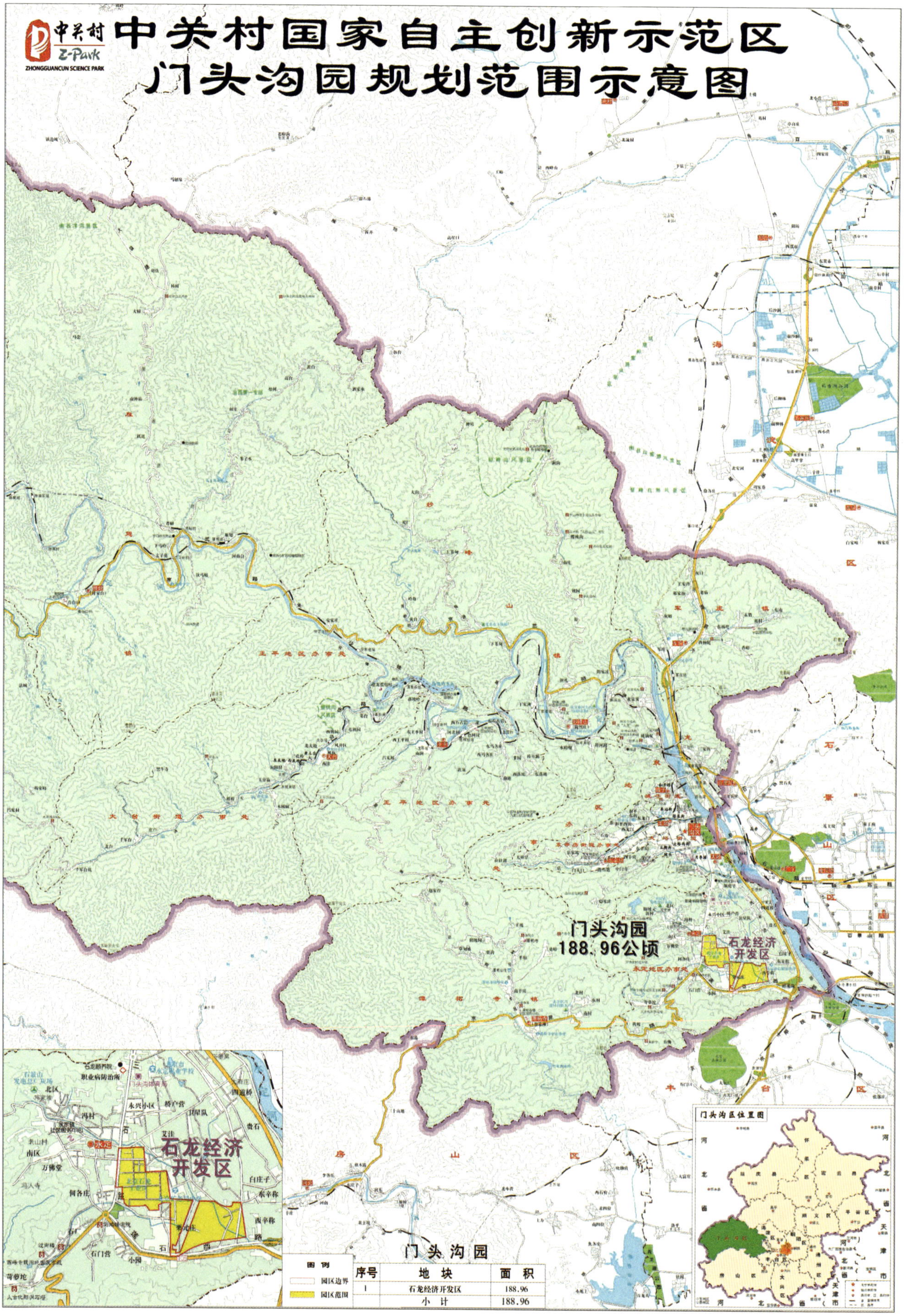

门头沟园

序号	地块	面积
1	石龙经济开发区	188.96
	小计	188.96

【概况】2015年，门头沟园加大对重点企业的服务力度，注重涵养税源，协税护税，同时鼓励园区各企业拓展经营，维持了较为稳定的局面。年内，园区入统高新技术企业总数97家；从业人员2万余人；工业总产值77.3亿元；总收入131亿元；进出口总额4.3亿美元；实缴税费10.2亿元；利润总额7.6亿元；资产总计472.4亿元；科技活动经费支出总额6.5亿元；专利申请214件，专利授权173件。

*招商引资，重点工程建设成效显著。*调整招商引资策略，发展以互联网为核心的智能装备制造业、医药健康产业、节能环保产业。遨博（北京）智能科技有限公司、北京紫晶立方科技有限公司等企业进驻园区，涉及互联网、金融、科技、文化创意等领域。石龙经济开发区投资开发有限公司利用腾退土地空间、闲置土地资源出资兴建的京西创客空间挂牌，北京思比科微电子技术股份有限公司等重点工程将以创客工场的方式招引相关企业及孵化器，成为开放、便捷、低成本的创业服务平台。

*推进京津冀一体化发展。*落实京津冀协同发展战略，创新企业经营模式，充分利用外埠空间，整体搬迁生产制造环节，生产规模、产品产量大幅提高，新研发产品生产线建成，新产品迅速投入市场，承接和引进符合区域功能定位的“高精尖”产业，将区域有限的土地最大限度地用于科技研发基地建设。北京精雕科技集团有限公司新建生产线投产，年内完成投资4.6亿元，1000余名产业工人转移到廊坊生产基地，产能实现翻番。北京大源非织造布有限公司、北京凝华科技有限公司、北京利德衡环保工程有限公司等企业的8条生产线分别迁往涿鹿、固安、邯郸等地，新建生产基地、组建生产线，促进当地产业升级。

*改革管理体制，打造新型业态。*门头沟区政府印发《门头沟区石龙经济开发区（中关村科技园区门头沟园）管理委员会统筹管理方案》，明确将原石龙经济开发区管委会与区投资促进局职能合署统筹管理，且确定了石龙管委会所应担负的职责和任务以及预期目标。“门创30条”、《创新创业门头沟行动计划》、《中关村门头沟科技园产业发展规划》发布，推出四大类补助办法，拿出千万资金对优秀人才、中小创新创业企业及总部企业、创业服务、创业投资予以支持，明确了互联网、医药健康、智能制造、节能环保一主三辅的主导产业结构。

*实施科技计划，开发新产品。*北京金鸿泰科技有限公司的“光伏电站智能云服务管理平台研发及产业化”项目被列入科技部2015年度国家火炬计划；2015年门头沟区科学技术进步奖共评选出17项成果，其中门头沟园7家企业的项目获奖；遨博（北京）智能科技有限公司i5新型人机协作机器人全球首发，轻型、安全、智能及价优的i5机器人获行业关注。

（韩海建）

【中关村门头沟园整合资源获重组】3月6日，门头沟区政府印发《门头沟区石龙经济开发区（中关村科技园区门头沟园）管理委员会统筹管理方案》（门政发〔2015〕11号）。《方案》明确，将原石龙经济开发区管委会与区投资促进局职能合署统筹管理；制定一系列职责任务，包括：组织或参与编制园区及长安街西沿线发展规划、空间规划、产业布局规划，制定产业促进政策，推进东建设重点工程，服务重大项目落地，优化园区发展环境，协调创业服务、人才服务、企业服务，引进创新成果和高层次人才，协调开展公共服务、成果宣传、创新文化建设活动，承担区政府确定的其他职责。新成立的门头沟园管委会由主管经济工作的副区长担任主任，设有9个工作部室和1个企业服务中心。

（韩海建　范丁波）

【“百名企业家牵手门头沟”专题推介活动举办】6月13日，由市投资促进局、门头沟区政府联合主办的“百名企业家牵手门头沟”专题推介活动在门头沟区举办。100余家中外知名企业的代表参加。活动考察了妙峰山高山玫瑰种植园、长安1号建设等项目，推出涵盖门头沟区18个沟域的招商项目71个，北京龙辉世纪投资管理有限责任公司、蟠桃汇投资管理有限公司等14家企业分别与雁翅镇政府、妙峰山镇政府签署协议，将结合门头沟良好的生态环境，开发生态休闲、文化创意、旅游度假、养老服务以及玫瑰花种植、建设文化创意园等项目。

（韩海建）

【紫晶立方公司入驻门头沟园】6月，北京紫晶立方科技有限公司入驻门头沟园。公司（原“乐创未来”创业团队）成立于2014年，由清华大学学生组建而成，专注于提供教育、家庭、艺术设计、工业设计、快速成型等领域的解决方案和优质服务，研发、生产和销售低成本、高质量家用级3D打印机，主要销往海外及国内网络销售平台。

（韩海建）

【利德衡公司项目入选首都蓝天行动科技示范工程】7月30日，市科委公布“2015年度首都蓝天行动科技示范工程”后补助政府采购项目名单，北京利德衡环保工程有限公司投标的“北京延庆新城城南集中供热中心燃煤锅炉联合脱硫脱硝技术应用示范工程”入选，获补助金额100万元。供热中心3×46兆瓦燃煤锅炉采用“脱硫+氧化+NOx吸收”三级工艺的“LOA湿式联合脱硫脱硝技术”，实现脱硫效率98%以上，脱硝效率70%以上，每年可减排硫氧化物约426吨、氮氧化物约151吨。

（韩海建）

【立思辰网络技术有限公司增资扩股协议签订】8月10日，北京石龙经济开发区投资开发有限公司与北京立思辰科技股份有限公司签订《北京立思辰网络技术有限公司增资扩股协议》。根据协议，北京立思辰网络技术有限公司（北京立思辰科技股份有限公司的全资子公司）注册资本由8423万元增加至42115万元，石龙公司以33692万元货币资金认缴立思辰网络公司全部新增注册资本，石龙公司即持有80%的股权，立思辰科技公司持有20%的股权。12月，立思辰网络公司更名为北京石龙立思辰投资发展有限公司，主要开发建设门头沟区石龙南路6号地块“石龙—立思辰科技中心”项目。

（韩海建）

【“门创30条”印发】9月6日，门头沟区政府办公室印发《中关村门头沟科技园促进创新创业和产业发展专项资金管理暂行办法》(门政发〔2015〕46号)，即“门创30条”。《办法》包括总则、优秀人才企业支持资金、中小创新创业企业及总部企业支持资金、创业服务支持资金、创业投资支持资金和附则6章30条。其中，创业者最高可获200万元的一次性启动资金支持，通过金融渠道融资的还可获50%的贷款贴息支持，并连续3年补贴房租60%，优秀人才还将享受就医、子女入学、住房等方面优惠政策。针对小微企业，园区除补贴3年房租40%、补贴宽带资费50%外，还设立了科技研发补助，重大科技研发项目可最高申请补助额300万元，企业成功上市融资的，还可获最高200万元的一次性补助。《办法》自印发之日起执行。

（韩海建）

【“创新创业门头沟”行动计划印发】9月16日，门头沟政府印发《关于印发“创新创业门头沟”行动计划的通知》（门政发〔2015〕48号）。《行动计划》包括总体要求、实施创新创业七大行动、保障措施3个部分内容，提出到2020年，门头沟园将形成创业要素集聚化、孵化主体多元化、创业服务专业化、创业活动持续化、运营模式市场化、创业资源开放化的发展目标。七大行动包括创业人才集聚行动，支持大学生创业和高端优秀人才创业；创业主体孵育行动，分层次精确扶持企业成长、加大对重点企业扶持力度；创业载体提升行动，高标准设计和建设创业主体、引导存量楼宇资源向科技创新载体升级、“腾笼换鸟”拓展存量产业载体空间；创业要素汇聚行动，鼓励设立各类创投基金、推广“孵化+创投”模式、完善创业金融服务体系；创业环境提质行动，建设宜居宜业的基础设施、建设生态环保的园区景区、打造功能完备的服务体系、进一步完善信息基础设施；创业政策助推行动，发挥政府引导基金杠杆作用重点投资园区内项目、提升财政资金对创新创业的扶持力度、完善绿色通道机制；创业文化引领行动，打造“创新创业门头沟”名片、开展一批创业品牌活动、丰富创新创业活动、营造创新创业文化氛围。

（韩海建）

【门头沟园产业规划与政策发布】9月18日，由门头沟区政府主办的中关村门头沟科技园产业规划与政策发布暨共建协议签约仪式在中关村示范区展示中心举行。市外宣办、市政府新闻办、中关村管委会等单位相关负责人以及参与签约企业的代表参加。会上，门头沟区政府发布《创新创业门头沟行动计划》《中关村门头沟科技园促进创新创业和产业发展专项资金管理暂行办法》《中关村门头沟科技园产业发展规划》等门头沟园的产业规划与政策；门头沟区政府与中关村管委会、中关村发展集团股份有限公司签署共建门头沟园合作协议，与农发行北京分行、伟光汇通文化旅游投资有限公司等拟入区金融机构和企业签约；与多家公司共同发起设立了京西文化旅游产业投资基金。产业发展规划的基本路径是：生产线外迁、跨省搞合作，引入科技创新要素，打造创新共同体。园区将承接和引进符合区域功能定位的“高精尖”产业，将区域有限的土地最大限度地用于科技研发基地建设。园区产业发展以互联网产业为核心，以智能制造、医疗健康、节能环保三大产业为支撑，打造主辅结合、互动增长、协同发展的“一主三辅”产业体系。

（韩海建　李贺英）

【门头沟园“双创周”活动举办】10月20日，由门头沟区委、区政府等单位主办的创新创业嘉年华暨“双创周”开幕式在石龙阳光大厦举办。中关村管委会、门头沟区政府、门头沟园管委会等单位相关负责人以及企业的代表等参加。活动期间，举办了创客展示、创意进校园等一系列活动。企业代表讲解、演示优质产品的原理和功能，介绍门头沟园创新创业团队如何将创新创意转化为实实在在的创业活动；北京思源置地科技有限公司核心技术团队走进北京科技职业技术

学校，将高新技术用通俗易懂的方式讲述出来，启发学生的新思路、新想法；北京紫晶立方科技有限公司创始人应邀到门头沟区大峪中学，为3D打印机兴趣小组深入解析3D打印机的“前世今生”；科技租赁、小贷和证券等金融服务公司与园区企业以“产融对接，助力成长”为主题，通过重点介绍创投租赁、集群租赁等创新型融资租赁产品以及无抵押贷款、新三板挂牌、小微企业债等专属金融服务，为园区创新创业企业量身打造融资和发展方案。

（韩海建）

【遨博智能公司入驻门头沟园】 11月23日，遨博（北京）智能科技有限公司入驻石龙阳光大厦，承租面积2202.17平方米。遨博智能公司是一家技术领先的致力于开发新一代轻型协作机器人的企业，由机器人领域知名专家发起成立，与美国和北京市多所知名高校开展技术合作，主要研发制造轻型工业机器人，拥有工业用6轴轻型机械臂机械手、智能工业协作机器人、三目识别智能车和OUR−1、OUR−2等多款具有自主知识产权的产品，以及开放式的工业机器人管理的智能平台系统。公司是拥有机械自动化精尖技术积累、职业化团队管理运营的高科技企业，在轻型工业机器人技术领域拥有多项核心专利技术，其推出的具体实施应用解决方案遍布国内多个行业。

（韩海建）

【i5新型人机协作机器人全球首发】 11月23日，在世界机器人大会上，遨博（北京）智能科技有限公司与浙江盾安人工环境股份有限公司联合举办遨博i5新型人机协作机器人全球首发仪式，并现场演示机器人的视觉分拣作业。产品历时3年研发，曾得到盾安环境公司战略投资6000万元，具有四大特点：i5人机协作机器人的主打特性是人机安全协作，有先进的力控功能，使用多传感器进行安全检测，能与操作者近距离协同作业，当外力超过安全阈值时，即进入安全保护状态，机器人暂停动作，可防意外损伤；i5的模块化可重构设计，有效率高、互换性好、易于维护、结构紧凑等优点，用户可根据机械臂自由度数目，进行关节的组合，当出现故障时，能在10分钟内快速实现拆装、更换，进行维修、保养，有效降低用户运维成本；i5用户无须编程，可直接通过手动拖拽路点来示教机器人作业轨迹，节省现场部署调试时间，同时可容易地实现对颜色和形状的识别，准确进行分拣；i5性能优异，竞争力强，用户在很短时间内即可回收投资成本。

（韩海建）

【金鸿泰公司获年度最佳“互联网+”企业奖】 12月11日，在中国太阳能光伏产业高峰论坛上，北京金鸿泰科技有限公司以创新的业务模式和先进的技术服务获太阳能光伏网授予的“OFweek2015中国太阳能光伏最佳互联网+企业”奖。金鸿泰公司采用互联网、大数据、物联网、云计算技术相结合，研发出了基于大数据采集与分析的光伏电站服务平台。系统产品采用“互联网+SCADA”的总体架构，将传统的电力远程监控系统与移动互联网模式相结合，工业自动化控制所需的秒级实时库与云计算、大数据相结合，在实现数据采集、远程集中监控的同时，将远程诊断、专家系统、商业智能、大数据计算等引入系统，全面提高电站运营管理能力。公司提供基于电力标准的SCADA平台用于数据采集、远程集中监控，稳定可靠，可扩展性强；将多种数据库（实时库+历史库+关系库+大数据）有效融合，支撑上层实时监控，提供全面的大数据分析应用；提供移动监控和移动故障诊断，将手机等移动终端接入系统，实现便捷的远程监控和运维；将“线上持续监测”与“线下现场检测”紧密结合，创新开展O2O全生命周期检测服务；区别于传统检测机构的常规抽样方法，利用“在线监测智能诊断系统”实现连续不间断地对所有组串、汇流箱、逆变器、箱变等关键设备全部覆盖的故障智能化、自动化诊断，根据自动诊断与故障定位的报警输出结果，生成待检样本群，有针对性地安排检测计划，并同步进行消缺整改，开展全面质量检查与持续整改消缺示范工作；利用智能运维系统工具自动化巡检、发电性能分析、解决方案共享等功能，发现通信模块故障、MC4插头损坏、保险熔丝损坏等缺陷，自动定位故障设备。

（韩海建）

【京西创客工场揭牌】 12月30日，门头沟区“生态科创”产业对接活动暨京西创客工场揭牌仪式在石龙阳光大厦举行。副市长隋振江、市政府副秘书长朱炎、中关村管委会主任郭洪等领导，市教工委、门头沟区政府等单位相关负责人以及来自高校、企业的代表等参加。

京西创客工场位于石龙开发总公司开发建设的新华水电阳光大厦，总建筑面积约1.35万平方米，设有企业创新创业孵化区、创客学院等区域以及“创客咖啡”“创客餐厅”，拥有创客社交、生活服务、孵化服务等功能，可为初创企业提供公司注册、培训辅导、政策保障、金融支持等全流程服务，将以创客工场的方式招引基于互联网及智能制造相关企业及孵化器，建设成为开放便捷和低成本的创业服务平台、门头沟区新的产业业态和经济增长点以及具有区域影响力的创新创业基地。北京紫晶立方科技有限公司等企业已入驻京西创客工场，还将引入一批创业服务机构和协作共建高校，形成产学研成果转化的链条，同时成立创业投资基金，对创业项目开展投资和融资服务，产生成效后企业管理团队可收回出让股权，解决初创期的资金难题。

（韩海建）

【7家企业的项目获区科学技术进步奖】年内，2015年门头沟区科学技术进步奖评审结果公布，共有17项成果获奖，包括一等奖1项、二等奖5项、三等奖11项，获奖成果涉及电子信息、环境治理、机械制造、现代农业等领域。其中，门头沟园7家企业的项目获奖：由北京金鸿泰科技有限公司赵华鸿、刘宝林、李光辉等完成的“光伏电站群综合监控运行管理平台”项目获一等奖；由北京凝华科技有限公司黄水利、郑利强、郭树强等完成的“PCD锯片双侧刃磨电火花专机”项目，由北京威尔创业科技发展有限公司王建刚、吕奎龙完成的“改性炭精粉替代重油或天然气应用于浮法玻璃窑燃烧系统”项目获二等奖；由北京明航科技发展有限公司王路华、赵俊芳、李立完成的“多计算机系统通用平台”项目，由北京诚田恒业煤矿设备有限公司王洪英、潘一山、李忠华完成的“煤矿用高速吸能防冲让位液压支架”项目，由北京利德衡环保工程有限公司覃海华、曹振娟、万长欢完成的“基于二氧化氯和气动波传质塔的湿法氧化吸收脱硝技术与装备”项目，由北京奥普科星技术有限公司薛道荣、王瑞华、白学普完成的“自润滑轴套全自动成型机的研发及应用”4个项目获三等奖。

（韩海建）

【光伏电站群综合监控运行管理平台项目获奖】年内，由北京金鸿泰科技有限公司赵华鸿、刘宝林、李光辉等完成的“光伏电站群综合监控运行管理平台”获2015年门头沟区科学技术进步奖一等奖。项目面向各类大中小型光伏发电企业、行业协会和各级政府主管部门，围绕光伏发电运行监控需求，首创国内第一套面向光伏发电行业的“中央—区域—站端”三级实时监控系统平台，以智能化数据信息采集、互联网、云计算、大数据分析处理为基础，基于多维度统计分析与时空分析的发电效率提升关键技术，建立线上实时监测数据与线下人工检测数据相结合的O2O服务模式，通过光伏发电站关键设备发电运行性能的实时监测，实现设备故障自动检测与实时定位，创新光伏电站群集中监控精益化管理。平台可有效解决光伏发电因地域偏远、信息手段落后而产生的数据采集、传输及过程监控等问题，实现多业务、多元化、多层级的集约化管理以及海量流数据的集成和标准化，可远距离传输数据、实时诊断故障，提升能源开发利用效率。

（韩海建）

【门头沟园重点技术领域总收入131亿元】年内，门头沟园各技术领域总收入131亿元。其中，先进制造领域47.5亿元，占总收入的36.3%；电子信息领域24.2亿元，占总收入的18.4%；新能源与节能领域23.5亿元，占总收入的17.9%；环境保护领域4.2亿元，占总收入的3.2%；生物医药领域2.3亿元，占总收入的1.8%；新材料领域1.3亿元，占总收入的1.0%；其他领域28亿元，占总收入的21.3%。

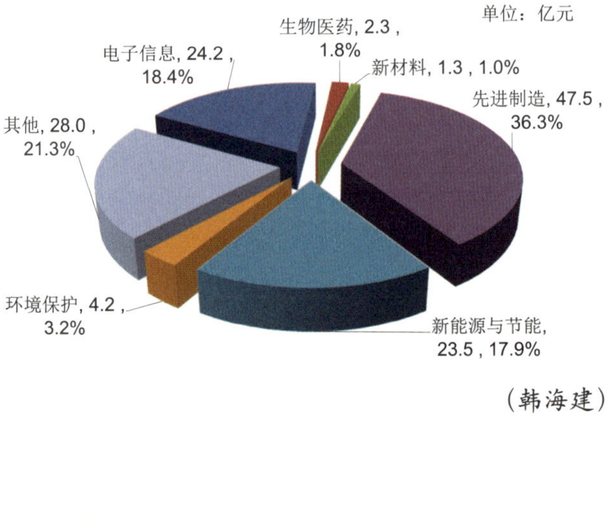

（韩海建）

平谷园

2012年10月，经国务院批复，中关村示范区平谷园成立。2013年2月，平谷园获授牌。园区位于北京市东北部，地处京津冀三省市交会点，境内大秦铁路横贯东西，高速公路直达京津，内陆口岸连通首都机场和天津新港，区位优势明显，系首都生态涵养区，历史文化底蕴深厚，居住生活环境良好。园区规划占地面积508公顷，包括马坊工业园（1、2、3）、兴谷（A区、C区和B区）、峪口新能源地块、物流基地共7块地域4个园区，各园区高新产业用地分别占平谷园规划占地总面积的49.8%、41.7%、2.6%和5.9%。园区以通用航空、高端食品与健康、现代物流和电子商务、休闲健康等为主导产业，拥有北京普析通用仪器有限责任公司、北京市富乐科技开发有限公司等知名企业，兴谷孵化中心、马坊创业大厦、环渤海创业大厦等服务机构，可为各类创新创业企业及项目提供全方位的支持。北京通用航空产业基地重点发展航空运营服务、装备研发、教育培训等产业，被认定为北京通用航空科技创新园；北京兴谷经济开发区重点发展仪器仪表、通用航空、健康食品等产业，拥有以“中关村食品产业网络发展基地”为主导的高端食品与健康产业集群；北京马坊工业园区以生物医药、新能源、现代制造产业为主，建有以“北京绿色能源产业基地”为核心的新能源产业集群；峪口新能源产业基地处于由二产向三产转型发展阶段；马坊物流基地主要分为口岸功能区、电子商务园、御马坊国际物流中心、物流总部基地等，已形成现代物流与电子商务产业集群。平谷园立足区域功能定位，以京津冀协同发展和非首都功能疏解为契机，发挥自身在中关村示范区“一区十六园”中的后发优势和京津冀区域协作东北部节点的生态、区位、资源优势，对接北京市“高精尖”产业发展战略和中关村示范区最新发展导向，按照“创新驱动、辐射引领、区域协同、绿色集约”的发展原则，优化存量、培育增量、做大总量，打造中关村示范区科研成果转化基地、首都通用航空产业基地、京东大健康产业基地、特色生态型总部基地，使电子商务和口岸融合发展，形成“两园三区四基地”格局，促进产业由集聚向集群发展转变。平谷园与天津市蓟县、河北省三河市等周边县市开展合作，提升园区作为京津冀东部区域的中心地位，辐射带动“平蓟三兴”多区域实现协同发展，努力把平谷园建设成为推动平谷区经济又好又快发展的强大引擎、中关村示范区的重要功能区。区内企业可享受国家、北京市、中关村示范区的各类优惠政策。

平谷园管理委员会领导成员

主　　任　李永生
常务副主任　崔东辉
副 主 任　徐双合

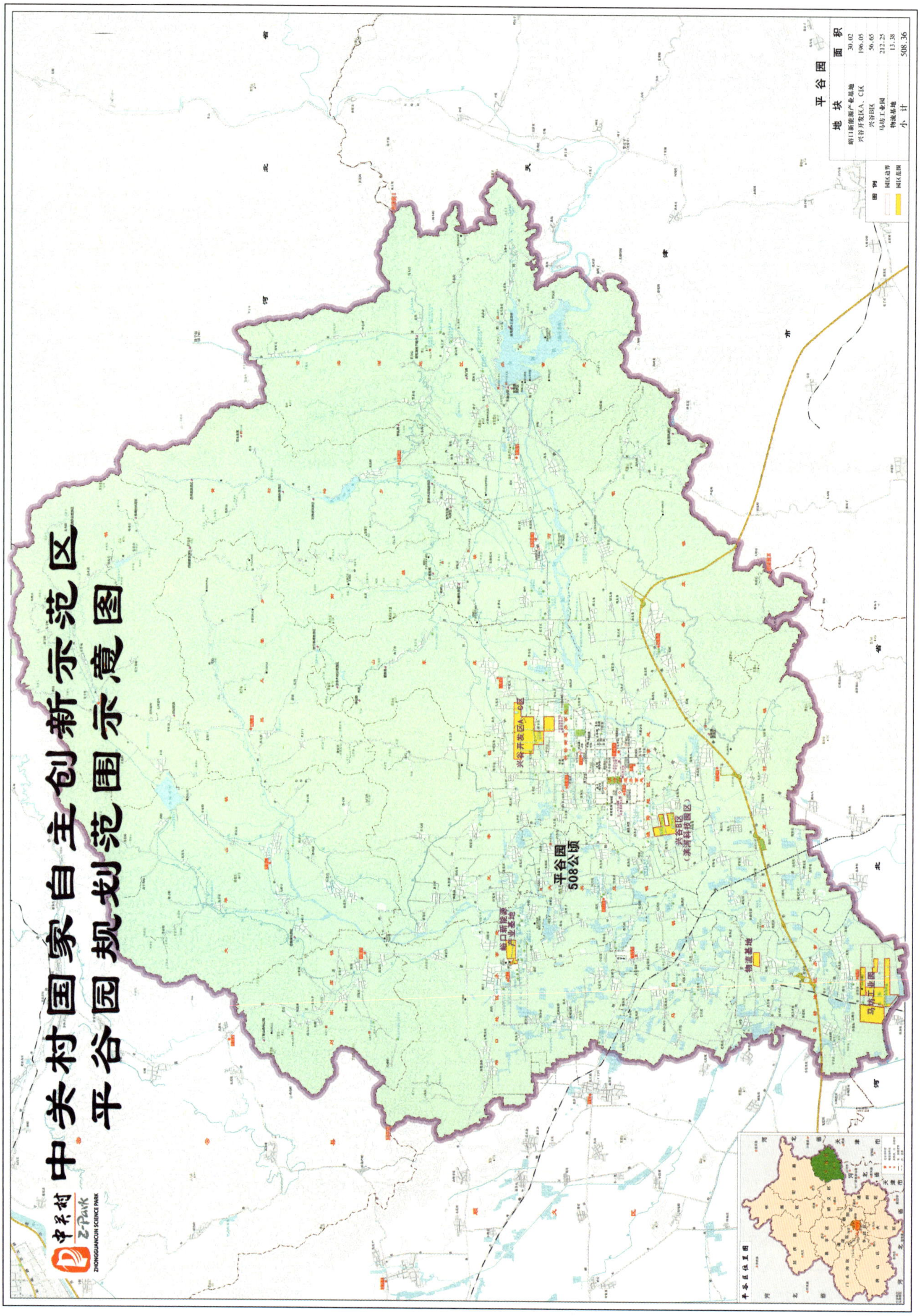
中关村国家自主创新示范区
平谷园规划范围示意图
平谷园
508公顷
兴谷开发区A、C区
兴谷B区（滨河科技园区）
峪口新能源产业基地
物流基地
马坊工业园
图例
园区边界
园区范围
平谷园
地块 | 面积
峪口新能源产业基地 | 30.02
兴谷开发区A、C区 | 196.05
兴谷B区 | 56.65
马坊工业园 | 212.25
物流基地 | 13.38
小计 | 508.36
平谷区位置图
中关村 Z-Park ZHONGGUANCUN SCIENCE PARK

【概况】2015年，平谷园实施创新驱动发展战略，进一步调整产业结构，优化产业布局，为推动地区经济发展发挥了积极作用。年内，园区入统高新技术企业总数85家；从业人员1.2万人；工业总产值64.5亿元；总收入99.7亿元；进出口总额1.6亿美元；实缴税费5亿元；利润总额5.4亿元；资产总计152.1亿元；科技活动经费支出总额3.3亿元；专利申请148件，专利授权141件。

加大企业培育和引进力度。对创新创业孵化平台、绿色生态型园区及高科技人才等进行专款支持，全方位提升企业发展空间，引导企业向科技创新型转型。共有北京利乐生物技术有限公司等20家企业入选"瞪羚计划"，1亿～5亿元规模的有8家，企业品质进一步提升；北京市华都峪口禽业有限责任公司的北京市蛋鸡工程技术研究中心等两家机构挂牌进入中关村开放实验室，为企业破解技术转移难题、促进科技成果产业化提供支持；马坊工业园区孵化基地（北京龙腾投资开发有限责任公司运营管理）获"中关村国家自主创新示范区特色产业孵化平台"称号；北京清大天达光电科技股份有限公司登陆新三板，成为马坊工业园区首家新三板上市公司；组织企业申报中关村高端领军人才高级工程师以及专利、商标、标准等项目补贴资金，为企业发展提供人力、财力支持；组织召开"平、蓟、三、兴"协同发展联席会议，四地签署40个项目合作协议。

企业创新成果促园区发展。北京中天油石油天然气科技有限公司的"SGOT下沉式旋流场海上溢油回收装置的研发及应用"项目获2015年度北京市科学技术奖二等奖，设备进入国家鼓励发展的重大环保技术装备目录；华电福新能源有限公司投资的5.7兆瓦分布式光伏发电项目投入建设；4架意大利泰克南P2002-JF型飞机和首架北汽集团P750飞机试飞行成功，标志通用航空产业基础性工作已完成。

发展特色园区主导产业。在通用航空、食品企业、物流仓储、生物医药等产业环节，突出主体培育，引导企业向产业集群化发展。兴谷经济开发区实现工业总产值173亿元，占平谷园工业总产值的85%，实现营业总收入206亿元，占园区总收入的87%；马坊工业园实现工业总产值32亿元；峪口新能源产业基地处于由二产向三产转型发展阶段，实现工业总产值6.4亿元；物流基地已初步形成展示交易和跨境电子商务两大主导产业，累计注册企业952家，完成固定资产投资9亿元、税收4亿元，产业带动作用明显。

打造创新创业服务环境。通过整合谷诚担保公司和平信担保中心，重新组建了注册资金1亿元的谷诚担保有限公司，为区内企业融资提供担保；成立平谷区中小企业信用促进会，注入信用资金1000万元，解决了企业的小额资金需求；会同工商银行平谷支行等金融机构举办培训班，累计40余家企业的代表200余人参加，拓宽了企业与政府、银行的对接渠道；实施"多证联办"登记制度，优化审批工作流程，通过"一次告知、一表填报、一网申请、一窗受理、一次发放"的登记新模式，简化开办企业所需手续；创新税务异地管理新模式，成立北京市首个郊区地税局城区派驻组，并开通地税专网，加强异地税源监控，为企业打造零距离服务新模式；京津冀区域物流公共平台落户马坊物流基地，已覆盖约100个城市，国内注册物流用户达12万户。

（席　锴）

【平谷国际陆港第一批肉类产品通关】1月28日，北京富润福德进出口有限责任公司从澳大利亚进口的13吨牛肉在平谷国际陆港通关、通检。平谷国际陆港采取京津冀一体化通关模式，通过电子信息化转检、移动式查验、现场开箱等举措，对检疫要求严格的进口肉类产品设计了严密的监管流程和便利的通关、通检措施，通关货物从货轮抵靠天津港，经平谷口岸通关只用了两个工作日，比以往的陆路口岸通关效率提高一倍，标志着进口肉类指定口岸的建设从软件到硬件均符合安全标准和效率要求。（*2014年，质检总局同意平谷国际陆港为北京进口肉类指定口岸，国家口岸管理办公室批准北京平谷国际陆港成为临时对外开放口岸。*）

（席　锴）

【意大利泰克南飞机试飞成功】2月12日，北京华安通用航空有限公司拥有的4架意大利泰克南P2002-JF型飞机在北京通用航空产业基地起降点试飞成功。试飞地点包括8000余平方米的综合机库和一条长1000米、宽40米的跑道，其空域分为3个部分，涵盖京津冀区域300余平方千米，具备起降试飞条件，完全满足北汽P750飞机和俄制直升机试飞需求。该型号飞机经中国民航局认证许可，在马坊综合机库组装完成，为并排双座，翼展8.6米，全长6.61米，机高2.43米，巡航速度209千米/小时，起降滑跑距离140米，实用升限4572米，航程范围1090千米，有效载荷235千克，适用于飞行学校训练、地区巡逻等。（*华安通用公司是一家甲类民营通航企业，主运行基地位于唐山机场，航空产业基地为临时起降点。公司拥有意大利*

泰克南公司飞机，实施一般商业飞行、训练飞行及空中游览运行等。）

（席　锴）

【平谷国际陆港被列为冷冻水产品进口口岸】4月22日，《北京出入境检验检疫局关于同意北京平谷国际陆港为冷冻水产品进口口岸的函》（京检食函〔2015〕123号）印发，批准将平谷国际陆港列为冷冻水产品进口口岸，可按国家有关法律法规进口冷冻水产品。平谷国际陆港位于马坊镇，占地面积1.3公顷，2010年3月启动运行，拥有联检业务大楼、监管堆场、全自动立体冷库、会展中心、电子商务大厦、标准化仓库等，按照口岸功能区、展示交易区、电子商务区、物流总部区的规划格局完成了产业布局，主要服务于北京市14个区县以及天津市、河北省、山西省等地区，进出口货物种类涉及食品、红酒、化妆品、汽车配件及机电设备等，尤其食品进口成为陆港的特色之一。国际陆港由天津港（集团）有限公司投资建设，将天津口岸部分功能延伸到北京，简化了部分操作手续，减少了港务收费，对京津两地进出口货运起到了积极作用。

（席　锴）

【北汽P750飞机试飞成功】6月10日，北京通用航空有限公司的首架P750飞机在马坊综合机库经过复装、调试和雨淋等多个工艺流程后，试飞行成功，标志着北京首次具备10座以上载人飞机的生产能力。P750飞机是世界上第一款超短起降多用途飞机，其特点为：最短起飞距离32米，满载情况下起飞距离只需220米，降落距离只需166米；最大可用载重1905千克，大于机身1497千克自重；功能优势明显，能执行农林作业、客货运输、防火护林、跳伞训练、航拍航测、环境监护、救护伤员等多种任务；被设计为下单翼飞机，更便于维护，与同级别竞争机型相比，在农林喷洒方面具有更大优势；功能组件模块化生产，可实现不同功能间的快速转换，客货运转换仅需30分钟；飞机坚固耐用，可适用于土跑道、高温、高原等恶劣起降环境。

（席　锴）

【北京国际通用航空博览会举办】6月19—21日，由北京通用航空产业协会、北京航空航天学会、北京通用航空产业基地管理委员会主办的2015北京国际通用航空博览会在石佛寺机场举办，主题为“极致体验，触摸平谷最美蓝天”。博览会上，北京通用航空有限公司携旗下北京泛太平洋航空技术有限公司与湖北同诚通用航空有限公司举行了首架北汽P750复装飞机的交付仪式。博览会规模近2万平方米，共有22家企业、27架飞机参展。博览会举办了飞机静态展示、飞行体验、无人机模拟机体验、纸飞机大赛和房车晚会露营等活动，展示了各类航空器20余架，包括新西兰P750、意大利泰克南P2002、奥地利钻石DA—40、瑞士皮拉图斯PC6等固定翼飞机，以及直升机、旋翼机和无人机等。由民航管理干部学院、商务部投资促进事务局主办的中国通用航空创业大赛同期举办，评选出的27个获奖项目全部落户通用航空基地。

（席　锴）

【20家企业入选“瞪羚计划”】7月1日，中关村管委会公布2015年入选“瞪羚计划”的企业名单。平谷园北京利乐生物技术有限公司、北京多力多机械设备制造有限公司、北京乐福能节能技术有限公司、北京坎普尔环保技术有限公司、北京白象新技术有限公司、北京清大天达光电科技有限公司等20家高新企业入选。其中，1000万元～5000万元规模的7家、5000万元～1亿元规模的5家、1亿元～5亿元规模的8家，涉及环保、生物医药、软件开发、高端制造等领域。

（席　锴）

【兴谷开发区商会成立】7月15日，平谷区工商联兴谷开发区商会第一届会员大会在兴谷开发区举办。平谷区委、区政协等单位相关负责人以及会员代表等参

加。会议审议通过《平谷区工商联兴谷开发区商会章程》《平谷区工商联兴谷开发区商会选举办法草案》，选举北京同创汽车部件有限公司总经理谢文立为商会第一届会长。商会是平谷区工商联成立的第十五家商会，现有北京飞行博达电子有限公司等32家会员企业，将以加强开发区企业与各级政府部门的联系、维护会员企业合法权益、引导会员企业守法经营为目的，加强企业间交流，促进地区经济发展。

（席　锴）

【实施标准化厂房分布式光伏发电项目】8月20日，由华电福新能源有限公司投资的5.7兆瓦分布式光伏发电项目在兴谷经济开发区标准化厂房屋顶投入建设。项目在兴谷经济开发区光伏发电领域立项规模最大，使用屋顶面积6.6万平方米，装机总容量5.7兆瓦，总投资5000余万元，运营周期20年。

（席　锴）

【中天油公司技术入选《技术指导目录》】11月3日，科技部、环境保护部等单位印发《关于发布〈节水治污水生态修复先进适用技术指导目录〉的通知》。北京中天油石油天然气科技有限公司的“双旋流全封闭、短流程油田采出液回注处理工艺”入选《技术指导目录》工业废水治理技术。技术采用新型双旋流除油器、速沉器沉降、精细过滤设备并辅以全自动化加药过程控制，将原水中的含油量、悬浮物含量及粒径中值达到油田5.5.2的标准；建立系统报警控制、系统运行控制、溶药加药控制系统等，提高自动控制水平；采用超声波清洗金属膜等新技术，使出水稳定达标。项目总投资约1252万元，在降低污水处理能耗的同时，解决了出水水质差以及不同油区原油密度、黏度差异性大带来的油水分离难的问题，已在长庆油田、大庆油田等13个联合站投入使用。

（席　锴）

【郭金龙一行到平谷区调研】11月12日，市委书记郭金龙一行到平谷区调研，市长王安顺一同调研。郭金龙一行到北京农众物联科技有限公司，观看企业利用人工模拟环境技术养殖的松茸等高端作物，适合种在阳台和墙上的蔬菜，以及通过远程操控系统，足不出户即可实现给作物浇水、施肥、补光而最终收获果实的全过程。在通用航空产业基地查看了机型展示销售、低空安全监控服务，了解基地在京津冀协同发展中的定位及规划。郭金龙指出，要坚持生态涵养区的功能定位，发展环境友好型产业，不断提高绿色发展、科学发展水平；要把平谷工作融入协同发展大局中去谋划和推进，发挥好独特的区位优势和示范作用；要在生态环境协同治理上下功夫，在产业协同发展上探索，既要坚决疏解非首都功能，又要承接符合自身发展要求的产业和功能；市有关部门要大力支持生态涵养区的基础设施建设，特别是交通建设。市领导张工、林克庆、隋振江，市政府秘书长李伟参加。

（席　锴）

【京津冀区域物流公共平台落户马坊物流基地】11月20日，国内最大的物流行业O2O平台“物流中国”（京津冀区域物流公共平台）落户马坊物流基地。该平台是国内最大的物流行业车源、货源实时“交易匹配、交易撮合”线上平台，立足京津冀，辐射全国，国内注册物流用户达12万户，日均线上运输服务交易量近30万单，日均线下货运量近200万吨，运费交易额达2亿元。平台设有每天开放18小时的“95006”区域物流综合呼叫服务中心，并依托首都科技创新及互联网技术优势，开始进行开票、结算、支付、保险及车货实时监控等线下线上相融合的业态创新试点工作。

（席　锴）

【海上溢油回收装置技术获市科学技术奖】12月1日，市政府印发《关于2015年度北京市科学技术奖励的决定》（京政发〔2015〕58号），由北京中天油石油天然气科技有限公司张苓等完成的“SGOT下沉式旋流场海上溢油回收装置的研发及应用”技术获2015年度北京市科学技术奖二等奖。该技术采用物理法收集海上溢油，经过现场试验验证，具有原理科学、结构简单、易操作、收油速度快、适应性强、运行稳定、能耗低等特点。其创新性表现为：针对海上溢油回收难点，设计下沉式旋流场回收装置，利用垂向旋流，扩大收油范围，实现快速收油；发现旋流场在集油口形成漏斗型集油区，增加了吸油口油层厚度，能够提高收油混合液的油含量，可实现不同厚度、不同黏度、断续油层的有效回收；能够实现不停车即时处理漂浮垃圾，防止收油口堵塞。回收装置依靠旋涡聚集溢油，适合各种工况下的溢油回收作业，且还特别适合高黏度溢油、低温寒冷溢油环境（冰凌区）的应急回收作业。（2014年，该设备进入国家鼓励发展的重大环保技术装备目录。）

（席　锴）

【京津冀4县市签约项目40个】12月2日，由平谷区政府主办的2015年平蓟三兴协同发展联席会议在京举行。北京市平谷区、天津市蓟县、河北省三河市、河北省承德市兴隆县四地签署40个项目合作协议，涉及生态环境、交通设施、旅游休闲等五大领域，其中战略规划类4项、交通基础设施类7项、生态环境保护

类 10 项、旅游休闲类 7 项、重点产业合作类 12 项。四地将联合创建“京津冀国家生态文明先行示范区”，共同建设“京津冀生态修复功能示范区”，并将“打造京津冀协同发展试验区”列入“十三五”规划中；打造交通互联互通圈，共同做好道路对接工作；共同建设“泃河流域生态合作保护区”，在泃河流域联合治污、河道和跨界小流域综合治理、河道交接执法对接等方面建立规范联动机制；在口岸经济、通用航空、特色农产品流通、招商引资、食品安全体系建设等方面达成合作共识，形成京津冀产业合作圈；共同举办旅游主题活动，推动旅游与文化、体育、农业的产业融合。

（席 锴）

【高性能双光束原子荧光光度计入选国家火炬计划】 12 月 18 日，科技部印发《关于下达 2015 年度国家星火计划、火炬计划项目的通知》。北京普析通用仪器有限责任公司研发的“高性能双光束原子荧光光度计”入选国家火炬计划产业化示范项目。产品集成了气源顺序流动注射系统、双光束光学系统、免调灯等 15 项先进技术，解决了蠕动泵耐用性差的痼疾，改善了超衡量分析仪器长期稳定性不好的问题，提出了双光光路设计，消除基线漂移效果明显，在进样、反应、清洗、废液处理等操作上实现了高度自动化。产品应用于食品卫生、城市给排水、环境样品、地质普查等领域的微量金属元素检测，且获中国分析测试协会 2015 年“BCEIA”金奖。

（席 锴）

【两家企业获批中关村开放实验室】 12 月 21 日，中关村管委会发布《关于公布第九批中关村开放实验室挂牌名单的公告》，40 家实验室被认定为中关村开放实验室。其中，平谷园北京普析通用仪器有限责任公司北京食品安全检测装备工程技术研究中心、北京市华都峪口禽业有限责任公司北京市蛋鸡工程技术研究中心入选。食品安全检测中心 2010 年 6 月成立，以普析公司为依托，旨在提高企业自主创新能力，加强产学结合，以企业为主体搭建首都食品安全检测领域集成创新平台，促进以企业为主体、市场为导向、产学研相结合的技术创新体系建设，保障首都食品安全。蛋鸡工程中心 2011 年 6 月成立，以华都峪口公司为依托，开展遗传育种分子实验、蛋品质检测，禽白血病、支原体等垂直传播疾病病原的分离、培养、鉴定及兽药、疫苗、消毒剂质量检测，国产蛋鸡品种营养需要标准研究制定、饲料原料营养价值评估、蛋鸡饲料产品研发等研究。

（席 锴）

【平谷园重点技术领域总收入 99.7 亿元】 年内，平谷园重点技术领域总收入 99.7 亿元。其中，先进制造领域 33.1 亿元，占总收入的 33.2%；新能源与节能领域 24.2 亿元，占总收入的 24.3%；生物医药领域 11.6 亿元，占总收入的 11.6%；电子信息领域 9.7 亿元，占总收入的 9.7%；新材料领域 4.9 亿元，占总收入的 4.9%；环境保护领域 3.2 亿元，占总收入的 3.3%；其他领域 13 亿元，占总收入的 13.1%。

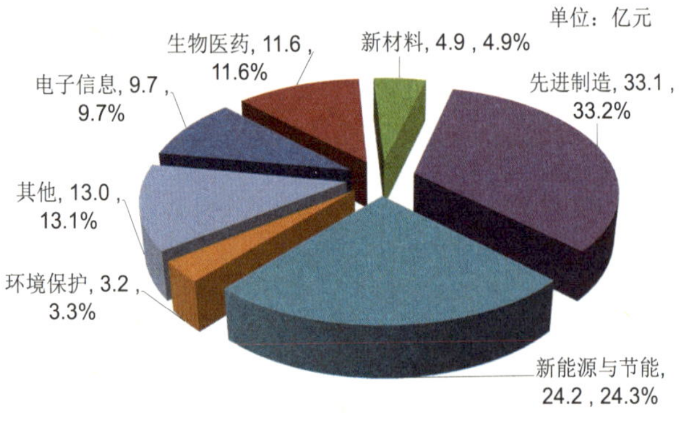

（席 锴）

怀柔园

2012 年 10 月 13 日，经国务院批复，以北京雁栖经济开发区主园区为核心的 711 公顷面积被纳入中关村示范区。2013 年 3 月 7 日，中关村示范区怀柔园揭牌。园区位于雁栖湖畔西，包括核心区西区、中区、南区以及北区 1 ～ 4 区的 7 个区域。核心区西区、中区、南区面积 662.5 公顷，位于雁栖开发区内；北区面积 48.51 公顷，位于怀北镇，属于中国科学院大学校区及创新基地用地。根据怀柔区建设文化科技高端产业新区的总体目标及“641”整体布局，怀柔园确定了总体产业规划，重点发展以特色新材料为主的纳米科技产业、以专业技术研发为重点的科技服务业、以云计算和物联网为重点的数字信息产业。纳米科技产业园建于 2012 年 4 月 21 日，由市科委与怀柔区政府共同打造，主要涵盖纳米领域共性技术研发、科技成果孵化、成果落地转化、产业化支撑服务四大功能，致力于纳米科技在能源、电子、环境、生物医药四大领域的应用。2013 年，产业园被科技部评定为“国家纳米高新技术产业化基地”，有 46 个纳米项目入驻，包括中央“千人计划”入选者、中科院外籍院士王中林领衔的“纳米发电机”，中科院院士、清华大学范守善的“超顺排碳纳米管”，中科院化学所宋延林的“绿色打印印刷”，中组部首批“千人计划”特聘专家项晓东的“东沣材料基因”等前沿科技项目。科技服务产业园以中科院北京怀柔科教产业园为基础，重点发展研发和设计服务、创业及产业化服务以及科技咨询服务，聚集了中科院各科研机构、中国航空综合技术研究所等一大批科技服务资源。数字信息产业园主要以中科院网络中心为代表，大力培育并加快发展云计算应用、物联网关键技术研发、大型数据中心、数字内容等服务业态，目标是建成特色鲜明、创新能力极强、产业配套完善、具备国内竞争力的数据信息服务基地。网络中心的北京超级云计算中心项目如期完成一期建设。全部建成后将实现院市共建千万亿次机的超级计算环境，北京同城信息化设施的重要备份中心、国家域名顶级节点同城灾备中心，成为面向科研信息化与区域信息化需求服务的平台。园区市政基础设施已全面实现“十通一平”，建有变电站、水厂、热力中心、银行等市政配套设施，万方研发服务中心等商务配套，顶秀美泉小镇等生活配套，已有来自美、英等国家的企业入驻。园区企业可享受国家、北京市、中关村示范区、怀柔区的各类优惠政策。

怀柔园管理委员会领导成员

主　　任	周福枢
党委书记	刘怀英
党委副书记 纪委书记	李建荣（女）
副 主 任	肖东亮（女）

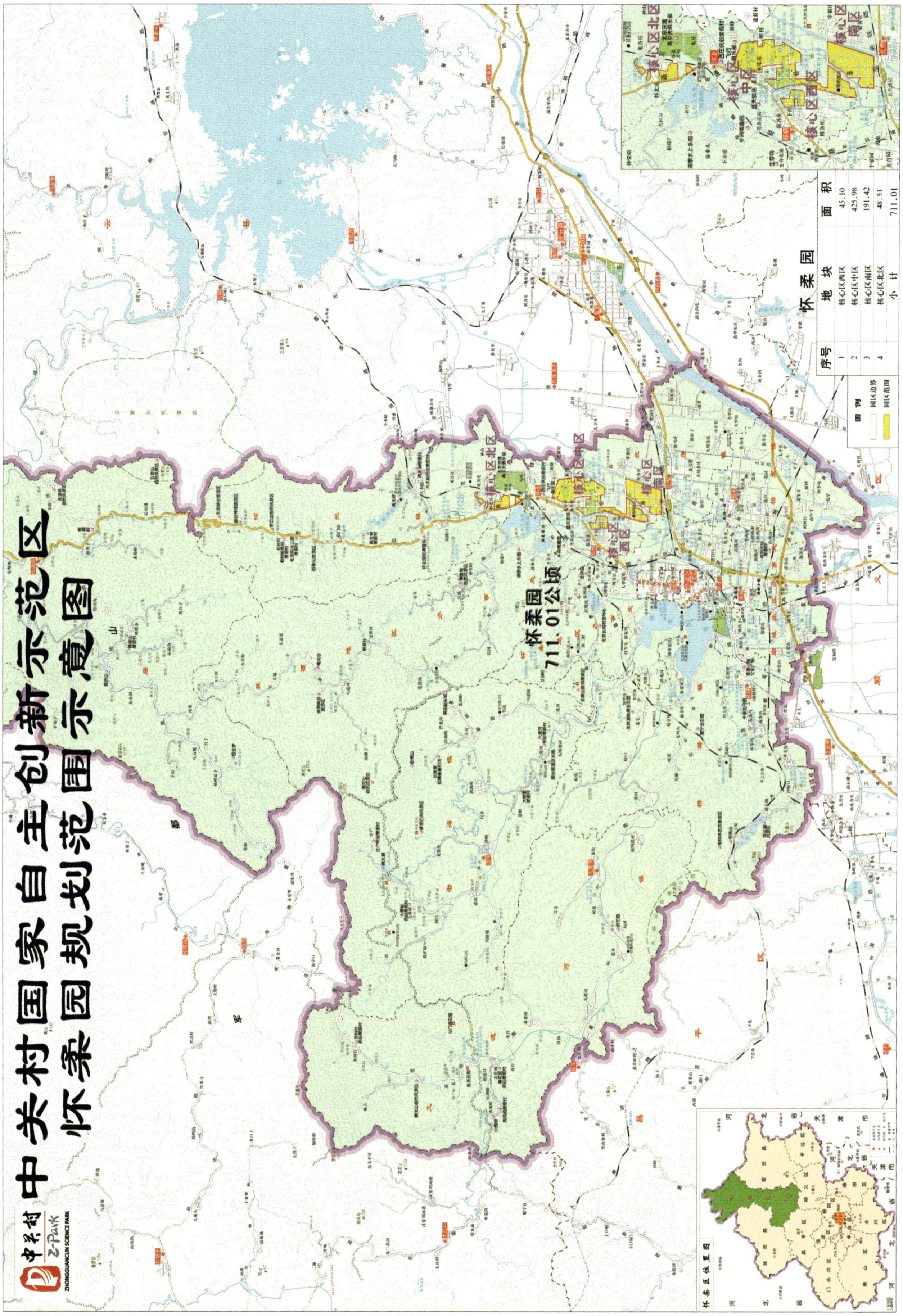
中关村 Z-Park ZHONGGUANCUN SCIENCE PARK
中关村国家自主创新示范区
怀柔园规划范围示意图
怀柔园
711.01公顷
核心区北区
核心区中区
核心区西区
核心区南区
怀柔园
序号 地块 面积
1 核心区西区 45.10
2 核心区中区 425.98
3 核心区南区 191.42
4 核心区北区 48.51
小计 711.01
图例
园区边界
园区范围

【概况】2015年，怀柔园高新技术企业快速增长，科技创新活动活跃，园区总体稳增长态势良好。年内，园区入统高新技术企业总数139家；从业人员2.5万人；工业总产值150.9亿元；总收入289.8亿元；进出口总额1.8亿美元；实缴税费18.4亿元；利润总额19.7亿元；资产总计405.8亿元；科技活动经费支出总额13.1亿元；专利申请309件，专利授权222件。

*招商引资。*年内，园区共引进纳米生物组织蛋白北京总部基地等21家实体项目，总投资23.53亿元，其中惠众国际医疗器械（北京）有限公司等租赁厂房项目13个，盘活利用闲置厂房面积2.9万平方米，倍适莱茵（北京）科技有限公司已利用原有厂房投入生产。新引进注册型企业裕康源生物科技（北京）有限公司等153家，总注册资本50余亿元，其中注册资本1000万元以上企业38家，1亿元以上企业4家，5亿元以上企业1家，10亿元以上企业2家。

*实施重点项目建设。*年内，园区引进了一大批“高精尖”科研和产业化项目。怀柔科教产业园有中科院力学研究所等12个研究所和北京中科纳通电子技术有限公司等22个项目入驻，建成或投入运营的空间中心等机构12个，其中中科合成油技术有限公司等产业化项目年内实现收入17.5亿元，税收约1亿元。报建项目6个，包括中科院自动化所佰能项目、中科院理化所睿凌赛凌项目等。在大科学装置方面，选址位置在雁栖开发区东北部地块；地球系统数值模拟装置原型系统暨地球数值模拟预研装置建成，综合极端条件实验装置项目确定了院市共建资金分配方案，高能同步辐射光源验证装置取得发展改革委可研批复。北京纳米科技产业园新引进联东集团纳米科技谷等7个项目，签约总投资约66.38亿元。共有中科院北京纳米能源与系统研究所等46个项目入驻，项目总投资112亿元以上。中科纳新印刷技术有限公司等18个项目建成运营，正在施工建设或办理开工手续的项目有清华大学—富士康纳米科技研究中心“超顺排碳纳米管阵列及其衍生材料产业化项目”等13个。

*搭建企业服务平台。*年内，园区依托市、区两级政策资源优势，不断完善企业服务平台，围绕企业在创业孵化、技术研发、信息沟通、政策对接、投融资等方面的需求提供全方位服务。创业孵化服务平台方面，万方研发服务中心二期投入运营，可为入驻创业孵化企业提供4.2万平方米孵化场地以及科技咨询、科技金融、知识产权代理等孵化服务；中科雁栖湖创新（北京）科技服务有限责任公司成立，为企业和园区提供与研发相关的一站式服务；组织举办首届“纳米之星”新材料创业大赛，发掘纳米领域优秀创业企业和创业团队，展示纳米科技产业园形象。科技金融服务平台方面，通过组织举办新三板挂牌流程和条件宣讲会、新三板上市沙龙等活动，邀请上市公司专业人士为企业答疑解惑；推动瑞奥电气（北京）股份有限公司3家企业新三板挂牌，上市企业达5家。政策对接服务平台方面，编制怀柔园政策汇编，推动落实中关村“1+6”先行先试政策；协助企业申报各类政策扶持，北京碧水源膜科技有限公司执行董事陈亦力等2人获评中关村高端领军人才专业技术资格，争取到创业孵化项目资金、贷款贴息、土地盘活补助、知识产权补助、“十百千工程”资金、改制上市支持资金等各类扶持资金5000余万元。

*企业创新活动活跃。*年内，奥瑞金包装股份有限公司等22家企业获国家高新技术企业认定，中科合成油技术有限公司等5家企业获国家高新技术企业复审。朗活医药耗材（北京）有限公司等4家企业的项目获市高新技术成果转化项目认定，由中科纳新印刷技术有限公司承担的市产业项目“240台/年绿色印刷滚筒式直接制版设备产业化”通过验收；百仕欣饮料（北京）有限公司推出果倍爽饮料产品，企业自主创新能力日益增强。

（雷思源）

【纳米材料绿色地铁票卡示范应用研究通过验收】2月10日，由北京中科纳通电子技术有限公司、北京轨道交通路网管理有限公司承担的“纳米材料绿色地铁票卡示范应用研究”课题通过市科委组织的专家组验收。课题由市科委下达，2014年12月通过招投标确定承担单位。产品采用全加法的绿色制备印刷技术，通过对纳米复合银浆和印刷天线基底材料的研究，形成材料、设计、制造、测试、应用完整的技术工艺和知识产权，完成纳米银粉的可控制备，保证其高效、稳定、量化生产，优选层合材料的厚度、配比并进行温度、压力层合测试，可满足低温快速固化，达到RoHs、REACH等环保指标，无原材料浪费，使用后可对线路中的银进行回收再利用，单张票卡即可减少碳排放量7.9克。还通过路网公司地铁模拟闸机测试，完成20万张票卡的示范应用，首批约有10万张投入使用。

（耿晓夏）

【纳米科技产业创新联盟理事（扩大）会举办】2月11日，由市科委主办的北京纳米科技产业创新联盟理事（扩大）会议暨技术委员会、产业委员会联席沙龙在京召开。市科委、清华大学以及联盟成员单位的代表近50人参加。会议审议联盟2014年工作总结及2015年工作设想，围绕纳米技术与行业对接、联盟与外地合作及国际交流、纳米公共服务平台建设、设立纳米产业投资基金等提出工作建议；发布联盟门户网站“纳创网”（www.bjnano.cn）和联盟微信公众号“北京纳米在线”；举办北京纳米科技产业沙龙，就如何推动纳米领域技术、产品、市场、应用和投融资深入对接等进行研讨；举办“联盟应用对接项目介绍合作签约仪式”，碧水源膜科技有限公司与北京泰纳科新材料科技有限公司的“高通量、抗污染 PVDF 纳米膜材料制备”、北京中科纳通电子技术有限公司与北京首创纳米科技有限公司的“基于纳米银节能玻璃膜开发”两个合作项目签约。

（崔银龙）

【4 个项目获市 2015 年度高新技术成果转化项目认定】 3 月 12 日，市科委、市发展改革委、市财政局、市经济信息化委、中关村管委会发布《关于公示北京市 2015 年度高新技术成果转化项目名单的通知》，怀柔园 4 家企业的项目入选。其中，生物医药领域 1 项，即朗活医药耗材（北京）有限公司的“三层共挤非 PVC 输液用膜产业化项目”；新材料领域 2 项，即奥瑞金包装股份有限公司的“环保型食品饮料金属包装制品与检测技术成果转化项目”、有研粉末新材料（北京）有限公司的“合成金刚石工具黏结金属材料产业化项目”；新能源领域 1 项，即北京杰远电气有限公司的“智能化永磁机构真空负荷开关转化项目”。

（田文静）

【首届青年发展论坛举办】 4 月 29 日，开发区党委、团工委组织举办纪念“五四”青年节系列活动——首届雁栖开发区青年发展论坛，主题为“创新魂 · 发展梦”。怀柔区政府、雁栖开发区管委会等单位相关负责人以及北京碧水源膜科技有限公司、怀柔区青年创业联盟等单位的代表 100 余人参加。北京综合研究中心、车库咖啡相关负责人做了“大科学装置集群对区域发展的影响”的主题演讲，分享了创业经历和对中关村创新创业的观察和体会；长城伟业投资开发总公司等企业的代表分别结合论坛主旨和工作实际进行发言；两位演讲人与青年代表互动讨论。截至年底，雁栖开发区管委会选择国内外前沿科技、创新创业、人才发展以及园区发展中的热点、难点问题和青年关注的热门话题，采取演讲、讨论、互动等多种形式开展了 3 次活动，共 200 余人次参加。

（田文静）

【世界知识产权日宣传周系列活动举办】 4 月，雁栖开发区管委会组织举办园区知识产权宣传周系列活动，主题为“知识产权保护 · 运用 · 发展”。活动期间，园区主干道两侧 LED 显示屏滚动活动主题，20 余块展板展示知识产权相关知识、案例，播放知识产权宣传片。北京 12330 雁栖工作站还举办 2015 年世界知识产权日培训，聘请国家知识产权局、弘泉知识产权代理事务所等单位相关专家分别为中科纳新印刷技术有限公司、北京东明兴业科技有限公司等纳米材料、纳米电子、纳米印刷等领域的园区企业做专利申请操作流程、高新技术企业知识产权保护与运用讲解。

（史　琳）

【微纳能源投资公司揭牌】 5 月 13 日，由中关村发展集团股份有限公司、雁栖开发区管委会主办的北京中关村微纳能源投资有限公司落户中关村怀柔园揭牌仪式在雁栖开发区管委会举行。中关村管委会、怀柔区政府、中国科学院北京分院等单位有关负责人以及相关企业的代表等 200 余人参加。中科院北京纳米能源

与系统研究所被纳入北京市重点推进的“高精尖”产业培育项目和中科院与北京市、怀柔区的“院市合作”“院区合作”典范性项目。项目将建成集研发、展示、交流与产业化于一体的国际领先的纳米能源与系统技术创新中心。（为加快落实对中组部“顶尖千人计划”入选者王中林院士及其团队的支持，中关村发展集团先行垫资，于 2014 年 11 月 22 日注册成立北京中关村微纳能源投资有限公司，作为建设实施主体，促进微纳能源研发及产业化落地，大力扶持海内外高端专业人才在京创业、发展。）

（雷思源　李贺英）

【隋振江一行到怀柔园调研】 7 月 9 日，副市长隋振江一行到怀柔园调研社会经济发展情况，市政府副秘书长朱炎、市相关委办局及怀柔区政府有关领导陪同。隋振江一行考察了北京福田戴姆勒汽车有限公司二工厂、中科院北京综合研究中心（大科学装置）拟选地块，听取了怀柔科教产业园建设规划汇报。隋振江指出，

应继续调整二产，做优三产；要将现有传统产业向研发、高端发展，并同步考虑在部分用地上建设相关配套服务设施；要严控产业用地范围，针对不同阶段的项目提供相应成熟的土地；要全面梳理院、市合作情况，对于大科学装置项目在怀柔选址和建设，相关部门要及时掌握、跟进进度，做好相应服务工作。

（何相廷）

【2 人获评中关村高端领军人才专业技术资格】 7 月 10 日，北京市高级专业技术资格评审委员会发布《2015 年北京市高级专业技术资格评审结果公示》，公布 2015 年中关村示范区高端领军人才工程技术系列高级工程师（教授级）专业技术资格评审结果，共 77 人通过评审。其中，怀柔区 2 人入选，均在怀柔园，即北京碧水源膜科技有限公司执行董事陈亦力、北京东明兴业科技有限公司副总经理王炜。这是怀柔区人才首次获评此资格。

（李　鑫）

【北大药业公司获闲置土地盘活专项资金支持】 7 月 29 日，中关村管委会发布《2015 年度中关村示范区存量土地及空间资源盘活改造专项资金支持情况公示》。北京北大药业公司的海联制药闲置土地盘活项目获闲置低效土地盘活改造类项目专项资金 200 万元支持。2013 年北大药业公司并购北京海联制药有限公司，取得原海联制药 2.94 公顷闲置土地使用权，投资 1 亿元进行升级改造，用于片剂、硬胶囊剂、散剂、口服溶液剂等药品研发生产。雁栖开发区管委会采取嫁接招商方式，使两家企业实现了二次盘活利用，北大药业公司研发产品已投入生产。

（喻思阳）

【首届“众创杯”中国 · 北京创新创业大赛决赛举办】 8 月 18 日，由北京纳米科技产业创新联盟、启迪控股股份有限公司、北京市孵育协会主办的首届“众创杯”中国 · 北京创新创业大赛新材料、新能源及节能环保主题赛暨“宏泰杯”北京国际“纳米之星”新材料创业大赛决赛在北京纳米科技产业园举办。大赛是第四届中国创新创业大赛北京赛区的组成部分，旨在带动、发掘一批在新材料、纳米科技、节能环保、新能源领域技术基础、团队构成、市场前景、商业模式等方面综合优势较突出的创业企业和创业团队，通过创业集训、项目评选展示等手段，筛选、锤炼出一批种子企业与项目，助推科技成果转化为创业资源，共有来自上海、成都等地的 200 余个项目参加，其中企业项目超过 60%，涉及纳米电子器件、纳米发电机、纳米生物检测等纳米科技创业项目以及燃料电池、能源互联网、新型催化剂、水处理等产业化项目。最终纳米科

技新材料组的 21 个项目、新能源与节能环保组的 20 个项目进入决赛，北京麦格东方材料技术有限公司的 MG 新材料技术项目夺得新材料组（企业组）冠军。

（赵　敏）

【中科雁栖湖公司成立】 9 月 8 日，中科雁栖湖创新（北京）科技服务有限责任公司成立。公司由北京综合研究中心、中国技术创业协会孵化联盟、雁栖开发区管委会三方组建，位于万方研发服务中心，注册资金 1000 万元，主营业务是整合中科院优势科技服务资源，为创业企业提供科研设施共享、研发外包、知识产权交易等与研发相关的一站式服务，牵引国家高新技术园区和大中型企业在怀柔科教产业园设立研发总部，形成面向产业化的国家级科技研发高地。项目将与昌平未来科技城形成呼应，共同构建北京作为国家科技创新中心的核心板块。

（赵　敏）

【博士后科研工作站获批】 9 月 14 日，人力资源和社会保障部、全国博士后管委会印发《关于批准合肥国轩高科动力能源股份公司等 628 个单位设立博士后科研工作站的通知》（人社部发〔2015〕86 号），批准雁栖开发区管委会设立博士后科研工作站。雁栖开发区

管委会将逐步制定博士后管理工作制度细则，推进工作站制度化、规范化；设立研究课题，招收和培养博士后研究人员；加强指导和督促分站做好博士后的选聘、管理、考核等。

（李　鑫）

【肿瘤捕手团队获中国创新创业大赛冠军】9月17日，在第四届中国创新创业大赛新材料行业总决赛上，国家纳米中心纳米多肽项目团队（肿瘤捕手团队）获团队组第一名。肿瘤捕手团队以“高通量”“微流控”“微阵列”为基础，研发成功拥有自主知识产权的高灵敏度多肽纳米磁珠捕获和分离循环肿瘤细胞技术，并与医科院肿瘤医院、北大肿瘤医院、307医院等单位展开合作，进行肿瘤捕手的临床科研工作。技术在肿瘤组织只有1～5毫米大小时就能提前检测癌症，主要用于肿瘤的早期筛查和精准医学，具有高特异性、无创检测、针对多种肿瘤等特点。（项目产业化公司北京泛嘉远杰生物科技有限公司于2013年7月在雁栖开发区注册成立。）

（崔银龙）

【雁栖开发区与双滦开发区签署合作协议】9月22日，北京雁栖经济开发区、河北双滦经济开发区签约仪式在怀柔区举行。承德市双滦区政府、北京市怀柔区政府等单位相关负责人参加。根据协议，雁栖开发区管委会将支持双滦开发区在北京地区相关产业园区开展宣传推介活动，协助安排相关企业进行项目考察；双滦开发区管委会可将成熟的科技企业推荐入驻怀柔园，申请中关村高新技术企业，享受中关村各种优惠政策；双方将在文化旅游产业的发展上加强对接，在城市周边游、生态健康游、休闲采摘游等方面深度合作；双滦开发区对雁栖开发区转移或介绍的项目将在土地、

环境、基础设施等方面给予本地最优惠的政策；围绕特色优势产业和战略性新兴产业进行深入对接，推动双方在项目建设、服务管理等领域的能力不断提升。

（耿晓夏）

【东明兴业公司获“十百千工程”专项支持资金】9月24日，中关村管委会发布《2015年度中关村“十百千工程”培育企业“做强做大”资金支持名单情况公示》。其中，怀柔园东明兴业科技股份有限公司获“十百千工程”专项培育支持资金10万元。公司是以模具、治具、塑料制品的加工等为主体，集设计、生产、科研于一体的高科技企业，拥有多项专利和自主知识产权，特别是在超薄、精密模具的设计与制造以及真空镀膜技术方面达到领先水平。截至年底，怀柔园共有5家企业被列入“十百千工程”重点培育企业。

（王焱霖）

【隋振江一行到怀柔科教产业园调研】11月5日，副市长隋振江、中科院副院长王恩哥等就怀柔科教产业园建设进行调研，市科委、市发展改革委、怀柔区政府等单位相关领导陪同。院、市领导赴中科院国家空间科学中心怀柔园区、中科院力学所怀柔空天实验室

和高铁实验室、中科纳通电子技术有限公司，听取项目进展情况汇报，并召开座谈会。会议听取了市科委关于“十三五”时期院、市合作行动计划编制、中科院关于北京综合研究中心建设、怀柔区关于怀柔科教产业园建设等有关情况的汇报。会议强调：市委、市政府要高度重视北京国家科学中心的规划建设，全力支持高能同步辐射光源、综合极端条件实验装置、地球系统数值模拟装置等三大科学装置建设。要求市规划委牵头，怀柔区政府配合，科学、合理规划雁栖开发区用地；市科委牵头，结合中科院等科技资源，研究科技成果转化机制，探索科技体制改革；市科委牵头，继续巩固和完善院、市共建怀柔科教产业园领导小组对接机制，协调解决园区建设中存在的问题。

（耿晓夏）

【大科学装置集群对区域发展辐射作用研究通过验收】11月5日，市科委组织对外经贸大学、中科院政策所、科技日报社、航天科工集团第二研究院、航空航天大学等单位的专家对北京综合研究中心承担的“大科学

装置集群对区域发展辐射作用研究”课题进行验收。项目2014年由市科委立项，研究梳理大科学装置集群的相关概念、特征、理论、意义，分析国内外大科学装置等公共科技平台资源布局与发展状况；总结国内外大科学装置集群建设对区域经济和产业的辐射带动作用规律；结合北京市产业发展实际情况，提出发挥大科学装置集群辐射带动作用、推动首都战略性新兴产业发展和科技资源共享的政策建议。专家组一致同意课题通过验收。

（雷思源）

【科技服务对接会召开】11月13日，北京化工大学、怀柔区人民政府“科技服务对接会”在雁栖开发区召开。北京市新材料发展中心、怀柔区发展改革委、区科委等单位相关人员参加。会上，北京化工大学化工学院、材料学院、生命学院等院系的9位专家代表研究团队重点推介“高透明纳米复合节能膜及其节能玻璃制品”等纳米材料、节能环保、生物质能源相关项目，共有39个科技成果转化项目与北京碧水源膜科技有限公司、北京奥星恒迅包装科技有限公司等50余家企业进行资源对接。

（耿晓夏）

【6家企业获中关村专利促进资金支持】11月17日，中关村管委会发布《2015年度中关村技术创新能力建设专项资金（专利部分）支持名单情况公示》。怀柔园6家企业的33件专利获16.5万元资金资助，即北京碧水源膜科技有限公司12件、奥瑞金包装股份有限公司10件、北京大北农动物保健科技有限责任公司4件、北京英茂药业有限公司3件、中科赛凌（北京）科技有限公司3件、北京东方红航天生物技术股份有限公司1件。

（史　琳）

【果倍爽博物馆开馆】12月2日，果倍爽博物馆开馆仪式在百仕欣饮料（北京）有限公司生产基地举行，主题是“快乐一起趣体验”。怀柔区政府、怀柔园管委会、中国饮料工业协会等单位的相关负责人，以及来自儿童教育、心理健康、饮食营养等领域的代表200余人参加。博物馆位于百仕欣公司生产基地，集观光、娱乐、体验、互动、科普、展示等功能于一体，是中国首家少儿果汁主题馆。馆内设有生产线观光区、趣味互动体验区、个性化产品定制区等7个功能区，除展示果倍爽的品牌历史和故事，还可参观生产线，了解产品的生产过程，且通过寓教于乐的方式，进行自然、健康和充满乐趣的各类交互体验。博物馆外还设有水果部落、mini航空乐园等室外游乐体验区域，可乘坐华彬航空的直升机一览百仕欣生产基地以及美丽的雁栖湖全貌。仪式上，拥有橙汁、红葡萄汁、樱桃复合果汁饮料3种口味的果倍爽330毫升新品上市。

（崔银龙）

【中科院纳米所项目实现摘地】12月15日，中科院纳米能源与系统研究所怀柔园区建设项目土地出让签字仪式在市国土资源局举行。经市土地整理储备中心批准，中科院纳米所获“北京市怀柔区怀柔新城13街区HR00-0013-6005地块F3其他类多功能用地”（京土整储挂（怀）〔2015〕069号）使用权。地块位于怀柔区北房镇、怀柔新城13街区中部，规划范围北起雁栖南大街永中、南至京密北二街永中、西起杨雁东一路永中、东至地块边界，将以“七通一平”形式供地，出让年限商业40年、办公50年，建设用地4.47公顷，建筑控制规模8万平方米，成交价2.24亿元，由北京中关村微纳能源投资有限公司竞得，主要用于落实中科院纳米所项目，将以纳米能源与纳米系统核心技术为研发目标，集研发、展示、交流和产业转化等功能于一体，在压电电子学、压电光电子学及纳米发电机等领域开展基础和应用基础研究。

（张　硕　李贺英）

【空间中心怀柔基地助力探测卫星“悟空”】12月17日8时12分，中国首颗暗物质粒子探测卫星“悟空”发射升空。“悟空”将运行3年，监视其有效载荷的在轨运行状况、为其发送科学任务指令以及收集其采集的科学数据将全部由中国科学院国家空间科学中心怀柔中心完成。“悟空”升空7天后，经怀柔中心的卫星平台测试、有效载荷管理器加电测试、科学探测器高压加电测试后，探测到的第一批科学数据成功下传至中心任务大厅，且数据显示，“悟空”的四大科学载荷——塑闪阵列探测器、硅阵列探测器、BGO量能器、中子探测器探测到的高能电子和伽马射线计数与地面预测计数率一致，意味着卫星的有效载荷开始正常工作。“悟空”有效载荷在经历两个月的在轨测试和标定之后，即交付中科院紫金山天文台科学应用系统，进入在轨运行，开始为期两年的巡天观测和1年的定向观测，通过高空间分辨、宽能谱段观测高能电子和伽马射线寻找和研究暗物质粒子，每天都将观测500万个高能粒子，传回16吉兆数据量。

（耿晓夏）

【27家企业通过国高新复审和认定】年内，市科委、市财政局、市国税局、市地税局公布了两批2015年度通过国家高新技术企业复审和两批通过国家高新技术企业认定的名单。雁栖开发区中科合成油技术有限公

司、北京二商福岛机电有限公司等5家企业通过复审，奥瑞金包装股份有限公司、北京碧水源膜科技有限公司等22家企业通过认定。

（田文静）

【大科学装置项目取得进展】 年内，中科院在雁栖经济开发区建设的3个大科学装置项目取得进展。地球系统数值模拟装置项目由中科院大气物理研究所承担，与北京综合研究中心签署《关于地球系统数值模拟装置项目的战略合作框架协议》，并组织召开地球系统模式和应用研讨会，地球系统数值模拟装置原型系统暨地球数值模拟预研装置已建成，将从硬件配置架构和科学软件检验两个方面证实和完善地球系统数值模拟装置建设方案的有效性和可行性；综合极端条件实验装置项目由中科院物理研究所承担，确定了院市共建资金分配方案；高能同步辐射光源验证装置项目由中科院高能物理研究所承担，预研项目工程领导小组成立并开展工作，并获发展改革委的立项批复。3个大科学装置均选址雁栖经济开发区东北部地块，计划2017年底开工，2021年起陆续建成。

（何相廷）

【纳米科技园新签约项目7个】 年内，北京纳米科技产业园完成新签约项目7个，即联东集团纳米科技谷项目、北京锦华大地科技公司纳米光触媒空气净化产品项目、北京宇亚盛世科技有限公司远红外采暖器及纳米空气净化设备项目、江苏盐城顶益食品有限公司纳米生物组织蛋白北京总部基地项目、北京时代大任生物技术有限公司医疗诊断检测设备项目、北京东沣材料基因科技有限公司材料基因科学平台与材料相图数据库建设项目、北京海达华材料科技有限公司纳米生态应用材料项目。7个项目总投资约66.38亿元。

（崔银龙）

【盘活闲置低效土地5宗】 年内，怀柔园完成闲置低效土地盘活5宗，共7.14公顷。包括北京佳盟世纪电力设备制造有限公司0.56公顷，厂房1597平方米，引进企业1家；北京九通市政工程有限公司0.87公顷（不涉及厂房），引进企业1家；筑巢（北京）科技有限公司1.07公顷，厂房2500平方米，引进企业1家；弗拉蒂尼利德（北京）服饰有限公司3.67公顷，厂房2.6万平方米，引进企业18家；达谊恒欧地希机电（北京）有限公司0.97公顷，厂房187平方米，引进企业1家。至年底，园区通过盘活闲置低效地块共引进22家企业，盘活土地7.14公顷。

（杨晓欧）

【怀柔园重点技术领域总收入289.8亿元】 年内，怀柔园重点技术领域总收入289.8亿元。其中，电子信息领域55.9亿元，占总收入的19.3%；先进制造领域54.9亿元，占总收入的18.9%；新材料领域43.4亿元，占总收入的15%；新能源与节能领域19.6亿元，占总收入的6.7%；生物医药领域16.5亿元，占总收入的5.7%；环境保护领域9.5亿元，占总收入的3.3%；其他领域90.1亿元，占总收入的31.1%。

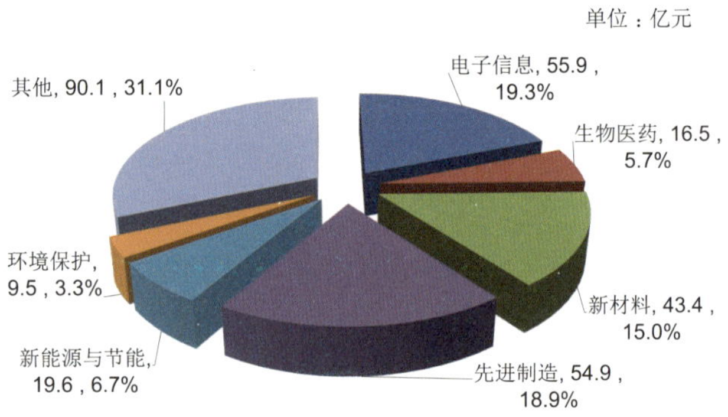

（雷思源）

密云园

1992 年 5 月，经市政府批准，位于密云县城西南部的密云县工业开发区成立，2000 年升级为市级开发区。2006 年 12 月，经发展改革委验收，更名为北京密云经济开发区。2007 年，成为中关村高新技术产业共建基地。经过 20 年的建设，开发利用面积 1255 公顷，其中 A 区和 B 区规划占地面积 735 公顷、C 区规划占地面积 520 公顷，全面实现“九通一平”。2012 年 10 月，经国务院批复，中关村示范区密云园成立，包括密云经济开发区 A、B、C 区和生态商务区地块 1、2、3 共 6 个区域，总规划占地面积 1000.81 公顷。2013 年 5 月，密云园获授牌。园区初步形成以福田汽车北京多功能汽车厂为代表的汽车及零部件产业、以中科恒源科技股份有限公司为代表的电子电气产业、以今麦郎饮品股份有限公司为代表的食品饮料产业、以北京康辰药业有限公司为代表的生物医药产业四大主导产业，并提出打造“‘总部经济 + 标杆工厂’基地、现代制造业和数字信息产业基地”两大功能区的总体规划。教育部、科技部、农业部、北京市政府、市经济信息化委相继批准在开发区建立中国高校科技产业基地、国家火炬计划北京绿水高新技术产业基地、全国农产品加工业示范基地、北京高新技术成果孵化基地、北京汽车零部件产业基地、北京数字信息产业基地、生态工业园试点园区。2010 年 10 月，密云生态商务区成立，总体规划面积 694 公顷。2011 年 5 月，市政府审议通过《密云生态商务区的概念性规划》，明确其发展与建设“要坚持一流标准，大力发展符合生态涵养发展区功能定位要求的高端生态商务产业，与城市核心区功能优势互补的高端服务业，吸引高端商务、休闲消费”，其定位是立足北京，面向国际，建设绿色低碳生态特色总部基地，打造首都乃至全国首屈一指的“山水商务、田园总部”。商务区一期包括 A、B、C 3 个地块，生态乐活城等项目开工建设，联通智网科技有限公司等企业先后入驻。2013 年 6 月，商务区被市商务委授予首批“北京市总部经济发展新区”；2014 年 10 月，被市规划委授予“北京市绿色生态试点区”。2015 年 11 月，园区被中关村管委会授予“中关村国家自主创新示范区特色产业孵化平台”；12 月，通过市经济信息化委、市环保局审核验收，被认定为第一批“北京市生态工业园区”。园区内企业可享受国家、北京市、中关村示范区的各类优惠政策。

密云园管理委员会领导成员

主　　任　李洪山
党工委书记　李守军
副 主 任　曹文秀　王武军　马小晶
纪工委书记　蒋书香（女）

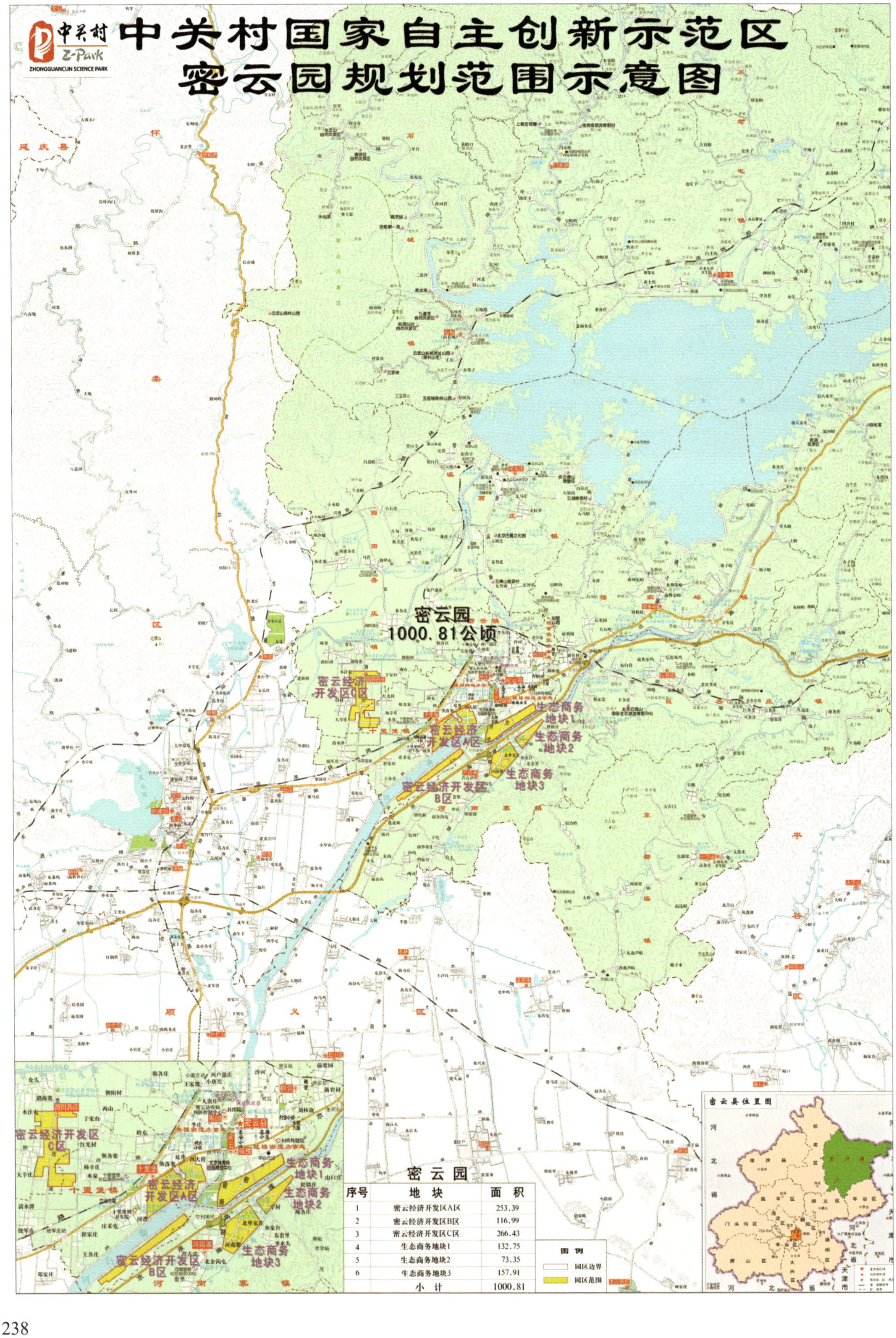

密云园

序号	地块	面积
1	密云经济开发区A区	253.39
2	密云经济开发区B区	116.99
3	密云经济开发区C区	266.43
4	生态商务地块1	132.75
5	生态商务地块2	73.35
6	生态商务地块3	157.91
	小计	1000.81

【概况】2015年，密云园继续做好招商引资、生态工业园区建设、企业上市、资产盘活等重点工作，实现主要经济指标稳步增长。年内，园区入统高新技术企业总数117家；从业人员1.6万人；工业总产值128.4亿元；总收入190.1亿元；进出口总额1.9亿美元；实缴税费总额11.4亿元；利润总额15.7亿元；资产总计277亿元；科技活动经费支出总额6.4亿元；专利申请数316件，专利授权数333件。

*通过首批市级生态工业园区验收。*编制完成《2015—2017年生态园区建设分年度计划》，细化“能源高效利用与大气环境治理、水资源节约利用与处理”等四大项工作任务，通过专家组实地考察、现场总结答辩等考核工作。12月10日，通过市经济信息化委、市环保局达标验收，成为全市首批市级生态工业园区。

*招商引资效果明显。*年内，盛隆电气（北京）有限公司智能配电及能源互联网、北京电信易通云计算技术有限公司数据处理云计算中心等6个实体项目入园，协议投资额18.86亿元。引进结算型总部企业330家，总注册资本124亿元，储备税源总量6.7亿元。引进“互联网+”项目32个。

*企业上市实现“零”的突破。*6月30日，金诚信矿业管理股份有限公司在上海证券交易所上市，募集资金15.39亿元，实现了密云园企业主板上市零突破。年内，北京康华远景科技股份有限公司等5家企业在新三板挂牌，挂牌企业总数达7家。

*基础设施建设全面竣工。*4个供暖站“煤改气”工程全面完成，率先在全区实现天然气供暖供气。A区厂房彩钢板更换全面完成，总面积30万平方米，为企业安全生产提供了保障。完成B区云西一街、二街和四街3条道路建设，总长3.3千米。完成B区热力管网升级改造1千米。

*资产盘活工作取得成效。*全年共盘活小散低劣企业10家，盘活土地面积55.2公顷、建筑物面积5.72万平方米，超额完成密云区政府下达的责任制指标。利用盘活的土地厂房资源，引进企业3家。其中，利用北京太子童装有限公司厂房引进的北京慧清电子科技有限公司，项目总投资8000万元，主要研发生产电子通信设备产品。

*企业服务质量不断提升。*与北京银行、工商银行等8家金融机构合作，采用资产抵押融资担保模式，为区内10家企业提供担保，总计融资5.5亿元，以解决中小企业融资难问题。完成密云经济开发区“互联网+园区服务”信息平台一期项目。项目设置了信息发布、活动通知、数据采集、线上交互、进度跟踪五大功能模块。协调市经济信息化委、中关村管委会等单位，帮助企业申报政策扶持资金600万元。精选适合密云园企业印制成《中关村重点政策选编》发放给企业。利用中关村示范区“一区十六园”的人才政策，加快高端人才队伍建设。金诚信公司获准设立博士后科研工作站；北京康辰药业股份有限公司董事长王锡娟等3人获中关村高端领军人才专业资格证书；北京赫宸环境工程股份有限公司董事长赵健飞获评“2015年中关村高聚工程创业领军人才”称号。

*业务融合明显加快。*全年共有40家企业通过中关村高新技术企业认定，总数达138家（其中87家被认定为国家高新技术企业），数量居北京市5个生态涵养发展区开发区之首。年内，密云园被授予“中关村国家自主创新示范区特色产业孵化平台”称号，为密云园下一步科技型创业企业引进、特色产业培育创造了条件。

（王希华）

【密云园大型专场招聘会举办】3月16日，由密云园管委会、县人力社保局联合组织的春季大型招聘会在密云园举办。招聘会组织北汽福田汽车股份有限公司北京多功能汽车厂、今麦郎饮品股份有限公司等108家企业现场招聘，提供就业岗位3762个，参加应聘人员7000余人，3200余人达成就业意向。

（王希华）

【4种产品获评北京知名品牌】3月27日，在2015年北京质量协会年会暨五届二次理事会上，北京质量协会公布第五届北京知名品牌入选名单。其中，密云园3家企业的4种产品入选，分别是：雪伦国际时装（北京）有限公司的羽绒服，北京合纵实科电力科技有限公司的充气式SF6环网开关柜，北京绿润食品有限公司的绿润甘栗、开口笑栗。

（王希华）

【两项技术获“首都蓝天行动”专项资金支持】4月20日，在“首都蓝天行动”专项系列成果发布会上，密云园北京京海换热设备制造有限公司的“管控一体化高效智能换热站技术”、北京赫宸环境工程股份有限公司的“静态清灰袋式除尘技术”两项技术获“首都蓝天行动”专项资金支持，分别获支持资金50万元和272万元。“管控一体化高效智能换热站”项目以“全焊接高效板壳式换热器”为核心技术，在气候补偿、自动加药、自动补水等技术上进行优化，有效提高换热站的安全运行和可靠性，实现无人值守，降低换热站的建设及运行管理成本，解决城市热电联产集中供热系统供热效率偏低、能耗过大、运行不稳定、智能调节与管控失调的现状。"静态清灰袋式除尘技术"将气化清灰技术应用于袋式除尘器的清灰，使得粉尘出口浓度被控制在11.6毫克之下，低于20毫克的国家标准，使烟尘排放接近于"零"。

（王希华）

【"送岗位下乡"专场招聘会举办】4月23日，由密云园管委会主办的"送岗位下乡"专场招聘会在密云大城子镇举办。北京裕罗电器装配有限公司、北京合纵科技股份有限公司等30余家企业现场招聘，提供电工、操作工、商务内勤等就业岗位579个，参加应聘人员600余人，138人达成就业意向。

（王希华）

【企业信用及知识产权政策宣讲会举办】5月19日，由密云园管委会主办的企业信用及知识产权政策宣讲会在密云园举办。园区70余家企业的相关人员参加。相关专家分别就中关村信用政策、信用担保助推中小企业创新成长、北京市专利资助金管理办法政策、专利资助金网上申报系统操作4个方面内容进行讲解。

（王希华）

【与双滦经济开发区管委会签订协议】5月29日，双滦经济开发区与密云经济开发区战略合作签约仪式在承德市举行。双滦经济开发区管委会、密云园管委会的相关负责人等参加。根据协议，双方将在产业转移、科技创新、资源共享、园区共建等方面开展合作，主要包括：双方将在园区管理、规划建设、招商服务等方面加强交流和互动，为园区内企业搭建平台，促进企业间加工生产、产品营销等方面沟通和合作，促进双方资源共享；密云经济开发区在促进产业转移方面需要疏解的产业，由双滦经济开发区主动承接，双滦经济开发区发展壮大、有意进军北京的企业，优先向密云经济开发区推荐；双滦经济开发区科技成熟的企业，可推荐入驻密云园，申请国家级、中关村级高新技术企业，享受中关村示范区各项优惠政策，促使企业做大做强。双方还将建立联系人制度和定期互访机制，并举办企业家论坛，为双方企业的合作搭建平台。

（王希华）

【融团服务密云专场活动举办】6月4日，中关村科技租赁有限公司、密云县科委在京举办"为科技插上金融的翅膀融团服务密云专场"活动，90余家高新技术企业的代表参加。融团服务是指以全面解决企业的资金需求和管理需求为目标，以中关村租赁公司所提供的融资租赁产品和服务为链条，连接各合作伙伴的产品和服务，根据企业的实际情况，为企业提供从股权融资到债权融资、从短期融资到中长期融资、从资金

服务到管理服务、从有形资产管理到无形资产管理的全方位解决方案。活动由中关村租赁公司联合启迪创业投资管理有限公司、南京银行、广发证券、北大纵横管理咨询有限责任公司等机构共同组建融团，就帮助初创期企业快速发展、为企业提供高效信贷产品、助力企业挂牌上市、提升中小企业管理水平等内容进行宣讲，并现场针对不同发展阶段的企业提供量身定制的、个性化的服务。活动中，北京市科技金融促进会、北京银行、建设银行中关村分行、江苏银行北京分行4家投融资机构进行了银行特色融资产品宣讲。

（李贺英）

【4个项目入选首都设计提升计划】6月19日，市科委印发《关于公示2015年度首都设计提升计划拟支持项目名单的通知》，园区4家企业的研发项目入选，分别为万都（北京）汽车部件研究开发中心有限公司的"电动助力转向系统设计开发"项目、北京合纵科技股份有限公司的"环保复合经济型绝缘环网柜的设计研发及应用"项目、北京聚丽威科技有限公司的"高性能的耐划伤刚韧平衡汽车专用材料设计"项目、北京普世圣华科技有限公司的"应用于污水处理的新型高效旋流曝气器研发设计及产业化"项目。

（王希华）

【京海公司成果入选市节能低碳技术产品目录】6月23日，市发展改革委、市科委、中关村管委会等单位印发《关于印发北京市2015年节能低碳技术产品推荐目录的通知》，北京市京海换热设备制造有限责任公司的"燃气锅炉减雾减霾热能回收技术"入选，属环境污染控制及污染物减排领域。技术主要适用于燃气锅炉，可将排烟温度由160摄氏度降至40摄氏度，回收烟气余热（显热+潜热），提高锅炉一次回水温度，能够削减氮氧化物的排放，降低排放烟气中的水汽含量。

（王希华）

【3人获中关村高端领军人才专业技术资格】7月10日，北京市高级专业技术资格评审委员会发布《2015年北

京市高级专业技术资格评审结果公示》，公布2015年中关村示范区高端领军人才工程技术系列高级工程师（教授级）专业技术资格评审结果，共77人通过评审。其中，密云园北京康辰药业股份有限公司董事长王锡娟、中科恒源科技股份有限公司副总裁常东来、斯伯乐科学技术研究院副院长刘宽胜3人入选，成为密云园首批高端领军人才。

（王希华）

【盛隆电气集团获工业领域电力需求侧管理服务机构一级资质】7月23日，工业领域电力需求侧管理促进中心印发《关于公布工业领域电力需求侧管理服务机构名单的通知》（工电促〔2015〕7号），93家机构通过审核，包括一级机构27家，二级机构66家。其中，盛隆电气集团有限公司获一级机构资质，排名第五位，也是27家企业中唯一一家成套设备厂家。获批一级资质后，其下属的全资子公司——盛隆电气集团电力工程有限公司可承接输变电工程、厂矿配电系统及其他机电安装工程，提供从设计、土建施工、设备供货、安装调试到售后维保的全部服务。

（王希华）

【两家企业获北京市中小企业专项资金支持】9月17日，市经济信息化委颁发“北京市中小企业发展专项资金项目验收证书”。其中，北京亨通斯博通讯科技有限公司的新一代网络用高可靠性通信光缆项目，投资额2700万元，获补助资金200万元。北京绿润食品有限公司的板栗精品深加工技术水平提升项目，投资额1324万元，获补助资金132万元。

（王希华）

【金诚信公司获批设立博士后科研工作站】10月13日，市人力社保局印发《关于公布安邦保险集团股份有限公司等40家获准设立博士后科研工作站单位名单的通知》（京人社专家发〔2015〕221号），金诚信矿业管理股份有限公司获批设立博士后科研工作站。博士后科研工作站设立后，将主要研发有色金属矿山开发设计的新技术、新工艺。

（王希华）

【开发区孵化平台入选中关村特色产业孵化平台】11月16日，中关村管委会发布《关于公布中关村特色产业孵化平台名单的公告》，授予13家创业服务机构“中关村国家自主创新示范区特色产业孵化平台”称号。其中，北京密云经济开发区总公司运营的密云经济开发区孵化平台入选。孵化平台成立于2013年1月，重点发展新能源、高端装备制造等产业。孵化聚集区面积3800平方米，其中提供给创业企业的面积1800平方米，公共服务面积2000平方米。

（王希华）

【1人入选高聚工程】11月17日，中关村高聚工程专项工作小组发布《2015年度中关村高聚工程拟支持人员情况公示》，82人入选。其中，密云园北京赫宸环境工程股份有限公司董事长赵健飞入选，获“2015年中关村高聚工程创业领军人才”称号，成为密云园首个“高聚人才”。

（王希华）

【金诚信公司两个项目获鲁班奖】11月17日，在2014—2015年度中国建设工程鲁班奖（国家优质工程）经验交流暨表彰大会上，由金诚信矿业管理股份有限公司承建的赞比亚谦比希铜矿西矿体开拓基建工程和分包的老挝东泰钾盐矿验证工程，获住房城乡建设部颁发的2014—2015年度中国建设工程鲁班奖（境外工程）。2010年11月，金诚信公司承建赞比亚谦比希铜矿主矿体和西矿体的采矿运营业务，推广应用“非煤矿山凿台车平巷快速掘进施工工法”等新技术、新工艺，并按照赞比亚环境保护法，根据公司绿色矿山、环保矿山理念组织施工，确保开拓基建工程施工的安全可靠和质量优良，使工程满足了设计要求和进度指标。

（王希华）

【密云园入选第一批北京市生态工业园区】12月10日，市经济信息化委、市环护局发布《关于公示2015年北京市生态工业园区名单的通知》，10家申报园区通过审核。其中，密云园入选。密云园管委会通过实施热力管道更新、路灯节能改造和锅炉余热回收利用等工程，提高园区污染防控能力和固废综合利用能力，量化园区能耗、污染物排放和管理制度建设等指标。

（王希华）

【郭金龙、王安顺到密云园调研】12月12日，市委书记郭金龙、市长王安顺到密云园调研，了解产业发展规划及高新技术企业发展情况。郭金龙、王安顺到密云生态商务区，通过观看全景沙盘了解产业规划发展情况，并到北陆药业股份有限公司调研企业发展情况。郭金龙强调，要深刻领会金山银山与绿水青山的辩证关系，按照高端、绿色、低碳、循环的要求，加快推动密云生产方式绿色化；自觉服务于市功能重组大局，加大非首都功能疏解力度，积极承接中心城溢出的高端产业和功能，不断提高整体发展水平。市领导苟仲文、张工、林克庆，市政府秘书长李伟一同调研。

（王希华　万　玮）

【40家企业通过中关村高新技术企业认证】年内，密云园亚克医用制品（北京）股份有限公司等40家企业

通过中关村高新技术企业认证。截至年底，园区通过中关村高新技术企业认证的企业共 138 家。

（王希华）

【编制密云园“十三五”规划】年内，密云园管委会开展园区“十三五”规划编制工作。截至年底，“十三五”规划基本定稿。根据规划，“十三五”期间，密云园将重点打造高端智能装备制造产业园、生物医药医疗健康产业园和“互联网 +”创新企业孵化基地，并围绕核心产业建设包括科研培训、金融投资、人才公寓、商务配套等一系列服务平台。到 2020 年，园区将实现工业总收入 420 亿元，年均增速为 9.1%，其中“高精尖”产业收入占总收入的 60% 以上；实现税收 35 亿元，年均增速为 8.8%；实现区级财政收入 10 亿元，年均增速为 9.3%。

（王希华）

【传统低端落后产业疏解】年内，密云园总计疏解迁出 3 家企业。生产建筑涂料分散剂的北京诚志永昌化工有限公司整体搬迁至河北省，原有厂区将开发高科技项目；生产节能设备的北京华源泰盟节能设备有限公司，因生产工艺不符合环保要求，生产基地搬迁到外省，其占用土地用来引进新项目；北京铜牛服装有限公司生产线整体搬迁到山东省，厂区改为总部和研发基地。

（王希华）

【建设“互联网 + 园区服务”信息平台】年内，密云园管委会启动“互联网 + 园区服务”信息平台（www.bmida.gov.cn）建设，拟于 2016 年 3 月 1 日上线。平台融合密云园管委会官方网站、微信公共平台和用户中心（后台管理系统），包括信息发布、会议通知、线上交互、信息采集、项目进度跟踪等主要服务功能，实现管委会与区内企业的紧密结合，电脑固网与移动互联终端的有机统一。

（王希华）

【帮助企业融资】年内，密云园管委会与北京银行股份有限公司、中国工商银行股份有限公司、中国民生银行股份有限公司等 8 家金融机构合作，采用资产抵押融资担保模式，以土地、厂房、机器设备等固定资产作抵押，为园区内北京中新制药厂、北京绿润食品有限公司、雷蒙德（北京）阀门制造有限公司等 10 家企业提供担保，累计融资 5.5 亿元。

（王希华）

【两家企业被认定为市级企业科技研究开发机构】年内，密云园两家企业被市科委认定为“北京市级企业科技研究开发机构”，分别为北京鸿讯基业通信设备检测有限公司（机构认定号 4292）和北京建生药业有限公司研发中心（机构认定号 4294）。截至年底，园区拥有市级以上科技研发机构 28 家。

（王希华）

【密云园多项措施加大招商引资力度】年内，密云园管委会改革招商人员管理模式，成立实体项目、总部企业、“互联网 +”3 个招商小组，推进招商引资工作纵深开展，重点引进高端装备制造、生物医药、“互联网 +”等项目。盛隆电气（北京）有限公司智能配电及能源互联网项目、北京电信易通云计算技术有限公司数据处理云计算中心等 6 个实体项目入园，协议投资额 18.86 亿元。引进结算型总部企业 330 家，总注册资本 124 亿元，储备税源总量 6.7 亿元。引进北京自如信息科技有限公司、北京春播科技有限公司等企业的“互联网 +”项目 32 个。

（王希华）

【密云园重点技术领域总收入 190.1 亿元】年内，密云园重点技术领域总收入 190.1 亿元。其中，先进制造领域 58 亿元，占总收入的 30.5%；新材料领域 24.3 亿元，占总收入的 12.8%；环境保护领域 24 亿元，占总收入的 12.6%；新能源与节能领域 23.7 亿元，占总收入的 12.4%；电子信息领域 13 亿元，占总收入的 6.8%；生物医药领域 10.4 亿元，占总收入的 5.5%；其他领域 36.8 亿元，占总收入的 19.3%。

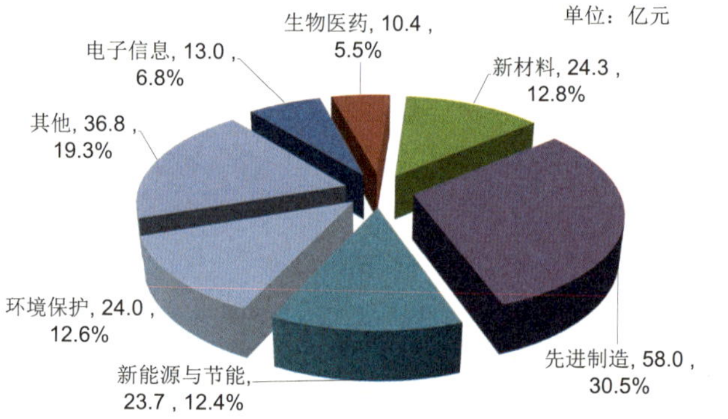

（王希华）

延庆园

2012 年 10 月，经国务院批复，中关村示范区延庆园成立，规划面积 491 公顷，包括北京八达岭经济开发区 305 公顷、北京延庆经济开发区 129 公顷、康庄农民就业产业基地 57 公顷。2013 年 4 月，园区获授牌。2014 年 5 月，中关村科技园区延庆园管理委员会成立。延庆园位于北京市西北部延庆县域内，与河北省交界，毗邻京包铁路、京藏高速等多条重要交通干道，是北京市辐射西北地区的重要通道，也是“两城两带”中北部研发服务和高技术产业带的重要拓展区域。延庆园空间资源较为丰富，未开发利用空间 271 公顷，占延庆园规划面积的 55.2%，且多数土地集中连片、开阔平坦，有利于高端产业资源的聚集发展。园区基础设施完备，生态环境优美，配套服务设施齐全，政府服务高效，初步形成了“一园多基地”空间布局、“121”产业集群创新引领的发展格局，整体定位为首都绿色科技新磁极，京冀协同发展新支点。八达岭经济开发区 1992 年 8 月经市政府批准成立，2000 年 12 月晋升为市级经济开发区，2006 年 3 月被市发展改革委确定为北京市保留的 16 家市级开发区之一，2009 年 6 月被认定为“北京市新能源产业基地”，2012 年被认定为市第三批生态工业试点园区。2015 年 5 月，北京八达岭经济开发区管理委员会更名为北京八达岭经济开发区管理中心。园区实现道路、供水、排水等“九通一平”，先后引进了中材科技股份有限公司、国家能源风电叶片研发中心等一大批科技企业和研发机构，逐步形成风电产业、光伏产业、智能电网产业、生物质能产业、节能环保产业集群。延庆经济开发区 1992 年 8 月经市政府批准成立，2004 年升级为市级开发区，2006 年通过 ISO 14001 国际环境管理体系认证，成为第四批通过发展改革委审核的市级开发区。2015 年 5 月，北京延庆经济开发区管理委员会更名为北京延庆经济开发区管理中心。园区实现“八通一平”，北京卓文时尚纺织股份有限公司、北京九龙制药有限公司等多家知名企业入驻，形成了以纺织服装、生物医药、绿色食品产业为特色的三大产业聚集区，主导产业初步实现了规模化、集聚化发展构想。康庄农民就业产业基地依托八达岭经济开发区和新能源基地，实施整体运作、联动开发，不断提高北京和合拉链有限公司、北京光瑞机械制造有限责任公司等企业的产能，实施一批重点项目建设，着重开发和引进总部经济。园区内企业可享受国家、北京市、中关村示范区的各类优惠政策。

延庆园管理委员会领导成员

主　　任　刘　兵
常务副主任　祁增华
副 主 任　景铁军　刘宗贤　付　强
　　　　　陈桂芬（女）

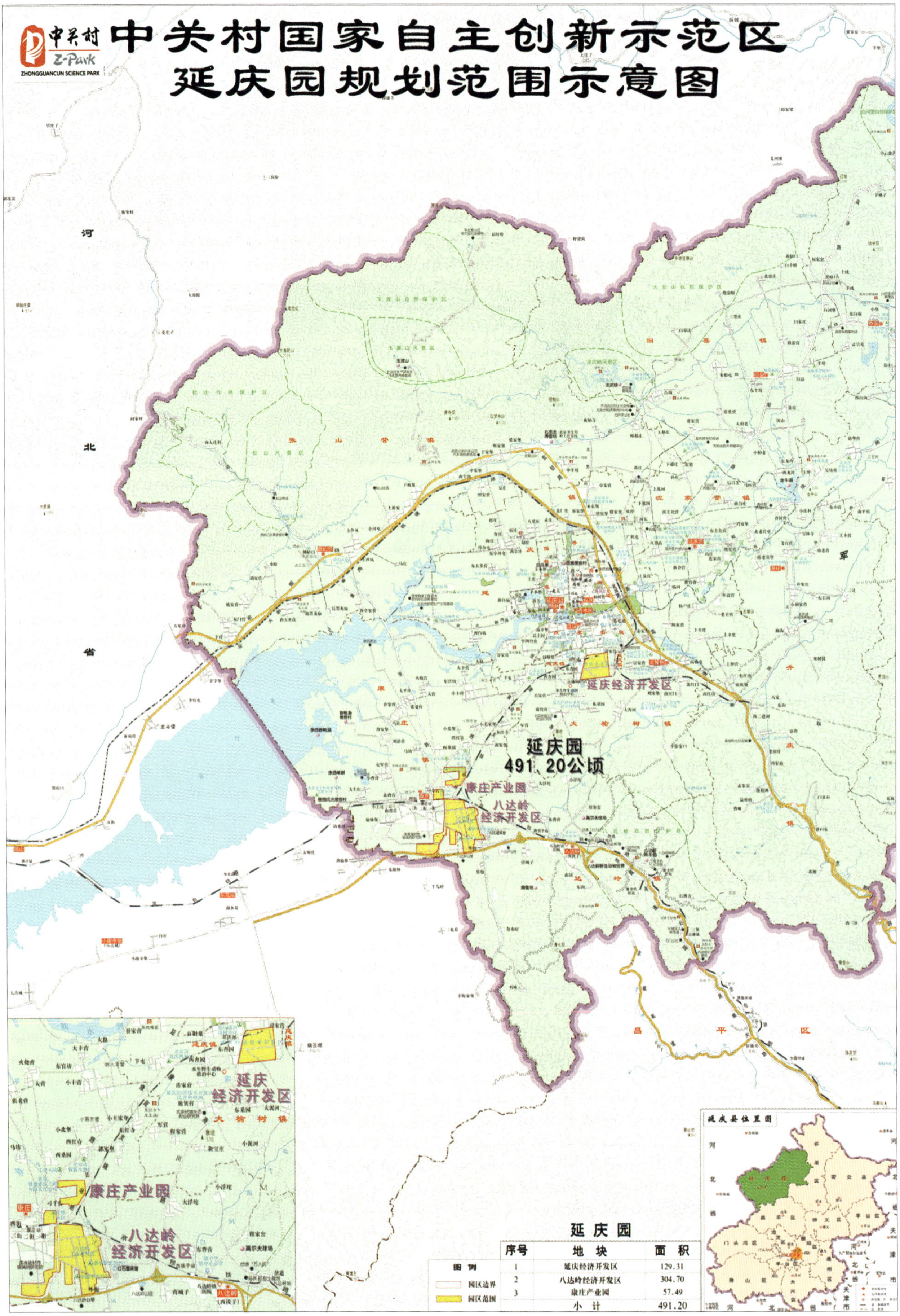

延庆园

序号	地块	面积
1	延庆经济开发区	129.31
2	八达岭经济开发区	304.70
3	康庄产业园	57.49
	小计	491.20

【概况】2015年，延庆园紧紧抓住京津冀协同发展的重大机遇，立足生态涵养发展区功能定位，发挥资源和区位优势，统筹推动重点改革任务，稳步推进园区建设。年内，园区入统高新技术企业总数46家；从业人员6535人；工业总产值39.7亿元；总收入109.8亿元；进出口总额0.3亿美元；实缴税费总额4.6亿元；利润总额7.7亿元；资产总计148.7亿元；科技活动经费支出总额3.8亿元；专利申请139件，专利授权93件。

*完善工作推进机制。*延庆园管委会与中关村发展集团股份有限公司工作对接小组成立，协调解决延庆园开发建设的具体问题；土地开发建设专项小组和招商引资专项小组组建，为推动延庆园规划编制、招商推介、重大项目落地、土地开发等工作奠定基础，研究起草《加快中关村延庆园建设行动方案》。

*提升科技水平。*年内，园区9家企业被认定为国家高新技术企业，累计38家，9家企业被认定为中关村高新技术企业；中材科技风电叶片股份有限公司、北京玻钢院复合材料有限公司的两个项目获2015年北京市科学技术奖。北京合锐清合电气有限公司等两家企业的8件专利获中关村技术创新能力建设专项资金（专利部分）支持。

*完善服务体系。*延庆园管委会与北京银行延庆支行签订《战略合作框架协议》，获支持延庆园建设和企业发展的授信额度20亿元；与中国建设银行延庆支行签订“助保贷”合作协议，建立贷款及担保风险补偿机制，4家企业拟享受政府风险补偿金，拟融资贷款总额1150万元；建立了人才服务平台和信用促进平台。

*推进重点项目。*环都拓普科技有限公司热回收节能空调，北京新能源产业基地智能微电网和北京能源集团有限责任公司31.08兆瓦光伏示范电站3个项目竣工；京城压缩机生产基地产能扩建工程、北玻院酚醛树脂技术改造和蒙皮及贮运箱生产车间项目通过验收；中科院热物理研究所国家级风电叶片研发检测中心、东方润泽生产与研发基地建设等项目处于施工建设中；京仪远东节能环保仪表系统产业基地等项目在办理相关手续。北京浩运金能新能源科技有限公司八达岭开发区高性能储氢材料生产基地建设项目取得国有土地使用证。八达岭开发区中试厂房及配套工程（一期）一号配电室项目取得建设工程施工许可证并开工建设。

*开展招商推介活动。*建立与政府部门、中关村发展集团、产业技术联盟、合作园区、平台机构等多渠道合作的良性招商工作体系，北京中关村延庆园建设发展有限公司在中关村生命园建立了招商平台，对接入园企业34家；中关村能源互联网产业技术联盟和中关村纤维增强复合材料产业技术创新战略联盟入驻园区；与博天环境集团股份有限公司等10家企业达成入驻意向；与中关村智慧环境产业联盟、智能硬件联盟等产业中介组织初步达成合作意向。

*推进节能减排。*推进工业污染企业调整退出工作。完成北京永振亮建材制品有限公司、北京广昊腐植酸厂调整退出工作，共压减燃煤7500余吨。采取措施推动北京大兆新元停车设备有限公司喷漆喷砂房、中材科技风电叶片股份有限公司粉尘、北京八达岭经济开发区管理中心燃煤锅炉脱硝、北京天立成信机械电子设备有限公司漆房4个项目完成节能减排技术改造。

（高建敏）

【财富快车延庆园活动举办】1月27日，由中关村社会组织联合会主办，延庆园管委会、中关村成长型科技企业互助促进会承办的财富快车系列活动之“创新融资、政策速递”活动在京举办。中关村管委会等单位有关负责人、相关各金融机构及园区100余家企业的代表参加。会议解读了中关村“1+6”“新四条”等

先行先试政策，介绍了“助保贷”等银行创新产品，并就“新三板上市及再融资”的方式方法进行了分享。

（高建敏）

【延庆园管委会与北京银行延庆支行签约】3月31日，延庆园管委会与北京银行股份有限公司延庆支行签订《关于支持中关村延庆园金融建设的战略合作框架协议》。根据协议，北京银行延庆支行将意向性给予延庆园授信额度20亿元，资金主要投向（包括但不限于）：园区重点基础设施建设，土地一级开发及二级载体建设，园区产业结构调整和“高精尖”重点项目，园区重点优势企业、科技创新企业和具有成长潜力的中小微企业等。

（高建敏）

【展示移动式沼气提纯站】4月2—4日，在2015第七届中国低碳及新能源产业博览会上，北京合力清源科技有限公司展示了移动式沼气提纯站技术。合力清源公司研发的集成化沼气提纯技术可根据不同气体组分在分压驱动下通过膜的渗透性不同实现沼气的净化提纯，具有良好的连续性和稳定性，提纯后甲烷纯度大于99%。在该技术基础上研发的移动式沼气提纯站，具有设备占地面积小、可移动、运行成本低、维护简单、模块化程度高以及高自动化、高智能化等特点，可应用于沼气工程、填埋场等。

（高建敏）

【中财商学院延庆教学实践基地授牌】4月18日，中央财经大学商学院、延庆经济开发区教学实践基地签约暨授牌仪式在延庆园举行。延庆县政府等单位相关负责人及中财商学院MBA校友团的代表等40余人参加。基地由延庆经济开发区管委会与中财商学院共建，双方将组织相关专家教授和校友团成员在员工培训、创新创业、项目研究、项目咨询、教师挂职锻炼、学生实习实践等领域合作，以提高中财师生的社会实践能力，并为延庆经济开发区转型升级所需人才的培养储备提供保障。

（高建敏）

【京仪绿能公司参展SNEC2015】4月28—30日，在SNEC第九届（2015）国际太阳能产业及光伏工程（上海）展览会上，北京京仪绿能电力系统工程有限公司展示了500千瓦光伏逆变器、16路智能光伏汇流箱、4U控制系统产品和光伏电站系统综合解决方案。500千瓦光伏逆变器用于将光伏电池板阵列输出的直流电转化成符合国家电网标准的交流电。其额定功率500千瓦，输出电压270伏，适用于大型光伏并网地面电站。16路智能光伏汇流箱用于连接光伏阵列和逆变器，提供防雷及过流保护，并监测光伏阵列的电流、电压及防雷器、断路器状态，方便用户及时、准确地掌握光伏电池的运行情况，保证太阳能光伏发电系统发挥最大功效。4U控制系统适用于光伏逆变器、储能系统、微网控制等高端模块化式控制系统。

（高建敏）

【八达岭开发区3块工业用地土地一级开发授权获批复】5月8日、20日，北京八达岭经济开发区3块工业用地土地一级开发授权先后获延庆县政府批复（延政函〔2015〕73、74、79号），明确开发主体为北京中关村延庆园建设发展有限公司。3块地块均位于八达岭经济开发区北部，用地面积分别为光谷一街南侧工业用地21.63公顷、光谷三街南侧工业用地29.78公顷、天佑路东侧工业用地32.73公顷，总面积84.14公顷，具备成片整体开发的条件。完成一级开发后的土地即纳入土地储备库，按规定入市公开交易。拟开发的项目"长城脚下的中关村创新城"，将用于"互联网+"、新能源等产业研发、办公、培训等。

（李贺英）

【现代服务业政策培训会举办】5月21日，由延庆园管委会主办的现代服务业政策专题培训会在延庆经济开发区举办。延庆县投资促进局、八达岭经济开发区管委会等单位的代表30余人参加。相关专家解析了"全国现代服务业综合试点"以及"中关村示范区现代服务业试点"等方面的政策，介绍了国务院、北京市以及中关村加快科技服务业发展的政策措施，讲解了区县或园区如何运用各项政策构建"区域科技服务业生态系统"，加快在京科技服务机构、高校院所及各类科技创新资源的整合运用，以盘活土地资源，促进产业转型升级。

（高建敏）

【国产碳纤维液体成型关键技术通过验收】5月26日，由科技部高技术中心主办的"863"项目"国产碳纤维液体成型关键技术研究"课题技术验收会在北京玻钢院复合材料有限公司召开。专家组成员及参研单位的代表等参加。课题通过科技部组织的技术验收。项目是2012年科技部"863"计划课题，由北京玻钢院等6家单位共同完成，取得的成果和创新点为：开发了用于国产T700级碳纤维液体成型的低黏度环氧树脂体系，建立了复杂流道预成型体的浸渍渗透行为表征方法，突破碳纤维复合材料大型构件液体成型技术，实现国产碳纤维在风电叶片等领域的应用。课题研制出适合液体成型工艺的国产高性能碳纤维，其拉伸强度≥4800兆帕，拉伸模量≥230吉帕；制备了一种适用于国产T700级碳纤维液体成型技术的环氧树脂，体系中试产品性能稳定；系统研究了在真空压力作用下，纤维预成型体的压缩响应性及树脂在纤维预成型体面内、面外的流动行为，测试了各种条件下的渗透率，探求了相关条件对渗透率的影响规律；通过建模分析，开展了碳纤维预成型体、碳/玻织物层间混杂预成型体、方管夹芯结构典型件的流动浸渍以及碳纤维复合材料厚板固化模拟研究，并进行比较分析，结果表明，模拟结果与实验结果基本吻合，规律发展趋势一致；通过对国产原材料的关键影响因素研究及对国产原材料的工艺设计及优化，确定了国产原材料液体成型的工艺参数；通过对风电叶片及轨道交通典型部件的结构设计、高精度模具设计技术等的研究，验证了国产碳纤维液体成型技术；通过结构优化设计和校核分析实现国产碳纤维复合材料对原玻璃纤维复合材料的替代，单支叶片使用国产碳纤维织物 0.5 吨，实现叶片减重 22%，且静力测试分析表明，国产碳纤维复合材料风电叶片成型质量良好并通过静力测试考核，达到国际认证标准。

（高建敏）

【京仪绿能公司光伏并网逆变器通过中国效率认证】 6 月，在光伏逆变器中国加权效率专题研讨会上，由北京京仪绿能电力系统工程有限公司研发的光伏并网逆变器通过北京鉴衡认证中心的中国效率认证。认证测试依据 CNCA/CTS0002—2014《光伏并网逆变器中国效率技术条件》以及 NB/T32004—2013《光伏发电并网逆变器技术规范》。中国效率证书的获得，不仅说明公司 500 千瓦逆变器的各项性能指标完全符合中国太阳能发电行业的要求，同时代表其中国效率能够达到 98% 以上，满足工业和信息化部发布的《光伏制造行业规范条件（2015 年本）》中对光伏并网逆变器的要求，取得了参与“领跑者”计划项目投标的资格。

（高建敏）

【“助保贷”合作协议签订】 7 月 2 日，延庆园管委会与建行延庆支行“助保贷”签约仪式在京举行。延庆县政府及相关部门的有关负责人等参加。延庆园管委会与中国建设银行北京分行延庆支行签署《小微企业“助保贷”合作协议》。协议将缓解中关村延庆园中小

微企业连带联保、融资难、融资贵等问题。“助保贷”业务是由延庆园管委会和建行延庆支行共同筛选企业组成“小微企业池”，由企业助保金和政府风险补偿资金共同作为增信手段的信贷业务。建行延庆支行按照风险补偿资金的 10 倍向“小微企业池”企业提供贷款支持，用于支持中小微企业生产经营。

（高建敏）

【中农绿康公司参展世界马铃薯大会】 7 月 28—30 日，在第九届世界马铃薯大会上，中农绿康（北京）生物技术有限公司展示了用于马铃薯的微生物菌剂、抗重茬微生态滴灌肥等产品。微生物菌剂（马铃薯专用型）具有改良土壤与固氮、解磷、解钾、抗病等功能，能达到优化土壤养分、提高肥料利用率、增产、防病、改善品质等效果。抗重茬微生态滴灌肥（马铃薯专用型）主要针对马铃薯生产问题，具有预防土传病害、解决连作障碍及改良土壤的作用效果。产品无毒、无害、无污染，适用于马铃薯产区，是绿色食品和有机食品生产的首选产品，是实现水肥一体化的最佳产品。

（高建敏）

【“GB/T29552—2013 纤维增强复合材料桥板”项目获奖】 8 月 19 日，在全国建材行业标准创新转型升级工作会议上，北京玻钢院复合材料有限公司的“GB/T29552—2013 纤维增强复合材料桥板”项目获“2015 年度建材行业标准创新二等奖”。项目规定了纤维增强复合材料桥板的术语和定义、分类和标记、原材料、要求、试验方法、检验规则、标志、包装、运输和贮存等，以国内主要 FRP 产品生产厂家已有产品的实际应用情况为依据，参考国外 FRP 桥板相关标准以及标准参与单位收集整理的相关样品试验数据而编制。标准主要适用于拉挤工艺成型的人行桥、车行桥梁或栈桥的玻璃纤维增强复合材料桥板，其他纤维复合材料桥板可参照使用。

（高建敏）

【北京玻钢院与北京化工大学联合实验室成立】 8 月，北京玻钢院复合材料有限公司—北京化工大学高性能酚醛树脂联合实验室在京成立。实验室设在北京化工大学材料科学与工程学院和北京玻钢院复合材料有限公司树脂事业部，旨在利用双方各自的优势，充分发挥基础研究和应用研究及产业化的能力，共同申报国家科研项目和开发市场适用的新产品、新技术，促进新技术转化。双方将利用高校学术知识、测试设备及研发能力与北京玻钢院的实际生产应用经验、市场趋势感知能力等开展满足市场需求的课题研发。截至年底，联合实验室开展了石墨烯改性酚醛树脂的研制。

（高建敏）

【京仪绿能公司入选互联网与工业融合创新试点企业】 8 月，工业和信息化部《关于印发 2015 年互联网与工业融合创新试点企业名单的通知》印发，北京京仪绿能电力系统工程有限公司以“光伏电站大数据远程专家运维系统项目”入选 2015 年互联网与工业融合创新试点企业。项目的创新方向为支撑全业务全流程互联网转型的集成创新，主要用于收集光伏电站现场数据，

通过对所有数据的整合分析，使运维人员能及时发现电站故障，解决现场问题。

（高建敏）

【中关村企业信用促进会延庆工作平台成立】 9月10日，由中关村企业信用促进会主办的中关村信用政策宣讲会——延庆工作平台专场在延庆县举办。延庆园27家高新技术企业以及延庆县域内银行的代表参加。会议宣布中关村企业信用促进会延庆工作平台成立。相关专家讲解了中关村信用政策，并介绍了高新企业税收优惠政策。

（高建敏）

【“相约夜长城”延庆园专场活动举办】 9月21日，第32届国际科技园区协会世界大会“相约夜长城”延庆园专场活动在延庆县举办。来自美国、法国、巴西、俄罗斯等20余个国家的100余名国际科技园区协会的代表参加。各国参会代表参观了延庆园新能源孵化器和长城博物馆，游览了八达岭长城，了解了长城的历史文化。活动期间，延庆园管委会在长城博物馆展厅举行了专场推介会，通过播放延庆县宣传片和现场的生动讲解，让各国参会代表了解了延庆县优美的自然人文环境，宣传了2019年世界园艺博览会和2022年冬季奥运会等绿色大事对于延庆发展的重要历史机遇，

展示了延庆园特色的产业基础、优质的投资环境和未来良好的发展前景。

（高建敏）

【无人机产业发展研讨会举办】 10月10日，由延庆园管委会主办的无人机产业发展研讨会在八达岭开发区举办。中国航空器拥有者及驾驶员协会、延庆县教委、北京邮电大学世纪学院等相关单位以及零度智控（北京）智能科技有限公司等无人机企业的代表参加。与会代表围绕无人机产业的地理信息、专网通信、飞行服务、教育培训、行业管理等，交流各自的业务重点，探讨无人机行业的发展趋势、存在的问题，包括如何

布局无人机的研发、测试、核心设备生产等环节，解决制约企业发展的缺少合法试飞空域、无人机操作手短缺等共性问题。延庆园管委会将与八达岭机场合作，申请专供无人机测试飞行的合法空域，提供专业的飞行保障服务；联合县教委、北邮世纪学院等单位，为企业建立从无人机操作手到一线研发工程师的梯度人才体系，并为企业定期举办行业展会提供支持；依托科技金融和产业投资部门，为企业提供金融支撑；通过“长城脚下的软件家园”的整体建设，促进无人机产业链企业集聚，形成相互促进的系统产业生态。与会代表还考察了八达岭机场和开发区孵化器项目。

（李贺英）

【国家玻璃钢制品质量监督检验中心通过CNAS评审】 10月24—25日，中国合格评定国家认可委员会（CNAS）对国家玻璃钢制品质量监督检验中心进行实验室监督评审。评审组对中心承担法律责任的能力、管理能力、检测技术能力3个方面进行评价，中心凭借先进的硬件配备、较高的管理水平、优良的人员素质、规范的现场操作通过现场审核。

（高建敏）

【延庆园运行监测平台上线】 11月12日，由延庆县经济信息化委建设的中关村延庆园运行监测平台（zb.zgc—yq.gov.cn）上线。平台包括规模以上企业报表、延庆园报表等，主要用于企业数据分析监测，掌握企业运行情况，还开通了工业、建筑业、批发和零售业、房地产业、服务业等行业的定期统计报表业务，以构建延庆园规模以上工业企业主要经济指标的动态监测体系，及时掌握企业运行情况，提高数据质量及运行监测水平，同时减轻企业纸质统计报表报送负担。

（高建敏）

【工发新能源孵化器入选特色产业孵化平台】 11月16日，中关村管委会发布《关于公布中关村特色产业孵化平台名单的公告》，授予13家创业服务机构“中关

村国家自主创新示范区特色产业孵化平台”称号。其中，延庆园八达岭工发新能源科技企业孵化器1家入选。孵化器由北京八达岭工发新能源科技企业孵化器有限公司运营，位于北京市新能源产业基地核心区域，总建筑面积6.7万平方米，重点发展新能源等产业，可以满足企业科研、中试、办公等需求。

（高建敏）

【两家企业获技术创新能力建设专项资金支持】11月17日，中关村管委会发布《2015年度中关村技术创新能力建设专项资金（专利部分）支持名单情况公示》，延庆园两家企业的8件专利获专项资金支持，即北京玻钢院复合材料有限公司的“一种利用流化床回收热固性复合材料的装置及方法”“一种风电叶片主模型的制作工艺”等7件专利，北京合锐清合电气有限公司的“24KV充气柜负荷开关”1件专利，共获支持资金3.45万元。

（高建敏）

【两项成果获北京市科学技术奖】12月1日，市政府印发《关于2015年度北京市科学技术奖励的决定》（京政发〔2015〕58号），延庆园中材科技风电叶片股份有限公司陈淳等完成的“低风速低载荷1.5MW风电叶片研发及产业化”项目获2015年度北京市科学技术奖一等奖；北京玻钢院复合材料有限公司李义全等完成的“高精度兆瓦级风电叶片模具技术研究及批量应用”项目获2015年度北京市科学技术奖三等奖。“高精度兆瓦级风电叶片模具技术研究及批量应用”项目开展了大型风电叶片模型模具的成型关键技术研究，形成一套以RIM成型大型模型模具制造技术作为核心技术，实现大型风力发电用叶片模具的高效高精度加工的技术指标，主要技术创新：大型玻璃钢/复合材料模型模具设计制作技术，主要包括模型分段设计、型面采用可加工的泡沫和糊状代木数控加工制造技术以及模块化组装技术；大型表面无胶衣层叶片模具制作技术，主要包括大型构件模具的一体化整体真空灌注工艺控制技术；大型玻璃钢叶片模具加热系统的设计技术，主要包括大型模具加温系统与结构一体化设计技术，即保证结构同时，温度控制在模具表面每平方米内温差小于1摄氏度；高精度模具的加工与型面控制技术，主要包括考虑不同材料热失配的设计补偿技术和模具型面控制调节系统；叶根预埋螺栓叶片模具制作技术，主要包括预埋螺栓定位与气密性技术以及螺栓套与叶片本体一体增强成型技术。

（高建敏）

【合作防治甜菜重茬病害】12月1—2日，在京蒙科技合作推动创新发展赤峰对接大会上，中农绿康（北京）生物技术有限公司与赤峰绿璐种业有限公司就“甜菜重茬病害生物防治”项目签订合作协议。根据协议，双方将针对甜菜重茬病害和土传病害，利用抗重茬微生态制剂和微生态制剂进行试验，达到预防和控制病害的效果。

（高建敏）

【中农绿康公司获中国产学研合作创新示范企业称号】12月12日，在第九届中国产学研合作创新大会上，中农绿康（北京）生物技术有限公司因多年来坚持产学研合作，积极将研究成果转化为产品，并致力于产品的推广示范获中国产学研合作促进会授予的中国产学研合作创新示范企业称号。此外，中农绿康公司张丽霞等完成的“微生态滴灌肥的示范与应用”项目还获2015年中国产学研合作创新成果奖（优秀奖）。

（高建敏）

【智能微电网项目投入运行】12月29日，北京市新能源产业基地智能微电网建设工程项目投入运行。项目位于八达岭经济开发区新能源产业基地的高新技术产业孵化器内，由国家能源局、市发展改革委、延庆区政府共同投资，延庆区发展改革委与八达岭经济开发区管委会负责建设，北京北变微电网技术有限公司牵头的EPC（Engineering-Procurement-Construction）联合体负责实施，是国内首个政府主导的较大规模的新能源应用及智能微电网示范项目。项目总投资约为1.26亿元，包括1座10千伏开闭所、3座配电室、24座建

筑能源小屋、1座光伏车棚能源小屋，总计29个子微电网，组成三级微电网群。微电网群的总变配电容量为5.5兆瓦，接入约2兆瓦分布式光伏、60千瓦风力发电、2.5兆瓦的多种储能系统。项目运行后，新能源孵化器的供电将由微电网提供，采用可再生能源供电。微电网既可以在需要时与大电网断开单独运行，也可以与大电网联网运行，确保智能微电网优先使用孵化器产生的光伏绿色能源，实现微电网孤网运行，也可

以在天气不佳、光伏发电不理想时无缝切换连接到大电网，保证用户正常用电。

（高建敏）

【中关村纤维增强复合材料产业联盟成立】12月29日，中关村纤维增强复合材料产业技术创新战略联盟首次工作会在北京玻钢院复合材料有限公司举行。延庆园管委会等单位相关负责人以及联盟发起单位的代表参加。联盟是由北京玻璃钢研究设计院、清华大学土木水利学院、中材汽车复合材料有限公司等相关企业、高等院校、科研机构发起成立的新型科技合作组织，旨在依托成员间的技术经济实力，以多样化、多层次的自主研发与开放合作创新相结合，协同解决复合材料产业的研究、开发、工程化和产业化等技术创新难题，促进中关村示范区和北京市复合材料产业技术水平快速提升。北玻院执行董事赵长胜担任联盟首届理事长。

（高建敏）

【9家企业通过国家高新技术企业认定】年内，延庆园北京美正生物科技有限公司、北京方诚智盛生物科技有限公司、北京佳时代包装制品有限责任公司、北京恒源亨通网络工程技术有限公司、北京万邦迪通技术有限公司、北京市交大路通科技有限公司、北京华创中实科技发展有限公司、北京明邦运通国际运输服务有限公司、玉鼎云华（北京）信息技术有限责任公司9家企业通过国家高新技术企业认定。截至年底，延庆园经认定的国家级高新技术企业38家，涉及生物与新医药、电子信息、新能源与节能技术等领域。

（高建敏）

【延庆园重点技术领域总收入109.8亿元】年内，延庆园重点技术领域总收入109.8亿元。其中，新材料领域收入51.3亿元，占总收入的46.7%；先进制造领域收入16.4亿元，占总收入的15%；新能源与节能领域收入7.8亿元，占总收入的7.1%；环境保护领域收入6.8亿元，占总收入的6.2%；电子信息领域收入2.1亿元，占总收入的1.9%；生物医药领域收入1.6亿元，占总收入的1.4%；其他领域收入23.8亿元，占总收入的21.7%。

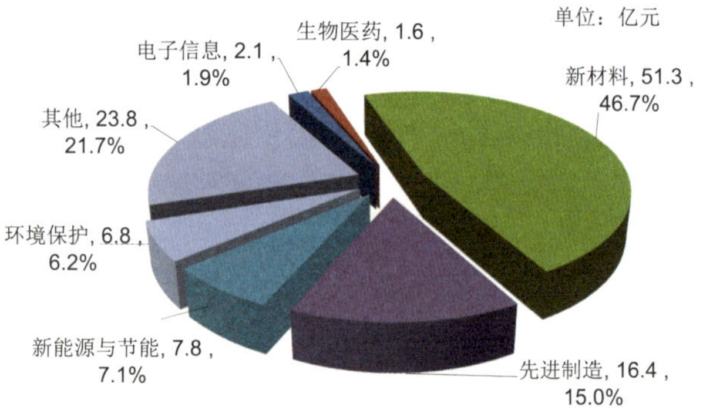

（高建敏）

产业发展

Industry Development

本栏目设有电子信息产业，现代制造产业，生物工程与新医药产业，新材料产业，新能源、节能与环境保护产业，航空航天产业，文化创意产业7个分栏目，以条目体形式记述中关村国家自主创新示范区企业和单位在各产业领域开展的创新活动、取得的新进展和新成绩等。

综 述

2015年，中关村示范区加快实施创新驱动发展战略，着力打造“大众创业、万众创新”经济发展新引擎，培育发展新产业、新模式、新经济，加快构建“高精尖”经济结构，创新要素有效供给不断增强，创新创业持续活跃，创新势能加速释放，经济运行速稳质优。

*经济运行总体平稳。*2015年，中关村示范区高新技术产业实现总收入4.08万亿元，同比增长13.2%，总收入约是2010年的2.6倍。“十二五”时期，总收入年均增长20.7%，超额完成“十二五”规划中提出的“示范区总收入超过3万亿元，年均增长率超过15%”的目标任务。在经济下行压力大、非首都功能疏解、结构调整的形势下，对部分企业或企业的部分生产环节进行了疏解。2015年实现工业总产值9561.7亿元，同比增长2.5%；实现技术收入6623.0亿元，同比增长36.9%，占总收入的比重16.2%，比2014年提高2.8个百分点。收入增长率超过100%的企业1371家，约是2014年的2.5倍。实现利润总额3404.9亿元，同比增长12.3%；实缴税费2035.7亿元，同比增长9.6%；整体利润率为8.3%。

*前沿技术产品创新持续涌现。*2015年，六大重点技术领域实现总收入3.09万亿元，同比增长11.1%。其中，电子信息作为重要支撑，始终保持快速发展，同比增长20.3%。随着技术创新和模式创新的不断深入，在大数据、人工智能、虚拟现实、量子通信、智能机器人、精准医疗等领域，涌现出一批全球领先的创新成果：百度在线网络技术（北京）有限公司加大无人驾驶汽车等人工智能技术研究，北京国承万通信息科技有限公司发布虚拟现实娱乐设备Step VR，北京清大致汇科技有限公司发布国内首款安卓系统3D打印机，零度智控（北京）智能科技有限公司推出植保无人机“守护者－Z10”，北京星图纵横网络科技咨询有限公司发布蜂巢大数据开放平台，北京百奥赛图基因生物技术有限公司率先攻克了大鼠基因条件性敲除的技术难关，北京康力优蓝机器人科技有限公司推出类人型商业服务机器人。中航材料院的石墨烯应用研究、中科院理化所的液态金属技术，走在了全国乃至世界的前列。北京碳世纪科技有限公司推出中国首款石墨烯节能改进剂碳威。

*龙头企业加速产业生态圈及全球布局。*2015年，中关村示范区亿元以上企业2967家，比2014年增加411家；收入超百亿元企业68家，超千亿元企业4家。领军企业纷纷布局产业生态圈，加速产业重组。乐视网信息技术（北京）股份有限公司业务涵盖影视、电视、手机、汽车等多个行业，颠覆了传统产业链观念；小米科技有限责任公司以智能手机、电视、路由器、机顶盒和可穿戴设备5个产品线为核心，通过对外投资的方式实现业务外延扩展，建立以大数据挖掘、分析、应用为核心的智能硬件生态圈；北京京东世纪信息技术有限公司等进军金融、医疗健康、物联网、智能硬件多个行业；美团网并购大众点评网，滴滴打车与快的打车合并，58同城网收购赶集网等。2015年中关村示范区企业发起的并购交易数量达512起，同比实现翻番增长；披露金额1868.7亿元，同比增长43.3%。联想集团有限公司、亿赞普（北京）科技有限公司等一批企业在境外实施并购、设立研发机构、拓展国际市场。

*构建跨区域的创新创业生态系统。*中关村示范区融入“一带一路”、京津冀协同发展、长江经济带三大战略，积极打造产业链、创新链、园区链，推动形成京津冀协同创新共同体。优化产业链布局，谋划打造以“中关村数据研发服务—张家口、承德数据存储—天津数据装备制造”为主线的“京津冀大数据走廊”。部署创新链，搭建“一司一金一空间”的市场化投资运营服务平台，支持成立“中关村协同发展投资有限公司”“中关村协同创新投资基金”“中关村领创空间”，打造区域合作创新创业服务平台。整合首都科技条件平台、中关村开放实验室等科技创新资源，支持三地企业、高校院所资源开放。打造跨京津冀的科技创新园区链。推进天津滨海—中关村科技园、石家庄（正定）中关村集成电路产业基地、保定·中关村创新中心项目的建设。年内，中关村示范区企业在津冀两地设立的分支机构约2000家；输出到河北省的技术合同达2291项，比2014年增长54.5%，成交额53.9亿元，同比增长33.4%。

（杜 玲）

电子信息产业

【概况】2015年，中关村示范区电子信息产业发展迅猛，拥有企业9173家，实现总收入1.62万亿元，同比增长20%，实现利润1098.1亿元，同比增长20.5%。在大数据和互联网领域，联合科技部火炬中心，发布实施《国家高新区互联网跨界融合创新中关村示范工程》，组建北京大数据研究院，并在2015中关村大数据日活动上，发布首个大数据发展路线图。北京同有飞骥科技股份有限公司发布智能感知高效大数据存储系列产品。在集成电路领域，企业自主研发的芯片产品涉及移动终端通信、信息安全、处理器、存储器、多媒体、导航、物联网、汽车电子和消费电子等领域。京微雅格（北京）科技有限公司研发的首颗芯片CME–C1（祥云）流片成功，公安部第一研究所研制的首款电子机读旅行证件专用芯片通过技术鉴定，和芯星通科技（北京）有限公司发布新一代高精度多模多频卫星导航定位SoC芯片NebulasII（UC4C0）。在智能硬件领域，行业领军企业投入大量资源加快产业布局，快速形成生态体系。百度在线网络技术（北京）有限公司推出多语种翻译机器人小度，北京康力优蓝机器人科技有限公司推出类人型商业服务机器人“优友”，拉卡拉支付股份有限公司推出智能支付手环。

（杜　玲）

【云鼎网上线】1月8日，在线视频产品交易服务平台云鼎网（www.topvstore.com）上线运营。云鼎网是由鼎视传媒股份有限公司应用云存储分发、互联网及专网高速传输、视频检索、版权保护、电子商务等技术建设的海量视频产品在线交易的B2B电子商务平台，方便产业链上游的视频内容提供方（卖家）和产业链下游的视频运营机构（买家）进行在线视频产品版权交易；上线后能降低视频产品交易成本，促进视频产品版权保护，为视频产品供应商和视频行业的创业者提供零门槛销售平台。

（杜　玲）

【百度公司与301医院共建网上医疗服务平台】1月13日，百度在线网络技术（北京）有限公司与中国人民解放军总医院（301医院）在京签署协议，双方将共建网上医疗服务平台，具有在线挂号、信息查询、检验结果、远程复诊等功能。301医院将结合百度公司的大数据、云计算等技术能力和在线运营优势，建立医疗领域的O2O服务模式。百度公司将结合301医院的医疗专业、专家团队等优势，有效利用医生的碎片时间，研发医疗的社会化服务应用场景。

（杜　玲）

【“白细胞”可信服务器和免疫操作系统推出】1月15日，北京可信华泰信息技术有限公司推出“白细胞”可信服务器和“白细胞”可信免疫操作系统两款产品。服务器系列包括2U、4U规格的机架式服务器，有可作为TFLOPS级的超级服务器、针对IDC机房设计的20节点高密集低功耗服务器和适合关键业务的Power服务器；对ARM、x86、Power 3种CPU架构进行改造，引入自主研发的TPCM技术路线，以可信芯片为核心，从系统加电开始，对CPU、BIOS、OSLOADER、操作系统和应用程序等各环节进行验证，形成一套以硬件为基础的完整信任链。服务器上预装“白细胞”可信免疫操作系统，内置“白细胞”免疫服务中心增值服务，建立在运算同时进行安全防护的双体系结构，为用户提供从硬件到软件应用的完整可信计算解决方案，完全掌握系统的控制权。可信免疫操作系统的设计满足党政军、涉密、金融、电力等高安全等级应用领域对信息安全的需求，适用于等级保护和分级保护信息系统。

（杜　玲）

【“Baidu+”推出】1月15日，百度在线网络技术（北京）有限公司推出个人数据搜索客户端“Baidu+”。“Baidu+”是一款整合多端（电脑、手机等）与云（云存储、Web等）的个人数据搜索软件，将打通云端数据与本地数据，整合电脑、手机、iPad以及其他智能设备上的个人数据，用户登录百度账号，通过一个搜索框便能实现个人信息的一体化搜索与管理。为了强化用户使用过程中的个人数据安全保障，“Baidu+”运用账户绑定、设备绑定、传输过程加密、检索过程加密、云端索引加密在内的五重防护手段，对个人数据进行了加密保护，防止信息泄露。

（杜　玲）

【小米Note手机发布】1月15日，小米旗舰新品发布会在京举办。小米科技有限责任公司发布小米Note手机、小米Note手机顶配版、小米头戴式耳机、小米小盒子4款产品。智能手机小米Note沿用小米4手机的金属边框、骁龙801处理器和3G运行内存，顶配版采用骁龙810处理器、4吉字节内存和2K分辨率显示屏，还增强了Cat9网络支持和土豪金边框版本。小米小盒子小巧便携，一个HDMI接口即可连接电视，拥有1080p全高清分辨率，内存相当于小米盒子1吉字节增强版，具备更强更稳定的WiFi无线信号和更高速的传输速度，还标配蓝牙4.0BLE遥控器，无须对准即可直接遥控，其播控平台是中央银河互联网电视集成播控平台，覆盖爱奇艺影视资源，内容更加丰富完善。

（杜　玲）

【小米公司发布4款智能产品】 1月18日，在GIF2015极客公园创新大会上，小米科技有限责任公司发布包括多功能网关、人体传感器、门窗传感器和无线开关4款产品的“智能家庭套装”。人体传感器、门窗传感器、无线开关与多功能网关之间采用Zigbee低功耗局域网协议相连接，网关再与小米路由器相连实现外部网络环境的联通。其中，多功能网关可把ZigBee（基于IEEE802.15.4标准的低功耗局域网协议）设备联入小米云和其他智能设备；人体传感器是自动探测和提醒人或动物的移动（170度探测范围）智能设备；门窗传感器可实时感知门窗开关状态，同样能和其他智能设备连接；无线开关除了控制门铃外，还能控制其他智能设备的开关。

（徐　建）

【4家企业获计算机信息系统集成特一级企业资质】 1月19日，工业和信息化部公布第二批计算机信息系统集成特一级企业资质企业名单，同方股份有限公司、神州数码（中国）有限公司、航天信息股份有限公司、东华软件股份公司4家企业入选，全部为中关村示范区企业。

（杜　玲）

【首届中国智慧城市创新应用大赛获奖名单公布】 1月24日，在2014中国智慧城市发展与合作年会上，首届中国智慧城市创新应用大赛获奖名单公布，共35家单位获奖。其中，中关村示范区内获奖单位15家。神州数码信息系统有限公司的“张家港市民网页综合服务系统”，北京华胜天成科技股份有限公司的“首都旅游产业运行监测调度中心”，北京艾威康电子技术有限公司的“北京市劳动保障职业学院”等5个项目获“优秀应用奖”；大唐电信科技股份有限公司的“大唐电信”智慧社区，太极计算机股份有限公司的“太极城市应急管理指挥平台”，神州数码信息系统有限公司的“智慧城市服务分析推荐技术”等9个项目获“优秀创新奖”；北京柏惠维康科技有限公司“基于云的无线电子健康及关键支撑技术”项目获“优秀国际合作奖”。（中国智慧城市创新应用大赛由中国信息界杂志社与中国智慧城市产业技术创新战略联盟共同主办，旨在通过专业性评比等方式，筛选出一批优秀的智慧城市解决方案或实施案例，为国家和地方开展智慧城市建设和项目推进提供选项依据。）

（韩洋洋）

【8家企业获评“中国电子信息行业创新能力50强企业”】 1月27日，在2015中国电子信息行业发展大会暨高峰论坛上，发布了2015“中国电子信息行业创新能力50强企业”名单。其中，中关村示范区中国电子信息产业集团有限公司、京东方科技集团股份有限公司、紫光股份有限公司等8家企业上榜。上榜企业主要是在研发投入力度、研发队伍实力、科研专利数量等方面有显著的业绩，凸显了在电子信息行业研发创新、可持续发展及质量品牌建设等方面的引领作用。

（康秋红）

【车联网解决方案CarLife推出】 1月27日，由百度在线网络技术（北京）有限公司主办的“车联天下　智慧有度”战略发布会在京举行。百度公司宣布推出车联网解决方案CarLife。CarLife是首款跨平台的车联网解决方案，在车机端支持Linux、QNX和Android，在用户端支持Android和iOS智能操作系统，能覆盖95%以上的智能手机用户。CarLife以百度地图为核心，能够为用户提供准确的路线规划、地点查询、路程估算，帮助查找目的地避开拥堵，可随时随地更新地图数据，实现实时停车位查询、停车定位记录、电子狗、实时路况、室内外无缝导航、Handsfree人机对话系统等功能。

（杜　玲）

【用友软件公司更名】 1月27日，用友软件股份有限公司发布《关于变更公司名称及证券简称的公告》，宣布于1月26日完成公司名称变更登记，取得市工商局换发的营业执照。变更后，公司名称为“用友网络科技股份有限公司”，同时公司证券简称由“用友软件”变更为“用友网络”，证券简称变更日期为2015年1月30日，公司证券代码不变。更名标志着用友公司去“软件化”，向互联网化全速转型。

（杜　玲）

【VoiceReader 5.0发布】 1月，北京捷通华声语音技术公司在灵云平台发布根据用户需求定制化后的最新版的捷通华声灵云多语种语音合成软件（VoiceReader 5.0）。产品默认提供阿拉伯语、法语、日语等20种语言的语音合成，并有50余种发音人供用户选择；支持男声、女声、童声等多种音色；将多种不常用、不适用的特效去除，仅保留最基本的音量、音高、语速等功能，操作更加简单；流程一目了然；提供单次播放、循环播放等模式，并可自定义循环播放间隔时间。

（张　蕾）

【矩阵龙贝二维码技术研制成功】2月3日，北京龙贝信息技术有限公司采用数学方法和信息技术编码研制出首个具有完全自主知识产权的全新矩阵龙贝二维码技术。龙贝码破解率极低，缩存储能力强，单位存储量为日本QR码的4倍、美国DM码的5倍；纠错能力强，国外二维码的纠错率最高为25%～30%，龙贝码的纠错率可达60%以上，且为全球范围内唯一可以变形的码制图形符号。

（杜　玲）

【神州泰岳公司与印度公司设立合资公司】2月3日，北京神州泰岳软件股份有限公司发布《关于与印度Reliance公司共同设立合资公司开展海外融合通信业务的公告》，宣布下属企业智桥资讯有限公司与印度Reliance实业有限公司签署了《合资协议》，共同设立合资公司开展融合通信产品的特定业务。神州泰岳公司以软件许可权作为出资，Reliance公司以现金方式投入1633万美元。合资公司主要向订购者提供“Urapport 2.0”多IP消息传输及社交平台、作为机顶盒（OTT）用途的衍生业务或产品、多媒体软件平台及其他互联网业务。Reliance公司将在生效日期起两年内，提供价值相当于433万美元的服务，包括投入产品设计、产品开发、工程和操作、客户体验；提供所有必要的数据中心空间、电能和宽带，以及获取客户。

（杜　玲）

【百度公司与中国移动公司共建云计算中心】2月5日，百度—中国移动亦庄新一代搜索数据中心签约仪式在京举行。百度在线网络技术（北京）有限公司与中国移动通信集团公司达成战略合作，双方将共建百度亦庄新一代搜索数据中心（一期）。中心位于亦庄园，总建筑面积3.8万平方米，计划部署4万余台服务器，采用绿色节能设计理念，使用市电直供、后备式高压直流等百度公司自有专利技术，技术参数设计为国内最高密度、最低功耗、最佳平衡，并实现自动运维。

（杜　玲）

【居民健康卡国家级注册管理系统一期项目通过验收】2月6日，由国家卫生计生委统计信息中心主持的居民健康卡国家级注册管理系统一期建设项目验收会在京召开。来自湖南省卫生计生委信息中心、河南省卫生计生委信息中心等单位的相关负责人参加。项目由东华软件股份有限公司于2014年6月承建，主要以支撑国家卫生计生委居民健康卡管理工作职能为主，包括支持SAM卡接受申领、制作、发放等3项日常业务工作；支持跨省、市的业务协同与信息共享；支持国家对已发卡地区、机构的居民健康卡发卡、用卡工作的初步统计分析，掌握各地发卡的可靠数据等。与会专家一致同意项目通过验收。

（韩洋洋）

【“电信智能卡内数据更新的方法、系统及电信智能卡”获发明专利授权】2月11日，由北京握奇数据系统有限公司李诗瑶完成的“电信智能卡内数据更新的方法、系统及电信智能卡”项目获知识产权局发明专利授权(ZL201110439581.5)。专利涉及通信技术领域，用于解决服务器在向电信智能卡发送信息的过程中丢失信息的问题，包括电信智能卡接收非结构化补充数据业务USSD服务器发送的USSD格式的更新信息、电信智能卡从所述USSD格式的更新信息中提取出更新信息原文、电信智能卡将上述更新信息原文转换为远程文件管理RFM短信、电信智能卡根据上述RFM短信完成更新操作，可避免服务器在向电信智能卡发送信息的过程中丢失信息或乱序。

（朱文利）

【AbleCloud平台发布】2月，国内首家智能硬件PaaS云平台AbleCloud（www.ablecloud.cn）对外发布。平台由北京智云奇点科技有限公司开发，主要面向物联网（IoT）硬件厂商，提供设备联网与管理、远程查看控制、定制化云端功能开发、海量硬件数据存储与分析等基础设施，加速硬件实现联网智能化，并针对智能硬件打造专业的云服务开发引擎，提供物联网云服务快速开发框架，能让硬件厂商的App或嵌入式开发人员快速具备大规模云端服务的研发能力，使其研发效率提升10倍左右，研发周期缩短至几周。

（杜　玲）

【泰合安全运维管理平台解决方案发布】2月，北京启明星辰信息安全技术有限公司推出泰合安全运维管理平台解决方案。平台对ISO27001、ISO20000等国际标准进行融合，将信息安全与运维管理工作进行紧密整合，从监控、安管、运维3个维度建立了一套全网统一的业务支撑平台，辅以配套的IT安全运维流程，明确管理范围、内容、要求和技术实现，使得IT安全运维团队和决策层能够对业务信息系统实现业务可视化、安全主动化、运维自动化、考核可量化，对客户全网的安全状态进行集中化的管理与运维，最终实现可视、可查、可度量与可持续的一体化安全运维管理。

（张 蕾）

【中关村科技助老公共服务平台成立】2月，中关村科技助老公共服务平台成立。平台由中关村健康服务专业委员会联合北京嘉合百善科技发展有限公司、北京颐佳健康管理服务股份有限公司等20家企业发起成立，是专门为老年人提供服务的公共平台，旨在通过科技助老、文化养老、适老改造、生态悦老、游艺乐老等内容搭建一条为老年人服务的全生态链，围绕老年群体在健康、安全、心理、应急、亲情、生活等方面的需求，通过助餐、助医、助急、助洁、助行、助浴等服务，依托中关村平台型社会组织，把智能化适老产品及暖老服务送到老人身边，从生理信息的智能采集、身体情况的智能检测、身体健康的辅助养生及代际间的亲情互动等领域实现为老服务。平台设在嘉合百善公司，并设有独立展示厅。

（张 静）

【联想集团在世界移动通信大会上获多项荣誉】3月2—5日，在2015年世界移动通信大会上，联想集团有限公司获“最佳可穿戴设备”“最佳廉价智能手机”等33个奖项。其中，首款手机—相机跨界产品VIBEShot获“2015 MWC最佳奖”等11个奖项。产品采用完整卡片相机的设计风格；金属中框和前后双大猩猩3代玻璃的感官设计，具有专业相机的握持感；搭载1600万像素OIS光学防抖镜头和三色温闪光灯，配备专业级6片玻璃镜组与蓝宝石镜头玻璃，采用防污特制镜片，保证最佳拍照效果；采用基于Android 5.0系统定制的VIBEUI和高通骁龙615处理器，真64位系统配合64位真8核处理器，可满足用户对多任务处理的需求。

（杜 玲）

【麓柏科技公司发布S5存储系统】3月10日，在美国硅谷举办的第六届开源计算项目（OCP）峰会上，北京麓柏科技有限公司发布首个全闪存软件定义存储系统——S5存储系统。系统专为云计算和大数据应用环境研发，能为云数据中心中复杂多样的混合型运算负载提供可软件定义、极致IO性能、稳定一致服务的存储保障；将帮助客户从传统IT架构快速可靠地转向云计算数据中心架构，并为客户开发面向移动和数据分析的第三代IT平台应用提供可信数据处理平台。

（杜 玲）

【共同开发智能烹饪系统】3月11日，百度在线网络技术（北京）有限公司、北京京东世纪贸易有限公司、阿里巴巴集团控股有限公司、北京奇虎科技有限公司共同宣布，四方将与杭州老板电器股份有限公司合作开发ROKI智能烹饪系统。根据协议，4家企业将开展产品推广、供应链优化、数据共享、产品个性化定制等方面的合作，实现吸油烟机与智能可穿戴设备融合、智能推荐烹饪菜谱、智能化物流采购配送等。

（杜 玲）

【搜狗公司推出“一点浏览器”】3月23日，北京搜狗科技发展有限公司宣布推出“一点浏览器”，其是一款基于系统内置IE浏览器的轻量浏览器，大小相当于一张图片，完整安装包仅约0.5兆，只需几秒钟便可完成下载安装，并具有“右键快速关闭网页”功能，同时复制、粘贴和图片保存等常用的网页右键功能仍能顺畅使用。

（杜 玲）

【大唐半导体公司获评中国十大集成电路设计企业】3月26日，在2015年中国半导体市场年会暨第四届中国集成电路产业创新大会上，大唐半导体设计有限公司被中国半导体行业协会授予“2015年中国十大集成电路设计企业”称号。大唐半导体公司初步形成“4BU+1”的发展模式，即移动通信芯片与解决方案、安全芯片与解决方案、汽车与工业芯片、融合通信芯片与解决方案为核心的四大业务板块加公共研发平台。在智能终端芯片领域，28纳米TD-LTE智能终端芯片实现规模商用；在智能卡安全芯片领域，实现国内0.13微米EEPROM工艺双界面芯片商用，并为国家二代证卡、社保卡、金融卡等项目累计供货10余亿只芯片；在汽车电子芯片领域，实现车灯调节控制芯片商用，并完成门驱动汽车芯片的研发设计。

（韩洋洋）

【同方吉兆公司两项成果获奖】3月28日，在第五届广播电视科技创新论坛暨第七届广播电视科技创新奖颁奖典礼上，由北京同方吉兆科技有限公司研发的“3kW调频频段数字音频广播（CDR）发射机”和“智能化高效3kW液冷数字电视发射机”分别获中国广播电视设备工业协会颁发的“科技创新优秀奖”和“科技创新奖”。“3kW调频频段数字音频广播（CDR）发射机”采用全宽带化设计，可实现多种兼容性应用，保证在原有模拟广播的基础上，同时实现数字广播。“智能化高效3kW液冷数字电视发射机”立足绿色环保理念，采用宽带高效技术，整机效率达30%以上，是智能化、高效节能和高可靠的液冷数字电视发射机。

（王希华）

【京东公司设立O2O独立全资子公司】3月31日，在

2014京东“售后到家”服务升级暨合作伙伴论坛上，北京京东世纪贸易有限公司宣布设立O2O业务独立全资子公司，与京东商城、京东金融、拍拍、京东智能共同组成京东公司五大业务板块。3月16日，京东公司O2O产品——“拍到家”上线，向用户提供3000米范围内生鲜及超市产品的配送，以及鲜花、外卖送餐等各类生活服务项目，并基于移动端定位实现2小时内快速送达。O2O业务模块“拍到家”的全部相关部门和人员将并入新成立子公司。

（杜　玲）

【灵云人脸识别技术推出】3月，北京捷通华声语音技术有限公司与清华大学合作研发推出灵云人脸识别技术。成果采用最新深度学习算法，引入国际领先的多模型融合技术，具备“一对一确认”“多选一辨别”功能，可对人脸五官定位并对性别、表情、年龄、肤色、姿态等人脸属性进行分析，同时提供人脸查询和身份数据库管理。该技术也是生物特征（人脸、指纹、声纹）识别的重要组成部分，其行业应用需要海量的生物特征数据支撑和统一的数据库管理。技术通过对身份证、驾驶证、护照等证件进行拍照，自动获取证照文字信息用于数据库检索，并同步通过抓拍持证人现场人脸照片，获取持证人人脸信息，用于与数据库中检索出的人物相关信息进行识别比对，判断证件是否属于持证人本人，以满足各类安全监控场景对人物身份快速、准确的辨识需求。

（张　蕾）

【瑞星公司承建北京电视台云存储安全项目】4月1日，北京瑞星信息技术有限公司宣布成为北京电视台智慧媒体服务项目独家信息安全供应商，将为其搭建一套完整的信息安全系统，并提供配套的技术支持和信息安全服务。项目包括常规的虚拟化系统和由大型海量文件组成的云存储系统。针对虚拟化系统的安全建设，瑞星公司的虚拟化系统安全软件可全面满足需求；针对云存储系统的安全建设，瑞星公司采用云存储安全技术为其打造一套查杀效率高、稳定性强、性价比高的解决方案。

（杜　玲）

【CNNIC中标烟草总公司平台升级改造项目】4月7日，中国烟草总公司烟草行业统一平台基础环境升级改造项目在国内公开招标。中国互联网络信息中心（CNNIC）参加招标，设计了完整的域名系统（DNS）解决方案并提供SDNS系列DNS专用产品。SDNS是CNNIC自主研发的域名安全系统解决方案，包含了基础解析产品、安全防护产品以及云服务产品，具有高安全、开放性、模块化、可扩展、可移植的特征，既可实现域名管理、智能线路选择等功能，还可实现域名查询的实时统计、域名运行分析和DNS抗攻击等。10月，烟草总公司最终选用CNNIC的方案对其内网DNS进行升级改造。

（韩洋洋）

【百度百科陕西数字方志馆上线】4月7日，由百度在线网络技术（北京）有限公司主办的百度百科陕西数字方志馆上线发布会在京举行。中国地方志指导小组、北京市地方志办、西安市地方志办等单位相关负责人参加。陕西数字方志馆为百度百科与陕西省地方志办公室合作共建项目，包含陕西省志、陕西年鉴、市县志、市县年鉴、地情资料丛书、陕西关键词等板块，全方位、立体化、多层次地介绍历史上的陕西。通过数字方志馆，浏览者可自主选择感兴趣的领域，在短时间内检索和浏览到陕西的历史遗产，了解陕西的各种信息。

（杜　玲）

【神州龙芯公司处理器应用于国家电网能效集中器】4月7日，北京中电普华信息技术有限公司采用北京神州龙芯集成电路设计有限公司龙芯GSC328x工业级处理器设计的国家电网能效集中器产品，通过了中国电力科学院依据《电力能效监测系统技术规范》标准所做的各项技术指标检测。龙芯GSC328x处理器是专为电力、物联网、工业控制等行业应用设计，支持零下40摄氏度～85摄氏度温域，可满足电力、物联网及工控领域更严苛的工业应用环境的要求。

（韩洋洋）

【绿盟科技公司数据泄露防护系统上市】4月8日，北京神州绿盟信息安全科技股份有限公司发布数据安全产品——绿盟数据泄露防护系统（NSFOCUS DLP）。系统基于数据存在的3种形态（存储、使用、传输），对数据生命周期中的各种泄密途径进行全方位的监察和防护，保证敏感数据泄露行为事前能被发现，事中能被拦截和监察，事后能被追溯。系统具有完整的防护体系、全面的事前扫描、高效的识别引擎、强化的处理策略、领先的本土设计等特点，可应用于金融、运营商、能源等行业。

（韩洋洋）

【CME-C1（祥云）流片成功】4月9日，由京微雅格（北京）科技有限公司承担的“十二五”国家科技重大专项01专项“高端FPGA芯片研发及产业化应用”课题的首颗芯片CME-C1（祥云）在台湾积体电路制造股份有限公司流片成功。CME-C1采用TSMC 40纳米CMOS工艺，采用全新的六输入查找表架构，独创

36×18 的 DSP 单元，内嵌大容量每块 18K 位 RAM，高速串行接口可达 6.5 吉兆 / 秒，通用差分 I/O 可达 1.3 吉兆 / 秒，同时还内置硬核 PCIe，支持 5 吉兆速率 Gen2、DDR3/2 控制器以及 PHY 读写速率可达 1333 兆 / 秒。（课题执行期为 2014 年 1 月—2017 年 12 月，经费预算 4.5 亿元。）

（张慧秋）

【名道恒通公司智能仓库管理系统上线运行】 4 月 10 日，北京名道恒通信息技术有限公司的智能仓储管理系统在中石化炼化工程集团股份有限公司上线运行。系统是针对复杂的物资仓储管理中入库、出库、在库相关作业环节而设计开发的智能化管理软件，利用物联网和移动互联技术，通过标签 / 条码及 RF 设备的应用，对物资进行智能标记和感知，提高收发货作业效率和准确度，实时掌握物资动态，还可通过实时采集物资周转过程中各节点的详细信息，实现物资从实物移动到财务记账的全周期管理，还能提供不同程度的供应通道，匹配不同级别需求，在满足需求的同时做到痕迹管理和过程管理，并对账实差异进行系统化管理，保证实物信息准确无误，账实差异清晰。

（韩洋洋）

【乐视超级手机发布】 4 月 14 日，在“打破边界 生态化反”乐视超级手机发布会上，乐视网信息技术（北京）股份有限公发布乐视超级手机 1、乐视超级手机 1Pro、乐视超级手机 Max 3 款手机新品和虚拟现实设备——超级头盔。头盔可支持最大 1000 英寸的影音播放面积，最大可视角度为 800 度，可与乐视超级手机实现互联，实现即插即用。3 款手机均采用无边框 ID 设计。其中，超级手机 1 搭载联发科 helioX10 芯片，拥有 3 吉字节内存，采用夏普 5.5 英寸全高清视网膜屏幕、索尼 1300 万像素后置摄像头和 500 万像素前置摄像头；手机 1Pro 搭载高通骁龙 810 芯片，拥有 4 吉字节内存，采用夏普 5.5 英寸 2K 极清屏幕、1 毫米宽显示边框，支持移动联通电信的双卡双待双 4G 网络制式；手机 Max 采用夏普定制 6.33 英寸 2K 屏幕、0.88 毫米宽显示边框，像素密度达到 464 像素 / 英寸，搭载索尼 2100 万像素摄像头和 IMX230 影像传感器，定制 AKG HiFi 耳机。

（杜 玲）

【高德交通信息公共服务平台发布】 4 月 16 日，由高德软件有限公司主办的高德交通信息公共服务平台上线发布会在京举行。高德公司联合北京、广州等 8 个城市的交通管理部门，以及北京交通台等媒体机构，共同推出高德交通信息公共服务平台。平台依托“高德交通大数据云”进行研发，同时也是“高德交通大数据云”系统与相关交通机构进行数据合作对接之后发布的首款产品。基于高德公司提供的实时交通信息和交通大数据能力，平台为相关交通机构提供“城市堵点排行”“热点商圈路况”“权威交通事件”“堵点异常监测”四大信息板块。“城市堵点排行”能够提供城市不同路段的拥堵排名、延迟指数、拥堵长度以及拥堵绕行路线推荐；“热点商圈路况”能够分析城市热点商圈路况全景和避堵路线建议；“权威交通事件”可实时播报发生交通和路况异常的事件，事件除了高德公司发布，交通管理部门、用户也可通过特定入口提交和上报；“堵点异常监测”是对城市各个交通枢纽点进行重点监测和异常分析，实时建议市民是否需要绕行。自 5 月 1 日起，北京地区的听众可通过北京交通台获取平台提供的实时路况信息和躲避拥堵路线推荐方案，实现智能出行。

（徐 建）

【百度公司推出多语种翻译机器人】 4 月 19 日，在第十届中国电子信息技术年会上，百度在线网络技术（北京）有限公司推出多语种翻译机器人——小度。小度机器人可准确翻译英语、日语、韩语等多种语言，并具有信息、服务、情感三大功能定位：借助百度公司的搜索引擎，不断学习各类知识，努力成为用户获取信息的最佳助手；在广泛索引真实世界服务和信息的基础上，依托搜索及智能技术，为用户提供各种服务；基于自然语言理解与情感识别技术，具备情感连接能力，能与用户进行感性互动。小度机器人具有两种不同的形态：在互联网世界中，以虚拟的形态出现在百度网页搜索、百度儿童手机客户端及百度儿童 iPad 端上；在现实生活中，以实体机器人的形态出现。

（徐 建）

【联合打造首家实体云上医院】 4 月 20 日，在共同打造中国首家“云上医院”战略合作签约仪式上，阿里云计算有限公司与东华软件股份公司、西安国际医学投资股份有限公司达成协议，将共建西安国际医学中心，并使其成为国内第一家以数据驱动精准医疗、健康管理的实体医疗机构。根据协议，国际医学公司负责市场终端的实现和服务；东华软件公司负责技术平台的搭载和接口；阿里云公司提供底层的云计算与大数据分析支撑，并为互联网医疗的药品 O2O、移动支付等提供支持。

（杜 玲）

【“一种智能卡个人化数据的处理方法和系统”获发明专利授权】 4 月 22 日，由北京握奇数据系统有限公司雷霆、温丽明完成的“一种智能卡个人化数据的处理方法和系统”获知识产权局发明专利授权(ZL201110391855.8)。方法包括依据智能卡个人化数据的格式，对相应的智能卡个人化数据进行处理；以智能卡个人化数据的格式为指令格式，智能卡个人化数据进行透传处理；若智能卡个人化数据的格式为非指令格式，则依据该智能卡个人化数据组装相应的个人化指令执行。专利能够针对不同行业领域的智能卡个人化数据进行处理。

（朱文利）

【19 家企业入选“2015 中国移动互联网 30 强”】 4 月 22 日，《福布斯》杂志中文版发布“2015 中国移动互联网 30 强”，中关村示范区的百度在线网络技术(北京)有限公司、北京京东世纪信息技术有限公司、北京触控科技有限公司等 19 家企业入选。

（杜　玲）

【小米 4i 手机在印度首发】 4 月 23 日，小米 4i 手机全球首发仪式在印度新德里市举行。小米 4i 手机是小米科技有限责任公司第一款在海外全球首发的产品，也是一款专门“为印度”定制的手机。手机搭载 64 位骁龙 615 处理器，采用 5 英寸显示屏，并配备 3120 毫安时电池，采用安卓系统。

（徐　建）

【共同发布数字化医院联合解决方案】 4 月 27 日，在“强强联合创新、共建全联接医疗——东华医疗行业客户走进华为”活动上，华为技术有限公司与东华软件股份公司发布数字化医院联合解决方案。方案以华为高端八路服务器 + 华为 FusionSphere 云平台 + 华为 OceanStor 融合存储双活方案为主体形成 ICT 基础平台，搭载东华 iMedical8.0.0 应用系统，旨在解决医疗行业客户业务系统运维成本高、资源孤立且无法共享、缺少业务连续性保护等问题。方案在可靠性、性能、资源调配等方面进行了优化，并通过了双方的联合验证测试，测试配置在单一、混合应用场景下都能支持 1800 人以上的并发应用，应用时延小于 1 毫秒。

（韩洋洋）

【共建工控安全产品体系】 4 月 28 日，由北京启明星辰信息安全技术有限公司、北京网御星云信息技术有限公司主办的天工融合秩序的工业控制系统信息安全产品体系发布会在京举行。相关专家和媒体记者等 100 余人参加。体系包含工控异常监测系统、工控防火墙、现场运维审计、管理系统、工控信息安全管理系统共五大模块，系统地以用户需求为导向提出整体工控安全解决方案，旨在从工控网络基础保障、过渡共享的平台、集中的工控物联云中心 3 个步骤逐步为电力、轨道交通、石油化工等行业迈向“互联网 +”时代提供安全保障。与会代表围绕“迈向‘互联网 +’时代的工业控制系统信息安全展望”“工业异常监测系统”“工业安全网关”“工控现场移动运维审计网关系统”及“‘互联网 +’下的工控安全发展趋势以及务实为上的研发理念”等议题进行探讨，且针对不同行业客户访谈调研、现场工具监测、模拟现场环境重现，提出“ICS 信息安全纵深防御”思路。

（张　蕾）

【迈普公司发布新一代安全网关解决方案】 4 月 28 日，迈普通信技术股份有限公司发布新一代安全网关解决方案，包括下一代防火墙 MSG4000 系列和上网行为管理 ISG1000 系列。安全网关采用自主研发的 MIPS 硬件平台，为用户提供“时光轴（time-line）”技术，将用户的关键行为以时光轴的方式进行展现，方便追溯和回查；结合内容平台、Portal 服务器，可以实现精确营销；无线融合能力和扩展能力将帮助中小企业直接获得 WiFi 覆盖服务，节省投资、方便管理。

（杜　玲）

【智慧城市和大数据应用联合研究中心揭牌】 4 月 28 日，由北京大学和软通动力信息技术（集团）有限公司主办的北京大学—软通动力智慧城市和大数据应用联合研究中心揭牌仪式在北京大学举行。北京邮电大学计算机学院、中关村大数据产业联盟等单位有关专家、学者 20 余人参加。中心致力于智慧城市与大数据应用理论研究、大数据挖掘及产业聚集等关键技术研发，引领国家智慧城市和大数据技术发展的“政、产、学、研”创新研发与产业化，为北京大学信息科学技术学院学术带头人进行深入研究和落地实践提供支撑。中心实行主任负责制，设有学术委员会、管理委员会和课题组；重点开展智慧城市建设和发展战略研究，云计算、物联网、大数据应用、机器学习等关键智能技术研究，大数据应用相关国家和国际标准的研究与制定；负责申请重大国家科技专项，大数据应用相关创新解决方案落地试点等工作。

（张　蕾）

【东方国信公司收购 Cotopaxi 公司】 5 月 4 日，北京东方国信科技股份有限公司发布《关于收购 Cotopaxi Limited100% 股权暨股票复牌公告》，宣布以自筹资金 1810 万英镑收购科托帕希能源科技发展有限公司（Cotopaxi 公司）100% 股权。Cotopaxi 公司是一家基于物联网、云计算、大数据等核心技术能力，为全球工业及商业企业提供能源与过程优化软件平台及咨询服务的境外企业。通过并购，东方国信公司将结合其在大数据的技术实力与 Cotopaxi 公司在智能监测、过程优化方面的技术优势及在工业领域各行业的经验，向工业互联网、工业智能化领域布局，并开拓海外大数据业务市场。

（杜 玲）

【Oculus Rift 头盔 3D+ 应用产品发布】 5 月 4—5 日，在 2015Skyline 全球合作伙伴大会上，泰瑞天际科技（北京）有限公司发布与 Skyline 共同研发的 Oculus Rift 头盔 3D+ 应用产品。产品将可穿戴技术与实景三维相结合，拓展了 3D+ 的应用领域，提升用户在三维环境中的沉浸式体验，同时增强对 BIM 应用中室内外一体化导航的支持。Oculus Rift 提供的是虚拟显示器。Oculus Rift 设备可以超越 2D 计算机屏幕的限制，实现 3D 模型的交互，为用户提供一种新的方式来实现三维应用的可视化、协同、理念分享和变更管理，让使用者视觉感官更加逼真，采用虚拟现实（VR）技术，用户可以体验到三维城市模型的全息图形，在泰瑞天际公司提供的海量实景三维场景中交互漫游。

（李 莹）

【乐视公司启用新域名】 5 月 5 日，由乐视网信息技术（北京）股份有限公司主办的“无生态，不电商”发布会在京召开。乐视公司宣布启用新域名 lemall.com，将基于“平台 + 内容 + 终端 + 应用”的垂直整合乐视生态，打造首个生态型电商平台，不仅承载超级电视、超级手机、超级汽车等智能终端的销售，还将打通乐视生态产品、服务等所有环节，提供一系列乐视生态的相关服务。

（杜 玲）

【360 手机品牌发布会举办】 5 月 6 日，由北京奇虎科技有限公司和酷派集团有限公司联合主办的全新手机品牌发布仪式在京举办。会上发布手机品牌“奇酷”及其品牌理念——好奇心改变世界，并宣布成立“好奇者联盟”和奇酷互联网络科技（深圳）有限公司。“好奇者联盟”旨在聚集一群共同拥有好奇心的人，打造一款中国最有诚意的手机。奇酷公司是一家互联网创业公司，并推出股权众筹模式，用户可以投资奇酷公司成为公司股东，共同分享收益。

（杜 玲）

【首款电子机读旅行证件专用芯片通过技术鉴定】 5 月 6 日，由工业和信息化部、公安部联合组织的首款电子机读旅行证件专用芯片技术鉴定会在京举行。芯片由公安部第一研究所研制，通过优化设计，减小了芯片面积；采用减薄技术和工艺，满足了电子机读旅行证件模块封装应用要求；搭载基于 32 位 CPU 芯片平台专用芯片操作系统，满足中国多种电子机读旅行证件复杂业务逻辑的应用要求。产品经过大批量生产试验、测试，通过中国电子技术标准化研究院的产品检测，完成产品定型，获中国信息安全认证中心 EAL4+ 安全认证证书，满足国际民航组织对电子机读旅行证件芯片产品的安全要求。芯片通过了由工业和信息化部、公安部联合组织的技术鉴定。

（杜 玲）

【首款双模式船用导航雷达研制成功】 5 月 6 日，中国航天科工集团第二研究院宣布，其 23 所研制的固态脉冲、连续波双模式船用导航雷达进入海域试验阶段。这是国内市场首批自主研制的固态双模式船用导航雷达产品。产品采用相参体制的固态发射机，连续处理脉冲串，终期免维护，可靠性提高；在脉冲探测模式的基础上加上连续波探测模式，分辨率得到提升，两个漂浮物之间的距离超过 2.5 米即可辨别；雷达的峰值功率从 200 瓦降至 1 瓦，有效降低了辐射。

（徐 建）

【“停简单”上线】 5 月 7 日，由北京停简单信息技术有限公司主办的“停简单”发布会在京举行。“停简单”是一款帮助司机停车的产品，整体运作包含停简单智能车牌识别计费、停简单停车场后台管理、停简单收费员版 App、LED 电子车位显示以及停简单用户端 App 五大系统，通过运用车牌识别技术、智能语音交互技术、大数据索引技术、电子支付等科技手段，搭配精准实时动态车位数据、优惠折扣信息，与“停简单”用户端 App、微信平台协同交互信息，提高有限资源“车位”的利用率，提升停车场管理水平与车辆安全。

（杜 玲）

【浪潮公司发布高端存储产品】 5 月 8 日，由浪潮（北京）电子信息产业有限公司主办的“智汇数据，业务再造”浪潮高端存储 AS18000 发布会在京举行。AS18000 基于全共享交换架构 iMatrix，可承载传统关键业务和云、大数据环境的新型关键业务，提供 16 个控制器扩展、99.99999% 的可靠性、600 万 IOPS 的性能和小于 1 毫秒的时延，具备统一管理、丰富软件功能、高融合和云基因特性，支持向云和大数据平台的延伸性需求。

（杜 玲）

【中信清华同方联名卡发布】 5 月 8 日，同方国芯电子股份有限公司发布《关于公司银行 IC 卡芯片入围中信银行集采名录的公告》，宣布中信银行股份有限公司与同方股份有限公司签订战略合作协议并发行“中信银行同方股份”联名白金借记卡。联名卡使用同方国芯公司全资子公司北京同方微电子有限公司开发的THD86系列银行IC卡芯片，为首款32位CPU双界面卡芯片，具备大容量、高安全、双界面的特点，支持金融应用扩展、国外密码和国产密码双算法体系，为金融IC卡与行业应用的结合提供便捷安全的解决方案。联名卡计划首批发行2万张。

（杜　玲）

【金山V8+终端安全系统发布】5月10日，北京金山安全管理系统技术有限公司宣布推出新一代企业终端安全软件——金山V8+终端安全系统，可动态检测、追溯、处理用户网络中的未知威胁，满足国内企业用户的PC、移动、虚拟桌面在内的多类终端安全防护需求。V8+以未知文件动态行为分析为核心，以特征匹配为辅助，依托海量的金山特征库以及用户自定义的专属特征库，将传统的单终端查杀防御，转变为全网终端的联防与分析能力，达成用户终端安全的已知和未知威胁防御；其内置超过亿级的威胁与可信特征库，运行过程中通过自我学习及不断进化，无须频繁升级可直接查杀未知新病毒；具有行为规则库的自动化分析能力，能将原有的企业网络单点终端查杀变成企业全网终端联防的技术体系跃迁，实现了从多层防御到有防御纵深的持续对抗的安全模型跨越。

（杜　玲）

【“互联网+”企业信息安全解决方案发布】5月12日，北京瑞星信息技术有限公司在京召开主题为“自主·创新·全面”的发布会，推出针对“互联网+”的企业信息安全解决方案。方案包括瑞星虚拟化系统安全软件for华为、瑞星私有云系统、瑞星企业移动管理系统软件及瑞星企业终端安全管理系统软件4个产品，为用户提供立体全面的信息安全防护。除虚拟化安全外，“企业信息安全+”解决方案中包含企业移动和企业终端安全两个部分。其中企业移动安全由瑞星remm2.0作为支撑，能够帮助用户建立一套针对移动办公系统的安全机制，解决移动终端、应用、数据、byod等方面的安全问题。企业终端安全，以瑞星esm2.0为基础，配合私有云系统及边界防护产品，构建出一套“对内可管可控、对外可杀可防”的企业终端安全管理体系。

（徐　建）

【NebulasII（UC4C0）芯片发布】5月13日，在第六届中国卫星导航学术年会上，和芯星通科技（北京）有限公司发布新一代高精度多模多频卫星导航定位SoC芯片——NebulasII(UC4C0)。芯片具备全系统、抗干扰、高输出率等特性，支持板载MEMS和外部IMU的组合导航等功能，可以实现高精度GNSS测量仪器小型化，尤其适合于对体积、功耗、性能和成本有着较高要求的无人机、GIS信息采集、车道级导航、农机自动驾驶等应用领域的多模多频高精度定位定向专业应用，同时还可满足卫星导航产品规模化应用需求，缩短民用高精度终端产品研发周期，降低北斗导航系统的使用门槛。

（刘伟杰）

【“雅典娜”GNSS引擎发布】5月13日，在第六届中国卫星导航学术年会上，北京合众思壮科技股份有限公司发布新一代GNSS引擎——“雅典娜”(Athena)。引擎将使合众思壮公司北斗高精度产品拥有更稳定、更精准的导航定位性能，并能适应多种弱信号和复杂环境。在与同行业内的顶尖产品进行测试比对时，搭载Athena引擎的高精度产品在初始化时间、恶劣环境下的稳定性、长基线应用系统及持续精度等方面均处于领先地位。

（杜　玲）

【同方吉兆公司中标国家广播电视覆盖重大工程】5月13日，新闻出版广电总局发布《2015年中央广播电视节目无线数字化覆盖工程项目地面数字电视广播发射系统中标公告》，北京同方吉兆科技有限公司中标，将为山西省、安徽省、云南省等6个省提供各种型号UHF地面数字电视广播发射机571台，项目金额1.05亿元。广播电视发射机是同方吉兆公司的核心产品，具有完全自主知识产权。数字电视发射机支持中国DTMB、CMMB标准及DVB−T、DVB−T2等国际标准。发射功率30瓦～3千瓦，覆盖大中小各种功率等级、室内/室外、风冷/液冷各类产品。调频广播发射机采用全固态技术及数字调频激励器，涵盖大中小各种功率等级，支持调频同步广播网功能。

（王希华）

【百度公司发布O2O行业LBS解决方案】5月17日，由百度地图开放平台主办的百度地图开发者沙龙O2O行业专场在中关村创业大街举办。相关行业创业公司的负责人等参加。沙龙发布面向O2O行业的LBS解决方案，旨在解决家政、美食、社区等类型O2O应用在人群、位置、算法等方面的问题。方案包括百度鹰眼O2O行业方案、百度地图位置大数据服务、百度地图SDK及周边雷达组件、百度应用营销服务，分别针对实现服务资源的最优调度和管理、精准确定目标用户群体、低成本实现用户快速增长以及从线上渠道低成本获取用户等四大实际问题。

（杜　玲）

【共建云上空港及跨境电商园区】5月21日，在空港新城重点项目签约仪式上，阿里云计算有限公司、东华软件股份公司、陕西省西咸新区空港新城管委会签署战略框架合作协议，共同打造“云上空港及跨境电商园区”。根据协议，三方将共建面向园区企业的电商公共服务平台，提供移动支付、O2O互动营销、BI分析等全套服务，并以东华物流信息化解决方案为核心，建立物流全闭环数据分析和管理平台。东华软件公司将为项目的实施提供咨询、设计、建设、运营、应用开发等相关服务，阿里云公司为“云上空港”提供云计算和大数据支持。

（韩洋洋）

【首家健康大数据联合实验室成立】5月22日，春雨·中科院大学健康大数据联合实验室揭牌仪式在中国科学院大学举行。实验室由北京春雨天下软件有限公司和中科院大学共同成立，设在中科院大学，将在4个方向开展研究和实际应用，针对20种中国人常见病进行数据建模，定义数据采集的规范和传输标准，利用机器算法对20种疾病进行自动化健康预警；通过收集春雨平台数据、合作医疗资源的病案数据、线下诊所数据、合作企业数据等，建立智能服务诊断系统；通过卫生经济学和药物经济学模型，形成健康管理、经济管理等消费模型和医保控费模型。

（杜　玲）

【东华云管理平台应用展示】5月23日，在国际教育信息化大会暨全国中小学教学信息化应用展览会上，由东华软件股份公司研发的东华软件教育云管理平台作为北京教育云典型案例参展。北京教育网利用教育云管理平台，将教育资源信息化后置于“云”上，进行管理、调度、分配、回收等。通过云管理平台，市教委可为全市各区县、各归属院校提供云终端、SaaS、PaaS、IaaS、云安全5个方面的服务，为用户提供“北京数字学校”虚拟设施、虚拟软件研发平台服务、电子学籍管理云应用和升学入学云应用等云业务服务，还可提供智能终端、智能桌面、交互媒介等云终端服务。平台具有3D云数据中心、云服务申请、云资源调度、异构云资源池管理、云业务资源池管理、云配额管理、云资源监控及问题处理等特色，可在教育云的建设、运营、管理方面实现教育信息化的区域统筹集约、减支增效。

（杜　菲）

【千方科技公司承建亦庄园智能交通项目】5月23日，北京千方科技股份有限公司发布《关于与博大网通签署战略合作框架协议的公告》，宣布与北京博大网通科技发展有限公司签署《战略合作框架协议》。双方将合作推动北京经济技术开发区智能交通体系建设，包括智能公交系统、公交电子站牌运营、停车管理服务、交通诱导、综合交通出行服务等，项目总投资约5亿元。协议有效期5年。

（杜　玲）

【京东公司战略投资天天果园】5月25日，由北京京东世纪信息技术有限公司和天天果园主办的融资沟通会在京举行。天天果园宣布获7000万美元的C轮融资，由京东公司领投，海纳亚洲创投基金（SIG）、锴明投资（Clearvue Partners）等机构跟投。资金将用于天天果园的基础建设投入、团队建设、全国业务拓展以及上游供应链体系的建设。天天果园隶属于上海天天鲜果电子商务有限公司，是基于互联网技术的现代鲜果服务供应商，提供高品质鲜果产品和个性化鲜果服务。通过投资，京东公司能为天天果园提供物流体系支持，并将合作开发生鲜市场。

（杜　玲）

【“三网融合项目”获国防科学技术进步奖】5月26日，由航天信息股份有限公司完成的“三网融合项目”获工业和信息化部国防科学技术进步奖三等奖。项目对各类音视频资源进行统一接入、统一管理，实现“有线网、无线网、卫星网”三大网系间的语音互通和视频资源的共享，并实现音视频资源的统一调度和分发。该解决方案提高了部队、公安机关在执行冲突、维稳等多样化任务时的扁平化智慧能力和协同作战能力。

（杜　菲）

【“终端信号屏蔽装置及方法、解除装置及方法、管理系统”获发明专利授权】5月27日，由北京握奇数据系统有限公司朱红岩等人完成的“终端信号屏蔽装置及方法、解除装置及方法、管理系统”获知识产权局发明专利授权（ZL201210291617.4）。专利提供了一种终端信号屏蔽方法，包括读取终端SIM卡的集成电路卡识别码，查找数据库中的终端信息，读取终端SIM卡的国际移动用户识别码，并记录集成电路卡识别码和国际移动用户识别码；发送文件内容更新指令给SIM卡，清空SIM卡的国际移动用户识别号文件中的国际移动用户识别码；发送重启指令给SIM卡，重新启动终端。专利还提供一种实现前述方法的终端信号屏蔽装置，解除前述屏蔽的终端信号屏蔽解除方法及装置，以及终端信号管理系统，扩大信号屏蔽范围，并降低使用成本。

（朱文利）

【联想集团系列移动互联新产品发布】5月28日，由联想集团有限公司主办的首届联想科技创新大会在京召开。联想集团的合作伙伴、供应商的代表等参加。联想集团发布了一系列移动互联和物联网产品，并展示了“智能投影手机”“魔幻屏”等概念产品。“魔幻屏”是一款双屏幕手表，其第二块屏幕能够突破主屏幕外形尺寸的限制，利用光学反射原理，在第二块屏幕上创造一个虚拟图像，可以将图像放大至表盘显示屏的20倍。用户可以在这款智能手表上查看地图、浏览照片、观看视频。“智能投影手机”是一款内置激光投影仪、红外运动检测器和高性能算法的智能产品。用户可以利用该手机在桌面上投射一个大虚拟触屏，通过虚拟键盘输入内容，实现绘图、计算、笔记等功能。在打开产品的投影仪功能后，用户可利用家中墙壁进行投影以欣赏视频或图片等。

（杜　菲）

【首台人脸识别ATM机发布】5月29日，由清华大学与梓昆科技（中国）股份有限公司等单位联合研发的具有人脸识别功能的ATM机在杭州市发布。系统采用大数据采集技术、多传感数据融合全息识别技术、生物特征认证、人脸虹膜识别、防偷窥技术等，从数据的采集、控制、识别等方面防止面部遮挡等恶意取款事件的发生，并与银行、公安等机构的系统联网，持卡人只能从自己的银行卡中取款，即使知道密码也不能从他人银行卡中取钱。

（徐　建）

【“云子可信”网络防病毒系统推出】6月2日，在以“云子可信　携手共赢”为主题的腾讯安全与启明星辰企业安全战略合作发布会上，北京启明星辰信息安全技术有限公司与深圳市腾讯计算机系统有限公司合作推出面向企业终端的“云子可信”网络防病毒系统。系统将结合腾讯安全与启明星辰公司的优势资源和技术，采用腾讯公司自主研发的TAV杀毒引擎及安全云库大数据，为大型企业用户提供桌面防护、准入控制、外设管理等终端管理功能，保障终端合规化，其采用的分布式全文检索技术Elasticsearch，可满足百万级海量数据的查询和检索。

（杜　玲）

【33项成果获“金蚂蚁奖”】6月5日，国家金卡工程协调领导小组办公室印发《关于公布“国家金卡工程2015年度金蚂蚁奖”获奖名单的通知》（金卡办〔2015〕013号），110项成果获奖。其中，中关村示范区内大唐电信科技股份有限公司的“大唐电信DMT-CBS-CE3D3双界面金融安全芯片”等33项成果获奖。

申报企业	申报产品名称
创新产品奖	
北京中电华大电子设计有限责任公司	支持安全算法的高频电子标签芯片
中电智能卡有限责任公司	WLCSP模块封装、六小卡封装
大唐电信科技股份有限公司	大唐电信DMT-CBS-CE3D3双界面金融安全芯片
文森斯诺科技（北京）有限公司	RFID电子包装
北京博雅英杰科技股份有限公司	一种基于物联网应用的居民身份证核验终端
东软熙康健康科技有限公司	iSleep优睡宝
北京芯联创展电子技术有限公司	小型大功率超高频RFID读写模块SLR5100
北京计算机技术及应用研究所	多协议兼容智能读写器
标准贡献奖	
北京亿速码数据处理有限责任公司	《建设事业集成电路（IC）卡应用技术条件》（CJ/T 166-2014）
中国电子技术标准化研究院	《信息技术 传感器网络》系列标准
最佳产业配套奖	
中电智能卡有限责任公司	接触式IC卡、接触式模块、非接触式模块、COB封装
最佳软件开发奖	
北京惟望科技发展公司	社会保障卡管理信息系统V3.0
北京宏都科创技术有限公司	宏都科创信贷综合一体化管理系统
信息安全奖	
北京同方微电子有限公司	THD86
全国智能建筑及居住区数字化标准化技术委员会	城市物联网密钥管理系统
中电科技（北京）有限公司	计算终端地理位置管理系统
北京华虹集成电路设计有限责任公司	北京华虹社会保障卡
市场开拓奖	
航天信息股份有限公司	航天信息出入境安全监管系统
创新应用奖	
北京大唐高鸿数据网络技术有限公司	智慧环保水质监测及综合调度信息化系统
北京博雅英杰科技股份有限公司	一种应用于考试人员身份核查的物联网终端
优秀应用成果奖	
北京世纪速码信息科技有限公司	一卡通安全保障系统

（续表）

申报企业	申报产品名称
住房城乡建设部IC卡应用服务中心	城市一卡通互联互通应用工程
北京博雅英杰科技股份有限公司	加油站实名制加油治安管理信息系统
北京宏都益融金融信息服务有限公司	融益汇互联网金融理财综合服务平台
文森斯诺科技（北京）有限公司	同仁堂RFID国药防伪追溯系统应用项目
同方锐安科技有限公司	同方锐安嵌入式读写模块TF-RF1060-C2
公共服务平台奖	
信息产业信息安全测评中心	移动金融产品安全测评服务平台
航天信息股份有限公司	跨境电子商务平台
中国电子技术标准化研究院	800/900MHz RFID空中接口国家标准符合性测试系统
北京百知教育科技有限公司	百知教育创新型人才培养公共服务平台
国家电子计算机质量监督检验中心	居民健康卡检验服务平台
最佳服务奖	
住房城乡建设部IC卡应用服务中心	通卡传媒综合服务平台
中电科技（北京）有限公司	银行卡、移动支付等相关应用系统第三方测试服务

（刘伟杰）

【“百度盲搜”推出】6月6日，百度在线网络技术（北京）有限公司推出其与清华大学共同研发的针对盲人用户的搜索服务“百度盲搜”。“百度盲搜”是一种可以利用双手操作、便于携带使用的设备，采用可触摸点阵式屏幕，将百度公司的盲人搜索引擎与清华大学研发的触摸交互设备相结合，通过与互联网的连接，实现利用触摸和语音的方式进行搜索。盲人可以通过使用盲文与语音两种输入模式进行搜索，同时信息将以可触摸点阵式图形、盲文以及朗读方式在设备上输出，使盲人能获取信息、服务，以及开展社交活动。

（徐　建）

【“家十分”发布】6月6日，北京美家美户科技有限公司发布旗下产品“家十分”(微信号:jiashifen8)。“家十分”是一个让家装业主和工长建立直接联系，价格透明、去中介化的平台，采取差异化切入方式，打破传统的农民工只能挂靠装修公司、给工长俱乐部缴纳高额会员费获得工作机会的模式，注重农民工群体的劳动保障，建立工长评分机制；通过团购议价的方式为农民工集采轻工辅料，为业主挑选合格优惠的建材家居家电，让业主享受家装公司同等质量标准的服务，同时节省30%的费用，实现从新盘验房到入住的一站式服务。

（杜　玲）

【英文手写连笔识别引擎发布】6月7日，北京捷通华声语音技术有限公司在灵云平台发布英文连写引擎——FreeStylus7.0。产品采用当递归神经网络(Recurrent Neural Network，RNN）模型，具有支持英文整句输入、自然连笔书写、识别率高、备选词智能等特点，手写识别准确率达95%以上，非常难辨认的潦草的字迹即可轻易识别，且容易编辑，可实现随时插入空格、换行、删除文字等操作，当首选词是非自己需要的词时，将有备用选项来选择合适的词语。FreeStylus7.0使用在灵云输入法中，并可用于Windows、Android、Linux等系统带触摸屏的各种智能设备上。

（张　蕾）

【智医云推出】6月11日，在2015中华医院信息网络大会上，北大医疗信息技术有限公司和北京金山云网络技术有限公司签署战略合作协议，共同推出医疗“混合云”解决方案——智医云。北京大学人民医院作为首家落地医院，将其临床数据中心（CDR数据中心）部署到云端，成为国内首家将医院核心数据资源同步云端的三甲医院。智医云是新一代基于“公有云+私有云”的解决方案，主要分为轻量私有云、专有云和公有云3个部分。通过轻量私有云方案实现医院信息系统的集成、数据的标准化，尽可能降低医院在软硬件方面的投入；通过公有云内部的专有云方案为医院提供专属软硬件环境，同时实现更大范围的、跨越医疗机构的医疗信息化服务。

（杜　玲）

【北航—永洪科技BI联合实验室揭牌】6月12日，北航—永洪科技BI联合实验室揭牌仪式在北京航空航天大学举行。北京航空航天大学软件学院与北京永洪商智科技有限公司共同签署合作协议。根据协议，永洪科技公司为实验室提供价值300余万元的永洪BI软件，负责联合实验室BI产品的部署、培训和辅导工作；北航软件学院利用永洪科技公司搭建的敏捷BI环境，对商业智能、数据挖掘、大数据分析等领域的行业技术和解决方案进行研究，共同建设具有教学实验、项目实践和实习就业功能的公益性公共服务平台，使学校师生在实验室里就能够熟悉最新的敏捷BI和大数据分析技术和产品，为国内大数据分析培养人才。

（李　莹）

【百度糯米首推O2O语音搜索】6月15日，百度在线网络技术（北京）有限公司旗下生活服务平台百度糯米发布新版安卓及 iOS 平台 App，推出首个 O2O 语音搜索。用户在更新百度糯米新版 App 后，只需点击底栏“麦克风”图标，即可解决本地一站式吃喝玩乐需求。百度糯米能识别用户说出的商家名字、品类名称，还可以深度理解位置、距离、评价等综合整句信息，且操作流畅，搜索结果丰富、精准。

（杜　玲）

【智齿科技公司发布首款智慧客服产品】6 月 15 日，由北京智齿博创科技有限公司主办的智·为新生——智齿科技新品上市暨品牌计划发布会在中关村微软大厦举行。智齿科技公司发布其首款智慧客服产品，并公布“智慧成长计划”。智齿客服采用人工在线客服 + 机器人客服的产品模式，机器人模式、辅助人工模式可自由切换，能解决约 80% 同质化重复问题并自动组织标准答案，帮助客服人员提升回复质量和效率，其将自然语言处理技术及机器学习引入客服产品，实现精准理解用户问题并匹配最佳答案，准确率达 98%。“智慧成长计划”将以近乎免费的价格为中小企业提供价值 700 万元的客服软件，帮助中小企业共同成长。

（杜　玲）

【超图软件公司和博阳世通公司完成技术对接】6 月 16 日，北京超图软件股份有限公司与北京博阳世通信息技术有限公司合作完成 SuperMap 和 BeyonDB 上下游系统的对接，形成“空间数据库系统—GIS 平台”全国产化解决方案。双方系统对接均采用最底层的访问接口，确保了功能最大化和性能最优化。系统实现了超图第三代空间数据库引擎 SuperMap SDX+ 和 BeyonDB 的最底层 C 语言接口的无缝对接，具备跨操作系统和 32/64 位平台能力，能够支持超图桌面 GIS 平台、服务式 GIS 平台和组件式 GIS 平台等的全系列产品和矢量、栅格、CAD、三维等各种数据集类型。双方系统对接后，用户既可以将数据库系统和 GIS 平台“套合”使用，也可以直接利用数据库系统进行大规模的空间统计分析计算获得更高性能，其全国产化平台在军工领域得到实际应用。

（杜　玲）

【蜂巢大数据开放平台发布】6 月 16 日，由北京星图纵横网络科技咨询有限公司主办的蜂巢大数据开放平台发布会在京召开。中关村管委会、中关村大数据产业联盟等单位相关负责人以及相关企业的代表等 100 余人参加。星图纵横公司发布大数据开放平台——“蜂巢（Data Comb）”。平台将向创业团队、科研院所、高校以及个人开发者开放星图数据公司自有大数据体系，并引入第三方数据源和数据开发者，面向各行业提供“大数据 +”应用服务。星图数据公司基于其数据星云（iNebula）分布式大数据监测和采集系统，可每天监测互联网上近 5 亿的网络页面，获取超过 5 万亿字节的原始数据，并通过曲速引擎（Warp Engine）数据处理引擎完成高效的数据挖掘、建模计算和机器自学习分析，进而生成海量极具价值的商业数据。

（杜　玲）

【“健康中国，百度直达”项目启动】6 月 18 日，由健康之路（中国）信息技术有限公司主办的变革·无边界智慧医疗高峰对话暨“健康中国，百度直达”项目启动会在福州市举行。项目由百度在线网络技术（北京）有限公司发起，是在全国范围内用“百度直达号”（zhida.baidu.com）作为接口，打通线上与线下医疗服务全面普及的一项移动信息惠民工程。百度公司基于其在流量、技术、数据上的优势，以及“百度直达号”即搜即用能力，搭建区域统一的健康服务入口，帮助医疗机构将服务全面移动化，为患者提供就诊信息查询、医疗服务获取、医患互动等功能应用服务。福建站是项目的首站，后续还将在全国其他省市同步开展。

（杜　玲）

【“雪人计划”发布】6 月 23 日，在阿根廷布宜诺斯艾利斯市举行的国际互联网名称与数字地址分配机构（ICANN）第五十三届会议上，发布了基于全新技术架构的全球下一代互联网（IPv6）根服务器测试和运营实验项目——“雪人计划”(Yeti Project)。“雪人计划”由北京天地互连信息技术有限公司（北京下一代互联网工程中心）和北龙中网（北京）科技有限责任公司（北京互联网域名工程中心）发起，联合 WIDE 机构（国际互联网 M 根运营者）、国际互联网名人堂入选者保罗·维克西（Paul Vixie）博士（国际互联网 C 根运营者）等组织和个人共同创立，首次提出并实践“一个命名体系，多种寻址方式”的下一代互联网根服务器技术方案，打破固守 13 个根服务器的运营者“神圣不可侵犯”“数量不可改变”的教条，可以引入更多根服务器运营者，同时也能保证每一个命名体系不被破坏，真正实现多方共治的“一个世界，一个互联网”的愿景，将对 IPv6 根服务器运营、域名系统安全扩展密钥签名密钥（DNSSECKSK）轮转、根服务器数量扩展、多密钥签名、多根区管理等方面进行测试验证，联合全球有关机构从技术入手在试验平台上论证根服务器扩展方案，为根服务器体系的发展提供建议和依据。项目获得来自中国、美国、日本等国家的组织及个人的响应与支持。[根服务器是国际互联网最重要的战略基础设施，是支撑互联网通信的中枢。由于互联网发展历史的因素以及第四版互联网协议（IPv4）的技术限制，根服务器的数量一直被限定在13个，其中10个部署在美国，其余3个分别部署在日本、英国和瑞典。根服务器的运营实行单边模式，特别是关键的根区文件的生成和分发也由互联网数字分配机构（IANA）、美国商务部下属的电信和信息管理局（NTIA）和美国公司Verisign掌控。]

（田　峥）

【两家企业入选2015全球“最智能”50强】6月23日，美国麻省理工学院出版的《MIT科技评论》（*MIT Technology Review*）评选出2015全球“最智能”50家企业（50 Smartest Companies 2015），中关村示范区的小米科技有限责任公司和百度在线网络技术（北京）有限公司两家企业入选，分别位居第二和第二十一位。

（杜　玲）

【联想集团超级迷你计算机棒发布】6月25日，联想控股有限公司发布超级迷你计算机棒——Ideacentre Stick 300。计算机棒通过HDMI接口与显示器或者电视相连后，可成为一台完整的电脑，通过内建USB连接鼠标、键盘等配件，同时也能借由SD记忆卡储存数据。产品长3.94英寸、宽1.5英寸、高0.59英寸，搭载英特尔凌动Z3735F处理器，拥有2吉字节内存、32吉字节本地存储空间、蓝牙模块和WiFi模块，且预装Windows8.1操作系统。

（杜　玲）

【星域CDN发布】6月25日，由深圳市迅雷网络技术有限公司与小米科技有限责任公司联合主办的迅雷&小米巅峰巨作发布会在京举办。双方发布内容分发网络（CDN）品牌——星域。星域CDN采用无限节点布局技术、星域调度技术和弱网加速技术、动态防御技术，打破传统CDN的技术瓶颈和价格虚高状况；将利用迅雷公司在云加速、云存储等技术优势以及小米公司终端的优势，布局“云+端”生态圈；首批合作伙伴包括爱奇艺、搜狐畅游、百视通、麒麟网等，涵盖游戏下载、移动应用、视频、智能硬件、在线直播五大行业。

（杜　玲）

【首个代驾司机人身意外险发布】6月29日，由e代驾组织的代驾司机意外险发布会在京举办。北京亿心宜行汽车技术开发服务有限公司（e代驾）联合众安在线财产保险股份有限公司发布国内首个针对代驾司机的人身意外险种——e代驾平台司机意外险，同时宣布将旗下平台投保的代驾责任险最高赔付额从200万元提升至1000万元。每位e代驾注册司机通过e代驾App上线时起，即可自动获得代驾司机意外险，保障时限为上线后24小时内。每张保单到期后，e代驾平台扫描司机手机App状态是否在线，若在线将自动生成新保单。在保单生效期间，一旦代驾司机发生人身意外伤害，代驾司机每次事故最高可以获得5000元的意外医疗费用和30万元的意外伤残/身故费用。

（杜　玲）

【“一种FM0编码数据的解码方法和装置”获发明专利授权】7月1日，由北京握奇数据系统有限公司喻金钱等人完成的“一种FM0编码数据的解码方法和装置”获知识产权局发明专利授权（ZL201110406548.2）。成果可降低对硬件芯片的性能的要求，方法包括获取缓存区中的待解码数据，其待解码数据是通过定时器输入捕获采集所述FM0编码数据的波形获得的；将待解码数据与阈值进行比较，根据比较结果确定解码数据。

（朱文利）

【首个政务用车平台上线】7月1日，国内首个政务用车绿色文明共享平台上线。平台由北京东方车云信息技术有限公司（易到用车）与人民日报社旗下的“人民数字”平台联合推出，运用移动“互联网+”新能源汽车的模式，为政务群体提供绿色便捷的出行约租车服务。用户点击《人民日报》数字屏媒终端就可下单叫车，车辆随叫随到，也可提供预约用车、远程叫车、代人叫车、接送机（站）等服务。双方将在《人民日报》数字屏媒覆盖的中央国家机关部委及北京市党政机关等400余家单位进行试点，再向全国三线以上城市各级党政机关推广合作，将覆盖到乡村和基层。

（杜　玲）

【全系列小基站产品及解决方案发布】7月6日，由大唐移动通信设备有限公司主办的全系列小基站产品及解决方案发布会在京举行。大唐移动公司发布了Cubesite、Padsite、Pinsite 3款室内深度覆盖解决方案及小基站产品，与其NEOsite双模一体化皮基站解决方案形成全系列室内深度覆盖解决方案。Cubesite是针对弱覆盖地区补盲补热的无线超带宽室内深度覆盖解决方案，体积小巧，集成度高，基带、射频合二为一，无须机房即可实现工程部署，支持专网回传（PTN）、公网回传（xPON）、无线回传等方式，还具备IPSec隧道功能，可利用城域网和无源光接入系统（GPON）网络实现安全回传。Padsite分布式微站解决方案通过室外微蜂窝信号覆盖室内的方式，解决住宅小区、高层楼宇等室内的LTE信号深度覆盖需求。Pinsite分布式皮站解决方案无须新增或改造室分系统，可采用常用以太网线进行无线部署，降低物业施工协调难度；还配置灵活的小区分裂与合并算法，便于精确覆盖，适用于有源整流单元（ARUP）值高的大面积、高容量室分场景。

（杜　玲）

【绿盟科技公司推出软件定义安全体系】7月7日，北京神州绿盟信息安全科技股份有限公司与武汉绿网科技有限公司共同推出软件定义安全体系（SDS）。SDS的架构通过将安全控制平面与安全数据平面分离，标准化南向安全控制通道，并通过安全控制器（Security Controller）保护信息系统。在云计算系统和软件定义网络环境中，SDS能通过虚拟资源调度和流量控制手段，实现安全威胁快速响应和多种安全手段结合的方法中断攻击链（Kill Chain）。SDS核心是安全控制平台（Security Controller）。在南北方向，安全控制器通过解析定制化的北向安全应用逻辑，协同控制南向资源池中的安全设备，实现预期安全功能；在东西方向，控制知识库构建了多种虚拟化解决方案租户、虚拟机和虚拟网络等资产关系，且通过松耦合的方式与多种SDN的网络控制器集成，可获取拓扑和流数据等信息，并下发网络流量控制的命令，实现网络流量实时感知和控制。

（韩洋洋）

【北信源公司参展军民融合技术装备博览会】7月7—9日，在中国军民融合技术装备博览会上，北京北信源软件股份有限公司以“安全通讯　连通你我”主题参展，用视频、图片、文字、现场讲解等形式展示即时通讯系统（VRV BIM）、企业移动化管理系统、VRV杀毒软件3个层面的产品及解决方案。即时通讯系统支持Android、iOS、Windows以及麒麟操作系统，采用云计算的架构设计，具有高可靠性、稳定性和安全性，通过系统构建的统一安全通讯平台，用户可在任何时间、任何地点，通过多种设备接入，建立多网融合的沟通渠道。VRV杀毒软件拥有私有云查、九重防护、智能引擎、闪电查杀、超轻客户端、优化识别、过亿样本、神经网络等性能。

（赵凌云）

【11家IT企业入选2015年度财富中国500强】7月8日，财富中文网发布2015年度财富中国500强排行榜。其中中关村示范区内联想集团有限公司、京东商城电子商务有限公司、神州数码控股有限公司等11家IT企业上榜。

（郝峥嵘）

【共建互联网医疗和大数据协同创新中心】7月13日，东华软件股份公司发布《与合作方共同设立互联网医疗与医疗大数据协同创新中心签订战略合作协议的公告》，宣布与郑州大学第一附属医院、华为技术有限公司、九州通医药集团股份有限公司签订《关于设立互联网医疗与医疗大数据协同创新中心的合作框架协议》。四方将共同在郑州大学第一附属医院内设立互联网医疗及医疗大数据协同创新中心，开展互联网医疗、大数据、电子商务、远程医学监测设备等领域的技术开发与应用研究；整合互联网医疗产业链，成为覆盖互联网医疗、医药、健康管理等全产业链综合性解决方案的提供者；构建互联网医疗、医药以及健康产业联盟，引领“互联网+”在医疗、医药以及健康产业的发展；开展医疗与健康大数据收集、处理、分析与应用等相关领域的研究与实施等。

（韩洋洋）

【小米众筹平台上线】7月13日，小米智能家庭微博宣布小米众筹平台上线，为智能硬件产品项目发起者提供筹资、投资、孵化、运营一站式综合众筹服务。平台设计在小米智能家庭App中，除了项目简介及产品介绍之外，还有项目进度、团队及众筹介绍等信息。平台首款上线的产品是“万能遥控器”，用一个设备就能控制空调、电视、机顶盒、功放以及音箱等红外控制的家电，支持App控制以及远程操控，支持360度全方位控制，有效距离在20米以上，能满足较大户型的需求。

（杜　玲）

【OFsuite成为ONF全球官方认证测试工具】7月15日，由天地互连（BII）——全球SDN测试认证中心开发的测试工具OFsuite通过开放网络基金会（ONF）官方测试认证工具验证，成为全球第一款完全覆盖ONF OpenFlow1.3测试规范的测试工具，也是ONF OpenFlow全球官方认证的唯一测试工具。OFsuite包括400余个测试例脚本，可以运行在任何一台通用Linux服务器上，与被测设备连接之后便可执行针对交换机的一致性认证测试，为企业提供第一手依据资料，指导研发和生产，加快产品商用进度，还具有丰富的监控和诊断特性，方便在测试过程中对设备进行修改与升级。

（钟铧章）

【畅捷通云平台上线】7月16日，畅捷通信息技术股份有限公司在其微博宣布畅捷通云平台3.0上线（dev.chanjet.com）。平台是为中国IT技术公司面向小微企业提供的集网络、软件、支付、安全于一体的开放性服务平台，聚焦底层的平台技术，将传统 IT 变成 IT 服务模式。基于畅捷通云平台，企业和第三方开发者均可设计和开发扩展应用，最终通过开放平台，获得应用推广支持，帮助 IT 技术公司获得客户和收入。

（杜　玲）

【京东众筹上线首款“盲筹”手机】 7 月 21 日，联想集团有限公司旗下的互联网子品牌 ZUK 登陆京东众筹，采用“盲筹”形式，推出手机新产品 Z1。Z1 手机拥有 U-Touch 功能，将指纹解锁、轻触返回、左右滑屏切换等五大功能集于一个 Home 键上，其搭载高通骁龙 801 处理器，标配 64 吉字节存储、7 模 18 频全网通网络、4100 毫安时高密度电池、正反插拔设计的 Type-C+USB3.0 接口，能满足重度用机需求。Z1 手机在京东众筹平台上以 420 万元的总筹资额完成众筹，超出众筹目标金额约 840%。

（杜　玲）

【“春雨国际医疗”平台上线】 7 月 22 日，由北京春雨天下软件有限公司搭建的“春雨国际医疗”（www.cycares.com）上线运营，是国内首家国际诊疗服务平台，旨在构建移动医疗全地区全产业链闭环。平台主要提供线上远程问诊和线下跨境治疗两大服务，签约全球 30 余家医院的 6000 余名医生，通过线上视频和电话，可提供 50 余种疾病的诊疗意见；用户在线下可体验美国、日本、德国、韩国、澳大利亚等 8 个国家的医疗美容、大病治疗等跨境治疗服务。

（杜　玲）

【首款自主可控的安全存储产品问世】 7 月 22 日，由创新科存储技术有限公司主办的“创新 U 势智领存储”主题发布会在京召开，推出基于国产申威处理器的国内首款安全存储 SCS1000 系列产品。SCS1000 系列产品实现了完全自主可控、安全高效的设计，搭载国产“申威 410”处理器和国产睿思操作系统，配备 UStor 存储系统，具备从核心器件到存储系统软件的完全自主知识产权，可用于政府办公、国防军工、航空航天等安全需求较高的领域。产品从主控板、电源、磁盘管理到数据访问安全控制等方面进行了安全强化，确保系统安全可靠，其设计满足 7×24 企业级应用需求，具有高效存储、绿色节能、简单易用、管理便捷的优势，可降低系统维护成本。

（徐　建）

【“惠商云”平台发布】 7 月 28 日，用友网络科技股份有限公司在京举办融合开放移动互联——用友网络惠商云平台及应用体验会，并发布互联网应用一站式服务平台——“惠商云”（mcloud.yonyou.com）。惠商云是基于云计算面向大型企业打造的企业信息管理平台，企业可将各种应用系统、数据资源和互联网资源集成于平台。平台提供了会员服务、商务服务、商务应用和商机撮合等方面的企业互联网应用和服务，可实现与企业私有云平台业务的连接与融合；平台可实现企业内部员工、外部客户之间的互联，打通上下游产业链间的障碍，实现资源的互联互通；客户之间可以在平台上进行经验交流、创新成果互享；企业客户可通过平台建立生态、积累数据、获得运营和管理应用服务等。用友公司还发布一系列基于惠商云平台的企业互联网应用和服务。

（刘伟杰）

【39 家企业入选“中国互联网企业 100 强”】 7 月 28 日，中国互联网协会、工业和信息化部信息中心联合发布“中国互联网企业 100 强”排行榜。其中，中关村示范区的百度在线网络技术（北京）有限公司、北京京东世纪信息技术有限公司、北京奇虎科技有限公司等 39 家企业入选。榜单主要依据企业 2014 年度发展数据，包括企业自主上报数据、上市公司财务报告、第三方研究机构研究成果等。数据统计采用复合指标计算方法，评价指标既覆盖收入、利润、人力资本等财务指标，也覆盖流量、活跃用户数等业务指标，在企业规模、社会影响、发展潜力和社会责任 4 个维度上综合评判企业发展情况。

（杜　玲）

【“集奥雷达”获最佳营销数据分析奖】 7 月 30—31 日，在第五届大数据世界论坛上，移动互联网分析产品“集奥雷达”（APPMAP）获“最佳数据分析奖”。产品由北京集奥聚合科技有限公司研发，其基于 GEOGData 大数据管理平台的 5 亿海量样本，丰富的数据维度统计，实时更新 App 数据排名，为用户提供多角度全方位的移动互联网分析，随时了解 App 的真实发展动态，拥有 App 应用排名、App 洞察报告、App 分析三大功能，且对中小 App 产品拥有极强的分析能力。

（杜　玲）

【启明星辰公司漏洞扫描产品位列市场第三】 7 月，互联网数据中心（IDC）发布《中国 IT 安全硬件、软件和服务 2015—2019 全景图》。报告显示，2014 年北京启明星辰信息技术有限公司漏洞扫描产品以 15.8% 的市场占比排在软件市场第三位，是国内首个获得 CVE 兼容性认证（CVE-Compatible）的漏洞扫描产品，同时也是首批获公安部销售许可证的漏洞扫描产品。产品依托积极防御实验室（ADLab），持续跟踪国内外最新安全漏洞，为漏洞扫描产品的持续发展提供核心动力，保证产品漏洞库的全面性、准确性、权威性和更新的及时性，为用户及时发现安全隐患提供保障。

（韩洋洋）

【“一种利用无源多波束天线进行定位的方法和系统”获发明专利授权】8月5日，由北京握奇数据系统有限公司王致远等人完成的“一种利用无源多波束天线进行定位的方法和系统”获国家知识产权局发明专利授权（ZL201210567116）。发明属于智能交通领域，包括利用无源的方式在一个定位模块中产生多个波束，采集到同一OBU（车载单元的）所发出的信号；分别利用定位模块中的检波器及鉴相器得到各个波束的幅度及相位信号，并利用A/D采样进行数字化得到数字信号；对数字信号进行处理，得到OBU的最终位置信息。采用该方法和系统，可以实现自由流定位的需求，以较低成本、较简单的方式达到较高的定位精度。

（朱文利）

【绿盟科技公司入选Gartner应用安全测试魔力象限】8月17日，高德纳咨询公司（Gartner）发布2015年*Magic Quadrant for Application Security Testing*（AST）报告，北京神州绿盟信息安全科技股份有限公司作为亚太地区唯一厂商入选Gartner应用安全测试魔力象限。AST报告主要从市场定义、代表厂商、市场方向、评估标准4个维度对应用程序安全测试市场进行评估和分析。应用程序安全漏洞测试包含静态测试(SAST)、动态测试（DAST）、交互式测试（IAST）及移动端的测试。报告中涉及的绿盟科技公司的产品和服务包括绿盟科技网站安全监测系统（WSM）、绿盟科技WEB应用漏洞扫描系统（WVSS）和绿盟科技网站安全监测服务。WSM能根据站点管理者的监管要求，通过对目标站点进行不间断的页面爬取、分析、匹配，为客户的互联网网站提供远程安全监测、安全检查、实时告警。（魔力象限是在某一特定时间内对市场情况进行的图形化描述，由Gartner公司于2006年9月25日取得“魔力象限”注册版权，并可以在获得许可的情况下重复使用。）

（韩洋洋）

【乐视生态云服务平台发布】8月18日，由乐视云计算有限公司主办的“蜕变·乐视云”发布会在京举行。会上推出首个生态云服务平台（www.lecloud.com）。平台是支持360度全景和VR实时直播及全4K、H.265的全流程云平台，以乐视云生态产品为基础，依托乐视公司在视频行业的技术积累，垂直整合拍摄、传输、转码、存储、分发、播放、投票、搜索、评论等环节，采取视频内容分发网络（CDN）服务免费模式，为客户提供一站式视频解决方案。会上还公布了视频数据托管平台“Data+”，可以对流量、带宽、在线人数、用户地域分布、热门视频等数据进行实时统计，并将所有数据归集后统一管理，实现数据营销。

（杜　玲）

【“零背板”交换机发布】8月21日，在以“超越边界 洞见未来”为主题的新一代数据中心产品发布会上，北京星网锐捷网络技术有限公司推出“零背板”数据中心交换机RG－N18018－X。产品在100万亿字节平台上应用“零背板”技术，突破背板对容量提升的限制，提供持续的带宽升级能力和业务支撑能力；采用100吉字节端口无PHY芯片设计，具有RG－N18018－X最高速率、最全端口的丰富组合，支持100吉字节、50吉字节、40吉字节、25吉字节、10吉字节；具备172万亿字节的超大带宽，单板支持36个100吉字节接口，实现单板3.6万亿字节的交换容量，整机最大提供576个100吉字节端口或2304个25吉字节端口；采用显卡级大缓存GDDR5SDRAM配置，单板性能达24吉字节容量，最大支持512千字节虚拟机的核心交换机；实现直通风道散热设计，可降低设备温度；其前面板采用30度内折弯设计，对比垂直面开孔率达106%，有效提升进风量；机箱内采用对旋风扇设计，可同时满足风量和风压的需求，降低风扇噪声；采用钛金级别电源，使供电转换效率达96%；同时100吉字节线卡采用无PHY芯片设计，使单板功耗降低5.63%以上。

（杜　玲）

【共建CDN虚拟网】8月26日，在蓝汛ChinaCache携手优酷路由宝开创CDN全新生态大会上，北京蓝汛通信技术有限责任公司与优酷土豆股份有限公司宣布，双方将共同打造中国CDN领域发展生态。优酷路由宝将内嵌蓝汛ChinaCache研发的智能分发软件，实现终端用户网络内容调度、流量引导、内容分发，并将CDN加速服务推送至家庭端，提升用户视频观看等大流量内容访问的速度。蓝汛ChinaCache通过将内容推送至优酷路由宝提供的存储空间，向终端用户直接返回或者通过节点调度返回内容源，将终端用户的访问及请求调度到离用户“最近”的位置，并为用户选择最优数据返回路径，实现快速访问；同时，用户访问路径形成大数据资源池，通过对用户的地域位置、浏览喜好等行为分析，预判用户消费心理及访问习惯，提前推送用户可能感兴趣的网络内容。

（杜　玲）

【握奇公司获4项行业奖】8月27日，在第三届世界

IC 卡高峰论坛暨移动支付趋势大会上，“2015 中国智能卡与移动支付行业大奖”评选结果揭晓。北京握奇数据系统有限公司凭借 2014 年中国城市一卡通 CPU 卡销售数量第一的成绩获中国智能卡卡片市场表现奖，凭借 WatchTrust 移动安全解决方案和具有交通支付功能的握奇智能手表，获中国移动支付平台（软件）创新应用奖、中国移动支付终端用户体验奖和中国移动支付与智能卡最具影响力企业称号。

（朱文利）

【亚信科技公司收购趋势科技公司中国业务】9 月 1 日，亚信科技（中国）有限公司与趋势科技网络（中国）有限公司联合宣布，亚信科技公司收购趋势科技公司在中国的全部业务，包括核心技术及著作权 100 余项。收购完成后，原趋势科技公司中国安全及技术服务业务的核心研发与技术人员将并入亚信公司，亚信公司将原有的通信安全技术与趋势科技公司的云安全、大数据安全技术相结合，将安全作为产业互联网战略布局的重要板块进行独立运营，使亚信安全成为中国自主可控网络云安全技术公司。

（刘伟杰）

【8 家企业获 2015 中国十大创新软件企业称号】9 月 2 日，在 2015 第十届中国软件产业发展暨企业创新高峰会上，中国软件行业协会发布 2015 年中国十大创新软件企业名单。其中，中关村示范区的中国软件与技术服务股份有限公司、中国民航信息网络股份有限公司、东华软件股份公司、启明信息技术股份有限公司、北京中电普华信息技术有限公司、长城计算机软件与系统有限公司、北京先进数通信息技术股份公司、广联达软件股份有限公司 8 家企业入选。

（韩洋洋）

【直播电视应用于民航领域】9 月 3 日，由北京数码视讯科技股份有限公司参与设计研制的具有中国自主知识产权的机载卫星转码设备，率先应用在国航波音 777–200 型飞机上，使国航 CA1369 航班（北京飞往三亚）的旅客第一时间通过携带的平板电脑、笔记本等设备在飞机上实时收看纪念中国人民抗日战争暨世界反法西斯战争胜利 70 周年阅兵，首次实现将直播电视延伸应用到民航领域。

（杜　玲）

【HTD1001 芯片发布】9 月 7 日，北京华力创通科技股份有限公司发布《关于发布 HTD1001 卫星移动通信与北斗卫星导航一体化基带处理芯片的公告》，宣布其开发出 HTD1001 芯片。芯片为“新一代宽带无线通信网”国家科技重大专项支撑项目成果，是中国首颗利用卫星移动通信信道进行北斗辅助增强（A– 北斗）的基带处理芯片，即“通导一体化”，具有首次定位时间短、灵敏度高等特点，同时还是中国首颗利用卫星移动广域通信和地面数字对讲局域通信相融合的基带处理芯片，即“天地一体化”，可以为中国大部分地面网不能覆盖地区的天地一体化无缝通信应用提供产业化基础。其采用 40 纳米工艺，具备中国自主可控的卫星移动通信、北斗系统和 GPS 双模兼容导航、数字对讲通信等功能，可应用在国家应急救灾、反恐维稳、海洋作业、森林作业等行业，以及通信、导航及位置服务运营等市场。

（韩洋洋　刘伟杰）

【首款企业级大数据操作系统发布】9 月 8 日，以“大道至简，数往知来”为主题的 2015 百分点大数据操作系统（BD–OS）暨 D 轮融资发布会在京举办。北京百分点信息科技有限公司发布的 BD–OS 系统，是一款全流程、可视化、智能化的企业级大数据操作系统，具有可视化的操作界面、系统化的数据处理流程、智能化的操作向导以及协同化的作业平台，能为企业提供端到端的大数据管理解决方案和可视化服务。其创新点主要有 3 个方面：开创了面向数据流程的架构（DPOA）的方法论，基于既定的业务逻辑，DPOA 定义相应的数据处理流程，并自动生成底层技术架构，将业务语言转化为大数据处理语言；操作系统是一个高效的数据作业平台，融入了数据流程管理（DPM）的思想，将业务链条中的各个环节和相互之间的关系，映射成对数据集、数据关系和处理逻辑的管理，通过对数据流程的创建、组合、调度和监控，将业务流程管理转化为数据流程管理；系统采用企业级服务总线（ESB）的理念，支持以热插拔的方式灵活集成各种异构系统及数据服务，即使是企业的传统 IT 系统，也能便捷并低成本地融入主流大数据架构。百分点公司还宣布获 4 亿元 D 轮融资，由光大证券股份有限公司领投。资金将主要用于技术与产品创新、人才引进、营销网络加强以及基础设施扩建。

（刘伟杰）

【2015 年百度世界大会召开】9 月 8 日，2015 年百度世界大会在京举行。大会以“索引真实世界，连接 3600 行”为主题，由 1 个主论坛和 10 个分论坛组成。中关村管委会主任郭洪等领导以及开发者、合作伙伴及业内人士参加。会上，百度在线网络技术（北京）有限公司与科通芯城集团达成合作，共同开展物联网 OS 研发和推广、物联网云服务接入、物联网硬件产业链合作、扶持中小物联网创业企业等工作。百度公司推出机器

人助理——度秘（duer）、盲人助手“小明”DuLight等人工智能服务产品和百度“大数据+”开放平台（bdp.baidu.com）。度秘具有自然语言理解、智能交互、服务索引及交付等能力，可以基于用户的提问给出答案，并可以调用百度地图、团购、叫车等O2O服务帮用户下订单，用户和度秘可完全通过中文语音对话，不需敲击键盘。

（刘伟杰）

【“滴滴打车”更名为“滴滴出行”】 9月9日，北京小桔科技有限公司宣布“滴滴打车”更名为“滴滴出行”，启用全新品牌标识——扭转的橘色大写字母“D”，并推出新版App。经过3年发展，滴滴打车已从单一的出租车软件，成为涵盖出租车、专车、快车、顺风车、代驾及巴士在内的一站式出行平台，原有品牌标识具象化的出租车形象已不能体现其业务发展。年内，“滴滴出行”全平台订单总量达14.3亿，注册用户突破2.5亿。

（杜　玲）

【33家企业入选2015年软件收入前百家】 9月10日，工业和信息化部公布2015年（第十四届）中国软件业务收入前百家企业名单。北京地区北大方正集团有限公司、航天信息股份有限公司、同方股份有限公司、东华软件股份公司等33家软件企业入选，全部是中关村示范区企业，入选企业数量连续14年居国内首位。33家企业2014年实现软件业务收入992亿元，占北京地区软件业务收入的20.7%，占全国软件前百家企业收入的18.7%。

（郝峥嵘　江　欣）

【3家企业获2015全国电子信息行业领军企业称号】 9月12日，在中国电子企业协会企业家活动日暨2015全国电子信息行业优秀企业表彰大会上，中国电子企业协会对24个行业领军企业、37个行业标杆企业、52个优秀创新企业、100个优秀企业、33个最具发展潜力的企业进行表彰。其中，中关村示范区的京东方科技集团股份有限公司、大唐电信科技股份有限公司、北京金山软件有限公司3家企业获2015全国电子信息行业领军企业称号。评选活动每两年开展一次，主要从法人治理结构、战略定位、创新能力、核心竞争力、成长性、人才队伍建设、风险管理、社会责任等方面对企业进行评估。

（韩洋洋）

【妙计旅行获2000万美元B轮融资】 9月14日，妙计旅行宣布获2000万美元B轮融资，由贝塔斯曼亚洲投资基金（BAI）领投，晨兴资本和DCM跟投。妙计旅行（www.mioji.com）是由北京汇行科技有限公司利用大数据和智能化技术为用户提供一键生成的出境游路线计划的平台，收集全球数十种语言的数亿旅行行业网页，通过语义理解技术挖掘出上亿信息节点的旅行结构化知识库，涵盖飞机、火车、自驾、酒店、景点、餐厅等内容。平台仅提供免费旅游方案设计服务，不售卖任何旅行产品，也不收取任何中间费用，最终产品购买均通过第三方网站完成。

（杜　玲）

【泰瑞天际公司智慧城市开发框架发布】 9月15—17日，在2015年第二十一届德国斯图加特测绘测量展（INTERGEO）上，泰瑞天际科技（北京）有限公司发布SmartEarth智慧城市开发框架，为用户提供基于实景三维的一站式全产业链“三维+”服务，包括从上游数据获取和数据处理，到中游GIS平台，再到下游

各行业应用服务。框架系统以SmartEarth地理信息云平台为基础，整合地理空间全要素数据，提供多终端的可视化展示浏览、多种空间分析及用户定制开发，包含视图、测量分析、演示汇报和查询统计等基础功能，以及城市规划和管理、地下管网、智慧水务和公安应急等专业应用功能，将智慧城市建设成果指标化、具体化、定量化，具有良好的开放性和扩展性。

（李　莹）

【国承万通公司发布虚拟现实娱乐设备】 9月16日，北京国承万通信息科技有限公司在京发布虚拟现实娱乐设备StepVR。设备由头部显示器、背包式无线处理器、全身动作捕捉传感器、手部识别传感器和空间定位设备组成，可实现体验者在虚拟空间中的自由行走和动作交互。其中，背包式无线处理器是设备的运算中枢，存放四肢运动捕捉传感器；手势识别传感器采用特殊算法，不受光线强弱影响，保证识别灵敏度；全身动作捕捉传感器采用其自主研发的9轴姿态捕捉算法，精确还原人的动态；空间定位技术可实现毫米级定位，有助于解决头部显示器的晕眩难题，并能通过自主定位实现任意多人的位置接入。

（李　莹）

【拉卡拉智能支付手环发布】9月16日，拉卡拉支付股份有限公司举办新品发布会，推出拉卡拉智能支付手环。手环为智能终端产品，通过软件与硬件结合，为移动支付构建全新的应用场景，不仅搭载信贷、理财等互联网金融业务，也能为互联网应用提供平台级解决方案，实现其与线下场景的快速链接。手环除了具有计步、睡眠、提醒等基本功能外，还拥有多卡合一的电子钱包功能，打通公共交通和闪付两大应用，不仅可以在便利店进行小额免密交易，还能绑定用户的信用卡和银行卡，实现空中发卡、空中充值，并随时完成信用卡的还款充值和部分理财信贷。

（韩洋洋）

【“助理来也”获天使融资】9月17日，由北京来也网络科技有限公司开发的私人助理服务平台“助理来也”宣布获2500余万元天使融资，由光速安振创业投资基金领投，红杉资本、真格基金和澎湃资本跟投。“助理来也”于7月1日上线，主要在一线城市提供云端私人助理式服务，采取“人工＋智能”的模式，在计算机程序的辅助下，通过自然贴心的交互方式满足用户有关打车、咖啡、代购、机票、酒店、快递等服务需求，并对接到第三方平台进行线下执行。

（杜　玲）

【名道恒通生产异常实时监管软件获奖】9月17日，在第七届中国行业信息化奖项评选活动暨2015中国行业信息化发展高峰论坛上，发布由中国信息化推进联盟、中国计算机行业协会等机构评选的2015中国行业信息化评选活动获奖榜单。其中，北京名道恒通信息技术有限公司的“名道恒通生产异常实时监管软件（PARS）”获2015年度中国能源行业信息化最佳产品奖。产品是一款面向流程工业，对生产过程数据进行监测、计算和异常事件分级推送，为管理人员提供实时信息服务的管理软件。软件运用“互联网＋工业安全＋大数据分析技术”，结合移动技术打破工厂围墙的界限，实现随时随地的事件监管和信息获取，将安全监控从底层岗位延展到管理层，将事后报警处理转变为事前智能预警预测，实现高危流程行业安全监管层层把关。

（韩洋洋）

【视频基因比对技术上线】9月17日，北京搜狐新时代信息技术有限公司宣布视频基因比对技术上线。技术是搜狐视频自主研发的视频检索技术，以近百万级别版权视频作为基因母库，通过提取视频色彩和高级语义特征，为视频形成代表唯一身份的指纹文件。新上传的每一个视频，都会与基因母库里的所有视频进行对比，若与版权视频相似度极高，即可判断为疑似盗版视频，有助于维护视频自媒体专业生产内容（PGC）出品人利益。

（杜　玲）

【“地球系统数值模拟装置”原型系统发布】9月23日，地球科学高端研讨会暨模式装置发布落成仪式在京举行。中科院大气物理所、曙光信息产业（北京）有限公司、中科院计算所、中科院计算机网络信息中心联合发布中国首个“地球系统数值模拟装置”原型系统。系统是高性能计算机硬件、地球数值模拟应用软件、并行软件支撑框架、可视化系统等部分的集合，可满足对地球系统的仿真研究。其将大气圈、水圈、岩石圈、生物圈和冰冻圈5个圈层的研究，科学合理地耦合在一个系统下，为模拟未来气候变化、预测气候变化对生态环境的影响提供科学支撑。系统取用大科学工程“地球数值模拟装置”规模的1/10，将全年24小时不间断运行，从硬件配置架构和科学软件检验两方面对“地球系统数值模拟装置”建设方案的有效性和可行性进行证实与完善。

（杜　玲）

【网神公司参展国际安全生产应急技术与装备展】10月12—14日，在2015中国（北京）国际安全生产应急救援技术与装备展览会上，网神信息技术（北京）股份有限公司展示了其开发的大数据安全协同防护网，包括：应急救援系统网络安全专区——内含网神下一代极速防火墙、网神SSLVPN安全接入网关、网神安全隔离与数据交换系统，组成“协同防御”保障体系；应急救援通信终端安全专区——为桌面终端、手持终端提供一体化的安全解决方案；应急救援系统大数据安全专区——让用户随时掌握应急救援系统安全态势。防护网将联合网络安全产品、安全系统，借助互联网威胁情报中心及网络内部的情景感知系统，实现对网络攻击的外防内控，联合阻击。

（杜　菲）

【“汉王云”发布】10月13日，由汉王科技股份有限公司主办的“汉王云”发布会在中关村言几又咖啡馆举行。业内开发者、投资人代表等100余人参加。“汉王云”是汉王公司自主研发的模式识别技术、互联网技术、云计算技术相结合的在线云服务产品，为企业及个人用户提供云端的识别服务，标志着中国的文字识别技术步入2.0时代，从PC时代进入云计算时代。“汉王云”主要服务模式分为识别云、设备云。识别云由私有云、公有云两大部分组成，均拥有并运用了汉王公司的OCR云识别（文本云识别、名片云识别、票据云识别、身份证云识别)、人脸云识别(人脸特征云识别、表情云识别、年龄云识别)、手写云识别(多语种手写轨迹云识别、图形云识别、公式云识别)、语音云识别(中文语音云识别、英文语音云识别、语音翻译云识别)四大技术。公有云是通过汉王开发者中心对中小微企业和个人开发者提供API接入,用户可将汉王公司的核心识别技术嵌入到自己开发的应用程序中,针对每种识别API汉王公司都提供免费额度及多种授权方式;私有云主要针对大企业级用户,为企业提供安全的私有定制化服务,在企业内部的网络环境中部署专属的、高性能、高识别率的多种模式识别服务功能以及基于这些服务的整体应用方案。设备云主要应用在汉王公司蓝牙扫描笔、e典笔A30T等产品上。在该技术的支持下,e典笔A30T可将海量扫描资料、录音及日常记录上传至云端,既可在PC端随时调阅和编辑,也可通过汉王云App在移动终端上调阅和编辑,在实现移动互联的同时,帮助使用e典笔A30T的用户做到易查、易编、易复习。

(张　蕾)

【共同成立企业大数据应用联合实验室】10月14日,在2015杭州云栖大会上,用友网络科技股份有限公司和阿里云计算有限公司宣布共同成立企业大数据应用联合实验室。实验室是以打造“数据驱动的企业”为目标,为企业提供数据产品和数据服务的开放性研究组织。实验室包括五大研究方向:通过整合的全网数据,助力企业数字化营销;对政府的大数据资源进行共享与开放建设,为政府大数据做数据技术与平台支撑;对各行业在大数据领域的深度应用进行研究和实践;基于阿里云,为企业提供用友BQCloud数据可视化分析工具;通过结合阿里云计算和数据基础设施及用友大数据技术,为企业构建混合云模式的大数据平台解决方案。

(韩洋洋)

【联云格公司获中国质量评价协会科技创新奖】10月19日,中国质量评价协会科技创新奖励工作办公室印发《关于表彰2015中国质量评价协会科技创新奖的决定》。北京联云格科技有限公司凭借“基于以鼠标为主的HID设备的开发与研究”和“新一代互联网鼠标”获科技创新奖——企业优秀奖、产品优秀奖、成果优秀奖。产品主要归属于电子信息技术领域,也涉及新能源及节能技术领域,融合了微电子嵌入式开发、计算机与网络技术、2.4G无线通信技术、电磁能量转换技术、光电转换等专业技术,设计开发了一种HID输入设备——基于HID协议,在保留用户对传统鼠标使用习惯的前提下,将联云格独家专利技术,即按键复用技术融合到鼠标上,实现了一键上网、一键导航、一键搜索、一键切换等九大功能,提升互联网用户的工作效率。鼠标产品商标为“超极鼠”。

(彭　晨)

【同有科技公司大数据存储发布】10月19日,在“智能存储,感知睿见未来”2015同有科技新品发布会上,北京同有飞骥科技股份有限公司发布智能感知高效大数据存储,共五大系列12款产品,包括智能感知平台NCS12000,分布式集群存储系统NCS10000,多控虚拟化存储NCS7000,统一共享存储系统NCS3700,以及全国产安全存储iSUMA1000系列。同有大数据存储除能满足传统存储对于性能、容量、安全、扩展等方面的需求,还具备对应用的感知能力和对应用的智能交付能力。智能感知平台通过感知引擎自动感知前端应用在桌面端的展示、在服务器端的运行、在网络链路上的传输、在控制器上的负载变化;智能引擎根据应用类型、负载变化以及服务状态,自动为不同类型、不同级别、不同规模的应用进行智能规划,调配需要的存储资源;高效引擎保障整个过程的高效、协同与安全。通过三大引擎的互相配合,使整个数据存储更加智能地匹配应用需求。

(杜　玲)

【京东云“互联网+”战略发布】10月20日,京东云“互联网+”战略发布会暨创新联盟启动仪式在京举行。北京京东世纪信息技术有限公司发布京东云“互联网+”战略,基于电商云、数据云、基础云资源,向传统领域提供“互联网+”解决方案。电商云是京东集团针对各产业发展存在的问题提出的一整套融合B2B、B2C、O2O模式在内的云解决方案,拥有稳定、高效的电商业务信息系统,从营销到客服完整的电商运营环节,在用户资源、商品资源、IT资源和仓储配送资源方面具有成熟经验;数据云通过数据收集、数据存储、数据分析、数据开放以及数据买卖等服务,打造可以自行运转的大数据生态圈,为用户提供一整套数据平台解决方案;基础云由私有云和公有云两部分组成,是支撑京东信息系统稳定运行的重要基石。

(杜　玲)

【首都农业大数据中心成立】10月20日,在京东云“互联网+”战略发布会暨创新联盟启动仪式上,北京首都农业集团有限公司与北京京东世纪信息技术有限公司签署战略合作协议。根据协议,双方将合作建设“首都农业大数据中心暨互联网农业技术与产业创新中心”,实体运营由首农·中科电商谷承担。大数据中心三方资源整合运营实体平台，将开展农业大数据技术应用及云平台技术开发和应用，为北京市政府涉农部门以及首都农业龙头企业提供数据支撑和服务。平台将按照生态农业、都市农业、智慧农业的发展理念，以北京市本地农产品优质优价为目标，落实市农委确立的“一村一品一电商”的部署，开展特色专业蔬菜村和农业专业合作社整体电商方案的规划设计，并建设“一村一品一电商”的落地试点项目。

（刘伟杰）

【京东智联战略发布会举办】10月21日，由京东智能主办的“智·联WE来”建生态·联万物战略发布会在京举行。市经济信息化委、中关村管委会、中关村智能硬件产业联盟等单位的相关负责人参加。会上发布京东微联App3.0版本和JoyLink2.0协议，从智能家居产品DNA上植入互联互通协议，通过支持本地互联互通协议，提升智能硬件产品体验；“智慧家装”计划将联合地产、家装公司，进入智慧家居前装市场，提供智慧家装解决方案。智能购物硬件“京东来点”发布，能实现家庭场景购物和一键购买，精简了购买流程，提升了购物体验。同时，JD+发布PowerUP和“行家计划”，PowerUp能帮助海外成熟企业把更好、更新的智能硬件产品落地中国，同时用更低廉的价格提供给中国消费者；“行家计划”是通过共享经济的模式，打造一个开放有活力的专家平台，降低创业企业获得专家服务的门槛。

（杜　玲）

【2015绿盟科技智慧安全2.0战略发布】10月22日，由北京神州绿盟信息安全科技股份有限公司主办的2015绿盟科技智慧安全2.0战略发布会在京召开。北京金山安全软件有限公司、北京云杉世纪网络科技有限公司等企业的代表参加。会上发布“绿盟云”安全服务平台、安全态势感知解决方案、云计算安全解决方案及下一代威胁防御解决方案。“绿盟云”是基于云的安全服务平台，包括云安全服务和云安全产品，集成了安全产品与服务展示、体验、交付等功能；安全态势感知解决方案利用绿盟科技公司的安全技术和大数据安全分析技术，对网络安全数据进行分析整合，实现安全态势感知、攻击威胁预警、攻击事件溯源追踪等功能；云计算安全解决方案针对云环境边界和虚拟化等方面提出全方位安全防护方案，包含抗拒绝服务、虚拟物理边界综合防护、虚拟内网异常行为检测防护、云主机加固和Web站点安全等；下一代威胁防御解决方案以未知威胁检测为核心，以绿盟全球威胁情报系统（NTI）为信誉纽带，综合网络入侵防护、邮件过滤、终端安全等产品，实现网络、邮件、终端等的全面部署和防御。

（曾　佳）

【百度公司新语音识别技术推出】10月25—27日，在全国人机语音通讯学术会议上，百度在线网络技术（北京）有限公司推出新语音识别技术。百度公司研发出基于多层单向LSTM的汉语声韵母整体建模技术，并把连接时序分类（CTC）训练技术嵌入到传统的语音识别建模框架中，再结合语音识别领域的决策树聚类、跨词解码和区分度训练等技术，提升了线上语音识别产品的性能，使汉语安静环境普通话语音识别率接近97%。

（杜　玲）

【“PN结和SE掺杂一次完成的扩散方法”获发明专利授权】10月28日，由北京金晟阳光科技有限公司许颖等人完成的“PN结和SE掺杂一次完成的扩散方法”获国家知识产权局发明专利授权（ZL201310576833）。发明专利属于半导体技术领域。方法是在被扩散物的扩散面上形成一层含有掺杂物质的涂层，在PN结区域和SE区域形成的涂层分别具有不同的密度、浓度或组分；其中SE区域涂层的密度或浓度高于PN结区域涂层的密度或浓度；或者，SE区域和PN结区域的涂层其掺杂物质的组分不同：将表面附着了上述涂层的被扩散物在一组可以沿轴线方向往复转动的水平辊道传输下进入高温区进行加热处理，一次完成PN结和SE的掺杂。该方法可有效解决PN结和SE掺杂一次完成的问题，实现PN结和SE掺杂工艺的连续化生产，还可解决连续化生产过程中扩散环境气氛的洁净度问题。

（朱文利）

【Open API产业链平台发布】10月30日，由用友优普信息技术有限公司主办的用友u8⁺Open API产业链平台发布会在上海市举行。大世科技（上海）有限公司、北京东方恩拓科技有限公司、阿里云计算有限公司等7家产业链企业的相关负责人参加。Open API针对国内制造业工厂大量的新老设备并存，工控通信接口和数据接口各不相同的问题而设计，其核心在于对底层协议和数据结构进行标准化，打通管理信息和工业控制两大系统之间的对接——企业资源计划（ERP）前端对接产品全生命周期管理（PLM）、数字化设计（CAD）、计算机辅助工艺过程设计（CAPP），后端对接生产管理系统（MES）、客户管理系统（CRM）。产业链平台具备多层计划体系，精细化的车间作业，以及与MES系统、硬件厂商合作体系，从而提供智慧工厂和智能制造方面的解决方案。

（韩洋洋）

【9家企业入选领军智慧城市解决方案提供商】 11月17日，在2015亚太智慧城市颁奖典礼上，国际数据集团（IDG）公布2015年度“领军智慧城市解决方案提供商”获奖名单，22家厂商获奖。其中，中关村示范区的神州数码（中国）有限公司、软通动力信息技术（集团）有限公司、东华软件股份公司等9家企业入选。

（杜　菲　韩洋洋）

【汉博公司两个项目获市新技术新产品认定】 11月19日，市科委、市发展改革委、中关村管委会等单位联合发布《关于公示2015年第二批北京市新技术新产品（服务）的通知》（京科发〔2015〕544号），北京汉博信息技术有限公司的教育资源管理系统、监狱管理系统两项产品获认定。教育资源管理系统以视联网技术为核心，通过数据的全息采集、高效传输、分布存储以及大数据分析和行业应用，实现区域优质教育资源均衡。监狱管理系统是物联网新兴技术在监狱信息化建设中的运用，注重监管区域人员智能管理、轨迹实时跟踪、视频图像实时传输、双向互动、应急、联动处理，实现信息互通的高效、扁平、及时、稳定，便于提升指挥和管理效率。

（韩洋洋）

【智能眼镜new glass C100发布】 11月19日，在中华医学会第十七届骨科学术会议暨第十届COA学术大会上，联想云服务业务集团发布智能眼镜new glass C100。医务人员可借助其灵活视角进行手术直播、远程会诊、监测病人体征数据，还可以利用智能眼镜结合AR的医疗应用程序，构建患者虚拟的3D身体模型，清晰观察皮肤、血管、骨骼等关键结构。

（杜　菲）

【e企联想上线】 11月20日，由联想集团有限公司主办的e企联想、携手起航——成长型企业IT解决方案服务平台上线仪式在成都市举行。四川天翼呼叫科技有限公司等相关企业的代表参加。e企联想（17.lenovo.com.cn）是联想集团为成长型企业打造的IT整体解决方案平台。平台将采用轻顾问咨询和线上线下O2O结合的方式，为中小企业提供集解决方案（Solution）、资源共享（Share）、产品销售（Sales）和定制服务（Service）为一体的“4S”服务，具体服务包括：免费获得IT购买方案咨询；量身定制个性化IT建设方案；享受软硬件系列购买优惠；外包IT运维服务，节约企业内部IT运维成本；终身一对一的IT顾问，免除企业后顾之忧；提供行业前沿资讯、新兴产品服务的优先体验；提供高端商务战略与创新课程；打造高端的社交平台，促进企业管理层的交流合作。

（杜　菲）

【用友公司获多项荣誉】 11月20日，在2015年中国IT服务年会上，用友网络科技股份有限公司获“2015年中国IT服务标杆企业奖”“2015年中国企业互联网应用服务最具影响力提供商奖”“2015年中国企业互联网应用服务最佳解决方案奖”“2015年中国云服务杰出提供商奖”“2015年中国集团企业IT服务最佳提供商奖”等奖项，用友优普信息技术有限公司获“2015年中国中小企业IT服务最佳提供商奖”，其P2P公司深圳友金所金融服务有限公司获“2015年中国互联网金融理财平台最佳客户体验奖”。用友公司支持服务模式是利用互联网、移动互联网，结合O2O模式，使iSM智能服务管理器与用友服务中心无缝对接，帮助用户完成内部IT绩效、服务流程、事件管理和服务变更等科学管理，实现对企业信息系统的集中管控和高效运营，支持企业“互联网+”转型。

（韩洋洋）

【服务机器人“优友”推出】 11月23日，在“智·物种创·未来”自主商业服务机器人联合发布会上，北京康力优蓝机器人科技有限公司推出类人型商业服务机器人“优友”（U05）。机器人身高1.28米，重60千克，外壳采用白色环保abs材料，腿部采用轮式驱动，双手五指俱全，每根指头可以独立运动，手臂各具有10个自由度。该产品采用自主研发的myrobot系统，整合多姿态人脸识别与手势识别、深度智能学习引擎、3D智能场景地图创建系统、自主环境感知系统、智能数控编辑系统五大技术，内置3个定位基站、7个超声波传感器、2个红外传感器以及电子罗盘，可与人进行语音、身体等方面交互，适合场馆导览、商场导购、餐厅服务、银行服务等行业应用，是国内第一款可量产的大型服务机器人产品。

（曾　佳）

【YSR雷达生命探测仪发布】 11月25日，北京凌天世纪控股有限公司发布YSR雷达生命探测仪（30米/多目标/IP67）。探测仪利用现代超宽谱雷达技术和生物医学工程技术，借助电磁波可穿透一定厚度的遮挡介质，探测到人类存活者的生命信息，通过检测人体生命活动所引起的各种微动如呼吸、心跳等信息，达到寻找存活者的目的，可应用于消防、地震、民防等领域。该探测仪运动目标大于30米，人体呼吸信号大于20米，探测数量不小于4个，具有专家模式和探测模式；

产品通过国家消防装备质量监督检测中心检测，拥有雷达生命探测仪探测系统软件著作权。

（郭庆云）

【百度搜索引擎入驻亚马逊硬件平台】12月3日，百度 & 亚马逊中国战略合作签约仪式在百度大厦举行。百度在线网络技术（北京）有限公司、亚马逊中国公司的有关负责人等参加。双方共同宣布达成战略合作伙伴关系，将在搜索服务、应用分发、视频内容分发等领域展开全面合作。百度搜索引擎入驻亚马逊Kindle电子书阅读器和Fire平板电脑两大硬件平台，成为其中国区默认搜索引擎。

（刘伟杰）

【孟加拉国制作网项目收官】12月15日，由北京中科大洋科技发展股份有限公司承建的孟加拉国通信部高清制作网项目通过验收。项目为“数字孟加拉”计划的一部分，自启动、培训到完成用时3个月，上线后运行良好。项目涵盖大洋公司非编网、审片、配音、后台打包等系统，采用集群式NAS存储架构，将大洋公司服务部署在高密度刀片服务器上，同时结合第三方渲染产品，既可用于传统的电视节目制作，也可完成电影特效的打包渲染，为用户未来的业务云化提供便利。

（张　蕾）

【7家企业获CNVD突出贡献奖项】12月23日，在国家信息安全漏洞共享平台(CNVD)2015年工作会议上，中关村示范区的北京启明星辰信息安全技术有限公司、北京神州绿盟科技有限公司、北京天融信网络安全技术有限公司、北京奇虎科技有限公司、恒安嘉新（北京）科技有限公司5家企业入选漏洞报送突出贡献单位，北京信息安全测评中心，北京知道创宇信息技术有限公司两家企业入选漏洞处置突出贡献单位。

（韩洋洋）

【中关村芯园（北京）有限公司成立】12月23日，由中关村发展集团股份有限公司主办的中关村芯园（北京）有限公司创立大会暨首次股东会在集团本部召开。海淀园创业服务中心、北京中关村集成电路设计园发展有限责任公司等股东单位的代表参加。公司由中关村发展集团作为控股股东组建，注册资本5000万元，将全面承接集成电路设计园平台团队、资产与资源，包括集成电路设计园政府延伸职能和相关行业服务资质，作为国家集成电路设计北京产业化基地与北京国家现代服务业集成电路设计产业化基地的运营机构，围绕集成电路设计企业在产品开发过程中所需，利用自有、采购、合作及整合的技术和服务资源为客户提供一站式全产业链服务，包括电子设计自动化软件许

可租赁服务、硅知识产权授权交易等，覆盖集成电路设计企业产品开发的核心流程。

（李贺英）

【市级远程会诊信息管理平台一期项目完成】年内，由海纳医信（北京）软件科技有限责任公司承建的北京市市级远程会诊信息管理平台项目一期安装测试完成。项目一期与北京市电子病历共享工程项目同时进行，实现北京市3家城区大型三甲医院支援3个规划为区域医疗中心的二级综合医院的远程会诊网络建设，同时实现与北京市电子病历的无缝集成。平台系统分别连接延庆、密云、顺义3个区域医疗中心，与为其提供对口支援的北京大学第一医院、北京大学第三医院及中日友好医院通过远程会诊系统平台实现会诊信息、影像信息的调阅和共享。（2月，海纳医信公司与北京市卫生局信息中心签约承建北京市电子病历共享工程项目远程会诊系统。）

（康秋红）

现代制造产业

【概况】 2015年，中关村示范区现代制造产业拥有企业1687家，实现总收入4776.7亿元，同比增长4.04%，实现利润424.4亿元。先进制造业技术不断突破。中核能源科技有限公司、中科华核电技术研究院、清华大学核能与新能源技术研究院签署《低温核供热堆产业化合作框架协议》，标志着低温核供热堆产业化进入了实质性工作阶段。中科院理化研究所研制的中国首台万瓦级低温制冷装置通过验收。中国科学院高能物理研究所研发的“嫦娥三号粒子激发X射线谱仪”，首次将主动激发荧光探测方式应用于深空探测领域。中航工业北京航空制造工程研究所利用自主研发的电子束焊接技术，成功焊接了4500米载人深潜器的第三个球壳。北京清大致汇科技有限公司研发国内首款3D安卓打印机。北京大学第三医院和北京爱康宜诚医疗器材股份有限公司合作研制的中国首个3D打印人体植入物——人工髋关节获食品药品监管总局注册批准。北京柏惠维康科技有限公司推出了新一代Remebot神经外科手术机器人。乐视网信息技术（北京）股份有限公司成立乐视超级汽车（中国）公司，并发布国内首套智能汽车UI系统。北汽新能源硅谷研发中心在美国硅谷挂牌成立。北京汽车研究总院新技术研究院成立，致力于智能化、电动化、轻量化、互联网化等前瞻性汽车领域的深入研发。汽车产业知识产权联盟成立，将面向新能源汽车领域开展关键共性技术联合创新。第一台指静脉启动汽车在燕南国创科技（北京）有限公司诞生。

（杜　玲）

【乐视超级汽车（中国）公司成立】 1月20日，由乐视网信息技术（北京）股份有限公司主办的“定义未来”发布会在京举行。会上宣布成立乐视超级汽车（中国）公司，并发布针对乐视汽车的LeUIAuto版系统。系统是国内首套智能汽车UI系统，采用简约风格，带有人性化侧边栏设计，可单手快速切换各个功能，并具有多点触控、盲操作、体感识别、智能语音控制、全面打通手机与汽车电视的终端链接、通过云服务可在手机和超级电视上显示车辆状态等功能。

（杜　玲）

【首款安卓系统3D打印机发布】 1月21日，由北京清大致汇科技有限公司主办的“O.ME3d探梦”新闻发布会暨“O.ME3d科技走进贫困县”科普活动启动会在清华科技园举办。科技部、中科院、清华大学科技园等单位相关负责人及相关专家、地方教育机构、投资机构的代表等100余人参加。会上宣布北京清大致汇公司（O.ME）研发出首款安卓系统3D打印机。打印机采用7英寸全彩屏系统控制，中文界面，操作完全智能；借助安卓WiFi功能，可实现脱离PC机直接启动打印命令；未来启用O.MEApp可实现自助打印。该打印机也是国内首款机械臂式3D打印机，具有打印尺寸大、速度快、打印区域更广更灵活等特点。

（杜　玲）

【“屋立安”上市】 1月22日，由北京时代凌宇科技股份有限公司推出的智能家居产品“屋立安”上市。产品的家庭安全卫士套装由搭配云存储功能的摄像机、门磁报警器、窗振报警器、烟雾报警器和紧急呼叫按钮组成，以用户使用场景为设计原点，将日常家庭生活中可能遇到的安全隐患进行针对性的排查和监控，做到了一物一用、快速感应，实现了简单配制、方便安心的用户体验。

（杜　菲）

【冷轧带钢高效清洗和冷轧工序废弃物高值化利用技术开发成果通过鉴定】 1月26日，由中国钢铁工业协会主办的冷轧带钢高效清洗和冷轧工序废弃物高值化利用技术开发科技成果鉴定会在京举行。该项目由北京科技大学和宝钢集团有限公司合作完成，实现了以直火预热为特点的高效组合清洗技术和冷轧工序废弃物三相（铁粉、油相和水相）高效分离、循环利用，以及退火前带钢表面残留物≤23毫克/平方米和回收碱液90%以上、添加剂80%以上、热水70%以上，同时分离出废油和铁粉。两项技术在宝钢集团有限公司实现产业化应用，年增产值6480万元，利润648万元，年节支588万元。鉴定委员会专家一致同意成果通过鉴定。

（张慧秋）

【“嫦娥三号粒子激发X射线谱仪”通过验收】 3月16日，由中国科学院高能物理研究所组织的“嫦娥三号粒子激发X射线谱仪”验收及成果鉴定会在京举行。

中国空间技术研究院、西北核技术研究所、中国科学技术大学等单位的相关专家参加。成果由中科院高能物理所完成。专家组认为，该谱仪是中国首次将主动激发荧光探测方式应用于深空探测领域，能量分辨指标处于地外天体就位探测的领先水平。该谱仪设计并应用高灵敏自主距离感知技术，实现对月球表面的“实时原位”巡视探测，获得着陆点的镁、铝、硅、钾、钙、钛和铁 7 种主量元素的含量及铬、锶、钇和锆 4 种微量元素的高分辨特征能谱，数据对研究月球地质演化历史有重要价值。该谱仪还综合利用同位素热源等温控技术，保障谱仪安全度过月夜低温及月昼高温的极端环境。

（杜　玲）

【新一代虹膜识别系统研制成功】3 月 19 日，中国航天科工集团公司宣布，其下属第二研究院第 203 研究所研制成功“新一代虹膜生物识别身份认证系统”。项目突破了虹膜图像快速采集、远距离识别和小型化集成等关键技术，可在 1 秒钟内快速完成虹膜识别，能在 1 米以外的距离快速识别虹膜；识别过程中抗强光照干扰，不受佩戴眼镜的影响；具有防抖动功能，对用户的适应性更强；具有活体虹膜检测功能，能有效防止死体虹膜或虹膜照片的欺骗。项目可应用于机场、车站、港口、海关和大型场馆等的安检通道，政府部门、企业单位、金融机构、涉密场所、煤矿、监狱和重点区域等的门禁系统，以及网上交易和受控计算机登录等密钥系统，并可集成到其他大型安防系统中对可疑人员进行有效的防控。

（徐　建）

【北京现代第九代索纳塔上市】3 月 20 日，由北京现代汽车有限公司主办的北京现代第九代索纳塔上市发布会在深圳市举行。第九代索纳塔包含 3 种排量共计 8 款车型，车长 4855 毫米、宽 1865 毫米、高 1485 毫米，轴距为 2805 毫米，提供了 1.6T 和 2.4L 两种发动机。其中，1.6TGDI 涡轮增压缸内直喷发动机，最大功率 132.4 千瓦，最大扭矩 265 牛・米，与之匹配的是 7 速双离合变速器；2.4 升 GDI 自然吸气发动机最大功率 185 马力，最大扭矩 240 牛・米，采用 6 速手自一体变速器。车辆增加了智能化配置，BlueLink 车载互联系统升级到 2.0 版本，新增了百度周边搜索等功能，可以通过手机 App 软件，远程遥控车辆启动、控制车内温度、确定车辆位置等服务，同时还拥有 BlueExplore 技术，与手机直接互联，可以导航和直接播放手机中的音乐、图片。

（袁永章）

【乐视公司与北汽公司开展战略合作】3 月 23 日，乐视网信息技术（北京）股份有限公司与北京汽车股份有限公司战略合作签约仪式在香港举行。双方将结合乐视公司的互联网技术、软硬件一体化及用户运营与价值挖掘能力，依托北汽公司的研发制造优势，打造新一代互联网智能汽车及汽车生态系统。乐视公司将为北汽公司提供互联网智能汽车的智能系统、EUI 操作系统、车联网系统。4 月 20—29 日，在上海汽车展上，双方合作推出一款新概念车，新车能通过云端数据分析拥堵情况，可第一时间提示车主预计拥堵时间；车内使用“一云多屏”理念设计的超大尺寸液晶显示屏，集成了仪表盘、影音娱乐等功能，可与手机、平板电脑等移动设备进行互联，并具有“节能模式”“自动跟车”“互动娱乐”以及远程控制等功能。

（刘伟杰）

【蒙派克 EAPEC 版上市】3 月 29 日，在北京举行的图雅诺杯——第七届福田奥铃中国勒芒轻卡耐力赛启动仪式上，北汽福田汽车股份有限公司宣布福田商务汽车蒙派克 EAPEC 版上市。蒙派克 EAPEC 版是在蒙派克 APEC 会议专属定制车型的基础上进行产品升级和商业化量产，针对动力系统、制动系统、转向系统、悬挂系统、电器系统、内饰系统、座舱系统、外饰系统八大系统进行革新，通过 126 项改进实现外观、动力、驾乘体验、安全防护和环保 5 个方面的提升。其装配五十铃 4JB1T 柴油发动机和康明斯 ISF 系列 2.8T 乘用型发动机；引入变速器多锥同步器技术，提升换挡响应速度；人性化座椅设计，可实现多种座椅布置形式自由组合；在安全方面，采用经 CAE 数字优化的双 H 结构高刚度车身，整车配装 ABS+EBD、高性能安全气囊等被动安全装置。

（万　玮）

【图雅诺上市】4 月 20 日，在上海国际车展会上，北汽福田汽车股份有限公司推出轻型客车图雅诺。图雅诺高 2415 毫米，宽 2000 毫米，有 5 米、5.5 米、6 米、6.5 米 4 个长度级别的设计；车内空间布局灵便，长、短轴车型共有 3 ～ 15 座等 7 种座椅组合可选；采用高强度钢板和加强式车身纵梁，强化前副车架系统以及高刚性车身，结合人体工学的人机工程、麦弗逊独立悬架、强化设计底盘以及能量吸收传递溃缩设计，提升了整车的舒适性；配备有 ABS+EBD、全车三点式安全带、倒车雷达、防撞车身，可满足车辆出行的安全要求。在动力方面，图雅诺配装福田康明斯 ISF2.8 升发动机，并有两种调校，分别搭载 5 挡和 6 挡手动变速箱，一种最大功率 131 马力，最大扭矩 280 牛・米；

另一种最大功率163马力，最大扭矩360牛·米。

（万　玮）

【开展低温核供热堆项目产业化合作】4月24日，由中国广核集团有限公司主办的低温核供热堆技术产业化合作座谈会暨签字活动在京举办。中核能源科技有限公司、中科华核电技术研究院、清华大学核能与新能源技术研究院等单位有关负责人参加。三方签署《低温核供热堆产业化合作框架协议》《河北低温堆可研及初步设计阶段技术服务合同》，标志着低温核供热堆产业化进入了实质性工作阶段。根据协议，中核能源公司受广核集团委托，负责河北低温核供热堆项目的可行性研究、初步设计、安全分析等前期工作，清华大学核研院为技术提供方、中核能源公司为核岛及其BOP的EPC总承包方、中国广核集团公司为投资方，三方合作推进低温核供热堆在中国的商业化和产业化。项目采用一体化布置、自稳压、全功率自然循环冷却、新型的控制棒水力传动装置、非能动的余热排出系统等一系列先进技术，安全性高，且系统简化、运行可靠，可广泛应用于区域供热、热电联供、大面积制冷、海水淡化以及工业供汽等领域，中核能源公司拥有该技术的独家实施许可权。

（张　蕾）

【中国首台万瓦级低温制冷装置通过验收】4月29日，由财政部委托组织的国家重大科研装备“大型低温制冷设备研制”项目验收会在中国科学院理化技术研究所廊坊基地举行。项目2011年立项，为国家财政专项，由中国科学院理化研究所承担完成，研制了一台技术指标为10kW/20K、氦透平膨胀机绝热效率≥70%的大型低温制冷设备，突破了高速氦气体轴承透平膨胀机的稳定性技术、超低漏率板翅式低温换热器设计和制造技术、高精密油分离技术、气动低温调节阀制造技术以及系统集成调控技术五大关键技术。制冷装置能充当中国航天产品测试平台，为飞行器打造一个模拟太空低温环境的“大冰柜”，在人造卫星、航天飞船等航天器进入太空前对所有关键部件进行“体检”。项目成果应用于中国低温运载火箭研制领域。专家组一致同意项目通过验收。

（杜　玲）

【韬盛科技附着式升降脚手架通过科技成果评估】5月8日，由北京韬盛科技发展有限公司研发的“附着式升降脚手架（TSJPT9.0型）”产品通过由住房城乡建设部科技发展促进中心组织的专家委员会评估。产品采用全钢结构，以电动设备作为提升动力，用微电脑智能遥控控制进行架体的提升作业；架体所有构配件进行标准化、预制化生产，实现脚手架防护产品的系统集成，保证了尺寸要求和安装精度，便于运输、安装和现场管理；运用其研发的荷载同步控制装置，自动采集点位荷载值并实时显示，具备声光报警、超载、欠载自动停机功能，且采用遥控控制操作，有利于安全施工；全钢结构散拼式安装提高了文明施工程度，减少了现场高空拼装量，消除了火灾隐患。专家委员会认为产品整体技术达到国内领先水平，建议加大推广应用力度。

（郭庆云）

【北汽新能源公司首批自建公共充电桩投入使用】5月16日，北汽新能源自建公共充电站启用仪式在丰台区举行。首批由北汽新能源汽车股份有限公司主导建设的集美家居大红门店、北辰亚运村汽车交易市场、北工大软件园等8处充电站、共61个公共充电桩投入运营，实现对商城、居民小区、科技园区、宾馆酒店和写字楼等不同类型物业的覆盖。该公共充电站采取众筹建桩模式，企业或个人都可通过提供场地或资金的方式参与合作，共建公共充电桩，共享充电桩的运营收益。北汽新能源公司“充电吧”微信服务账号（微信号：bjev520）同时上线，具有充电站智能查询、电站导航、充电状态查询、用户电桩分享、私人众筹方式建桩等功能。启动仪式上授予支持充电站建设的8家单位“卫蓝伙伴”荣誉称号，并向首批体验北汽新能源自建充电站的纯电动车用户代表赠送“充电体验充值卡”。市发展改革委、市科委等相关单位负责人参加。

（杜　玲）

【牛电科技公司获5000万美元A轮融资】5月25日，北京牛电科技有限责任公司宣布获5000万美元A轮融，投资方包括纪源资本（GGV）、IDG、红杉资本、明势资本等，资金将主要用于研发、创新新一代智能出行产品。牛电科技公司是一家智能电动摩托技术公司，致力于设计并制造全球先进的个人载具以及电驱系统，其产品小牛电动采用能量密度高、重量轻、环境友好的锂电池，在智能化方面提供防盗、车况检测、车友互动等服务。

（杜　玲）

【“互联网＋汽车”技术战略研讨会举办】6月10日，由北汽福田汽车股份有限公司主办的“互联网＋汽车”技术战略研讨会在京召开。市经济信息化委等单位相关负责人以及相关企业的代表100余人参加。来自高校、科研机构、互联网企业、汽车企业等不同领域的代表围绕“移动互联网环境下的营销信息化转型”等

主题，就“互联网 + 汽车”及汽车企业如何向互联网转型等问题进行探讨。

（李云芝）

【高性能板带产品在线质量测控装备和关键技术课题通过验收】6 月 10 日，由中国钢铁工业协会主持召开的“十二五”国家科技支撑计划课题——高性能板带产品在线质量测控装备和关键技术（编号：2012BAF04B02）课题验收会在京举行。课题由北京科技大学等单位完成，研究开发了基于二维 X 射线衍射技术的板带组织性能在线检测中试系统，实现动态检测冷轧带钢织构及塑性应变比 r 值，测量精度小于 ±15%；开发基于激光超声和水浸超声技术的板带内部缺陷检测系统，实现对钢板内部尺寸 500 微米的夹杂物、裂纹等缺陷的检测；研究产品质量非线性统计建模、优化与控制技术，完成板带生产全流程数据采集和分析平台，实现了工业应用。专家组一致同意课题通过验收。

（张慧秋）

【“3D 打印培育工程”启动】6 月 19 日，由北京太尔时代科技有限公司等单位主办的北京市“3D 打印培育工程”启动仪式在中关村示范区展示中心举行。中国关心下一代工作委员会主任顾秀莲、北京市委常委苟仲文等领导以及 200 余名学生代表参加。由市关工委、市教委、中关村管委会联合开展的“3D 打印培育工程”旨在发挥企业优势，让 3D 打印技术进校园，使学生亲身接触 3D 打印技术，学习相关知识，为培育 3D 打印技术人才打基础。有关部门将在北京市 16 个区县选取 50 所中学，每所学校获赠 5 台 3D 打印机，同时每所学校建设一个“3D 打印培育工程”实验基地，开设相应 3D 打印课程，提供技术宣讲和教师培训。仪式现场，公布了立新学校、育英学校等“3D 打印培育工程”实验基地名单，展示了 UPBOX、UPPlus2 等产品并演示打印过程，向学校代表赠送太尔时代公司等企业提供的 3D 打印机。

（雷思源）

【“骼金”获 FDA 市场准入许可】7 月 9 日，由北京奥精医药科技有限公司转化实施的矿化胶原人工骨修复产品“骼金”（Bongold）获美国食品药品管理局（Food and Drug Administration，FDA）市场准入许可（许可证号：K141725），具备在美国以及世界其他认可 FDA 的国家和地区进行销售和临床使用的资质。产品是清华大学再生医学材料研究所崔福斋科研团队通过具有自主知识产权的体外仿生矿化技术研发而成，获 3 个食品药品监管局 III 类医疗器械注册证，临床使用 10 余万例，广泛用于长骨、脊柱、颅骨等的骨缺损修复，效果接近自体骨。产品仿天然人体骨组织的成分和结构，其制备工艺与天然骨骼的矿化过程相似，材料具有极佳的生物相容性与成骨活性以及与新骨生成相匹配的降解速率，被植入骨缺损部位后，能够为植入部位骨细胞的活性表达提供良好的微环境，引导骨再生，并随着新生骨组织的爬行替代而被逐渐降解吸收，最终使得植入部位实现骨愈合。矿化胶原材料可模拟人体骨组织的形成过程，调控钙、磷等成分在胶原纤维的特定位点上成核并形成纳米羟基磷灰石晶体，使胶原 / 纳米羟基磷灰石自组装形成矿化胶原，具有周期性有序排列的胶原纤维与纳米羟基磷灰石晶体，与天然人骨的成分和纳米结构相同。

（李贺英）

【首量公司获市科技型中小企业促进专项支持】7 月 9 日，市科委发布《2015 年度北京市科技型中小企业促进专项立项公告》，北京首量科技有限公司的“全光谱太阳光光纤导入照明系统”入选创新类立项名单。系统由室外主机、光缆、室内光纤灯具组成。室外主机主要由光学采集镜片组、太阳跟踪传感器、高精度机械平台、自动跟踪系统等组成，需要安装在阳光充足的室外，用于跟踪采集太阳光；光缆用于高效传输主机采集的阳光导入室内，并通过室内灯具进行照明。系统可应用于大跨度的公共建筑及地下建筑物内，能有效解决建筑物内的采光问题，还能节省白天室内的照明用电。

（韩洋洋）

【首用电子束焊技术焊接载人深潜器球壳】7 月 13 日，中航工业北京航空制造工程研究所利用自主研发的电子束焊接技术，成功焊接了 4500 米载人深潜器的第三个球壳。研究所为完成长约 7 米的球壳焊缝，改造了自行研制的 150 千伏真空电子束焊接设备，改进了工作台及工装，在完成水平电子束焊接工艺攻关、获最优化的焊接工艺参数后，按照船级社要求完成了焊接工艺评定，一次完成球壳的电子束焊接，突破了大厚度钛合金焊缝成形等关键技术，实现载人深潜器关键设备国产化关键性技术的突破。

（徐　建）

【“乐视·萤石”C6互联网云台摄像机发布】7月14日，在2015乐视生态·开发者大会上，乐视网信息技术（北京）股份有限公司与杭州海康威视数字技术股份有限公司共同发布双品牌智能硬件——“乐视·萤石”C6互联网云台摄像机。摄像机对萤石C6互联网云台摄像机进行定制升级，与乐视生态系统相融合，基于视频处理、云端存储与分发，进行以视频为基础的商业服务模式，为用户带来更极致的体验。乐视公司还发布智能硬件云服务平台——乐居家，并推出智能插线板、智能摄像头等产品。乐居家是基于乐视公司的视频云平台、电视及手机终端，面向智能家居领域的云服务开放平台，并计划扶持一些智能硬件厂商。

（杜　玲）

【“气浮辊道式半导体器件热处理炉”获发明专利授权】7月15日，由北京金晟阳光科技有限公司袁向东等人完成的“气浮辊道式半导体器件热处理炉”获知识产权局发明专利授权（ZL201310576842.7）。热处理炉中传输半导体器件的辊道由若干条水平排列、沿自身轴线往复转动的辊轴组成，一部分辊轴为空心辊轴，在空心辊轴上半导体器件经过的部位沿径向方向设置有若干通气孔，在空心辊轴的至少一端通过旋转接头与进气管连接，气体通过空心辊轴上的通气孔进入到半导体器件经过的炉膛部位。该发明从根本上保证炉内核心扩散区域的气氛和洁净度，从而提高了扩散效果和质量。该发明专利主要用于光伏领域太阳电池烧结和扩散。

（朱文利）

【3D打印髋关节获注册批准】7月22日，由北京大学第三医院骨科张克、刘忠军、蔡宏和北京爱康宜诚医疗器材股份有限公司合作研制的中国首个3D打印人体植入物——人工髋关节获食品药品监管总局注册批准。该产品是首个通过临床验证后获得注册的3D打印人工髋关节假体，属于三类骨科植入物。3D打印的臼杯及其微孔表面一体成型，患者的骨头和金属臼杯之间可以快速发生骨整合，减少远期假体松动的发生，可获优异的术后即刻稳定性。患者髋关节需要手术置换3D打印的人工髋关节时，只需所住医院的医生收集其相关影像数据，传送至拥有3D打印设备的专业公司，医生和工程师可根据数据进行分析，重建三维立体模型，输出至3D打印机，即可打印出患者需要置换的关节。

（杜　玲）

【福田汽车公司绿色智能制造示范项目启动】7月24日，张家口市政府与北汽福田汽车股份有限公司战略合作签约仪式在京举行。双方签署《关于福田汽车集团北京厂区工业制造业务迁入宣化区战略合作协议书》。根据协议，张家口市宣化区将承接福田汽车公司重型机械业务转移，项目总投资50亿元，分两期将北京工厂的泵送机械、起重机、渣土车业务搬迁到宣化区，并新增消防车、动力和储能电池业务，在宣化北山工业园区形成“福田汽车产业城”。10月20日，福田汽车集团绿色智能制造示范工程张家口基地启动暨福田雷萨重机L9新品上市仪式在张家口市举办。福田雷萨智能工厂产业转移项目开工建设，其泵送设备智能制造中心建筑面积3万平方米，投资15亿元，集成中德技术数字化自动加工、中心式流水线生产，将成为北汽福田公司泵车、车载泵等大型机械产品基地。雷萨重机L9融合德国上装制造技术及福田戴姆勒底盘技术，并搭载美国康明斯发动机，将发动机、底盘、上装“无缝对接”，实现整车一体化设计和一体化制造。

（杜　玲）

【北京汽车研究总院新技术研究院成立】7月，北京汽车集团有限公司注册成立北京汽车研究总院新技术研究院。新技术研究院致力于智能化、电动化、轻量化、互联网化等前瞻性汽车领域的技术研发；围绕制造业网络化、信息化、智能化、专业化，重点发展“智能化与电动化”“轻量化与互联网化”两大业务板块；计划到“十三五”末，完成车用智能操作系统、众筹设计交互平台、新概念全轻量化智能整车开发以及整车全生命周期的生态系统开发。

（杜　玲）

【“全自动精调扳手”获发明专利授权】8月5日，由北京铁五院工程机械有限公司、中铁第五勘察设计院集团有限公司李刚等研发的“全自动精调扳手”获知识产权局发明专利授权（ZL2013103147253）。该产品是一种位置控制全自动精调扳手，可以控制位置及扭矩，分辨率0.01毫米，采取轻巧、一体化设计，执行元件为伺服电机，实现全闭环控制，可多机联合控制，也可单机工作，防护等级IP65，总功率0.6千瓦，输出扭矩200牛·米，可采用电瓶、外接电源或者小型发电机等供电方式。

（周思远）

【一种浮动压丝辊获发明专利授权】8月5日，由北京中丽制机工程技术有限公司宁波等发明的“一种浮动压丝辊以及包含该浮动压丝辊的卷绕机”获知识产权局发明专利授权（ZL2013100557970）。发明公开了一种浮动压丝辊，其通过轴承与第二支架连接，第二支架通过销轴与第一支架连接，第一支架通过枢轴与机架连接。第一支架使得压丝辊的左右两端能上下摆动，第二支架使得压丝辊能够前后摆动，即使两根工作筒管夹头轴的平行度偏差较大，压丝辊也可以自动与位于工作位置的筒管夹头轴相平行，浮动地压在筒管夹头轴的圆周上与其保持良好的接触，解决了压丝辊安装方式要求卷绕机的两根筒管夹头轴平行度偏差小的问题。

（郭庆云）

【首例骨科手术机器人辅助手术完成】8 月 6 日，由北京天智航医疗科技股份有限公司及中国科学院深圳先进技术研究院等单位共同研制的骨科手术机器人，在北京积水潭医院被成功应用，完成首例基于术中实时三维影像的机器人辅助脊柱胸腰段骨折的微创内固定手术，为一名椎体骨折患者经皮植入 6 枚椎弓根螺钉。手术机器人系统首次实现基于术中实时三维影像的机器人精准定位，误差不到 1 毫米；由医生从临床视角主导设计，实用性强，自由度高，可重复性好；仿生构型能保证系统的灵活性和稳定性，安全保护机制可确保机器人安全手术；能帮助医生完成手术路径的规划，精确引导内植物的植入，减少患者并发症的发生率，减少术中放射线暴露。

（杜　玲）

【乐视超级自行车发布】8 月 11 日，在乐视体育 2015 超级自行车发布会上，乐视体育文化产业发展（北京）有限公司联手 Leie 智能科技有限公司、天津飞鸽车业发展有限公司发布乐视超级自行车“鵟 buzzard”。自行车定位于智能化城市自行车，拥有头机、中控区、把手控制区、灯光系统、对讲机、传感器组、电源管理系统七大模块，支持指纹识别、蓝牙摄像、一键锁车、车上对讲；具有不易拆解的智能车锁、全套灯光系统、完整 ID 识别；根据心率、坡度等推荐最佳骑行设定，推送实时天气，提供建议计划；显示邻近骑行伙伴，随时对讲联系；还能实时推送音乐、新闻、音频等。

（杜　玲）

【出入境 24 小时自助服务大厅启用】8 月 14 日，沈阳市公安局出入境 24 小时自助服务启动仪式举行。由航天信息股份有限公司研制的集发证、赴港澳签注功能于一体的 24 小时自助服务大厅在沈阳市公安局出入境管理处投入使用，服务时间拓展为全天 24 小时、全年 365 天；领取出入境证件只需刷身份证或扫描受理编码，20 秒后证件会自动弹出，机器自带的摄像头和身份证识别器能确保证件不被冒领，证件信息还将上传数据库以便随时核查；港澳通行证自助签注机可实现港澳个人旅游再次签注申请、缴费、制作、发证一体化完成，领取时间由过去的 3 个工作日缩短至 3 分钟。

（刘伟杰）

【精进公司电动 ISG 同轴混联系统通过浸水试验】8 月 20 日，精进电动科技（北京）有限公司研发的精进电动 ISG 同轴混联系统 IP67 在精进电动北京总部试验中心通过了浸水试验。ISG 同轴混联系统（电机、离合器总成、逆变器）在放入 1 米深的水中浸泡，在实际通高压电运行 30 分钟的情况下，依然保持正常的运行状态，试验结果显示系统的防水能力达到了 IP67 等级，可以防止水汽、盐雾长期进入电机和电子系统造成的失效，在极端的内涝条件下，产品具有可靠性。

（朱文利）

【北汽新能源硅谷研发中心成立】8 月 21 日，北汽新能源硅谷研发中心挂牌仪式在美国硅谷举行。研发中心由北汽新能源公司与合肥国轩高科动力能源有限公司、华东电气有限公司合作成立，计划每年研发 4 ～ 6 款车型。国轩高科公司将在电池材料、电芯技术和电池管理等方面，协助北汽新能源公司实现电动汽车整个产业链上的资源整合；华东汽电公司将在汽车电子零部件、车联网和智能驾驶等技术方面，帮助北汽新能源公司提升整车的智能化和电动化水平。

（杜　玲）

【泰邦泰平公司产品应用于国际田联世锦赛】8 月，由泰邦泰平科技（北京）有限公司与北京理工大学研发的 4000 万像素复眼监控摄像机系统，应用于 2015 年北京国际田联世界田径锦标赛上。系统可同时实现超高分辨率、远距离、宽视角的实时监控，可调用回看全景范围内的所有细节视频，主要应用于主席台及周围各通道位置进行全景视频监控。复眼监控摄像机系统融合了多项具有自主知识产权的技术，包括宽视场超高分辨率复眼成像技术、多重波前编码光圈景深联合延拓（EIDOF）成像技术、基于 HGlCl 颜色空间的颜色处理方法以及图像的宽动态（HDR）处理技术等，适用于广场、边防、海防等军用监控，以及港口、机场、古建筑群等要地监控。

（李　莹）

【智能安防摄像机 MegEyeC1 发布】10 月 23 日，北京旷视科技有限公司发布智能安防摄像机——MegEyeC1。摄像机采用 200 万像素星光级传感器，CMOS 尺寸 1 英寸，动态范围至 88 分贝，分辨率达到 2K 级别，还具备 2 吉字节存储空间。其机身内增加了本地计算模块——英伟达 TegraK1 GPU 芯片，拥有每秒 3000 亿次浮点的运算能力，在相机内部可以做大量的运算，完全脱离服务器形成独立识别能力，提高了人脸识别在公安视频专网中的识别效率，实现实时反馈，在相机上一体化地实现“人脸检测、人脸追踪、人脸识别”，主要应用于安防行业。

（徐　建）

【汽车产业知识产权联盟成立】10 月 30 日，由北京知融知识产权咨询有限公司主办的汽车产业知识产权联盟成立大会在京举行。国家知识产权局、北京市知识产权局、中关村管委会等单位相关负责人及联盟成员单位的代表等参加。联盟是由知融咨询公司、北京集慧智佳知识产权管理咨询有限公司和汤森路透科技信息服务（北京）有限公司等北京市汽车产业链内重点企事业单位发起的北京市首家跨区域汽车产业知识产权联盟，汇聚北汽福田汽车股份有限公司等汽车企业以及车联网企业、新能源企业、高等院校、汽车零部件供应商和知识产权专业服务机构，将面向新能源汽车领域开展关键共性技术联合创新，知识产权协同保护与合作运用，连接汽车产业链上下游企业，分析新技术运用风险，共同攻克技术应用难点，构建核心技术专利网及专利池。联盟理事长由北汽福田公司总法律顾问钱海峰担任。

（潘　丹）

【C30 电动车平台获中国汽车工业科学技术奖】10 月，由北京新能源汽车股份有限公司等单位詹文章等研发的“C30 平台纯电动乘用车关键技术集成开发与应用”获汽车工业科技进步奖励基金委员会授予的 2015 年中国汽车工业科学技术奖一等奖。C30 平台纯电动乘用车在电动汽车整车集成与性能优化，电池、电机、电控以及整车安全与可靠性方面具有核心技术知识产权，掌握了电动汽车整车系统集成与匹配、整车控制系统、电驱动系统三大关键核心技术，获授权发明专利 20 余件，累计行驶 2.55 亿千米无重大事故，安全性、可靠性、动力性和经济性等技术指标业内领先。

（苏金城）

【随动式偏心轴磨床获工业博览会金奖】11 月 3 日，在第十七届中国国际工业博览会开幕暨颁奖仪式上，北京第二机床厂有限公司研发的随动式（切点跟踪）RV 减速器偏心轴磨床获第十七届中国国际工业博览会金奖。产品是一款针对工业机器人关键零件 RV 减速器偏心轴、压缩机偏心轴等偏心轴类零件精密磨削的超高速精密磨削设备，采用随动式磨削技术，并配置向导式操作界面及无编程软件专家系统，具有敏捷、柔性、高效、精密等特点，可实现工件一次装卡无编程加工，解决了传统偏心轴类零件设备加工精度低、柔性差、调整复杂的缺点，适用于工业机器人、压缩机、减速机等行业的精密偏心轴零件加工领域。

（袁永章　申晓杰）

【精进电动公司获“年度优秀电驱动系统供应商奖”】11 月 16 日，在第六届新能源汽车峰会上，表彰了在新能源汽车领域做出卓越贡献的企业和个人。精进电动科技（北京）有限公司凭借研发的精进电动产品居领先地位的市场份额和一流的技术质量获“年度优秀电驱动系统供应商奖”。搭载精进电动 ISG 同轴混联插电混合动力系统的城市客车在中国已接近 1 万辆，每年可减少柴油消耗 2 亿升，减少二氧化碳排放 3 亿立方米。精进电动还率先在国内进行双电机油冷方案的开发，为中国两大汽车集团提供配套高性能、油冷却、与变速箱集成的双电机系统。

（朱文利）

【“一种复合储氢系统”获发明专利授权】11 月 18 日，由北京浩运金能科技有限公司张沛龙等完成的“一种复合储氢系统”获知识产权局发明专利授权（ZL201210483422.X）。发明提供一种复合储氢系统，包括一级储氢罐、二级储氢罐、散热器、温度传感器。散热器加入到一级储氢罐中，散热器和储氢罐内壁紧密接触，散热器内部为弓字形通路或加入金属翅片形成扇型结构，可提高储氢合金粉和氢气的接触面积，储氢合金粉填充在散热器结构，温度传感器插入到储氢合金粉内部，实时监测温度；二级储氢罐为一空罐体，两个储氢罐之间以管路和阀门连接，通过阀门控制氢气的对流。为了保证储氢合金粉留存在散热器结构中，散热器两端加入隔离片；为了保证储氢合金粉不从出口处流出，一级储氢罐两个进出口处加入过滤片。发明结构简单，热交换效率高，充放氢速度快，同时复合储氢系统兼具较高的体积储氢密度、重量储氢密度。

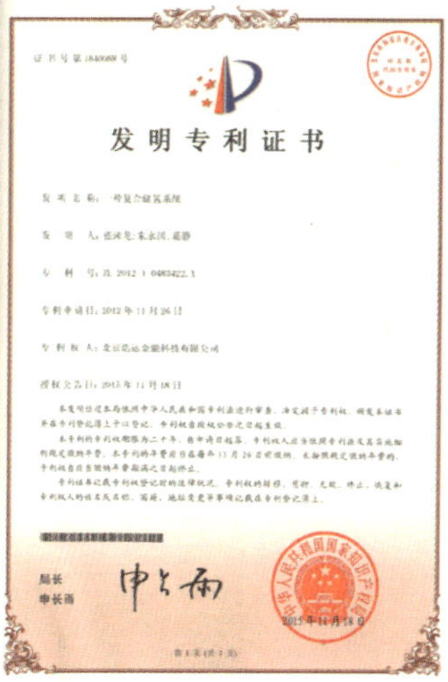
发明专利证书

发明名称：一种复合储氢系统

专利号：ZL 2012 1 0483422.X

专利申请日：2012 年 11 月 26 日

专利权人：北京浩运金能科技有限公司

授权公告日：2015 年 11 月 18 日

局长
申长雨

（张慧秋）

【首台指静脉启动智能车诞生】11 月 26 日，第一台指静脉启动汽车在燕南国创科技（北京）有限公司诞生。汽车具有钥匙和指静脉双模式启动方式。指静脉启动汽车的流程是通过管理员权限进入用户注册系统，注册用户信息，完成后可以使用遥控钥匙进入车内，插入钥匙转到通电档伸入手指启动汽车。利用指静脉作为一种用户权限启动汽车与相应的软件相结合，能够实时检测到汽车使用人及汽车在使用过程中的时间、所处的地理位置等信息。

（徐　建）

【首套机载云粒子探测系统通过验收】 12 月 5 日，由中国气象科学研究院与中国兵器科学研究院共同研制的首套飞机机载云粒子测量系统在京通过专家验收。系统包括机载激光云粒子谱仪、云粒子成像仪、降水粒子成像仪及相应软件系统，可测量 2 ~ 50 毫米云粒子的谱分布、25 ~ 1550 毫米和 100 ~ 6200 毫米云 / 降水粒子谱分布及二维探测图像，实现对激光前向散射云粒子谱探测技术、基于粒子放大成像原理及连续切片二维成像等关键技术研究成果的转化与应用。经吉林省人工影响天气办公室在人工增雨飞机上进行 30 余架次的飞行试验验证，设备工作状态良好，能够取得可靠的直接探测数据，满足业务应用的要求。

（徐　建）

【脑起搏器研制及产业化获黄家驷生物医学工程奖】 12 月 5 日，在 2014—2015 年度首届黄家驷生物医学工程奖颁奖仪式上，由清华大学李路明团队完成的“脑起搏器研制及产业化”项目获首届黄家驷生物医学工程奖一等奖。脑起搏器是尖端且复杂的植入式医学电子装置之一，仅 50 克左右的重量却集成了工程领域众多的高科技成果，涉及 1400 余种原材料、元器件，100 余套模具，160 余个生产工艺包。2013 年 5 月，具有自主知识产权的清华脑起搏器获批上市，成为首个国产植入式神经调控产品；2014 年 7 月，可充电脑起搏器获批上市；12 月，双通道脑起搏器获批上市。清华脑起搏器全部获得产品注册证，中国成为全球第二个拥有全系列脑起搏器的国家，其中可充电脑起搏器更是在世界上率先把质保时间提高到 10 年。项目打破了美国的技术垄断，不仅使中国成为世界上第二个掌握这一技术的国家，还将系列脑起搏器的价格降低了 50%。（黄家驷生物医学工程奖是由中国生物医学工程学会设立的、面向全国生物医学工程领域的最高科技奖项，每两年颁发一次。奖项以中国著名医学家黄家驷院士命名，旨在秉承其医工交叉的学术理念，奖励生物医学工程领域在基础研究、技术发明和科技进步方面贡献卓著的科技成果。）

（万　玮）

【百度无人驾驶车路测成功】 12 月 10 日，百度无人驾驶车路测成功。该车从百度大厦出发，驶入 G7 京新高速公路，经五环路，抵达奥林匹克森林公园，随后按原路线返回，首次实现城市、环路及高速道路混合路况下的全自动驾驶，并完成多次跟车减速、变道、超车、上下匝道、掉头、不同道路场景切换等复杂驾驶动作，最高时速 100 千米 / 小时，开创中国无人驾驶车研发领域 3 个之“最”：适应路况最复杂，自动驾驶动作最全面，环境理解精度最高。项目 2013 年启动，2014 年 9 月，百度在线网络技术（北京）有限公司与宝马公司签约，由百度深度学习研究院主导、北京百度网讯科技有限公司负责研发，以 BMW3 系 GT 为基础，研发国内唯一一家通过功能安全 26262 国际标准的全自动驾驶项目。该车可自动识别交通指示牌和行车信息，具备雷达、相机、全球卫星导航等电子设施，并安装有同步传感器，车主只要向导航系统输入目的地，汽车即可自动行驶，并会通过传感设备上传路况信息，进行实时定位分析，判断行驶方向和速度。其技术核心是“百度汽车大脑”，包括高精度地图、定位、感知、智能决策与控制四大模块，是“百度大脑”在汽车领域的垂直应用。其中，百度公司自主采集和制作的高精度地图可记录完整的三维道路信息，能在厘米级精度实现车辆定位；依托交通场景物体识别、环境感知技术，可实现高精度车辆探测识别、跟踪、距离和速度估计、路面分割、车道线检测等。

（张　蕾）

【“酷拍手机陀螺仪稳定云台”项目获创客杯银奖】 12 月 11 日，在 2015 年“中信国安创客杯”首都青年创新创业大赛上，北京威尔帝科技有限公司的“酷拍手机陀螺仪稳定云台”项目获银奖及 10 万元的创业扶持奖金。云台是一个辅助手机拍摄视频的仪器，能有效地防抖动，可自行调整水平方向，使手机拍摄出来的视频可达到专业摄像机的平稳度。

（柳　杨）

【TiRobot 骨科手术机器人获最佳智能医疗设备奖】 12 月 12—13 日，在第二届中国医疗工业发展大会暨医疗设备质量控制与管理论坛上，北京天智航医疗科技股份有限公司的“TiRobot 骨科手术机器人”获中国医疗工业发展与创新大奖——最佳智能医疗设备奖。TiRobot 骨科手术机器人是国内唯一获医疗机器人产品注册许可证的国家级科技转化成果，适用于创伤骨科以及包含颈椎的全脊柱外科手术，具有手术操作范围覆盖全身、定位精度达亚毫米级、自动追踪补偿患者移动、术中辐射量大幅降低等特点，可辅助医生精准定位植入物或手术器械，实现手术微创化、标准化和智能化。

（“中国医疗工业发展与创新大奖”评选活动由中国医疗设备杂志社、中华医学会医学工程学分会、中关村智慧医疗产业联盟等单位共同发起，联合清华大学、北京大学、香港理工大学等11所高校开展，旨在对医疗产业领先的创新性技术及产品进行评估和推广，帮助临床使用者与企业相互交流和了解，推动创新产品孵化、推广、转让、交易，促进由“中国制造”向“中国智造”的跨越式发展。）

（韩洋洋）

【百度自动驾驶事业部成立】 12月14日，百度自动驾驶事业部成立大会暨产业生态报告会在京举行。国家信息中心等单位有关负责人以及汽车自动驾驶领域的专家和企业的代表等参加。百度在线网络技术（北京）有限公司宣布成立自动驾驶事业部。事业部将聚焦于自动驾驶汽车的技术研发、生态建设与产业落地，将无人车从研究院阶段，带到商业开发和变现阶段。计划3年实现自动驾驶汽车的商用化，5年实现量产。

（郝峥嵘）

【核电站数控系统通过验收】 12月25日，由北京广利核系统工程有限公司承担的国家科技重大专项——大型先进压水堆专项“自主知识产权的核电站数字化仪控系统平台研制”通过国家能源局组织的验收。专项旨在通过共性技术研究，完成核电站数字化仪控系统（DCS）平台的研制目标，形成通用平台，实现项目成果在二代、二代加、三代核电工程中的应用，为实现中国核电仪控的全面自主化提供技术积累和支撑。专项实现了多个核电站数字化仪控系统通用平台的产品化及工程应用，包括中国首个具有完全自主知识产权的核级数字化仪控系统通用平台“和睦系统”，研究成果应用于阳江核电站、红沿河核电站机组仪控系统的设计制造，实现了核电站数字化仪控系统的国产化和自主化。验收组认为，专项实现了课题目标，不仅形成了核电站数字化仪控系统的设计、制造和供货能力，还培养了一批核电数字化仪控设计、制造、验证、测试等方向的专业技术人才。

（徐　建）

【商汤公司人脸布控系统入选中关村十大创新成果】 年内，由北京市商汤科技开发有限公司研发的基于深度学习的人工智能视觉引擎及应用系统入选2015中关村十大创新成果。系统基于深度学习技术和以GPU为核心的异构并行计算架构，实现在监控视频中实时检测、跟踪和识别人脸，通过灵活的布控任务设置和目标库管理，能够在光照、角度、表情、遮挡、年龄变化等情况下，准确地识别人脸，实现千万级目标库人脸识别，为海量视频监控系统提供智能化引擎，以提高警方办案效率，可应用在移动智能终端领域的人脸聚类、智能相册、文字识别、娱乐应用等方面。

（张　毅）

【新一代神经外科手术机器人推出】 年内，北京柏惠维康科技有限公司推出了新一代Remebot神经外科手术机器人。机器人由计算机软件系统、实时摄像头和自动机械臂3个部分组成，通过三维手术规划、视觉实时导航和机器人手术操作，协助医生微创、精准、高效地完成神经外科无框架立体定向手术。术前，患者贴上专用标志物进行医学影像扫描，借助三维可视化和多模态影像融合技术，医生可清晰、直观地观察到病灶及其周边组织和血管分布，规划最佳穿刺路径。手术时，首先对患者和机械臂进行注册，将虚拟三维模型与现实场景建立一一映射关系。注册完成后，机械臂在摄像头的监控下准确运动到术前规划的位置。最后，由医生完成穿刺，并实施活检、抽吸、毁损、植入等操作。利用Remebot，医生30分钟内即可完成手术，定位误差小于1毫米，患者则只留下2毫米的小创口，术后观察2～3天即可出院。借助机械臂末端的操作平台，医生可以实施活检、抽吸、毁损、植入、放疗等12类术式，可用于脑出血、脑囊肿、帕金森、癫痫等近100种疾病的手术治疗。

（徐　建）

生物工程与新医药产业

【概况】2015年，中关村示范区生物工程与新医药产业发展迅猛，拥有企业1140家，实现总收入1628.3亿元，同比增长13.8%，实现利润191.6亿元，同比增长17.8%。在新型疫苗、重组蛋白药物、分子影像、基因检测等前沿领域掌握一批国际领先的先进技术，北京科兴生物制品有限公司研发的肠道病毒71型灭活疫苗获食品药品监管总局生产注册批准，剪接体高分辨率三维结构被清华大学生命科学学院施一公研究组首次捕获，北京百奥赛图基因生物技术有限公司制备了国际第一只双基因敲进大鼠，北京贝瑞和康生物技术有限公司研发的无创肿瘤基因检测——昂科益肿瘤分子诊断产品上市。培育了百济神州（北京）生物科技有限公司、博奥生物集团有限公司等一批领军企业。百济神州公司研发的BGB-3111获美国食品药品管理局（FDA）新药研究（IND）批准，其1类靶向抗肿瘤药BGB-283获食品药品监管总局药物临床试验批件。博奥生物公司研发的“人乳头瘤病毒（HPV）核酸检测试剂盒（微阵列芯片法）”“人乳头瘤病毒（HPV）DNA检测试剂盒——荧光PCR染料法”获食品药品监管总局认证。北京米赫医疗器械有限责任公司研发的永久性人工角膜获临床批准。生物农业不断取得新突破。北京北农大动物科技有限责任公司的“农大3号”配套系选育与产业化应用获国家科学技术进步奖二等奖，“农大3号”节粮蛋鸡获低碳认证证书。

（杜　玲）

【“一种重组牛源性胰蛋白酶的制备方法”获发明专利授权】1月20日，由甘李药业股份有限公司王雪等发明的“一种重组牛源性胰蛋白酶的制备方法”获知识产权局发明专利授权（ZL2013100435418）。发明提供了重组牛源性胰蛋白酶（TRY）的制备方法以及所用的重组牛源性胰蛋白酶原类似物。发明是在大肠杆菌系统中表达TRY酶原类似物的方法，表达量高，更进一步提供无须经过变性和复性的可溶性表达方法，在直接酶切除前肽后即可得到有活性的TRY，并且后续的纯化步骤也简单方便。制备的重组牛源性胰蛋白酶可用于生产重组人胰岛素及人胰岛素类似物。

（郭庆云）

【迈康斯德公司获AA98抗体药物全球开发权】1月29日，在中国科学院生物物理所蛋白质与多肽药物所重点实验室暨北京市生物大分子药物转化工程技术研究中心2014年年会上，北京迈康斯德医药技术有限公司和中科院生物物理所北京市生物大分子药物转化工程技术研究中心签署专利技术实施许可，获得拥有全球自主知识产权的CD146新药靶点和肿瘤靶向治疗AA98抗体药物的全球开发权。CD146新药靶点是由中国科学家发现并验证的药物靶点。蛋白质与多肽重点实验室主任阎锡蕴领导的科研小组首先发现CD146膜蛋白受体是一个促进肿瘤血管生成的新靶标。研究发现CD146在黑色素瘤和三阴性乳腺癌中表达明显增加，CD146中和抗体AA98能阻止CD146二聚体形成，在动物试验中有效抑制多种肿瘤生长，包括肝癌、胰腺癌、肌肉瘤及黑色素瘤等。AA98抗体可应用于多种疾病包括眼底新生血管疾病、多发性硬化症等自身免疫病以及三阴性乳腺癌等多种肿瘤的诊断和治疗领域。

（杜　玲）

【双基因敲进大鼠诞生】2月3日，北京百奥赛图基因生物技术有限公司利用EGE（Extreme Genome Editing System）技术，制备了国际第一只双基因敲进大鼠。该只大鼠的诞生，证明了EGE成为基因敲除领域一次里程碑性的技术革命，拓展了大鼠作为实验模式动物在基础研究及药物筛选、临床前药物评价的应用范围。

（杜　玲）

【博奥生物公司两个项目获食品药品监管总局认证】2月、7月，由博奥生物集团有限公司研发的“人乳头瘤病毒（HPV）核酸检测试剂盒（微阵列芯片法）”（国械注准20153400158）、“人乳头瘤病毒（HPV）DNA检测试剂盒——荧光PCR染料法”（国械注准20153401059）获食品药品监管总局认证。人乳头瘤病毒（HPV）核酸检测及基因分型试剂是指利用包括PCR-荧光探针法或其他分子生物学方法在内的核酸检测技术，以特定高危型HPV核酸（包括DNA和RNA）序列为检测目的，对人宫颈样本进行体外定性检测的试剂，以确定受试样本中是否存在高于阳性判断值水平的高危型HPV病毒，鉴定感染HPV的基因型别。此类试剂在临床上用于筛查宫颈细胞学检查为

ASC-US（未确定的非典型鳞状上皮细胞）结果的患者，以确定是否需要进行阴道镜检查；对于30岁及以上的女性，通过检测是否有高危型HPV感染，与宫颈细胞学检查联合进行宫颈癌筛查，结合细胞学病史和其他风险因素的评估，以及临床诊疗和筛查指南的要求，用于指导患者的管理。

（梁　爽）

【大北农公司投资互联网与金融生态圈建设项目】 3月5日，北京大北农科技集团股份有限公司发布《2015年非公开发行股票募集资金使用可行性分析报告》，拟募资9.5亿元投向农业互联网与金融生态圈建设项目。项目以智农网及智农通（移动终端应用程序）为核心，以智农云服务（农业管理与大数据平台）、智农商城网（涉农产品交易平台）、农信网（农业金融平台）为内容，构建覆盖线上线下的农业互联网与金融生态圈，实现从饲料、种子农资采购到生产管理、产品销售、金融服务的全链条综合服务。

（杜　玲）

【贝瑞和康公司检测技术获市科委技术成果转化立项】 3月12日，市科委等单位印发《关于公示北京市2015年度高新技术成果转化项目名单的通知》。由北京贝瑞和康生物技术有限公司开发的“基于新一代测序技术的无创胎儿染色体非整倍体疾病产前检测技术及产业化项目”入选。该项目是在临床上通过抽取孕妇10毫升外周血来准确判断胎儿是否患有重大染色体异常的一种检测技术，可准确检测21号染色体、18号染色体和13号染色体三体，准确率达99%以上。21、18、13三体综合征是临床上高发的染色体非整倍体疾病，21三体综合征最为常见，临床上称为“唐氏综合征”。该技术的应用可通过产前检测预防缺陷儿出生。

（江茂华）

【首创永久性人工角膜获临床批准】 3月，由北京米赫医疗器械有限责任公司研发的永久性人工角膜获临床批准。人工角膜是专门针对多次角膜移植失败、酸碱烧伤、工程伤等终末期角膜损伤患者复明而研制的，采用高强度、耐酸碱、具有良好透光性和加工性的易被人体接受的不排异的材料制成，其支架以航天材料钛合金为主要成分，镜柱的主要成分为PMMA，通过人造镜柱代替人体的屈光成分，通过手术将其植入角膜组织中，取代部分角膜瘢痕组织，使患者重新恢复视力。

（徐　建）

【“干扰素α与布地奈德的雾化吸入剂”获发明专利授权】 4月1日，由北京三元基因药业股份有限公司周敏毅等研发的“干扰素α与布地奈德的雾化吸入剂”获知识产权局发明专利授权（ZL2014100085071）。发明属于抗病毒药物的组合物领域，含有治疗有效量的干扰素α、布地奈德，以及适宜量的可药用辅料。优选单次给药剂量中含有10～50微克的干扰素α，0.25～1.5毫克的布地奈德，以及适宜量的可药用辅料；更优选单次给药剂量中含有20～30微克的干扰素α，0.5～1毫克的布地奈德，以及适宜量的可药用辅料。用该产品治疗病毒性肺炎，可较单独使用干扰素α或布地奈德治疗明显提高疗效。

（周思远）

【“一种脂溶性维生素复合粉体及其制备方法”获发明专利授权】 4月8日，由北京万生药业有限责任公司陈建峰等发明的“一种脂溶性维生素复合粉体及其制备方法”获知识产权局发明专利授权（ZL2011103802195）。发明提供一种脂溶性维生素复合粉体及其制备方法，使用安全的药用辅料代替市售制剂中常用的吐温80，提高了脂溶性维生素的安全性，解决了脂溶性维生素难溶于水，临床使用不方便等问题；发明还采用液相沉淀法结合喷雾干燥或冷冻干燥制备了具有纳微结构的复合粉体，该粉体水再分散性优异，稳定性好，安全无毒害，且制备方法操作简单，成本低，适合产业化生产。

（郭庆云）

【恒温扩增微流控芯片核酸分析仪获产品注册证】 4月20日，由博奥生物集团有限公司研发的恒温扩增微流控芯片核酸分析仪获食品药品监管总局颁发的国家Ⅲ类医疗器械产品注册证（国械注准20153400580）。产品主要由仪器主机、电源线、数据线组成，采用双焦面成像微纳体系样品检测系统结构、恒温扩增离心进样微流控芯片、自适应降噪数据分析处理算法、薄层空气浴流动加热控温等创新技术，能够在45分钟内实现多种病原菌指标的并行检测分子诊断，检测灵敏度优于10个核酸拷贝，样品与试剂消耗<1.5微升/指标，并行检测通道≥24个，温控精度±0.1摄氏度，检测稳定性CV≤5%，可同时对多个核酸靶序列进行高通量并行检测，具有检测速度快、灵敏度高、结果准确、多指标并行检测等特点，可应用于生命科学与医学前沿科研、食品安全、临床医疗、卫生防疫等领域，同时也为个性化低成本精准医疗检测应用奠定了平台技术基础。

（万　玮　梁　爽）

【“BEACON”植入前遗传学筛查临床研究启动】 5月11日，在美国芝加哥举办的第14届国际胚胎植入前遗传学诊断大会上，北京贝瑞和康生物技术有限公司宣布胚胎植入前遗传学筛查临床研究（BEACON）启动。BEACON 由贝瑞和康公司与中国人民解放军总医院牵头实施，是国家“863”项目的一部分。研究采用贝瑞和康公司研发的基于高通量测序技术的单细胞胚胎染色体拷贝数变异检测方法，对体外授孕的胚胎进行植入前遗传学筛查，并对胚胎移植的成功率、妊娠率、活产率以及流产率等方面的效能进行评价。研究的预期样本量将达到 1000 份。通过大规模、多中心参与的 BEACON 临床研究，可为高通量测序技术在辅助生殖领域的应用提供更多临床依据。

（江茂华）

【百济神州公司获 6 亿元投资】5 月 13 日，百济神州（北京）生物科技有限公司在官网宣布完成新一轮 6 亿元的融资，所获资金将用于继续发展其肿瘤研发的产品线、扩大其全球临床开发团队和能力以及加强药物制剂生产能力。资金来源于高瓴资本、中信产业基金和美国一家专注于生命科技领域的蓝筹股公共投资基金，同时还引入了富达基金、岩泉资本管理公司等投资机构。

（杜　玲）

【北京勤邦公司成果获 CAIA 奖】5 月 21 日，在“2014 年中国分析测试协会科学技术奖（CAIA 奖）”颁奖仪式上，北京勤邦生物技术有限公司主持完成的“饲料和食品中真菌毒素快速检测方法开发及应用”，获 CAIA 二等奖。勤邦生物公司开发建立的饲料和食品中真菌毒素快速检测产品及方法，可为饲料的初期污染进行预警，使检测监管从事后处理变为现场执法，降低动物健康危险，为饲料行业、养殖业以及粮油行业提供了灵敏、快速、便捷、简单的检测产品及方法。

（杜　玲）

【无创肿瘤 DNA 检测项目签约】6 月 16 日，北京贝瑞和康生物技术有限公司与北京医院就《非小细胞肺癌相关驱动基因突变无创检测研究》的临床研究达成合作。根据协议，北京医院将以非小细胞肺癌患者血浆为样本，对贝瑞和康提供的无创肿瘤 DNA 检测技术进行临床评估。双方合作将推动无创肿瘤 DNA 检测技术的临床转化，为肿瘤患者提供更加精准和实时的基因信息。

（江茂华）

【百济神州公司抗癌药进入临床实验】6 月 19 日，百济神州（北京）生物科技有限公司获美国食品药品管理局（FDA）新药研究（IND）批准，将在美国进行 BGB−3111 临床研究。BGB−3111 是一种布鲁顿氏酪氨酸激酶（BTK）特异性抑制剂，用于治疗 B 细胞恶性肿瘤，其选择性高，口服有效，能够对 B 细胞恶性肿瘤起关键作用的受体信号发挥作用，比市售药物更好、更安全。

（杜　玲）

【首例养殖业减碳项目获认证】6 月 29 日，在北京北农大动物科技有限责任公司创业 20 周年庆典上，节粮蛋鸡减碳核查授证仪式举行。北农大公司的“农大 3 号”节粮蛋鸡获中环联合（北京）认证中心有限公司授予的低碳认证证书，成为中国养殖业首例获准的减碳项目。“农大 3 号”拥有自主知识产权，是世界上第一个矮小型蛋鸡商业化的品种，与普通蛋鸡相比同样生产 1 千克鸡蛋可以节约 0.4 千克的饲料，具有节粮和减排优势。（2016 年 1 月，“农大 3 号”小型蛋鸡配套系培育与应用获 2015 年度国家科技进步二等奖。）

（杜　玲）

【毅新兴业公司质谱系统获市新技术新产品认证】7 月 3 日，市科委、市发展改革委、中关村管委会等单位联合发布《关于公示 2015 年第一批北京市新技术新产品（服务）的通知》（京科发〔2015〕335 号）。其中，毅新兴业（北京）科技有限公司自主研发生产的 Clin−TOF−I 飞行时间质谱系统，以及基于该系统的耳聋突变基因检测、无创产前 Rh 血型快速鉴定、循环肿瘤 DNA 检测、早期食管癌筛查 4 个项目获认定，证书有效期 3 年。质谱系统主要用于基因检测、多肽指纹图谱鉴定、微生物鉴定等，也可应用于动植物转基因及食品安全、药物质控及耐药性分子机制、生物反恐快速检测等研究。年内，基于 Clin−TOF 质谱技术，公司与北京市农林科学院玉米研究中心合作构建了玉米 DNA 信息大数据平台，与中国农业大学国家奶牛体系中心合作构建了中国奶牛 DNA 数据库。

（韩洋洋）

【毅新博创公司获市科技型中小企业促进专项支持】7 月 9 日，市科委发布《2015 年度北京市科技型中小企业促进专项立项公告》，北京毅新博创生物科技有限公司的“基于飞行时间质谱系统的新生儿耳聋基因检测”系统入选创新类立项名单。系统利用飞行时间质谱检测技术对 4 个耳聋相关基因的 20 个突变位点进行检测，可及早发现携带耳聋相关基因的患儿，为后期诊断及治疗提供科学依据，有效降低聋哑发病率。其临床位点覆盖率高，可同时检测 20 个位点；通量大，每天可检测数千份样本；检测结果直观，数据分析简便。

（韩洋洋）

【昂科益肿瘤分子诊断产品上市】7 月 20 日，北京贝瑞和康生物技术有限公司自主研发的昂科益（Onconi）肿瘤分子诊断产品上市。产品是针对非小细胞肺癌的无创肿瘤驱动基因突变检测，即以患者血液为样本，对外周血中的循环肿瘤 DNA 进行检测，确定肿瘤相关驱动基因突变。其检测涵盖 EGFR、KRAS、BRAF、ALK、HER2 和 TP53 基因突变，可用于非小细胞肺癌常用靶向药物（如吉非替尼、厄洛替尼、克唑替尼、威罗菲尼、曲妥珠单抗等）的指导用药。无创肿瘤基因检测能够避免再次活检，同时还可有效克服肿瘤异质性的影响，特别适用于甄别 T790M 一类的继发性耐药突变。

（江茂华）

【诺禾致源公司与国际马铃薯研究中心合作项目签约】 7 月 25 日，在第九届世界马铃薯大会上，北京诺禾致源生物信息科技有限公司与国际马铃薯研究中心战略合作协议签约。根据协议，双方对马铃薯基因组进行测序，共同推进马铃薯基因组学的研究。合作将对 9 种不同栽培型马铃薯和 1 种近缘野生型马铃薯进行基因组测序，利用生物信息学技术和丰富的基因组学项目经验对测序获得的数百万条序列进行组装，并与已有的马铃薯参考基因组比对。项目实施旨在促进马铃薯品种的改良，增加产量，提高抗病性或者耐旱性等。

（江茂华）

【“作为激素药物的肠溶片剂”获发明专利授权】 7 月 29 日，由北京元延医药科技有限公司王立强发明的“作为激素药物的肠溶片剂”获知识产权局发明专利授权（ZL2013106882877）。片剂包括片剂芯和肠溶衣：片剂芯包含活性成分式 I 化合物以及药学可接受的辅料；肠溶衣涂渍在所述片剂芯表面，且不能在胃液中溶解，但能够在肠液中溶解，可有效地控制活性成分的溶出性能。

（郭庆云）

【诺华公司慢性心衰药获 FDA 批准】 7 月 31 日，北京诺华制药有限公司宣布慢性心衰药物 Entresto 获美国食品药品管理局（FDA）批准。该药用于射血分数降低的心力衰竭患者，可降低心血管死亡和心衰住院风险。Entresto 用于治疗 NYHA Ⅱ－Ⅳ级心衰患者，作用于心脏的神经内分泌系统。研究观察到 Entresto 与 ACE 抑制剂依那普利相比可显著降低心血管死亡风险，Entresto 组射血分数降低的心衰患者存活的概率更高且因心衰住院的概率更低。

（杜　玲）

【中关村中兽医药产业联盟成立】 8 月 16 日，中关村中兽医药产业技术创新战略联盟筹备大会暨第一届理事会在京举行。科技部、农业部、中关村管委会等单位相关负责人及联盟成员单位的代表等 120 余人参加。会议选举中国农业大学许剑琴为首届联盟理事长。联盟由中国农业大学、北京农学院、中悦民安（北京）科技发展有限公司等 40 家单位发起成立，旨在用兽医中药代替饲料中的抗菌药物和防治动物疫病，弘扬、传承和发扬传统兽医学，保障动物源食品安全，将以中兽医药产业发展需求为导向，形成以中兽医理论为指导的自主创新能力、核心竞争力，培育中国特色的产业品牌；以全产业链企业联合为主体，运用市场机

制实现企业、大学和科研机构等创新资源有效整合，成为产业技术创新工程中有特色的研发中心、示范中心、物联网信息中心。

（韩洋洋）

【1 类肿瘤药 BGB-283 获新药临床试验批准】 8 月 17 日，百济神州（北京）生物科技有限公司在官网宣布自主研制的 1 类新药——靶向抗肿瘤药 BGB-283 获食品药品监管总局颁发的药物临床试验批件。BGB-283 属于第二代 B-RAF 抑制剂，具有 RAF 二聚体和 EGFR 抑制活性，在各种临床前模型中表现出明显的抗肿瘤活性，适应症不局限于 B-RAFV600E 型突变的黑色素瘤，对非 V600E 型的 B-RAF 突变以及 K-RAS/N-RAS 突变的各种肿瘤均有疗效。

（梁　爽）

【诺思兰德公司重组人胸腺素 β4 技术转让签约】 8 月 17 日，北京诺思兰德生物技术股份有限公司与韩国 Huons 公司技术转让签约仪式在京举行。根据协议，诺思兰德公司将重组人胸腺素 β4 项目针对的两个适应症（眼科适应症与脱发症治疗）以 450 万美元价格转让给 Huons 公司，并授权其在中国以外市场专用实施权及规定适应症产品的开发及销售。双方将共同推进项目在中韩两地的研发与临床试验，并共享研发成果。

（韩洋洋）

【首台乳腺诊断正电子发射断层成像系统获准上市】 8月18日，中科院高能物理研究所召开新闻发布会，宣布其联合杭州高能医疗设备有限公司研发的国内首台具有完全自主知识产权的乳腺诊断正电子发射断层成像系统获食品药品监管总局颁发的国家三类医疗器械注册证，获准进入市场销售及临床应用。系统是用于早期乳腺癌检测的核医学成像设备，能够发现没有临床症状的乳腺癌，从而将乳腺癌的早期诊断提前。正电子发射断层成像（PET）技术可以在肿瘤的“代谢异常”阶段检测到其存在并以图像形式表现出来，能够比结构成像更早地发现肿瘤，达到早确诊、早治疗的目的。与临床广泛应用的全身PET相比，乳腺PET空间分辨率提高1倍，可检出最小2毫米的微小乳腺病灶。

（徐　建）

【剪接体高分辨率三维结构被首次捕获】 8月21日，美国《科学》（*Science*）杂志在线发表清华大学生命科学学院施一公研究组的《3.6埃的酵母剪接体结构》和《前体信使RNA剪接的结构基础》两篇论文，报道了通过单颗粒冷冻电子显微技术（冷冻电镜）解析的酵母剪接体近原子分辨率的三维结构，并阐述剪接体对前体信使RNA执行剪接的基本工作机理。研究成果使人们第一次在近原子分辨率上看到了剪接体的细节，是自1993年RNA（核糖核酸）剪接发现以来，科学家率先对剪接体近原子分辨率结构进行解析的成果。“剪接体高分辨率三维结构获解析”入选2015年中国十大科技进展新闻。

（杜　玲）

【阿可拉定获准进入药物快速审批】 9月15日，北京珅奥基医药科技有限公司研发的天然药物（中药）靶向抗肿瘤I类新药——阿可拉定获食品药品监管总局批准进入药物快速审批程序。阿可拉定的研发长达9年，相继获国家“十一五”“十二五”“重大新药创制”和省市级重点项目立项支持，拥有多项国际、国内专利授权。阿可拉定含有从中药淫羊藿中分离提取得到的纯度98%以上的有效单体，是作用于雌激素膜受体ER-α36的靶向抗肿瘤药物，副作用小、安全性高，在药物作用机理、生物标志物、提取及合成工艺以及临床适应症等方面均获突破，已完成二期临床试验。奥基医药首次发掘了阿可拉定杀伤肝癌细胞的分子机理，即通过调节IL-6/JAK2/STAT3信号通路抑制肝癌干细胞，抑制肿瘤形成；下调IL-6受体gp130和gp80的表达水平，降低正常条件下和IL-6诱导条件下的JAK2/STAT3磷酸化水平，并抑制其下游干性基因Bmi-1和Oct4的表达；可针对性地杀伤肝癌细胞，而对正常肝细胞没有毒性。

（梁　爽）

【昂科益无创靶向用药检测临床数据发布】 9月18日，在第十八届全国临床肿瘤学大会暨CSCO学术年会上，北京贝瑞和康生物技术有限公司发布了非小细胞肺癌相关驱动基因突变无创检测临床研究的最新数据。该项研究依托高通量测序、环化单分子扩增和重测序技术（cSMART）平台，以III期和IV期非小细胞肺癌患者血浆为标本，对昂科益无创靶向用药检测在肿瘤分子诊断领域的应用进行临床评价。研究以组织样本分子诊断结果作为对照，显示cSMART技术对血液样本进行EGFR的L858R突变检测的灵敏度和总符合率分别高达96%和99%。发现血液中ctDNA占全部血浆游离DNA的比例与相应靶向药物治疗的疗效密切相关。血液中ctDNA突变比例高于10%的患者，靶向治疗疗效评价均为部分缓解（Partial Response）；而突变比例低于5%的患者仅有11.1%疗效评价为病情稳定（Stable Disease）或疾病进展（Progressive Disease）。数据显示出cSMART可对ctDNA进行精准的绝对定量和突变检测。对于那些难以获取组织的患者以及耐药后需再次检测的患者，该技术可提供靶向用药检测，为肿瘤的精准治疗奠定基础。

（江茂华）

【诺和诺德公司胰岛素药品获准投放美国市场】 9月30日，北京诺和诺德医药科技有限公司治疗糖尿病的药品Tresiba（德谷胰岛素）、Ryzodeg（德谷胰岛素和门冬胰岛素复合制剂）获美国食品药品监督管理局批准，将于2016年一季度投放美国市场。获批两种药物均属于长效胰岛素，能够延长胰岛素对糖尿病人的作用时间。

（梁　爽）

【“检测龋齿蛋白的质谱模型及构建方法”获发明专利授权】 10月28日，由北京毅新博创生物科技有限公司张学记等研发的“检测龋齿蛋白的质谱模型及构建方法”获知识产权局发明专利授权（ZL201310368422.X）。发明包含4个特征峰，对应的4种蛋白是龋齿唾液特征蛋白，当4个特征峰下调表达时预示为龋齿易感人群。发明的质谱模型，可用于龋齿易感性筛查，方法简单易于操作，准确性高，为龋齿易感性筛查提供新的思路。

（韩洋洋）

【重组人肝细胞生长因子裸质粒注射液II期临床研究完成】 12月4日，由北京诺思兰德生物技术股份有限公司主办的重组人肝细胞生长因子裸质粒注射液Ⅱ期临床试验总结会在京召开。项目申办方、统计单位、临床试验机构等8家单位的10余位专家参加。注射液是一种裸质粒基因治疗药物，应用基因重组等手段，局部注射于肌肉缺血部位，能促进血管新生和侧支循环形成，通过建立“分子搭桥”机制，增加缺血部位的血液供应，达到治疗缺血性疾病的目的，可用于治疗周围动脉缺血性疾病、冠状动脉缺血性疾病、糖尿病周围神经病变等疾病。与会专家认为项目在临床中具有安全性，对下肢动脉缺血性疾病有较好的治疗作用，有进一步开发的前景，一致推荐继续进行Ⅲ期临床试验。

（韩洋洋）

【诺思兰德公司获中国专利优秀奖】 12月15日，在第十七届中国专利奖获颁奖大会上，由北京诺思兰德生物技术股份有限公司聂李亚等研发的“胸腺素β4衍生物及其应用”（ZL200680025339.0）获知识产权局颁发的“中国专利优秀奖”。重组人胸腺素β4是诺思兰德公司研发的治疗用生物制品，可用于开发皮肤损伤、角膜损伤、干眼症、心肌梗死等适应症用药。项目获得国家“十一五”和“十二五”科技重大专项立项支持，且拥有中国、美国、韩国、日本、欧洲等国家和地区的发明专利授权。

（韩洋洋）

【“中关村模式”获年度质检创新奖】 12月28日，在2015“质量之光”年度颁奖典礼上，“北京出入境检验检疫局生物材料‘中关村模式’改革效果显著”获全国质检系统2015“质量之光”公众评选活动年度质检创新奖。“中关村模式”包括进境生物材料监管改革和特殊物品全流程一体化监管创新两个方面。其中，进境生物材料监管改革包括“一减、二免、三放、四平台”，“一减”即对24类动植物生物材料开展授权审批，审批由两级6个环节缩减为1级2个环节，时限由20个工作日缩短为3个工作日，许可证有效期延长至12个月，并准许核销；“二免”即对特殊物品实施审批免办及减免输出国官方卫生证书要求。“三放”即对京津冀三地在国内首次开展SPF动物遗传物质准入；放宽进境SPF鼠隔离检疫要求；“四平台”即打造了一次报检、一次查验、一次放行的全国首家“一站式”特殊物品及生物材料进出口公共服务平台。特殊物品全流程一体化监管创新包括：构建特殊物品全流程监管一体化平台，开展高风险产品集中查验、低风险产品远程查验，从报检到放行最快6.5小时；实施审批单无纸化，“一次审批，多次核销”，审批时限由20个工作日缩短至3～5个工作日；对入境高风险特殊物品开展风险评估。

（马媛月）

【EV71疫苗获新药证书】 12月30日，由北京科兴生物制品有限公司研发的全球首创预防用生物制品1类新药——肠道病毒71型灭活疫苗（EV71疫苗）生产注册申请获国家食品药品监督管理总局批准，取得新药证书和生产批件。疫苗对EV71引起的手足口病的保护率可达94.6%，对EV71引起的重症手足口病的保护率达到100%，临床结果表明疫苗安全、有效，生产工艺成熟，产品质量稳定。

（刘伟杰　徐　建）

【生物医药政策法规培训班举办】 年内，中关村现代医药生产力促进中心举办有关药品（生物制品）注册、医疗器械注册、医疗器械生产质量管理规范及其相关附录和2015版《中国药典》等方面的培训4期。近500家生物医药企业及相关单位参加，参训人员累计1000余人次。市食品药品监管局相关负责人及专家结合药品、医疗器械产品的研发、注册、生产、销售全程的具体实例进行讲解。截至年底，中心为医药企业提供政策法规免费咨询服务近40家80余人次。

（冯秋帆）

新材料产业

【概况】 2015 年，中关村示范区新材料产业发展迅猛，拥有企业 946 家，实现总收入 2624.3 亿元，实现利润 150.8 亿元，同比增长 15.1%。新材料领域技术探索不断取得新突破。由中科院理化技术研究所刘静研究员主持研发的世界首个自主运动的可变形液态金属机器问世，为发展高级的柔性智能机器人技术开辟了新途径。北京大学物理学院激光加速器团队首次证实碳纳米管临界密度等离子体透镜的设想。北京科技大学材料科学与工程学院曹文斌等攻克了纳米氮掺杂二氧化钛（N–TiO_2）粉体的低成本规模化制备及其在水相中的均匀分散和悬浮稳定等关键技术，建成年产能百吨级的高可见光活性的纳米 N–TiO_2 光催化喷剂中试生产线。新材料领域企业技术创新和产业化水平不断提高。利亚德光电股份有限公司发布全球首款低于 1 毫米间距的 LED 显示屏，并批量生产。京东方科技集团股份有限公司推出全球首款 82 英寸 10K 超高清显示屏，其显示终端 BOEAlta 获 2015iF 产品设计金奖，并在合肥市投资 40 亿元建设第 10.5 代生产线。中航工业集团等单位共同成立中航石墨烯科技发展有限公司，加快推动石墨烯产业发展。京津冀石墨烯产业发展联盟、中国硅藻新材料创新技术产业联盟等产业联盟成立，推动新材料领域技术创新和市场开拓。

（杜　玲）

【利亚德公司收购 Dimenco 公司】 1 月 5 日，利亚德光电股份有限公司发布《关于全资子公司参股 DIMENCO HOLDING B.V. 的公告》，宣布全资子公司利亚德（香港）有限公司与 Dimenco 公司股东签署《股东协议》和《股权认购协议》，与 Dimenco 公司签署《技术授权协议》，拟出资 99.3 万美元收购 Dimenco 公司 9% 的股权。Dimenco 公司是荷兰一家致力于裸眼 3D 产品技术及批量生产技术的研发公司。通过投资，利亚德公司将取得 Dimenco 公司独家授权使用的裸眼 3D–LED 专有技术，加快其在 LED 小间距裸眼 3D 电视市场的开拓速度。

（杜　玲）

【京东方集团入选中国消费电子领先品牌 10 强】 1 月 7 日，在美国国际数据集团（IDG）主办的“2014—2015 年度中国消费电子领先品牌 10 强”评选颁奖典礼上，京东方科技集团股份有限公司入选 10 强并获“年度显示技术创新大奖”。2014 年，京东方集团在高分辨率、超高清显示技术方面国际领先；在 3D 显示、触控等领域成绩显著；智能手机、平板电脑等高性能 LCD 显示屏市场占有率均位居全球第一；新增申请专利 5000 余件，累计可使用专利 2.6 万余件，全球首发产品覆盖率 38%。

（杜　玲）

【北京纳米产业沙龙举办】 1 月 26 日，由启迪控股股份有限公司、北京纳米科技产业创新联盟、北京新材料发展中心主办，北京启迪创业孵化器有限公司承办的“北京纳米产业沙龙”在清华科技园举办。市科委、北京新材料发展中心、北京启迪创业孵化器有限公司等单位的相关负责人，以及企业代表 50 余人参加。会议分别就碳纳米增强镁基复合材料开发方面的研究成果、双电层电容器的商业应用、石墨烯、碳纳米管和纳米结构碳纤维的生产方法等主题进行演讲。3 家纳米创业企业就项目进行了路演展示，包括：北京清大微纳科技有限公司的“碳纳米材料在显示触控技术方面的研发与应用”；北京易净星科技有限公司的“超疏水纳米材料”，解决下雨天玻璃亲水、玻璃起雾，冬天雪霜结冻等问题；北京华石纳固科技有限公司的“纳米硅酸纳渗透结晶材料在混凝土及防护渗透中的应用”。

（康秋红）

【京东方公司产品获 iF 产品设计金奖】 2 月 27 日，在 2015 年 iF 设计之夜颁奖典礼上，北京京东方显示技术有限公司的显示终端 BOEAlta 获 iF 产品设计金奖。BOEAlta 设计简约、纯粹且具有创造力，简化了传统电视的冗余元素，将全部外接线缆整合为一条，具有雕塑感的机身线条被凝练为一纵一横，收放自如，优雅平衡；仅音响单元就使用超精细高速钻孔 2400 余次，控制在 0.15 毫米的精度，使每一个声孔都圆润细腻；整机一体成型，无接缝，无螺丝；采用应用于航空航天领域的铝镁合金，使产品品质卓越。

（杜　玲）

【首台自主运动的可变形液态金属机器问世】 3 月 3 日，德国《先进材料》（*Advanced Materials*）杂志发表由中国科学院理化技术研究所研究员刘静带领的中科院理化所、清华大学医学院联合研究小组的题为《仿生型自驱动液态金属软体动物》的论文。研究小组在世界首次发现液态金属可在吞食少量物质后，以可变形机器形态长时间高速运动，实现无须外部电力的自主运动，为研制实用化智能马达、血管机器人、流体泵送系统、柔性执行器乃至更为复杂的液态金属机器人奠定理论和技术基础。研究揭示，置于电解液中的镓基液态合金可通过“摄入”铝作为食物或燃料提供能量，实现高速、高效的长时运转，一小片铝即可驱动直径约5毫米的液态金属球实现长达1个多小时的持续运动，速度高达5厘米/秒。研究小组制成不同大小的液态金属机器，尺度从数十微米到数厘米，且可在不同电解液环境如碱性、酸性乃至中性溶液中运动。试验和理论分析表明，自主型液态金属机器的动力机制来自两个方面：发生在液态合金、金属燃料及电解液间的Galvanic电池效应会形成内生电场，从而诱发液态金属表面的高表面张力发生不对称响应，继而对易于变形的液态金属机器造成强大推力；电化学反应过程中产生的氢气也进一步提升了推力。“首个自驱动可变形液态金属机器问世”被评为2015年中国十大科技进展新闻。

（徐　建）

【高可见光活性氮掺杂纳米 TiO_2 粉体的规模化制备技术及应用课题通过验收】3月25日，由科技部主办的国家“863”计划——高可见光活性氮掺杂纳米 TiO_2 粉体的规模化制备技术及应用课题验收会在京举行。课题由北京科技大学材料科学与工程学院曹文斌等完成，攻克了纳米氮掺杂二氧化钛（N－TiO_2）粉体的低成本规模化制备及其在水相中的均匀分散和悬浮稳定等关键技术，建成年产能百吨级的高可见光活性的纳米N－TiO_2 光催化喷剂中试生产线；制定了国内首个纳米N－TiO_2 光催化喷剂产品标准；建立高效气相和液相光催化降解测试方法并研制出相应示范装置。第三方权威部门检测结果表明，在可见光照射下，课题所开发出的光催化产品具有可见光光催化降解气相污染物（如甲醛、苯、TVOC等）、广谱抗菌（大肠杆菌、金黄色葡萄球菌、绿脓杆菌和白色念珠菌等）和防霉性能。用户实际应用效果表明，所研发的光催化产品具有良好的环境适应性，在不同气候条件下均具有长效可见光光催化性能。以课题所开发的纳米N－TiO_2 材料为基础，可研制出系列具有长效可见光光催化特性的新产品，用于空气净化、致霾气体降解、污水处理、抗菌以及自清洁等领域。验收专家组专家一致同意课题通过验收。

（张慧秋）

【10K超高清显示屏发布】6月3日，在2015年美国显示周（SID Display Week）上，京东方科技集团股份有限公司推出全球首款82英寸10K超高清显示屏。显示屏分辨率10240×4320，是4K显示屏的5倍，长宽比21:9，色域90%，并实现人眼超过100度视角覆盖，可用于高端商业展示、视讯转播、家庭影院、博物馆、艺术馆等行业。

（苏　航　张冬梅）

【利亚德光电公司参加美国视听展】6月17—19日，在2015美国视听展（InfoComm）上，利亚德光电股份有限公司展示了利亚德超微间距LED面板TW0.9和TW0.7等产品。利亚德TW0.7超微间距电视面板可展现P0.7毫米精细画质；TW0.9超微间距高清电视，可使单一54英寸电视面板达到1280×720分辨率，同时可实现便捷的积木式拼接方式，使LED高清电视进入家庭成为现实。

（刘伟杰）

【京东方集团投资建设第10.5代生产线】7月10日，京东方科技集团股份有限公司发布《关于签署重大投资协议暨复牌公告》，宣布与合肥市政府、合肥市建设投资控股（集团）有限公司签署《合肥高世代薄膜晶体管液晶显示器件（TFT－LCD）生产线项目投资框架协议》。根据协议，双方将合作在合肥市投资建设及生产经营高世代薄膜晶体管液晶显示器件TFT－LCD生产线（第10.5代生产线），设计产能为9万张玻璃基板（2940毫米×3370毫米）/月，项目选址在合肥新站综合开发试验区，总投资400亿元，项目公司注册资本220亿元，其中180亿元由合肥市政府、合肥市建设投资公司筹集，40亿元由京东方集团自筹解决；总投资与注册资本的差额部分，通过银团贷款解决。合肥市政府将在地块配套条件、能源供应、政府补贴、人才引进等方面为项目提供政策性支持。12月2日，开创8K新时代——合肥京东方第10.5代TFT－LCD生产线及配套项目开工仪式在合肥市举行。

（黄雅卿）

【当升公司与GSEnergy公司开展合作】7月31日，北京当升材料科技股份有限公司发布《对外投资进展公告》，宣布与GSEnergy公司签订《合作发展镍钴铝（NCA）正极材料事业意向书》和《NCA正极材料市场开发合作协议》。根据意向书，双方将成立市场联合开发小组，负责NCA产品的前期市场开发及销售，并将在中国境内按照相等股权比例设立中外合资企业，开展NCA正极材料的开发与销售。根据协议，市场联合开发小组在合资公司设立之前负责市场调研分析，与客户的信息沟通、技术交流和技术服务，与客户的联络、跟踪、送样和管理，负责开发阶段的NCA产品销售和货款回笼等，并对市场联合开发小组的成立、市场开发范围、各方责任、市场开发费用、销售与结算等做出明确约定。通过合作，将提高当升公司高端正极材料技术水平，推动产品结构转型升级。

（杜　玲）

【中国硅藻新材料创新技术产业联盟成立】 8月5日，中国硅藻新材料创新技术产业联盟成立大会暨硅藻泥专业技术委员会工作会议在京举办。联盟由中国建筑材料联合会生态环境建材分会发起成立，设在北京中国建筑材料科学研究总院绿色建材国家重点实验室。北京大津硅藻新材料股份有限公司、吉林远通矿业有限公司等70余家硅藻新材料企业签署了《硅藻新材料创新技术产业联盟公约》。联盟以形成产业制造核心竞争力为目标，围绕产业技术发展前沿，运用市场机制集聚创新资源，实现企业、科研机构和相关大专院校等在战略与战术层面的有效结合，其主要任务包括：组织与硅藻泥产品相关联的企业、大学和科研机构等，围绕产业技术创新的关键问题，开展技术合作；建立公共技术平台，实现创新资源有效分工与合理衔接，发挥行业知识产权的社会效益；实施技术转移，加速科技成果的商业化运用，提升产业整体竞争力；联合培养人才，加强人员的交流互动，为产业持续创新提供人才支撑；进行前沿性硅藻材料应用新技术的研发；加强与政府、科技管理部门的合作，争取政府科技经费支持。

（杜　玲）

【利亚德光电公司收购美国平达系统公司】 8月17日，利亚德光电股份有限公司发布《关于收购PLANAR SYSTEMS，INC. 100%股权的公告》，宣布8月13日，利亚德（美国）有限公司与美国平达系统公司（PLANAR）签署《合并协议》。约定以公司合并形式收购PLANAR公司100%股权，每股收购价格为6.58美元，收购总价约1.57亿美元，以美元现金支付全部收购对价。PLANAR公司在全球显示和监控调度领域拥有稳定的市场，具有良好的客户资源，利亚德光电公司的小间距电视产品将成为PLANAR公司解决方案中的组成部分，为其提供供应稳定、质量优秀、技术领先的产品来源。收购完成后，双方可实现在技术、资源、客户、区域等方面的优势互补，发挥协同效应，扩大市场份额。

（杜　玲）

【京东方集团获2015 IFA产品技术创新奖】 9月4—9日，在第五十五届德国柏林国际消费类电子展（IFA）上，京东方科技集团股份有限公司入选“2015 IFA产品技术创新大奖”榜单。京东方集团凭借在超高清显示技术研发领域的优势、在产品工艺和工业设计上的表现，在16项大奖中获两项金奖。其中，全球首发的82英寸10K屏获“显示技术金奖”，新概念显示终端BOEAlta获“电视设计金奖”。

（杜　玲）

【全球首款超微间距LED屏发布】 9月10日，利亚德光电股份有限公司发布全球首款低于1毫米间距的LED显示屏，并宣布批量生产。从技术水平上，利亚德已实现量产全球最小间距P0.7毫米超微间距LED面板，领先世界，中国LED显示技术也全面进入室内小间距超高清监控领域。

（刘伟杰）

【共同开发智能高清裸眼3D技术】 10月16日，以“携手引领未来视界”为主题的长虹—康得新—东方视界战略合作暨产品发布会在京举办。四川长虹电子控股集团有限公司、北京康得新能源科技股份有限公司、东方视界科技（北京）有限公司签订战略合作协议，三方将在智能高清裸眼3D技术及3D内容运营等领域合作，推动裸眼3D的研究和应用，打造3D视界产业生态链。发布会上，基于三方合作的裸眼3D电视和裸眼3D手机发布，用户无须配戴任何外设就能欣赏到3D视频内容和体验到3D游戏及其他应用，实现便捷、舒适、极致的3D视听体验。长虹集团还联合北京京东世纪信息技术有限公司发布超薄曲面板CHiQ电视Q2EU，其机身厚度仅有14毫米，采用高动态范围（HDR）显示技术。

（杜　玲）

【超顺排纳米管阵列项目开工】 10月，清华大学—富士康纳米科技研究中心“超顺排碳纳米管阵列及其衍生材料产业化项目”开工建设。项目2013年6月签约落户北京纳米科技产业园，占地面积约3公顷，总投资约2.2亿元，拟建设碳纳米管超顺排阵列、薄膜和线材的生产和研发基地，并逐步扩展碳纳米材料在显示、能源等领域的应用，开发碳纳米材料的新品种、新应用、新产品和新市场。项目计划2017年3月建成并投入使用。超顺排纳米管阵列是由高质量的碳纳米管整齐排列而成的一种新型材料，可直接制膜或拉丝，具有导电性、导热性、抗干扰性、抗水性以及更小的热容量（能快速加热、快速冷却）等特征，有更优良的柔性、韧性，用其做成的导电膜可任意弯曲而不会折断，可应用于制作触摸屏、超细导线、瞬时加热器、超薄扬声器等。

（张　硕）

【中航石墨烯科技发展有限公司成立】 11 月 27 日，由中国航空工业集团公司主办的中航工业石墨烯科技发展与产业规划发布暨签约仪式在京举行。中航工业集团基础技术研究院等合作单位相关负责人参加。中航工业集团将打造系列化石墨烯产业集群，形成完整的石墨烯产业链，重点开展石墨烯应用基础研究，新技术探索和新领域开拓。中航工业集团、中航工业基础院、中航工业北京航空材料研究院共同签署中航石墨烯科技发展有限公司投资协议。该公司将集约中航工业集团优势资源，加快推动石墨烯产业发展进程，是系列化石墨烯产业集群的重要组成，是中航工业集团构建石墨烯基础研究、产品研发与孵化、融资和产业化的重要一环。同时，中航工业集团、中航工业航材院、西藏沣翌投资管理有限公司、深圳前海三六三投资管理有限公司、天津东丽经济技术开发区总公司 5 家单位签署中航工业集团首个石墨烯控股产业化项目的投资协议。项目一期投资 9 亿元。

（张　毅）

【京津冀石墨烯产业发展联盟成立】 12 月 20 日，京津冀石墨烯产业发展联盟在京成立。联盟由中关村华清石墨烯产业技术创新战略联盟、清华大学、北京大学、中科院纳米中心、天津大学、河北工业大学、燕山大学、唐山高新区、唐山建华实业集团、东旭集团等 100 余家从事石墨烯研发、产业化的机构联合成立，将统筹协调京津冀三地资源，打造石墨烯产业的“一个基地、两个平台”：北京技术创新平台、天津技术创新与工程平台和唐山产业基地，并推动形成以河北省唐山市为中心，跨越京津冀等地区，集生产、研发、检验检测、融资服务等为一体的石墨烯产业集群，形成京津冀战略性新兴产业高地。

（徐　建）

【首次证实碳纳米管临界密度等离子体透镜的设想】 年内，北京大学物理学院激光加速器团队马文君等首次证实碳纳米管临界密度等离子体透镜的设想。团队在研究中发现超短超强激光与固体靶相互作用时存在一种激光稳相加速机制，并在实验中成功地证实了稳相加速机制，进一步提出“激光等离子体透镜”的设想，以用于提高激光的对比度、聚焦光强和脉冲整形，理论上可以大幅度提高离子的加速效率，对超强激光物理和应用产生重要影响。团队发现如果采用双层复合靶（微米厚度的临界密度涂层加纳米厚度的固体密度薄膜），就可以大幅度提高离子的加速时间和有效加速长度，并在英国 RAL–Germini 激光装置上开展利用纳米管泡沫作为临界密度等离子体透镜以增强离子加速效率的实验，在国际上首次证实碳纳米管可以作为临界密度等离子体透镜来对激光进行脉冲整形。

（刘伟杰）

新能源、节能与环境保护产业

【概况】 2015年，中关村示范区节能环保、新能源产业拥有企业1798家，实现总收入5625.2亿元，同比增长7%，实现利润556亿元，同比增长11.61%。中关村示范区成为国内最大的节能环保产业集聚区，在大气污染防治、高效节能、新能源等产业领域均处于领先地位，形成了以节能环保技术服务、工程总包为核心竞争力的产业集群。截至年底，中关村示范区节能环保领域上市企业累计23家，其中环保企业10家、节能企业7家、新能源企业6家。北京碧水源科技股份有限公司等8家公司共同出资设立首都水环境治理技术创新及产业发展（北京）基金（有限合伙）。中国智慧能源产业技术创新战略联盟和英特尔公司成立"智慧能源联合实验室"。由首钢国际工程公司、北京赛诺膜技术有限公司等单位共同承担的国家科技支撑计划大中型海水淡化产业化技术研发及应用项目启动。荷电膜技术开发与应用实验室在北京廷润膜技术开发有限公司挂牌。在发展改革委首批的1043个PPP项目中，北京东方园林生态股份有限公司中标5个项目，以298亿元总投资额居环保类PPP项目首位。

（杜　玲）

【RCPV油气开采与集输热电联供应用系统推出】 1月14日，在第二届中国石油石化节能减排技术交流大会暨节能减排新技术、新装备展示会上，中海阳能源集团股份有限公司推出RCPV油气开采与集输热电联供应用系统。RCPV技术是一种高效模块化的新型光伏技术，主要包括跟踪聚光技术、高效光伏技术和热回收技术。系统采用槽式抛物面聚光镜将太阳光汇聚到高效聚光光伏组件上，聚光光伏组件吸收太阳光后输出电力。RCPV系统采用冷却介质为组件降温，在降低电池工作温度的同时回收利用电池产生的热量，可以将太阳能的综合利用效率最大化。RCPV技术在油气开采与集输热电联供中的广泛应用，可将新能源与石化能源进行联合循环，在提高开采量的同时降低油气开采的环境污染和耗能。

（万　玮）

【神雾环保公司收购神雾工业炉公司】 1月26日，神雾环保技术股份有限公司发布《收购报告书》，拟向北京神雾环境能源科技集团股份有限公司发行股份以购买其持有的北京华福神雾工业炉有限公司100%的股权，其股权评估值为18.7亿元，股份发行价格为16.22元/股。神雾环保公司将向神雾集团非公开发行股票1.15亿股，占发行后公司总股本数量的28.54%。交易完成后，神雾集团将直接和间接合计持有神雾环保公司42.68%的股权，神雾工业炉公司成为神雾环保公司全资子公司。两家公司均是工业炉窑节能环保系统解决方案服务商，重组后，神雾环保公司"热装式节能密闭电石炉"将与神雾工业炉公司"新型电石预热炉系统"有效对接，使公司具备完整的节能型电石工业炉工艺和电石法乙炔化工下游的节能型石化管式工业炉工艺，增强持续盈利能力。

（杜　玲）

【桑德环境公司权益变动】 4月10日，桑德环境资源股份有限公司发布《详式权益变动报告书》，宣布桑德集团通过协议转让方式，以每股27.72元的价格向清华控股有限公司、启迪科技服务有限公司、清控资产管理有限公司、北京金信华创股权投资中心(有限合伙)转让其持有的2.52亿股桑德环境股份，转让价款合计69.9亿元。交易完成后，清华控股公司、启迪科技服务有限公司、清控资产公司及金信华创中心分别持有桑德环境公司6%、20%、3%及0.8%的股份，公司实际控制人将变更为清华控股公司。

（杜　玲）

【天壕节能公司与美国通用公司开展合作】 4月13日，绿色创想——首例ORegen™余热回收绿色解决方案落地中国暨通用电气石油天然气集团与天壕节能战略合作协议签约仪式在京举行。天壕节能科技股份有限公司与美国通用电气石油天然气集团（GE Oil&Gas）旗下的新比隆公司（Nuovo Pignone S.p.A.）签订《战略合作协议》，双方引进"有机朗肯循环余热回收技术（ORegen™）"发电技术平台，同时在国内外市场中以项目为基础合作开发ORegen™技术的应用市场，并实现系统装备逐步国产化；首例采用ORegen™技术的余热利用示范项目为天壕节能公司全资子公司北京力拓节能工程技术有限公司的天然气长输管道余热发电项目，装机规模34兆瓦，新比隆公司将提供技术、工程、部分设备制造的供应和支持；双方将合作研发小型化的、采用 OReGen™ 技术的发电系统。

（杜　玲）

【碧水源超级纳滤净水机发布】4 月 15 日，由北京碧水源净水科技有限公司主办的碧水之上·碧水源超级纳滤净水机新品发布会在京举办。碧水源净水公司发布超级纳滤智能净水机 D506。D506 采用其研发的具有微废水特点的国内第四代净水技术——纳滤净水技术，并基于其研制出的“超低压纳滤膜”，解决了传统净水技术将水中有害物质和有益微量元素一并过滤掉最终成为纯净水的弊端。滤膜过滤孔径 0.001 微米，在过滤细菌、水垢、重金属、有机物、胶体等有害物质的同时，保留了镁、钾、钙、钠等有益微量元素，安全、健康、低碳，将家庭净水升级至 4.0 时代。D506 集成智能 WiFi 模块，可通过云端与用户手机 App 相连，实现滤芯更换提醒、水质监测、净水器操控等功能。

（郝　晶　梁　爽）

【联合创立荷电膜实验室】5 月 13 日，荷电膜技术开发与应用实验室在北京廷润膜技术开发有限公司挂牌，中国科学院、北京廷润膜技术开发有限公司的相关人员参加。实验室由中国科学院过程工程研究所与廷润公司联合创立，主实验室设在金桥科技产业基地，建筑面积约 100 平方米；荷电膜项目实验室分部设在中科院，建筑面积 20 余平方米，主要共享科学实验仪器。实验室旨在发挥双方优势，加强对荷电膜生产制造、应用系统的优化设计与集成创新，为用户提供更优的荷电膜使用解决方案，推动节能减排和循环经济。

（郭庆云）

【透光式平板太阳能集热器发布】5 月 13 日，在 2015 中国供热展上，北京海林节能设备股份有限公司推出首个透光式平板太阳能集热器。技术基于传统平板太阳能集热器的原理，采用吸热蓝膜、铜管、钢化玻璃、铝合金边框为核心材料，通过改变产品内外结构，使其融入城市建筑。该产品形式为太阳能光热窗、太阳能光热阳台、太阳能光热幕墙、太阳能光热屋顶、太阳能光热房等，在不改变及不破坏建筑外观的前提下，代替建筑材料，满足透光度，起到室内隔热、保温、遮阳的作用，且具有施工成本低、安装简单、无安全隐患、使用寿命长的特点。

（杜　玲）

【《安徽长江流域湿地保护规划》项目通过专家评审】5 月 17 日，由国家林业局调查规划设计院委托北京碧水天成湿地生态环保科技有限公司编制的《安徽长江流域湿地保护规划》在安徽省合肥市通过了由安徽省林业厅组织的专家评审。《规划》的主要内容有安徽省长江流域湿地资源及保护管理现状、规划指导思想与目标，安徽省长江流域湿地保护规划分区、重点任务、效益评价和实施规划的保障。具体方案包括湿地保护、湿地修复、湿地监测体系以及湿地管理体系建设等，其中规划湿地修复面积超过 6660 公顷。《规划》在安徽省长江流域湿地资源保护管理现状基础上，系统分析了安徽省长江湿地的资源特色和不同类型湿地保护地需要解决的主要问题，达到了《加强安徽省湿地保护地体系管理有效性项目》（GEF 项目）的编制要求，对实施流域湿地保护具有重要指导意义。

（刘　佳　洪剑明）

【碧水源净水公司获“最具创新力企业”奖】5 月 17 日，在由新华网主办的“科技创新砥砺成金——寻找最美科技人物及创新团队”颁奖盛典上，北京碧水源净水科技有限公司获由新华网授予的“最具创新力企业”奖。碧水源净水公司通过技术创新、管理制度创新、产品创新，构建企业科学发展模式，利用“互联网 +”，在产品研发方面不断开拓新思路。自主研发、国际先进的膜技术解决了“水脏、水少、饮水安全”的水环境问题，拥有完全自主知识产权的 PVDF 增强型微 / 超滤膜、超低压反渗透膜以及膜生物反应器（MBR）技术，攻克了“膜材料研发、膜设备制造和膜应用工艺”三大国际技术难题。

（王　莹）

【2015 中新环保创新技术论坛举办】5 月 20 日，由启迪控股股份有限公司和新加坡 Tech Bridge Ventures 有限公司共同主办的“2015 中新环保技术创新论坛”在启迪科技新城（南京）举办。来自南京和新加坡的环保企业代表及专家近 100 人参加。中新两国环保企业代表就新型材料技术的商业化、污水低成本循环再利用、纳米技术的未来发展空间、空气净化的新型标准、新能源技术的展望等一系列前沿热点的环保技术创新问题进行了讨论和交流。

（康秋红）

【两家企业居亿元以上环保类 PPP 项目前列】5 月 25 日，发展改革委在 PPP 项目库专栏公开发布首批 1043 个 PPP 项目，总投资约 1.97 万亿元。其中，亿元以上环保类 PPP 项目 20 余个，中关村示范区企业北京东方园林生态股份有限公司中标 5 个项目，以 298 亿元总投资额位居第一；北京万邦达环保技术股份有限公司中标 2 个项目，以 84 亿元总投资额位居第二。

（杜　玲）

【万邦达公司与集宁区政府签约】5 月 25 日，北京万邦达环保技术股份有限公司发布《关于与乌兰察布市集宁区人民政府签署两份 BOT 及一份 TOT 协议的公告》，宣布同意公司与集宁区政府签署关于该区排水、供热环保工程的 BOT 特许经营协议和污水处理厂项目经营权转让的 TOT 协议。根据 BOT 协议，由万邦达公司采用 BOT（建设—运营—移交）模式分别为集宁区提供排水服务和建设供热环保工程并运营，两个项目投资额为 11.31 亿元，建成后万邦达公司定期向集宁区收取固定特许经营权服务费和运营费。根据 BOT 协议，集宁区政府将其经营管理的污水处理厂的经营权以 TOT（移交—运营—移交）模式转让给万邦达公司，在受让后的整个特许经营期内，万邦达公司负责污水处理厂的经营管理，为集宁区提供污水处理服务并收取污水处理运营费和特许经营权服务费，项目转让价款为 3 亿元。3 个项目特许经营期限都为 20 年，期满后将相关设施无偿移交给集宁区政府。

（杜　玲）

【智慧能源联合实验室成立】5 月 28 日，中国智慧能源产业技术创新战略联盟和英特尔公司在京成立“智慧能源联合实验室”。实验室将利用英特尔公司提供的软件和硬件环境，配合能源网关解决方案和端到端物联网云平台的技术优势，对基于 ISO/IEC/IEEE 18880 标准的行业技术和解决方案进行整合、展示和推广，同时协助产业链合作伙伴前端和后端接入进行方案验证，目标覆盖工业、楼宇等能源关键领域。实验室整体分为演示区、展示区、展板区、验证区和活动区 5 个区域：演示基于英特尔技术、ISO/IEC/IEEE 18880 标准以及全国智慧能源公共服务云平台的智慧能源应用实际案例；展示区展示如何通过基于英特尔芯片和软件的网关设备采集电表数据，并上传到全国智慧能源公共服务云平台，通过可视化软件进行展示和分析；展板区展示智慧能源联盟的发展历程、ISO/IEC/IEEE 18880 技术标准及全国智慧能源公共服务云平台的核心功能；验证区提供设备的验证测试服务；活动区主要为智慧能源联盟成员和英特尔公司合作伙伴提供技术交流、产品测试的活动场所。北京天地互连信息技术有限公司理事长刘东任实验室主任。

（徐　建）

【“易再生”网站上线】6 月 5 日，桑德环境“易再生”网上线仪式在京举办。中国物资再生协会、聚合物资源循环利用教育部工程研究中心等单位的有关负责人以及相关企业的代表参加。由桑德环境资源股份有限公司子公司北京新易资源科技有限公司运营维护的“易再生”网站（www.ezaisheng.com）上线运行。网站旨在利用互联网技术服务于再生资源产业，线上建设再生资源信息和交易服务平台，线下建设再生资源产业园区服务平台，利用互联网及大数据等科技服务功能产生协同作用，为公众及供需双方提供行业资讯、供求信息、行情报价、企业库和行业会展等资讯；未来涉及再生资源业务将包括废钢铁、废塑料、废纸、废橡胶、报废汽车、废家电等再生资源细分市场，整合信息流、资金流和物流，形成完整再生资源产业链生态系统，并为桑德环境公司所辖的从事再生资源业务的子公司以及供应商、客户提供全程互联网与再生资源结合的服务。

（杜　玲）

【清新环境公司公开分享 SPC-3D 技术】6 月 5 日，在“世界环境日，清新环境在行动”暨记录治霾践行者公益活动启动仪式上，北京清新环境技术股份有限公司宣布公开分享其核心专利技术——单塔一体化脱硫除尘深度净化技术（SPC-3D 技术），不收取技术专利使用费。SPC-3D 技术具有单塔高效、能耗低、适应性强、工期短、不额外增加场地、操作简便等特点，适用于燃煤烟气二氧化硫和烟尘的深度净化，应用于国内数十个区域示范性大型燃煤电厂，实现超低排放。

（杜　玲）

【桑德集团展出智慧环卫云平台系统】6 月 9 日，在第十四届中国国际环保展上，桑德集团有限公司展出智慧环卫云平台系统。平台依托物联网技术与移动互联网技术，对环卫管理所涉及的人、车、物、事进行全过程实时管理，合理设计规划环卫管理模式，提升环卫作业质量，降低环卫运营成本，用数字评估推动垃圾分类管理实效；所有服务部署在智慧城市管理云端，对接智慧城市网络，以云服务方式随时为管理者及作业人员提供所需的服务；利用大数据技术，提供辅助决策分析系统，为城市管理者统筹规划城市环卫布局提供科学依据。

（杜　玲）

【“积水井排水控制系统”获发明专利授权】6 月 10 日，由万若（北京）环境工程技术有限公司张健等完成的“积水井排水控制系统”获知识产权局发明专利授权（ZL201210538252.0）。系统包括收集器及连接收集器的排水管，还包括感应管和用于将压力信号转为电水位信号的感应阀，感应管为竖管，其下端与收集器进行连通，上端设有用于采集压力信号的压力信号采样管口，压力信号采样管口通过压力管与感应阀的信号输入管口相连接。发明针对排水控制装置由于自身设计问题造成安全性、可靠性不高，长时间地使用使得水位控制较差等缺点，开发出结构简单、具有高水位控制的灵敏性、安装方便、对环境要求低、运行可靠、维护工作量小、基本上可以达到免维护的要求，适用于各种积水井以及类似场合的排水控制系统。

（张慧秋）

【赛诺膜公司参展上海国际水展】6月10—12日，在2015第八届AQUATECH CHINA上海国际水展上，北京赛诺膜技术有限公司携ECOTA净水超滤集成装备系列、MBR一体化装备系列及水处理领域超滤膜产品的全新解决方案参展。ECOTA净水超滤膜组件装备针对净水工艺需求设计，发挥“热”法超滤膜的优势，具有高集成、标准化、模块化的特点，可通过任意组合满足不同规模产水需求，可应用于市政供水新建、扩建，饮用水提标改造和农村改水等领域。MBR一体化装备系列简化了工艺流程，具有占地面积小、可一次性安装、投运快、易维护、安全稳定等特点，可全自动化运行，真正实现无人值守。

（曾　佳）

【废弃脱硝催化剂再生及回收处理技术通过鉴定】6月13日，中国电力企业联合会组织的“废弃脱硝催化剂再生及回收处理技术研究”科技成果鉴定会在京举行。鉴定委员会由来自全国电力技术市场协会等单位的12位专家组成。项目属2012年北京市科委重大科技成果转化项目，由国电新能源技术研究院、北京国电龙源环保工程有限公司共同完成。成果结合国内煤质和烟气特点，针对废旧脱硝催化剂性能进行自主研发。在再生工艺方面，系统分析了再生工艺中各单元操作对再生后催化剂性能的影响，优化了工艺参数，获得具有自主知识产权的成套工艺和装备；在催化剂回收工艺中，首次提出新型的钒、钨、钛的富集提取分离技术，提高了钒、钨的分离效率和分离纯度。项目研究成果在国电长源荆州热电厂实现工业应用。鉴定委员会一致同意项目通过科技成果鉴定。

（万　玮）

【雁栖湖生态发展示范区水生态文明建设评价项目启动】6月25日，由北京碧水天成湿地生态环保科技有限公司承担的“雁栖湖生态发展示范区水生态文明建设评价指标与关键技术示范”项目在雁栖湖生态发展示范区神堂峪启动。项目内容包括河道地形整理、边坡缓冲过滤带植被修复、冷水鱼养殖废水的水生植物净化及1千米河道生态浮岛的布置等工作，将通过河流湿地恢复技术和水质改善技术的集成与创新，实现雁栖湖国际会都上游河流湿地的恢复、水质改善和景观优化，达到维护雁栖湖生态发展示范区环境质量优良和促进当地乡村旅游发展的目标。项目将于2016年9月完成。

（刘　佳　洪剑明）

【环促中心与十堰市竹溪县政府开展战略合作】6月27日，北京中关村国际环保产业促进中心有限公司与湖北省十堰市竹溪县政府“关于推进竹溪县创建全国生态文明建设先行试点示范区战略合作框架协议”签约仪式在竹溪县举行，双方相关负责人参加。根据协议，环促中心将运用技术服务平台、市场运营等优势，帮助竹溪县政府开展规划编制、项目策划以及部分示范工程实施工作，包括研究制订《创建全国生态文明建设先行先试示范县三年行动计划（2015—2017）》，完善以“建设十堰市绿色崛起示范县”为主要内容的《竹溪县国民经济和社会发展“十三五”规划》；帮助竹溪县策划、申报、实施环保产业项目，在争取国家投资和PPP融资模式上取得突破；从农村污水和垃圾等问题着手，选择一个乡镇（或一条河流）开展面源污染治理、清洁性小流域综合治理和农村污水垃圾小型化处理试点示范，并逐步在全县推行实施；在人才培训和市场营销方面为竹溪县提供服务和指导；帮助竹溪县开展生态资源价值核算，搭建碳汇交易平台，协助竹溪县推进碳汇交易；力争3年内实施10个以上示范工程，推出两个以上在全国领先的典型做法。

（马晓清）

【空压站节能监控系统获市新技术新产品认定】7月3日，市科委、市发展改革委、中关村管委会等单位印发《关于公示2015年第一批北京市新技术新产品（服务）的通知》（京科发〔2015〕335号），北京爱社时代科技发展有限公司的“空压站节能监控系统”获认定。该系统对工业制造领域的压缩空气系统进行节能改造，提供压缩空气系统从动力源头到末端用气设备的整体节能解决方案。改造的主体包括空压机站房、压缩空气传输管网、用气设备，可有效提高负载与空压机匹配效率，提高压缩空气利用效率。

（韩洋洋）

【拓扑智鑫公司产品获新技术新产品证书】7月3日，市科委、市发展改革委、中关村管委会等单位联合印发《关于公示2015年第一批北京市新技术新产品（服务）的通知》（京科发〔2015〕335号）。北京拓扑智鑫科技有限公司的“恶臭气体环境污染布点式在线监测及实时发布系统（TP—II型）”获新技术新产品证书。系统可24小时在线监测，自动采集数据，高端曲线拟合算法，自动分析，远程发送数据。网络布点式监控，自动报警，数据可追溯查询，终端加后台软件一体化系统解决方案，可用于政府环保部门对科技园区、化工园区、垃圾处理场、污水处理厂、制药厂、酿酒厂、纺织厂、水泥厂、畜禽养殖场、城乡居民生活社区等单位的大气恶臭污染源定性和定量在线监测，以及实时发布预警和重点解决恶臭污染监测“最后一公里问题”。可建立政府环保监管部门、污染气体排放单位及周边生活居民三位一体的动态在线监测体系，实现三者之间的良性互动。

（柳　杨）

【中澳燃烧后二氧化碳捕集可行性研究项目启动】 7月14日，“中国—澳大利亚燃烧后二氧化碳捕集可行性研究”项目签约仪式在未来科技城举行。中国国家能源局和澳大利亚工业部的代表参加。中国华能集团清洁能源技术研究院有限公司与澳大利亚沃利帕森服务公司签署“中国—澳大利亚燃烧后二氧化碳捕集可行性研究”项目合同。项目是由中澳两国政府主导的国际合作项目，沃利帕森公司为澳大利亚政府通过招标选择的项目管理单位。项目在中澳洁净煤技术联合协调小组（JCG）框架下，研究燃煤电厂应用百万吨级燃烧后二氧化碳捕集技术的可行性，包含电厂改造及燃烧后捕集装置的概念设计、工程研究、系统集成和优化、经济性评估等内容。项目计划2016年4月前完成，并向两国政府提交最终版的可行性研究报告。

（万　玮）

【“一种组装式钢骨架轻质保温节能屋面板”获发明专利授权】 7月29日，由北京天基新材料股份有限公司陈智勇等发明的“一种组装式钢骨架轻质保温节能屋面板及其加工装配工艺”获知识产权局发明专利授权(ZL2012104240753)。发明包括钢围框、钢支架、防腐钢筋网、上层防裂网、下层防裂网和混凝土层；钢支架固定在钢围框内，防腐钢筋网和下层防裂网铺放在钢支架的下层钢上，混凝土层浇筑在防腐钢筋网和下层防裂网之上，混凝土层之上压入上层防裂网。发明能够快速组装，不需要大量熟练的焊接技工且效率高；钢围框不采用焊接，不变形、不损坏防腐层；防腐钢筋网铺设在圆钢支架下圆钢上，结构合理，受荷载时防腐钢筋网不会与圆钢支架脱离，安全性能有保证；屋面板上的四周做成梯形，不用钢围框包裹，便于嵌缝，避免冷桥效应；使用轻质混凝土，防火性能好，保温节能。

（郭庆云）

【“清华阳光·光伏小镇”揭牌】 8月8日，由北京清华阳光能源开发有限责任公司主办的“清华阳光·光伏小镇”揭牌仪式在内蒙古察右中旗黄羊城镇举行。

内蒙古乌兰察布市政府、清华大学、启迪控股股份有限公司等单位的相关领导及专家、企业家代表50余人参加。项目是由清华阳光公司负责投资建设的光伏扶贫小镇住宅建设项目，占地面积约53.33公顷，建设800～1000户住宅，包括采暖锅炉及室内必要的生活设施，配套建设100兆瓦地面及屋顶光伏发电系统。

（康秋红）

【“153”纳米催化烟气脱硫脱硝装置问世】 8月9日，由北京普泰科技开发有限公司研发的“153”纳米催化烟气脱硫脱硝装置在京通过由北京发明协会组织的专家鉴定。装置采用电子催化、粉尘絮凝工艺，可以在不使用含氨氧化还原剂情况下实现脱硝的目标；纳米催化技术可以提高二氧化硫和二氧化氮氧化和吸收速率，缩短反应时间；采用低密度催化墙及液膜吸附系统，无须增压风机及高压循环水泵，可节能50%以上。

（徐　建）

【国开公司入股碧水源公司】 8月14日，北京碧水源科技股份有限公司发布《非公开发行A股股票发行情况报告书》，宣布以42.16元/股的价格，非公开发行股份1.48亿股，扣除发行费用实际募集资金净额61.87亿元。其中，齐鲁证券（上海）资产管理有限公司认购6750万股，持有人账户为齐鲁碧辰2号定增集合资产管理计划；新华基金管理有限公司认购6140万股，持有人账户为新华基金—民生银行—碧水源定增1号资产管理计划。募集资金拟用于14个水处理项目，涵盖BT、BOT、BTOT、PPP 4个项目类型。国开金融有限责任公司的全资控股子公司以54.34亿元通过“齐鲁碧辰2号定增集合资产管理计划”和“新华基金—民生银行—碧水源定增1号资产管理计划”认购碧水源公司10.48%的股份，成为第三大股东。

（梁　爽）

【首都水环境治理产业基金设立】 9月30日，北京碧水源科技股份有限公司发布《对外投资公告》，宣布拟出资5000万元与北京润信鼎泰资本管理有限公司、北京首创股份有限公司、北京水务投资中心等8家公司共同出资设立首都水环境治理技术创新及产业发展（北京）基金（有限合伙），存续期为10年，一期目标规模10亿元，碧水源公司作为发起人之一，持有其目标规模5%的份额。基金优先投资于首都地区及津、冀水环境治理相关领域，投资规模不低于基金规模的70%。投资重点领域涉及水环境治理领域的新技术、新工艺、机械设备的创新及其研发；新建污水处理厂、供水及污水处理厂的运营、河道治理、水体综合修复等具有创新及示范性效应的项目；以股权或债权的形式投资水环境治理领域具有创新技术、竞争优势和快速增长潜力的企业。同时，碧水源公司拟出资120万元与中信建投资本管理有限公司等7家公司共同设立北京水务基金管理有限公司，对基金进行管理，持有其4%的股权。

（杜　玲）

【索英电气公司承建的光储电站开工】11月，由北京索英电气技术有限公司和青海时代新能源科技有限公司承建的“青海格尔木50MWp光储电站项目”开工仪式在格尔木市举行。工程开发规模为50兆瓦光伏、15兆瓦/18兆瓦时的磷酸铁锂电池储能，是集光伏发电、储能及输电工程为一体的新型可再生能源发电项目。工程综合利用能量管理控制技术、多电压源和多电流源联合调度技术、黑启动控制技术等电力技术，在实现光伏电站安全稳定供电的同时，通过配置大容量的储能系统，还可以在电网输送电力的高峰期，或阳光照射充分、自身负荷较低的情况下，将光伏发电电力储存在储能系统，在适当时间供应自用或输送电网，减少并网与调度运行的技术难度，降低光伏电站发电对电网产生的冲击，达到减少弃光的效果，提高投资收益。

（韩洋洋）

【大中型海水淡化项目启动】12月4日，由北京首钢国际工程技术有限公司主办的国家科技支撑计划大中型海水淡化产业化技术研发及应用——5万吨/天水电联产与热膜耦合研发及示范项目（课题）启动会在首钢国际工程公司举行。项目由首钢国际工程公司、首钢京唐钢铁联合有限责任公司、北京赛诺膜技术有限公司、天津大学、华东理工大学共同承担，位于曹妃甸高新技术产业园区，将通过研发大型化“汽轮机排汽+低温多效”装备、“MED/RO”直接耦合工艺流程、高浓海水资源化梯级利用技术，建成“水电联产”“热膜耦合”的海水淡化示范工程，形成循环经济产业链，对中国海水淡化产业发展起示范引领作用。示范项目任务期限3年。

（韩洋洋）

【中关村（宁东）国际环保产业园合作协议签署】12月18日，由北京中关村国际环保产业促进中心有限公司与中国宁夏宁东能源化工基地管理委员会联合主办的中关村（宁东）国际环保产业园及宁东危废集中处

置与综合利用中心项目合作签约仪式在银川市举行。宁夏回族自治区政府、中关村管委会、台湾民主自治同盟等单位的相关负责人参加。仪式上，环促中心与宁东能源化工基地管委会签署《中关村（宁东）国际环保产业园合作协议》，双方将推进在科技、人才、产业等方面的合作共享，共同搭建创新平台。北京清大国华环境股份有限公司、台湾凯鸿环保科技集团、宁夏宁东开发投资公司签署《宁东危废集中处置与综合利用中心项目合作协议》，三方将共同出资7亿元，在宁东能源化工基地建设年处置规模为15万吨的危险废弃物处置及资源化利用中心。中心分两期建设，第一期计划在2017年底建成并投入使用，综合处置和利用宁东能源化工基地及周边的危险废弃物，项目主要包括焚烧处理、物化处理、填埋处理、综合利用等。

（马晓清）

【4个湿地公园总体规划项目通过评审】12月22日，在2015年度国家湿地公园（试点）项目评审会上，由北京碧水天成湿地生态环保科技有限公司与国家林业局调查规划设计院承担的涉县清漳河国家湿地公园、黄盖淖国家湿地公园、双塔山滦河国家湿地公园、青龙湖国家湿地公园4个湿地项目总体规划通过国家林业局的评审，确定为国家湿地公园试点单位。规划的主要内容包括修建永久性河流、洪泛平原湿地、永久性咸水湖、草本沼泽、季节性咸水沼泽、库塘、水产养殖场等。

（刘　佳　洪剑明）

【赛诺水务公司与日照市水务集团签约】 12 月 30 日，日照市水务集团成立暨与北京赛诺水务科技有限公司战略合作框架协议签约仪式在日照市举行。日照市政府以及各区县政府的有关负责人等参加。北京赛诺水务科技有限公司与日照市水务集团有限公司签署协议。根据协议，双方将在水处理、环保产业及相关领域开展合作；双方将在膜产品研发生产、海水淡化、污水资源化利用、非常规水源开发利用、专业技术人才培养等方面展开合作，合力打造日照环境产业示范园，推动日照市环境产业的发展。

（韩洋洋）

【8 家企业入选节能服务公司 5A 级评价名单】 年内，中国节能协会节能服务产业委员会（EMCA）公布两批节能服务公司综合能力等级评价名单，21 家企业获 5A 级评价，其中中关村示范区 8 家企业入选，包括北京神雾环境能源科技集团股份有限公司、中节能科技投资有限公司等 6 家工业节能领域企业和同方泰德国际科技（北京）有限公司、远大能源利用管理有限公司两家建筑节能领域企业。

（杜　玲）

【碧水天成公司实施湿地保护恢复工程项目】 年内，由北京碧水天成湿地生态环保科技有限公司承担的湖南省西洞庭湖国家级自然保护区水鸟栖息地恢复设计项目通过汉寿县政府组织的项目评审，进入实施阶段。公司还与内蒙古包头市九原区林业局签订了《包头黄河国家湿地公园昭君庙片区规划项目合同》。截至年底，公司承接 4 项涉及湿地保护恢复工程规划设计项目，主要采用了鸟类栖息地水环境调控和生境构建技术、河流水质生态浮岛改善技术、河流湿地岸缘缓冲过滤带技术和微污染河流表流湿地水质提升技术。工程项目总面积 660 余公顷。公司的湿地恢复和规划业务由长江流域安徽湿地和黄河流域河南三门峡湿地扩大到了长江流域的湖南省和黄河流域的内蒙古自治区，推动了全国湿地保护恢复工程的开展。

（刘　佳　洪剑明）

航空航天产业

【概况】2015年，中关村示范区航空航天产业拥有企业133家，实现总收入667.6亿元，同比增长37.1%，实现利润34.2亿元。航空航天领域的新技术、新产品不断涌现。中国航天科技集团公司五院510所研制的中国首个卫星用200毫米离子电推进系统（LIPS-200）研制成功，其地面寿命及可靠性试验累计工作时间达6000小时，标志着中国自主研制的电推进系统达到国际先进水平。由中国运载火箭技术研究院研制的中国首个“太空摆渡车”首飞成功，可在太空将一个或多个航天器直接送入不同的轨道。中国航天空气动力技术研究院研制的大型察打一体无人机“彩虹五号”实现首飞。国内首个军民通用临近空间平台“圆梦号”完成升空着陆试验。由北京华力创通科技股份有限公司研制的C919客舱功能仿真验证系统交付使用。致导科技（北京）有限公司发布TransDrone A4变形无人机。“天绘一号03星”“中星1C”“中星2C”“高分八号”“高分九号”等一批卫星发射成功。中关村公信卫星应用技术产业联盟、中关村联众无人机产业创新战略联盟等联盟成立。

（杜　玲）

【中国航天电推进系统研制成功】1月2日，由中国航天科技集团公司五院510所研制的中国首个卫星用200毫米离子电推进系统（LIPS-200）地面寿命及可靠性试验累计工作时间达6000小时，开关机3000次，具备确保卫星在轨可靠运行15年的能力，标志着中国自主研制的电推进系统达到国际先进水平，将全面迈入工程应用阶段，能够满足中国通信卫星系列平台、高轨遥感平台以及深空探测器的发展需求。电推进是用电能取代化学能作为卫星的主要动力来源的一种推进技术。其基本原理是通过把外部电能转化为推进剂喷射动能，从而产生推力的一种反作用式推力系统。电推进技术与传统的化学推进相比，具有减少推进剂、操控更灵活、定位更精准等优势，航天器采用电推进系统能够提高有效载荷比，节约卫星发射成本，延长卫星在轨工作寿命。

（杜　玲）

【中关村公信卫星应用技术产业联盟成立】1月10日，中关村公信卫星应用技术产业联盟成立大会暨第一次会员大会在京举行。工业和信息化部、科技部、商务部等单位有关负责人以及相关中央直属企业单位和部队的代表等参加。联盟由电子工业出版社、北京航天长峰股份有限公司、北京易华录信息技术股份有限公司等卫星公司、运营商、设备制造商、系统集成商和研究单位发起成立，将搭建起政府与企业、市场与用户交流合作的桥梁，以推进卫星通信、卫星导航、卫星遥感等应用为目标，搭建公共信息服务平台，为政府制定卫星应用技术产业政策提供信息咨询，为企事业单位提供交流、培训服务，参与相关标准制定和战略研究，推动完善卫星技术产业链，促使中国卫星应用技术产业做大做强。电子工业出版社副社长刘九如为联盟首届理事长。

（刘伟杰）

【C919客舱功能仿真验证系统交付使用】2月，由北京华力创通科技股份有限公司研制的C919客舱功能仿真验证系统完成现场安装调试，交付用户使用。系统是华力创通公司为中国商用飞机有限责任公司C919大型客机客舱功能验证而研制的综合试验平台，主要用于完成C919信息系统3个子系统，包括通用信息处理子系统、驾驶舱信息子系统和视频监视子系统之间的系统集成和自动化验证测试，同时提供与信息系统相交联的其他系统（航电核心处理系统、机载维护系统和客舱系统）的功能与接口集成验证，支持航电系统集成验证测试。

（韩洋洋）

【中国首个“太空摆渡车”首飞】3月30日，搭载第十七颗北斗导航卫星的“长征三号丙”运载火箭在西昌卫星发射中心发射升空，卫星顺利进入预定轨道。发射首次在运载火箭上增加了一级独立飞行器，即被称为“太空摆渡车”的“远征一号”上面级。其由中国运载火箭技术研究院研制，可在太空将一个或多个航天器直接送入不同的轨道，技术特点包括兼具运载器与航天器的技术特性，是在运载火箭或重复使用运载工具上面增加的相对独立的一级或多级，可依靠自身动力携带航天器继续飞行；运载火箭将其送入太空后，“太空摆渡车”能多次点火启动，满足不同发射任务的需求；“远征一号”作为四级火箭可飞行5～6个小时，可以飞到几万千米的外太空；可把不同“乘客”送到不同目的地，可以直接将卫星发送至距离更为遥远的目标轨道，卫星不需要再变轨。中国首次采用“太空摆渡车”执行中高轨航天器发射任务，在轨工作时间为6.5小时。第十七颗北斗导航卫星是中国首颗新一代北斗导航卫星，首次使用中国制造的中央处理器(CPU)，将开展新型导航信号体制、星间链路等试验验证工作，为北斗卫星导航系统全球组网建设提供依据。卫星搭载由中科院计算技术研究所研制的龙芯中央处理器（CPU）的龙芯1E和龙芯1F抗辐照处理器，其中龙芯1E负责进行常规运算，龙芯1F完成数据采集、开关控制、通信等处理功能。

（刘伟杰）

【千方科技公司收购远航通公司】4月9日，北京千方科技股份有限公司发布《对外投资公告》，宣布拟以现金8800万元收购北京远航通信息技术有限公司80%股权。股权转让后，远航通公司“掌尚机场运营平台”及相关业务统一纳入千方科技公司的相关业务板块进行开拓、管理、运营。远航通公司是国内首家在航空领域设计和开发航班资源管理核心生产数据分析和应用系统的企业，并拥有自主知识产权的“飞行数据译码平台”。

（杜　玲）

【中关村联众无人机产业创新战略联盟成立】4月15日，中关村联众无人机产业创新战略联盟首届理事长大会在京举行。联盟由北京翔翼飞鹰航空科技有限公司、北京中航智科技有限公司、北京航天科颐技术有限公司、北京韦加天地通航空科技有限公司等7家单位发起成立，拥有128家成员单位，是由从事无人机研究开发、生产制造、应用服务的中关村示范区企业、军队及军工集团相关科研院所、高等院校、用户单位及其他相关机构自愿组成的非营利性社会团体，以为国防和军队建设服务为目标，搭建军、政、产、学、研、用协同平台，提升联盟成员研究开发、生产制造、集成应用和服务保障等水平，完善无人机产业链，增强中国无人机产业的竞争力，其主要任务包括：收集行业信息，研究行业运行态势，发布行业发展报告；建立无人机行业新产品、新技术库，为军地双方提供及时准确的行业信息服务；推动中国无人机行业相关标准的制修订和产品认证、质量检测、品牌建设等行业体系的建立与完善；促进联盟成员间的资源共享，加强资金、技术、市场、产品、知识产权等方面的合作，组织重大关键共性技术联合攻关；搭建无人机军民协同研发、科研试飞、信息服务、专业培训、展览展示等平台；推动无人机产业链相关企业合作，促进跨区域的对接与合作等。会议选举翔翼飞鹰公司总裁李涛为联盟首届理事会理事长。

（赵蔚彬）

【首套INS系统应用】4月21日，北京海兰信数据科技股份有限公司研发制造的首套智慧桥·综合导航系统(INS)在两条扬子江64000T散货型远洋商船上应用。系统具备多功能工作站的特点，且每个工作站都能实现航线规划、航线监控、避碰、航迹控制、航行数据显示与管理、智能报警等功能，能有效减轻船员负担，实现智能化一人船桥驾驶，加强航行安全。

（杜　玲）

【“高分八号”卫星发射】6月26日，由中国航天科技集团公司五院研制的“高分八号”卫星在太原卫星发射中心发射升空，进入预定轨道。“高分八号”是为高分辨率对地观测系统国家科技重大专项安排的光学遥感卫星，主要应用于国土普查、城市规划、土地确权、路网设计、农作物估产和防灾减灾等领域，可为“一带一路”战略的实施等提供信息保障。6月28日，“高分八号”卫星承载的高分辨率相机获取首批图像，图像动态范围良好，灰度层次丰富，细节清晰。

（杜　玲）

【第三代交会对接光学成像敏感器研制成功】6月，中国航天科技集团公司五院502所研制成功中国首台第三代交会对接光学成像敏感器。该产品采用新技术，提高了抗强光、抗杂散光能力，目标的首次捕获时间由原来的约10秒提高至不到1秒，并缩短了从看到目标到做出判断的响应时间，更好地保证了交会对接过程的安全。产品将应用于“天宫二号”目标飞行器以及中国空间站。

（徐　建）

【“北京二号”遥感卫星星座发射成功】7月11日，由3颗高分辨率卫星组成的“北京二号”民用商业遥感卫星星座（DMC3）在印度孟加拉湾的斯里赫里戈达岛发射升空，进入预定轨道。“北京二号”星座是中英合作项目，英国萨里卫星技术公司承担卫星研制。卫星入轨后，由中国二十一世纪空间技术应用股份有限公司承担测控、卫星数据接收等运行管理，并组织数据产品的生产和相关服务的提供。卫星数据的销售由北京宇视蓝图信息技术有限公司负责。星座是中国政府核准的第一个民用商业遥感卫星项目，被纳入中国国家民用空间基础设施规划。

（徐　建）

【TransDrone A4无人机发布】7月23日，致导科技（北京）有限公司在京发布 TransDrone A4 变形无人机。该无人机是一款可变结构、易于折叠收纳的四旋翼无人机，折叠后的三围尺寸为 297 毫米 ×207 毫米 ×102 毫米，净重量约 1500 克；搭载 ADRC 自抗扰控制器；具有机臂快速锁紧专利技术，单个机臂只需 1 秒即可牢固锁紧，从折叠到展开准备飞行仅需 15 秒；可支持多款运动相机的双轴云台，配合 2.4G 无线数据链路，在 App 端可实时预览航拍视频以及飞行数据，还可在电子地图上规划飞行路径，控制云台拍摄角度。

（杜　玲）

【两颗新一代北斗导航卫星发射升空】 7 月 25 日，两颗新一代北斗导航卫星在西昌卫星发射中心用“长征三号乙 / 远征一号”运载火箭发射升空，并进入预定轨道。两颗卫星均为地球中圆轨道卫星，也是中国发射的第十八、十九颗北斗导航卫星。卫星入轨后，将与第十七颗北斗导航卫星共同开展新型导航信号、星间链路等试验验证工作，并适时入网提供服务。此次发射的卫星和运载火箭，分别由中国空间技术研究院和中国运载火箭技术研究院研制。

（徐　建）

【华力创通北斗 /GPS 授时（定时）模块通过国网检测】 8 月 25 日，由北京华力创通科技股份有限公司研发的 HM-T210BG 北斗（BDS）/GPS 卫星双系统授时（定时）模块通过国网电力科学研究院的检测。产品是导航卫星时间信号同步时钟的核心部件，内建多种工作模式，具有状态信息和告警指示、1PPS 设置、完善的闰秒预报机制和天线断、短路状态检测及天线短路电流保护等功能，同时还拥有高性能、低功耗、低成本等优势，能为精确时钟提供高可靠、高精度的导航卫星时间同步信号接收解决方案，可应用于电力、交通、金融、航空航天等领域。

（韩洋洋）

【大型察打一体无人机“彩虹五号”首飞】 8 月 30 日，由中国航天空气动力技术研究院研制的大型察打一体无人机“彩虹五号”在甘肃省实现首飞。“彩虹五号”属中低空长航时无人机，可执行侦察和打击任务，全身采用复合材料制造，翼展 20 米，可在空中巡航超过 30 个小时；起飞重量可达 3 吨，具有 900 千克左右的载重能力。“彩虹五号”可搭载一个卫星通信设备，与“彩虹四号”或“彩虹三号”进行编队出击，地面控制站可通过“彩虹五号”向“彩虹四号”和“彩虹三号”发送指令，提升无人机的作战性能；还可搭载一些电子战设备，对地面的雷达通信节点进行压制，可对编队内的其他无人机进行保护。

（杜　玲）

【通信技术试验“卫星一号”发射成功】 9 月 12 日，由中国空间技术研究院研制的通信技术试验“卫星一号”在西昌卫星发射中心用“长征三号乙”运载火箭送入太空。卫星是中国通信技术试验系列卫星的首颗星，主要用于开展 Ka 频段宽带通信技术试验。

（徐　建）

【“高分九号”卫星发射】 9 月 14 日，由中国空间技术研究院研制的“高分九号”卫星在酒泉卫星发射中心发射升空。“高分九号”是为国家高分辨率对地观测系统科技重大专项安排的一颗光学遥感卫星，地面像元分辨率最高可达亚米级，主要应用于国土普查、城市规划、土地确权、路网设计、农作物估产和防灾减灾等领域，可为“一带一路”等国家重大战略实施和国防现代化建设提供信息保障。

（杜　玲）

【固体运载火箭“长征十一号”首飞】 9 月 25 日，由中国运载火箭技术研究院研制的“长征十一号”固体运载火箭在酒泉卫星发射中心点火发射，并将 4 颗微小卫星送入太空。“长征十一号”是中国新型四级固体运载火箭，全长 20.8 米，箭体直径 2.0 米，重 58 吨，起飞推力 120 吨；火箭 700 千米太阳同步轨道运载能力达 350 千克，低轨运载能力 700 千克；突破大型固体发动机、快速测试发射、卫星环境综合保障等关键技术，首次实现运载火箭的全箭整体储存、星箭快速对接、环境自主保障、高效快速发射；首次在国内运载火箭上采用电气系统一体化、集成化、智能化设计技术，箭上并行测试技术，测试流程优化技术等，突破了传统液体运载火箭的测发模式，将测试发射周期缩短至 24 小时；采用国际通用星箭接口，具有快速、可靠、便捷、低廉等优势，可满足不同任务载荷、不同轨道的多样化发射需求，主要用于自然灾害、突发事件等应急情况下微小卫星发射需求。

（杜　玲）

【第四颗新一代北斗导航卫星升空】 9 月 30 日，由中国空间技术研究院研制的中国第四颗新一代北斗导航卫星在西昌卫星发射中心用“长征三号乙”运载火箭发射升空。卫星是中国发射的第二十颗北斗导航卫星，工作轨道为地球倾斜同步轨道。卫星上首次搭载氢原子钟，入轨后将开展星载氢原子钟、星间链路、新型导航信号体制等试验验证工作，并适时入网提供服务。发射卫星的运载火箭由中国运载火箭技术研究院研制。

（杜　玲）

【临近空间飞艇“圆梦号”放飞】 10月13日，由北京南江空天科技股份有限公司联合北京航空航天大学等单位共同研制的国内首个军民通用临近空间平台“圆梦号”在内蒙古自治区锡林浩特市完成升空着陆试验，实现了所有升空设备完好回收。这是中国首次具备持续动力、可控飞行、重复使用能力的临近空间飞艇飞行，也是首次向企业和个人用户提供商业服务的飞行。飞艇体积1.8万立方米，采用3个六维电机的螺旋桨控制，依靠氦气浮力升入空中，升空后依靠太阳能提供动力，可在20千米高度指定范围驻空和飞行，能自主和遥控升空、降落、定点和巡航飞行，搭载了宽带通信、数据中继、高清观测、空间成像、态势感知等系统，可执行通信覆盖与中继、对地成像与观测等任务。

（钮 键）

【“亚太九号”卫星发射】 10月17日，由中国空间技术研究院等单位研制的“亚太九号”商业通信卫星在西昌卫星发射中心用“长征三号乙”运载火箭发射升空。卫星是香港亚太通信卫星有限公司购买的中国第一颗商业通信卫星，采用“东方红四号”卫星平台，发射质量为5250千克，设计寿命15年，有32路c波段、14路Ku波段转发器，定点于东经142度地球同步轨道，将接替“亚太9A”卫星。卫星入轨后，将与亚太公司在轨运行的其他卫星共同为亚洲、欧洲、非洲、大洋洲等覆盖人口全球约75%的地区，提供卫星转发器服务及广播、卫星通信、电信港和数据中心服务。其优势在于宽带通信，Ku频段上的海洋覆盖波束，可为海事宽带通信及机载宽带通信等提供良好的性能资源。

（杜 玲）

【UniCorn无人直升机系统获创新创业大赛总冠军】 10月19—20日，在首届中国“互联网+”大学生创新创业大赛总决赛上，来自北京航空航天大学的参赛团队以“UniCorn无人直升机系统”获总冠军。UniCorn是一款由天峋创新（北京）科技有限公司自主研发的无人驾驶直升机系统，采用全机整体壳承力一体成型技术和涡轮轴动力系统，配合移动地面指挥系统以及定制化行业解决方案，适合在各种复杂、恶劣环境中执行任务。

（韩洋洋）

【“天绘一号03星”发射】 10月26日，由航天东方红卫星有限公司研制的“天绘一号03星”在酒泉卫星发射中心用“长征二号丁”运载火箭发射升空，并进入预定轨道。卫星主要用于科学试验、国土资源普查、地图测绘、农作物估产及防灾减灾等领域。

（杜 玲）

【“中星2C”卫星入轨】 11月4日，由中国空间技术研究院研制的“中星2C”卫星在西昌卫星发射中心用“长征三号乙”运载火箭发射升空，卫星准确进入预定转移轨道。“中星2C”是一颗通信广播卫星，可为中国广播电台、电视台、无线发射台和有线电视网等机构提供广播电视及宽带多媒体等传输业务。“长征三号乙”火箭由中国运载火箭技术研究院研制。

（杜 玲）

【“遥感二十八号”卫星发射】 11月8日，由中国空间技术研究院研制的“遥感二十八号”卫星在太原卫星发射中心用“长征四号乙”运载火箭发射升空。“遥感二十八号”卫星主要用于科学试验、国土资源普查、农作物估产及防灾减灾等领域。

（杜 玲）

【“老挝一号”通信卫星发射】 11月21日，由中国空间技术研究院研制的“老挝一号”通信卫星在西昌卫星发射中心用“长征三号乙”运载火箭发射升空，并进入预定转移轨道。“老挝一号”是中国向东盟国家和地区出口的首颗卫星，将为老挝提供卫星电视直播、无线宽带接入、国际通信等服务。

（杜 玲）

【中发智造无人机展示交流会举办】 12月5—10日，由中关村智能制造创新中心主办的首届中发智造无人机展示交流会在新中发电子市场举办。展会以“工业匠心　盘旋而至”为主题。北方天途航空技术发展（北京）有限公司、北京航空航天大学航模协会、酷玩实验室等企业、经销商及培训机构30余家单位参展。展示由静态展示、动态飞行表演、技术交流3个部分组成。与会代表围绕国内民用无人机市场预测与分析、互联网无人机+创新应用、无人机在航磁探测领域的应用等主题进行交流，由艾奥金（北京）视听技术有限公司研制的XY-G01固定翼无人机、XY-860四旋翼无人机、XY-V6六轴旋翼机3款无人机，由致导科技（北京）有限公司推出的致导TransDrone A4等机型进行

了试飞展示。

（王　涛　丁　旭）

【“中星 1C”卫星发射成功】 12 月 10 日，由中国空间技术研究院研制的“中星 1C”卫星在西昌卫星发射中心用“长征三号乙”运载火箭发射升空，并进入太空预定转移轨道。“中星 1C”卫星可提供高质量的话音、数据、广播电视传输业务，将为中国通信广播事业提供服务。用于发射卫星的“长征三号乙”运载火箭由中国运载火箭技术研究院研制。

（徐　建）

【北航“月宫一号”项目入选中国高等学校十大科技进展项目】 12 月 23 日，教育部在其网站公布 2015 年度“中国高等学校十大科技进展”项目评选结果。北京航空航天大学的“空间基地生物再生生命保障系统地基综合实验装置——月宫一号”项目入选。生物与医学工程学院刘红教授带领科研团队突破了系统核心单元技术、系统构建、启动、运行与调控等系列关键技术，建立了中国空间生物再生生命保障技术体系，自主研制出空间基地生物再生生命保障系统地基综合实验装置“月宫一号”，为空间生命保障及其相关领域的科学技术研究建立了独特的实验平台，完成了国内首次长期多人高闭合度密闭实验，在“月宫一号”的人工闭合生态系统中实现了 105 天循环再生 100% 氧气和水、55% 食物，总闭合度达到了 97%，使空间生物再生生命保障系统领域的综合技术水平进入世界领先行列。成果将为空间站作业、载人月球和火星探测等深空探测所需的生命保障提供理论和基础技术。

（钮　键）

【“高分四号”成功发射】 12 月 29 日，由北京空间技术研究院研制的“高分四号”卫星在西昌卫星发射中心发射升空。该卫星是一颗地球同步轨道高分辨率光学成像卫星，具有可见光和红外成像能力，其中光学分辨率为 50 米，红外分辨率为 400 米。将重点针对国内用户对高时间分辨率遥感图像数据的需求，为综合防灾减灾、气象预警预报、地质灾害调查、林业灾害监测等应用领域，以及海洋、农业、国土、水利等提供遥感数据服务。在空间环境方面，以往发射应用的遥感卫星都运行在距地球 500 千米左右的低轨道和 1000 千米左右的中轨道，而“高分四号”卫星则运行在距地球 3.6 万千米高的地球同步轨道。在成像体制方面，以往低轨遥感卫星采取的是线阵推扫方式，像复印机一样扫出一条条画面，再拼成一幅照片；“高分四号”卫星采取的是面阵凝视方式，易于实现“机动—凝视”的工作模式，可在短时间内对目标区域进行高频重复凝视观测，时间分辨率可达到分钟级，获取目标区域的动态变化过程数据。针对多方面任务需求和全新载荷成像方式，卫星设计了单景凝视、区域拼接、机动巡查等工作模式。通过采用自主研发的高精度敏感器和大力矩输出执行机构，可实现整星快速机动和高稳定控制，完成对运动目标的持续监视、大范围区域目标快速成像，以及多个热点地区的交替巡查。在相机规模方面，卫星配置国内口径最大的面阵凝视相机，其可见光探测器达 1 亿像素，红外探测器达百万像素；首次采用共口径技术，实现了主镜头共用，可见光和红外通道可同时工作。首次采用国产脉冲管制冷机、首次在工程上实现大口径静止轨道遥感相机热控方案，以保证图像质量。以往遥感卫星的设计寿命通常为 3 ～ 5 年，“高分四号”整星设计寿命为 8 年。发射该卫星的“长征三号乙”运载火箭由运载火箭技术研究院研制。

（徐　建）

【“守护者 –Z10”无人机推出】 年内，零度智控（北京）智能科技有限公司推出面向农业市场的“守护者 -Z10”四轴无人机。无人机采用模块化设计，额定载荷 10 千克，单次续航（作业）时间约 15 分钟，每次作业面积可覆盖 1 公顷田地。其主要功能包括：可实现“一键起飞、一键降落、一键返航”的智能控制功能；配有专为农业应用定制的 App，应对非规整田地的航线设计，具有航线记忆功能，一次设定可重复使用。

（张　毅）

文化创意产业

【概况】2015年，中关村示范区文化创意产业的结构和布局更加优化，文化与科技、金融等行业融合发展，不断涌现出新兴业态，文化创意产业功能区的作用进一步发挥，数字内容、智能终端、信息媒体、应用服务等产业群体成为文化创意产业的重要支撑。中国北京出版创意产业园、清华科技园、星光影视园3个园区入选北京首批“市级文化创意产业示范园区”。中关村文创游戏产业发展联盟在石景山园成立。北京新媒体加速器在北京国家广告产业园开业。北京爱奇艺科技有限公司宣布打造网络综艺开放型合作平台。北京京东世纪信息技术有限公司发布JDGame+战略，并成立JDGame+产业联盟。北京向阳水木城市规划设计研究院科技创意团队的作品获法国巴黎第十三届国际诗歌双年展海报设计奖，北京青青树动漫科技有限公司制作的《魁拔3战神崛起》获第三十届中国电影金鸡奖最佳美术片提名。北京国学时代文化传播股份有限公司编纂的“人人都来学国学”系列丛书由人民邮电出版社出版。

（杜　玲）

【中国移动咪咕公司成立】1月15日，咪咕文化科技有限公司成立仪式在京举行。中国移动通信集团公司宣布全资子公司中国移动咪咕文化科技有限公司挂牌成立，其是面向音乐、视频、阅读、游戏和动漫业务的运营实体，负责数字内容领域产品运营和服务，并设立5个独立子公司，旨在打造传统媒体和新兴媒体融合发展的新型平台，为客户提供数字内容产品及服务。咪咕公司注资资金104亿元，分3年拨付，年内注资71亿元。

（杜　玲）

【北京数字与创新论坛举办】1月22—23日，由商务部、法国驻华大使馆联合主办，中关村数字内容产业协会、法国驻华大使馆文化教育合作处承办的北京数字与创新论坛在京举行。中关村管委会等单位相关负责人以及企业的相关代表等参加。20余家法国数字内容企业展示其在数字教育、在线游戏、3D视频、数字技术、数字音乐等领域的有关成果，并与北大方正集团有限公司、北京蓝色光标品牌管理顾问股份有限公司等60余家中国数字内容领域企业的代表进行了一对一商务洽谈。在法国新创企业与中方合作人会议上，中法双方代表针对中法数字产业、新创产业、中国教育、中国代理公司等内容进行了演讲。

（杜　玲）

【掌趣科技公司收购3家游戏公司】2月16日，北京掌趣科技股份有限公司发布《发行股份及支付现金购买资产并募集配套资金预案》，拟以发行股份及支付现金相结合的方式，购买北京晶合思动有限公司100%的股权、北京天马时空网络技术有限公司80%的股权以及上游信息科技（上海）有限公司30%的股权。交易总对价43.04亿元，其中以现金方式支付19.53亿元，剩余部分以发行股份方式支付，发行价格为15.58元/股，共计发行15087.47万股。收购完成后，掌趣科技公司在移动网络游戏研发、发行、运营方面的业务实力将得到增强，并将拥有在微信游戏和手机QQ游戏平台上运营的游戏产品。

（杜　玲）

【网易公司设立美国总部】2月24日，网易传媒科技（北京）有限公司宣布，将在美国加利福尼亚州红木岸区（Redwood Shores）设立美国总部，主要致力于为西方用户开发移动游戏，将在北美和欧洲市场上发布多款游戏。

（杜　玲）

【向阳水木作品获第十三届国际诗歌双年展海报设计奖】3月，北京向阳水木城市规划设计研究院科技创意团队成员张丽的海报设计作品《最少是最多，或多或少》获法国巴黎第十三届国际诗歌双年展海报设计奖。作品是根据孟加拉国诗人Kaiser Haq的诗句“最少是最多，或多或少”进行意象设计，将禅的意蕴融入现代诗歌，传达出“言语道断，心行路绝”的精神特质，于无言处见空灵，强调三度空间和四时变化，表现物象注意上下左右向背6个空间的完整性及意境的外延，让观者联想开合，契入画外之音。

（彭　晨）

【“逐帧动画与元件动画结合的一种全新游戏动画制作技术”获择优项目资助】4月8日，市人力社保局印发《关于2015年度北京留学人员科技项目择优资助评审结果的通知》，北京灵游坊网络科技有限公司的“逐帧动画与元件动画结合的一种全新游戏动画制作技术”获留学人员科技活动择优资助，经费8万元。该技术从多方面建立一套全新的二维动画解决方案。动画师通过逐帧动画先表现出动画效果，之后将逐帧动画的人物拆分成两种类型的元件——不会逐帧运动的固定元件和会发生局部逐帧运动的飘动元件。拆分完成后，再在Unity软件中重新拼合元件，让需要逐帧运动的元件在其固定位置上局部逐帧运动，而整体仍然是元件运动，实现了具有逐帧动画的流畅度和逼真度，同时达到了节省素材资源和提高游戏运行效率的目的。

（徐　洋）

【优投创业营U-STARTUP创新创业论坛O2O暨手游专场举办】4月8日，优投创业营U-STARTUP创新创业论坛O2O暨手游专场活动在中关村创业大厦举办。来自近50家投资机构的代表、金种子创业谷和优投创

业营的创业团队相关人员等100余人参加。创业团队的7个优质创新项目分别进行路演。其中，“玩转机场App项目”是以机场为载体，具备候机楼内自主定位导航功能，与机场各类服务项目整合，面向旅客提供全流程航空旅行服务解决方案的O2O平台及应用。优投创业营负责人和投资机构代表就展示项目的可行性、市场前景等提出意见与建议。

（彭　晨）

【JDGame+战略发布】4月21日，北京京东世纪信息技术有限公司主办的玩+时代——JDGame+战略发布会在京举行。联想集团有限公司、腾讯科技（深圳）有限公司等游戏产业厂商的代表等参加。会上宣布推出JDGame+战略，成立JDGame+产业联盟，旨在通过京东大数据和平台优势，与软硬件厂商合作，整合行业上下游资源，提高硬件厂商与软件厂商共同推动电竞游戏文化发展的协调性，让玩家享受更加方便、快捷、定制化、互动化和不断升级的购物体验。联盟在3～5年内，将培育和扶持30个游戏品牌，纳入500款Game+游戏产品，并与20款重点游戏合作，共同打造游戏产业新生态圈。

（杜　玲）

【“秀色娱乐”品牌推出】5月28日，北京网秦天下科技有限公司在京举行发布会，宣布推出“秀色娱乐”独立子品牌，包括秀色秀场、秀色音乐雷达、秀色锁屏和秀色桌面4款产品。秀色秀场是移动端秀场服务，可提供24×7全天候主播服务，用户可选择自己喜欢的主播进行在线互动，聊天、送礼物、点歌等。秀色音乐雷达提供音频搜索与识别服务，用户可通过播放音乐或哼唱的方式在软件上搜索对应的歌曲或MV。秀色锁屏根据移动用户的需求，无须进入手机桌面、反复操作，可直接通过锁屏界面体验各类娱乐功能。秀色桌面是一款手机3D引擎桌面产品，可以为用户提供3D桌面视觉体验和流畅的操作体验。

（徐　建）

【爱奇艺公司打造网络综艺开放合作平台】6月3日，在2015网络综艺节目行业论坛上，北京爱奇艺科技有限公司宣布将打造网络综艺开放型合作平台。平台贯穿创意诞生、联合开发、共同生产、多渠道变现等环节；爱奇艺公司嫁接内容团队与平台用户，帮助制作机构生产纯网综艺节目；第三方制作公司或团队开发的网络综艺节目可以在爱奇艺平台上进行推广播放，产生的收益双方参与分成。

（杜　玲）

【星空琴行获2000万美元C轮投资】6月10日，六艺星空（北京）文化传播有限公司的星空琴行宣布完成C轮2000万美元融资，由嘉御基金领投，顺为资本和蓝驰创投跟投。资金将用于线下体验店拓展、供应链优化以及从连锁培训机构向素质教育平台的转型。星空琴行是创新型连锁钢琴培训机构，采取O2O模式，主营儿童钢琴上门教学，客户通过官网、微信或App申请钢琴体验课，老师以家教形式在学员家中完成整个教学过程。学员可通过App与老师互动交流，填写老师评价、管理预定课程等。

（杜　玲）

【水晶石公司协助申冬奥】6月10日，北京2022申冬奥代表团在瑞士洛桑市与国际奥委会委员举行陈述交流会。国务院副总理刘延东出席并代表中国政府做陈述。北京水晶石数字科技股份有限公司承担了展示咨询室内高科技数字化展项的实施工作，运用沙盘虚拟互动、高铁模拟体验等技术和“沉浸现实”的眼镜系统，让国际奥委会委员身临其境地感受北京申办冬奥会的规划与亮点。7月31日，在马来西亚吉隆坡市举

行的国际奥委会128次全会上，北京当选为2022年第24届冬季奥林匹克运动会的举办城市。会上，北京申冬奥代表团播放了由水晶石公司制作的宣传片《万事俱备》。宣传片集中体现北京、张家口的办会能力，并表达北京的办会意愿和办会决心，表示北京和张家口完全具备申办冬季奥运会所需的城市资源、自然气候资源、体育场馆资源、交通枢纽资源等。水晶石公司在会场为代表团提供技术保障，除提供常规图像与视觉内容外，还在现场搭建基于传感技术的远程信息传输平台。

（张　毅）

【赤龙世漫公司获千万元级投资】6月17日，北京赤龙世漫文化传播有限公司宣布获千万元级投资，投资方为深圳市创东方投资有限公司。资金将用于加大人才招募、内容制作等方面的投入。赤龙世漫公司以漫画制作和玩具设计为主，项目主要针对海外市场，正在制作网络科幻动漫喜剧《星际赛手》。公司高管均来自漫威、迪士尼等动漫公司。

（杜　玲）

【京东公司收购“拇指阅读”】6月17日，北京京东世纪贸易有限公司宣布收购社交阅读应用“拇指阅读”，推出新版京东阅读App。新版京东阅读与拇指阅读优势互补，推出近30万册正版电子书，添加低价畅读、阅后即焚、纸书商城、智能推荐等功能，加强了软件的社交功能。

（杜　玲）

【北京新媒体加速器开业】7月2日，由启迪文化传媒股份有限公司与北京国际广告传媒集团有限公司共建的北京新媒体加速器在北京国家广告产业园举行开业仪式。合作双方负责人及企业代表30余人参加。加速

器落户位于CBD核心区的北京国家广告产业园，旨在整合资源，依托产业园区的区位优势以及启迪控股的国际众创平台等资源，为中国新媒体产业构建从CBD一站式通联亚洲乃至全球的众创途径，为国内新媒体产业建造一座国际化众创桥梁，帮助新媒体行业的年轻人创业。

（康秋红）

【暴风科技公司发布对外投资公告】7月6日，北京暴风科技股份有限公司发布《关于对外投资暨关联交易的公告》，宣布拟与暴风控股（北京）有限公司、广东奥飞动漫文化股份有限公司、青岛新日日顺物流服务有限公司等7方签订《深圳统帅创智家科技有限公司之股权转让及增资协议》及《股东协议》。根据协议，暴风科技公司以自有资金1.35亿元收购新日日顺公司持有的统帅创智家公司30.37%的股权，暴风控股公司以现金1.15亿元通过股权转让及增资的方式取得统帅创智家公司19.63%的股权，奥飞动漫公司以现金0.5亿元收购新日日顺公司持有的统帅创智家公司10%的股权。交易完成后，暴风科技公司与暴风控股公司将合计持有统帅创智家50%的股权，统帅创智家公司的互联网电视产品将以“暴风”品牌运营，将为暴风科技公司的互联网视频平台、暴风魔镜等业务带来市场影响力。

（杜　玲）

【新浪微博与阿里云共建司法云平台】7月6日，北京微梦创科网络技术有限公司（新浪微博）与阿里云计算有限公司联合推出司法云平台。平台将通过“互联网+”云计算方式，面向全国法院提供庭审视频微博直播服务。新浪微博为法院用户提供“司法公开”页签，提升司法公开在新媒体的传播性和影响力，结合阿里云公司优质的BGP带宽，可以提供实时、流畅和高清的视频，改善因跨运营商网络延迟造成的用户体验不佳的状况。

（杜　玲）

【海马玩获B轮投资】7月21日，海马玩（haimawan.com）宣布获1亿余元B轮投资，由浙报传媒旗下基金领投，深圳市创东方投资有限公司、上海巨人网络科技有限公司等跟投。资金将主要用于内容社区，以及平台化建设、智能硬件研发和生产、海外市场开拓等。海马玩隶属于北京海誉动想科技有限公司，是全手游分发渠道商，系列产品覆盖PC端、手机端IOS和安卓渠道，业务涉及手游分发、资讯、视频、软硬件研发等。

（杜　玲）

【《魁拔3战神崛起》获金鸡奖提名】8月19日，在第二十四届中国金鸡百花电影节暨第三十届中国电影金鸡奖新闻发布会上，由北京青青树动漫科技有限公司制作的《魁拔3战神崛起》获第三十届中国电影金鸡

奖最佳美术片提名。《魁拔》系列大电影是关于梦想、青春、热血、命运的故事，讲述了一群不同种族、性格各异的英雄们成长和冒险的历程。将中国传统的“仁、义、礼、智、信”转译成国外理解的“自由、平等、博爱”，跨越国度，让全世界听懂中国的故事。

（朱文利）

【中关村文创游戏产业发展联盟成立】8月19日，中关村文创游戏产业发展联盟筹备成立暨第一次会员大会在石景山西山汇创新平台举行。市侨办、市民政局、中关村管委会等单位相关负责人及联盟发起单位的代表等参加。联盟由中国中小企业国际合作协会文化创意产业分会、中国科学院科学传播研究中心、北京市石景山区生产力促进中心等40余家企业、学术研究机构、金融机构发起成立，以推动游戏技术研发协作和成果转化为手段，实现国际化发展的目标，促进游戏产业发展壮大，将通过整合资源、合作研发、成果转化、技术转移、国际交流、展会宣传等手段，提升整体产业研发运营实力，扩大海外市场份额，促进全产业链信息流、技术流、金融流、人才流的流动畅通，致力于打造集展示、互动、交易为一体的文创游戏线下市场。会议通过《中关村文创游戏产业发展联盟章程(草案)》，选举北京伽叶科技有限公司总经理牛涛为联盟理事会主席。

（刘旭静）

【“暴风加油站”项目发布】8月25日，北京暴风科技股份有限公司在中关村创业大街发布创新项目“暴风加油站”。暴风加油站基于WiFi服务器，在所覆盖的区域向用户免费提供电影、电视剧、音乐、电子书、游戏等资源的下载和观看服务，由软件、硬件和后台服务3个部分组成。用户在设置了暴风加油站的场所，搜索名为“Baofeng WiFi”的无线网络接入点，手机上就会自动获取“加油站App”，用户可通过部署在本地的加油站服务器，以本地WiFi连接的方式观看或下载资源，也可通过暴风加油站观看虚拟现实的暴风魔镜的内容。

（杜　玲）

【头条号创业者大会举办】9月8日，由北京字节跳动科技有限公司主办的头条号创业者大会在京举行。今日头条平台的创作者及相关代表等600余人参加。大会推出“千人万元计划”，即头条号平台将确保至少1000位头条号创作者，每月至少获得1万元的保底收入；发布“新媒体孵化器计划”，将为创作者提供办公场地、法律、财务和版权保护等资源支持。11月，新媒体创业加速器“头条号创作空间”上线并接受自媒体及内容行业上下游初创团队的申请。加速器位于中航广场，建筑面积2000余平方米，可为入孵团队提供200余个工位。

（杜　玲）

【雅昌集团获53个美国印制奖项】9月14日，在第六十六届美国印刷大奖颁奖典礼上，雅昌文化集团获53项奖，包括8项班尼金奖、2项全场奖和1项全场总冠军奖。雅昌文化集团获班尼金奖的书籍有《宋拓九成宫醴泉铭》《男女画册》《逐梦荒野》等。[美国印制大奖由美国印刷联合会主办，是全球印刷业历史最悠久、规模最庞大的书籍印刷设计评比奖项，自1950年开始举办，其最高荣誉班尼金奖(Benny Award)，以为美国印刷业技术带来革命性发展的发明家班杰明·富兰克林(Benjamin Franklin)命名。]

（袁永章）

【3个园区入选首批市级文创示范园区】10月29日，在第十届中国北京国际文化创意产业博览会开幕式暨主题报告会上，市委宣传部公布北京市首批“市级文化创意产业示范园区”名单，共有4个园区入选。其中，中关村示范区内中国北京出版创意产业园、清华科技园、星光影视园3个园区入选。入选园区具有集聚度高、特色鲜明、产业链完善、服务体系健全、管理运营规范、运营效益显著等特点。

（康秋红）

【出版创意产业园入选市级文化创意产业示范园】10月29日，在第十届中国北京国际文化创意产业博览会开幕式上，市委宣传部发布北京市首批市级文化创意产业示范园区名单，中国北京出版创意产业园成为4家入选园区之一。出版创意产业园区是原新闻出版总署和北京市政府共建的第一个国家级出版创意产业园，集聚文化法人单位近40家，是国内最大的民营书业企业集聚地，开创了国有和民营文化企业创新合作、共谋发展的模式；其围绕出版领域搭建专业化服务平台，推动民营企业参与出版，对北京市文化创意产业园区开展专业化服务平台建设和激发民营文化企业发展活力具有典型示范意义。年内，园区出版平台累计出版图书1万余种，市场占有率居全国前三位。

（许海龙）

【“汉数书法体验设备”参展北京文博会】10月29日—11月1日，在第十届北京文博会上，中国科学院自动化研究所展出“汉数书法体验设备”。设备采用基于经验的参数化物理毛笔模型，实现书法笔触的模拟，并通过记录书写过程中毛笔的运动参数，合成逼真的书写轨迹，模拟真实的书法艺术创作过程。体验者可对

名家名帖进行临摹，借助图像骨架提取算法和直方图分析方法实现对书法作品的智能评价。设备以各类书法数字资源库作支撑，并与汉字数字化云服务平台的数据库相联通，实现线上线下互动，能为体验者提供多样的书法知识和学习体验。

（韩洋洋）

【首批 13 家单位入驻中关村互联网文创产业园承德园】 12 月 21 日，中关村移动互联网产业联盟、一得阁、观众网、安信证券等 13 家单位入驻中关村互联网文创产业园承德园。产业园是依托中关村互联网文化创意产业园技术、人才、资金及创业服务等创新资源优势，以“互联网 +”为主导，以科技、金融、文化融合发展及创意设计产业为支撑的创新型互联网文化产业基地。同日，文化部艺术发展中心影视基地、中国微电影基地、小马奔腾文化影视产业基地、十月天传媒影视创作基地揭牌，项目涉及文化、科技、影视、金融、服务和电商等领域，对推动北京非首都功能疏解、优化产业布局和承德地区转型升级起到了促进作用。（11 月 13 日，承德高新区管委会与北京中关村互联网文化创意产业园管理有限公司签署《合作协议书》，共建中关村互联网文创产业园承德园。）

（杜　菲　武　悦）

【加意 D2C 平台上线】 年内，北京加意都市网络有限公司以移动客户端的形态推出加意 D2C（Designer to Consumer）平台。平台上汇集海量有才华的创意设计师并提供设计服务，用户能够快速寻找到各行业最具创新思维和趣味的创造者；通过对接，设计师更容易获得生活的灵感和洞察，并在互动中让有才华的设计师积累财富和影响力；消费者也可以便捷找到各类生活问题的产品解决方案。

（杜　玲）

【“人人都来学国学”系列丛书出版】 年内，北京国学时代文化传播股份有限公司编纂的“人人都来学国学”系列丛书——《国学千问》《数字国学》《图说国学》由人民邮电出版社出版。其中《国学千问》按照现代学科分类，从历史、文学、哲学、军事、宗教、艺术、科技、经济、教育、风俗 10 个方面，通过提出 1000 个问题的方式，进行解释；《数字国学》援数入词，因数系词，因词纪事，将中国传统文化中的各类数目词汇为一编，每一词条注有解释和出处，编次不分门类，以数词顺序为序，附词尾笔画索引，以简驭繁，较旧时类书更便于检阅；《图说国学》精选了先秦至晚清两千多年中国文化史上最具代表性的 81 种国学经典，按

传统的经、史、子、集四部分类法编排，涉及儒墨道释、兵法医算、天文地理、琴棋书画、诗词曲赋，用图说的形式进行讲解。所配置的每一幅图都是一个知识点，可视为一本国学普及读物。

（刘　佳　张欣怡）

重大创新成果

Major Innovative Achievements

本栏目设有国家科学技术奖和北京市科学技术奖两个分栏目，以条目体形式记述中关村国家自主创新示范区区域内的部分单位和个人获国家最高科学技术奖、国家自然科学奖、国家技术发明奖、国家科学技术进步奖、北京市科学技术奖的成果内容及其创新点。

综 述

2016年1月1日，《国务院关于2015年度国家科学技术奖励的决定》（国发〔2016〕2号）印发。国务院决定，对为中国科学技术进步、经济社会发展、国防现代化建设做出突出贡献的科学技术人员和组织给予奖励。共授奖295项，7名外国专家获国际科技合作奖。北京地区共获奖71项。中关村示范区61项，占北京地区获奖总数的86%，企业牵头的12项，占北京地区获奖总数的17%，企业参与的29项，占北京地区获奖总数的41%。61项中，国家自然科学奖二等奖12项，占北京地区自然科学奖获奖总数的100%。国家技术发明奖二等奖15项，占北京地区技术发明奖获奖总数的88%；企业牵头或参与的各两项，分别占北京地区技术发明奖获奖总数的12%。国家科技进步奖34项，占北京地区科技进步奖获奖总数的83%，包括特等奖2项、一等奖1项，二等奖31项；企业牵头的10项，占北京地区科技进步奖总数的24%；企业参与的27项，占北京地区科技进步奖获奖总数的64%。61项成果在基础研究领域取得量子通信和量子反常霍尔效应、中微子震荡、外尔费米子等一批重大原创性成果，在载人航天、深海潜器、超级计算等战略高技术领域实现重大突破，在高铁、核电、移动通信、生物育种等产业领域攻克了一批核心关键技术。企业领衔或参与完成的成果逐年增加，创新能力不断提升，以企业为主导、以国家战略需求为目标、以市场需求为目的的研发体系正在形成。朝阳园企业国机集团北京飞机强度研究所有限公司作为第一完成单位完成的“二十二种型号飞机载荷谱关键技术及应用”获国家技术发明奖二等奖，成功地解决了中国采用一架飞机进行载荷谱飞行实测和用于机群定寿、延寿，保障飞行安全的重大关键技术难题，为中国系列飞机飞行安全提供了技术支撑和保障。两项国家科技进步特等奖均由海淀园内单位完成，其中中国铁路总公司牵头的“京沪高速铁路工程”是世界上一次建成标准最高、线路最长的高速铁路，全部自主研发，全长1318千米，设计时速350千米，实现了持续高速度、高密度、高安全性运行，从根本上缓解北京—上海之间铁路运输紧张的状况。“高精尖”成果引领产业发展，海淀园企业和芯星通科技（北京）有限公司牵头完成的“多系统多频率卫星导航定位关键技术及SoC芯片产业化应用”作为世界上首颗支持全部现有卫星导航系统的GNSS芯片，达到了国际水平，在高精度测量、导航/授时等多个领域打破长期依赖进口的局面，获国家科技进步二等奖。2016年1月8日，中共中央、国务院在京召开2015年度国家科学技术奖励大会。

12月1日，《北京市人民政府关于2015年度北京市科学技术奖励的决定》（京政发〔2015〕58号）印发。市政府批准188项成果获奖。其中，中关村示范区149项，占北京地区获奖总数的79%，主要集中在电子信息、能源化工、医疗卫生等领域，医药卫生、食品安全、交通等民生项目占比超过一半。149项成果中，一等奖25项，占北京地区一等奖总数29项的86%；二等奖47项，占北京地区二等奖总数54项的87%；三等奖77项，占北京地区三等奖总数105项的73%。149项成果中，有57个项目由企业独立完成或牵头完成，占获奖项目总数的38%；企业参与完成的项目47项，占获奖项目总数的32%。尤其是一等奖项目，北京超图软件股份有限公司、北京掌城科技有限公司等7家企业独立或牵头完成，北京千方信息科技集团有限公司等13家企业参与完成，充分体现了企业承担和参与完成重大项目的能力不断提升，企业研发投入的积极性不断提高，技术创新主体地位进一步增强。基于自主技术平台的大尺寸平板显示核心技术研发应用、云端一体化SuperMap GIS软件平台研发及产业化等一批以技术创新和成果转化带动产业链发展的优秀成果，为促进首都经济转型升级，构建“高精尖”经济结构，培育高端产业发展新优势增添了新的动力；城市交通诱导与导航出行关键技术研究与应用服务、北京市大气环境PM2.5来源解析技术研究与应用等围绕医疗健康、食品安全、大气污染防治、城市交通领域涌现出的成果，为解决促进首都可持续发展的重大问题和百姓关心的热点、难点问题提供了科技支撑。45岁以下的青年科技人员获奖项目比例逐年提高，达到68.2%，包含“90后”科技人员，最年轻的获奖者25岁，逐步成为中关村示范区创新发展的重要力量。2016年2月19日，市委、市政府召开2015年度北京市科学技术奖励大会。

（章　健）

2015 年度国家科学技术奖部分项目简介

国家自然科学奖二等奖

【活体层次定量获取化学信号的新原理和新方法研究】 项目由中国科学院化学研究所毛兰群、于萍、张美宁等完成，属分析化学与生命科学的交叉领域。研究在原理发展、方法建立、方法的生理学应用等方面展开，提出了一系列原创性的研究思想和方法。其创新性成果：①发现了碳纳米管加快抗坏血酸界面电子转移的独特性能，创建了脑内抗坏血酸的活体原位和活体在线分析方法，并在活体层次发现脑缺血过程中脑内抗坏血酸的动态变化规律。②进行脑内葡萄糖的活体可视化分析，利用脱氢酶生物催化学反应的氧不依赖性，提出了脑缺血过程中脑内葡萄糖 / 乳酸活体实时分析新原理。③阐明了血红素类蛋白在碳纳米管电极上的电流响应增强机制；发现漆酶在碳纳米管表面实现直接电子转移的现象；组建了第一个基于碳纳米管的生物燃料电池，为发展自触发活体传感新原理和新方法奠定了基础。研究成果发表在《德国应用化学》等刊物上，20 篇主要论文被 SCI 引用 2000 余次；获国家授权专利 4 件；部分方法被北医三院、北京师范大学等多家从事生理学研究的单位使用；获 2012 年度北京市科学技术一等奖。

（章　健）

【石墨烯的电分析化学和生物分析化学研究】 项目由清华大学李景虹、王颖、刘洋等完成，属分析化学领域。研究 2006 年启动，针对生物传感对灵敏度、选择性的需求，围绕石墨烯电化学、生物学效应及其生物分析新方法展开。主要创新：系统研究了石墨烯界面电子转移规律，并获电子转移速率常数等基础科学数据；建立了高灵敏和高选择性的石墨烯电化学生物传感新方法；揭示了石墨烯的高导电性和共轭性，可以有效地提高光催化剂的电荷分离效率，扩展了光催化剂的光吸收范围；发现了石墨烯的选择性吸附及酶切保护的生物学效应；提出了石墨烯作为生物探针和分子识别载体的实时细胞成像新方法，实现了单细胞内能量物质 ATP 等生物小分子的选择性实时监测。项目 20 篇主要论文被 SCI 他引 4800 余次，单篇 SCI 最高他引 660 余次，并受邀在国际著名期刊《化学评论》《化学学会评论》上发表综述。

（章　健）

活细胞内的多元核苷成像分析

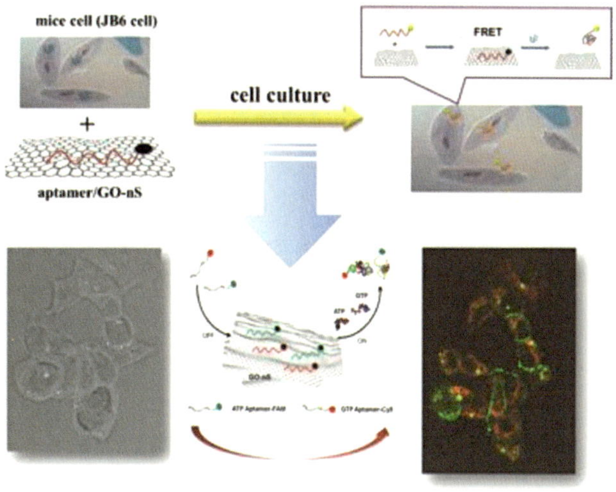

【大陆碰撞成矿理论的创建及应用】 项目由北京大学陈衍景完成，属矿床学研究领域。项目采用区域调研和矿床解剖相结合的方法研究中央和中亚等造山带及其夹持区，提出并证明一套大陆碰撞成矿模式，揭示造山带成矿规律，获多项创新成果：①碰撞成矿集中于主边界断裂与反向边界断裂之间，具有极性分带特点。②挤压向伸展转变期大规模成矿，成矿高峰滞后于洋盆消失约 50 移动平均线。③提出甄别矿床成因的流体包裹体标识体系，发现了多子晶富二氧化碳流体包裹体。④发现了造山型银、铅锌、铜、钼矿床的存在及其找矿潜力，提出了元素空间分带模型。⑤突破地球化学数据多解性，在多个矿田 / 矿床获得 CMF 模式的排他性证据。⑥发现碰撞前陆壳增生强度不同导致强增生与弱增生碰撞造山带之间存在显著的成矿差异。⑦发现了哥伦比亚超大陆会聚期的钼矿化。项目 20 篇核心论著被 SCI 他引 1500 余次；用于成矿预测，推动了一些大型、超大型矿床的找矿突破；用于教学，被编入矿床教材，称为“陈氏 CMF 模式”；阶段性成果获省部级二等奖以上奖励。

（章　健）

【青藏高原生长的深部过程、岩石圈结构与地表隆升】 项目由中国地质大学（北京）王成善、魏文博、朱弟成等完成，属地学研究领域。项目针对板块构造登陆和大陆动力学、地球系统科学展开了30余年的多学科交叉研究，获得一系列重要科学发现：①青藏高原中部先隆升的“原西藏高原”隆升新模式：在喜马拉雅发现中国大陆最年轻的海相地层，精确限定高原中北部可可西里盆地巨厚陆源碎屑沉积的时代和物源区（来自盆地南部），提出高原中部（羌塘和拉萨地体）率先隆起并在40移动平均线左右已达到现在高度的“原西藏高原”认识，突破了“整体隆升”和“向北生长”的传统概念。②青藏高原中下地壳普遍存在高导层：在青藏高原通过大量超宽频带大地电磁测深观测，发现高原中—下地壳中普遍存在高导层，且在雅鲁藏布、班公湖—怒江和金沙江缝合带有高导体向上地幔延伸的趋势，首次从导电性角度论证了青藏高原巨厚地壳中的物质状态是热的和塑性的。③幔源物质在青藏高原南部拉萨地块巨厚地壳形成中的作用：首次定量地论证了幔源物质注入在拉萨－羌塘和印度－欧亚碰撞过程中对形成青藏高原南部巨厚地壳的贡献及地壳加厚的时间，突破了地壳净生长不能发生在大陆碰撞带的传统观点。④ Comei–Bunbury 大火成岩省的提出和印度大陆初始裂解的关键时间节点：发现并命名位于现今西藏南东部和澳大利亚南西部的 Comei–Bunbury 大火成岩省，证实印度大陆在约132 Ma由于Kerguelen地幔柱活动开始从东冈瓦纳大陆裂解。项目在《科学》等刊物发表SCI论文100余篇，20篇核心论文被SCI他引400余次；获国土资源部（2012年）、教育部（2009年）和西藏自治区（2000年）3项科技成果一等奖。

（章　健）

【典型内分泌干扰物质的环境行为与生态毒理效应】 项目由北京大学胡建英、万祎、张照斌等完成。项目以野生生物健康危害成因解析为主线，系统研究了典型EDCs的检测方法、环境行为和低浓度长期暴露下的生态毒理效应等关键科学问题。主要发现点：①建立了将荧光偏振法、酵母双杂交法等生物测试方法与结构效应预测模型相结合的EDCs筛选方法，发现了雌激素、壬基酚、双酚A和有机锡等具有较强雌激素受体激动或拮抗作用；发展了复杂环境和生物样品中富集和纯化痕量典型EDCs的前处理技术，建立了相应的高灵敏、高特异性色谱质谱检测技术。②发现了多种天然和人工合成肾上腺皮质激素的水环境污染问题，揭示了雌激素、雄激素、孕激素、皮质醇激素和糖皮质醇五大类类固醇激素及壬基酚、双酚A等在中国水环境中的污染特征以及在城市污水和饮用水处理工艺中的转化行为。③建立了基于稳定同位素的渤海湾食物网结构，揭示了壬基酚、有机锡等典型EDCs的食物网传递行为，构建了生物放大性预测模型；研究了有机锡等EDCs的毒代动力学，揭示了野生鱼类的母子传递现象；建立了环境浓度下的鱼类繁殖/发育毒性的生态效应研究方法。④发现了长江野生中华鲟幼鱼畸形，并通过发展鱼卵显微注射的环境毒理学研究新方法，证明了三苯基锡是导致野生中华鲟畸变的主要物质，为中华鲟物种保护提供了新思路。项目成果发表90余篇SCI论文；获国家发明专利授权4件；获2011年教育部自然科学一等奖。

（章　健）

【电离层变化性的驱动过程】 项目由中国科学院地质与地球物理研究所万卫星、刘立波、宁百齐等完成。研究系统揭示了大气层—电离层耦合、磁层—电离层耦合及太阳辐射光化学三类过程对电离层变化性的驱动机理。提出的电离层/热层“四波”耦合模式给出了电离层与大气层耦合的新证据；发现的电离层超喷泉效应和再分层结构，揭示了电离层扰动区域特性；获得极端太阳活动条件下电离层响应新类型，给出了太阳极端宁静期电离层变化趋缓的首个观测证据。

（章　健）

【复杂耦合动态系统控制与应用】 项目由北京大学段志生、黄琳、李忠奎等完成，属自动控制理论与应用领域。课题研究起始于1992年，围绕耦合系统控制协同攻关，得到了一系列原创性成果。主要创新点：①突破了关联系统协调控制方面传统对角占优方法的根本局限性，明确了系统关联项的本质作用，揭示了不稳定子系统对关联系统整体稳定性的重要意义；给出了两个子系统互助合作实现稳定性的条件以及加强子系统耦合强度的方法。②建立了处理复杂网络同步与多智能体一致性的统一框架，基于代数图论、同步区域、H2控制等理论，提出了处理复杂网络耦合系统同步的新方法，首次揭示了复杂耦合网络中存在冗余边与间歇同步等新现象。③在反馈耦合多平衡点系统、多输入作用等领域建立了保证多平衡点系统总体性质的鲁棒控制理论，给出了时域与频域相结合的分析与控制方法；给出了多输入系统增加输入使得二次性能指标严格改善的充分必要条件。④给出了高超飞行器多通道耦合控制理论，以及适应大范围参数变化的鲁棒控制方法。 项目主要论文及专著大部分都发表在 *Automatica* 等国际期刊；主要成果2011年获教育部自然科学一等奖。

（章　健）

【不确定性系统的辨识与控制】 项目由中国科学院数学与系统科学研究院等单位张纪峰、刘允刚、赵延龙等完成。项目在不确定性系统的辨识方面，开展了集值输出系统的辨识研究，解决了系统存在有界噪声、随机噪声、未建模动态等不确定性下的参数辨识问题，形成了系统辨识领域的新的研究方向，并引发许多后续研究；在不确定性系统的控制方面，针对随机噪声、跳变参数、状态不可量测、仅局部信息可用等不确定性，给出了随机系统改变供应函数法、降阶非线性观测器设计、随机系统稳定性判定定理、输出反馈风险灵敏控制等分析和综合方法。项目所得到的理论与方法被应用于储能装置中电池管理实时模型的建立、永磁直流电机的参数在线估计、复杂疾病建模、n- 连杆机械手跟踪控制等实际问题的研究中，促进了相关学科的发展。

（章　健）

【可视媒体几何计算的理论与方法】 项目由清华大学等单位胡事民、黄继武、艾海舟等完成，属信息技术领域。研究得到国家“973”计划、国家杰出青年基金等项目的资助，主要发现点为：①建立了可视媒体形状几何的计算模式，开创了基于海量可视媒体进行图像合成的新方向；以形状几何作为全局结构化描述，提出了基于全局对比的显著性检测、非刚体匹配等方法，形成了形状几何的计算模式，基于形状几何抽取与匹配的创新发现，提出了互联网图像合成方法 Sketch2Photo。②提出了可视媒体几何不变量的计算模型，揭示了局部直方图和矢量树形结构的几何不变机理，提升了几何不变量抵抗形变的鲁棒性；基于几何不变量的计算模型，提出了几何不变的图像信息隐藏方法和支持任意旋转角度的多视角人脸检测方法。③ 提出了内嵌网格几何的思想，基于高维层次网格和梯度网格等内嵌网格几何，提出了可视媒体参数化表达，将可视媒体计算问题从图像空间映射到参数化空间，具有保持拓扑和计算复杂度低的优点，解决了复杂拓扑条件下的图像矢量化难题。项目成果 20 篇论文共被他引 3116 次；8 篇代表性论文被英国《每日电讯报》等国际媒体的报道，并编入国外大学经典教材和课程讲义。

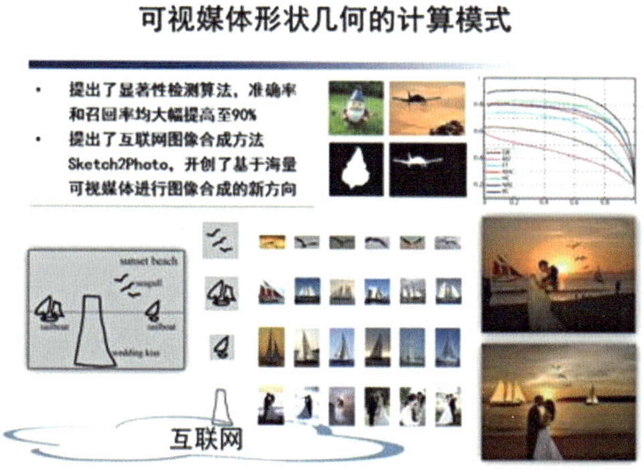

（章　健）

【视觉模式的局部建模及非线性特征获取理论与方法研究】 项目由中国科学院计算技术研究所等单位陈熙霖、山世光、高文等完成，属模式识别和计算机图像处理领域。经 10 余年研究，项目从生理与心理（仿生生物视觉系统）、数学（统计与流形几何）和成像机理（光学成像与射影几何）3 个视角出发，对视觉模式建模进行了系统深入的探索，提出了人类视觉特性启发的局部模式建模方法、视觉内在非线性信息的提取与度量方法、逆成像过程分析的建模方法。主要成果：①借鉴人类视觉的选择性响应特性和感受器的相对性特性，提出了仿初级感受野特性和反映视感知相对性的局部特征描述方法，在包括人脸识别、人体识别、纹理分析、目标检测与跟踪等方面得到应用。②通过对数据分布流形的学习，获取视觉信息的非线性结构以及数据分布的本征维度，建立了流形间的对齐和距离度量方法，在图像集合、视频识别以及超分辨率等方面获得应用。③通过分析成像过程，对光照、姿态等影响成像结果的过程建模，进而进行逆过程分析，获得稳定的特征表示，并在光照补偿、跨姿态识别等方面得到应用。研究成果发表主要论文 20 余篇，获国家授权发明专利 7 件；成功应用于公安部出入境管理局、百度在线网络技术（北京）有限公司等单位及企业。

（章　健）

【流域水沙条件对水质的影响过程及机理】 项目由北京师范大学夏星辉、杨志峰、沈珍瑶等完成，属水利工程和水环境的交叉学科。项目历经 20 余年，针对国家重大需求和科学难题，从微观、中观和宏观不同层次阐明了坡面和河道水沙动力条件对污染物（重金属、有机污染物和含氮化合物）的源—流—转—汇作用的影响，揭示了水沙动力条件对水质的影响过程及机理，构建了量化模型，建立了高含沙水体水质过程的理论体系。其科学发现：①发现泥沙对重金属的表面络合常数与一级水解常数符合线性自由能关系，并建立了线性斜率与泥沙组分之间的定量方程；将泥沙核心组分铁氧化合物对重金属的吸附特征研究由介观尺度拓展到纳米尺度和分子水平，阐明了泥沙吸附重金属的

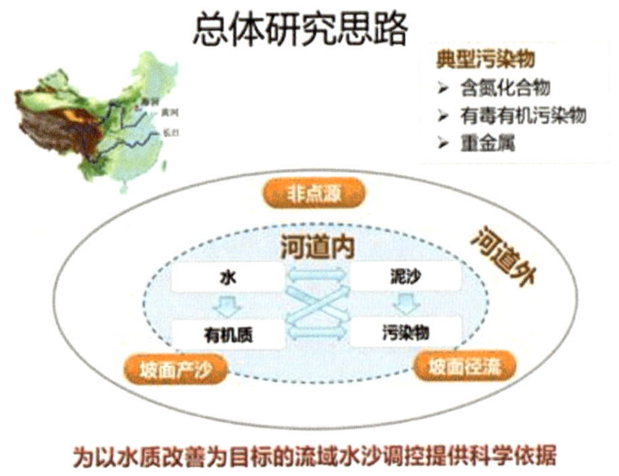

分子机理，剖析了重金属在河流各相中的分配规律。② 建立了泥沙对有毒有机污染物吸附过程以及转化和生物过程影响的量化模型；揭示了水动力条件变化导致的沉积物再悬浮过程中污染物的二次释放机理，解析了水利工程运行导致的水沙条件变异对水质的影响。③提出了采用 3 种同位素相结合的方法计算河流氮的来源；揭示了河道水沙条件对含氮化合物氨化、硝化和反硝化作用的影响机制，发现由于悬浮泥沙附近存在低氧区，含沙河流上覆好氧水体存在反硝化作用，突破了河流上覆好氧水体不能发生反硝化作用的传统认识，首次揭示了水沙条件对氮转化影响的定量化规律。④ 揭示了坡面水沙动力条件对非点源污染的影响机理；改进了输出系数模型，将降雨和地形等与水沙动力条件相关的因素添加到模型中，建立了大尺度流域非点源污染负荷估算模型；提出了一套根据历史水文、泥沙和水质数据确定输出系数的方法，解决了传统输出系数在地域上无差异性的不足；揭示了典型流域泥沙及非点源污染负荷变化规律。成果被环境保护部环境规划院、长江水利委员会等部门所采用；出版中英文著作 5 部，发表 SCI 论文 100 余篇；在相关国际会议做大会特邀报告 10 余次。

（章　健）

国家技术发明奖（通用项目）二等奖

【基于高性能生物识别材料的动物性产品中小分子化合物快速检测技术】 项目由中国农业大学沈建忠、江海洋，北京维德维康生物技术有限公司吴小平等完成。项目成果丰富了免疫分析理论体系，为高性能生物识别材料的获得提供了新思路和新方法，加速了快速检测产品的创新升级。成果获国家授权发明专利 19 件、国家重点新产品 2 个。针对兽药、霉菌毒素和非法添加物三大类危害物，项目提出了半抗原合理设计理论和技术，为高通量多残留快速检测提供了关键技术和材料；发明了系列核心试剂配方和工艺技术，提高了快速检测产品的灵敏度、稳定性，并构建了一个涵盖主要兽药、霉菌毒素、非法添加物，库容量超过 300 种的抗体库，为应对食品安全突发事件提供了技术储备。项目团队研发出食品安全快速检测试剂盒和胶体金试纸条产品 60 余种，其中 20 余种获农业部批准备案文号，在 30 个省区市地方残留监控工作和国内大型食品生产加工企业日常监测中应用，用于快速检测肉蛋奶及饲料中抗菌药物、三聚氰胺、黄曲霉毒素和瘦肉精等残留，有效保障了食品安全。

（章　健）

【国境转基因产品精准快速检测关键技术及应用】 项目由中国检验检疫科学研究院等单位陈洪俊、黄新、曹际娟等完成，属农业转基因生物安全学领域。研究 2006 年启动，2011 年完成，得到国家“863”计划、国家转基因重大专项等项目支持，在一管式核酸富集技术，转基因成分可视化灵敏检测和现场传感检测新技术，检测量值校准装置、软件和标准样品制备工艺等方面实现创新。其主要成果：①建立了由肽核酸(PNA)捕获区、烷烃连接臂和氨基结合区组成的捕获分子，实现了复杂基质中转基因成分的精准检测以及在同一反应管中完成核酸捕获、分离和检测全过程。②发明了新型 DNA 传感器和防污染等温扩增检测装置，大幅提高了检测灵敏度和速率，使检测过程由实验室内的 2 小时缩减到现场 30 分钟。③创制了 PCR 仪校准装置、荧光校准装置，实现了转基因产品检测的量值溯源；发明了转基因产品标准样品制备工艺，首次研制了 14 种转基因产品国家认证标准样品和 3 种标准质粒；研发了生物测试不确定度评定软件。项目相关成果获国家授权发明专利 17 件；制定行业标准 10 余项；出版专著 1 部；发表 SCI/EI 论文 10 余篇；在国内进出境检验检疫机构、高等院校和相关企业等推广应用。

（章　健）

【偏振遥感物理机理、关键方法与技术应用】 项目由北京大学等单位晏磊、吴太夏、杨建义等完成，属空间信息领域。研究 1978 年启动，得到国家“973”计划、“863”计划、北京市自然科学基金等项目的资助，针对遥感数据的可用性，利用偏振遥感技术手段破解遥感数据定量化的大气衰减与亮暗缺失效应两大瓶颈问题，突破了偏振遥感从地面观测、大气效应去除、偏振遥感器研制与定标的系列关键技术。其创新点：①通过偏振手段探测地表水—土—岩—植被特性的机理，建立偏振遥感地物波谱反演理论，发明了偏振地物与V分量探测方法。②借助偏振手段研究遥感领域瓶颈问题——大气衰减效应，发明降低大气衰减、实现地物波谱信息和大气衰减效应的分离方法。③探索常规遥感不易获取的精细、独特信息的偏振成像微器件物理基础，为研制偏振仪器实现原理突破。④探索偏振效应对高分辨率遥感仪器及定标基准的影响机理，为高分辨率遥感仪器制作及定标提供原理支持。⑤发现并研究天空偏振模式图对遥感观测的天空效应（大气、偏振导航），以完善大气窗口理论和建立遥感定位测量手段；建立偏振岩体密度理论，为星月远端观测提供突破口。项目获2012年北京市科学技术一等奖、2013年日内瓦发明金奖；国家授权专利50余件；发表论文160余篇；出版偏振遥感基础理论专著《偏振遥感物理》。

（章　健）

【燃煤烟气选择性催化脱硝关键技术研发及应用】项目由清华大学等单位李俊华、郝吉明、刘汉强等完成。研究历经10余年，得到国家“863”计划、国家自然基金等项目支持，揭示中低温脱硝反应机理，在脱硝催化剂及其关键载体、废旧催化剂再生及脱硝工艺等核心技术方面完成多项发明。主要创新点：①针对中低温脱硝效率低的难题，提出指导脱硝催化剂设计的“氧化还原位—酸性位”双活性中心理论，首次通过掺杂稀土元素耦合过渡金属调控氧化还原性和酸性，发明中低温宽窗口（200摄氏度～450摄氏度）高效脱硝催化剂。②针对中国燃煤烟气“三高”排放特征，提出复合载体颗粒增强和晶粒细化作用机制，发明高强度大比表面积的钛硅及钛硅钨复合载体；基于复合载体发明高强度抗耐磨催化剂的核心成型配方和端口硬化液，使催化剂抗压强度和抗磨损性能较国际主流产品分别提高20.9%和47.1%。③从原子尺度上揭示硫氯磷、碱金属/碱土金属和重金属砷的中毒机理，提出平衡催化剂表面酸碱性和氧化还原性是保证催化剂活性的关键，发明中性络合清洗液及电泳溶出再生技术，再生后中毒元素钾钙砷等去除率达到90%以上，活性达到新鲜催化剂的96%。④发明高精度流场均匀分布方法和系统，使NH_3/NOx摩尔比最大偏差小于±5%，保证烟气与催化剂充分均匀接触，提高脱硝效率。项目获国家授权发明专利23件、实用新型专利8件、软件著作权2件；主持编写2项国家标准；出版专著1部；发表SCI论文80余篇；曾获2014年环境保护科学技术一等奖。

（章　健）

【节油轮胎用高性能橡胶纳米复合材料的设计及制备关键技术】项目由北京化工大学张立群、田明、吴友平等完成，得到国家“863”计划等项目资助，形成了节油轮胎自主技术，对中国轮胎行业应对欧盟轮胎标签法、各种贸易技术壁垒具有重要的支撑作用。其创新点：①发展了原位改性分散技术和乳液纳米复合技术，解决了工业化应用时纳米填料的分散与界面调控难题。②发明了节油轮胎3个关键部件（胎面胶、钢丝圈垫胶和气密内衬层胶）用高性能橡胶纳米复合材料。③与山东玲珑轮胎股份有限公司和风神轮胎股份有限公司合作，先后成立了“玲珑轮胎—北京化工大学联合实验室”“风神北化轮胎新材料研究中心”，生产出节油（B级）、安全（A级）轮胎，实现了在轿车节油轮胎领域的产业化应用。

（章　健）

【含高浓度分散相的搅拌反应器数值放大与混合强化的新技术】项目由中国科学院过程工程研究所等单位杨超、毛在砂、王志侃等完成，属化学工业领域。研究提出了非均相混合计算新方法，发明了高相含率搅拌反应器数值放大新技术，研制了协同强化非均相传递与反应的新型搅拌反应器。主要发明点：①基于非均相体系微观混合的模拟，实现调控界面对流、强化非均相混合；提出了多相显式代数应力模型、欧拉模型两相大涡模拟等反应器数值新方法，解决了高相含率反应器的非均相混合差的工业放大难题。②发明了强化非均相混合的向心流桨、随轴转动的流体分布器等新反应器构型，从微观尺度上提高了工业反应器内传递速率与反应速率的匹配性以及反应选择性；实施了台套工业搅拌反应器的创新改造及放大新设计，实现了节能降耗。③采用耦合微观混合、流动与结晶动力学的模型和数值方法，实现了高相含率反应结晶器的热模计算；发明了强化非均相微观混合的搅拌和环流反应结晶器，解决了反应结晶器放大问题。项目获国家授权发明专利10余件、实用新型专利2件；获计算软件著作权11件；发表SCI论文50余篇，做会议邀请报告30余次，撰写英文专著1部；获2009年中国石油与化学工业协会技术发明奖一等奖；部分专利成果在石家庄炼化分公司等企业实施。

（章　健）

【特种液晶材料及调光膜制备技术】项目由北京大学等单位杨槐、曹晖、杨洲等完成，属材料科学领域，获得科技部、国家自然科学基金委、教育部等部门的资助，历经10余年，在开发液晶显示器（LCD）用光增亮膜、光透过率温度自调节膜、高分子分散液晶薄膜及其关键材料的制备技术方面，取得创新成果：①系统地研究了单体液晶的分子结构对液晶材料的相态和物理性能的影响规律，发明了具有近晶A（SmA）—扭曲晶界（TGB）—胆甾（Ch）相相转变的液晶性光聚合单体；制备了具有螺距梯度分布的TGB和Ch相共存的薄膜，发明了液晶性光增亮膜，可使背光源亮度提高约60%、平均每台液晶电视节能约37.5瓦/小时。②发明了具有SmA–Ch相转变并且其相转变温度在室温范围可任意调控的液晶材料；构建垂直取向高分子网络，发明温控膜，可使夏季室内空调节电约16.5%。③为开发2D–3D转换用、3D投影显示用、低驱动电压、快速电场响应、反式和双稳态等电控膜，发明了具有低临界频率的双频驱动、超高双折射率（Δn）值、低黏度、大弯曲常数（K33）/展曲常数（K11）值、含氟液晶等正性向列（N）相液晶和高Δn值的负性N相液晶材料。项目获国家授权发明专利10余件；发表SCI论文30余篇；在学术会议上做邀请报告8次；获2014年教育部技术发明一等奖；应用于江苏和成显示科技股份有限公司，实现了大批量生产与应用。

（章　健）

【复杂难处理资源可控加压浸出技术】项目由北京矿冶研究总院蒋开喜、王海北、刘三平等完成。研究提出了以“最小化学反应量原理”构建新的可控加压浸出技术的总体思路，用尽可能少的化学反应当量实现目标金属的分离提取，有效降低投资和成本，减少污染物产出，使加压浸出技术得到更广泛应用；围绕铜、锌、镍、钼等复杂难处理资源，通过长期的基础理论、关键共性技术和产业化应用3个层面的系统研究，揭示了加压浸出过程目标金属、铁、硫等核心元素的演变规律，构建了可控加压浸出反应体系和过程调控评价机制，在工艺技术创新上取得了重要突破。研究历经30余年，成果获国家发明专利8件、实用新型专利2件，制定国家和行业标准各1项，发表论文40余篇；已应用于江西铜业集团公司、秘鲁Toromocho、菲律宾TVI等大型矿业公司。

（章　健）

【二十二种型号飞机载荷谱关键技术及应用】项目由朝阳园企业国机集团北京飞机强度研究所有限公司牵头，北京航空航天大学等单位闫楚良、高镇同、卓宁生等完成。研究属总装备部和原国家计委下达的重点研究项目，得到国家自然科学基金的支持，历时多年，解决了中国采用一架飞机进行载荷谱飞行实测和用于机群定寿、延寿，保障飞行安全的重大关键技术难题。主要发明点：①建立了最少空测飞行起落采样次数准则，发明了飞机高置信度中值载荷谱编制技术，揭示了中国系列飞机在实际飞行过程中的结构薄弱部位和疲劳源，创建了采用一架飞机进行载荷谱飞行实测及同型号机群母体定寿、延寿的全新技术体系。②建立了飞机载荷输入与应变输出逆变矩阵模型和三维多元置入式载荷测量桥路设计方法，发明了飞机在实际飞行过程中所承受的分布载荷外场多点协调加载标定方法，创建了中国系列飞机空间载荷实测技术，测量误差小于3%。③发明了22种型号飞机、128项翼身融合体、大展弦比机翼、飞机全尺寸悬空等不同构型的结构空间载荷标定试验装置，真实再现不同构型飞机在实际飞行过程中的气动载荷、惯性载荷和发动机载荷。④发明和集成了卫星授时、网络采集、编程加载的飞机载荷谱万亿计实测数据可视化采集系统，实现了数千通道数据同步采集，远距点对点数据传输，异构数据以太网同步记录，解决了中国22种型号飞机载荷谱数千通道的实测数据同步采集、传输和存储系统集成的技术难点。⑤提出了载荷谱柔性数据模型，创建了基于RIA的中国系列飞机载荷与环境谱数据库，实现了中国系列飞机数千数据通道、数千万亿计实测数据资源交互与共享，建立了中国22种系列飞机定寿、延寿和新研型号飞机目标寿命可靠性评定数据支持和资源共享平台。研究获国家授权发明专利40余件，软件著作权25件；出版专著4部，发表SCI、EI论文80余篇；成果用于20余种数千架型号飞机定寿、延寿和新研型号飞机目标寿命可靠性评定。

（章　健）

【天线多频技术及在多模移动终端的应用】项目由北京邮电大学等单位刘元安、苏明、肖雳等完成。项目针对天线多频技术和宽带技术开展研究，主要应用于

300 ～ 6000 兆赫频率范围的移动终端，涵盖了移动通信及无线局域网应用，完成了包括基础理论和实现方法、规模产业化和标准化在内的关键技术突破。主要创新：①建立了有耗互易、有耗非互易型传输线理论体系及三维图形化处理的数学描述等，解决了领域内国际学术和工程界长期未能解决的难题。②围绕单体多频天线及性能的提高，通过光子晶体新方法、左手材料及多参数联合优化，突破了单位空间电磁参数最大化、多频效率提升等关键技术，建立了多形枝节加载统一模型及电流环程精确控制的预定多频段协同调控方法。③围绕单体多频天线和宽带天线的规模化，通过性能冗余的参数统计与分析，突破了参数统计漂移、协同微调和一次性合格率等关键技术，建立了面向终端复杂电磁环境应用的单体多频和宽带天线技术与设计方法。成果获 2010 年度中国通信标准化协会科学技术一等奖和 2013 年中国电子学会科学技术奖（技术发明类）一等奖；应用于终端天线制造及应用，行业标准、国际标准的制定及实施。

（章　健）

【运动座载设备协调控制关键技术及应用】项目由北京航空航天大学等单位贾英民、霍伟、杜军平等完成。运动座载设备协调控制是一项在航空航天、交通运输、机械加工、能源工业等领域有着重大国家需求的共性技术，旨在控制运动基座及其搭载的仪器设备共同完成特定的协作任务，具有重要的实际应用价值。主要发明点：①运动基座的精确定位与轨迹跟踪技术。②运动座载设备的视觉跟踪与姿态测量技术。③运动座载设备鲁棒智能协调控制技术。④运动座载设备协调控制装置的一体化设计方法。项目通过理论创新、技术发明、软件设计以及装置研制，形成了具有通用性的运动座载设备协调控制技术，其成果在中航工业第一飞机设计研究院空中加油系统总体方案设计及地面试验等多家单位的项目中得到应用。项目获国家授权专利 30 余件，软件著作权 10 余件；发表 SCI 论文 50 余篇；获 2014 年度高等学校科学研究优秀成果奖技术发明奖一等奖。

（章　健）

【面向社区共享的高可用云存储系统】项目由清华大学郑纬民、武永卫、舒继武等完成，属分布式处理和计算机存储领域。研究得到国家“973”“863”等课题资助，在解决云存储系统的高可用性、数据共享管控、性能和效率优化以及高可扩展性等难题上取得重大突破。其创新点：①发明了提升云服务和云数据可用性的方法，在解决云存储系统的高可用性难题上取得了重大突破：实现了云存储的全系统保护，在灾难发生时，云存储服务的恢复时间提升 3 个数量级；融合了 Paxos 和纠删码，将由副本不一致所导致的云数据不可用时间降低了 30%；设计了针对 SSD 的磨损均衡方法，减少高达 40% 的影响闪存介质可用性的放大效应。②发明了基于社区的可控共享支持方法，提出了针对数据共享的层级密钥管理、云存储内嵌删冗、期望不变量等方法，解决了由于共享所引起的安全管控、云存储存储空间急剧膨胀、数据共享访问的竞争错误防护等系列难题。③发明了一系列优化云存储系统性能和效率的方法，提高了云存储系统的效率：数据迁移方法能够减少高达 86.06% 的数据再分布时间；自适应缓存框架可减少 20.3% 的平均响应时间；数据聚散优化技术在保持接口简单性的同时，能够降低 40% 以上的数据访问延迟。④发明了面向共享的可自调整适配的云存储系统架构及实现方法，提出了主机—集群—数据中心 3 个层级的扩展方法、数据的挂载使用机制、基于策略定制的分级存储方法等，满足了大型企事业单位自建自管云存储系统以及本地用户使用 TB、PB 级数据的需求。项目获国家授权发明专利 36 件；发表论文 50 余篇；获 2014 年中国电子学会技术发明奖一等奖；在中国石油天然气集团公司、清华大学等企事业单位和科研院所得到应用。

（章　健）

【多流波束赋形的无线传输技术】项目由电信科学技术研究院陈山枝、王映民、孙韶辉等完成。研究针对波束赋形、空间复用技术难题开展攻关，技术独特，创造性突出，成果转化程度高。取得成果：①发明基于小间距天线阵列的多天线多流波束赋形技术，通过小间距天线阵列发送多个波束，形成以空间划分的并行数据流传输，实现高速数据传输与广覆盖。②提出三维资源调度和联合干扰管理方法，建立网络级、小区级、用户级分层干扰模型，大幅提升系统容量。③开发出宽带正交频分复用时分双工传输控制与接入技术，使得多流波束赋形技术在有关国际标准中应用。研究成果获国家授权发明专利 45 件，国际 PCT 专利 12 件；主导和参与国际标准 14 项、国内通信行业标准 11 项；以该技术发明为关键要件，与法国电信公司等国际著名公司发起成立国际专利池，开展国际专利商业模式创新；实现规模化生产，应用于宽带移动通信系统设备、测试仪表等研发；生产的网络系统设备、终端芯片、测试仪表等被国内三大运营商及部分海外运营商采用。

（章　健）

【高能效动态可重构计算及其系统芯片关键技术】项目

由清华大学等单位魏少军、刘雷波、毛志刚等完成，属芯片技术领域。项目在国家自然科学基金、“十一五”国家“863”计划重点项目支持下，历时7年，首次经过了芯片及其应用验证，是可重构处理器技术的重要技术突破。主要发明点：①围绕“‘隐式配置—数据驱动’的动态重构计算模式”，通过任务相似提取的配置层次化组织方法、频度优先的配置流缓存策略和轮摆式动态加载机制，克服了传统配置信息存储和加载的难题，将配置“隐藏”到任务执行中，阵列有效利用率大幅提高。②围绕“支持控制任务高效并行且‘运算、互连和电压’三维动态可配的阵列架构”，实现了一种可动态配置运算单元、互连方式和驱动电压的阵列架构，并通过预测分块、分支配置、配置融合等硬件技术提升控制任务并行效率、应用性能，显著降低功耗。③围绕“可重构计算系统芯片的多参量协同映射技术”，通过将运算、互连和访存等多参量形式化为统一的最优化问题，提出了基于多面体模型的映射技术及能耗优化的任务划分调度技术，实现了从程序源代码到配置流的高能效映射，提升计算性能同时降低能耗。研究成果获国家授权发明专利38件；发表SCI论文24篇、EI论文46篇；出版专著《可重构计算》；应用于信息安全和武器装备等领域；获2014年度教育部技术发明奖一等奖。

（章　健）

【耙吸挖泥船动力定位与动态跟踪系统】 项目由西城园企业中国交通建设股份有限公司牵头，中交天津航道局有限公司等单位田俊峰、丁树友、顾明等完成。研究属2009年交通运输部行业联合攻关项目，历经4年产学研用联合攻关，其动力定位与动态跟踪功能和性能指标整体达国际水平。项目以天航局大型耙吸挖泥船“通程”轮为目标船型，综合采用系统设计、理论研究、模型水池试验、实船测试和成套设备工程化应用等手段，研制出能装备于海洋工程船舶的DP/DT成套设备；针对耙吸挖泥船作业流程复杂、工况多变等特点，研制了耙吸挖泥船动力定位与动态跟踪系统，实现了耙吸挖泥船自动航迹向挖泥、动态跟踪挖泥、定点挖泥控制、动态跟踪抛泥等特殊疏浚作业的精确定位与精确控制；首创了耙吸挖泥船艏喷作业动态跟踪控制功能、耙吸挖泥船COG动态跟踪控制功能，实现了动力定位与动态跟踪系统与耙吸挖泥船疏浚监控自动控制系统无缝集成，使耙吸挖泥船具备了在特殊条件下精确施工能力。成果获国家授权发明专利4件、实用新型专利1件、软件著作权3件；制定并颁布国家标准1项；发表学术论文7篇；成功应用于多艘大型耙吸挖泥船上，解决了耙吸挖泥船在港口航道、深远海海洋工程等精确定位与航迹跟踪作业技术难题。

（章　健）

国家科学技术进步奖（通用项目）特等奖

【高效环保芳烃成套技术开发及应用】 项目由中国石油化工股份有限公司石油化工科学研究院等单位戴厚良、孙丽丽、王辉国等完成，属化学工业领域。项目在国家“973”计划、中国石化十条龙攻关等项目支持下，通过物理化学、催化材料、智能控制、工艺工程等原理与方法创新，首创原料精制绿色新工艺，首创芳烃高效转化与分离新型分子筛材料，集成创新控制方法实现智能控制，首创芳烃联合装置能量深度集成新工艺，创新设计方法与制造工艺实现关键装备“中国创造”。其主要成果：①以化学反应替代物理吸附，实现了原理创新，固废排放减少98%。②首创两相共生分子筛，并开发了两种新型芳烃转化催化剂，重芳烃转化能力提高70%～80%，资源利用率提高5%；开发了亚微米分子筛高性能吸附剂和高效模拟移动床吸附分离工艺，PX分离效率提高10%。③集成模拟移动床控制系统、集散控制系统和安全联控系统，确保了装置长周期本质安全与高效精准运行。④装置运行实现由“外供电到外送电”的历史性突破，单位产品综合能耗比国际先进水平降低28%。⑤创新设计并建造了世界规模最大的单炉膛芳烃加热炉、世界最大的多溢流板式芳烃精馏塔；开发了实现流体高效混合与分配的新型结构吸附塔格栅专利设备等。

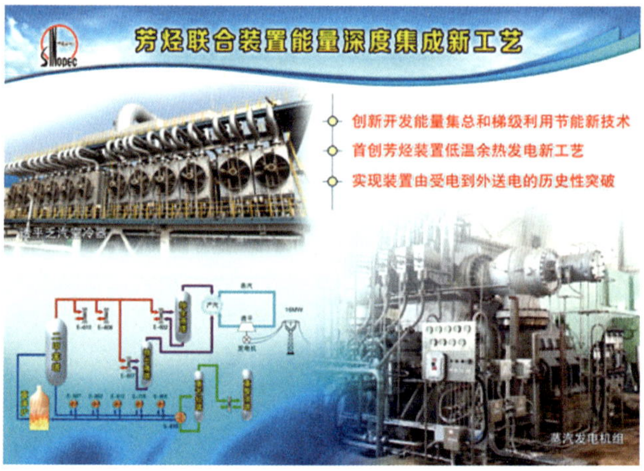

项目获40余件国内外专利授权；成套技术先后在中国石化扬子石油化工有限公司和中国石化海南炼油化工有限公司工业应用，多项单元技术推广到沙特阿拉伯、伊朗等国家。与同类技术相比，项目单位产品物耗低5%、能耗低28%，吨产品成本低8%，环保监测指标全面优于最新国家标准，减排二氧化碳27%，具有明显竞争优势；95%的设备自主设计与建造，技术出口海外，带动了化工与流程制造业发展。

（章 健）

【京沪高速铁路工程】项目由中国铁路总公司等单位何华武、卢春房、蔡庆华等完成。京沪高速铁路全长1318千米，是世界上一次建成里程最长的高速铁路。项目历经近20年的科技攻关与自主创新，突破了复杂工程环境下高速铁路基础设施建设关键技术，研制了高速铁路CTCS–3级列控系统，创新了高速铁路系统检测验证及系统集成技术，形成了149项建设标准、22项技术规范、768项产品技术标准和运营维护标准的高铁标准体系。主要创新成果有：①创立了高速、深水、大跨、六线长江大桥等复杂结构桥梁建造技术；创新了超长高架桥上无砟轨道无缝线路建造技术和刚性桩复合地基沉降控制技术；构建了多种交通方式高效协调运行的大型综合交通枢纽技术；建立了大张力接触网体系，研制了高强高导接触线；形成了时速350千米高速铁路建造标准体系和成套技术。②提出高速列车耦合大系统动力学理论；突破了整车气动性能、转向架、长编组双弓受流等关键技术；构建了整车设计—制造—验证—评估—优化成套技术，大幅提升了重大装备创新能力，形成了高速列车技术标准。③攻克高速列车动态控制曲线模型、多条并线铁路无线冗余覆盖、与其他等级线路互联互通等重大技术难题；研制了列控系统核心装备；建立了设计—制造—集成及评估技术体系。④实现全线持续时速350千米等级的系统检测验证，形成高速铁路完备的动态验收技术标准及系统集成方法；首次开展了时速380千米等级的综合试验，研究与探索了更高速度车—线—桥—网系统耦合作用规律及各系统的适应性。⑤建立以管理制度、人员配备、过程控制标准化为基本内涵，以技术、管理、作业三大标准为基本依据，以机械化、工厂化、专业化、信息化为支撑手段的标准化建设管理体系。项目获国家授权发明专利53件、实用新型专利116件、外观设计专利5件、软件著作权8件，国家级工法9项，专著14部，论文235篇；至2014年底，京沪高铁运送旅客2.79亿人次。

（章 健）

国家科学技术进步奖（通用项目）一等奖

【中国人体表难愈合创面发生新特征与防治的创新理论与关键措施研究】项目由中国人民解放军总医院第一附属医院等单位付小兵、程天民、陆树良等完成，属创伤与生物医学交叉领域。体表慢性难愈合创面主要包括严重创烧伤后残留的创面、糖尿病足、下肢动静脉溃疡等，具有致伤因素多、机制复杂、治疗难度大等特点。成果创新：①发现并在国际上首次报告了中国人体表慢性难愈合创面的主要病因由10年前以创伤、感染为主转变为以糖尿病足为主，中国糖尿病足具有小截肢率高和一期愈合率低等流行病学新特征。②首次阐明了糖尿病皮肤高糖和糖基化产物（AGEs）等毒性物质蓄积造成创面"隐性损害"、生长因子糖基化与创面炎症异常导致创面免疫紊乱以及放射性创面以细胞损害为关键环节诸因素网络失调等3个特殊机制。③创建了采用光子技术减轻创面"隐性损害"、彻

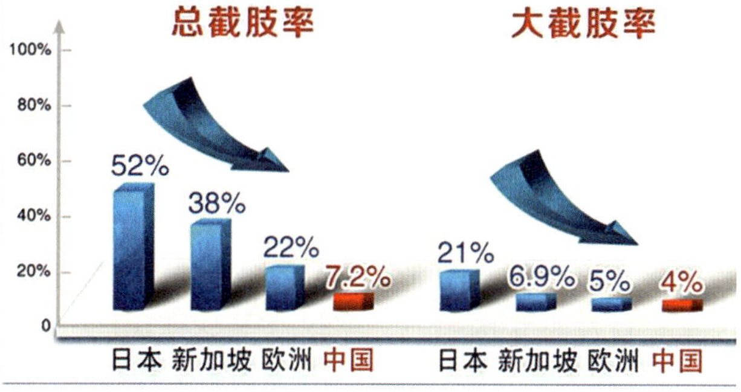

底切除纤维板、扩大清创以减轻创面进行性损害以及采用4G技术开展复杂创面治疗4种关键技术，典型单位慢性难愈合创面总体治愈率从60%上升至94%左右，糖尿病足总截肢率为7.2%，大截肢率4.0%。④创建了示范性的创面治疗专科并开展了大医院创面治疗专科与社区医疗机构单病种双向联动与转诊治疗复杂难治性创面的新模式，倡导建立了50余个创面治疗专科（中心），成果在全国1300余家单位推广应用，治疗患者14万余人。项目成果获省部级奖4项，其中一等奖2项；授权国家专利30件，其中发明专利10件；获软件著作权、产品注册证、临床批件共7件；发表论文300余篇，其中SCI论文80余篇；获2013年度北京市科学技术一等奖、2014年度军队医疗成果奖二等奖等奖项。

（章 健）

2015年度北京市科学技术奖部分项目简介

北京市科学技术奖一等奖

【笔式人机交互关键技术及应用】 项目由中科院软件研究所等单位田丰、戴国忠、王宏安等完成，属计算机信息技术领域，得到国家“863”计划、自然科学基金等项目支持。主要创新点：①通过建立三维笔身运动模型，提出一套基于刺激—反应相容性的交互状态呈现及切换方法，与国际权威方法相比在交互效率上有10%以上的提升，可广泛应用在状态切换、多参数输入等人机交互任务中。②基于格式塔等认知理论，设计实现了手写笔迹结构理解系列算法，其中连续手写切分、概念图理解、复杂文本行提取方法达到94%以上的识别率，有效解决了行、字、图结构等手写笔迹中关键结构的理解问题。③围绕笔式人机交互核心交互任务，设计实现了一系列笔式智能人机交互技术，其中草图编辑技术、手绘对象操纵技术、跨通道输入技术与国际主流技术相比在交互效率上有30%以上的提升。④建立了笔式人机交互开发平台，面向教育、医疗、体育等多个领域，研发笔式电子教学系统、笔式辅助诊断系统、笔式体育训练系统等。项目成果获国家授权发明专利42件、实用新型专利101件、外观专利54件，制定国家标准3项、获软件著作权46件、软件产品登记6项，出版专著2部、译著1部，在国内外发表论文282篇；成果覆盖到国内30余个省市以及北美、欧洲等地区的多个国家，研发的电子白板、交互式平板产品销售总量居全球首位，形成的上肢运动功能的定量评价工具和分析平台，对临床诊断和神经功能评价发挥了重要作用，应用在国家跳水队、羽毛球队和女子水球队的日常训练工作中，对创奥运佳绩做出了贡献。

（孙迎莹　章　健）

【云端一体化SuperMap GIS软件平台研发及产业化】 项目由北京超图软件股份有限公司钟耳顺、宋关福、王尔琪等完成，属计算机信息技术领域。地理信息系统（GIS）软件平台作为“地理信息操作系统”，是地理信息技术的核心，为各类地理信息应用提供支撑。主要技术创新：①提出和设计了云端一体化GIS体系架构，研制了GIS应用服务器、分发服务器和门户服务器，构建了大型云GIS软件平台，解决了多层级分布式GIS应用的网络带宽性能瓶颈问题。②研究并实现了跨平台GIS技术，可支持国产操作系统以及超算平台，已成功运行于天河系列超级计算机，同时，系统还支持平板、手机和专业移动设备，全面实现了跨硬件平台和跨操作系统的应用。③研发了高性能GIS内核，整合发挥计算机大内存、多CPU、多核和显卡的高性能计算能力，提升了空间数据处理和空间分析的性能。④研制了GIS智能集群技术，解决了GIS服务在高负载下的自动扩展、智能同步和自动部署等关键技术问题。项目在跨平台GIS技术、云端二三维GIS一体化和GIS分发服务器技术等方面达到了国际领先水平，形成了SuperMap GIS服务器、桌面软件、开发套件、移动软件等系列产品，在智慧城市、国土、房产等行业成功应用。成果获国家授权发明专利2件、软件著作权29件，发表论文25篇，出版专著4部，制定国家标准2项；已在智慧城市、国土等行业应用。

（孙迎莹　章　健）

【城市交通诱导与导航出行关键技术研究与应用服务】 项目由北京掌城科技有限公司等单位陆锋、张恒才、夏曙东等完成，属计算机信息技术领域。研究提出了互联网环境下城市交通诱导与导航服务的完整解决方案，开发了交通大数据采集处理系统、交通诱导指挥系统、公众出行导航系统与环保驾驶系统。主要创新点：①突破了大规模浮动车系统轨迹地图匹配与交通状态分析、互联网与社会化媒体文本蕴含交通信息提取、多源交通信息实时融合等技术瓶颈，构建了服务提供与用户反馈交通信息生态体系，实现了国内交通信息一张图。②突破了不同来源导航路网、POI数据与商用导航路网匹配技术瓶颈，实现了基于UGC方式采集导航路网与POI数据的整合。③突破了多模式交通网络空间数据模型、多模式连通关系自动化处理、行程时间可靠预测、多模式多标准可靠路径规划、多用户并发路径查询负载均衡等技术瓶颈，实现了导航系统的升级换代。④突破了车辆能耗定量化评价难点，构建了环境评估模型，研发了节能环保驾驶动态路径方法。项目获国家授权发明专利12件、实用新型专利

1件、计算机软件著作权62件，发表SCI与中文核心期刊论文100余篇；实时发布交通信息覆盖国内主要高速公路、国道和省道（里程超过8.5万千米）以及北京、上海等大中城市，准确率超过90%。

（孙迎莹　章　健）

【群体智能支撑的互联网搜索技术及其应用】项目由清华大学等单位刘奕群、张阔、张敏等完成，属计算机信息技术领域。研究围绕搜索引擎在组织、利用海量规模异构异质网络数据，理解、匹配高度动态复杂的用户信息需求等方面展开，在点击行为模型构建及垃圾网页识别方面的成果达到国际水平。主要创新点：①面对搜索引擎用户需求提出基于用户查询行为结构图挖掘的查询推荐和信息需求分类算法。②面对网络资源质量管理构建用户浏览行为图模型和相应的链接结构分析算法，并提出基于用户浏览行为模式挖掘识别垃圾网页的半监督学习算法。③在国内首次提出将认知心理学成果融合进网络搜索技术研究，构建了基于眼动注视及鼠标移动等富交互行为推断用户认知检验过程的点击模型，利用用户群体智能实现需求与资源的有效匹配。成果获国家授权发明专利10件，在搜狗搜索、人民网搜索等引擎系统应用。

（孙迎莹　章　健）

【电场探测先进传感器关键技术及应用】项目由中国科学院电子学研究所等单位夏善红、彭春荣、陈贤祥等完成，属电子通信领域。研究历时10余年，得到国家自然科学基金、“863”计划等项目支持，在微型电场传感器和空中三维电场传感器方面取得重大突破。主要技术发明：①发明了微型电场传感器高性能敏感结构，实现了静电梳齿差分激励、热激励驱动电极和上下遮蔽式、共面屏蔽式阵列感应电极，获得微结构电场敏感单元。②提出了基于SOI（绝缘体上硅）加工工艺的微型电场传感器敏感芯片制备方法，突破了铝掩膜基底保护和聚酰亚胺正面保护深刻蚀技术，批量制备出高品质的敏感芯片。③发明了微型电场传感器芯片及系统的抗静电、高可靠封装结构，研制出适应高空探测环境和地面长期监测的、面向多个领域应用的微型电场传感器系列产品。④研制出旋转电极式和基于MEMS（微机电系统）技术的三维电场传感器，解决了电场分量之间耦合干扰等关键问题，实现了电场三分量的高精度检测。项目研制的传感器应用于西昌、太原等地的卫星发射基地的安全发射条件保障系统，成功用于风云系列、遥感系列等近50种国内外各类卫星发射和重大航天发射任务中。项目成果获国家专利授权24件、软件著作权6件，发表SCI、EI论文47篇，企业标准4项。

（孙迎莹　章　健）

【基于自主技术平台的大尺寸平板显示核心技术研发应用】项目由京东方科技集团股份有限公司等单位邵喜斌、田正牧、王丹等完成，属电子通信领域。研究以京东方集团自主知识产权的超维场技术为平台，开发了包括超大尺寸、超高分辨率、绿色低功耗以及高画质等一系列国际前沿的显示技术，并应用在高端TV中，生产出由55英寸、60英寸，到98英寸和110英寸，分辨率由4K到8K的高帧速120赫兼3D功能的液晶显示面板。主要创新点：①首创面板数据线分离的掩膜版拼接设计方法，拼接背光组件，解决了超大尺寸超高分辨率产品120赫驱动及液晶充电率以及超大尺寸背光结构变形和亮度不均匀等问题。②应用RGBW等技术，将TV产品的透过率提升20%以上，使超大尺寸超高分辨率产品与绿色低功耗实现完美结合；开发TV GOA和高色域技术，实现了大尺寸TV产品无边框设计和色域NTSC大于100%的突破。③将基于超维场技术平台开发的一系列显示技术，应用于高端TV用显示屏，种类覆盖32英寸到110英寸全系TV产品，分辨率从HD到超过分辨率8K，且实现了高画质与绿色低功耗概念的结合。2012年至2014年京东方集团销售额200余亿元，新增利润28亿元，新增税收近2亿元，结束了中国大陆彩电行业“无自主液晶屏时代”，带动了配套产业的发展。

（孙迎莹　章　健）

【北京市大气环境PM2.5来源解析技术研究与应用】项目由北京市环境保护监测中心等单位张大伟、王书肖、华蕾等完成，属资源与环境技术领域。研究历时7年，得到市政府、市科技计划的支持，首次厘清了北京市PM2.5及组分的浓度水平、变化规律和分布特征，确定了PM2.5来源中区域传输占28%～36%，本地污染排放占64%～72%，机动车、燃煤、工业、扬尘和餐饮等其他排放对本地污染的分担率分别是31.1%、22.4%、18.1%、14.3%和14.1%。主要成果：①开展了PM2.5自动监测方法的评估技术研究，建成了由35个地面子站和综合观测站组成的三维立体监测网络；通过对海量高时空分辨率数据的分析挖掘，掌握了PM2.5污染具有年均浓度高、重污染频率高、污染增速高、空间南高北低和时间变化特征显著等特点。②组建了PM2.5组分观测网，建立了11类典型排放源PM2.5成分谱，完成了486个环境样品、220个污染源样品的组分分析；获得PM2.5的主要组分为有机物、硝酸盐、硫酸盐、铵盐等二次污染物，占总质量的 70% 等结论。③建立综合源解析方法，联合源模型、受体模型以及源清单等进行了 PM2.5 来源分析，识别了区域传输与本地排放对 PM2.5 的贡献比例，解析了 PM2.5 主要本地来源为机动车、燃煤、工业、扬尘。项目成果应用于《北京市 2013—2017 年清洁空气行动计划》中压减燃煤、控车减油、治污减排、清洁降尘四大减排措施以及 2014 年 APEC 保障方案中京津冀及周边联防联控措施的制定等，发表论文 106 篇，获国家专利授权 4 件，相应技术在 30 余个城市得到应用。

（孙迎莹　章　健）

【城市面源污染控制与景观水体水质改善成套技术与应用】项目由清华大学等单位刘翔、王慧、薛晓飞等完成，属资源与环境技术领域。研究针对城市面源污染控制、非常规水资源（雨水径流、再生水）安全利用、以再生水为主要补充水源的景观水体水质改善等需求，研发了 12 类核心技术。主要创新点：①形成了城市面源污染控制和景观水体水质改善成套技术体系，可指导从污染源控制到水体修复的水环境综合治理整体解决方案的制订和实施。②开发了管网溢流控制、初期雨水分时收集、雨水旋流—快滤组合处理等城市面源控制成套技术和对氮磷有高效截留 / 去除作用的专用滤料，对城市径流产生的面源污染 SS、COD、NH_3–N、TN 和 TP 的去除率分别达到 95%、50%、80%、30% 和 70%。③针对雨水径流、再生水补水、分散式直排污水、水产养殖等污染源，开发了堤岸式渗滤、功能型人工湿地、真空截污、旁路净化槽等污染控制技术。④开发了湿地恢复、堤岸生态修复、水体多元生态构建、人工增氧造流、底泥消化抑制剂、水体透析等水体净化与修复技术，可有效控制河水黑臭、能够适用于不同条件及要求的水体修复。⑤研究出城市垃圾分散收集和封闭管理的实用技术，开发了垃圾渗滤液的收集和快速处理技术，总有机负荷去除达 90% 以上，大幅度降低了城市面源产生的污染物浓度和负荷总量。项目成果获国家专利授权 21 件，发表学术论文 95 篇，研发出专用设备（装置）8 套，开发功能材料 5 种；在北京、常州等 10 余个城市成功应用。

（孙迎莹　章　健）

【高分辨正电子时间测量技术的研究与应用】由中国科学院高能物理研究所王宝义、魏龙、曹兴忠等完成，属核科学技术领域。项目解决了高效率无机闪烁体快慢成分信号的符合甄别以及发光性能随时间衰减的技术难题，主要创新点：①采用新的闪烁体材料和新的结构，研制了高分辨率、高探测效率的，具有湮没射线全能量吸收功能的正电子时间闪烁探测器；采用快慢符合方式，利用氟化钡闪烁晶体的双发光成分信息，对正电子湮没射线进行能量和时间甄别，有效提高了正电子时间探测的分辨率，发展了具有自主知识产权的基于正电子探测的高分辨时间测量技术。②开发了高分辨正电子湮没寿命、符合多普勒、正电子寿命—动量关联、脉冲正电子束流时间、正电子素飞行时间谱（Ps–TOF）等多项正电子湮没方法学测量系统，建立了一个手段全面、性能先进、独具特色的材料微观结构研究平台。③将正电子时间测量技术用于位置分辨探测器，研制出基于飞行时间技术的正电子发射断层成像系统（TOF–PET）的高时间分辨率位置灵敏型探测器。项目成果获国家授权发明专利 2 件、实用新型专利 2 件；累计发表论文 200 余篇；应用于航空、国防等领域。

（孙迎莹　章　健）

【新能源智能监测与调度系统研发及应用】由中国电力科学研究院刘纯、王伟胜、董存等完成，属新能源与节能技术领域。项目依托国家科技支撑计划和国家电网公司科技项目，主要创新点：①建立了实时气象观测数据和背景场动力约束的资源分布动态模型，提出规模化新能源发电相关区域气象监测网络优化选址方法，解决了在稀疏气象观测数据条件下区域新能源资源实时分布的模拟难题，开发了基于 GIS 的新能源资源监测平台。②提出了风电功率短期预测模型自动辨识与自组态方法，建立了基于实测数据及数值天气预报的风电场超短期功率预测自回归在线模型以及净空模型、云层遮挡的短期和超短期光伏发电功率预测模型，开发了多时间尺度新能源功率预测系统，显著提高了风电和光伏发电功率预测精度。③建立了多源数据的新能源场站理论功率计算模型，采用多模型在线交互校验及自适应融合方法，开发了理论功率计算及弃风 / 光电量评估系统，实现了不同时间尺度的弃风 / 光电量定量评估。④提出了基于天气变化过程随机模拟的新能源出力年 / 月时间序列建模方法，建立了考虑电网运行约束的多区域新能源时序仿真模型、在线接纳能力评估及日前调度计划模型以及日内滚动优化调度模型，解决了新能源资源变化及系统运行约束条件下的多时间尺度新能源调度难题。⑤提出了考虑风电场经济效益最大化的有功功率优化控制方法、以动态电压稳定裕度最大和机端电压分布均衡为目标的两级无功电压闭环控制方法，研发了集监测、功率预测和有功 / 无功控制于一体的风电场调度技术支持系统，大幅提高了风电场运行的经济性和稳定性。项目获国家授权发明专利 4 件、软件著作权 6 件，编制标准 9

项，发表论文 8 篇；成果应用于北京、冀北等地的 22 个省级电力调控中心，覆盖新能源总装机超过 1 亿千瓦，提高受限地区的新能源利用率 10% 以上。

（孙迎莹　章　健）

【能量功率兼顾型锂离子动力电池系统的开发与应用技术】项目由中信国安盟固利动力科技有限公司吴宁宁、毛永志、刘建红等完成，属能源科技领域。研究针对插电式混合动力电动汽车以及特殊纯电动汽车等终端用户对动力电池能量、功率性能都兼顾的需求展开。主要创新点：①开发了一种复合高比能量与高功率层状尖晶石相活性材料特性的正极活性物质电极材料的使用方法，使电池兼具高能量和高功率特性。②开发了具有良好均热特性的电芯装配工艺，缓解了电池由于高功率应用导致的产热问题，提高了电池的寿命以及安全性。③通过添加氟碳表面活性剂和氟碳苯腈改善了电解液在电极与隔膜微孔间的分布特性，解决了软包装电池因电解液不足导致的寿命劣化快的问题。④采用全封闭液冷技术，冷却速度快，有效解决电池在大功率工况下温升高、温差大的难题；在电池系统设计时增加了电加热功能，使加热温度不超过 45 摄氏度，保证电池使用安全；开发了准确、快速定位绝缘故障点的技术，为快速解决电池绝缘问题提供了依据。项目获国家授权专利 7 件；在国内的插电式混合动力客车、快充公交、无轨电车及各类直充式公交上得到广泛应用。

（孙迎莹　章　健）

【低风速低载荷 1.5MW 风电叶片研发及产业化】项目由中材科技风电叶片股份有限公司陈淳、李成良、张富海等完成，属新能源及节能技术领域。2012 年，公司在国内率先开发出适应 1.5 兆瓦 –93 机组使用的高海拔超低风速叶片 Sinoma45.2，发电效率好、载荷小、重量轻，截至 2014 年底，累计销售近 800 套。主要创新点：①采用细长型气动布局，充分利用弯扭耦合效应，有效降低了叶片载荷；研发出专用建构模块软件，实现了气动外形的光滑过渡；与同期同类低风速叶片相比，Sinoma45.2 叶片额定风速最低，扫风面积最大，实际年发电量比 87 机组高出 7.6%。②采用 FOCUS 的软件实现了叶片结构的快速分析及迭代设计，利用 Nastran 和自主开发的后处理程序，提高了结构校核分析效率和准确性；开发了叶根校核分析工程算法，实现叶根连接分析的高级有限元分析。③开发了全尺寸叶片多截面疲劳验证技术，实现了大型风电叶片自主疲劳测试；建立了系统的风电叶片原材料评价体系，推动了国产化材料在大型风电叶片制造中的应用。

（孙迎莹　章　健）

【饱和铁心型超导限流器的关键技术研究】项目由北京云电英纳超导电力技术有限公司信赢、牛潇晔、任安林等完成，属新材料领域。研究利用高温超导材料的零电阻、大通流特性，研制了饱和铁心型超导限流器，具有“稳态低阻、限流高阻及快速恢复”的特性，能够快速、平稳、有效地限制输电线路的短路电流，解决输电网安全稳定运行的关键技术难题。主要创新点：①主动限流、可控励磁技术：加入了直流控制回路，变被动式限流为主动式限流，通过切断超导磁体内的电流，使全部铁心参与限流，避免了感应高压对直流回路器件的冲击。②松耦合铁心结构：通过分离限流器的高压和低压部分，使整体结构更为紧凑，降低成本和体积。③变铁心截面结构：采用铁心不等截面设计，即直流侧铁心截面积大于交流侧铁心，使直流侧铁心中的磁通更多地送达交流侧铁心，确保限流器稳态工作时有较低的阻抗。④部分油浸绝缘结构：将交流绕组置于油箱中，解决设备体积过大和超导绕组出线困难的问题。项目获国家授权发明专利 15 件、实用新型专利 4 件；发表论文 43 篇；先后获多项科技奖励，成果得到广泛应用。

（孙迎莹　章　健）

【脱硫石膏综合利用关键技术与设备开发及应用】项目由机械科学研究总院等单位单忠德、武发德、戎文娟等完成，属先进制造领域。研究针对工艺配方配料精准化、关键装备节能节材化、生产全流程控制系统化三大技术难题，结合电厂脱硫石膏原料特点、纸面石膏板及铸造石膏型技术要求，创新研究出低品质脱硫石膏数字化自动配料工艺技术、高效数控节能节材成形装备、生产全过程中央自动控制系统，实现脱硫石膏从原料到纸面石膏板、石膏型的全过程数字化自动生产。主要创新包括：①研究出适合于低品质脱硫石膏的石膏板 / 石膏型高效成形方法及其精准化材料配方，开发出原料干燥煅烧一体化、石膏板 / 石膏型优质高效制造工艺。②创新开发出自动化混料 / 发泡一体化装置、气—气换热三区大型干燥机、石膏板自动化精密剪切机、石膏型数字化加工成形机等成套技术及装备；研究出脱硫石膏全流程动态匹配高精控温控性系统、自动生产线中央控制管理系统。③创建基于中央和远程控制的纸面石膏板全流程数字化自动控制生产线，实现了脱硫石膏板生产流程全线控制及石膏型数字化加工，建立起纸面石膏板数字化制造车间；解决了低品质脱硫石膏应用及工艺控制难、石膏板质量稳定性差等技术难题，实现脱硫石膏稳定高效利用，无水石膏含量可控制在5%以下。项目获国家授权专利16件，其中发明专利8件；在江苏镇江、安徽淮南等地建成6条纸面石膏板生产线，年产能1.9亿平方米。

（孙迎莹　章　健）

【井下核磁共振探测关键技术与规模化应用】项目由中国石油大学（北京）等单位肖立志、廖广志、谢然红等完成，属先进制造领域。研究针对复杂油气藏的分布特点和钻井施工特殊环境，创新设计单边、多频、多脉冲序列组合等核磁共振探测方式，攻克异型磁体、定向天线、超大功率发射和极微弱信号检测电子线路、多维脉冲序列控制与发射、快速数据采集、多维回波数据处理、降噪、克服振铃影响等一系列技术难关，开发形成的井下核磁共振探测技术和装备能够快速、准确评价储层孔隙度、孔径分布、渗透率和油气含量等关键参数。主要创新：①发明了井下核磁共振仪器的探测器系列，具有分区多维核磁共振探测特性。②发明了井下核磁共振快速脉冲序列和多级降噪及反演方法。③发明了连续定量评价储集层的方法，为勘探目标选择、油气藏评价、储量计算等提供了重要的技术支撑。研究获国家授权专利16件、软件著作权4件，形成1项行业标准，发表论文65篇，出版专著4部。研发成果形成的仪器产品应用在大庆油田、胜利油田以及北美、中亚等地的主要油气田。

（孙迎莹　章　健）

【既有重大建筑抗震鉴定与加固关键技术研究及应用】项目由中冶建筑研究总院有限公司等单位惠云玲、郭小华、高向宇等完成，属土木工程领域。研究历时10余年，依托国家及部委重大科研项目，以既有重大建筑结构抗震鉴定与消能减震技术研究为主线和核心，进行了深入的理论分析及试验研究。主要创新成果：①提出既有重大建筑结构抗震鉴定方法，建立了既有重大建筑结构抗震安全性检测鉴定技术体系，解决了既有重大建筑结构抗震安全性检测鉴定的技术难题。②提出针对既有重大建筑结构抗震加固的性能目标，建立了大层高、大跨度混凝土框架结构消能减震加固设计方法，创新了阻尼器关键参数实测方法，验证了消能减震加固设计理论，提出可用于消能减震加固方案的评价指标和方法。③提出适用于既有重大建筑结构抗震加固的设防目标、加固方案、施工技术、质量控制等关键技术，解决了既有重大建筑结构抗震加固设计和实施的技术难题。项目获国家授权发明专利2件、实用新型专利4件，发表学术论文20余篇，培养了大量专业技术人才；成果用于人民大会堂等既有重大建筑结构的诊治中，并推广应用于沈阳市工人文化宫等50余项大型公共建筑中。

（孙迎莹　章　健）

【重交通条件下的高比例RAP沥青路面关键技术研究与应用】项目由北京建筑大学等单位季节、侯芸、徐希娟等完成，属城乡建设领域。研究依托国家自然基金、市自然基金等项目，开发了具有自主知识产权的重交通条件下高比例RAP沥青路面关键技术。主要技术创新：①基于非连续均质体的离散元方法，采用数值模型模拟高比例RAP的非连续结构，发现了重交通和环境耦合作用对不同RAP比例下新旧沥青界面破坏以及非线性细观开裂损伤的影响规律；提出了高比例RAP内部集料界面剪应力、层底弯拉应力等多个单项路面损坏指标设计体系，并建立相应的材料和结构设计原则。②揭示了植物油中不饱和脂肪酸可有效抑制RAP中沥青质絮凝沉淀作用的微观机理以及对RAP组分重分布的影响规律，利用苯甲醛交联剂、硅烷偶联剂对植物油的复配，开发了生物复合沥青再生剂；设计了高比例RAP沥青混合料（＞45%），提出了重交通条件下混合料性能的技术指标和标准。③建立了RAP三级预处理技术，控制了RAP质量变异性；提出了RAP在生产中的关键控制温度，开发了RAP分离再生技术及再生工艺；基于再生剂的扩散及润滑降黏作用，促进RAP中新旧沥青充分混溶，避免RAP二次老化。项目获国家授权发明专利10余件、实用新型专利5件，出版专著2部，发表论文70余篇，培养硕士、博士50余名及培训工程技术人员200余名；其技术成果在京沈高速辅路大修等道路工程中应用。

（孙迎莹　章　健）

【电动汽车能量回馈式制动系统关键技术及其应用】项目由清华大学等单位张俊智、王丽芳、苟晋芳等完成，属交通运输与安全领域。研究在国家"863"、北京市科技计划等项目支持下，针对制动能量高效、安全回收技术涉及的制动力耦合装置设计、安全性能控制、动态实验装备等国际性难题，提出了多项技术发明，形成了具有自主知识产权的系列核心技术。主要技术发明：①提出具有轮缸压力补偿和制动踏板感觉模拟双重功能的协调式技术方案，发明了一种全新能量回馈式制动系统，解决了能量回收效率与制动舒适性难以兼顾的行业难题，实车测试表明系统对整车能量经济性改善贡献率达到23.74%。②针对能量回馈式制动系统引发的整车制动安全问题，提出基于相平面理论的分频动态耦合制动防抱死控制方法和系统失效保护控制方法，解决了系统极端行驶状态制动安全难题，在安全失效保护状态，系统最大制动力建立时间为120毫秒。③提出基于车辆与实验系统耦合动力学模型的预估补偿前馈解耦控制方法，解决了回馈制动过程电机动态模拟加载与车轮滑移率控制的耦合难题，实现车辆极端行驶状态地面纵向力的高精度模拟，地面纵向力对滑移率梯度的模拟误差≤0.1%。项目获国家授权发明专利22件，发表SCI/EI论文31篇；在北京汽车股份有限公司等企业的25种车型上实现了规模化应用。

（孙迎莹　章　健）

【中国荷斯坦牛基因组选择技术平台的建立与应用】 项目由中国农业大学等单位张勤、张沅、张胜利等完成，属现代农业领域。研究针对中国奶牛育种实际情况，建立了荷斯坦牛基因组选择技术平台，并在全国推广应用。主要创新点：①提出了基因组育种值估计的一系列新方法，显著提高其估计准确性；提出了低密度芯片的设计和实施策略及基因型填充策略。②创建中国奶牛基因组选择参考群，由6000头母牛和400头验证公牛组成，包括高密度SNP基因型数据和产奶、健康、体型、繁殖等4类34个性状的表型和育种值数据。③构建了以集群为核心的高性能计算平台，开发了SNP芯片数据处理软件和基因组育种值计算程序，建立了中国荷斯坦牛基因组选择数据库。④利用高密度SNP芯片进行产奶、健康和体型性状的大规模全基因组关联分析及转录组测序，首次在国际上报道了PTK2、EEF1D、UGDH等影响产奶性状的功能基因，开发了牛基因组SNP功能注释系统。⑤根据中国奶牛育种的实际情况，首次提出基因组信息和传统育种信息结合的基因组性能指数（GCPI），并制订了青年公牛基因组选择具体实施方案，被农业部采用。项目发表论文44篇；获国家授权软件著作权13件、发明专利8件。

（孙迎莹　章　健）

【流感时空变化规律、疾病负担和干预措施效果研究】 项目由中国疾病预防控制中心等单位余宏杰、杨鹏、冯录召等完成。在科技部传染病防治科技重大专项、世界卫生组织等科技项目的支持下，项目组围绕流感的时空变化规律、健康危害、干预措施效果评价等国际上急需解决的关键科学问题，运用多学科交叉技术，开展了系统、深入的研究。其创新点：①在全球首次揭示A型和B型流感截然不同的季节性变化规律，定量测量了不同区域流感病毒活动的周期、振幅、流行高峰和持续时间，确定了纬度和气候因素是流感季节性的主要驱动因素，彻底改变了国际学术界对A型和B型流感具有相同季节性的结论。②系统阐述了流感疾病负担，在全球首次发现了B型流感较A型流感可致更为严重的死亡。③连续在多个季节对普通和重点人群接种疫苗的效果进行评价，显示对确诊流感和呼吸道感染有较好的保护作用；在国际上首次定量评价了环境密闭的国际长途商业航班内使用口罩的防护效果，证明佩戴普通外科口罩能有效阻断流感病毒传播，也验证了流感病毒在密闭的飞行器中可通过呼吸道飞沫传播。项目组发表文章40余篇，其中被SCI收录22篇；主编流感专著1部；世界卫生组织和中国政府根据项目成果制订了流感监测、暴发控制、疫苗应用等方案20项，指导流感防控工作。

（孙迎莹　章　健）

【卵母细胞成熟与胚胎发育的分子机制研究】 项目由北京大学第三医院等单位乔杰、汤富酬、谢晓亮等完成，属医疗卫生领域。课题历经5年，先后获国家自然科学基金委、科技部及市科委的资助，对于卵母细胞成熟与胚胎发育的分子机制进行了一系列研究。其创新点：①利用单细胞高通量测序技术，系统分析从卵母细胞到受精胚，二、四、八细胞，桑葚胚及囊胚期各阶段胚胎的转录组，构建了完整的人类胚胎早期发育基因表达图谱，获得调控胚胎发育的关键基因及各阶段胚胎的分子生物学特征。②通过对卵的极体进行高通量测序，获得人卵母细胞减数分裂过程中染色体重组的特征，建立女性个人遗传图谱，并将研究成果应用于胚胎母源遗传信息的诊断；筛选出EGF、BDNF和IGF−13种因子联合运用，提高人卵母细胞体外成熟效率及质量评分；发现生长因子bFGF促进人卵泡体外成熟、促进小鼠卵巢组织移植后的血管再生；综述了高龄女性生育力下降的原因和可能的治疗方案。③发现了PGD过程中的卵裂球活检可能通过改变脑组织的表观遗传学而影响胚胎发育和后代的行为；中年PGD雌性小鼠生育力受到胚胎活检的影响，呈现下降的趋势；超促排卵过程中，不恰当浓度（过高或过低）FSH的使用，会降低卵母细胞发育潜能，但不会对后代的生理学及行为学产生影响。研究发表在美国《细胞》杂志等国际刊物上，被引用并给予重要评价。

（孙迎莹　章　健）

【我国规范化心血管疾病临床研究评价体系的构建及推广】 项目由中国医学科学院阜外心血管病医院王晓民、蔡燕宁、杨慧等完成，属心血管病学领域。课题组历时16年，牵头组织实施了10余项大规模多中心临床研究。主要创新点：①建立了适合中国临床研究特点的规范化临床评价体系，创建了独特的临床研究预登记模式和中国人心血管重大疾病临床资源库；建立了符合国际标准的信息化、标准化心血管生物资源管理体系，为开展转化医学研究、疾病早期防治、个性化治疗提供重要的基础资源平台。②获得了国际认可的、基于中国人群的心血管病创新性循环医学证据，首次结论性证实了抗血小板药物氯吡格雷可有效降低 ST 段抬高型急性心肌梗死患者的院内死亡率和主要血管事件发生率，揭示了中国心血管病患者辛伐他汀肌病的发生率显著高于西方患者，以及临床上心血管病二级预防用药存在严重使用不足的问题。③建立了大规模多中心医疗结果评价新方法，揭示了中国冠心病领域医疗现状。成果发表论文 90 余篇，在 200 余家协作医院应用，培训专业骨干 3000 余人。

（孙迎莹　章　健）

【中药抗抑郁的物质基础与神经生物学机制研究】项目由中国人民解放军军事医学科学院毒物药物研究所等单位李云峰、张有志、崔承彬等完成，属中医中药领域。项目在国家“863”、国家自然科学基金等支持下，历时近 20 年研究。其创新点：①结合中医证候和中药多靶点整体调节的特点，创建了抗抑郁中药研究的“多模型行为药理学评价平台”和“行为学—神经生物学—植物化学多层次研究技术评价体系”；首次发现巴戟天、无毒棉籽、小补心汤和开心散等中药及其活性成分具有良好的抗抑郁活性并进行了系统评价。②通过对 300 余种中药（方）筛选比较研究，首次发现低聚寡糖是巴戟天抗抑郁作用的主要有效部位，黄酮类成分是小补心汤和棉籽抗抑郁作用的主要有效部位；从巴戟天寡糖中分离得到水溶性 4 ~ 7 聚糖等多个寡糖单体；从小补心汤总黄酮中分离得到了 22 个黄酮类化合物，其中两个为新结构化合物；从棉籽总黄酮中发现了结构全新的抗抑郁有效单体槲皮素 -3-O- 芹菜糖基芦丁糖苷；从开心散中发现了寡糖酯类化合物 3,6 二芥子酰基蔗糖、Tenuifoliside A 等抗抑郁活性成分。③首次揭示了中药抗抑郁共同的神经—免疫—内分泌网络调控规律，阐明了各类抗抑郁中药及其有效成分具有多层面相似的调控机制，提出了基于系统调节的“两阶段恶性循环”新病机理论。④研发了抗抑郁中药新药，巴戟天寡糖胶囊获国家新药证书并上市销售，中药参志苓片（开心散）获军队特需新药及医疗机构院内制剂的临床研究批件。项目发表论文 181 篇；获国家授权发明专利 19 件、国家中药 5 类新药证书 1 个、军队临床批件 2 个。

（孙迎莹　章　健）

【脑起搏器关键技术、系统与临床应用】由清华大学等单位李路明、张建国、郝红伟等完成，属生物医学工程领域。项目在国家科技支撑计划、国家自然科学基金、北京市重大科技计划等支持下，历经 10 余年，研制成功脑起搏器和可充电脑起搏器。主要创新点：①提出变频、多频和扫频的多模式脑起搏方式，应用体外无创更新刺激模式技术，解决了现有脑起搏器输出刺激参数硬件固化、刺激模式单一的问题。②采用碳纳米薄膜的新型颅内可植入电极，使脑起搏器电极在磁共振成像检查时的射频发热降低 90% 以上，图像伪影减少 80% 以上。③发明了体外发射功率和体内接收电流同时进行控制的双闭环控制方法，在高效率充电的同时，控制脑起搏器无线充电的发热温升不超过 2 摄氏度。④发现了电极螺旋变形导致疲劳寿命呈指数缩短的失效机制，发明了术中颅骨骨槽成形限位装置和电极固定方法，消除了电极拉伸后疲劳导致断裂的隐患。⑤阐明了脑起搏器的设计输入和输出验证问题，解决了 40 余种制造方法及相关技术与工艺工装问题；建立 60 余种可靠性测试方法、技术、工艺与工装，自主建设了脑起搏器生产线，实现了零部件超过 1400 余种的脑起搏器系统量产和临床应用。项目获国家授权专利 34 件、软件著作权 7 件。

（孙迎莹　章　健）

【响应性功能分子的设计合成与性质研究】项目由中国科学院化学研究所张德清、张关心、郭雪峰等完成，属分子材料与器件研究领域。研究在国家自然科学基金委等部门支持下取得系列成果。主要创新：①设计合成了系列光响应的螺吡喃单元的双稳态 / 多稳态分子体系，运用螺吡喃分子的光致可逆开关环以及与金属离子的可逆配位特性，构建了分子开关、分子逻辑门以及复杂的分子逻辑回路。②运用四硫富瓦烯单元的可逆氧化 / 还原特性，发展了基于氧化 / 还原反应的分子开关、分子逻辑门以及化学传感器；发现了金属离子诱导的四硫富瓦烯—醌分子内的电子转移性质，明晰了电子转移产生的机理和分子结构。③通过调节分子间的相互作用，调控分子的聚集，首次获得了系列光电响应的小分子凝胶。④利用四苯乙烯 / 硅杂环戊二烯单元特殊的聚集态荧光性质，组合生物 / 化学反应，通过调节分子间相互作用，实现了对四苯乙烯 / 硅杂环戊二烯衍生物的聚集 / 解聚以及体系荧光的调控，发展了选择性好、灵敏度高的生物 / 化学传感器。研究成果在国际权威期刊发表 SCI 论文 78 篇，在国际会议做邀请报告 30 余次。

（孙迎莹　章　健）

基地建设

Base Construction

本栏目设有产业基地、专业园、大学科技园和海外人才创业园4个分栏目，以条目体形式记述中关村国家自主创新示范区各产业基地、专业园、大学科技园、海外人才创业园等加强自身建设的主要举措、开展的重要创新创业活动及取得的成效。

综 述

2015 年，中关村示范区以疏解非首都功能、加快构建“高精尖”经济结构为工作主线，与市政府相关部门、各区政府、各园区管理机构统筹协同，实现园区差异化、特色化、高端化发展。

*开展重大事项会商。*围绕京津冀协同发展、“十三五”规划、分园功能定位和产业定位等重大事项，与相关部门沟通会商，形成目标统一、任务明确、协同联动的发展机制。会同市规划委，组建北京城市规划学会中关村示范区规划分会，加强对各分园规划的统筹指导与交流；与大兴区政府签订合作备忘录，在西红门镇、旧宫镇集体经营性建设用地改革试点区域建设大兴现代服务业产业园，重点发展电子商务等五大产业板块。

*推动存量资源盘活利用。*按照“规划统筹、区县主导、社会参与、政策创新、利益共享”的原则，对原有老旧工业厂房和楼宇等资源通过腾退、租赁、股权并购、合作开发等方式建设各类众创空间和特色专业园。在大上地地区，腾退北京三元华冠食品有限公司等老旧工业企业，新规划建设小米科技园、移动智能服务创新园，整体打造中关村软件城。将利用生产制造等环节外迁腾退出的土地，承接和引进符合区域功能定位的“高精尖”产业。对东城园、西城园、朝阳园 3 个分园开展可腾退调整的存量资源摸底调研，梳理了门头沟、房山两个园区的土地利用情况。

*打造产业承接与服务载体。*推进中关村软件园二期建设。小米科技园、西三旗（金隅）科技园、中关村移动智能服务创新园动工；中关村海置创投大厦完成改造并引入 7 家创投机构。推进专业园、特色产业基地规划建设。未来科技城已有 11 家央企入驻，市政基础设施完成 90%；集成电路设计产业园一期基地（北航）已运营，二期也实现开工；翠湖科技园东扩部分启动 4 个地块的市政基础设施建设；中关村生命园三期项目控规及全部开发范围纳入棚改计划，获市政府专题会原则通过；石景山保险产业园拟建保险产业博物馆、研发中心等；北理工国防科技园主体结构施工全部完成；顺义 K20 节能环保和智慧生态产业园开工；小月河科技园完成规划设计并实施周边区域腾退和疏解。

*发挥中关村发展集团平台作用。*加强整体规划和统筹开发，推动软件园二期、生命园三期、集成电路设计产业园等一批新型科技载体的建设。延庆园建设发展有限公司取得八达岭开发区北区土地一级开发授权；中关村新兴产业前沿技术研究院投入使用，多家产业化项目意向进驻；北京中关村微纳能源投资有限公司负责运营的北京纳米能源与系统研究所项目实现摘地。

*指导分园加强生态园区建设。*按照节能、节水、节地、绿色、低碳发展的要求，引导分园加强生态规划顶层设计、生态评估，诊断问题。推动绿色建筑推广、新能源综合利用、能源环境管控平台等九大生态工程；对接住房城乡建设部、市规划委，支持分园申报有关试点示范项目；中关村生命科学园、新首钢综合服务区、中关村翠湖科技园获“北京市绿色生态示范区”称号。

*促进海外人才创业园发展。*海创园新入驻企业 294 家，在园企业 1914 余家，37 家海创园的总运营面积近 50 万平方米，累计孵化海外人才创业企业 6000 余家。整合资源，搭建专业化、网络化的海创企业公共基础服务平台，提供工商注册、人事代理、知识产权代理等 40 余项服务；加强创业导师团队建设，以讲座、沙龙、座谈会等形式，为企业提供创业咨询港、启迪创业讲堂、启迪之星创业营等辅导与培训，涵盖融资、知识产权、新三板等， 服务企业 3500 余次。

*搭建开放式、多功能、统一的金融平台。*参与或建立自有投资基金，着力打造海创金融品牌。汇龙森海创园采用“现金 + 房租”的模式，直接进行天使阶段的创业企业投资；中孵高科产业基金从 1.53 亿元增加到 1.95 亿元；经济技术开发区管委会牵头设立了北京生物医药科技成果产业化培育基金，规模为 3 亿元，主要投资于生物医药领域的优质科技成果、专利等。

*帮助海内外创业企业实现国际化发展。*通过在园企业的海外机构，与美国合作，支持“美国 G2 创业园”的建设；与芬兰相关机构签订了初步的合作协议，筹备建设“中芬金种子加速器”，搭建与芬兰之间的技术转移合作交流平台。

（蒋红群）

产业基地

【军民合作共建信息安全产业园】 2月13日，中国人民解放军总参某部、中国仪器进出口（集团）公司、北京兴科迪科技有限公司合作共建信息安全产业园签约仪式在京举行。市经济信息化委等单位有关负责人参加。三方将以某国家工程实验室为平台，共同打造信息安全产业园和军用高新技术孵化器，在盘活央企资源、“腾笼换鸟”发展信息安全“高精尖”产业的同时，推动军民高新技术共享和双向转化。项目将采用市场化运营、专业化分工的方式，转化总参某部在信息安全领域的先进技术和产品，促进技术研发、芯片研制、系统集成、安全托管、运营服务、应急响应等信息安全产业集聚。

（刘伟杰　江　欣）

【国家车联网产业基地落地环渤海高端总部基地】 3月27日，北京环渤海高端总部基地4—1—020、4—1—034等12个地块由北京千方科技集团有限公司联合北京首都开发控股（集团）有限公司、万科企业股份有限公司共同竞得，标志着国家车联网产业基地项目落地。地块东至站前街次渠路道路中线，南至站前街南六街道路中线，西至次渠西一路道路中线，北至亦庄站前街南红线、站前街南四街北红线。项目用地定位为建设国家级的车联网产业基地，总建设用地面积14.4公顷，规划建筑面积25.9万平方米。

（郭庆云）

【宝塔石化集团入驻光机电基地】 4月30日，宝塔石化集团与光机电一体化产业基地管委会签约，集团所属宝塔资源投资管理有限公司、宝塔财富资产管理有限公司等11个子公司的宝塔控股、宝塔实业、宝塔置业、宝塔资本等核心业务落户经开国际企业大道Ⅲ项目。截至年底，宝塔置业有限公司完成注册手续，正式入驻。（宝塔石化集团创立于1997年，是一家以石油化工为主，向煤油化工、气化工一体化和产学研相结合延伸的大型民营龙头石化企业，总资产规模达524亿元，累计销售收入361亿元，位居中国石油和化工民营企业第八名。）

（李贺英）

【共建中关村国际环保（十堰）产业园】 5月27日，在十堰中关村科技成果产业化基地揭牌暨项目签约仪

式上，北京中关村国际环保产业促进中心有限公司与湖北省十堰市张湾区政府签订战略合作框架协议。根据协议，环促中心为张湾区政府及企业在节能减排、区域环境治理、清洁生产等方面的发展规划、重大项目实施等提供专业咨询和服务；以中关村技术产业联盟为桥梁，在张湾区建立技术研发和推广中心，在水质净化、污水处理、垃圾处理及循环经济等领域联合开展关键技术研发及工程示范应用；双方以节能环保、生态治理为发展重点，以信息化为发展手段，共同建设中关村国际环保（十堰）产业园；共同开展生态环境文化传播与推广等。

（马晓清）

【怀来卫星通信产业园开建】 6月26日，华夏幸福基业股份有限公司与中国卫通集团有限公司签署战略合作框架协议，双方将共同打造河北省怀来卫星通信产业园。产业园总占地面积20余公顷，预计总投资15亿余元，双方将围绕卫星地面站建设、卫星通信服务、卫星通信应用服务等方面开展合作，并推进科技平台、产业园区和产业化基地建设。

（杜　玲）

【环保设备北方研发制造基地揭牌】 7月23日，北京中关村国际环保产业促进中心有限公司与辽宁承天新能源股份有限公司联合创建的“中关村国际环保生活垃圾资源化利用设备北方研发制造基地”揭牌仪式在承天公司举行。环境保护部、中国·垃圾资源化产业协会及辽宁省丹东市政府等单位相关负责人参加。该基地位于辽宁省丹东市宽甸满族自治县城南工业园区内，占地面积约3.3公顷，生活垃圾处理能力100吨/天。基地由环促中心和承天公司共同建设，双方将采取资

产重组、技术嫁接等方式，整合国际、国内先进的治污减排技术，瞄准市场需求，将基地打造为生活垃圾处理资源化、产业化及处理设备研发制造的产业基地。

（马晓清）

【共建沙河·房山产业园区】 7月29日，北京市房山区人民政府、河北省沙河市人民政府合作建设沙河·房山产业园区框架协议签约仪式在房山区举行。双方政府部门相关负责人参加。园区位于沙河经济开发区和渦水经济开发区内，规划占地面积约667公顷。根据协议，双方将依托中关村南部（房山）科技创新城建设的辐射带动能力，开展创投基金、众创空间、“互联网+”等项目合作，在沙河·房山产业园建立一批技术转移和创新发展合作示范基地。同时，加强双方旅游资源衔接，促进房山区世界地质公园和沙河王硇古村落等旅游市场、客源互动共享。

（范丁波）

【共建北京科创园渤海新区产业基地】 8月3日，沧州市渤海新区管委会、中关村科技园区海淀园创业服务中心战略合作框架协议签约仪式在海淀创业园举行。双方将共同打造北京科创园渤海新区产业基地。根据协议，双方将按照共建、共管、共赢协同发展的理念，打破地区利益观念束缚，发挥北京科创园的科创、人才、技术及渤海新区的区位、交通、配套、政策等优势，共同推进北京科创园渤海新区产业基地建设，打造京津冀协同发展的示范基地。在合作过程中，北京科创园将积极推荐和协调其园区内科创成果在产业基地实施产业化；渤海新区管委会将推进基地建设，为科创成果产业化项目提供完善的公共配套条件和政策优惠条件；双方定期开展科创成果展示，组织各方教授、专家赴基地考察。

（刘伟杰）

【泰宁—海绵城市产业基地奠基】 11月3日，由北京泰宁科创雨水利用技术股份有限公司主办的泰宁—海绵城市产业基地奠基仪式在昌平园举行。住房城乡建设部康居认证中心、北京市水科学技术研究院以及昌平区政府有关部门的相关负责人和相关行业组织、企业的代表等参加。基地是国内首个海绵城市产业园区，由泰宁科创公司投资建设，位于昌平区南邵镇科技园东区，占地面积2.81公顷，总建筑面积约5万平方米，总投资约2.5亿元，将以绿色建筑整体绿色二星、局部三星的标准，在屋顶、广场、雨水花园的建设中融入不同的下垫面雨水收集技术和多种海绵技术。基地集研发试验、生产加工、室内展示及配套设施等功能于一体，将汇集海绵城市相关的产业联盟、研究院、

海绵基金、投资公司、建设集团等平台要素，旨在为海绵城市市场提供全方位服务。

（万　玮）

【永丰产业基地分布式光伏屋顶电站项目竣工】 11月19日，由北京远方动力可再生能源科技股份公司主办的永丰产业基地分布式光伏屋顶电站竣工暨并网发电启动仪式在京举行。海淀区政府、海淀园管委会、海淀区北部地区开发建设委员会办公室等单位有关负责人以及相关企业的代表等参加。永丰基地企业加速器一区分布式光伏发电项目由远方动力公司投资建设，是《中关村海淀园分布式光伏发电示范园区规划》中首批海淀园分布式光伏发电示范区项目，设备安装于永丰基地企业加速器一区A、B、C 3栋办公楼楼顶上，使用楼顶面积5000平方米，电站装机量为300千瓦，每年发电量35万度，每年可节省标准煤约110吨，减排粉尘90吨、灰渣110吨、二氧化碳350吨、二氧化硫10吨、烟尘5吨、氮氧化合物5吨。光伏电站采用“自发自用、余量上网、电网调节”的运营模式，自发自用比例90%以上。项目建立了光伏电站智能远程监控平台，实现远程实时监测、设备运行分析、发电量评估分析，可及时有效地提供光伏电站检测及运维服务。

（刘伟杰　何　慰）

【永丰产业基地与欧力集团签署协议】 12月24日，永丰产业基地、欧力集团战略合作签字仪式在京举行。北京中关村永丰产业基地发展有限公司、河北欧力重工有限公司及北京实创科技园开发建设股份有限公司等单位的相关负责人参加。根据《永丰基地I—23地块深化合作框架协议》，双方将就2004年进驻永丰基地的河北欧力重工有限公司北京销售分公司进行产业升级转型，开展深度合作。项目位于永丰基地I—23地块，占地面积5.15公顷，升级改造后将重点引入车联网、导航与位置服务等高新技术企业。

（何　慰）

【安阳中关村（生态）科技产业园合作协议签署】12月30日，安阳国家高新技术产业开发区管委会与北京中关村国际环保产业促进中心有限公司、北京城市规划学会中关村示范区分会及中国留学人才发展基金会国际交流和管理中心在环促中心签订安阳中关村(生态)科技产业园战略合作框架协议。根据协议，各方将发挥

中关村示范区技术、人才、信息、金融以及安阳高新区土地资源、基础设施、优惠政策等优势，依托安阳高新区创业中心和生产力促进中心，整合安阳高新区的空间资源，共同提升改造其现有产业，引进发展高科技产业和现代服务业；并通过规划设计、共建技术研发平台和孵化基地、实施示范工程、建立人才培养基地、招商引资及金融服务等合作方式，将安阳中关村（生态）科技产业园打造成为创业创新绿色示范园区。

（马晓清）

【永丰产业基地与市计算中心签订协议】12月30日，中关村永丰产业基地与北京市计算中心战略合作协议签订仪式在永丰产业基地举行。北京中关村永丰产业基地发展有限公司、北京市计算中心相关负责人参加。根据协议，双方将在市场活动、技术交流、资源对接、创业服务四大层面展开合作，实现资源共享、优势互补，提高资源对接针对性，跨界共建创新创业服务体系，为永丰产业基地内企业入驻123工厂众创空间的创新团队提供质优快捷云服务。计算中心将充分利用自身在云计算领域的技术服务经验和行业影响力，协助永丰产业基地进行创新创业服务体系升级，为园区企业提供智能化信息、智能化工业产品设计、虚拟渲染、生物信息分析、创业培训等全方位服务，为基地下属孵化器提供智能网络的整体规划，实现园区方和用户方多元服务。

（何　慰）

【加快实施永丰基地（新）重点项目】年内，永丰基地土地(新)一级开发、二级开发获进展，各工程同步建设，完成结构正负零。4-2、4-3街区完成深化备案；C地块中的C1、C2、C3为中国地质科学院京区地质科研实验基地、国家气象园等重大项目落地提供17万平方米产业空间，C4、C5落实公共租赁住房20.7万平方米，已取得控规批复、规划意见书等前期手续，立项申请已报市发展改革委审批；J、K、L地块获授权延期；G、H地块取得征地批复。大牛坊中街道路建设基本完成；永丰东环路、唐家岭路取得道路规意、管线规意、环评和水评批复；皇后店中街在办理道路规划报审，立项报告报区发展改革委待审批。重大项目国家地质科研实验基地实现开工建设。

（孙燕艳）

【实创公司加快推动园区建设】年内，北京实创高科技发展有限责任公司实现总收入13.92亿元，利润总额4.21亿元，上缴税金1.52亿元，净资产17.69亿元、净利润3.28亿元，其中归属母公司净资产17.41亿元、净利润3.16亿元。截至年底，实创公司累计完成园区开发建设投资18亿元，资产总额为203.99亿元，净资产17.69亿元、净利润3.28亿元，其中归属母公司净资产17.41亿元、净利润3.16亿元。

（孙燕艳）

【推进中关村软件城建设规划】年内，北京实创高科技发展有限责任公司依据中关村软件城（大上地地区）发展建设规划和地区实际，协助相关建设主体，开展道路体系完善、环境整治、产业园区配套建设的统筹推进和分类实施工作，重点推进上地办公中心—软件园、小米科技园—中关村移动智能服务创新园、上地信息产业基地—北大科技园3个重点区域交通优化整治，其中G7西侧交通疏堵与环境综合整治工程项目概念方案已报区政府研究通过，拆除招标公告已发布，拆迁工作启动。

（孙燕艳）

专 业 园

【中国人群唇腭裂遗传研究获突破】3月，清华大学医学院、生物芯片北京国家工程研究中心联合举行中国人群非综合征型唇腭裂遗传研究发布会，发布中国人群非综合征型唇腭裂全基因组关联研究（GWAS）成果。研究得到科技部“863”计划及国家自然科学基金资助，历时3年，由中国工程院院士程京提出并牵头，与宁夏医科大学总院等医疗机构合作，先后完成了两期全基因组扫描和两轮验证，通过研究6个独立群体、2500例患者、3100例对照样品，阐释了中国人先天性非综合征型唇腭裂的遗传结构。研究在染色体16p13.3区域首次鉴定出一个位于CREBBP基因和ADCY9基因之间显著关联的位点rs8049367，并确认了国际上之前报道过的4个位于1q32.2、10q25.3、17p13.1和20q12染色体区域的位点，同时发现，在中国人群中，位于1q32.2区域的rs2235371相关单体型比之前报道的rs642961位点可能发挥更重要的作用。

（梁　爽）

【中国校企协同产学研创新联盟成立】4月11日，在创新创业（IT）人才培养新模式高峰论坛暨中国校企协同产学研创新联盟成立大会上，由北京中关村软件园发展有限责任公司、云科未来教育科技（北京）有限公司、华南师范大学等单位联合发起的中国校企协同产学研创新联盟揭牌。联盟是以企业、院校为主体，市场为导向的产学研用相结合的创新型组织，将发挥企业创新主体和高校创新要素集聚的资源优势，构建校企协同产学研合作平台，促进院校与企业共同建立工程实践基地，创建富有专业特色的“校企合作、项目育人”人才培养模式，完善校企协同行业标准体系，促进产教高度融合与产业转型升级，推动和加快校企协同发展进程。全国政协教科文卫体委员会副主任马德秀担任联盟首届理事长。

（张　蕾　刘伟杰）

【“创融e家”共建方案发布】4月14日，在中关村发展集团支持科技创新创业暨领创金融系列产品发布会上，北京中关村软件园发展有限责任公司发布“创融e家”共建方案，与同创伟业创业投资有限公司、IBM创业公司全球扶持计划、雷雷伙伴科技孵化器等10家单位签署战略合作协议。方案拟以园区载体为依托，打造“创＋融”高度融合、业态全面、模式创新的创新创业实体服务平台。方案有三大特点：在空间上汇聚，

分两期建设，一期以软件广场D座为主，面积约5000平方米，二期以孵化加速器为主，面积1.5万平方米；在e平台上共享，通过大数据、云技术、移动互联等技术，提供网上创客空间、创业云、创业社区、创新工具库等丰富的线上共享资源；在服务中融合，通过新时贷、创客秀、项目汇、沙龙萃、大讲堂、国际范、商务惠等形式，让“创”与“融”在服务中融为一体。

（张　蕾）

【开展IT创新创业应用型人才校企合作】5月31日，中关村软件园培训中心、河北省大中专院校学生信息咨询与就业指导中心在中关村软件园举办河北省IT创新创业应用型人才校企合作交流会暨签约仪式。华北电力大学、河北科技大学等25所高校以及北京网秦天下科技有限公司、北京智蓝信息科技有限公司等10余

家企业的代表参加。会议主题是“推进产教融合　创新人才培养　拓展就创空间”，围绕“产教融合、校企合作、创新人才培养模式、提升学生职业素养、开拓就创业基地和提升就创业质量”展开专题对话，从产业需求、行业管理、人才培养多维度探讨新形势下人才培养新模式以及如何通过促进产教高度融合，不断培养满足发展需要的软件与信息服务人才。主办双方就促进大学生就业与校企合作签署了战略合作协议。

（张　蕾　刘伟杰）

【方正医药研究院诉拜耳莫西沙星专利终审胜诉】6月5日，方正医药研究院历时3年诉德国拜耳“莫西沙星氯化钠注射液”专利无效一案获终审胜诉，是国内制药企业挑战跨国药企专利并获成功的“第一案”。莫西沙星为德国拜耳公司全球独家品种，是第四代喹诺酮类广谱抗菌药，1999年在德国上市，2004年在中国以商品名“拜复乐”上市，化合物专利于2013年在中国到期，注射液剂型专利2020年到期。根据有关法律，如果专利内容已经公开过，其专利就不具有新颖性。方正医药研究院对拜耳公司专利不具有新颖性和创造性的相关证据进行固化和锁定。2013年4月，方正医药研究院针对拜耳公司的“莫西沙星氯化钠注射液”专利向知识产权局复审委员会提出专利无效请求。经审判，专利被宣告全部无效，拜耳公司上诉至北京市第一中级人民法院。2014年5月，法院驳回拜耳公司诉讼。2015年5月，北京市高级人民法院做出终审判决：驳回拜耳公司上诉，维持原判。

（梁　爽）

【软件园当选中国软件园区发展联盟理事长单位】7月16日，在中国软件园区发展联盟第一届理事会改选大会上，中关村软件园以全票当选为第二届理事会理事长单位，新一届理事长为北京中关村软件园发展有限责任公司总经理刘克峰。（2012年，联盟由中关村软件园公司、成都天府软件园有限公司等园区和单位联合发起设立，是非营利性的社会团体，主要是联合政府、园区、企业和研究机构，促进会员间的沟通与协作，及时交流园区发展动态，共同研究解决发展中遇到的问题。联盟共有成员单位58家。）

（李贺英）

【GMP级口腔干细胞库落户生命科学园】7月25日，由北京泰盛生物科技有限公司主办的中国首家GMP级口腔干细胞库落成庆典在北大医疗产业园举行。科技部、教育部等单位有关负责人以及来自高校和医疗机构的相关专家等参加。口腔干细胞库（www.kqgxbk.com）由“世界口腔干细胞之父”、美国宾夕法尼亚大学牙医学院口腔分子生物系系主任施松涛教授领衔，其技术平台汇聚国内外顶尖医学专家，拥有科技部支持并资助的“基于口腔干细胞库的临床转化平台建立及应用”项目，与北京大学医学部、北京大学口腔医院合作并成立“北京大学泰盛口腔医学发展基金”，由北京泰盛生物科技有限公司运行。拥有生产车间和自动监控的口腔干细胞储存库，原辅材料管理、制备过程和质量控制、成品库管理符合GMP要求，并具有与GMP管理运行机制适应的设施设备和完整的设备认证、风险评估、质量管理体系；主要进行口腔干细胞采集提取、存储应用和医学研究等工作，设计存储量300万份；口腔干细胞取材存储方便，免疫原性小，免疫调节能力强，临床应用安全性好，在颌面部组织再生及全身系统疾病的治疗应用方面拥有广阔前景。

（梁　爽　万　玮）

【开展高校大学生创新创业服务体系建设培训】7月29—30日，北京中关村软件园发展有限责任公司在园区举办高校大学生创新创业服务体系建设高级培训班。内蒙古民族大学、哈尔滨商业大学等高校的50余位大学生创新创业部门负责人参加。活动介绍了国内外创新创业平台，以案例形式对比分析大学生创新创业平台、政策、优劣势等，就如何建设高校大学生创新创业生态体系等内容进行分享交流，讲解高校大学生创新创业服务体系规划、建设及运营等模块，还讨论了园区、高校共办大学生创新创业项目的思维、模式以及面临的问题，并就校企合作、大学生创新创业平台运营体系等方面，阐述了企业应如何开展及支持高校大学生创新创业工作。

（张　蕾）

【久安建设公司中标北京2022冬奥会第一单】7月31日，北京碧水源科技股份有限公司控股子公司北京久安建设投资集团有限公司中标冬奥会举办地——张家口市崇礼县污水处理工程一期、梧桐大道市政工程、密苑旅游度假区市政配套工程等，中标总额1.29亿元，涵盖冬奥会雪上项目举办地崇礼县内的道路、给水、污水、中水、雨水、通信（排管）、电力（排管）、桥梁、交通等工程以及道路附属设施、污水处理厂等。碧水源公司作为为2022冬奥会提供环境服务的第一家企业，将通过自主研发的MBR膜生物反应器技术把张家口奥运村内的生活污水处理成地表水Ⅳ类标准，达标排放；并通过超低压选择性纳滤（DF）膜把达标排放的Ⅳ类水处理成地表Ⅱ类水，用于造雪设施。

（梁　爽）

【呼吸道病原菌核酸检测试剂盒通过审查】8月10日，

由博奥生物集团有限公司研发生产的微流控碟式芯片产品——呼吸道病原菌核酸检测试剂盒（恒温扩增芯片法），通过食品药品监管总局创新医疗器械特别审批程序审查。试剂盒与常规检验手段相比，具有检测速度快、灵敏度高、结果准确、多指标并行检测等优势，基于微流控碟式芯片及配套仪器平台，一次可检测肺炎链球菌、金黄色葡萄球菌、流感嗜血杆菌等临床8种常见下呼吸道病原菌，并将从取得病人样本到给出检测报告的时间缩短到2小时以内，为感染性疾病快速诊断、精准治疗及应对重大突发公共卫生事件提供了一种新工具。（2016年2月，产品获食品药品监管总局颁发的国家医疗器械产品注册证书。）

（梁　爽）

【博奥颐和公司携手中国人保布局精准医疗】 8月14日，博奥颐和健康科学技术（北京）有限公司、中国人民健康保险股份有限公司北京分公司战略签约仪式在京举行。双方相关负责人参加。根据协议，博奥颐和公司将通过基因检测服务、健康管理全产业链服务与中国人保北京分公司“三位一体”全流程医疗风险管控机制形成优势互补，对中国人保医疗保险、人寿保险、少儿保险以及养老保险四大类型险种的投保人进行基因检测，内容达100余项；中国人保公司以此为依据，对投保人进行更精准的量化评估，为投保人“个体化定制”投保方案。基因检测是一项全新的前沿技术，能够依靠尖端生物科技计算出人体罹患癌症、心脑血管疾病、糖尿病等多种疾病的风险，从而进行早期的预防与精准治疗。其“治未病”的前沿医疗理念，广泛应用在健康管理体系中；基因检测技术也成为各大三甲医院、体检中心的重要检测手段，用于重大疾病检测、遗传病诊断、个性化治疗、无创产前筛查等方面。

（梁　爽）

【创新中国行系列活动启动】 8月29日，在中国电谷·智慧能源创新峰会上，“2015创新中国行”系列活动启动。活动由中关村发展集团股份有限公司与国家信息中心、科技部火炬中心、中国制造业协会及众多支持创新创业的投资机构共同举办，主题为“引领创新，服务创业”，是中关村示范区区域合作创新服务体系的重要组成部分，重点探讨智慧能源、节能环保、智能制造、新一代互联网、新能源汽车、大数据等话题，通过整合国际、国内创新资源，将中关村示范区技术、人才、资本、市场、平台等要素与区域优势相结合，发挥中关村创新资源的辐射作用，带动区域资源整合和区域创新能力的自我提升，为地方产业升级、人才战略和经济发展提供帮助。活动将组织专家、学者、业内资深人士与当地创新产业从业人员就创新创业理念、操作模式等内容进行研讨；中关村创新导师对相关人员进行培训；组织中关村创新资源与当地项目进行对接，建立长期稳定的合作关系，包括中关村示范区科技创新企业在当地建立研发机构、生产基地以及中关村科技成果转化项目落地、中关村科技金融对当地创新项目资金支持等。截至年底，创新中国行活动在保定市、徐州市共举办了3场。

（张　蕾）

【中国电谷·智慧能源创新峰会举办】 8月29日，由保定高新区管委会、华北电力大学、北京中关村软件园发展有限责任公司联合主办的创新中国行之保定站——中国电谷·智慧能源创新峰会在保定·中关村创新中心举办。国家信息中心、发展改革委能源研究所、保定市政府等单位相关负责人以及有关研究机构、金融单位、行业协会、企业的代表等300余人参加。峰会是创新中国行的首站，是中关村示范区区域合作创新服务体系的重要组成部分。相关专家分别以“京津冀智慧能源产业布局及发展创新”“电力系统融智空间落地保定·中关村创新中心”等为题做专题演讲，并举办保定·中关村创新中心企业家沙龙首期活动，围绕创新金融服务、京冀协同创新中关村服务和智慧能源产业支持等话题进行研讨。

（张　蕾）

【创新汇启动】 8月29日，在中国电谷·智慧能源创新峰会上，创新汇启动。创新汇主要针对政府创新引领者、创新企业、金融机构、领军人物及创新人才，提供展览展示、论坛会议、双创培训、市场推广、咨询服务、科技金融、商务服务、创新合作八大服务，通过智能化信息技术，构建先进服务模式，为城市及企业双创工程提供平台支持。创新汇通过构建双创平台，营造协同创新生态圈，与各地政府通过城市合作模式，建立北京总部城市合作、地方创新汇城市合作；与企业通过会员制合作模式，企业参与创新汇，享受订单式综合服务。截至年底，中关村区域合作创新网络服务体系初步形成以创新汇为点、以领创空间为线、以创新中心为面、通过创新中国行来串联的“四位一体”创新网络服务体系。

（张　蕾）

【2015 TSquare大会举办】 9月8日，由北京中关村软件园发展有限责任公司、汤森路透集团主办的“e起飞翔智讯成金——2015 TSquare”大会在中关村软件园举办。活动以“互联网+时代下的金融大数据价值”为主题，旨在探讨“互联网+”时代背景下的金融与

技术的发展趋势和方向，通过技术创新深化推动互联网金融与大数据产业发展。来自政府机构、金融机构、行业龙头企业的代表参加。相关专家做了“2015 互联网金融何去何从”等主题发言。活动期间，举办了“论道——金融数据应用”“讲法——互联网金融”“练术——金融大数据技术”3 场分论坛，与会代表共同商讨行业发展趋势及未来产业走向。

（张　蕾）

【中关村生命科学园发展论坛（2015）举办】 9 月 17 日，以“创新赢未来”为主题的中关村生命科学园发展论坛(2015)在中关村生命科学园生物技术研发中心举办。中关村管委会、昌平区政府等单位有关负责人以及相关专家、企业代表等 100 余人参加。与会代表围绕北京市科技项目及申报、新药新产品注册申报流程及存在的问题、中关村生物医药产业发展状况和新政策、生命科学园产业发展成果等话题展开讨论。会议还发布了《中关村生命科学园发展状况调查报告（2014）》。

（万　玮　梁　爽）

【Slush 中国国际创新创业大会举行】 10 月 13 日，由芬兰创新创业机构 Slush 联合北京中关村软件园发展有限责任公司、启迪控股股份有限公司、北欧科技园和摩登天空有限公司主办的 Slush 中国国际创新创业大会 2015（Slush China 2015）在中关村软件园举行。中关村管委会主任郭洪等领导以及芬兰驻华使馆、科技部火炬中心、海淀区政府等相关单位的负责人，以及相关企业高管、高科技人才、国际顶级投资者等参加。大会首次在中国举办，是“中关村创新创业季 2015”的主题活动之一，其主题为“中芬合作创新共赢”，包括国内外先驱企业领导人演讲、优质初创公司创业大赛、投资人和创业企业对接会、Slush 咖啡访谈、产品展示、一对一投资者 / 初创公司会议等环节。其中，中关村软件园成立 15 周年暨中芬创新论坛以“中芬科技创新携手共创未来”为主题，集中分享了中芬两国政府推动创新与合作的经验，展示了软件园 15 年来推动产业升级、国际合作、企业发展等方面的成果。中关村管委会、海淀区政府和芬兰贸易协会签署《中芬创新基金谅解备忘录》，中关村软件园公司与 Slush 签订《软件园与 SLUSH 战略协议》。中芬创新基金规模为 3000 万～ 4000 万欧元，由中国和芬兰的有限合伙人共同投资，将重点面向北欧和波罗的海地区，聚焦清洁技术、游戏、信息通信技术和新能源等领域的高科技产业。全球路演活动共有来自瑞典、芬兰和中国等国家的 340 余家初创企业、250 余名投资人的 40 余个项目参加。（Slush 国际创新创业大会自 2008 年在芬兰赫尔辛基市举办，每年一次，旨在为初创企业、高科技人才、国际顶级投资者、企业高管和媒体之间提供一个交流的平台。）

（李贺英　张　蕾）

【国家蛋白质科学中心北京基地落成】 10 月 14 日，由国家蛋白质科学中心·北京（凤凰中心）、自然出版集团主办的凤凰中心落成暨“《自然》会议”高峰论坛开幕仪式在中关村生命科学园举办。解放军总后勤部副部长李书章、北京市副市长隋振江等领导以及中关村管委会、市科委、昌平区政府等单位相关负责人和世界蛋白质组学及相关领域科学家、院士等参加。活动标志着国家蛋白质科学中心北京基地正式启用。北京基地是国务院“十一五”期间批准设立的 12 个重大科技基础设施之一，位于中关村生命科学园，中心大楼面积近 4 万平方米，投资 12.2 亿元，由发展改革委、北京市政府、总后勤部和教育部共同出资，军事科学院作为法人单位，联合清华大学、北京大学和中科院生物物理研究所共同建设，拥有高通量、高精度的蛋白质组研究平台、蛋白质功能分析平台、生物信息学平台、转化医学平台以及实验动物中心、生物样本库等系列配套设施，形成系统完善的蛋白质研究体系，主要开展蛋白质组学、代谢组学、蛋白质功能等研究。论坛以“大数据时代的生命科学”为主题，旨在探讨大数据时代生命科学的挑战和机遇，推进科技部国际科技合作专项“人类蛋白质组大数据分析和数据库建设”的全面实施，促进国际多边合作。活动至 16 日结束，共 300 余人参与。

（万　玮　梁　爽）

【共建中关村软件园大学生创业园】 10 月 15 日，市教委、北京中关村软件园发展有限责任公司共建中关村软件园大学生创业园签约仪式在中关村软件园举行。市委教工委以及共建单位的相关负责人等参加。创业园是市教委建设“一街三园”市级大学生创业园孵化

体系中的第二个创业园，位于中关村软件园内，面向北京地区普通高等教育全日制在校生及应届毕业生创办的初创企业，主要孵化软件及信息技术服务业、通信等 IT 行业的创业项目，重点支持“互联网 +”大学生创业项目，两年内为创业学生提供免费的创业场地和全方位的创业配套服务。

（张　蕾）

【万泰生物公司获艾滋病诊断最佳技术创新奖】 10 月 29 日，美国弗若斯特沙利文咨询公司（Frost&Sullivan）根据市场地位、增长潜力、产品特性和竞争优势四大指标，基于对中国生物诊断及艾滋病诊断市场的调研和分析，以及对业内主要诊断试剂生产商的研究和评估，授予北京万泰生物药业股份有限公司“2015 年度中国区艾滋病诊断最佳技术创新奖”。万泰生物公司成立于 1991 年，拥有亚太最大的艾滋诊断试剂生产基地、中国最大的免疫诊断试剂以及国家生物高新技术产业化示范工程基地。在艾滋诊断试剂的国产化、优质化和系列化方面，依托厦门大学和国家传染病诊断试剂与疫苗工程技术研究中心，开发出高活性 HIV 抗原、第三代和第四代艾滋诊断试剂等产品，艾滋抗体诊断试剂成为中国第一个获欧盟 CE 认证的血液筛查产品。

（梁　爽）

【北京高校大学生创新创业交流会举办】 11 月 27 日，由北京中关村软件园发展有限责任公司、北京高校毕业生就业指导中心主办的“e 起飞翔　创见未来”——北京高校大学生创新创业合作交流会在中关村软件园举办。市教委等单位相关负责人以及北京师范大学、北京石油化工学院等 20 余所高校的近 100 名大学生及所属创业团队参加。会议介绍了市教委大学生创业支持政策、中关村软件园大学生创业园基本情况、入园细节以及如何利用精益创业思想开展大学生创新实践等。北京中兴通控股有限公司相关人员做了大学生创业融资之道的分享交流，讲解了国内外大学生的创业融资案例。

（张　蕾）

【软件园大讲堂走进中关村信息谷创新中心】 12 月 4 日，由北京中关村软件园发展有限责任公司主办的中关村软件园大讲堂走进徐州·中关村信息谷创新中心在徐州软件园举办。泉山区政府、徐州软件园管委会等单位有关负责人以及 50 余家企业的代表 100 余人参加。相关专家围绕“‘互联网 +’时代下软件业的未来”“创客空间的发展历程”等主题，解析在中国经济转型升级、实施创新驱动战略和“互联网 +”时代背景下软件行业的特点、发展趋势及企业价值评估模型，讲解了在“双创”背景下“创客 + 产业智能硬件”的孵化体系、典型案例、生态价值、项目池、投资链、合作方和孵化对接流程。会议首次采用远程视频联动方式与中关村信息谷创新中心创新汇展示中心和北京中关村信息谷总部以及保定中关村创新中心进行全程同步直播，徐州、北京、保定三地实现了互联互通。年内，中关村软件园大讲堂共举办 7 期，其他 6 期主题分别为“标准引导技术创新”“创业系列活动：技术人员会选择怎样的创业公司”“如何从传统 CMMI / IPD 项目运作转向敏捷产品持续运作”“中国航天员与载人航天精神”“互联网应用在美国的知识产权保护”“初创企业如何与大型跨国公司有效合作”等，共有 360 余家企业的代表 1200 余人参加。（自 2012 年至 2015 年，大讲堂已举办 28 期，共吸引 1600 余家企业近 5100 人参加，涵盖技术、人文、社科、管理等多个方面。）

（张　蕾）

【3 个园区获市绿色生态示范区称号】 12 月 9 日，在 2015 年北京市绿色生态示范区评选颁奖会上，中关村生命科学园、新首钢综合服务区、中关村翠湖科技园获市规划委授予的 2015 年北京市绿色生态示范区称号。3 个园区均在中关村示范区范围内，且将分别获政府资金扶持及相关政策支持。入选园区将以目标为导向，引导北京市绿色生态示范区的长期发展和持续提升，完善相应的综合评价体系；关注生态文明建设中人的生活，通过多种方式转变观念；相关部门将创造条件，做好协调组织工作，推动功能区绿色生态建设。

（李贺英　梁　爽）

【软件园获评中国产学研合作创新示范基地】 12 月 12 日，在第九届中国产学研合作创新大会上，中关村软件园被评为“中国产学研合作创新示范基地”，并入选《中国产学研合作十大好案例》。中关村软件园作为中国信息产业聚集高地，在国家和中关村示范区一系列“双创”政策的推动下，涌动着新一轮的创新创业热潮，新技术、新业态、新模式、新应用加速聚集，成果初显。

在园区260公顷的土地上聚集企业300余家，总产值逾1400亿元，研发投入137亿元，博士后科研工作站10家，共获38项国家科技进步奖、1.9万余件知识产权，科技成果转化305项，制定了200余项国家、国际、行业标准。园区累计孵化企业近650家，吸引留创企业150余家，获政府创新创业类授牌20余项，建立创业支撑类公共服务平台25个，线上聚集100余家各类投融资机构。

（张 蕾）

【联想全球总部园区一期投入使用】12月16日，联想全球总部园区一期工程投入使用。项目位于中关村软件园二期西扩A1、B1地块，建筑面积约36万平方米。2011年9月联想集团有限公司与北京中关村软件园发展有限责任公司签约，2013年8月开工，由RTKL国际有限公司规划设计，计划2017年完成。一期工程包括主体部分以及餐厅、咖啡吧、便利店、健身中心、托管中心等各式生活配套服务设施，为智能型绿色建筑，在环保创新方面按照LEED金级标准打造，采用独立新风系统、PM2.5过滤系统及二氧化碳智能检测系统，完全保障室内空气质量，同时采用智能照明系统和车位引导系统，降低办公能源消耗。

（张 蕾）

【灵云远场语音识别解决方案推出】12月16日，北京捷通华声语音技术有限公司推出灵云远场语音识别解决方案。方案整合灵云远场语音识别、语音唤醒、声源定向、降噪、回声消除、端点检测等实用化语音、信号处理技术，面向智能车载、家居、家电、机器人等领域，具有完整、实用化程度高等特点，可通过语音操作各种设备。该技术是基于多麦克风阵列的语音硬件前端方案，利用麦克风阵列的空域滤波特性——在目标说话人方向形成拾音波束，抑制波束之外的噪声和反射声，并可实现语音唤醒、声源定位、远场识别、回声消除、语音打断五大功能，且根据算法不同，可分为适用于电视机、空调、机器人等的加性麦克风阵列和适用于采访话筒、录音笔等的差分麦克风阵列。

（张 蕾）

【大规模基因测序产业技术情报发布】12月22日，由中国科学院文献情报中心、北京中关村生命科学园发展有限责任公司主办的“大规模基因测序及其个性化医疗的应用”产业技术情报发布会暨中关村生物医药科技信息交流中心揭幕仪式在中关村生命科学园举行。中关村管委会、昌平区政府等单位相关负责人以及来自生物医药行业的代表100余人参会。中国科学院文献情报中心发布《大规模基因测序及其个性化医疗的应用》产业技术情报，介绍国际领先的基因测序技术，总结国内外基因测序行业的发展现状，对领域内的技术趋势、核心技术、重点机构和人物、产业动态以及基因测序在个性化医疗中的应用趋势进行深入分析。科技信息交流中心由中国科学院文献情报中心与中关村生命科学园联合设立，可为入园单位科研人员提供文献咨询、科技查新、产业情报等服务，以及组织各种企业培训、论坛等。

（梁 爽）

【中关村软件园呈发展态势】年内，中关村软件园新入园企业80家，累计403家，其中上市企业37家、国家规划布局重点软件企业21家、“十百千工程”企业26家、中国软件百强企业10家、收入过亿元企业45家；新增从业人员1.53万人，累计5.42万人；产值1603亿元，增长率为13.8%；利润149.1亿元，增长率为10.4%；共投入研发经费175亿元。拥有知识产权24803件，其中授权专利6208件，包括国际授权专利269件；科技成果转化334项，较2014年增加29项；累计20人入选中央“千人计划”；累计有“国务院特殊津贴”“青年千人”“长江学者”“海聚工程”“高聚工程”“科技北京领军人才”等高端人才87人。

（张 蕾）

大学科技园

【银行资本助力中小企业发展讲座举办】1月20日，由北京北航科技园有限公司、北京北航天汇科技孵化器有限公司、北京银行股份有限公司、北京中关村科技融资担保有限公司主办的银行资本助力中小企业发展讲座在北航科技园举办。北京银行相关负责人就北京银行发展现状、小微金融践行历程、融资产品特点、初创企业融资特色产品4个部分内容进行讲解，介绍了“普惠宝”“创业宝”“创业担保宝”“见贷即保”“成长贷”5款产品，并答复了初创企业所关注的申请条件、贷款额度、还款方式等方面的相关问题。中关村融资担保公司有关负责人介绍了微金融的创业宝产品、自营业务、平台业务以及初创企业可以享受的政府融资补贴政策等内容。

（钮　键　翟　彬）

【清华科技园入选哈佛商学院全球案例库】1月，由启迪控股股份有限公司规划、建设、运行管理的清华科技园创新创业平台建设发展案例入选哈佛商学院案例库。案例由清华大学经管学院副院长高建、中国工商管理案例中心副主任贾宁撰写，内容包括清华科技园的建设使命和愿景，系统总结了清华科技园在不同发展阶段的典型特征和启示意义，以及园区在创新人才培育、创业企业孵化、科技成果转化方面的主要成效和模式，并以清华科技园为基础研究了科技园行业的产学研合作问题。

（康秋红）

【骆惠宁一行到清华科技园调研】3月16日，青海省委书记骆惠宁、省长郝鹏等一行到清华科技园调研，了解以“孵化服务+创业培训+天使投资+开放平台”为核心内容的培育计划、早期创业项目以及为创业者提供空间、创业培训、创业导师、天使投资等专业孵化服务等情况。

（康秋红）

【北大智能硬件孵化器获授牌】3月27日，在中关村智能硬件产业政策发布会暨创新项目路演活动上，北大智能硬件孵化器（北大科技园）获首批智能硬件孵化器授牌。孵化器位于北大科技园南区，定位于全方位服务智能硬件创业团队的创新孵化平台，集空间、投资、辅导于一体，以智能科技服务平台和北大创业孵化营为核心产品，整合资源，向智能硬件创业团队提供包括创业导师、专属孵化资金、人才输送、免费办公空间以及北大实验室资源对接、研发测试服务、产品众筹推广等智能硬件产业链定制化孵化服务。

（王学军）

【无人机创新沙龙举行】4月28日，由北京北航科技园有限公司、中关村协同创新服务平台、北航臻迪夸克空间主办的无人机创新沙龙在北航科技园举办。无人机全产业链的参与者、无人机研究者、无人机零部件及整机、软件厂商，行业解决方案提供商等代表20余人参加。北京航空航天大学自动化科学与电气工程学院可靠飞行控制实验室负责人讲解了“可靠飞行控制研究组多旋翼研究”，天峋创新（北京）科技公司负责人介绍了“涡轮轴无人直升机和行业解决方案”，零度智控（北京）智能科技有限公司负责人介绍了“零度四旋翼无人机技术、产品及行业应用”。与会嘉宾共同探讨了无人机技术、产品、行业应用，获得前沿科技信息，同时结识了新的合作伙伴，积累了客户资源。

（钮　键）

【能源互联网下的信息通信体系研讨会召开】4月29日，由北京邮电大学主办的能源互联网下的信息通信体系研讨会在北邮科技大厦召开。国网信息通信产业集团、北京国电通网络技术有限公司、中国电力科学研究院等单位的负责人、专家、教授及学生80余人参加。研讨会主题为“互联网+能源”，就能源互联网的体系结构、国内国际标准、数据承载方式、时延敏感网络、能源路由器、用电模式变革、需求侧管理、产业创新、示范工程规划等主题进行交流。

（陈思亮）

【北理工科技园企业参展智慧城市与物联网应用展】5月7—9日，在2015中国（苏州）智慧城市与物联网应用展览会上，北京理工科技园科技发展有限公司参展，并将园区物联网领域相关企业的项目及成果制作成宣传册和宣传片进行发放和循环播放，内容包括：北京麦克斯泰科技有限公司的“讯库”联网资讯监测预警平台，实现“舆情监控—实时预警—传播分析—控制处置”流程化管理；汉朗科技（北京）有限责任公司的智能调光玻璃，通过多种方式实现透明到磨砂多种调光状态的切换；华夏星通（北京）科技发展有限公司的北斗导航定位系统；北京恒通安信科技有限公司的 eC120 智能化老人看护平台；泰邦泰平科技（北京）有限公司的 Magixoom 安防监控摄像机和北京郁香尚医软件技术有限公司的郁金香云健康平台等。

（李　莹）

【启迪控股公司获评“最具创新力企业”】 5 月 17 日，在全国科技活动周暨北京科技周主场活动期间，新华网举办了“科技创新　砥砺成金”寻找最美科技人物及创新团队颁奖典礼，启迪控股股份有限公司凭借在

20 年引领科技服务发展基础上，通过科技创新集群化，集约利用城市空间资源，提升工业化和城镇化的质量，提出科技创新与城镇化联袂并进的主张，并在创新服务体系构建、创新创业环境营造的过程中付诸实践的社会担当等获“最具创新力企业”称号。

（康秋红）

【法大科技园创新创业就业宣讲会举行】 5 月 20 日，由北京法大燕平科技有限公司主办的法大科技园创新创业就业宣讲会——基因科技走进百姓生活在中国政法大学举行。智海生物工程（北京）有限公司等单位的相关负责人及中国政法大学师生 40 余人参加。宣讲会围绕“大众创业、万众创新”话题，介绍了国家促进大学生就业创业政策，分析就业形势及就业方向。智海生物工程公司负责人分享了有关创业、创新、就业的经验和体会，鼓励学生为创新创业的理想不懈努力，同时介绍了公司在基因技术研究等方面取得的成果和发展前景，讲解了耳聋基因筛查等基因科技相关的知识。

（孙晓云）

【“大学生创业训练计划”2014 项目结项】 6 月 3 日，由中国人民大学文化科技园和中国人民大学主办的“中国人民大学‘大学生创业训练计划’2014 项目结项表彰暨 2015 项目立项大会”在人民大学举行。参与创业

训练计划的学生代表 120 余人参加。2014 年立项的 16 个项目通过了结项评审，其中 7 个项目获评优秀。得益卡和艺世纪 2 个项目进入创业实践阶段，分别获实践启动资金 10 万元和入驻园区的“金钥匙”。人大科技园和人民大学将为其提供企业注册指导和相关政策支持，包括资金、场地和硬件配套等。同日，“大学生创业训练计划”2015 项目启动。

（徐　洋）

【启迪控股公司与巴基斯坦国立科技大学签约】 6 月 27 日，启迪控股股份有限公司与巴基斯坦国立科技大学（NUST）战略合作协议签字仪式在巴基斯坦伊斯兰堡市举行。巴基斯坦联邦计划和发展部、巴基斯坦高等教育委员会等机构的有关负责人以及其来自学校和企业的代表等 100 余人参加。根据协议，双方在巴基斯坦共建 NUST 科技园（NSTP）、孵化中心和研发中心。启迪控股公司将在园区的规划、建设和运营方面与 NUST 进行合作，同时利用其在国内外建立起来的资源网络，将中国和世界的先进技术、高科技公司介绍到巴基斯坦落户和发展，使园区成为巴基斯坦与中国、巴基斯坦与世界的科技交流中心。NSTP 是巴基斯坦第一个科技园区，位于 NUST 在伊斯兰堡市的主校园内，占地面积 20.23 公顷，将建设孵化中心和研发中心等项目。园区的建设将是中国“一带一路”发展战略沿线国家的重要科技园区项目之一。

（康秋红　刘伟杰）

【启迪科服公司与新加坡凯发公司合作签约】 7 月 2 日，启迪科技服务有限公司与新加坡凯发有限公司合作签约仪式在清华科技园举行。合作双方相关负责人参加。根据协议，双方初期共同投资约 20 亿元，组建专注水处理技术及运营的合资公司，在科技新城建设、环保风险投资基金等方面展开合作和探索，带动大批新型中小环保技术企业的发展。（新加坡凯发公司创立于 1989 年，以膜分离技术为核心业务，是新加坡水处理

协会的理事长单位，新加坡水供系统供应商，供水量覆盖新加坡 35% 的水需求。）

（康秋红）

【清华大学幸福科技发展中心成立】 7 月 3 日，清华大学幸福科技发展中心（H+Lab）成立仪式在京举行。清华大学、启迪控股股份有限公司等单位的相关负责人参加。中心由启迪控股公司与清华大学共建，是以清华大学心理学系的教学和研究为基础，依托启迪控股公司对高科技企业孵化和投资的优势，促进清华大学心理学系及其交叉学科、交互领域科研成果的孵化，主要包括研究中心、展示中心、学习中心、孵化中心。H+Lab 将借助启迪控股公司在全球的大学科技园战略合作孵化器，吸收、引入一批具有创新力的幸福科技项目，通过启迪控股公司专业的项目孵化服务——“启迪之星”进行孵化，建立专项基金支持幸福项目和产品的投资，实现创新幸福的最大化。启迪控股公司首期为 H+Lab 注入 2000 万元，其中 1000 万元用于支持清华大学心理学系及其交叉学科、交互领域的学术研究。

（康秋红）

【7 个项目获市中小企业促进专项立项】 7 月 9 日，市科委发布《2015 年度北京市科技型中小企业促进专项立项公告》，北京理工大学国家大学科技园 7 家企业的项目入选。其中，北京永洪商智科技有限公司的“支持海量数据的探索式分析平台”入选创新类项目；泰瑞天际科技（北京）有限公司的“基于倾斜摄影技术的实景真三维数据自动建模平台”、北京星枫先控科技有限公司的“合成氨装置节能降耗控制软件”、北京中科普金特种材料技术发展有限公司的“抗菌不锈钢卫浴产品的研发及推广”、北京乐成光视科技发展有限公司的“超大裸眼 3D 屏舞台互动显示系统”、北京金达雷科技有限公司的“高精度 iSLA 激光 3D 打印机及高稳定膜技术的开发”和北京宝瑞光电科技有限公司的“一体化激光诱导增强等离子体光谱采集系统”6 个项目入选创业类项目。

（李　莹）

【技术合同认定登记及税收优惠政策讲座举办】 7 月 16 日，由北京北航科技园有限公司、北京北航天汇科技孵化器有限公司、北京技术市场管理办公室主办的“技术合同认定登记及税收优惠政策”讲座在北航科技园举办。相关企业的代表 40 余人参加。北京技术市场管理办公室的相关专家介绍了技术合同认定登记企业可享受的优惠政策、技术合同认定登记的原则、登记审查的内容及要点、技术合同认定登记申报材料需要注意的问题、免税业务办理注意事项等内容，针对企业提出的问题给予解答和指导。

（钮　键）

【北理工科技园 8 家企业入选“展翼计划”】 7 月 21 日，中关村管委会公布 2015 年“展翼计划”企业名单。北京理工大学国家大学科技园 8 家企业入选，包括北京拓维思科技有限公司、中科泰岳（北京）科技有限公司、北京永洪商智科技有限公司、太阳圣华（北京）医疗科技有限公司、北京诺信泰伺服科技有限公司、北京新峰维讯科技发展有限公司、北京联星科通微电子技术有限公司、北京麦克斯泰科技有限公司。

（李　莹）

【北大科技园石家庄分园挂牌】 7 月 22 日，在创启未来 2015 国际青年科技创业大赛石家庄城市赛上，北大科技园石家庄分园挂牌仪式举行。分园位于石家庄市裕华区怀特文化大厦，规划建设面积 2.24 万平方米，主要功能分区为集中办公区、产业研发区、公共服务区、项目交流区、投资咨询室、导师办公室、演播大厅、多功能会议室等，将以服务科技创新为主线，以校地合作、协同创新、共生共赢为指导，以电子信息、生物医药等战略性新兴产业为方向，引入优秀高科技人才和技术，积累项目资源、构建孵化链条、培育创新创业氛围。

（苑丁波）

【启迪控股公司与仁川创造经济革新中心签约】 7 月 22 日，在韩国仁川创造经济革新中心揭牌仪式上，中心与启迪控股股份有限公司签署战略合作协议。根据协议，双方共建中韩创业者交流平台，协助韩国中小型创新企业，通过启迪创新平台及 TGN 启迪全球创新网络，寻求高新技术合作，促进成果产业化，实现企业国外创新和孵化，同时协助中国的中小型创新企业通过仁川进入韩国市场开展项目合作。双方将在中韩企业创业项目路演、孵化器合作交流及科技金融运用等领域开展合作。韩国总统朴槿惠出席揭牌仪式。（仁川创造经济革新中心作为“仁川智能物流平台”，给予企业孵化场所、政策咨询与资金支持，通过一站式服务，支援地区特色化产业发展，保障中小企业和风险企业的成长。）

（康秋红）

【共建北京大学（武清）科技园】8月31日，下朱庄科技创新社区、北京北大科技园有限公司签约仪式在天津市举行。天津市武清区政府等单位有关负责人等参加。北京北大科技园建设开发有限公司与武清区政

府签署《共建北京大学（武清）科技园战略合作协议》。园区位于天津云海创意产业园。双方将在载体打造、园区运营、孵化投资、资源引入、配套建设等方面开展合作，共同搭建科技人才引进、创新企业培育、产业结构升级的服务型平台。根据协议，北大科技园公司以品牌输出、服务管理为投资形式，武清区下朱庄街道提供2.3万平方米的孵化空间，并授权北大科技园公司负责管理经营。

（王学军　刘伟杰）

【安阳豫河永通球团烟气脱硫项目通过竣工验收】8月，由北京首科兴业工程技术有限公司承担的安阳豫河永通球团烟气脱硫项目通过竣工验收。项目采用改进型密相塔半干法脱硫技术，能够保证系统更加稳定可靠地运行，各项指标均领先国内其他半干法脱硫技术。项目投产后，可达到排放烟气二氧化硫浓度≤180毫克/标准立方米和排放烟气含尘浓度≤50毫克/标准立方米的环保指标，二氧化硫排放量年减少5800吨。

（张慧秋）

【共建轨道交通安全大数据实验室】9月2日，北京佳讯飞鸿电气股份有限公司与北京交通大学战略合作签约仪式在京举行。合作双方代表签署了《轨道交通安全大数据实验室联合共建协议》及《LTE指挥调度系统实验室联合共建协议》。根据协议，双方将开展联合科研实验并推动科研成果转化，共同建设轨道交通安全大数据实验室，构建轨道交通大数据分析的科研平台，规划轨道交通安全大数据实验室的研究方向，选定具有良好市场前景的前沿课题开展研究工作。双方共同建设LTE指挥调度系统实验室，由佳讯飞鸿公司研制产品并制作样机，向实验室提供基于LTE-R宽带无线指挥调度系统设备，提供开通、测试等必要的技术支持；北京交通大学提供场地、LTE基础网络设施等基础环境，负责实验室的日常管理。双方还将在所合作领域内开展相关课题的研究与开发，包括申报课题、联合研发、联合测试验证、联合现场试验等工作，推动合作领域内科研成果的应用转化。

（丁　蕾　赵凌云）

【“信合行”获千万美元A轮战略投资】9月10日，由启迪控股股份有限公司与上海信合添富信息服务有限公司（“信合行”）主办的“信合行”A轮融资签约仪式在上海市举行。会上宣布“信合行”获首轮千万美元级战略投资，投资方为启迪金控投资有限公司；同时宣布专注于房产抵押的P2P网贷平台的“信合行”更名为“启迪金”。战略投资所获的资金主要用于“启迪金”网站平台的完善研发、技术团队和运营团队的建设，以保证网贷系统在安全的基础上，给予客户更优的体验，为网站、手机端、新产品开发、投资人培养和新模式创新提供更有力的支撑。新产品开发将集中于房地产相关的融资需求，解决小微企业的融资问题。

（康秋红）

【第七届启迪创新论坛举办】9月25—26日，由清华大学启迪创新研究院主办、启迪控股股份有限公司承办的第七届启迪创新论坛在福州市举办。论坛主题为“青年创业与新型孵化器”。来自海峡两岸的新型孵化器、科技园区、高科技企业、创新服务机构、投资机构等各界代表500余人参加。论坛上发布了《2014年中国城市创新创业环境排行榜》等3份研究报告，组织“互联网+时代教育变革”与“两岸青年创客对话新型孵化器”跨界对话及2015启迪之星创业营年度DEMO DAY项目路演等活动。

（康秋红）

【启迪中银新能源产业基金设立】10月14日，由启迪控股股份有限公司、中银资产管理有限公司和苏州启迪清芸投资管理有限公司主办的启迪中银新能源产业基金（一期）签约仪式在清华科技园举行。三方共同设立启迪中银新能源产业基金，基金一期规模5亿元。基金主要用于布局新能源板块，为打造启迪新能源产业创新平台奠定基础，在技术、产业、服务与金融领域等方面开展合作，通过引领型的技术和资金平台，

推动国内新能源技术、产业和金融协同发展。

（康秋红）

【沧州高新区北航科技园项目签约】 10月16日，由北京北航科技园有限公司与沧州高新区共建的沧州高新区北航科技园项目签约仪式在沧州市举行。根据协议，合作双方将依托北京航空航天大学的科研实力，引进集聚包括中央“千人计划”专家领衔的高端研发团队和创新创业人才，为科技园孵化企业、高校科研成果与当地企业合作转化落地等项目提供科技中介、人力资源、IT服务外包项目加速及孵化、科技成果转化，以及各项政府专项资金资助的申请、资质认定、企业贷款融资等服务，助力智能制造、“互联网+”信息技术服务、通用航空等行业中小企业的业务扩大。项目位于沧州高新区核心区域，规划占地面积33.33公顷，项目总投资18亿元，一期由沧州高新区与北航国家大学科技园合作，投资6亿元，主要建设企业孵化器、科技企业加速器、科研中心、电子信息产业基地、现代服务业综合区及北航中心（会议、服务中心）等功能区域，预计2016年底开园。

（钮　键）

【TGN Talks 国际项目路演会举行】 10月20日，“中关村创新创业季（2015）”之TGN Talks国际项目路演会在清华科技园举行。海淀区政府等单位的相关负责人以及相关企业的代表等参加。来自香港科技大学、英国牛津大学、美国得克萨斯理工大学3所大学的技术转移中心及多个国内外知名技术转移机构的专家和项目团队，通过主题演讲、专题对话、国际路演等形式，呈现了国际创新创业发展以及全球创新技术转移的趋势。启迪环球网络（TGN）与美国达福创投跨境孵化加速器及美国Foundry Club签订协议，计划在未来实现中美项目的互换与交流，携手推动跨境孵化及技术转移。同时，TGN还与Hardware Pro签约，计划在欧洲、中国香港及深圳三地共建智能硬件孵化器。

（康秋红　刘伟杰）

【北大科技园获评2015年度中国科技创新先进单位】
10月24日，在第十二届中国科学家论坛上，北京北大科技园有限公司凭借在区域推动原创科技、辐射区域经济发展等方面的突出贡献获评“2015中国科技创新先进单位”及“科技创新论文”一等奖。

（王学军）

【13家企业参展国际煤炭采矿设备展】 10月29日—11月1日，在第十六届中国国际煤炭采矿技术交流及设备展览会上，中国矿业大学（北京）国家大学科技园组织园区13家企业参展，展示了北京矿大节能科技有限公司的“水源热泵技术”项目、北京中矿赛力贝特科技有限公司的“乳化液泵站智能节电系统”项目、北京中矿四迈科技有限公司的“大型矿山机电设备远程健康诊断系统”项目、北京中矿威通技术有限公司的“综合自动化平台使用数字化、空压机控制系统利用PLC可编程控制器”等36个项目。展会期间，北京中矿赛力贝特科技有限公司、北京中矿四迈科技有限公司两家企业与大型煤炭集团达成合作意向。

（姜笑笑）

【17家企业的创新项目参展技术应用博览会】 11月11—13日，在“2015中国（北京）国际智慧城市、物联网技术应用博览会”上，北京理工科技园科技发展有限公司组织17家企业参展。创新项目包括北京理工雷科电子信息技术有限公司的新体制雷达和卫星导航芯片与接收机，北京派特森科技发展有限公司的压裂监测及煤层气储层改造增产技术，华夏星通（北京）科技发展有限公司的北斗野生动物保护及卫星放牧项

目以及北京航景创新科技有限公司的无人飞行器系列产品等。

（李　莹）

【北理工科技园两家企业获中关村专利促进资金支持】
11月17日，中关村管委会发布《2015年度中关村技

术创新能力建设专项资金（专利部分）支持名单情况公示》。其中，北京理工大学国家大学科技园北京理工亘元科技有限公司、北京泰邦天地科技有限公司两家企业获支持。

（李　莹）

【北理工留创园新增“高聚工程”人才2人】11月17日，中关村高聚工程专项工作小组发布《2015年度中关村高聚工程拟支持人员情况公示》，82人入选。其中，北理工留创园北京国承万通信息科技有限公司CEO郭成、易云捷讯科技（北京）有限公司董事长张继勇2人入选。截至年底，北理工留创园“高聚工程”人才累计8人。

（李　莹）

【清华产业第一笔海外美元债券发行】11月，启迪控股股份有限公司通过全资海外子公司TUSPARK FORWARD LTD成功发行4亿美元无评级美元债券。债券系清华控股成员企业第一笔海外债券融资，期限3年，票面利率5.375%。包括著名国际资管机构、保险公司、商业银行、私人银行在内的几十家投资者参与认购，认购资金总量接近发行规模的5倍。

（康秋红）

【共建矿大科技园新乡分园】12月5日，在科技支持区域经济发展——走进新乡技术专题对接会上，中国矿业大学（北京）国家大学科技园与新乡市政府签署技术转移战略合作协议。根据协议，双方将共建中国矿业大学（北京）国家大学科技园新乡分园及研发基地，引进10家以上高新科技创业企业，形成产业集聚；开展技术攻关、转化科技成果、科技决策咨询等合作，在能源安全、智能制造等重点产业和技术领域加强科技合作。计划将新乡分园打造成国家级大学科技园分园聚集地、大学科技成果转化基地、大学生“双实双业”基地、产业加速器、企业总部基地、海外留学生创业基地、“大众创业、万众创新”基地。

（姜笑笑）

【“空气源热泵采暖系统”获奖】12月15—16日，在2015年度全国暖通空调与热泵产业发展高峰论坛暨中国建筑节能协会暖通空调/地源热泵专委会年会上，同方人工环境有限公司的“空气源热泵采暖系统”获“2015年度暖通空调行业产品创新奖”。系统拥有低环温（−25摄氏度）、高温出水（65摄氏度）等自主技术，利用带辅助进气口的压缩机实现“准二级压缩”提高热泵系统的经济性能和在低温工况下的能效比，解决了热泵机组在低环境温度下高效制热问题；采用双向闪发过冷技术，实现制冷制热双向补气，既改善制冷循环性能，也提高制热性能；采用了同方公司的四区四维霜控技术，保证空气源热泵机组在低温情况下长期稳定运行。

（康秋红）

【北京高校大学生就业创业大厦建设启动】12月16日，北京市教委、北京理工大学建设“北京高校大学生就业创业大厦”签约仪式在北京理工大学举行。部分高校大学生创业团队的代表参加。大厦是北京市第三个市级大学生创业园，位于北京理工大学中关村国防科技园内，是集创业孵化、就业创业指导、行政办公、政策咨询、就业招聘、培训交流等功能于一体的服务机构。根据协议，大厦建成后主要用于北京高校大学生的就业创业服务，包括就业人员培训、就业双选会、就业咨询等，创业服务主要培育处于种子期、初创期、生存期的大学生创新创业项目，为大学生创业团队免两年场地费，并提供创业导师辅导、法律、财务、投资等服务项目。

（李　莹　刘伟杰）

【世纪联合“一带一路”数字经济发展投资基金创立】12月16日，在第二届世界互联网大会“数字丝路·合作共赢”论坛上，启迪控股股份有限公司与世纪互联集团有限公司签署了世纪联合“一带一路”数字经济发展投资基金（OEDF）合作备忘录。基金旨在促进沿线国家数字经济的发展与合作，总体规模100亿美元，将用于提升“一带一路”沿线各国信息基础设施建设水平，推动以互联网为代表的商业运营模式变革以及以云计算、大数据、物联网为代表的新一代信息技术创新，打造青年创新创业的网络空间与投融资平台，实现沿线国家资源整合、优势互补与合作共赢。

（康秋红　冯秋帆）

【《全球创业观察（GEM）中国研究项目》签约】12月20日，由清华大学启迪创新研究院与清华大学经管学院主办的《全球创业观察（GEM）中国研究项目》合作签约仪式在清华科技园举行。根据协议，双方将长期合作开展GEM中国项目研究，注重理论与实践相结合，对国内新的创业态势、创业特性、驱动因素等进行研究，为中国“双创”发展及国家创新转型建言献策；共同开展每年一度的全球创业观察GEM中国研究；共同编写每年一度的GEM中国研究报告；共享GEM中国研究成果等。（全球创业观察是由英国伦敦商学院和美国百森商学院共同成立的国际创业研究项目，是对全球范围内的创业活动开展研究，范围覆盖上百个国家和地区，研究成果已成为世界各国人士认识创业活动、环境、政策等创业问题的重要信息来源。）

（康秋红）

【矿大众创空间揭牌】 12月22日，矿大（北京）众创空间启动仪式暨2015年创新创业成果展在中国矿业大学（北京）举行。学校相关负责人及辅导员、学生创业团队的代表150余人参加。众创空间分为创业教育中心、创业咖啡、创业实践中心3个部分，将秉承“大学生创新精神与创业技能培育、创新创业型人才培养、产学研合作与创业项目实践”三位一体的理念，改善创新创业硬件设施，提高创新创业服务质量，搭建大学生创新创业平台。

（姜笑笑）

【启迪控股公司与泰国科技部战略合作意向签署】 12月22日，启迪控股股份有限公司与泰国科技部国家创新局在泰国总理府签署战略合作意向书。双方代表参加。根据协议，双方将支持高科技创新型企业发展、吸引高科技企业入驻泰国科技园区；在双方政府鼓励的技术领域内，促进企业层面的技术交流与相关投资；在清洁能源、环保产业、智慧城市等相关产业开展合作，尤其是在农业和食品科技领域内加强探索与实践。

（康秋红）

【北理工科技园知识产权系列讲座举办】 年内，北京理工大学国家大学科技园共举办4期“企业知识产权系列讲座”。中关村示范区企业的代表近200人次参加。讲座先后邀请4位北京市保护知识产权举报投诉服务中心专家，分别围绕“企业专利挖掘、分析与布局”“计算机软件专利申请”“对外合作中的知识产权问题”“内

部合作与知识产权管理”等专题，讲解知识产权保护与维权，以及专利申请等方面的法律程序等。

（李　莹）

【3家企业获创业启动资金支持】 年内，北京师大科技园发展有限责任公司推荐3家企业申报政府相关部门支持创新创业资助项目，其中北京铭汉科技有限公司获市人力社保局创业启动支持资金15万元，北京留友教育科技股份有限公司获北京市海外学人中心支持的开办费10万元，北京点密数字科技有限公司获中关村管委会支持的海创资金20万元。获支持创业企业涉及高动态卫星定位、教育咨询等领域。

（卢梦姣）

【北师大科技园新入园企业12家】 年内，北京明志和瑞科技有限公司、熙典国际教育科技（北京）有限公司等12家企业入驻北师大科技园，企业经营范围涉及技术开发、技术服务、技术咨询、计算机系统培训以及教育咨询、数据处理等领域；北京思果科技有限责任公司、互联智业（北京）科技有限公司等21家企业完成孵化毕业。截至年底，在园企业78家，涉及教育、科技、生物医药、现代互联网技术、环境保护、文化创意等领域。

（卢梦姣）

【财大科技园建设校外创业孵化基地】 年内，中央财经大学科技园天作国际大厦校外创业孵化基地建设完成。基地位于天作商城1号楼2层，建筑面积1800平方米，设有休闲区、打印区、洽谈区、展示区、会议区等公共服务区域，其中独立办公空间64间，可为入驻企业提供高品质办公设施，20兆字节专线网络覆盖，24小时安保及保洁等优质服务。基地主要入驻科技、金融等行业领域的小微企业，截至年底，北京星诺贝科技有限公司、北京燕大菁华教育科技有限责任公司等177家企业入驻，独立办公空间实现零空置率。（中央财经大学科技园于2014年10月开始对位于天作商城2号楼北侧1800平方米的小商品批发市场进行业态调整和升级改造。）

（张向丽）

【财大科技园新增企业184家】 年内，中央财经大学科技园新增企业184家，主要涉及电子信息、节能环保、现代服务业等领域。在园企业累计360家，注册资本金49.3亿元。截至年底，中央财经大学科技园完成中关村海淀园管委会创新创业专项支持资金、中关村示范区海归人才创业园支持资金、北京市财政局现代服务业中小企业创业孵化试点项目专项资金、中关村国家自主创新示范区产业技术研究院支持资金、昌平区大学科技园专项支持资金的申报及资金审计工作，共获各级各类财政支持资金94万元，帮助新入园留创企业申请资金140万元。

（张向丽）

【创新驿站系列沙龙举办】 年内，由北京北航科技园有限公司、北京北航天汇科技孵化器有限公司主办的创

新驿站系列沙龙共举办6期。投融资、大数据分析、无人机行业标准等领域相关专家、企业的代表近200人次参加。沙龙围绕从传统制造到3D制造、企业融资中的专利价值、可以感知的机器视觉、穿衣搭配和“互联网+”的碰撞、登陆北京新四板等专题进行研讨。通过系列活动促进企业之间相互联系，整合客户资源及产品资源，提升服务园区企业的质量。

（钮　键）

【共建启迪科技新城项目签约】年内，启迪控股股份有限公司分别与合肥、洛阳、重庆、广州、青海、大连、福州等地的政府、科技园区签约共建科技新城项目。各方发挥优势，联合建设科技新城，发展高端装备制造、新材料、电子信息、环保生态、文化创意、能源互联网、信息服务、电子商务、互联网金融、智慧城市、大数据、创客服务、教育培训、文化传媒等产业。截至年底，启迪控股公司在全国建成科技新城24个，为企业与政府、大学与社会等资源建立多渠道的联系。

（康秋红）

【启迪之星培育计划实施】年内，由清华科技园启迪控股股份有限公司推出的启迪之星培育计划，在全国各地创建了移动互联网孵化器、纳米孵化器、节能环保孵化器、互联网金融孵化器、南京节能环保孵化器等专业孵化器，并举办启迪之星创业营、CEO俱乐部、创业培训沙龙等活动371场，累计7000余人次参与；孵化企业共获众筹机构、启迪之星等机构的投资金额超过5亿元；在保定、长沙等地新增35个孵化基地，遍布18个省市自治区，区域覆盖京津冀、长三角、珠三角、东北、西北等地区；接待来自世界各国的科技园区管理者、行业专家和企业家代表等1000余次，到访者达2.6万余人次；新增合作伙伴68个，涉及工商、税务、法律、设计服务等8个行业，为260余家企业提供了服务；开展启迪之星孵化模式特训营4期，累计为17个省市的76家机构培育了100余位孵化器管理人才。

（康秋红）

【天使直通车走进北航科技园活动举办】年内，由北京北航天汇科技孵化器有限公司与中关村天使投资协会主办的天使直通车在北航科技园举办两期。来自北航科技园创业团队的14个项目参加了路演，包括天峋创新（北京）科技公司的UNICORN（独角兽）涡轮轴动力无人驾驶直升机项目、北京维峰科技有限公司的汽车行业机器视觉解决方案（专注于提升汽车零配件行业智能制造水平）、北京云杉易迅科技有限公司的智慧养老综合管理平台项目、北京酷天致胜科技有限公司的商业气象预报大数据服务项目、北京启蒙数据科技有限公司的智能视觉跟踪系统项目、星宇联合（北京）科技有限公司的MMAPRPG游戏研发商项目、北京天地弘毅科技有限公司的小和智能健康移动终端项目、玖佰陆拾（北京）电子商务有限公司的960农资垂直电商项目等。戈壁合伙人有限公司、启迪创业投资管理（北京）有限公司、腾业投资、臻云创投等投资机构的专业人员对项目的特点及可行性进行点评和分析，并提出建议。

（钮　键）

海外人才创业园

【望京留创园微信服务平台开通】1月1日，由北京望京科技孵化服务有限公司搭建的北京（望京）留学人员创业园微信服务平台开通。平台可及时发布园区政策法规、人才引进、项目申报、资金支持、融资对接、企业培训、技术咨询等相关信息。用户通过微信平台添加关注，便可及时了解园区发展动态，随时获取信息服务及微信咨询，促进了园区与企业的沟通与交流。

（朱文利）

【海淀创业园生物医药公共服务平台运行】4月8日，由中关村科技园区海淀园创业服务中心主办的海淀创业园生物医药公共服务平台开放日活动在中关村发展大厦举办。平台由卡尤迪生物科技（北京）有限公司、北京依科曼生物技术有限公司、北京安生绿源科技有限公司、北京天恩泽基因科技有限公司、北京冈大医疗科技有限公司5家单位共同组建，旨在加强海淀创业园创业孵化服务体系建设，搭建公共服务平台，降低企业创业创新成本，吸引研发机构及高端研发人才入驻，推进园区生物医药产业的聚集和发展。平台备有分子诊断试剂、新药研发、分子生物学研究所需的相关实验设备，可为企业提供分子克隆、基因提取、细胞培养等14项实验。平台建设投入资金200余万元，卡尤迪公司负责日常运行和管理，面向企业免费开放使用。

（彭　晨）

【北理工留创园企业参展数博会】5月26—29日，在2015贵阳国际大数据产业博览会暨全球大数据时代贵阳峰会上，北理工留创园内一起走（北京）健康科技有限公司的“全民健身网络互动平台”、易云捷讯科技（北京）有限公司的“Eayun云计算平台”项目参展。“全民健身网络互动平台”提供了一系列个性化的、服务于企事业机构的后台功能模块，其中包括会员沟通交流系统、会员管理系统、运动健身管理系统、统计分析系统、竞赛排名系统、信息反馈系统、在线浏览和报告下载系统，可为年度总结、健康文化建设和员工关爱工作提供有效的数据支持；“Eayun云计算平台”包含弹性计算、软件定义网络（SDN）、分布式存储等核心模块，具备快速部署机制和完善的HA（高可用）架构，能为企业客户提供高性能、可扩展、安全可靠的云计算服务。

（李　莹）

【名企有约JAVA专场举办】6月1日，由北京市中小企业公共服务平台、北京中关村留学生人员创业园协会主办，北京中关村软件园孵化服务有限公司及达内时代科技集团协办的名企有约JAVA专场在京举办。招聘方有航天信息股份有限公司、北京东方国信科技股份有限公司、北明软件股份有限公司等6家IT企业，

北京博思廷科技有限公司、北京恒信启华信息技术股份有限公司等10家企业参加了观摩。登台应聘的8位学员中有7人获企业发出的工作邀请函。

（毕欣超）

【北京市留创园工作人员培训班举办】6月24—26日，由北京海外学人中心等单位主办的第十期北京市留学人员创业园工作人员培训班在京举办。北京市53个留学人员创业园的负责人及工作人员120余人参加。市人力社保局、中关村管委会、北京高新技术创业服务中心等单位相关负责人对北京市加强留学人员就业创业服务政策、中关村海归人才创新创业支持政策、市科委科技企业支持政策、中小企业服务平台支持政策及申报流程进行了介绍和解读。

（胡建余）

【8家留创园成为首批中关村侨创园】7月10日，在2015中关村华侨华人创业大会上，市政府侨办和中关村管委会为北京市留学人员海淀创业园、中关村软件园留学人员创业园、北京中关村生命科学园留学人员创业园、清华大学国家大学科技园、中国北京（望京）

留学人员创业园、石景山留学人员创业园、丰台园留学人员创业园和北京汇龙森留学人员创业园首批8家中关村侨创园授牌。侨创园是利用北京市的科技资源和创新基础，集中北京各留创园的力量搭建起来的世界性的科技创新成果交流平台和华侨华人创业平台，涉及新能源、新材料、光机电一体化、生物医药、电子产品、软件开发、环保与节能、先进制造、智能硬件等领域，可充分发挥海外侨务科技资源，吸引更多的海外华侨华人回国创新创业。进入侨创园区的企业可同时享有留创园的创业优惠政策和北京市针对华侨华人的侨务优惠政策。

（张 蕾 柳 杨）

【北工大留创园创业企业培训班举办】7月，北工大留学人员创业园举办了留创企业开办费资助资金申报专题培训，园区内留学人员创业企业的代表参加。培训内容包括申报人员的资质、申报人创办的企业是否属于重点发展和重点扶持的行业以及申报流程等，指导企业按照要求完成网上申报及相关材料的报送。

（甄小航）

【北理工创新孵化器企业参展国际物联网与智慧中国博览会】8月20—22日，在2015（第七届）深圳国际物联网与智慧中国博览会上，北京理工创新高科技孵化器有限公司组织园区17家物联网企业参展，产品涉及北斗导航定位系统、云计算技术、可穿戴产品等领域，包括华能卫通科技（北京）有限公司的导航产品、OEM板卡产品、GPS北斗定位导航产品与数据处理设备、应急化外业太阳能供电系统，北京郁香尚医软件技术有限公司的郁金香云健康平台，以及北京国承万通信息科技有限公司的Goccia可穿戴电子产品等。

（李 莹）

【京津留创园进行对接交流】8月26日，由北京海外学人中心组织的京津留创园展示对接交流活动在天津渤海新区举行。北京市16家留学人员创业园的46家企业代表携49项高科技项目与天津市10家留学人员创业园及11个区县的相关单位进行对接洽谈。展示项目包括轨道维护装备制造、机器人及数字舵机、低频细胞循环分选系统、惯性技术在地下管线测量等，涉及电子信息、环保、新能源新材料和高端装备制造、电子商务等领域。对接交流达成项目落户及技术合作意向13项。

（孙 伟）

【北理工留创园8家企业获中关村创业启动资金】9月6日，中关村管委会发布《2015年度中关村海外人才创业专项资金支持企业名单情况公示》。北理工留创园8家企业分别获20万元创业启动资金支持，分别为北京翼行科技有限公司、北京凡博拓普创新科技有限公司、北京极泰冷锻科技有限公司、安志（北京）资产管理有限公司、北京风语纵贯线科技发展有限责任公司、北京赛因哲信息技术有限公司、北京热瓦教育科技有限公司以及北京耀锐能源科技有限公司。截至年底，园区累计31家企业获此项资金支持，总金额430万元。

（李 莹）

【海淀创业园3家企业的项目入选北京市优秀创业项目】9月15日，在2015年北京市优秀项目遴选结果通报会暨创业融资指导会上，市人力社保局公布通过遴选的24个创业项目的名单，海淀创业园3家企业的项目入选。其中，北京悟波智联科技有限公司的“开放手术摄录系统设备”入选引领项目、北京星闪视图科技有限公司的“激光雷达三维大数据”入选成长项目、北京银融科技有限责任公司的“管道银行（银行网点）效能改革”入选成长项目。入选项目共获市人力社保局资金支持25万元。

（彭 晨）

【“创新之源”大会举办】9月18日，由北京中关村软件园孵化服务有限公司、北京中关村留学人员创业园协会主办的2015年第二季“创新之源”大会在中关村软件园举行。企业的代表、投资机构专家等50余人参加。会议对国家鼓励大众创业创新的政策，以及园区的创业孵化服务项目等内容做了解读和介绍。北京飞狐文化传播有限公司、北京数字绿土科技有限公司等5家企业的创新项目做了路演，展示了企业在生鲜电商、三维地理信息、手机维修O2O、智能健康养老、楼盘O2O等领域的创新产品和优化方案，投资机构代表和独立投资人对企业项目做了专业点评。大会还分4个展区，分别展示了企业在移动互联网、智能硬件、互联网教育和健康养老领域的创新成果。（第一季“创新之源”大会于2014年举办，每年举办一次。）

（王 芮 毕欣超）

【鑫丰南格公司获国君力鼎公司投资】12月1日，北京国君力鼎投资有限公司等4家公司与北京鑫丰南格科技有限责任公司投资签约仪式在丰台园科技创业服务中心举行。丰台园管委会、丰台园科创中心等单位的相关负责人及企业的代表50余人参加。根据协议，国君力鼎公司等4家公司将向鑫丰南格公司投资1050万元。资金用于鑫丰南格公司的“医家护”App产品开发与维护。“医家护”是一款手机软件，通过联合多家医院各类专家（医生、护士、康复师等），可为患者提供从院内到居家的全过程康复护理指导和服务。

（柳　杨）

【人工智能与影视 IP 项目资本对接会举办】 12 月 20 日，由中关村科技园区海淀园创业服务中心、快创学院主办的人工智能与影视 IP 项目资本对接会在中关村创业大厦举办。国家工业和信息化部集成电路产业基金、中科院、清华大学等单位的有关专家及机器人行业的代表 100 余人参加。中关村人工智能课题研究小组（中科院）专家介绍了有关机器人的发展前景和国内国际同行的发展现状，展示了中信证券股份有限公司新三板机器人行业首席分析师的课题成果。北京优立方科技有限公司的“新一代分布式低功耗海量大数据存储设备及服务项目”等 10 家企业的项目进行路演，北大创投基金等投资机构的专家对路演项目进行了专业点评。其中，北京悟波智联科技有限公司的“医院手术视频和图像高速信号处理系统”、金博特（北京）生物科技有限公司的“‘精准医疗’配套研发分子诊断和免疫诊断试剂项目”、北京瑞尔视镜科技有限公司的“可穿戴贴片式人体家庭心电图仪项目”、北京星起科技的“蜻蜓和雨燕植保无人机项目”、北京现货联盟电子科技发展有限公司的“现货联盟项目”5 个项目达成投融资意向。

（彭　晨　刘伟杰）

【新建 3 家海外人才创业园】 12 月，中关村管委会分别与京泰（实业）集团有限公司、北京服装学院和北京普天德胜科技孵化器有限公司新建 3 家海外人才创业园，分别是中关村京泰香港海创园、中关村北服海创园和中关村普天海创园。其中，中关村京泰香港海创园是中关村管委会在境外设立的第一家海外人才创业园，中关村北服海创园是中关村示范区第一家以服饰时尚设计为主的海外人才创业园。3 家海外人才创业园建成后，中关村海外人才创业园增加至 37 家，为海外人才创业提供的孵化空间可增加约 1.5 万平方米，总孵化面积近 50 万平方米，在园海外人才企业数量将达到约 2000 家。

（王　征）

【“创业微学堂”系列活动举办】 年内，由中关村科技园区海淀园创业服务中心主办的“创业微学堂”共举办 10 期，园区企业的代表等 300 余人次参加。活动邀请市科委、第一赢销网、北京中海天行投资管理中心、北京外企人力资源服务有限公司和北京道成律师事务所等单位的专家进行授课，主要内容有机制的魅力——企业流程优化 Know How，知识产权资助政策及专利维权，创新创业政策及高新认定、复审，互联网时代高科技人才招聘策略与案例分析和中小企业融资中的法律风险与防范等。

（彭　晨）

【173 家海创园企业获风险投资】 年内，中关村海外人才创业园获风险投资企业 173 家，总金额 31.66 亿元；获债权融资企业 33 家，总融资额 0.396 亿元；获贷款企业 131 家，贷款总额 4.26 亿；12 家企业被并购，并购标的额合计 1.91 亿元。

（王　芮）

【OpenStack 中国用户组技术交流会举办】 年内，由中关村科技园区海淀园创业服务中心、北京金种子创业谷科技孵化器中心主办的 OpenStack 中国用户组技术交流会在海淀创业园共举办 10 期。来自 EasyStack、北京海云捷迅科技有限公司、北京百度网讯科技有限公司、联想控股有限公司、华为技术有限公司、IBM、英特尔、惠普等国内外企业的代表等 700 余人次参加。交流会以开源云计算软件 OpenStack 的部署与运维、开源应用容器引擎 Docker 在云计算中所处的现状与趋势等为主题，介绍了 KVM 特性和在 OpenStack 中的使用情况，对部署的具体步骤、操作系统选型、数据库选型、监控工具、安全等重要问题进行讨论，以 Docker 引擎的性能、缺陷、趋势为话题做了阐述与交流。（OpenStack 中国用户组是 OpenStack 全球用户组的一个本地组织，是 OpenStack 中国开发者和用户的联盟，联合中国开发者和用户一起扩大中国在国际开源社区的影响力和话语权。）

（彭　晨）

【北理工留创园 7 家企业获开办费资金支持】 年内，北理工留创园 7 家留学人员创办的企业分别获北京市留学人员创办企业开办费资助资金 10 万元支持，包括北京蜂鸟视图科技有限公司、北京凡博拓普创新科技有限公司、安志（北京）资产管理有限公司、北京极泰冷锻科技有限公司、北京风语纵贯线科技发展有限责任公司、北京优客思信息技术有限公司、北京热瓦教育科技有限公司。截至年底，北理工留创园累计有 57 家留创企业获此项资金支持。

（李　莹）

【创业标杆行系列活动举办】 年内，中关村科技园区海淀园创业服务中心分别在北京天智航医疗科技股份有限公司、北京时代凌宇科技股份有限公司举办了两期“创业标杆行”活动。来自生物医药、光机电、电子信息、节能环保等相关产业领域 20 余家企业的负责人 40 余人次参加。考察人员与标杆企业的管理者进行交流，学习标杆企业的成功经验和先进的管理理念。天智航公司致力于骨科导航机器人的研发，提供智能微创手术整体解决方案及临床数据共享与远程医疗服务。时代凌宇科技公司为智能交通、城市安全运行和应急管理、智能建筑、智慧城市等领域的研发项目提供物联网技术、产品和解决方案。

（彭　晨）

【海创园新增高新技术企业 402 家】 年内，中关村海外人才创业园在园企业新增高新技术企业 402 家，其中国家级高新技术企业 53 家、中关村高新技术企业 349 家。截至年底，海创园在园高新技术企业总数 1361 家，占在园企业总数的 71.11%，其中国家高新技术企业累计 319 家，占在园高新技术企业总数的 23.44%；中关村高新技术企业累计 1042 家，占在园高新技术企业总数的 76.56%。

（王　芮）

【海创园企业总收入 77.58 亿元】 年内，中关村海外人才创业园 1914 家在园企业实现收入总额 77.58 亿元，比 2014 年增长 7.57%；实现利润 5.25 亿元；出口创汇 3.7 亿元；上缴税费 3.15 亿元。

（王　芮）

【海创园企业新增知识产权 1918 件】 年内，中关村海外人才创业园企业新增知识产权 1918 件，比 2014 年增长 20.64%。截至年底，海创园企业累计获知识产权 11212 件，其中专利 4673 件、注册商标 1690 件、计算机软件著作权 4826 件、版权 23 件。年内，海创园企业完成 2 项国际标准制定，累计完成 13 项国家标准、22 项行业标准的制定。

（王　芮）

【海创园在园企业总数 1914 家】 年内，中关村海外人才创业园新入驻企业 294 家，在园企业总数 1914 家。其中，新兴信息产业企业 884 家、文化创意产业企业 205 家、现代服务业企业 182 家、生物产业企业 128 家、高端装备制造业产业企业 108 家、节能环保产业企业 99 家、新材料产业企业 79 家、新能源及新能源汽车产业企业 69 家、其他企业 160 家。截至年底，海创园累计入驻企业 6082 家。

（王　芮）

【海创园新引进海外人才 328 人】 年内，中关村海外人才创业园企业新引进海外人才 328 人，同比增长 10.36%。其中，带有专有技术回国人数占 63.94%，曾任跨国公司或知名教育机构高级职位的人数占 36.05%。截至年底，海创园企业留学归国人员总数 3494 人。

（王　芮）

【海淀创业园“创业微沙龙”举办】 年内，由中关村科技园区海淀园创业服务中心主办的“创业微沙龙”系列活动共举办 5 期，园区企业的管理人员累计 200 余人次参加。第一赢销网、北京赛林泰医药技术有限公司、马里兰大学史密斯商学院、中国科学院等单位相关专家和企业的代表参与交流，就科学策略营销培训、生物医药产业领域新药研发、团队管理、资本运作、产学研合作、智能机器人领域的开发与应用等内容进行研讨；大数据产业沙龙组织北京优立方科技有限公司、北京食神科技有限公司、普强信息技术（北京）有限公司等 9 家企业参加项目路演，就企业融资需求等问题与投资机构代表进行咨询和探讨。

（彭　晨）

【“智汇星期五”品牌系列活动举办】 年内，丰台园科技创业服务中心共举办“智汇星期五”品牌系列活动 50 余场，200 余家企业的代表参加，累计达 500 余人次。活动采取专业培训、项目路演、项目推介等形式，为初创型企业提供与政府职能部门及创业服务机构、金融机构面对面交流沟通的机会，给予创业理念与创业技能的智力支持。活动的主要内容包括政策宣讲、操作实务、项目辅导、行业发展、企业管理、健康生活等。

（柳　杨）

【海淀创业园创业拓展系列活动举办】 年内，中关村科技园区海淀园创业服务中心、北京金种子创业谷科技孵化器中心共举办创业拓展系列活动 12 期，园区内的创业者、投资人等近 300 人次参加。户外拓展主要内容有爬山比赛、漂流探险、湿地考察等，通过拓展活

动，搭建创业者之间相互交流的平台，分享创业心得、交流创新思想、磨炼意志和培养团队合作精神，并适时引入企业路演、投融资等服务项目。

（彭　晨）

【举办 10 场三三会】 年内，由中关村管委会主办、中关村留学人员创业园协会协办、中关村示范区 23 家留创园联合参与并承办的中关村留学人员企业精品项目推介会（三三会）共举办 10 场，路演项目 78 个，收录入册 264 个。其中，新一代信息技术项目 99 个，

占项目总数的 37.5%；生物类项目 72 个，占项目总数的 27.27%；节能环保类项目 33 个，占项目总数的 12.5%；文化创意类项目 24 个，占项目总数的 9.09%；新材料类项目 16 个，占项目总数的 6.06%，其他类项目 20 个，占项目总数的 7.57%。北京志翔科技股份有限公司、北京联云格科技有限公司等企业的 38 个项目获银行贷款和风险投资，总额 2.59 亿元。各海创园企业的代表 1500 余人次参加。

（王　芮）

【矿大留创园两家企业获开办费资金支持】年内，中国矿业大学留学人员创业园北京高新瑞科技有限公司、北京金鸿能生物科技有限公司两家企业分别获北京市留学人员创办企业开办费资助资金 10 万元支持，还分别获得中关村海归人才创业启动资金支持 20 万元。新创办企业涉及绿色可再生清洁新能源、环保节能减排及新材料领域。

（姜笑笑）

【企业知识产权系列讲座举办】年内，中关村科技园区海淀园创业服务中心在中关村创业大厦共举办 3 期企业知识产权系列讲座，90 余家企业的代表 120 余人次参加。讲座的主要内容包括技术合同认定规则及要点、技术合同管理及优惠政策、企业在融资过程中知识产权的出资比例、职务发明的出资与处理、知识产权出资程序问题的处理等，并对企业融资中各类知识产权评估、出资的法律要点等给予解释。通过讲座，指导企业合理规避在融资过程中有可能产生的知识产权问题。

（彭　晨）

【海创园新增 8 家上市企业】年内，中关村海外人才创业园新增北京迈思汇智科技有限公司、北京依科曼生物技术股份有限公司等 8 家上市企业，同比增长 25.81%。截至年底，海创园累计上市企业总数 39 家。

（王　芮）

【3 家企业获知识产权申请补贴】年内，丰台园科技创业服务中心为 3 家企业发放专利申请补贴。其中，北京友信宏科电子科技有限公司、北京科信华技术有限公司共获专利申请代理费补贴 1 万元，北京简繁服饰有限责任公司获商标注册代理费补贴 1000 元。（2014 年起，中心给予申请发明专利、实用新型专利、外观设计及商标注册等的在孵企业 5000 元或 3000 元不等的知识产权申请补贴。）

（柳　杨）

【海创园企业获资金资助 9939 万元】年内，中关村海外人才创业园企业获各类资金资助总额 9939 万元。其中，国家部委扶持资金 1600 万元，占比 16.10%；北京市扶持资金 3601 万元，占比 36.23%；中关村扶持资金 4738 万元，占比 47.67%。

（王　芮）

【海创园创业导师新增 136 人】年内，中关村海外人才创业园新增创业导师 136 人，较 2014 年增长 32.38%，总数达到 556 人。其中，成功企业家 242 人，年内新增 42 人，较 2014 年增长 21%；风险投资人 152 人，年内新增 58 人，较 2014 年增长 61.7%；专业孵化人员 109 人，年内新增 23 人，较 2014 年增长 26.7%；大学教授、律师、会计师、咨询师等其他专业人员 53 人，年内新增 13 人，较 2014 年增长 32.5%。

（王　芮）

【海创园管理团队从业人员总数 497 人】截至年底，中关村海外人才创业园管理团队从业人员总数 497 人，其中博士 31 人，占总数的 6.24%；硕士 111 人，占总数的 22.34%；学士 329 人，占总数的 66.2%；学士以下 26 人，占 5.23%；年龄 30 岁以下从业人员 133 人，占总数的 26.76%；年龄 31 ～ 40 岁从业人员 221 人，占总数的 44.47%；年龄 41 ～ 50 岁从业人员 78 人，占总数的 15.69%；50 岁以上从业人员 65 人，占总数的 13.08%。其中 40 岁以下人员占从业人员的 71.23%，管理团队趋向年轻化发展。

（王　芮）

【海外高层次人才落户海创园】截至年底，中关村海外人才创业园企业累计 168 人入选中央“千人计划”，年内新增 12 人，同比增长 7.69%；累计 237 人入选北京市“海聚工程”，年内新增 16 人，同比增长 7.24%；累计 141 人入选中关村“高聚工程”，年内新增 8 人，同比增长 6.02%。累计入选国务院特殊津贴 7 人，累计入选北京市百名领军人才培养工程 30 人。

（王　芮）

科技金融

Sci-tech Financing

本栏目设有信用和金融两个分栏目，以条目体形式记述中关村国家自主创新示范区在创建国家科技金融创新中心中采取的举措，在创新科技金融服务和建设企业信用体系中组织的主要活动和取得的成效，以及中关村示范区企业在境内外上市和中关村发展专项资金的使用情况等。

综　述

2015年，中关村示范区继续深化中关村国家科技金融创新中心建设，发挥科技金融服务体系引导支撑作用，支持企业用资本手段“走出去”，实现内生增长和外延增长并重，推动互联网金融等新兴金融业态发展，营造良好的科技金融生态环境。

*发挥科技金融服务体系的引导支撑作用。*持续加强企业信用体系建设，支持科技型中小微企业扩大融资规模，降低融资成本。举办首届信用中关村高峰论坛，探讨在“互联网+”和大数据时代，投融资机构建立在信用基础上的创新与管理。年内，中关村企业信用促进会新增会员623家，会员总数5961家；新增星级企业205家，总数1211家；新增中关村信用培育“双百”企业205家，累计833家；新增车道沟工作平台等5处中关村企业信用工作平台，平台总数16处。3963家企业入选2015年“瞪羚计划”企业名单。截至年底，北京中关村科技融资担保有限公司等单位累计为中关村示范区企业提供1539亿元的担保融资。年内，中国银行等19家银行在中关村示范区设立近50家专门为科技企业服务的信贷专营机构或特色支行，北京银行、建设银行和农业银行设立了中关村分行，推出“普惠宝”等产品，探索“投贷联动”业务模式。各银行全年累计为5814家次企业提供信用贷款868亿元，累计组织946家次中小企业发行直接融资产品，融资额153亿元；累计为73家次企业提供近200亿元的信用保险和10亿元的贸易融资贷款；累计发放知识产权质押贷款154亿元；北京市中关村小额贷款股份有限公司累计发放贷款114.2亿元。开展创新创业债试点，扩大提高了直接融资在总融资结构中的比重。2015年，航天信息股份有限公司等20余家园区企业发行公司债，融资规模307亿元。完善多层次资本市场建设，形成从天使投资、创投到四板、新三板、主板服务的完整链条。截至年底，中关村股权交易中心新增中小微企业数量1796家，其中，展示企业1204家，挂牌企业50家，私募债券备案27支，备案金额32.45亿元；累计有18家企业转板到新三板、创业板、中小板等更高层次资本市场上市挂牌。新增新三板挂牌企业422家，总数823家。新增上市公司27家，总数281家，包括境内178家，境外103家，IPO融资总额超过2665亿元。其中创业板上市公司82家，占全国的1/6，在创业板形成“中关村板块”。500余家非上市股份公司完成改制。继续促进创业投资发展，强化创业投资聚集效应。2015年，中关村示范区内共发生股权投资案例2413起，占全国的32.19%；披露的投资金额1020.27亿元，占全国的24.81%。中关村创业投资引导资金与红杉资本、IDG资本等国内外知名创投机构累计合作设立基金55支，规模超过300亿元。

*支持企业用资本手段“走出去”，实现内生增长和外延增长并重。*中关村示范区围绕重点产业领域，积极建立为企业并购服务的项目信息、政策协调、人才支持、中介服务、融资工具、培训辅导等综合支持服务体系，企业境外并购持续升温。2015年发生并购29起，其中披露金额19起，合计金额1505.2亿元。其中，滴滴快的合并、58赶集合并和美团点评合并等案例在国内外产生了重大影响。深入开展中关村企业境外并购外汇管理试点和外债宏观审慎管理试点。为支持中关村示范区企业“走出去”，在全球范围内配置创新资源提供便利。截至年底，恒泰艾普石油天然气技术服务股份有限公司等8家企业办理了中关村企业境外并购外汇管理试点业务，累计核准额度2.9亿美元。自2015年3月起，国家外汇管理局在中关村核心区开展外债宏观审慎管理试点工作，允许中资试点企业借用外债，11月政策升级，允许试点企业进行境内外、本外币、长短期及集团内部资金调度。截至年底，为北京威联德骨科技术有限公司等44家企业办理试点业务67笔，签约金额20.43亿美元，试点企业1年即节约财务成本2.95亿元，显著降低了企业融资成本。

*推动互联网金融等新兴金融业态发展。*2015年，中关村示范区积极支持中关村企业获得金融信息服务、网络小贷、基金销售等相关业务牌照。中关村创业投资引导资金参股设立专注投资于互联网金融的产业基金。进一步完善中关村互联网金融信用信息平台建设，探索基于大数据的信用评价和风险管理机制。支持中关村数海大数据交易平台与贵阳、淮南等地合作设立子平台，探索数据交易新模式。

（刘　研）

信　用

【科技企业所得税汇算清缴政策培训会举办】 1月29日，由中关村企业信用促进会主办的科技企业所得税汇算清缴政策培训会在京举办。中关村示范区300余家企业的代表参加。相关专家对企业所得税汇算清缴政策、企业研发费用加计扣除政策进行解读和梳理，并与实际案例相结合进行讲解。

（于梦晨）

【中关村企业征信政策培训会召开】 4月2日，由北京经济技术开发区科技局主办的中关村企业征信政策培训会在京召开。相关专家分别就“中关村企业征信政策”“信用担保”“中关村企业征信服务流程”“完善信用服务，助力企业发展”做专题宣讲，介绍申请企业征信服务线上及线下流程、补贴领取方式、申报及系统填报等，讲解《社会信用体系建设规划纲要（2014—2020年）》等相关政策文件，并以多家高新技术企业的信用建设为例，进行具体分析。园区高新技术企业有关负责人100余人参加。

（崔春雷）

【拉卡拉商户征信评估系统上线】 4月3日，考拉征信服务有限公司推出面向POS商户的征信评估系统，商户可以通过登录拉卡拉微信商服平台查询本人的信用分值，进而直接向拉卡拉小额贷款公司申请信用贷款，操作均可在互联网上完成。该平台是国内第一个面向小微企业的征信系统，以第三方支付数据及互联网大数据构建的征信模型，采用国际通用的信用评定标准，分值从300分到850分不等，可从企业属性、信用记录、成长能力、经营稳定和履约能力5个维度进行商户信用评估。

（韩洋洋）

【中关村企业信用政策培训会举办】 4月10日，由中关村电子商会、中关村企业信用促进会主办的中关村企业信用政策培训会在首创拓展大厦举办。中关村管委会等单位的相关负责人及会员企业的代表等40余人参加。培训的主要内容包括介绍中关村管委会对中关村示范区企业信用体系建设的支持政策，解读企业信用星级评定管理办法，为企业梳理入会、年审、星级评定业务流程等。

（丁　旭）

【知识产权及信用政策培训会举办】 4月21日，由中关村企业信用促进会上地平台主办，中关村软件行业知识产权促进会、北京中关村软件园孵化服务有限公司承办的知识产权及信用政策培训会在中关村软件园举办。来自北京美俏佳人生物科技有限公司、北京大恒图像视觉有限公司、北京金景科技有限公司等企业、机构的代表30余人参加。中关村信促会的相关负责人介绍了中关村示范区科技金融政策、技术创新能力建设专项资金政策及产业发展政策。软件行业促进会的负责人对中关村示范区知识产权政策、《北京专利资助金管理办法》及相关知识产权质押贷款政策进行了解读。

（毕欣超）

【中美合作推出个人征信系统】 6月26日，北京京东世纪信息技术有限公司宣布与美国Zest Finance公司合作推出中国消费者信用数据系统，并成立名为JD-Zest Finance Gaia的合资公司。京东公司将在互联网大数据信用模型中，引入Zest Finance公司的技术和经验，利用其亿级用户的消费轨迹数据和在中国市场的业务实践，打造大数据信用评估体系，为互联网金融行业提供创新的信用模型和技术，帮助互联网用户群、年轻消费者发掘和变现其信用价值。信用模型将率先应用于京东金融的消费金融体系，并与行业合作伙伴共享，开拓国内信用消费市场。

（杜　玲）

【10家机构完成中关村融资租赁第二批合作机构备案】 6月，中关村企业信用促进会开展了中关村融资租赁合作机构储备工作，确定北京市文化科技融资租赁股份有限公司、北京国资融资租赁股份有限公司、北银金融租赁有限公司等10家公司为中关村第二批融资租赁合作机构。

（于梦晨）

【中关村信促会信息安全专业委员会成立】 9月15日，中关村企业信用促进会信息安全专业委员会启动仪式暨第一期军秘涉密资质审查认证专题交流活动在中关村信促会举办。北京江南天安科技有限公司等25家企业的代表40余人参加。信息安全专委会由北京中海天行投资管理中心、北京江南天安科技有限公司和远江盛邦（北京）科技有限公司联合发起，旨在切实提高和改善信息安全行业服务于国家、服务于社会以及服务于各行各业的质量，有效提升信息安全类企业或机构的服务水平和服务能力，持续提供优质服务产品，为加快中关村示范区信息化建设进程，促进与保障各单位信息安全健康有序发展贡献力量。相关专家还就军秘、涉密资质审查的认证进行讲解，解读了资质的申请条件、工作规程、保密标准等内容，同时针对企业在新申请以及复审过程中遇到的难题以及需要注意的问题进行解答。

（于梦晨）

【中关村信用政策宣讲会举办】10 月 20 日，由石景山园管委会、中关村企业信用促进会主办的中关村信用政策宣讲会——石景山信用工作平台专场在石景山园举办。50 余家企业的代表参加。会上，中关村信促会相关负责人解读了中关村示范区信用及信用担保相关政策条例，对企业在购买知识产权、信用中介、认证等相关中介服务以及贷款贴息方面的具体事项做了介绍，围绕科技金融政策、技术创新能力建设专项资金等内容与企业代表进行探讨。

（陈宝德）

【信用“双百”企业累计 833 家】11 月 16 日，在 2015（首届）信用中关村高峰论坛暨首届京津冀信用体系合作共建研讨会上，中关村企业信用促进会发布 2015 年中关村示范区信用培育“双百”企业名单，北京东方惠尔图像技术有限公司等 103 家企业入选中关村百家最具发展潜力信用企业，东华软件股份公司等 102 家企业入选中关村百家最具影响力信用企业。截至年底，信用“双百”企业累计 833 家。

（于梦晨）

【中关村示范区企业信用发展报告发布】11 月 16 日，在 2015（首届）信用中关村高峰论坛暨首届京津冀信用体系合作共建研讨会上，中关村企业信用促进会发布《中关村国家自主创新示范区企业信用发展报告(2015)》。《报告》由中关村信促会、金电联行（北京）信息技术有限公司以及信用、金融等领域的相关机构共同撰写，总结了 2014 年中关村示范区信用体系建设发展情况及创新工作进展。《报告》显示，在中关村示范区已形成年度 1600 余万元的信用服务市场，以及信用担保融资额超 260 亿元、信用贷款额超 100 亿元的企业信用融资规模。

（于梦晨）

【5814 家次企业获信用贷款 868 亿元】年内，中国银行等 19 家商业银行在中关村示范区设立近 50 家专门为科技企业服务的信贷专营机构或特色支行，北京银行、建设银行和农业银行分别设立了中关村分行。各银行加强与担保、保险、创投等机构的合作，为缓解初创期小微企业融资困难、减轻小微企业到期还款压力、不断丰富企业融资渠道，推出了“普惠宝”“年审制贷款”“小额贷款保证保险”等产品，探索“投贷联动”业务模式。各银行全年累计为 5814 家次企业提供信用贷款 868 亿元；以北京中关村科技融资担保有限公司为平台，累计为 2.4 万家次企业提供担保融资 1460 亿元。

（刘　研）

【社会组织诚信体系建设系列活动举办】年内，中关村社会组织联合会举办社会组织诚信体系建设系列培训 2 场、座谈会 1 次，中关村企业信用促进会等会员单位的代表近 500 人次参加。培训主要包括政务信用体系建设、商务信用体系建设、社会信用体系建设、司法信用体系建设等内容。联合会通过采集 70 余家中关村社会组织的诚信信息，编制成《中关村社会组织诚信报告》（2015 版），在网站上创建“诚信建设”板块，公示信用报告，为中关村社会组织发展支持资金量化评价提供全面的数据信息支撑。

（冯秋帆）

【新增 5 处信用工作平台】年内，中关村企业信用促进会新增车道沟、学院南路、西区、大兴和延庆 5 处中关村企业信用工作平台，且全部开通并实现企业申请业务的正常受理。截至年底，信用工作平台达 16 处，分别为上地工作平台、石景山工作平台、密云工作平台、亦庄工作平台、清华科技园工作平台、西城工作平台、丰台工作平台、昌平工作平台、电子城工作平台、东城工作平台、车道沟工作平台、学院南路工作平台、西区工作平台、大兴工作平台、延庆工作平台、平谷工作平台。

（于梦晨）

【新增信用报告 2096 份】年内，中关村企业信用促进会新增信用报告 2096 份，其中评级报告 1488 份、征信报告 608 份。中关村示范区累计有 9000 余家企业使用各类信用报告 2 万余份，其中评级报告 10695 份、征信报告 10108 份(含 1500 份 2008 年瞪羚企业征信)。

（于梦晨　刘　研）

【13 家信用评级机构入选推荐目录】年内，中关村企业信用促进会根据信用服务机构资质、业务水平、市场公信力等要素，从在人民银行依法审核备案的信用服务机构中，择优选择信誉度较高的 13 家信用评级机构且建立推荐目录，并向社会公开。13 家机构为：联合信用管理有限公司、北京中企信用管理有限公司、

北京中贸远大信用管理有限公司、齐平有孚（北京）资信评级有限责任公司、中国诚信信用管理股份有限公司、北京君维诚信用评估有限公司、北京银建资信评估事务所、北京资信评级有限公司（北京信用管理有限公司）、大公国际资信评估有限公司、东方金诚国际信用评估有限公司、中诚信征信有限公司、信构信用管理有限公司、北京国富泰信用管理有限公司。

（于梦晨）

【新增信用星级企业 205 家】 年内，中关村企业信用促进会新增星级企业 205 家，其中一星级企业 102 家、二星级企业 38 家、三星级企业 18 家、四星级企业 13 家、五星级企业 34 家。截至年底，信用星级企业累计 1211 家，其中一星级企业 545 家、二星级企业 239 家、三星级企业 153 家、四星级企业 108 家、五星级企业 166 家。

（于梦晨　刘　研）

【举办中关村信促会政策宣讲会 21 场】 年内，中关村企业信用促进会上地、西城、电子城、丰台、密云、石景山、亦庄、延庆、大兴等工作平台共举办 21 场 2015 中关村企业信用促进会政策宣讲会，参会人员累计 1000 余人次。宣讲会就《中关村国家自主创新示范

区技术创新能力建设专项资金管理办法》、《中关村信用星级评定》、《2014 北京专利资助金管理办法》、千鹰展翼服务方案、高新企业税收优惠政策、中关村科技融资担保创新产品及申请程序等中关村示范区内政策为会员企业进行了解读。

（于梦晨）

【中关村信促会新增会员 623 家】 年内，中关村企业信用促进会新增会员 623 家，会员总数 5961 家，完成企业会员年审 1599 家。全年受理企业购买中介服务项目 3625 家次，申请科技中介服务支持资金补贴总金额 2133.99 万元。其中，信用报告 2476 家，申请补贴额 995.15 万元；企业认证服务 418 家，申请补贴额 543.27 万元；企业知识产权服务 714 家，申请补贴额 562.82 万元；企业评估服务 5 家，申请补贴额 9.25 万元；企业法律服务 12 家，申请补贴额 23.5 万元。除此，发放信用保险与贸易融资资金补贴款 148.07 万元，受理融资租赁补贴资金 2867.54 万元。

（于梦晨　刘　研）

【中关村信促会认证专委会专题培训会举办】 年内，中关村企业信用促进会认证专委会共举办专项培训课程 3 场，分别以“ISO9001：2015DIS 版标准变化的专题培训”“信息安全管理体系（ISMS）国家注册审核员培训”“信息技术服务管理体系（ITSMS）国家注册审核员培训”为主题，讲解了信息安全管理体系基础知识、标准，信息安全风险评估和管理，信息管理体系审核概论、审核技巧及审核流程，信息安全管理体系审核实施及报告，ISO/IEC20000-1：2005 标准，IT 服务管理体系相关审核知识，审核方法和技能及认证认可相关知识等内容。共有会员单位的代表 100 余人次参会。

（于梦晨）

【助推信促会会员成长系列金融活动举办】 年内，由中关村企业信用促进会主办的 2015 年助推信促会会员成长系列金融活动共举办 4 场，分别以“融资租赁专场”“新三板企业个人股权类融资、私募债”“中关村融资担保及创业保”“税 e 贷融资服务产品”为主题，对相关创新产品与融资租赁政策等进行介绍，并针对新三板企业个人股权类融资私募债业务、中小企业融资担保等内容，为企业推介优化财务杠杆的融资工具，且针对企业需求和特点现场设计融资方案，实现高效融资，优化融资结构，以降低企业融资综合成本。共有会员单位的代表 90 余人次参加。

（于梦晨）

金　融

【易车公司与京东、腾讯公司开展战略合作】1月9日，北京易车信息科技有限公司与北京京东世纪贸易有限公司、腾讯科技（深圳）有限公司签署战略合作协议。根据协议，京东公司将以认购普通股的形式，向易车公司投资约11.5亿美元，其中包括4亿美元现金和约7.5亿美元的独家资源，包括授权易车公司独家运营京东平台上的新车和二手车业务，并为易车公司运营整车业务提供用户、流量、广告资源、金融服务和大数据等支持。腾讯公司也将以认购普通股的形式向易车公司投资1.5亿美元，并发挥其在用户群体、数据分析及汽车媒体资源方面的优势，实现对精准购车用户的覆盖。交易完成后，京东公司与腾讯公司将分别持有易车公司稀释后的总发行流通股的25%和3.3%的股份。同时，京东公司和腾讯公司将向易车公司的子公司北京易鑫信息科技有限公司投资2.5亿美元现金，分别持有其17.7%和26.6%的股份。

（杜　玲）

【东方园林公司发起设立生态产业基金】1月20日，北京东方园林生态股份有限公司发布《关于全资子公司与华澳国际信托有限公司签署〈共同发起设立生态产业基金之合作意向框架协议〉的公告》，宣布其全资子公司北京东方园林基金管理公司与华澳国际信托有限公司签署《共同发起设立生态产业基金之合作意向框架协议》。根据协议，双方针对共同认可的项目，设立发起有限合伙制生态产业基金；基金一期规模暂定为10亿元。东方园林公司提供基金组建方案、拟投项目推介、基金产品设计、投后管理等服务，并负责基金劣后级份额的募集和认缴出资；华澳国际信托公司负责基金优先级基金份额的募集和资金认缴出资。双方根据具体拟投项目确定基金规模及投资比例。

（杜　玲）

【惠民网获A轮融资】1月24日，中商惠民（北京）电子商务有限公司（惠民网）宣布获A轮近1亿美元融资，由达晨创投、金浦投资领投，中信基金、浙商创投、洪泰基金创始人盛希泰等跟投。融资后，惠民网将以国内近100万家社区超市（便利店）为基础，扩大业务版图和仓储周转能力，提高配送效率，提升服务品质，以推动社区商业的产业升级与发展，建立一个覆盖全国的社区超市电子商务服务平台和城镇化微物流平台。

（杜　玲）

【童伴教育公司获500万元天使投资】1月26日，北京童伴教育科技有限公司宣布获500万元天使投资，由洪泰基金领投，重庆易一天使投资有限公司和自然投资人跟投，资金将结合投资机构在教育、支付（互联网金融）、运营商和供应链管理方面的资源，打造国内家庭互联网服务运营商。由北京童伴教育科技有限公司开发的童伴教育，是专注于亲子服务的移动互联网软硬件平台，集智能硬件管理、平台运营、教育资源分发于一体，以星空儿童智能通话定位腕表为切入点，建设覆盖全国的云计算和物联网平台，为亲子家庭提供亲情通话、卫星定位、电子围栏、健康管理和亲子教育等服务。

（杜　玲）

【中关村创新创业企业上市培育基地揭牌】2月5日，在中关村股票指数发布暨中关村创新创业企业上市培育基地揭牌仪式上，由深圳证券交易所、中关村管委会、北京市金融工作局、海淀区政府及北京股权交易中心共同发起设立的中关村创新创业企业上市培育基地揭牌运营，五方同时签订共建中关村创新创业企业上市培育基地的合作协议。该基地将成为深交所全面升级对中关村示范区服务的整体性、综合性服务窗口，将全面推动中关村以及周边地区的创新创业企业与资本市场对接，就近服务企业的规范改制、路演宣传、投融资对接、辅导上市和互动交流，成为创新创业型

企业孵化、展示、培育中心，实现企业聚集、政策聚集、资金聚集、人才聚集，充分发挥资本市场对自主创新和经济转型升级的服务功能。基地的建设目标是：共同推动中关村国家科技金融创新中心建设，提升中关村科技创新的辐射带动效应，研究推进中国特色多层次科技、金融创新体系建设；共同推动中关村企业改制挂牌上市工作，为企业提供有针对性的金融服务，共同挖掘和培育中关村拟挂牌上市企业，促进企业通过深交所、北京股权交易中心等多层次资本市场做大做强；共同推动中关村上市企业优化公司治理结构，开展再融资、并购重组等工作，利用资本市场不断滚动发展；共同推动中关村资本市场发展，研究和拓展中关村场外股权市场、私募市场、众筹市场等多形式市场功能，扩大资本市场范围和规模，服务实体经济和社会发展。

（赵俊劼　刘伟杰）

【滴滴快的合并】2月14日，北京小桔科技有限公司（滴滴打车）和杭州快智科技有限公司（快的打车）联合发布声明宣布实现战略合并，新公司将实施联合CEO制度，两家公司在人员架构上保持不变，业务继续平行发展，并将保留各自的品牌和业务独立性。双方合并后，将集中两家公司的优势技术、产品人才，不断推出出行服务产品，进一步加速市场拓展速度，产生更多的协同效应，提升整体竞争力，推动整个移动出行行业的发展。双方未透露持股比例和新公司估值。

（张　毅）

【紫光集团获300亿元融资】2月14日，国家开发银行股份有限公司、国家集成电路产业投资基金股份有限公司、华芯投资管理有限责任公司、紫光集团有限公司战略合作协议签字仪式在京举行。集成电路基金公司、华芯投资公司与紫光集团签署战略合作协议，国家开发银行与紫光集团签署开发性金融合作协议。根据协议，未来5年内，集成电路基金公司拟以股权投资方式给予紫光集团总金额不超过100亿元的支持，用于其发展集成电路业务，扩大业务规模，提升业务核心竞争力。国家开发银行将向紫光集团提供200亿元意向额度，支持其在集成电路及相关业务板块的发展。

（刘伟杰）

【58同城并购安居客】3月2日，北京五八到家信息技术有限公司（58同城）宣布以2.67亿美元并购上海瑞家信息技术有限公司旗下的安居客。并购后，58同城将成立房产事业群，整合双方的房产业务，构建面向新房、二手房、租房等全领域业务；安居客仍将保留其网站、App等品牌资产；58同城将以1000万美元对安居客原有团队进行等值限制性股票激励。

（杜　玲）

【瑞智和康公司获5000万元A轮融资】3月2日，北京瑞智和康技术有限公司在京宣布，公司完成5000万元的A轮融资，投资方为太平洋网络有限公司。瑞智和康公司专注于母婴健康的智能硬件产品开发。其中一款母婴智能硬件——快乐妈咪胎语仪，用于监测胎儿的心跳，将采集的胎心音通过音频线传到智能手机，让智能手机承担所有的数据分析和处理，实现传统的家用电子设备智能化。资金将主要用于新款智能硬件和软件平台的开发，以及后续的市场推广和团队建设等。除了利用自身的产品为母婴人群提供记录、咨询和资讯等服务，公司还将开放自家平台，对接传统的母婴硬件厂商，使之快速移动互联网化。

（朱文利）

【首批外债宏观审慎管理试点启动】3月13日，在中关村外债宏观审慎管理试点暨融资创新宣介会上，北京威联德骨科技术有限公司、北京和隆优化科技股份有限公司与招商银行离岸业务部，北京绿色金可生物技术股份有限公司与中国银行北京市分行和布鲁塞尔分行签署总额200万欧元的低成本外债借款协议，成为中关村核心区首批试点外债宏观审慎管理的中小微企业。同月18日，绿色金可公司完成外债登记手续，并在中国银行海淀支行开立外债账户，根据银企双方签署的海外直贷借款合同，将从中国银行布鲁塞尔分行获得50万欧元的低成本海外融资，融资成本较境内降低60%。

（徐　建）

【“跟谁学”获A轮融资5000万美元】3月30日，北京百家互联科技有限公司2015品牌与产品发布会在国家会议中心举行。来自教育界、媒体界的代表等1000余人参加。百家互联科技公司宣布其在线教育产品“跟谁学”获A轮融资5000万美元，其中4100万美元由高榕资本领投，启赋资本以及金浦产业投资基金等跟投，900万美元由“跟谁学”团队136人以2美元一股的价格认购，资金将用于产品的深层次研发和在全国拓展业务。A轮融资后，其产品估值达2.5亿美元。“跟谁学”（www.genshuixue.com）是教育O2O电商服务平台，创立于2014年6月，是一家专注于学习服务的创新科技企业，致力于打造人人乐用的学习服务平台，通过高效、智能、精准匹配师生资源，为师生提供增值服务和学习工具，创建一个专业、简单、智能、安全的高品质学习服务的第三方平台。

（郝峥嵘　毕欣超）

【京东股权众筹平台上线】3月31日，由北京京东世纪商贸有限公司主办的京东金融股权众筹战略发布会在京举行。京东公司宣布京东金融股权众筹项目上线，打造“京东创业生态圈”和成立“京东众创学院”。京东股权众筹项目将借助京东金融平台优势，采取“领投＋跟投”模式，解决创新创业企业融资难的问题，依法合规地帮助更多的人分享风险投资的收益。创业项目登陆京东股权众筹平台后，由专业风险投资机构或专业投资者进行评估、选择和投资；符合一定条件的普通用户需跟着专业投资者投资，以控制风险。平台还将依托京东创业生态圈的核心资源，为创业企业提供支持。京东公司还宣布投资3W咖啡1亿元，成立3W孵化器管理公司，开10个旗舰店，进驻100座城市，服务1000个孵化器，即京东—3W的“一十百千”战略。

（陈宝德）

【东方通公司募资8.25亿元】4月9日，北京东方通科技股份有限公司发布《非公开发行股票预案》，宣布拟以72.68元/股价格非公开发行股票，数量不超过1135.7万股，募集资金不超过8.25亿元，其中5.81亿元用于收购北京微智信业科技有限公司100%股权，剩余资金用于补充公司流动资金，主要是政府行业大数据运营服务的投入，以及在云计算、移动互联等新兴领域的资源整合，满足营运资金需求。微智信业公司是信息安全产品及解决方案供应商，产品布局互联网＋大数据内容安全监控、手机App恶意代码检测等信息安全领域。交易完成后，东方通公司将进入大数据信息安全领域，完善基础软件、大数据、云计算及移动互联网的战略布局。

（杜　玲）

【“领创金融·创业新时贷”产品方案发布】4月14日，在中关村发展集团支持科技创新创业暨领创金融系列产品发布会上，中关村发展集团股份有限公司发布“领创金融·创业新时贷”产品方案，并与北京银行、华夏银行等20家单位签署战略合作协议。方案是主要服务于中关村示范区小微创业企业和创业人员的创业金融系列产品。“创业新时贷”将借助大数据分析技术，引入国际领先的微贷手段，采用专业的信贷管理和风险控制团队，以线上和线下相结合的方式，快捷高效地为企业和个人提供金额50万元以内的无抵押信用贷款（最快1～5天实现放款）以及全方位的创业金融服务支撑。“创业新时贷”业务流程较为便捷，企业通过互联网或中关村“领创金融”服务窗口提交资金需求申请，由“领创金融”相关业务部门进行尽职调查和信用评分，核定贷款额度，并通过合作银行发放贷款。在风险管理方面，中关村“领创金融”将通过对企业数据信息的分析检验进行持续跟踪服务。

（李贺英）

【二六三公司收购香港迪讯公司】4月15日，二六三网络通信股份有限公司发布《关于公司全资孙公司收购迪讯（香港）有限公司100%股权的公告》，宣布拟通过二六三移动通信（香港）有限公司投资1亿元收购迪讯公司100%股权。迪讯公司是拥有香港MVNO牌照的移动虚拟运营商，也是中国联通“预付费国际漫游服务”和“一卡双号服务”运营平台合作伙伴。收购将为二六三公司成为全球移动通信虚拟运营商奠定基础，加速跨境通信服务战略的布局。

（杜　玲）

【“互联网＋资本市场”培训研讨会举办】4月15日，由中国证券业协会和中关村管委会主办的“互联网＋资本市场”培训研讨会在京举办。证监会等单位有关负责人以及来自上海证券交易所、天弘基金等相关机构和企业的代表等400余人参加。有关专家就“新制度新机遇资本市场与企业上市”“互联网＋财富管理”等主题，介绍了中国多层次资本市场的各项业务，相关互联网企业的负责人分享了互联网金融业务发展经验。部分代表还围绕互联网机构开展资本市场业务的路径进行了讨论。

（赵俊劼）

【赶集网与58同城合并】4月17日，山景科创网络技术（北京）有限公司（赶集网）在京宣布与北京五八信息技术有限公司（58同城）签署战略合并协议。根据协议，双方共同成立58赶集有限公司，将采取双品牌战略，赶集网与58同城保持独立运营，各自的管理和员工架构基本保持不变。合并将采用换股的形式进行（去除58同城的对外投资部分），58同城以现金加股票的方式获得赶集网43.2%的股份，其中含3400万份普通股和4.12亿美元（现金）。腾讯科技（深圳）有限公司将以每美国存托凭证（ADS）52美元的价格认购价值4亿美元的58同城新发股票。

（郝峥嵘）

【中关村互联网金融服务中心成立】4月21日，中关村互联网金融服务中心发布会在中关村示范区展示中心举行。中关村管委会、海淀区政府、海淀区金融办等单位相关负责人以及100余家互联网金融平台和30余家金融机构的代表参加。会上，全国首家互联网金融行业服务平台——中关村互联网金融服务中心宣告成立。该中心由海淀区国资委联合海淀国资联合中投国泰（北京）投资管理有限公司、国培机构等发起，将吸引和服务互联网金融机构，构建行业生态圈，促进行业抱团发展，共同推进互联网金融行业的健康创新发展。中心推出监督管理、综合服务、创新孵化三大服务平台，包括海淀指数、机构评审、登记备案、证据链备案系统、对接央行征信系统、优质资产撮合、创客空间7项工程业务。中心还与工业和信息化部赛迪智库互联网研究所、互联网经济杂志社、中关村互联网金融研究院、中技所知识产权服务集团达成战略合作，将在平台服务、人才培养、资源汇聚等方面进行合作，并与天使汇等平台的代表备案签约。

（杜　菲　刘伟杰）

【四维图新公司入股图为先公司】4月24日，北京四维图新科技股份有限公司发布《投资北京图为先科技有限公司及四维图新（香港）有限公司投资Mapbar Technology Limited的公告》，宣布使用自有资金2.96亿元向图为先公司投资，投资完成后持有其51%股份。同时，四维图新公司所持有的上海趣驾信息科技有限公司、和骊安（中国）汽车信息系统有限公司及北京腾瑞万里科技有限公司的全部股权转让给图为先公司，变为其控股子公司；四维图新公司的全资子公司四维图新（香港）有限公司以2.2万美元认购Mapbar Technology Limited（图吧BVI）新发行的4494万股普通股股份。认购完成后，香港四维公司将持有图吧BVI 51%的股份。通过投资，四维图新公司将以图吧BVI公司为主形成独立的车联网事业群，统一制定战略规划，确定产品和技术开发路线。

（杜　玲）

【易捷思达公司获B轮融资1600万美元】5月8日，北京易捷思达科技发展有限公司在其官方网站宣布完成1600万美元的B轮融资。融资由如山创投领投，盈动投资和A轮投资者蓝驰创投跟投。资金将主要用于3个方面：吸引优秀人才建立亚太的Open Stack研发团队；建立工程师All-in社区以提升公司在国际开源社区的影响力；加大投入并逐步拓展亚太市场。（易捷思达公司于2014年2月成立，7月完成蓝驰创投的200万美元A轮投资，推出基于Open Stack的弹性混合云产品，为金融、电信、电力、教育等行业以及互联网金融等企业级客户提供开放、稳定、可靠、高性能的云计算平台。创始团队主要成员来自美国IBM公司、华为技术有限公司等企业。）

（彭　晨　陈宝德）

【小米金融上线】5月11日，小米科技有限责任公司旗下小米金融上线。小米金融将在信用贷款、股指基金、证券业务等领域推出相关金融服务，同时使用大数据分析、机器学习等技术提高个人征信效率。小米金融推出首期理财产品"小米活期宝"，由易方达基金公司旗下的天天理财货币基金提供管理，属于证券投资基金中风险较低的品种，可随时申购和赎回，超过活期存款收益。

（杜　玲）

【第一支中关村创新成长企业债券发行】5月20日，由北京中关村科技融资担保有限公司提供担保的第一支中关村创新成长企业债券——天地未来（北京）科技发展有限公司私募债在中关村股权交易服务集团有限公司（中关村四板市场）发行。债券投资人是北京中关村瞪羚投资基金管理有限公司、北京顺隆私募债券投资基金管理有限公司、北京科桥投资顾问有限公司，由担保、再担保公司支持，商业银行联合承销。该四板企业私募债有政府设立的债权基金作为引导资金撬动社会资金参与，总体融资成本控制在10%左右，相比普通的私募债成本低2个百分点，借款期限和使用方式也更加灵活。

（赵正国）

【紫光公司收购"新华三"公司】5月21日，紫光股份有限公司与美国惠普公司签署协议，双方将成立一家新公司"新华三"。紫光股份公司将以不低于25亿美元的价格收购"新华三"51%股权，成为控股方。华三通信公司位于杭州高新区，是国内新IT基础架构领域的领军企业。根据协议，"新华三"将包括惠普公司的全资子公司华三通信公司与惠普中国有限公司的服务器、存储和技术服务业务，总估值约45亿美元（不含现金及负债）。"新华三"将在华三通信公司产品和解决方案的基础上，增加服务器、存储及相关技术服务，为客户提供更完整的IT整体解决方案。

（康秋红）

【航天信息公司发行可转换公司债券】6月3日，证监会印发《关于核准航天信息股份有限公司公开发行可转换公司债券的批复》（证监许可〔2015〕997号），核准航天信息公司向社会公开发行面值总额24亿元的可转换公司债券，期限6年。6月30日，航天信息公司发行24亿元可转债在上海证券交易所上市。债券简称"航信转债"，债券代码"110031"，每张面值100元，共发行2400万张。募投资金将主要用于其金税产业升级及应用拓展项目、金融电子支付及服务产业化项目、自主安全的物联网技术及应用产业化项目、信息安全关键技术研发及信息化基础能力建设项目的开发。

（杜　菲　武　悦）

【北斗星通公司并购两家公司】6月5日，北京北斗星通导航技术股份有限公司发布《关于收到中国证监会〈关于核准北京北斗星通导航技术股份有限公司向王春华等发行股份购买资产并募集配套资金的批复〉的公告》。根据证监会批复（证监许可〔2015〕1122号文），北斗星通公司以13亿元收购深圳市华信天线技术有限公司100%股权和浙江嘉兴佳利电子有限公司100%股权。前者为专业卫星通信和数据传输方案厂商，后者在微波介质陶瓷元器件和卫星导航组件方面拥有核心技术。通过并购，北斗星通公司可丰富其在导航产业链上游的业务布局，有助于核心芯片、板卡、模块、天线、接收机等基础产品、终端产品在系统应用、运营服务及国防装备等领域形成产业规模，且可实现内部业务的协同。

（韩洋洋）

【华润万东公司募集资金8.8亿元】6月5日，华润万东医疗装备股份有限公司发布《非公开发行A股股票预案》，宣布拟以35.26元/股的价格，向吴光明、上海云锋新创股权投资中心、上海盛宇股权投资中心等7名投资者非公开发行2495.75万股，募集资金总额不超过8.8亿元。资金用于高性能DR、MRI、CT等影像诊断设备的产业化，以及医学影像云平台和营销服务体系建设等项目。

（杜　玲）

【博晖创新公司收购美国Advion公司】6月7日，北京博晖创新光电技术股份有限公司发布《收购资产公告》，宣布与美国Advion公司签署《附条件生效之合并协议及规划方案》，约定通过在美国设立全资子公司（BBITC ACQUISITION CORP.）收购Advion公司100%股权及债权，交易基础合并对价为2800万美元。Advion公司主营业务为开发、制造并向全球提供质谱仪、芯片离子源、微流体流动化学分析系统和生命科学产业相关的耗材。通过收购，博晖创新公司将借助Advion公司技术和人才优势进入质谱分析行业。

（梁　爽）

【乐普医疗公司入股烟台艾德康公司】6月9日，乐普（北京）医疗器械股份有限公司发布《关于投资烟台艾德康生物科技有限公司的公告》，宣布拟以2.13亿元收购艾德康公司75.4%的股份。艾德康公司是在全自动酶免领域能够自行研发生产诊断设备的技术厂商，通过投资能够帮助乐普医疗公司获得体外诊断行业高稀缺的诊断设备资源，完善体外诊断产业链，实现研发、生产、销售、服务四位一体。

（杜　玲）

【36氪发布股权众筹平台】6月15日，“氪不融缓”股权众筹战略发布会在京举办，36氪股权众筹平台宣布上线。平台除采用“领投+跟投”方式，还将首创老股众筹产品，由创始人或持股较多股东出让少量原始股份给平台上的投资者；将利用36氪媒体、NEXT、氪空间及36氪融资等板块打造闭环的创业生态圈，为平台提供优质项目。发布会上，平台宣布与浙江蚂蚁小微金融服务集团（蚂蚁金服）开展战略合作，将从支付环节开始，在渠道互通、产品共建、技术和数据等方面展开合作。平台将接入支付宝，分享其在金融服务底层平台的优势。

（杜　玲）

【“呀苹果”获A轮投资】6月16日，北京呀苹果科技有限公司宣布旗下保健品垂直电商平台“呀苹果”获5000万美元A轮融资，投资方包括华威国际资本（CID Group）及罗斯柴尔德金融家族。资金将主要用于提升供应链、产品运营与用户服务，以及公司在垂直电商平台细分类目中的运营优势和服务体验。“呀苹果”主营保健品，通过整合全球保健品供应链资源，建立海内外及自贸区专业恒温仓，获取中国区域网络独家代理权等，逐步建立起在供应链、物流和品牌等方面的优势。

（杜　玲）

【京东方集团收购明德投资公司】6月18日，京东方科技集团股份有限公司发布《关于收购明德投资有限公司全部股权并增加其注册资本的公告》，宣布拟以2.5亿元自有资金收购明德投资公司全部股权。交易后，京东方集团拟将明德投资公司作为健康医疗事业投资发展平台，名称变更为京东方医疗投资管理有限公司，并将注册资本增至30亿元，主要用于运营北京明德医院有限公司的发展及后续数字医院的筹备。

（杜　玲）

【喜乐航公司获2亿元A轮投资】6月18日，北京喜乐航科技有限公司宣布获2亿元A轮融资，投资方为蓝色光标无限互联（北京）投资管理有限公司。资金将主要用于数字营销、大数据以及移动互联等方面的建设。喜乐航公司主要业务为航空互联网技术开发与平台运营，是海航体系中独家航空互联网运营商，其自主开发的机上WiFi软件系统获香港民航局STC证书。

（杜　玲）

【致生联发公司进行重大资产重组】6月18日，北京致生联发信息技术股份有限公司与曙光信息产业股份有限公司签署《战略合作框架协议之补充协议》，双方在2013年8月战略合作框架协议的基础上，就致生联发公司增资曙光公司全资子公司无锡城市云计算中心有限公司和控股子公司中科曙光信息技术无锡有限公司及开展业务合作事项签署了战略合作框架协议之补充协议。根据补充协议，致生联发公司以4亿元对曙光公司全资子公司无锡城市云计算中心有限公司和控股子公司中科曙光信息技术无锡有限公司进行增资。增资后，致生联发公司分别持有无锡云计算中心51%股权和无锡软件公司51%股权，在物联网、云计算、大数据等业务领域开展合作。

（朱文利）

【拉卡拉金服集团获15亿元投资】6月20日，拉卡拉金服集团宣布获15亿元投资，投资方包括太平人寿保险公司、中国再保险集团资产管理公司、民航发展基金等。拉卡拉金服集团属于拉卡拉支付股份有限公司，是综合性的、线上线下结合的互联网金融服务平台，业务包括个人及商户支付、征信、理财、信贷、消费金融、境外支付、P2P交易平台等。

（杜　玲）

【“理财范”获2.1亿元B轮投资】6月24日，“理财范”B轮融资发布会在京举办。北京网融天下金融信息服务有限公司旗下互联网金融平台“理财范”宣布获2.1亿元的B轮投资，由和玉另类投资基金管理有限公司领投，投资人林广茂和熙金资本联合跟投。资金将主要用于打造汽车生态云平台、增加人员方面投入和品牌运营推广。（“理财范”于2014年3月上线，推出融资担保、供应链金融、大学生分期消费、房产抵押贷款、汽车金融及活期理财等理财产品。融资完成后，“理财范”将联手中硕投资担保有限公司，以二手车消费信贷、二手车抵押信贷作为零售金融切入，开拓万亿级汽车金融蓝海市场。）

（杜　玲）

【众筹平台“真股”上线】6月28日，由真格天使投资基金打造的众筹平台“真股”上线。真股是基于公司股票权益而设立的投资工具，由真格基金背书，并提供创业项目资源、品牌质量双保证，将定期从真格基金已投资企业中挑选优质的创业公司，向用户出售“真股”，用户投几百元后，便能成为创业公司的“早期投资人”。其首个众筹项目为国内健身社区Fit Time。

（杜　玲）

【滴滴快的获20亿美元融资】7月8日，北京小桔科技有限公司（滴滴快的）宣布完成20亿美元的融资，投资方包括资本国际私募基金、平安创新投资基金、高都资本等。资金将用于巩固公司市场主导地位、平台技术升级、大数据研发和运营、提升用户体验效率等。

（杜　玲）

【紫光集团投资Acadine公司】7月16日，紫光集团有限公司旗下的境外投资平台紫光集团国际有限公司宣布斥资1亿美元投资北京明辨科技有限公司(Acadine)。Acadine公司是一家移动操作系统创业公司，总部位于香港，核心产品是一款基于HTML 5软件技术的H5OS移动操作系统。通过投资，紫光集团将涉足智能手机系统领域。

（杜　玲）

【Testin云测获5490万美元C轮融资】7月20日，在Testin云测4周年发布会上，北京云测网络科技有限公司宣布获5490万美元C轮融资，由海银资本领投，高榕资本及IDG资本跟投。资金将主要用于完善和优化Testin云测平台的产品及服务。Testin云测是手机游戏及手机应用云测试平台，已向40万余名国内外移动游戏、应用开发者提供基于3800余款真实智能移动终端的自动化云测试服务，累计测试9000万余次。

（杜　玲）

【奇虎公司进军互联网金融领域】7月21日，由北京奇虎科技有限公司主办的“Money Never Sleeps”你财富媒体沟通会在京召开。奇虎公司成立全资子公司北京奇虎三六零投资顾问有限公司，并启用独立品牌“你财富”，将通过专门的金融团队，运用大数据挖掘与分析能力，从事互联网金融业务，致力于安全理财。8月24日，“你财富”（www.nicaifu.com）对外发布，最先上线“宝”类产品、股权众筹和“中证360互联网+大数据100指数”相关产品。

（杜　玲）

【百度“航母计划”启动】7月29日，百度在线网络技术（北京）有限公司宣布启动“航母计划”，将旗下百度外卖、91桌面等10余个项目对外部投资者开放。“航母计划”向市场释放出一大批投资机会，还可以释放百度业务的资产价值和业务潜力，促进业务的长期健康发展和壮大。百度外卖作为“航母计划”首批重点项目，最新一轮融资金额为2.5亿美元，由北京水木投资管理有限公司和汉能基金联合领投，其业务覆盖全国90余座核心城市，将基于其同城物流体系拓展至商场、便利店、鲜花、药店等商户。

（杜　玲）

【途家网获3亿美元融资】8月3日，途家网宣布获3亿美元D及D+轮融资，估值超10亿美元，由All-Stars Investment领投，雅诗阁有限公司等机构跟投。资金将主要用于线上线下平台及生态链的发展布局、提升用户体验的产品技术研发、品牌推广等。途家网隶属于途家在线信息技术（北京）有限公司，是主要为游客旅游度假订房和业主房屋托管及管家服务的一站式交易平台，具有高性价比、房源多样、高客户回头率、网络效应等优势。

（杜　玲）

【北京银行互联网金融中心支行开业】8月12日，北京银行互联网金融中心支行开业仪式在中关村互联网金融中心大厦举行。中关村管委会主任郭洪等领导以及海淀区政府、相关委办局等单位负责人参加。由北京银行股份有限公司设立的互联网金融中心支行，是国内首家以互联网命名的金融机构。支行成立后，将借力“互联网+”，为入驻中关村互联网金融中心大厦的互联网金融企业，以及周边具有互联网特色、基于IT技术的创新科技型企业提供更具特色的信贷金融服务。北京银行在原有信贷工厂模式的基础上，推出针对小微企业融资的网络融资产品——“线上贷”，属于一种全新网络贷款模式。产品建立了从客户营销、贷款申请、贷款审批、贷款发放的全流程线上模式，通过内外部网络平台对接，应用手机App扫描、拍照替代传统纸制资料等方式，优化了业务办理环节，提升了服务效率及用户体验。

（高　婧　韩洋洋）

【京东方集团设立集成电路基金】8月17日，京东方科技集团股份有限公司发布《关于投资集成电路基金及基金管理公司的公告》，宣布将与国家集成电路产业投资基金股份有限公司、北京亦庄国际新兴产业投资中心（有限合伙）和北京益辰奇点投资中心（有限合伙）共同发起设立集成电路基金，各自认缴出资额分别为15亿元、15亿元、10亿元和1650万元。基金主要投资显示面板相关的集成电路上下游产业及其相关应用领域，规模拟为40.17亿元，存续期限8年。

（刘伟杰）

【“园区贷”推出】8月19日，渣打银行北京分行与中关村管委会战略合作协议签约仪式在京举行。双方单位负责人参加。根据协议，双方将在中关村示范区内全面深化金融业务合作，通过“园区贷”产品，为园区内创新创业企业提供首笔银行贷款，建立信用记录，并提供一站式的全面金融服务。渣打银行还将依托中关村外债宏观审慎管理试点政策优势，加大产品与服务创新，帮助中关村示范区企业拓宽海外融资渠道，获得境外较低成本资金。渣打银行的“园区贷”产品，对园区内无银行信贷记录的“零信贷”中小企业给予综合授信，并为企业提供审批绿色通道和优惠贷款利率，缓解小微企业首贷难题。对于抵押物较少、金融需求更多样化的贸易型中小企业，渣打银行将在审批流程、担保方式等方面进行优化，满足企业在贸易融资、供应链融资和规避汇率风险等方面的需求。

（刘　研　王　翔）

【中关村科技租赁1期资产支持专项计划发行】8月26日，由中关村科技租赁有限公司推出的国内第一支以“科技租赁”为概念的资产证券化产品——“广发恒进—中关村科技租赁1期资产支持专项计划”在上海证券交易所发行。产品由广发证券资产管理有限公司承销，以中关村科技租赁公司本身的公司信用为凭，募集资金5.53亿元，为期3年，票面综合成本5.5%，低于同期市场平均水平，是国内首单以科技型中小企业应收债权为基础资产的企业资产证券化产品。专项计划采取优先/次级分层结构，优先级产品总规模5亿元。优先级资产支持证券分为3个品种：优先A1募集规模2.4亿元，票面利率为5%；优先A2募集规模1.58亿元，票面利率为5.3%；优先B募集规模为1.02亿元，票面利率为7%。

（赵正国　李贺英）

【北京市科技金融专业委员会成立】8月28日，由人民银行营业管理部与北京市金融局、北京市科委、中关村管委会、北京银监局、北京证监局和北京保监局共同发起设立的北京市科技金融专业委员会成立。专委会是一个“大金融”合作平台，旨在为金融机构搭建金融交流、信息共享、业务创新平台，推动成员单位间的跨机构合作，促进与高新技术企业、高技术项目的对接，同时在平台上发布和分享国家和北京市科技金融政策等。

（刘伟杰）

【多彩换新获1.5亿元B轮融资】9月14日，多彩饰家（北京）品牌管理有限公司旗下的多彩换新（www.duocai.cn）获1.5亿元B轮融资，由创新工场领投。资金将主要用于产品创新、完善用工方式以及业务扩张。多彩换新是以家装后市场为定位，专注于居家换新行业的服务型电商品牌，以互联网线上平台为依托，以线下专业标准化服务体系为核心，提供小至开关面板，大到全屋换新的一站式服务，构建新型居家换新服务平台。

（杜　玲）

【中关村协同创新投资基金设立】9月25日，在中关村协同发展投资有限公司揭牌暨中关村协同创新投资基金签约仪式上，中关村协同创新投资基金启动。基金由中关村发展集团股份有限公司联合河北省、天津市、辽宁省等地14个地区政府和相关金融机构发起设立，母基金规模20亿元，总规模100亿元，是国内首支以京津冀为重点、合作区域最多的协同创新投资基金，采取母子基金双层架构——“1+1+N”模式。设立“1”支母基金，下设“1”支子基金，投向科技金融、互联网金融、新三板、科技企业等领域；面向各合作区域设立“N”支“协同发展子基金”，定向投资于合作区域的创客空间和高端产业项目。

（高　婧　李贺英）

【美团点评合并】10月8日，北京三快科技有限公司（美团网）、上海汉涛信息咨询有限公司（大众点评网）联合发布声明，宣布实现战略合并，双方共同成立一家新公司。新公司将实施Co-CEO制度，两家公司在人员架构上保持不变，并将保留各自的品牌和业务独立运营，包括高频到店业务，同时将加强优势互补和战略协同，发挥各自优势，加快产品创新、深化服务和行业拓展的步伐，促进O2O生态圈的建设，促进行业发展。

（张　毅）

【“融360”获10亿元D轮融资】10月14日，“融360”宣布获10亿元D轮融资，由云锋基金、赛领基金等领投，红杉资本和StarVC跟投。资金将主要用于人才引进、品牌打造、大数据以及风控的完善等方面。“融360”是北京融世纪信息技术有限公司成立的在线金融搜索平台，主要为个人消费者和微小企业提供金融产品的搜索、推荐和申请服务。

（杜　玲）

【畅捷通小微企业财务及管理服务平台发布】10月28日，由畅捷通信息技术股份有限公司主办的畅捷通小微企业财务及管理服务平台上线发布会在京召开。平台（www.chanjet.com）用云模式为小微企业提供以财务服务为核心的一站式管理服务，包括在线记账、代理记账（含报税）、工商登记、纳税审计、社保代理等企业服务，面向小微企业财务人员的财税知识与政策交流、培训与咨询的服务社区（会计家园），以及对接用友网络科技股份有限公司及各类金融机构的金融服务。其中，在线记账功能可支持代理记账机构、代理记账个人和企业自有会计人员直接上线使用，云平台上记账的结果不仅用于企业对外报税，也可用于企业内部经营与管理，企业负责人可通过手机等终端随时了解企业最新的财务和经营状况。

（韩洋洋）

【全球天使投资论坛举办】11月13日，由中关村元和天使投资产业研究会、中关村天使投资协会以及清科集团联合主办的2015全球天使投资论坛在京举办。来自全球各地的投资人、企业家以及创业者近1000人参加。与会代表就天使投资肩负的使命、天使投资的周期和客观规律、中国在世界天使投资中的地位及机会等方面进行了探讨。论坛还举行中关村元和天使投资产业研究会揭牌仪式。研究会由中关村民营科技企业家协会及其企业家团队、专业机构和行业专家共同发起成立，将研究探索成熟的传统企业在结构调整、产业转型升级、双创的历史背景下，如何建立企业技术创新、产品迭代的内生动力；老企业多年积累的技术体系，研发团队在互联网、移动互联、大数据、智能化的新时代面对日新月异的新观念、新技术、新商业模式、新生活方式、新市场需求，如何积极地脱胎换骨地更新观念、重构体系，实现企业的升级、重塑。同时，中关村天使投资协会推出“中国好天使”项目。项目通过由资深天使投资人与知名VC投资人组合成双结构导师团，打通产业链上下游，实现Angel to VC的无缝对接、多方共赢局面。

（秦　琳　韩洋洋）

【永洪科技公司获1亿元B轮融资】12月12日，北京永洪商智科技有限公司在京召开永洪科技B轮融资发布会。公司宣布完成1亿元B轮融资，由东方富海投资管理有限公司领投，经纬中国、达泰资本、艾瑞咨询集团跟投，其中经纬中国的5000万元为A+轮融资。资金将用于加强公司研发实力，构建数据分析混合云；加大市场开拓和客户服务力度，布局华北、东北、西北、华东、华中、西南、华南7个大区，成立相应的客户服务中心，为合作伙伴提供更及时、高效的服务。

（李　莹）

【启迪金控公司发布45亿元规模产业基金】12月18日，启迪金控战略升级暨产业基金签约仪式在京举行。启迪金控投资有限公司分别与浦发银行、建银国际、中福投资签署战略合作协议，发布启迪天技技术升级投资基金、启迪跃尧健康医疗股权投资基金，未来拟设立启迪环保并购基金，3支产业基金总规模45亿元。启迪天技技术升级投资基金是一支致力于帮助地方政府、产业园区和中外民间机构实施产业技术升级、工业碳排放交易专业引导的基金，由启迪金控公司、天技创源上海有限公司和在环保、智造领域有丰富经验的合伙人共同发起募集，基金规模10亿元，首期募集规模1亿元；启迪跃尧健康医疗股权投资基金由启迪金控公司和上海跃尧资产管理有限公司联合九州通医药集团、沈阳三生制药有限公司等医疗行业龙头企业共同发起募集，基金规模5亿元，首期募集2.1亿元，将关注医疗政策，重点聚焦医药、医疗服务、医疗器械、养老护理、互联网医疗等大健康产业，邀请行业巨头加入有限合伙人团队，形成产业互补效应，打造“PE+上市公司”的合作新模式。

（康秋红）

【中关村租赁公司获“年度最具创新力租赁公司”奖】 12月18日，在2015中国金融机构金牌榜颁奖盛典上，中关村科技租赁有限公司凭借产品及服务、商业模式、风控、融资等方面的创新举措和稳健的科技金融业绩获金融时报社、中国社科院金融研究所联合颁发的“年度最具创新力租赁公司”奖。公司自2012年底成立以

来，累计签约项目268个，租赁投放金额44亿元，平均单个项目投放金额1642万元；累计服务客户160余家，其中95%以上为中关村战略性新兴产业领域内的科技型中小企业，所服务的科技型中小企业营业收入平均增速超过20%。（中国金融机构金牌榜评选活动起始于2008年，是中国金融行业最具影响力的评选活动之一。）

（李贺英）

【投贷保联动支持小微发展全面战略合作协议签约】 12月24日，投贷保联动支持小微发展全面战略合作协议签字仪式在京举行。中国银行业协会、北京市财政局、中关村管委会等单位相关负责人及合作方代表60余人参加。北京银行股份有限公司、中国投融资担保股份有限公司、启迪科技服务有限公司、北京中小企业信用再担保有限公司共同签署投贷保联动支持小微发展全面战略合作协议。根据协议，四方在债权领域提供首期3亿元专项融资担保额度，为信息技术、医疗健康、能源环保、新材料、互联网等科技型创业企业提供便捷融资服务。同时，北京银行、启迪科服公司、中投保公司共同发起设立5000万元股权投资基金，为小微企业提供直接的股权融资服务。在投贷保联动模式中，建立“先贷后投、先投后贷、边贷边投”的联动机制，将股权与债权紧密结合，满足小微企业成本更低、期限更长、贯穿企业生命周期全过程的多元化融资需求。北京银行现场为北京清芸阳光能源科技有限公司等6家企业提供3000万元意向授信额度。

（康秋红）

【27家企业获准上市】 年内，中关村示范区内27家企业获准上市，包括香港交易所4家，美国纳斯达克交易所1家，上海证券交易所5家，深圳证券交易所中小板3家、创业板14家，融资总额约284亿元。其中，26家企业在2015年挂牌。北京恒泰实达科技股份有限公司于2015年获证监会证监许可核准，2016年在创业板挂牌。截至年底，中关村示范区上市企业总数281家。（表中企业为2015年挂牌企业）

序号	企业名称	所属园区	上市时间	证券代码	证券简称	发行价格	发行数量（万股）	融资总额	上市地点
1	北京诚益通控制工程科技股份有限公司	昌平园	3月10日	300430	诚益通	22.99元	6736	2.87亿元	创业板
2	北京恒通创新赛木科技股份有限公司	房山园	3月11日	300374	恒通科技	13.21元	2434	3.22亿元	创业板
3	北京市春立正达医疗器械股份有限公司	通州园	3月11日	1858	春立医疗	13.88港元	1917.04	2.66亿港元	港交所
4	北京暴风科技股份有限公司	石景山	3月12日	300431	暴风科技	7.14元	3000	2.14亿元	创业板
5	北京窝窝团信息技术有限公司	海淀园	4月8日	WOWO	窝窝团	10美元	369.7	0.4亿美元	纳斯达克
6	北京汉邦高科数字技术股份有限公司	海淀园	4月13日	300449	汉邦高科	17.76元	1770	3.14亿元	创业板
7	北京大豪科技股份有限公司	朝阳园	4月14日	603025	大豪科技	11.17元	5100	5.7亿元	上交所
8	北京康斯特仪表科技股份有限公司	海淀园	4月14日	300445	康斯特	18.12元	1020	1.85亿元	创业板
9	北京双杰电气股份有限公司	海淀园	4月15日	300444	双杰电气	12.13元	3448.64	4.18亿元	创业板
10	北京东方新星石化工程股份有限公司	丰台园	5月6日	002755	东方新星	7.49元	2534	1.9亿元	中小板

（续表）

序号	企业名称	所属园区	上市时间	证券代码	证券简称	发行价格	发行数量（万股）	融资总额	上市地点
11	北京康拓红外技术股份有限公司	海淀园	5月6日	300455	康拓红外	6.88元	3500	2.41亿元	创业板
12	北京耐威科技股份有限公司	西城园	5月6日	300456	耐威科技	14.01元	2100	2.94亿元	创业板
13	引力传媒股份有限公司	海淀园	5月19日	603598	引力传媒	7.2元	3334	2.4亿元	上交所
14	高伟达软件股份有限公司	海淀园	5月20日	300465	高伟达	11.26元	3334	3.75亿元	创业板
15	北京合纵科技股份有限公司	海淀园	6月2日	300477	合纵科技	10.61元	2704.5	2.76亿元	创业板
16	北京万向新元科技股份有限公司	海淀园	6月3日	300472	新元科技	11.39元	1667	1.9亿元	创业板
17	北京韩建河山管业股份有限公司	房山园	6月3日	603616	韩建河山	11.35元	3668	4.16亿元	上交所
18	北京赛升药业股份有限公司	亦庄园	6月17日	300485	赛升药业	38.46元	3000	1.15亿元	创业板
19	北京真视通科技股份有限公司	丰台园	6月18日	002771	真视通	12.78元	2000	2.56亿元	中小板
20	金诚信矿业管理股份有限公司	密云园	6月19日	603979	金诚信	17.19元	9500	1.63亿元	上交所
21	联想控股股份有限公司	海淀园	6月29日	3396	联想控股	42.98港元	35294.4	153.1亿港元	港交所
22	中国铁路通信信号股份有限公司	丰台园	8月7日	3969	中国通号	6.3港元	196880.1	124亿港元	港交所
23	北京迪诺斯环保科技有限公司	丰台园	11月12日	1452	迪诺斯环保	2.1港元	5000	2.63亿港元	港交所
24	北京三夫户外用品股份有限公司	西城园	12月1日	002780	三夫户外	9.42元	1700	1.6亿元	中小板
25	中科创达软件股份有限公司	海淀园	12月2日	300496	中科创达	23.27元	2500	5.82亿元	创业板
26	北京乾景园林股份有限公司	海淀园	12月23日	603778	乾景园林	18.98元	2000	3.8亿元	上交所

（赵俊劼）

【新增422家新三板挂牌企业】年内，中关村示范区内和创（北京）科技股份有限公司、合众高科（北京）环保技术股份有限公司、北京金控数据技术股份有限公司等422家企业在全国中小企业股份转让系统挂牌。至年底，中关村示范区新三板挂牌企业总数823家，约占全国新三板挂牌企业总数的16%。

（赵俊劼）

【四板市场服务中小微企业】年内，中关村示范区内北京赛欧兰阻燃纤维有限公司、信息港（北京）科技有限公司、北京中斯水灵水处理技术有限公司等50家企业在中关村股权交易中心挂牌。中关村股权交易中心新增中小微企业数量1796家。其中，挂牌企业新增50家，展示企业新增北京联盛德微电子有限责任公司、北京时代拓灵科技有限公司、北京健平九星生物医药科技有限公司等1204家，登记托管企业新增北京华智飞洋教育科技股份公司、北京三通协同软件技术股份有限公司、北京歌澳信息科技股份有限公司等344家。

（赵俊劼）

【中关村发展集团股权投资业务进展顺利】年内，中关村发展集团股份有限公司完成中寰卫星导航通信有限公司、中物动产信息服务股份有限公司、北京金鸿泰科技有限公司、梅泰诺（北京）移动信息技术有限公司、北京汇诚健华医药科技有限公司、中国科学院光电研究院6个政府股权投资决策项目，金额1.23亿元；大唐联仪科技有限公司、一正尚本堂中国有限公司、致导科技（北京）有限公司、中关村芯园、北京沙东生物技术有限公司、北京汇诚健华医药科技有限公司6个自有资金决策项目，金额1.42亿元；速得尔科技（北京）有限公司、北京海博思创科技有限公司、北京魔力时间科技有限公司、达闼科技（北京）有限公司等29个服务项目落地；钱袋网（北京）信息技术有限公司、北京文安科技发展有限公司、北京汇能精电科技有限公司、北京金日恒升科技有限公司等26个项目退出，其中北京凯英信业科技股份有限公司、北京珅奥基医药科技有限公司等自有资金项目5个，北京健能隆生物医药技术有限公司、北京科信必成医药科技发展有限公司等政府股权项目21个。

（李贺英）

【拨付中关村示范区专项资金 30.08 亿元】 年内，市财政局拨付中关村专项资金 30.08 亿元，资金全年支出 28.73 亿元。其中，小微企业创新创业孵化支持资金 2.18 亿元，占支出总额的 8%；高成长企业支持资金 3.46 亿元，占支出总额的 12%；做强做大企业及“十百千工程”支持资金 17.36 亿元，占支出总额的 60%；人才特区建设支持资金 1.04 亿元，占支出总额的 4%；创新环境建设支持资金 2.98 亿元，占支出总额的 10%；中关村现代服务业试点项目资金 1.72 亿元，占支出总额的 6%。

投向（按领域）	2015 年支出金额（万元）	占支出总额比例（%）
小微企业创新创业孵化支持资金	21802	8
高成长企业支持资金	34577.86	12
做强做大企业及“十百千工程”支持资金	173587.13	60
人才特区建设支持资金	10394.91	4
创新环境建设支持资金	29753.57	10
中关村现代服务业试点项目资金	17153	6
合计	287268.47	100

（续表）

投向（按园区）	2015 支出金额（万元）	2000—2015 年支出金额（万元）	占 2000—2015 年总支出的比重（%）
海淀园	262967	1629545.01	83.44
丰台园	1092	23100.57	1.18
昌平园	697.99	72711.29	3.72
朝阳园	7372.76	73417.18	3.76
亦庄园	210	26665.54	1.37
西城园	370.8	18187.8	0.93
大兴医药产业基地	80	8619.25	0.44
通州园	0	21745.99	1.11
石景山园	1040	13010.27	0.67
东城园	122	7838.3	0.4
马坊高新技术产业基地	0	650	0.03
密云高新技术产业基地	0	1043	0.05
房山园	157	1931.95	0.1
门头沟园	2900	3100	0.16
临空国际高新技术产业基地	0	950	0.05
怀柔园	0	96	0
其他	10260	50431.12	2.58
合计	287268.5	1953043.27	100

（陈　刚）

人才特区

Special Talent Zone

本栏目设有人才引进和人才服务两个分栏目，以条目体形式记述中关村国家自主创新示范区在建设国家人才特区过程中取得的进展，在引进人才方面采取的举措，在利用和发挥人才作用方面提供的具有创新性的服务内容等。

综　述

2015年，中关村示范区人才工作围绕建设国家级人才特区的中心任务，以贯彻落实《首都中长期人才发展规划纲要（2010—2020年）》为主线，开展相关工作，推动中关村人才管理改革试验区建设发展。

*深化改革，打破人才发展机制体制束缚。*中组部、发展改革委等10个国家部委联合北京市委、市政府印发实施《关于深化中关村人才管理改革的若干措施》，提出简化外籍高层次人才永久居留证办理程序等8项措施。开展新一轮人才管理改革政策研究，组织中关村示范区外籍从业人员、外籍留学生、留学归国人员、相关企业家以及人才服务机构等分领域举办出入境管理改革系列座谈会。完善人才评价机制，开展教授级高工专业技术资格评价工作。截至年底，共有333名中关村高端人才获教授级高工职称，北京生命科学研究所邵峰等7名海归研究人员、大公国际资信评估有限公司董事长关建中1人分别获自然科学、社会科学系列高端领军人才研究员资格。

*集聚人才，构建中关村创新创业人才资源体系。*加快聚集中关村高层次人才，继续开展“千人计划”“海聚工程”及中关村“高聚工程”等高层次人才项目申报工作。截至年底，中关村示范区入选中央“千人计划”海外高层次人才1091人，占全国的21%；入选北京市“海聚工程”512人，占北京地区的68%；入选“高聚工程”239名（含团队）。支持海外人才创新创业，开展2015年度中关村海归人才创业园及创业企业支持资金申报工作，193家新注册企业获创业启动资金、4家企业获“千人计划”配套支持资金，29家海外人才创业服务机构获相关服务补贴；与北京普天德胜科技孵化器有限公司等3家单位新建3个中关村海外人才创业园。

*搭建平台，持续优化中关村创新创业生态系统。*持续加大对新型科研机构的支持力度。依托北京市重大项目转化及产业化统筹资金，重点推动中国科学院北京纳米能源与系统研究所等科研机构建设，支持中科院纳米所与中关村发展集团股份有限公司、怀柔区政府合作成立北京中关村微纳能源投资有限公司，转化科研成果，培育摩擦纳米发电机等一系列前沿技术项目。支持中关村示范区37家海外人才创业园以及高端人才创业基地、雏鹰人才创业基地建设，为高端人才创业提供支撑，形成各类人才快速发展良好态势。拓展人才创新创业培训平台。以“创新驱动发展，促进京津冀协同发展”为主题，举办市属国企高管及中关村领军企业家市委党校培训班，并开展广安中关村企业家交流培训活动。发挥中关村青联作用，团结凝聚中关村示范区创新创业优秀青年人才。与贵阳市青联联合主办“2015贵阳大数据草根创新公开赛”，与科技部人才中心、交流中心共同举办“五四”青年科技创业人才座谈会，组织开展“中关村青联行——走进京东”“走进房山”等主题活动，编辑出版4期《中关村青联》杂志，为青联委员提供了创新交流的阵地和传播正能量的平台。以“互联网+，你准备好了吗？”为主题的第十二届中关村人才论坛举办，就“互联网+”和人才的主题进行交流。

*对接高端智力，促进中关村人才国际化发展。*加大国际人才资源开发力度，配合市人才工作领导小组研究制定《中关村国际人才创新创业生态系统建设工程》并印发实施。瞄准国际化高端人才，构建全球人才网络，不断加大引才力度。以香港联络处为枢纽，初步建成覆盖美国、加拿大、英国等国家的海外人才联络网，广开荐才、引才渠道，形成联动效应。联络处为中关村示范区企业家、高端领军人才参与国际交流合作活动搭建平台、提供服务，举办SLUSH CHINA、冬季人才交流会等各类活动，在海外展示中关村示范区形象，让海外人才和企业机构进一步认识、了解中关村示范区的情况和政策。创新中关村驻外联络体系工作模式。通过政府购买公共服务的形式，完成2015年中关村境外联络服务项目（第四季度）招标工作，委托中关村发展集团对海外联络处统一运营管理。与市侨办等单位联合举办中关村华人华侨创业大会，搭建华侨华人专业人士创业发展平台和科技创新成果交流平台。开展“海外学人中关村行”活动，经中关村示范区10个海外联络处推荐，来自美国、日本、加拿大等国家的近100名有过创业经历和在国外知名公司工作经历的海外人才，围绕电子信息、生物医药、能源环保等领域开展考察活动。

（王　征）

人才引进

【北京海外高层次人才协会第二次会员大会举行】1月31日，北京海外高层次人才协会第二次会员大会在京举行。人力资源社会保障部、市社团办、北京海外学人中心等单位有关负责人以及协会会员100余人参加。大

会表决通过了第一届理事会工作报告、财务报告、第一届监事会工作报告、协会章程修改案以及协会会费的调整方案，并选举产生了新一届的理事会和监事会。北京创毅视讯科技有限公司董事长张辉当选协会会长。

（娜　琳）

【北京环球英才交流促进会成立】2月12日，北京环球英才交流促进会成立大会暨第一次会员大会在京举行。北京师范大学、北京科大京都高新技术有限公司等单位的相关负责人及促进会成员单位的代表50余人参会。促进会是由北京师范大学、北京科大京都高新技术有限公司、北京中科启信软件技术有限公司等7家单位联合发起，拥有会员单位33家，涉及高校、科研、医疗、猎头、大数据、留学、投资、律师等行业。促进会将重点开展人才生态环境研究、人才认证体系研究；建立人才引进渠道，培养经济、科技、产业、法律、教育、技能型人才；建立人才信息平台，组织异地交流，提供技术与学术服务；联合高校、科研院所和企业创建国际型人才基地，提供人才面对面交流、合作场所，组织技术移植嫁接，设立创新、创业生态园，建立外国专家人才库；组织专业咨询、学术交流、展示、展览等工作。北京工业大学国际化战略校长顾问杨长聚当选第一届理事会会长。

（冯秋帆）

【举办海风行动和创业导师活动】6月1日，由北京海外学人中心主办的海风行动——留学人员创业项目风投对接活动暨海归创业新星导师工作启动仪式在清华科技园举办。北京小小牛创意科技有限公司等企业的40余个留学人员创业项目与云投汇、恺富资本、正和岛等近50家投资机构进行现场对接。截至年底，中心共举办4场创业项目对接会、两场“海风行动——成长营”创业辅导活动，150家海归创业企业和73家风险投资机构参加。海风行动促成43笔意向投资，16家海归企业通过活动融资超过3亿元。

（孙　伟）

【郭洪一行访问芬兰创新中心】6月7—9日，中关村管委会主任郭洪一行到访芬兰，考察芬兰的创新创业环境，并与芬兰贸易协会沟通洽谈中芬两国企业在科技创新领域的合作。郭洪一行首先调研了芬兰创新创业的国家品牌SLUSH，随后与芬兰贸易协会的相关负责人等进行会谈，双方各自表达了在相关方面加强合作的意愿，包括中关村管委会支持SLUSH在北京举办专场活动等。郭洪一行还到中关村示范区驻芬兰联络处听取联络处在宣传推广中关村示范区、吸引海外人才回国创业、组织对接芬兰科技资源为中关村示范区企业服务等方面的工作汇报。郭洪对芬兰联络处所取得的工作成绩表示认可，特别是对其在帮助中关村示范区企业成功收购芬兰企业，并促成多家企业实现实质性合作方面所做的努力表示肯定。

（王　征）

【“海聚工程”青年优秀人才高级研修班举办】6月15—18日，由北京海外学人中心主办的北京市“海聚工程”青年优秀人才高级研修班在市委党校举办。新入选市“海聚工程”的海外高层次人才和部分优秀海外青年创业者30余人参加。研修班课程以北京发展与转型、建设科技创新中心、战略新兴产业发展方向等为核心内容，围绕北京地区发展定位的新战略，为参加培训人员释疑解惑。

（胡建余）

【29家海归人才创业服务机构获创业资金支持】6月，中关村管委会公布2015年度中关村海归人才创业专项资金支持名单，29家海归人才创业服务机构获资金支持。其中，海淀海创园等27家海创园共获新注册企业服务补贴735万元，中关村软件园海创园等6家海创

园获“千人计划”推荐补贴30万元，中关村海创园协会等11家海归人才创业服务机构获人才专项服务补贴260余万元。

（王　征）

【“2015海外赤子北京行”活动举办】 7月8—10日，由市委组织部、市人力社保局、北京海外学人中心主办的“2015海外赤子北京行”活动在京举办。市委组织部、市人力社保局、市国资委等单位负责人，“千人计划”“海聚工程”专家代表以及市属医院、风投机构、留创园的代表等200余人参加。来自美国、加拿大等14个国家及地区的100余名海外高层次人才携对接项目参与活动，涉及生物医药、电子信息、新能源和新材料等10余个领域。活动内容还包括“2015北京海聚论坛”“海外人才交流座谈会”“北京重点园区、市属医疗、科研单位考察交流”等。北京天下图数据技术有限公司等单位的“千人计划”和“海聚工程”专家分别围绕在京开展创新研究情况、首都创业环境及机遇等主题发表演讲；北京大方科技有限公司等单位的“千人计划”和“海聚工程”优秀人才代表交流了在京创新创业的体会；海外人才考察团分别参观了朝阳医院、北京工业大学、北京奔驰汽车有限公司等单位，了解单位情况，并就科研条件、人才引进、开展项目等问题进行交流。

（娜　琳）

【中关村归国留学人员联合会成立】 7月9日，由海淀区侨联主办的中关村归国留学人员联合会成立大会在中关村示范区展示中心举行。中国侨联、北京市侨联、海淀区政府等单位有关负责人以及300余名归国留学人员等参加。联合会由海淀区侨联发起成立，旨在为归国留学人员和海外学子搭建沟通交流、分享合作平台，团结凝聚归国留学人员，并协调各方为促进归国留学人员创新创业发展提供切实有效的服务，调动其参与中关村示范区和中关村人才特区建设的积极性。

（刘伟杰）

【中关村创新创业推介会举办】 8月23日，由中关村示范区驻悉尼联络处、中国驻悉尼总领馆主办的中关村创新创业推介会在澳大利亚悉尼市举办。来自澳大利亚新南威尔士州高校、研究院所的专家学者和高科技公司的专业人员等60余人参加。会议介绍了中国人才引进的政策与计划和“春晖杯”中国留学人员创新创业大赛的有关情况，还介绍了中关村示范区概况及人才引进政策，并邀请北京碧水源科技股份有限公司驻澳大利亚研发部等机构的代表介绍了留学回国创业、工作的经验和体会。

（王　征）

【北京海外高层次人才产业化促进基地落户渤海新区】 8月27日，在北京海外学人中心与沧州渤海新区对接洽谈会上，北京海外学人中心与沧州渤海新区管委会签订海外高层次人才产业化促进基地合作协议，并为

海外高层次人才沧州渤海新区产业促进基地揭牌。根据协议，双方将共建海外高层次人才产业化促进基地，打造跨区域的高层次创新创业资源交流合作平台，为双方创业人才提供更优良的发展环境和更广阔的成长空间，并建立联席会议和定期互访制度，推进海外高层次人才产业化，促进基地建设。渤海新区管委会将预留1万平方米标准化厂房及办公区，为北京海外学人中心推荐至基地的企业提供投资创业平台。对于落户基地的企业，渤海新区管委会将为其开通绿色服务通道，落实国家、河北省及渤海新区政策，并申请资金支持。

（孙　伟）

【海归企业及人才获创业支持资金4190万元】 9月6日，中关村管委会发布《2015年度中关村海外人才创业专项资金支持企业名单情况公示》。北京耀锐能源科技有限公司、北京赛因哲信息技术有限公司等193家企业获2015年度新注册海归人才企业一次性创业启动资金支持，共3790万元；北京谛力泰克科技有限公司董事长李兴斌、北京诺亦腾科技有限公司总经理刘昊扬、美通云动（北京）科技有限公司CEO陈本峰、新博卓畅技术（北京）有限公司总经理吕震等4人获2015年度创业类中央“千人计划”配套资金支持共400万元。

（王　征）

【北京海外学人中心丰台分中心揭牌】 10月15日，由北京海外学人中心、丰台区委主办的北京海外学人中心丰台分中心揭牌仪式暨“北京海外高层次人才丰台

行”活动在京举办。市委组织部、中关村管委会等单位相关负责人以及海外高层次人才、园区企业代表30余人参加。丰台分中心将通过宣传人才工作政策、构建人才信息平台、组织实施人才引进的认定评估、落实人才发展政策等工作，为海外高层次人才和企业提供服务。

（孙　伟）

【日韩留学人才引进宣讲会举办】 10月19—26日，北京海外学人中心访问团出访日本、韩国，举办日韩留学人才引进宣讲会。访问团在东京大学、京都大学和首尔大学组织召开了3场政策宣讲会和3次座谈会，介绍了北京市“海聚工程”政策及实施情况、北京市的创新创业环境，并解答了留学生关心的档案、落户、创业融资等问题。中国留日同学总会、西日本新华侨华人联合会、大阪侨领代表等社团负责人及近100名在日、韩的留学人员、华人专家代表参加。

（周唯颖）

【华盛顿联络处接待北京人才工作团】 11月2—6日，中关村示范区驻华盛顿联络处接待并陪同北京人才工作团访问美国纽约市、联合国和美国康奈尔大学。在纽约市，华盛顿联络处邀请中国驻纽约总领事馆、中国常驻联合国代表团和旅美科协等机构的相关负责人与访问团就北京市的人才发展和战略进行交流；在联合国，代表团与中国职员就中国人参与国际组织工作的感受进行讨论并提出建议；在美国康奈尔大学，代表团与康奈尔大学30余位中国博士、博士后就北京市的人才需求和发展进行了交流。

（王　征）

【多伦多联络处接待市人才工作领导小组访加代表团】 11月6—9日，中关村示范区驻多伦多联络处接待北京市人才工作领导小组访加代表团并协助代表团组织了多场活动，包括：代表团与渥太华投资署进行合作会谈，为未来的多领域合作指明了方向；代表团在多伦多大学举办推介会，向与会人员宣传北京市和中关村的人才政策；代表团与MaRS孵化器进行会谈，就人才培训事宜提出设想。在代表团与多伦多总领馆、中央外派机构、中资机构、大学院所、侨界、商界的座谈会上，代表团向与会人员介绍了北京市吸引人才的重要政策措施，鼓励与会人士向熟悉的人员宣传北京市和中关村的人才政策，争取吸引更多高端人才到北京市和中关村创新创业。

（王　征）

【日本联络处接待管委会到访团组】 11月8—10日，中关村示范区驻日本联络处接待了中关村管委会到访团组。在日本期间，团组访问了东京证券交易所，引荐中关村示范区企业赴东京证券交易所上市；拜访了三菱商事株式会社，介绍中关村示范区的融资租赁市场，特别是科技金融在中关村示范区所具有的优势；召开在日留学生代表座谈会，介绍中关村示范区的创新创业情况和创投及融资环境，询问了日本留学生归国情况，并欢迎留学生归国后到中关村示范区创新、创业、就业。

（王　征）

【中关村发展集团中标中关村境外联络服务项目】 11月16日，中金招标有限责任公司发布《中关村科技园区管理委员会2015年（第四季度）中关村境外联络服务项目中标公告》，中关村发展集团股份有限公司中标，中标金额202万元。中关村发展集团将负责管理中关村示范区10个海外联络处的日常运营工作。

（王　征）

【YIP演讲进校园活动举办】 11月27日，北京海外高层次人才协会首次YIP（Youth Inspiration Program）活动在昌平区汇蕾学校举办。协会邀请“海聚工程”专家孙文全教授以“生命的暂停”为主题，为在该校就读的50余名外地来京务工人员子女做了有关生物技术

的前沿知识的演讲。YIP计划是北京海外高层次人才协会发起的一项鼓励会员积极参与的公益活动，也是借鉴TED模式，利用协会会员智力资源，开展科普讲座进校园的系列活动，旨在扩大协会影响，增加会员内部凝聚力，吸引更多海外人才加入。协会将组织各

位会员自愿作为讲师加入，以进校园做讲座为主要形式，普及专业技术或者技能，鼓励会员的家属和子女参加校园内的巡回听讲。

（娜　琳）

【74人入选“海聚工程”】12月3日，北京海外学人工作联席会印发《关于印发我市第十一批海外高层次人才入选资格名单的通知》（京海联发〔2015〕9号）。中关村示范区74名海外高层次人才入选，占北京地区的56%。其中，全职工作类27人，短期项目4人，创业类20人，青年项目17人，外专项目4人，创业团队2人。截至年底，北京市共评选出十一批次759人入选“海聚工程”，其中，中关村示范区512人，占北京地区的67.5%。

（王　征　周唯颖）

【海归文创企业融资项目推介会举办】12月10日，由北京海外学人中心和北京市国有文化资产监督管理办公室主办的2015首都文创企业投融资项目推介会暨海归创业专场在京举办。爱游学科技有限公司等40家企业携带项目参加路演。北京市文化投资发展集团中心、IDG、深创投、达晨创投、天星资本、君联资本、启迪创投等60多家知名投资机构、20家银行和担保公司参与了项目对接。

（孙　伟）

【硅谷创新驿站落户中关村硅谷创新中心】12月11日，由中关村硅谷创新中心、丹华资本共同主办的中关村核心区硅谷创新驿站正式落户中关村硅谷创新中心揭牌仪式暨硅谷高端人才圣诞联欢会在美国加利福尼亚州圣克拉拉市举办，标志着创新中心成为中关村海淀园创新平台的一部分，为海淀园提供国际化服务，对接及引进海外高科技人才和项目。海淀区政府、中关村发展集团等单位相关负责人以及中国驻旧金山总领事馆、斯坦福大学、北京瀚海智业投资管理集团的代表和近200位硅谷当地学者、专家、律师、企业高管、创投界代表等参加。仪式上，主办方借用活动日期“1211”数字，号召所有创新创业者“一二一,一起向前跑”，共同推动创新事业。

（李贺英）

【北京海外学人中心硅谷工作站挂牌】12月12日，北京海外学人中心硅谷工作站（Beijing Overseas Talents Center Silicon Valley Office）在美国硅谷挂牌成立。工作站设在中关村硅谷创新中心，在北京市海外学人工作联席会办公室的领导下开展工作，旨在密切联系海外人才，就地开发海外人才资源，进一步提高引才数量和质量，是北京市在美开展人才寻访、人才引进工作的统一对外窗口和平台，是各用人单位、科技园区联系北美地区高端人才的桥梁和纽带。

（周唯颖）

【2015年冬季海外人才考察中关村活动举办】12月22—23日，中关村管委会在京举办2015年冬季海外人才考察中关村活动，来自美国、加拿大、澳大利亚等国家的100余人参加。海外人才参观了中关村示范区展示中心、中关村创业大街、海外人才创业园，考察中关村创业集聚区和人才创业环境，了解了中关村示范区创新发展情况和相关政策以及科技孵化、人才培养情况，并与创业导师分享创业经历。

（王　征）

【“春晖杯”获奖人才北京行活动举办】12月28日，由教育部留学服务中心、北京海外学人中心主办的2015“春晖杯”中国留学人员创新创业大赛获奖人才北京行活动举办。活动由政策说明会、项目路演、交流对接、参观考察等环节组成。来自美国、英国、法国等13个国家和地区的60余人参加。峰瑞资本、恺富投资、天使汇、北京中关村软件园留学人员创业园、禾芫科技孵化器、汇龙森国际企业孵化（北京）有限公司等投资机构和创业园的负责人观看了项目路演并与海外人才进行了交流洽谈。在考察交流活动中，来京海外人才一行先后赴朝阳区、北京经济技术开发区交流洽谈，听取了海归人才创业支持政策介绍，参观了区域创业发展环境和未来发展规划，并与投资机构、众创空间进行了一对一的交流。

（娜　琳）

【北京海外高层次人才协会法务咨询日活动举办】年内，北京海外高层次人才协会法务咨询日活动共举办9期。活动分别以“合同订立与审查的法律事务”“劳动关系管理”等为主题，采取主题沙龙活动、专题讲座、一对一咨询等形式，就合同方主体资格的审查、劳动合同订立、试用期制度等内容进行讲解。协会会员100余人次参加。

（娜　琳）

【北京海外学人中心举办海归创业系列培训活动】年内，北京海外学人中心举办海归创业系列培训活动11期。培训以“互联网+时代的企业创新”“战略与商业模式创新”“海创企业国内外诉讼风险控制及策略讲座”等为主题，采取讲座、研修班、主题沙龙等形式，涉及法律、融资、创新、管理等内容。培训入选“千人计划”和“海聚工程”的海外高层次人才及部分海创企业高级管理人员等近600人次。

（胡建余）

【219人入选“千人计划”】 年内，市委组织部发布第十一批中央“千人计划”入选人员名单，北京地区234人入选，占全国入选总人数的32.3%。其中企业类（含中央在京企业）有29人，高校、科研院所（含中央在京单位）等机构有205人。中关村示范区219人入选，其中创新长期项目41人，创新短期项目17人，创业类5人，青年项目146人，外专项目8人，顶尖人才创业团队2人。至年底，北京地区1325人入选“千人计划”，占全国的26%；中关村示范区1091人，占北京地区的82%。

（王　征　朱文利）

【创办企业开办费资助资金评审会举办】 年内，北京海外学人中心共举办3期北京市留学人员创办企业开办费资助资金评审会，对第十五批、第十六批、第十七批北京市留学人员创办企业开办费资助资金进行评审。涉及电子信息、科技服务、文化创意、能源环保、新材料、生物医药、汽车产业、现代农业等领域的270家留学人员企业参加答辩，250家通过评审，共获创业资助资金2500万元。

（孙　伟）

【硅谷联络处宣传中关村“双创”形势】 年内，中关村示范区驻硅谷联络处积极宣传中关村“双创”形势。在第五届北美创业大赛的决赛大会上做了关于中关村创业环境的专场演讲；在硅谷中国高校联合会做了“中关村：创新创业的乐土”专题演讲；为来访美国硅谷的福建省、上海市、浙江省等各省市代表团介绍中关村引领全国“双创”大潮、先行先试的各种举措；接受浙江卫视等国内媒体采访，向媒体推介中关村的国际化战略等。同时，硅谷联络处还接待中关村示范区各园区培训团、北京市外办主任团、北京海外学人中心主任团等来自北京市和中关村园区的访问团，并协助中关村发展集团股份有限公司完成在中关村硅谷创新中心的购楼工作。

（王　征）

【国际人才俱乐部系列活动举办】 年内，北京环球英才交流促进会分别在中关村创业大街、大连市、天津市等地举办国际人才俱乐部系列活动4场，累计参加人数近500人次。活动邀请全德华人机电工程学会等专业机构的相关专家做了“德国工业4.0：智能创新与发展”专题讲座，内容包括德国工业4.0智能创新与发展、智能创新与转型升级等。

（冯秋帆）

【望京科技园27人获“凤凰计划”资助】 年内，朝阳区政府公布了两批“凤凰计划”海外高层次人才认定名单。望京科技园北京前沿嘉禾生物技术有限公司总经理王昌进获海外高层次人才（工作类）认定，并获20万元资助；光威和通能源科技（北京）有限公司董事长赵耀华、联方云天科技（北京）有限公司董事长曾旭东、北京卓越讯通科技有限公司董事长赖兆红等8人获海外高层次人才（创业类）认定，分别获70万元资助；中新宜居（北京）环境科学研究院有限公司院长苗元华、北京络客科技有限公司创始人杜奕等18人各获10万元初创企业资助。

（朱文利）

人才服务

【劳动仲裁庭审旁听会举办】 1月20日，由北京市海淀区高层次人才发展促进会主办的首期劳动仲裁庭审旁听会在海淀区劳动人事争议仲裁院举办。来自软通动力信息技术（集团）有限公司等60余家会员单位的人力资源和法务代表参加旁听活动。案件主要涉及因解除劳动合同而产生的纠纷问题。在休庭后的答疑时间，仲裁员向会员分析了案件内容及相关法律解释，并解答会员代表针对案件细节和有关企业就如何建立事实依据、规范企业制度、完善送达程序和劳动合同管辖权等方面提出的问题。至年底，劳动仲裁庭审旁听活动共举办4期，近450家会员单位的代表参加。

（冯　娜）

【9家单位入选创新人才培养示范基地】 2月26日，科技部印发《关于公布2014年创新人才推进计划入选名单的通知》（国科发政〔2015〕56号），公布33个创新人才培养示范基地名单。其中，北京地区11家，中关村示范区内中关村软件园、中国地震局地质研究所、北京控制工程研究所等9家单位入选，占北京地区人选数的81.8%。

（刘伟杰　张　蕾）

【《适逢大势——中关村人才故事》出版】 2月，由中关村管委会、北京科技报社和科学普及出版社策划，北京科技报社编著的《适逢大势——中关村人才故事》出版。该书紧扣"中国梦·创新创业梦"的时代主题，以真实、鲜活、生动的典型故事，记录中关村人才在改革大潮中追梦、筑梦、圆梦的历程，在创新创业征程中的光荣与梦想、付出与收获、喜悦与泪水，展示出当代中关村人才"科技报国、创业兴国"的奋斗精神和"尚德求新、为天下先"的不懈追求，透射中关村的发展优势，印证创新创业生态系统对人才的吸引力、凝聚力与支持服务功能，通过讲述小故事、折射大道理、汇聚正能量的方式，昭示人才"创业中国梦"的美好愿景，积极凝聚社会改革共识，努力在中关村兴起新一轮创业热潮。全书28万字，记述了百度在线网络技术（北京）有限公司董事长李彦宏等60余位优秀企业家在中关村创新创业的故事。该书由中国科学技术出版社出版。

（王　征）

【2015年应届毕业生专场招聘会举办】 3月10日，由中关村科技园区海淀园创业服务中心主办的2015年应

届毕业生专场招聘会在中关村创业大厦举办。来自北京理工大学、北京邮电大学、北京航空航天大学等20余所高校毕业生以及部分留学归国人员等300余人参加。北京德中天地科技有限责任公司、卡尤迪生物科技（北京）有限公司等37家企业提供了包括计算机、通信、电子工程、软件工程、石油工程、物理光学等20余种专业的300余个职位，涉及电子信息、环保与节能、新材料、生物医药、光机电等行业领域。企业共收到简历500余份。

（彭　晨）

【海淀区订单式人才培养项目启动】 3月17日，由北京市海淀区高层次人才发展促进会主办的海淀区订单式人才培养项目启动暨签约仪式在中关村示范区展示中心举行。市委组织部、海淀区委组织部、海淀区人力社保局等单位有关负责人以及来自相关高校、企业的代表参加。项目为央地人才协同发展核心项目之一，由海淀区委组织部牵头，海淀区人力社保局主办，中关村人才市场实施，旨在以核心区战略性新兴产业人才需求为导向，支持有经验的培训机构、行业协会、产业联盟等中介组织，联合央属高校院所开展订单式人才培养，强化人才培养与使用的衔接，促进央地人才协同发展。项目计划2015年就移动互联网、大数据分析与应用、集成电路3个领域培养大中专毕业生500名。仪式上，中关村人才市场分别与中关村创新研修学院、北京中关村国际孵化软件协会、北京集成

电路设计园有限公司受托机构签订委托协议并分领域发布年度培养计划。

（冯　娜）

【北航校友企业首届专场招聘会举行】3月21日，由北京航空航天大学校友总会、北航招生就业处主办，北京北航科技园有限公司承办的北航校友企业首届专场招聘会在北京航空航天大学举行。91金融（北京）信息服务有限公司、歌尔声学股份有限公司、北京汇冠新技术股份有限公司、北京佳讯飞鸿股份有限公司、北京合众思壮科技股份有限公司等100余家校友企业来校招聘，1000余名毕业生参加，100余人签订就业协议。

（钮　键）

【央地人才合作交流会举办】3月25日，由北京市海淀区高层次人才发展促进会主办的首期央地人才合作交流会在京举办。清华大学等高校科技处负责人和14家来自互联网、计算机软硬件、电力自动化等领域企业的代表参加。高校代表分别介绍了各自所属院校科技发展的现状及平台资源，参会企业就自身科研技术所遇问题及实际需求进行阐述，与会双方均表示出在技术开发、难题攻关等方面的合作意愿。央地人才合作交流会是人才促进会开展的定向行业平台对接交流系列活动，旨在推动高校与企业的产学研合作，促进科研技术的转移转化。年内，交流活动共举办10期，围绕企业的需求，组织企业在人脸识别、虚拟3D、北斗导航等领域与高校进行对接，北京理工大学等15所高校和科研机构发布各类技术成果33项，共有近300家次企业参加。

（冯　娜）

【人才培养新模式高峰论坛举办】4月11日，由中国产学研合作促进会、北京中关村软件园发展有限责任公司主办的创新创业（IT）人才培养新模式高峰论坛暨中国校企协同产学研创新联盟成立大会在中关村软件园召开。大会以“创新创业驱动转型　校企协同实现共赢”为主题。中关村管委会、中关村发展集团股份有限公司、北京邮电大学继续教育学院等单位相关负责人以及国内外“政产学研用”领域相关专家、学者，园区、企业的代表等500余人参加。与会代表围绕大学生创新创业体系、应用型人才培养与就业、人才培养与区域经济发展等主题，从经济、社会和教育全局的高度，探讨新形势下人才培养新模式以及如何促进产教高度融合与产业转型升级、不断培养满足发展需要的软件与信息服务人才，并围绕“教育发展战略与转型趋势”“放飞创业之梦——IBM创业扶持计划”等主题进行交流。会上，中国校企协同产学研创新联盟成立。

（张　蕾）

【人才成长经验和创新创业环境营造座谈会举办】5月4日，由科技部人才中心、交流中心，中关村管委会主办的人才成长经验和创新创业环境营造座谈会在京举办。青年人才50余人参加。与会者结合自身的成长交流了创新创业的经验做法，并对创新创业环境和人才发展环境等提出了意见和建议，一致认为：中国经济发展进入新常态，比以往任何时期都更加需要强大的科技创新力量；中国创新创业环境不断完善，众创、众筹、众包和虚拟创新创业社区等多种模式快速发展，为广大青年科技人才创新创业提供了巨大空间；青年人才最有进取意识、最具创新和创造潜力，正是施展才华的大好时机，希望进一步改革和完善人才发展机制，加大对青年创新人才的培养力度，加强创新创业辅导，充分调动和激发青年人创新创业的积极性和创造性。

（王　征　王　翔）

【中关村战略新兴产业专项人才提升特训营举办】5月11日—9月22日，由中关村人才市场主办的2015年度中关村战略新兴产业专项人才提升特训营在京举办。特训营分10个模块，分别以“互联网+”“人力资源战略”“项目管理实战”等为主题，就“互联网思维的真正本质”“互联网思维的十二法则”“创新密码”“学与用之项目管理沙盘实战”等课程进行培训。来自200余家次企业的中高层人员400余人次参加培训。

（冯　娜）

【人力资源管理全程法律风险防控培训会举办】5月20日，由中关村创新研修学院、北京人大文化科技企业孵化器有限公司主办的人力资源管理全程法律风险防控培训会在人民大学举办，企业代表100余人参加。相关法律专家介绍了《劳动法》《劳动合同法实施条例》

等相关法律法规，从企业选人、育人、用人、离职4个方面对人力资源管理的法律风险防控进行讲解，结合案例分析，指导企业依法实施劳动管理，维护劳动者的合法权益，有效降低人力资源法律风险。

（徐　洋）

【核心区博士、博士后专场招聘活动举办】5月21日，由中关村人才市场主办的2015年核心区博士、博士后专场招聘活动在京举办。中国恩菲工程技术有限公司、北京双鹭药业股份有限公司等30余家核心区企业参会，提供高端招聘岗位120余个，吸引参会博士、博士后200余人。至年底，中关村人才市场共举办3场高端招聘会，共有核心区企业100余家次参会，提供下一代互联网、生物和健康、节能环保等行业的高端岗位600余个，吸引博士500余名、高端人才300余名，50余名博士达成意向。

（冯　娜　刘伟杰）

【北大国发院BiMBA班专项培训举办】5月25日，由中关村人才市场主办的2015年度海淀区高端领军人才专项培训——北大国发院BiMBA班在京举办。来自海淀区“三类高层次人才”所创办企业、区重点企业、国家级高新技术企业、中关村“十百千工程”及“瞪羚计划”企业的44名高层管理者参加。培训以“互联网思维创新”“大数据变革”“新常态下企业创新与转型”“企业家战略思维与领导力提升”等为主题，采用面授、小组讨论、参访等方式开展教学，主要讲解了企业家的战略思维、企业运营管理、创新驱动、金融资本运作、政策吸收、成功经验分享、领导艺术等内容。

（冯　娜）

【北大光华班举办】6月8日，由中关村人才市场主办的2015年度北京市海淀区高端领军人才专项培训——北大光华班在京举办。来自海淀区“三类高层次人才”所创办企业、区重点企业、国家级高新技术企业、中关村“十百千工程”及“瞪羚计划”企业的39名企业家参加。培训以战略创新为主题，采用面授、参访、小组讨论等方式开展教学，主要讲解了“互联网+”、战略思维、大数据、互联网思维、领导力、创新转型等内容。

（冯　娜）

【中关村人才论坛举办】6月26日，由中关村人才协会主办的2015·第十二届中关村人才论坛在清华科技园举办。论坛主题为“互联网+，你准备好了吗？”市社团办、中关村管委会等单位有关负责人以及来自相关协会、企业的代表参加。相关专家围绕“互联网+”机遇下的政策环境、企业人才战略、人才资源、方法和机制等方面的需求展开探讨。会议还设有劳动法与员工关系、创新创业的风险管控、在变革中提升心理韧性等5个分论坛，分别围绕“互联网+”和人才的主题进行对话交流。论坛期间，《中关村企业创新创业“迹”》新书首发式举行。该书由中关村人才协会编著，分企业家创业史和企业创业历程两条主线，从技术创新、商业模式创新、产品创新、管理方法创新、企业文化创新等方面入手，介绍了中关村示范区不同类型企业的创新创业故事。

（王　征）

【实习生专场招聘会举办】7月10日，由中关村人才市场主办的实习生专场招聘会在京举办。方正国际软件有限公司、神州数码（中国）有限公司等40余家企业参会，提供计算机软件开发、营销助理、行政文员、市场策划等领域的实习岗位200余个，吸引北京大学、北京理工大学、北京航空航天大学等20余所高校的400余名在校生参加，130余名学生与企业达成初步意向。

（冯　娜）

【开展中关村高端领军人才专业技术资格评审】7月10日，北京市高级专业技术资格评审委员会发布《2015年北京市高级专业技术资格评审结果公示》，公布2015年中关村国家自主创新示范区高端领军人才工程技术系列高级工程师（教授级）专业技术资格评审结果，方正国际软件（北京）有限公司周大良等77人通过评审。截至年底，共计333名中关村高端领军人才获（教授级）高级工程师职称，分布在信息技术、生物医药、新材料、新能源以及高端制造业等各类战略性新兴产业领域。同时，中关村管委会与市人力社保局共同开展高端领军人才自然科学和社会科学研究系列研究员评价试点工作。北京生命科学研究所邵峰等7名海归研究人员、大公国际资信评估有限公司董事长关建中分别获自然科学、社会科学系列高端领军人才研究员资格。

（王　征）

【北京地区毕业生就业服务月活动举办】7月22日—8月31日，由中关村人才市场主办的2015年暑期北京地区毕业生就业服务月活动在京举办。活动以“促进就业、推动发展”为主题，共举办大学生专场招聘会6场，200余家企业参会，提供包括互联网、金融、贸易等领域的招聘岗位2000余个，来自北京理工大学、北京科技大学、对外经济贸易大学等21所高校的6500名学生参加，2200余名学生与企业达成初步意向。

（冯　娜）

【海淀区大学生村官综合能力提升培训班举办】8月25—28日，由中关村人才市场承办的2015年海淀区大学生村官综合能力提升培训班在京举办。在岗大学生村官和新选聘的大学生村官100余人参加。来自海淀区委组织部、清华大学、北京劳动法专家律师团等单位的相关专家，以分组讨论、经验交流、影视教学等形式，就“大学生村官沟通能力提升”“‘互联网+’时代的乡村之变”“新农村管理中常见法律问题及调解技巧”等10门课程进行授课。

（冯　娜）

【战略管理与资本运作高级研修班举办】9月14日，由中关村人才市场主办的2015年度海淀区高端领军人才专项培训暨企业家战略管理与资本运作高级研修班在京举办。来自海淀区“三类高层次人才”所创办企业、区重点企业、国家级高新技术企业、中关村“十百千工程”及“瞪羚计划”企业的46名企业家参加。培训活动为期6天，分别围绕“资本决策”“新常态”“领导力”“智慧供应链创新”等专题，采取研究式学习、团队训练、小组研讨等方式开展教学，主要讲解了资本运作、新常态创新转型、智慧供应链、领导力等内容。

（冯　娜）

【北京中医药知识产权人才培养基地成立】9月25日，在北京中医药知识产权“健体”专项行动启动暨中医药知识产权人才培养基地签约授牌仪式上，北京中医药大学与市知识产权局和市中医管理局签署《中医药知识产权人才培养基地共建协议》，并被授予“北京中医药知识产权人才培养基地”牌匾。基地旨在为医院、企业和行业协会培养一批兼具中医理论和知识产权实践能力的复合型人才。

（潘　丹）

【27家单位获准设立博士后科研工作站】10月13日，市人力社保局印发《关于公布安邦保险集团股份有限公司等40家获准设立博士后科研工作站单位名单的通知》（京人社专家发〔2015〕221号）。经人力资源社会保障部、全国博士后管委会批准，北京地区40家单位获准设立博士后科研工作站，其中中关村示范区内27家，包括海淀园北京科兴生物制品有限公司等4家、昌平园北京诺诗康瀛医学科技有限公司等5家、顺义园北京燕京啤酒股份有限公司等2家、大兴—亦庄园大兴生物医药产业基地管委会等5家、东城园北京起重运输机械研究院1家、密云园金诚信矿业管理股份有限公司1家、朝阳园中科宇图天下科技有限公司1家、西城园北京鼎实环境工程有限公司等2家、通州园通州园管委会等3家、怀柔园北京雁栖经济开发区管委会1家、丰台园北京市安全生产科学技术研究院1家、平谷园北京市华都峪口禽业有限责任公司1家，涉及先进制造技术、生物工程和新医药等领域。

（张　毅）

【中关村发展集团获批设立博士后科研工作站】10月13日，市人力社保局印发《关于公布安邦保险集团股份有限公司等40家获准设立博士后科研工作站单位名单的通知》，中关村发展集团股份有限公司获人力资源和社会保障部、全国博士后管委会批准，设立博士后科研工作站。集团具备较强的研发能力，建有战略新兴产业研究中心、专家库、联合项目组，合作开展研究；集团始终重视研究队伍的培养，拥有高级职称的人员达22%，硕士以上学历人数占75%；集团持续对科研开发进行投入，取得众多科技研究成果，并积极与高校或科研机构开展合作。工作站将就创业金融的具体模式、国有直投平台的机制和模式、创新性孵化器建设的模式和标准体系以及新能源汽车、大健康、集成电路等行业领域以及集团资本运作思路与模式、人力资源发展策略、风险管理体系建设等开展研究。

（李贺英）

【82人入选高聚工程】11月17日，中关村高聚工程专项工作小组发布《2015年度中关村高聚工程拟支持人员情况公示》，82人入选。其中，联想控股有限公司董事长柳传志、百度在线网络技术（北京）有限公司

董事长李彦宏、小米科技有限责任公司董事长雷军、清华控股有限公司董事长徐井宏入选中关村领军企业家；北京蚁视科技有限公司 CEO 覃政等 13 名技术型人才入选创新领军人才；北京格灵深瞳信息技术有限公司联合创始人赵勇等 45 名企业家入选创业领军人才；北京大河汇智投资管理有限公司创始合伙人刘志硕等 7 名投资人入选投资家；北京 3W 科技有限公司董事长许单单等 13 名创业服务人才入选创新创业服务领军人才。截至年底，高聚工程共开展 8 批次人才遴选工作，认定中关村高端领军人才 239 人（团队）。其中海淀园 153 人，大兴—亦庄园 22 人，朝阳园 17 人，石景山园、昌平园各 14 人，西城园 7 人，东城园、丰台园各 3 人，通州园、顺义园各 2 人，房山园、密云园各 1 人。

（王　征　钮　键）

【举办 3 场高端对话活动】 年内，北京市海淀区高层次人才发展促进会先后举办软件领域高层次人才助力"高精尖"产业发展、"德国工业 4.0 及投资德国"以及中法平台项目合作对接 3 场高端对话活动。活动分别就北京软件与信息服务业发展情况及"高精尖"产业发展思路、中德技术交流及贸易合作、法国机器人产业的发展现状和相关技术进行交流，共吸引高层次人才专家及企业高管 50 余人次参加。

（冯　娜）

【高端会员沙龙活动举办】 年内，北京市海淀区高层次人才发展促进会分别以"从两会主旋律'四个全面'看习近平治国理政新布局""'互联网 +'时代下企业战略转型与投资决策""工业 4.0——智能制造"等主题举办 9 期高端会员沙龙活动。相关专家分析了在"互联网 +"时代行业和企业所面临的挑战和机遇。来自北京华宇软件股份有限公司、北京双鹭药业股份有限公司、北京赛林泰医药技术有限公司等会员单位的高层管理者和高层次人才 300 余人次参加。

（冯　娜）

【软件和信息服务业人才专场招聘会举办】 年内，由北京软件和信息服务业协会组织的两场软件和信息服务业人才专场招聘会分别在北京工业大学、北京交通大学举办，参加人数 500 余人次。长城计算机软件与系统有限公司、东华软件股份公司、北京华宇信息技术有限公司等 50 余家企业提供 1000 余个就业岗位，涉及软件开发、软件测试、项目经理等职位。

（郝峥嵘）

【IT 技术人才双选会举办】 年内，北京中关村留学人员创业园协会、中关村软件园孵化器在中关村软件园共举办了春、夏、秋、冬季 4 期 IT 技术人才双选会，累计 400 余家企业参加，提供就业岗位涉及 Java、

Android、IOS、UI 设计、C++、C#/.Net、PHP、嵌入式、软件测试、Linux 系统维护、网络营销等。来自达内时代科技集团有限公司、北京蓝鸥科技有限公司、百知软件学院（中关村软件园人才基地）、中软高科（北京）科技有限公司等培训机构的应聘学生达 1000 余人次参加。共有 50 余家企业与应聘学生达成招聘意向。

（王　芮　毕欣超）

创业服务

Entrepreneurial Service

本栏目设有创业孵化和创业环境两个分栏目，以条目体形式记述中关村国家自主创新示范区在培育和扶持企业（特别是中小微企业）创新创业方面所提供的服务，在营造有利于企业成长壮大的环境方面所采取的举措及取得的成效等。

综 述

2015年，中关村示范区贯彻落实国务院及北京市大力推进“大众创业、万众创新”的重要指示精神，以中关村“创业中国”引领工程（2015—2020年）为工作重点，以持续打造全球最具吸引力的创业中心为目标，不断完善中关村创新创业生态系统，引领推动“双创”活动向更大范围、更高层次、更深程度持续发展。

*“创业中国”引领工程发布实施。*在实施高校院所“育苗”工程、领军企业摇篮工程、创客组织筑梦工程等7个方面的引领示范中，推出创业人才、创业企业、创业金融、创业服务机构和创业文化5类19项措施，构建全方位、立体式、充满生机的创新创业生态系统，示范带动全国各高新区的整体发展，引领全国大众创业浪潮。

*中关村“大众创业、万众创新”彰显活力。*落实《国务院关于大力推进大众创业万众创新若干政策措施的意见》，举办2015年全国大众创业万众创新活动周主会场活动，包括启动仪式、主题展示、高层论坛等48场专题活动；主题展示分为“双创”新时代等5个部分，展示112个项目以及国家、各地政府出台的推动“双创”的一系列政策措施等，参观人数2万余人次。举办以“创见未来”为主题的中关村创业季活动，来自澳大利亚、意大利等32个国家和地区的400余家企业、创业服务机构的代表等4万余人次参加，展示创业项目850个，举行全球创业大会、创客嘉年华等五大板块活动30余场。

*中关村天使投资快速发展。*新增洪泰同创投资管理有限公司等4家中关村天使投资引导资金合作机构。截至年底，中关村天使投资引导资金合作成立天使基金16支，基金规模14.82亿元，合作子基金累计投资项目265个，投资额7.66亿元，其中北京地区164个项目，投资额4.81亿元。墨迹风云（北京）软件科技发展有限公司等117家初创企业获投资。首批6家天使投资机构投资的12个项目获风险补贴279万元。

*高校科技人员创新创业潜力逐步释放。*组织科技人员及大学生创业申报项目55个，覆盖北京大学、清华大学等10余所高等院校，支持资金991.6万元。北京高校大学生创新创业服务中心落户中关村创业大街。北京高校大学生创业孵化基地设在中关村西区“e世界”，为大学生提供创业指导等“一条龙”服务。

*中关村创业服务体系日益完善。*互联网金融实验室等10家中关村示范区创新型孵化器被纳入国家科技企业孵化器的管理服务体系。创新工场、车库咖啡等27家中关村创新型孵化器被纳入科技部首批众创空间。腾讯创业基地、清华创客空间、硬蛋网等14家新型创业服务机构纳入中关村示范区创业服务工作体系，授牌为“中关村国家自主创新示范区创新型孵化器”。至年底，房山良乡高教园、大兴5U创投孵化平台、怀柔纳米科技孵化基地、门头沟京西创客工场等13家郊区10园内的创业服务机构被纳入中关村创业服务支持体系，基本实现中关村创业服务机构在“一区十六园”的全覆盖。

*中关村创业大街辐射带动效应凸显。*中关村创业大街新增创业服务机构20家。至年底，入驻创业服务机构40家，累计孵化创业团队700个。拥有2500余家合作投资机构，获融资的创业团队375个，融资总额18.75亿元。举办创业活动1500余场，创业会客厅接待4200余次创业咨询，其中461家创业企业通过窗口办理业务。接待国内外的创业者、海归人员、学校社团等来访862个。

*中关村金种子工程深入实施。*159家企业入选第五批金种子企业。其中，127家企业获100万元及以上融资，直接成为金种子企业。至年底，金种子企业共有451家，其中11家企业在新三板挂牌，308家企业融资超过100万元。全年举行10场推介会，为70家企业推介项目；举办15场金种子企业互助会，受益企业107家。

*产业技术研究院加快产学研用协同创新。*北京航空航天大学等高校建立的17家产业技术研究院（特色产业园）共吸引“千人计划”“海聚工程”“高聚工程”人才33名，其他高端创业人才94名；共建研发机构277个，搭建包括中关村开放实验室在内的公共技术服务平台94个；共引进或转化重大产业化项目268个，新创办企业298家；设立专门服务于早期项目和创业团队的成果转化基金，基金总规模35亿元，全年投资项目100个。

（陈宝德）

创业孵化

【金种子创业谷精品项目推介会举办】2月6日，由北京金种子创业谷科技孵化器中心主办的2015年首场精品项目推介会在中关村创业大厦举办。中关村管委会相关负责人以及软银中国资本、领航蓝海投资咨询（北京）有限公司、同方股份有限公司等30余家投资机构和企业的代表参加。北京金种子创业谷科技孵化器中心推介的8个项目全部是在创业谷孵化毕业或在孵项目，其中北京融信汇智科技有限公司的智慧旅游项目获恺富资本天使投资、北京乐游乐动科技有限责任公司的HTML5手机小游戏项目获红杉资本前合伙人投资，华普众生科技有限公司的急救医疗等项目展示了各自的市场定位、产品特点和商业模式。

（彭　晨　陈宝德）

【IC咖啡纳入国家级科技企业孵化器管理体系】3月9日，IC咖啡北京站（北京爱思创芯汇咨询有限公司）被纳入国家科技企业孵化器管理体系。IC咖啡北京站成立于2013年，是国内以集成电路和智能硬件为核心的新型孵化器，依托于集成电路产业，以智能硬件为主要孵化方向，将互联网、移动互联网行业的创新思维方式和运营手段引入集成电路、IT设备等传统硬件领域，将硬件供应链知识、技能、资源输入给互联网创新创业公司，促进硬件领域的创新发展。IC咖啡在上海、北京、深圳、新竹、硅谷、新加坡等地设立分站，搭建了覆盖全产业链的资源平台和硬件创业一站式服务，引导国外先进技术和高端人才回国创业。与近20家投融资机构建立战略合作伙伴关系，与30余家相关组织机构实现合作；举办各类科技活动300余场，参加人数超过5万人次；建成各类专业群30余个，成功孵化创业团队50余个。

（陈宝德）

【百度创业中心纳入国家级科技企业孵化器管理体系】3月9日，北京百度开发者创业中心（北京百度网讯科技有限公司）被纳入国家科技企业孵化器管理体系。中心成立于2014年4月，为创业团队提供技术、市场、资源对接和商业变现等服务。中心投入应用引擎、虚拟机、移动测试等资源支持入驻团队研发，向入驻开发者全面开放百度移动应用引擎、云存储服务、百度WebApp开发框架、云管道等专业化服务，搭建包括云服务、本地团队、技术培训、移动应用展示、体验中心在内的移动应用开发平台，并定期举办开发者项目交流推广活动。摩根全球购物、麦客、千夜旅游等30余家移动互联网创业企业与中心达成入驻意向。

（陈宝德）

【北大创业训练营纳入国家级科技企业孵化器管理体系】3月9日，北京大学创业训练营（北京大学校友会）被纳入国家科技企业孵化器管理体系。训练营成立于2013年5月，由北京大学校友会牵头主办，旨在调动北京大学教育资源、科研资源及校友资源，为大学生创业者提供创业训练营教学、创业主题活动、创业营友会、导师扶持计划、天使投资、二级产业孵化及加速等综合扶植。配置1500平方米的运营空间，其中300平方米为办公空间，1200平方米为综合孵化空间。70余位校友创业导师入驻，设立8000万元的北大创投天使引导基金，吸引赛富基金、松禾资本等近20家北大校友产业及综合投资机构进行产业战略及并购投资，每年承接北京大学各类创业沙龙、论坛、项目路演活动100余场次，为创业者服务超过5000余人次，为博雅工道（北京）机器人科技有限公司等企业的10个优秀初创期项目提供免费落地孵化服务，并推荐成熟项目到北大科技园、汇龙森孵化器、天津滨海新区等合作基地进行加速孵化。

（陈宝德）

【创客总部纳入国家级科技企业孵化器管理体系】3月9日，创客总部（北京创客帮科技孵化器有限公司）被纳入国家科技企业孵化器管理体系。创客总部成立于2013年12月，是由联想之星创业联盟成员企业、北大校友会共同发起组建的移动互联和互联网金融孵化器，旨在为移动互联网创业团队提供专业化的产业链服务和天使投资，提升创业者的创业能力和创富能力。孵化器关注软硬结合、移动游戏、互联网金融、O2O与电商、在线教育和基于云的移动互联网行业应用六大领域，通过人才服务机构、专业培训机构、猎头公司、各大高校和专业微信群等组成人才服务协调网络，帮助创业团队准确招募人才；举办“寻找下一个移动互联网爆发点”主题沙龙、TMT英雄会之互联网社区活动、互联网金融论坛等创业活动；与联想之星、虎童基金等机构合作设立种子基金，合投入孵创业团队，其中北京我遥我控科技有限公司的“遥遥排队”获联想之星投资 200 万元；以众筹方式在北大校友、联想之星创业联盟成员企业中筹集了第一期投资基金 3000 万元，主要投资创客总部孵化的早期项目。孵化器已入孵项目 91 个，其中 2 个项目获孵化器直接投资，12 个项目获天使投资，北京优亿致远无线技术有限公司的“极客学院”获融资 2200 万美元。

（陈宝德）

【互联网金融实验室纳入国家级科技企业孵化器管理体系】 3 月 9 日，互联网金融实验室 [清空三联创业投资（北京）有限公司] 被纳入国家科技企业孵化器管理体系。实验室成立于 2012 年 4 月，依托清华大学综合学科优势及五道口金融学院的专业优势，致力于构建国际领先的创新创业实践教育平台、基于互联网和学科交叉的协同创新研究平台和产学研有机互动的高技术项目孵化平台，为企业提供投融资、法律、人力资源等专业资源对接。实验室定期举办创业管理、金融专业培训等活动，利用未央网、家财网、微信公众号“互联网金融”、纸媒“互联网金融观察”等线上线下媒体资源为在孵企业发布资讯；实施导师计划，举办清华大学中国创业者训练营活动，通过集中课程培训、同学联谊会、专题讲座、线上教育平台等形式，面向创业者免费提供系统学习创业知识和沟通交流的机会。

（陈宝德）

【启迪之星孵化器纳入国家级科技企业孵化器管理体系】 3 月 9 日，启迪之星孵化器（北京启迪创业孵化器有限公司）被纳入国家科技企业孵化器管理体系。2013 年，启迪孵化器发起启迪之星新型孵化培育计划，面向全球征集行业领先创新技术及创业项目，设立移动互联网、纳米新材料、环保节能和互联网金融等 4 个新型专业孵化器，通过“孵化服务 + 创业培训 + 天使投资 + 开放平台”四位一体的孵化服务模式，主要承接中关村（清华）梦想课堂和中关村（清华）梦想实验室孵出的优秀项目和团队，在企业不同成长阶段辅以相应的孵化服务，为“钻石计划”承载优质企业。启迪之星孵化器为创业者提供从课程基金、种子投资、天使投资、投资并购、商业模式设计等专业化服务。建立 8 个启迪之星孵化基地，在南京、包头和潍坊等地设立分支孵化机构，入孵企业近 300 家。组织启迪创业咨询港、创业沙龙、创业汇和创业行等系列创业培训活动 200 余场，投融资对接活动 50 余场，吸引超过 1800 人次的创业者和 1000 余个创业项目，得到 200 余家投资机构以及上百亿元风险投资基金关注，其中北京紫晶立方科技有限公司、北京图森信息技术有限公司等 22 家在孵企业获得天使投资及风险投资，融资总额达 1.51 亿元。

（陈宝德）

【清华 x-lab 纳入国家级科技企业孵化器管理体系】 3 月 9 日，清华 x-lab（清华大学经济管理学院）被纳入国家科技企业孵化器管理体系。清华 x-lab 成立于 2013 年 4 月，由清华大学经济管理学院协同 12 个院系合作共建，与清华企业家协会和清华科技园建立战略合作伙伴关系。其按照创业学生的需求，搭建了一个面向清华所有院系学生、校友和教师的开放平台，旨在整合校外各种资源，实现校内多学科合作。清华 x-lab 为在校大学生免费提供 515 平方米的创业服务场地，采用“孵化服务 + 创业培训 + 天使投资 + 开放平台”的孵化服务模式，开展项目研讨、导师辅导、团队交流、讲座、沙龙、培训、课程等各类创新创业活动，吸引了超过 200 个创意创业项目。开办清华大学中国创业者训练营，为学生和校友创业者提供投融资、法律、人力资源等培训及资源对接 4000 余人次，组织 3500 余人参加清华大学“校长杯”创新挑战赛，吸引了 250 余个申请项目，其中入驻场地团队 53 个，注册公司项目 52 个，获得投资项目 16 个，幻腾智能家居等一批创业项目商业化进展迅速。

（陈宝德）

【师林孵化器纳入国家级科技企业孵化器管理体系】 3 月 9 日，师林孵化器（北大医疗产业园科技有限公司）被纳入国家科技企业孵化器管理体系。师林孵化器由北大医疗产业园科技有限公司于 2012 年投资设立，以北大医疗产业园为平台，共享软硬件配套、科研资源、产业优势和金融要素等资源，通过“共享空间 + 共享设施 + 共享科研服务 + 共享咨询 + 风险投资”的企业化运行机制，专注于为医疗医药领域小、微、初创期企业提供全方位的专业孵化服务和发展解决方案，帮助其在小空间内集聚大资源，获得快速成长。设有集中孵化场地和特色专业技术平台，提供各类高端实验室、科研配套、产业链资源整合以及新药研发服务。依托方正金融控股集团“金融全牌照”资源，联合国内知名创投基金、商业银行、P2P 金融贷款平台等金融机构，为在孵企业提供多样性的融资服务；建有生物医药科技成果推介平台，为入孵企业提供技术成果交易与推荐服务；配置多领域的医药研发开放实验室，提供分子生物学、细胞培养、微生物培养、化合物表征分析、药物常规检验等服务。

（陈宝德）

【一八九八咖啡馆纳入国家级科技企业孵化器管理体系】3月9日，一八九八咖啡馆［一八九八文化传媒（北京）有限公司］被纳入国家科技企业孵化器管理体系。咖啡馆成立于2013年10月，是由北京大学杰出校友企业家、创业者，依托北京大学校友创业联合会，利用众筹方式创建的校友创业主题咖啡馆，旨在通过整合学校、校友、社会等多方资源，打造校友创业之家，为成长中的创业校友提供服务。其拥有200名联合创始人的资源，在投融资对接、业务合作、创业辅导、宣传推广等方面可为创业校友提供全方位服务；创新众筹模式，解决了社会组织的经费、活动、参与度等问题，吸引了1000余名社会组织的代表、企业家、创业者参与学习；举办海外项目介绍、国际先进技术引进等创业活动300余场，成为国内众筹模式的代表和创业校友聚集地。截至年底，成功孵化邻居佳（北京）汽车技术服务有限责任公司、北京信逸科技有限公司等20家企业，融资金额超过6000万元。

（陈宝德）

【中美企业创新中心纳入国家级科技企业孵化器管理体系】3月9日，中美企业创新中心（北京瀚海华美国际咨询有限公司）被纳入国家科技企业孵化器管理体系。中心成立于2012年9月，是由科技部和北京市政府支持成立的国际化科技创业服务机构。中心在美国硅谷、旧金山设立新一代信息技术孵化平台、生物医药孵化平台，引入美国硅谷Plug&Play孵化器孵化模式，组建国际化创业服务团队，提供各类国际间交流，建立创业投资基金，针对具有行业代表性的国际创业团队提供孵化服务；与国内高新区、开发区及产业园区建立长效合作机制，通过设立中关村硅谷天使创投基金、全球创新培育基金等方式，共同培育海外早期优质项目并回国实现产业化；建立海外招商引智工作站，通过硅谷创业集训营、中美交流考察、美国市场培训、项目并购等为创业企业服务。中心完成项目对接超过500项，项目落地北京6项，外省市15项，成功孵化企业35家。

（陈宝德）

【中欧孵化器国际合作论坛举办】3月17—19日，由汇龙森国际企业孵化（北京）有限公司主办的中欧孵化器国际合作论坛在汇龙森科技园举办。英国SBC（Startup Boots Camp）创业加速器全球总部负责人和中国技术创业协会孵化联盟国际合作委员会的部分核心成员的代表参加。论坛就整合海内外孵化资源、推动深度孵化及创新创业国际化等问题进行交流，并就在中国设立SBC以推动国外优秀项目与中国的合作进行探讨。

（李美惠）

【丰台区科技企业孵化创新联盟成立】3月26日，丰台区科技企业孵化创新联盟成立大会在丰台园科技创业服务中心召开。丰台区政府、丰台园管委会等单位的相关负责人以及联盟成员单位代表等50余人参加。创新联盟由北京瀚海润泽科技企业孵化器有限公司等21家科技企业孵化机构组成。丰台园科技创业服务中心当选理事长单位，中心主任程军任理事长。创新联盟成立后将整合资源、优势互补、联合创新、合作共赢，营造良好的创新环境，完善孵化产业链条，实现各联盟成员之间的信息、平台、服务等资源共享，提升孵化培育能力和管理水平，加强科技企业孵化机构之间的合作，共同推进丰台区众创空间建设，培育更多优秀企业和项目。

（柳　杨）

【21家孵化器通过税收优惠政策审核】6月15日，科技部印发《关于北京奥宇科技企业孵化器有限责任公司等281家国家级科技企业孵化器通过2014年度享受税收优惠政策审核的通知》（国科发火〔2015〕175号）。其中，中关村示范区北京奥宇科技企业孵化器有限责任公司、北京北达燕园科技孵化器有限公司等21家国家级科技企业孵化器通过审核。

（毕欣超）

【以色列Trendlines孵化器落户中技所】6月30日，以色列趋势线孵化器集团（Trendlines）与中国技术交易所有限公司签署合作意向书，落户中国技术交易所国际区域合作集聚区，双方将致力于中外合作型孵化器的建设。Trendlines将集成以色列医疗器械和现代农业方向的国际领先产业人才和技术优势，塑造中以双方区域合作聚集区形象，并逐步面向中国地区的企业、投资人和科技园区征集各类高端合作。（Trendlines是以色列种子期项目投资的领导者，主要投资医疗器械和农业科技领域的初创企业，由Trendlines医疗和Trendlines农业科技两家拥有以色列特许经营牌照的科技企业孵化器和Trendlines Labs孵化实验室组成。）

（韩　冰　刘伟杰）

【望京园5家企业获中小企业促进专项创业类项目资助】7月9日，市科委印发《2015年度北京市科技型中小企业促进专项立项公告》，给予563项创新资金项目进行立项支持，其中创新类项目83项，创业类项目480项。望京科技园内5家企业的项目获专项创业类项目资金支持，包括北京赛普泰克技术有限公司的SEPSOM智能化安全操作管理系统、北京铭光正讯科技有限公司的基于移动终端的指纹及人脸识别身份认证集成系统、北京信久通科技有限公司的电子文档防扩散安全管理系统、北京卓越讯通科技有限公司的手持式高速率以太网 /PTN/OTN 测量仪表、中新宜居（北京）环境科学研究院有限公司的公共场所室内空气质量监测治理设备的智能预警及运行管理系统，各项目分别获 20 万元资助。

（朱文利）

【太库孵化器落户中关村】 8 月 7 日，以“联接”为主题的太库 · 北京孵化器首次开放日举办。太库孵化器将为创业企业提供从公司成立、融资对接、团队扩张，到产品上市、品牌宣传、孵化成功等全流程的服务。太库孵化器有中关村融科中心和鼎好大厦两个基地，占地面积 0.8 公顷。融科中心的孵化项目偏重全球化，鼎好大厦的孵化项目偏重与中国市场相关。北京中电北斗科技有限公司、北京疯景科技有限公司等近 10 家创业团队成为首批入驻太库孵化器的团队。

（杜 玲）

【启迪创业孵化器与 ACCESS 基金会签约】 8 月 24 日，北京启迪创业孵化器有限公司与美国 ACCESS Health International 基金会在京签署合作协议。根据协议，双方将在大健康（养老）领域创业者的招募和培训、企业导师辅导项目、商务战略指导服务、相关路演活动、创业项目孵化以及成熟国际项目引进和中国市场开发方面开展合作。（美国 ACCESS Health International 基金会是一家全球性的非营利智库和咨询集团，专注于在中低收入国家和高收入国家提升人们的就医机会。基金会在印度、新加坡、瑞典等国家，与公共和私人领域的医疗行业机构建立长期的合作关系。）

（康秋红）

【金种子创业谷种子孵化投资项目设立】 9 月 2 日，由北京金种子创业谷科技孵化器中心牵头设立的金种子创业谷“周周投”种子基金成立。项目由北京同创鼎尖投资管理有限公司等 12 家投资机构共同出资，总额 500 万元。项目的成立，旨在解决初创期科技型企业的资金需求，帮助企业进行合理估值和融资规划，投资导师可给企业带来行业信息和产业资源，其主要的作用是调动合作天使投资机构的专业判断能力和资金等资源，为优秀企业的快速发展提供保障。作为种子投资基金，主要用于海淀创业园及创业谷的早期项目，仅占被投项目的 1% 股比。出资人还设立 3000 万元的种子跟投资金，以及总额近 50 亿元的天使基金。

（彭 晨 刘伟杰）

【雷雷伙伴创业空间开放】 9 月 9 日，由雷雷伙伴（北京）科技孵化器有限公司主办的雷雷伙伴创业空间开放仪式暨首次项目路演会在中关村软件园举办。中关村管委会主任郭洪等领导以及北京中关村软件园发展有限公司等单位有关负责人和 10 余家创投机构、数十个创业团队的代表参加。会上，北京融汇易讯网络技术有限公司、北京梦梦大科技有限公司、北京华云智联科技有限公司等 5 家第一批入驻雷雷伙伴创业空间的企业就“股票高手”“图战”“文艺家”“无忧车秘”“借翼点”等创业项目进行路演。雷雷伙伴创业空间旨在为创业企业提供办公场地、商务法务咨询以及对接风投、项目路演等服务，同时也利用自身的资源，为具备一定规模的企业提供投融资咨询、法务合规、上市培训等后期服务，并开通了线上加线下的 O2O 创业服务平台，创投加孵化紧密融合，境内加境外双向创投流通，创业企业与大企业合作，并联合逼格创投众筹平台，推出可转债融资，使创业企业能够在股权和债权之间选择不同的融资方法，开拓新的创业金融服务模式。（“股票高手”是一款具备 100 余万用户的跟随式炒股软件；“图战”是一款 UGC 表情 App；“文艺家”创业团队利用优秀的设计师资源和理念创新，立志打造智能化和定制化的家装模式；“无忧车秘”团队在做汽车养护的 O2O；“借翼点”主要经营熟人社交领域的借贷。）

（张 蕾）

【898 全球极客工厂启动】 9 月 14 日，898 全球极客工厂在京宣布启动。极客工厂位于 898 创新空间，占地面积 15.7 公顷，由中国技术投资贸易（香港）有限公司和 898（北京）投资控股有限公司联合发起建立，采用 O2O 模式运营，线上和线下并行。其功能是三位一体，即成为创业企业的孵化器、成长企业的加速器和领军企业的助推器。极客工厂与北京大学光华管理学院、清华大学、北京航空航天大学等在内的多所知名学府及机构建立深度合作关系，成立极客导师团队。

（徐 建）

【10 家园区获 2015 年创业孵化试点资金支持】 9 月 25 日，市财政局发布《关于中关村现代服务业 2015 年创业孵化试点资金公示的公告》，海淀园、亦庄园、西城园等 10 家园区获批中关村现代服务业 2015 年创业孵化试点园区，并获得支持资金总额 5.67 亿元。

（曾 佳）

【35 家孵化器通过科技部考核】 9 月 29 日，科技部火炬中心印发《关于公布 2014 年度国家级科技企业孵化器考核评价结果的通知》（国科火字〔2015〕182 号）。中关村示范区内北京汉潮大成科技孵化器有限公司等

4家国家级孵化器被评为优秀（A类）、北京北航天汇科技孵化器有限公司等23家国家级孵化器被评为良好（B类）、北京奥宇科技企业孵化器有限责任公司等8家国家级孵化器被评为合格（C类）。

（徐　洋　武　悦）

【硬蛋空间开业】 10月11日，北京硬蛋空间开业仪式在海龙大厦举行。市委常委荀仲文、副市长隋振江，以及海淀区政府等单位的相关负责人参加。硬蛋空间将专注于整个智能硬件的供应链，为创业者提供包括电子方案选择、外观设计、结构设计、组装、器件产品检测认证等服务。硬蛋平台汇聚了7000余个智能硬件创新创业项目及3000余家供应商。在面积500余平方米的展区内，可容纳各式智能硬件产品120余件，产品涉及智能机器人、可穿戴设备、智能家居、供应链产业等八大门类。

（丁　旭　丁冠军）

【共建京津冀"互联网＋金融"孵化基地】 10月23日，在天津市矿产资源交易所2015年会员大会上，大唐电信科技股份有限公司与天津矿产资源交易所就共同建立京津冀"互联网＋金融"创业创新孵化基地签订战略合作协议。基地位于天津东丽区，将主要围绕中小企业发展基金、供应链金融、金融大数据、互联网金融安全、园区金融服务等方面，培育"互联网＋金融"创业创新业务和企业。

（杜　玲）

【新能源环保专场项目分享会举办】 11月12日，由北京望京科技孵化服务有限公司主办的新能源环保专场项目分享会在望京创业园举办。会上，对光威和通能源科技（北京）有限公司的微热管阵列基础技术研发平台项目，北京妙微科技有限公司的智能数据处理终端（IED）项目，北京迅力世达技术有限公司的大规模集成电路、电池技术项目，长春易点科技股份有限公司的半导体照明（LED）应用技术项目，北京飞天中宇新能源环保公司的大气治理项目进行了推介。青域基金、正和岛投资等4家投资机构的专家对企业项目做了点评，有针对性地帮助企业对接投资资源，促进企业间的合作，其中光威和通能源科技（北京）有限公司与北京君和科技有限公司两家相关领域的企业达成合作意向。

（朱文利）

【启迪之星成果孵化论坛举办】 12月6日，在首届中国教育创新成果公益博览会上，北京启迪创业孵化器有限公司举办了启迪之星专场孵化论坛。中国教育创新研究院等单位的负责人，以及企业家、教育专家和企业代表100余人参加。大会从361项参展项目中选取了启思智能学习和评估系统、大树亲子App、中小学生"体育质量提升"工程、"好课程"财商训练课程系列、灵犀选修课教学小组5个不同教育方向的项目进行了路演，展示了不同领域的教育成果。

（康秋红）

【望京创业园5家企业入选金种子企业】 12月21日，中关村管委会公布第五批金种子企业名单。其中，望京创业园北京凌宇智控科技有限公司、贝恩讯普光电科技（北京）有限公司、北京金晟阳光科技有限公司、北京铭光正讯科技有限公司和宜宝科技（北京）有限公司5家企业入选。企业涉及高端装备与通用航空、移动互联网和移动通信、新能源和新能源汽车、集成电路等领域，主要特色产品和技术有低成本高精度三维空间精确定位解决方案，快速无损无放射性矿产品全元素快速检测系统，光伏领域高端设备，乳腺智能监测系统以及便捷安全的指纹识别、脸部识别、虹膜识别产品。企业入选后，可获创业辅导培训、公共政策支持、交流合作、项目推介与融资等服务。

（朱文利）

【望京生命科学孵化器成立】 12月21日，由北京望京新兴产业区综合开发有限公司主办的望京生命科学孵化器成立暨朝阳区科技孵化体系建设工作推进会在望京科技园举行。科技部火炬中心、北京市科委、中关村管委会等单位相关负责人及企业的代表50余人参加。会议介绍了望京生命科学孵化器的成立情况及打造望京生命科学国际创新园的总体方案。根据方案，孵化器要向国际化、业态高端化、产业集群化方向发展，

完善创新生态体系建设，集聚人才、技术、市场、资本等创新要素优势，加快科技成果转化，注重人才培养，探索个性化的服务模式，提供专业化的创业指导和构建精准的孵化平台服务网络。孵化器由北京中关村电子城建设有限公司运营管理，计划引进基因检测、呼吸疾病精准医疗、生物能源、农业生物等领域的项目；建立和提升标准研发实验室系统、公共技术支撑平台

及投融资服务体系。孵化器位于电子城西区B12地块，全部工程分为3期，一期工程7.4万平方米、二期工程3.6万平方米、三期工程7.5万平方米，预计2018年底建设完成，可提供办公面积11万平方米。至年底，北海康成（北京）医药科技有限公司、北京杰华生物技术有限公司、北京前沿嘉禾生物技术有限公司等20余家生物医药、医疗器械领域的中小型孵化企业入驻。

（朱文利）

【中关村软件园孵化器3家企业获金种子企业认定】 12月21日，中关村管委会公布第五批金种子企业名单。其中，中关村软件园孵化器仪通微感（北京）科技有限公司、北京数字绿土科技有限公司、北京嘉合百善科技发展有限公司3家在孵企业获认定。仪通微感公司专注于RFID、传感器等物联网核心技术的研发，结合国内物联网现状，面向石油、化工、煤炭、电力等能源行业，提供基于最新物联网技术的产品、解决方案和专业服务；数字绿土公司致力于国际领先的三维信息技术的研发与应用，提供激光点云数据的获取、管理、分析和应用等一整套解决方案，在地籍测量、三维地形、数字林业、数字电力巡查等方面的优势尤其突出；嘉合百善公司致力于智慧城市、智慧社区、智慧养老项目规划、建设和运营，将创新的解决方案与助老科技产品融合，解决老年人安全、孤独、寻求生活帮助的需求，为专业机构及运营商提供服务和解决方案。

（毕欣超）

【建设中关村虚拟现实孵化器】 12月23日，中国虚拟现实与可视化产业技术创新战略联盟2015年第一届理事会工作会议暨新年论坛StrongVR周年庆在中关村虚拟现实空间（StrongVR）举办，中国工程院院士赵沁平以及全国政协教科文卫体委员会、科技部火炬中心等单位相关负责人参加。StrongVR通过采用垂直筛选、垂直孵化、免费服务、简化流程等模式聚集VR产业，为VR创业者提供一个垂直、高效、贴心的孵化平台，共孵化虚拟现实创业项目42个，涉及教育培训、主题娱乐、游戏开发、建筑可视化等领域，孵化面积从780平方米拓展至近2000平方米，初步形成企业初创、加速、发展的产业生态链。42个孵化项目中有9个获风险投资，其中3个获A轮融资，孵化毕业4个项目，融资总额7500余万元。

（孙燕艳）

【“企业会诊室”系列活动举办】 年内，由北京人大文化科技企业孵化器有限公司主办的“企业会诊室”系列活动共举办3期，每期邀请财务、营销、投资、战略、人力资源、知识产权等不同领域的专家通过线上、线下为企业发展规划进行诊断。利用人大文化科技孵化器自主开发的“中小微企业诊断评价综合服务平台”软件，为在孵企业提供智力支持，针对创新创业的中小微企业的发展需求，实现了线上可视化的初步诊断与线下“多对一”的诊断结合，通过专家组的“望、闻、问、切”，诊断分析企业发展难题与困境，答疑解惑，帮助企业对接资源促进加速成长。

（徐　洋）

【《大学生创业训练》系列课程举办】 年内，由北京人大科技企业孵化器有限公司与中国人民大学主办的《大学生创业训练》系列课程共举办22期，1500余人次参加。课程围绕创业团队组建，从创意到产品、商业模式构建等主题，综合运用社会学、管理学、经济学等学科知识，采取课堂授课、创业讲座、模拟路演、创业沙龙、企业游学、企业实习等形式，突出实践教学和团队学习。由高校教师、政府相关部门负责人、企业高管、创业导师等人员组成教师团队，从创业要素、实施方法等环节入手，引导学生展开学习和实践。通过创业教育系列课程的实施，人大文化科技园建成创业意识引导、创业知识培养、创业技能训练、创业企业孵化的全链条的大学生创业服务体系。

（徐　洋）

【北航孵化器系列创新沙龙举办】 年内，由北京北航天汇科技孵化器有限公司主办的系列创新沙龙共举办6场，累计200余人次参加。沙龙的主要内容包括机器的视觉、可穿戴设备与健康、3D打印打造科技新世界及无人机创新等，涉及人工智能、神经生物学、可穿戴设备、智能家居、养老健康以及无人机技术、产品、行业应用等领域，应用于工业、国防以及民用事业的检测、测量和控制等。与会者就不同领域的交叉融合等话题进行研讨，针对所关注的行业、技术、项目等寻找合作机会。

（翟　彬）

【大学生创业课堂举办】 年内，丰台园科技创业服务中心在“IBI咖啡”众创空间举办了两期大学生创业课堂。创业课堂是纯公益性的社会实践活动，旨在引导大学生掌握创新创业的基本知识和方法，通过学习了解创业常识、组建创业团队、创业计划评估、市场营销的策划和创业项目落地等课程，组织大学生进行创业实践和交流。来自台湾辅仁大学、南京政治学院、首都经济贸易大学、北方工业大学等20余所高校的大学生参加。教学团队由丰台园企业家和科技服务机构的专家组成，与学员面对面互动交流、一对一点评创业项目。

两期活动共计 52 学时，培训大学生 50 余名，37 人获结业证书，其中“简繁服饰”等 5 个大学生创业团队入孵丰台园科创中心早期孵化中心。

（柳　杨）

【大学生创业训练模拟路演系列活动举办】年内，北京人大文化科技企业孵化器有限公司共举办大学生创业训练课程之项目模拟路演系列活动 4 次，校园物品交易平台“来易网”、大学生二手书交易平台“小明的书”、有机农产品“绿野鲜踪”、校园租车平台“大象单车”等 26 个学生创业团队参加。路演项目作为创业课程的一部分，由投资专家为模拟路演项目进行评审，检验课程学习效果，帮助学生创业者了解从创业初期到资本上市阶段的完整过程，提高大学生创新创业能力。

（徐　洋）

【金种子创业谷银企对接会举办】年内，由北京金种子创业谷科技孵化器中心主办的银企对接会在中关村创业大厦共举办 5 场，累计 80 余家企业的代表 100 余人次参加。北京银行与北京中关村科技融资担保有限公司联合推出“普惠保”和“创业保”纯信用贷款产品，介绍了中关村留学人员信用贷款“绿色通道”的申请条件、流程、利息和保费补贴标准等。至年底，北京益生动力生物科技有限公司等 20 家企业符合条件，获 200 万元信用贷款，北京和竑炅源照明技术有限公司申请了 50 万元的“绿色通道”信用贷款。

（彭　晨）

【人大孵化器大学生创业系列培训举办】年内，由中国人民大学文化科技企业孵化器有限公司主办的大学生创业系列培训共举办 26 期，累计大学生创业者、企业代表等 1500 余人次参加。培训由北京聚通达科技有限公司、人民大学商学院等单位的专家担任讲师，主要内容有微信营销实战拆解、打造高效创业团队、创业营销等。利用园区孵化企业和创业导师资源，不拘一格设置创业教育活动，“企业游学”就是其中非常有特色的一种形式，即组织大学生创业者走进园区在孵企业进行游学，了解不同创业阶段的经历，形成一套系统的培训模式。

（徐　洋）

【中关村软件园孵化器企业财税系列培训举办】年内，北京中关村软件园孵化服务有限公司共举办中关村软件园孵化器入园企业财税系列培训 7 期，北京博思廷科技有限公司、北京数字绿土科技有限公司等企业的代表参加，累计 150 余人次。培训的主要内容包括年度汇算清缴相关事宜、新出台企业所得税政策及变化要点分析等，对企业接收政府划入资产的企业所得税处理（接收政府投资的税务处理、接收政府指定用途资产的税务处理、接收政府其他形式无偿划入资产的税务处理）、企业接收股东划入资产的企业所得税处理、固定资产折旧的企业所得税处理等政策进行了解析。

（毕欣超）

【7 家企业获国家级科技企业孵化器认定】年内，北京地区中关村意谷（北京）科技服务有限公司等 7 家企业获 2015 年度国家级科技企业孵化器认定，全部为中关村示范区企业。[2016 年 3 月 23 日，科技部印发《关于公布 2015 年度国家级科技企业孵化器的通知》（国科发火〔2016〕90 号）。]

（武　悦　陈宝德）

创业环境

【1776“挑战杯”全球创业大赛北京赛区比赛举办】1月14日，由Binggo咖啡与美国1776孵化器共同主办的1776“挑战杯”全球创业大赛北京分赛在中关村微软大厦举办。100余家中外创业团队报名参赛，项目涉及教育、健康、能源和智慧城市四大领域。“Fiberead”“Seeder 播种机”“37 健康”“松鼠窝再生设计店”4个创业项目进入北京赛区四强。“Fiberead”是一个致力于帮助作家在海外出版书籍的译本平台，采取平台、作者、译者盈利分成的运作方式；“37 健康”利用云平台等手段从根本上解决绝大部分高血压患者治疗及监护缺失的问题；“Seeder 播种机”是商业建筑的绿色建筑市场平台；“松鼠窝再生设计店”计划将各行各业产生的次品和废料变成有销售价值的产品。

（陈宝德）

【2015贵阳大数据草根创新公开赛启动】3月3日，2015贵阳大数据草根创新公开赛新闻发布会在中关村示范区展示中心举行。来自中关村示范区协会、产业技术联盟及创业投资机构、私募股权基金机构、孵化机构和企业的代表100余人参加。大赛由中关村青年联合会和贵阳市青年联合会主办，分为创意征集和项目应用两个阶段，围绕“大数据倒逼政府改革”“大数据改善民生”两大主题，面向全国范围征集大数据创意设计和应用。大赛共征集项目近1000个，项目涉及智慧医疗、大数据征信系统、大数据治税、互联网金融、社区电商、智慧交通、互联网教育、智能硬件、可穿戴设备等领域。10月24日，决赛在贵阳市举行，fii智能穿戴及健康解决方案等3个项目获一等奖，婴萌配奶机等6个项目获二等奖，易快报等9个项目获三等奖。

（王　征）

【国家电子信息实验中心—通信工程专业实验室揭牌】3月20日，由北京交通大学电子信息工程学院、中兴通讯学院、北京中兴协力超越科技有限公司联合共建的“国家电子信息实验中心—通信工程专业实验室”揭牌仪式在科创大厦举行。来自企业和通信工程专业实验室的代表等近100人参加。电信学院与中兴通讯学院签订联合共建通信工程专业实验室协议。根据协议，中兴公司投入近5000万元的实验设备，其中包括3G/4G、SDH、OTN、PON、PTN、数据&视频会议等企业级设备，通信系统实验平台、无线通信实验平台、光通信实验平台、通信网与交换实验平台、计算机网络平台、信息与网络安全平台等实验教学平台。实验室可承担《通信工程专业综合实验》《通信原理实验》《无线通信基础》等必修课程及《移动通信系统》等限选课程的实验教学和专业实习任务，还可为参与大学生创新创业训练计划的学生提供技术、场地等支持，面向学院师生和社会开放。

（陈宝德）

【第二届黑马运动会举行】4月10—11日，由创业黑马集团主办的第二届黑马运动会在京举行。来自互联网金融、生物医药、智能硬件等领域的创业者、企业家5000余人参加。运动会包括思想竞技和体育竞技两个部分，在体育竞技的同时，创业者通过论坛、讨论、观点交锋等形式进行交流和学习，分享创业经验。创业家杂志社联合行业企业共同打造全链条产业孵化器——“黑马+”云孵化启动。“黑马+”服务于有志于走“生态流”路线的行业领先企业和创业企业，其最大的功能在于专业化发掘、筛选有潜力的初创项目，为大企业进行定向联合培育，推动初创项目快速成长为“生态正规军”。

（陈宝德）

【中国智能硬件蛋年创新大会举办】4月11日，由北京太火红鸟科技有限公司发起，来自硬件圈、媒体圈、投资圈、平台圈等50余家单位联合主办的中国智能硬件蛋年创新大会暨智能硬件挑战吉尼斯征集活动在北京751时尚设计广场举行。来自相关机构及企业的代表1000余人参加。大会评选出“最火爆智能硬件TOP100”，共分智能家居、母婴用品、宠物设备、智能情趣、智能穿戴、汽车周边、美颜瘦身、智能影音、户外休闲、健康周边10个品类，每个品类中投票数前十名即可获选，麦开智能水杯、Picooc智能体脂仪、土曼智能手表、婴萌智能配奶机、The One智能钢琴等产品入选。大会围绕“智能硬件创新”等主题展开演讲和讨论，并举办“智能硬件创业与创新”“未来趋势”两个圆桌论坛，与会代表分享创业故事和创业规划，探讨智能硬件“创业热”“众筹热”“投资热”等现象；

大会还将征集到的几百个智能硬件产品，上千件智能硬件相关图片、音频、信件等封存入时光胶囊。

（杜　玲）

【国内首份天使投资成交规则发布】4月16日，“天使汇创业公开课”第一期在清华大学五道口金融学院举办。天使汇创始人兰宁羽以“教你找回创业的初心”为主题，围绕“（年轻人）为什么要创业？”“如何理解自身，找到自己的创业方向？”“创业中的顿悟”3个方面进行讲解。创业公开课由天使汇和清华大学五道口金融学院共同主办，期望解决创业者如何更好地选择方向、怎样更好更快地达到创业目标及如何更快地融到合适的资金等问题，计划举办20期。天使汇还发布国内首份天使投资成交规则——《中国天使投资成交规则》，为天使投资提供一个透明的操作规范和参考标准，有助于提高创业者话语权、缓解创业者与投资人的信息不对称等问题。根据发布的天使投资成交规则，当投资人表示出投资兴趣，必须确定项目估值、最高认购额，在投资意向书上签字或者通过邮箱、短信等方式发送确认信息，才算锁定了这笔成交。否则，创业者可以自由选择其他的投资团队。此外，规则还对天使投资过程中的当面成交注意事项、责任追溯、避免歧义等方面进行了规定。

（刘伟杰　陈宝德）

【洪泰创新空间成立】4月19日，洪泰创新空间成立仪式暨新闻发布会在京举办。洪泰创新空间是由洪泰基金与SOHO中国有限公司原副总裁王胜江合作打造的国内第一家创业服务运营商品牌，位于朝阳区望京地区，建筑面积近2000平方米，被划分为健身空间、休闲空间、大中小型会面室、聊天室等空间区域，将以创业者为核心，专注于后期技术上的辅导，基于专家团队对初创企业的诊断，提出对创业者的主动管理理念，通过互动式管理，提升创业项目，主动吸引投资人的投资。

（徐　建）

【中国创客3.0发布】4月21日，由北京创客空间主办的创客空间3.0发布会在京举办。北京创客空间提出“中国创客3.0”的概念，即创客与产业/大众相链接，并认为，未来5年，中国创客将以“链接”为特征，上承互联网和各传统产业，下接大众链接，中国也将进入“全民创客”的时代。互联网将通过对于用户和数据的链接带来更多的“模式”创新，“创客”则通过对新技术和算法的连接带动更多的“技术”创新。

（陈宝德）

【北大·清华TMT校友创投联盟成立】4月24日，在“启未来”2015国际青年科技创业大赛启动会上，北大·清华TMT校友创投联盟成立。联盟由北京北大科技园建设开发有限公司和北大TMT校友会、清华校友TMT协会联合发起成立，将面向全球精英创业人才，依托海内外顶尖校友资源、创投资本，以北大科技园公司旗下孵化器及科技园区为载体，打造投资驱动型创业孵化高端服务平台。同时，以人才与资本的力量发挥联盟核心价值，示范引领，保障前行，服务国家科技创新与经济转型。

（王学军　武　悦）

【“YOU+”青年创业社区启动】4月26日，由北京U家创业投资管理有限公司主办的“YOU+”青年创业社区北京苏州桥店启动仪式在京举行。中关村管委会主任郭洪等领导以及海淀区政府等单位的相关负责人和企业代表、创业者100余人参加。“YOU+”青年创业社区北京苏州桥店由U家创业公司出资3000万元建设，是专为创业团队打造的青年社区，位于海淀区苏州桥地区，建筑面积1.2万平方米，公寓约400间，工位近300个，公共面积约4000平方米，其中室内公共面积2000平方米，配置思科网真系统的会议室、路演台以及各种专业办公设备。社区同时配备自助厨房、酒吧、图书馆等生活娱乐设施。“YOU+”社区严格筛选入驻人群，不仅挑选创业团队入驻，同时也会按比例挑选与创业链条相关的配套职业人群入驻，包括法律、金融、投资等领域的专业人员。拟入驻的人员中优秀创业者占65%，创投从业者、媒体从业者、律师、会计师等专业人才占35%。

（陈宝德）

【“校长杯”创新挑战赛决赛举办】5月23日，由清华大学创意创新创业教育平台（x-lab）主办的第二届清华大学“校长杯”创新挑战赛十强决赛在清华大学举办。清华大学相关负责人以及参赛选手、投资机构代表、学生代表等参加。由清华大学生命学院和北京大学物理学院的硕士、博士生组成的“BluePHA生物塑料”项目团队获“佳通”金奖，该项目致力于解决白色污染问题，以国际领先技术制造高性能、低成本的可降解塑料；清华大学水利水电工程系的“佳固士纳米混凝土养护修复一体化技术”项目和清华大学美术学院的“正在关怀——恩启自闭症互联网康复”项目获“潍坊高新区”银奖；“淘氪·湿气智能空气净化器”等7个项目获铜奖；“正在关怀——恩启自闭症互联网康复”项目同时获“社创硅谷”社会创新奖。

（陈宝德）

【“UnicornCamp”独角兽创业营启动】5月31日，由亚杰商会、美国 Plug&Play 孵化器、瀚海智业投资管理集团共同打造的“UnicornCamp”独角兽创业营在京启动。创业营分别以北京中关村和北京三里屯为大本营，面向全球创业者，助推创新项目成长。创业营依托于“五个一”模式，包括寻找一个群体：互联网时代的公民创客，集梦想与冲动于一身；搭建一个平台：互通有无，资源对接的平台，云集投资人、媒体、营销、培训大咖；提供一次机会：为全球的创业者提供展示自己和项目产品的机会；汇聚一个圈层：不分行业、领域、地域，集结全球创业者，打造一个创业者的圈层文化；探索一种模式：互联网创业时代，公益帮扶全球的创业者对接所需要的资源。创业营第一期同时开营。首次参与项目路演的创业者分别来自美国、俄罗斯、西班牙、以色列、德国等 10 余个国家，共 20 余个项目。

（陈宝德）

【中关村创业大街周年庆典活动举办】 6 月 12—18 日，由北京海置科创科技服务有限公司主办的中关村创业

大街周年庆典活动在京举办。海淀区政府等单位的相关负责人以及海置创投、36 氪、红杉资本等 14 家创投机构和创业企业的代表参加。活动以“创·变”为主题，旨在宣传创业大街“创业创新聚集区”“不断迭代的创业服务”的理念。第二届创业季启动仪式同时举行。活动采用主题日的方式，按创业服务集市、招聘日、孵化日、培训日、交流日、媒体日和投融资日等依次举行，活动主题包括分享融资经验、电商行业项目路演、产业移动医疗主题沙龙、股权架构培训等。活动期间，中关村创业大街改建的 11 号楼开始启用，建筑面积 9000 余平方米。

（陈宝德）

【“天使汇 + 众创空间”合作产品发布】 8 月 18 日，由天使汇主办的“互联网 + 天使汇 + 众创空间”创新平台发布仪式在中关村创业大街举行。科技部火炬中心、市科委、中关村管委会等单位的相关负责人以及全国众创空间、创业服务机构的代表近 100 人参加。天使汇联合超过 13 万创业者、2500 位投资人、200 余家众创空间共同打造的“天使汇 + 众创空间”合作产品——天使汇平台上的众创空间板块发布。在板块上，创业者可以看到众创空间信息，方便创业者选择落地地址。与会代表共同探讨如何在新形势下，基于“互联网 +”概念建设资源共享平台。100X 加速器等孵化器入驻创新平台。

（陈宝德）

【49 家单位获创新创业服务机构建设资金支持】 8 月 25 日，市科委印发《公示 2015 年创新创业服务机构建设促进专项拟支持名单的通知》（京科发〔2015〕408 号）。其中，中关村示范区北京中关村软件园孵化服务有限公司等 27 家科技企业孵化器，华北电力大学国家大学科技园等 6 家大学科技园以及北京创业未来传媒技术有限公司等 16 家众创空间等新型创业服务机构分别获专项资金支持 50 万元。资金用于支持科技园运营机制的创新、科技成果转化、促进校企合作及服务大学生创业等相关活动。

（姜笑笑　武　悦）

【中关村 100 企业家俱乐部全体理事会召开】 8 月 25 日，中关村 100 企业家俱乐部全体理事会在京举行。中关村管委会等单位有关负责人及尹卫东、孙育宁、许强等俱乐部理事、代表参加。会议总结了 2014—2015 年度俱乐部工作，讨论了 2016 年度俱乐部重点工作，提出丰富活动形式、抱团打市场、成立产业基金等工作重点和方向，推选北京拉卡拉网络技术有限公司董事长孙陶然为俱乐部第六任执行理事长。

（高晓莉　陈宝德）

【中关村国际创业节暨盛景全球创新大奖总决赛举办】 8 月 25—26 日，由盛景网联集团主办的中关村国际创业节暨盛景全球创新大奖总决赛在清华大学举办。市委副秘书长郭广生、中关村管委会主任郭洪等领导以及亦庄国投等单位的相关负责人及创业者代表等 1000

余人参加。大赛以“创新、资本、国际化”为主题，致力于共建全球创新生态系统。比赛于1月8日在京启动，分中国、美国、以色列、欧洲拉美四大赛区同步进行，全球3000余家创新创业企业参赛，胜出的21强入围北京总决赛。最终，来自全球的10个优秀项目获胜，其中以色列的医疗技术企业DiaCardio公司的“超声波心动图自动化工具”项目获第一名。

（陈宝德　翟　彬）

【第四届智慧北京大赛举办】8—12月，由中关村物联网产业联盟、北京软件和信息服务交易所有限公司等单位共同主办的第四届智慧北京大赛在京举办。大赛历时近4个月，聚焦于智慧北京建设中的民生服务、创新创业等领域，经过项目申报、分赛路演、专家评审等环节，评选出10个优秀解决方案和10个优秀示范应用奖，同时选送6个优秀项目进入2015“互联网+”创新创业邀请赛决赛。决赛中，北京七鑫易维科技有限公司的“aSee眼控仪”项目获一等奖；北京中网易企秀有限公司的“易企秀”、新华瑞德（北京）网络科技有限公司的“智慧超市”两个项目获二等奖；北京水木九天科技有限公司的“水木蔬菜工厂”、工控网（北京）信息技术股份有限公司的“工控速派”、北京联合普肯工程技术股份有限公司的“Hazop智能分析软件”3个项目获三等奖。同时，联盟成员单位绿小锄农业科技（北京）有限公司的“绿小锄智能硬件”、北京嘉合百善科技发展有限公司的“爱爸妈随时亲智慧养老”项目获创新奖。

（张　静）

【11个项目入围北京市优秀创业项目】9月15日，在2015年北京市优秀项目遴选结果通报会暨创业融资指导会上，市人力社保局公布通过遴选的24个创业项目的名单，中关村示范区企业的11个项目入围。其中，美通云动（北京）科技有限公司的“云适配”、北京悟波智联科技有限公司的“开放手术摄录系统设备”两个项目为引领项目，九州华兴集成电路设计（北京）有限公司的“高性能椭圆曲线密码芯片”、速感科技（北京）有限公司的机器人/无人机操作系统（平台）两个项目为重点项目，中关村软件园孵化器企业北京金景科技有限公司的“超便携式移动平台激光雷达”等7家企业的项目为成长项目。

（毕欣超　刘伟杰）

【中关村合众天使投资联盟成立】9月15日，中关村合众天使投资联盟筹备成立大会在中关村发展集团股份有限公司举行。北京中关村科技创业金融服务集团有限公司等单位的相关负责人参加。联盟由中科金集团、北京中关村科技融资担保有限公司、天使成长营等天使投资机构、创投机构、担保机构、创业服务机构组成，会员超过150家。会上，中科金集团总经理李妍当选联盟主席。联盟理念是创新、开放、诚信、分享，宗旨是代表行业声音，服务天使群体，打造行业生态，将以产品化服务助推行业发展，形成的产品包括天使研究、天使投贷联动、天使国际化、天使培训、天使合投、天使服务等。（11月11日，联盟在市民政局登记注册领取执照。）

（陈宝德）

【中关村创业大街智能硬件节举行】9月15—16日，由中关村创业大街、中电网主办的中关村创业大街智能硬件节在京举行。活动旨在搭建智能硬件服务机构、创客、创业团队的展示交流平台，促进智能硬件行业

相关资源的整合和匹配。来自北京和全国各地的硬件工程师、电子创业者和参观者4000余人次参加。20余家参展单位展示了智能家居、智能制造、智能环境、智能交通、智能医疗、创客教育等领域的产品和服务项目。思卡尔半导体（中国）有限公司在大篷车中演示了智能硬件的核心控制芯片和多种IOT产品。

（陈宝德）

【第二期“点燃”创新培训项目举办】9—11月，斯坦福大学商学院第二期“点燃”创新培训项目在北京大学斯坦福中心举办，60名中外高层次学员参加，其中包括美国、加拿大、印度等国家的学员6人。项目由斯坦福商学院MBA课程的教授授课，同时融入来自斯坦福大学和美国硅谷的创新文化和实践经验，并邀请中国企业高管、投资人、法律专家以及其他参与者作为客座讲师和项目导师，为项目小组提供实践反馈。至年底，“点燃”学员中有10人启动创业，其中包括两名外籍创业者。

（殷　茵）

【互联网金融加速器成立】10月6日，由启迪环球网

络（TGN）等单位发起的互联网金融加速器项目——互联网金融加速器（Super Charger）在香港成立。加速器实行开放性报名，项目期间，可利用其在不同领域的专长为互联网金融公司找到最佳的商业伙伴，设计相关实用型课程，在市场进入、行业法规和合资企业机会等方面帮助企业建立、疏导和提出建议。企业家可以享用加速器的导师和合资企业网络资源，辅助机构网络资源可以满足互联网金融初创企业的一切需求。（项目将于 2016 年 1 月 11 日开始运行，4 月 8 日结束。）

（康秋红）

【中关村智能制造创新中心启动】10 月 11 日，由北京中发时代科技发展有限责任公司主办的中关村智能制造创新中心启动仪式在新中发电子市场举行。中心位

于新中发电子大厦，面积 3000 余平方米，分为智能硬件解决方案平台、智能硬件敏捷制造平台、智能产品展示平台、创客工程师交流平台、元器件展示平台五大板块，可提供多样化解决方案，汇聚优质品牌元器件制造商、供应链厂商，打通产业链上下游资讯和协作瓶颈，降低资源获取成本，加快创新创造资源要素的产业流动，从而形成智能制造产业孵化生态系统。中心覆盖电子元器件、智能硬件解决方案、敏捷制造、科技人才、加工生产、风险投资、知识产权、市场营销、媒体宣传、创业孵化等智能制造相关各个领域，综合“智能智造展示中心”“智能智造综合服务平台”两大功能，弥补了传统孵化器在供应链方面的缺陷。

（王　涛　丁　旭）

【2015 中关村全球创业大会召开】10 月 11 日，由中关村创业季组委会和清控科创控股股份有限公司主办的 2015 中关村全球创业大会在京召开。大会以“New”为主题。科技部火炬中心、中关村管委会、海淀区政府等单位相关负责人以及来自美国、西班牙、法国等海外创业者和国内创业家的代表等参加。会议以“创业与未来”“基于互联网的创新与创业机会”为主题进行演讲及对话，探讨全球创新创业的未来发展。

（徐　建）

【北京中关村大街资产运营管理公司成立】10 月 11 日，在中关村创新创业季（2015）开幕式上，启迪控股股份有限公司、中关村发展集团股份有限公司、北京海淀置业集团有限公司签署战略协议，成立北京中关村大街资产运营管理公司。公司由三方共同出资，根据《中关村大街发展规划》，进行中关村大街改造项目具体实施工作，致力把中关村创业大街建成一个创业要素密切关联、有机作用、系统协调的中关村创业生态系统。公司建成后，将制定中关村大街的空间规划、产业发展规划，设立大街建设节点，启动一批主题楼宇的业态调整工作，初步提升中关村大街的新形态；运用市场化手段，发挥国有资本引领放大作用，加强部分大院、低效用地等存量空间的改造，推动创新创业功能向沿街纵深辐射，形成一批创新创业、科技金融等新型业态和要素资源的集聚区。

（李贺英）

【“创享 +”2015 加速计划开营】10 月 14 日，由北京北达燕园科技孵化器有限公司、水木清华校友基金、北航臻迪夸克空间主办的创业培训辅导项目“创享 +”2015 加速计划开营仪式在北京航空航天大学举行。来自清华大学、北京大学、北京航空航天大学的 33 支创业团队 90 余人参加。计划是在北大孵化器、水木清华校友基金、北航臻迪夸克空间联合开展的早期创业服务项目基础上推出的，旨在扶持在校生和年轻校友创业项目起步，配套创业导师，提供全方位的创业加速服务。培训课程包括初创企业战略及产品策略、创业初期如何规避法律风险、商业模式及盈利模式规划

等，以及初创期的团队建设、企业财务台账的建立和商业计划书等实践内容。创业投资服务包括提供创投导师一对一辅导、投融资对接和办公场所等。

（王学军）

【智能硬件论坛暨全球 App 开发创意争霸赛举办】10 月

16日，由中关村创新创业季组委会和美国国际数据集团（IDG）主办的2015年智能硬件论坛暨全球App开发创意争霸赛在中关村软件园举办。工业和信息化部等单位有关负责人及相关企业的代表等参加。大会针对智能硬件的发展方向、产品功能、移动互联网时代的智能硬件与传统行业的交汇等议题进行探讨和交流。大会还举办2015全球App开发创意争霸赛北京站比赛，10个项目进行了路演，项目涵盖了生活服务、视听影音、社交、实用工具等领域，宝护圈、控糖卫士、众聘达人3个App作品获比赛的前三名，进入争霸赛决赛。

（刘伟杰）

【“网上会客厅”上线】10月19日，在2015年首届全国大众创业万众创新活动周启动仪式上，中关村创新创业服务平台“网上会客厅”（www.wezgc.com）上线。平台由中关村管委会组织建设，神州数码控股有限公司投资实施，并联合众多服务机构共同打造，是国内首个专门服务于创新创业的开放共享众服平台，以创新创业主体为中心，将政府公共服务和社会专业服务聚合为创业服务、企业服务、政策服务和协同创新4个服务频道。创业服务围绕创业的生命周期，为创业者与初创公司提供找人、研发、注册、找地、天使、市场、创投、政策8个环节的主题服务。企业服务围绕企业的发展需求，融合创新创业要素，为企业提供政策、银行、股权、专利、研发、人才、咨询、园区等8项主题融合服务。政策服务则为企业提供中关村示范区及各分园、北京市、国家部委等政策的解读、宣传贯彻、推送服务以及相应项目的在线申报服务，打造24小时“网上政府”。协同创新则依托中关村创新创业要素，通过社交广场、思想广场、活动广场、单位广场、圈子广场、人脉广场构建以企业为主体，政府引导、学研输出、金融助力、中介服务的融合协同的创新文化生态，打造“互联网+”协同创新新模式。“网上会客厅”是创业会客厅的网上“升级版”，采用“政府引导、企业建设、市场化运营”的模式，平台的接口对外开放，服务机构都可接入，可将社会化专业化的服务机构、政务服务和创业者、企业连接在一起，其目的是聚集全球的服务资源，为全国创新创业服务。通过“网上会客厅”，中关村示范区“一区十六园”的多项创新创业服务，可实现全流程一站式网上办理，创业者只需要以法人身份注册、登录唯一身份账号，即可通过网页和移动终端轻松“拎包入住”，享受“零成本、管家式”的定制化创业服务。

（刘伟杰　邓立众）

【“双创周”中关村创业大街分会场活动举办】10月19—23日，由全国大众创业万众创新活动周组委会和北京市政府主办的2015年全国大众创业万众创新活动周中关村创业大街分会场活动举办。中关村创业大街分会场活动同时是“中关村创新创业季（2015）”系列主题活动的一部分。活动期间，中关村创业大街分会场分别举办创新集市、极客挑战赛、智能硬件节等30余场创新创业活动，共有100余家机构参与。其中，创新集市汇聚50余家国内外优质创新创业服务机构，分设创业孵化、创业投资、创业媒体、创业培训、创业政策和创业综合服务6个展示区，为创业者和创业服务机构搭建直接交流互动的平台；极客挑战赛包括“挑战48小时”软件赛、“挑战72小时”硬件赛、K–12少年创客创意马拉松3个活动；智能硬件节全方位展示智能硬件服务机构、优秀企业、创业团队以及创客们的智能硬件产品；Demo the World全球创新路演面向全球招募智能硬件、清洁能源和环保、互联网和移动互联网相关行业创新创业项目同台路演。同时还举办全球创新创业峰会、TGN（启迪环球网络）Talks国际项目路演会、中国字沙龙、爱油画·艺术沙龙等10余项活动，通过主题分享、沙龙交流、新品发布、专题讲座等形式，分享国际创业资讯，提供创业资源对接，打造创新创业生态圈。

（陈宝德）

【“双创”交流汇——奔跑吧创客活动举办】10月20日，由全国大众创业万众创新活动周组委会主办的“双创”交流汇——奔跑吧创客活动在中关村示范区展示中心举办。来自创业创新领域的专家学者、投资人、创客及高校学生的代表等400余人参加。活动围绕“创业创新，拥抱梦想”主题，探讨了对创业创新政策的理解、投资孵化新模式的开发和以市场需求为导向的创业趋势等话题，并就如何发掘、定位最适合自己的创业创新方向，如何克服创业过程中的困难和挑战，如何发挥、调动更多的企业和民间力量、资本，如何支持“大众创业、万众创新”等话题进行讨论与交流。

（陈宝德）

【“众创杯”中国北京创新创业大赛举办】10月20日，由北京经济技术开发区科技局主办、汇龙森国际企业孵化（北京）有限公司等承办的首届“众创杯”中国北京创新创业大赛暨北京亦庄第一届创新创业大赛颁奖仪式在亦庄园举行。36个团队参加决赛，项目涵盖电子信息、智能制造、生物医药、物联网等领域。华油阳光（北京）科技股份有限公司的“水平井实时地质导向技术”及三石量子科技有限公司的“基于云计算及计算机视觉技术的智能视频分析系统”获一等奖、北京金景科技有限公司等4家企业获二等奖、北京赛欧兰阻燃纤维有限公司等6家企业获三等奖。（大赛于6月18日启动，500余个项目报名参赛。）

（李美惠　武　悦）

【中关村创客汇主题科普活动举办】10月20日，由中关村管委会、市科委主办的中关村创客汇主题科普活动在中关村示范区展示中心举办。活动分为“大学生创业”“移动医疗”“智能硬件”3个专场，以项目路演的方式，展示了来自清华x-lab、硬蛋网等创客空间和创业平台的14个项目，包括桌面级的空气监测净化仪器、智慧动力系统的电单车、柔性晶硅技术太阳能充电宝等智能硬件产品，涉及移动医疗、可穿戴设备应用、工业设计等领域。

（刘伟杰）

【第二届硬蛋i未来硬件大赛——北京站举办】10月21日，第二届硬蛋i未来硬件大赛——北京中关村创业大街站在京举办。13支队伍参赛，展示了水下机器人、魅宅智能家居超级App、we系列无线充电设备、塞宾智能听诊器等智能硬件产品。最终，“懒客”智能炒菜机获大赛冠军，宝护圈和Coolpeds行李箱电动代步车分获第二、第三名。

（陈宝德　刘伟杰）

【Demo the World全球创新路演举行】10月22—23日，由中关村创新创业季组委会等单位主办的Demo the World全球创新路演在中关村创业大街举行。海淀区政府、海淀园管委会等单位有关负责人以及来自创业服务机构、投融资机构的代表等参加。来自澳大利亚、意大利、韩国等8个国家的15个海外项目进行路演，项目涉及智能硬件、清洁能源和环保、互联网和移动互联网等领域。韩国BBB的基于安卓操作系统的移动验血装置Elemark、美国GAGO的环境大数据智能云平台、韩国Flitto的翻译通3个创业团队获“优胜团队奖”。

（刘伟杰）

【北京高等学校“高精尖”创新中心建设计划启动】10月23日，在北京高等学校“高精尖”创新中心建设计划启动大会上，市教委公布首批13个高校“高精尖”创新中心名单，其中10个在中关村示范区内。“高精尖”计划将建设20个左右的“高精尖”中心，实施50个左右的“高精尖”项目，产出一批有影响力的成果，解决重大科学问题、产业发展问题，造就一批杰出人才，打造在国内外具有重大影响的科技创新和人才培养基地、高校科技特区和人才特区。同时，市财政对“高精尖”中心按照项目建设周期给予支持，5年为一周期，每年给予每中心5000万～1亿元的经费投入，其中不低于70%经费用于整合国内外创新人才。

序号	牵头学校	中心名称
1	北京大学	工程科学与新兴技术高精尖创新中心
2	中国人民大学	北京高校思想政治理论课高精尖创新中心
3	清华大学	未来芯片技术高精尖创新中心
4	清华大学	结构生物学高精尖创新中心
5	北京航空航天大学	大数据科学与脑机智能高精尖创新中心
6	北京理工大学	智能机器人与系统高精尖创新中心
7	北京化工大学	软物质科学与工程高精尖创新中心
8	中国农业大学	食品营养与人类健康高精尖创新中心
9	北京师范大学	未来教育高精尖创新中心
10	首都师范大学	成像技术高精尖创新中心

（陈宝德）

【中国最值得关注的创业孵化器榜单发布】11月1日，由创业邦主办的2015年度中国最值得关注的创业孵化器评选榜单发布，北大孵化器、创客总部等10家孵化器入选。评选活动旨在为创业者和投资者提供一份关于孵化器新生态的参考指南，对孵化器的知名度、创业服务能力、资源整合能力、合作伙伴关系、投资者和创业者反馈、空间规模和投资孵化规模等指标进行综合考察与整合，打造融商、融智、融资的互联网平台，实现创业孵化服务的精准对接。北大孵化器利用“以人为本创业服务”“以创新要素为主技术服务”的核心平台，着力打造创新型孵化器，创立“创启未来”服务品牌，开发国际青年科技创业大赛、北大创业孵化营、企业百家行、创业大学堂等系列服务产品，凸显创新创业服务特色。

（王学军）

【中关村国际创客中心启动】11月8日，由创业公社主办的中关村国际创客中心启动暨签约仪式在中关村核心区举行。海淀区政府、中国生产力促进中心协会等单位的相关负责人参加。中关村国际创客中心由创业公社与光耀东方联合运营，位于中关村核心区，其前身是中关村广场购物中心，将打造国际TMT（科技、媒体、通信等领域）发布中心、领军企业率领的独角兽孵化中心、国际创业金融服务中心以及国际创业教育中心。会上，中国生产力促进中心协会授予中关村国际创客中心“中国生产力众创空间”“中国生产力学院（中关村）”牌匾。创业公社还分别与中国生产力促

进中心协会、首钢实业、筑福集团、创客总部等单位签署战略合作协议。

（刘伟杰　陈宝德）

【20家企业入选2015福布斯中国成长最快科技公司】 11月11日，福布斯中文网发布“2015福布斯中国成长最快科技公司”榜单，50家企业入选。其中，中关村示范区的北京小桔科技有限公司、北京口袋时尚科技有限公司、北京三快有限公司等20家企业入选，主要集中于泛TMT领域，包括但不限于硬件制造、互联网金融、电子商务、在线教育、O2O等领域。榜单由福布斯中文网针对在2014年1月1日至2015年8月31日间获得风险投资的中国科技企业，基于其创立时间、至最新一轮融资时长、融资金额等指标进行复合加权计算得出。

（杜　玲）

【第四届大学生科技创新作品与专利成果展示会举办】 12月5—6日，由市知识产权、市科协、中关村管委会等7家单位主办的2015第四届大学生科技创新作品与专利成果展示推介会在北京电子科技职业学院（亦庄校区）举办。活动以“青春·梦想创业·创新”为主题，高校师生代表及相关企业的代表等1000余人参加。推介会展示了京津冀三地54所高校的601项大学生科技创新成果，其中专利成果119件、科技创新作品194件、创业计划书47件、优秀论文139件、文化创意作品102件。北京科技大学、北京电子科技职业学院两所高校的3个科研项目与相关企业签订合作意向书。首都师范大学的“基于功能化碳纳米材料建立检测环境雌激素双酚A的电化学传感器”、北京科技大学的“纳米纤维强化水凝胶人工仿生半月板的制备与检测”等10项成果获创新金奖。推介会还举办了“创新大讲堂”“创新对对碰——创新金奖推介”“人才新干线”等主题活动。

（潘　丹　张慧秋）

【2015黑马社群大会召开】 12月8—9日，由创业黑马集团主办的2015黑马社群大会在京召开。来自全国各地的2000余名创业者与投资人参加。会议通过邀请国内知名投资人发表主题演讲、开办创投学堂、特设“红牛纸牌屋”开展实战等形式，为创业者提供沟通学习和展示优秀项目的平台，并方便投资者挑选创业黑马。最终，北京宜花科技有限公司创始人荣超、四川壹玖壹玖酒类供应链管理股份有限公司（1919酒业）创始人杨陵江等获2015年“十佳黑马”奖。会上还发布2015年十大创业家、2015年十大新锐投资机构榜单，公布了黑马社群融资数据。至年底，黑马社群融资835项，总额609.63亿元；33家企业在新三板或上海股权托管交易中心挂牌；14家企业被BAT等知名企业并购。创业黑马社群推出“社群金融”概念，成为立足中关村示范区的国内创业者社群组织。

（陈宝德　刘伟杰）

【中关村创业书会成立】 12月10日，由中关村科技园区海淀园创业服务中心、北京金种子创业谷科技孵化器中心主办的中关村创业书会发布会在中关村创业大厦举行。会上宣布中关村创业书会成立。北京志光伯元科技有限公司董事长马兆远博士任首届会长。创业书会以海淀创业园“五站合一”工作站“职工书屋”为载体，主要为中关村青年创业者提供图书推荐、图书借阅、下午茶、免费咖啡和读书分享活动；同时依托线上智能平台，精选出针对性强、质量高的优质图书，形成系列书单，为中关村青年创业者定制管理、创意、技术、心理学等全方位的专业阅读计划，打造“创业阅读体系”，帮助中关村青年创业者更高效地建立合理的知识结构。

（彭　晨）

【5家单位入选第四批北京市小企业创业基地】 12月17日，市经济信息化委印发《关于公布第四批北京市小企业创业基地认定名单的通知》（京经信委发〔2015〕59号），授予北京海淀置业集团有限公司等5家单位“北京市小企业创业基地”称号，均在中关村示范区范围内。《通知》要求经认定的创业基地要在现有基础上，不断完善基础设施和配套服务，主动开展公益性服务，为小型微型企业创业提供良好的孵化空间和服务场所，在满足小型微型企业创业、创新、发展、壮大等需求方面做好服务工作。市经济信息化委对创业基地实行动态管理，每两年复核一次，对合格的予以确认，对不合格的予以撤销。

（陈宝德）

【清华大学青年创业实践基地挂牌】 12月23日，由清华大学、同方股份有限公司主办的清华大学青年创业实践基地挂牌仪式暨清华大学生"双创"工作汇报会在清华同方孵化器举行。合作双方的相关负责人以及学生代表参加。建立实践基地旨在以清华"创+"和"清华同方孵化器"为主体，以实施"同方卓创计划"为契机，实现科技、产业与前沿学术成果等方面的分享与对接，建立全新的大学生创业服务机制，推动形成完整的良性孵化生态链。清华同方孵化器将作为清华大学青年创业实践基地，为大学生提供校外的成长环境和实践的机会，与企业进行有效对接。（清华"创+"是由清华大学发起的，致力于帮助高校学生和青年创业的教育与服务平台。"同方卓创计划"是清华同方孵化器于2015年8月发起的，主要对接高校精英群体的创业孵育计划。）

（康秋红）

【联想之星创业CEO特训班举办】年内，联想之星创业CEO特训班第七期分别举办了春季班和秋季班。168名学员来自节能环保、新一代信息技术、生物技术、高端装备制造、新能源、新材料、新能源汽车等行业。特训班分为核心课程、运营管理课程、扩展课程三大板块，包括总裁是怎样炼成的、班子建设与用人识人、商业模式和企业运营、企业建设中的法律问题等内容。特训班为学员提供创业培训、创业资源导入。经过孵化，学员企业中有45家完成后续融资，金额超过30亿元。

（陈宝德）

【天使成长营举办】年内，由中关村天使投资协会、北京中关村科技创业金融服务集团有限公司主办的天使成长营第一期结业，37位学员通过6次基础理论知识课程培训，主要包括投资决策、投资技能和投资实践三大模块。学习期间，新设由学员发起或主要管理的天使共赢、天使成长等基金10支，成立投资+孵化的IC加速器、清创空间等众创空间6个；集体合投或小范围合投项目如合投超级表格、蛋解创业等10余个；管理基金投资项目近100个；班委发起成立班级天使基金，37位学员中有33位参与出资，投资项目21个，其中鲜漫动漫、星站TV等3个项目融资到下一轮。天使成长营第二期、第三期开营，两期学员共95人，分为成功企业家、互联网企业高管、行业专家三大类，涉及互联网、节能环保、生物医药、新能源、新材料等领域，培训内容包括投资决策、投资技能和投资实践三大模块，其中有基础理论知识、投资实战等课程。

（陈宝德）

【中关村100企业家俱乐部做强做大闭门研讨会举办】年内，中关村100企业家俱乐部共举办蓝色光标专场、赛伯乐专场、广联达专场3场企业做强做大闭门研讨会。中关村管委会等单位有关负责人以及中关村100企业家俱乐部理事、代表65人次参会。与会企业家们分别围绕并购、运用资本力量建设企业自身生态系统、产业链垂直深入发展、众包众筹方式有效整合各类资源、依托生态布局培育企业成长，以及员工持股、合伙人机制等话题进行了研讨并提出建议。

（高晓莉　陈宝德）

【中关村创业大街校园宣讲会举办】年内，由北京海淀置业集团有限公司主办的以"创未来　正青春"为主题的中关村创业大街街区创业小伙伴联合校园宣讲活动共举办两期，15家创业服务机构和100余家创业企业参与。活动在清华大学、北京大学、中国人民大学、北京交通大学、南开大学、河北经贸大学等20余所高校举办29场校园创业宣讲会，录用全职及实习生100余人；招募街区创业志愿者46名，其中来自清华大学、北京大学、中国人民大学、台湾大学等全国高校学生25名。

（陈宝德）

知识产权与标准化

Intellectual Property and Standardization

本栏目设有专利、商标与版权、知识产权管理、标准化4个分栏目，以条目体形式记述中关村国家自主创新示范区在加强知识产权保护和管理方面采取的举措和取得的成效，中关村示范区范围内的单位在参与国际标准、国家标准、行业标准和北京市标准的制定方面取得的成效，以及在推广实施标准方面所开展的主要活动和取得的成效等。

综　述

2015年，中关村示范区技术创新能力体系工作稳步推进。中关村国家知识产权服务业集聚发展试验区建设工作成效显著，形成独具特色的中关村模式，并通过知识产权局验收，成为全国首批国家知识产权服务业集聚发展示范区。

市知识产权局和中关村管委会联合印发《2015年中关村知识产权工作要点》，提出6个方面24项具体举措。中关村示范区各项知识产权先行先试工作成效显著。认定和表彰了北大方正集团有限公司等48家第二批中关村知识产权领军企业和重点示范企业；推出中关村知识产权大讲堂系列活动，讲授“大众创业、万众创新”新形势下企业知识产权保护和风险规避的相关策略与经验；支持中关村知识产权领军企业和重点示范企业开展知识产权战略制定、数据挖掘、信息检索分析、专利预警及知识产权运营等知识产权高端运用工作；北汽福田汽车股份有限公司等19家首批中关村知识产权领军企业和重点示范企业获支持资金共计776.82万元。专利审查员实践基地活动持续开展，2015年共组织来自知识产权局专利局电学部、机械部、化学部等9个审查部门、86名审查员进驻30家中关村示范区企业提供零距离服务，成为全国审查员实践基地中的标杆。加大对企业知识产权工作的支持力度，对549家企业的7017件国内外发明专利授权项目、9家专利代理机构的44件发明专利授权“零突破”服务项目以及24家企业的33件中国专利奖项目给予总计6106.08万元的资金支持。知识产权服务业进一步集聚化、高端化发展，中关村专利代理机构和职业代理人占到北京市的六成、全国的二成，中关村18家机构被评为企业类国家知识产权服务品牌机构，占全国的20%，吸引聚集知果果、标天下等互联网知识产权专业服务平台以及技E网、创驿科技等科技成果转化平台在中关村示范区落地。北京安天电子设备有限公司等51家企业通过2015年度中关村专利保险试点单位遴选。北京新型抗生素知识产权联盟成员单位签署北京市首个专利池——新一代抗生素专利池的构建及战略合作协议。中关村示范区企业专利指标再创新高，年度专利申请量6.06万件，首次突破6万件，同比增长38.4%；年度专利授权3.5万件，同比增长52.2%；年度PCT申请3357件，占北京市的74.7%。截至年底，中关村示范区企业拥有有效发明专利48396件，占北京市企业同期有效发明专利量的64.9%。京东方科技集团股份有限公司等4家企业跻身2015年全国PCT专利申请量前十和2015年全国企业发明专利申请量前十榜单。3项成果获第十七届中国专利奖金奖。

2015年，国家技术标准创新基地（中关村）的筹建工作通过国家标准委组织的专家验收，中关村示范区成为中国首家国家技术标准创新基地。争取国家标准委支持中关村示范区企业承担或参与国家科技计划中的标准化研究任务、支持符合条件的中关村社会团体承担团体标准试点工作，更多企业参与重点行业标准的创制。调整优化中关村标准资助方向，修订并发布《中关村国家自主创新示范区技术创新能力建设专项资金管理办法》，增加对标准示范单位开展标准前瞻布局研究和示范推广以及获中国标准创新贡献奖的示范区单位给予支持，160家企业和产业联盟的516个技术标准项目获资金支持，同比分别增长37.9%和67.5%。TD产业联盟等7家产业联盟成为国家标准委第一批团体标准试点单位。由北京天地互连信息技术有限公司主导的IEEE 1888标准发布，成为全球能源互联网产业首个ISO/IEC国际标准；由北京东华原医疗设备有限责任公司组织制定的《中药煎药机》发布，成为中医诊疗设备领域的第二个国际标准。推进标准化示范试点工作，邀请标准化专家走进企业进行培训，培养一批标准化人才。加强标准创制国际交流，美国电气电子工程师学会标准协会、美国ANSI标准学会等国外组织相继来访中关村示范区。年内，中关村示范区企业和联盟共创制标准58项，包括国际标准10项、国家标准30项、行业标准3项、地方标准15项。

中关村管委会联合市工商局等单位成立中关村商标品牌众扶小组，支持中关村示范区企业品牌创建工作。百度在线网络技术（北京）有限公司等3家企业获中国商标金奖。2015年，中关村示范区新增中国驰名商标3件，北京市著名商标114件。

（钟锌章　潘　丹）

专 利

【“非易失存储器的擦除电压产生电路及方法”获发明专利授权】 1月7日，由北京兆易创新科技股份有限公司舒清明等人完成的“非易失存储器的擦除电压产生电路及方法”获知识产权局发明专利授权（ZL201210082713.8）。非易失存储器的擦除电压产生电路包括：模数转换单元，用于监测电源电压，并将所述电源电压按预设规则转换为对应的逻辑控制信号；逻辑控制单元，用于在所述逻辑控制信号发生变化时，获取电源电压的变化差值，并依据该差值生成擦除电压调整信号；电压调整单元，用于根据所述擦除电压调整信号，输出相应的调整电压值；电压生成单元，用于根据所述调整电压值输出擦除操作时需要的最终字线电压和P阱电压。发明可以减弱甚至避免未被擦除的非易失存储器单元的PWELL–STRESS问题，并保证被擦除的非易失存储器单元的阈值电压会分布在预期范围内。

（张慧秋）

【“一种便携式智能化老人看护仪”获发明专利授权】 1月7日，由北京恒通安信科技有限公司王杰完成的“一种便携式智能化老人看护仪”获知识产权局发明专利授权（ZL201210522190.4）。看护仪包括感知模块和CPU。感知模块的输出数据经A/D转换后传输给CPU，根据接收的数据生成相关的告警指数，并根据告警指数触发相应的报警。其中，本地告警模块，用以接收CPU发送的告警触发信号，实现本地告警；按键模块用以实现用户对看护仪的人机交互；无线通信模块与CPU连接，用以实现告警信息的远程无线传输。发明实现了老人看护智能化，可结合室内定位技术协助准确判断老人发生跌倒的位置。

（李　莹）

【“一种云计算平台系统”获发明专利授权】 1月7日，由易云捷讯科技（北京）有限公司张继勇等人开发的“一种云计算平台系统”获知识产权局发明专利授权（ZL201210083743.0）。系统包括一个全局云计算中心与多个区域云计算中心，全局云计算中心与区域云计算中心之间通过网络连接。其中，区域云计算中心用于为用户提供服务，全局云计算中心用于对多个区域云计算中心进行管理与控制，并在区域云计算中心发生故障时，为用户提供服务。

（李　莹）

【“实现应用操作安全认证方法及其设备”获发明专利授权】 2月18日，由北京握奇数据系统有限公司陈国完成的“实现应用操作安全认证方法及其设备”获知识产权局发明专利授权（ZL201110433229.0）。成果可提高使用USB接口设备进行应用操作的安全性和执行应用操作的成功率，实现应用操作安全认证的方法包括：接收应用发送的用于申请本次应用操作的对应的传输标签的请求；为本次应用操作随机生成对应的传输标签并存储，将生成的所述传输标签发送给所述应用；接收所述应用发送的用于实现本次应用操作的操作指令，所述操作指令中携带有所述操作指令对应的传输标签，所述操作指令对应的传输标签根据所述本次应用操作对应的传输标签生成；根据所述操作指令对应的传输标签与所述本次应用操作对应的传输标签进行验证，若验证通过，则根据所述操作指令进行相应的处理。

（朱文利）

【“一种手写记事本的实现方法及装置”获发明专利授权】 2月18日，由北京壹人壹本信息科技有限公司孙伟等发明的“一种手写记事本的实现方法及装置”获知识产权局发明专利授权（ZL2011102956938）。发明公开了一种手写记事本的实现方法，包括建立一个新的记事本，并为所述记事本建立记事页；检测在所述记事页的显示区域上输入的手写笔迹；将所述手写笔迹以矢量形式存储到记事本的记事页内。发明还公开了一种手写记事本的实现装置，包括建立模块：用于建立一个新的记事本，并为所述记事本建立记事页；检测模块：用于检测在所述记事页的显示区域上输入的手写笔迹；存储模块：用于将所述手写笔迹以矢量形式存储到记事页内。发明能够以手写字迹的形式进行显示或存储，使电子设备更加人性化。

（郭庆云）

【“双丙戊酸钠肠溶片芯及其制备方法和其应用”获发明专利授权】 2月18日，由北京四环制药有限公司等单位黄晓霞等人发明的“双丙戊酸钠肠溶片芯及其制备方法和其应用”获知识产权局发明专利授权（ZL2013101625176）。双丙戊酸钠肠溶片芯适合干法制粒，其组成为：双丙戊酸钠 20% ～ 70%，填充剂 10% ～ 70%，崩解剂 0.5% ～ 20%，抗粘剂 5% ～ 20%，滑石粉 0.5% ～ 10%，硬脂酸镁 0.5% ～ 5%，其中抗粘剂选自二氧化硅、微粉硅胶、沉淀二氧化硅的任一种或其组合。发明制备出的双丙戊酸钠肠溶片体外释药完全，体外溶出速度和释药率均较高，质量稳定，具有更好的稳定性和安全性。发明的干法制粒方法具有工艺简便易行、成本低廉，易于大生产、环保等优点。

（郭庆云）

【“黑曲霉菌 C2 及其菌剂”获发明专利授权】2 月 25 日，由保罗生物园科技股份有限公司范丙全等发明的“黑曲霉菌 C2 及其菌剂”获知识产权局发明专利授权（ZL2013103953391）。黑曲霉菌 C2（保藏号 CGMCCNO.7511，保藏日期：2013 年 7 月 5 日）分离自河北省衡水市农田土壤，保藏于中国微生物菌种保藏管理委员会普通微生物中心。发明还公开了一种含有黑曲霉菌 C2 的微生物菌剂，对于植物的促生效果明显，且其作用效果不受化肥使用的抑制，可以在正常使用化肥条件下使用，对农业生产节约磷肥资源、粮食持续增产和保护农田生态环境具有重要意义。

（郭庆云）

【CNNIC 两项专利获美国专利授权】3 月 17 日，由中国互联网络信息中心（CNNIC）主导研究的“互联网地址信息处理方法、装置以及互联网系统”（PCT 专利号：PCT/CN2010/074477；中国专利号：ZL201010034293.7）获美国专利授权（美国专利号：US8,984,112）。发明能够实现对 IP 地址的地址信息的实时查询，解决了无法及时反馈 IP 地址反馈的最新情况问题。4 月 7 日，CNNIC 主导研究的“域名系统以及域名系统的信息处理方法、装置系统”（PCT 专利号：PCT/CN2010/074572；中国专利号：ZL201010100342.2）获美国专利授权（美国专利号：US9,003,008）。发明通过携带发起查询请求的终端设备的标识信息，实现对终端设备的域名系统内信息查询行为的有效控制，并根据终端设备的标识信息对终端设备的查询权限进行控制及对查询次数进行统计。

（韩洋洋）

【“一种具有紫外线检测功能的移动终端”获发明专利授权】3 月 25 日，由北京百纳威尔科技有限公司周闯发明的“一种具有紫外线检测功能的移动终端”获知识产权局专利授权（ZL2011103893315）。终端包括中央处理器及与其连接的显示屏，还包括紫外线传感器、模数转换器。中央处理器用于对数字信号进行处理，并将处理结果发送给显示屏，供显示屏显示。发明通过在移动终端中内置紫外线传感器，检测移动终端所处环境的紫外线强度，对检测结果进行相应处理，并且在显示屏上显示相应的提示信息，使用户能够直观地知晓所处环境中的紫外线照射情况，以便采取相应的防范措施。

（郭庆云）

【“干扰素 α1b 突变体及其与人血清白蛋白的融合蛋白”获发明专利授权】4 月 1 日，由北京三元基因药业股份有限公司刘金毅等研发的“干扰素 α1b 突变体及其与人血清白蛋白的融合蛋白”获知识产权局发明专利授权（ZL2013106825022）。发明属于生物医药领域，其干扰素 α1b 突变体是将干扰素 α1b 氨基酸序列中从 N 端计的第 162 ～ 166 位中的一个精氨酸突变为丝氨酸。产品中的干扰素 α1b 突变体位于融合蛋白的 N 端，人血清白蛋白位于融合蛋白的 C 端；人血清白蛋白位于融合蛋白的 N 端，干扰素 α1b 突变体位于融合蛋白的 C 端。发明的干扰素 α1b 突变体较干扰素 α1b，以及较干扰素 α1b 与人血清白蛋白的融合蛋白，生物学活性高，稳定、安全。

（周思远）

【“一种抑制气动光学效应的成像方法和系统”获发明专利授权】4 月 22 日，由北京泰邦天地科技有限公司完成的“一种抑制气动光学效应的成像方法和系统”获知识产权局发明专利授权（ZL200910136679.6）。利用该方法和系统及其特别设计的与其载体的匹配结构，通过红外全焦距摄像装置获取气动光学效应影响的模糊图像，通过与该系统和设计对应的图像处理算法得到抑制气动光学效应的较清晰的目标成像。

（李　莹）

【“智能卡业务处理方法及智能卡读写设备”获发明专利授权】4 月 22 日，由北京握奇数据系统有限公司窦志军完成的“智能卡业务处理方法及智能卡读写设备”获知识产权局发明专利授权（ZL201110418316.9）。成果在针对至少两张非接触式智能卡进入到同一射频场时，提供了非接触式智能卡的业务处理的方法。方法包括检测到至少两张非接触智能卡进入同一射频内时，获取每张非接触式智能卡的唯一标识符 UID 标识并保存；将每张非接触式智能卡均设置为休眠状态；当需要对待操作非接触式智能卡进行操作时，非接触式智能卡的 UID 标识可唤醒其中一张待操作非接触式智能卡，并对其进行相应的操作。

（朱文利）

【京产专利数据库首次出口】4月27日，马来西亚国家知识产权局与北京东方灵盾科技有限公司《世界传统药物专利数据库》采购签约仪式在京举行。马来西亚商务部、中国北京市知识产权局等机构相关负责人参加。根据协议，东方灵盾公司向马来西亚国家知识产权局出售其研发的《世界传统药物专利数据库》。该数据库是北京市首个自主研发，并被国外官方机构采购的知识产权信息产品，是涉及世界各国天然药物专利经过深度加工标引的中英文双语种数据库。数据库收录了自1985年以来世界上20余个国家的所有天然药物及其提取方面的专利信息，包含20万条药物方剂、30万条基本专利、70万条同族专利，涉及化学结构、药物方剂、专利权人代码和各国专利法律状态等信息。

（潘　丹　刘伟杰）

【“用于对云计算服务进行监控的系统及方法”获发明专利授权】5月6日，由易云捷讯（北京）科技有限公司张继勇等人开发的“用于对云计算服务进行监控的系统及方法”获知识产权局发明专利授权(ZL201210008734.5)。系统用于对包含有云服务节点的云计算服务系统进行监控；包括至少一个云管理节点，多个监测节点，至少一个主监控节点；其中监测节点根据从主监控节点所接收到的监控命令对云计算服务系统中的云服务节点进行监测，并将监测结果返回给主监控节点；主监控节点用于向监测节点发送监控命令，收集各个监测节点所返回的监测结果，并展示给管理员；云管理节点用于提供管理功能，所述管理功能包括：创建或删除所述云服务节点、主监控节点、监测节点；动态调整所述云服务节点的配置。发明中所采用的监测节点造价低廉，用户可在相同的成本下布设更多的监测节点，提高监控效率，节省监控成本。

（李　莹）

【“一种Java卡中垃圾回收的方法及装置”获发明专利授权】5月27日，由北京握奇数据系统有限公司宋浩完成的“一种Java卡中垃圾回收的方法及装置”获知识产权局发明专利授权（ZL201110226977.1)。成果以Java卡主动进行垃圾回收，并采用局部和分阶段垃圾回收的方式，使得垃圾回收操作分布在多个小的时间片内，避免了现有技术中一次性回收Java卡中的所有垃圾而占用过多时间的问题，提高了Java卡中垃圾回收的效率。其方法是在函数执行过程中，监控创建对象操作以及对静态对象的赋值操作，若根据所述赋值操作确定创建的对象未被静态对象所引用，则将该未被静态对象所引用的对象确定为垃圾对象，在函数执行结束时，对Java卡中的垃圾对象进行回收。

（朱文利）

【“一种虚拟机评测系统及方法”获发明专利授权】6月3日，由易云捷讯（北京）科技有限公司龚义成等人开发的“一种虚拟机评测系统及方法”获知识产权局发明专利授权（ZL201210085313.2)。虚拟机评测系统包括测试模板模块、系统软硬件配置自动收集模块、系统自动化测试模块、系统自学习分析推荐模块以及系统测评信息中心。其中，测试模板模块用于提供评测用的测试模板，由系统软硬件配置自动收集模块收集被测试系统的配置信息，系统自动化测试模块在收到配置信息后，根据测试模板进行相关的测试，通过系统自学习分析推荐模块对测试结果进行分析，生成被评测系统的最优的虚拟机数量部署方案以及相应的性能评测结果，由系统测评信息中心用于保存最优的虚拟机数量部署方案以及性能评测结果。

（李　莹）

【“一种柔性防毒服及其制备方法”获发明专利授权】6月10日，由北京华腾橡塑乳胶制品有限公司郝孝清等发明的“一种柔性防毒服及其制备方法”获知识产权局发明专利授权（ZL2012104872005)。发明属于一种防毒服，由布基以及涂布在布基上的两层混炼胶组成，包括直接涂布在布基上的由溴化丁基、硫黄、促进剂、氧化锌、硬脂酸、防老剂、白炭黑、氧化镁、颜料组成的混炼胶A，由氯磺化聚乙烯、促进剂、硬脂酸、防老剂、氧化镁、环氧树脂、钛白粉、硫酸钡组成的涂布在外层的混炼胶B。防毒服防毒“液—气”大于3小时，在高温空气中不粘不脆，在耐寒、耐酸碱等条件下无变色和裂纹，且制备方法操作简单，原材料价格低廉。

（郭庆云）

【“SNP位点集合及其使用方法与应用”获发明专利授权】6月17日，由未名兴旺系统作物设计前沿实验室（北京）有限公司邓兴旺等人完成的“SNP位点集合及其使用方法与应用”获知识产权局发明专利授权(ZL201380004386.7)。发明公开了一种用于检测水稻基因组SNP位点集合的芯片，其中SNP位点选自如SEQ ID NO：1—9000所示的核苷酸序列。芯片可以应用于水稻种质资源基因指纹分析、水稻杂交后代基因型鉴定、水稻品种鉴定和水稻育种材料的选择。

（张慧秋）

【“零温度系数电流的产生电路”获发明专利授权】6月17日，由北京兆易创新科技股份有限公司程莹完成的“零温度系数电流的产生电路”获知识产权局发明专利授权（ZL201210098008.7）。电流输出电路的一端与外部电路相连，一端与高电平相连，另一端与一并联电路的一端相连，其中所述并联电路的另一端接地，所述并联电路包括第一支路和第二支路。其中，第一支路用于在温度升高时产生温度系数为负的电流；第二支路用于在温度升高时产生温度系数为正的电流；第一支路和第二支路所产生的电流加权后的总电流的温度系数为零。

（张慧秋）

【"加密算法兼容管理的方法及装置"获发明专利授权】7月1日，由北京握奇数据系统有限公司代红维等人完成的"加密算法兼容管理的方法及装置"获知识产权局发明专利授权（ZL201210139449.7）。专利涉及计算机电子账户管理技术，其方法是在PSAM卡和用户卡中均设置了不同加密算法的AID目录，并在各AID目录下保存执行支付流程所需的应用数据，无论用户卡支持哪一种加密算法，PSAM卡均可以配合调用相应的加密算法完成支付流程，便利用不同的AID目录，实现相同应用流程在不同加密算法下的兼容管理，在不改变支付流程、不添加任何其他指令的、不修改终端设备的前提下，保证用户卡以及PSAM卡能够由DES算法向国家密码局制定的标准加密算法进行顺利过渡，以及支付系统工作性能，同时实现减少成本。

（朱文利）

【"用于检测与遗传性耳聋相关的基因SNP的引物系统及其用途"获发明专利授权】7月8日，由北京毅新博创生物科技有限公司张学记等开发的"用于检测与遗传性耳聋相关的基因SNP的引物系统及其用途"的技术及产品获知识产权局发明专利授权（ZL201310175514.6）。发明公开了一种能同时检测10处与遗传性耳聋相关的基因多态位点的引物系统，基于该引物系统所制备的产品，能实现同时对遗传性耳聋相关的10处基因多态位点进行检测，其检测结果可以辅助临床诊断，也可用于流行病学调查及产前筛查、新生儿筛查等领域。该技术与测序、实时荧光定量PCR相比，具有成本低、操作简便、准确度高和灵敏度高的特点。

（韩洋洋）

【"电荷泵单级电路及电荷泵电路"获发明专利授权】8月19日，由北京兆易创新科技股份有限公司刘铭完成的"电荷泵单级电路及电荷泵电路"获知识产权局发明专利授权（ZL201210027290.X）。成果克服了Dickson电荷泵受NMOS阈值电压的影响工作效率偏低的缺陷，在电荷泵单级电路中，第一传输单元包括第一时钟接入端、接入第一输入信号的第一输入端及输出第一输出信号的第一输出端；第二传输单元包括第二时钟接入端、接入第二输入信号的第二输入端及输出第二输出信号的第二输出端；第一及第二时钟接入端分别接入两相互补时钟信号中的其中一相，第一传输单元跟随所接入的时钟信号将电荷从第一输入端传输至第一输出端，第二传输单元跟随所接入的时钟信号将电荷从第二输入端传输至第二输出端，提高电荷传输效率。

（张慧秋）

【"一种采用移位链的集成电路"获发明专利授权】8月19日，由京微雅格（北京）科技有限公司崔运东等完成的"一种采用移位链的集成电路"获知识产权局发明专利授权（ZL201210038009.2）。移位链包括第一逻辑单元和第二逻辑单元，其中第一逻辑单元包括第一移位链结构和第一寄存器，第一移位链结构具有和第一寄存器的输出端耦合的输入端与和第一寄存器的输入端耦合的输出端；第二逻辑单元包括第二移位链结构和第二寄存器，第二移位链结构具有和第二寄存器的输出端耦合的输入端与和第二寄存器的输入端耦合的输出端；其中，第一逻辑单元和第二逻辑单元中的一个逻辑单元的移位链结构包括配置位，该配置位允许第一逻辑单元和第二逻辑单元中的另一个逻辑单元的寄存器输出信号传递到所述第一逻辑单元和第二逻辑单元中的一个中的寄存器输入端。发明实施例通过配置位实现了双向移位链，配合查找表前的多路器实现了寄存器输入的快速反馈。

（张慧秋）

【"质谱检测用的疏水性浓缩靶板"获发明专利授权】9月2日，由北京毅新博创生物科技有限公司李云鹏等研发的"质谱检测用的疏水性浓缩靶板"获知识产权局发明专利（ZL201520142252.8）。该发明是一种用于MALDI-TOF质谱检测的疏水性浓缩靶板，其结构包括：直径1～3毫米的样品靶环；与样品室匹配的钝角，其形状与MALDI-TOF样品室底部相契合；由不锈钢或铝合金制成的靶板主体；由疏水性材料制成的靶板表面覆膜。发明将疏水性材料的浓缩效果和普通金属靶板结合制成疏水性浓缩靶板来代替金属靶板，能增加疏水性表面覆膜，有效地富集样品，降低样品量需求并提高检测结果的灵敏度、分辨率和重复性。

（韩洋洋）

【"基于金字塔的海量激光雷达点云存储方法"获发明专利授权】9月16日，由北京拓维思科技有限公司浦石等人完成的"基于金字塔的海量激光雷达点云存储方法”获知识产权局发明专利授权（ZL201210176612.7）。该发明涉及测绘数据处理技术领域，通过建立一种渐进加密金字塔式的数据存储方式，在金字塔的各层通过抽稀存储不同密度的瓦片式点云对海量点云数据进行空间索引。基于金字塔的点云数据管理方式可实现对海量点云高效有序的存储，实际数据加工操作可根据需求自适应加载或修改相应的数据瓦片，大幅降低制作过程中所消耗的计算资源，并直接提高基于激光雷达点云的空间数字产品制作效率。

（李　莹）

【合创同盛公司成果获发明专利授权】 10月7日，由北京合创同盛科技有限公司赵新等人完成的“一种溶液稳定助剂、可直接稀释使用的含异噻唑啉酮的组合物溶液及其应用”获知识产权局发明专利授权（ZL201210562034.0）。该溶液含有0.5%～20%重量的异噻唑啉酮衍生物，5%～15%重量的溶液稳定助剂和余量的溶剂，其中异噻唑啉酮衍生物为5−氯−2−甲基−4−异噻唑啉−3−酮和2−甲基−4−异噻唑啉−3−酮的混合物，溶液稳定助剂由2−溴2−硝基−1，3−丙二醇、镁盐与选自聚环氧琥珀酸钠、双乙酸钠、甘氨酸钠、酒石酸钠和苹果酸钠中的至少一种组成。发明不含甲醛、甲醇、铜离子，环境友好，杜绝了铜离子对系统设备的腐蚀；作为杀菌剂，其杀菌速率快，抑菌能力更强，作用时间更久，稳定性更好；可直接稀释使用，方便用户且使用成本更低。

（张慧秋）

【金诚信公司两项成果获发明专利授权】 10月7日，金诚信矿业管理股份有限公司的两项发明专利获知识产权局颁发的专利证书。其中，由矫日鑫等发明的“一种凿井钢管井架”（ZL201210401629.8），为主体桁架全对称的平顶四棱锥体，包括主支撑杆件、主支撑杆件从上至下连接的天轮平台、中间平台和翻矸平台以及3层平台对应的支撑杆件等，适用于净直径7～11米，平均深度≤1800米，井架工作载荷≤620吨的竖井井筒及其二期工程施工，简化了加工、运输、安装和拆卸等工序，适应性强，为快速施工、缩短工期提供可靠保障。由矫日鑫等发明的“一种座钩式吊桶”（ZL201210407854.2），通过增加吊桶容积，提高单位次数的矸石提升量，在提升速度确定的情况下，提升竖井工程矸石输送能力，减少排矸时间，为深部、大型化矿山竖井工程的快速施工提供保障。

（王希华）

【“逻辑簇的布局方法”获发明专利授权】 10月28日，由京微雅格（北京）科技有限公司毛伏兵等完成的“逻辑簇的布局方法”获知识产权局发明专利授权（ZL201210037289.5）。逻辑簇包括读入综合后的门级网表。网表将所述门级网表映射为电路网表并读取模块信息，然后将查找表和所述寄存器打包，用以建立多个基本单元；根据延时值信息和关键度信息，选择所述多个基本单元中的一个基本单元作为逻辑簇的第一元素；根据其他基本单元的增益、坐标约束和容量约束对所述第一元素进行扩张处理，用以建立逻辑簇；根据所述逻辑簇中的基本单元的坐标约束，对所述逻辑簇中的所述基本单元进行布局。发明解决了非对称架构的布局问题，实现了非对称逻辑簇的布局。

（张慧秋）

【“蛋白质层析纯化填料的清洁方法”获发明专利授权】 11月18日，由北京三元基因药业股份有限公司杨大军等研发的“蛋白质层析纯化填料的清洁方法”获知识产权局发明专利授权（ZL2013105472199）。专利提供一种蛋白质层析填料的清洁方法，即用清洁有效的、质量体积比浓度为0.05%～5%的苯扎氯铵水溶液清洁蛋白质层析填料，并优选用质量体积比浓度为0.1%～1%的苯扎氯铵水溶液清洁所述的蛋白质层析纯化填料。利用该方法可在保证甚至提高清洁效果的基础上降低清洁过程对蛋白质层析填料结合能力的破坏，延长使用寿命。

（周思远）

【“一种MLC存储单元的编程方法和装置”获发明专利授权】 11月25日，由北京兆易创新科技股份有限公司苏志强等人完成的“一种MLC存储单元的编程方法和装置”获知识产权局发明专利授权（ZL201010597580.9）。存储单元存储N位数据，共有2^N种数据状态，方法包括：验证所述存储单元的阈值电压是否位于与待编程的数据状态相对应的目标阈值电压范围内；若是，结束对存储单元的编程；若否，则执行阈值电压抬升步骤：通过对存储单元施加第n编程校验电压，将存储单元的阈值电压抬升至第n+1目标阈值电压范围，第n+1目标阈值电压范围与当前数据状态的下一相邻数据状态相对应；之后返回阈值电压的验证步骤；其中，n的初始值为1，每当返回到阈值电压的验证步骤，n的取值递加1，n的最大取值为2^N-1。发明可提高编程的精准度。

（张慧秋）

【“一种氨溴索缓释制剂及其制备方法”获发明专利授权】 11月25日，由北京科信必成医药科技发展有限公司蒋海松等人完成的“一种氨溴索缓释制剂及其制备方法”获知识产权局发明专利授权（ZL201110449983.3）。

氨溴索缓释制剂包括主药和对 pH 敏感的高分子聚合物。高分子聚合物在胃肠道中，在不同 pH 下具有不同的物理性质，同时，高分子聚合物分子量大于 5000 更利于氨溴索释放。高分子聚合物可以作为缓释材料，定位给药的载体，同时也可以作为控制氨溴索释放的载体，简化处方，降低制备难度，更易工业大生产。

（张慧秋）

【“一种基于加权求和的裸眼 3D 多视点图像合成方法”获发明专利授权】12 月 30 日，由北京乐成光视科技发展有限公司崔华坤等人发明的“一种基于加权求和的裸眼 3D 多视点图像合成方法”获知识产权局发明专利授权（ZL201410041134.8）。发明首先确定 2D 显示屏上给定的 RGB 子像素应该取自哪个视点的 RGB 分量，得到的视点子像素映射矩阵应保持其非整特性。将各幅视差图像进行放大插值，使各视差图像的分辨率与合成图像的相同。根据得到的视点子像素映射矩阵 Q，利用加权求和思想，对所有 RGB 子像素的灰度值进行加权计算。发明主要关心水平方向的视差量，涉及的加权求和过程仅考虑在水平方向上进行；可有效消除立体显示中物体边缘的锯齿现象，解决相邻视点间过渡生硬的问题，有效改善观看者在平行于屏幕水平移动时的运动视差感受，提高立体观看舒适度。

（李　莹）

【6 家企业进入全国专利数据排行榜】年内，中关村示范区内 6 家企业进入知识产权局发布的 2015 年度全国专利数据排行榜。在 2015 年企业发明专利申请受理量前十位排名中，4 家企业上榜：小米科技有限责任公司（3183 件）排名第五，北京奇虎科技有限公司（2777 件）排名第七，京东方科技集团股份有限公司（2761 件）排名第八，联想（北京）有限公司（1826 件）排名第十；在 2015 年企业发明专利授权量前十位排名中，两家企业上榜：京东方科技集团（1115 件）排名第五，中国石油天然气股份有限公司（641 件）排名第七；在 2015 年国内企业 PCT 申请受理量前十位排名中，4 家企业上榜：京东方科技集团（1414 件）排名第三，小米科技公司（546 件）排名第五，百度在线网络技术（北京）有限公司（220 件）排名第八，奇虎科技公司（218 件）排名第九。其中，京东方科技集团成为中关村示范区首家年度 PCT 专利申请量过千件的企业。（2016 年 1 月 16 日，知识产权局举行新闻发布会，公布 2015 年中国专利申请、授权数据以及国际专利申请等相关数据。）

（孙婷婷）

【专利代理行业系列培训及交流活动举办】年内，北京市专利代理人协会在京举办专利代理人实务技能、专利代理行业增值税收专题培训 19 期，举办 2015 年京台知识产权服务业高级人才交流会、北京市专利代理人协会与广东专利代理协会代表座谈会、北京市专利代理人协会与日本知识产权协会代表座谈会、2015 年东盟（曼谷）中国进出口商品博览会 4 场交流活动。中国国际贸易促进委员会专利商标事务所、北京集佳知识产权代理有限公司等专利代理机构代表及有关企业财务人员参加培训，累计近 700 人次。培训的主要内容有《专利代理人实务技能培训实施方案（2011—2015 年）》、税收政策及会计处理分析与运用等。

（冯秋帆）

商标与版权

【海淀瞪羚企业版权保护高端人才实训班举办】4月22日，由海淀区委主办、中关村创新研修学院承办的“4·26”版权保护宣传系列活动在中关村软件园启动。活动以“创新万变·版权无限”为主题。海淀瞪羚企业版权保护高端人才实训班同期开班，40家瞪羚企业的相关负责人参加。市版权局、北京律师协会著作权委员会、北京国际版权交易中心等单位的专家、律师授课，课程内容包括解读北京市支持企业版权保护的战略与政策、软件著作权保护策略、知识产权检索的策略与方法、著作权申请、网络版权执法实践、版权经营与风险防范以及团队建设、观摩庭审现场等实践课。实训班为版权系列活动的一部分，历时4个月，于8月21日结业。

（徐　洋）

【收取各类商标申请65362件】4月，工商总局商标局驻中关村办事处开始承担北京市市场主体商标变更、转让、续展等申请的实质审查职能，通过提高审查效率、缩短审查时间，将商标变更周期压缩至4个月，转让周期压缩至6～7个月，续展周期压缩至3个月。年内，办事处共收取各类商标申请65362件，同比增长20.86%。

（付　饶）

【6家企业入选最佳中国品牌价值排行榜】5月28日，国际品牌集团（Interbrand）发布2015最佳中国品牌价值排行榜，评出中国最具价值的50个品牌。其中，中关村示范区的百度在线网络技术（北京）有限公司、联想控股有限公司、北京京东世纪信息技术有限公司、北京新东方教育科技（集团）有限公司、北京奇虎科技有限公司、北京搜狐互联网信息服务有限公司6家企业入选。

（杜　玲）

【中关村知识产权巡回审理活动举办】6月10日，中关村知识产权促进局与海淀区人民法院在京联合举办2015年度中关村知识产权巡回审理活动。中关村示范区有关企业、知识产权服务机构的代表旁听当日案件审理。庭审公开审理一起涉及中关村企业的商标案件。原被告分别围绕是否侵犯商标权、是否构成共同侵权、是否存在不正当竞争等方面进行了答辩、质证和辩论。案件未当庭宣判结果。

（潘　丹）

【中科院自动化所书法体验系统获软件著作权】6月24日，由中国科学院自动化研究所开发的书法体验系统V1.0获版权局颁发的《计算机软件著作权登记证书》（软著登字第00788250号）。系统主要包含用户管理操作功能、自由书写功能、临摹功能、书法知识库功能、书法知识游戏功能。其以实体书写台为基础，嵌入电子屏幕，采用电子的笔墨纸砚、仿真毛笔和砚台，使体验者在真实的书写场景中写字，达到练习书法、学习书法知识的目的。

（韩洋洋）

【32家企业入选北京品牌100强】6月29日，在2015北京品牌100强发布会暨颁奖典礼上，联想集团有限公司、北京京东世纪信息技术有限公司、北京京东方显示技术有限公司等32家中关村示范区企业入选“2015北京品牌100强排行榜”榜单。排行榜由亚洲品牌协会联合发展改革委、中国经济导报社、CCTV《赢在品牌》栏目共同评选。

（杜　玲）

【中关村创业大街获“创业创新商标服务站”称号】8月2日，在海淀工商分局举办的“大众创业、商标先行”主题活动上，中关村创业大街获“创业创新商标服务站”称号。服务站设在中关村创业大街创业会客厅的多证联办服务窗口，将为创业者提供设立商标、问题解答、权益维护等全程跟踪服务。

（王　翔）

【中煤电气公司成果获软件著作权】8月18日，由中煤电气有限公司开发的“安全节能自适应建井绞车变频传动控制系统V1.0”获计算机软件著作权（软著登字第1046830号）。控制系统用于矿井提升机运行控制，适合工况复杂煤矿建井提升机。主要特点包括：系统能高精度按速度图控制提升，开发了井深自适应功能，实现自动起车、停车、加速和减速，降低了操作人员劳动强度，提高了提升机工作效率；针对煤矿建井中提升混凝土、材料等工况，分别设计了专用操作方式，保证提升机响应迅速、运行平稳；采用转子双馈三电平变频调速替代传统的串电阻调速方式，可节能30%

以上；采用高性上位机监控系统，提升机所有运行状态和故障信息均可由上位机直观显示，设备信息实现精确定位，缩短了故障查找和处理时间。

（袁永章）

【软件著作权登记和专利申请专题培训举办】9月25日，由北京软件和信息服务业协会主办的软件著作权登记和专利申请专题培训在柏彦大厦举办。中关村示范区企业的代表100余人参加。知识产权局、中国版权保护中心相关专家就软件著作权登记、专利申请、查询、变更与撤销等内容进行讲解，指导企业了解和掌握撰写专利申请文件的要点。

（郝峥嵘）

【出版创意产业园区联合出版平台获全国版权示范单位称号】10月28日，在全国版权社会服务工作暨版权交易经验交流会上，版权局向2015年评选出的“全国版权示范单位”“全国版权示范园区（基地）”授牌。其中，中国北京出版创意产业园区联合出版平台（北京联合出版有限责任公司）入选全国版权示范单位。

（许海龙）

【软件企业知识产权保护专题培训举办】10月29日，由北京软件和信息服务业协会主办的软件企业知识产权保护与应对专题培训在京举办。会员企业代表150余人参加。中国版权保护中心等相关业务主管单位的负责人就软件著作权登记实务、海外知识产权援助、软件著作权保护的问题及案例和启示等内容进行讲解，介绍了软件著作权相关法律法规及规章制度、软件登记的类型、申请和办理的流程及注意事项，并为有海外业务的企业提供了援助渠道。

（郝峥嵘）

【中关村企业获中国商标金奖】11月30日，在中国商标金奖颁奖大会上，工商总局与世界知识产权组织公布第二届中国商标金奖获奖名单。其中，中关村示范区企业百度在线网络技术（北京）有限公司获“商标创新奖”，北京同仁堂（集团）有限责任公司获“商标运用奖”和“马德里商标国际注册特别奖”，北京集佳知识产权代理有限公司获“马德里商标国际注册特别奖”，占获奖总数的1/6，居全国首位。

（韩　冰　汪凌波）

【中关村商标品牌众扶小组成立】11月，中关村管委会联合市质监局、市工商局、市经济信息化委等单位成立中关村商标品牌众扶小组。众扶小组将针对中关村示范区的优秀企业，在规模发展中面临的商标、专利国际布局和战略、品牌培育和经营、参与团体标准、国际标准的创制等方面给予专业性指导，以加快推动众创、众包、众扶、众筹等新模式、新业态发展，支持中关村示范区企业品牌创建工作，形成高效的品牌建设政府扶持工作体系。

（韩　冰）

【3件商标获中国驰名商标认定】年内，北京地区“联通”等6件商标被国家工商总局认定为中国驰名商标。其中，中关村示范区北京华素制药股份有限公司的“华素”、北京依文服装服饰有限公司的“诺丁山”、博彦科技股份有限公司的“博彦科技”3件商标入选。

（汪凌波）

【首批中关村商标示范试点企业商标战略项目完成】年内，在中关村管委会组织下，34家中关村商标示范试点单位开展了商标战略项目，主要包括商标战略、商标预警、商标运营和商标国际布局4个方面，服务企业商标布局。项目在2015年陆续完成并集中通过验收。其中，同方股份有限公司承担的“同方2014海外商标注册战略项目”、悦康药业集团有限公司承担的“悦康药业集团基于企业国际化的商标战略规划”、汉王科技股份有限公司承担的“2014年汉王科技股份有限公司‘Hanvon’系列商标的布局和发展规划”、北京奇虎科技有限公司承担的“国际知名互联网安全品牌‘360’商标注册与保护战略”以及北汽福田汽车股份有限公司承担的“福田汽车乘用车商标国际布局项目”有效促进了企业实施商标战略和国际化布局。

（韩　冰）

【114件商标获北京市著名商标认定】年内，市工商局认定“谷雨”等199件商标为2015年度北京市著名商标。其中，中关村示范区内北京高盟新材料股份有限公司的“高盟牌”等114件商标通过认证。（2016年6月，市工商局发布《2015年度北京市著名商标认定工作公告》。）

（汪凌波）

知识产权管理

【中国政法大学知识产权研究中心实践基地揭牌】1月9日，由中关村软件行业知识产权促进协会、中国政法大学知识产权研究中心、北京中关村软件园孵化服务有限公司主办的中国政法大学知识产权研究中心实践基地揭牌仪式在中关村软件园孵化器举办。中关村管委会、研究中心、协会等单位相关负责人以及来自北京信威通信技术股份有限公司等企业代表20余人参加。实践基地在软件园的落地，可为园区企业在知识产权的申请、运用、保护和维权等方面提供帮助，相关行业协会将发挥各自的专业优势与孵化器、研究中心共同为会员单位及企业在知识产权体系建设方面提供系统的服务。

（毕欣超）

【2015年知识产权一对一高端峰会举办】1月23—24日，由中关村知识产权促进局及工业和信息化部电子知识产权中心联合主办的2015年知识产权一对一高端峰会在东升科技园举办。工业和信息化部科技司、北京市知识产权局、INTA国际商标协会的相关负责人以及来自知识产权服务机构和近50家企业的代表参加此次活动。研究机构、企业、法院的相关专家分别就知识产权金融、企业知识产权战略和专利侵权判定等内容做了专题演讲。会议还设置“一对一”环节，即以企业为中心，根据企业的特点和需求，采用“企业与专业人士一对一的定向解答、咨询”的个性化商业会谈方式，区别于普通会议模式，提供企业与专业服务机构的无干扰对话，实现无缝对接。会上，企业知识产权管理人员向知识产权服务机构负责人面对面进行“特需”咨询，以解决企业实际工作中遇到的难题。

（潘　丹）

【首都知识产权服务业协会成立】4月8日，首都知识产权服务业协会成立大会在京举行。市知识产权局等单位的相关负责人及会员代表200余人参加。协会由从事知识产权代理、知识产权信息、知识产权法律、知识产权商用化、知识产权咨询和知识产权培训等服务机构组成，将围绕市场创新主体提供专业化、市场化的服务，推动首都经济结构的转型升级，助力首都率先实现创新驱动发展格局。北京三友知识产权代理有限公司荣誉董事长李强当选第一任会长。

（冯秋帆）

【首都大学生保护知识产权志愿者辩论赛举办】4月15日—6月17日，由北京市保护知识产权举报投诉服务中心主办的首都大学生保护知识产权志愿者辩论赛在对外经济贸易大学举办。北京科技大学、北京化工大学、中央民族大学等9所高校参赛。参赛代表队分别围绕

“音乐作品在网络传播中的版权保护应更宽松还是更严格”“加重惩罚侵权行为是否有利于建立良好的知识产权法律秩序”等辩题进行辩论。比赛共举办8场，中国政法大学代表队获冠军。

（潘　丹）

【京津冀技术交易河北平台上线】4月18日，在河北创新发展成果展上，由中国技术交易所、河北省科技厅共建的京津冀技术交易河北平台（Hebei.ctexmall.com）上线。平台依托中技所的技E网，是推动河北省创新资源与全国及境外创新资源融合的区域内科技成果交易的市场平台，融汇了河北省内的创新资源环境等创新要素条件，技术交易供需信息、技术市场统计数据以及针对各类创新主体提供的“定制服务”。平台由技术供给、技术需求、竞价大厅、众创空间、网络展会、在线路演、国际频道等板块组成，其中，众创空间板块在众筹平台、创业导师、创业大赛、创客之家、创业沙龙五大方面提供支撑服务。

（韩　冰）

【2015年北京12330工作站授牌仪式举行】4月21日，由北京市保护知识产权举报投诉服务中心（北京

12330）主办的2015年北京12330工作站授牌仪式暨创新创业组织知识产权联络员业务培训班在京举行。市知识产权局、中关村管委会等单位相关负责人等参加。金丰和孵化器、中关村多媒体创意产业园、石景山区古城中小科技企业基地、华海基业科技孵化器、北京光机电一体化产业基地5家新成立的工作站获授牌，并举办2015年度第一期创新创业组织联络员知识产权培训，发布了由北京12330编写的《创业知识产权宝典》一书。《创业知识产权宝典》梳理了与创业企业密切相关的专利权、商标权、著作权、商业秘密等知识产权申请和保护知识，辅以注意事项和典型案例，以提升创业主体的知识产权意识。北京12330志愿服务专家成员围绕创新企业专利基础工作、知识产权投融资法律风险防范等主题，为创新创业组织知识产权联络员授课。至此，北京12330分中心、工作站的总数52家，已形成100余人的创新创业组织知识产权联络员队伍。

（潘　丹　刘伟杰）

【知识产权案件庭审观摩与研讨活动举办】4月21日，市知识产权局与北京知识产权法院在京联合举办知识产权案件庭审观摩与研讨活动。来自中关村示范区的40余家企业和知识产权服务机构的代表旁听了庭审。研讨会上，企业和服务机构代表围绕案件争议焦点、庭审流程、诉讼技巧等内容与主审法官进行交流。

（潘　丹）

【《2015年中关村知识产权工作要点》发布】4月23日，在2015年中关村知识产权工作推动暨高端培训会上，由中关村管委会和市知识产权局共同制定的《2015年中关村知识产权工作要点》发布。《工作要点》从6个方面提出24项具体任务目标及实施举措：2015年中关村示范区要继续建设中关村专利导航产业发展试验区，继续开展中关村移动互联网产业细分领域专利分析研究；推进中关村知识产权运营工作，支持构建中关村知识产权储备运营网络，支持中关村知识产权运营工作多元化发展；加快建设中关村知识产权服务业集聚发展试验区，进一步深化中关村知识产权服务业联盟建设，加快建设中关村知识产权和标准化一条街；提升中关村企业知识产权核心竞争力，加大对中关村知识产权领军企业的支持力度，实施中关村小微企业知识产权帮扶计划；继续深化中关村知识产权金融创新，加强中关村知识产权投融资服务联盟工作，进一步优化和创新知识产权金融产品；加大中关村企业知识产权保护力度，推动建立中关村重大经济活动知识产权评议机制，支持中关村企业进行知识产权海外预警等。

（孙婷婷）

【北京瑞士中心落户中技所】5月4日，中国技术交易所有限公司与瑞士中心（Swiss Center）、天津市武清区政府和东丽区政府签署《北京瑞士中心/天津瑞士中心落地及技术引进合作框架协议》。根据协议，签约各方为助推京津冀协同发展，助推京津冀地区精密制造产业技术升级，加快北京、天津企业的创新转型，将在龙头企业订制创新、科技市场建设、技术转移、职业教育等方面开展合作。瑞士中心将把总部办公室（北京瑞士中心）设立在中技所内，并在武清区和东丽区分别设立不同功能定位的天津瑞士中心，以瑞士的高端装备、精密制造和生物医药创新资源为主，每年向北京、天津转移30余项技术，引进总计33家瑞士高端装备制造企业和生物医药机构在北京和天津设立总部、研发中心、生产工厂和服务中心。（瑞士中心是在2000年由时任瑞士联邦政府总统阿道夫·奥吉签署成立的官方非营利组织，由瑞士联邦基金会出资帮助瑞士企业进入中国，开展中瑞双边的科技、经贸合作，是瑞士在全球非瑞士境内最大的企业、研发机构、行业协会集聚区。）

（韩　冰）

【知识产权运营公司与北大信息学院签署合作协议】6月9日，北京知识产权运营管理有限公司、北京大学信息科学技术学院签约仪式在京举行。签约双方相关负责人及有关人士等20余人参加。双方签署了《北京大学信息科学技术学院与北京知识产权运营管理有限公司战略合作框架协议》。根据协议，双方将在专利委托运营、知识产权金融、专利成果转移转化、知识产权课题研究及智库建设等知识产权领域开展多层次、全方位的合作，共同推动知识产权更好地同产业对接、同金融对接、同知识产权保护体系对接，共同探索创新国有资本与国有创新主体合作运营知识产权新模式，并共同致力于为创新创业搭建以知识产权为基础、以

知识产权金融为支撑的“创客平台”。知识产权运营管理公司将为北大信息学院提供综合性、专业化、高质量的专利分析、管理及运营服务，促进学院专利成果运用水平的提升。至此，知识产权运营管理公司已与北京工业大学、企巢新三板学院、北京企巢投资股份有限公司等机构签署知识产权运营合作协议，累计共受托运营专利3000余件，提供专利分析、管理和运营服务，以及知识产权金融、专利成果转移转化等增值服务。

（李贺英）

【软件行业知识产权专业性人民调解组织成立】6月11日，在北京市人民调解工作会议上，北京软件和信息服务业协会等10家行业性、专业性人民调解组织获授牌。成立调解组织的目的是基于当事人自愿的情况下，涉及物业管理、互联网、知识产权保护等专业领域的矛盾纠纷，可通过人民调解的途径得到免费、专业、及时的化解，双方达成的人民调解协议书可以依照《人民调解法》经过法院的司法确认被赋予强制执行的效力。其中，由北京软协建立的北京市软件和信息服务业协会知识产权纠纷人民调解委员会，将发挥软件信息服务业专业和社团优势，为行业企业提供方便快捷、高效的信息服务业知识产权维权咨询及纠纷调解服务。

（郝峥嵘）

【中关村知识产权大讲堂举办】7月30日，由中关村知识产权促进局主办的首期中关村知识产权大讲堂在清华科技园举办。市知识产权局相关负责人以及中关村示范区企业的代表等100余人参加。活动主题为“知识产权保护策略与实务”。相关专家就企业发展过程中遇到的知识产权保护策略和维权实务问题与代表分享、交流。活动旨在提升中关村企业知识产权工作水平，培养一批高素质的知识产权工作人员。年内大讲堂共举办4期，分别以“专利挖掘和布局策略与经验”“‘互联网+’背景下的知识产权保护”等为主题，讲授“大众创业、万众创新”新形势下企业知识产权保护和风险规避的相关策略与经验，分享了专利技术挖掘、专利布局规划、企业专利实务管理等方面的经验。来自中关村示范区企业的代表400余人次参加。

（潘　丹）

【知识产权商用化平台建设启动】8月11日，由北京知识产权运营管理有限公司主办的北京知识产权商用化平台项目建设启动会在京召开。中关村发展集团股份有限公司以及项目承建、监理单位相关人员20余人参加。北京凯英信业科技股份有限公司、北京肯思捷信息系统咨询有限公司分别介绍了项目建设实施方案

以及监理工作机制与流程。项目包括综合办公系统、知识产权交易服务系统以及信息资源库建设、软硬件的采购及集成、机房工程等，自启动之日起开始实施，将采用互联网技术和“互联网+”经济模式，线上聚集知识产权和资本，对接知识产权权利人和投资人，线下加工包装知识产权项目，聚集各类资源打造“IP社区”，为用户提供专利（项目）众筹、资本众筹、知识产权交易服务，以及知识产权股权投资、债权融资等金融服务，形成网络业务与实体业务的协同互动，计划2016年底完成终验。

（李贺英）

【8个项目获市战略性新兴产业科技成果转化基地建设专项立项】8月17日，市科委发布《关于公示2015年“北京市战略性新兴产业科技成果转化基地建设”专项立项结果的通知》，中关村软件园的基于云计算的公共服务平台等8家企业的项目入选，均在中关村示范区域内，且得到市科委资金支持。

序号	基地名称	项目名称
1	中关村软件园	基于云计算的公共服务平台
2	北京亦庄生物医药园	细胞表达工艺技术平台
3	北大医疗产业园	医疗医药创新孵化服务平台
4	中关村东升科技园	下一代移动互联网智慧农业示范项目
5	中关村生命科学园	基因检测公共技术服务平台
6	大兴生物医药产业基地	复方中药研发孵化及成果转化公共服务平台
7	北京科技成果转化（密云）基地	新能源产业共性关键技术研发服务平台
8	普天三网融合创新园	园区智能管理及综合服务平台

（章　健）

【中关村代表团参加中英知识产权大会】10月21日，在英国伦敦市举行的中英知识产权大会上，中关村管

委会相关负责人做了中关村知识产权保护的主旨发言。中关村示范区驻伦敦联络处作为代表团成员参加，并同与会人员就知识产权保护等内容进行交流。

（王　征）

【知识产权金融培训活动举办】 10月22日，由市知识产权局和中关村知识产权促进局主办的2015年中关村知识产权金融创新实务培训班在京举办。来自中关村专利保险试点单位、知识产权领军企业的代表110余人参加。北京卫平知识产权代理有限公司等相关机构的专家就专利质押贷款相关流程、专利保险试点实务和企业专利保险跟踪服务等内容进行讲解，并为中小微企业在知识产权管理、保护和运用等方面提出建议。

（潘　丹）

【国有科技成果挂牌交易及公示系统推出】 10月，中国技术交易所有限公司开发完成“国有科技成果挂牌公开交易系统”（gyjy.ctexmall.com）和“国有科技成果交易信息公示系统”（gyzs.ctexmall.com），并投入使用。系统为科研院所、高校提供规范、公开的市场定价机制，可进行科技成果确权、定价、交易及信息公示，促进高校科技成果与资本的高效对接，同时实现同步的场内、场外双公示系统，进行公允的市场化公示。

（韩　冰）

【知识产权运用与创新驱动发展高端论坛举办】 11月3日，由北京知识产权运营管理有限公司、美国科文顿·柏灵律师事务所、北京奥凯知识产权服务有限公司主办的知识产权运用与创新驱动发展高端论坛在京举办。市知识产权局、中关村管委会等单位相关负责人，以及企业、高校、知识产权服务机构的代表等60余人参加。相关专家就“差距就是潜力，探索总有收获，探索中国知识产权运营路径”以及知识产权运营模式、专利大数据运用、企业海外专利风险应对等方面做了主题演讲，对国内知识产权运营现状、运营模式等进行剖析，分享了专利委托运营、知识产权质押融资及P2B网贷平台、以IP运营为核心的“SPV”等知识产权运营项目的探索经验。与会代表还围绕知识产权运用面临的信息共享、业务创新、机构协同等问题进行了探讨。

（李贺英）

【10家单位入选市战略性新兴产业科技成果转化基地】 12月17日，市科委发布《关于北京市战略性新兴产业科技成果转化基地认定结果的公示》，10家基地入选，均在中关村示范区内，其中海淀园6家、大兴—亦庄园2家、西城园1家、昌平园1家。入选园区将获市科委专项资金，以后补贴方式支持企业在专业服务能力建设、公共服务平台建设、共性技术研发及成果产业化项目等方面开展工作。

序号	基地名称	所在园区
1	北京协同创新园	海淀园
2	用友科技产业园	海淀园
3	益园（北京海淀协同创新科技园）	海淀园
4	北航国际航空航天创新园	海淀园
5	北坞创新园	海淀园
6	中关村军民融合产业园	海淀园
7	北京采育新能源汽车产业园	大兴—亦庄园
8	汇龙森科技园	大兴—亦庄园
9	北京DRC工业设计创意产业基地	西城园
10	北京大数据成果转化基地	昌平园

（苏金城）

【技E网上线一周年成效显著】 12月18日，中国技术交易所有限公司在技E网上线一周年之际推出技E网2.0版本，从功能设计、用户体验、内容层次等方面进行了优化。技E网经过一年发展，已与行业、区域合作共建48个分平台，发布项目信息6万余条，注册会员超过1万人，年访问量突破100万次；开设网络竞价专场22场，成交金额1500万元；完成在线机构路演105场次，中国航天空气动力技术研究院、中国运载火箭技术研究院等单位在路演中进行咨询、对接；举办线上展会21场，中关村管委会、市知识产权局、中国科学院物理研究所等单位主办的线上科技成果展会吸引了超过1万人次的访问；通过各类专项服务与20个省市自治区的科技厅、科技局、高新区及科技型企业开展实质性业务合作。

（韩　冰）

【共建京津冀技术交易保定工作站】 12月28日，京津冀技术交易保定工作站暨中国智能电网技术交易服务平台签约仪式在保定·中关村创新中心举行。河北省科技厅等单位相关负责人参加。中国技术交易所有限公司与保定市科学技术和知识产权局、保定国家高新技术产业开发区管委会签署京津冀技术交易保定工作站暨中国智能电网技术交易服务平台建设合作协议。根据协议，以技E网及京津冀技术交易河北平台的成熟产品及建设、运营经验，集成保定市的特色资源，建设并运营京津冀技术交易保定工作站；依托专业领域科技信息平台建设与运营的经验，利用保定市在光电、风电、节电、储电、输变电与电力自动化设备方面的产业集聚优势，建设中国智能电网技术交易服务平台。三方将通过建立信息互联互通、资源开放共享、市场联合拓展的协同创新机制，挖掘企业需求，整合科技成果资源，促进科技资源供需对接，推动技术转移与成果转化工作，促进产业升级与产业转型；通过建设和完善创新服务网络，集成利用科技中介服务资源，实现技术转移服务一体化，提升技术转移机构的公共服务水平。

（田　峥）

【北京市重点产业知识产权运营基金成立】12月31日，由市财政局、市知识产权局、北京经济技术开发区管委会主办的北京市重点产业知识产权运营基金设立发布会在亦庄园举行。副市长隋振江等领导以及市发展改革委、市经济信息化委、中关村管委会等相关单位和各区县知识产权局、中关村示范区“一区十六园”管理机构的有关负责人，企业、知识产权相关机构的代表200余人参加。经济技术开发区管委会与昌平园等5个分园签署基金出资意向协议书。基金是中国首支由中央、地方财政共同出资引导发起设立的知识产权运营基金，由北京亦庄国际投资发展有限公司作为政府资金出资代表发起设立，采取有限合伙的形式，存续期10年，计划规模10亿元，将以阶段参股的方式向开展相应产业领域业务的知识产权运营基金进行股权投资，支持发起设立新的知识产权运营基金，并积极引导构建由产业知识产权联盟或知识产权运营机构运行管理的结构优良、布局合理的专利组合（专利池）项目。其具有五大特点：资金规模全国最大，实现财政资金“四两拨千斤”的杠杆作用；投资方向聚焦知识产权价值，实现收益最大化；运作模式多样化，实现精准式投资；在运营过程中进行战略性合作，实现产业知识产权布局；投资回报充盈，实现各方资本共赢。基金首期4亿元已认购完毕，其中，中央、北京市、部分中关村分园管委会三级财政体系投入政府引导资金9500万元，重点产业企业、知识产权服务机构和投资机构等投入社会资本3.05亿元，重点关注移动互联网和生物医药两个领域。

（潘　丹　冯秋帆）

【进驻30家展会开展知识产权执法】年内，北京市保护知识产权举报投诉服务中心（北京12330）共进驻第二十二届中国（北京）国际建筑装饰及材料博览会等30家展会，开展知识产权执法，共接收到专利侵权投诉81件，查处假冒专利59件。

（潘　丹）

【中关村知识产权创新沙龙举办】年内，中关村知识产权促进局举办4期中关村知识产权创新沙龙。相关专家分别以“从小微企业到上市公司——飞天诚信创新创业实战经验分享”“专利导航产业创新发展研究理论与实务”“GUI外观设计专利申请策略与实务”等主题，就移动互联网产业专利导航工作的理论和实务、GUI外观设计专利申请中的热点难点问题等方面进行讲解。中关村示范区企业的知识产权管理人员和相关机构的代表100余人次参加。

（潘　丹）

标准化

【硅砂雨水利用工程技术标准施行】1月1日，由北京仁创科技集团有限公司等单位编制的中国工程建设协会标准《硅砂雨水利用工程技术规程》(CECS381：2014)开始实施。标准规范了硅砂雨水利用工程的设计、施工与验收，适用于建筑与小区、市政工程的硅砂雨水利用工程，入渗系统不适用于湿陷性黄土、膨润土及永冻土地区。

（钟锌章）

【第七届电子信息产业标准推动会召开】1月8日，由中国电子工业标准化技术协会、中国电子技术标准化研究院和中关村管委会主办的第七届电子信息产业标准推动会暨中国信息技术服务标准化（ITSS）年会在京召开。工业和信息化部、国家标准委以及中关村示范区各分园管委会、园区重点企业的代表近500人参加。会议介绍了工业和信息化部标准化工作总体情况、国家标准化改革思路、电子信息领域工作重点、信息技术服务发展态势，发布了2014年度电子信息产业标准化十大事件，并举行“海峡两岸传感器领域标准研究及产业合作工作组”成立仪式。工作组由中国电子技术标准化研究院与台湾联发科技股份有限公司牵头组建，将进一步推动海峡两岸传感器领域的标准、相关技术创新及产业的发展，完善传感器上下游产业链。

（田　峥）

【电力线通信国家标准编制工作组成立】2月4日，由全国信息技术标准化技术委员会和中关村管委会主办的电力线通信国家标准编制工作组暨中关村电联电力载波技术创新联盟成立大会在京举行。来自工业和信息化部、国家标准委、科技部等单位有关负责人以及中国电子技术标准化研究院、北京卓越信通电子股份有限公司、清华大学等产学研用单位的代表等100余人参加。经国家标准委批准，电力线通信国家标准编制工作组成立。工作组将凝聚中国电力线通信技术相关的产学研用各界力量，抓好两项国家标准的制定，并根据中国电力线通信技术产业化发展的需求，制定和完善中国电力线通信领域的标准体系，以推动中国电力线通信技术产业化的发展，推进电力载波产业的快速成长，打造出一个可持续发展的产业集群。工作组组长由卓越信通公司董事长杨国文担任。卓越信通公司还联合清华大学、神州数码（中国）有限公司等35家企业、院校成立中关村电联电力载波技术创新联盟，以推进中国电力线通信标准制定，提升电力线通信领域资源合理配置。卓越信通公司任联盟理事长单位。（2014年9月，国家标准委批准下达《信息技术系统间远程通信和信息交换低压电力线通信第1部分：物理层规范》《信息技术系统间远程通信和信息交换低压电力线通信第2部分：数据链路层规范》两项国家标准的制定计划。）

（钟锌章　杜　菲）

【中国射频识别国际标准提案通过CD投票】2月19日，由中国电子技术标准化研究院提交的《信息技术项目管理的射频识别第4部分：2.45GHz空中接口通信参数》（模式4）(ISO/IEC/JTC1/SC31N4494) 国际标准提案通过国际标准化组织/信息技术委员会/国际自动识别与数据采集技术分技术委员会草案（CD）阶段投票。提案内容在GB/T28925—2012《信息技术射频识别2.45GHz空中接口协议》国家标准基础上进行修改完善，主要规定了工作在2.45吉赫频段的有源RFID系统中读写器与标签之间的空中接口通信协议及工作方法。作为物联网标准体系中基础类核心标准，提案除包括有源RFID技术的标签存储容量大、通信距离远、安全强度高等特点外，首次将RFID技术与传感器技术相结合。RFID系统通过收集标签中的传感器数据，实现对被测物体的无线传感器监测和定位功能。提案内容将在集装箱管理、资产监控、人员监控、车辆及船舶识别等复杂的物联网应用环境中得到广泛应用。

（钟锌章）

【IEEE 1888成为首个能源互联网国际标准】3月2日，由北京天地互连信息技术有限公司主导的IEEE 1888标准通过国际标准化组织和国际电工委员会（ISO/IEC）最后一轮投票，成为全球能源互联网产业首个ISO/IEC国际标准。IEEE 1888标准又称泛在绿色社区控制网络标准，是能源互联网领域的TCP/IP标准。通过IEEE 1888标准，将电、水、气等能源数据化，应用大数据、云计算等互联网技术，达到提高能效、节能减排等作用，并形成包括终端产品、汇聚产品、多协议网关产品、存储系统、智能分析平台、可视化界面、认证与安全系统、网管和计费系统、系统集成、认证与测试、合同能源管理服务的产业链。

（钟锌章　刘伟杰）

【信威公司 McLTE 系统通过标准测试】3月4日，由北京信威通信科技集团股份有限公司研发的 McLTE 宽带多媒体集群系统通过宽带集群产业联盟标准测试，成为中国首个通过宽带集群标准测试的通信系统。McLTE 系统以第四代移动通信技术 TD—LTE 为核心，将 TD—LTE 的高速率、大带宽与数字集群技术中的资源共享、快速呼叫建立、指挥调度等特点进行融合，并融入空分多址、动态信道分配、GoS 等信威 McWiLL 技术，具备专业集群的高可靠性、高实时性和多重用户优先级，可提升数据传输以及多媒体调度能力，是能够同时提供高质量语音、专业级集群、指令调度、宽带数据传输、高清视频监控及调度的新一代宽带多媒体数字集群通信系统。

（钟锌章　张　蕾）

【首部移动互联网广告标准发布】3月11日，由中国广告协会主办的《中国移动互联网广告标准》发布会在京举行。《标准》由中国广告协会网络互动分会主持、互动广告标准委员会牵头制定。中关村示范区的北京爱奇艺科技有限公司、小米科技有限责任公司、北京歌华有线数字媒体有限公司等互联网企业、网络广告公司及第三方监测技术公司等参与研制。《标准》由《互联网数字广告基础标准》《移动互联网广告监测标准》《移动系统对接标准》3个部分构成，对所涉及的术语、定义和缩略语、广告投放和排期、广告展示、广告监测及计算方法、异常流量排除等内容进行统一规范，以移动广告端为基础，覆盖了部分 PC 系统和数字视频、App 系统，实现了全网统一接口标准，为互联网广告监管和网络安全统一了接入通道。《标准》于3月15日开始执行。

（杜　玲）

【中关村国际标准化知识培训会举办】3月18日，由中关村标准创新服务中心主办的中关村国际标准化知识培训会在中关村软件园举办。来自中关村标准创新试点企业和中关村软件园企业的100余位标准化工作者参会。电气电子工程师协会标准协会（IEEE）主席布鲁斯·克雷默（Bruce Kraemer）做了“IEEE 标准引领新兴技术”主题演讲，围绕 IEEE 标准引领新兴技术，分享 IEEE 在 ICT 领域如物联网、软件定义网络（SDN）、云计算、大数据、信息安全等方面的技术动向及标准项目，并从 IEEE 的角度对新兴技术领域进行了展望。

（田　峥　钟锌章）

【闪联新 ISO/IEC 国际标准发布】4月1日，由闪联信息产业联盟创制的标准《信息技术家用电子系统（HES）架构—第5—7部分：信息设备资源共享协同服务—远程访问系统架构》被国际标准化组织 / 国际电工委员会（ISO/IEC）发布为国际标准，标准号 ISO/IEC14543—5—7：2015。标准是闪联远程访问系列标准的总纲，为后续标准的制定提供了系统架构和标准化体系说明。其与 ISO/IEC 发布的信息设备资源共享协同服务7项国际技术标准，形成了家庭网络信息设备互联的标准技术体系，为各种家用信息电子系统的互联互通提供了有效的标准技术支撑。

（杜　菲）

【ISO 9001：2015DIS 版标准变化的专题培训会举办】4月16日，由中关村企业信用促进会上地工作平台主办的 ISO 9001：2015DIS 版标准变化的专题培训会在中关村软件园举办。北京绿伞化学股份有限公司、北京时代奥视科技股份有限公司、西克麦哈克（北京）仪器有限公司等企业的代表70余人参加。GB/T 19001 标准起草单位之一的北京新世纪检验认证有限公司认证专家讲解了 ISO9001：2015 标准修订背景、设计结构框架等内容，介绍了新标准引入“基于风险的思考、相关方的需求与期望、绩效评估”等新的管理思路。

（毕欣超）

【DTMB 标准落户巴基斯坦】4月20日，中国国家主席习近平在巴基斯坦伊斯兰堡市同巴基斯坦总理谢里夫共同为中巴经济走廊第一批重要合作项目揭牌。由中关村数字电视产业联盟牵头创制的《数字电视地面广播传输系统帧结构、信道编码和调制》（DTMB）标准位列其中，标志着中国地面数字电视 DTMB 标准落户巴基斯坦。这是 DTMB 标准继柬埔寨、古巴、吉尔吉斯斯坦等国家之后的第九个应用示范点。

（田　峥）

【全军物资供应商入库标准宣讲会举办】4月23日，由中关村管委会主办的全军物资供应商入库标准宣讲会在清华科技园举行。来自相关产业联盟及企业的代表100余人参加。会议邀请总后勤部专家就部队物资供应商入库流程及标准、全军物资供应商建设标准及相关政策进行讲解，并演示了申请加入军队物资供应商库的流程；与会企业代表就政策调整、军工资质、供应商申请等方面进行提问，专家做出专业解答。

（赵蔚彬）

【闪联4项电子行业标准发布】4月30日，工业和信息化部发布2015年第28号公告，批准876项行业标准。其中，由闪联信息产业联盟创制的信息设备资源共享协同服务（闪联）系列的4项标准获批为电子行业标准，为家庭和办公环境下的家用电器、计算机和通信设备提供了智能发现和组网、智能资源共享和协同服务的标准化技术体系。4项标准为：SJ/T11310.2—2015《信息设备资源共享协同服务第2部分：应用框架》，规定了闪联基础协议下的音视频、文件和数字多功能光盘应用的应用框架；SJ/T11310.3—2015《信息设备资源共享协同服务第3部分：基础应用》，定义了在SJ/T11310.2—2015基础上所实现的一些基本应用需求和设计准则；SJ/T11310.5—2015《信息设备资源共享协同服务第5部分：设备类型》，规定了符合SJ/T11310—2005形态的设备类型标识符要求，功能性设备类型标识符要求及其接口要求；SJ/T11310.6—2015《信息设备资源共享协同服务第6部分：服务类型》，规定了符合SJ/T11310—2005的服务类型、接口要求、内容表现以及数据要求等内容。其体系可以广泛应用在智能家居、智慧照明、智能用电、智慧教育、智能家电等众多家庭互联领域。标准自10月1日起实施。

（杜　菲）

【ETC路侧单元技术标准发布】6月1日，在京津冀首批区域协同地方标准发布会上，发布了由北京速通科技有限公司起草的《电子不停车收费系统路侧单元应用技术规范》(DB12/T3001—2015)区域协同地方标准。标准规定了电子不停车收费（ETC）系统中路侧单元的基本构成、通信协议、应用技术要求、环境条件等内容，适用于收费公路电子收费系统和停车场收费系统，自动车辆识别、车辆出入管理等领域可参照使用。该标准的通信协议在国家标准的基础上，给出物理层接收灵敏度下限、发射功率可调范围、调制系数、发射功率温度漂移上限等的数值范围，明确MAC层数据帧重发时间间隔，避免上下行数据的收发冲突。在设备技术要求上，标准对高速公路应用和停车场应用的路侧单元的通信区域、有线数据接口的形式、规格和数据帧格式、网络监控接口的数据格式、交易时间、安装方式、可靠性、测试模式和测试指令、环境条件等方面的内容涉及的重要参数均经过在用的路侧单元产品测试验证，并获绝大多数设备商的认可。标准自7月1日起实施。

（田　川　钟锌章）

【7家联盟成为首批团体标准试点单位】6月5日，国家标准委印发《关于下达团体标准试点工作任务的通知》（标委办工一〔2015〕80号），批准中国电子学会等39家社会团体开展团体标准试点，有效期两年。其中，中关村示范区内国家半导体照明工程研发及产业联盟、闪联产业联盟、TD产业联盟、WIPI联盟、中关村中交国通智能交通产业联盟、北京长风信息技术产业联盟、中国节能协会7家社会团体入选。7家机构将探索形成产学研协同创新的标准研制新模式，打造中关村团体标准品牌，形成2～3个具有全球技术主导权的团体标准。

（田　峥）

【闪联获批团体标准试点单位】6月5日，国家标准委印发《关于下达团体标准试点工作任务的通知》（标委办工一〔2015〕80号），批准闪联产业联盟成为首批试点单位。闪联在试点期间的主要工作任务是建立闪联团体标准组织管理架构、梳理闪联团体标准制定流程等团体标准化相关制度；制定《闪联远程访问系统架构》《闪联远程访问基础协议》《闪联远程访问服务平台协议》《闪联远程访问音视频应用框架》《闪联远程通用管理》《闪联远程访问测试与验证协议》6项团体标准；在学习国际、国内先进的团体标准运营方式和组织机制上，进行总结归纳，提出团体标准的服务、引领、规范和监督的建议。

（杜　菲）

【DTMB-A成为国际标准】7月8日，国际电信联盟（ITU）宣布：中国地面数字电视传输标准的演进版本（DTMB-A）被列入国际电联ITU-RBT.1306建议书《数字地面电视广播的纠错、数据成帧、调制和发射方法》，成为其中的系统E，标志着由清华大学数字电视技术研究团队和北京数字电视国家工程实验室联合研发的DTMB-A成为数字电视国际标准。DTMB-A主要是为了应对欧洲第二代数字电视标准DVB-T2的国际市场竞争和适应超高清电视广播传输的需要而开发，具有传输容量大、信号接收灵敏度高、抗干扰能力强、高速移动接收性好等特征，是在原有DTMB标准基础上的增强和提高。其主要技术特点包括：新的灵活帧结构大幅度降低接收机复杂度和能耗，灵活支持多种业务；支持256QAM/256APSK等高阶调制，使得数字电视传输演进系统频谱利用率相比于DTMB有明显提高；基于Golay-APSK的调制体制，在提高频谱效率差错控制性能的同时，保证传输的可靠性；新型LDPC码，进一步降低载噪比门限；多天线发射分集技术获空间分集增益，可消除传统单频网系统中“人工多径”的影响，获得更好的信号覆盖；基于时频二维信号处理的测距和定位算法，可实现在视距条件下的高精度、低复杂度的无线定位算法。

（钟锌章　田　峥）

【智联联盟标准委员会成立】7月14日，在TiD2015质量竞争力大会上，中关村智联软件服务业质量创新联盟宣布成立智联联盟标准委员会。标委会为中关村智联联盟的下属机构，专门负责联盟标准研制与推广工作，下设软件成本度量国标工作组、软件研发成本度量工作组、智慧城市软件预算管理工作组等9个标准工作组。标委会主任由北京大学教授陈钟担任，来自行业用户、软件企业、咨询机构、高校等单位的20名技术专家担任委员。

（杜　玲）

【3项标准入选能源领域电力行业标准制（修）订计划】7月28日，能源局印发《关于下达2015年能源领域行业标准制（修）订计划的通知》（国能科技〔2015〕283号），中国华能集团清洁能源技术研究院有限公司主持申报的3项电力行业标准入选。其中，《循环流化床锅炉检修导则（修订）》主要技术内容包括：锅炉本体及关键部件检修、锅炉汽水系统检修、锅炉物料及烟风系统检修（含输煤、床料添加）、锅炉灰渣冷却及输送系统检修（含冷渣器及输渣机）、锅炉耐火防磨层检修、风机系统检修（各类风机）、环保系统检修（石灰石输送系统及SNCR脱硝系统）。《循环流化床锅炉炉膛防磨技术导则》主要技术内容包括：降低炉膛磨损的技术措施、炉膛防磨检查与检测要求、其他规定。《半工业试验台流化床锅炉燃料试烧试验技术规范》主要技术内容包括：试验台技术要求，包括锅炉外形尺寸、传热特性和热功率、配套辅机及设备；试验大纲编写规范；试验应具备条件技术要求；试验工况控制参数技术要求；试验数据记录及处理要求；试验报告编写要求。

（万　玮）

【国内首部锂离子电池强制性国家标准实施】8月1日，由中国电子技术标准化研究院牵头起草的强制性国家标准《便携式电子产品用锂离子电池和电池组安全要求》（GB31241—2014）实施。标准为国内首个自主制定的锂离子电池强制性国家标准，主要针对锂离子电池芯、电池组规定了在正常使用、合理可预见的误用和滥用条件下的电安全、环境安全、机械安全的要求和测试方法。根据测试指标，电池组的测试项目中除了包含常规的一般安全要求（安全工作参数、标识要求、警示说明、耐久性），还包括对电池组环境试验、电池组电安全试验、电池组保护电路安全测试要求、系统保护电路安全要求等30余项测试。凡是符合“不超过18kg的预定可由使用人员经常携带的移动式电子产品”使用的锂离子电池和电池组，均需要执行标准给出的强制性要求。标准适用的便携式电子产品包括但不限于便携式办公产品如笔记本电脑等，移动通信产品如手机等，便携式音视频产品如便携式电视机等，以及其他便携式产品如电子导航器等。成果入选2015年电子信息产业标准化十大事件。

（张　毅）

【天地互连董事长当选IEEE标准化协会董事】8月25日，美国电气和电子工程师协会标准化协会（IEEE-SA）董事会议上宣布，北京天地互连信息技术有限公司董事长刘东当选2016—2017年度IEEE标准化协会董事，成为IEEE标准化协会历史上首位来自中国的董事。刘东当选IEEE-SA董事后，将全面参与IEEE-SA战略决策和运营管理。

（田　峥　钟锌章）

【2015年知识产权服务标准化国际交流会举行】9月7日，由中国标准化研究院主办，中关村知识产权促进局、首都知识产权服务业协会承办的2015年知识产权服务标准化国际交流会在京举行。知识产权局、国家标准委等单位相关负责人，以及来自地方知识产权局、全国知识产权服务业集聚发展试验区、知识产权服务机构、科研机构、企业、高校、协会的代表200余人参加。相关专家学者分别围绕美国、德国标准化体系，欧洲服务标准化，中国标准化改革，专利信息分析师标准化培养，中国知识产权服务标准的现状、发展与思考等主题展开演讲，并与参会代表就知识产权服务标准化的国内外政策环境差异、中国内生动力和现实需求等话题进行讨论。

（潘　丹）

【“互联网+”标准化系列讲座举办】10月22日，由中关村标准创新服务中心主办的“互联网+”标准化系列讲座第五期“互联网+智慧城市”在北京理工国际教育交流大厦举办。来自中关村标准创新试点联盟、企业以及中关村示范区各园区管委会、各区县质监局的代表等近60人参加。中关村乐家智慧居住区产业技术联盟相关专家从智慧城市总体发展、标准化建设、智慧社区、智慧社区指导体系建设以及“互联网+”与智慧城市的发展建议等方面进行梳理和介绍。年内，系列讲座共举办5期，分别以智慧能源、智能交通、电子商务、智能硬件和智慧城市为主题，对“互联网+”推动企业、区域经济创新发展等方面进行了讲解，旨在进一步贯彻“大众创业、万众创新”战略，推动以“互联网+”促进跨领域协同创新，让企业在传统行业稳步发展的同时，利用信息通信技术以及互联网平台，使互联网与传统行业进行深度融合，创造新的发展生态。

（田　川　钟锌章）

【中关村医疗器械产业联盟标委会成立】 10月28日，由中关村医疗器械产业联盟主办的中关村医疗器械产业技术创新联盟标准化技术委员会成立暨全体委员会议在京召开，市科委、市食品药品监管局、中关村管委会等单位有关负责人，以及相关医疗机构、大专院校和企业的代表等70余人参加。标委会是专门从事医疗器械和健康专业领域内团体标准化工作活动的技术组织，由医疗器械监管机构、医疗机构、大专院校和骨干企业等43家成员组成，将引导中关村示范区企业开展医疗器械和健康等战略性新兴领域技术标准的研究以及产业关键共性技术研发和集成攻关，制定技术标准，形成产品或成套工程技术，推动创新成果向企业转化，形成产业化。会议提名清华大学技术转移研究院总工程师卢爱丽任主任委员。

（韩洋洋　石会昌）

【《中药煎药机》国际标准发布】 11月6日，国际标准化组织（ISO）发布由北京东华原医疗设备有限责任公司组织制定的《中药煎药机》（*Herbal Decoction Apparatus*）国际标准（ISO18665：2015）。该标准基于全球范围内草药煎煮设备的国际贸易需求而建立，主要目的是确保非密闭草药煎煮设备和密闭草药煎煮设备的安全和质量，规范了草药煎煮设备材料、表面质量、性能、电器安全、机械安全等方面的要求，并对实验方法、检验规则，以及标志、使用说明书、贮存等事项做了规定，适用于个体处方非私人使用的草药煎煮设备、设计压力小于0.1兆帕斯卡的草药煎煮设备、煎药和包装一体机的煎药部分。

（田　川　钟锌章）

【标准资助政策与知识产权协同发展培训会举办】 11月18日，由中关村标准创新服务中心与中关村乐家智慧居住区产业联盟主办的中关村标准资助政策与知识产权协同发展培训会在理工国际教育交流大厦举办，来自各区质监局以及中关村标准创新试点联盟、企业的代表等100余人参加。相关专家围绕信息、网络与标准、知识产权等主题，就标准专利与知识产权、如何进行专利布局、移动互联网App知识产权保护、中关村技术创新能力建设专项资金管理办法政策概要等方面进行讲解，从制度运行、技术特点、产业发展、规则运用等角度进行了剖析。

（田　川　钟锌章）

【TRAIS技术被纳入国际标准】 12月17日，在第二届世界互联网大会上，由WAPI产业联盟牵头组织的《射频识别空中接口安全协议》（TRAIS）被国际电工委员会（ISO/IEC）纳入国际标准（ISO/IEC29167–16：2015），成为中国在RFID领域的首个国际标准，也是中国物联网安全关键技术首次被纳入国际标准。TRATS技术是三元对等（虎符TePA）网络安全技术架构在物联网核心技术——射频识别RFTD领域的创新成果，能够提供实体鉴别、保密通信、访问控制等空中接口安全服务，可抵抗RFID产品所面临的标签伪造，通信数据被窃听、篡改等安全威胁。

（钟锌章　刘伟杰）

合作与交流

Cooperation and Exchange

本栏目设有合作和交流两个分栏目，以条目体形式记述中关村国家自主创新示范区为推进和服务企业参与国内外交流与合作所采取的举措，以及企业在开展国内外交流与合作的重要活动中取得的成效。

综　述

2015年，中关村示范区继续以建设具有全球影响力的科技创新中心为目标，以服务和推进企业国际化发展为核心，不断提升参与国际科技与产业资源配置能力，推进企业国际化，资本、技术、人才和品牌国际化，增强中关村示范区的国际影响力和竞争力。

修订完善《中关村示范区国际化发展专项资金管理办法》，进一步限制自由裁量权，重点支持中关村示范区企业与世界500强企业或境外排名前100名的大学、科研机构开展的实质性合作。支持企业、平台机构等开展国际市场拓展、国际研发合作和国际化环境建设等业务，全年对274家单位的664个项目给予国际化发展专项资金支持。推进与全球科技机构、创新资源的交流合作，年内接待澳大利亚等国家及港澳台地区的来访团组106个，累计1675人次；安排厄瓜多尔总统科雷亚访华代表团等高规格团组在中关村示范区参观考察，并邀请部分企业共同参与接待。积极开展国际化科技信息推介活动，宣传推广伊朗伊斯法罕科技节、马里兰大学EMBA项目等。对接国际资源，举办“北京之夜”“中美企业对接会”等系列对接活动，组织28家企业及创投孵化机构与加拿大安大略省科技代表团对接，在40余个项目中开展合作可行性探讨。促成芬兰Slush中国国际创新创业大会在中关村软件园举办，中关村管委会、海淀区政府及芬兰贸易协会共同签署“中芬创新基金谅解备忘录”。加大企业服务力度，协助北京科兴生物制品有限公司拜会中国驻土耳其、墨西哥、智利、尼泊尔等国家的使馆，促进其在重点目标国开展生物制药疫苗的研发、生产、捐赠和销售工作。以展会和海外对接活动为重点，支持企业开拓国际市场。组织企业参加2015年国际消费类电子产品展览会（CES）、2015德国慕尼黑国际太阳能技术博览会等7个国际知名展会，累计107家企业参展，签订成交合同金额近2亿元。利用全球知名高校资源，推动企业开展国际合作。举办美国斯坦福大学第二期“点燃”创新培训项目，实现中关村示范区创业者与硅谷创新资源及斯坦福大学全球创新网络的无缝对接。与美国斯坦福大学、哥伦比亚大学、弗吉尼亚大学等5所大学开展2015年国际实习生项目，搭建国外知名大学优秀人才的实习招聘渠道。承办第32届国际科技园区协会世界大会，来自全球48个国家和地区的代表近700人参加，推动中关村示范区与“一带一路”沿线国家的科技合作。搭建京津冀国际高端科技创新资源共享平台，促成瑞士中心总部办公室、瑞典Movemum孵化器北京办事处等一批项目落户中关村示范区。

中关村管委会通过专场推介、组织考察等形式与厦门市、承德市、南京市、南宁市、广安市等8个地区（单位）签署战略合作协议。与合作地区共同举办项目推介会、洽谈会3场，累计参会近300人次，签约项目38项。京津冀协同发展工作稳步推进。保定·中关村创新中心成立，成为国内首个京津冀区域合作创新中心，主要为新一代信息技术、智能电网、智慧能源、高端装备研发四大产业和创新企业提供总部办公、研发中心、创新服务、商务配套等服务；中关村发展集团股份有限公司联合河北省、天津市、辽宁省等地14个地区政府和相关金融机构发起设立规模100亿元的中关村协同创新投资基金，是国内首支以京津冀为重点、合作区域最多的协同创新投资基金。促进区域合作共建。支持乌兰察布中关村科技产业园、十堰中关村科技成果产业化基地、西宁中关村科技成果产业化基地等产业基地的建设，在能源科技、节能环保、生物农业、大数据中心等领域加强产业对接；南京中关村高端人才创新创业基地揭牌，并拟成立10亿元规模的创业基金，推动两地高端人才创新创业发展。企业合作持续增强。京东方科技集团股份有限公司与美国IBM公司、用友网络科技股份有限公司与阿里巴巴网络技术有限公司、乐视网信息技术（北京）股份有限公司与阿斯顿·马丁拉共达（中国）有限公司等企业分别签署战略合作协议；亿赞普（北京）科技有限公司与沙特阿拉伯王国、立陶宛、比利时等国家签署银行卡清算业务协议。年内，中关村管委会组织210余家科技创新型企业参加第十八届中国北京国际科技产业博览会、第十四届中国国际环保展览会等品牌展会，集中展示了智能硬件、智能制造、移动互联网、节能环保等领域550余项科技创新产品。

（殷　茵　朱　凯）

合　作

【千方科技公司与华为公司签约】1月5日，北京千方科技股份有限公司发布《关于签署战略合作协议的公告》，宣布与华为技术有限公司签署《战略合作协议》。根据协议，双方将在公路交通运输信息化、水路交通运输信息化、民航业务信息化、城市公共交通运输信息化等领域开展合作，合作产品包括数据中心产品、通信网络产品、融合通信与协作产品、终端产品以及云计算和大数据相关产品等。通过合作，有助于千方科技公司提升交通运输行业信息化解决方案的专业化程度，提高技术壁垒，增强行业信息化的安全管理和服务水平。

（杜　玲）

【生命科学园公司与天津经济开发区管委会签署协议】1月15日，中关村生命科学园发展有限责任公司与天津经济技术开发区管委会在天津市政协俱乐部签署《合作框架协议》。根据协议，双方将在天津开发区共同建设生物技术和医疗健康专业园区，深化生命科学园产业发展服务内涵，为中关村示范区生物技术企业提供广阔的发展空间，同时促进天津地区生物技术及新医药、医疗健康产业要素的聚集，推动京津两地生命科学领域产学研用结合、成果转化、服务创新等目标的实现。到津发展的企业将发挥自身优势，与落户地区的政府、企业密切合作，互利共赢，帮助天津市及各区县政府促进当地产业发展。

（李贺英）

【联想集团与香港数码港管理有限公司签约】1月20日，香港数码港管理有限公司与联想集团有限公司策略伙伴框架协议签署仪式在香港举行。香港特区行政长官梁振英出席并发表演讲。根据协议，双方拟共建亚太地区首个云服务及产品研发中心，在科技研发与创新、人才培养及就业、初创企业培养、本地云计算、大数据及互联网产业发展等方面展开合作，通过产业交流和新业务拓展等方式，推动香港和亚太地区相关产业深入发展，为香港的新兴企业、研究机构和大学生提供一个创业及人才培养的平台。同时，重点支持科技创业和扶持本地的高科技初创企业，联想乐基金也将对香港本地的初创企业提供投资和管理支持。根据发展计划，中心重点在两个方面开展业务：围绕大数据和“企业级云服务基础设施平台”两大领域进行探索和研究；建立亚太地区数据中心，利用香港的区位优势服务亚太地区市场，支撑联想云服务的全球化业务。

（张　蕾）

【神州数码公司与阿里云公司签约】1月29日，神州数码（中国）有限公司与阿里云计算有限公司战略合作签约仪式在京举行。双方拟在智慧城市领域展开深度云合作，并以政府服务、企业服务等领域的云计算业务为切入点，展开全方位对接。根据协议，神州数码公司将利用其技术优势与阿里云公司进行技术研发，为用户提供SaaS层和PAAS层服务；双方将在大数据方面开展合作，为客户提供下一代数据驱动型应用；在智慧城市业务领域，阿里云公司将采用云平台输出等模式与神州数码公司共同运营。

（杜　玲）

【百度公司与华为公司开展战略合作】3月4日，在2015年世界移动通信大会上，百度在线网络技术（北京）有限公司与华为技术有限公司签署关于华为创新的解决方案Service Anchor与百度地图的合作备忘录。双方将在技术创新、产品研发、解决方案以及市场营销等方面推进基于室内移动互联网的相关应用，特别是基于室内导航的O2O合作，并推动相关行业标准的制定，加强ICT融合解决方案的落地和跨界合作。通过合作，双方运营商和互联网业务提供商将实现“内容进管道，管道促业务”的双赢发展。（*Service Anchor解决方案是一个基于网络功能虚拟化架构的开放平台，拥有开放的API，可以与企业业务平台对接，为第三方应用开放网络资源。*）

（杜　玲）

【航天信息公司与中国建设银行签约】3月13日，航天信息股份有限公司·中国建设银行股份有限公司北京市分行战略合作暨发票征信互联网融资服务签约仪式在京举行。双方相关负责人参加。根据协议，双方将在发票征信互联网融资领域展开合作。航天信息融信平台与建行北京分行信贷产品进行对接，实现税控技术产品、互联网平台产品与金融信贷产品的三方结合，为降低企业融资难度、减少银行放贷风险开辟了新的途径。航天信息融信平台利用互联网、云计算等大数据技术对相关信息进行分析，为企业提供征信及融资信息服务。中小企业可以利用平台提交增值税发票等涉税信息，作为融资贷款的重要信用依据。平台也为金融机构的贷款业务提供贷前征信依据和贷后数据监管。

（杜　菲）

【奇虎公司与红旗软件公司开展合作】3月19日，北京奇虎科技有限公司与北京中科红旗软件技术有限公司达成战略合作协议，将联合推进自主安全国产操作系统。双方完成产品兼容性测试，360安全卫士国产系统专版产品即可在红旗Linux所有操作系统上使用。红旗软件公司将专门定制360桌面安全版产品，依靠360安全卫士国产系统专版的木马查杀、网盾防护、垃圾清理功能，与红旗软件系统本身的安全监控防护系统结合，让用户安全使用红旗Linux系统。

（杜　玲）

【2015徐州（北京）中关村合作发展恳谈会举行】3月27日，由徐州市政府主办的2015徐州（北京）中关村合作发展恳谈会在京举行。中关村管委会主任郭洪和徐州市委、市政府等单位相关负责人，以及中关村示范区企业、高校院所、中介服务机构的代表等100余人参加。会议以智能装备制造、高端电子信息、生物医药、文化创意、云计算、物联网、软件服务外包等战略性新兴产业，企业和项目“点对点”对接为重点。徐州市政府分别与北京威业源生物科技有限公司、北京首都科技集团有限公司签署战略合作框架协议。北京理工大学与淮海控股集团有限公司在徐州经济技术开发区合作建设的新能源汽车等18个招商项目现场签约，投资额125.7亿元，其中利用外资10亿美元。

（朱　凯　王　翔）

【中金公司与华为公司开展战略合作】4月22日，由中金数据系统有限公司与华为技术有限公司主办的云战略合作协议签约仪式在京举行。根据协议，双方将围绕IT系统云化、大数据分析、业务连续性保障、容灾备份等业务开展合作，共同面向金融行业客户打造更专业、极致灵活的金融信息化服务，为客户提供可信的云化体验，帮助客户在云时代挖掘新的商业机会。

（杜　玲）

【新华瑞德公司与华体国际公司开展合作】4月23日，新华瑞德（北京）网络科技有限公司与北京华体联合国际体育顾问有限公司签署项目合作协议。双方将共同打造“互联网+”体育行业服务平台，开展平台产品的规划、设计和开发。华体国际公司将提供包括国内体育场馆、体育旅游、各类健身活动及运动健身场所位置分布等信息，新华瑞德公司将利用其在移动互联网领域，特别是移动云平台方面的技术和服务优势，通过大数据整合，解决体育爱好者寻找健身场地的难题。

（杜　玲）

【健康之路公司与赛诺菲集团开展合作】5月13日，“健康路”合作项目签约仪式在京举行。北京健康之路众康信息技术有限公司宣布与法国赛诺菲—安万特集团达成战略合作，双方将共同搭建面向县域慢性病患者的移动医疗项目，结合健康之路公司在医患沟通在线平台设计开发运营方面的经验及赛诺菲集团在糖尿病、心血管疾病等领域的专长，推出贴合医患用户需求的移动医疗产品。

（杜　玲）

【京东公司与金蝶集团开展合作】5月18日，金蝶国际软件集团有限公司发布公告，宣布与北京京东世纪信息技术有限公司达成合作协议，京东公司将出资1.71亿美元认购金蝶集团约10%股份。双方将整合企业客户和用户资源，集成京东电子商务、物流IT方案与金蝶ERP解决方案，并将整合方案迁移至企业云平台。

（杜　玲）

【乐视公司与联合国开发计划署开展合作】5月20日，联合国开发计划署&乐视控股战略合作发布会在京举行。双方签署合作备忘录，建立战略合作关系。双方将在联合国成立70周年之际共同在北京举办一系列相关活动，乐视公司将发挥多屏合一的全媒体平台优势，协助联合国周年庆活动的传播；双方将在科技创新、弥合信息鸿沟、清洁能源等与可持续发展相关的领域资源共享，致力于提高公众对于发展问题重要性的认识。

（杜　玲）

【奇虎公司与华远公司合作打造智慧社区】5月20日，由北京奇虎科技有限公司与北京市华远集团有限公司主办的“智慧·家”战略合作发布会在京举办。双方宣布将从智能家居的安全方面切入，在智能硬件、移动互联和App以及云服务等领域进行战略合作，并打造国内首个智慧社区。奇虎公司将针对华远集团旗下项目的家庭安全应用场景，设计和提供家庭安全智能产品和管理系统，包括智能摄像机、安全路由器、定位和健康手环、电器安全报警器、燃气烟气智能报警器等，完善公共区域安全监控体系，并搭建智慧社区App安全应用平台及产品营销平台。

（杜　玲）

【神州数码公司与 Uber 公司开展战略合作】 5 月 25 日，神州数码（中国）有限公司与美国优步公司（Uber）全球战略合作协议签约仪式在贵阳市举行。根据协议，双方将结合神州数码公司在智慧城市领域的积累，优步公司在交通资源优化配置、交通大数据等方面的技术优势，开展符合中国实际需求的科技成果转换，提升国内城市管理的大数据分析能力和水平，并将以贵阳市为试点城市组织实施。

（杜　玲）

【紫光测控公司与东方日升公司开展战略合作】 5 月 26 日，东方日升新能源股份有限公司发布《关于与紫光测控签订战略合作协议的公告》，宣布与北京紫光测控有限公司签署战略合作协议。根据协议，双方将共同搭建光伏电站监测、运营云服务平台，将东方日升公司建设及运营的光伏电站的运行信息接入云端系统，实现光伏电站运行状况的监视、预测、诊断与分析。通过云平台的大数据分析、电站的实际建设运行状况及能源互联网的资源整合，为光伏行业提供完整的电站建设、运营、维护解决方案。

（杜　玲）

【神州数码公司与贵阳市政府开展战略合作】 5 月 27 日，在 2015 贵阳国际大数据产业博览会暨全球大数据时代贵阳峰会项目签约活动上，神州数码（中国）有限公司与贵阳市政府签署系列战略合作协议。双方将按照“众筹、众联、众包、众创、众享”要求，结合神州数码公司在智慧城市、大数据等方面的技术优势，加快公共服务领域的信息开放与共享，推进“智慧贵阳”建设及落地。根据协议，神州数码公司将与贵阳市政府以 PPP 模式开展合作，通过整合政府开放信息资源，借助神州数码公司自主研发的“市民融合服务平台”，共同展开贵阳市“民生云”的建设与运营，为贵阳市民构建“一站式”信息化民生服务平台。

（杜　玲）

【华力创通公司与中国电信集团签约】 6 月 8 日，北京华力创通科技股份有限公司发布《关于与中国电信集团卫星通信有限公司签订北斗通信业务合作协议的公告》，宣布双方拟在北斗通信数传、铱星、海事等卫星数传服务以及中国电信集团所经营的后续卫星系统进行合作，共同开展基于卫星通信手段的语音、数据、视频通信等业务，以及相关产品、终端、设备销售和服务。华力创通公司选择中国电信集团作为北斗卫星数传服务的主导运营商，向用户提供北斗数据传输服务、短信数据服务。中国电信集团将在同等条件下以北斗通信市场最优惠条件向华力创通公司授予通信产品和服务代理权。

（韩洋洋）

【安诺优达公司与美国 Illumina 公司开展合作】 6 月 10 日，安诺优达基因科技（北京）有限公司和美国 Illumina 公司宣布，双方将联合开发应用于生育健康的高通量测序平台。其中，安诺优达公司将提供自主开发的核酸提取、文库构建技术和数据分析软件，Illumina 公司提供高通量测序仪的零部件和相关试剂。双方合作将聚焦于为临床应用市场提供先进的整体解决方案，并将联合为中国市场开发便于用户操作的产前 DNA 检测平台。

（杜　玲）

【中关村发展集团与招商局签署深化战略合作协议】 6 月 17 日，中关村发展集团与招商局地产控股股份有限公司签约仪式在集团本部举行，双方签署《中关村发展集团与招商局地产控股股份有限公司深化战略合作协议书》。副市长隋振江、市政府副秘书长朱炎、中关村

管委会主任郭洪等领导以及相关企业的代表等 20 余人参加。协议包括合作背景、合作目标、合作原则、合作内容和合作机制 5 个部分，双方将共同投资包括科技园区、孵化器等在内的一系列国家政策支持、具有良好经济效益和社会效益的项目，实现互惠互利。

（李贺英）

【中关村产业技术联盟促进会与瑞典孵化器签订合作备忘录】 6 月 25 日，中关村产业技术联盟促进会与瑞典耶夫勒堡省高新产业孵化器 MOVEXUM 签约仪式在瑞典举行。双方相关负责人签署合作备忘录。联盟促进会将借助 MOVEXUM 在瑞典及欧洲地区的影响力，在瑞典开展市场工作。双方将寻找有技术转化需求的企业，并组织供需双方进行对接；通过商务活动、沙龙论坛等形式，展示中瑞两国在智慧城市建设过程中的创新成果；加强市场推动方面的内部沟通，通过交流与培训项目增进相互合作，建立相关重要活动的便

捷联系通道。

（杜　玲）

【百度公司与工商银行开展战略合作】 6月26日，百度在线网络技术（北京）有限公司与中国工商银行股份有限公司《战略合作协议》签约仪式在京举行。根据协议，双方将在互联网金融、地图服务、网络营销、融资业务、生活服务等领域开展合作。工商银行将为百度公司及其关联企业和符合条件的百度平台客户提供80亿元的意向融资支持；双方将通过医患双选平台——“百度医生”展开互联网医疗合作，包括挂号服务等；百度公司将利用地图产品和LBS定位技术，为工商银行客户提供营业网点、自助银行位置信息服务，为工商银行提供网点机具选址地图服务和相关地图开发技术支持；百度直达号和百度糯米也将与工商银行开展在线支付、线上POS收单等业务合作。

（杜　玲）

【京东方集团与IBM公司开展合作】 6月29日，京东方科技集团股份有限公司发布《关于与IBM签署软件许可和联合开发协议的公告》,宣布与国际商业机器（中国）投资有限公司（IBM）签署《软件许可和联合开发协议》。根据协议，京东方集团通过获得IBM公司相关软件、著作权、专有知识、资料等的授权许可开展联合开发工作。双方建立联合团队，共同开展基于认知计算的健康管理大数据平台的联合开发，期限5年。其中，第一年开展基于认知计算的健康管理平台、基于心脑血管健康领域的专家知识库系统、基于心脑血管健康领域的移动健康管理系统的开发。

（杜　玲）

【蓝鲸军民融合创新园（无锡）签约】 7月16日，蓝鲸军民融合创新园（无锡）签约仪式在无锡中关村科技创新园举行。中国人民解放军海军、中关村管委会、无锡市政府等相关单位负责人以及相关企业的代表等100余人参加。蓝鲸军民融合创新园管委会、无锡市政府、北京科技园建设（集团）股份有限公司签署合作协议，将共建、共管蓝鲸军民融合创新园无锡分园。合作三方将联合导入招商资源，提供后续运营及服务。无锡市政府将提供相应政策、资源、技术平台等支持；蓝鲸园总部将利用自身资源优势在蓝鲸无锡园开展试点工作；北科建集团将整合园区开发的综合优势，打造科技公共服务平台。蓝鲸无锡园项目位于无锡（太湖）国际科技园内，规划建筑面积10万平方米，计划3年内吸引100余家电子信息、新能源、新材料等领域企业入驻；科技公共服务平台年均服务企业30家，将蓝鲸无锡园建设成为长江三角洲地区海军与地方供需对接的信息平台、高新技术的创新平台、成果转化的推动平台、高端人才的引育平台和军民融合创新示范平台。

（赵蔚彬）

【蓝鲸军民融合创新园南京同方分园授牌】 7月16日，由蓝鲸军民融合创新园管委会、江宁区政府、同方股份有限公司共同主办的蓝鲸军民融合创新园南京同方分园签约暨授牌仪式在江宁市举行。中关村管委会、南京市江宁区政府等单位有关负责人参加。南京同方分园位于同方工业南京科技园，占地面积3.5公顷，由三方合作共建，江宁高新技术产业园管委会与同方公司负责具体运作，将采用市场化运作的军民融合创新模式，建立新型国防采购和技术发展的信息对接平台，以解决民参军、军转民途径缺乏的问题，同时还为科技型企业、高校、科研院所提供新的合作和市场渠道。

（赵蔚彬）

【超图软件公司与国家气候中心开展合作】 7月20日，北京超图软件股份有限公司发布《关于与国家气候中心签署战略合作协议的公告》，宣布与国家气候中心签署《关于加强气候服务合作的战略协议》。根据协议，双方将成立联合实验室，研发或改进可销售的气候服务产品，发展大数据、数据挖掘在气象灾害风险管理中的应用技术等；根据市场及特定用户的需求，成立专题分析队伍，定制个性化的分析报告，提供专题气象服务。通过合作，有利于超图软件公司在气象行业的拓展，并提升基于气候数据的相关业务拓展，提升整体实力和盈利能力。

（杜　玲）

【神雾集团与乌海市政府签署协议】 7月22日，乌海市人民政府、北京神雾集团全面战略合作框架协议签约仪式在京举行。内蒙古自治区乌海市政府、北京神雾环境能源科技集团股份有限公司等单位有关负责人及相关企业的代表参加。根据协议，双方将在煤炭高效清洁利用（煤化工）、工业固废和城市垃圾无害化处理、劣质煤发电、铁矿石直接还原清洁冶炼等领域合作，并将战略规划项目分阶段实施。协议明确指出合作的近期目标，神雾集团将对乌海电石产业、工业园区清洁燃气供应和煤矸石清洁高效发电等项目进行全面升级改造和优化，投资78亿元改造电石产能约350万吨/年，副产品人造石油、人造天然气70万吨/年，投资40亿元分期建设与300万吨/年焦炭配套的20亿标立/年低热值清洁燃气替代焦炉煤气及15亿标立/年焦炉煤气合成液化天然气项目；中期目标为投资200亿元建设年处理800万吨煤炭清洁高效利用示范项目，投资4亿元建设日处理800吨城市垃圾副产80吨/时蒸汽的城市垃圾无害化处理项目；远期目标为含铁固废和含铁矿产资源再利用项目以及神雾集团气体处理研究机构（GTI）的建设。

（万　玮）

【共建电动快递物流运程控制与智能化服务平台】7月29日，北京新能源汽车股份有限公司与天津市邮政管理局战略合作签约仪式在天津市举行。天津邮政系统、快递行业协会及相关企业的代表等参加。根据协议，在北汽新能源车辆运行数据平台基础上，双方将共建“天津电动快递物流运程控制与智能化服务的系统平台”，实现对电动快递物流运营中人、车、货物的智能化管理及以人为本的服务理念与措施；通过信息及数据化分析，完善并建立新能源汽车在邮政快递行业的应用标准，并联合开展在全国邮政系统的电动快递物流车的示范推广活动。上海申通快递有限公司天津分公司现场签约500辆北汽新能源公司电动物流车。

（杜　玲）

【用友公司与阿里巴巴公司开展战略合作】7月29日，用友网络与阿里巴巴全面战略合作发布会在用友软件园举办。用友网络科技股份有限公司与阿里巴巴网络技术有限公司签署《战略合作框架协议》，双方将在云计算服务、电子商务、大数据、数字营销四大领域开展合作。在云计算领域，阿里云将为双方生态合作提供统一平台，用友公司旗下多款产品将迁入阿里云；在电子商务领域，用友公司将推出电商企业资源计划（ERP）——“电商通”，为企业客户在淘宝、天猫等平台上进行电商订单处理的互联网应用服务和数据接口服务；在大数据领域，以阿里云和阿里数据平台为基础，由用友公司推出一套面向企业客户的云BI产品——BQ Cloud，并成立联合数据工作室，推进BQ Cloud产品及后续数据产品的研发工作；在数字营销领域，打通用友秉钧营销平台与阿里妈妈广告系统平台，整合营销推广渠道资源与推广模式，实现客户、营销资源与推广及结算体系的一体化。

（刘伟杰）

【软通动力集团与首尔市政府签署协议】8月4日，由软通动力信息技术（集团）有限公司主办的韩国首尔市与软通动力战略合作协议签约仪式在软通动力集团总部举行。首尔市政府、软通动力集团有关负责人等参加。根据协议，双方将在智慧城市、ICT产业等多个领域进行深度合作。首尔市政府将为软通动力公司的中韩跨境电商业务提供支持、推荐合作伙伴和供应商；软通动力将在首尔市设立研发中心，并对优秀的IT公司进行投资。至年底，部分韩国协会、商会以及企业同软通动力集团达成合作意向。

（张　蕾）

【共建智慧东丽湖区域】9月24日，在天津市东丽区京津冀协同发展重点项目签约仪式上，方正国际软件有限公司与天津市东丽湖温泉度假旅游区管委会、天津北大科技园建设开发有限公司共同签署战略合作协议。根据协议，方正国际公司与天津东丽湖管委会将在智慧城市顶层设计、智慧政务、智慧警务、智慧社区、智慧园区、智慧旅游、智慧城管、智慧教育、智慧体验中心、智慧校园等智慧城市业务领域展开合作，打造一个技术领先、文化氛围浓厚、生态良好的智慧东丽湖区域，进而带动东丽湖区域产业结构调整和升级。方正国际公司还将在北大科技园天津分园内成立方正国际研发中心和智慧城市展示中心等机构，作为推动智慧东丽湖区域发展的重要载体，进行智慧园区系统化项目建设。

（杜　菲）

【创业三棱镜计划启动】10月19日，拉勾网、36氪以及天使汇在京举办线上发布会，宣布启动“创业三棱镜计划”。三方合作的具体方式为：拉勾网向36氪和天使汇的初创公司提供免费基础招人服务；36氪为拉勾网和天使汇的初创企业提供无偿的融资平台对接服务，并为优秀企业提供媒体报道服务；天使汇为拉勾网和36氪的创业者提供免费在线工商登记服务，以及1亿元种子基金。3家企业将共同为全国创业者打造创业生态圈。

（陈宝德）

【拉卡拉公司与ALLpay公司签约】10月19日，在第六届中英互联网圆桌会议上，拉卡拉支付有限公司与英国账单支付公司ALLpay Limited签署合作协议，双方将共同建立一个跨境金融服务平台，为中英两国消费者提供便利的金融及跨境支付服务，并加强在社区便民服务、智能穿戴设备，以及跨境电商等领域的合作。

（杜　玲）

【环促中心与珲春国际合作示范区管委会开展合作】10

月21日，由北京中关村国际环保产业促进中心有限公司和珲春国际合作示范区管委会联合主办的中国图们江区域（珲春）国际合作示范区宣传推介会在中关村软件园举行。珲春市政府、中关村管委会等单位相关负责人，以及来自北京市、辽宁省、甘肃省等地80余家科技、环保类企业的代表参加。与会企业家就融入国家"一带一路"战略、内贸货物跨境运输、纺织服装产业、健康产业、生态环保产业以及珲春市与其他国家在产业合作方面的优势等问题进行交流。同月26日，环促中心与珲春国际合作示范区管委会签署《城市生态文明建设战略合作框架协议书》。根据协议，环促中心将为珲春市的生态城市及生态园区建设提供技术支撑，确保相关规划的落地实施；针对珲春市乡镇人口分布、出水水质、垃圾类型、资金来源及政策等具体情况，编制适宜当地经济水平与政策要求的乡镇污水处理、垃圾处理方案，并提供规划设计、技术配套、工程施工、资本运作及运行维护等综合服务；配合珲春市建设发展规划，联合投资、建设、运营垃圾处理厂，以及利用3P模式或BOT模式投资建设垃圾处理项目，并获得特许经营等相关政策支持。

（马晓清）

【环促中心与台湾凯鸿集团开展战略合作】10月23日，北京中关村国际环保产业促进中心有限公司与台湾凯鸿环保科技集团在环促中心签署《海峡两岸跨境环保科技成果转化与分享战略合作协议》。根据协议，双方将在节能环保领域充分发挥各自优势，促进环保科技的成功转化与分享，共享两岸环保市场信息，并在当地为对方推进合作伙伴提供必要的项目咨询、政策、资金、服务等方面的协助。台湾凯鸿集团将加入环促中心联盟，同时协助对方参与台湾有关的协会组织。同日，环促中心还与台北市青年联合会签署《海峡两岸跨境环保产业（青年）综合服务战略合作协议》，旨在加深双方在环保领域的交流合作。市台办、台湾民主自治同盟等单位相关负责人参加。

（马晓清）

【中关村管委会与中国联通北京分公司签约】10月29日，中关村管委会与中国联合通信有限公司北京市分公司战略合作协议签约仪式在京举行。双方相关负责人参加。根据协议，双方将以中关村创业企业云服务平台为基础，围绕"服务""合作""支持""孵化"4个方面，就中关村示范区的创新创业服务和园区管理服务等方面进行合作，以发挥运营商等央企对中关村中小微企业协同创新发展的带动作用。中国联通北京分公司将以优质信息化服务支持中关村示范区实施十大"互联网+"产业创新工程；为中关村创新创业企业搭建业务拓展平台，促进技术创新和商业模式创新；为中关村示范区企业提供多种应用级产品，促进企业能力建设；通过电信增值业务为创业型企业提供发展环境，孵化中小企业，激励"大众创业、万众创新"。

（杜　菲）

【百度公司与江苏交通厅开展合作】11月16日，江苏省交通运输厅与百度公司合作签约仪式举行。交通运输部相关负责人及双方相关代表等参加。江苏省交通厅与百度在线网络技术（北京）有限公司签署《战略合作框架协议》，双方将共享数据资源，应用云计算平台、大数据分析等产品和技术，在交通运输信息化服务领域开展合作。双方明确四大合作方向：开展江苏省交通出行相关数据资源的共享交换，优化完善江苏省交通出行信息服务系统，开展交通大数据分析服务建设，开展交通信息化项目的合作研究。江苏省交通厅将整合全省出行数据资源，逐步向百度公司提供权威的交通数据，通过"百度交通云平台"进行出行通勤、路况拥堵、人口迁徙等方面的大数据分析，为公众提供导航、路况、公交等出行服务。

（杜　玲）

【中加签署合作协议】11月17日，中关村发展集团股份有限公司、中关村股权投资协会、北京国信灵通网络科技有限公司分别与参加2015加拿大渥太华市长访华团投资洽谈会的渥太华市投资署及部分高科技企业签署跨境投资与并购、技术及业务合作战略协议。双方将在跨界投资、并购及科技，促进双边经济交流和发展等方面开展合作，涉及医疗器械、移动应用、远程医疗、大数据、清洁能源等领域。北京市市长王安顺、加拿大渥太华市市长万晋思参加签约仪式。

（李贺英）

【博奥生物集团与第三军医大学第一附属医院签订协议】11月27日，博奥生物集团有限公司暨生物芯片北京国家工程研究中心与中国人民解放军第三军医大学第一附属医院战略合作签约仪式在京举行。双方相关负责人参加。根据协议，双方将就联合研发强军/疾病相关基因芯片产品、共建转化医学中心，共同申请承担各级相关科研项目、定期举办战略合作对接会和学术交流以及共同申报科协院士专家工作站等方面进行合作。通过合作，双方将在科学研究的基础上向临床应用推进，开展研究成果临床应用，并进一步提升在分子诊断、精准医疗领域的技术和研发能力。

（万　玮）

【乐视公司与阿斯顿·马丁公司开展合作】12月3日，

乐视超级汽车 & 阿斯顿·马丁战略合作签约仪式在京举行。乐视网信息技术（北京）股份有限公司与阿斯顿·马丁拉共达（中国）有限公司签署全面战略合作谅解备忘录。双方将开展智能车联网、生产制造咨询以及工程研发方面的合作，利用阿斯顿公司在高端车型生产制造领域的经验，共同打造电动化、智能化、互联网化、社会化的超级汽车车型。

（杜　玲）

【中关村管委会与南京市政府开展战略合作】 12 月 3 日，在南京市“十三五”发展商机（北京）推介会上，中关村管委会与南京市政府签署战略合作协议。根据协议，双方将相互借鉴发展理念，共同探索完善政策体系及科技创业创新工作，分别从创新资源对接、金融合作、产学研合作、人才交流、平台共享 5 个方面进行合作。市委常委苟仲文等领导出席。

（朱　凯　王　翔）

【绿盟科技公司与腾讯云公司开展战略合作】 12 月 10 日，北京神州绿盟信息安全科技股份有限公司发布《关于与腾讯云计算（北京）有限责任公司签订云计算安全防护领域合作框架协议》的公告，宣布双方将在云计算安全防护领域进行合作。内容包括：保障云平台及其配套设施的安全，提供基于安全域的纵深防护体系设计以及资源弹性、按需分配、自动化的安全服务，对虚拟化平台中的东西向流量进行检测、防护，实现简洁的安全防护方案等；在安全云完整交付层面，基于腾讯云平台技术，结合绿盟科技公司软件定义安全（SDS）技术及威胁情报和安全数据分析，将产品盒子能力化、安全能力资源池化，为公有云租户和私有安全云等提供相应的安全服务。

（韩洋洋）

【中关村管委会与广安市政府共建协同创新共同体】 12 月 20 日，《中关村科技园区管理委员会、广安市人民政府构建协同创新共同体合作框架协议》签约仪式在京举行。中关村管委会主任郭洪以及广安市政府等单位相关负责人参加。根据协议，双方支持产业拓展对接和项目合作，共同探索科技金融合作模式，推进建设广安中关村科技成果产业化基地，建立完善政策配套体系，促进人才交流与培养。协议自正式签署之日起生效，有效期 2 年。

（朱　凯）

【环促中心与贵港市政府开展战略合作】 12 月 23 日，北京中关村国际环保产业促进中心有限公司和广西贵港市政府战略合作框架协议签约仪式在贵港市举行。国务院发展研究中心、中关村管委会等单位相关负责人参加。贵港市政府与环促中心和启迪桑德环境资源股份有限公司签订协议。根据协议，三方将投资建设贵港城市危废处理处置中心，共同发起设立节能环保产业投资基金，采用 PPP 投资建设模式治理乡镇污水、城市黑臭水体等。

（马晓清）

【亿赞普公司开展境外合作】 年内，亿赞普（北京）科技有限公司分别与沙特阿拉伯王国、立陶宛、比利时等国家签署银行卡清算业务协议。亿赞普公司旗下支付平台“钱宝”主要提供跨境支付和金融服务，建立商户与全球贸易的金融通道，是中国大陆首家 Visa QSP 和国家外汇管理局认可的首批跨境电子商务外汇兑换支付业务试点单位，建立了覆盖 100 余个国家的收单和跨境结算网络，通过便捷的跨境营销、物流和支付网络，协助中国企业走向海外市场。

（杜　玲）

交　流

【国承万通公司参展可穿戴设备技术展览会】 1月14—16日，在日本举行的第一届可穿戴设备技术展览会上，北京国承万通信息科技有限公司展示了自主研发的可穿戴运动监测产品goccia、多功能双耳无线运动随身听gogo、无线运动耳机gogo-s、安卓版“小雨滴”App。

goccia是一款超小型活动检测器，以戒指、纽扣、项链、耳环等形状展现，可监测佩戴人员的活动及睡眠情况。

（李　莹）

【杨松到中关村示范区调研】 3月2日，湖北省政协主席杨松一行到中关村示范区。调研了北京紫光展讯科技有限公司、小米科技有限责任公司、百度在线网络技术（北京）有限公司；参观了中关村示范区展示中心，了解中关村示范区创新发展经验与做法，并与北京市相关领导座谈，听取中关村示范区、武汉东湖高新区创新发展情况介绍。北京市政协主席吉林参加调研。中关村管委会主任郭洪等陪同。

（许　靖　王　翔）

【中关村企业参展世界移动通信大会】 3月2—5日，在2015年世界移动通信大会上，中关村管委会组织网秦（北京）科技有限公司、北京天宇朗通通信设备股份有限公司、北京君正集成电路股份有限公司等12家企业参展，展区面积84平方米，展示了智能手机、移动互联安全软件、物联网等相关产品，达成意向合同金额约1.15亿元。网秦公司携带“网秦安全”“网秦壁纸”“网秦音乐”“网秦桌面”4款服务产品参展，现场获2份订单及4份意向订单，共计金额约900万元。

（殷　茵）

【太尔时代公司3D打印机参展TCT亚洲展】 3月12日，在2015亚洲3D打印、增材制造展览会（TCT亚洲展）上，北京太尔时代科技有限公司展示了专业级桌面3D打印机——UPBOX。该产品2014年9月18日全球发布，主要服务于专业用户和教育行业，成型空间255毫米×205毫米×205毫米，最小分层0.1毫米，打印速度提高了30%。产品有4项创新：无须配件的全自动调平和喷头测高，校准过程中无须人为干预；内置的空气净化系统，机身内配有降低烟气和打印气味的空气过滤器；显示打印状态的呼吸指示灯，可实时显示UPBOX初始化、打印中、暂停、出错等多种运行状态；封闭式的成型空间，保证了温度的稳定性，配上新的ABS打印表面，使模型更好地黏合在平台上，有效解决打印大件模型时翘边的问题。

（郝　晶）

【南非国民议会议长参访中关村示范区】 4月7日，南非国民议会议长巴莱卡·姆贝特率代表团到中关村示范区访问。代表团一行参观了中关村示范区展示中心。姆贝特表示，中关村示范区的科技创新成果令人赞叹，希望中国和南非两国能够持续发展，在科技方面开展更多交流与合作。

（殷　茵）

【中关村企业参展美国信息安全大会】 4月20—24日，在2015年美国国际信息安全大会上，中关村管委会组织北京奇虎科技有限公司、猎豹移动公司、北京握奇智能科技有限公司、北京启明星辰信息安全技术有限公司、网神信息技术（北京）股份有限公司、北京天融信科技有限公司等15家中关村示范区企业参加，其中参展企业5家、观展企业4家、集中展示企业6家。展区面积140平方米，展示了WEB安全技术、网上银行安全交易解决方案等产品。猎豹移动公司展出的产品为MC Security，涵盖隐私清理、App保护、数据安全等功能，并与3家美国客户达成合作意向。奇虎公司以宣传公司品牌形象为目的，通过抽奖活动、Showgirl推介、新华社报道等形式接触到5000余个客户。

（殷　茵）

【柬埔寨诺罗敦亲王参访中关村示范区】 4月21日，柬埔寨奉辛比克党主席诺罗敦·拉那烈亲王来访中关村示范区。代表团一行参观了中关村示范区展示中心。诺罗敦表示，中关村示范区的科技创新成果令人赞叹，希望中柬两国在科技方面开展更多交流与合作。

（殷　茵）

【理工雷科公司产品参展中国卫星导航学术年会】5月13—15日，在第六届中国卫星导航学术年会上，北京理工雷科电子信息技术有限公司展示了自主研发的覆盖北斗全产业链的系列产品和解决方案，包括多模多频卫星导航基带处理芯片、北斗高性能模块、北斗系列化终端、北斗高精度设备、多层次抗干扰技术、卫星导航信号模拟器、北斗行业解决方案等。其中，新一代的多模多频卫星导航基带处理芯片LKBP2013已完成各项产品测试，进入批产阶段，并获实际跑车测试第一名的成绩，受到专家和同行的关注。

（李　莹）

【35家企业参展第十九届软博会】5月27—29日，在第十九届中国国际软件博览会上，由北京软件和信息服务业协会承办"北京馆"的组展工作，展示面积530平方米，以软件支撑产业互联为主题，组织太极计算机股份有限公司、东华软件股份公司、同方股份有限公司等35家企业参展。参展产品涉及信息安全、移动互联、智慧政务、智慧医疗、智慧教育、智慧交通、智能家庭、城市节能，以及一体化管理与信息安全服务体系等领域的创新技术成果和信息系统集成解决方案等。用友网络科技股份有限公司展示了企业互联网化的NC、U8+、T+等企业应用软件，财务与会计、营销、人力资源、协同等领域的企业互联网服务以及快捷支付、U网银、P2P等互联网金融服务产品；华胜信泰科技有限公司展示了与美国IBM公司、市经济信息化委合作项目成果"北京可信开放高端计算系统"——新云东方服务器NA6000、NA7000、NA8000、NL6000系列产品和华胜信泰公司基础软件，产品具有高性能、高可靠性、高扩展性、高安全性等特点。

（郝峥嵘　江　欣）

【中央党校省部级干部经济体制改革培训班举办】5月28日，中央党校省部级干部经济体制改革培训班在中关村示范区举办，学员先后参观了中关村示范区展示中心、百度在线网络技术（北京）有限公司、神州数码控股有限公司。

（王　翔）

【环促中心承办中关村科技创新成果展】6月9—12日，第十四届中国国际环保展览会在中国国际展览中心举办，北京中关村国际环保产业促进中心有限公司承办了其中的中关村国家自主创新示范区科技创新成果展。中关村示范区展陈面积1000平方米，50家中关村示范区企业参加，展出150余项技术和产品。展区围绕"美丽中国，绿色北京，创新中关村"主题，以环保技术、节能与新能源、协同发展（互联网＋环保、京津冀协同发展）三大板块为主线，通过技术讲解、原理剖析、场景还原等方式，集中展示北京世能中晶能源科技有限公司、北京嘉博文生物科技有限公司、北京爱尔斯环保工程有限责任公司等中关村示范区在节能环保领域的代表性企业，推出北京博奇电力科技有限公司承担的电厂烟气脱硫项目、北京科泰兴达高新技术有限公司承建的饮用水改造工程等在河北省、天津市落地的中关村示范区创新技术、创新产品及整体解决方案，以及北京桑德环保集团有限公司的桑德环卫系统、驾道科技有限公司的机动车尾气云检测综合技术等中关村"互联网+"环保产业优势企业的新技术、新产品等。

（马晓清）

【17家企业参展美国国际生物技术大会暨博览会】6月15—18日，在第22届美国国际生物技术大会暨博览会上，中关村管委会组织17家企业集体参展，其中中关村生命科学园内的6家企业展示了产品，包括瀚吉康生物科技公司的多重高灵敏度致病性病毒产前诊断试剂盒、高效磁珠法核酸提取试剂盒，甘李药业公司的甘精胰岛素、赖脯岛素、门冬胰岛素，卡尤迪生物科技公司的金属浴、基因扩增仪、荧光定量PCR仪、组织研磨器、核酸检测便携箱，诺禾致源生物信息科技公司的基因测序平台，百川飞虹生物科技公司的诊断设备等。还有11家生物技术企业的产品做了宣传与推介。

（陈宝德）

【天津市人大常委会考察团到中关村示范区调研】6月18日，天津市人大常委会主任肖怀远率天津市人大常委会考察团一行70余人，以"发挥人大在推进京津冀协同发展方面的作用"为主题，来京调研科技创新工作。北京市人大常委会主任杜德印等陪同调研。考察团一行参观了中关村示范区展示中心，了解中关村示范区发展的历史沿革与总体情况，并观看了中关村示范区企业3D打印、集成电路装备、新一代信息技术等领域的科研成果及应用推广情况。在清华科技园，考察团与企业代表进行座谈，了解清华在线教育研究中心等企业的投资运营模式及在京津冀地区的发展情况。考察团还到大兴—亦庄园的中芯国际集成电路制造（北京）有限公司和中金数据系统有限公司，与企业负责人和有关技术人员进行交流，了解企业追赶国际前沿技术及实现科技成果产业化等方面的情况。

（徐　建）

【李学勇一行到中关村示范区调研】 7月6—7日，江苏省省长李学勇率团赴北京市考察，学习中关村建设国家自主创新示范区的成功经验，推动两省市进一步加强交流合作。代表团到中关村示范区展示中心、中

国国际技术转移中心、互联网金融创新中心、中关村创业大街以及中关村软件园入驻企业曙光信息产业(北京)有限公司、启明星辰信息技术有限公司等进行调研。中关村示范区在推动自主创新、发展战略性新兴产业、促进经济转型升级等方面的成功经验，使代表团成员深受启发。北京市副市长隋振江陪同调研，北京市政府副秘书长朱炎、中关村管委会主任郭洪参加。

（王　翔）

【TD产业联盟参展2015电博会】 7月10—13日，在2015中国国际消费电子博览会上，TD产业联盟组织中国普天信息产业股份有限公司、联想（北京）有限公司等8家企业参展，在展示部分终端产品的同时，还展出了智慧城市、交通信号控制系统、城市电动车充电网络系统、大数据智能分析处理等跨行业解决方案。其中,联想（北京）有限公司展出了最新款的4G手机，普天信息技术有限公司展出了移动医疗解决方案。

（韩　雯）

【4家企业参展国防科技工业军民融合成果展】 7月16—25日，在2015国防科技工业军民融合发展成果展上，中关村管委会组织北京旋极信息技术股份有限公司、北京北摩高科摩擦材料有限责任公司等4家军民融合企业参展，主要展出了嵌入式仿真系统、民用军用飞机及地面装备刹车制动等产品。

（赵蔚彬）

【北理工与云海桥校企联合创新路演活动举办】 7月21日，由北京理工大学与云海慧服（北京）技术有限公司主办的校企联合创新项目路演活动在京举办，相关企业及北理工校友会的代表等30余人参加。“我爱数学”在线教育平台、“云海门诊”工业设备健康管理工具、“Chinese Career Center”中英双语人才招聘平台、“趣连旅行”4个项目进行路演，“趣连旅行”获最佳路演项目。北理工校友会平台将为企业提供有价值的大学生创业项目和教育资源，云海慧服公司的O2O工业云服务平台“云海桥”上的企业家们将为学生创新创业给予指导和支持。

（郭庆云）

【2015中国移动互联网年会举办】 7月21—23日，由中国互联网协会主办，TD产业联盟和中国互联网协会移动互联网工作委员会承办的2015中国移动互联网年会在北京国际会议中心举行。年会的主题是“寻找下一个百亿级机会　营造创新创业良好空间”，分为“互联网＋挖掘产业新机遇”“运营商的移动互联网时代”“移动互联网的下一个机会”“开启移动互联网乘效应”“圆桌对话：移动互联网＋”五大部分。与会代

表围绕“DT大数据带来的增量与变量”“移动互联网新入口:兴趣引擎”“信息推荐的机遇、挑战和未来”“创新版权运营，助力产业升级”等内容对移动互联网的发展情况进行探讨。拉勾网和中国互联网协会移动互联工作委员会发布《2015移动互联网人才报告》。工业和信息化部部长苗圩等领导以及来自产业界的2000余名代表参加。

（韩　雯）

【智能制造企业升级之路专家报告会举办】 7月28日，由北京长风信息技术产业联盟主办的智能制造企业升级之路专家报告会在京举行。北京京东世纪贸易有限公司、用友软件股份有限公司、太极计算机股份有限公司等30余家联盟企业的代表参加。与会专家围绕“从工业4.0到智能制造”“全制造服务周期基础上的社会协同智能制造体系规划与路径”“互联网＋如何走近中小微企业”等主题进行演讲，从《中国制造2025》、“互联网＋”等方面，就中国传统制造业如何利用云计算、大数据、物联网等新兴技术实现数字化工厂发展等进

行交流。

（李云芝）

【2015 LTE 网络创新研讨会召开】8 月 20 日，由 TD 产业联盟和移动通信杂志社主办的 2015 LTE 网络创新研讨会在京召开。工业和信息化部、中国信息通信研究院等单位相关负责人以及相关企业和机构的代表

等 300 余人参加。与会专家学者围绕 LTE 产业发展趋势、4G 市场与业务创新、4.5G 技术与产业、运营规划与测试、网络融合发展等主题进行交流，并重点就 VoLTE、共建共享、多网协同、宽带提速、网络扩容、跨网载波聚合、5G 标准等热点问题进行探讨。会议发布 2015 LTE 网络创新研讨会的会刊和论文集，70 篇论文入选《2015 LTE 网络创新研讨会论文集》，其中 12 篇获评优秀论文。

（韩　雯）

【万钢陪同欧盟委员调研中关村创业大街】9 月 7 日，科技部部长万钢陪同欧盟委员会科研与创新委员卡洛斯·莫达斯、欧盟驻华大使史伟及欧盟驻华使团的有关人员等一行调研中关村创业大街。北京市科委、中关村管委会等单位的相关负责人参加。来宾参观了中关村创业大街以及创业家、创业会客厅、北大创业训练营等入驻机构，了解街区整体运营情况，与街区入驻机构负责人及代表举行座谈。万钢表示，中欧科技合作一个重要的领域就是促进中小企业的合作，促进创新型企业的合作，促进年轻的科学人才的合作。

（李　莹　陈宝德）

【“互联网 +”下的股权投资论坛举办】9 月 15 日，由中关村股权投资协会主办的“互联网 +”下的股权投资论坛在中关村软件园举办。全国中小企业股份转让系统有限责任公司等单位有关负责人及企业代表等 100 余人参加。论坛包括全国精选优质“新三板项目”路演、“股权投资的十年”论坛、以“投资是一场长跑”为主题的长跑活动 3 个部分内容。北京荣创科宏岩土工程有限公司、北京中娱在线网络科技有限公司等企业进行项目路演，项目涉及股权投资、岩土工程、HTML5 游戏、清洁能源、互联网医疗、智慧云办公、大学生实习等领域。相关专家做了“‘合伙’将是投融资的未来”“国家战略下的‘互联网 +’”的主题演讲，分析了投融资在互联网冲击下的状况，认为未来的“合伙”将是互联网与股权投资相结合，剖析了“互联网 +”升级为国家战略后的机遇。与会企业代表还围绕“投资并购的海外诱惑与中国机遇”“股权投资行业的‘互联网 +’”进行了探讨。北京合伙圈金融信息服务有限公司与北京中关村软件园发展有限公司发表合作宣言，双方将合力打造创新创业企业金融服务生态圈，为企业提供服务。

（李贺英　张　蕾）

【LTE 宽带集群通信专题论坛举办】9 月 17 日，由宽带集群（B−TrunC）产业联盟和 TD 产业联盟联合主办的第十六届中国无线技术与应用大会 LTE 宽带集群通信专题论坛在京召开。中国信息通信研究院、国家无线电监测中心、北京交通大学等单位相关专家以及有关企业的代表等 200 余人参加。与会专家围绕 LTE 宽带集群技术标准、频谱资源规划、宽带集群与智慧城市、宽带集群与智能电网、国内外典型专网行业市场和应用、产品及解决方案等内容发表主题演讲，并同与会代表就专网宽带集群市场与应用、技术和产业的发展路径、宽带集群市场和产业未来的发展等内容进行交流。

（韩　雯）

【绵阳科博会中关村主题活动日举办】9 月 18 日，第三届中国（绵阳）科技城国际科技博览会中关村主题活动日在四川省绵阳市举办。四川省政协、四川省工商联、中关村管委会等单位相关负责人等参加。活动旨在加强绵阳科技城与中关村示范区的合作，发挥中关村示范区及军方的辐射带动作用。活动日专题举办“民参军”政策宣讲会，邀请相关专家及中关村示范区的企业家代表，就“民参军”形势及政策进行宣讲，讲解军事需求相关信息。与会代表就“民参军”的机遇与挑战、“民参军”的信息发布与获取、“民参军”的实现路径与办法等内容展开研讨。

（赵蔚彬）

【第十五期中小企业技术创新国际研讨班举办】9 月 21—25 日，由中关村管委会主办、丰台园科技创业服务中心承办的第十五期科技型中小企业技术创新国际研讨班在北京 IBI 举办。来自阿塞拜疆、菲律宾、格鲁吉亚、巴基斯坦、印度尼西亚等 13 个国家的 20 名学员参加。培训旨在扩大中关村创新品牌影响力，强

化“一带一路”沿线国家对中国创新能力的认知度，推动“一带一路”地区科技园区和孵化器建立科技合作新机制，构建国际区域协同创新共同体。培训主要介绍了中关村创新创业生态系统建设理念及孵化器发展经验，课程设置围绕创新创业的主题进行，包括中国火炬计划、中关村示范区介绍、创新创业新趋势——中国众创空间发展概况以及北京国际企业孵化器建设的探索和时间 4 个主题演讲。主办方还组织学员参观园区科技企业和中关村创业大街，参加国际科技园区协会 2015 世界大会。

（柳　杨）

【TD 产业联盟参展 2015 国际信息通信展览会】 9 月 22—25 日，在 2015 年中国国际信息通信展览会上，TD 产业联盟组织鼎桥通信技术有限公司、北京佰才邦技术有限公司、北京裕源大通科技有限公司、北京创毅视讯科技有限公司等 12 家企业参展，以“TD-LTE 助力移动互联网 + 发展”为主题，展示 TD-LTE 技术在政务、公共安全、机场、港口、地铁、铁路、电力、煤矿等行业的解决方案及应用案例，以及 TD-LTE 的演进技术发展和 TD-LTE 行业应用、集群、芯片、终端、仪表、配套等全产业链创新成果。其中，鼎桥公司展示了奔驰 TD-LTE 应急指挥车，并进行应急指挥车与模拟调度中心的现场演示，同时展出 EP820 等行

业终端；佰才邦公司展示 SkyCells 无人机基站探路 4G 全方位超高清应急减灾通信新模式及 TD-LTE 技术在各个行业的创新应用和实践；裕源大通公司展示全业务数字光纤分布系统（RAS）产品；创毅视讯公司展出一体化大功率基站、便携式一体化应急系统、无线宽带数据终端（CPE）及行业宽带智能手持终端及相关解决方案等。

（韩　雯）

【第 32 届 IASP 世界大会 ICT 专场举办】 9 月 23 日，由中关村管委会主办、北京长风信息技术产业联盟承办的第 32 届国际科技园区协会（IASP）2015 世界大会 ICT 专场暨科技园企业项目合作洽谈会在北京国家会议中心举行。国内科技园区、孵化器、投资机构和相关企业的代表等近 100 人参加。参会嘉宾围绕来自巴西、加拿大、韩国、瑞典等国家的可视化资产管理、新型图像处理优化计算性能、移动应用、全息显示屏、3D 打印、5G 技术与物联网、机器人与自动化系统、商务智能和决策支持等 30 余项技术展开交流与对接，现场 8 家企业签署合作协议。

（李云芝）

【第五届 TD-LTE 技术与频谱研讨会召开】 10 月 12 日，由国际电信联盟（ITU）、TD 产业联盟、中国移动通信集团公司和 TD-LTE 全球发展倡议（GTI）联合主办的第五届 TD-LTE 技术与频谱研讨会在匈牙利举行。

来自世界各地的监管机构、运营商及通信厂商的代表等 200 余人参加。会议介绍了全球各区域 4G 发展情况，展望 5G 等未来移动宽带技术的发展，并探讨 TDD 频谱资源高效利用的问题。会议建议推动全球各地高效利用已规划给移动宽带的频谱资源，通过 TD-LTE 技术使已规划但尚未投入的大量 TDD 频谱得到充分利用，并形成全球统一划分；同时推动全球监管机构争取更多的频谱资源，特别是 TDD 技术能够更高效发挥作用的 C 波段，以满足流量爆炸式增长以及未来移动

宽带5G发展的需求。

（韩　雯）

【互联网私募股权融资发展论坛举办】 10月17日，由中关村创新创业季组委会、创业家集团和牛投网主办的中关村创新创业季——2015众筹元年（互联网私募股权融资发展论坛）在京举办。中关村管委会、海淀区政府等单位有关负责人以及互联网金融专家、投资人、创业者等参加。与会代表围绕“互联网金融对实体经济的影响”“社群众筹的特点”等主题演讲，就股权众筹发展趋势进行了交流。

（刘伟杰）

【毕马威全球创新创业峰会举行】 10月19日，由全国大众创业万众创新活动周组委会主办的毕马威全球创新创业峰会在毕马威创新创业共享中心举行。100余名创业企业、投资人、创新型孵化器、领军企业及政府的代表参会。毕马威公司公布毕马威创业学院项目，并启动“登峰计划”，将从资金、市场、运营、业务模式等方面，为处于不同阶段的企业提供针对性的帮扶。毕马威创业学院侧重创新创业学术研究及相关课程开发，以“毕业+”理念为基础，将定期推出一系列创新创业课程，帮助创业者了解和掌握最新的技能和知识，重新审视商业模式的价值，掌握扩展业务、运营管理、筹募资金、谈判沟通的策略与技巧等。毕马威公司还推出线上社区KPMG Startup Connect和位于中关村示范区的线下实体毕马威创新创业共享中心。

（刘伟杰）

【全球风险投资峰会举行】 10月24日，由中关村创新创业季组委会、盛景网联主办的中关村创新创业季(2015)——全球风险投资峰会在京举行。中关村管委会、海淀区政府等单位有关负责人以及来自中国、美国、以色列的母基金、创投基金、孵化器、天使基金等机构的代表500余人参会。与会代表探讨了全球风险投资行业的现状与未来发展，分享了互联网金融、共享经济、人工智能、深度科技、工业4.0等领域的投资经验，并对新三板如何助力中小企业创业创新等内容进行解读。

（刘伟杰）

【第二届京津冀协同创新共同体高峰论坛举办】 11月4日，由中关村社会组织联合会、北方技术交易市场、河北省科学技术协会和北京能源协会主办，中关村天合科技成果转化促进中心等28家京津冀三地社会组织承办的第二届京津冀协同创新共同体高峰论坛在天津市举办。来自京津冀三地高新技术企业、科研院所、服务机构的代表800余人参加。论坛围绕“协同创新、引领发展”的主题，从京津冀创新创业发展、京津冀科技成果转化对接交流和天津自贸区“双自联动”机制服务京津冀协同发展3个方面，就创新创业的现状与发展路径，技术转移服务平台的情况，双创特区产业促进政策，自贸区功能的运用，以及智慧制造、新能源等行业前沿技术等内容进行互动交流；京津冀三地高校院所在生物医药、装备制造、节能环保、电子信息、现代农业等领域的60余个项目，在京津冀科技成果转化对接交流会上进行推介。会上共签署16个项目合作协议。

（马媛月　韩洋洋）

【第五届轨道交通安全与视频发展论坛举办】 11月12—13日，由中关村轨道交通安全与视频产业技术联盟主办的第五届轨道交通安全与视频发展论坛在京举行。中关村管委会、中国信息通信研究院、中国铁路总公司等单位相关负责人和北京大学、北京交通大学等高校以及联盟成员单位的代表等100余人参加。会议以“新技术、新高度、新征程”为主题，围绕“5G技术及WRC-19铁路交通新议题”“视频大数据——挑战问题与研究机遇”“人脸识别技术新进展”“先进轨道交通技术发展趋势”等议题，以讲座、产品展示、专题讨论等形式介绍了视频技术在交通运输、信息安全、需求规范、解决方案方面的发展，探讨了轨道交通安全与视频发展面临的挑战与策略。

（杜　玲）

【旋极公司参加国际卫星应用展】 11月12—14日，在2015中国国际卫星应用展览会上，北京旋极信息技术股份有限公司推出“iWhere大数据网格化管理服务平台”，展示了旋极信息装备测试性工程一体化平台、高速航空总线与软件工程、自组网车载语音通信、新型北斗天线材料、“窥视者”无人机和智慧边防等产品和解决方案。其中，旋极大数据平台软件基于GeoSOT地球空间剖分网格，由国家“973”项目研究成果转化而成，在大数据的整合、共享、分析、挖掘方面拥有优势，在高分专项、智慧城市、北斗应用、通信业务等行业拥有成熟的解决方案。

（韩洋洋）

【中关村企业参加德国杜塞尔多夫医疗展】 11月16—19日，在第四十七届德国杜塞尔多夫国际医院及医疗设备展览会（MEDICA 2015）上，中关村管委会组织北京九强生物技术股份有限公司、北京世帝科学仪器有限责任公司、乐普（北京）医疗器械股份有限公司等28家企业参展，展区面积300平方米，展示了全自动生化分析仪、心脏支架、全（半）自动血凝仪及诊断试剂等产品，接待300余家客户。北京航天中兴医疗系统有限公司与印度客户签订 1000 万美元低剂量数字 X 射线机产品的订购意向合同；北京世帝公司与德国企业 Human GmbH 签订 OEM 合同并与美国诊断试剂公司 r²Diagnostics 达成代理意向。

（殷　茵）

【24 家企业参展第十七届高交会】 11 月 16—21 日，在第十七届中国国际高新技术成果交易会上，中关村管委会、中关村社会组织联合会组织北京国承万通信息科技有限公司等 24 家高新技术企业参展。中关村展区以“引领全国，面向世界”为主题，推出“互联网 +”、创客汇、智慧健康 3 个平台，展示了北京坤腾世纪科技有限公司的商用显示器及北斗大数据以及互动触摸产品、北京七鑫易维信息技术有限公司的眼控仪和虚拟现实眼镜、北京天创易造工业设计有限公司的“OU”智能型机器人等，涉及“互联网 +”、物联网、智慧健康等领域。

（冯秋帆）

【华电光大公司参展高交会】 11 月 16—21 日，在第十七届中国国际高新技术成果交易会上，北京华电光大环保技术有限公司展示了 SCR 板式脱硝催化剂，主要包括中温 SCR 板式脱硝催化剂（310 摄氏度～ 450 摄氏度）、宽温差 SCR 板式脱硝催化剂（250 摄氏度～ 450 摄氏度）、低温 SCR 板式脱硝催化剂（140 摄氏度～ 280 摄氏度）、高温 SCR 板式脱硝催化剂（420 摄氏度～ 650 摄氏度）、联合脱硝脱汞催化剂。

（万　玮）

【台湾青年创业赴京参访团到访中关村】 11 月 25 日，市台办、中关村管委会召开座谈会，与台湾青年赴京参访团一行 24 人围绕青年创业进行座谈交流。26 日，参访团到访中关村国际创客中心，参加由北京创业公社投资发展有限公司、中国职业教育创新联盟和台湾贤德惜福文教基金会共同主办的台湾创业青年路演活动，向中国互联网基金、北京顺隆私募债券投资基金管理有限公司、西部优势资本投资有限公司、北京京西创业投资基金管理有限公司等 20 余家投资机构进行项目展示，并与投资人进行对接与交流。同时，创业公社设立“台湾青年创业专区”，为台湾青年在北京创业提供实际帮助。参访团在京期间还分别到中关村创业大街、清华科技园进行交流和项目路演。

（殷　茵）

【北斗星通公司参展世界互联网大会】 12 月 15—18 日，在第二届世界互联网大会 · 互联网之光博览会上，北斗星通导航技术股份有限公司展出“北斗船位监控指挥管理系统”。系统通过互联网、移动通信网络与北斗星通运营服务中心建立网络连接，向船舶管理部门、航运管理部门、渔业公司等用户提供船舶的位置监控、指挥调度管理服务等基于位置的综合信息服务，并具备文字短消息通信功能，实现政府管理部门、渔业生产企业、渔民及其家属等群体之间的信息互联互通、共享，在网用户达 4 万余艘船只。

（杜　玲）

【第二届中国虚拟现实行业体验展举办】 12 月 25—26 日，由北京中发时代科技发展有限责任公司主办的第二届中国虚拟现实行业体验展在中关村智能制造创新中心举办。展会分硬件、游戏、影视、行业应用、国际内容代理展区以及虚拟现实文化集市。来自国内外的 30 余家企业参加。现场展示了北京小鸟看看科技公司的便携式虚拟现实头盔 Pico1 等 30 余家企业的产品，有 100 余个 VR 设备供参观者学习体验。

（王　涛　丁　旭）

社会组织

Social Organizations

本栏目设有协会组织和联盟组织两个分栏目，以条目体形式记述中关村国家自主创新示范区支持和发挥社会组织的功能而采取的举措，以及各社会组织承担政府职能转移，根据自身特点开展的为企业服务的活动等。

综 述

2015年，中关村示范区社会组织围绕中关村示范区率先建成具有全球影响力的科技创新中心目标，在搭建公共服务平台、组织特色品牌活动、开展行业研究、标准研究创制、推动区域合作、搭建政企沟通桥梁等方面积极开展工作，为中关村创新创业生态系统的优化与完善发挥了重要作用。

完善和规范社会组织发展支持资金管理。修订《中关村示范区社会组织发展支持资金管理办法》，统筹完善协会、民营非企业、基金会和产业技术联盟的资金管理，充分发挥社会组织支持资金统筹引导作用，从自身建设、专项工作、枢纽型社会组织建设3个方面支持社会组织创新发展，给予中关村民营科技企业家协会、北京长风信息技术产业联盟等119家社会组织建设经费支持，给予中关村社会组织联合会和中关村产业技术联盟促进会枢纽型社会组织经费支持，促进社会组织协同创新发展。截至年底，中关村社会组织联合会共有会员103家，其中协会89家、民营非企业14家；中关村产业技术联盟促进会共有会员164家。2015年，中关村社会组织联合会成立了党建工作委员会，建立中关村社会组织党建工作数据库，加强社会组织基层党组织建设；采集70余家中关村社会组织的诚信信息，编成《中关村社会组织诚信报告》（2015年版），在官网上创建“诚信建设”板块，公示信用报告；联合举办第二届京津冀协同创新共同体高峰论坛，60余个重点项目在京津冀科技成果转化对接交流会上进行推介，16个项目签约；推动国际交流，探索与北美、欧洲、东盟等建立长期合作关系，承办中关村—东盟项目推介会、中关村—北美文化科技项目合作对接会等活动，引导并支持会员单位开展80余场国际交流与项目对接活动。年内，中关村核心区科技服务业发展促进会、北京环球英才交流促进会、中关村海兴战略性新兴产业促进会等协会组织成立，协会组织累计搭建科技成果转化类、金融投资类、知识产权保护类、商事调解与法律援助类等164个公共服务平台，服务企业6.8万余家次，服务个人30.2万余人次。中关村民营科技企业家协会扎实推进中关村开放实验室工程，第九批中关村开放实验室挂牌，形成拥有195家开放实验室的资源平台，共享总价值近109亿元的检测和研发设备9.2万台（套）。中关村企业信用促进会继续开展企业“信用星级”认定工作和“信用双百企业”评选活动，新增205家星级企业、103家最具发展潜力信用企业、102家最具影响力信用企业，累计获认定企业2000余家。北京中关村高新技术企业协会开展“2015中关村高成长企业TOP100”评选活动，在前五届的基础上，首次推出“2015中关村高成长企业TOP100成就奖”“2015中关村高成长企业TOP100贡献奖”，累计参与活动的企业达3000余家，发挥了中关村示范区企业的示范和激励作用。

中关村产业技术联盟在促进战略性新兴产业发展、建设具有全球影响力的科技创新中心的过程中日益显示出独具特色的重要作用。2015年，中关村数字文物产业联盟、中关村现代节能服务产业联盟、中关村全华稀土工业污染防治技术联盟等19家产业联盟成立，中关村示范区较活跃的产业联盟总数达100余家。推进产业联盟备案和注册试点，引导联盟规范发展。截至年底，联盟累计备案55家，累计注册106家。国家半导体照明工程研发及产业联盟、TD产业联盟、闪联产业联盟、北京长风信息技术产业联盟等7家联盟被认定为国家首批团体标准试点单位。年内，中关村产业联盟创制国际标准19项、国内标准54项；搭建共性技术服务平台146个，投融资平台54个，累计为业内上百家企业服务近1000次；累计开展特色品牌活动261场，开展国际化相关活动49场；承担国家重大项目82项，参与地方重大项目111项；累计开展课题研究308项，其中制定产业发展规划、路线图12个，发布产业研究报告141个。中关村产业联盟在国内外区域合作方面已开展务实合作，中关村半导体照明工程研发及产业联盟与匈牙利东方公司签订EMC照明改造项目，提供基于中国大规模集成示范应用管理经验的解决方案；中关村数字电视产业联盟牵头的中国地面数字电视（DTMB）标准在巴基斯坦落地，成为“中巴经济走廊”先期收获项目中第一个落地的项目；北京长风信息技术产业联盟与瑞典地理信息技术创新协会（FPX）签署战略合作协议，互设办事处，推动中瑞两地资源对接。

（冯秋帆　杜　玲）

协会组织

【中关村电子商会第三届第一次常务理事会召开】1月8日，中关村电子商会第三届第一次常务理事会在京召开。北京市场协会、海淀区社会办及会员企业的代表40余人参加。会议对商会法定代表人变更提议进行表决，决定接受鲁瑞清辞去商会法定代表人的职务，一致通过由执行会长齐波任商会法定代表人，并选举北京金和软件股份有限公司董事长栾润峰担任会长。

（丁　旭）

【2014中关村天使投资论坛举办】1月14日，由中关村创业投资和股权投资基金协会、中关村股权投资协会、中关村天使投资协会主办的顺应新常态、把握新机遇——2014中关村天使投资论坛暨天使投资评选颁奖典礼在京举办。中关村管委会、海淀区政府、中关村创业投资和股权投资基金协会等单位有关负责人以及相关机构的代表等近1000人参加。活动公布年度天使投资评选结果，英诺天使基金创始合伙人李竹等3人被评为“2014年度中关村天使投资领军人物”，北软天使基金创始合伙人王童等被评为“2014年度中关村十大天使投资人”，洪泰基金合伙人盛希泰等5人被评为“2014年度中关村天使投资新锐人物”，真格基金等7家机构被评为“2014年度中关村最活跃天使投资机构”，厚德创新谷等9家机构被评为“2014年度中关村优秀创业服务机构”，北京启迪创业孵化器有限公司投资北京中文在线数字出版股份有限公司等6个案例被评为“2014年度中关村天使投资会员最佳投资案例”。与会代表还就“天使投资的未来趋势与热点”话题，对天使投资的发展现状、未来趋势、存在瓶颈及政策建议等方面进行探讨。论坛还发布了《2014年中关村天使投资市场发展报告》。

（冯秋帆　刘伟杰）

【创建“可信商户、诚信市场”启动】1月30日，由中关村电子商会、北京中关村国际孵化软件协会主办的创建“可信商户、诚信市场”启动大会在中关村西区召开。海淀区文明办、海淀街道（西区）管委会等单位的相关负责人，以及海龙电子城等5家电子卖场的负责人、商户及消费者代表150余人参加。大会对“可信商户、诚信市场”共建方案做了说明，介绍可信商户认证流程及可信机制价值。方案明确了为获认证

的商户颁发可信证、可信牌匾、可信制服。推行“可信码”，对可信商户实行一物一码，与用户建立信任链接。商户代表宣读了“中关村商户可信联盟倡议书”，由中关村各电子卖场首批获认证的60家可信商户共同成立了商户可信联盟。联盟将依托《可信中关村公约》建立单方允诺（失信赔偿金）、黑名单、行业制裁3个机制，让消费者买得放心，用得安心，维权省心。

（丁　旭　李　淼）

【2014年度中关村社会组织工作大会举行】2月6日，由中关村社会组织联合会主办的2014年度中关村社会组织工作大会在中关村示范区展示中心举行。中关村管委会主任郭洪以及市委社会工委、市民政局社团办等单位相关负责人和100余家社会组织的代表200余人参加。会议介绍了中关村示范区整体情况及发展趋势，总结了2014年中关村社会组织工作，表彰2014年度中关村优秀社会组织和先进个人。中关村民营科技企业家协会、北京市海淀区文化创意产业协会、北京市闪联信息产业协会等13家协会获“2014年度优秀社会组织”称号。中关村社会组织联合会还启动了中关村社会组织诚信建设工作。根据《中关村社会组织诚信体系建设工作方案》，诚信建设以法律法规为依据，以健全社会组织信用记录、建设信息公示平台为基础，以守信激励和失信约束为奖惩机制，目的是引导中关村社会组织逐步形成自我约束、自我管理、自我教育的自律机制和诚信服务机制，维护中关村社会组织品牌。其主要内容包括：制作诚信报告，建设诚信数据库；开展信用培训，培养诚信意识；明确奖惩

制度，总结工作经验。

（韩洋洋　冯秋帆）

【中关村可信活动月举办】 3月13日，由海淀区文明办等单位主办，中关村电子商会、中关村国际孵化软件协会承办的“3·15中关村可信活动月”启动仪式在中关村西区举行。海淀区相关委办局负责人及企业、商户代表200余人参加。中关村各大电子卖场近300家可信联盟商户参加活动，内容包括可信精品体验会、可信论坛、电子消费课堂、可信商品促销等。活动于

4月26日结束，参与人数5000余人次。

（丁　旭　李　淼）

【北京台资企业协会25周年庆典活动举办】 4月20日，由市台办、海峡两岸交流中心、中关村管委会等单位共同主办的北京台资企业协会25周年庆典系列活动在京举办。活动包含京台青年创业论坛暨“创业季”启动仪式、京台金融合作暨服务中小企业论坛、“台协之夜”庆典晚会三大板块内容。活动中，北京银行股份有限公司相关负责人就支持台资企业发展做主题演讲，并与北京台资企业协会、福州宝岛眼镜有限公司签署战略合作协议。根据协议，北京银行将在3年内给予北京台协及其会员单位30亿元意向性授信，并在平台对接、中小企业融资、国际业务、零售业务、两岸金融机构合作等领域支持台资企业发展。京台两地相关代表等300余人参加。

（韩洋洋）

【传统商业与移动互联网融合专题讲座举办】 5月14日，由中关村电子商会主办的传统商业如何与移动互联网融合专题讲座在海淀区社会组织培训中心举办。海淀区商务委、海淀区商联会等单位的相关负责人以及全国各地电子卖场、行业企业的代表等50余人参加。中关村电子商会负责人做了演讲，提出了传统商业向互联网转型的具体解决方案，向传统企业传递互联网思维，帮助企业找到与移动互联网的结合点，指导企业通过移动App建立电商平台，实现企业产品销量的提升和利润的增长。

（丁　旭　李　淼）

【中国智能制造百人会成立】 5月16日，中国智能制造百人会成立大会暨智能制造（2025）研讨会在北京航空航天大学举行。来自政府部门的相关负责人以及行业专家、学者、企业家的代表等300余人参加。大会宣读《中国智能制造百人会成立倡议书》；中国工程院院士李伯虎做了“智能云制造（云制造2.0）”主题报告；与会专家就“工业4.0背景下中国制造2025及智能制造示范”“工业4.0与智慧工厂”“互联网＋与智能制造”“互联网＋创新工业发展新模式”等主题进行研讨。百人会是一个非官方、非营利的研讨平台，致力于研讨设计、生产、产品和服务等的智能化问题，设立学术导师委员会、智造专家委员会、技术委员会(分专家委员和技术委员)，并将逐步设立省级和行业的智能制造百人会。电子工业出版社总编刘九如担任理事长，北京航空航天大学教授刘强担任专家委员会主任。

（杜　玲）

【软件企业开放日举办】 5月28日，由北京软件和信息服务业协会主办的知名软件企业开放日活动在京举办。来自北京、南京、杭州、温州以及香港等地的用户80余人参加。参观团一行参观了广联达软件股份有限公司、软通动力信息技术（集团）有限公司。广联达公司展示了BIM5D软件。该软件以BIM平台为核心，集成土建、机电、钢构、幕墙等各专业模型，并以集成模型为载体，关联施工过程中的进度、合同、成本、质量、安全、图纸、物料等信息，利用BIM模型的形象直观、可计算分析等特性，为项目的进度、成本管控、物料管理等提供数据支撑，协助管理人员有效决策和精细管理。

（郝峥嵘）

【21家企业获评2015信息网络产业新业态创新企业30新】 5月29日，由北京信息化协会、北京软件和信息服务业协会等单位联合主办的2015信息网络产业新业态创新企业30新遴选颁奖典礼在京举行。市经济信息化委等单位以及协会、联盟和企业的代表等近100人参加。北京博晓通科技有限公司、北京星河亮点技术股份有限公司等21家企业入围，涉及大数据、智慧医疗、智慧交通、农业信息化、互联网金融、信息安全、北斗导航、两化融合等领域。上榜企业可被推荐申报市经济信息化委中小企业发展基金，优先入选北京市软件和信息服务业的重点项目储备库以及相关政府采购名单。

（朱文利　江　欣）

【中关村创新创业健步走活动举办】6月5日，由北京中关村高新技术企业协会、中关村创业投资和股权投资基金协会主办的中关村创新创业健步走系列活动在海淀公园举办。中关村管委会、海淀区政府等单位相

关负责人以及科技企业、投资机构和创业服务机构的代表等80余人参加。活动以“创新创业齐步走，健康生活每一天”为口号，每季度邀请企业家、投资人、创业者一起“健步走”，为科技型企业、投资机构和创业者提供一个特别的交流平台。年内，活动共举办2次，累计参加者100余人次。

（赵凌云）

【中关村示范区政策深度解析会召开】6月10日，由中关村社会组织联合会主办、中关村民营科技企业家协会承办的中关村国家自主创新示范区政策深度解析会在北京理工大学召开。中关村管委会、海淀区国家税务局等单位相关负责人以及企业的代表等150余人参加。会议对中关村核心区创新创业扶持政策、小微企业所得税政策进行解读，通过案例讲解知识产权的生成与保护问题，并针对科技成果转化进行主题研讨。

（韩洋洋）

【高企协获2015年度园区最佳服务机构奖】7月8日，由搜狐焦点产业新区主办的2015年（第五届）中国产业新区高峰论坛在京举行。会上，北京中关村高新技术企业协会被授予“2015年度园区最佳服务机构奖”。高企协经过20余年的发展，累计注册会员7000余家。协会充分发挥组织协调的优势，成为政府和企业之间的桥梁纽带，并整合中关村示范区的各方资源，丰富和创新为会员企业服务的内容及模式，成为中关村示范区规模最大、组织机构最健全、影响力最大的5A级社会组织之一，也是北京市社会组织示范基地。

（赵凌云）

【中关村数字内容产业协会更名】7月14日，市民政局印发《行政许可决定书》（京民社许准变字〔2015〕785号），批准中关村数字内容产业协会更名为北京数字内容产业协会，法定代表人变更为马云飞，办公地点不变。协会更名基于更好地适应数字内容产业转型与发展，拓展国内国际业务，便于国外机构、组织和企业项目的对接，为会员企业提供有价值的专业服务。

（贾众望）

【第九届海淀商业服务业职业技能风采大赛举办】7月22日，由北京市海淀区商业联合会主办的第九届海淀商业服务业职业技能风采大赛电子卖场手机拆机维修大赛在鼎好大厦举办。来自海龙电子城、鼎好电子商城、中关村维修城、广安中海电子市场4家卖场的8位维修工程师参赛。在规定的时间内，以最先完成拆装、维修的参赛者为获胜者。最终，中关村维修城推荐的参赛选手获得冠军，并于7月30日代表中关村电子卖场参加海淀区商业服务业职业技能风采大赛展演。

（丁　旭）

【中关村高成长企业TOP100颁奖】7月29日，由北京中关村高新技术企业协会主办的2015中关村高成长企业TOP100颁奖典礼暨“新常态”中关村企业高成长论坛在京举办。中关村管委会、海淀园管委会等单位相关负责人以及企业、高企协会员单位的代表等300余人参加。北京爱奇艺科技有限公司、北京集创北方科技有限公司等100家企业入选“2015中关村高成长企业TOP100”。活动首次推出“2015中关村高成长企

业TOP100成就奖”“2015中关村高成长企业TOP100贡献奖”，北京碧水源科技股份有限公司、曙光信息产业（北京）有限公司等20家企业获TOP100成就奖，北京同方软件股份有限公司、北京中科联众科技股份有限公司等15家企业获TOP100贡献奖，中国工商银行北京中关村支行、北京中海创业投资有限公司等4家单位获TOP100科技伯乐奖。上榜企业覆盖国家重点支持的八大高新技术领域，平均复合增长率高达258%，成立5年以上的企业占比97%。与会代表围绕

"新常态"中关村企业高成长的主题，就科技政策先行先试、金融机构的支持措施、风险资金的聚集以及企业自主创新能力等内容进行探讨和经验分享，并介绍相关的优惠政策和激励措施。

（赵凌云　刘伟杰）

【信息系统集成及服务资质新政解读培训举办】7月31日，由北京信息化协会、北京软件和信息服务业协会主办的信息系统集成及服务资质新政解读培训在清华同方科技园举办。150余家企业的代表200余人参加。项目管理评审专家解读了《信息系统集成及服务项目管理人员登记管理办法（暂行）》《信息系统集成资质等级评定条件（暂行）》等相关政策，并就与会人员提出的有关资质认定、评定条件、项目管理人员登记、数据信息填报流程等具体问题做了解答和指导。

（郝峥嵘　江　欣）

【中关村民协举办标准宣贯会】7月31日，由中关村民营科技实业家协会主办的《移动通信基站能耗分级》标准（DB11/T1155—2015）宣贯会在中关村民协举办。20余家会员企业的代表等参加。标准由市质监局于1月28日发布，主要起草单位为中关村民协、北京纳源丰科技发展有限公司、中国移动通信集团公司北京分公司等。标准适用于移动通信基站的电能使用效率分级及测试、通信设备能效分级及测试、高频开关电源系统能效分级及测试。会上，北京纳源丰公司等企业对通信领域的节能降耗创新产品进行推介，并与通信运营商现场对接。

（韩洋洋）

【《2014年度中关村电子产品贸易行业白皮书》发布】7月，由中关村电子商会编制的《2014年度中关村电子产品贸易行业白皮书》发布，内容包括2014年度中关村电子产品贸易发展情况、中关村电子产品贸易分析、中关村六大IT卖场经营情况和对电子产品贸易的影响政策、贸易环境等方面的分析，最终预测卖场发展并提出策略。白皮书内容显示，2014年，中关村地区电子产品贸易行业销售总额为233亿元，贸易总额501亿元，较2013年略有下滑，下滑比例分别为13.38%和13.92%。其中整机类产品的销售额为107.1亿元，配件类产品为14.4亿元，手机通信类产品为46.4亿元，电子元器件类产品为16.82亿元，办公外设类产品为20.87亿元，数码类产品为7.79亿元，耗材类产品为2.78亿元，其他为16.84亿元。

（丁　旭　翟鹏洋）

【中关村"1+6"及"新四条"政策解读会举行】8月27日，由中关村社会组织联合会主办的2015中关村政策解读系列宣讲活动之中关村"1+6"及"新四条"政策解读会在京举行。中关村的高新技术企业及外商企业代表200余人参加。会上，中关村管委会相关负责人介绍了中关村示范区先行先试政策、中关村示范区知识产权工作及专项资金情况，解读了中关村"1+6"及"新四条"的政策内容。

（冯　娜）

【"互联网+"创新创业邀请赛举办】9月8日，由中关村海兴战略性新兴产业促进会、海淀区战略性新兴产业促进联席会、中关村大数据安全产业联盟主办的2015年度"互联网+"创新创业邀请赛启动仪式在中关村示范区展示中心举行。海淀区政府等单位有关负责人及来自天津、秦皇岛等"京津冀"赛区近300名产业界代表参加。仪式上，由北京中创信测信息技术有限公司牵头发起的"互联网+"创新创业投资基金启动，基金规模初期为2亿元，接受社会各界募资，最终形成5亿～6亿元规模，并计划重点投资大赛遴选出的优秀创业项目。大赛以"寻找最'+'的你"为主题，面向全国（重点围绕京津冀地区）进行项目征集和评选，覆盖"7+1"个产业方向：智慧能源、智能硬件、智慧社区、智慧健康、现代农业、工业互联网、文化科技融合、技术成果专场。12月23日，大赛总决赛在京举办。大赛共征集项目326个，其中32个项目晋级到大赛总决赛，由北京七鑫易维信息技术有限公司研发的aSee眼控仪获一等奖。

（刘伟杰）

【发行公司债券培训交流会举行】9月24日，由中关村上市公司协会主办的发行公司债券培训交流会在京举行。来自相关证券、银行机构和近50家中关村示范区企业的代表参加。相关专家解读了公司债管理办法以及具体发债操作流程，并对公司债的企业信用评级和如何进行增信、降低企业发债成本等进行讲解，为中关村示范区企业的融资提出建议，同时针对中关村示范区企业轻资产的显著特点，各证券公司就各自的业务特点分享了同类成功发行债券的案例。

（刘伟杰）

【ITSS标准应用宣贯会召开】10月23日，由北京信息化协会主办的ITSS标准应用宣贯会在京召开。相关企业的代表近100人参加。ITSS标准相关专家就构建和推进ITSS服务标准、企业与标准之间的关系以及ITSS标准应用等内容进行了讲解，并解答企业代表提出的有关ITSS工作流程、申报条件、申报周期和扶持政策等方面的问题。

（江　欣）

【2015德勤—中关村高科技高成长20强榜单发布】 10月30日，由中关村产业技术联盟促进会和德勤中国会计师事务所共同主办的2015德勤—中关村高科技高成长20强暨明日之星颁奖典礼在京举办。北京亿心宜行汽车技术开发服务有限公司、北京中交兴路信息科技有限公司等企业入选2015德勤—中关村高科技高成长20强，北京中科睿芯科技有限公司、北京中新智安物联网科技有限公司等5家企业入选德勤—中关村明日之星。评选主要依据企业过去3年的收入增长率和知识产权情况进行筛选，旨在发现和表彰中关村示范区内高速成长、持续创新的企业。

（杜　玲）

【海淀区工商联留创园商会换届】 11月13日，海淀区工商业联合会留学人员创业园商会换届选举大会在中关村发展大厦召开。海淀区委、区统战部，中关村科技园区海淀园创业服务中心等单位的相关负责人，以及来自留创园商会企业的代表40余人参加。卡尤迪生物科技（北京）有限公司CEO李响当选新一届商会会长。会上，为创业园商会进行更名揭牌，将海淀区工商联留学人员分会更名为“留学人员创业园商会”。

（彭　晨）

【2015北京能源论坛举办】 11月20日，由北京能源协会主办的2015北京能源论坛在北京会议中心举办，主题为“能源转型为全面建成小康社会加油”。来自北京、

天津、河北等地的100余家能源企事业单位和15家社会团体的代表近300人参加。论坛就“十三五”期间能源产业如何紧扣能源革命战略，稳步推进结构转型升级，实现能源行业低碳、绿色、清洁、高效发展进行讨论。

（冯秋帆）

【中关村创新证书项目启动】 12月3日，由中关村社会组织联合会、美国国际创新学会、中关村华美职业经理研究院主办的新常态与创新驱动发展——中关村创新人才培养国际论坛在京举办。中关村管委会等单位有关负责人以及来自国内外的专家学者、高校教师及企业家等参加。与会代表围绕“新常态与管理创新”“中关村创新与人才政策”“中国工业的创新驱动发展”等专题进行研讨。会议宣布中关村创新证书项目启动。证书是由中关村华美职业经理研究院和美国创新学会联合推出的面向创新管理人才培养的教育与认证体系，旨在总结中关村创新经验，融入中国创新元素，同时结合美国等创新教育和培训的内容，面向企业领导人、专业技术人员、专业管理人员，提供完备独特的创新教育和培训知识体系，还将对职业院校教师进行相关创新培训，并将推动证书纳入大学生，尤其是职业院校学生的学分课程。

（刘伟杰）

【首届中关村“海创杯”创新创业大赛举办】 12月23日，由中关村海外人才创业园协会主办的首届中关村“海创杯”创新创业大赛——生物医药和大健康专场在北京中关村软件园举办。大赛共评选出15个优秀项目，其中北京科信美德生物医药科技有限公司获一等奖，艾锐尔（北京）生物科技有限公司、北京谱之源生物科技有限公司获二等奖，灵越天目（北京）科技有限公司、北京智精灵科技有限公司、摩宝微科（北京）软件技术有限公司获三等奖。海创园分别给予前3名获奖企业5万元、3万元、1万元不等的房租优惠卡奖励。同时，组委会还协调产业和社会各界资源，为大赛优胜者提供平台测试、技术培训、项目孵化、资本对接、创业辅导等增值服务。

（徐　洋）

【“一带一路”战略引领中小企业“走出去”系列活动举办】 年内，中关村社会组织联合会与北京电子电器协会主办的“一带一路”战略引领中小企业“走出去”系列活动举办了4次。活动内容包括：组织企业参加中国—印度尼西亚经济合作论坛；根据泰国工业发展部对LED产品的需求，组织泰方企业到北京亿源永源科技发展有限公司等中关村示范区企业调研，解决LED产品质量认证及贸易壁垒等问题；召开东盟市场新商机报告会，围绕“一带一路”战略要点，为企业开拓东盟市场、了解东盟国家的投资环境和应注意的事项等做了解读。100余家企业的代表参加了各项活动，累计人数近200人次。

（冯秋帆）

【企业劳动人事调解旁听会举办】 年内，北京中关村高新技术企业协会组织30余家企业到区人力社保局参加现场劳动人事争议旁听，近距离接触实际案例庭审，

直观了解具体事件的发生、经过、损失、教训和处理依据。截至年底，共组织 8 场旁听会，累计参加企业 400 余家。

（赵凌云）

【高企协政策解读系列培训举办】年内，北京中关村高新技术企业协会与市科委、海淀园管委会等单位联合主办 20 余场培训会，企业参加人数 5500 余人次。内容涉及政策解析、工商业务、税收政策、技术合同登记、高新认证、企业融资、法律维权、人才引进、技监业务、“一带一路”、京津冀合作等。

（赵凌云）

【国际化服务系列活动举办】年内，中关村社会组织联合会支持会员单位举办 80 余场国际交流与项目对接活动。包括组织会员单位赴美国、德国、日本、韩国等国家和地区考察高科技产业和文化创意产业的发展情况；组织中关村企业代表团 50 余人分别参观了 2015 年美国显示周及 SID 年会、2015 纽约国际电视电影节、意大利 2015 年米兰世界博览会；组织会员企业参加中关村示范区海外实习生计划、美国弗吉尼亚对接、中加技术转移论坛、对德合作调研、首届韩国首尔 App 展览会暨全球互联网化峰会等国际项目对接活动，为中关村企业走向国际市场铺路搭桥。

（冯秋帆）

【科技金融服务系列活动举办】年内，中关村社会组织联合会举办微金融研讨会、财富快车等活动 17 场，服务企业 1500 余家，会员单位及企业代表参加各类活动近 2000 人次。活动的主要内容包括信用融资新秘籍、创业融资及知识产权融资、创新融资等，为企业解决融资难的问题，帮助创业者、创业项目与政府相关机构、投资机构实现一站式的对接。

（冯秋帆）

【科技与金融系列讲座活动举办】年内，中关村民营科技企业家协会联合北京启迪创业孵化器有限公司、北京方亚资本投资有限公司、北京商务服务业联合会、北京国际信托有限公司、北京中关村不动产商会等单位举办 3 期科技与金融系列讲座活动，分别做了“互联网金融互联网时代的新生态”“科技型企业金融政策和中小科技企业投融资方式”“企业融资和信用评估”等主题演讲，围绕互联网金融的业务模式、监管法规和风险管理知识、小微金融的重点领域、融资政策等内容进行培训，累计 100 余人次参加。

（韩洋洋）

【推进区域发展系列活动举办】年内，中关村社会组织联合会与天津市科委、天津市高新区、北方技术交易市场、河北省科协等单位举办了京津冀区域合作恳谈会，建立区域合作平台，健全信息共享机制。联合会会员单位举办中关村高端人才与京津冀项目对接会、京津冀 e 金融对接洽谈会等区域合作活动 140 余场；组织 24 家高新企业参展第十七届深圳高交会，与山东、安徽、温州、南京、昆明等省市进行科技、金融、创业等方面的合作。

（冯秋帆）

【“移动互联网＋”培训专题讲座举办】年内，中关村电子商会在北京、深圳、广州、上海、南京、乌鲁木齐等市共举办“移动互联网＋”培训 14 期，会员企业代表 1000 余人次参加。培训的主要内容包括移动互联推进地方经济发展、“互联网＋”转变企业盈利模式、

企业创新型电商平台应用等。通过培训，使会员企业了解到传统产业可借力移动互联网建立产供销一体化新模式，商家超低成本即可进入移动电商行业，在移动互联网平台上获得比传统电子商务更好的购物体验。培训免费为当地商会会员、中小企业建立移动应用（App），实现企业内部管理和外部营销的移动互联网化。

（丁　旭　李　淼）

【政策解读系列活动举办】年内，中关村社会组织联合会举办政策解读系列活动 15 场，参加企业近 5000 家。活动主题涉及股权激励政策、税收优惠政策、高新技

术企业认定、知识产权保护、技术转让企业所得税、企业转增股本个人所得税等企业关注的“1+6”“新四条”等政策，联合会编印了《2015年政策解读活动最新政策汇编》。

（冯秋帆）

【中关村民协主题培训活动举办】年内，中关村民营科技企业家协会联合通标标准技术服务有限公司、中关村社会组织联合会、中关村人才协会等单位举办“电磁兼容设计及整改解析”“企业人才系列政策专题宣讲”“中小企业岗位绩效工资设计与绩效考核”“助力中小企业发展，互联网模式的人力资源服务”“俄罗斯投资环境及法律体系”5场主题培训活动，分别围绕帮助企业研发人员掌握EMC测试系统规则、帮助企业系统归纳中关村示范区及海淀园的人才政策、加强企业对人才政策申报工作的认识、助力企业通过互联网系统实现HR管理工作、帮助企业了解俄罗斯经济发展现状及企业在俄投资发展环境等内容开展培训。来自中关村示范区企业的代表累计300余人次参加。

（韩洋洋）

【中关村上市公司系列专题培训举办】年内，中关村上市公司协会举办中关村企业跨境并购和上市公司私有化培训1场、上市公司发行公司债券等系列专题培训3场，会员企业及广发证券、兴业证券、东兴证券、东方金诚、中关村担保等专业机构的代表参加，累计达100余人次。美国洛克律师事务所、金杜律师事务所等机构的专家对“跨境并购”和“私有化”的具体流程及相关法律法规做了讲解；对企业发债要求、资金用途、成本预估、预评级以及中关村管委会相关政策等做了介绍。专家还为会员企业提供一对一的咨询服务和专业指导。

（冯秋帆）

【中关村社会组织联合会能力建设培训举办】年内，中关村社会组织联合会举办5场秘书长工作能力建设培训、5场基层人员业务工作培训、2场政府购买社会组织服务的具体工作培训。培训分别以“创新创业新趋势”“深化社会体制改革，创新社会治理机制”“互联网＋社会组织”等为主题，邀请相关专家从速度与创新的比较、教育改革以适应目前大趋势、商业孵化器与高科技的比较、怎样有效将产品迅速商业化、“互联网＋”时代背景下社会组织发展的相关问题等方面进行讲解。共有800余家次社会组织的代表1000余人次参加。

（马媛月）

【中关村研发开放日系列活动举办】年内，北京中关村外商投资企业协会举办中关村研发开放日系列活动6场，分别以用清洁能源改变世界、模具开发提升效能、工业云为智能制造保驾护航等为主题。来自大专院校、重点实验室以及北京国瑞升科技股份有限公司、北京滨松光子技术股份有限公司、北矿磁材科技股份有限公司、北京泰和磁记录制品有限公司等企业的专业技术人员200余人次参加。研发开放日活动已成为内外资企业交流合作的平台。至年底，累计举办研发开放日30余场，近1000人次参加。

（冯秋帆）

【高企协高新技术企业认定和复审工作完成】年内，北京中关村高新技术企业协会承担了海淀园管委会2015年度高新技术企业资格认定和复审工作，共举办高新技术企业认定、复审及相关政策培训会13场，市科委及海淀园相关负责人为企业讲解了国家高新技术企业资格认定和复审的相关政策及申报流程，累计参加培训人员3000余人次。受理认定和复审企业2617家，组织专家评审会5场。最终2595家企业获国家高新技术企业认定。

（赵凌云）

联盟组织

【国家电子商务标准规范框架设计项目通过验收】1月13日，由电子贸易产业技术创新战略联盟主办的国家电子商务标准规范框架设计项目验收会在北京交通大学举行。商务部等单位有关负责人及相关专家参加。项目是电子贸易产业技术创新战略联盟承担的商务部《国家电子商务标准规范框架设计》项目，从电子商务的基础体系、技术体系、业务体系、流程体系、监管体系、安全体系以及质量体系8个方面进行设计，并结合电子商务发展趋势及中国电子商务标准体系研究的情况，提出基于新形势下的电子商务标准体系管理与实施策略。与会专家认为标准框架设计符合任务要求，一致同意通过验收。

（钟锌章）

【中国农业科技园创新战略联盟成立】1月16日，中国农业科技园创新战略联盟成立大会暨中国农业科技园创新战略联盟第一次年会在中国农业大学举行。全国政协教科文卫体委员会、中国农业大学、中国蔬菜协会等单位的相关负责人和行业专家、科研院校代表等100余人参加。联盟由中国农业大学牵头，联合清华同衡规划设计研究院有限公司（清华大学规划设计院）、中农金旺（北京）农业工程技术有限公司等21家从事现代农业园区相关技术及装备研发、应用和推广的骨干企业、高等院校、科研院所和科技服务机构成立的"产学研用"相结合的联合组织，旨在整合企业、高校、科研机构和用户的优势资源，整合农业科技园区的各种资源、技术、产品，延伸农业科技园区的产业链条。会议选举中国农业大学为联盟第一任理事长单位，中国农业大学副校长张建华任理事长。

（付　骁）

【第五届智慧能源国际峰会举行】1月21日，由全国节能减排标准化技术联盟、中关村下一代互联网产业联盟主办的2015第五届智慧能源国际峰会在京举行。会议主题为"开启能源互联网新时代"。来自全球能源互联网、智慧能源领域的专家、学者和业界人士等100余人参加。与会代表探讨了互联网时代下的传统能源产业未来机遇与走向，共同探寻在能源革命的大背景下，能源产业如何互联网化，为智慧能源产业发展过程中的互联网和能源产业融合提出建议。

（田　峥）

【中关村智慧环境产业联盟成立】1月23日，中关村智慧环境产业联盟成立大会暨第一次会员大会在中关村示范区展示中心举行。市民政局、中关村管委会等单位有关负责人及联盟会员单位的代表等100余人参加。联盟由北京百灵天地环保科技有限公司、北京高能时代环境技术股份有限公司等43家企业、3家科研院所和1家行业联盟组成，是中关村的环境商业协作组织和行业研究机构之一，也是多家国家级开发区、大型企业集团、跨国公司、地方政府、国内外金融机构的智慧环境产业顾问，将以"市场协同、资源搭建、创新创业"为核心业务定位，通过技术和市场的结合，打造综合技术、产融结合、联盟平台三位一体的模式，向企业和政府提供一条龙服务和环境全产业链一站式解决方案，推动环保产业相关的高科技成果产业化和早期科技企业的孵化，解决环保科技企业的人才、资金、资源、市场等问题。联盟成员均来自于中关村示范区内致力于环境污染治理运营、规划设计、工程建设、环境监测检测、环境贸易和金融、生态修复治理、节能节水技术、再生资源利用、智慧能源投资运营、互联网信息技术等全产业链的企业、学术机构和行业组织，会员单位覆盖到京津冀、长三角等地区。百灵天地公司董事长王文胜任联盟首届理事长。

（刘伟杰）

【中关村中创体外诊断产业技术创新联盟成立】1月26日，中关村中创体外诊断产业技术创新联盟成立大会在中国科学院生物物理研究所举行。科技部、中关村管委会、昌平园管委会等单位相关负责人以及来自32家会员单位的代表40余人参加。联盟由中生北控生物科技股份有限公司、博奥生物集团有限公司、北京九强生物技术股份有限公司等9家单位联合发起，将联合企业、科研院所及临床医院等相关单位和个人的力量，开展产业技术创新，实现技术成果落地和产业化，提高科研项目的成果转化效率。中生北控公司董事长吴乐斌当选为联盟主席。

（杜　玲）

【全国智慧能源云平台启动】2月10日，由中国智慧能源产业技术创新战略联盟主办的全国智慧能源公共服务云平台启动发布会暨战略合作伙伴签约仪式在亦庄园举行。活动主题为“打开智慧能源产业创新之门，开启能源互联网新时代”。发展改革委、质检总局、工业和信息化部等单位相关负责人以及节能减排、低碳经济、互联网和通信行业的专家及企业的代表参加。中国质量认证中心、国家信息安全认证中心分别同智慧能源联盟签署战略合作协议，从标准认证和信息安全等方面对平台提供战略支持。同时，山东、北京、湖北等9个地区性联盟和9个区域性分平台签约成立。平台（www.ioe1888.com）位于亦庄园，由中国智慧能源产业技术创新战略联盟负责开发建设，是一个为智慧能源产业服务的第三方公共服务云平台，将应用IPv6、Html5等技术，发挥云计算、大数据平台的优势，通过整合全国各行业、区域的能源数据，组织公共资源，提供数据存储、实时监测、可视化、数据分析、风险控制、能效管理等服务。接入平台的地区、企业、技术应用，对其水电气热等能源消耗效率等信息将实现实时监控、可视化分析并进行科学的控制管理。

（刘伟杰）

【新一代抗生素专利池建立】4月22日，由北京新型抗生素知识产权联盟主办的新一代抗生素专利池构建签约仪式暨战略合作启动会在京举行。知识产权局，市知识产权局、市经济和信息化委等单位相关负责人及企业代表等参加。北京新型抗生素知识产权联盟成员单位签署北京市首个专利池——新一代抗生素专利池的构建及战略合作协议。专利池由繼晋庆三联（北京）生物技术有限责任公司等企业的150件专利构成，其作用在于能消除专利实施中的授权障碍，有利于专利技术的推广应用。

（潘　丹）

【中关村数字健康产业联盟成立】4月24日，中关村数字健康产业联盟揭牌仪式在北京大学举行。科技部、市科委、中关村管委会等单位相关负责人以及合作单位、投资机构的代表及创业者200余人参加。联盟由北大科技园等医疗健康、智能硬件、移动互联网、投资等多领域跨界机构和专家共同发起，将围绕数字健康产业发展和服务模式建设，开展数字健康技术研发、服务体系创新、临床应用试点、融资服务、成果转化等工作，推动数字健康领域的交流合作和行业发展，并依托中关村示范区移动医疗、可穿戴智能硬件、医疗机器人、基因测序与健康产业链等领域的产、学、研、资、创等相关机构，将中关村示范区打造成数字健康产业的中心。

（刘伟杰　王学军）

【环保产业联盟筹备成立大会召开】4月29日，北京环都经济圈节能低碳环保产业联盟筹备成立大会暨第一次会员大会在京召开。市发展改革委、市民政局、中关村民营科技企业家协会等单位相关负责人以及北京市、河北省等6省市近40家节能环保领域企业的负责人和代表参加。会议选举北京绿创环保集团有限公司董事长姜鹏明为联盟第一届理事会理事长。联盟由中关村民协、绿创环保公司、北京清新环境技术股份有限公司等单位发起成立，是经北京市社会团体登记管理机关核准登记的非营利性社会团体法人。联盟以解决京津冀及周边地区环境保护共性问题为重点，旨在整合产业各个环节，引领产业集群的转型升级，强化对环境效果负责的综合环境服务意识，搭建政府引领与产业协同发展的开放式平台，成为为京津冀及周边地区提供和实施防控环境污染的主要力量。

（韩洋洋）

【北京众创空间联盟成立】5月7日，北京众创空间联盟成立暨首届成员大会在京召开。市科委等单位相关负责人及联盟成员单位的代表50余人参加。联盟由联想之星、极地国际创新中心、3W咖啡等54家众创空间、投融资机构、高科技企业联合发起成立,成员涉及投融资、制造加工、市场营销、终端消费、教育培训、创业导师等服务领域，旨在通过搭建资源共享平台，推动创新创业服务资源开放共享与衔接，横向打通众创空间的优质服务资源，纵向打通创新创业的全链条，调动全社会创新创业要素的力量，降低创业者的创业成本和门槛。Binggo咖啡创始人秦君当选联盟首届理事长。联盟还成立“首都创业导师志愿服务团”，组织北京创业服务机构、投资机构的代表与有需求的省市进行对接,在京外开展关于促进“大众创业、万众创新”的科技合作，以促进首都创新创业资源向全国辐射。

（刘伟杰　石会昌）

【中关村智达智慧家庭产业技术创新联盟成立】5月15日，中关村智达智慧家庭产业技术创新联盟成立大会在京举行。工业和信息化部、市民政局等单位相关负责人以及有关行业组织和企业等50家联盟成员单位的代表参加。联盟由中国华录集团有限公司、北京智达天下视听科技有限公司等38家企业、全国9个国家数字家庭应用示范产业基地的地方行业组织，以及工业和信息化部电子工业标准化研究院等6家科研机构共53家首批会员单位发起成立，将致力于搭建智慧家庭产业创新的合作与促进平台，集聚业界骨干企业及相关机构，支撑政府产业推进措施，加强企业协作，加快智慧家庭技术与应用创新，共同促进智慧家庭产业与应用的发展。大会选举中国华录集团担任会长单位。

（杜　玲）

【WAPI 产业联盟“无线商圈产业发展计划”发布】 5月29日，由WAPI产业联盟主办的中国无线商圈安全与发展研讨会在京举行。国家互联网信息办公室、公安部、工业和信息化部等单位相关负责人以及研究机构、产业联盟、相关企业的代表等参加。与会代表围绕无线商圈产业现状、无线商圈安全和运营模式，以及“无线城市”建设、无线商业安全等议题开展研讨。会上，WAPI产业联盟发布“无线商圈产业发展计划”，将建设无线商圈安全公共服务平台，为商圈企业和移动互联网企业提供免费的无线安全服务；提供无线商圈AP和终端App上的安全开源代码和参考设计，降低企业开发成本；组织设备厂商、商圈企业、移动互联网企业等对无线商圈有关的协议、接口等基础技术进行标准化；搭建政府与商业无线产业的沟通桥梁。联盟将设立专门的工作组，包括无线商圈标准工作组、中国无线城市与无线商圈政策支持工作组、无线商圈商业模式工作组等。

（杜　玲）

【海峡两岸第二届创业项目封闭对接会举行】 6月3日，由中关村云计算产业联盟、台湾云端运算产业协会联合主办的海峡两岸第二届创业项目封闭对接会在北京DRC工业设计创意产业基地举行。来自台湾的数位无限软件有限公司、晶镭科技股份有限公司、昕淇科技有限公司等9家创业团队进行了项目路演。中关村云计算产业联盟、联合国青年创业孵化中心、盛世光影（北京）科技有限公司等单位的9位专家担任导师，对创业项目进行点评。

（杜　玲）

【中关村物联网智能硬件创业赛举办】 6月10日，由中关村物联网产业联盟和IBM企业家全球训练营（IBM Smartcamp）、北京优投科技孵化器有限公司共同主办的第4期IBM Smartcamp创业家论坛2015暨中关村物联网智能硬件创业赛在京举办。物联网O2O创业企业、风险投资机构及第三方平台等相关机构的代表等200余人参加。参赛企业以路演形式进行展示，由投资人和行业专家组成的评审团以私密辅导的形式与创业团队进行交流和探讨，让创业团队直观了解专家的建议，提升项目落地实施速度。北京嘉合百善科技发展有限公司等6家企业晋级，将获得美国IBM公司免费的云服务，以及相关投融资机会。

（张　静）

【中关村智慧生活专业委员会成立】 6月14日，由中关村物联网产业联盟主办的中关村智慧生活专业委员会成立暨智慧社区公益中国行启动仪式在朝阳区文化馆举行。北京博力恒昌科技有限公司等企业的代表等近100人参加。专业委员会由博力恒昌公司牵头成立，以“智能科技、慧享生活”为宗旨，联合智慧生活产业链上下游，通过对智慧社区、智能家居、智慧健康、大数据、智能应用等相关领域的企业进行组织、引导、协调，提供各项服务，推动智慧生活公共服务平台的建立，促进相关标准和规范在智慧生活范围内的制定与推广。仪式上，“智慧社区公益中国行”活动启动。活动是一个全国范围内以社区为基础的公益性创新创业平台，由物联网联盟、Intel芯世界社会创新中心等单位发起，并与各级政府与社会组织合作主办，关注科技服务社区，关注社会创新，关注智慧产业发展。活动中，联盟健康服务业专委会、智慧生活专委会的企业进入社区，与社区展开交流对接，建立示范工程，推动企业项目落地实施。至年底，活动以组合的模式推广进入全国各地社区，在河北省、辽宁省、天津市、上海市等地相继落地，并在北京市建立100家示范社区。

（张　静）

【中华众创联盟成立】 6月16日，中华众创联盟成立仪式在京举行。联盟由启迪控股股份有限公司牵头，由启迪科技城投资发展有限公司、启迪科技服务有限公司、中信建设有限责任公司、深港房地产业联合会共同发起，将在与众创空间相关的创新创业项目、孵化投资机构、线上线下等活动中为成员单位提供资讯、信息交流、资源共享、优势互补、寻求合作等服务项目，成为众创空间的权威平台，促进联盟成员之间的协同发展。启迪控股公司董事长梅萌当选为联盟首任理事长。

（康秋红）

【长风联盟与瑞典地理信息技术创新协会互设办事处】 6月25日，北京长风信息技术产业联盟与瑞典地理信息技术创新协会（FPX）战略合作签约仪式在瑞典耶夫勒市举行。根据协议，双方将互相建立办事机构。长风联盟将在耶夫勒市设立办事处，发展北欧地区的会员，重点在人力资源、技术培训等方面推动中瑞两地资源对接。9月23日，FPX中国办公室成立，其依托长风联盟，将通过项目对接、技术交流、资源推介等方式，将瑞典的科技资源带到中国，加强中瑞双方在ICT领域的合作。

（李云芝）

【中关村空间信息联盟智慧城市专业委员会成立】7月2日，中关村空间信息技术产业联盟智慧城市专业委员会揭牌仪式在京举行。市经济信息化委、中关村管委会等单位相关负责人及联盟会员单位的代表等参加。专业委员会由北京合众思壮科技股份有限公司、北京四维图新科技股份有限公司、北京超图软件股份有限公司等9家空间信息产业核心企业发起创立，以“抱团取暖、合作共赢、利益共享”为宗旨，将以联盟为载体与区域性政府及相关机构对接，以联盟名义对接各地智慧城市建设市场，服务区域智慧城市建设，实现协同创新。

（刘伟杰）

【长风联盟获2015年度园区最佳服务机构奖】7月8日，在搜狐焦点产业新区主办的2015（第五届）中国产业新区高峰论坛上，颁发了年度行业领袖人物奖、年度行业领导力人物奖、最佳品牌影响力和年度最佳服务机构4个奖项。北京长风信息技术产业联盟凭借在探索新型服务模式，为园区发展提供整合资源、打通上下游产业链和对接供需方等服务，获“2015年度最佳服务机构”奖。

（李云芝）

【闪联参展中国国际消费电子博览会】7月10—13日，2015中国国际消费电子博览会上，闪联产业联盟组织昂莱科技（北京）有限公司、北京昆羽科技有限公司等4家企业参展。展示以“闪联+”为主题的基于闪联国际、国家标准的技术解决方案，以及机器人等跨界创新产品20余款。昂莱科技公司推出的云净化灯新品系列，可与其他闪联产品互联，实现智能空气净化功能，可智能监测室内空气质量变化，自动开启、关闭空气净化系统，用户可通过手机App随时随地查看室内空气质量检测数据。云净化灯新品系列采用负离子净化技术，在照明的同时电离空气释放负氧离子，有效去除空气中的PM2.5、甲醛、二手烟、苯等有害气体。昆羽科技公司展示的移动互联网时代K歌神器——KiMU006智能无线K歌系统、KiMU008蓝牙K歌系统和KiPower蓝牙音箱采用独家专利零延时无线音频传输技术，支持高品质蓝牙音频以及有线音频输入，是一款便捷、Hi-Fi音质的创新型数码娱乐产品。

（杜　菲）

【智慧城市投融资基金发布】7月11日，中国智慧城市产业技术创新战略联盟智慧城市投融资基金发布会在北京展览馆举行。科技部、北京航空航天大学和河北省任丘市、四川省江油市等地政府部门相关负责人以及相关企业的代表等100余人参加。联盟将选择3～4个样板城市，建立地方智慧城市投融资基金，与当地政府以PPP合作、授权经营等形式投资于智慧城市运营管理平台和重大示范项目，同时引入国开金融有限责任公司等国家级资金和其他社会资本，为智慧城市建设提供资金，并带动当地智慧产业发展；首期拟推出总额10亿～20亿元的智慧城市投融资基金。会上，联盟与赛伯乐、华夏幸福基业、方正国际、冀春投资等企业、融资机构签署了联盟基金管理公司发起协议，与江油市、温州市龙湾区、西咸新区秦汉新城等市区签署了智慧城市战略合作协议。

（杜　玲）

【TiD2015质量竞争力大会召开】7月12—15日，由中关村智联软件服务业质量创新联盟主办的TiD2015质量竞争力大会在京召开。中国软件行业协会、中国互联网协会、中关村社会组织联合会等单位的相关负责人及北京百度网讯科技有限公司等企业的代表近2000人参加。大会以“下一代软件研发：挑战与求变”为主题，围绕软件研发、云计算研发、大数据研发、互联网转型等议题举办了中国软件研发高峰论坛、大数据技术及应用论坛、传统企业互联网转型实践论坛等12场平行论坛。北京百度网讯科技有限公司、用友网络科技股份有限公司、VMware等30家企业展示了EUC（终端用户计算）等领域的技术创新、应用解决方案和案例。

（冯秋帆）

【波兰—中国新能源技术研究院北京研发中心揭牌】8月26日，波兰—中国新能源技术研究院北京研发中心揭牌仪式在北京泰豪智能大厦举办。波兰国家商会、中国国际城市化发展战略研究委员会、北京智中能源互联网研究院等单位的相关负责人参加。该中心由中关村节能与新能源联盟倡导成立，北京泰豪智能科技有限公司和波兰国家商会共建，是波兰和中国在新能源领域加强合作的举措，将给中国太阳能光伏、储能、智能电网等产业带来商机，为中国企业提供进入欧盟市场的机会。借助平台，泰豪公司参与研究的风光储技术将在欧洲市场进行推广。

（杜　玲）

【长风联盟6家会员获信息系统运维服务一级资质】9月15日，在中国信息系统集成及服务行业2015年会上，中国电子信息行业联合会发布首批授予信息系统集成及服务资质运行维护分项资质企业名单，15家企业获一级资质，4家企业获二级资质。其中，北京长风信息技术产业联盟会员太极计算机股份有限公司、首都信息发展股份有限公司、用友网络科技股份有限公司等6家企业入选一级资质企业。该资质由电子联合会信息系统集成资质工作办公室组织，对企业的业绩、运维体系、技术实力、团队能力等方面进行考量，对企业进行评级（共四级，一级最高），是对信息系统运维服务提供商的综合实力体现及行业内的认可。

（李云芝）

【开放架构战略联盟成立】9月16日，由联想集团有限公司主办的2015联想开放架构大会（Lenovo Open+World）在京举行。大会以“开放互联、聚力未来”为主题。会上，联想集团宣布开放架构战略联盟成立。联盟由联想集团、美国英特尔公司、中科软科技股份有限公司、东华软件股份公司等企业组成。联盟将联合业界合作伙伴，突破企业的有形界线，共同构建开放架构生态圈，为客户提供完整、全面的价值，与客户共同探索“互联网+”时代的新商道。

（杜　菲）

【TD-LTE助力移动“互联网+”发展高峰论坛举办】9月22日，由TD产业联盟主办的TD-LTE助力移动“互联网+”发展高峰论坛在中国国际展览中心举办。论坛集中研讨TD-LTE行业创新应用的案例、成果和能力，探讨移动互联网与各产业融合的机遇与趋势。中国普天信息产业股份有限公司、北京佰才邦技术有限公司、北京信威集团股份有限公司等企业的代表分别发表主题演讲，分享TD-LTE助力行业应用信息化发展、促进行业生产方式变革和产业结构优化升级的案例，展示TD-LTE在电网、油田、水利、医疗等行业的应用成果。中国产业技术创新战略联盟、国家体育总局等单位有关代表以及近60家联盟会员企业的代表等300余人参加。

（韩　雯）

【展示闪联智慧教育解决方案】9月23—25日，在首届中日韩产业博览会上，闪联产业联盟展示了闪联智慧教育的跨界融合解决方案。方案是一个融合了基础设施、软件资源以及教育教学整合等内容的完整解决方案，可使学校每个班级里具备与外界进行不同层次的信息沟通、信息化资源获取与利用、终端信息显示的能力，实现信息技术与学科日常教学的有效整合，变革了教师教学方式和学生的学习方式。方案中的触控一体机、投影机、电子白板、数字讲台、平板电脑、学生电子书包等设备可以通过闪联技术有效地连接在一起，教师通过平板电脑，就可以无线连接至投影机、电视电脑一体机，还可以将平板电脑中的课件无线传输至学生电子书包之中，实现了移动互联教学方式，并可达到校校互通、班班互联、资源共享的目标，以提升信息化教学的实践性。

（杜　菲）

【中关村新兴科技服务业产业联盟成立】10月15日，中关村新兴科技服务业产业联盟第一届第一次会员（代表）大会暨成立大会在京召开。中关村管委会相关负责人以及来自科研院所、科技型企业和创投机构、孵化器、税务师事务所等第三方服务机构的代表等70余人参加。联盟将参与制定细分领域行业服务评价体系与标准、完善产业环境、探索新型高效服务业态、培育复合型科技服务人才，将零散的科技服务整合为“一站式”高效智力支持服务；按照“全链条、全要素、全社会”的工作思路，从“发现—评价—培育—推进”4个环节，形成全社会协同推进科技成果转化的局面，推动科技创新促进科技经济深度融合。大会选举北京乐智乐成企业管理服务中心董事长张万娥担任联盟第一届理事会理事长。

（刘伟杰）

【虚拟现实与可视化产业技术创新战略联盟成立】10月28日，在中关村CID创新型产业集群发展高端论坛上，中国虚拟现实与可视化产业技术创新战略联盟（CVRVT）成立。联盟是由北京实创高科技发展有限责任公司、虚拟现实应用教育部工程研究中心等单位联合发起，虚拟现实与可视化领域企业、大专院校、科研机构、社会团体、政府机构及投资机构等相关单位自愿组成的产业推进团体。联盟将以应用为导向、以产业为主线、以技术为核心、以创新为动力，打造中国虚拟现实与可视化产业的产、学、研、政、金、用协同发展平台。联盟的核心任务是构建产学研合作的服务平台，以推进中国虚拟现实与可视化的技术创新和产业化为目标，促进成员单位的自身发展，提升整体竞争力。联盟首届理事长为北京师范大学信息科学与技术学院院长周明全。12月23日，联盟2015年第一届理事会工作会议召开。

（孙燕艳）

【移动通信产业专利环境研讨会召开】11月27日，由TD产业联盟主办的移动通信产业专利环境研讨会在京召开。华为技术有限公司、中国信息通信研究院、海信集团有限公司、海淀区知识产权局等单位的知识产权专家就移动通信产业的专利环境进行分析，并研讨产业专利协同合作与营造产业专利环境可行性等方案。来自通信产业领域的70余位知识产权专家参加。与会专家分别就标准必要专利、专利权滥用、专利许可、专利协同运营等主题发表演讲，并同与会代表就高通反垄断案、4G专利许可规则、国内知识产权环境建设等问题进行交流讨论。

（韩　雯）

【长风联盟携会员参加2015智慧产业展】 12月3—5日，在2015中国（沈阳）智慧产业展暨第六届中国国际手机博览会上，北京长风信息技术产业联盟组织太极计算机股份有限公司、方正国际软件（北京）有限公司、北京中软国际信息技术有限公司等17家企业参展，主题为“科技创新　引领未来”。展团展示了太极公司、方正公司等智慧城市领军企业的解决方案；通过无人机、小优机器人、智能手环、智能药盒等互动体验，让观众更直观了解和认识智慧城市建设；北京金山软件有限公司、北京人大金仓信息技术股份有限公司、北京一铭铭鑫软件有限公司等企业展示了自主可控的办公软件、数据库、操作系统等产品。

（李云芝）

【唐山·中关村物联网公共服务平台成立】 12月10日，由中关村物联网产业联盟和唐山市丰南区政府主办的唐山·中关村物联网公共服务平台签约仪式在河北省唐山市举行。中关村管委会、河北省工业和信息化厅等单位相关负责人及40余家企业的代表等参加。平台由物联网联盟与丰南区政府共建，将加快当地“产学研”合作平台工作、优化产业结构、整合优势资源，推动和促进当地物联网技术的应用能力与水平，为当地经济结构调整、产业升级转型提供技术原动力，同时将为北京市、天津市和唐山市的企业提供服务，形成“京津冀”物联网服务模块。

（张　静）

【中关村融智特种机器人联盟成立】 12月12日，中关村融智特种机器人联盟首届理事会在京举行。科技部、工业和信息化部、公安部、中关村管委会等单位相关负责人和专家以及联盟会员单位的代表等100余人参加。联盟由军民融合（北京）装备技术研究院、中国北方车辆研究所、北京海兰信数据科技股份有限公司等9家单位发起成立。联盟将针对机器人产业链中的技术支撑需求，组建不同规模的契约化合作团队；研发系列化的产品并推广应用，参与重大课题研究，推动中国机器人生产流通管理运营服务产业规范和产业链价值提高；运用市场机制集聚资源，组建成熟的信息发布渠道，提供专业化服务，争取政府相应政策扶持；提升联盟成员在机器人创新开发、绿色制造、智能应用和维修服务各领域的应用水平；搭建跨区域、跨行业、跨部门、跨学科的产学研政商用互动交流与成果转化平台，推广联盟创新成果，引领机器人产业健康全面绿色发展。会议选举海兰信公司创始人魏法军为联盟首届理事会理事长。

（赵蔚彬）

【2015闪联峰会举行】 12月17—18日，由闪联产业联盟主办的2015年闪联峰会在京举行。来自中国、韩国、以色列等国家的闪联会员代表100余人参加。大会以“智能跨界物联融合”为主题，回顾了闪联2015年在技术、标准和产业化等方面取得的成果，就智能硬件、互联网、大数据等领域的发展趋势进行研讨。闪联会员及合作伙伴的代表做了主题演讲与产品演示。6家产学研机构达成合作意向。

（杜　菲）

【中国网络安全产业联盟成立】 12月29日，中国网络安全产业联盟（筹）成立大会暨第一届会员大会在京召开。中央网信办、海淀区政府相关负责人以及网络安全专家和联盟成员的代表等200余人参加。联盟是由网络安全产业、网络安全理论与技术研究、产品研发与制造以及网络安全服务等领域的140余家企事业单位组成，属于非营利性行业组织，旨在聚合产业势能，营造良好产业发展环境，保障国家网络安全和用户利益。其主要工作任务是组织开展网络安全领域市场、技术以及产业发展研究，推动、参与网络安全标准制定；促进网络安全产业链上下游企业在技术、市场、资本、人才等方面的合作；组织网络安全产业的会议、培训、展览等交流活动；开展行业自律活动，支撑政府网络安全监管和产业促进工作；反映和协助会员解决在产业发展中遇到的问题；组织开展网络安全产业界的国际交流合作。北京神州绿盟信息安全科技股份有限公司当选首届理事长单位。

（杜　菲　韩洋洋）

【长风联盟科技政策解读会举办】 年内，北京长风信息技术产业联盟举办12场科技政策解读会，分别围绕新

技术新产品推广、科技成果转化、技术合同登记、科技金融、国际化专项、中小企业发展资金、高端人才政策、创新创业政策等内容进行讲解，会员企业的代表累计300余人次参加。

（李云芝）

【长风联盟交流对接活动举办】年内，北京长风信息技术产业联盟举办“乌兰察布云计算中心需求对接会”“创新资源对接之比利时林堡省国际交流对接会”“中国·

捷克信息通信技术研讨会暨项目对接会”“瑞典信息技术项目精准对接会”“地理信息技术创新领域北京重点实验室与企业对接会”等7次项目对接活动，分别围绕云计算、信息通信、地理信息、物联网等技术和项目，组织企业进行洽谈及合作对接，累计500余人次参加。

（李云芝）

【长风联盟产业链促进系列活动举办】年内，北京长风信息技术产业联盟举办4次产业链促进系列活动，先后带领联盟会员企业走进中关村创业大街、IC咖啡、北京京东世纪贸易有限公司、北汽福田汽车股份有限公司，分别围绕创新创业、“互联网+”时代企业转型、“互联网+”汽车技术等主题进行研讨，使参会企业了解创新创业最新的政策、趋势以及“互联网+”时代企业的应对和实践，促进产业链上下游之间的合作。累计200余人次参加。

（李云芝）

【中关村街道智慧养老示范基地开展助老服务】年内，

北京长风信息技术产业联盟依托“中关村街道智慧养老创新示范基地”，免费为辖区内30余个社区的老人提供持续的血压、血糖、心电图等监测服务，举办个性化用药及中医艾灸两场健康知识讲座，聘请社区志愿者协助老年人将每次监测的血压、血糖、心电图等测量结果自动录入健康管理系统，聘请医务工作者将采集的数据进行专业分析，通过网络远程或者现场两种形式查看老人的监测数据，针对每个老年人的数据测量结果给予健康指导。中关村街道社区65岁以上的受益老人累计达1000余人次。

（李云芝）

统计资料

Statistics Data

本栏目以统计表格形式记录年度内中关村国家自主创新示范区主要经济指标、十大行业主要经济指标、国内部分高新技术产业开发区主要经济指标，以及中关村示范区区域内单位获国家科学技术奖、北京市科学技术奖和中国专利奖的项目等。

2015年中关村国家自主创新示范区主要经济指标一览表

表 1 按园区统计

指标＼园区	总和	海淀园	丰台园	昌平园	朝阳园	亦庄园	西城园	东城园	石景山园	通州园	大兴园	平谷园	门头沟园	房山园	顺义园	密云园	怀柔园	延庆园
企业数（家）	16693	8385	1471	1884	1310	698	511	318	676	330	279	85	97	121	226	117	139	46
年末从业人员（人）	2308111	1010601	168787	150185	223749	214554	96273	78533	75324	48745	39939	11920	20213	24990	96682	16178	24903	6535
其中：科技活动人员	604674	326785	31231	37815	58030	34954	24478	17152	16018	11254	8866	2195	4068	3761	19423	2605	4766	1273
工业总产值（亿元）	9561.7	2270.7	285.5	1072.6	581.7	2333.2	1028.4	21.6	77.2	292.7	292.8	64.5	77.3	152.1	692.1	128.4	150.9	39.7
总收入（亿元）	40809.4	16356.1	4004.1	3381.4	4225.6	3881.1	2574.3	1670.4	1632.3	597.6	407.9	99.7	131.0	218.4	1039.7	190.1	289.8	109.8
1. 技术收入	6623.0	3520.8	468.4	188.0	960.8	228.3	234.2	398.3	242.3	114.2	30.1	3.8	10.2	4.7	170.1	3.9	22.3	22.6
2. 产品销售收入	13298.7	4448.8	861.3	1062.0	811.0	2429.3	1124.3	296.4	184.3	314.3	327.4	78.6	82.2	178.6	736.3	140.8	176.2	47.0
其中：新产品销售收入	4397.3	1858.5	350.6	396.1	393.5	477.4	33.8	9.5	46.9	132.9	147.7	12.0	24.3	48.2	330.4	38.8	74.1	22.7
3. 商品销售收入	13339.0	6699.1	885.1	1746.0	1984.2	813.7	317.6	396.9	257.1	75.4	19.0	7.4	12.0	14.4	29.0	17.6	30.0	34.4
进出口总额（亿美元）	879.0	358.1	78.9	29.9	160.9	173.3	26.0	8.3	3.2	8.2	2.3	1.6	4.3	2.9	17.2	1.9	1.8	0.3
其中：进口总额	579.57	247.25	62.78	16.53	131.13	95.6	5.5	1.72	0.69	4.72	0.74	0.9	0.52	0.96	9.14	0.41	0.97	0.01
其中：出口总额	299.4	110.9	16.2	13.3	29.8	77.7	20.5	6.6	2.5	3.5	1.6	0.7	3.8	1.9	8.1	1.5	0.8	0.3
实缴税费总额（亿元）	2035.7	644.8	128.2	144.8	428.5	279.7	96.7	87.4	68.8	26.5	21.8	5.0	10.2	10.4	48.5	11.4	18.4	4.6
其中：实缴增值税	904.4	292.3	34.4	73.2	233.5	114.4	39.4	23.3	16.4	12.7	11.7	3.0	4.6	6.2	22.3	6.1	8.9	1.9
其中：实缴营业税	165.8	37.0	39.3	4.8	17.8	8.1	8.2	11.0	24.2	4.7	2.9	0.1	0.7	0.7	4.1	0.5	1.2	0.7
其中：企业所得税	505.7	165.0	15.1	16.5	38.7	24.3	11.4	12.5	9.3	2.1	2.1	0.4	197.8	0.9	5.5	0.9	2.9	0.5
利润总额（亿元）	3404.9	1184.0	295.9	267.7	446.3	317.7	245.3	183.2	236.8	45.0	28.4	5.4	7.6	11.9	86.8	15.7	19.7	7.7
资产总计（亿元）	76210.7	28920.0	9994.2	5424.4	7404.9	4937.5	5802.9	3991.2	4462.6	854.8	687.6	152.1	472.4	332.2	1942.5	277.0	405.8	148.7
科技活动经费支出总额（亿元）	1776.1	931.8	94.9	110.3	186.5	120.6	54.9	56.2	56.4	26.1	17.0	3.3	6.5	8.4	79.8	6.4	13.1	3.8

（续表）

表 2 按技术领域统计 指标 \ 技术领域	总和	电子信息	生物医药	新材料	先进制造	航空航天	现代农业	新能源	环境保护	海洋工程	核应用	其他
企业数（家）	16693	9173	1140	946	1687	133	198	1063	735	9	34	1575
年末从业人员（人）	2308111	1090649	131287	126997	265099	42142	26068	207713	64066	3170	4210	346710
其中：科技活动人员	604674	354585	30377	28639	62152	13343	3827	37931	17451	273	1066	55030
工业总产值（亿元）	9561.7	1919.4	806.7	686.0	2747.9	208.0	123.3	2441.6	325.2	24.9	7.4	271.4
总收入（亿元）	40809.4	16245.6	1628.3	2624.3	4776.7	667.6	287.9	4587.4	1037.8	26.3	43.3	8884.2
1. 技术收入	6623.0	3584.6	88.0	81.2	146.8	135.5	12.3	581.9	249.3	0.4	6.5	1736.5
2. 产品销售收入	13298.7	4279.3	927.3	815.0	2799.6	463.2	184.1	2414.3	552.7	25.1	13.9	824.2
其中：新产品销售收入	4397.3	1633.1	211.1	356.9	886.8	90.1	62.6	703.7	189.5	0.0	6.0	257.4
3. 商品销售收入	13339.0	7322.7	569.6	1127.5	1634.5	9.7	82.9	1212.9	77.6	0.1	2.8	1298.6
进出口总额（亿美元）	879.0	277.8	47.2	59.5	255.3	9.5	7.0	53.1	6.4	0.0	0.2	162.9
其中：进口总额	579.57	162.8	38.5	38.8	192.8	4.1	1.1	38.4	1.9	0.0	0.2	100.9
其中：出口总额	299.4	115.0	8.7	20.7	62.5	5.4	5.9	14.6	4.5	0.0	0.0	62.0
实缴税费总额（亿元）	2035.7	633.6	142.8	81.1	510.8	16.1	8.2	216.9	57.0	1.2	4.4	363.8
其中：实缴增值税	904.4	302.8	82.8	37.6	255.1	7.3	3.2	109.4	22.5	0.1	1.4	82.3
其中：实缴营业税	165.8	25.0	1.3	12.9	5.5	0.5	0.8	8.5	6.0	0.3	0.9	104.2
其中：企业所得税	505.7	187.2	18.2	9.2	23.8	6.0	1.6	212.4	7.4	0.4	0.4	39.1
利润总额（亿元）	3404.9	1098.1	191.6	150.8	424.4	34.2	16.1	421.5	134.5	0.0	4.0	929.7
资产总计（亿元）	76210.7	23312.5	2611.0	5420.4	7229.7	763.3	619.0	9914.9	2994.2	99.4	208.8	23037.5
科技活动经费支出总额（亿元）	1776.1	975	88.9	67.0	168.5	121.5	12.5	130.2	46.9	0.7	2.0	162.9

表 3 按注册类型统计 指标 \ 注册类型	总和	国有	集体	股份合作	联营	有限责任	股份有限	私营	港澳台	外商	其他
企业数（家）	16693	229	46	152	4	5463	1004	8330	465	997	3
年末从业人员（人）	2308111	72888	2832	6279	480	923697	332034	436344	205191	328180	186
其中：科技活动人员	604674	28140	718	945	97	216298	99159	122197	56110	80905	105
工业总产值（亿元）	9561.7	161.9	5.8	17.2	0.0	3110.3	1520.4	600.4	1579.7	2565.8	0.0
总收入（亿元）	40809.4	1778.8	12.6	27.6	1.9	18535.0	5774.3	3421.9	5006.3	6247.8	3.1
1. 技术收入	6623.0	359.7	2.6	3.5	1.9	3112.3	626.4	833.1	734.2	946.5	2.9
2. 产品销售收入	13298.7	587.7	6.3	18.0	0.0	4758.7	2085.0	1220.5	1756.3	2866.2	0.0
其中：新产品销售收入	4397.3	169.9	3.6	3.6	0.0	1459.1	910.4	371.9	983.6	495.2	0.0
3. 商品销售收入	13339.0	686.4	0.5	4.0	0.0	6426.6	1006.6	756.6	2400.8	2057.5	0.0
进出口总额（亿美元）	879.0	118.5	0.0	0.2	0.0	227.2	60.5	28.1	137.4	307.0	0.0
其中：进口总额	579.57	100.9	0.0	0.0	0.0	124.1	18.4	9.4	106.9	219.8	0.0

（续表）

指标 \ 注册类型	总和	国有	集体	股份合作	联营	有限责任	股份有限	私营	港澳台	外商	其他
按注册类型统计											
其中：出口总额	299.4	17.6	0.0	0.2	0.0	103.1	42.1	18.7	30.6	87.2	0.0
实缴税费总额（亿元）	2035.7	73.0	1.2	2.2	0.2	749.8	275.2	163.4	134.1	636.2	0.3
其中：实缴增值税	904.4	23.9	0.7	1.5	0.1	299.1	116.5	90.4	63.3	308.7	0.1
其中：实缴营业税	165.8	4.3	0.2	0.1	0.0	110.1	32.3	11.0	1.5	6.4	0.0
其中：企业所得税	505.7	11.3	0.1	0.1	0.1	87.0	243.1	39.5	39.9	84.6	0.0
利润总额（亿元）	3404.9	203.1	-0.2	2.3	0.6	1237.0	873.6	196.5	197.1	693.5	1.4
资产总计（亿元）	76210.7	2974.4	74.6	62.6	4.1	32047.7	23936.0	5510.2	4390.0	7202.6	8.6
科技活动经费支出总额（亿元）	1776.1	195.9	1.2	1.3	0.3	552.9	224.4	239.7	195.9	364.3	0.2

表 4 按收入规模统计

指标 \ 收入规模	总和	大于100亿元	10亿～100亿元	1亿～10亿元	5000万～1亿元	1000万～5000万元	500万～1000万元	100万～500万元	小于100万元
企业数（家）	16693	68	488	2411	1598	4814	1909	3193	2212
年末从业人员（人）	2308111	308748	644476	772867	184756	264917	59563	50744	22040
其中：科技活动人员	604674	52654	160717	217901	54667	78688	17402	15165	7480
工业总产值（亿元）	9561.7	3856.5	3125.7	2056.2	263.5	232.4	16.4	10.4	0.8
总收入（亿元）	40809.4	18110.7	13137.8	7028.6	1135.4	1164.7	137.9	85.3	8.9
1. 技术收入	6623.0	1595.1	2551.4	1756.1	300.4	336.9	46.6	32.9	3.5
2. 产品销售收入	13298.7	4073.6	4832.4	3324.5	528.0	464.4	47.7	25.9	2.2
其中：新产品销售收入	4397.3	1300.3	1690.6	1140.5	147.7	107.4	7.7	3.0	0.2
3. 商品销售收入	13339.0	8640.3	3171.2	1066.4	185.5	230.7	26.4	16.6	2.1
进出口总额（亿美元）	879.0	411.1	324.7	122.7	10.8	8.1	0.6	0.3	0.7
其中：进口总额	579.57	318.6	188.8	64.7	4.4	2.8	0.3	0.0	0.0
其中：出口总额	299.4	92.5	135.9	58.1	6.4	5.3	0.4	0.2	0.7
实缴税费总额（亿元）	2035.7	870.9	555.4	432.8	79.3	80.6	9.2	6.5	1.0
其中：实缴增值税	904.4	358.8	233.9	214.7	41.9	45.5	5.7	3.4	0.4
其中：实缴营业税	165.8	69.1	58.5	26.5	5.2	5.4	0.7	0.4	0.1
其中：企业所得税	505.7	59.3	304.7	98.2	15.8	18.1	6.2	2.4	1.0
利润总额（亿元）	3404.9	1422.0	916.7	858.0	167.1	131.9	-36.4	-20.2	-34.3
资产总计（亿元）	76210.7	22736.7	21401.9	19076.0	4026.3	5989.2	1409.7	1128.2	442.7
科技活动经费支出总额（亿元）	1776.1	266.2	642.2	556.0	109.3	137.9	27.7	20.8	16.0

资料来源：中关村科技园区管理委员会

2009—2015 年中关村国家自主创新示范区企业专利申请量与授权量一览表

年度	专利申请量			专利授权量		
	中关村示范区(件)	占北京市比重(%)	占全国比重(%)	中关村示范区(件)	占北京市比重(%)	占全国比重(%)
2009	14668	29.2	1.7	6362	27.8	1.3
2010	14806	25.8	1.2	8834	26.4	1.1
2011	21866	28.0	1.5	12587	30.8	1.4
2012	28159	30.5	1.4	15407	30.5	1.2
2013	37782	30.6	1.7	20991	33.5	1.7
2014	43793	31.7	2.0	22960	30.8	1.9
2015	60603	42.6	2.3	34946	37.2	2.2

资料来源：中关村知识产权促进局

2015 年中关村国家自主创新示范区十大行业主要经济指标一览表

指标 行业	企业数量(家)	总收入(亿元)	工业总产值(亿元)	新产品销售收入占总收入比重(%)	技术收入占总收入比重(%)	利润总额(亿元)	上缴税费(亿元)	出口创汇(亿美元)	从业人员(人)	科技活动经费支出(亿元)
第二产业										
计算机、通信和其他电子设备制造	419	2272.7	1820.0	51.1	1.9	53.1	58.3	61.3	104484	130.7
土木工程建筑	83	2577.4	0.0	0.0	32.2	169.2	74.6	10.9	48005	47.8
汽车制造	113	1931.7	1866.4	19.8	0.6	190.1	162.2	6.3	84638	82.9
第三产业										
软件和信息技术服务	4398	4026.9	0.0	7.3	44.1	403.7	258.6	19.6	515499	475.4
专业技术服务	1033	3554.8	0.0	2.3	28.6	320.1	124.6	29.2	177630	130.3
商务服务	785	1928.4	0.0	0.6	14.0	443.1	136.3	16.7	104238	32.3
科技推广和应用服务	2904	1414.1	0.0	6.1	27.8	32.6	56.7	11.4	132259	117.1
互联网和相关服务	320	1022.7	0.0	0.4	70.0	170.0	72.8	1.0	104901	135.0
研究和实验发展	500	756.3	0.0	13.8	38.5	54.7	25.0	7.0	62187	279.8

（续表）

指标 行业	企业数量（家）	总收入（亿元）	工业总产值（亿元）	新产品销售收入占总收入比重（%）	技术收入占总收入比重（%）	利润总额（亿元）	上缴税费（亿元）	出口创汇（亿美元）	从业人员（人）	科技活动经费支出（亿元）
电信、广播电视和卫星传输服务	215	695.6	0.0	0.2	35.0	104.4	54.9	3.7	58170	38.5

注：按照国民经济行业分类代码（GB/T4754—2011），依据大类行业的企业数量、经济总量规模、从业人数等指标，综合选定中关村国家自主创新示范区十大行业，其中第二产业占3席，第三产业占7席

资料来源：中关村科技园区管理委员会

2015年国内部分高新技术产业开发区主要经济指标一览表

指标 名称	企业数（家）	从业人员（万人）	总收入（亿元）	工业总产值（亿元）	实缴税费（亿元）	出口创汇（亿美元）	净利润（亿元）
中关村示范区	16693	230.8	40809.4	9561.7	2035.7	299.4	2903.5
上海张江示范区	3882	81.1	13612.8	8754.6	739.1	319.2	1334.0
武汉东湖示范区	2951	51.2	10062.1	7389.3	450.5	142.3	561.7
西安高新区	3794	39.9	8956.3	6619.5	643.3	121.4	563.3
天津高新区	3963	37.5	7560.5	4223.2	213.5	114.0	646.4
成都高新区	1741	37.8	5766.4	4645.1	245.8	150.4	319.9
广州高新区	2221	41.0	5365.8	3943.7	260.3	126.8	399.5
深圳高新区	1469	43.4	4976.8	3679.0	326.4	170.3	527.3
苏州高新区	1155	22.6	2642.5	2650.2	88.1	219.2	102.4
全国高新区合计	82712	1719.0	253662.8	186018.3	14240.0	4732.4	16094.8

资料来源：中关村科技园区管理委员会

中关村国家自主创新示范区获2015年度国家科学技术奖项目一览表

国家自然科学奖二等奖				
序号	编号	项目名称	主要完成人	主要完成单位
1	Z-102-2-01	真空紫外激光角分辨光电子能谱对高温超导机理相关科学问题的研究	周兴江　刘国东　赵　林	中国科学院物理研究所
2	Z-103-2-01	活体层次定量获取化学信号的新原理和新方法研究	毛兰群　于　萍　张美宁	中国科学院化学研究所
3	Z-103-2-04	石墨烯的电分析化学和生物分析化学研究	李景虹　王　颖　刘　洋	清华大学
4	Z-104-2-01	大陆碰撞成矿理论的创建及应用	陈衍景	北京大学

（续表）

序号	编号	项目名称	主要完成人	主要完成单位
5	Z-104-2-02	青藏高原生长的深部过程、岩石圈结构与地表隆升	王成善　魏文博　朱弟成	中国地质大学（北京）
6	Z-104-2-04	典型内分泌干扰物质的环境行为与生态毒理效应	胡建英　万　祎　张照斌	北京大学
7	Z-104-2-05	电离层变化性的驱动过程	万卫星　刘立波　宁百齐	中国科学院地质与地球物理研究所
8	Z-107-2-02	复杂耦合动态系统控制与应用	段志生　黄　琳　李忠奎	北京大学
9	Z-107-2-04	不确定性系统的辨识与控制	张纪峰　刘允刚　赵延龙	中国科学院数学与系统科学研究院
10	Z-107-2-05	可视媒体几何计算的理论与方法	胡事民　黄继武　艾海舟	清华大学
11	Z-107-2-06	视觉模式的局部建模及非线性特征获取理论与方法研究	陈熙霖　山世光　高　文	中国科学院计算技术研究所
12	Z-109-2-04	流域水沙条件对水质的影响过程及机理	夏星辉　杨志峰　沈珍瑶	北京师范大学
国家技术发明奖二等奖（通用项目）				
序号	编号	项目名称	主要完成人	主要完成单位
1	F-301-2-04	基于高性能生物识别材料的动物性产品中小分子化合物快速检测技术	沈建忠　江海洋　吴小平	中国农业大学
2	F-301-2-06	国境转基因产品精准快速检测关键技术及应用	陈洪俊　黄　新　曹际娟	中国检验检疫科学研究院
3	F-303-2-02	偏振遥感物理机理、关键方法与技术应用	晏　磊　吴太夏　杨建义	北京大学
4	F-304-2-01	燃煤烟气选择性催化脱硝关键技术研发及应用	李俊华　郝吉明　刘汉强	清华大学
5	F-306-2-01	节油轮胎用高性能橡胶纳米复合材料的设计及制备关键技术	张立群　田　明　吴友平	北京化工大学
6	F-306-2-03	含高浓度分散相的搅拌反应器数值放大与混合强化的新技术	杨　超　毛在砂　王志侃	中国科学院过程工程研究所
7	F-30701-2-01	特种液晶材料及调光膜制备技术	杨　槐　曹　晖　杨　洲	北京大学
8	F-30702-2-04	复杂难处理资源可控加压浸出技术	蒋开喜　王海北　刘三平	北京矿冶研究总院
9	F-308-2-05	二十二种型号飞机载荷谱关键技术及应用	闫楚良　高镇同　卓宁生	国机集团北京飞机强度研究所有限公司
10	F-30901-2-01	天线多频技术及在多模移动终端的应用	刘元安　苏　明　肖　雳	北京邮电大学
11	F-30901-2-02	运动座载设备协调控制关键技术及应用	贾英民　霍　伟　杜军平	北京航空航天大学
12	F-30901-2-04	面向社区共享的高可用云存储系统	郑纬民　武永卫　舒继武	清华大学
13	F-30901-2-05	多流波束赋形的无线传输技术	陈山枝　王映民　孙韶辉	电信科学技术研究院
14	F-30902-2-02	高能效动态可重构计算及其系统芯片关键技术	魏少军　刘雷波　毛志刚	清华大学
15	F-310-2-01	耙吸挖泥船动力定位与动态跟踪系统	田俊峰　丁树友　顾　明	中国交通建设股份有限公司
国家科学技术进步奖（通用项目）特等奖				
序号	编号	项目名称	主要完成人	主要完成单位
1	J-213-0-01	高效环保芳烃成套技术开发及应用	戴厚良　孙丽丽　王辉国	中国石油化工股份有限公司石油化工科学研究院
2	J-223-0-01	京沪高速铁路工程	何华武　卢春房　蔡庆华	中国铁路总公司
国家科学技术进步奖（通用项目）一等奖				
序号	编号	项目名称	主要完成人	主要完成单位
1	J-253-1-01	中国人体表难愈合创面发生新特征与防治的创新理论与关键措施研究	付小兵　程天民　陆树良	中国人民解放军总医院第一附属医院

（续表）

国家科学技术进步奖（通用项目）二等奖				
序号	编号	项目名称	主要完成人	主要完成单位
1	J-201-2-01	CIMMYT 小麦引进、研究与创新利用	何中虎　夏先春　陈新民	中国农业科学院作物科学研究所
2	J-201-2-05	小麦抗病、优质多样化基因资源的发掘、创新和利用	孙其信　刘志勇　刘广田	中国农业大学
3	J-202-2-01	高性能竹基纤维复合材料制造关键技术与应用	于文吉　李延军　余养伦	中国林业科学研究院木材工业研究所
4	J-203-2-02	“农大 3 号”小型蛋鸡配套系培育与应用	杨　宁　宁中华　张庆才	中国农业大学
5	J-203-2-04	畜禽饲料中大豆蛋白源抗营养因子研究与应用	谯仕彦　秦贵信　李德发	中国农业大学
6	J-206-2-01	中国电科技术创新体系重构工程		中国电子科技集团公司
7	J-206-2-02	中国交通建设集团科技创新工程		中国交通建设集团有限公司
8	J-210-2-02	海上稠油聚合物驱提高采收率关键技术及应用	张凤久　孙福街　叶仲斌	中海油研究总院
9	J-213-2-02	满足国家第四阶段汽车排放标准的清洁汽油生产成套技术开发与应用	蔺爱国　鲍晓军　兰　玲	中国石油天然气股份有限公司
10	J-215-2-02	高效化微合金化钢板坯表面无缺陷生产技术开发与工程化推广应用	张　慧　杨春政　吴夜明	钢铁研究总院
11	J-215-2-03	高品质特殊钢大断面连铸关键技术和装备开发与应用	韩国瑞　张温永　许晓红	中冶京诚工程技术有限公司
12	J-216-2-01	3.6 万吨黑色金属垂直挤压机成套装备与工艺技术研发及产业化	雷丙旺　颜永年　吴任东	清华大学
13	J-217-2-04	预防交直流混联电网大面积停电的快速防控与故障隔离技术及应用	马世英　郭小江　郑　超	中国电力科学研究院
14	J-220-2-02	32 位星载容错控制计算机系统关键技术及应用	华更新　杨　桦　梁洁玫	北京控制工程研究所
15	J-220-2-03	基于大数据的互联网机器翻译核心技术及产业化	王海峰　吴　华　宗成庆	北京百度网讯科技有限公司
16	J-220-2-06	普适计算软硬件关键技术与应用	史元春　潘　纲　陈　渝	清华大学
17	J-222-2-01	300m 级溪洛渡拱坝智能化建设关键技术	樊启祥　王仁坤　张超然	中国长江三峡集团公司
18	J-223-2-01	高速铁路大断面黄土隧道建设成套技术及应用	赵　勇　喻　渝　李国良	中国铁路经济规划研究院
19	J-223-2-04	车辆联网感知与智能驾驶服务关键技术及应用	王云鹏　沃天宇　余贵珍	北京航空航天大学
20	J-223-2-05	废轮胎修筑高性能沥青路面关键技术及工程应用	王旭东　柳　浩　杨志峰	交通运输部公路科学研究所
21	J-231-2-02	区域大气污染源高分辨率排放清单关键技术与应用	贺克斌　王书肖　张　强	清华大学
22	J-234-2-02	基于活性成分中药质量控制新技术及在药材和红花注射液等中的应用	屠鹏飞　姜　勇　李　军	北京大学
23	J-234-2-05	冠心病“瘀毒”病因病机创新的系统研究	陈可冀　史大卓　徐　浩	中国中医科学院西苑医院
24	J-236-2-01	通信局（站）系统防雷接地理论突破及技术创新与国内外应用	刘吉克　林湧双　孔　力	中讯邮电咨询设计院有限公司
25	J-25101-2-02	生物靶标导向的农药高效减量使用关键技术与应用	高希武　柏连阳　崔海兰	中国农业大学
26	J-25101-2-05	主要粮食产区农田土壤有机质演变与提升综合技术及应用	徐明岗　张文菊　魏　丹	中国农业科学院农业资源与农业区划研究所
27	J-25101-2-06	玉米冠层耕层优化高产技术体系研究与应用	赵　明　董志强　钱春荣	中国农业科学院作物科学研究所
28	J-25201-2-02	国家数字城市地理空间框架技术体系构建与应用	李成名　李维森　邵振峰	中国测绘科学研究院

（续表）

序号	编号	项目名称	主要完成人	主要完成单位
29	J-25201-2-03	多系统多频率卫星导航定位关键技术及 SoC 芯片产业化应用	韩绍伟　钱　镱　郑　睿	和芯星通科技（北京）有限公司
30	J-25202-2-03	露天转地下高效转型建设大型数字化地下金属矿山的研究与实践	蔡美峰　齐宝军　甘德清	北京科技大学
31	J-25202-2-05	西部干旱半干旱煤矿区土地复垦的微生物修复技术与应用	毕银丽　凌　文　杨　鹏	中国矿业大学（北京）

注：受篇幅所限，表中主要完成人仅列前 3 名，主要完成单位仅列第一完成单位
资料来源：国家科学技术奖励工作办公室网站

中关村国家自主创新示范区
获 2015 年度北京市科学技术奖项目一览表

一等奖				
序号	编号	项目名称	主要完成人	主要完成单位
1	2015 计 -1-001	笔式人机交互关键技术及应用	田　丰　戴国忠　王宏安	中国科学院软件研究所
2	2015 计 -1-002	云端一体化 SuperMap GIS 软件平台研发及产业化	钟耳顺　宋关福　王尔琪	北京超图软件股份有限公司
3	2015 计 -1-003	城市交通诱导与导航出行关键技术研究与应用服务	陆　锋　张恒才　夏曙东	北京掌城科技有限公司
4	2015 计 -1-004	群体智能支撑的互联网搜索技术及其应用	刘奕群　张　阔　张　敏	清华大学
5	2015 电 -1-001	电场探测先进传感器关键技术及应用	夏善红　彭春荣　陈贤祥	中国科学院电子学研究所
6	2015 电 -1-002	基于自主技术平台的大尺寸平板显示核心技术研发应用	邵喜斌　田正牧　王　丹	京东方科技集团股份有限公司
7	2015 环 -1-001	北京市大气环境 PM2.5 来源解析技术研究与应用	张大伟　王书肖　华　蕾	北京市环境保护监测中心
8	2015 环 -1-002	城市面源污染控制与景观水体水质改善成套技术与应用	刘　翔　王　慧　薛晓飞	清华大学
9	2015 能 -1-001	高分辨正电子时间测量技术的研究与应用	王宝义　魏　龙　曹兴忠	中国科学院高能物理研究所
10	2015 能 -1-002	新能源智能监测与调度系统研发及应用	刘　纯　王伟胜　董　存	中国电力科学研究院
11	2015 能 -1-003	能量功率兼顾型锂离子动力电池系统的开发与应用技术	吴宁宁　毛永志　刘建红	中信国安盟固利动力科技有限公司
12	2015 能 -1-004	低风速低载荷 1.5MW 风电叶片研发及产业化	陈　淳　李成良　张富海	中材科技风电叶片股份有限公司
13	2015 能 -1-005	饱和铁心型超导限流器的关键技术研究	信　赢　牛潇晔　任安林	北京云电英纳超导电力技术有限公司
14	2015 制 -1-001	脱硫石膏综合利用关键技术与设备开发及应用	单忠德　武发德　戎文娟	机械科学研究总院
15	2015 制 -1-002	井下核磁共振探测关键技术与规模化应用	肖立志　廖广志　谢然红	中国石油大学（北京）
16	2015 城 -1-001	既有重大建筑抗震鉴定与加固关键技术研究及应用	惠云玲　郭小华　高向宇	中冶建筑研究总院有限公司
17	2015 城 -1-002	重交通条件下的高比例 RAP 沥青路面关键技术研究与应用	季　节　侯　芸　徐希娟	北京建筑大学
18	2015 交 -1-001	电动汽车能量回馈式制动系统关键技术及其应用	张俊智　王丽芳　苟晋芳	清华大学
19	2015 农 -1-001	中国荷斯坦牛基因组选择技术平台的建立与应用	张　勤　张　沅　张胜利	中国农业大学

（续表）

序号	编号	项目名称	主要完成人	主要完成单位
20	2015 医 -1-001	流感时空变化规律、疾病负担和干预措施效果研究	余宏杰　杨　鹏　冯录召	中国疾病预防控制中心
21	2015 医 -1-002	卵母细胞成熟与胚胎发育的分子机制研究	乔　杰　汤富酬　谢晓亮	北京大学第三医院
22	2015 医 -1-004	我国规范化心血管疾病临床研究评价体系的构建及推广	王晓民　蔡燕宁　杨　慧	中国医学科学院阜外心血管病医院
23	2015 中 -1-001	中药抗抑郁的物质基础与神经生物学机制研究	李云峰　张有志　崔承彬	中国人民解放军军事医学科学院毒物药物研究所
24	2015 药 -1-001	脑起搏器关键技术、系统与临床应用	李路明　张建国　郝红伟	清华大学
25	2015 基 -1-001	响应性功能分子的设计合成与性质研究	张德清　张关心　郭雪峰	中国科学院化学研究所

二等奖

序号	编号	项目名称	主要完成人	主要完成单位
1	2015 计 -2-001	工业机器人高精度装配关键技术研究及应用	乔　红　苏建华　王　鹏	中国科学院自动化研究所
2	2015 计 -2-002	社会化媒体数据的感知与处理关键技术及应用	程学旗　金　波　王元卓	中国科学院计算技术研究所
3	2015 计 -2-003	远程信息无障碍交互关键技术及应用	陈益强　纪　雯　戴连君	中国科学院计算技术研究所
4	2015 计 -2-004	融合检测技术的蜂产品质量安全控制系统研究与应用	诸叶平　李　熠　刘升平	中国农业科学院蜜蜂研究所
5	2015 计 -2-005	基于多特征融合的高性能指纹识别及应用	刘晓春　杨春宇　郑逢德	北京海鑫科金高科技股份有限公司
6	2015 计 -2-006	符合国际 DCI 规范的 2K/4K 数字电影放映服务器关键技术研发与应用	孙晓斌　肖立群　孙　鹏	数码辰星科技发展（北京）有限公司
7	2015 电 -2-001	7kW 全固态激光器及其大型风电轴承表面处理关键技术研发与产业化	林学春　罗　虹　于海娟	中国科学院半导体研究所
8	2015 电 -2-002	天文成像用双峰谱型匹配微秒脉冲钠信标激光技术研发及应用	彭钦军　薄　勇　张雨东	中国科学院理化技术研究所
9	2015 材 -2-001	钢渣辊压破碎—余热有压热闷技术与装备	钱　雷　范永平　王　纯	中冶建筑研究总院有限公司
10	2015 材 -2-002	高品质热镀锌、合金化镀锌汽车板质量性能控制关键技术及应用	李本海　康永林　朱国森	首钢总公司
11	2015 环 -2-001	SGOT 下沉式旋流场海上溢油回收装置的研发及应用	张　苓　王旭利　任　璐	北京中天油石油天然气科技有限公司
12	2015 环 -2-002	大型燃煤电站 SCR 脱硝尿素热解制氨关键技术研究及产业化	彭代军　仲兆平　陈　勇	大唐环境产业集团股份有限公司
13	2015 能 -2-001	粒子激发 X 射线谱仪在嫦娥三号巡视探测任务中的应用	王焕玉　崔兴柱　常　进	中国科学院高能物理研究所
14	2015 能 -2-002	大亚湾中微子实验掺钆液体闪烁体的研制	张智勇　丁雅韵　周　莉	中国科学院高能物理研究所
15	2015 能 -2-003	特高压直流线路宽频域电晕电流测量技术研究及应用	陆家榆　刘元庆　袁海文	中国电力科学研究院
16	2015 能 -2-004	压水堆核电厂全范围严重事故实时仿真技术研发及应用	章　旋　杨　堤　邹沫元	中广核（北京）仿真技术有限公司
17	2015 能 -2-005	线聚光直接蒸汽式太阳能热发电装置研制	许世森　徐　越　郑建涛	中国华能集团清洁能源技术研究院有限公司
18	2015 能 -2-006	发电厂烟气二氧化碳捕集技术研发与应用	郜时旺　刘练波　牛红伟	中国华能集团清洁能源技术研究院有限公司
19	2015 能 -2-007	输变电设备快速积污型污闪防治技术的研究与应用	陈　原　卢　毅　杨　静	华北电力科学研究院有限责任公司
20	2015 能 -2-008	缝洞型碳酸盐岩油藏开发核心技术研究与应用	袁向春　康志江　胡向阳	中国石油化工股份有限公司石油勘探开发研究院

（续表）

序号	编号	项目名称	主要完成人	主要完成单位
21	2015 能 -2-009	枯竭气藏储气库固井配套技术研究与应用	刘硕琼　徐　明　齐奉忠	中国石油集团钻井工程技术研究院
22	2015 制 -2-001	油气长输管线钢管制造过程质量保障关键技术及工程应用	都　东　佟秋利　潘际銮	清华大学
23	2015 制 -2-002	国 V 清洁汽油生产关键技术研究与应用	兰　玲　钟海军　鞠雅娜	中国石油天然气股份有限公司石油化工研究院
24	2015 城 -2-001	奥运场区雨洪资源利用技术集成与示范	段　旺　张书函　邓卓智	北京市水科学技术研究院
25	2015 城 -2-002	建筑遮阳关键技术研究与应用	段　恺　涂逢祥　顾端青	北京中建建筑科学研究院有限公司
26	2015 城 -2-003	凤凰中心——基于数字信息技术的设计创新与精确化建造	邵韦平　刘宇光　陈　颖	北京市建筑设计研究院有限公司
27	2015 城 -2-004	大型公共建筑混合式通风节能设计方法与环境调控技术研究及应用	林波荣　邵双全　周　翔	清华大学
28	2015 城 -2-005	建设工程模板支撑体系安全技术研究及应用	陈　红　曾　勃　罗尧治	中国建筑一局（集团）有限公司
29	2015 交 -2-001	中低速磁浮列车永磁 / 电磁混合悬浮技术及应用	佘龙华　李云钢　李晓龙	北京控股磁悬浮技术发展有限公司
30	2015 交 -2-002	快充型纯电动客车关键技术及应用	林　程　孙逢春　秦志东	北京理工大学
31	2015 农 -2-001	农田面源氮磷流失监测及减排技术研究与应用	刘宏斌　邹国元　任天志	中国农业科学院农业资源与农业区划研究所
32	2015 农 -2-002	骨素及其衍生化产品加工关键技术研究与装备创制	张春晖　张德权　贾　伟	中国农业科学院农产品加工研究所
33	2015 农 -2-003	饲料质量安全关键因子监控新技术研发及应用	苏晓鸥　石　波　王培龙	中国农业科学院农业质量标准与检测技术研究所
34	2015 农 -2-004	毁灭性土传病害综合治理技术体系的构建与创新	曹坳程　王秋霞　冯　洁	中国农业科学院植物保护研究所
35	2015 农 -2-005	轻型木结构材料制造与应用技术	任海青　周海宾　赵荣军	中国林业科学研究院木材工业研究所
36	2015 农 -2-006	生鲜肉质量安全高通量原位无损快速共性检测技术研发与应用	彭彦昆　孙宝忠　李永玉	中国农业大学
37	2015 医 -2-004	提高紫绀型先天性心脏病外科治疗效果的关键技术建立和应用	李守军　胡盛寿　张　浩	中国医学科学院阜外心血管病医院
38	2015 中 -2-001	基于谱学技术和组学原理的中药物质基础研究的技术体系构建及应用	唐亚林　张经华　张　虹	中国科学院化学研究所
39	2015 中 -2-002	中药干预胰岛素抵抗作用机制与应用基础研究	刘铜华　郭翔宇　孙　文	北京中医药大学
40	2015 药 -2-001	传染病诊断用基因工程抗原创新设计、规模化高效制备及应用	张贺秋　修冰水　冯晓燕	中国人民解放军军事医学科学院基础医学研究所
41	2015 基 -2-001	功能纳米量子结构的组装与物性调控	高鸿钧　杜世萱　申承民	中国科学院物理研究所
42	2015 基 -2-002	低维纳米材料与器件的加工及新奇特性研究	顾长志　李俊杰　龙云泽	中国科学院物理研究所
43	2015 基 -2-003	组蛋白甲基化和小分子 RNA 调控植物生长发育的分子机理研究	曹晓风　刘春艳　宋显伟	中国科学院遗传与发育生物学研究所
44	2015 基 -2-004	几类典型复杂网络模型的分析与控制	吕金虎　虞文武　陈　姚	中国科学院数学与系统科学研究院
45	2015 基 -2-005	无机功能薄膜 / 涂层结构、性能调控与服役机理研究	王海斗　庄大明　刘家浚	清华大学
46	2015 基 -2-006	多传感器网络系统信息融合与控制基础理论及应用	夏元清　付梦印　任雪梅	北京理工大学
47	2015 基 -2-007	自组装纳米材料的构建及功能化	唐智勇　王　丹　刘绍琴	国家纳米科学中心

注：受篇幅所限，表中主要完成人仅列前 3 名，主要完成单位仅列第一完成单位
资料来源：北京市科学技术奖励工作办公室网站

中关村国家自主创新示范区获第十七届中国专利奖项目一览表

序号	专利号	专利名称	发明人	专利权人
专利金奖				
1	ZL201110063130.6	一种模块化多电平换流器阀保护方法	高阳　杨岳峰　王韧秋	中国电力科学研究院
2	ZL201110226931.X	一种动态可重构阵列处理器的构令流工作方法	刘雷波　朱敏　王延升	清华大学
3	ZL201210134162.5	一种矿井地下水的分布式利用方法	顾大钊　张凯　陈苏社	中国神华能源股份有限公司
专利优秀奖				
1	ZL02117300.1	一种电解还原制备二价铕的工艺	龙志奇　黄文梅　黄小卫	有研稀土新材料股份有限公司
2	ZL03102255.3	利用有机废弃物制造生物发酵活性有机肥料的综合处理装置	张维民	阳光盛景（北京）生态科技股份有限公司
3	ZL03137773.4	异丁烯或叔丁醇氧化制甲基丙烯醛新型催化剂的制备及其应用	张锁江　王蕾　赵威	中国科学院过程工程研究所
4	ZL200410003484.1	时域同步正交频分复用接收机系统	杨知行　杨林	清华大学
5	ZL200410046393.6	一种四路服务器主板	孙凝晖　历军　聂华	中国科学院计算技术研究所
6	ZL200410048128.1	构件化软件中非功能特征组装方法	梅宏　黄罡　曹东刚	北京大学
7	ZL200510051250.9	双控复合型缓释肥料及其制备方法	赵秉强　李燕婷　李秀英	中国农业科学院土壤肥料研究所
8	ZL200510058938.X	一种显示设备及显示方法	于海峰	联想（北京）有限公司
9	ZL200510112997.0	疏水型水膨体调驱剂	葛洪江　刘希君　雷齐玲	中国石油天然气股份有限公司
10	ZL200510116704.6	一种植入式神经电脉冲刺激系统	李路明　郝红伟　马伯志	清华大学
11	ZL200510134579.1	一种实现一体化网络服务的体系结构	张宏科　秦雅娟　周华春	北京交通大学
12	ZL200680025339.0	胸腺素β4衍生物及其应用	聂李亚　马素永　许松山	北京诺思兰德生物技术有限责任公司
13	ZL200680054340.6	一种植酸酶的克隆和表达	姚斌　罗会颖　黄火清	中国农业科学院饲料研究所
14	ZL200710064822.6	制革铬鞣废液的高效再利用方法	丁志文	中国皮革和制鞋工业研究院
15	ZL200710111413.7	从生产多晶硅所产生的尾气中回收氢气的方法	沈祖祥　严大洲　汤传斌	中国恩菲工程技术有限公司
16	ZL200710118130.5	一种6自由度微动工作台	朱煜　汪劲松　张鸣	清华大学
17	ZL200810223632.9	一种自动测试栅格图像处理器的方法及系统	林好　孟张伟　南水鱼	北大方正集团有限公司
18	ZL200810226740.1	一种多元复合金属氧化物除砷沉降剂及其应用方法	曲久辉　王洪杰　刘锐平	中国科学院生态环境研究中心
19	ZL200910078147.1	单胃动物仿生消化系统及基于该系统模拟单胃动物消化的方法	赵峰　张宏福　卢庆萍	中国农业科学院北京畜牧兽医研究所
20	ZL200910082985.6	一种分布式信道估计方法	刘华平　李红滨　赵玉萍	北京大学
21	ZL200910083047.8	一种活性焦及其制备方法和应用	梁大明　孙仲超　李兰廷	煤炭科学技术研究院有限公司
22	ZL200910086764.6	保护驾驶员腹部的方向盘及配备该方向盘的商用车	唐波　王阳	北汽福田汽车股份有限公司

（续表）

序号	专利号	专利名称	发明人	专利权人
23	ZL200910212391.2	备选路径规划方法及导航终端	胡润波　曾利非	高德软件有限公司
24	ZL200910235339.9	半导体器件及其制造方法	朱慧珑	中国科学院微电子研究所
25	ZL200910238144.X	一种高炉热态维修用低回弹率喷涂料及其制备方法	张金艳　李洪会　刘兴平	中冶建筑研究总院有限公司
26	ZL200910242129.2	浮选机叶轮	沈政昌　卢世杰　史帅星	北京矿冶研究总院
27	ZL200910243693.6	一种降低数字合成正弦波谐波噪声的系统和方法	王　斌　潘　攀　严　明	中国航天科技集团公司第五研究院第五一四研究所
28	ZL200910244615.8	TFT-LCD 阵列基板、多层图形尺寸检测方法和设备	郭　建　周伟峰　明　星	京东方科技集团股份有限公司
29	ZL200910249910.2	一种用于反应堆保护系统的组态系统	张智慧　齐　敏　余　佳	北京广利核系统工程有限公司
30	ZL201010034318.3	一种制备同时表达多个基因的转基因动物的方法	李　奎　鞠辉明　樊俊华	中国农业科学院北京畜牧兽医研究所
31	ZL201010114295.7	一种加氢精制催化剂制备方法	梁顺琴　顿　伟　王宗宝	中国石油天然气股份有限公司
32	ZL201010115201.8	掺有建筑垃圾的环保型外墙挂板及其制备方法	李清海　崔　琪　翁端衡	中国建筑材料科学研究总院
33	ZL201010163027.4	高硫/铜比次生硫化铜矿选择性生物浸出工艺	武　彪　温建康　阮仁满	北京有色金属研究总院
34	ZL201010163676.4	一种滴灌灌水器迷宫流道内流动的全场测试方法	李云开　刘海生　杨培岭	中国农业大学
35	ZL201010172443.0	一种用于车辆的再生制动能量回收系统及其方法	郇学斌　蔡文远　黎　刚	北汽福田汽车股份有限公司
36	ZL201010236362.2	一种组合式多级压力控制方法与装置	周英操　刘　伟　杨雄文	中国石油天然气集团公司
37	ZL201010237247.7	三维激光扫描测量方法和装置	张　达　杨小聪　余　乐	北京矿冶研究总院
38	ZL201010246092.3	多子带正交频分复用系统中的信号发射方法	莫　勇　冯绍鹏	普天信息技术研究院有限公司
39	ZL201010247324.7	一种检测遗传性耳聋的试剂盒	张冠斌　项光新　邢婉丽	博奥生物集团有限公司
40	ZL201010256973.3	一种依据白名单进行恶意程序检测的方法	周鸿祎　齐向东	北京奇虎科技有限公司
41	ZL201010257283.X	提高特高压交流敞开式隔离开关转换电流开合能力的方法	李志兵　崔博源　王承玉	中国电力科学研究院
42	ZL201010527855.1	有限方位角条件下压噪叠前纵波各向异性裂缝检测方法	孙赞东　刘立峰　杨海军	中国石油大学（北京）
43	ZL201010539158.8	蓄热体旋转换热装置	吴道洪	北京神雾环境能源科技集团股份有限公司
44	ZL201010544550.1	一种评价圆环或圆管状脆性材料弹性模量和强度的方法	包亦望　万德田　刘正权	中国建材检验认证集团股份有限公司
45	ZL201010565513.9	基于机器学习的程序识别方法及装置	周鸿祎　董　毅　周　辉	北京奇虎科技有限公司
46	ZL201010567102.3	一种电成像结合礁滩地质模型识别储层的方法	李　宁　柴　华　肖承文	中国石油天然气股份有限公司
47	ZL201010571102.0	一种进行随机接入的方法及装置	许芳丽　赵亚利　梁　靖	大唐移动通信设备有限公司
48	ZL201010579829.3	一种低压降纳微结构化填料旋转床超重力装置及应用	陈建峰　初广文　邹海魁	北京化工大学
49	ZL201010597697.7	油气悬挂系统及具有该系统的轮式车辆	邹兴龙　周丽云　周济新	三一重工股份有限公司
50	ZL201010613399.2	一种综采工作面生产自动化系统	李首滨　黄曾华　牛剑锋	北京天地玛珂电液控制系统有限公司

（续表）

序号	专利号	专利名称	发明人	专利权人
51	ZL201110030877.1	一种秸秆半纤维素制备生物基产品及其组分全利用的方法	陈洪章　王　岚	中国科学院过程工程研究所
52	ZL201110035512.8	一种劣质汽油改质的方法	张学军　兰　玲　李文乐	中国石油天然气股份有限公司
53	ZL201110053727.2	一种高端容错计算机系统及实现方法	王恩东　胡雷钧　李仁刚	浪潮（北京）电子信息产业有限公司
54	ZL201110139609.3	通用盆式支座	高俊元　赵东来　左新黛	交通运输部公路科学研究所
55	ZL201110146021.0	一种减少渣量的转炉炼钢法	王新华　张功焰　崔　阳	首钢总公司
56	ZL201110158329.7	一种全织物皮肤感知自主柔性变形搜救机器人及其操作方法	苏　中　李　擎　范军芳	北京信息科技大学
57	ZL201110180117.9	综放工作面后部输送机交叉侧卸布置配套方式与支架结构	李位民　王国法　金　太	天地科技股份有限公司
58	ZL201110181015.9	电性源瞬变电磁法全场区探测方法	薛　强　闫　述　陈卫营	中国科学院地质与地球物理研究所
59	ZL201110182517.3	煤基甲醇制丙烯工艺中激冷系统油水分离方法及其装置	袁玉龙　钱效南　王　军	神华集团有限责任公司
60	ZL201110288616.X	集成于GIS腔体的光学电压互感器	王　巍　张志鑫　谭金权	北京航天时代光电科技有限公司
61	ZL201110335887.6	一种高温高压环境下工作的微型泵站	秦二卫　刘会祥　张文海	北京天高智机技术开发公司
62	ZL201110347880.6	一种带衬型中空纤维复合膜的制备方法及其产品	文剑平　李锁定　陈亦力	北京碧水源科技股份有限公司
63	ZL201110352765.8	一种识别缝洞型碳酸盐岩储层流体性质的方法	王招明　肖承文　刘瑞林	中国石油天然气股份有限公司
64	ZL201120402666.1	一种液压支架试验台	刘金国　刘欣科　王　勇	煤炭科学技术研究院有限公司
65	ZL201210061505.X	移位寄存器单元、移位寄存器电路、阵列基板及显示器件	王世君　董　学　陈　希	北京京东方光电科技有限公司
66	ZL201210080656.X	一种火花间隙	刘之方　李国富　董勤晓	中国电力科学研究院
67	ZL201210144445.8	具有微流道结构的放电腔及气体激光器	刘　斌　丁金滨　张立佳	中国科学院光电研究院
68	ZL201210211933.6	多核报文转发方法、多核处理器及网络设备	林镜华	北京星网锐捷网络技术有限公司
69	ZL201210222896.9	一种飞行器电缆投产自动化设计方法	田志新　刘　静　付俊明	北京空间飞行器总体设计部
70	ZL201210365927.6	一种0～3月龄羔羊的代乳品及其制备方法	屠　焰　刁其玉　岳喜新	中国农业科学院饲料研究所
71	ZL201210514802.5	一种汽车CAN总线唤醒装置、方法及车辆	孙江辉　姬广斌	北京汽车股份有限公司
72	ZL201210548774.9	杂粮面粉及其制作方法与应用	魏益民　张　波　张影全	中国农业科学院农产品加工研究所
73	ZL201310008690.0	一种芝麻风干肉干及其制作方法	张德权　张春晖　陈　丽	中国农业科学院农产品加工研究所
74	ZL201310049301.9	无粘合剂条件下将聚酯薄膜贴覆至金属基板的方法和设备	赵宇晖　曾　科　马洪迅	奥瑞金包装股份有限公司
75	ZL201310167006.3	一种双中性蛋白酶分步酶解花生分离蛋白制备花生肽的方法	王　强　刘芳友　刘红芝	中国农业科学院农产品加工研究所
76	ZL201310234272.3	一种制取植物油的物理方法	黄凤洪　刘昌盛　李文林	中国农业科学院油料作物研究所
77	ZL201320077905.X	一种先导式电液比例阀	张海芹　仇海卫	北京华德液压工业集团有限责任公司
78	ZL201320514639.2	井盖非法开启监测设备	杨玉坤　张善法　郑　丰	正元地理信息有限责任公司
外观设计优秀奖				
1	ZL200730108190.X	滤清器	张　林	北京联飞翔科技股份有限公司

注：受篇幅所限，表中发明人仅列前3名，专利权人仅列第一完成单位

资料来源：北京市知识产权局

附　录

Appendix

本栏目以表格形式记载中关村国家自主创新示范区十六园园区管理机构、社会组织、孵化基地；中关村示范区区域内的国家级实验室、企业技术中心、工程研究中心和工程技术研究中心，北京地区中国科学院院士、中国工程院院士；示范区企业获得的中国驰名商标、北京市著名商标等。

中关村国家自主创新示范区十六园一览表

序号	名称	地址	邮编	电话 传真	电子邮箱	网址
1	海淀园	海淀区四季青路 6 号海淀招商大厦 5 ～ 7 层	100089	88498507 88494199	kfzx-qy@zhongguancun.com.cn	www.zhongguancun.com.cn
2	昌平园	昌平区超前路 9 号	102200	69744527 69745549	cpygwh@bjchp.gov.cn	www.zgc-cp.gov.cn
3	顺义园	顺义区白马路高丽营段 9 号	101302	69491012 69497510	zgc_syy@163.com	www.zgcsyy.gov.cn
4	大兴—亦庄园	大兴区兴丰大街 3 段 138 号	102600	89292031 89292013	zgcdxytcb@126.com	www.zgcdy. gov.cn
5	房山园	房山区长阳镇昊天北大街 38 号	102445	81312735 81312660	zhdyk916@163.com	xxg.bjfsh.gov.cn
6	通州园	通州区新华东街 258 号	101100	61567995 61567995	zgc_tzy@126.com	zgc-tzp.bjtzh.gov.cn
7	东城园	东城区青龙胡同 1 号歌华大厦 A 座 16 层 1606 室	100007	59260100 59260100 —0800	yongheyuan0927@sina.com.cn	www.bjdch.gov.cn
8	西城园	西城区西直门内大街东桃园胡同 2 号	100035	66205328 66205328	zgcxckjy@126.com	www.zgc-ds.gov.cn
9	朝阳园	朝阳区酒仙桥路甲 12 号电子城科技大厦 15 层	100015	64311811 64317300	64317300@163.com	www.zgccyy.gov.cn
10	丰台园	丰台区外环西路 8 号	100070	63702020 63702051	weill@zgc-ft.gov.cn	www.zgc-ft.gov.cn
11	石景山园	石景山区实兴大街 30 号院 17 号楼石景山创新平台	100041	68863659 88910825	sjskw@263.net.cn	www.zgc-sjs.gov.cn
12	门头沟园	门头沟区永安路 20 号	102308	69803404 69803404	bj2172@sina.com	slkfq.bjmtg.gov.cn
13	平谷园	平谷区府前西街 17 号社会服务中心 15 层	101200	69985420 69988495	zgcpgy@163.com	www.zgcpgy.gov.cn
14	怀柔园	怀柔区杨雁路 888 号	101407	61667108 61667431 —0	kaifq@yda.gov.cn	www.yda.gov.cn
15	密云园	密云区兴盛南路 8 号	101500	69044661 89099929	69044661@163.com	www.bmida.gov.cn
16	延庆园	延庆区东外大街建业胡同 2 号	102100	69103310 69144623	yqzgc2014@126.com	www.zgc-yq.gov.cn

资料来源：中关村科技园区管理委员会

中关村国家自主创新示范区协会一览表

序号	名称	成立时间（年）	地址	邮编	网址 电子邮箱	电话 传真
1	中关村社会组织联合会	2003	海淀区花园路2号牡丹创业楼416室	100191	www.zgcshzz.org.cn flo@zgcngo.org	82237601 82237601–604
2	中关村泰诚民营经济产业发展研究所	2013	海淀区上地西路28号时代集团大厦B座2402室	100085	qyjgwh@163.com	62960696 62960696
3	中关村民营科技企业家协会	1987	海淀区信息路7号数字传媒大厦605室	100085	www.ztea.org hanyy@ztea.org	62960213 62960965
4	北京中关村高新技术企业协会	1991	海淀区四季青路8号郦城工作区611室	100195	www.gaoqixie.org gaoqixie-11@vip.163.com	68945496 68948951–608
5	北京中关村不动产商会	2002	海淀区花园路2号牡丹创业楼501A	100191	www.zgcestate.org zgcestate@vip.163.com	82237603 82237604
6	北京中关村企业信用促进会	2003	海淀区中关村南大街乙12号天作国际中心A座	100080	www.ecpa.org.cn zgcxch@yahoo.com.cn	82168927 82886657
7	北京中关村电子产品贸易商会	2003	海淀区中关村大街1号海龙大厦9层907室	100190	www.bjzetc.org mishuchu@bjzetc.org	62523765 62526127
8	北京电信技术发展产业协会	2002	海淀区花园东路10号高德大厦301室	100191	www.tdia.cn liujunjie@tdia.cn	82036611 82038611
9	中关村上市公司协会	2012	海淀区清华科技园科技大厦C座	100084	www.zlca.org zlca@zlca.org	82483498 82483364
10	北京软件和信息服务业协会	1986	海淀区海淀南路甲21号中关村知识产权大厦A座206室	100080	www.bsia.org.cn bsia@bsia.org.cn	82358771 82358691
11	北京中关村外商投资企业协会	1990	海淀区四季青路7号永泰郦城果岭1号楼1–801	100195	www.zgcafe.org zgcafe@163.com	88498441 88498441–22
12	北京电子商会	1993	海淀区花园北路14号环星大厦C座	100191	www.becc.org.cn yanjun@becc.org.cn	63182387 63021895
13	北京项目管理协会	2008	海淀区学院南路39号中财大厦3002室	100081	www.bpma-china.org bpma_china@163.com	62104230 62289962
14	北京中关村物联网产业促进会	2006	朝阳区北辰东路8号北京国际会议中心东配楼2层	100101	www.zuia.org.cn wulianwang@gei.com.cn	82000975–500
15	北京数字内容产业协会	2010	海淀区牡丹园北甲2号市政投资商务楼3层302室	100191	www.zgcdcia.org.cn zy@zgcdcia.org.cn	62342036 62342036–804
16	中关村人才协会	2000	海淀区苏州街甲49号606室	100080	www.zitpa.org zitpa@zitpa.org	62563533 62563533
17	北京市闪联信息产业协会	2005	海淀区东北旺西路58号院东侧1号楼	100094	www.igrs.org dufei@igrslab.com	59610166 59610169
18	中关村股权投资协会	2012	海淀区东北旺西路8号中关村软件园4号楼D座113室	100193	www.zvca.org zvca@zvca.org	53692796 59733465
19	北京知识产权保护协会	2006	海淀区海淀南路甲21号中关村知识产权大厦A座3层	100080	www.bippa.org bippa@126.com	82610919 82610151

（续表）

序号	名称	成立时间（年）	地址	邮编	网址 电子邮箱	电话 传真
20	北京市海淀区中关村科技中介服务机构协会	2007	海淀区中关村南大街3号海淀科技大厦11层	100081	www.kjzj.org.cn kjzjxh@126.com	68948361 68915238
21	中关村光电产业协会	2011	海淀区花园路3号院主楼409室	100191	www.zgcgd.org zgcgdcyxh@163.com	82028905 82028903
22	中关村资本市场研究会	2012	海淀区中关村东路1号清华科技园科技大厦C座301室	100084	www.zgcscm.org alfred_xu@126.com	56181425 84897121
23	中关村宽带无线专网应用产业协会	2007	海淀区西直门北大街60号首钢国际大厦	100082	www.bwpforum.org info@bwpforum.org	58810398 58810089
24	中关村创业投资和股权投资基金协会	2008	海淀区中关村南大街3号海淀科技大厦11层	100081	www.zvcpe.org zvcpe@zvcpe.org	57039638 82656666—666
25	北京电子电器协会	1991	朝阳区潘家园东里21号	100021	www.dzdqxh.org bjeea128@sina.com	66158248 66158248
26	北京中关村人力资源经理协会	2002	西城区裕民中路8号北办公楼6层613室	100029	hr_zgc@163.com	62022303 62022125
27	中关村自主品牌创新发展协会	2006	海淀区学院路35号世宁大厦4层401室	100191	www.zpa.org.cn info@zba.org.cn	82500018 4008266163—03532
28	北京高校毕业生就业促进会	2006	海淀区增光路45号院东门	100048	www.bjbys.net.cn 526job@163.com	68988992 68988996
29	北京信息化协会	2003	海淀区海淀南路甲21号中关村知识产权大厦A座201室	100080	www.bjit.org.cn heweiyu@bjit.org.cn	61136399 61136398
30	北京科技咨询业协会	1994	朝阳区广顺北大街5号融创动力产业园B119室	100102	bjca@bjpc.org.cn	58952681 58952686
31	北京发明协会	1985	海淀区苏州街甲49号1层101室	100080	www.bj-fm.com bj-fm@vip.163.com	68356829 68337026
32	北京市海淀区高层次人才发展促进会	2012	海淀区海淀大街3号鼎好电子大厦A座8层807室	100080	www.hdgch.zgcrc.org hdgch@zgcrc.com.cn	88506177 88506198
33	北京市海淀区文化创意产业协会	2008	海淀区万寿路西街甲7号	100195	hd_chuangyi@163.om	88493560—807 88493560—804
34	中关村虚拟现实产业协会	2011	海淀区花园路2号牡丹创业楼209A	100191	www.cnvr.org.cn zgcvria@sina.com	82237526 82237526
35	北京创新学会	2001	朝阳区北四环东路108号千鹤家园1号楼2404室	100029	beijingcxxh@126.com	58859701 58898908
36	北京创业投资协会	1999	海淀区海淀大街3号鼎好大厦A座20层	100080	www.vcab.org piblicvcab@126.com	62572150 62572151
37	北京市科技金融促进会	1995	朝阳区安翔北里11号北京创业大厦A座217室	100101	www.bjtf.cn bjtf_2007@126.com	64853151 64858451
38	北京中关村国际孵化软件协会	2004	海淀区学院路35号世宁大厦407室	100191	www.zsoft.cn zsoft@zsoft.cn	82318300 82337088
39	朝阳区高新技术企业协会	2008	朝阳区酒仙桥路甲12号电子科技大厦908室	100015	gqx@zgc-dzc.gov.cn	64310293 64317300
40	中关村海外人才创业园协会	2009	海淀区东北旺西路8号中关村软件园2号楼B座2245室	100193	www.zppa.org.cn zgc_zppa@163.com	82825033 62288385
41	中国民营科技促进会	1995	西城区三里河路54号	100045	www.cappse.org.cn cappse@cappse.org.cn	68598348 68573743

（续表）

序号	名称	成立时间（年）	地址	邮编	网址 电子邮箱	电话 传真
42	北京企业投资协会	1993	朝阳区东四环中路41号嘉泰国际大厦B座306室	100120	www.bjeia.org qytzxh@163.com	65836301 65836301
43	北京创业孵育协会	2000	朝阳区安翔北里11号创业大厦A座	100101	www.bjventure.com.cn bbia2000@126.com	64843991 64843992
44	北京技术市场协会	1992	西城区西直门南大街16号	100035	www.cbtma.org.cn congwei001@126.com	66161862 66161862
45	北京设备管理协会	1983	东城区美术馆后街60号	100010	1175000310@qq.com	82120140 64016341
46	中国科技金融促进会	1992	海淀区玉渊潭南路8号	100038	www.cstf.org.cn zhmkjb@163.com	68530171 68530170
47	北京中关村生物工程和新医药企业协会	2000	海淀区马连洼北路151号院内	100094	dongshuai@newlife.org.cn	62896868—835 62899978
48	北京中关村科技园区昌平园高新技术企业协会	2002	昌平区超前路9号	102200	www.zgc-cp.gov.cn vpyzifw@126.com	80113651 89719107
49	首都知识产权服务协会	2007	海淀区知春路23号量子银座301室	100191	www.capitalip.org cipsa@vip.126.com	51530062 51530137
50	中国软件行业协会系统与软件过程改进分会	2006	海淀区中关村软件园华夏科技大厦226室	100193	www.spichina.org.cn spichina@spichina.org.cn	62970611 62970611—8805
51	北京中关村高新技术企业协会数字娱乐传媒分会	2005	海淀区农大南路88号万霖大厦	100084	www.egu360.com lixul@sina.com	82666722
52	北京通信信息协会	1992	海淀区西土城路10号北京邮电大学鸿通楼5层	100876	www.bita.org.cn bita@bita.org.cn	62282029 62283381—8016
53	北京市专利代理人协会	2013	海淀区知春路23号量子银座301室	100083	www.bjpaa.org bjipaa@126.com	51530063 51530137
54	中国光学光电子行业协会液晶分会	1996	朝阳区酒仙桥路10号	100015	www.coda.org.cn lcb.coema@gmail.com	64318888—6095 64363965—5111
55	中关村工业设计产业协会	2010	海淀区海淀北二街8号PE大厦619室	100080	www.zida.org.cn zgcida@163.com	59718368 62699862
56	北京标准化协会	1982	东城区和平里东街20号2号楼218室	100013	bzxiehui@sina.com	84255247 64210795
57	北京市民间组织国际交流协会	2007	东城区南河沿大街97号	100006	www.beijingngo.org.cn liuyuqing999@126.com	65221476 65221474
58	中关村成长型科技企业互助促进会	2013	海淀区上地东路颐泉汇大厦2号楼521室	100085	hzok98@126.com	58417286 57239697
59	中关村亚洲杰出企业家成长促进会	2004	海淀区北四环西路66号中国交易大厦B座	100080	www.aamachina.org aama@aamachina.com.cn	62680817
60	中关村创新企业发展促进会	2013	海淀区清华科技园创新大厦A座14层	100084	cujinhui@163.com	62785888—3613
61	北京科技教育促进会	2008	朝阳区八里庄东里1号莱锦创意产业园CN17栋3层	100025	www.cujinhui.net woaiqisheng@126.com	57892789 57892883
62	中关村腾飞大学生创就业研究会	2013	朝阳区朝外SOHO A座	100020	www.zueera.org bj_student@126.com	56028955

（续表）

序号	名称	成立时间（年）	地址	邮编	网址 电子邮箱	电话 传真
63	北京市海淀服务外包企业协会	2009	海淀区东北旺西路8号中关村软件园1号楼	100193	xuyujue@basscom.cn	82826849 82825690-1073
64	北京服务外包企业协会	2007	海淀区东北旺西路8号中关村软件园1号楼	100193	www.basscom.cn xuyujue@basscom.cn	82825690-1920 82825690-1073
65	中关村赛德科技企业成长互助促进会	2009	西城区德外大街11号美江大厦413室	100088	fanhuahong@cedchina.org	62041870
66	中关村长策产业发展战略研究院	2013	朝阳区育慧北路8号院世纪村3区1号楼	100101	747947021@qq.com	15001126922
67	中关村创新文化发展促进会	2013	海淀区阜成路73号裕惠大厦C座	100142	zicpa@zgc.gov.cn	88827138 88827049
68	中关村现代医药生产力促进中心	2014	北京经济开发区科创六街88号院3号楼101室	101111	zhaoshengnan@czppc.org	56315136 56315137
69	中关村华康基因研究院	2011	海淀区杏石口路65号益园文创基地C区10号楼2层	100195	www.hkgi.org yunxia.han@kangso.net	82444060 84195478-816
70	天津市高新技术企业协会	1993	天津市华苑产业区梅苑路6号海泰大厦1710室	300384	lxjlixinjun@aliyun.com	58391922 58391922
71	北京强国知识产权研究院	2014	海淀区海淀南路甲21号中关村知识产权大厦A座103室	100080	www.powernation.cn jcq@poweration.cn	62531820 59556662
72	北京商务服务业联合会	2013	石景山区石景山路22号万商大厦1916室	100040	www.ubbs.org.cn bcbs_ngozh@163.com	59424831 68627180-8006
73	首都科技服务业协会	2011	西城区西直门南大街16号西楼10层	100035	www.bjtsa.org.cn gumu000@sina.com	66158633 66158633-8011
74	北京农业产业化龙头企业协会	2013	西城区裕民路2号圆山大酒店8层	100029	www.bjaaile.com bjnyxh@sina.com	62023342 82997796
75	天津市西青区高新企业促进会	2014	天津市西青区天安创新科技产业园2区1号楼A栋12层	300380	xin.jin@tjxq.gov.cn	022-27946487 022-87185878
76	中关村博硕人才与市场经济研究院	2014	海淀区中关村大街45号兴发大厦909室	100037	jianhua1101@126.com	68007159
77	中关村汉德环境观察研究所	2012	海淀区西小口路66号中关村东升科技园D2楼407室	100192	liqian@hdieo.org.cn	82800200 82800399
78	中关村益心医学工程研究院	2011	密云区密云工业开发区科技路48号院3号楼2层	101500	www.yixinmed.org yixin_wd@163.com	57649890 57649899
79	中关村智汇产业技术研究所	2013	海淀区中关村软件园2号楼2331室	100094	chengli0421@163.com	58810089 58810089
80	中国电子工业标准化技术协会知识产权工作委员会	2012	石景山区鲁谷路35号电子一所东8层	100040	www.sipr.cn qintianxiong@infoip.org	88685195 68632927
81	中关村英普斯蔓软件行业知识产权促进会	2014	海淀区中关村软件园2号楼B座2343～2344室	100193	fhczpatent@fortunehigh.com	82600690 82600691-806
82	北京市静态交通业商会	2014	海淀区彰化路曙光宾馆	100095	www.bjjtjt.org jingtaijiaotong@163.com	88487433 53057200

（续表）

序号	名称	成立时间（年）	地址	邮编	网址 电子邮箱	电话 传真
83	中关村科创高新技术转移促进会	2014	海淀区西三环北路27号北科大厦理化实验楼4层	100089	www.sihta.org mot999@163.com	68960106 62657758
84	中关村兰德科教评价研究院	2014	海淀区福缘门路1号北京达园7号楼	100091	www.landepj.org lande68@163.com	57163895
85	中关村华信知识产权法律保护研究院	2012	海淀区福缘门路1号北京达园7号楼	100091	www.z-parklaw.org zparklaw@163.com	62535872
86	中国互联网协会调解中心	2008	海淀区板井路曙光花园智业园B座6E	100097	www.iscu.cn bwang123@vip.sina.com	88466861 88546086
87	北京知诚中小企业财税与金融服务促进会	2015	海淀区翠微路2号院1幢3层3243室	100020	www.zccfpt.org rhy791126@163.com	65529833 65529833
88	北京电子学会	1963	东城区北河沿大街79号	100009	www.bjiesh.org 37017625@qq.com	64034890–252
89	北京税收法制建设研究会	2014	西城区珠八宝胡同23号西小院	100035	zhangxingming7777@163.com	62233870
90	中关村天合科技成果转化促进中心	2014	海淀区阜成路73号裕惠大厦A座1层	100142	www.techchina.org.cn jiagh@techchina.org.cn	88192046 88192042
91	北京新能源汽车产业协会	2009	海淀区北三环西路66号国际交流大厦1008室	100081	www.abnea.org.cn yaodandan1122@126.com	68945320
92	北京生物医学工程学会	1980	西城区新街口东街31号北京积水潭医院教学楼	100035	www.b-bme.com beijingbme@163.com	58516786
93	中国气象服务协会	2015	海淀区中关村南大街46号实验楼311～316室	100081	www.chinamsa.org cmsa@chinamsa.org	58995433 58995825
94	北京出入境检验检疫协会	1995	朝阳区甜水园街6号307室	100026	beijingxiehui2012@163.om	58648680 64927082
95	中关村国大中小微企业成长促进会	2012	海淀区学院南路12号院A座	100082	www.iunion.org.cn zhangqi939@soho.com	62205228 62200577
96	北京环球英才交流促进会	2015	海淀区中关村南大街1号友谊宾馆62041室	100873	www.talent.org.cn zlw@talent.org.cn	68942688 68948636
97	北京对外文化贸易协会	2015	东城区白桥大街22号102室	100062	www.bfcta.org 100300580@qq.com	67127123
98	中关村人居环境工程与材料研究院	2013	海淀区清华东路35号林业大学学研中心C座	100083	www.chinahsi.com info@chinahsi.com	56278014 51649238
99	中关村华美职业经理研究院	2014	西城区月坛北小街2号院2号楼2217室	100836	www.zgcpm.org 1105131716@qq.com	84828506 84827692
100	中关村产融企业转型发展促进会	2014	海淀区高梁桥路中坤大厦1011室	100088	13311531953@qq.com	57283013 57280323
101	中关村文化产业创新促进会	2012	石景山区八大处甲1号	100144	www.zgcwch.org 707512844@qq.com	66392392
102	北京能源协会	2013	朝阳区太阳宫南街23号丰和大厦	100028	www.bjnyw.com.cn zgbjnyxh@13.com	63593125 63593117
103	北京市海淀区信息服务业协会	2009	海淀区四季青常青园3区7号楼4单元101室	100195	www.hdisa.org bjhdisa@126.com	88499030 88499030

注：以上协会均为中关村社会组织联合会成员单位

资料来源：中关村科技园区管理委员会

中关村国家自主创新示范区主要联盟一览表

序号	名称	成立时间	主要发起单位
1	TD 产业联盟	2002 年 10 月	大唐电信科技产业集团、联想（北京）有限公司、中国普天信息产业集团公司等
2	中国医药产业技术促进联盟	2002 年 11 月	中国医药科技成果转化中心等
3	闪联产业联盟	2003 年 6 月	联想集团有限公司、TCL 集团股份有限公司等
4	中关村清新空气产业联盟	2004 年 9 月	中关村国际环保产业促进中心、清华大学建筑学院等
5	国家半导体照明工程研发及产业联盟	2004 年 10 月	中国科学院半导体研究所、国家光电源质量监督检验中心（北京）等
6	北京材料分析测试服务联盟	2004 年 12 月	北京新材料发展中心、中国建筑材料检验认证中心等
7	中关村下一代互联网产业联盟	2005 年 2 月	北京天地互连信息技术有限公司、中国科学院计算技术研究所等
8	长风开放标准平台软件联盟	2005 年 4 月	神州数码（中国）有限公司、太极计算机股份有限公司等
9	AVS 产业联盟	2005 年 5 月	北京海尔广科数字技术有限公司、联合信源数字音视频技术（北京）有限公司等
10	中国生物技术创新服务联盟（ABO）	2005 年 9 月	北京生物技术和新医药产业促进中心、北京科信必成医药科技发展有限公司等
11	中关村 WAPI（无线网络和网络安全接入）产业联盟	2006 年 3 月	北京邮电大学、中国移动通信集团公司等
12	中关村农业装备产业技术创新战略联盟	2007 年 1 月	中国农业机械化科学研究院、中国一拖集团有限公司等
13	北京中关村农业生物技术产业联盟	2007 年 2 月	北京大北农科技集团股份有限公司、北京奥瑞金种业股份有限公司等
14	中关村数字电视产业联盟	2007 年 6 月	清华大学、北京凌讯华业科技有限公司等
15	中关村资源节约与能源管理服务产业联盟	2007 年 6 月	中关村国际环保产业促进中心有限公司、中国建筑业协会建筑节能专业委员会等
16	中国汽车制造装备创新联盟	2007 年 11 月	机械科学研究总院、北京机床研究所等
17	宽带无线专网应用产业联盟	2008 年 1 月	大唐电信科技产业集团、中国普天信息产业集团公司等
18	抗体产学研联盟	2008 年 3 月	百泰生物药业有限公司、中国科学院生物物理研究所等
19	机械装备工业节能减排产业技术创新战略联盟	2008 年 10 月	机械科学研究总院、中国机械制造工艺协会等
20	电子贸易产业技术创新战略联盟	2008 年 12 月	中国国际电子商务中心、易达讯网络科技（北京）有限公司等
21	中关村国际超导技术研究开发联盟	2009 年 5 月	北京美尔斯通科技发展股份有限公司等
22	首都新能源产业技术联盟	2009 年 6 月	北京市农林科学院、北京金风科创风电设备有限公司等
23	中关村半导体照明产业技术联盟	2009 年 6 月	中科院半导体研究所、利亚德光电股份有限公司等
24	北京农村水环境治理创新服务联盟	2009 年 7 月	北京碧水源科技有限公司、北京市可持续发展科技促进中心等
25	小卫星遥感系统产业技术创新战略联盟	2009 年 9 月	北京宇视蓝图信息技术有限公司、航天恒星科技有限公司等
26	新一代纺织设备产业技术创新联盟	2009 年 9 月	中国纺织机械器材工业协会、东华大学等

（续表）

序号	名称	成立时间	主要发起单位
27	遥感数据处理与分析应用产业技术创新战略联盟	2009年9月	北京国遥万维信息技术有限公司、中测新图（北京）遥感技术有限责任公司等
28	国家太阳能光热产业技术创新战略联盟	2009年10月	中国科学院电工研究所、北京奥普科星技术有限公司等
29	开源及基础软件通用技术创新战略联盟	2009年10月	中标软件有限公司、普华基础软件股份有限公司等
30	中关村物联网产业联盟	2009年11月	同方股份有限公司、中国移动通信集团北京有限公司等
31	固废废弃物处理处置科技创新服务联盟	2010年1月	北京市可持续发展科技促进中心、北京环卫集团环境研究发展有限公司等
32	污染场地修复科技创新联盟	2010年1月	中科院地理科学与资源研究所、轻工业环境保护研究所等
33	中国云计算技术与产业联盟	2010年1月	中国电子学会、中兴通讯（南京）业务研究院等
34	中关村智能电网产业技术创新战略联盟	2010年3月	中国电力科学研究院、北京电力公司等
35	城市生物质燃气产业技术创新战略联盟	2010年3月	清华大学、北京科力丹迪技术开发有限责任公司等
36	北京轨道交通产业技术创新战略联盟	2010年4月	北京市基础设施投资有限公司、北京市轨道交通建设管理有限公司等
37	集成电路设计产业技术创新服务联盟	2010年4月	北京集成电路设计园有限责任公司、华大九天软件等
38	全国电力产业技术创新战略联盟	2010年4月	中国电力科学研究院等
39	温湿度独立调节空调技术推广联盟	2010年4月	清华大学建筑节能研究中心、招商局地产控股股份有限公司等
40	中关村车载信息服务产业应用联盟	2010年4月	启明信息股份有限公司、中国电子工业标准化技术协会等
41	数字出版联盟	2010年5月	北京出版集团有限责任公司、江苏凤凰出版传媒集团等
42	中关村国家污水资源化产业联盟	2010年5月	北京城市排水集团有限责任公司、北京市市政工程设计研究总院等
43	中关村数字内容产业联盟	2010年6月	北京迪生通博科技有限公司、北京捷成世纪科技股份有限公司等
44	中关村云计算产业联盟	2010年7月	联想集团有限公司、赛尔网络有限公司等
45	北京绿色印刷产业技术创新联盟	2010年8月	北大方正集团有限公司、北人印刷机械股份有限公司等
46	中关村电子产品循环经济与逆向物流产业发展联盟	2010年8月	北京海龙资产经营集团有限公司、中关村电子商会等
47	中国工业设计技术服务联盟	2010年8月	北京工业设计促进中心、北京上拓科技有限公司等
48	国际半导体照明联盟	2010年10月	国家半导体照明工程研发及产业联盟（CSA）、雷士光电科技有限公司等
49	粉末冶金产业技术创新战略联盟	2010年10月	中国钢研科技集团有限公司、北京有色金属研究总院等
50	物流中心自动化装备与系统产业技术创新战略联盟	2010年12月	中国普天信息产业股份有限公司、北京机械工业自动化研究所等
51	中关村膜生物反应器产业技术创新战略联盟	2010年12月	北京碧水源科技发展有限公司、中关村国际环保产业促进中心等
52	中关村移动互联网产业联盟	2011年1月	中国移动通信集团北京有限公司、大唐电信科技股份有限公司等
53	中关村智能交通产业联盟	2011年4月	北京千方科技股份有限公司、汉王科技股份有限公司等

（续表）

序号	名称	成立时间	主要发起单位
54	聚合物发泡材料产业技术创新联盟	2011年6月	轻工业塑料加工应用研究所等
55	数字视频产业技术创新战略联盟	2011年7月	新奥特（北京）视频技术有限公司、中科院自动化研究所等
56	安全防范监控数字视音频编解码技术产业联盟（SVAC）	2011年8月	国家公安部第一研究所、北京中星微电子有限公司等
57	新型海洋生物制品产业技术创新战略联盟	2011年8月	北京雷力（集团）公司、北京中关村科技担保有限公司等
58	中关村空间信息技术产业联盟	2011年8月	北京合众思壮科技股份有限公司等
59	中关村网页游戏联盟	2011年10月	工业和信息化部电子科技情报研究所、趣游科技集团有限公司等
60	北京新一代移动通信产业创新联盟	2011年11月	中国移动通信研究院、大唐移动通信设备有限公司等
61	中国科技自动化联盟	2011年11月	北京易能立方科技有限公司、毕孚自动化设备贸易（上海）有限公司北京分公司等
62	中国车联网产业技术创新战略联盟	2011年12月	北京邮电大学、国机汽车股份有限公司等
63	中关村轨道交通视频与安全产业技术联盟	2011年12月	北京交大科技孵化器有限公司等
64	新一代视频监控产业技术创新战略联盟	2012年1月	公安部第三研究所、北京航空航天大学等
65	首都生物肥料科技创新服务联盟	2012年4月	北京世纪阿姆斯生物技术股份有限公司、中国农业微生物菌种保藏中心等
66	中关村建筑能效运营管理技术创新战略联盟	2012年5月	北京恒业世纪科技股份有限公司、中国合同能源管理网等
67	中关村医疗器械产业技术创新联盟	2012年5月	北京天智航技术有限公司、北京华科同力知识产权咨询有限公司等
68	中关村新能源海水淡化产业技术创新联盟	2012年6月	北京控股集团有限公司、首钢总公司等
69	中关村储能产业技术联盟	2012年7月	中国科学院工程热物理研究所、国能电力集团等
70	中关村软件和信息服务业节能减排产业联盟	2012年8月	工信部电信研究院、中关村光电产业协会等
71	中关村智慧城市产业技术创新战略联盟	2012年9月	北京航空航天大学、神州数码信息系统有限公司等
72	中关村太阳能跟踪系统产业联盟	2012年10月	中国可再生能源学会国际合作中心、北京寰能天宇科技发展有限公司等
73	中关村电子商务与现代物流产业联盟	2012年11月	北京物资学院、北京京东世纪贸易有限公司等
74	中关村应急管理产业技术联盟	2012年11月	北京东方正通科技有限公司、中国普天信息产业股份有限公司等
75	中关村大数据产业联盟	2012年12月	北京云基地企业管理有限公司、北京数聚联合科技有限公司等
76	中关村国家环境服务业发展联盟	2012年12月	中关村国际环保产业促进中心、清华同方股份有限公司等
77	中关村未来制造业产业技术创新战略联盟	2012年12月	北新建材集团有限公司、北京数码大方科技有限公司等
78	北京现代农业科技创新服务联盟	2013年7月	北京市科学技术委员会农村发展中心、北京大北农科技集团股份有限公司等
79	中关村云平台与数据应用产业联盟	2013年10月	中电华通通信有限公司、亿赞普北京科技有限公司等

（续表）

序号	名称	成立时间	主要发起单位
80	北京设计产业联盟	2013 年 10 月	中国设计集团有限公司、北京洛可可科技有限公司等
81	中关村美中生物技术产业集群创新联盟	2013 年 11 月	北京五加和分子医学研究所有限公司、北京亦庄国际诊断试剂技术有限公司等
82	中关村信息安全产业联盟	2013 年 12 月	北京奇虎科技有限公司、北京锐安科技有限公司等
83	中国运动健康产业联盟	2013 年 12 月	北京康比特体育科技股份有限公司、健与美杂志社等
84	中关村油气技术创新与服务产业联盟	2013 年 12 月	中关村光电产业协会、北京六合伟业科技股份有限公司等
85	北京脑血管病产业技术创新战略联盟	2014 年 5 月	悦康药业集团有限公司、首都医科大学宣武医院等
86	图像视频大数据产业技术创新战略联盟	2014 年 9 月	中科院自动化研究所、腾讯科技（北京）有限公司等
87	中关村智慧环境产业联盟	2014 年 12 月	北京百灵天地环保科技有限公司、北京三益能源环保发展股份有限公司等
88	中关村现代节能服务产业联盟	2015 年 1 月	天壕节能科技股份有限公司、北京神雾环境能源科技股份有限公司等
89	中关村数字文物产业联盟	2015 年 2 月	中国社科院研究生院文博专业硕士教育中心，中国社科院考古所等
90	中关村融智特种机器人联盟	2015 年 2 月	北京海兰信数据科技股份有限公司等
91	中关村智慧城市信息化产业联盟	2015 年 3 月	清华大学电子工程系、中国通信学会等
92	京津冀钢铁行业节能减排产业技术创新联盟	2015 年 4 月	北京科技大学、北京市可持续发展科技促进中心等
93	中关村科技服务业产业联盟	2015 年 5 月	北京携创科技有限公司等
94	中关村全华稀土工业污染防治技术联盟	2015 年 5 月	中华环保联合会环保技术标准研究专业委员会等
95	北京环都经济圈节能低碳环保产业联盟	2015 年 5 月	北京新奥集团有限公司、北京派克蓝环保科技有限公司等
96	中关村区域轨道交通互联互通信号技术产业联盟	2015 年 6 月	北京市轨道交通建设管理有限公司、北京交控科技有限公司等
97	中关村工业互联网产业联盟	2015 年 6 月	北京东土科技股份有限公司、北京天地互连信息技术有限公司等
98	中关村环球时尚创意产业联盟	2015 年 6 月	阿丁秀国际文化传媒（北京）有限公司、北京奢尚国际品牌管理有限公司等
99	智慧北京促进联盟	2015 年 7 月	太极计算机股份有限公司、神州数码（中国）有限公司等
100	中关村硅藻新材料创新技术产业联盟	2015 年 8 月	北京大津硅藻新材料股份有限公司、北京博智建科新技术有限公司等
101	中关村新兴科技服务业产业联盟	2015 年 10 月	北京市计量检测科学研究院、北京达沃时代科技有限公司等
102	中关村能源互联网产业联盟	2015 年 11 月	清华大学能源互联网创新研究院等
103	中关村蓝创通用航空产业联盟	2015 年 11 月	华夏幸福基业产业发展集团、北京卓越天翔航空投资管理有限公司等
104	京津冀技术转移协同联盟	2015 年 12 月	北京市科学技术委员会等
105	中关村智慧建筑产业绿色发展联盟	2015 年 12 月	广联达软件股份有限公司、中关村国际环保产业促进中心等
106	中关村思德库智能养老产业联盟	2015 年 12 月	北京天云融创科技有限公司、思德库养老服务信息技术创新研究院等

注：以上联盟均为中关村产业技术联盟联席会成员单位
资料来源：中关村科技园区管理委员会

中关村国家自主创新示范区大学科技园一览表

序号	名称	地址	邮编	电话	电子邮箱	网址
1	清华大学国家大学科技园	海淀区清华科技园创新大厦A座	100084	62785888	xuyy@tuspark.com	www.tuspark.com
2	北京大学国家大学科技园	海淀区中关村北大街127-1号	100080	62769088	zhouwei@pkusp.com.cn	www.pkusp.com.cn
3	北京航空航天大学国家大学科技园	海淀区学院路39号唯实大厦505室	100191	82338158	chenxiaojuan821002@126.com	www.buaa.com.cn
4	北京科技大学国家大学科技园	海淀区学院路30号方兴大厦6层	100083	62316722	bjkdkjy@163.com	www.ustbsp.cn
5	北京理工大学国家大学科技园	海淀区中关村南大街9号理工科技大厦	100081	68470073	bitrp@bitsp.com.cn	www.bitsp.com.cn
6	北京邮电大学国家大学科技园	海淀区西土城路10号新科研楼1层126室	100876	62282813	flag870711@163.com	www.buptsp.com
7	中国人民大学国家大学科技园	海淀区中关村大街甲59号文化大厦	100872	62517777	cspruc@ruc.edu.cn	www.cspruc.com
8	北京师范大学国家大学科技园	海淀区学院南路12号北师大科技园区A座	100875	62200571	kjy@bnu.edu.cn	bj.zhaoshang.net
9	北京化工大学国家大学科技园	海淀区紫竹院路98号116号楼101室	100089	64438220	huadakejiyuan@126.com	www.spbuct.com
10	北京工业大学国家大学科技园	朝阳区平乐园100号	100124	67392953	lam@bjut.edu.cn	
11	北京交通大学国家大学科技园	海淀区高梁桥斜街44号一区89号科教楼	100044	51685317	lding@bjtuspark.com	www.bjtuspark.com
12	中国农业大学国家大学科技园	海淀区天秀路10号	100193	62737370	630761764@qq.com	www.cau.spark.com
13	中国矿业大学（北京）国家大学科技园	海淀区学院路丁11号宝源商务公寓	100083	51733599	kjy@cumtb.edu.cn	kjycyy.cumtb.edu.cn
14	华北电力大学国家大学科技园	昌平区回龙观镇北农路2号	102206	61771035	976098692@qq.com	www.ncepupark.com
15	北京林业大学国家科技园	海淀区清华东路35号	100083	62336989	798834864@qq.com	blkjy.bjfu.edu.cn
16	中央财经大学科技园	海淀区学院南路39号	100081	62288385	cufedongyue@163.com	www.cufesp.org
17	中国政法大学科技园	海淀区西土城路25号	100088	58908009	lyl0312@163.com	www.cuplsp.com
18	首都师范大学科技园	海淀区西三环北路105号科原大厦A座	100048	68905635	blue896@sohu.com	www.cnu.edu.cn
19	中国石油大学（北京）科技园	昌平区振兴路18号	102249	89731535	1304142877@qq.com	cup.edu.cn
20	北京建筑工程学院建筑科技大学科技园	西城区展览馆路1号	100044	68322201	gaoyan@bucea.edu.cn	btusp.bucea.edu.cn
21	北京信息科技大学科技园	海淀区清河小营东路12号	100192	82426833	bistukjy@163.com	
22	北京印刷学院大学科技园	大兴区兴华大街二段1号	102600	60261571	358122468@qq.com	kjy. bigc.edu.cn
23	北京农学院大学科技园	昌平区回龙观镇北农路7号	102206	80799140	bn.kj@163.com	www.bua.edu.cn
24	中国传媒大学科技园	朝阳区定福庄东街1号	100024	65783688	bsj_2008@yeah.net	

（续表）

序号	名称	地址	邮编	电话	电子邮箱	网址
25	北京联合大学科技园	朝阳区北四环东路97号	100101	64900086	ldkyc@buu.edu.cn	
26	首都医科大学科技园	丰台区右安门外西头条10号	100069	83911290	gaowen@ccmu.edu.cn	
27	北京电影学院大学科技园	海淀区西土城路4号	100088	82283398	likan2951444@126.com	www.bfa.edu.cn
28	北京服装学院大学科技园	朝阳区樱花园东街甲2号	100029	64520943	yanyan@biftpark.com	www.biftpark.com
29	北京物资学院大学科技园	通州区富河大街1号	101149	80575106	wangchegnlin6688@126.com	www.bwu.edu.cn

资料来源：中关村科技园区管理委员会

中关村国家自主创新示范区海外人才创业园一览表

序号	名称	地址	邮编	电话	网址	成立时间
1	海淀海外人才创业园	海淀区上地信息路26号中关村创业大厦	100085	82898000	www.ospp.com	1997年10月
2	中关村国际孵化园海外人才创业园	海淀区上地信息路2号创业园D栋	100085	82893008	www.incubase.net	2000年12月
3	中国北京（望京）海外人才创业园	朝阳区利泽中二路望京科技创业园106号楼	100102	64390345	www.wjpark.com	2003年4月
4	中关村软件园海外人才创业园	海淀区东北旺西路8号中关村软件园3号楼B座1318室	100193	82825187	www.zgcspi.com	2004年1月
5	北京中关村生命科学园海外人才创业园	昌平区生命园路29号A209/102206	102206	80715732-1013		2004年3月
6	丰台园海外人才创业园（北京国际企业孵化中心）	丰台区科兴路9号	100070	63744650		2004年4月
7	北京大学海外人才创业园	海淀区中关村北大街127-1号	100080	82667188	www.pkusp.com.cn	2002年9月
8	清华大学海外人才创业园	海淀区清华科技园创新大厦A14层	100084	62785888-3543	www.tusstar.com	2002年12月
9	北京航空航天大学海外人才创业园	海淀区北四环中路238号柏彦大厦1506室	100191	82316255	www.bbi.com.cn	2003年4月
10	北京科技大学海外人才创业园	海淀区学院路30号方兴大厦617室	100083	62316722	www.ustbsp.cn	2003年6月
11	北京理工大学海外人才创业园	海淀区中关村南大街9号理工科技大厦902室	100081	68470075	www.bitrp.com.cn	2003年7月
12	北京邮电大学海外人才创业园	海淀区西土城路10号北京邮电大学	100876	62281497	www.buptsp.com	2003年12月
13	中科院中科海外人才创业园	海淀区中关村东路95号自动化大厦520室	100190	62541938	www.casmpark.om	2005年4月
14	中国农业大学海外人才创业园	海淀区清华东路17号科贸楼C201	100083	62732266	www.causpark.com	2005年8月
15	汇龙森海外人才创业园	北京经济技术开发区科创14街99号33幢D座8层	100176	59755588	www.huilongsen.com	2005年5月

（续表）

序号	名称	地址	邮编	电话	网址	成立时间
16	北京工业大学海外人才创业园	海淀区车公庄西路35号	100044	68458163	www.bjutrp.com	2005年12月
17	中国人民大学海外人才创业园	海淀区中关村大街45号兴发大厦1005室	100872	82509532	www.cspruc.com	2005年12月
18	北京师范大学海外人才创业园	海淀区学院南路12号北师大科技园区A座	100875	62205399		2005年12月
19	中关村集成电路海外人才创业园	海淀区知春路27号量子芯座5层	100083	82357181	www.bjicpark.com	2006年1月
20	石景山海外人才创业园	石景山区石景山路3号玉泉大厦4层	100041	88258607	www.ivyi.org.cn	2006年1月
21	中央财经大学海外人才创业园	海淀区学院南路39号中央财经大学	100081	62289262	www.cufesp.org	2006年12月
22	中国政法大学海外人才创业园	海淀区西土城路25号中国政法大学旧1号楼109室	100088	58908009		2007年5月
23	北京交通大学海外人才创业园	海淀区高梁桥斜街44号一区89号科教楼1018室	100044	51686060	www.bjtuspark.com	2007年7月
24	中国矿业大学海外人才创业园	海淀区清华东路16号3号楼303室	100083	51733999		2007年7月
25	首都师范大学海外人才创业园	海淀区西三环北路甲105号科原大厦A座510室	100048	68907023		2007年9月
26	华北电力大学海外人才创业园	昌平区朱辛庄华北电力大学主楼D座310室	102206	61771035	ncepupark.cn	2008年10月
27	北京化工大学海外人才创业园	海淀区紫竹院路98号116号楼101室	100089	64435482-8007	www.spbuct.com	2009年3月
28	中关村大兴生物医药产业基地海外人才创业园	大兴区大兴生物医药产业基地天河西路19号	102600	61252862	www.bjcbp.com.cn	2009年12月
29	北京瀚海智业海外人才创业园	东城区东直门内海运仓1号瀚海海运仓大厦7层	100007	64050575	www.hanhaizhiye.com.cn	2009年7月
30	中关村昌平园海外人才创业园	昌平区昌平科技园区超前路9号人才办712室	102200	69718743	www.zgc-cp.gov.cn	2012年3月
31	中关村博雅海外人才创业园	海淀区紫竹院路116号C座	100097	51709999	www.bjmmedia.cn	2012年1月
32	中关村雍和航星海外人才创业园	东城区和平里东滨河路乙一号航星科技园2号楼4层	100013	88103160	www.bjhangxing.com	2012年1月
33	中关村798创意产业海外人才创业园	朝阳区酒仙桥路4号院内798艺术区D03楼2层	100015	59789861-810		2011年12月
34	中关村京仪海外人才创业园	海淀区大钟寺东路9号B座1层119室	100098	62165588-6887	www.jyfhq.com.cn	2012年12月
35	京泰香港海外人才创业园	香港上环干诺道中200号信德中心西座34层3402室		0085225402086	www.bhlibc.com	2015年12月
36	北京服装学院海外人才创业园	朝阳区樱花东街甲2号北京服装学院中关村时尚产业创新园304室	100029	64520943	www.biftpark.com	2015年12月
37	中关村普天海外人才创业园	西城区新街口外大街28号B座1层	100088	82052127	www.ptdsh.com	2015年12月

资料来源：中关村科技园区管理委员会

中关村国家自主创新示范区驻外联络处一览表

序号	名称	地址	电话	传真	电子邮箱	成立时间
1	硅谷联络处	4633 Old Ironsides Drive, Suite 402, Santa Clara, CA95054, USA	001 4084063118		ftan@zgc-usa.com	2000 年 7 月
2	东京联络处	东京都中央区日本桥蛎殻町 1 丁目 37-12 PARK AXIS 日本桥 STAGE 大楼 1207 房间	0081 336641388	0081 336641136	tokyo@zgc.gov.cn	2001 年 12 月
3	华盛顿联络处	13943 Coachmans Cir, Germantown, MD20874, USA	001 3015154898	001 3035152737	washington@zgc.gov.cn	2002 年 12 月
4	多伦多联络处	4 St Moritz Way #5 Markham, Ontario Canada L3R 4E8	001 9053058298	001 9053057698	toronto@zgc.gov.cn	2003 年 12 月
5	伦敦联络处	31 Thames Avenue, Perivale, London UB6 8JN	0044 2088817996	0044 2088817996	london@zgc.gov.cn	2004 年 7 月
6	悉尼联络处	Level 56, MLC Centre, 19-29 Martin Place Sydney 2000, Australia	0061 2 92386300	0061 2 80692595	qzhang@zgc.gov.cn	2012 年 2 月
7	芬兰联络处	Tekniikantie 14, 02150 Espoo	0035 8469033816		zhuzq@zpark.com.cn	2012 年 11 月
8	德国联络处	Konrad-Zuse-Platz8,81829 München	0049 17672534377		rzhang@zgc.gov.cn	2012 年 12 月
9	比利时联络处	Clos Chapelle-aux-Champs,30-bte1.30.30 B-1200 Brussels	0049 17672534377		belgium@zgc.gov.cn	2013 年 8 月

资料来源：中关村科技园区管理委员会

中关村国家自主创新示范区部分科技企业孵化器一览表

序号	名称	地址	邮编	电话 传真	电子邮箱	网址
1	北京高技术创业服务中心 *	朝阳区安翔北里甲 11 号	100101	64853169 64853178	cyzx@bjcy.net.cn	www.bjcy.net.cn
2	中关村科技园区丰台园科技创业服务中心 *	丰台区科兴路 9 号	100071	63747737 63728448	bjibi@bjibi.org.cn	www.bjibi.org.cn
3	中关村科技园区海淀园创业服务中心 *	海淀区上地信息路 26 号	100085	82898748 62984933	chuangye@ospp.com	www.ospp.com
4	北京北航天汇科技孵化器有限公司 *	海淀区北四环中路 238 号柏彦大厦	100191	82316140 82338204	bbi@bbi.com.cn	www.bbi.com.cn
5	北京望京科技孵化服务有限公司 *	朝阳区望京高新技术产业区利泽中二路 2 号	100102	64390345 64392019	wangjingkejiyuan@126.com	www.wjpark.com
6	北京理工创新高科技孵化器有限公司 *	海淀区中关村南大街 9 号理工科技大厦	100081	68470075 68470073 –8999	bitrp@126.com	www.guojiagaoxin.com.cn
7	北京启迪创业孵化器有限公司 *	海淀区清华科技园创新大厦 A 座 14 层	100084	62773649 62788199	liuxueliang@tuspark.com	www.tusstar.com

（续表）

序号	名称	地址	邮编	电话 传真	电子邮箱	网址
8	北京科大方兴科技孵化器有限公司＊	海淀区学院路30号方兴大厦6层	100083	62333297 62316722	lvcy@ustbcm.com	www.ustbsp.cn
9	北京中关村国际孵化器有限公司＊	海淀区上地信息路2号创业园D座	100085	82895166 62974804	scottzwx@sohu.com	www.incubase.net
10	北京赛欧科园科技孵化中心有限公司＊	丰台区科学城海鹰路5号	100071	83681790 83682828	soky@bjibi.org.cn	www.bjsoky.com
11	北京中关村软件园孵化服务有限公司＊	海淀区东北旺西路8号中关村软件园3号楼	100193	82825187 82825186	spi@zgcspi.com	www.zgcspi.com
12	北京康华伟业孵化器有限责任公司＊	西城区德胜门外大街11号	100088	62021044 82085979	bjkhwy@163.com	www.bjkh.com.cn
13	汇龙森国际企业孵化（北京）有限公司＊	北京经济技术开发区科创14街99号D座	101111	59755588 59755396	hls666@huilongsen.com	www.huilongsen.com
14	北京普天德胜科技孵化器有限公司＊	西城区新街口外大街28号	100088	82052111 82052127	Ptdsh2002@gmail.com	www.ptdsh.com
15	北京博奥联创科技孵化器有限公司＊	昌平区超前路5号	102200	69711188 69728266	tq198908@163.com	www.balc.com.cn
16	北京汉潮大成科技孵化器有限公司＊	东城区东直门内海运仓1号瀚海海运仓大厦	100007	51239477 64041953	bjhcdc2011@163.com	www.bjhcdc.com
17	北京九州通科技孵化器有限公司＊	丰台区科学城航丰路8号	100070	56541558 56541500	jdgk@jzteyao.com	www.jdgk.com.cn
18	北京中关村上地生物科技发展有限公司＊	海淀区上地信息产业基地开拓路5号	100085	82898305 62988017	qijm@biozgc.com	www.biozgc.com
19	北京中关村生命科学园生物医药科技孵化有限公司＊	昌平区生命园路29号创新大厦	102206	80715731 80715732 −1005	zgcbmi@zgcbmi.com.cn	www.zgcbmi.com.cn
20	北京京仪科技孵化器有限公司＊	海淀区大钟寺东路9号B座	100098	62252281 62272425	jyfhq@fwzx.com.cn	www.jyfhq.com.cn
21	北京北达燕园科技孵化器有限公司＊	海淀区中关村北大街127−1号	100080	62769088 82667188	pkuincubator@pkusp.com.cn	www.pkusp.com.cn
22	北京牡丹科技孵化器有限公司＊	海淀区花园路2号	100191	82237531 82237572	wangjing@peony.cn	www.dtvjxtt.com
23	北京奥宇科技企业孵化器有限责任公司＊	大兴区金星路12号	102600	60213415 60215576	aykjfhq@126.net	www.aoyucn.com
24	北京瀚海润泽孵化器有限公司＊	丰台区开阳路1号瀚海花园大厦	100007	83973962 83973556	master@hanhairunze.com.cn	www.hanhairunze.com.cn
25	北京华海基业科技孵化器有限公司＊	石景山区石景山路22号长城大厦	100043	68668593 68666207	huahaijy2012@163.com	www.huahaijiye.com
26	汇龙森欧洲科技（北京）有限公司＊	北京经济技术开发区科创14街99号D座	101111	59755588 59755396	hls666@huilongsen.com	www.huilongsen.com
27	北京中关村京蒙高科企业孵化器有限责任公司＊	海淀区上地东路京蒙高科大厦	100085	51557666 82783861	jmgk@newwest.cn	www.newwest.cn
28	北京亦庄国际生物医药投资管理有限公司＊	北京经济技术开发区科创六街88号院	101111	56315281 56315287	swyyzs@bybp.com.cn	www.bybp.com.cn
29	北京人大文化科技企业孵化器有限公司＊	海淀区中关村大街45号兴发大厦403室	100086	82509532 82509959	cspruc@cspruc.com	www.cyruc.con
30	北京交大科技孵化器有限公司＊	海淀区高梁桥斜街44号东校区科教楼	100044	51686946 51686172	mmeng@bjtu.edu.cn	www.bjtuspark.com

（续表）

序号	名称	地址	邮编	电话 传真	电子邮箱	网址
31	北京宏福博奥科技孵化有限公司 *	昌平区北七家镇宏福大厦1713 室	102209	81785567 81784356	bitjhl@163.com	www.hffhq.com
32	北京东升科技企业加速器有限公司 *	海淀区西小口路 66 号中关村东升科技园 B 区 B–2 楼	100192	56358278 56358128	dsfuhuaqi@163.com	www.beilingdi.com
33	北京乐邦乐成创业投资管理有限公司 *	昌平区回龙观镇西大街 16 号	102208	53321997	chuangye@lebanglecheng.com	www.leventure.cn
34	中关村意谷（北京）科技服务有限公司 *	海淀区农大南路 88 号万霖大厦	100084	82666722 82669822		www.egu360.com
35	北京东方嘉诚文化产业发展有限公司 *	东城区藏经馆 17 号嘉诚印象 C101	100007	59865918	hr@jiacheng.com	www.jia-cheng.net
36	北京创业公社投资发展有限公司 *	石景山区实兴大街 30 号 17 号楼 4~7 层	100144	4000130816 68866989	cygs@vstartup.cn	www.vstartup.cn
37	博雅燕园科技企业孵化（北京）有限公司 *	海淀区紫竹院路 116 号嘉豪国际中心	100097	51709999	park@bjmmedia.cn	www.bjmmedia.cn
38	北京嘉捷美锦科技发展有限公司 *	北京经济技术开发区西环南路 26 号	100176	67817688	tianlin@bdapark.com	
39	北京华商置业有限公司 *	大兴区工业开发区科苑路 18 号	102600	61271941 61271943		
40	北京牡丹创新科技孵化器有限公司 *	朝阳区酒仙桥东路 1 号院 8 号楼	100016	64345799 64345799	duhang@pe0hy.cn	
41	北京创新方舟科技有限公司（创新工场）*	海淀区海淀大街 3 号鼎好电子商城 A 座	100080	57525200	press@chuangxin.com	www.chuangxin.com
42	北京云基地云计算科技发展有限公司（云计算产业孵化器）*	北京经济开发区地盛北街 1 号北工大软件园内	100176	87120000	lisw@cbcos.com	www.cloud-valley.com
43	诺基亚（中国）投资有限公司（诺基亚体验中心）*	东城区和平里东街 11 号	100013	84220636		www.neic.com.cn
44	北京协力筑成传媒科技有限公司（36 氪）*	海淀区海淀西大街 39 号	100080	4009953636	wow@36kr.com	www.36kr.com
45	微软（中国）有限公司（微软云加速器）*	海淀区丹棱街 5 号微软研发集团总部大厦	100080	59178888	cnca@microsoft.com	www.yunjiasuqi.cn
46	趣游科技集团有限公司（石谷轻文化产业孵育基地）*	石景山区鲁谷路 74 号瑞达大厦 22 层	100040	68608366 – 8110		www.gamewave.net
47	北京中关村国际数字设计中心（中关村数字设计中心）*	海淀区海淀大街 1 号 302 室	100080	68947179		www.zgciddc.cn
48	北京厚德科创科技孵化器有限公司（厚德创新谷）*	海淀区海淀大街 3 号	100080	62607779 – 8012	bp@hdcxg.com	www.hdcxg.com
49	北京创客空间科技有限公司（创客空间）*	海淀区海淀大街 1 号中关村梦想实验室 3 层	100080	57196164	bjmakerspace@gmail.com	www.bjmakerspace.com
50	北京益新速创科技发展有限公司（天使汇）*	海淀区海淀大街 27 号	100080	50980666	zhangteng@pe.vc	www.angelcrunch.com
51	北京创业之路咖啡有限公司（车库咖啡）*	海淀区西大街 48 号	100080	82627127	sudi79515@gmail.com	www.chekucafe.com
52	北京市石景山区常青藤创业研究中心（常青藤创业园）*	石景山区苹果园实兴东街 11 号	100041	52866756	service@ivyi.org.cn	www.ivyi.org.cn

（续表）

序号	名称	地址	邮编	电话传真	电子邮箱	网址
53	北京亚杰商汇咨询有限公司(AAMA 亚杰商会)*	海淀区北四环西路 66 号中国技术交易大厦 B 座	100080	62680817	may@aamachina.com.cn	www.aamachina.org
54	北京 3W 孵化器管理有限公司(3W 孵化器)*	海淀区海淀西大街 70 号 3W 咖啡 3 层	100080	62555755	xdd@vip.qq.com	www.3wcoffee.com
55	北京创业未来传媒技术有限公司（创业家杂志社）*	海淀区北四环西路 52 号方正国际大厦 601 室	100080	62513691	post@chuangyejia.com	www.iheima.com
56	爱奇清科（北京）信息科技有限公司（创业邦）*	朝阳区霄云路 36 号国航大厦	100027	82332922 82338087	jolin@cyzone.cn	www.cyzone.cn
57	北京联想之星创业投资有限公司（联想之星）*	海淀区海淀西大街 39 号 4 层	100080	82982599 82982400	zhuangcg@legend	www. legendstar.com.cn
58	清华大学经济管理学院（清华 x-lab）*	海淀区清华大学经济管理学院伟伦楼 109 室	100084	62785650	x-lab@sem.tsinghua.edu.cn	www.x-lab.tsinghua.edu.cn
59	清控三联创业投资(北京）有限公司（互联网金融实验室）*	海淀区五道口成府路 43 号	100083	62783095	huangmx@pbcsf.tsinghua.edu.cn	
60	北大医疗产业园科技有限公司（师林孵化器）*	昌平区科技园区中关村生命科学园生命园路 8 号	102206	80765159	rongjia@founder.com	www.pkucarepark.com
61	北京爱思创芯汇咨询有限公司(IC 咖啡）*	海淀区海淀西大街 36 号昊海楼 B1	100080	62650914	catherine.zhang@iccafe.com	www.iccafe.com
62	北京大学校友会（北京大学创业训练营）*	海淀区海淀西大街 36 号昊海楼 7 层	100080	62752750	pkucy@pku.org.cn	www.pkucy.org
63	北京启迪创业孵化器有限公司（启迪之星孵化器）*	海淀区中关村东路 1 号院创新大厦 A 座 14 层	100084	62785888	xuyy@tuspark.com	www.tusstar.com
64	北京百度网讯科技有限公司（北京百度开发者创业中心）*	海淀区杏石口路益园文创中心 C1 楼	100195	62720569	startup@baidu.com	www.startup.baidu.com
65	北京创客帮科技孵化器有限公司（创客总部）*	海淀区中关村大街 18 号 919 室	100091	82898007	ckzbhr@126.com	www.91maker.com
66	一八九八文化传媒（北京)有限公司(一八九八咖啡馆）*	海淀区中关村北大街中关新园 9 号楼 1 层	100871	62755600	pkucafe@163.com	www.1898world.com
67	北京瀚海华美国际咨询有限公司（中美企业创新中心）*	东城区朝阳门内大街银河 SOHO 6 层	100010	64097207	jiadan@hanhaizhiye.com	www.hanhaiholding.com
68	北京中自科技产业孵化器有限公司	海淀区中关村东路 95 号自动化大厦	100190	62541938 82614526	caspark@ia.ac.cn	www.caspark.com.cn
69	北京集成电路设计园有限责任公司	海淀区知春路 27 号量子芯座	100083	82357175 82357178	webmaster@bjicpark.com	www.bjicpark.com
70	北京师大科技园科技发展有限责任公司	海淀区学院南路 12 号	100082	62206051 62205230	kjy@bnu.edu.cn	bj.zhaoshang.net
71	北京首特科技孵化器有限责任公司	石景山区古城大街 1 号领秀大厦	100043	88982099 88982102	stisti@126.com	www.stfhq.com
72	北京北控高科技孵化器有限公司	昌平区白浮泉路 10 号	102200	89760000 89760046	gy_beikong@126.com	www.behi.net.cn
73	北京高创天成国际企业孵化器有限公司	朝阳区安翔北里 11 号	100101	64842793 64841928	info@htibi.com	www.htibi.com

（续表）

序号	名称	地址	邮编	电话 传真	电子邮箱	网址
74	中关村兴业（北京）高科技孵化器股份有限公司	昌平区超前路 37 号	102200	89717555 89717555 －822	zgcxy@zgcxy.com	www.zgcxy.com
75	北京信创宇轩科技孵化器有限公司	昌平区华通路 11 号	102200	80108801	bjxcyx@yahoo.com.cn	www.bjxcyx.com
76	北京昌科晨宇科技企业孵化器有限公司	昌平区火炬街甲 12 号	102200	89748410	bjxcyx@yahoo.com.cn	www.bjckcy.com
77	北京绿创环保集团科技孵化器有限公司	昌平区振兴路 28 号	102200	69718405 69718403	muzdk@163.com	www.greentec-incubator.com.cn
78	北京矿大能源安全科技有限公司	海淀区学院路丁 11 号宝源商务公寓	100083	51733599 51733590	kjy@cumtb.edu.cn	www.zgces.com
79	北京博大经开置业有限公司	北京经济技术开发区宏达北路 12 号 A 座	100176	67880116		www.bdagroup.com.cn
80	北京扶星达科技发展中心	丰台区富丰路 2 号	100070	83813982 83814088	zxzqadlp@sina.com	
81	北京利玛自动化技术公司	西城区德外校场口 1 号	100120	62050851 82285386	wangqi-wangqi@163.com	www.riamb.ac.cn
82	北京中海创意动漫游戏科技孵化器有限公司	海淀区中关村南大街 3 号海淀科技大厦	100081	68943887 68943877	pangxg@zhongguancun.com.cn	www.fuhua7.cn
83	北京中农大科技企业孵化器有限公司	海淀区清华东路 17 号科贸楼 C201 室	100083	62737370	fuxiaofx@gmail.com	www.causpark.com

注：* 为科技部批准的科技企业孵化器
资料来源：中关村科技园区管理委员会

中关村国家自主创新示范区开放实验室一览表

序号	名称	业务范围	电话	地址
		软件互联网通信（37 家）		
1	清华大学互联网测试和认证中心	开展互联网技术研究，特别是新型互联网体系结构和协议，以及网络协议测试技术。	62788109	海淀区清华园 1 号清华大学东主楼
2	北京大学软件工程国家工程研究中心	主要任务是开发应用软件平台进行成果转化及产业化，制定软件工程标准与规范。	62754993	海淀区颐和园路 5 号北京大学理科楼群 1 号楼 7 层
3	北京大学空间信息集成与 3S 工程应用北京市重点实验室	专注于对地观测与 3S 集成应用、空间信息 GIS 工程、微波遥感、数字地球、地理信息分析与应用、卫星导航与应用、数字矿山联合、地理信息系统软件等研究。	62769330	海淀区颐和园路 5 号北京大学
4	北京大学数字视频编解码技术国家工程实验室	通过组织领导视频编解码国家标准制定，开展视频编码的核心算法研究；配合标准的出台与实施，研制编解码核心软件、芯片 IP 核和原型产品。	62758116	海淀区颐和园路 5 号北京大学理科 2 号楼 2641 室
5	北京大学网络与信息安全实验室	在网络和信息系统的内容安全、运行安全和信息对抗等领域，为企业提供 Smartbits、Avalanche、IXIA 等标准测试仪器等。	82529591	海淀区中关村北大街 128 号北京大学计算机科学技术研究所
6	信息安全共性技术国家工程研究中心	主要开展信息安全技术成果的工程化与产品化、信息安全测评与咨询服务、信息安全技术标准研究与制定、为信息安全行业提供共性技术支撑等工作。	82486161	海淀区杏石口路 65 号益园文创基地 C 区 1 号楼 4 层

（续表）

序号	名称	业务范围	电话	地址
7	基础软件国家工程研究中心	可提供检测验证服务，主要包括操作系统、数据库、基础软件，系统软件、中间件、技术标准等方面的研发及工程化验证。	62661660	海淀区中关村南四街4号
8	中科院遥感所国家遥感应用工程技术研究中心	主要开展先进、关键、共性、遥感集成技术及多维信息技术的开发与服务，研究方向为遥感技术、空间地理信息系统、全球定位系统和3S综合集成技术。	64889206	朝阳区北辰西路奥运科技园遥感所工程中心
9	中科院计算所网络存储研究中心	致力于海量数据大规模高效集群存储系统核心技术的研发、产品化、产业化，提供相关服务，在广电、视频监控、新媒体等10余个领域应用。	59851155–2605	海淀区中关村大街19号新中关大厦A座10层
10	中科院计算所网络技术研究中心	主要开展网络体系结构与关键技术的研究；网络设备与网络应用的研发；网络系统的测试、评估与验证。	62600725	海淀区科学院南路6号
11	中科院计算机网络信息中心互联网基础技术开放实验室	致力于互联网基础技术研究，促进政府主管部门、科研机构、高校和互联网产业界等合作，构建合作共赢的开放研究环境。	58813489	海淀区中关村南四街4号
12	中科院计算所虚拟现实技术实验室	研究重点集中于“虚拟人合成”和“虚拟环境交互”，可为企业在模拟分析，影视产品制作，游戏动漫生成，数字媒体的生成、展示、管理等方面提供技术支撑服务。	62662619	海淀区中关村大街1号海龙大厦12层
13	中科院高能所网络安全开放实验室	研究方向为网络安全系统、BIOS样本库、监控系统等，可为信息安全企业提供技术攻关、成果转化、自主创新产品研发、分析检测以及人才交流与培养等服务。	88257981	石景山区玉泉路19号（乙）
14	中科院自动化所数字内容技术与系统研究中心	主要从事人类学习测量与评估技术、媒体内容分析与综合技术、人类跨语言沟通技术、混合现实环境与技术以及3D数字内容生成技术的研究。	82614847	海淀区中关村东路95号自动化大厦804室
15	中国科学院大学网络经济及知识管理研究中心	开展网络经济、数据挖掘、企业知识管理以及网络行为与社会等领域的研究，在新经济企业商业模式创新、电子商务等领域有较强的技术优势。	82680920	海淀区中关村东路80号
16	北京航空航天大学北京智能交通研究实验中心	主要开展先进交通信息服务模式、架构与系统；交通信息处理和发布技术与标准；城市交通管理组织与规划、交通设施管理技术与系统等方面的研究。	82338582	海淀区学院路37号
17	北京航空航天大学虚拟现实技术与系统国家重点实验室	主要研究虚拟现实中的建模理论与方法、现实与人机交互机制、分布式虚拟现实方法与技术、虚拟现实的平台工具与系统，可为企业提供技术攻关服务。	82338861	海淀区学院路37号北航新主楼G座710室
18	北京邮电大学智能通信软件与多媒体重点实验室	主要开展大数据分析、物联网、云计算、环境监测、智能交通、嵌入式系统、通信软件、智能信息处理、多媒体等方面的研究。	62283324	海淀区西土城路10号
19	北京邮电大学网络与交换技术国家重点实验室	在网络科学的基础理论和高新技术领域，针对网络管理、网络智能、网络安全、交换技术开展研究和应用。	62283412	海淀区西土城路10号
20	北京邮电大学泛网无线通信教育部重点实验室	在无线电波及环境模型、宽带无线移动通信、短距离无线通信、认知无线电、未来无线网络及互联网架构及技术等方面开展研究。	61198100	海淀区西土城路10号
21	北京邮电大学信息光子学与光通信国家重点实验室	主要从事宽带接入技术、大容量光传输系统与网络、光子交换与路由技术、光信息处理技术、信息光电子器件、光纤传感技术、光纤光缆检测的研究。	61198087	海淀区西土城路10号
22	北京邮电大学网络体系构建与融合北京市重点实验室	在未来网络体系架构、核心承载网、业务控制网、接入网络、绿色网络与网络节能、网络融合、网络安全方面可以为企业提供技术支持。	62282262	海淀区西土城路10号
23	北京邮电大学宽带移动通信工程实验室	依托北京邮电大学信息与通信工程学院无线通信中心建设，拥有完整先进的移动通信网络的计算机仿真环境，能够进行移动通信各个领域的热点技术评估。	18811031862	海淀区西土城路10号
24	北京交通大学轨道交通信息系统评测与认证实验室	主要开展半实物仿真测试环境下的评测与认证服务，轨道交通信息系统可靠性、可用性、可维护性和安全性的测试与评估，网络测试，标准制定和测试验证等。	51686023	海淀区西直门外上园村3号

（续表）

序号	名称	业务范围	电话	地址
25	北京理工大学智能信息技术北京市重点实验室	主要研究方向集中于智能网络信息处理、智能系统与信息技术、视觉与自主系统、数字设计自动化和虚拟现实技术等。	68913536	海淀区中关村南大街5号
26	北京市科学技术研究院公共计算重点实验室	可提供以200万亿次计算能力、上百TB数据存储容量和高带宽网络通道等为基础的硬件服务以及工程计算、工业仿真、生物计算、医药健康等领域的应用软件服务。	59341832	海淀区永丰产业基地丰贤中路7号北科产业3号楼
27	电子信息产品协同互联（闪联）开放实验室	开展闪联标准架构研究、闪联产业关键技术和芯片研究、闪联标准基础应用和开发平台研究，提供闪联产品测试认证等服务。	59610166—861	海淀区万柳中路11号派顿大厦4层
28	北京工业大学多媒体与智能软件技术北京市重点实验室	主要开展用于网站、机场、地铁、车站等公共场合的手语播报技术，用于安检、考勤、鉴定等场合的人脸及手纹识别技术等方面的研究。	67392313	朝阳区平乐园100号北京工业大学
29	中国软件评测中心	以检测为主，是国内最具权威性的国家级软硬件产品和信息系统测试实验室。开展计算机信息系统集成资质认证，双模型认证，信息工程监理、评估等服务。	88559238—9239	海淀区紫竹院路66号赛迪大厦
30	软件测试与渲染技术重点实验室	研究方向包括云渲染技术研究与开发、数字内容的云存储技术、数字内容云协作模式标准流程的研究和数字工作室云协作最佳实践。	82825511—815	海淀区东北旺西路8号中关村软件园3A楼
31	国家网络新媒体工程技术研究中心	致力于网络感知与媒体服务、内容聚合与大数据分析处理、未来网络、嵌入式多核处理、智能终端操作系统等行业与技术领域的研发。	62565615—218	海淀区北四环西路21号
32	中国传媒大学数字音视频技术研究中心	主要进行视频压缩及内容检索、高效音视频数字编码与传输、高效数字音视频应用系统实现方法，压缩图像质量的客观评价与超分辨率等技术开发。	65783391—317	朝阳区定福庄东街1号
33	无线移动通信国家重点实验室终端开放实验室	拥有TD—SCDMA/TD—LTE/WLAN多网络端到端全业务测试系统，可提供专业测试服务和实验室解决方案，以及TDS/TDL Mini IOT测试系统。	58832515	海淀区学院路29号
34	中关村下一代互联网测试服务中心	提供IPv6 Ready Logo产品测试认证和IPv6 Enabled Logo应用测试认证服务，以及功能测试、性能测试、互联互通测试、第三方验证测试等服务。	58678188—166	朝阳区曙光西里甲6号时间国际A座2508室
35	中关村软件园公共技术服务实验室	建成一系列以通信服务、增值服务及公共服务三大核心内容为主体的公共技术平台，包括基础通信平台、数据中心和灾备中心等。	82825690—2009	海淀区东北旺西路8号中关村软件园1号楼B座
36	影视技术与艺术研究院	开发、建成可应用到国产电影制作中的数字电影制作相关技术和产品，建立数字电影研发高端平台；开展有关数字电影高新技术的科研及应用开发工作。	82283398	海淀区西土城路4号
37	中国威尔克通信实验室	提供国家网络信息安全的技术研究和综合服务、软件及信息系统评测、机房验收及节能减排检测、国家部委行业的项目验收测试和评估等服务。	62301146	海淀区学院路40号研7楼B座
电子信息（28家）				
38	清华大学信息科学与技术国家实验室	主要从事智能技术与系统、微波与数字通信、集成光子学、普适计算、生物信息学、信息系统安全的研究，提供EDA工具应用、设计资源、技术支持等服务。	62798981	海淀区清华园1号
39	北京航空航天大学计算机系统结构研究所	在虚拟化与云计算、高性能计算、分布式计算、移动计算等关键技术领域开展前沿性核心技术研发、产业化技术开发、技术创新人才培养。	82338824	海淀区学院路37号北航新主楼G座1034室
40	北京邮电大学安全生产智能监控北京市重点实验室	主要从事电子信息产品电磁兼容、轨道交通和广电设备电磁辐射、电信设备和终端入网预检、天线测试、安全生产智能监控、宽带移动通信等方面的研究。	62281958	海淀区西土城路10号
41	北京交通大学下一代互联网互联设备国家工程实验室	在下一代互联网网络体系、互联设备等关键技术领域开展战略性核心技术研发、产业化技术开发，研究产业技术标准，促进重大科技成果应用。	51685364	海淀区西直门外上园村3号

（续表）

序号	名称	业务范围	电话	地址
42	北京交通大学轨道交通控制与安全国家重点实验室	搭建的CTCS-3级列控系统互联互通测试平台被铁道部确定为高速铁路列控系统互联互通第三方测试认证实验室。	51684773	海淀区西直门外上园村3号思源楼8～13层
43	交通运输部公路科学研究院智能交通技术交通行业重点实验室	主要从事公路电子收费、交通信息采集与服务、交通控制与管理、公路气象监测与预警、车载电子与辅助安全、交通专用通信等方面的研究。	62079526-240	海淀区西土城路8号
44	高速铁路系统试验国家工程实验室	围绕高速铁路系统的可靠性、安全性、舒适性和节能环保等性能验证，开展高速列车、线路工程、通信信号、牵引供电等系统综合性能试验、测试。	51893730	海淀区大柳树路2号
45	北京东方计量测试研究所（514所）	进行交直流电压、电流、电阻，相位噪声，微波功率、频率，电磁干扰等专业参数的检定、校准、检测。	68379243	海淀区知春路82号院
46	中国电子科技集团公司微波电真空器件国家级重点实验室	开展微波毫米波真空电子学的前沿、基础科学和应用研究。	84352402	朝阳区酒仙桥路13号
47	中国泰尔实验室	国内最权威的信息通信类第三方检验/校准实验室，开展新技术研究、标准制定、测试验证、计量校准等工作。	62300495	海淀区花园北路52号
48	国家广播电视产品质量监督检验中心	从事强制认证、自愿认证、委托检验、监督抽查、质量鉴定等项目的检验。	59570528	朝阳区酒仙桥北路乙7号
49	中国电子技术标准化研究院	提供试验检测、计量校准、认证、培训等服务；提供长、热、力、电等领域的计量校准服务；提供产品认证、体系认证及3C认证等服务。	67831906	东城区安定门东大街1号/亦庄经济技术开发区同济南路8号
50	北京无线电计量测试研究所203所	以检测为主，从事微波、无线电、电磁兼容、时间频率、电学等计量测试研究和量值传递，以及航天专用计量设备的工程技术研究。	68388203	海淀区永定路50号
51	北京尊冠科技有限公司	提供集成电路、电子标签、海量存储、计算机及外设、物联网、信息产品的系统检测及节能测试，以及机房验收等服务。	89055269	海淀区北四环中路211号
52	数字电视国家工程实验室	具有前端与发射、芯片与接收、传输与网络、测试与显示等4个验证平台，提供数字电视产业化和业务运营系统技术支撑。	82284700-8018	海淀区花园路2号
53	卫星导航应用与用户设备检测实验室	具备北斗及GPS等各型用户设备的检测能力，涵盖了用户设备全部功能和性能，提供高动态和抗干扰等性能测试，具有各类时间比对及数据处理系统等资源。	66369060	海淀区北清路22号
54	北京市传感器重点实验室	拥有微机械加工工艺流水线、纳米级微振动检测量的激光扫描系统等加工手段，惯性传感器和声波传感器的测量条件，以及产品设计软件和系列环境实验条件。	13810817828	海淀区北四环中路35号
55	电磁信息安全应用技术北京市工程实验室	提供电磁环境安全（EMF）检测与评价，医疗器械、机车电子设备、通用电子信息处理设备等民用产品电磁兼容（EMC）等服务。	58711666	海淀区中关村永丰产业基地丰德东路9号
56	北京市物流系统与技术重点实验室	拥有自动化立体仓库、AGV等一批高端大型物流设备和综合性软硬件测试平台，可为企业提供物流系统规划、设计、仿真、优化以及实施服务。	89534322	通州区富河大街1号北京物资学院
57	中远现代物流信息技术实验室	从事现代物流中供应链和物流新技术的研究、测试，可将技术成果转化，为企业提供全方位的物流系统规划、设计、仿真、优化、开发、测试等服务。	65542060	东城区朝阳门北大街8号富华大厦F座15A室
58	北航电磁兼容技术研究所	可提供电磁兼容试验、设计，电磁电容整改、天线设计、线路布局、测试设备集成、便携式电磁兼容检测设备等服务。	82314558	海淀区学院路37号北京航空航天大学新主楼F1027
59	定量遥感信息技术实验室	围绕定量遥感信息获取与应用机理、定量遥感信息质量控制技术、定量遥感信息服务技术三大方向，开展多维遥感数据获取与成像、高精度遥感信息量化提取等研究。	82178696	海淀区邓庄南路9号中国科学院光电研究院

（续表）

序号	名称	业务范围	电话	地址
60	可信计算北京市重点实验室	进行可信计算与信息安全理论研究与技术开发，信息安全人才专业培养、实训实践、可信计算系列标准（国家/行业）研制，合作申请、开发国家和省部级研究项目等工作。	67392153	朝阳区平乐园100号
61	智能终端操作系统研发实验室	可为移动互联网产业链上下游企业提供研发、测试、性能优化、运营商认证、信息安全保护、一站式解决方案等公共技术服务。	62662686	海淀区龙翔路甲1号泰翔商务楼
62	国家无线电监测中心检测中心	专注于无线电技术领域的检测认证、科学研究、标准制定、设计咨询、仪表研发以及重大活动中的无线电设备技术监管等工作。	57996002	石景山区实兴大街30号院中国无线电检测大厦
63	中航工业计算机软件北京测评中心	主要从事软件内部自测试、第三方测试、定型/鉴定测评及回归测试，ATE检测设备及航电系统仿真/测试环境、测试工具、测试软件的研究开发等工作。	67857356	北京经济技术开发区29号院8号楼
64	方正国际公共信息服务平台智慧城市开放实验室	针对智慧城市运行所需的大型公共信息服务平台，建立配套的标准规范、产品体系、技术装备、开放实验室检测平台，可提供规划咨询、成果转化等服务。	82343603	海淀区北四环西路52号方正国际大厦5层
65	网神工业控制系统安全北京市工程实验室	拥有工业安全网关研发及测试平台，工业控制系统安全传输及管理研发、测试平台，国产化硬件及可靠性试验平台，全面提升工业控制系统安全产品的核心技术研发与创新能力。	62972892	海淀区上地信息产业基地开拓路7号先锋大厦2段1层
集成电路（8家）				
66	北京大学微处理器及系统研究开放实验室	致力于CPU、系统芯片及配套关键系统软件研发和系统设计，关注高性能、高能效、低功耗、安全可靠的前沿核心技术及计算机系统的研发和设计。	62759129	海淀区颐和园路5号北京大学理科1号楼1818室
67	北京大学微米纳米加工技术国家级实验室	主要从事集成电路生产工艺的研究。	62753137	海淀区颐和园路5号北京大学微纳电子大厦316室
68	中科院计算所集成电路研究与设计开放实验室	主要从事超大规模集成电路设计方法学，软硬件协同仿真加速、低功耗、可靠性、EDA支撑平台共性关键技术的研究。	62600100	海淀区科学院南路6号计算所办公楼
69	中科院自动化所国家专用集成电路设计工程技术研究中心	主要从事IC分析与设计方法论的工程学术研究和先进的集成电路分析系统的工程开发。	62620080–958	海淀区中关村东路95号中科院自动化所模式楼4层
70	中科院集成电路EDA中心	提供集成电路设计、多目标芯片（MPW）、IP委托开发、IP打包与评测、封装设计、PCB设计和人才培训等专业集成电路技术服务。	82995726	朝阳区北土城西路3号
71	中科院半导体所半导体集成技术开放实验室	具备微纳电子学、光电子学以及微电子机械器件的集成加工及测试表征能力。	82304360	海淀区清华东路甲35号
72	北京集成电路设计园EDA开放实验室	拥有SoC、Asic集成电路设计、检测、全流程设计平台，具有IP评估及交易能力，可提供包括芯片MPW/小批量/量产、封装、测试等服务。	82357176	海淀区知春路27号量子芯座5层
73	中关村集成电路测试中心开放实验室	主要从事集成电路晶圆测试、成品测试、设计验证、测试适配器设计加工和整体测试解决方案提供等业务，具有覆盖高、中、低端芯片的测试能力。	58717623–233	海淀区永丰基地丰贤中路7号孵化楼A楼二层
先进制造（15家）				
74	中科院高能所射线成像工程实验室	主要从事CT成像理论和方法、工业CT系统集成技术、CT图像重建及处理算法、基于CT的逆向工程技术、CT应用和CT关键部件等研究。	88236218	石景山区玉泉路19号乙院
75	机械科学研究总院通用零部件产品质量检测中心	主要研究通用零部件的测试方法、设备、标准等，面向先进制造业企业提供技术咨询、标准、认证、检测等技术服务支持。	88301132	海淀区首体南路2号

（续表）

序号	名称	业务范围	电话	地址
76	机械科学研究总院先进制造技术研究中心	主要在先进成形制造技术、新材料及工程应用技术、机械工业绿色制造工艺技术、机电一体化设备开发、电动汽车电源技术、汽配技术等领域开展研究。	82415945	海淀区学清路 18 号
77	北京机电研究所精密成形国家工程研究中心	可进行精密成形与改性工艺、模具和装备成套技术研发，材料与机械性能检测，成形与改性数值模拟与试验研究。	82415037	海淀区学清路 18 号
78	北方工业大学现场总线技术及自动化北京市重点实验室	主要研究现场总线技术、网络自动化控制、物联网技术、环保控制设备高校科研创新平台等，承揽上述领域的技术开发、新产品开发和自动化工程项目。	88803518	石景山区晋元庄路 5 号
79	航天防御技术研究试验中心 201 所	以检测为主，进行元器件可靠性检测，为医疗设备、电子产品、通信设备、汽车配件、铁路设备、电气设备等产业领域的企业提供检测服务。	88527201	海淀区永定路 50 号院
80	北京长城计量测试技术研究所 304 所	从事计量前沿技术、先进测试技术、特种传感技术研究，机载设备和传感器研发，提供专用测试和控制设备、光机电一体化仪表生产等专业的计量测试技术服务。	62458085	海淀区温泉镇环山村
81	北京奥德科汽车电子产品测试有限公司	试验项目能力涵盖声学检测、电磁兼容、环境试验（温度湿度、机械振动/冲击、水试验、光老化、防尘试验、阻燃试验）等与汽车电子产品检测相关的各类试验标准。	88855635—730	海淀区茶棚路 2 号
82	高动态导航技术北京市重点实验室	结合高速列车、机器人、物联网、车辆和飞行器等高过载、高转速、高速度复杂运动条件下位姿测量的需求，围绕高动态惯性器件、高动态导航领域等方面开展研究。	64884344	朝阳区北四环中路 35 号
83	江河创建检测中心	致力于建筑材料的质量控制与新产品设计研发验证，可提供金属材料成分分析、机械性能测试、耐腐蚀性能测试服务。	60411166—6588	顺义区牛汇北五街 5 号
84	中电投工程研究检测评定实验室	提供结构性能、振动性能、环境性能、数据中心环境、节能与绿色建筑、水利水电工程以及工程材料的检测、鉴定、评价、咨询、设计等服务。	68207503	海淀区万寿路 27 号院
85	教育部超重力工程研究中心	围绕超重力法纳米材料制备、超重力反应强化等技术进行研究，在新材料、环保、化工、能源、生物医药、海洋工程等领域开展高科技产业化工作。	64443134	朝阳区北三环东路 15 号北京化工大学
86	北京市高亮度半导体发光器件实验室	致力于高质量、高效率、高亮度 LED 器件的研发和制造，拥有在微电子技术、高功率 LED 芯片制造工艺、半导体封装、光机电一体化的核心技术和产业化能力。	56381638	北京亦庄经济开发区经海五路 58 号院 3 号楼 3 层
87	功能性医用材料与器械北京市工程实验室	主要从事高分子材料的理化性能测试分析，金属、陶瓷、高分子材料表面性能、形貌和微观结构分析、植入物生物力学测试等服务。	82292929—2202	海淀区北清路 103 号超然时代 2 号楼 1 门
88	首钢总公司校准实验室	主要从事几何量、温度、力学、电学等专业领域的计量技术服务。	88296216	石景山区石门路 1 号院 8 号楼
		生物医药（37 家）		
89	北京大学干细胞与再生生物学实验室	在细胞分化、细胞工程及医学应用研究等方面与企业合作研发，重点包括干细胞生物和病毒感染宿主细胞的分子机理及艾滋病疫苗的分子设计等。	62756954	海淀区颐和园路 5 号北京大学东门生命科学院 4 层
90	北京大学医药卫生分析中心	提供分析测试服务，包括生物医学平台、药物分析平台、公共卫生平台。	82801736	海淀区学院路 38 号
91	北京大学实验动物中心	拥有实验动物转基因制备技术、实验动物影像学技术和实验动物抗体制备技术等实验平台。	62765851	海淀区颐和园路 5 号
92	中科院生物物理所蛋白质与多肽药物实验室	在生物大分子结构与功能层面从事蛋白质与多肽药物方面的研发，为促进蛋白质基础性科研成果转化为生产力提供技术支持。	64845388	朝阳区大屯路 15 号
93	中科院过程工程实验室	从工艺创新、过程量化、工程实施等方面为企业提供技术服务。	82544955	海淀区中关村北二条 1 号过程工程研究所

（续表）

序号	名称	业务范围	电话	地址
94	中科院微生物所分子病毒及生物制药开放实验室	可为企业提供技术攻关和蛋白—蛋白相互作用、病毒检测、细菌检测及鉴定、细胞因子测定、抗病毒药物筛选、抗体制备等多项技术检测服务。	64807503	朝阳区大屯路甲3号
95	中科院微生物所中关村细胞免疫与疫苗评价开放实验室	可为企业在免疫识别的结构基础与病原微生物跨种间传播的分子机制，尤其是有关T细胞识别、艾滋病病毒等囊膜病毒侵入的分子机制、禽流感等动物源性病原跨种间传递的机制等方向提供相关技术服务。	64807569	朝阳区北辰西路1号院3号
96	中国医学科学院药用植物研究所天然药物、健康产品的研究与开发实验室	致力于天然中草药的研究，整合药植所所有科技资源，为企业提供药品的二次开发、检测、分析、药理、毒理等多项服务。	62899735	海淀区马连洼北路151号药用植物研究所
97	中国医学科学院抗体工程药物与肿瘤标志物实验室	致力于肿瘤早诊及癌前预警分子标志物、肿瘤功能基因及分子靶标发现，以及靶向治疗恶性肿瘤的基因工程抗体新药等方面的基础及应用研究。	87788749	朝阳区潘家园南里17号
98	军事医学科学院药物代谢、药物制剂与药物分析重点实验室	储备了丰富的口服固体制剂研发和产业化技术，可为企业同时开展制剂项目的研发和中试放大。	82671638	海淀区太平路27号
99	中国食品药品检定研究院国家药物安全评价监测中心	可开展符合GLP原则的生物制品、药品、医疗器械、食品、化妆品的非临床安全性评价，国家重大不良事件的调查及研究以及开展全国范围GLP技术人员的培训。	67887035	北京经济技术开发区宏达中路甲8号
100	北京理工大学生物分离分析实验室	以生物分离分析技术为特色，在生物医药与生物材料、蛋白质组学与重大疾病病因学、空间生物与医学工程等方面为企业提供研发以及分析测试服务。	68949331	海淀区中关村南大街5号
101	国家北京药物安全评价研究中心	为企业提供符合CFDA和FDA申报要求的药物、农药、医疗器械、化妆品以及新化学物质临床前安全评价、早期毒性筛选等研究。	66930753	海淀区太平路27号
102	总后勤部卫生部药品仪器检验所	在新药研发、药品质量检验和医疗设备的研制、质量控制、检测装置研发、溯源体系研究及标准规程编写等领域技术优势明显，可为企业提供优质技术服务。	66949008	丰台区丰台西路17号
103	北师大基因工程药物与生物技术实验室	在基因工程药物、蛋白质工程及小分子配体药物的设计开发、与疾病相关的蛋白质和细胞工程等方面为企业提供各类服务。	83754896	海淀区新街口外大街19号
104	北京化工大学北京市生物加工过程重点实验室	利用生物催化技术，进行产品加工或新能源、新材料的制备；拥有自主知识产权的系列生物炼制技术，并将这些技术产业化，为企业提供技术支持。	64421335	朝阳区北三环东路15号
105	北京市科学技术研究院北京市理化分析测试中心	提供微生物学、免疫学、分子生物学、细胞生物学、基因组学、法医物证等科技支撑，以及化学成分检测、分析等服务。	58717615–8056	海淀区丰贤中路7号孵化楼B座4层
106	北京中医药大学科研实验中心	提供中药化学成分结构分析、分子生物学、细胞生物学等技术平台，为中医证候理论、中医病因病机、方剂配伍规律、中药作用机理和物质基础研究提供技术支撑。	64286401	朝阳区北三环东路11号
107	蛋白质组学及其相关产品分析实验室	提供多肽药物、蛋白质药物、抗体、融合蛋白、ADC药物等方面的结构确证服务，包括分子量测定、N–端、C–段序列分析、二硫键分析、糖基化修饰等。	80705888	昌平区科学园路33号
108	国家人类基因组北方研究中心	提供Sanger测序、DNA合成、新一代高通量测序和生物信息学分析等服务。	67883332–860	北京经济技术开发区永昌北路3号707室
109	北京航空航天大学医疗器械及康复辅具实验室	在心血管系统和肌骨—口腔系统植介入医疗器械生物力学评价和优化设计，无源医疗器械生物安全性和相容性测试，有源医疗器械技术开发和验证等方面提供服务。	82315554	海淀区学院路37号
110	北京市医疗器械检验所	检验范围涵盖医用电子、医用射线、核医学、电声学、体外诊断系统、一次性医疗产品、医用橡胶制品、口腔材料、生物安全柜、电磁兼容、生物相容性等领域。	57901488	通州区光机电一体化产业基地兴光二街7号
111	中关村生命园开放实验室	主要为中关村生命园及部分园区外生物医药中小企业提供公共设备及技术检测平台。	80715732–1035	昌平区生命园路29号创新大厦B座221室

（续表）

序号	名称	业务范围	电话	地址
112	国家生物医药产业基地汇龙森中小企业公共实验中心	建设有核酸提取、PCR、细胞培养等基本分子生物学实验的开放空间和10万级、万级GMP实验室，可提供质谱分析等测试服务。	59755606	北京经济技术开发区科创14街99号
113	生物芯片北京国家工程研究中心	提供HLA基因分型、SNP检测、甲基化谱检测、基因表达谱微阵列服务，miRNA微阵列服务，转录因子活性谱芯片服务等。	80726868–6319	昌平区生命科学园路18号
114	北京昭衍新药研究中心	可为企业提供临床前试验，包括药物筛选、主要药效学、安全药理学、一般毒理学、特殊毒性试验、药/毒代动力学等研究。	67869966	北京经济技术开发区荣京东街甲5号
115	京蒙细胞治疗及相关产品分析实验室	提供临床检验服务，包括BD流式细胞仪、ABI 7900 Real–Time PCR仪器、ABI 3730XL Analyser基因测序仪等，以及干细胞产品检测、医学检测服务。	51557690	海淀区上地东路5–2号京蒙高科大厦B座601室
116	药物安全评价关键技术北京市工程实验室	主要在GLP条件下开展各类新药、新化学物质、化学品的各种安全性评价服务和技术研究，评价物质涉及化学药物、中药、生物制品、医疗器械、化妆品、农药等。	67817730	北京经济技术开发区景园街2号3幢
117	生物质谱转化医学研究中心	开发飞行时间质谱系统相关的技术和产品，开展相关的科研及临床应用工作。	53223581	昌平区中关村生命科学园28号博达大厦
118	赛林泰肿瘤和糖尿病小分子靶向新药研发开放实验室	提供计算机辅助设计、药物化学、分析化学、工艺学、酶学、细胞学、药代药动学、毒理学等新药研发服务。	88858866	海淀区闵庄路3号15、16楼
119	北京诺禾致源生物信息科技有限公司	以基因组学研究与应用开发为发展方向，专注于开拓生物学和生物信息技术在生命科学以及人类健康领域的应用。	82837801	海淀区学清路38号金码大厦B座21层
120	重组蛋白药物关键技术及应用开放实验室	以原核基因药物、长效蛋白多肽药物、真核基因药物、基因工程改造传统生化药物4个技术平台为支撑，为生物医药中小企业提供从技术到产品的服务。	68727127–8332	海淀区阜石路69号
121	饲用微生物工程国家重点实验室	主要开展微生物饲料菌种资源与新产品、微生物发酵与制剂工程、饲用微生物菌种产品检验测定与技术规范等研究。	57815016–2017	海淀区西小口路66号东升科技园B–3
122	北京天广实生物技术股份有限公司	开展抗体蛋白的制备，新型抗体药物的开发，高表达稳定细胞株的构建，抗体药物从小试规模到中试规模的细胞培养工艺、纯化工艺、制剂工艺的开发等业务。	87169781–828	北京亦庄经济技术开发区科创14街99号汇龙森3号楼3层
123	非人灵长类动物开放实验室	从事非人灵长类实验动物供应、非人灵长类模型实验动物研发及供应、非人灵长类实验动物生物制品开发及供应，以及体内药效学、药代学、毒理学等研究。	56315002	房山区窦店镇六股道村
124	北京华牛生物实验室	可进行基因测序、生物信息分析、细胞克隆、分子育种、分子诊断及治疗技术研究，以及功能食品、保健品、生物制品的开发。	61824280	门头沟区水闸北路21号
125	医药研究与智慧医疗健康服务实验室	提供分子生物学、细胞生物学、基因组学、蛋白质组学等方面的生物技术实验服务。	80765191	昌平区中关村生命科学园生命园路8号北大医疗产业园
		现代农业（10家）		
126	国家兽药安全评价中心	主要承担国家下达的兽药残留检测技术研究与产品研发、残留检测技术或产品验证（复核）、残留检测方法标准制（修）订、动物产品残留监测检验等工作。	62733378	海淀区圆明园西路2号中国农业大学（西校区）
127	中国农业科学院生物技术研究所	在作物抗逆分子生物学、作物基因工程、生物反应器、作物功能基因组学和代谢工程、农业微生物功能基因组和酶工程技术等方面为企业提供技术支持。	82106142	海淀区中关村南大街12号
128	中国农业科学院饲料研究所	在饲料微生物工程、基因工程、生物化工、生态饲料、饲料资源、饲料工程技术、饲料经济与信息、饲料检测等方面为企业提供高技术服务。	82106085	海淀区中关村南大街12号

（续表）

序号	名称	业务范围	电话	地址
129	北京市作物分子育种工程技术研究中心	专注于玉米、水稻、大豆等主要农作物精准生物育种及关键农艺性状研究，以提高作物产量、抗除草剂及抗病虫能力、抗旱性、增进作物对肥料的利用效率等。	13811653417	海淀区圆明园西路2号
130	北京农学院农业生物制品与种业实验室	在饲料添加剂及中兽药、生物种业技术、食品安全与质量3个方面为企业提供技术服务。	80797301	昌平区回龙观镇北农路
131	土壤植物机器系统技术国家重点实验室	主要研究土壤—植物—机器系统应用基础、土壤和植物信息获取及病虫草防控技术与装备、农业雾化工程技术与设备、农业装备智能化技术等。	64866839	西城区德胜门外北沙滩1号
132	北京农林科学院国家农业智能装备工程技术研究中心	围绕农业智能装备通信标准规范、关键技术产品、系统集成开展研究，开发了农田信息采集、智能农机、农业精准监测传感器等产品。	51503416	海淀区曙光花园中路11号北京农科大厦
133	北京市蛋鸡工程技术研究中心	提供遗传育种分子实验、蛋品质检测，禽白血病、支原体等垂直传播疾病病原的分离、培养、鉴定，以及兽药、疫苗、消毒剂质量检测等服务。	61905280	平谷区峪口镇兴隆庄北街3号
134	现代生物农业产业技术研究院	以推动生物农业科研成果产业化为目标，开展作物育种、植物生物技术、微生物技术和有机农业等方面的研究和产业化推广工作。	62995866	海淀区清河东滨河路4号3号院A栋
135	北京农业质量标准与检测技术研究中心	提供农产品（食品）的质量安全等样品的检测服务，以及相关检测仪器设备研发的设计咨询和产品开发的技术支持。	51503793	海淀区曙光花园中路9号农科院新实验大楼1005室
		新材料（26家）		
136	中科院理化所工程塑料国家工程研究中心	专注于材料合成、改性、加工、应用，主要研究工程塑料、抗菌材料和新型环保材料—全生物降解材料及相关其他环保材料。	82543775	海淀区中关村北一条2号
137	中科院理化所功能高分子材料研发与检测实验室	主要从事水处理环保材料、新能源材料、生物应用高分子功能材料、精细化学品材料的研发、中试与产业化，以及以上材料的检测。	85477236	海淀区中关村东路29号
138	中国科学院低温工程学重点实验室	开展先进低温系统的低温热工学理论、低温材料以及低温生物医学工程的研究。	82543427	海淀区中关村东路29号
139	中国建材检验认证集团股份有限公司	提供水泥、混凝土与新型建筑材料、玻璃与特种玻璃、纤维与纤维复合材料、耐火材料、陶瓷材料、墙体材料、装饰装修材料等产品的测试、检验和认证服务。	51167790	朝阳区管庄东里1号
140	钢铁研究总院先进钢铁材料技术国家工程研究中心	以材料的组织形貌、结构和各项性能为手段，涉及材料开发、性能检测、失效分析以及材料焊接和表面处理工艺领域的各项任务，提供准确的数据和权威的咨询服务。	62182657	海淀区高梁桥斜街13号院主楼
141	钢铁研究总院国家钢铁材料测试中心	负责金属材料的化学分析、力学检测、物理检测、无损检测、校准实验、标准物质研制。	62182642	海淀区学院南路76号
142	钢铁研究总院先进永磁材料与分析检测实验室	主要致力于新材料、新工艺、新设备、测量技术、器件应用等研究，涉及航天、航海、新能源、计算机、医疗、现代家用电器、交通和通信等领域的关键材料。	62185125	海淀区学院南路76号
143	国家重有色金属质量监督检验中心	研究与服务领域主要为矿石、精矿、有色金属、选冶中间产品和最终产品、矿山药剂，以及土壤、医疗样品等。	88399626	海淀区西直门外文兴街1号
144	北京北达燕园微构分析测试中心有限公司	主要提供X射线衍射分析和X射线荧光分析服务，具备X射线分析仪器的开发设计能力。	58874029	海淀区中关村北大街116号
145	北京市腐蚀、磨蚀与表面技术重点实验室	研发大气腐蚀、土壤腐蚀、高温环境及特殊环境下的材料腐蚀机理、涂镀层防护技术，为轨道交通、燃气管网、热力管网等领域的涂层技术开发提供成果转化服务。	62333524	海淀区学院路30号
146	北京科技大学教育部金属电子信息材料工程研究中心	主要开展新材料的研究开发与生产、材料制备与加工新技术新工艺开发和设备制造、新型电子信息元器件的开发与制造、计算机控制系统集成、机电一体化技术开发及其产品的生产与销售等。	82376835	海淀区学院路30号北京科技大学材料工程学院功能材料研究所

（续表）

序号	名称	业务范围	电话	地址
147	北京科大分析检验中心有限公司	可提供分析检验、技术研发、咨询培训、实验室建设咨询等技术服务，覆盖钢铁、铝、钛、合金制品、表面涂料、橡胶等26类检测对象和260余检测项目。	62333720	海淀区学院路30号北京科技大学材料测试楼
148	激光与红外光学材料研究开发实验室	主要从事光电功能晶体材料、红外光学材料、超低膨胀微晶玻璃以及相关器件的基础研究与应用技术开发。	65492620–8015	朝阳区东坝红松园1号
149	纤维材料工程化技术开发实验室	研究开发差别化、高性能、可再生资源纤维制造技术领域的关键工艺和设备。	65987254	朝阳区朝外延静里中街3号
150	北京市建筑材料检验中心有限公司	从事建材产品检验，包括超细粉体材料、抗菌剂系列产品、高分子材料、高效减水、阻燃剂、各种功能涂料等。	88751768	石景山区金顶北街69号院
151	北京有色院国家有色金属及电子材料分析测试中心	开展有色金属、稀有金属、稀土金属及其合金、电子材料的化学成分分析，黄金、白银、铂金饰品成色无损检测；材料的力学和物理性能检测及各种合金、半导体材料和器件的微结构、微缺陷研究。	82241374	西城区新街口外大街2号
152	北京有色金属研究总院半导体材料国家工程研究中心	研发半导体材料产业的关键共性技术，在硅单晶生长、硅片加工、硅片处理、大直径外延片制备、硅片分检测等方面拥有多项核心技术。	62055383	西城区新街口外大街2号
153	首师大太赫兹光电子学教育部重点实验室	研究开发太赫兹波谱、太赫兹成像技术、太赫兹安检技术、红外热波无损检测技术，扩展太赫兹与红外技术的应用领域。	68980838	海淀区西三环北路105号
154	首师大北京市纳米光电子学重点实验室	提供激光拉曼体系与纳米探针激光耦合技术平台、微纳新材料制备与微纳器件研发技术平台、生物太阳能技术和生物医药结构分析技术平台、文物和艺术品鉴定技术平台以及相关服务。	68902965	海淀区西三环北路105号首都师范大学科技园
155	国家纤维增强模塑料工程技术研究中心	设计、研发、试制、生产、销售玻璃钢/复合材料及制品，承接复合材料及制品的设计、研发、性能评价、分析测试、检验监测等技术服务。	61161204	延庆区八达岭经济开发区康西路261号
156	北京橡胶工业研究设计院橡胶材料及其制成品实验室	承担国家强制性认证轮胎产品的检测，轮胎产品的国家监督抽查和市场抽查，以及国家标准的制定、修订、验证，橡胶物化检测领域国家标准、行业标准的制定和修订，中国对ISO相应的ISO/TC45/SC2橡胶与制品试验与分析的表态等工作。	51338840	海淀区阜石路甲19号
157	印刷包装材料与技术北京重点实验室	以印刷包装材料及相关信息材料与技术的研发为基础，以行业发展、市场需求、企业亟待解决的问题为依据，开展前沿性的研究工作。	60261107	大兴区兴华北路25号
158	北京市生态环境材料及其评价工程技术研究中心	拥有生态环境材料与材料环境协调性评价、稀土及难熔金属材料、绿色连接新材料、有实力的轻合金材料与制备加工等技术，可提供相关材料与技术的性能评价、分析测试等服务。	67392166	朝阳区平乐园100号
159	北京经济技术开发区（汇龙森）新材料公共技术服务及实验中心	可为大部分陶瓷产品生产工艺及部分粉末冶金生产工艺提供粉末原材料的处理、一般的成型、成型件的预处理、条件烧结、后期加工及分析检测服务。	59755588–8855	北京经济技术开发区科创14街99号汇龙森7号楼2单元
160	环保型防护技术功能涂料北京市工程实验室	提供节能环保新材料的设计、检测、工程服务。	62459395	海淀区温泉太舟坞环山村六二一厂区
161	北京化工大学先进弹性体材料研究中心	以国家资源、能源、环境、生命健康和传统产业技术改造服务为应用目标，对弹性体材料的制备和应用技术进行研究与开发。	64456158	朝阳区北三环东路15号北京化工大学科技大厦1211室
		节能环保（34家）		
162	清华大学电力系统及发电设备控制和仿真国家重点实验室	设有电力系统动态模拟、电力电子变流系统、高电压与强电磁环境、热力系统研究检测4个实验平台，主要研究方向为大电网安全与经济运行、交直流输电技术与电磁环境、高压大容量电力电子技术及柔性输配电技术。	62783378	海淀区清华园1号清华大学西主楼3区205号

（续表）

序号	名称	业务范围	电话	地址
163	清华大学环境模拟与污染控制国家重点联合实验室	主要研究城市污水处理与回用技术、工业废水处理技术、污染水体的净化与修复技术、水污染控制的仪器化、区域水环境污染控制与管理。	62785684	海淀区清华园1号清华大学环境科学与工程系
164	清华大学核环境技术实验室	进行工业与民用供水和废水的资源化处理，包括石化电子等工业废水处理、工业与民用废气处理、放射性废物固化、重金属和放射性核素污染的生物治理等。	62784945	昌平区南口镇虎峪村清华大学核研院内
165	清华大学饮用水安全技术实验室	在饮用水处理技术及水质评价方面可提供水质测试以及水处理材料与设备的性能测试等服务。	62796958	海淀区清华园1号
166	中科院生态中心环境水质学国家重点实验室	深入探索天然水体与水处理过程中水质转化的基本规律，发展环境水质改善与保护的科学原理与高效技术，以解决全国性和区域性水污染和水安全问题。	62923543	海淀区双清路18号
167	中科院工程热物理所传热传质研究中心	主要从事针对大功率设备的新型高效冷却、先进材料传蓄热特性测量、高效传热传质、工业余能利用、节能环保和废弃物处置等领域的科学研究。	82543062	海淀区北四环西路11号
168	中科院过程所离子液体清洁过程北京重点实验室	主要开展化工行业技术升级换代的研究，解决传统工艺资源利用率低、能耗高、污染重的问题。	56200254	海淀区中关村北二条1号
169	中科院地理所场地污染评估与修复北京市重点实验室	致力于开展不同类型场地的土壤、地下水污染调查评估，研发适宜国情的修复设备，为污染场地的修复工作提供技术支撑和解决方案。	64888162	朝阳区大屯路甲11号
170	华北电力大学电站设备状态监测与控制教育部重点实验室	围绕大型火电和可再生能源发电安全、高效和清洁热功转换过程中的关键科学问题开展应用基础研究，主要包括燃烧状态检测与污染物控制，高温金属材料特性与失效预防等。	61773872	昌平区北农路2号
171	华北电力大学生物质发电成套设备国家工程实验室	在生物质燃烧、热解气化、多联产、烟气脱硝脱汞、生活垃圾及危险废物处理等领域拥有先进技术，可提供燃料利用相关的检验测试、仿真模拟、可行性研究等服务。	61772990	昌平区北农路2号
172	华北电力大学新能源电力系统国家重点实验室	开展新能源电力系统安全、经济运行的基础和应用基础理论研究，主要包括规模化风能、太阳能等新能源电力接入后对电力系统的影响与交互作用机理，建立大时间尺度紧密耦合且具有强随机性的复杂电力系统分析、控制理论与方法的科学研究体系。	51971430	昌平区北农路2号
173	北理工电动车辆国家工程实验室	在新能源车辆整车优化和系统集成、车载能量源系统设计和利用、新能源车辆电驱动系统和法规体系与标准方面开展研究。	68918297	海淀区中关村南大街5号
174	北理工环境科学与工程北京市重点实验室	研究方向为新型能源材料、环境友好材料、环境工程技术等，包括二次电池新体系及储能材料、新能源汽车及大规模储能的动力电池和相关材料的资源化等方面的技术开发。	68918766	海淀区中关村南大街5号
175	中国北方车辆研究所动力电池实验室	是动力电池检测基地，主要提供各种车辆用动力蓄电池、通信用蓄电池、矿灯用蓄电池、启动用蓄电池、特种蓄电池等检测、评估服务。	83809250–101	丰台区槐树岭4号
176	中国电力科学研究院继电保护及安全自动装置实验室	开展继电保护及安全自动装置的型式试验和委托试验，具有自主设计各种模拟设备和分析研究继电保护性能的能力。	82812216	海淀区清河小营东路15号
177	中国电力科学研究院智能用电与节能技术实验室	建有国家电网用电信息系统安全密钥管理中心，拥有国家高电压大电流标准和基准及电力行业最高直流计量标准、数字仪表计量标准、功率电能计量标准等。	82813239	海淀区清河小营东路15号
178	中国建筑科学研究院建筑安全与环境国家重点实验室	在建筑大型结构、地基基础、建筑抗震、建筑风工程、建筑材料、建筑防火、建筑幕墙、建筑环境、建筑节能、建筑新能源等领域开展创新性、基础性和公益性技术研究。	64517305	海淀区北三环东路30号
179	煤炭科学研究总院煤炭工业洁净煤工程技术研究中心	致力于高效洁净煤炭利用技术的研发，根据北京的产业特点，就煤炭清洁利用新技术研发、推广和工程服务与相关单位展开全面合作。	84262359	朝阳区和平里青年沟东路5号

（续表）

序号	名称	业务范围	电话	地址
180	北京矿冶研究总院无污染有色金属提取及节能技术国家工程研究中心	为有色金属工业的扩改建和新建企业提供无污染工艺和节能技术，为企业节能、减排和提高资源综合利用率提供技术支持。	63299841	丰台区南四环西路188号总部基地18区23号楼
181	北京环卫集团环境研究发展有限公司	从事城市生活固废无害化处理的研究开发、设计咨询、设备成套、环境检测等业务，涉及生活垃圾可持续填埋、生物质废物资源化等领域。	59682798	朝阳区北湖渠路15号京环大厦12层
182	国家城市环境污染控制工程技术研究中心	进行大气污染防治、水污染防治、土壤与固废污染防治、生态与城市环境4个重点技术领域的研究，具有工程咨询、市政排水、环境影响评价甲级资质以及CMA计量认证等资质。	68333644	西城区北营房中街59号
183	北京绿创声学工程实验室	可提供对各类建筑隔声构件进行空气声隔声性能测定、各类阻性消声器的声学性能和空气动力性能测试、各类吸声材料及结构的吸声性能以及噪声设备的声功率测量等服务。	60748995	昌平区振兴路28号
184	北京市劣质铁矿石综合利用工程技术研究中心	下设煤基转底炉、燃气熔融、电熔融冶炼、磨矿磁选等中试平台及相关基础实验室，具备开展劣质含铁资源及冶金固废处理工艺的研发、设计等服务能力。	60759696	昌平区马池口镇神牛路18号
185	北京清洁能源成套设备工程实验室	为清洁能源相关设备及系统的设计、研发、成套和工程实践提供服务平台。	60773577－8062	通州区金桥科技产业基地景盛北3街甲2号
186	北京工业大学油气管道先进检测与安全评价技术实验室	围绕陆地及海洋油气管道，提供土壤腐蚀性评价、海洋环境腐蚀性评价、杂散电流检测及其危害性评价等服务，以及与管道检测、管道腐蚀相关的服务。	67396214	朝阳区平乐园100号北京工业大学西校区机电学院机电楼103室
187	北京天然植物胶发展中心	专业从事天然绿色高分子—植物胶及其衍生物的研发和生产，提供植物胶应用领域所需的高效、快速溶解技术及其装备。	63299219	大兴区西红门镇北兴路东段22号3号楼北京矿冶研究总院三部
188	谱尼测试实验室	主要开展食品安全检测、生物医药分析、环境水质监测、汽车检测、电子产品检测、日用消费品检测，以及货物运输条件鉴定、安规可靠性测试、建筑及工程检测等。	86218116－629	海淀区苏州街盈智大厦
189	新危险化学品评估及事故鉴定国家级中心实验室	提供化学品危险性分析评估及相关物性分析表征，复杂化学安全事故分析鉴定及其环境影响分析评价，水质在线监测技术与设备研发，水污染物证分析与溯源等服务。	64435452	朝阳区北三环东路15号北京化工大学综合楼50E
190	硅砂资源利用实验室	开展硅砂产品研发、技术推广及检测工作，涉及市政工程、雨洪利用、石油压裂开采、精密铸造、农业种植、沙漠治理、生态建筑等领域。	89090770－1502	密云区经济开发区兴盛南路3号
191	北京食品安全检测装备工程技术研究中心	主要从事食品检测、农产品检测、环境检测、水质检测、纺织品检测、设备性能检验等各项业务。	82499843	平谷区平三路3号8号楼
192	固体废弃物综合利用实验室	业务范围涵盖冶金环保及工业废弃物综合利用、市政环保及城市垃圾资源化利用两大领域，可提供业务范围内新产品与新技术的研发、中试、分析、检测、培训等服务。	88292034	石景山区石景山路68号首钢厂区内
193	福田汽车节能减排重点实验室	以汽车节能减排为核心业务，具有排放分析、环境模拟、综合性能测试等产品验证能力。	59912799	昌平区沙河镇沙阳路18号
194	油气太赫兹波谱与光电检测实验室	开展油气领域光学探测技术的前瞻性研究，成果应用于成品油气性能预测等方面的光学技术研发，耐腐蚀、耐高温、耐高压、快速响应、高灵敏度的非制冷光探测器件以及满足油气实时监测需要的新型光学传感与测控装备研发。	89733159	昌平区府学路18号中国石油大学（北京）
195	清华大学建筑环境检测中心空气室	围绕室内空气质量问题，提供室内材料物品污染释放评估、空气污染检测、通风系统诊断及改造、空气污染治理等服务。	62792713	海淀区清华大学旧土木工程馆

资料来源：中关村科技园区管理委员会

中关村国家自主创新示范区国家工程实验室一览表

序号	名称	依托单位	所属园区	所属领域	成立、验收时间	地点	邮编	电话
1	遥感卫星应用国家工程实验室	中国科学院遥感与数字地球研究所	朝阳园	电子信息	2008 2013	朝阳区大屯路甲20号北	100101	64879268
2	下一代互联网互联设备国家工程实验室	北京交通大学	海淀园	电子信息	2008 2011	海淀区上园村3号	100044	51685364
3	数字视频编解码技术国家工程实验室	北京大学	海淀园	电子信息	2009 2013	海淀区颐和园路5号北京大学理科2号楼	100871	62758116
4	灾备技术国家工程实验室	北京邮电大学	海淀园	电子信息	2008 2014	海淀区西土城路10号	100876	62256336 –820
5	下一代互联网核心网国家工程实验室	清华大学	海淀园	电子信息	2009 2014	海淀区清华大学信息科学技术大楼	100084	62785931
6	新一代移动通信测试验证国家工程实验室	工业和信息化部电信研究院	海淀园	电子信息	2010	海淀区花园北路52号	100191	62301618
7	新一代移动通信无线网络与芯片技术国家工程实验室	大唐电信科技产业控股有限公司	海淀园	电子信息	2010 2014	海淀区学院路40号	100191	62303003
8	数字电视国家工程实验室(北京)	北京数字电视国家工程实验室有限公司	海淀园	电子信息	2009 2011	海淀区花园路2号	100191	82284700 –8028
9	电子商务交易技术国家工程实验室	清华大学	海淀园	电子信息	2013	海淀区清华大学中央主楼	100084	62794291
10	移动互联网安全技术国家工程实验室	北京邮电大学	海淀园	电子信息	2013	海淀区西土城路10号	100876	62283180
11	互联网域名管理技术国家工程实验室	中国科学院计算机网络信息中心	海淀园	电子信息	2013	海淀区中关村南四街4号中国科学院软件园1号楼	100190	58813000
12	网络安全应急技术国家工程实验室	国家互联网应急中心	朝阳园	电子信息	2013	朝阳区裕民路甲3号	100029	82990168
13	工业控制系统信息安全技术国家工程实验室	中国电子信息产业集团有限公司第六研究所	海淀园	电子信息	2014	海淀区清华东路25号	100083	82306030
14	公共安全应急技术国家地方联合工程实验室	北京辰安科技股份有限公司	海淀园	电子信息	2015	海淀区信息路甲28号科实大厦C座	100085	57930920
15	抗肿瘤蛋白质药物国家工程实验室	清华大学	海淀园	生物医药	2008	海淀区清华大学	100084	62773584
16	濒危药材繁育国家工程实验室	中国医学科学院药用植物研究所	海淀园	生物医药	2008 2013	海淀区马连洼北路151号	100193	57833199
17	神经调控技术国家工程实验室	清华大学	海淀园	生物医药	2012	海淀区清华大学	100084	62794952
18	作物细胞育种国家工程实验室	中国农科院蔬菜花卉研究所	海淀园	生物医药	2008 2011	海淀区中关村南大街12号	100081	82109531
19	林木育种国家工程实验室	北京林业大学	海淀园	生物医药	2008 2014	海淀区清华东路35号	100083	62336232

（续表）

序号	名称	依托单位	所属园区	所属领域	成立、验收时间	地点	邮编	电话
20	畜禽育种国家工程实验室	中国农业大学	海淀园	生物医药	2008 2014	海淀区圆明园西路2号	100083	62732708
21	作物分子育种国家工程实验室	中国农科院作物科学研究所	海淀园	生物医药	2008 2014	海淀区中关村南大街12号	100081	82109715
22	粮食储运国家工程实验室	国家粮食局科学研究院	西城园	生物医药	2011	西城区百万庄大街11号	100037	58523700
23	作物高效用水与抗灾减损国家工程实验室	中国农业科学院农业环境与可持续发展研究所	海淀园	生物医药	2011	海淀区中关村南大街12号	100081	82109567
24	耕地培育技术国家工程实验室	中国农业科学院农业资源与农业区划研究所	海淀园	生物医药	2011 2015	海淀区中关村南大街12号	100081	82106203
25	新型疫苗研制技术国家地方联合工程实验室	北京民海生物科技有限公司	大兴—亦庄园	生物医药	2015	大兴区大兴生物医药产业基地思邈路35号	102600	59613696
26	高速铁路系统试验国家工程实验室	中国铁道科学研究院	海淀园	先进制造	2007 2013	海淀区大柳树2号	100081	51893730
27	电动车辆国家工程实验室	北京理工大学	海淀园	先进制造	2008 2016	海淀区中关村南大街5号	100081	68940589
28	农业生产机械装备国家工程实验室	中国农业机械化科学研究院	朝阳园	先进制造	2011 2015	朝阳区德胜门外北沙滩1号	100083	64882239
29	大型金属构件增材制造国家工程实验室	北京航空航天大学	海淀园	先进制造	2014	海淀区学院路37号	100191	82317114
30	钢铁制造流程优化国家工程实验室	冶金自动化研究设计院	丰台园	先进制造	2008 2013	丰台区西四环南路72号	100071	83802365
31	金属新材料检测与表征装备国家地方联合工程实验室	钢研纳克检测技术有限公司	海淀园	先进制造	2015	海淀区高梁桥斜街13号	100081	62183085
32	生物冶金国家工程实验室	北京有色金属研究总院	海淀园	新材料	2005 2010	海淀区新街口外大街2号	100088	82241313
33	先进金属材料涂镀国家工程实验室	新冶高科技集团有限公司	海淀园	新材料	2008 2012	海淀区学院南路76号	100081	62182572
34	TFT-LCD工艺技术国家工程实验室	京东方科技集团股份有限公司	大兴—亦庄园	新材料	2008	北京经济技术开发区地泽路9号	100176	87119726
35	功能性碳纤维复合材料国家工程实验室	中国航天科技集团公司航天材料及工艺研究所	丰台园	新材料	2008	丰台区南大红门路1号	100076	68755654
36	口腔数字化医疗技术和材料国家工程实验室	北京大学	海淀园	新材料	2011 2015	海淀区中关村南大街22号	100081	82195521
37	制浆造纸国家工程实验室	中国制浆造纸研究院	朝阳园	新材料	2009 2014	朝阳区启阳路4号中轻大厦	100102	64778001
38	电力系统仿真国家工程实验室	中国电力科学研究院	海淀园	新能源与节能	2007 2011	海淀区清河小营东路15号	100192	82812114
39	湿法冶金清洁生产技术国家工程实验室	中国科学院过程工程研究所	海淀园	其他	2008 2014	海淀区中关村北二街1号	100190	82544829
40	油气钻井技术国家工程实验室	中国石油集团钻井工程技术研究院	昌平园	其他	2008	昌平区沙河镇西沙屯桥西中国石油创新基地A34地块	102206	80162352
41	下一代互联网宽带业务应用国家工程实验室	中国联合网络通信集团有限公司	大兴—亦庄园	电子信息	2006	北京经济技术开发区中和街1号	100176	66522712

（续表）

序号	名称	依托单位	所属园区	所属领域	成立、验收时间	地点	邮编	电话
42	煤矿深井建设技术国家工程实验室（北京实验区）	北京中煤矿山工程有限公司	朝阳园	其他	2008 2013	朝阳区和平街十三区青年沟路5号	100013	84263083
43	信息内容安全技术国家工程实验室	中国科学院信息工程研究所	海淀园	电子信息	2008 2013	海淀区闵庄路甲89号	100093	82546700
44	结构性碳纤维复合材料国家工程实验室	北京航空材料研究院	海淀园	新材料	2008	海淀区温泉镇环山村	100095	62496020
45	中药质量控制技术国家工程实验室	中国中医科学院中药研究所	东城园	生物医药	2009	东城区东直门内南小街16号	100700	64014411
46	生物质发电成套设备国家工程实验室	华北电力大学	昌平园	新能源	2009 2014	昌平区朱辛庄北农路 2号	102206	61772992
47	海洋石油勘探国家工程实验室	中国海洋石油总公司	东城园	其他	2011 2013	东城区东直门外小街6号海油大厦	100027	84523630

资料来源：中关村科技园区管理委员会

中关村国家自主创新示范区国家重点实验室一览表

序号	名称	依托单位	地址	邮编	电话	建设、验收年份
1	蛋白质与植物基因研究国家重点实验室	北京大学	海淀区颐和园路5号	100871	62751848	1987 1990
2	核物理与核技术国家重点实验室	北京大学	海淀区成府路201号	100871	62751870	2007 2009
3	人工微结构和介观物理国家重点实验室	北京大学	海淀区成府路209号	100871	62765884	1990 1993
4	天然药物及仿生药物国家重点实验室	北京大学	海淀区学院路38号	100191	82802724	1985 1987
5	湍流与复杂系统国家重点实验室	北京大学	海淀区颐和园路5号	100871	62757944	1991 1995
6	稀土材料化学及应用国家重点实验室	北京大学	海淀区颐和园路5号	100871	62751016	1991 1995
7	区域光纤通信网与新型光通信系统国家重点实验室(北京实验区)	北京大学	海淀区颐和园路5号	100871	62754170	1989 1995
8	电力系统及发电设备安全控制和仿真国家重点实验室	清华大学	海淀区清华大学	100084	62792469	1989 1995
9	摩擦学国家重点实验室	清华大学	海淀区清华大学	100084	62781379	1986 1988
10	汽车安全与节能国家重点实验室	清华大学	海淀区清华大学	100084	62785963	1991 1995
11	水沙科学与水利水电工程国家重点实验室	清华大学	海淀区清华大学	100084	62783337	2006 2008
12	微波与数字通信技术国家重点实验室	清华大学	海淀区清华大学	100084	62784884	1991 1995
13	新型陶瓷与精细工艺国家重点实验室	清华大学	海淀区清华大学	100084	62782753	1991 1995

（续表）

序号	名称	依托单位	地址	邮编	电话	建设、验收年份
14	智能技术与系统国家重点实验室	清华大学	海淀区清华大学	100084	62782266	1987 1990
15	低维量子物理国家重点实验室	清华大学	海淀区清华大学	100084	62772767	2011 2013
16	化学工程联合国家重点实验室（清华大学萃取分离实验室）	清华大学、天津大学、华东理工大学、浙江大学	海淀区清华大学	100084	62773017	1987 1991
17	精密测试技术及仪器国家重点实验室	清华大学、天津大学	海淀区清华大学	100084	62773609	1990 1995
18	环境模拟与污染控制国家重点实验室（清华分室）	清华大学、中国科学院生态环境研究中心、北京大学、北京师范大学	海淀区清华大学	100084	62785684	1989 1995
19	集成光电子学国家重点实验室（清华大学实验区）	清华大学、吉林大学、中国科学院半导体研究所	海淀区清华大学	100084	62782734	1987 1991
20	地表过程与资源生态国家重点实验室	北京师范大学	海淀区新街口外大街 19 号	100875	58805461	2007 2010
21	认知神经科学与学习国家重点实验室	北京师范大学	海淀区新街口外大街 19 号	100875	58806154	2005 2008
22	轨道交通控制与安全国家重点实验室	北京交通大学	海淀区上园村 3 号	100044	51688193	2006 2010
23	化工资源有效利用国家重点实验室	北京化工大学	朝阳区北三环东路 15 号	100029	64425385	2006 2008
24	有机无机复合材料国家重点实验室	北京化工大学	朝阳区北三环东路 15 号	100029	64431706	2011 2013
25	地质过程与矿产资源国家重点实验室	中国地质大学（北京）	海淀区学院路 29 号	100083	82322176	2005 2008
26	爆炸科学与技术国家重点实验室	北京理工大学	海淀区中关村南大街 5 号	100081	68913957	1991 1996
27	煤炭资源与安全开采国家重点实验室	中国矿业大学（北京）	海淀区学院路丁 11 号	100083	62331854	2006 2008
28	深部岩土力学与地下工程国家重点实验室	中国矿业大学（北京）	海淀区清华东路 16 号宝源公寓 A2 座	100083	62331091	2008 2010
29	植物生理学与生物化学国家重点实验室	中国农业大学	海淀区圆明园西路 2 号	100193	62733475	2002 2003
30	农业生物技术国家重点实验室	中国农业大学、香港中文大学	海淀区圆明园西路 2 号	100193	62733332	1987 1990
31	软件开发环境国家重点实验室	北京航空航天大学	海淀区学院路 37 号	100191	82317643	1991 1995
32	虚拟现实技术与系统国家重点实验室	北京航空航天大学	海淀区学院路 37 号	100191	82338861	2007 2010
33	网络与交换技术国家重点实验室	北京邮电大学	海淀区西土城路 10 号	100876	62283412	1991 1995
34	信息光子学与光通信国家重点实验室	北京邮电大学	海淀区西土城路 10 号	100876	62282029	2011 2013
35	新金属材料国家重点实验室	北京科技大学	海淀区学院路 30 号	100083	62332508	1991 1995
36	钢铁冶金新技术国家重点实验室	北京科技大学	海淀区学院路 30 号	100083	82375842	2011 2013

（续表）

序号	名称	依托单位	地址	邮编	电话	建设、验收年份
37	油气资源与探测国家重点实验室	中国石油大学（北京）	昌平区府学路18号	102249	89733952	2007 2010
38	重质油国家重点实验室	中国石油大学（北京）	昌平区府学路18号	102249	89733070	1989 1995
39	新能源电力系统国家重点实验室	华北电力大学	昌平区朱辛庄北农路2号	102206	51971430	2011 2014
40	半导体超晶格国家重点实验室	中国科学院半导体研究所	海淀区清华东路甲35号	100083	82304287	1988 1991
41	表面物理国家重点实验室	中国科学院物理研究所	海淀区中关村南三街8号	100190	82649428	1984 1987
42	超导国家重点实验室	中国科学院物理研究所	海淀区中关村南三街8号	100190	82649167	1987 1991
43	磁学国家重点实验室	中国科学院物理研究所	海淀区中关村南三街8号	100190	82649253	1991 1995
44	城市与区域生态国家重点实验室	中国科学院生态环境研究中心	海淀区双清路18号	100085	62941033	2006 2010
45	环境化学与生态毒理学国家重点实验室	中国科学院生态环境研究中心	海淀区双清路18号	100085	62849339	2004 2007
46	大气边界层物理和大气化学国家重点实验室	中国科学院大气物理研究所	朝阳区德胜门外祁家豁子	100029	62041394	1991 1995
47	大气科学和地球流体力学数值模拟国家重点实验室	中国科学院大气物理研究所	朝阳区德胜门外祁家豁子	100029	82995299	1990 1992
48	非线性力学国家重点实验室	中国科学院力学研究所	海淀区北四环西路15号	100190	62561834	1999 2001
49	高温气体动力学国家重点实验室	中国科学院力学研究所	海淀区北四环西路15号	100190	62548132	2011 2013
50	分子动态与稳态结构国家重点实验室	中国科学院化学研究所、北京大学	海淀区中关村北一街2号	100190	62558682	1987 1991
51	高分子物理与化学国家重点实验室（北京）	中国科学院化学研究所、中国科学院长春应用化学研究所	海淀区中关村北一街2号	100190	62659906	2000 2001
52	计算机科学国家重点实验室	中国科学院软件研究所	海淀区中关村南四街4号	100190	62661616	2005 2007
53	信息安全国家重点实验室	中国科学院信息工程研究所	海淀区闵庄路甲89号	100093	82546543	1989 1991
54	科学与工程计算国家重点实验室	中国科学院数学与系统科学研究院	海淀区中关村东路55号	100190	62545820	1990 1995
55	空间天气学国家重点实验室	中国科学院空间科学与应用研究中心	海淀区中关村南二条1号	100190	62582648	2006 2009
56	模式识别国家重点实验室	中国科学院自动化研究所	海淀区中关村东路95号	100190	62545671	1984 1987
57	复杂系统管理与控制国家重点实验室	中国科学院自动化研究所	海淀区中关村东路95号	100190	62621642	2011 2013
58	脑与认知科学国家重点实验室	中国科学院生物物理研究所	朝阳区大屯路15号	100101	64888778	2005 2007
59	生物大分子国家重点实验室	中国科学院生物物理研究所	朝阳区大屯路15号	100101	64888486	1989 1991

（续表）

序号	名称	依托单位	地址	邮编	电话	建设、验收年份
60	生化工程国家重点实验室	中国科学院过程工程研究所	海淀区中关村北二条1号	100190	62561813	1988 1995
61	多相复杂系统国家重点实验室	中国科学院过程工程研究所	海淀区中关村北二条1号	100190	62628836	2006 2009
62	生物膜与膜生物工程国家重点实验室	中国科学院动物研究所、清华大学、北京大学	朝阳区北辰西路1号院5号	100101	64807302	1988 1990
63	计划生育生殖生物学国家重点实验室	中国科学院动物研究所	朝阳区北辰西路1号院5号	100101	64807312	1991 1993
64	农业虫害鼠害综合治理研究国家重点实验室	中国科学院动物研究所	朝阳区北辰西路1号院5号	100101	64807068	1991 1995
65	声场声信息国家重点实验室	中国科学院声学研究所	海淀区北四环西路21号	100190	62565617	1987 1990
66	微生物资源前期开发国家重点实验室	中国科学院微生物研究所	朝阳区北辰西路1号院3号	100101	64807429	1989 1995
67	真菌学国家重点实验室	中国科学院微生物研究所	朝阳区北辰西路1号院3号C406室	100101	64807515	2011 2013
68	系统与进化植物学国家重点实验室	中国科学院植物研究所	海淀区香山南辛村20号	100093	62836101	2004 2007
69	植被与环境变化国家重点实验室	中国科学院植物研究所	海淀区香山南辛村20号	100093	62836263	2007 2009
70	计算机体系结构国家重点实验室	中国科学院计算技术研究所	海淀区中关村科学院南路6号	100190	62600600	2011 2013
71	核探测与核电子学国家重点实验室	中国科学院高能物理研究所、中国科学技术大学	石景山区玉泉路19号乙	100049	88236054	2011 2013
72	岩石圈演化国家重点实验室	中国科学院地质与地球物理研究所	朝阳区北土城西路19号	100029	82998240	2005 2007
73	遥感科学国家重点实验室	中国科学院遥感与数字地球研究所、北京师范大学	朝阳区大屯路甲20号北	100101	64848730	2003 2005
74	植物基因组学国家重点实验室	中国科学院遗传与发育生物学研究所、中国科学院微生物研究所	朝阳区北辰西路1号院2号	100101	64873428	2003 2006
75	植物细胞与染色体工程国家重点实验室	中国科学院遗传与发育生物学研究所	朝阳区北辰西路1号院2号	100101	64854467	1989 1995
76	分子发育生物学国家重点实验室	中国科学院遗传与发育生物学研究所	朝阳区北辰西路1号院2号	100101	62553286	2011 2013
77	资源与环境信息系统国家重点实验室	中国科学院地理科学与资源研究所	朝阳区大屯路甲11号	100101	64889633	1985 1987
78	地震动力学国家重点实验室	中国地震局地质研究所	朝阳区德外祁家豁子	100029	62009034	2003 2007
79	有色金属材料制备加工国家重点实验室	北京有色金属研究总院	西城区新街口外大街2号	100088	82241161	2005 2010
80	灾害天气国家重点实验室	中国气象科学研究院	海淀区中关村南大街46号	100081	58995503	2005 2007
81	先进钢铁流程及材料国家重点实验室	钢铁研究总院	海淀区学院南路76号	100081	62182907	2004 2010
82	植物病虫害生物学国家重点实验室	中国农业科学院植物保护研究所	海淀区圆明园西路2号	100193	62815922	1989 1992

（续表）

序号	名称	依托单位	地址	邮编	电话	建设、验收年份
83	动物营养学国家重点实验室	中国农业科学院畜牧兽医研究所、中国农业大学	海淀区圆明园西路2号	100193	62816249	2005 2009
84	林木遗传育种国家重点实验室	中国林业科学研究院、东北林业大学	海淀区颐和园后东小府1号	100091	62824007	2011 2014
85	流域水循环模拟与调控国家重点实验室	中国水利水电科学研究院	海淀区复兴路甲1号D座936室	100038	68781380	2011 2013
86	病原微生物生物安全国家重点实验室	中国人民解放军军事医学科学院	丰台区东大街20号	100071	66948668	2005 2010
87	蛋白质组学国家重点实验室	中国人民解放军军事医学科学院	昌平区生命园路33号	102206	80705889	2007 2009
88	传染病预防控制国家重点实验室	中国疾病预防控制中心	昌平区昌平流字5号	102206	61739580	2005 2011
89	肾脏疾病国家重点实验室	中国人民解放军总医院	海淀区复兴路28号	100853	68211187	2011 2014
90	航天医学基础与应用国家重点实验室	中国航天员科研训练中心	海淀区航天城	100094	68117398	2009 2012
91	心血管疾病国家重点实验室	中国医学科学院阜外心血管病医院	西城区北礼士路167号	100037	88398227	2011 2013
92	先进成形技术与装备国家重点实验室*	机械科学研究总院	海淀区首体南路2号	100044	88301811	2008 2010
93	土壤植物机器系统技术国家重点实验室*	中国农业机械化科学研究院	朝阳区德胜门外北沙滩1号	100101	64882223	2008 2010
94	石油化工催化材料与反应工程国家重点实验室*	中国石油化工股份有限公司石油化工科学研究院	海淀区学院路18号	100083	62327551	2008 2012
95	无线移动通信国家重点实验室*	电信科学技术研究院	海淀区学院路40号	100083	62302299	2008 2010
96	高速铁路轨道技术国家重点实验室*	铁道科学研究院	海淀区大柳树路2号	100081	51849018	2008 2012
97	矿物加工科学与技术国家重点实验室*	北京矿冶研究总院	西城区西直门外文兴街2号	100044	88399236	2008 2013
98	电网安全与节能国家重点实验室*	中国电力科学研究院	海淀区清河小营东路15号	100192	82812114	2008 2010
99	提高石油采收率国家重点实验室*	中国石油天然气股份有限公司勘探开发研究院	海淀区学院路20号	100083	83598373	2008 2010
100	硅砂资源利用国家重点实验室*	北京仁创科技集团有限公司	海淀区上地三街9号嘉华大厦	100085	62987799	2008 2012
101	海洋石油高效开发国家重点实验室*	中国海油研究总院	东城区东直门外小街6号海油大厦	100027	84523630	2010 2013
102	绿色建筑材料国家重点实验室*	中国建筑材料科学研究总院	朝阳区管庄东里1号	100024	51167417	2008 2012
103	特种纤维复合材料国家重点实验室*	中材科技股份有限公司	海淀区板井路69号	100097	88433966	2008 2011
104	建筑安全与环境国家重点实验室*	中国建筑科学研究院	朝阳区北三环东路30号	100013	64517000	2008 2011
105	混合流程工业自动化系统及装备技术国家重点实验室*	冶金自动化研究设计院	丰台区西四环南路72号	100071	63898782	2008 2011

（续表）

序号	名称	依托单位	地址	邮编	电话	建设、验收年份
106	数字多媒体芯片技术国家重点实验室 *	中星微电子有限公司	海淀区学院路35号世宁大厦	100191	68948888	2010 2015
107	数字出版技术国家重点实验室 *	北大方正集团有限公司	海淀区成府路298号中关村方正大厦	100871	82532081	2010 2013
108	固废资源化利用与节能建材国家重点实验室 *	北京建筑材料科学研究总院有限公司	石景山区金顶北路69号	100041	88751967	2010 2013
109	生物饲料工程国家重点实验室 *	北京大北农科技集团股份有限公司	海淀区中关村大街27号中关村大厦14层	100080	62818175	2010 2013
110	煤炭资源高效开采与洁净利用国家重点实验室 *	煤炭科学研究总院	朝阳区和平里青年沟5号	100013	84261651	2010 2013
111	钢铁工业环境保护国家重点实验室 *	中冶建筑研究总院有限公司	海淀区西土城路33号	100088	83268526	2015
112	矿冶过程自动控制技术国家重点实验室 *	北京矿冶研究总院	丰台区南四环西路188号总部基地18区23号楼	100160	63299888	2015
113	石油石化污染物控制与处理国家重点实验室 *	中国石油安全环保技术研究院	昌平区沙河镇西沙屯桥西中国石油创新基地	102206	80169659	2015
114	特种功能防水材料国家重点实验室 *	北京东方雨虹防水技术股份有限公司	朝阳区高碑店北路康家园4号楼	100123	59031700	2015
115	先进输电技术国家重点实验室 *	国网智能电网研究院	昌平区未来科技城北区	102209	66601719	2015
116	新能源与储能运行控制国家重点实验室 *	中国电力科学研究院	海淀区清河小营东路15号	100192	82812114	2015
117	页岩油气富集机理与有效开发国家重点实验室 *	中国石化石油勘探开发研究院	海淀区学院路31号	100083	82311268	2015
118	智能传感功能材料国家重点实验室 *	北京有色金属研究总院	西城区新街口外大街2号	100088	62014488	2015

注：* 为科技部批准的依托转制院所和企业建设的国家重点实验室

资料来源：国家重点实验室网站

中关村国家自主创新示范区国家认定企业技术中心一览表

序号	名称	依托单位	所属园区	领域	地址	邮编	电话
1	联想（北京）有限公司技术中心	联想（北京）有限公司	海淀园	电子信息	海淀区上地创业路6号联想大厦	100085	58868888
2	北大方正集团有限公司技术中心	北大方正集团有限公司	海淀园	电子信息	海淀区成府路298号中关村方正大厦	100871	82529966
3	北京北开电气股份有限公司技术中心	北京北开电气股份有限公司	大兴—亦庄园	先进制造	北京经济技术开发区永昌南路5号	100176	53798839
4	北京燕京啤酒股份有限公司技术中心	北京燕京啤酒股份有限公司	顺义园	生物医药	顺义区双河路9号	101300	89495511
5	中国电子信息产业集团有限公司技术中心	中国电子信息产业集团有限公司	海淀园	电子信息	海淀区万寿路27号电子大厦	100846	68218529

（续表）

序号	名称	依托单位	所属园区	领域	地址	邮编	电话
6	同方股份有限公司技术中心	同方股份有限公司	海淀园	电子信息	海淀区王庄路1号清华同方科技大厦A座	100083	82399988
7	北京和利时系统工程有限公司技术中心	北京和利时系统工程有限公司	大兴—亦庄园	先进制造	北京经济技术开发区地盛中路2号院	100176	58981000
8	北汽福田汽车股份有限公司技术中心	北汽福田汽车股份有限公司	昌平园	先进制造	昌平区沙河镇沙阳路	102206	80708888
9	中国印钞造币总公司技术中心	中国印钞造币总公司	西城园	其他	西城区西直门外大街143号	100044	88016040
10	大唐电信科技股份有限公司技术中心	大唐电信科技股份有限公司	海淀园	电子信息	海淀区永嘉北路6号	100094	58919000
11	中国普天信息产业股份有限公司技术中心	中国普天信息产业股份有限公司	海淀园	电子信息	海淀区海淀北二街6号普天大厦	100080	62683001
12	中牧实业股份有限公司技术中心	中牧实业股份有限公司	丰台园	生物医药	丰台区南四环西路188号总部基地8区16号楼	100070	63701111
13	安泰科技股份有限公司技术中心	安泰科技股份有限公司	海淀园	先进制造	海淀区学院南路76号	100081	62180969
14	北京大北农科技集团股份有限公司技术中心	北京大北农科技集团股份有限公司	海淀园	生物医药	海淀区中关村大街27号中关村大厦14层	100080	82856450
15	用友软件股份有限公司技术中心	用友软件股份有限公司	海淀园	电子信息	海淀区北清路68号用友软件园	100094	400—6600—588
16	北京中科三环高技术股份有限公司技术中心	北京中科三环高技术股份有限公司	海淀园	先进制造	海淀区中关村东路66号甲1号楼	100190	62533386
17	北京四方继保自动化股份有限公司技术中心	北京四方继保自动化股份有限公司	海淀园	先进制造	海淀区上地四街甲9号	100085	62961515
18	时代集团公司技术中心	时代集团公司	海淀园	先进制造	海淀区上地信息产业基地开拓路17号	100085	62982299
19	江河创建集团股份有限公司技术中心	江河创建集团股份有限公司	顺义园	先进制造	顺义区牛汇北五街5号	101300	60411166
20	北京北一机床股份有限公司技术中心	北京北一机床股份有限公司	顺义园	其他	顺义区林河工业开发区双河大街16号	101300	89496161
21	北京东方雨虹防水技术股份有限公司技术中心	北京东方雨虹防水技术股份有限公司	顺义园	其他	顺义区顺平路沙岭段甲2号	101309	56303999
22	有研半导体材料有限公司技术中心	有研半导体材料股份有限公司	海淀园	新材料	海淀区新街口外大街2号	100088	82087088
23	汉王科技股份有限公司技术中心	汉王科技股份有限公司	海淀园	电子信息	海淀区东北旺西路8号中关村软件园汉王大厦	100193	82786699
24	北京启明星辰信息技术股份有限公司技术中心	北京启明星辰信息技术股份有限公司	海淀园	电子信息	海淀区东北旺西路8号中关村软件园启明星辰大厦	100193	82779088
25	中国华电科工集团有限公司技术中心	中国华电科工集团有限公司	丰台园	其他	丰台区汽车博物馆东路6号华电科工大厦	100160	63918219
26	北京神州泰岳软件股份有限公司技术中心	北京神州泰岳软件股份有限公司	海淀园	电子信息	朝阳区北苑路北甲13号院1号楼北辰泰岳大厦22层	100107	58847555

（续表）

序号	名称	依托单位	所属园区	领域	地址	邮编	电话
27	北京双鹭药业股份有限公司技术中心	北京双鹭药业股份有限公司	海淀园	生物医药	海淀区西三环北路100号金玉大厦	100049	64742227
28	北京三元食品股份有限公司技术中心	北京三元食品股份有限公司	大兴—亦庄园	生物医药	大兴区瀛海瀛昌街8号	100076	56306666
29	中铁十六局集团有限公司技术中心	中铁十六局集团有限公司	朝阳园	其他	朝阳区红松园北里2号	100018	51883272
30	百度在线网络技术（北京）有限公司技术中心	百度在线网络技术（北京）有限公司	海淀园	电子信息	海淀区上地十街10号百度大厦3层上地北区	100085	59928888
31	京东方科技集团股份有限公司技术中心	京东方科技集团股份有限公司	朝阳园	电子信息	朝阳区酒仙桥路10号	100016	64318888
32	新奥特（北京）视频技术有限公司技术中心	新奥特（北京）视频技术有限公司	海淀园	电子信息	海淀区五棵松路49号新奥特科技大厦	100195	62586666
33	北京资源亚太饲料科技有限公司技术中心	北京资源亚太饲料科技有限公司	大兴—亦庄园	生物医药	大兴区黄村镇兴政街31号科技大厦	102600	69266329
34	中国电子工程设计院技术中心	中国电子工程设计院	海淀园	其他	海淀区西四环北路160号	100142	88193666
35	中国建筑科学研究院技术中心	中国建筑科学研究院	朝阳园	其他	朝阳区北三环东路30号	100013	64517000
36	中铁第五勘察设计院集团有限公司技术中心	中铁第五勘察设计院集团有限公司	大兴—亦庄园	其他	大兴区黄村镇康庄路9号	102600	51011506
37	中煤北京煤矿机械有限责任公司技术中心	中煤北京煤矿机械有限责任公司	房山园	先进制造	房山区矿机路1号	102400	81369880
38	中铁十九局集团有限公司技术中心	中铁十九局集团有限公司	大兴—亦庄园	其他	北京经济技术开发区荣华南路19号	100176	15011028850
39	中国京冶工程技术有限公司技术中心	中国京冶工程技术有限公司	海淀园	其他	海淀区西土城路33号	100088	82228001
40	北京二七轨道交通装备有限责任公司技术中心	北京二七轨道交通装备有限责任公司	丰台园	先进制造	丰台区长辛店杨公庄1号	100072	83306001
41	北京天地玛珂电液控制系统有限公司技术中心	北京天地玛珂电液控制系统有限公司	朝阳园	先进制造	朝阳区青年沟路5号天地大厦1层	100013	84263000
42	北京中科科仪股份有限公司技术中心	北京中科科仪股份有限公司	海淀园	先进制造	海淀区中关村北二条13号	100190	62560908
43	北京科诺伟业科技股份有限公司技术中心	北京科诺伟业科技股份有限公司	海淀园	先进制造	海淀区王庄路1号清华同方科技广场B座23层	100083	82378899
44	北京神州绿盟信息安全科技股份有限公司技术中心	北京神州绿盟信息安全科技股份有限公司	海淀园	电子信息	海淀区北洼路4号益泰大厦3层	100089	68438880
45	北京神雾环境能源科技集团股份有限公司技术中心	北京神雾环境能源科技集团股份有限公司	昌平园	先进制造	昌平区马池口镇神牛路18号	102200	60751999
46	北京伟嘉人生物技术有限公司技术中心	北京伟嘉人生物技术有限公司	海淀园	生物医药	海淀区上地三街9号嘉华大厦D座8层	100085	62988706
47	中国路桥工程有限责任公司技术中心	中国路桥工程有限责任公司	大兴—亦庄园	其他	东城区安定门外大街丙88号	100011	64280055

（续表）

序号	名称	依托单位	所属园区	领域	地址	邮编	电话
48	北京当升材料科技股份有限公司技术中心	北京当升材料科技股份有限公司	丰台园	新材料	丰台区南四环西路188号总部基地18区21号楼	100160	52269500
49	北京汽车股份有限公司技术中心	北京汽车股份有限公司	顺义园	汽车及零部件制造	顺义区双河大街99号	100021	56636000
50	北京金隅股份有限公司技术中心	北京金隅股份有限公司	东城园	其他	东城区北三环东路36号环球贸易中心D座	100013	66411587

资料来源：中关村科技园区管理委员会

中关村国家自主创新示范区国家工程研究中心一览表

序号	名称	依托单位	所属园区	领域	地点	邮编	电话
1	制造业自动化国家工程研究中心	北京机械工业自动化研究所	西城园	先进制造	西城区德胜门外教场口1号	100120	82285005
2	信息安全共性技术国家工程研究中心	中国科学院信息工程研究所	海淀园	电子信息	海淀区杏石口路65号益园文创基地C区1号楼4层	100195	82486161
3	小卫星及其应用国家工程研究中心	航天东方红卫星有限公司	海淀园	先进制造	海淀区友谊路104号	100094	68745024
4	先进钢铁材料技术国家工程研究中心	中国钢研科技集团有限公司	海淀园	新材料	海淀区学院南路76号钢铁研究总院南院新材料大楼6层	100081	62188321
5	无污染有色金属提取及节能技术国家工程研究中心	北京矿冶研究总院	丰台园	新材料	丰台区南四环西路188号总部基地18区	100160	63299843
6	输配电及节电技术国家工程研究中心	中国电力科学研究院	海淀园	新能源与节能	海淀区清河小营东路15号	100192	82812114
7	生物芯片北京国家工程研究中心	北京博奥生物芯片有限责任公司	昌平园	生物医药	昌平区生命科学园路18号	102206	80726868
8	生物饲料开发国家工程研究中心	中国农业科学院饲料研究所	海淀园	生物医药	海淀区中关村南大街12号	100081	62117012
9	软件工程国家工程研究中心	北京大学	海淀园	电子信息	海淀区北四环西路9号银谷大厦	100080	61137666
10	燃气轮机与煤气化联合循环国家工程研究中心	清华大学等	海淀园	其他	海淀区清华大学	100084	82151165
11	煤层气开发利用国家工程研究中心	中联煤层气国家工程中心有限责任公司	海淀园	其他	海淀区地锦路7号1幢	100095	50866600
12	炼油工艺与催化剂国家工程研究中心	中国石油化工股份有限公司石油化工科学研究院	海淀园	其他	海淀区学院路18号	100083	62310806
13	连铸技术国家工程研究中心	钢铁研究总院	海淀园	新材料	海淀区学院南路76号	100081	62183336
14	精密成形国家工程研究中心	北京机电研究所	海淀园	先进制造	海淀区学清路18号	100083	82415018
15	经济领域系统仿真技术应用国家工程研究中心	中国航天科工集团公司第二研究院	海淀园	电子信息	海淀区永定路52号	100854	68387521
16	基础软件国家工程研究中心	中国科学院软件研究所等	海淀园	电子信息	海淀区中关村南四街4号	100190	62661012
17	机械产品再制造国家工程研究中心	装甲兵工程学院、北京首科集团公司、山东能源机械集团	房山园	先进制造	房山区长阳镇	102445	66717531

（续表）

序号	名称	依托单位	所属园区	领域	地点	邮编	电话
18	轨道交通运行控制系统国家工程研究中心	北京交通大学等	海淀园	先进制造	海淀区上园村3号	100044	51683296
19	光盘系统及其应用技术国家工程研究中心	清华大学	海淀园	电子信息	海淀区清华大学	100084	82863227
20	光电子器件国家工程研究中心	中国科学院半导体研究所	海淀园	新材料	海淀区清华东路甲35号	100083	82304182
21	公路养护技术国家工程研究中心	中公高科养护科技股份有限公司	海淀园	其他	海淀区地锦路9号院4号楼	100095	82364000
22	工业环境保护国家工程研究中心	中冶建筑研究总院有限公司	海淀园	环境保护	海淀区西土城路33号	100088	82227604
23	工业锅炉及民用煤清洁燃烧国家工程研究中心	清华大学	海淀园	其他	海淀区清华大学	100084	62782108
24	工程塑料国家工程研究中心	中国科学院理化技术研究所	海淀园	新材料	海淀区中关村东路29号	100190	82543770
25	高效轧制国家工程研究中心	北京科技大学	海淀园	先进制造	海淀区学院路30号	100083	62332598
26	电子政务应用基础设施国家工程研究中心	北京航空航天大学、中国电子技术标准化研究所等	海淀园	电子信息	海淀区学院路37号	100191	82317114
27	电子出版新技术国家工程研究中心	北京大学	海淀园	电子信息	海淀区中关村北大街128号	100080	82529813
28	蛋白质药物国家工程研究中心	北京正旦国际科技有限责任公司	昌平园	生物医药	昌平区生命科学园科学园路33号	102206	80727777
29	大规模集成电路CAD国家工程研究中心	北京华大九天软件有限公司	朝阳园	电子信息	朝阳区利泽中二路2号望京科技园A座2层	100102	84776888
30	半导体材料国家工程研究中心	有研半导体材料股份有限公司	西城园	新材料	西城区新街口外大街2号	100088	82087088
31	稀土材料国家工程研究中心	有研稀土新材料股份有限公司	西城园	新材料	西城区新街口外大街2号	100088	82087088
32	中药复方新药开发国家工程研究中心	北京中研同仁堂医药研发有限公司	丰台园	生物工程和新医药	丰台区南三环中路20号	100075	13910139969
33	新型疫苗国家工程研究中心	北京微谷生物医药有限公司	大兴—亦庄园	生物工程和新医药	北京经济技术开发区经海二路38号	101111	52245097
34	下一代互联网关键技术和评测国家地方联合工程研究中心（北京）	下一代互联网关键技术和评测北京市工程研究中心有限公司	大兴—亦庄园	电子信息	北京经济技术开发区路东区经海东路58号院5号楼1层101室	100176	13716862405
35	木材工业国家工程研究中心	中国林业科学院木材工业研究所	海淀园	新材料	海淀区万寿山后中国林科院内	100091	62889410
36	油气勘探计算机软件国家工程研究中心	中油油气勘探软件国家工程研究中心有限公司	海淀园	电子信息	海淀区海淀大街甲36号惠华大厦	100080	81200213
37	卫星导航应用国家工程研究中心	航天长征火箭技术有限公司	丰台园	航空航天	丰台区东高地南大红门路1号内	100076	68382523
38	聚烯烃国家工程研究中心	中国石化北京化工研究院	朝阳园	新材料	朝阳区北三环东路14号	100013	64216131
39	橡塑新型材料合成国家工程研究中心	中国石化北京化工研究院	朝阳园	新材料	朝阳区北三环东路14号	100013	64216131
40	精密超精密加工国家工程研究中心	北京机床研究所	顺义园	先进制造	顺义区天竺开发区A区天柱西路22号	101312	80420808

资料来源：中关村科技园区管理委员会

中关村国家自主创新示范区国家工程技术研究中心一览表

序号	名称	依托单位	地址	邮编	电话	建设、验收时间
1	国家并行计算机工程技术研究中心	中国科学院计算技术研究所、江南计算技术研究所	海淀区科学院南路6号	100190	62570431	1992 1996
2	国家高性能计算机工程技术研究中心	中国科学院计算技术研究所、北京曙光天演信息技术有限公司	海淀区科学院南路6号	100190	62657255	1997 2000
3	国家企业信息化应用支撑软件工程技术研究中心	清华大学、华中科技大学	海淀区清华大学华业大厦3区4层	100084	62782208	1997 2000
4	国家数据通信工程技术研究中心	兴唐通信科技股份有限公司	海淀区学院路40号	100191	62301219	1992 1995
5	国家网络新媒体工程技术研究中心	中国科学院声学研究所、中国科学技术大学	海淀区北四环西路21号	100190	62540072	2007 2010
6	国家遥感应用工程技术研究中心	中国科学院遥感与数字地球研究所	朝阳区安外大屯路甲20号	100101	64889206	1997 2000
7	国家专用集成电路设计工程技术研究中心	中国科学院自动化研究所	海淀区中关村东路95号	100190	62554297	1992 1995
8	国家生化工程技术研究中心（北京）	中国科学院过程工程研究所	海淀区中关村北二条1号	100190	62550875	1996 2000
9	国家工业建筑诊断与改造工程技术研究中心	中冶建筑研究总院有限公司	海淀区西土城路33号	100088	82227377	1993 1996
10	国家住宅与居住环境工程技术研究中心	中国建筑设计研究院	西城区车公庄大街19号	100044	68302801	1993 1999
11	国家智能交通系统工程技术研究中心	交通运输部公路科学研究院	海淀区西土城路8号	100088	62079526	1999 2003
12	国家铁路智能运输工程技术研究中心	中国铁道科学研究院	海淀区大柳树路2号	100081	51849016	2000 2004
13	国家新能源工程技术研究中心	北京市太阳能研究所	朝阳区北苑路大羊坊10号	100012	84932673	1992 1995
14	国家板带生产先进装备工程技术研究中心	北京科技大学、燕山大学	海淀区学院路30号	100083	62332598	2009 2012
15	国家钢结构工程技术研究中心	中冶建筑研究总院有限公司	海淀区西土城路33号	100088	82227377	2007 2011
16	国家工业控制机及系统工程技术研究中心	中国航天科技集团公司五院502研究所	海淀区知春路61号康拓科技大厦	100190	62523971	1993 1996
17	国家固体激光工程技术研究中心	中国电子科技集团公司第十一研究所	朝阳区酒仙桥路4号	100015	84321411	1992 1995
18	国家计算机集成制造系统工程技术研究中心	清华大学	海淀区清华大学中央主楼6层	100084	62783197	1992 1995
19	国家金属矿产资源综合利用工程技术研究中心（北京分中心）	北京矿冶研究总院	西城区文兴街1号	100044	88333366	1994
20	国家磁性材料工程技术研究中心	北矿磁材科技股份有限公司	丰台区南四环路188号6区5号楼	100070	67537184	1992 1995
21	国家非晶微晶合金工程技术研究中心	钢铁研究总院	海淀区学院南路76号	100081	62183317	1996 1999

（续表）

序号	名称	依托单位	地址	邮编	电话	建设、验收时间
22	国家通用工程塑料工程技术研究中心	北京市化学工业研究院	海淀区中关村北大街123号华腾科技大厦5层	100084	62640827	1991 1995
23	国家有色金属复合材料工程技术研究中心	北京有色金属研究总院	西城区新街口外大街2号	100088	82241220	1992 1996
24	国家碳纤维工程技术研究中心	北京化工大学、中国石油天然气股份有限公司吉林分公司	朝阳区北三环东路15号	100029	64434771	1992 2008
25	国家昌平综合农业工程技术研究中心	中国农业科学院作物研究所	海淀区中关村南大街12号	100081	68975179	1991 1995
26	国家花卉工程技术研究中心	北京林业大学	海淀区清华东路35号	100083	62338279	2005 2008
27	国家蔬菜工程技术研究中心	北京市农林科学院蔬菜研究中心	海淀区西郊板井村	100097	51503032	1992 1995
28	国家节水灌溉（北京）工程技术研究中心	中国水利水电科学研究院、中国灌溉排水发展中心	海淀区车公庄西路20号	100048	68786542	1999 2002
29	国家农业信息化工程技术研究中心	北京市农林科学院	海淀区西郊板井村	100097	51503473	2001 2005
30	国家农业机械工程技术研究中心	中国农业机械化科学研究院	朝阳区德胜门外北沙滩1号	100083	64882238	1999 2002
31	国家饲料工程技术研究中心	中国农业大学、中国农业科学院饲料研究所	海淀区圆明园西路2号	100193	62133466	2000 2004
32	国家奶牛胚胎工程技术研究中心	北京首都农业集团有限公司	朝阳区德胜门外清河南镇	100085	62948010	2004 2008
33	国家作物分子设计工程技术研究中心	北京未名凯拓农业生物技术有限公司	海淀区上地西路39号北大生物城	100085	62986799	2008 2012
34	国家果蔬加工工程技术研究中心	中国农业大学	海淀区清华东路17号	100083	62737434	2010 2014
35	国家测绘工程技术研究中心	中国测绘科学研究院	海淀区莲花池西路28号	100830	63880820	2009 2013
36	国家科技信息资源综合利用与公共服务中心	中国科学技术信息研究所	海淀区复兴路15号	100038	58882425	2010 2014
37	国家农业智能装备工程技术研究中心	北京市农林科学院	海淀区西郊板井村	100097	51503686	2009 2013
38	国家蛋品工程技术研究中心	北京德青源农业科技股份有限公司	延庆区张山营镇德青源生态园院内	102115	59798166 –222	2009 2013
39	国家建筑工程技术研究中心	中国建筑科学研究院	朝阳区北三环东路	100013	64517000	1993 1996
40	国家皮革及制品工程技术研究中心	中国皮革和制鞋工业研究院	朝阳区将台西路18号	100015	64362592	2009 2013
41	国家超精密机床工程技术研究中心	北京市机床研究所	朝阳区望京路4号	100012	64736742	2004 2008
42	国家火力发电工程技术研究中心	华北电力大学	昌平区朱辛庄北农路2号	102206	61772209	2009 2013
43	国家应急防控药物工程技术研究中心	军事医学科学研究院	海淀区太平路27号	100850		2010 2014
44	国家半导体泵浦激光工程技术研究中心	北京国科世纪激光技术有限公司、中国科学院光电研究院	昌平区百葛路9号院1号楼2层	102211	56760700	2011 2015
45	国家有色金属新能源材料与制品工程技术研究中心	北京有色金属研究总院	西城区新街口外大街2号	100088	82241240	2012

（续表）

序号	名称	依托单位	地址	邮编	电话	建设、验收时间
46	国家阻燃材料工程技术研究中心	北京理工大学	海淀区中关村南大街5号	100081	68912927	2012
47	国家科技资源共享服务工程技术研究中心	北京航空航天大学	海淀区学院路37号	100191	82316681	2012
48	国家心脏病植介入诊疗器械及设备工程技术研究中心	乐普（北京）医疗器械股份有限公司	昌平区超前路37号	102200	80120651	2012
49	国家玻璃深加工工程技术研究中心	中国建筑材料科学研究总院	朝阳区管庄东里1号	100024	51167361	1999 2003
50	国家冶金自动化工程技术研究中心	冶金自动化研究设计院	丰台区西三环南路72号	100071	63898746	1992 1997
51	国家棉花加工工程技术研究中心	中棉工业有限责任公司	西城区宣武门外大街甲1号环球财讯中心B座6层	100052	59338968	2010 2014
52	国家水煤浆工程技术研究中心	煤炭科学研究总院	朝阳区和平里青年沟东路5号	100013	84261742	1992 1996
53	国家母婴乳品健康工程技术研究中心	北京三元股份有限公司	大兴区瀛海瀛昌街8号	100076	56306519	2014

资料来源：中关村科技园区管理委员会

2015年中关村国家自主创新示范区收入超10亿元企业一览表

（续表）

序号	名称	园区	收入规模（亿元）
1	北京京东世纪贸易有限公司	海淀园	100以上
2	中国移动通信集团终端有限公司	昌平园	100以上
3	梅赛德斯—奔驰（中国）汽车销售有限公司	朝阳园	100以上
4	北京奔驰汽车有限公司	亦庄园	100以上
5	小米科技有限责任公司	海淀园	100以上
6	北京京东世纪信息技术有限公司	亦庄园	100以上
7	国网冀北电力有限公司	西城园	100以上
8	中国交通建设股份有限公司	西城园	100以上
9	小米通讯技术有限公司	海淀园	100以上
10	联想（北京）有限公司	海淀园	100以上
11	中国中铁股份有限公司	丰台园	100以上
12	北京普天太力通信科技有限公司	海淀园	100以上
13	北京市燃气集团有限责任公司	西城园	100以上

序号	名称	园区	收入规模（亿元）
14	中国建筑一局（集团）有限公司	丰台园	100以上
15	中海石油气电集团有限责任公司	朝阳园	100以上
16	北汽福田汽车股份有限公司	昌平园	100以上
17	中铁建设集团有限公司	石景山园	100以上
18	西门子（中国）有限公司	朝阳园	100以上
19	中国港湾工程有限责任公司	东城园	100以上
20	京沪高速铁路股份有限公司	海淀园	100以上
21	中国移动通信集团北京有限公司	东城园	100以上
22	中铁建工集团有限公司	丰台园	100以上
23	中电建路桥集团有限公司	海淀园	100以上
24	五矿有色金属股份有限公司	海淀园	100以上
25	北京神华昌运高技术配煤有限公司	昌平园	100以上
26	中交第一公路工程局有限公司	朝阳园	100以上

（续表）

序号	名称	园区	收入规模（亿元）
27	中国长安汽车集团股份有限公司	海淀园	100 以上
28	中建二局第三建筑工程有限公司	丰台园	100 以上
29	中国印钞造币总公司	西城园	100 以上
30	中国普天信息产业股份有限公司	海淀园	100 以上
31	北京神州数码有限公司	海淀园	100 以上
32	百度在线网络技术（北京）有限公司	海淀园	100 以上
33	北京科园信海医药经营有限公司	丰台园	100 以上
34	中国光大银行股份有限公司信用卡中心	石景山园	100 以上
35	中国铁建电气化局集团有限公司	石景山园	100 以上
36	神华国华（北京）电力研究院有限公司	朝阳园	100 以上
37	中石油管道联合有限公司	昌平园	100 以上
38	中国矿产有限责任公司	海淀园	100 以上
39	百度时代网络技术（北京）有限公司	海淀园	100 以上
40	华润医药商业集团有限公司	东城园	100 以上
41	施耐德电气（中国）有限公司	朝阳园	100 以上
42	北京京东方显示技术有限公司	亦庄园	100 以上
43	神华销售集团华北能源贸易有限公司	昌平园	100 以上
44	拜耳医药保健有限公司	亦庄园	100 以上
45	中铁电气化局集团有限公司	丰台园	100 以上
46	爱立信（中国）通信有限公司	朝阳园	100 以上
47	中国航天工程有限公司	海淀园	100 以上
48	中铁六局集团有限公司	海淀园	100 以上
49	中交路桥建设有限公司	通州园	100 以上
50	北京汽车股份有限公司	顺义园	100 以上
51	翰林汇信息产业股份有限公司	海淀园	100 以上
52	北京北车物流发展有限责任公司	海淀园	100 以上
53	朔黄铁路发展有限责任公司	海淀园	100 以上
54	神州数码（中国）有限公司	海淀园	100 以上
55	中铁十九局集团有限公司	亦庄园	100 以上
56	中建一局集团建设发展有限公司	朝阳园	100 以上
57	中国机械设备工程股份有限公司	西城园	100 以上
58	普天国际贸易有限公司	海淀园	100 以上
59	中国石油集团长城钻探工程有限公司	朝阳园	100 以上
60	中博世金科贸有限责任公司	丰台园	100 以上
61	中国寰球工程公司	朝阳园	100 以上

（续表）

序号	名称	园区	收入规模（亿元）
62	中国首钢国际贸易工程公司	海淀园	100 以上
63	中交第四公路工程局有限公司	东城园	100 以上
64	腾讯科技（北京）有限公司	海淀园	100 以上
65	诺基亚通信系统技术（北京）有限公司	东城园	100 以上
66	中外运—敦豪国际航空快件有限公司	亦庄园	100 以上
67	中建二局第一建筑工程有限公司	丰台园	100 以上
68	微软（中国）有限公司	海淀园	100 以上
69	中铁二十二局集团有限公司	石景山园	50 ~ 100
70	中国华能集团燃料有限公司	昌平园	50 ~ 100
71	中国电子进出口总公司	海淀园	50 ~ 100
72	北京紫光展讯科技有限公司	海淀园	50 ~ 100
73	中新联进出口公司	丰台园	50 ~ 100
74	北京乐语世纪科技集团有限公司	海淀园	50 ~ 100
75	河北钢铁集团北京国际贸易有限公司	昌平园	50 ~ 100
76	华电煤业集团运销有限公司	石景山园	50 ~ 100
77	万宝矿产有限公司	丰台园	50 ~ 100
78	北京百度网讯科技有限公司	海淀园	50 ~ 100
79	北京华为数字技术有限公司	海淀园	50 ~ 100
80	ABB（中国）有限公司	朝阳园	50 ~ 100
81	北京纵横机电技术开发公司	海淀园	50 ~ 100
82	北大方正集团有限公司	海淀园	50 ~ 100
83	神华物资集团有限公司	昌平园	50 ~ 100
84	国电燃料有限公司	昌平园	50 ~ 100
85	中交隧道工程局有限公司	东城园	50 ~ 100
86	国电联合动力技术有限公司	海淀园	50 ~ 100
87	中国核工业二三建设有限公司	顺义园	50 ~ 100
88	江河创建集团股份有限公司	顺义园	50 ~ 100
89	北京神州数码供应链服务有限公司	海淀园	50 ~ 100
90	五矿铝业有限公司	海淀园	50 ~ 100
91	北京城建道桥建设集团有限公司	朝阳园	50 ~ 100
92	中铁电气化局集团第一工程有限公司	丰台园	50 ~ 100
93	中国中铁航空港建设集团有限公司	海淀园	50 ~ 100
94	中工国际工程股份有限公司	海淀园	50 ~ 100
95	中国铁路通信信号股份有限公司	丰台园	50 ~ 100

（续表）

序号	名称	园区	收入规模（亿元）
96	新时代健康产业（集团）有限公司	昌平园	50 ~ 100
97	同方股份有限公司	海淀园	50 ~ 100
98	北京旭阳宏业化工有限公司	丰台园	50 ~ 100
99	北京福田康明斯发动机有限公司	昌平园	50 ~ 100
100	威讯联合半导体（北京）有限公司	亦庄园	50 ~ 100
101	中国华电工程（集团）有限公司	丰台园	50 ~ 100
102	中建材信息技术有限公司	海淀园	50 ~ 100
103	中国技术进出口总公司	海淀园	50 ~ 100
104	中交一公局桥隧工程有限公司	丰台园	50 ~ 100
105	北京飞机维修工程有限公司	顺义园	50 ~ 100
106	中国建筑土木建设有限公司	丰台园	50 ~ 100
107	北京迪信通商贸股份有限公司	海淀园	50 ~ 100
108	中建交通建设集团有限公司	东城园	50 ~ 100
109	天安人寿保险股份有限公司	石景山园	50 ~ 100
110	中国惠普有限公司	朝阳园	50 ~ 100
111	中国石化工程建设有限公司	朝阳园	50 ~ 100
112	北大资源集团有限公司	海淀园	50 ~ 100
113	中国石化催化剂有限公司	亦庄园	50 ~ 100
114	思爱普（北京）软件系统有限公司	海淀园	50 ~ 100
115	北京金风科创风电设备有限公司	亦庄园	50 ~ 100
116	中交第三公路工程局有限公司	东城园	50 ~ 100
117	北京诺华制药有限公司	昌平园	50 ~ 100
118	中国葛洲坝集团国际工程有限公司	朝阳园	50 ~ 100
119	冠捷显示科技（中国）有限公司	亦庄园	50 ~ 100
120	中国中原对外工程有限公司	海淀园	50 ~ 100
121	中国石油集团工程设计有限责任公司	海淀园	50 ~ 100
122	北京电通广告有限公司	东城园	50 ~ 100
123	航天信息股份有限公司	海淀园	50 ~ 100
124	中国航空技术北京有限公司	亦庄园	20 ~ 50
125	中铁十六局集团第四工程有限公司	怀柔园	20 ~ 50
126	北京东方园林生态股份有限公司	朝阳园	20 ~ 50
127	中芯国际集成电路制造（北京）有限公司	亦庄园	20 ~ 50
128	北京京东方光电科技有限公司	亦庄园	20 ~ 50
129	北京六建集团有限责任公司	海淀园	20 ~ 50

（续表）

序号	名称	园区	收入规模（亿元）
130	中国移动通信集团设计院有限公司	海淀园	20 ~ 50
131	北京国电龙源环保工程有限公司	海淀园	20 ~ 50
132	北京当当网信息技术有限公司	东城园	20 ~ 50
133	李宁（中国）体育用品有限公司	通州园	20 ~ 50
134	乐视移动智能信息技术（北京）有限公司	顺义园	20 ~ 50
135	中冶京诚工程技术有限公司	亦庄园	20 ~ 50
136	华电重工股份有限公司	丰台园	20 ~ 50
137	国药控股北京天星普信生物医药有限公司	丰台园	20 ~ 50
138	中国电影集团公司	海淀园	20 ~ 50
139	富泰京精密电子（北京）有限公司	亦庄园	20 ~ 50
140	甲骨文（中国）软件系统有限公司	海淀园	20 ~ 50
141	合一信息技术（北京）有限公司	海淀园	20 ~ 50
142	北京天诚同创电气有限公司	亦庄园	20 ~ 50
143	SMC（中国）有限公司	亦庄园	20 ~ 50
144	北京世界星辉科技有限责任公司	石景山园	20 ~ 50
145	中国化纤总公司	海淀园	20 ~ 50
146	万都（北京）汽车底盘系统有限公司	密云园	20 ~ 50
147	中国大唐集团科技工程有限公司	海淀园	20 ~ 50
148	中建一局集团第三建筑有限公司	东城园	20 ~ 50
149	北京燕京啤酒股份有限公司	顺义园	20 ~ 50
150	北新建材集团有限公司	海淀园	20 ~ 50
151	赛诺菲（北京）制药有限公司	亦庄园	20 ~ 50
152	神州数码系统集成服务有限公司	海淀园	20 ~ 50
153	中材科技风电叶片股份有限公司	延庆园	20 ~ 50
154	中国民航信息网络股份有限公司	顺义园	20 ~ 50
155	鼎桥通信技术有限公司	朝阳园	20 ~ 50
156	北京神州汽车租赁有限公司	丰台园	20 ~ 50
157	紫光数码有限公司	海淀园	20 ~ 50
158	中铁十六局集团北京轨道交通工程建设有限公司	通州园	20 ~ 50
159	中国联合航空有限公司	丰台园	20 ~ 50
160	北京当当科文电子商务有限公司	东城园	20 ~ 50
161	北京小米移动软件有限公司	海淀园	20 ~ 50
162	三星电子（北京）技术服务有限公司	朝阳园	20 ~ 50

（续表）

序号	名称	园区	收入规模（亿元）
163	北京全路通信信号研究设计院集团有限公司	丰台园	20～50
164	北京爱奇艺科技有限公司	海淀园	20～50
165	大唐科技产业集团有限公司	海淀园	20～50
166	乐视网信息技术（北京）股份有限公司	海淀园	20～50
167	华扬联众数字技术股份有限公司	东城园	20～50
168	北京方正世纪信息系统有限公司	海淀园	20～50
169	中铁物产控股发展有限公司	海淀园	20～50
170	北京国美在线电子商务有限公司	海淀园	20～50
171	中国医药健康产业股份有限公司	海淀园	20～50
172	北方国际合作股份有限公司	丰台园	20～50
173	太极计算机股份有限公司	海淀园	20～50
174	恒天创业投资有限公司	海淀园	20～50
175	亿赞普（北京）科技有限公司	海淀园	20～50
176	中航天建设工程有限公司	丰台园	20～50
177	北京城乡建设集团有限责任公司	丰台园	20～50
178	华夏电影发行有限责任公司	海淀园	20～50
179	北京城建设计发展集团股份有限公司	西城园	20～50
180	中铁快运股份有限公司	丰台园	20～50
181	新联冶（北京）国际贸易有限公司	石景山园	20～50
182	北京碧水源科技股份有限公司	海淀园	20～50
183	中国华冶科工集团有限公司	亦庄园	20～50
184	中国长城工业集团有限公司	海淀园	20～50
185	浪潮（北京）电子信息产业有限公司	海淀园	20～50
186	国电龙源电力技术工程有限责任公司	海淀园	20～50
187	中国电力工程顾问集团华北电力设计院工程有限公司	西城园	20～50
188	中国路桥工程有限责任公司	东城园	20～50
189	北京ABB电气传动系统有限公司	朝阳园	20～50
190	中科软科技股份有限公司	海淀园	20～50
191	北京惠买在线网络科技有限公司	亦庄园	20～50
192	西门子工厂自动化工程有限公司	朝阳园	20～50
193	中铁特货运输有限责任公司	丰台园	20～50
194	中国石油化工股份有限公司润滑油分公司	海淀园	20～50
195	长城宽带网络服务有限公司	海淀园	20～50

（续表）

序号	名称	园区	收入规模（亿元）
196	中国铁道科学研究院	海淀园	20～50
197	新一代专网通信技术有限公司	石景山园	20～50
198	泛华建设集团有限公司	丰台园	20～50
199	北京趣拿软件科技有限公司	海淀园	20～50
200	北京国联能源产业投资基金（有限合伙）	昌平园	20～50
201	北京弘高建筑装饰设计工程有限公司	昌平园	20～50
202	中铁二十三局集团第二工程有限公司	大兴园	20～50
203	北京畅游时代数码技术有限公司	石景山园	20～50
204	中国仪器进出口（集团）公司	西城园	20～50
205	北京三聚环保新材料股份有限公司	海淀园	20～50
206	中铁十九局集团轨道交通工程有限公司	顺义园	20～50
207	北京三元食品股份有限公司	海淀园	20～50
208	同方威视技术股份有限公司	海淀园	20～50
209	中农立华生物科技股份有限公司	海淀园	20～50
210	北京精雕科技集团有限公司	门头沟园	20～50
211	北京岱摩斯变速器有限公司	通州园	20～50
212	施耐德（北京）中低压电器有限公司	亦庄园	20～50
213	大唐能源化工营销有限公司	昌平园	20～50
214	北京新能源汽车股份有限公司	大兴园	20～50
215	天翼电子商务有限公司	昌平园	20～50
216	伟世通汽车空调（北京）有限公司	顺义园	20～50
217	北京同仁堂科技发展股份有限公司	亦庄园	20～50
218	中国石化润滑油有限公司北京分公司	海淀园	20～50
219	北京华胜天成科技股份有限公司	海淀园	20～50
220	亚信科技（中国）有限公司	海淀园	20～50
221	中交四公局第一工程有限公司	亦庄园	20～50
222	三一重工股份有限公司	昌平园	20～50
223	北京搜狗科技发展有限公司	海淀园	20～50
224	北京东方雨虹防水技术股份有限公司	顺义园	20～50
225	中商惠民（北京）电子商务有限公司	朝阳园	20～50
226	中国电力科学研究院	海淀园	20～50
227	东华软件股份公司	海淀园	20～50

（续表）

序号	名称	园区	收入规模（亿元）
228	中国电信集团系统集成有限责任公司	海淀园	20～50
229	中国公路工程咨询集团有限公司	海淀园	20～50
230	国电国际经贸有限公司	昌平园	20～50
231	北京港源建筑装饰工程有限公司	昌平园	20～50
232	北京易车互动广告有限公司	海淀园	20～50
233	联通系统集成有限公司	亦庄园	20～50
234	北京泰德制药股份有限公司	亦庄园	20～50
235	中海油能源发展股份有限公司	东城园	20～50
236	利乐包装（北京）有限公司	亦庄园	20～50
237	中交路桥华北工程有限公司	亦庄园	20～50
238	航卫通用电气医疗系统有限公司	亦庄园	20～50
239	石化盈科信息技术有限责任公司	海淀园	20～50
240	北京路桥瑞通养护中心有限公司	顺义园	20～50
241	北京德尔福万源发动机管理系统有限公司	亦庄园	20～50
242	通号工程局集团有限公司	丰台园	20～50
243	北京中视汇才文化发展有限公司	海淀园	20～50
244	北京同仁堂股份有限公司	亦庄园	20～50
245	北京航天自动控制研究所	海淀园	20～50
246	北京京东尚科信息技术有限公司	海淀园	20～50
247	北京歌华有线电视网络股份有限公司	海淀园	20～50
248	中国石油集团海洋工程有限公司	亦庄园	20～50
249	北京印钞有限公司	西城园	20～50
250	中国国际电视总公司	海淀园	20～50
251	中交一公局海威工程建设有限公司	丰台园	20～50
252	北京发那科机电有限公司	海淀园	20～50
253	曙光信息产业（北京）有限公司	海淀园	20～50
254	北京颖泰嘉和生物科技有限公司	海淀园	20～50
255	中国京冶工程技术有限公司	海淀园	20～50
256	葆婴有限公司	亦庄园	20～50
257	大唐移动通信设备有限公司	海淀园	20～50
258	北京丽贝亚建筑装饰工程有限公司	石景山园	20～50
259	华锐风电科技（集团）股份有限公司	海淀园	20～50
260	北京蓝坤互动网络科技有限公司	海淀园	20～50
261	京东方现代（北京）显示技术有限公司	朝阳园	20～50
262	红牛维他命饮料有限公司	怀柔园	20～50

（续表）

序号	名称	园区	收入规模（亿元）
263	北京畅游天下网络技术有限公司	石景山园	20～50
264	通标标准技术服务有限公司	海淀园	20～50
265	北京昂然时代广告有限公司	海淀园	20～50
266	北京丰台科技园建设发展有限公司	丰台园	20～50
267	北京微梦创科网络技术有限公司	海淀园	20～50
268	北京中油瑞飞信息技术有限责任公司	东城园	20～50
269	北京南瑞智芯微电子科技有限公司	海淀园	20～50
270	中冶交通工程技术有限公司	亦庄园	20～50
271	北京天源科创风电技术有限责任公司	海淀园	20～50
272	北京桑德环境工程有限公司	海淀园	20～50
273	北京北汽模塑科技有限公司	大兴园	20～50
274	北京巴布科克威尔科克斯有限公司	石景山园	20～50
275	艺龙网信息技术（北京）有限公司	朝阳园	20～50
276	中铁航空港建设集团北京有限公司	延庆园	20～50
277	北京新意互动广告有限公司	海淀园	20～50
278	奥瑞金包装股份有限公司	怀柔园	20～50
279	中国华电集团物资有限公司	昌平园	20～50
280	中铁现代物流科技股份有限公司	海淀园	20～50
281	北京国电清新环保技术股份有限公司	海淀园	20～50
282	经纬纺织机械股份有限公司	亦庄园	20～50
283	北京康拓科技有限公司	海淀园	20～50
284	北京昊华能源股份有限公司	门头沟园	20～50
285	北京二七轨道交通装备有限责任公司	丰台园	20～50
286	北京中青旅创格科技有限公司	海淀园	20～50
287	北京四方继保工程技术有限公司	海淀园	20～50
288	北京华兴凯达石油化工有限公司	朝阳园	20～50
289	北京日进汽车系统有限公司	平谷园	20～50
290	北京中彩在线科技有限责任公司	亦庄园	20～50
291	天地科技股份有限公司	朝阳园	20～50
292	北京城市排水集团有限责任公司	西城园	20～50
293	北京电力设备总厂有限公司	房山园	20～50
294	蓝星石油有限公司	海淀园	20～50

（续表）

序号	名称	园区	收入规模（亿元）
295	北京爱慕内衣有限公司	朝阳园	20～50
296	中国核工业中原建设有限公司	西城园	20～50
297	今麦郎饮品股份有限公司	密云园	20～50
298	神华国能燃料有限公司	昌平园	20～50
299	奇飞翔艺（北京）软件有限公司	朝阳园	20～50
300	北京北汽大世汽车系统有限公司	顺义园	20～50
301	安泰科技股份有限公司	海淀园	20～50
302	中国中元国际工程有限公司	海淀园	20～50
303	三一重型能源装备有限公司	昌平园	20～50
304	北京建磊国际装饰工程股份有限公司	门头沟园	10～20
305	北京四方继保自动化股份有限公司	海淀园	10～20
306	北京三立车灯有限公司	顺义园	10～20
307	博洛尼家居用品（北京）股份有限公司	大兴园	10～20
308	文思海辉技术有限公司	海淀园	10～20
309	中交公路规划设计院有限公司	东城园	10～20
310	北京费森尤斯卡比医药有限公司	朝阳园	10～20
311	北京奇虎科技有限公司	西城园	10～20
312	赛尔网络有限公司	海淀园	10～20
313	阿帕奇（北京）光纤激光技术有限公司	亦庄园	10～20
314	北京中公未来教育咨询有限公司	海淀园	10～20
315	北京吉狮互动网络营销技术有限公司	顺义园	10～20
316	北京中电普华信息技术有限公司	海淀园	10～20
317	北京晓通网络科技有限公司	海淀园	10～20
318	北京万源工业有限公司	亦庄园	10～20
319	瑞斯康达科技发展股份有限公司	海淀园	10～20
320	中铁国际多式联运有限公司	丰台园	10～20
321	中青旅控股股份有限公司	东城园	10～20
322	中铁工程设计咨询集团有限公司	丰台园	10～20
323	北京上药爱心伟业医药有限公司	海淀园	10～20
324	延锋伟世通（北京）汽车饰件系统有限公司	顺义园	10～20
325	中国水电顾问集团国际工程有限公司	西城园	10～20
326	北京铁路信号有限公司	大兴园	10～20
327	微梦创科网络科技（中国）有限公司	海淀园	10～20

（续表）

序号	名称	园区	收入规模（亿元）
328	新华旅行网络服务有限公司	怀柔园	10～20
329	软通动力信息技术（集团）有限公司	海淀园	10～20
330	北京 ABB 高压开关设备有限公司	亦庄园	10～20
331	博天环境集团股份有限公司	海淀园	10～20
332	康宁显示科技（中国）有限公司	亦庄园	10～20
333	兴唐通信科技有限公司	海淀园	10～20
334	北京汽车动力总成有限公司	通州园	10～20
335	金诚信矿业管理股份有限公司	密云园	10～20
336	北京市建筑设计研究院有限公司	西城园	10～20
337	中国恩菲工程技术有限公司	海淀园	10～20
338	电众数码（北京）广告有限公司	东城园	10～20
339	北方装备有限责任公司	西城园	10～20
340	瑞萨半导体（北京）有限公司	海淀园	10～20
341	北京首钢国际工程技术有限公司	石景山园	10～20
342	北京未来广告有限公司	海淀园	10～20
343	宝健（中国）有限公司	亦庄园	10～20
344	中国物资储运总公司	丰台园	10～20
345	北京兴宜世纪科技有限公司	大兴园	10～20
346	中牧农业连锁发展有限公司	丰台园	10～20
347	北京奇艺世纪科技有限公司	海淀园	10～20
348	思科系统（中国）网络技术有限公司	海淀园	10～20
349	北京宏岸图升网络技术有限公司	海淀园	10～20
350	用友网络科技股份有限公司	海淀园	10～20
351	中国电建集团北京勘测设计研究院有限公司	朝阳园	10～20
352	中牧实业股份有限公司	丰台园	10～20
353	北京新浪互联信息服务有限公司	海淀园	10～20
354	华润国康（北京）医药有限公司	丰台园	10～20
355	北京李尔岱摩斯汽车系统有限公司	顺义园	10～20
356	中交路桥技术有限公司	朝阳园	10～20
357	普天信息技术研究院有限公司	海淀园	10～20
358	索尼移动通信产品（中国）有限公司	朝阳园	10～20
359	北京晶川电子技术发展有限责任公司	丰台园	10～20
360	中国软件与技术服务股份有限公司	昌平园	10～20
361	中油测井技术服务有限责任公司	昌平园	10～20

（续表）

序号	名称	园区	收入规模（亿元）
362	中广有线信息网络有限公司	海淀园	10～20
363	北京智讯天成技术有限公司	海淀园	10～20
364	北京派瑞威行广告有限公司	海淀园	10～20
365	三星数据系统（中国）有限公司	朝阳园	10～20
366	人民教育出版社有限公司	海淀园	10～20
367	中石化三菱化学聚碳酸酯（北京）有限公司	房山园	10～20
368	安迅（北京）金融设备系统有限公司	亦庄园	10～20
369	北京研华兴业电子科技有限公司	海淀园	10～20
370	北京中科三环高技术股份有限公司	海淀园	10～20
371	网银在线（北京）科技有限公司	海淀园	10～20
372	多维联合集团有限公司	房山园	10～20
373	航天长征化学工程股份有限公司	亦庄园	10～20
374	北京探路者户外用品股份有限公司	昌平园	10～20
375	北京中科信电子装备有限公司	通州园	10～20
376	北京和利时系统工程有限公司	海淀园	10～20
377	北京恩布拉科雪花压缩机有限公司	顺义园	10～20
378	北京双鹤药业经营有限责任公司	海淀园	10～20
379	威斯特（北京）机械设备有限公司	亦庄园	10～20
380	北京中铁房山桥梁有限公司	房山园	10～20
381	酒仙网电子商务股份有限公司	亦庄园	10～20
382	中国卫通集团有限公司	海淀园	10～20
383	北京华夏建龙矿业科技有限公司	丰台园	10～20
384	易尚明天科技有限公司	丰台园	10～20
385	有研亿金新材料有限公司	昌平园	10～20
386	北京搜狐新媒体信息技术有限公司	海淀园	10～20
387	科思世通广告（北京）有限公司	海淀园	10～20
388	北京韩一汽车饰件有限公司	顺义园	10～20
389	北京北汽李尔汽车系统有限公司	亦庄园	10～20
390	北京三聚创洁科技发展有限公司	海淀园	10～20
391	诺基亚（中国）投资有限公司	亦庄园	10～20
392	北京神州泰岳系统集成有限公司	海淀园	10～20
393	通号物资集团有限公司	丰台园	10～20
394	北京大唐高鸿数据网络技术有限公司	海淀园	10～20

（续表）

序号	名称	园区	收入规模（亿元）
395	北京腾信创新网络营销技术股份有限公司	朝阳园	10～20
396	SMC（北京）制造有限公司	顺义园	10～20
397	中交水运规划设计院有限公司	东城园	10～20
398	北京网聘咨询有限公司	朝阳园	10～20
399	网易传媒科技（北京）有限公司	海淀园	10～20
400	诺基亚通信有限公司	亦庄园	10～20
401	贝壳网际（北京）安全技术有限公司	石景山园	10～20
402	北京平和精工汽车部件有限公司	顺义园	10～20
403	外语教学与研究出版社有限责任公司	海淀园	10～20
404	北京易华录信息技术股份有限公司	石景山园	10～20
405	北京神华首路销售有限公司	昌平园	10～20
406	中电基础产品装备公司	石景山园	10～20
407	北京科锐配电自动化股份有限公司	海淀园	10～20
408	华润双鹤药业股份有限公司	朝阳园	10～20
409	中煤科工集团北京华宇工程有限公司	海淀园	10～20
410	中铁城建集团北京工程有限公司	朝阳园	10～20
411	华电煤业集团有限公司	昌平园	10～20
412	北京世纪互联宽带数据中心有限公司	朝阳园	10～20
413	北京同仁堂健康药业股份有限公司	亦庄园	10～20
414	北京嘉寓门窗幕墙股份有限公司	顺义园	10～20
415	北京市上品商业发展有限责任公司	东城园	10～20
416	北京捷越联合信息咨询有限公司	东城园	10～20
417	大唐软件技术股份有限公司	海淀园	10～20
418	国电海运煤有限公司	昌平园	10～20
419	北京百纳威尔科技有限公司	通州园	10～20
420	北京环球国广商贸有限公司	石景山园	10～20
421	中煤北京煤矿机械有限责任公司	房山园	10～20
422	高德信息技术有限公司	海淀园	10～20
423	北京云星宇交通科技股份有限公司	丰台园	10～20
424	中国船级社	东城园	10～20
425	北京华图宏阳教育文化发展股份有限公司	海淀园	10～20

（续表）

序号	名称	园区	收入规模（亿元）
426	北京大唐高鸿科技发展有限公司	海淀园	10 ～ 20
427	北京兴昌高科技发展有限公司	昌平园	10 ～ 20
428	北京中电飞华通信股份有限公司	海淀园	10 ～ 20
429	中铁物总轨道装备贸易有限公司	昌平园	10 ～ 20
430	北京航天石化技术装备工程公司	海淀园	10 ～ 20
431	北方爆破工程有限责任公司	海淀园	10 ～ 20
432	高德软件有限公司	昌平园	10 ～ 20
433	中国万宝工程公司	西城园	10 ～ 20
434	北京大北农科技集团股份有限公司	海淀园	10 ～ 20
435	中国建筑设计院有限公司	西城园	10 ～ 20
436	中国机床销售与技术服务有限公司	丰台园	10 ～ 20
437	北京城市网邻信息技术有限公司	朝阳园	10 ～ 20
438	博世力士乐（北京）液压有限公司	亦庄园	10 ～ 20
439	京东方科技集团股份有限公司	朝阳园	10 ～ 20
440	舒泰神（北京）生物制药股份有限公司	亦庄园	10 ～ 20
441	中外园林建设有限公司	西城园	10 ～ 20
442	北京方正信息技术有限公司	海淀园	10 ～ 20
443	北京瓦力网络科技有限公司	石景山园	10 ～ 20
444	福耀集团北京福通安全玻璃有限公司	通州园	10 ～ 20
445	悦康药业集团有限公司	亦庄园	10 ～ 20
446	拉卡拉支付有限公司	海淀园	10 ～ 20
447	通号通信信息集团有限公司	丰台园	10 ～ 20
448	中铁六局集团电务工程有限公司	海淀园	10 ～ 20
449	安川首钢机器人有限公司	亦庄园	10 ～ 20
450	北京中邮普泰移动通信设备有限责任公司	丰台园	10 ～ 20
451	竞技世界（北京）网络技术有限公司	怀柔园	10 ～ 20
452	中钞国鼎投资有限公司	丰台园	10 ～ 20
453	北京五八信息技术有限公司	朝阳园	10 ～ 20
454	中铁丰桥桥梁有限公司	丰台园	10 ～ 20
455	北京摩比斯中车汽车零部件有限公司	昌平园	10 ～ 20
456	锤子科技（北京）有限公司	海淀园	10 ～ 20
457	中国重型机械有限公司	海淀园	10 ～ 20
458	北京国电中能科技有限公司	海淀园	10 ～ 20

（续表）

序号	名称	园区	收入规模（亿元）
459	北京蓝汛通信技术有限责任公司	海淀园	10 ～ 20
460	北京国电通网络技术有限公司	海淀园	10 ～ 20
461	北京天海工业有限公司	朝阳园	10 ～ 20
462	广联达软件股份有限公司	海淀园	10 ～ 20
463	楼氏电子（北京）有限公司	亦庄园	10 ～ 20
464	北京燕华工程建设有限公司	房山园	10 ～ 20
465	北京科东电力控制系统有限责任公司	海淀园	10 ～ 20
466	颇尔过滤器（北京）有限公司	亦庄园	10 ～ 20
467	农信银资金清算中心有限责任公司	丰台园	10 ～ 20
468	国新盛华信息技术有限公司	丰台园	10 ～ 20
469	北京通用电气华伦医疗设备有限公司	亦庄园	10 ～ 20
470	诺兰特移动通信配件（北京）有限公司	亦庄园	10 ～ 20
471	北京信威通信技术股份有限公司	海淀园	10 ～ 20
472	北京普莱德新能源电池科技有限公司	大兴园	10 ～ 20
473	方正国际软件（北京）有限公司	海淀园	10 ～ 20
474	北京康仁堂药业有限公司	顺义园	10 ～ 20
475	北京国电华北电力工程有限公司	海淀园	10 ～ 20
476	北京中视广经文化发展有限公司	海淀园	10 ～ 20
477	诺维信（中国）投资有限公司	海淀园	10 ～ 20
478	金鹰国际货运代理有限公司	亦庄园	10 ～ 20
479	中铁信弘兴（北京）信息工程有限责任公司	海淀园	10 ～ 20
480	中成进出口股份有限公司	丰台园	10 ～ 20
481	北京承达创建装饰工程有限公司	顺义园	10 ～ 20
482	北京金隅混凝土有限公司	海淀园	10 ～ 20
483	北京嘉林药业股份有限公司	朝阳园	10 ～ 20
484	北京博奇电力科技有限公司	丰台园	10 ～ 20
485	北京以岭药业有限公司	大兴园	10 ～ 20
486	北京宇信易诚科技有限公司	海淀园	10 ～ 20
487	北京恒远恒信科技发展有限公司	海淀园	10 ～ 20
488	易宝支付有限公司	石景山园	10 ～ 20
489	北京韩美药品有限公司	顺义园	10 ～ 20
490	北京利尔高温材料股份有限公司	昌平园	10 ～ 20
491	北京先进数通信息技术股份公司	海淀园	10 ～ 20
492	中建电子工程有限公司	海淀园	10 ～ 20
493	北京合纵科技股份有限公司	海淀园	10 ～ 20

（续表）

序号	名称	园区	收入规模（亿元）
494	诺基亚西门子通信网络科技服务有限公司	东城园	10～20
495	同方环境股份有限公司	海淀园	10～20
496	中国北方车辆有限公司	西城园	10～20
497	中影巴可（北京）电子有限公司	昌平园	10～20
498	中国大恒（集团）有限公司	海淀园	10～20
499	九源天能（北京）科技有限公司	海淀园	10～20
500	北京中科金财科技股份有限公司	海淀园	10～20
501	北京首航艾启威节能技术股份有限公司	大兴园	10～20
502	北京双鹭药业股份有限公司	海淀园	10～20
503	北京中关村永丰产业基地发展有限公司	海淀园	10～20
504	方正产业控股有限公司	海淀园	10～20
505	北京市市政工程设计研究总院有限公司	海淀园	10～20
506	新湖财富投资管理有限公司	石景山园	10～20
507	北京江森自控有限公司	海淀园	10～20
508	揖斐电电子（北京）有限公司	亦庄园	10～20
509	威睿信息技术（中国）有限公司	海淀园	10～20
510	北京荣之联科技股份有限公司	海淀园	10～20
511	浦项建设（中国）有限公司	朝阳园	10～20
512	森特士兴集团股份有限公司	延庆园	10～20
513	乐视影业（北京）有限公司	怀柔园	10～20
514	大唐高鸿信息技术有限公司	海淀园	10～20
515	北京华宇信息技术有限公司	海淀园	10～20
516	中科合成油工程股份有限公司	怀柔园	10～20
517	甘李药业股份有限公司	通州园	10～20

（续表）

序号	名称	园区	收入规模（亿元）
518	北京品众互动网络营销技术有限公司	顺义园	10～20
519	北京长江传媒有限公司	东城园	10～20
520	北京城建安装集团有限公司	大兴园	10～20
521	京津城际铁路有限责任公司	丰台园	10～20
522	引力传媒股份有限公司	海淀园	10～20
523	安捷伦科技（中国）有限公司	朝阳园	10～20
524	中钞特种防伪科技有限公司	丰台园	10～20
525	北京沃利帕森工程技术有限公司	朝阳园	10～20
526	北京伊普国际水务有限公司	亦庄园	10～20
527	北京海纳川汽车底盘系统有限公司	顺义园	10～20
528	北京中电华大电子设计有限责任公司	朝阳园	10～20
529	北京科高大北农饲料有限责任公司	怀柔园	10～20
530	北京华油联合燃气开发有限公司	亦庄园	10～20
531	北京中软国际信息技术有限公司	海淀园	10～20
532	北京三快在线科技有限公司	海淀园	10～20
533	北京艾莱发喜食品有限公司	顺义园	10～20
534	北京北开电气股份有限公司	朝阳园	10～20
535	罗森伯格亚太电子有限公司	顺义园	10～20
536	新华网股份有限公司	大兴园	10～20
537	中电普瑞电力工程有限公司	昌平园	10～20
538	北京二商王致和食品有限公司	海淀园	10～20
539	西得乐机械（北京）有限公司	亦庄园	10～20

资料来源：中关村科技园区管理委员会

中关村国家自主创新示范区企业获 2015 年度中国驰名商标一览表

序号	注册人	商标	商品或服务	所属园区
1	北京华素制药股份有限公司	华素	人用药品	房山园
2	北京依文服装服饰有限公司	诺丁山	服装	丰台园
3	博彦科技股份有限公司	博彦科技	计算机软件编程	海淀园

资料来源：北京市工商行政管理局

中关村国家自主创新示范区企业获 2015 年度北京市著名商标一览表

编号	企业名称	商标（呼叫）	商标注册号	类别	商品或服务
1	北京高盟新材料股份有限公司	高盟牌	3020400	1	工业用黏合剂
2	北京洛娃日化有限公司	洛娃	9455006	3	洗涤剂、洗衣剂、织物柔软剂（洗衣用）
3	北京东升砂布有限责任公司	图形	203906	3	砂纸
4	北京章光 101 科技股份有限公司	章光	349428	3	毛发再生精
5	北京章光 101 科技股份有限公司	101	361832	3	毛发再生精
6	北京洛娃日化有限公司	洛娃	850284	3	肥皂、香皂及其他人用洗洁用品
7	北京绿伞化学股份有限公司	绿伞	1904549	3	洗衣剂
8	北京奥力助兴石化有限公司	飞圣达	4923556	4	润滑油、润滑脂
9	北京华邈中药工程技术开发中心	图形	3140090	5	药用根块植物、医用营养食物
10	北京嘉林药业股份有限公司	阿乐	1484597	5	片剂
11	北京四环制药有限公司	四环	1516476	5	药用化学制剂，各种针剂、片剂
12	北京协和药厂	百赛诺	1624418	5	医药制剂、片剂
13	北京科兴生物制品有限公司	孩尔来福	3017985	5	疫苗
14	北京万泰生物药业股份有限公司	艾知 AiD	3490447	5	体外诊断试剂、体外诊断试纸
15	北京安恒利通科技股份有限公司	ROCK	6891863	6	金属门把手、门插销
16	北京嘉寓门窗幕墙股份有限公司	嘉寓	862467	6	金属门、窗
17	北京美驰建筑材料有限责任公司	MYLCH	1382188	6	窗用金属器材、金属窗
18	奥瑞金包装股份有限公司	图形	1697595	6	马口铁包装容器、金属包装容器
19	北京泰宁科创雨水利用技术股份有限公司	TIDELION	3206766	6	金属排雨水斗、金属排泄管、金属管道加固材料
20	中际联合（北京）科技股份有限公司	3s lift	6004788	7	起重机（升降装置）
21	北京杰利阳能源设备制造有限公司	杰利阳能源	9067565	7	石油开采、石油精炼工业用机器设备
22	北京精雕科技集团有限公司	JD	4280217	7	电脑割字机
23	北京北方微电子基地设备工艺研究中心有限责任公司	NMC	4800007	7	电子工业设备
24	飞天诚信科技股份有限公司	飞天诚信	9545178	9	计算机外围设备、智能卡（集成电路卡）、数据处理设备
25	北京易艾斯德科技有限公司	ESDTEK	5325507	9	计算机软件（已录制）、电站自动化装置、配电控制台（电）
26	北京合纵科技股份有限公司	图形	4250000	9	变压器、高低压开关板
27	北京淳中科技股份有限公司	TRICOLOR	8062049	9	计算机程序（可下载软件）
28	北京科锐配电自动化股份有限公司	科锐	1402390	9	配电箱（电）、配电控制台（电）
29	紫光集团有限公司	紫光	1153280	9	数据处理设备、计算机软件（录制好的）
30	北京天健源达科技有限公司	图形	3335113	9	计算机程序（可下载软件）
31	北京嘉洁能科技有限公司	嘉洁能	9156347	9	测量装置、计量仪表、内部通讯装置

（续表）

编号	企业名称	商标（呼叫）	商标注册号	类别	商品或服务
32	北京力达塑料制造有限公司	力达	306570	9	塑料安全帽
33	北京时代之峰科技有限公司	TIME	687513	9	硬度计、粗糙度仪、涂层测厚仪、测振仪
34	汉王科技股份有限公司	汉王	703653	9	电子计算机及其外部设备、文字处理机
35	北京冲击波电子有限责任公司	冲击波	1072342	9	音箱
36	爱国者数码科技有限公司	爱国者	1114515	9	计算机周边设备
37	北京二十一世纪科技发展有限公司	STC 图形	1199648	9	电测量仪器、工业操作遥控电动装置
38	北京人民电器厂有限公司	固安祥	1311220	9	断路器
39	同方威视技术股份有限公司	威视	1341322	9	非医用 X 光产生器械及装置、非医用 X 光机
40	广联达软件股份有限公司	广联达	1432424	9	已录制的计算机程序（程序）、计算机软件（已录制）
41	北京北大英华科技有限公司	北大法宝	1706214	9	计算机软件（已录制）、电脑软件（录制好的）
42	北京华通嘉诚投资管理有限公司	图形	1747668	9	配电箱（电）
43	北京斯普乐电线电缆有限公司	斯普乐	1983137	9	电缆、电线
44	北京维益埃电气股份有限公司	图形	3135728	9	配电控制台（电）、配电箱（电）、电站自动化装置、电开关
45	爱国者数码科技有限公司	aigo	3295078	9	计算机外围设备
46	北京东方广视科技股份有限公司	东方广视	3427035	9	有线电视视频音频播出设备、有线电视视音频加解扰机
47	首安工业消防有限公司	首安	3442419	9	灭火设备、火灾报警器
48	北京吉安达开关控制设备有限公司	鑫吉安达	3475398	9	高低压开关板、控制板（电）、配电箱（电）、配电控制台（电）
49	北京天宇朗通通信设备股份有限公司	天语	3890266	9	手提电话
50	北京四维图新科技股份有限公司	四维图新	4092719	9	已录制的计算机程序（程序）、计算机软件（已录制）、电子出版物（可下载）
51	北京合康亿盛变频科技股份有限公司	合康	4192451	9	变压器（电）
52	北京英凯瑞科技发展有限公司	凯瑞德	5156248	9	计算机外围设备
53	北京金储自动化技术有限公司	鹰眼	5156562	9	假币检测器、支票证明机
54	北京怡成生物电子技术有限公司	怡成	1327133	10	快速血糖测试仪
55	北京天新福医疗器材有限公司	天义福	3766852	10	外科（骨科）用移植物
56	中生北控生物科技股份有限公司	中生北控生物科技股份有限公司	3795400	10	医疗器械和仪器
57	北京威派格科技发展有限公司	WPG	8690116	11	供水设备
58	北京禹辉净化技术有限公司	禹辉水博士	5043827	11	水过滤器、饮水过滤器、水净化设备和机器
59	北京首钢吉泰安新材料有限公司	钢花牌	523554	11	电热丝
60	北京雨昕阳光太阳能工业有限公司	雨昕阳光	1642006	11	太阳能热水器、太阳能集热器
61	北京天韵太阳科技发展有限公司	天韵	3287934	11	太阳能热水器
62	北京科泰兴达高新技术有限公司	阳光岛	3599935	11	水净化装置
63	北京星光影视设备科技股份有限公司	星光	4141434	11	照明器械及装置、舞台灯具
64	北汽福田汽车股份有限公司	拓陆者	9239315	12	小汽车

（续表）

编号	企业名称	商标（呼叫）	商标注册号	类别	商品或服务
65	北汽福田汽车股份有限公司	Tunland	9239293	12	小汽车
66	北汽福田汽车股份有限公司	FORLAND	1445414	12	汽车、卡车
67	北汽福田汽车股份有限公司	福田时代	1598027	12	汽车、卡车
68	北汽福田汽车股份有限公司	奥铃	3113435	12	汽车（车辆）
69	北汽福田汽车股份有限公司	图形	3117241	12	汽车
70	北京天路通科技有限责任公司	天路	5062548	12	扫路车
71	北新集团建材股份有限公司	龙牌	4266766	17	矿棉吸声板
72	北京东方雨虹防水技术股份有限公司	华砂	9808571	19	非金属建筑涂面材料、涂层（建筑材料）
73	北京韩建河山管业股份有限公司	图形	7825418	19	非金属排水管、非金属管道、非金属引水管道
74	北京东方雨虹防水技术股份有限公司	雨虹	1258881	19	防水卷材、涂料（土、砂、石建筑材料）
75	北京联合荣大工程材料有限责任公司	RD	1437654	19	耐火材料
76	北京太空板业股份有限公司	太空	3125440	19	建筑用非金属隔板
77	北京联合荣大工程材料有限责任公司	联合荣大	4879979	19	耐火材料，耐火纤维，耐火砖、瓦
78	北京市标致家具有限责任公司	标致	1004140	20	家具
79	北京世纪京泰家具有限公司	京泰	1476977	20	办公家具
80	北京黎明文仪家具有限公司	LMFU	4490769	20	家具
81	北京京冠毛巾有限责任公司	JINGGUAN	1166823	24	毛巾被、浴巾、毛巾
82	北京特普丽装饰装帧材料有限公司	特普丽	3787317	27	墙纸
83	北京奥康达体育用品有限公司	okstar	6735543	28	锻炼身体器械
84	北京首都农业集团有限公司	首农	7797953	29	肉、蛋、牛奶
85	北京三元食品股份有限公司	三元	9165694	29	牛奶、牛奶饮料（以牛奶为主的）、牛奶制品、酸奶
86	北京华都集团有限责任公司	华都	1255268	29	加工过的肉
87	北京御食园食品股份有限公司	御食园	1748177	29	蜜饯、精致坚果仁
88	北京华都集团有限责任公司	华都食品	3669146	29	加工过的肉
89	北京格瑞拓普生物科技有限公司	图形	4508055	29	蘑菇罐头、干食用菌
90	北京绿润食品有限公司	绿润	5202163	29	精制坚果仁、糖炒栗子
91	北京华达杰瑞生物技术有限公司	杰瑞婷	6776166	30	非医用营养粉、非医用营养液
92	北京金田麦国际食品有限公司	伊田面馆	1583311	30	面粉制品、米粉
93	北京康比特体育科技股份有限公司	康比特	3246001	30	非医用营养粉、非医用营养胶囊
94	北京瑞正园农业科技发展有限公司	瑞正园	7361191	31	鲜水果
95	北京金五星商业大厦有限责任公司	JINWUXING	1264994	35	推销（替他人）
96	中国电子信息产业发展研究院	赛迪	1487677	35	广告传播
97	北京正元伟业科技发展有限公司	正元伟业	3412387	35	推销（替他人）
98	中国投融资担保股份有限公司	中投保	3604065	36	担保
99	北京绿茵天地体育产业股份有限公司	绿茵天地	1109960	37	运动场地施工
100	北京东方雨虹防水技术股份有限公司	东方雨虹	4667760	37	建筑物密封、防湿业务（建筑物）
101	乐视网信息技术（北京）股份有限公司	Letv	4698890	41	娱乐信息、节目制作
102	北京光线传媒股份有限公司	E	3011692	41	电视和无线电节目制作、表演制作、娱乐、演出

（续表）

编号	企业名称	商标（呼叫）	商标注册号	类别	商品或服务
103	北京东大正保科技有限公司	图形	3068295	41	教育、培训
104	品牌联盟（北京）咨询股份公司	图形	4852809	41	安排和组织会议、组织文化或教育展览
105	北京佳讯飞鸿电气股份有限公司	佳讯飞鸿	9854256	42	计算机编程、计算机软件设计
106	北京奇虎科技有限公司	图形	8820252	42	计算机病毒的防护服务、提供互联网搜索引擎
107	北京鼎普科技股份有限公司	猎隼	6211400	42	计算机软件设计、计算机系统设计
108	北京无名居美食有限公司	无名居	1109881	42	餐馆
109	亚信科技（中国）有限公司	亚信	1337444	42	计算机程序编制、计算机软件设计
110	北京华胜天成科技股份有限公司	华胜天成	1739697	42	研究和开发（替他人）、计算机软件设计
111	北京市海淀区海碗居老北京炸酱面餐馆	海碗居	2014875	42	餐馆
112	北京中科红旗软件技术有限公司	中科红旗	3152359	42	计算机编程、计算机软件设计、替他人创建和维护网站
113	北京市商标专利事务所有限公司	BTA	3775948	42	法律服务、知识产权咨询
114	北京春秋永乐文化传播有限公司	永乐票务	4463281	42	主持计算机站（网站）、把有形的数据和文件转换成电子媒体

资料来源：北京市工商行政管理局

北京地区2015年当选中国科学院院士一览表

（续表）

序号	姓名	专业	工作单位
数学物理学部			
1	王贻芳	粒子物理实验	中国科学院高能物理研究所
2	朱诗尧	物理、光学	北京计算科学研究中心
3	江　松	应用数学、计算数学	北京应用物理与计算数学研究所
4	张平文	计算数学	北京大学
5	谢心澄	凝聚态物理	北京大学
化学部			
1	刘云圻	物理化学	中国科学院化学研究所
2	李玉良	无机化学	中国科学院化学研究所
3	张锁江	化学工程	中国科学院过程工程研究所
4	席振峰	有机化学	北京大学
生命科学和医学学部			
1	王福生	临床传染病学	中国人民解放军第三〇二医院
2	李　蓬（女）	生理学与生物化学	清华大学
3	邵　峰	感染与免疫的分子机制	北京生命科学研究所
4	周　琪	干细胞生物学	中国科学院动物研究所
5	曹晓风（女）	植物表观遗传学	中国科学院遗传与发育生物学研究所
6	阎锡蕴（女）	纳米生物学	中国科学院生物物理研究所
地学部			
1	吴福元	岩石学	中国科学院地质与地球物理研究所
2	张人禾	气象学	中国气象科学研究院
3	高　锐	地球物理与深部构造	中国地质科学院地质研究所
信息技术科学部			
1	刘　明（女）	微电子科学与技术	中国科学院微电子研究所
2	陆建华	通信与信息系统	清华大学
3	房建成	导航、制导与控制	北京航空航天大学

（续表）

序号	姓名	专业	工作单位
4	姜　杰（女）	导航、制导与控制	中国航天科技集团公司第一研究院
5	周志鑫	信号与信息处理	北京市遥感信息研究所
6	顾　瑛（女）	生物医学光子学（激光医学）	中国人民解放军总医院
7	黄　如（女）	微电子学与固体电子学	北京大学
技术科学部			
1	闫楚良	飞机结构寿命与可靠性	国机集团科学技术研究院有限公司

（续表）

序号	姓名	专业	工作单位
2	汪卫华	材料科学	中国科学院物理研究所
3	陈维江	高电压与绝缘技术	国家电网公司
4	俞大鹏	无机非金属材料科学与工程	北京大学
5	倪晋仁	治河工程、环境工程	北京大学

注：以姓氏笔画为序

资料来源：中国科学院网站

北京地区 2015 年当选中国工程院院士一览表

序号	姓名	工作单位
机械与运载工程学部		
1	侯　晓	中国航天科技集团公司
2	李魁武	中国兵器工业集团
3	邱志明	海军装备研究院
4	孙　聪	中国航空工业集团公司
5	王华明	北京航空航天大学
信息与电子工程学部		
1	吴建平	清华大学
2	吴伟仁	国防科工局探月与航天工程中心
化工、冶金与材料工程学部		
1	陈建峰	北京化工大学
2	李　卫	钢铁研究总院
3	谢建新	北京科技大学
能源与矿业工程学部		
1	邓运华	中海油研究总院
2	顾大钊	神华集团有限责任公司
3	康红普	中国煤炭科工集团有限公司
4	李根生	中国石油大学（北京）
5	刘吉臻	华北电力大学
6	武　强	中国矿业大学（北京）

（续表）

序号	姓名	工作单位
土木、水利与建筑工程学部		
1	彭永臻	北京工业大学
环境与轻纺工程学部		
1	贺克斌	清华大学
2	杨志峰	北京师范大学
3	岳国君	中粮集团有限公司
4	张远航	北京大学
农业学部		
1	金宁一	解放军军事医学科学院
2	沈建忠	中国农业大学
3	唐华俊	中国农业科学院
4	万建民	中国农业科学院
医药卫生学部		
1	高长青	解放军总医院
2	黄璐琦	中国中医科学院
3	李　松	解放军军事医学科学院
工程管理学部		
1	凌　文	神华集团有限责任公司

注：以汉语拼音为序，其中不包括 3 位解放军总参谋部人员

资料来源：中国工程院网站

国家部分机构全称简称对照表

（续表）

序号	全 称	简 称
1	中华人民共和国国务院	国务院
2	中华人民共和国国防部	国防部
3	中华人民共和国国家发展和改革委员会	发展改革委
4	中华人民共和国教育部	教育部
5	中华人民共和国科学技术部	科技部
6	中华人民共和国工业和信息化部	工业和信息化部
7	中华人民共和国公安部	公安部
8	中华人民共和国民政部	民政部
9	中华人民共和国司法部	司法部
10	中华人民共和国财政部	财政部
11	中华人民共和国人力资源和社会保障部	人力资源社会保障部
12	中华人民共和国国土资源部	国土资源部
13	中华人民共和国环境保护部	环境保护部
14	中华人民共和国住房和城乡建设部	住房城乡建设部
15	中华人民共和国交通运输部	交通运输部
16	中华人民共和国水利部	水利部
17	中华人民共和国农业部	农业部
18	中华人民共和国商务部	商务部
19	中华人民共和国文化部	文化部
20	中华人民共和国国家卫生和计划生育委员会	国家卫生计生委
21	中国人民银行	人民银行
22	国务院国有资产监督管理委员会	国资委
23	中华人民共和国海关总署	海关总署
24	国家税务总局	税务总局
25	国家工商行政管理总局	工商总局
26	国家质量监督检验检疫总局	质检总局
27	国家新闻出版广电总局（国家版权局）	新闻出版广电总局（版权局）
28	国家食品药品监督管理总局	食品药品监管总局
29	国家统计局	统计局
30	国家林业局	林业局
31	国家知识产权局	知识产权局
32	国家旅游局	旅游局
33	国务院侨务办公室	国侨办
34	国务院台湾事务办公室	国台办
35	国务院港澳事务办公室	国务院港澳办
36	国务院法制办公室	国务院法制办
37	新华通讯社	新华社
38	中国科学院	中科院
39	中国社会科学院	社科院
40	中国工程院	工程院
41	中华人民共和国国务院发展研究中心	国务院发展研究中心
42	国家行政学院	行政学院
43	中国地震局	地震局
44	中国气象局	气象局
45	中国银行业监督管理委员会	银监会
46	中国证券监督管理委员会	证监会
47	中国保险监督管理委员会	保监会
48	国家自然科学基金委员会	自然科学基金委
49	中国国家标准化管理委员会	国家标准委

资料来源：中央人民政府门户网站

北京市部分机构全称简称对照表

（续表）

序号	全 称	简 称
1	中共北京市委员会	市委
2	北京市人民代表大会	市人大
3	中共北京市委组织部	市委组织部
4	中共北京市委政法委员会	市委政法委
5	中国人民政治协商会议北京市委员会	市政协

（续表）

序号	全　称	简　称
6	北京市机构编制委员会办公室	市编办
7	首都精神文明建设委员会办公室	首都文明办
8	北京市人民政府新闻办公室（北京市委宣传部）	市政府新闻办公室（市委宣传部）
9	北京市人民政府	市政府
10	北京市发展和改革委员会	市发展改革委
11	北京市教育委员会	市教委
12	北京市科学技术委员会	市科委
13	北京市经济和信息化委员会（北京市国防科学技术工业办公室）	市经济信息化委（市国防科工办）
14	北京市公安局	市公安局
15	北京市监察局（中共北京市纪律检查委员会）	市监察局（市纪委）
16	北京市民政局	市民政局
17	北京市司法局	市司法局
18	北京市财政局	市财政局
19	北京市人力资源和社会保障局	市人力社保局
20	北京市国土资源局	市国土局
21	北京市环境保护局	市环保局
22	北京市规划委员会（首都规划建设委员会办公室）	市规划委（首规委办）
23	北京市住房和城乡建设委员会（北京市人民政府住房制度改革办公室）	市住房城乡建设委（市政府房改办）
24	北京市交通委员会	市交通委
25	北京市农村工作委员会	市农委
26	北京市水务局	市水务局
27	北京市商务委员会（北京市人民政府口岸办公室）	市商务委（市政府口岸办）
28	北京市文化局	市文化局
29	北京市卫生和计划生育委员会	市卫生计生委
30	北京市审计局	市审计局
31	北京市人民政府外事办公室（北京市人民政府港澳事务办公室）	市政府外办（市政府港澳办）
32	北京市社会建设工作办公室	市社会办
33	北京市人民政府国有资产监督管理委员会	市国资委
34	北京市地方税务局	市地税局
35	北京市工商行政管理局	市工商局
36	北京市质量技术监督局	市质监局

（续表）

序号	全　称	简　称
37	北京市新闻出版广电局（北京市版权局）	市新闻出版广电局（市版权局）
38	北京市统计局	市统计局
39	北京市园林绿化局（首都绿化委员会办公室）	市园林绿化局（首都绿化办）
40	北京市金融工作局	市金融局
41	北京市知识产权局	市知识产权局
42	北京市人民政府法制办公室	市政府法制办
43	北京市人民政府研究室	市政府研究室
44	中关村科技园区管理委员会	中关村管委会
45	北京经济技术开发区管理委员会	经济技术开发区管委会
46	北京市农业局	市农业局
47	北京市粮食局	市粮食局
48	北京市食品药品监督管理局	市食品药品监管局
49	北京市中医管理局	市中医局
50	北京市重大项目建设指挥部办公室	市重大项目办
51	北京市南水北调工程建设委员会办公室	市南水北调办
52	北京市档案局	市档案局
53	北京市公园管理中心	市公园管理中心
54	北京市投资促进局	市投资促进局
55	北京市地方志编纂委员会办公室	市地方志办
56	北京市政府采购中心	市政府采购中心
57	北京市国家税务局	市国税局
58	北京市气象局	市气象局
59	北京市人民政府台湾事务办公室	市台办
60	中华人民共和国北京海关	北京海关
61	北京市人民检察院	市人民检察院
62	北京市高级人民法院	市高级人民法院
63	北京市总工会	市总工会
64	共青团北京市委员会	团市委
65	北京市妇女联合会	市妇联
66	北京市科学技术协会	市科协
67	北京市社会科学界联合会	市社科联

资料来源：首都之窗网站

索 引
Index

说 明

1. 本索引包括主题索引、机构索引和条目索引3个部分。主题索引也称内容分析索引，索引词以《中关村年鉴2016》版正文中出现的专业名词、名词词组等为主。机构索引主要包括年鉴中涉及的部分相关政府部门和机构，中关村示范区“一区十六园”的相关管理机构及科研院所、高等院校、社会组织、企业的名称。条目索引包括年鉴中所有条目的标题。

2. 特载、大事记、统计资料及附录内容不在索引标注之内。

3. 本索引按汉语拼音音序排列。汉字的标目（索引词）按首字的音序、音调依次排列，首字相同时，则以第二字排序，以此类推。以阿拉伯数字打头的索引词排在最前面，以英文字母打头的索引词列于其次。

4. 本索引的文字部分为标目，即所要查找的内容，标目之后的数字表示该标目所在正文中的页码（地址页）。

主题索引

A

B

C

D

E

F

G

H

J

K

L

M

N

O

P

Q

R

S

T

W

X

Y

Z

机构索引

T

W

X

Y

Z

条目索引

A

B

C

D

E

F

G

H

J

K

L

M

N

P

Q

R

S

T

W

X

Y

Z

编辑部地址：北京市海淀区西三环北路 27 号
北科大厦 1006 室
邮 政 编 码：100089
电　　　话：010−68451257　010−88827911
传　　　真：010−68722136
电 子 邮 箱：bjkjz007@sina.com
网　　　址：yqz.zgc.gov.cn